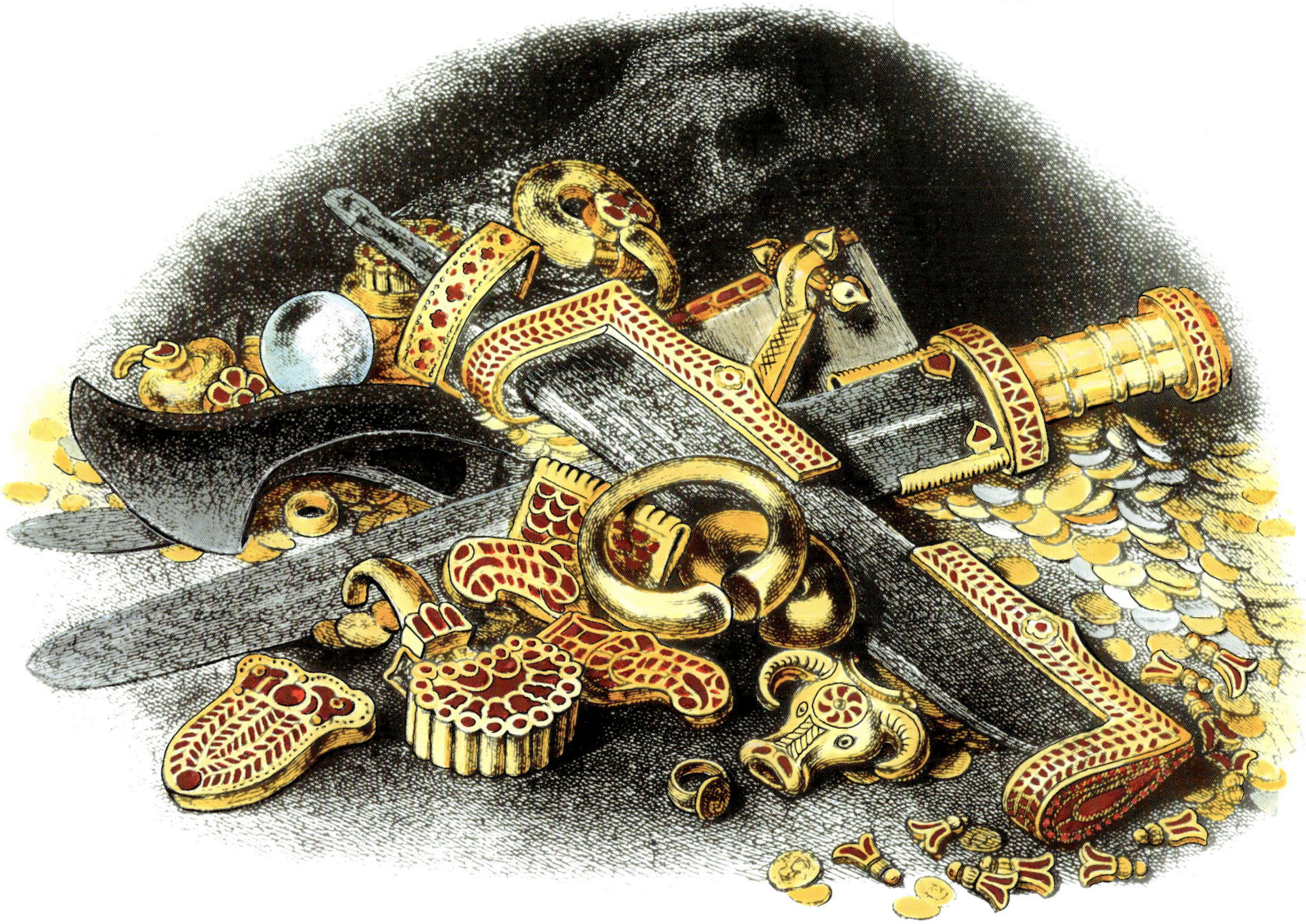

Grabbeigaben König Childerichs I.

REISS-MUSEUM MANNHEIM

DIE FRANKEN
WEGBEREITER EUROPAS

VOR 1500 JAHREN:

KÖNIG CHLODWIG UND SEINE ERBEN

VERLAG PHILIPP VON ZABERN · GEGRÜNDET 1785 · MAINZ

Die Ausstellung wird veranstaltet vom
REISS-MUSEUM Mannheim
Museum für Archäologie und Völkerkunde
C5
68030 Mannheim

Ausstellungstermin Mannheim:
8. September 1996 bis 6. Januar 1997

Öffnungszeiten:
Dienstag, Donnerstag bis Samstag von 10–17 Uhr
Mittwoch von 10–21 Uhr
Sonntag und an Feiertagen von 10–19 Uhr
(Montags an Werktagen geschlossen)

Weitere Ausstellungstermine:
Frühjahr 1997: Paris, Petit Palais
15. Juli bis 26. Oktober 1997: Berlin, Staatliche Museen zu Berlin, Kulturforum am Matthäikirchplatz

Katalog-Handbuch in zwei Teilen:
XXVII, 1112 Seiten mit 613 Farb- und 403 Schwarzweißabbildungen

Umschlag vorne:
Reiterfibel aus Xanten (Abb. 8)

Frontispiz:
Nach Ludwig Lindenschmit 1880. Kolorierung I. Bell

Umschlag hinten:
Taschenbügel aus Lavoye (Abb. 164)

ISBN 3-8053-1813-8
ISBN 3-927774-10-3 (Museumsausgabe)
Satz: Typo-Service Mainz
Lithos: Scancomp, Walluf
Druck: Kunze & Partner, Mainz
Papier: Papierfabrik Scheufelen, Lenningen
Gesamtherstellung: Verlag Philipp von Zabern, Mainz
Printed in Germany / Imprimé en Allemagne
Printed on fade resistant and archival quality paper (PH 7 neutral)

Wir danken für die großzügige Unterstützung des Ausstellungsprojektes

sowie dem Gemeinnützigen Berufsförderungswerk des Baden-Württ. Zimmerer- und Holzbaugewerbes, Heinrich Vetter und der Gemeinnützigen Förderergesellschaft mbH für das Reiss-Museum

»Les Francs – Pionniers de l'Europe«
»Die Franken – Wegbereiter Europas«

Schirmherrschaft des Gesamtprojekts

Jacques Chirac
Präsident der Französischen Republik

Dr. Helmut Kohl
Bundeskanzler der Bundesrepublik Deutschland

Schirmherrschaft Mannheim

Erwin Teufel

Bevollmächtigter der Bundesrepublik Deutschland
für die kulturellen Angelegenheiten
im Rahmen des Vertrages über die deutsch-französische
Zusammenarbeit,
Ministerpräsident des Landes Baden-Württemberg

Philippe Douste-Blazy

Minister für Kultur der Französischen Republik

Schirmherrschaft Paris

Jean Tiberi

Bürgermeister der Stadt Paris

Erwin Teufel

Bevollmächtigter der Bundesrepublik Deutschland
für die kulturellen Angelegenheiten
im Rahmen des Vertrages über die deutsch-französische
Zusammenarbeit,
Ministerpräsident des Landes Baden-Württemberg

Schirmherrschaft Berlin

Eberhard Diepgen

Regierender Bürgermeister von Berlin

Jean Tiberi

Bürgermeister der Stadt Paris

Inhaltsverzeichnis

Teil 1

Grußworte XIII

Vorwort XV

Vorwort der Herausgeber XVII

Leihgeber XXV

Die Franken
Eine Geschichte – zwei Geschichten

Einführung

Lothar Mark
Eine Geschichte – zwei Geschichten 3

Franz Staab
Die Franken – Wegbereiter Europas 10

Forschungsgeschichte

Hermann Ament
Frühe Funde und archäologische Erforschung der Franken im Rheinland 23

Heino Neumayer
Geschichte der archäologischen Erforschung der Franken in Frankreich 35

Laurence Leloup-Le Montreer
Das Bild der Merowinger in Frankreich 43

Von der Vielfalt zur Einheit: Das Frankenreich entsteht

Roms Gegner und Erben

Christoph Reichmann
Frühe Franken in Germanien 55

Frans Theuws und Henk A. Hiddink
Der Kontakt zu Rom 66

Renate Pirling
Krefeld-Gellep in der Spätantike 81

Raymond Brulet
Verteidiger und Verbündete des Römischen Reiches. Germanen in römischen Diensten und das spätantike Befestigungssystem 85

Horst Wolfgang Böhme
Söldner und Siedler im spätantiken Nordgallien 91

Paul van Ossel
Die Gallo-Romanen als Nachfahren der römischen Provinzialbevölkerung 102

Volker Bierbrauer
Romanen im fränkischen Siedelgebiet 110

Die Erben Roms und ihre Städte

Patrick Périn
Paris, merowingische Metropole 121

Hermann Ament
Die Franken in den Römerstädten der Rheinzone 129

Hans-Peter Kuhnen
Zwischen Reichs- und Stadtgeschichte – Trier in Spätantike und Frühmittelalter 138

Bernd Päffgen und Sebastian Ristow
Die Römerstadt Köln zur Merowingerzeit 145

Mathilde Grünewald
Worms zwischen Burgunden und Saliern 160

Raymond Brulet
Tournai und der Bestattungsplatz um Saint-Brice 163

Die Merowinger und ihr Reich

Vom Kleinkönigtum zum Großreich

Patrick Périn und Michel Kazanski
Das Grab Childerichs I. 173

Alain Dierkens
Die Taufe Chlodwigs 183

Michel Rouche
Die Bedeutung der Taufe Chlodwigs 192

Walter Berry
Das Baptisterium der Kathedrale von Reims 200

Michael Müller-Wille
Königtum und Adel im Spiegel der Grabfunde 206

Régine LeJan
Austrasien – Versuch einer Begriffsdefinition 222

Patrick Périn
Die archäologischen Zeugnisse der fränkischen Expansion in Gallien 227

Michel Rouche
Die austrasischen Besitzungen in Aquitanien 233

Franz Staab
Die Rheinfranken und das Reich von Köln 237

Alfried Wieczorek
Die Ausbreitung der fränkischen Herrschaft in den Rheinlanden vor und seit Chlodwig I. 241

Renate Pirling
Krefeld-Gellep im Frühmittelalter 261

Egon Wamers
Alamannisch-fränkische Kontinuität im Untermaingebiet 266

Robert und Ursula Koch
Die fränkische Expansion ins Main- und Neckargebiet 270

Berthold Schmidt
Das Königreich der Thüringer und seine Eingliederung in das Frankenreich 285

Matthias Knaut
Die Alamannen 298

Uta von Freeden
Die Bajuwaren – Nachbarn der Franken 308

Jörg Jarnut
Die Franken und Italien 319

Norbert Wand
Die fränkische Expansion in Nordhessen 323

Friedrich Laux
Die Sachsen – Nachbarn und Gegenspieler der Franken 331

Stéphane Lebecq
Franken und Friesen 338

Ian Wood
Franken und Angelsachsen 341

Kirche und Staat – Der Weg ins christliche Abendland

Alfried Wieczorek
Identität und Integration. Zur Bevölkerungspolitik der Merowinger nach archäologischen Quellen 346

Ian Wood
Die Franken und ihr Erbe – »Translatio Imperii« 358

Pierre Riché
Die Kultur im merowingischen Gallien (5.–8. Jahrhundert) 365

Hans Hubert Anton
Bischof und *civitas* – Kirchliche Grundlagen und politische Dimensionen bischöflicher Amtsführung im Frankenreich 373

Martin Heinzelmann
Gregor von Tours: Die ideologische Grundlegung fränkischer Königsherrschaft 381

Reinhard Schneider
König und Herrschaft 389

Jean-Marie Sansterre
Die Franken und Byzanz 396

Anne-Marie Helvétius
Hagiographie und Heiligenverehrung 401

Bernd Päffgen und Sebastian Ristow
Christentum, Kirchenbau und Sakralkunst im östlichen Frankenreich (Austrasien) 407

Patrick Périn
Die Grabstätten der merowingischen Könige in Paris 416

Antje Kluge-Pinsker
Königliche Kirchen der Merowinger in Paris und Saint-Denis 423

Alfons Zettler
Eine Beschreibung von Saint-Denis aus dem Jahre 799 435

Georg Hauser
Das fränkische Gräberfeld unter dem Kölner Dom 438

Friedrich Prinz
Die Entwicklung des Mönchtums 448

Michèle Gaillard
Die Frauenklöster in Austrasien 452

Alain Dierkens
Willibrord und Bonifatius – Die angelsächsischen Missionen und das fränkische Königreich in der ersten Hälfte des 8. Jahrhunderts 459

Jean Krier
Echternach und das Kloster des hl. Willibrord 466

Franz Staab
Die Gesellschaft des Merowingerreiches 479

Matthias Springer
Salier und Salisches Recht – Beobachtungen zu den Wörtern *Salii* und *Salicus* 485

Hubert Mordek
Leges und Kapitularien 488

Theo Kölzer
Merowingische Königsurkunden 499

Ulrich Nonn
Merowingische Testamente 505

Karl-Josef Gilles
Die merowingerzeitliche Münzprägung an Mosel und Rhein 509

Jean Durliat
Das Finanzsystem der merowingischen Könige 514

Josiane Barbier
Das merowingische Staatsvermögen 526

Jean-Pierre Devroey
Wirtschaftsformen in den ländlichen Siedlungen 529

Olivier Bruand
Klientelverhältnisse, Herrschaft über Grund und Boden und wirtschaftliche Macht der fränkischen Aristokratie im 7. und 8. Jahrhundert 534

Klaus Düwel
Epigraphische Zeugnisse für die Macht der Schrift im östlichen Frankenreich 540

Jean Vezin
Schrifttum und Schriftgebrauch in der Merowingerzeit 553

Wolfgang Haubrichs
Sprache und Sprachzeugnisse der merowingischen Franken 559

Michel Banniard
Die Franken zwischen Spätlatein und Altfranzösisch 574

Teil 2

Alltagskultur im Frankenreich

Handwerk und Kunsthandwerk

Uwe Gross
Die Töpferware der Franken. Herleitung – Formen – Produktion 581

Carl Pause
Stukkateur- und Steinmetzarbeiten 594

Michaela Aufleger
Holzarbeiten und Holzbearbeitung 599

Ursula Koch
Glas – Luxus der Wohlhabenden 605

Michaela Aufleger
Metallarbeiten und Metallverarbeitung 618

Helmut Roth
Kunst der Merowingerzeit 629

Michaela Aufleger
Beinarbeiten und Beinverarbeitung 640

Bernd Päffgen und Sebastian Ristow
Zur frühmittelalterlichen Elfenbeinkunst 650

Die Menschen und ihre Lebensbedingungen

Manfred Kunter und Ursula Wittwer-Backofen
Die Franken – Anthropologische Bevölkerungsrekonstruktionen im östlichen Siedlungsgebiet 653

Luc Buchet
Die Landnahme der Franken in Gallien aus der Sicht der Anthropologen 662

Uwe Gross
Die Ernährung 668

Gudula Zeller
Tracht der Frauen 672

Françoise Vallet
Weibliche Mode im Westteil des merowingischen Königreiches 684

Frank Siegmund
Kleidung und Bewaffnung der Männer im östlichen Frankenreich 691

Patrick Périn und Michel Kazanski
Männerkleidung und Bewaffnung im Wandel der Zeit 707

Françoise Vallet
Die Ausstattung der Kindergräber 712

Eva Stauch
Brettspiel – ein Merowingerzeitvertreib? 716

Claus Dobiat
Die Jagd in merowingischer Zeit 720

Die Menschen und der Tod

Ursula Koch
Stätten der Totenruhe – Grabformen und Bestattungssitten der Franken 723

Bernd Päffgen und Sebastian Ristow
Die Religion der Franken im Spiegel archäologischer Zeugnisse 738

Das Leben in Haus, Hof und Dorf

Claude Lorren
Einige Beobachtungen über das frühmittelalterliche Dorf in Nordgallien 745

Frans Theuws
Haus, Hof und Siedlung im nördlichen Frankenreich (6.–8. Jahrhundert) 754

Hans Geisler
Haus und Hof der Franken 769

Wirtschaft, Handel und Verkehr

Joachim Henning
Landwirtschaft der Franken 774

Olaf Höckmann
Eine Schiffmühle aus Gimbsheim (Kr. Alzey-Worms) 786

Joachim Henning
Handel, Verkehrswege und Beförderungsmittel im Merowingerreich 789

Jean-Pierre Caillet
Die Franken und der östliche Mittelmeerraum – Produkte der Kunst und des Kunsthandwerks 802

Jochen Giesler
Rekonstruktion eines Sattels aus dem fränkischen Gräberfeld von Wesel-Bislich 808

KATALOG

Eine Geschichte – zwei Geschichten

I. Stationen der deutsch-französischen Geschichte 814

II. Eine Geschichte – zwei Geschichten
II.1 Das Bild der Franken in Frankreich und Deutschland 815

Von der Vielfalt zur Einheit: Das Frankenreich entsteht

III. Roms Gegner und Erben
III.1 Frühe Franken beiderseits des Niederrheins *Kat. III.1.1–21* 818
III.2 Der Konflikt mit dem Römischen Reich *Kat. III.2.1–4* 827
III.3 Verteidiger und Verbündete des Römischen Reiches *Kat. III.3.1–16* 830
III.4 Die Bevölkerung Nordgalliens: Einheimische und Fremde *Kat. III.4.1–27* 840

IV. Die Erben Roms und ihre Städte
IV.0 Im Schutz der Stadtmauern 853
IV.1 Paris: Eine merowingische Metropole *Kat. IV.1.1–10* 853
IV.2 Trier: Die alte Kaiserstadt *Kat. IV.2.1–17* 856
IV.3 Köln: Königssitz der Rheinfranken *Kat. IV.3.1–11* 866
IV.4 Die Städte und ihre Friedhöfe *Kat. IV.4.1–21* 869

Die Merowinger und ihr Reich

V. Vom Kleinkönigtum zum Großreich
V.0 Die Ausbreitung der fränkischen Herrschaft in Gallien 878
V.1 Das Grab des Frankenkönigs Childerich I. *Kat. V.1.1–4* 879
V.2 Die Ausbreitung der fränkischen Herrschaft auf Mittel- und Südgallien *Kat. V.2.1–11* 884

V.3 Königtum und Grabbrauch: Zwischen heidnischen Sitten und Christentum
Kat. V.3.1–3 890
V.4 Die Ausbreitung der fränkischen Herrschaft in den Rheinlanden
Kat. V.4.1–12 892
V.5 Die fränkische Expansion in rechtsrheinische Gebiete
Kat. V.5.1–25 902
V.6 Fränkische Kontakte zwischen Weser und Themse
Kat. V.6.1–7 921

VI. Kirche und Staat – der Weg ins christliche Abendland
VI.1 Die Kirche als Stütze der Königsherrschaft
Kat. VI.1.1–18 925
VI.2 Eine verzweigte Familie: Die Merowinger
Kat. VI.2.1–16 931
VI.3 Recht und Bildung im Frankenreich
Kat. VI.3.1–21 943
VI.4 Die Staatsfinanzen
Kat. VI.4.1–9 953
VI.5 Sprache und Schrift im Merowingerreich
Kat. VI.5.1–21 957

Alltagskultur im Frankenreich

VII. Handwerk und Kunsthandwerk
VII.1 Das Töpferhandwerk. Produkte für den täglichen und gehobenen Bedarf
Kat. VII.1.1–51 964
VII.2 Tradition in Stein. Das Fortleben der Steinmetz- und Bildhauertechnik
Kat. VII.2.1–6 970
VII.3 Holz. Der vielseitig einsetzbare Werkstoff
Kat. VII.3.1–11 971
VII.4 Glas – Luxus der Wohlhabenden
Kat. VII.4.1–45 974
VII.5 Metall – Werkstoff mit vorzüglichen Eigenschaften
Kat. VII.5.1–47 980
VII.6 Symbolträchtig und wertvoll – Geweih, Knochen und Elfenbein
Kat. VII.6.1–32 989

VIII. Die Menschen und ihre Lebensbedingungen
VIII.0 Die rechtliche Gliederung der Gesellschaft des Frankenreiches 993
VIII.1 Ergebnisse der Anthropologie 994
VIII.1.1 Gesundheit und Lebenserwartung der Menschen
Kat VIII.1.1–9 994
VIII.2 Heilung durch Hilfe und Glaube
Kat. VIII.2.1–15 996
VIII.3 Körperpflege
Kat. VIII.3.1–12 998
VIII.4 Kleidung und Lebensbereich der Frauen
Kat. VIII.4.1–14 1002
VIII.5 Die Männer und ihr Lebensbereich
Kat. VIII.5.1–9 1009
VIII.6 Der Lebensbereich der Kinder
Kat. VIII.6.1–4 1017
VIII.7 Zeitvertreib in der Merowingerzeit
Kat. VIII.7.1–11 1018

IX. Die Menschen und der Tod
IX.1 Stätten der Totenruhe – Friedhöfe der Merowingerzeit
Kat. IX.1.1–12 1021
IX.2 Die Menschen und ihre Glaubensvorstellungen
Kat. IX.2.1–48 1025
IX.3 Bestattungen in Kirchen
Kat. IX.3.1–3 1033

X. Das Leben in Haus, Hof und Dorf
X.1 Haus und Hof in der Merowingerzeit
Kat. X.1.1–61 1035

XI. Der Warenaustausch im Frankenreich
XI.1. Handel und Verkehr in der Merowingerzeit
Kat. XI.1.1–27 1044

Verzeichnisse

Verzeichnis der abgekürzt zitierten Quellen und Literatur 1052

Verzeichnis der Bildquellen im Katalogteil 1098

Ortsregister 1100

Grußwort

Gerne habe ich gemeinsam mit Staatspräsident Chirac die Schirmherrschaft über die Ausstellung »Die Franken – Wegbereiter Europas« übernommen.
Sie macht den Menschen, die sie in Mannheim, in Paris und in Berlin besuchen, und all denen, die diesen Katalog zur Hand nehmen, anschaulich, daß wir Deutsche, wir Franzosen, daß wir Europäer gemeinsame Wurzeln und ein gemeinsames Erbe haben.
So leistet diese Ausstellung mit wissenschaftlichen Mitteln und mit beeindrukkenden Exponaten einen wichtigen Beitrag zur Vertiefung eines europäischen Geschichtsbewußtseins, dem nach meiner Überzeugung entscheidende Bedeutung für den weiteren Bau Europas zukommt.
Ohne Kenntnis der Geschichte, ohne eine Vorstellung davon, wie das gegenwärtige Europa Gestalt angenommen hat, wären wir alle außerstande, die historische Leistung der europäischen Einigung zu würdigen, die sich mit Namen wie Adenauer, Schuman, de Gasperi, Spaak oder de Gaulle verbindet.
In ihrem Zentrum steht die deutsch-französische Freundschaft, die seit ihrer Besiegelung durch den Elysée-Vertrag vor mehr als einer Generation mit zunehmender Selbstverständlichkeit von den Initiativen und dem Zusammenwirken der Menschen beiderseits des Rheins geprägt und getragen wird. Zum Wesen dieser Freundschaft gehört ihre Offenheit, ihr bewußter Verzicht auf Exklusivität.
Vor diesem Hintergrund möchte ich die Leistung der Organisation, der Gelehrten, der Institutionen und Leihgeber würdigen, die eben nicht nur in Deutschland und Frankreich, sondern in ganz Europa mit Hingabe und in freundschaftlichem Geist das anspruchsvolle Projekt verwirklicht haben, ein wesentliches Kapitel in der Entstehungsgeschichte beider Nationen gemeinsam darzustellen und zu interpretieren.
Diese Ausstellung gibt den Besuchern einen Eindruck von der Lebenswirklichkeit einer Zeit, die uns heute sehr fern zu liegen scheint. Es bleibt jedoch eine faszinierende Vorstellung, daß das Reich der Franken einen bedeutenden Teil des Gebiets der heutigen Europäischen Union umfaßt und bereits einen einheitlichen Wirtschaftsraum gebildet hat.
Das Frankenreich war stark, weil es ihm gelang, verschiedene Völker, Rechtssysteme und Glaubensformen in sich zu vereinigen, ohne die regionalen Unterschiede einzuebnen. So können wir in den Franken, deren Reich vor 1500 Jahren seinen Anfang nahm, auch die Wegbereiter eines Europa der Einheit in Vielfalt sehen, wie wir es heute anstreben.
Dies führt uns die Ausstellung plastisch vor Augen; sie zeigt damit, wie wichtig die Bewahrung und Vergegenwärtigung unseres kulturellen Erbes für die Gestaltung des künftigen Europa ist.
Ich wünsche ihr ein ebenso zahlreiches wie aufmerksames Publikum und die breite Aufmerksamkeit der europäischen Öffentlichkeit, die sie verdient.

Bonn, im August 1996

Bundeskanzler
der Bundesrepublik Deutschland

Grußwort

In einer Zeit, in der das Thema eines wirtschaftlich und politisch vereinten Europa von großer Aktualität ist, ermöglicht das Projekt »Die Franken – Wegbereiter Europas« eine neue Sichtweise auf die Zeit des frühen Mittelalters in Europa.

Es dokumentiert jüngste Forschungsergebnisse und vermittelt auf anschauliche, gleichwohl höchst differenzierte und wissenschaftlich fundierte Weise das Lebensgefühl einer Epoche, in der die Wurzeln des heutigen Europa zu finden sind.

Französische und deutsche Wissenschaftler haben in intensiver gemeinsamer Arbeit ein anregendes Bild der gemeinsamen Geschichte zweier Nationen geschaffen. Am Vorabend des 3. Jahrtausends wird damit ein Blick zurück auf eine Zeit möglich, in der die emotionale Zugehörigkeit zu einem Staatswesen mehr zählte als die ethnische Herkunft.

Daß es den Franken im 6. und 7. Jahrhundert gelang, aufbauend auf den tradierten Strukturen des Römischen Reiches, in Europa ein einheitliches Rechts-, Steuer- und Verwaltungssystem zu etablieren, ist eine große Leistung.

Als Bevollmächtigter der Bundesrepublik Deutschland für die kulturellen Angelegenheiten mit Frankreich wünsche ich der Ausstellung »Die Franken – Wegbereiter Europas« in Mannheim, in Paris und Berlin viele interessierte und nachdenkliche Besucher.

Stuttgart, im August 1996

Ministerpräsident
des Landes Baden-Württemberg

Vorwort

Das Projekt »Die Franken – Wegbereiter Europas« beschreibt die Entstehung des Großreichs der Merowinger, das zum ersten bedeutenden Staat im christlichen Abendland und zum Vorläufer des Kaiserreichs Karls des Großen wurde. Daß die Ausstellung »Die Franken – Wegbereiter Europas« in Mannheim, Paris und Berlin gezeigt werden wird, unterstreicht die Bedeutung des Themas für die französisch-deutsche Geschichte.

Für Mannheim stellt das Projekt aber auch die Anknüpfung an eine lokale Forschungstradition dar, die bis in die Zeit des Kurfürsten Carl Theodor von der Pfalz zurückreicht. Dieser den Künsten und Wissenschaften außerordentlich aufgeschlossene Kurfürst hatte 1763, auf Anregung des Straßburger Historikers Johann Daniel Schöpflin, die Mannheimer Akademie der Wissenschaften gegründet, die Academia Electoralis scientiarum et elegantiorum literarum Theodoro-Palatina. Zum Akademiesekretär wurde ein Schüler Schöpflins, der Straßburger Historiker und Universitätsbibliothekar Andreas Lamey, berufen. Vorrangige Aufgabe der historischen Klasse der Akademie war die Herausgabe einer illustrierten Geschichte der Pfalz, wobei insbesondere auch die römische Vergangenheit der Region erforscht werden sollte. Konsequenterweise beschäftigten sich die Gelehrten in der Folgezeit damit, die römischen Hinterlassenschaften in den pfälzischen Landen systematisch zu katalogisieren und aufzuarbeiten. Das Reiss-Museum Mannheim profitiert heute davon, daß im Zuge dieser Bestandsaufnahme an die 100 römische Steine aus der ganzen Pfalz nach Mannheim verbracht wurden, um dort das Antiquarium zu bereichern, das den Grundstock der römischen Abteilung des Museums bildete. Doch mit dem Sammeln der archäologischen Artefakte gaben sich die Wissenschaftler nicht zufrieden. Ihnen ging es um den Nachweis des antiken Ursprungs des Pfalzgrafenamtes. Zwar lassen sich aus heutiger Sicht die von den Gelehrten des ausgehenden 18. Jahrhunderts gefundenen Argumente für ein auf römische und fränkische Ursprünge zurückreichendes Herzogtum Rheinfranken nicht aufrechterhalten, dennoch markieren die Forschungen der Mitglieder der Mannheimer Akademie zweifellos den Beginn der wissenschaftlichen Auseinandersetzung mit der Geschichte der Franken. Liest man die Preisfragen und Veröffentlichungen der Akademie, fällt auf, wie sehr bereits im 18. Jahrhundert die Beschäftigung mit den Franken von einer Sichtweise geprägt wurde, die von der politischen Seite vorgegeben war. Dieses Faktum sollte sich auch im 19. und 20. Jahrhundert wie ein roter Faden durch die Forschungsgeschichte zum Thema ziehen, das heißt, die wissenschaftliche Beschäftigung mit den Franken war immer auch ein Kapitel Ideologiegeschichte. Karl Ferdinand Werner, der langjährige Direktor des Deutschen Historischen Instituts in Paris und Nestor der deutschen Frankenforschung, hat in seiner grandiosen Beschreibung der Ursprünge Frankreichs bis zum Jahr 1000 treffend festgestellt, daß es eine zweifache Geschichte der Merowinger gibt: »Die eine ist von dichterischer Freiheit, die andere kann den Quellen nur mit Mühe abgerungen werden.« (Werner 1989, 322).

Für das Projekt »Die Franken – Wegbereiter Europas« wurde der Versuch unternommen, die Geschichte der Merowinger auf der Grundlage der schriftlichen und archäologischen Quellen aus gemeinsamer französisch-deutscher Sicht darzustellen. Dabei war es den Beteiligten wichtig, insbesondere in der Ausstellung nicht allein eine Geschichte aus fernen Zeiten zu dokumentieren, sondern immer auch Bezüge zur Zeitgeschichte herzustellen. Wir ließen uns dabei von der Überzeugung lenken, daß die Auseinandersetzung mit Geschichte im Museum nicht »l'art pour l'art« sein darf, sondern helfen soll, die Gegenwart auf der Grundlage der Vergangenheit besser zu verstehen. Dabei sind unserer Meinung nach kulturhistorische Ausstellungen besonders hilfreich, da sie anschaulich vergangene Lebenswelten, Weltbilder und Wertvorstellungen dokumentieren und dabei Fragestellungen berühren, die durchaus auch in unserer Zeit aktuell sind.

Nachdem es uns in den vergangenen sechs Jahren in Zusammenarbeit mit verschiedensten Institutionen, insbesondere auch mit dem Hildesheimer Roemer- und Pelizaeus-Museum geglückt ist, das Reiss-Museum als Austragungsstätte von großen kulturhistorischen Ausstellungen im Bewußtsein unserer Besucher zu verankern, stellt das Frankenprojekt die erste deutsch-französische Koproduktion unseres Museums dar. Die Schwierigkeiten, insbesondere der Anfangsphase des Projekts, spiegeln sich ein wenig in den umfangreichen Listen der diversen Komitees wider, die zur Verwirklichung unseres Vorhabens notwendig waren. Daß schließlich sogar der Präsident der Französischen Republik, Jacques Chirac, sowie der Bundeskanzler der Bundesrepublik Deutschland, Helmut Kohl, zusammen mit dem Bevollmächtigten der Bundesrepublik Deutschland für die kulturellen Angelegenheiten im Rahmen der deutsch-französischen Zusammenarbeit,

Ministerpräsident Erwin Teufel, die Schirmherrschaft über das Gesamtprojekt bzw. die Ausstellung in Mannheim übernommen haben, bestätigt die Konzeption und die Zielsetzung unseres Projektes.
Die Verwirklichung der Ausstellung und dieses Katalog-Handbuches wäre ohne die Mithilfe und Begeisterungsfähigkeit all der zahlreichen Wissenschaftler, Leihgeber, technischen Mitarbeiter, Praktikanten, ehrenamtlichen Mitarbeiter und Sponsoren, die im Vorspann zu diesem Katalog-Handbuch genannt werden, unmöglich gewesen. Jedem einzelnen von ihnen gilt mein ganz persönlicher Dank.
Stellvertretend für die am Projekt beteiligten Wissenschaftler sei Alfried Wieczorek gedankt, dem engagierten, kenntnisreichen *spiritus rector* und Motor des Projekts. In Zusammenarbeit insbesondere auch mit der tatkräftigen und schier unermüdlichen Ursula Koch gelang es ihm, auch das nahezu Unmögliche noch möglich zu machen. Größte Unterstützung erfuhren wir bei unserem Vorhaben durch Hartmut Atsma vom Deutschen Historischen Institut in Paris, dem Kulturattaché der Deutschen Botschaft in Paris, Peter Ohr, und dem Sekretär des Bevollmächtigten der Bundesrepublik Deutschland, Heiko Freiherr von Soden. Ihnen allen gilt besonderer Dank.
Patrick Périn war unser wissenschaftlicher Partner und Freund auf der französischen Seite, bestens unterstützt von Françoise Vallet und Gilles Chazal. Unseren Berliner Partnern, Wilfried Menghin und seiner Assistentin Marion Bertram, gebührt Dank für vielfältige Hilfe und gute Zusammenarbeit. Der Stadt Mannheim und hier insbesondere ihrem Oberbürgermeister Gerhard Widder, ihrem Kämmerer und Ersten Bürgermeister Norbert Egger mit dem Kämmereidirektor Peter Schill sowie dem tatkräftigen Kulturbürgermeister Lothar Mark danken wir für die wohlwollende Unterstützung unserer Arbeit.
Daß auch die Gemeinnützige Förderungsgesellschaft für das Reiss-Museum mbH, mit Klaus Cantzler, Hans-Joachim Rieken, Willi Menz und Christoph Kirsch, das Frankenprojekt von Anbeginn positiv begleitete, hat uns ebenso ermutigt wie die großzügige Förderung durch das Land Baden-Württemberg, die Kulturstiftung der Länder, die vielen engagierten Sponsoren unseres Museums sowie unseren großen Freund und Förderer Heinrich Vetter. Schließlich geht ein ganz besonderer Dank an den Verleger Franz Rutzen und an die Mitarbeiter des Verlags Philipp von Zabern, allen voran Herrn Ludwig Kirsch, ohne deren rastlosen Einsatz das Katalog-Handbuch nicht pünktlich hätte erscheinen können.
Wir hoffen, daß das Projekt »Die Franken – Wegbereiter Europas« auf so große Resonanz bei unserem Publikum stößt, daß wir in der Lage sein werden, auch weiterhin Vorhaben dieser Art im Reiss-Museum Mannheim zu verwirklichen.

Mannheim, im August 1996

Karin v. Welck

Vorwort der Herausgeber

Das Katalog-Handbuch »Die Franken – Wegbereiter Europas« wurde als französisch-deutsches Gemeinschaftsprojekt konzipiert. Während zunächst nur daran gedacht war, den aktuellen Forschungsstand zum austrasischen (östlichen) Teil des Frankenreichs zu dokumentieren, wurde den Teilnehmern der vorbereitenden Kolloquien in Mainz und Mannheim sehr bald klar, daß es sinnvoll und notwendig ist, im Rahmen des Projekts eine Gesamtübersicht des Forschungsstandes zum Reich der Merowinger zusammenzustellen.

Dabei ging es uns darum, nicht nur für Fachleute ein Handbuch mit den neuesten wissenschaftlichen Ergebnissen vorzulegen, sondern die Chance zu nutzen, mit dem Projekt »Die Franken – Wegbereiter Europas« die Zeit des frühen Mittelalters auch einem größeren Publikum zugänglich zu machen. Es war uns wichtig, durchaus auch konträre oder sich ergänzende Sichten bestimmter Fragenkomplexe zu dokumentieren. Nicht zuletzt aus diesem Grund ist eines der zentralen Themen des Projekts, die Taufe Chlodwigs, von mehreren Autoren behandelt worden, die in Details durchaus zu unterschiedlichen Interpretationen bestimmter Fakten kommen. Auch zu anderen Fragen haben wir zuweilen zwei Autoren unterschiedlicher Sichtweise gebeten, Stellung zu nehmen, um so das breite Spektrum des Forschungsstandes aufzuzeigen.

Abgesehen von diesen noch offenen Fragen der Forschung ist es gelungen, auf der Grundlage der neuesten Ergebnisse in der Merowingerarchäologie und -geschichte ein gemeinsames französisch-deutsches Bild der Entstehung und Entwicklung des Frankenreiches zu zeigen. So entstand das Panorama einer Epoche, die lange im Schatten der nachfolgenden Karolingerzeit stand.

Die »dunkle Zeit« der Völkerwanderung und des Anbruches des Mittelalters, die auch neuerdings wieder gerne als Zeit des Verfalls und der »Barbarisierung« der Kultur bezeichnet wird – sie fand nicht statt. Das neue Bild der Franken als selbstbewußte Erben des spätrömischen Reiches wird in vielen Facetten deutlich. Es gelang ihnen, die römischen Verwaltungsstrukturen nicht nur zu übernehmen, sondern auch in ehemals nichtrömischen Regionen auszubauen. Darüber hinaus schufen sie einen einheitlichen Wirtschaftsraum, der auch die angrenzenden Länder ihres Reiches stark beeinflußte. Die integrative Kraft des Frankenreiches unter der Dynastie der Merowinger machte auch seine Stärke aus, denn es gelang, verschiedene Ethnien, Rechtssysteme und Glaubensvorstellungen in einem Reich zu vereinen, ohne regionale Unterschiede einzuebnen. Mit der Hinwendung zum katholischen Christentum legten sie zudem die Basis für das christlich geprägte Abendland.

Die am Projekt beteiligten Wissenschaftlerinnen und Wissenschaftler waren sich zu Beginn der Arbeiten darüber im klaren, daß die in der Vergangenheit so unterschiedlich gesehene Frage der gemeinsamen Wurzeln der Nationen Westeuropas in der Zeit des anbrechenden Mittelalters einen zentralen Punkt innerhalb des Katalog-Handbuches und der Ausstellung darstellen müsse. In einer Atmosphäre freundschaftlicher Kooperation gelang es, auch darin zu gemeinsam getragenen Aussagen zu kommen.

Die Gliederung des Katalog-Handbuchs entspricht der Gliederung der Ausstellung. Dabei lag es nicht in unserem Interesse, eine enzyklopädische Sicht des Frankenreiches vorzulegen, sondern es war uns wichtig, im Katalog-Handbuch und der Ausstellung herauszuarbeiten, welche Grundlagen für die europäische Geschichte in der Zeit des Merowingerreiches gelegt wurden.

Damit der Leser sich die Fülle und Vielfalt des Materials leichter erschließen kann, haben wir jedem Aufsatz eine Zusammenfassung vorangestellt. Zwischenüberschriften und ausführliche Bildlegenden, die zuweilen weit über das von den Autoren Vorgegebene hinausgehen, ermöglichen eine schnelle Übersicht über das Thema eines Aufsatzes.

Ein formaler Hinweis sei gestattet: Barbaren ist in der Antike ein Sammelbegriff für alle Nicht-Griechen beziehungsweise Nicht-Römer. In diesem Sinne und ohne abwertende Bedeutung ist er auch in diesem Handbuch verwendet, ohne daß dies durch Anführungszeichen unterstrichen wird.

Mit dem Dank an alle Mitarbeiterinnen und Mitarbeiter des Katalog-Handbuches und des Ausstellungsprojektes verbinden wir die Hoffnung, daß durch das Katalog-Handbuch und die Ausstellung die Menschen unserer Zeit ihren geschichtlichen Wurzeln in Europa näherkommen und daß sie die offenen Fragen unserer Zeit an denen der Vergangenheit überprüfen.

Mannheim, im August 1996

Alfried Wieczorek, Patrick Périn,
Karin v. Welck, Wilfried Menghin

Ehrenausschuß

Die Präsidenten

Prof. Siegfried Palm
Präsident des Deutsch-Französischen Kulturrates

Gerhard Widder
Oberbürgermeister der Stadt Mannheim

Senator Pierre Laffitte
Vizepräsident des Deutsch-Französischen Kulturrates

François Avril
Conservateur général au Département des Manuscrits, Bibliothèque Nationale Paris

Irène Bizot
Directeur des Musées de France, Paris

Prof. Dr. Dr. h.c. Kurt Böhner
Generaldirektor a.D. des Römisch-Germanischen Zentralmuseums Mainz

Pierre Brochand
Directeur général des relations culturelles, scientifiques et techniques, Ministère des Affaires Etrangères, Paris

Prof. em. Dr. Carl Richard Brühl
Membre étr. ass. de l'Institut de France, Paris
Präsident der Commission internationale de diplomatique

Françoise Cachin
Directeur de la réunion des Musées nationaux, Ministère de la Culture, Paris

Florence Callu
Bibliothèque Nationale de France, Paris

André Dasnoy
Directeur honoraire du Musée Archéologique de Namur

Gui De Boe
Director van het Instituut voor het Archeologisch Patrimonium, Asse-Zellik

Jean Digne
Directeur de l'Association Française d'Action Artistique (AFAA), Paris

Alain Erlande-Brandenbourg
Directeur des Archives de France, Paris

Prof. em. Dr. Dres. h.c. Eugen Ewig
Universität Bonn

Jean Favier
Directeur général des Archives Nationales de France
Président de la Bibliothèque Nationale de France, Paris

Jean Gautier
Directeur des Affaires Culturelles de la Ville de Paris

Dr. Christoph Jacobs
Vortragender Legationsrat Erster Klasse, Bundeskanzleramt

Prof. Dr. Werner Knopp
Präsident der Stiftung Preußischer Kulturbesitz, Berlin

Dr. Hans-Peter Kuhnen
Direktor des Rheinischen Landesmuseums Trier

Jean Lafaurie
Professeur ém. à l'Ecole pratique des Hautes Etudes, Paris

Jean-David Levitte
Directeur général des relations culturelles, scientifiques et techniques, Paris

Alain Lombard
Directeur du Département des Affaires internationales, Ministère de la Culture, Paris

Lothar Mark
Bürgermeister für Kultur, Schulen und Sport der Stadt Mannheim

André Matthys
Inspecteur général – Division des Monuments, Sites et Fouilles
Ministère de la Région Wallonne, Namur

Jacques Morizet
Botschafter, Generalsekretär des Deutsch-Französischen Kulturrates

Prof. em. Dr. Florentine Mütherich
Universität München

Dr. Peter Ohr
Gesandter für kulturelle Angelegenheiten, Deutsche Botschaft Paris

Prof. Dr. Werner Paravicini
Direktor des Deutschen Historischen Instituts, Paris

Prof. Dr. Renate Pirling
Ltd. Museumsdirektorin a.D. Museum Burg Linn, Krefeld

Prof. em. Dr. Friedrich Prinz
Universität München

Paul Reiles
Directeur du Musée National d'Histoire et d'Art, Luxembourg

Pierre Riché
Professeur ém. à l'Université Paris X (Nanterre)

Prof. Dr. Hubert Rohde
Generalsekretär des Deutsch-Französischen Kulturrates

Heli Roosens
Directeur honoraire du Service National des Fouilles, Bruxelles

Prof. Dr. Kurt Schietzel
Direktor des Archäologischen Landesmuseums, Schleswig

Prof. Dr. Siegmar von Schnurbein
Erster Direktor der Römisch-Germanischen Kommission des Deutschen Archäologischen Instituts, Frankfurt
Präsident der Deutschen Verbände für Altertumsforschung

Prof. Dr. Christoph Stölzl
Generaldirektor des Deutschen Historischen Museums, Berlin

Frans van Noten
Directeur des Musées Royaux d'Art et d'Histoire, Bruxelles

Adriaan Verhulst
Professor an der Universiteit Gent

Prof. Dr. Ludwig Wamser
Leitender Museumsdirektor der Prähistorischen Staatssammlung München

Dr. Leslie Webster
Deputy-Keeper of the British Museum, London

Prof. Dr. Dr. h.c. mult. Karl Ferdinand Werner
Direktor a.D. des Deutschen Historischen Instituts, Paris
Mitglied der Académie des Inscriptions. Membre de l'Institut de France

Generalkommissare

Generalkommissar für die Bundesrepublik Deutschland

Prof. Dr. Franz Staab
Universität Koblenz-Landau, Abt. Landau
Leiter des Historischen Seminars

Generalkommissar für Frankreich

Michel Parisse
Professeur à l'Université de Paris I (Sorbonne)

Generalkommissar für Belgien und die Niederlande

Prof. Dr. Alain Dierkens
Université Libre de Bruxelles
Séminaire d'Histoire médiévale

Generalsekretär des Projektes

Dr. Alfried Wieczorek
Stv. Museumsdirektor
Reiss-Museum Mannheim

Wissenschaftlicher Kommissar des Projektes

Patrick Périn
Directeur des Musées des Antiquités Nationales, Saint-Germain-en-Laye

Koordinationsausschuß

Philippe Albou
Ministère de la Culture, Paris
Secrétaire général

Dr. Hartmut Atsma
Deutsches Historisches Institut, Paris
Stv. Direktor

Dipl.-Archäol. Marion Bertram
Staatliche Museen zu Berlin, Museum für Vor- und Frühgeschichte
Wiss. Mitarbeiterin

Gilles Chazal
Musée du Petit Palais, Paris
Conservateur en chef

Dr. Uwe Gross
Reiss-Museum Mannheim
Wiss. Mitarbeiter

Michel Kazanski
Centre National de la Recherche Scientifique, Saint-Germain-en-Laye
Directeur adjoint

Dr. Ursula Koch
Reiss-Museum Mannheim
Wiss. Mitarbeiterin

Dr. Heiko Frhr. v. Soden
Büro des Bevollmächtigten der Bundesrepublik Deutschland für kulturelle Angelegenheiten, Bonn
Direktor des Büros des Bevollmächtigten

Françoise Vallet
Musées des Antiquités Nationales, Saint-Germain-en-Laye
Conservateur en chef

Generaldirektion der Ausstellung

Sophie Aurand
Association Paris Musées
Directeur général

Prof. Dr. Wolf-Dieter Dube
Staatliche Museen zu Berlin
Generaldirektor

Prof. Dr. Karin v. Welck
Reiss-Museum Mannheim
Leitende Museumsdirektorin

Ausstellungsleitung

Idee und Projektkonzeption

Dr. Alfried Wieczorek
Reiss-Museum Mannheim

Ausstellungsstation Paris

Thérèse Burollet
Directeur du Musée du Petit Palais

Ausstellungsstation Berlin

Prof. Dr. Wilfried Menghin
Museum für Vor- und Frühgeschichte, Staatliche Museen zu Berlin
Museumsdirektor

Ausstellungskonzeption

Patrick Périn
Musées des Antiquités Nationales, Saint-Germain-en-Laye

und

Dr. Alfried Wieczorek
Reiss-Museum Mannheim

Ausstellungsorganisation und Ausstellungsredaktion Mannheim

Ausstellungstexte und Textredaktion

Dr. Ursula Koch, Dr. Alfried Wieczorek, Prof. Dr. Karin von Welck,
unter Mitarbeit von Dr. Grit Arnscheidt, Dr. Birte Brugmann, Dieter Dümas, Dr. Reinhard Friedrich, Dr. Uwe Gross, Liselotte Homering, Karl von Klitzing, Dr. Jutta Pauli, Luisa Reiblich und Waltraud Schlepps

Ausstellungsorganisation

Dr. Astrid Wenzel (bis April 1996), Dr. Birte Brugmann (ab Mai 1996), Dr. Alfried Wieczorek
unter Mitarbeit von Gudrun-Christine Schimpf M.A., Julia Sosna und Cécile Worch

Bildredaktion und Graphikbetreuung

Monika Lange, Dr. Ursula Koch

Leihverkehr

Claudia Braun M.A.
unter Mitarbeit von Gudrun-Christine Schimpf M.A. und Julia Sosna

Leitung des Ausstellungsaufbaus und der restauratorisch-konservatorischen Betreuung

Bernd Hoffmann

Restauratorische Betreuung

Ursula Bernert, Matthias Feuersänger, Heini Geil, Annette Henrichs, Günter Mössinger, Heidrun Narbes-Huber, Hans Peter Niers, Stefanie Schemberg, Annette Schrimpf und Gerhard Straß

Ausstellungsaufbau

Gerhard Antoni, Ulrich Debus, Karl-Heinz Kamin, Orazio Petrosino, Giuseppe Presentato

Photoarbeiten

Jean Christen

Öffentlichkeitsarbeit

Luisa Reiblich

Museumspädagogische Begleitveranstaltungen

Patricia Pfaff
unter Mitarbeit von Horst Bürger und Waltraud Schlepps

Veranstaltungsorganisation

Barbara Hirsch, Gabriele von Schemm

Direktionssekretariat

Jadwiga Lewicki, Ruth Wieczorek

Wir danken unseren ehrenamtlichen Mitarbeiterinnen und Mitarbeitern im Ausstellungsbüro, in der Werkstatt und in der Arbeitsgemeinschaft »Kleider machen Leute« für ihren Einsatz und ihr Durchhaltevermögen.

Ausstellungsarchitektur

Bernd Jansen

Vitrinengestaltung

Friedhelm Misiejuk

Gestaltung der Hausbauten

Burghard Lohrum

Aufbau der Hausbauten

Roland Faitsch, Rolf Groß, Stefan King, Jörn Manzke, Tobias Maier, Joachim Müller, Karl-Josef Weber

Gestaltung und Bau des Grabhügels und des Gräberfeldes

Wolfgang Heine

Kulissengestaltung

Renate Berghaus

Entwurf und Ausführung der Bildrekonstruktionen

Andreas Schmickler

Modellbau

Robert Arató

Ausstellungs- und Kataloggraphik

Irene Bell, Hermann Fritz, Harold Vits

Ausstellungsorganisation Paris

Gilles Chazal

Ausstellungsorganisation Berlin

Dipl.-Archäol. Marion Bertram

Kataloghandbuch

Herausgeber

Dr. Alfried Wieczorek
Reiss-Museum Mannheim

Patrick Périn
Musées des Antiquités Nationales,
Saint-Germain-en-Laye

Prof. Dr. Karin von Welck
Reiss-Museum Mannheim

Prof. Dr. Wilfried Menghin
Museum für Vor- und Frühgeschichte,
Staatliche Museen zu Berlin

Redaktion

Dr. Ursula Koch, Dr. Uwe Gross,
Dr. Alfried Wieczorek,
Prof. Dr. Karin von Welck
unter Mitarbeit von Dr. Grit Arnscheidt,
Dr. Birte Brugmann, Dieter Dümas,
Dr. Reinhard Friedrich, Liselotte Homering,
Karl von Klitzing, Dr. Jutta Pauli,
Luisa Reiblich und Waltraud Schlepps
Reiss-Museum Mannheim

Bildredaktion

Monika Lange, Dr. Ursula Koch
Reiss-Museum Mannheim

Übersetzungen

Claudia Braun M.A.
(Reiss-Museum Mannheim),
Prof. em. Dr. Rudolf Fellmann (Basel)
Michèle von Itzenplitz (Bammental)
Iris Zimmermann (Heidelberg)

Autoren

Belgien

Raymond Brulet
Professeur à l'Université Catholique de Louvain
Centre de Recherches d'Archéologie Nationale

Jean-Pierre Devroey
Directeur de la Bibliothèque universitaire
Université Libre de Bruxelles

Alain Dierkens
Professeur à l'Université Libre de Bruxelles
Séminaire d'Histoire médiévale

Prof. Dr. André van Doorselaer
Gent

L. van Impe
Instituut voor het Archeologisch Patrimonium
Asse-Zellik

Jean Plumier
Ministère de la Région Wallonne
Service des Fouilles
Namur

Sophie Plumier-Torfs
Ministère de la Région Wallonne
Service des Fouilles
Namur

Jean-Marie Sansterre
Professeur à l'Université Libre de Bruxelles

Lisa Vanhaeke
Musées Royaux d'Art et d'Histoire
Bruxelles

Paul van Ossel
Centre National de la Recherche scientifique
Attichy

Bundesrepublik Deutschland

Prof. Dr. Hermann Ament
Institut für Vor- und Frühgeschichte
der Johannes Gutenberg-Universität Mainz

Prof. Dr. Hans Hubert Anton
Institut für Mittelalterliche Geschichte
der Universität Trier

Heike Aouni M.A.
Institut für Vor- und Frühgeschichte
der Universität Bonn

Dr. Michaela Aufleger
Institut für Vor- und Frühgeschichte
der Johannes Gutenberg-Universität Mainz

Volker Babucke M.A.
Stadtarchäologie Kempten

Dipl.-Archäol. Marion Bertram
Staatliche Museen zu Berlin,
Museum für Vor- und Frühgeschichte

Prof. Dr. Volker Bierbrauer
Institut für Vor- und Frühgeschichte der Universität München

Prof. Dr. Horst Wolfgang Böhme
Vorgeschichtliches Seminar der Philipps-Universität Marburg

Dr. Walburg Boppert
Römisch-Germanisches Zentralmuseum Mainz

Dr. Birte Brugmann
Reiss-Museum Mannheim

Karl Heinrich Deutmann M.A.
Museum für Kunst und Kulturgeschichte der Stadt Dortmund

Dr. habil. Claus Dobiat
Philipps-Universität Marburg

Prof. Dr. Klaus Düwel
Seminar für Deutsche Philologie
der Georg-August-Universität Göttingen

Dr. Horst Fehr
Landesamt für Denkmalpflege Koblenz
Abt. Archäologische Denkmalpflege

Dr. Uta von Freeden
Römisch-Germanische Kommission des
Deutschen Archäologischen Instituts Frankfurt

Dr. Hans Geisler
Straubing

Dr. Jochen Giesler
Rheinisches Landesmuseum Bonn

Dr. Karl-Josef Gilles
Rheinisches Landesmuseum Trier

Dr. Holger Göldner
Landesamt für Denkmalpflege Darmstadt
Abt. Vor- und Frühgeschichte

Dr. Uwe Gross
Reiss-Museum Mannheim

Ulf Grothe
Rheinisches Landesmuseum Bonn

Dr. Mathilde Grünewald
Städtisches Museum Worms

Dr. Brigitte Haas
Prähistorische Staatssammlung München

Dr. Andrea Hampel
Magistrat der Stadt Frankfurt
Denkmalamt

Prof. Dr. Wolfgang Haubrichs
Universität FR 8,1–Germanistik, Saarbrücken

Dr. Georg Hauser
Dombauverwaltung des Metropolitankapitels zu Köln

Dr. Martin Heinzelmann
Deutsches Historisches Institut Paris

Prof. Dr. Joachim Henning
Johann Wolfgang Goethe-Universität Frankfurt

Volker Hilberg
Landesamt für Denkmalpflege Darmstadt

Dr. Olaf Höckmann
Römisch-Germanisches Zentralmuseum Mainz

Prof. Dr. Jörg Jarnut
Universität Gesamthochschule Paderborn

Dr. Antje Kluge-Pinsker
Römisch-Germanisches Zentralmuseum Mainz

Prof. Dr. Matthias Knaut
Fachhochschule für Technik und Wirtschaft Berlin

Dr. Ronald Knöchlein
Landesamt für Denkmalpflege Mainz

Dr. Robert Koch
Bayerisches Landesamt für Denkmalpflege Nürnberg

Dr. Ursula Koch
Reiss-Museum Mannheim

Prof. Dr. Theo Kölzer
Historisches Seminar der Universität Bonn

Dr. Hans-Peter Kuhnen
Rheinisches Landesmuseum Trier

Prof. Dr. Manfred Kunter
Justus-Liebig-Universität Gießen

Dr. Friedrich Laux
Hamburger Museum für Archäologie

Lothar Mark
Dezernat für Kultur, Schulen und Sport Mannheim

Prof. Dr. Hubert Mordek
Historisches Seminar der Universität Freiburg

Prof. Dr. Dres. h.c. Michael Müller-Wille
Institut für Ur- und Frühgeschichte der Universität Kiel

Dr. Heino Neumayer
Museum für Vor- und Frühgeschichte Berlin

Prof. Dr. Ulrich Nonn
Institut für Geschichte der Universität Koblenz-Landau, Abt. Koblenz

Dr. Bernd Päffgen
Rheinisches Amt für Denkmalpflege
Außenstelle Niederzier-Hambach

Dr. Carl Pause
Rheinisches Landesmuseum Bonn

Prof. Dr. Renate Pirling
Museum Burg Linn, Krefeld

Prof. Dr. Friedrich Prinz
Universität München

Dr. Gerhard Quaas
Deutsches Historisches Museum Berlin

Dr. Christoph Reichmann
Museum Burg Linn, Krefeld

Dr. Robert Reiß
Landesamt für Archäologie mit Landesmuseum für Vorgeschichte Dresden

Sebastian Ristow M.A.
Dombauverwaltung des Metropolitankapitels zu Köln

Prof. Dr. Helmut Roth
Institut für Vor- und Frühgeschichte der Universität Bonn

Andreas Schäfer M.A.
Universität Marburg

Prof. Dr. Berthold Schmidt
Halle

Prof. Dr. Reinhard Schneider
Institut für Geschichte der Universität Saarbrücken

Dr. Lothar Schwinden
Rheinisches Landesmuseum Trier

Dr. Frank Siegmund
Seminar für Ur- und Frühgeschichte der Universität Göttingen

Prof. Dr. Matthias Springer
Institut für Geschichte der Universität Magdeburg

Prof. Dr. Franz Staab
Historisches Seminar der Universität Koblenz-Landau, Abt. Landau

Eva Stauch M.A.
Würzburg

Dr. Egon Wamers
Museum für Vor- und Frühgeschichte
Archäologisches Museum der Stadt Frankfurt

Dr. habil. Norbert Wand
Bensheim

Dr. Alfried Wieczorek
Reiss-Museum Mannheim

Dr. Hermann Wiegand
Karl-Friedrich-Gymnasium Mannheim

Dr. Ursula Wittwer-Backofen
Justus-Liebig-Universität Gießen

Dr. Gudula Zeller
Landesdenkmalamt Mainz

Dr. Alfons Zettler
Historisches Seminar der Universität Freiburg

Frankreich

Michel Banniard
Professeur à l'Université de Toulouse

Josiane Barbier
Conservateur aux Archives Nationales Paris

Walter Berry
Archéologie Reims Cathédrale

Olivier Bruand
Maître de conférences à l'Université du Maine
Le Mans

Luc Buchet
Centre National de la Recherche scientifique
Saint-Germain-en-Laye

Pierre Caillet
Professeur à l'Université de Paris X (Nanterre)

Jean Durliat
Professeur à l'Université de Toulouse

Michèle Gaillard
Professeur à l'Université de Paris XIII

Anne-Marie Helvétius
Maître de conférences à l'Université du Littoral
Boulogne-sur-Mer

Michel Kazanski
Centre National de la Recherche scientifique
St-Germain-en-Laye

Régine LeJan
Professeur à l'Université Charles-de-Gaulle
Lille III

Stéphane Lebecq
Professeur à l'Université Charles-de-Gaulle
Lille III

Laurence Leloup-Le Montreer
Paris

Claude Lorren
Centre de Recherches Archéologiques Médiévales
Université de Caen

Patrick Périn
Conservateur en chef Musées des Antiquités Nationales
Saint-Germain-en-Laye

Pierre Riché
Professeur ém. à l'Université de Paris X
(Nanterre)

Michel Rouche
Professeur à l'Université de Paris IV (Sorbonne)

Claude Seiller
Musée municipal Boulogne-sur-mer

Françoise Vallet
Musée des Antiquités Nationales
Saint-Germain-en-Laye

Jean Vezin
Directeur à l'Ecole Pratique des Hautes Etudes
IVe Section (Sorbonne) Colombes

Niederlande

Dr. Henk A. Hiddink
Amsterdam

Dr. Egge Knol
Museumeiland Groningen

Dr. Frans Theuws
Instituut foor Prae- en Protohist. Archeologie
Universiteit Amsterdam

Großbritannien

Dr. Ian Wood
School of History University of Leeds

Luxemburg

Dr. Jean Krier
Musée national d'Histoire et d'Art Luxembourg

Leihgeber

Deutschland

Aachen
Museum Burg Frankenberg
Dr. U. Schneider, Dr. A. C. Oellers

Aschaffenburg
Stiftsmuseum
Dr. I. Jenderko-Sichelschmidt,
Dr. G. Ermischer

Augsburg
Römisches Museum
Dr. L. Bakker

Augsburg
Bayerisches Landesamt für Denkmalpflege
Dr. W. Czysz

Bad Frankenhausen
Kreisheimatmuseum
R. Weinert

Berlin
Staatsbibliothek
Dr. R. Landwehrmeyer, Prof. Dr. T. Brandis

Berlin
Museum für Vor- und Frühgeschichte
Prof. Dr. W. Menghin,
Dipl.-Archäol. M. Bertram

Berlin
Deutsches Historisches Museum
Prof. Dr. C. Stölzl, Dr. G. Quaas

Bonn
Rheinisches Landesmuseum
Prof. Dr. F. G. Zehnder, Dr. J. Giesler

Darmstadt
Hessisches Landesmuseum
Dr. S. Ebert-Schifferer, Dr. W. Stolle,
Dr. T. Jülich

Darmstadt
Landesamt für Denkmalpflege Hessen
Dr. H. Göldner

Dieburg
I. Röder

Dortmund
Museum für Kunst- und Kulturgeschichte
W. E. Weick M.A., K. H. Deutmann M.A.

Essen
Schatzkammer der Propsteikirche
St. Ludgerus
Dr. H. Engel

Frankenthal
Erkenbert-Museum
Dr. E. J. Hürkey

Frankfurt a. M.
Dommuseum
Dr. G. Hefele, Bischöfliches Ordinariat
Limburg

Frankfurt
Magistrat der Stadt Frankfurt, Denkmalamt
Dr. A. Hampel

Frankfurt a. M.
Museum für Vor- und Frühgeschichte
Prof. Dr. W. Meier-Arendt,
Dr. E. Wamers

Freiburg
Landesdenkmalamt Baden-Württemberg
Dr. G. Fingerlin

Groß-Gerau
Stadtmuseum
J. Volkmann M.A.

Stadt Gunzenhausen
Oberbürgermeister G. Trautner

Halle
Landesmuseum für Vorgeschichte
Dr. habil. S. Fröhlich, B. Stoll-Tucker

Hamm
Städt. Gustav-Lübcke-Museum
Dr. E. Schwinzer

Hannover
Niedersächsisches Landesmuseum
Dr. H. Grape-Albers, Dr. H.-J. Häßler,
Dr. Dr. G. Wegner

Heidelberg
Kurpfälzisches Museum
Dr. J. Bahns, Dr. R. Ludwig

Heidelberg
Universitätsbibliothek
Dr. H. J. Dörpinghaus, Dr. G. Weber,
Dr. V. Probst

Heilbronn
Städtische Museen
Dr. A. Pfeiffer, Dr. C. Jacob

Herne
Emschertal-Museum
Dr. A. von Knorre, Dr. G. Wand-Seyer

Karlsruhe
Landesdenkmalamt Baden-Württemberg
Dr. D. Lutz

Karlsruhe
Badisches Landesmuseum
Prof. Dr. H. Siebenmorgen, Dr. K. Eckerle

Karlstadt
Stadtgeschichtliches Museum
R. Obst, G. Büttner

Kassel
Hessisches Landesmuseum
Dr. H. Ottomeyer, Dr. I. Kappel

Kempten
Stadtarchäologie
Dr. G. Weber, V. Babucke M.A.

Koblenz
Landesamt für Denkmalpflege
Dr. H. Fehr, Dr. H.-H. Wegener

Koblenz
Landeshauptarchiv
Dr. H.-G. Borck, Dr. F. Flach

Köln
Metropolitankapitel
Dompropst B. Henrichs, Domgrabung
Dr. G. Hauser

Köln
Römisch-Germanisches Museum
Prof. Dr. H. Hellenkemper,
Dr. F. Naumann-Steckner, Dr. M. Riedel

Korbach
Städtisches Museum
Dr. W. Völcker-Janssen

Krefeld
Museum Burg Linn
Prof. Dr. R. Pirling, Dr. C. Reichmann

Ladenburg
Lobdengaumuseum
Dr. B. Heukemes

Landshut
Bayerisches Landesamt für Denkmalpflege
Dr. B. Engelhardt

Mainz
Römisch-Germanisches Zentralmuseum
Dr. K. Weidemann,
Dr. M. Schulze-Dörrlamm

Mainz
Landesamt für Denkmalpflege
Dr. G. Rupprecht, Dr. M. Witteyer

Mainz
Landesmuseum
Dr. G. Fiedler-Bender, Dr. K. V. Decker

Mannheim
Reiss-Museum
Prof. Dr. K. von Welck, Dr. A. Wieczorek,
Dr. K. W. Beinhauer

Mannheim
Universitätsbibliothek
Ltd. Bibl.-Dir. Dipl.-Phys. C. Benz,
Dr. W. Schibel

Meschede
C. A. Graf von Westphalen

München
Prähistorische Staatssammlung
Prof. Dr. L. Wamser, Dr. B. Haas

Münster
Westfälisches Museum für Archäologie
Dr. G. Isenberg, Dr. H. Polenz,
Dr. Gisela Schumacher-Matthäus

Nackenheim
A. Cremer

Nürnberg
Germanisches Nationalmuseum
Dr. G. U. Großmann, Dr. T. Springer,
Dipl.-Museol. Anne-Cathrin Schreck

Paderborn
Museum in der Kaiserpfalz
Dr. M. Wemhoff

Regensburg
Museen der Stadt Regensburg
Dr. M. Angerer, Dr. R. Boos

Soest
Burghofmuseum
R. Möller

Speyer
Historisches Museum der Pfalz
Dr. M. M. Grewenig, Dr. L. Sperber

Speyer
Landesarchiv
Dr. K. H. Debus

Straubing
Gäubodenmuseum
Dr. J. Prammer

Stuttgart
Württembergisches Landesmuseum
Prof. Dr. V. Himmelein, Dr. R. Wolf

Stuttgart
Landesdenkmalamt Baden-Württemberg
Prof. Dr. D. Planck, Dr. J. Biel,
Dr. H. Schäfer

Trier
Domschatz
Prof. Dr. Dr. F. Ronig

Trier
Rheinisches Landesmuseum
Dr. H.-P. Kuhnen, Dr. K. J. Gilles,
L. Schwinden

Weimar
Museum für Ur- und Frühgeschichte
Thüringens
Dr. habil. S. Dušek

Westhofen
J. Grünewald

Wiesbaden
Museum Wiesbaden
Dr. V. Rathemeyer, Dr. B. Pinsker

Worms
Museum im Andreasstift
Dr. M. Grünewald

Würzburg
Bayer. Landesamt für Denkmalpflege
Dr. M. Hoppe

Würzburg
Mainfränkisches Museum
Dr. H. P. Trenschel

Zeuzleben
F. Beßler

Frankreich

Abbéville
Musée Boucher-de-Perthes
M. Agache-Lecat, P. Hazebrouck

Audun-le-Tiche
Musée Archéologique
R. Habay, M. Maffessoli-Habay

Beauvais
Musée départemental de l'Oise
M.-J. Salmon, J. Galiègue, R. Schuler

Caen
Musée de Normandie
J.-J. Bertaux, J.-Y. Marin, S. Berthelot

Cambrai
Musée Municipal
F. Magny

Chalon-sur-Saône
Musée Vivant-Denon
A. Laurencin, L. Bonnamour

Charleville-Mézières
Musée de l'Ardenne
A. Tourneux

Châtillon-Coligny
Musée de Châtillon-Coligny
H. Zurfluh

Chelles
Musée Municipal Alfred Bonno
C. Charamond

Colmar
Archives départementales du Haut-Rhin
J.-L. Eichenlaub, Y. Grass

Cutry
Mairie, Dépôt de Fouilles

Douai
Musée de Douai
E. Louis

Lezoux
Musée de la Céramique galloromaine
H. Vertet, Y. Duterne

Louvres
Musée d'Histoire et d'Archéologie
C. Huet, M. Depraetere-Dargery

Marseille
Direction des Recherches Archéologiques Subaquatiques et Sous-marines
L. Long, M.-P. Jézégou

Metz
Chapître de la Cathédrale
C. Stephan, P. Raffin

Mortain
Mairie de Mortain
N. Blin

Nancy
Musée Historique Lorrain
F. Roze

Paris
Archives Nationales de France
A. Erlande-Brandenburg, L. Forlivesi

Paris
Bibliothèque Nationale de France
J. Favier, M. Amandry, F. Avril, F. Callu, A. Pouderoux

Paris
Musée Carnavalet
J.-M. Leri, P. Velay, R. Davray-Piekolek

Paris
Musée National du Moyen Age
V. Huchard, O. Menegaux

Reims
Musée Saint-Rémi
M. Bouxin

Rouen
Musée des Antiquités
G. Senequier, N. Roy

Saint-Benoît-sur-Loire
Abbaye de Saint-Benoît de Fleury
Abbé E. Ricaud

Saint-Denis
Unité d'Archéologie de Saint-Denis
N. Meyer Rodrigues

Saint-Denis
Service Régional de l'Archéologie de l'Ile de France
M. Petit

Saint-Germain-en-Laye
Musée des Antiquités Nationales
P. Périn, F. Vallet

Strasbourg
Musée Archéologique
B. Schnitzler

Toul
Musée Municipal
M. Hachet

Vitry
P. Forni

Niederlande

Amsterdam
Institut voor Pre- en Protohist. Archeologie
Prof. Dr. H. A. Heidinga, Dr. F. Theuws

Groningen
Groninger Museum
F. Haks, Dr. E. Knol, P. ter Hofstede

Leiden
Rijksmuseum van Oudheden
Dr. J. R. Magendans, Dr. A. Peddemors

Belgien

Asse-Zellik
Instituut voor het archeologisch Patrimonium
Prof. Dr. G. De Boe, Dr. L. van Impe

Bruxelles
Musées Royaux d'Art et d'Histoire
F. Van Noten, Dr. L. Vanhaeke

Morlanwelz-Mariemont
Musée Royal de Mariemont
Prof. Dr. G. Donnay, P. Dartevelle

Namur
Musée Archéologique
A. Dasnoy, J. Plumier

Tournai
Musée d'Histoire et d'Archéologie
Dr. J. Vlaeminck

Tournai
J. Gérard

Luxemburg

Luxembourg, Musée National d'Histoire et d'Art
Paul Reiles, Dr. J. Krier

Schweiz

Basel
Historisches Museum
Dr. B. von Roda, P. Kamber

Delémont
Musée jurassien d'art et d'histoire
S. Stékoffer, Dr. P. Philippe

Lausanne
Musée Cantonal d'Archéologie et d'Histoire
G. Kaenel

Großbritannien

Dover
Dover Archaeological Group
K. Parfitt, Esq. B.A.

London
British Museum
Dr. R. G. W. Anderson,
Dr. N. M. Stratford, Dr. L. Webster

Österreich

Innsbruck
Tiroler Landesmuseum Ferdinandeum
Ao. Univ.-Prof. Dr. G. Ammann,
Ao. Univ.-Prof. Dr. L. Zemmer-Plank

Eine Geschichte – zwei Geschichten

Einführung

Eine Geschichte - zwei Geschichten

Lothar Mark

Frankreich begeht im Jahr 1996 die 1500-Jahr-Feier der Taufe Chlodwigs I. Während des Kampfes in der Schlacht gegen die Alamannen bei Tolbiacum (Zülpich, Kr. Düren) im Jahr 496 gelobte Chlodwig, zum katholischen Glauben überzutreten, wenn der Gott der Christen ihn in diesem Kampf unterstütze. Unmittelbar nach diesem Gelöbnis - berichtet Gregor von Tours - wandten sich die Alamannen und begannen zu fliehen.
Der heidnische König löste sein Gelöbnis in der Folgezeit ein. Zwar ist das Jahr der Taufe Chlodwigs noch immer umstritten, die Jahre 496, 498, 506 und 508 werden hierfür in Anspruch genommen, an dem Taufakt selbst bestehen aber keine Zweifel. So gedenkt Frankreich dieses Ereignisses zum frühestmöglichen Zeitpunkt (Abb. 34). Am 22. September 1996 werden die Feierlichkeiten in Reims, dem Ort der Taufe durch Bischof Remigius von Reims, in Anwesenheit des Papstes ihren Höhepunkt erreichen (Abb. 1).

Frankreich: Von Vercingetorix bis Clovis/Chlodwig

Chlodwig und seiner Taufe wird in Frankreich ein ganz anderer Stellenwert zugemessen, als dies in Deutschland der Fall ist. Jeder Schülerin und jedem Schüler in Frankreich ist Clovis, wie Chlodwig dort genannt wird, als der erste König Frankreichs geläufig; mit seiner Taufe sei die Zeit der »invasions barbares« - die Zeit der Invasion Galliens durch »barbarische Völker« - endgültig zu Ende gegangen.
Die Taufe Chlodwigs und der 3000 Personen seines Heeres in Reims markiert in den Schulbüchern Frankreichs die Einbindung der »barbarischen« Beherrscher Galliens in das christlich geprägte gallo-römische Umfeld. Dabei wird dieser Vorgang nicht als Synthese zwischen verschiedenen Völkerschaften, sondern als die Assimilierung der »Barbaren« empfunden. Für die gallo-römische Bevölkerung Galliens mit ihrer aus der Antike bewahrten »gallischen« Kultur waren die fränkischen Herrscher nun ein Teil ihres Wertesystems, die Bewahrer der christlich geprägten gallo-römischen Kultur.
Mit Chlodwigs Anerkennung der Werte der großen gallo-römischen Bevölkerungsmehrheit - im Taufakt zum Ausdruck gebracht - hatte er zugleich auch seine Herrschaft über Gallien legitimiert. Nach all den Wirren der »invasions barbares« und nach der langen Zeit römischer Fremdherrschaft gab Chlodwig als legitimer Herrscher Gallien seine Eigenstaatlichkeit zurück. Mit der Taufe war auch die Geburtsstunde Frankreichs gekommen (Abb. 2). Und Chlodwig steht am Beginn dieses neuen Staatswesens, legt die Grundlagen für die neue Einheit Galliens. Die französische Nation ist geboren! Diese Sichtweise vermitteln auch Kinderbücher allerjüngster Zeit (Abb. 3).
Die Niederlage des Vercingetorix, Caesars gallischem Gegenspieler, war mit der Geburt Frankreichs ausgeräumt. Der Traum des Vercingetorix von einem eigenständigen gallischen Staatswesen - er wurde von Chlodwig in die Tat umgesetzt. Es kann nicht verwundern, daß Chlodwig deshalb eine besonders prominente Stellung im Pantheon der französischen Geschichte zukommt (Abb. 34) und daß Napoleon I. bewußt anläßlich seiner Kaiserkrönung 1804 auf seinem Krönungsmantel die bienenähnlichen Goldbesätze, ähnlich denen aus dem Grab des Vaters von Chlodwig, König Childerichs I. von Tournai, anbringen ließ (Abb. 28). Damit knüpfte er direkt bei der Familie des Begründers der Nation an und fand zugleich ein neues Symbol seiner Herrschaft. Die Lilien der Bourbonen standen für das abgewirtschaftete Königtum, die »Bienen« Childerichs für die kraftvolle Renovatio der Zeit Chlodwigs unter Napoleon.

Deutschland: Tacitus und die Stämme

Chlodwig und die Franken - gehören sie nur zur französischen Geschichte? Vermitteln uns nicht unsere deutschen Schulbücher ein ganz anderes Bild Chlodwigs und seiner Franken?

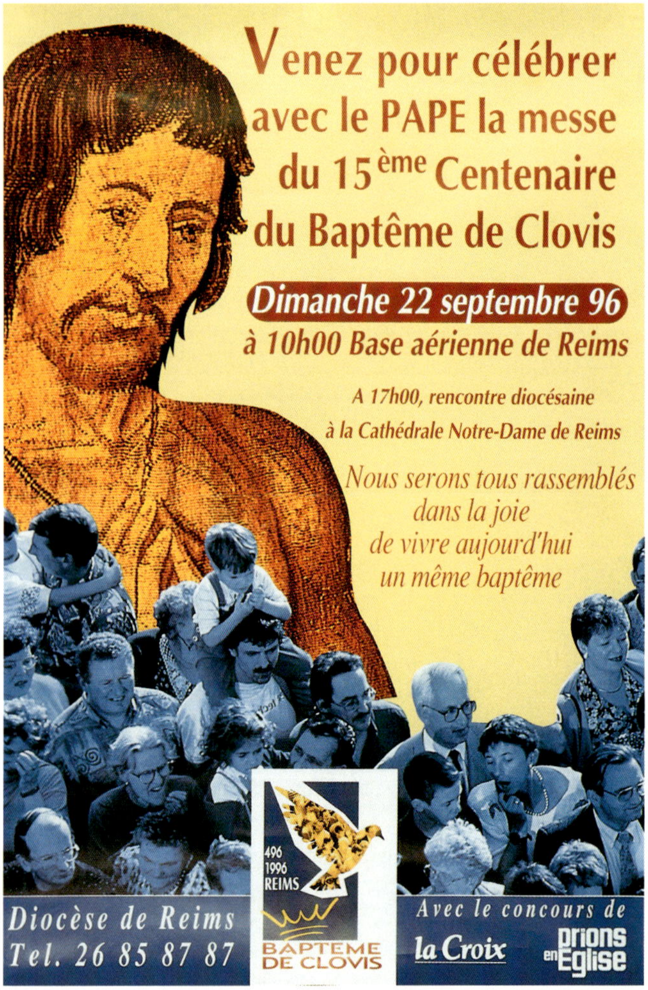

Abb. 1 *Plakat der Diözese Reims, 1996.*

Abb. 2 *Notre Histoire, Sondernummer April 1996.*

Wir lesen, daß die Franken ein »Stamm« der Germanen seien, der zusammen mit anderen Stämmen – Alamannen, Bajuwaren, Friesen, Chatten/Hessen, Sachsen und Thüringern – später zum deutschen Volk zusammengewachsen sei. Weitere Stämme, die in den Wirren der Völkerwanderung aufgerieben worden seien, z. B. die Goten und Wandalen, wären eng verwandt gewesen. Den »invasions barbares« des französischen Geschichtsbildes steht die weitaus positiver empfundene Völkerwanderung des deutschen Geschichtsbildes entgegen.

Hat nicht Tacitus die Tugenden der Germanen in ihrer Gesamtheit in seiner *Germania* beschrieben? Auch wenn Jahrhunderte zwischen der Darstellung des Tacitus und den Franken Chlodwigs liegen, das Bild von den rauhen, trinkfesten, selbstbewußten, in jedem Fall aber freien und aufrichtigen Bauernkriegern blieb.

Diese Bauernkrieger seien durch die Gewalt der asiatischen Reitervölker unter der Führung der Hunnen aus ihren angestammten Heimatregionen verdrängt worden und deshalb nach Westen und Süden mit Mann und Maus, Frau und Kind aufgebrochen. Dank ihrer unverbrauchten Freiheitsliebe habe es ihnen gelingen können, die Römer und mit ihnen den größten Teil der einheimischen Bevölkerung zu vertreiben.

Gallien erscheint in deutschen Schulbüchern als bis zur Loire germanisiert. Bis zu dieser Linie siedelten sich die germani-

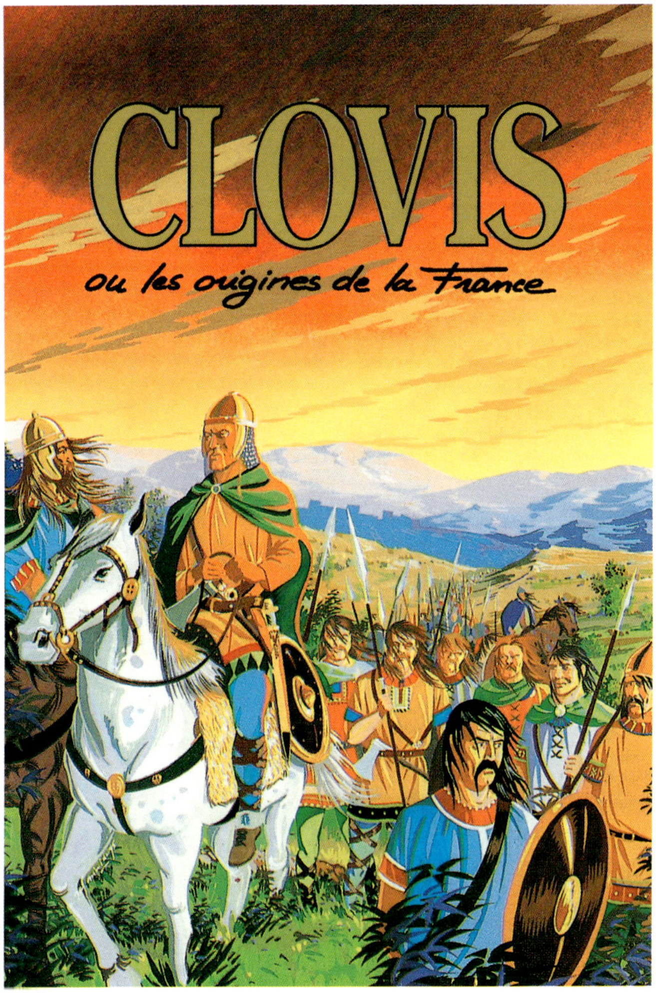

Abb. 3 *»Chlodwig und die Ursprünge Frankreichs«. Titelbild eines französischen Kinderbuches von 1995.*

Abb. 3a *Plakat der Diözese Reims 1995 nach der Emailtafel von 1896, die am Sarkophag des hl. Remigius in St-Rémi zu Reims angebracht ist.*

schen Franken in Gallien an, heißt es. Lediglich »Reste der keltisch-gallischen Urbevölkerung« hätten im Land verbleiben können und »vermischten sich im Laufe der Zeit durch Heirat mit den Franken«.

Die deutsche Sprachforschung und die Archäologie untermauerten mit Verbreitungskarten von Wortgrenzen, Lautgrenzen und der archäologischen Hinterlassenschaft der als rein germanisch gedeuteten »Reihengräberzivilisation« die Thesen der Historiker. Aquitanien, das heutige Südfrankreich, galt demzufolge als das Rückzugsgebiet der gallo-römischen Bevölkerung. Nordfrankreich, Belgien, die Niederlande und natürlich die linksrheinischen Gebiete Deutschlands – die Kernlande des fränkischen Königtums – waren danach zum alleinigen Siedlungsraum fränkisch-germanischer Bauernkrieger geworden.

Chlodwig selbst erhielt in deutschen Schulbüchern keine guten Noten. »Rücksichtslos war sein Machtwille«. »Durch Mord, Verrat und List beseitigte er seine nächsten Verwandten, die anderen Gaufürsten, und machte sich zum König aller Franken.« Kein Germane im Sinne von Tacitus, unser Chlodwig! Er unterjocht die freien Franken und untergräbt das angestammte Volksrecht. »Nach und nach ging manches Volksrecht auf den König über«, heißt es da mit bedauerndem Unterton. »Doch vermochte er nicht, von den freien Germanen nach römischer Sitte Steuern einzutreiben«, folgt fast triumphierend in der Schulbuchdarstellung.

Auch die marxistisch-leninistische Geschichtsschreibung sieht in der Ablösung der »spätantiken Sklavenhaltergesellschaft« durch die freie germanische Bauerngesellschaft einen Lichtblick in der sonst als düster empfundenen Geschichte der Antike und des Mittelalters.

Die Geschichte der Franken – sie ist also doch ein Teil der deutschen Geschichte? Dokumentiert sich nicht im Föderalismus Deutschlands noch immer die Freiheitsliebe der Germanen? Oder mit anderem Grundton: zeigt sich darin nicht weiterhin die unbändige, unzivilisiert-barbarische Streitsucht der Nachfahren der Germanen? Im Zentralismus Frankreichs mag dagegen mancher den übermächtigen, typisch romanischen Verwaltungsapparat erkennen, der zuweilen byzantinischen Charakter annimmt. Vorurteile dieser Art finden auch heute noch ihre Anhänger und haben Tradition bei Deutschen und Franzosen.

Im Blickpunkt der jeweiligen Nationalgeschichte: Gallier und Germanen

In den Schulbüchern beider Länder sind die einprägsamen Gleichsetzungen von Germanen = Deutschen, Galliern (Kelten) = Franzosen noch immer präsent. Die Zeit

Abb. 4 *Alesia, Denkmal des Vercingetorix.*

Abb. 5 *Hermannsdenkmal im Teutoburger Wald. Das gewaltige Monument ist 57 m hoch; das 7 m lange Schwert wiegt 11 Zentner. – Die retuschierte weiße Wolke gibt dem Cherusker zusätzlichen Glanz!*

Abb. 6 Des Helden Heimfahrt. - Nach H. A. Jacobsen/H. Dollinger (Hrsg.), Deutschland. 100 Jahre Deutsche Geschichte (1969–73).

der gemeinsamen Herausbildung beider Völker vom 5. Jahrhundert bis zur ersten Jahrtausendwende wird zugunsten der Verlängerung der jeweiligen Nationalgeschichte in die Tiefe der Zeit verdrängt. Theodor Mommsen sprach von einer 2000jährigen deutschen Geschichte, Camille Jullian von 3000 Jahren französischer Geschichte kurz danach. Kurt Pastenaci kontert 1940 mit dem 4000jährigen Reich der Deutschen.

Das gegenseitige Bild der Deutschen und Franzosen wird auch heute noch geprägt von den Vorstellungen des 19. Jahrhunderts.

Für das 19. und die erste Hälfte des 20. Jahrhunderts war es eine gewichtige Frage, ob mit den germanischen Franken einst Deutsche über Franzosen herrschten oder ob mit den Franken als einer Mischung aus romanisierten Germanen und vielen Galliern eher die Vorfahren der Franzosen über »deutsche Stämme« geboten. Trotz der Bezwingung Napoleons I. 1815 blieb in den deutschen Ländern das Trauma von der französischen Vorherrschaft - jetzt immer noch auf dem Gebiet der Kultur - bestehen.

Als Friedrich Schlegel 1808 den Nachweis der Urverwandtschaft der Völker Europas antrat und den Begriff der »Indogermanischen Sprache« prägte, war alsbald die Frage gestellt, welches Volk wohl Hauptträger der Wanderung der »Indogermanen« von Indien nach Europa gewesen sein könnte. Die keltisch-gallische Kultur erschien als die höherwertige, sprachen doch auch die antiken Schriftquellen von ihnen und ihren kulturellen Leistungen. Die Germanen waren eher als zuruckgebliebene, unzivilisierte Hirten, Krieger und Jäger gekennzeichnet - Barbaren mit anderen Worten. Dieses Germanenbild findet sich auch auf einer Kupfergravur von J. Kok der Zeit zwischen 1785 und 1796 (Abb. 373). Dargestellt ist die Unterwerfung der salischen Franken durch Kaiser Julian zum Jahr 358. Die germanischen Franken kauern halbnackt, nur notdürftig mit Fellen bekleidet vor dem siegreichen Feldherrn, der ihnen - ganz in der Pose des antiken Humanisten - trotz ihrer Verfehlungen das Siedlungsgebiet im niederländischen Toxandrien gewährt.

Die junge Altertumswissenschaft ließ ähnliche Schlüsse zur Gewißheit werden. Heinrich Schreiber bemerkte 1842 in seiner Abhandlung »Die ehernen Streitkeile« zumal in Deutschland: »Um jedoch die Streitkeile und die übrigen Bronzewaren zu verarbeiten, hätten die Germanen Bergleute und Metallarbeiter sein müssen, was sie nicht waren. Dafür bürgt schon ihre Abneigung gegen jede anstrengende Arbeit.« Man sieht, Mitte des 19. Jahrhunderts waren das »Made In Germany« noch nicht erfunden und die arbeitsamen, korrekten Teutonen noch nicht entdeckt.

Alle metallenen archäologischen Funde - auch in den deutschen Ländern - sollten demzufolge von dem keltischen Urvolk stammen. Die kulturelle keltisch-gallische Überlegenheit wurde noch in der ersten Hälfte des 19. Jahrhunderts durch Paul-Henri Martin zum Gemeingut in Frankreich.

Diese Schmach suchten natürlich die Anhänger einer germanischen Führungsrolle in Europa zu zerstreuen. Jacob Grimm erkannte 1848 in seiner Geschichte der deutschen Sprache die Germanen als die Träger der »indogermanischen« Wanderung, bevor sich die Völker in Europa voneinander schieden. Zeitgleich entstanden an vielen Orten »vaterländische Vereinigungen«, Altertumsvereine wie der Mannheimer, die es sich zur Aufgabe machten, den Nachweis der germanischen Kultur als zumindest gleichberechtigter zu der der Kelten bzw. Gallier zu führen. Insbesondere der Einigungswille in den deutschen Ländern hatte auch die nationale Forschung beflügelt.

Die Untersuchungen Ludwig Lindenschmits

und anderer deutscher Altertumsforscher erwiesen sich als erfolgreich. Mit der Auffindung des »germanischen Todtenlagers bei Selzen in der Provinz Rheinhessen« gelang den Brüdern Ludwig und Wilhelm Lindenschmit 1848 der Nachweis, daß auch den Germanen der Völkerwanderungszeit eine höhere Kultur zuerkannt werden müsse.

Die Germanentümelei zwischen 1871 und 1945: Von Hermann dem Cherusker bis Widukind

Während im Frankreich Napoleons III. allenthalben Denkmäler zu Ehren des Volkshelden Vercingetorix errichtet wurden (Abb. 4) und Napoleon III. Ausgrabungen in Alesia durchführte, dem Ort der Niederlage des Helden und Ort der neuen nationalen Gedenkstätte Frankreichs, ließ in den deutschen Ländern eine nationale Gedenkstätte noch auf sich warten. Zwar arbeitete Ernst von Bandel seit 1837 im Teutoburger Wald bei Detmold an einem großen Denkmal für Hermann (Arminius) den Cheruskerfürsten, doch erst 1875 fand die feierliche Einweihung in Anwesenheit Kaiser Wilhelms I. statt (Abb. 5). Arminius hatte im Jahr 9 n. Chr. dem Römischen Reich eine empfindliche Schlappe eingetragen. Der römische Feldherr Varus verlor in einer Schlacht drei Legionen und sein Leben. Auch spätere Versuche des Römischen Reiches, Germanien sich einzuverleiben, scheiterten. »Arminius war ein Jüngling von edlem Geschlecht, von außergewöhnlicher Tapferkeit und für einen Germanen von schneller Auffassungsgabe und Entschlußkraft« heißt es bei Velleius Paterculus (*Hist. Rom.* II, 118). Weitere seiner Tugenden hat Bandel im Auftrag des Kaisers ausmachen können: »Deutsche Einigkeit meine Stärke. Meine Stärke Deutschlands Macht« ist auf dem erhobenen Schwert in Hermanns Hand zu lesen. Und auf dem Schild folgt: »Treufest«. Seine höchste Tugend aber war es, von den Römern nicht besiegt worden zu sein. Darin unterschied er sich trefflich von dem Gallier Vercingetorix.

Hermann verkörperte das Bild des aufrechten, freiheitsliebenden und treuen Germanen auf das Beste. Und er gemahnte die keineswegs so treufesten deutschen Lande an die Tugend der Einigkeit. Fortan war das von J. Kok ca. 100 Jahre zuvor entworfene Bild der barbarischen Germanen durch das neue Bild der kraftvoll siegreichen, freiheitsliebenden und aufrichtigen germanischen Bauernkriegern ersetzt. F. Tushaus malte 1876 eine Schlacht zwischen Germanen und chancenlosen Römern (Abb. 33). Sie zeigt überdeutlich den Wandel in der Sichtweise germanischen Wesens und Tatendrangs. Den romanisierten Galliern lastete man alle negativen Eigenschaften an, die schon Tacitus bei seinen römischen Mitbürgern ausgemacht hatte.

Fortan trieb die Germanentümelei in allen Bereichen des kulturellen und politischen Lebens ihre Blüten. Kaiser Wilhelm II. förderte diesen neuen Stil, der zu einem neuen deutschen Lebensgefühl wurde. Eine Darstellung zum Tode Bismarcks 1898 mit der Unterschrift »Des Helden Heimfahrt« zeigt Bismarck von Walküren begleitet aus dem Rauch eines brennenden Wikingerschiffes aufsteigen. Das Schiff und mit ihm Bismarck nehmen Kurs auf Walhall, wo Odin im Strahlenkranz ihn schon erwartet. Eine bissige Karrikatur? Nein, es war ernst gemeint! (Abb. 6).

Nach einem Entwurf Wilhelms II. zeichnete Professor Knackfuß die christlich-germanisch geprägten Völker Europas, repräsentiert durch ihre weiblichen Symbolfiguren, auf einem Felsen hinter einem Erzengel stehend. Über ihnen schwebt das Kreuz Christi und in der Ferne – der Erzengel deutet darauf – ist ein Buddha im Lotussitz zu erkennen (Abb. 7). Die Ab-

Abb. 7 *Die Völker Europas repräsentiert durch ihre Symbolfiguren. – Nach H. A. Jacobsen/H. Dollinger (Hrsg.), Deutschland. 100 Jahre Deutsche Geschichte (1969–73).*

Abb. 7a *Die Taufe Chlodwigs; Stich von A. Zick, 19. Jahrhundert. - Privatbesitz.*

wehr der »gelben Gefahr« hat die Zeichnung zum Thema, die der Kaiser dem russischen Zaren übermitteln ließ. Die Zeichnung steht in Zusammenhang mit der »Hunnenrede« des Kaisers anläßlich des Boxeraufstandes im Jahr 1900 in China. Nur 14 Jahre später sollten die Deutschen von den Alliierten des Ersten Weltkrieges ebenfalls als Hunnen bezeichnet werden.

In der Zeit der Naziherrschaft erscheinen im deutschen Geschichtsbild Differenzierungen zwischen Germanen, die »ihren Tugenden treu« blieben, und jenen Germanen, die offensichtlich dem Prozeß der Romanisierung anheimgefallen waren und damit ihrer Tugenden verlustig gingen. Zu letzteren zählten die Franken. Nicht nur, daß ihre Sprache romanisch überformt wurde, es war ihnen offenbar auch romanische Lebensart zu eigen geworden. So wird in dieser Zeit auch der bislang positiv gesehene Kaiser Karl der Große als wortbrüchiger, eben romanisch angehauchter Sachsenschlächter dargestellt. Zum vorbildlich reinen, freiheitsliebenden Germanen wächst in den Darstellungen dieser Zeit der Sachsenführer Widukind heran.

Es wird noch einige Zeit dauern, bis das hier angeführte gegenseitige Geschichtsbild in den Schulbüchern beider Länder endgültig getilgt ist und die beide Völker noch immer prägenden Vorstellungen des 19. Jahrhunderts überwunden sind.

Mit der Ausstellung »Die Franken - Wegbereiter Europas« wird einer neuen Sicht Raum gegeben, die dem Frankenreich der Merowinger eine neue, identitätsstiftende, integrative Rolle beim Entstehungsprozeß des christlichen Abendlandes zukommen läßt.

Literatur: Beaune 1985. - Brühl 1995. - Eggers 1970. - Ganshof 1972. - Grundzüge der Geschichte 1967. - Hawitschka 1986. - Jullian 1922. - Kesting 1957. - Kienast 1968. - Kittel 1910 (ca.). - Lindenschmit/Böhner 1848 (1969). - Lot 1976. - Nationalismus 1986. - Nipperdey 1968. - Petri 1973. - von See 1970; 1984. - Werner, J. 1966.

Die Franken – Wegbereiter Europas

Franz Staab

Es ist ungewohnt, von den Franken als Nation oder Volk und nicht als Stamm zu sprechen. Schaut man in ein einschlägiges Hand- oder Schulbuch, so findet man dort die Franken als Stamm der Germanen behandelt, ihr Reich als Vorläufer, nicht als historische Basis moderner Staaten. Die gängige Meinung von einer bloßen Untergruppen- und Vorläuferrolle der Franken wird jedoch ihrer wirklichen Bedeutung bis etwa 750 nicht gerecht. Sie waren seinerzeit Wegbereiter Europas, und ihr vielfältiges Werk dient uns immer noch als Lebensgrundlage, kann sogar Anregung zum Überdenken moderner Aufgaben sein.

Die Nation der Franken, der Wandel des Frankenbegriffs und die europäische Geschichte

Vom merowingischen Frankenreich zum heutigen Frankreich scheint eine gerade Entwicklungslinie zu führen. Im Blick auf die deutsche Geschichte meint man dagegen eine Mutation zu beobachten, denn nach dem Vertrag von Verdun aus dem Jahre 843 wird nach derzeitiger Konvention gern vom ostfränkisch-deutschen Reich gesprochen, das die Grundlage des späteren, etwa um 900 beginnenden deutschen Reiches geworden sei. In ihm seien die Stämme der Franken, Sachsen, Baiern (in der Schreibweise zu unterscheiden vom Bundesland Bayern), Schwaben, Thüringer und anderer zu einem Volk zusammengewachsen, das sie nach älterer Annahme als Germanen sogar schon früher einmal gewesen seien. Dieses deutsche Geschichtsbild ist allerdings, wie sich immer deutlicher herausstellt, der politischen Ideenwelt des 19. Jahrhunderts erheblich mehr verpflichtet als den Überlieferungen des Frühmittelalters.

Auch die konventionellen französischen Vorstellungen weisen einen Bruch auf, weil man seit dem 19. Jahrhundert die prägende Kraft des Gallischen (Keltischen) und Römischen für bedeutsamer hielt als die spätere fränkische Überformung. Letztlich aber gehen alle diese Tendenzen auf die Renaissance zurück, in der man Wert darauf legte, die zeitgenössischen Völker und Staaten in die klassische Antike zurückverfolgen zu können. Seitdem betrachtete man – spätere Veränderungen großzügig überspringend – die Italiener gerne als Römer, die Franzosen als Gallier, die Deutschen als Germanen, die Polen als Skythen oder die Engländer als Briten.

Hinsichtlich des deutschen Geschichtsbildes hat Karl Ferdinand Werner in einer Reihe von Arbeiten den folgenschweren Umbruch im 19. Jahrhundert analysiert, wonach die Deutschen, die man also ohne große Vorbehalte mit den Germanen gleichsetzte, als Volk bezeichnet wurden, die germanischen Völker aber, wie die Franken, Alamannen oder Thüringer, im Unterschied dazu als Stämme. Damit ging man achtlos über antike und mittelalterliche Zeugnisse hinweg, nach denen es sich bei den so benannten Gruppen sehr wohl um selbständige Völker und nicht bloß um Stämme einer übergeordneten Volksgemeinschaft handelte.

Der Grund war die Sehnsucht des 19. Jahrhunderts nach einem deutschen Nationalstaat. Unter dem Einfluß der Theorien eines Johann Gottfried Herder (1744–1803) und Georg Wilhelm Hegel (1770–1831) hielt man es für gewiß, er sei beim deutschen Volk seit Urzeiten im Keim angelegt gewesen, um sich im Lauf der Geschichte mit Notwendigkeit zu entwickeln. Vermöge der Unterscheidung zwischen den Deutschen als Volk, den Baiern, Schwaben, Rheinfranken etc. aber als Stämme erhielt der Anspruch auf den einen deutschen Nationalstaat, die Ablehnung der deutschen Kleinstaaterei, später die Verwirklichung der sogenannten »kleindeutschen« Lösung unter Führung Preußens eine überzeugende historische Begründung. Die von der Archäologie und Sprachwissenschaft später betriebene Verlagerung des Germanenbegriffs auf skandinavische Völker, die von den Römern selbst, welche diesen Begriff zu allererst einführten, nicht als Germanen wahrgenommen worden waren, die »Vernordung« des Begriffs »Deutsche« im Nationalsozialismus, danach eine Entgermanisierung als oberflächliche Entnazifizierung der deutschen Geschichte führten zu einem modernen Geschichtsbild, in welchem die Franken und das Frankenreich die erwähnte bloße Vorläuferrolle für die deutsche Geschichte zu spielen haben. Es fehlte auch nicht an einem merkwürdigen Versuch, der älteren französischen Geschichte die Hypothese einer parallelen Stammesentwicklung anzudienen. Schafft aber die nationalistisch motivierte Unterscheidung zwischen Völkern und Stämmen nicht gerade heute wieder erhebliche Probleme?

Als moderne europäische Staaten und Völker sind jedoch Deutschland und die

Abb. 8 *Reiterfibel aus Xanten, St. Viktor Grab 66/6. Der Reiter trägt eine Tunika mit V-förmigem Ausschnitt, das Faltenbündel hinter dem rechten Arm stellt den wehenden Mantel dar. Auf dem Kopf trägt er einen eisernen Lamellenhelm mit Nasenschutz. (Kat. VII.5.25.). – Text F. Siegmund; Foto Till und Schläger, Museumsphotographie Köln.*

***Abb. 9** Siegelring Childerichs I. († 481/482) aus seinem Grab in Tournai. Umschrift: CHILDERICI REGIS, Übersetzung: »(Siegel) des Königs Childerich«. Der Siegelring zeigt den König mit schulterlangem Haar. Er trägt Panzer (?) und Mantel, in der Rechten hält er die Lanze (Kat. V.1.2.). – Text ergänzt nach F. Siegmund. Foto RGZM.*

Deutschen, Frankreich und die Franzosen, auf einer langobardischen Staatsgründung fußend selbst Italien und die Italiener in einem langen Prozeß aus der Aufteilung des Frankenreichs im 9. Jahrhundert, mithin aus fränkischen Teilreichen hervorgegangen und dabei gemeinsam durch ein bis heute erkennbares fränkisches Erbe charakterisiert. Wohl verbindet sich – um noch ein Letztes anzuführen – der alte Frankenname am leichtesten mit modernen geographischen Begriffen wie »Frankreich« oder auch »Mainfranken«. Welchen historischen Hintergrund aber solche Verknüpfungen haben, wie sie so verstanden werden sollten und nur scheinbar unmittelbar einleuchtend sind, wird deutlich, wenn man sich vergegenwärtigt, daß die »Franzosen« oder italienisch »Franceschi« sprachlich schon etwas komplizierter gebildet sind als die einfachen »Franken« oder daß in westdeutschen Dörfern »Frankreich« auch als Gassen- oder Flurname vorkommt, wo er jedoch mit dem modernen Land dieses Namens gar nichts tun hat.

Der Begriff einer Nation der Franken und ihres Reiches wendet sich also bewußt in neuer Weise der Vorstellungswelt des Frühmittelalters zu. Gegenstand der nun folgenden Betrachtungen ist die Herleitung und Ausformung verschiedener Identitäten im westlichen und östlichen Teil des Frankenreichs seit dessen Gründung durch Chlodwig I. bis zur Lockerung seiner Strukturen, die vorübergehende Herausbildung der »drei Reiche« Neustrien, Burgund und Austrasien sowie schließlich die Wiederherstellung und Konsolidierung der Einheit unter den Pippiniden-Karolingern, die mit der Königserhebung Pippins I. im Jahre 751 einen ersten Höhepunkt erreichte.

Kleinreiche, Großreich, Expansion, Teilungen und Identitäten bis zum Jahre 613

Bei der Bildung des fränkischen Großreiches stützte sich Chlodwig I. auf das von seinem Vater Childerich ererbte Reich von Tournai, kooperierte aber auch eng mit dem Kölner Frankenreich. Im Grunde konnte er auf ein Netz von fränkischen Königtümern zurückgreifen, die wie das seine unter Merowingern standen und zwischen Niederrhein und französisch Flandern auf weströmischem Boden und ursprünglich zum militärischen Schutz des Römischen Reiches angesiedelt waren. Wie andere »Barbaren«-Könige auch, so scheinen uns die Merowinger und ihre Franken in zwei verschiedenen Welten gelebt zu haben: in der Welt ihres fränkischen Königtums und eingebunden in die Militär- und Verwaltungsorganisation des Römischen Reiches. Für sie selbst war dies jedoch die Welt ihres Lebens, die ihnen verschiedene Möglichkeiten der Lebensführung erlaubte. Im 5. Jahrhundert findet man zum Beispiel den durch Namen und Stellung als Merowinger ausgewiesenen Hloderich in Trier als Christ und Offizier einer römischen Einheit; er trug denselben Namen wie der Sohn König Sigiberts des Lahmen von Köln. Der Franke Arbogast verwaltete im späten 5. Jahrhundert für die Römer Trier und das Moseltal. Chlodwig aber erwarb durch die geschickte Wahrnehmung seiner Thronfolgerechte als Merowinger nach und nach die übrigen fränkischen Kleinkönigreiche in Nordgallien. Im Osten wurde er um 508 auch König über das rheinfränkische Reich von Köln, dem er schon früher im Kampf gegen die Alamannen beigestanden hatte.

Im Gegensatz dazu hatte er in Innergallien das Reich des Syagrius und das der Westgoten, in Obergermanien den Herrschaftsbereich der Alamannen durch Krieg erobern müssen. Neben der Gründung des Großreiches war aber die Annahme des katholischen Glaubens, nicht des bei den Goten und anderen Germanen verbreiteten Arianismus, die erfolgträchtigste Tat Chlodwigs. Dies zu sagen bedeutet übrigens nicht, an der Aufrichtigkeit der Konversion zweifeln zu müssen, sondern nur, ihre Konsequenzen und Chancen abzuschätzen. Auch als Heiden hatten die Frankenkönige in ihren Funktionen im römischen Heer einem christlich gewordenen Staat gedient, und Chlodwigs Vater Childerich war bereits ein großer Bewunderer der hl. Genovefa von Paris gewesen. Über den moralischen Wandel eines Merowingerkönigs den Stab zu brechen, steht aber einem Menschen am Ende des 20. Jahrhunderts, das mit seinen Greueln früheren Zeiten mehr als gleichkommt, gewiß nicht zu.

Nach Chlodwigs Tod im Jahre 511 teilten die vier Söhne das Reich gleichmäßig unter sich und bezogen vier nicht sehr weit von einander entfernte gallische Bischofsstädte als Sitze (*sedes*): Theuderich also Reims, Chlodomer Orléans, Childebert Paris und Chlothar Soissons. Soweit wir die Modalitäten der Teilung, auch im Vergleich mit den späteren, durch die Forschungen von Eugen Ewig kennen, impliziert allein schon die Lage der Hauptstädte, daß die Teilreiche nicht die geographische Form von selbständigen, in sich geschlossenen und abgerundeten Territorien hatten, sondern eher von Verwaltungs-Sektoren eines gemeinsamen Landes. Sie waren auf Zusammenarbeit miteinander, nicht auf Unabhängigkeit voneinander angelegt. Für die Teilung maßgebende Strukturen waren zum Teil die römischen Provinzgrenzen, vor allem aber die Zuordnung der wehrhaften Städte und Kastelle, der Staatsgüter und der Verteidigungsaufgaben. Wie sehr auch die vier Könige im Geschichtswerk des Gregor von Tours († 594) als feindliche Brüder erscheinen, ihre Taten als Ausfluß wechselseitiger Verstrickung in Neid, Heimtücke und Mordlust, so erfolgreich war doch ihre Kooperation nach außen, welches die Nachbarn leidvoll erfahren mußten.

Der erste Überfall galt dem Burgundenreich im Jahre 523. Die Führung hatte hier Chlodomer von Orléans. Theuderich von Reims, mit mehr nach Osten gerichteten Interessen, hielt sich zurück, zumal er mit einer burgundischen Prinzessin verheiratet war. Aber er trat seinen Brüdern auch nicht in den Weg. Als Chlodomer 524 starb, wurde sein Erbe unter den verbliebenen Brüdern aufgeteilt. 531 eroberte man unter der Führung des Theuderich von Reims das Thüringerreich. Im gleichen Jahr jagte Childebert von Paris die Provinz Narbonne den Westgoten ab, 532 liquidierten Childebert und Chlothar, erneut ohne Beteiligung Theuderichs, das Burgundenreich. Danach schlossen sich aber Chlothar und auch Theuderich den fortdauernden Unternehmungen Childeberts gegen die Westgoten an.

Nach dem Tod Theuderichs I. 533 konnte sich dessen Sohn Theudebert bei seinen Oheimen durchsetzen und Nachfolger werden. Und schon bald griffen die Frankenkönige – wieder einhellig – auf breiter Front in den Todeskampf des Ostgotenreiches ein: Childebert und Chlothar in Südgallien, deren Neffe Theudebert in Italien, wobei erhebliche Landgewinne anfielen. Die Ausbreitung des fränkischen Reiches erfolgte also schrittweise, aber doch so schnell, daß um die Mitte des 6. Jahrhunderts die vormalige territoriale Integrität der römischen Provinzen Galliens und Germaniens fast ganz wiederhergestellt und außerdem ein östliches Vorland bis nach Niedersachsen, Thüringen und Baiern, ein südliches in Norditalien gesichert war.

Unter Theudebert wurde das Reich von Reims das expansivste der fränkischen Teilreiche. Es bildete einen besonderen Charakter aus, zumal in den rheinischen Gebieten eine erfolgreiche Reorganisation der Kirche zumindest begann, die Alamannen als neugewonnene Reichsangehörige bei den Eroberungen in Norditalien beteiligt waren und spezielle Beziehungen mit Ostrom gepflegt wurden. Hierin können erstmals identitätsbildende Elemente für ein östliches fränkisches Teilreich beobachtet werden. Theudebert starb 547, sein Sohn Theudebald 555. Mit ihm endete die erste Reimser Dynastie der Merowinger. Aber auch Childebert von Paris hinterließ 558 keine Söhne, so daß nun Chlothar von Soissons seine Residenz wie einst Chlodwig nach Paris verlegte und bis zu seinem Lebensende 561 über das ganze Frankenreich herrschte.

Chlothar I. wurde gewiß aus biologischem Zufall Gesamterbe. Er hatte allerdings auf eine Kumulierung von Erbansprüchen bei

Abb. 10 *Chlodwig mit dem hl. Remigius bei der Vorbreitung zur Taufe. – Bilderserie von Liebig's Fleischextract, Anfang 20. Jahrhundert.*

Abb. 11 *Karte der fränkischen Expansion unter Childerich und Chlodwig. – Graphische Gestaltung H. Vits.*

sich und seinem Zweig der Familie hingearbeitet. Nach dem Tod seines Bruders Chlodomer 524 brachte er dessen Kinder um und heiratete die Witwe. Bei der gemeinsamen Eroberung Thüringens 531 sicherte er sich die gefangene Thüringerprinzessin Radegund, um auch sie zu ehelichen. Die Söhne allerdings, die schließlich Chlothar I. 561 beerbten, stammten aus anderen Ehen, drei aus der mit Ingund, einer aus der mit Ingunds Schwester Arnegund. Beide Damen waren nicht gerade vornehmster Herkunft. Bei ihren Söhnen läßt sich dennoch eine geschickte und anspruchsvolle dynastische Konstruktion von Herrschaftsansprüchen beobachten, allerdings mit Rückgriff auf die Zeit vor Chlodwig. Der Name des ältesten, Sigibert, knüpft mit dem ersten Namenselement »sigi«, das uns auch im Siegfried von Xanten des Nibelungenliedes geläufig ist, an die Tradition der niederrheinischen, Kölner Frankenkönige an. Sigibert (der Lahme) von Köln hatte einst die Hilfe Chlodwigs gegen die Alamannen erhalten.

Charibert, der Name des zweiten Sohnes Chlothars I., bezog sich auf die Könige eines früheren nordgallischen Teilreichs. Der des dritten, Gunthram, und des vierten, Chilperich, rief Erinnerungen an die Burgundenkönige wach. Chilperich hat dann übrigens bei seinen Kindern wieder auf den Namen seines Vaters zurückgegriffen, aber auch, bei einer Tochter, auf den der thüringischen Königin Basina, die mit seinem Urgroßvater Childerich I. von Tournai verheiratet gewesen war. Daß solche Namengebung nicht nostalgische Spielerei war, läßt sich an den Teilreichen erkennen, die den Söhnen Chlothars I. zufielen: Sigibert I. erhielt das Reich von Reims, zu dem auch der Niederrhein gehörte, Charibert das Reich von Paris mit Nordfrankreich, Gunthram und Chilperich die Reiche von Orléans und Soissons, auf die das einst von Childebert I. und Chlothar I. eroberte Burgundenreich aufgeteilt war. Alle vier hatten überdies Anteil am ehemaligen Westgotenreich in Südgallien. Waren die Namen der Könige aus der Sicht der Merowingerdynastie Zeichen eines gegliederten Erbanspruchs, so konnten sie außerdem bei den Reichsangehörigen als Rücksichtnahme auf regionale Traditionen aufgefaßt werden, welche die

Loyalität zum König erleichterte und im Volk emotional abstützte.

In den ersten Jahren nach dem Tod des Vaters hielten die Brüder untereinander Frieden. Als jedoch Charibert von Paris 567 starb, entbrannte heftiger Streit um sein Erbe. Dabei wirkte sich Sigiberts I. Neigung zu süd- und westgallischen Interessen für sein Teilreich von Reims, das östliche Frankenreich, verhängnisvoll aus. Bedingt war Sigiberts Vorliebe für die ehemals westgotischen Teile Galliens sicher auch durch seine Heirat 566 mit der westgotischen Prinzessin Brunichild, die darauf einen besonderen Anspruch erheben mochte. Die Auseinandersetzungen der Brüder gewannen zusätzliche Schärfe und Bitterkeit, nachdem Chilperich von Soissons zunächst eine Schwester Brunichilds heiratete, diese jedoch bald zugunsten einer früheren Geliebten namens Fredegund verstieß, die anschließend ihre vornehmere Nebenbuhlerin umbringen ließ. Die daraus resultierende Todfeindschaft zwischen den Königinnen Brunichild und Fredegund, die im Nibelungenlied in den Erzählungen über Brunhilt und Kriemhilt nachklingt, überschattete die Folgezeit bis zur völligen Ausrottung der Nachkommen Brunichilds.

Während Sigibert I. nur Augen für den Westen hatte und seine Hochzeit mit Brunichild vorbereitete, ließ er es zu, daß der oströmische Feldherr Narses bis 565 die meisten fränkischen Stellungen in Norditalien zurückeroberte. Als dann der Langobardenkönig Alboin an Ostern 568 von Pannonien (Ungarn) aus nach Italien aufbrach und dort die Franken zusätzlich unter Druck setzte, war überdies eine außenpolitische Absicherung, für die noch Chlothar I. gesorgt hatte, nicht mehr vorhanden. Chlodoswinth, die Schwester der vier Frankenkönige, war nämlich mit Alboin verheiratet worden, jetzt aber, bei dessen Zug nach Italien, nicht mehr am Leben, so daß der Langobarde auf fränkische Interessen keine Rücksicht mehr zu nehmen brauchte.

Von Pannonien aus drangen überdies die mit den Langobarden verbündeten Awaren unmittelbar gegen die östlichen Grenzen des Frankenreichs vor. 561 waren sie von Sigibert I. noch geschlagen worden, doch 566 mußte er sich von ihnen den Frieden erkaufen. In den Jahren 569 bis 574 konnte Gunthram von Orléans nur mit Mühe die von Italien aus nach Burgund einfallenden Langobarden zurückschlagen. Jetzt also, in dem Jahrzehnt nach dem Tod Chlothars I., war die bis dahin unaufhaltsam scheinende Ausdehnung des Frankenreiches ins Stocken geraten. Das Teilreich von Reims, das Gregor von Tours erstmals *Auster* (Hist. Franc. V, 14: *Austria*) nennt, verlor seine oberitalienischen Gebiete und sah sich in den an Pannonien angrenzenden Gebieten dem Druck der Awaren ausgesetzt.

Nachdem Sigibert I. 575 durch Mordknechte Fredegunds umgebracht worden war, übernahm zunächst Brunichild die Regentschaft für ihren noch minderjährigen Sohn Childebert II. Aber auch der Oheim Gunthram von Orléans und Chalon bemühte sich um seinen jungen Neffen. Am 28. November 586 verpflichtete er sich und den fränkischen Adel im Vertrag von Andelot zur Anerkennung der Herrschaft des jungen Childebert im Reich von Reims wie auch – für die Zeit nach Gunthram – in dessen Reich. Der Adel zeigt sich hier bereits nach Großgruppen gegliedert, die den Teilreichen entsprechen. Neben dem zuerst begegnenden *Auster* (Ostreich), später meist Austrasien genannt, gebraucht man nun für das Reich von Paris *Neuster* (Neu-Westreich) und für das von Orléans und Chalon Burgund. Die linguistische Interpretation der ersten beiden Namen ist zur Zeit wieder einmal umstritten. Darauf kann hier nicht näher eingegangen werden. Auffallend bleibt aber, daß sie in der Zeit der ersten schriftlichen Bezeugung so

Abb. 12 *Massiv gegossener silberner und vergoldeter Armring mit Almandineinlagen in den Augen, Nüstern und Ohren. Den Armring mit Scharnier und versenkbarem Schließhaken trug eine vornehme Frau der Zeit um 500 aus Marchélepot, Dép. Somme (Kat. VII.5.37.). – Foto Klaus Göken, Staatliche Museen zu Berlin.*

neu nicht mehr sein konnten. Wenn man von dem etymologisch klaren Auster (Ostreich) ausgeht, so kann dieser Name für das Reich Sigiberts I. und Childeberts II. schwerlich erfunden worden sein, denn dieses hatte eindeutig in Südgallien große und gerade von Sigibert I. sehr wichtig genommene Teile, die eben nicht im Osten, sondern im Westen oder Süden lagen. Wenn man für Neustrien die Erklärung »Neu-Westreich« akzeptiert, so war es im späten 6. Jahrhundert keineswegs mehr neu. Das war es nur, als Chlodwig vom alten Westreich in Nordgallien ausgehend das Reich des Syagrius eroberte, das im Vergleich zum Kölner Frankenreich ebenso im Westen lag wie die nordgallischen Reiche, aber eben neuer war. Schließlich konnte auch Burgund am Ende des 6. Jahrhunderts nicht mehr als Burgundenreich bezeichnet werden, sondern es war ein Frankenreich auf der Grundlage des früheren Burgundenreiches.

Wenn dem so ist, dann zeigt sich im Gebrauch der Namen Auster, Neuster und Burgund am Ende des 6. Jahrhunderts und im 7. Jahrhundert, daß sie sowohl alte Traditionen weitergaben wie auch mit neuen Inhalten hinsichtlich der von ihnen gemeinten Königreiche, ihrer geographischen Ausdehnung und der in ihnen bestimmenden Gruppen angereichert wurden. Für Auster bedeutet dies, daß es wesentlich, wenn auch nicht nur, als Fortsetzung des Kölner Frankenreiches verstanden wurde, was sich selbst im Königsnamen Sigibert ausdrückt. Zugleich war es seit den Söhnen Chlodwigs bestimmt von seiner Tradition als Teilreich; dann wurde es Teilhaber an den Eroberungen des 6. Jahrhunderts einschließlich der südgallischen und schließlich zum Raum der Integration von Nichtfranken, sogar ehemaligen Feinden, wie den an den Feldzügen nach Italien teilnehmenden Alamannen; letztlich war es Identifikationsraum für eine Elite, welche die Bischöfe, Herzöge und Grafen stellte. Eine neue Ausrichtung nach Osten erfuhr dieses Teilreich mit dem alten Namen durch die Verlagerung der Hauptstadt von Reims nach Metz unter Childebert II.

Die abgeleiteten Namen für die Reichsangehörigen, Austrasier, Neustrier und Burgunden, dokumentieren eine beginnende Ethnogenese, also die Stiftung neuer ethnischer Identitäten, die mit denen der bisherigen Völker der Völkerwanderungszeit konkurrierten, aber, weil das Reich nicht endgültig in seine Teilreiche zerfiel, nicht definitiv an die Stelle der herkömmlichen Völker treten konnten. Immerhin durfte man Neuster und Paris in einer speziellen Traditionslinie zu Childerich und Chlodwig sehen, Burgund, Orléans und Chalon in einer ebensolchen zum einstigen Burgundenreich.

Childebert II. erwies sich als ein tatkräftiger Herrscher in Auster. Er knüpfte an die Reimser Italienpolitik der ersten Jahrhunderthälfte an und brachte vor allem die Baiern in eine strengere Abhängigkeit von seinem Reich als früher. Als er 596 vorzeitig starb, hinterließ er zwei minderjährige Söhne, Theudebert II. und Theuderich II., für die wiederum Brunichild zunächst die Vormundschaft führte. Selbständig geworden, fügten sich die beiden gegenseitig viel Schaden zu, so daß sie nacheinander 612 und 613 gewaltsam endeten, wobei böser Rat von seiten ihrer Großmutter keine unwesentliche Rolle gespielt zu haben scheint. Brunichild versuchte daraufhin, sich als Vormund für einen Urenkel zu etablieren, scheiterte jedoch an einem Adelsaufstand, der zum Ende der zweiten austrasischen Dynastie führte. Die alte Königin fiel in die Hand Chlothars II. von Paris, eines Sohnes der Fredegund, und endete schmählich, indem man sie von wilden Pferden zu Tode schleifen ließ. Als Sagengestalt begegnet sie nicht allein im weit verbreiteten Nibelungenlied, sondern auch regional als Erbauerin von nach ihr benannten Straßen und als Riesin, die Felsformationen ihren Namen gegeben hat. Bereits ein Chronist des 7. Jahrhunderts erzählt von bösen Vorahnungen, die bei der Heirat Sigiberts I. und Brunichildes verbreitet wurden: »Es kommt Bruna aus Spanien, und vor ihrem Angesicht werden viele Sippen zugrundegehen« (Fredegar III, 59). So sehr Brunichild Konfrontationen provozierte und postum verteufelt wurde, so unbezweifelbar sahen andere Zeitgenossen, wie etwa Gregor von Tours, an ihr aber auch positive Seiten. Sie hatte treue Anhänger unter verwaltungserfahrenen Gallorömern, ihr Ruf als Straßenbauerin in Frankreich hat sich aus einem historischen Kern entwickelt, Papst Gregor der Große betrachtete sie als eine Wohltäterin des Klosterwesens.

Blüte und Niedergang im 7. Jahrhundert

Chlothar II. von Paris konnte nach dem Ende Brunichilds das ganze Frankenreich an sich ziehen. Weil ihm der Adel beim Kampf gegen die Feindin seiner Mutter sehr geholfen hatte, machte er ihm 614 im Edikt von Paris weitgehende Zugeständnisse, welche die Königsmacht einschränkten. In manchem ist dieses Edikt so etwas wie eine frühe Magna Charta, da es – allerdings nur in spezifischen Fällen – Eigentum, Freiheits- und Persönlichkeitsrechte der Reichsangehörigen sicherte. Der für das heutige Europa charakteristische besondere Schutz der Rechte des einzelnen gegenüber der Macht des Staates beginnt zweifellos mit dem Pariser Edikt von 614. Die für die Ausbildung

Abb. 13 *Die Merowinger und ihre Reiche. Die genealogischen Daten sind für diese Übersicht in reduzierter Form wiedergegeben und so eingerichtet, daß die Zuordnung der Regierungssitze und Teilreiche verfolgt werden kann. – Entwurf F. Staab; graphische Gestaltung H. Vits.*

Die Merowingerkönige und ihre Reiche

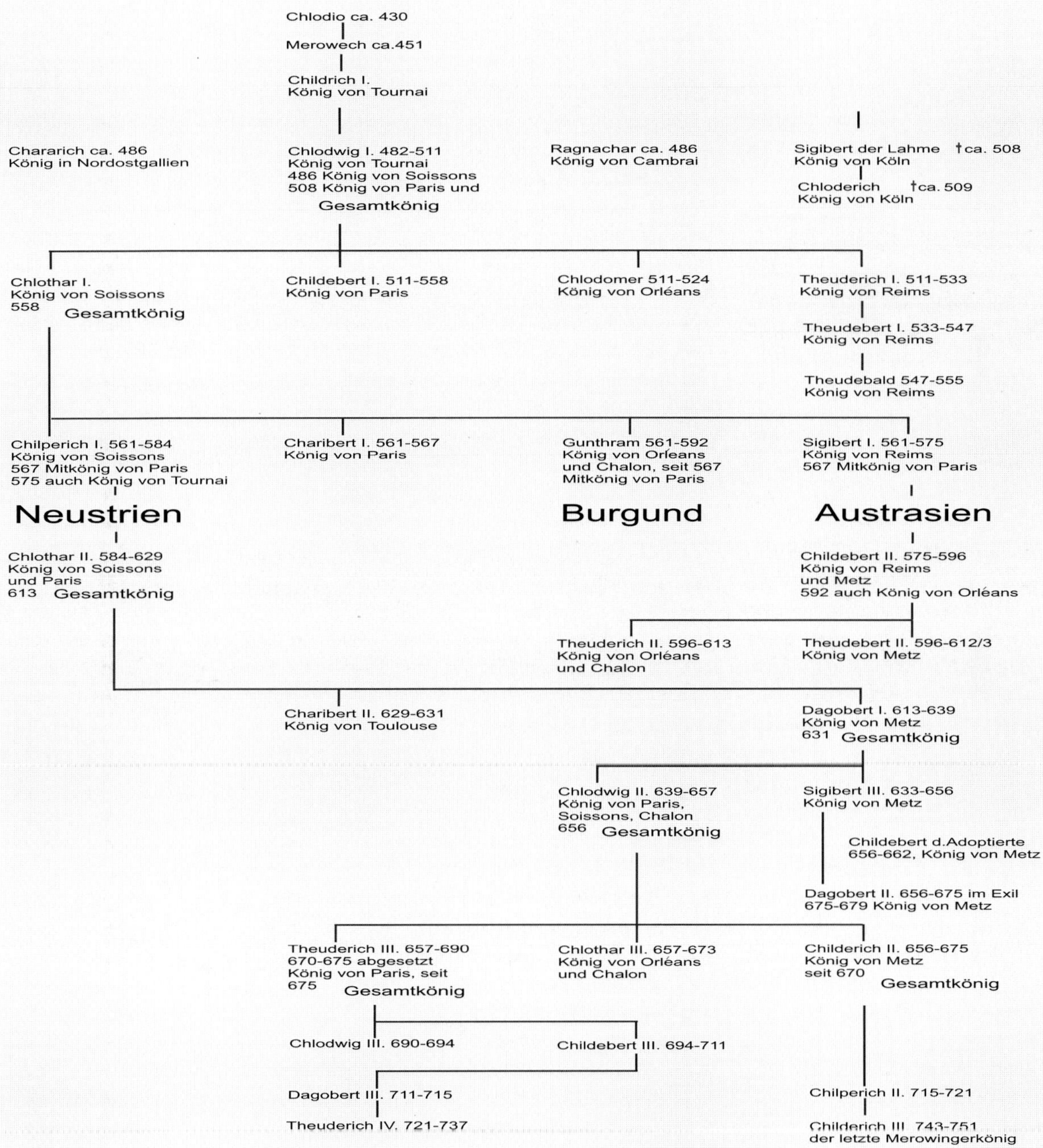

regionaler Identitäten wichtigste Bestimmung ist jedoch, daß der König sich verpflichtete, keine Landfremden zu Beamten zu machen. Trotz Vereinigung des Reiches setzten also die *tria regna,* die drei Reiche Austrasien, Neustrien und Burgund, die Respektierung ihres Eigenbewußtseins durch.

Auf die Dauer war der austrasische Adel mit diesen Privilegien jedoch nicht zufrieden und veranlaßte Chlothar II., seinen Sohn Dagobert I. 623 als Unterkönig nach Metz zu entsenden. Dort wurde eine eigene Reichsregierung gebildet mit Pippin dem Älteren als Maiordomus oder Hausmeier (Direktor des königlichen Haushalts) und mit Bischof Arnulf, einem Ahnherrn der späteren karolingischen Dynastie, als wichtigem Berater. Beim Tod seines Vaters 629 verlegte Dagobert seine Residenz wieder nach Paris und errichtete statt des austrasischen Unterkönigtums eines in Aquitanien, das er jedoch schon 631 wieder kassierte.

Austrasien wurde von erheblichen Problemen geplagt. Der Franke Samo hatte die Slawen in Böhmen von ihrer bisherigen Führungsmacht, den Awaren, unabhängig gemacht und ein Slawenreich gegründet. Es gelang ihm auch, gegenüber Dagobert I. eine gewisse Selbständigkeit zu behaupten. Bulgarische Eindringlinge in Baiern konnten allerdings besiegt werden. Die Sachsen, die seit der ersten Hälfte des 6. Jahrhunderts den Franken tributpflichtig waren, befreite Dagobert von ihrer Abgabe, damit sie statt dessen den Kampf gegen die nach Westen vordringenden Slawen in die Hand nähmen. Sie waren wenig erfolgreich bei dieser Aufgabe und besetzten zum Schaden des Reiches nach und nach fränkische Siedlungsgebiete in Westfalen und bedrohten später Hessen.

Noch als Kind wurde Dagoberts Sohn, Sigibert III., im Jahre 633 nach Metz geführt, wo ihm wiederum prominente Vertreter der Oberschicht zur Seite stehen sollten: Adalgisel als Hausmeier, ein Sohn aus der »Familienphase« des Bischofs Arnulf. Adalgisel war mit Begga, der Tochter Pippins des Älteren verheiratet. Als kirchlicher Berater fungierte Bischof Kunibert von Köln. Sigibert III. sollte, wie auch der Name wieder bekundet, nach dem Willen des Vaters Austrasien erben. Die Neuordnung brachte zunächst einigen Erfolg. Die Ostgrenzen wurden stabilisiert, dem in Thüringen eingesetzten Herzog Radulf gelang die Abwehr der Slawen.

Dagobert I., der 639 starb, war der letzte große Merowingerkönig. Mit seinem Namen verbindet sich nicht allein der Bau von St-Denis, das zur neuen und größten Grablege der Könige und Hausmeier wurde. Er förderte auch viele andere Kirchen, weshalb die Legende ihn vielerorts über seine eigentliche Leistung hinaus zum Kirchenstifter machte. Sein Hof und schon der seines Vaters war ein Forum der wichtigsten Missionare, Klostergründer und Künstler des Zeitalters, die als Bischöfe und hochverehrte Heilige ihr Leben beschlossen: Arnulf von Metz (614 bis 629), Kunibert von Köln (um 623 bis um 663), Desiderius von Cahors (630–655), Audoin von Rouen (641–684), der berühmte Goldschmied Eligius von Noyon (641–660). Der Volksmund späterer Zeit machte ihn in Frankreich zum Helden eines weitverbreiteten Bänkelsängerliedes, das ihn als einen gutmütigen, nicht gerade hochkarätigen, aber zuweilen bauernschlauen König schildert. Die Bilderbögen des 19. Jahrhunderts aus Épinal in Lothringen brachten diese triviale Version eines Merowingerkönigs überall zur Anschauung. So blieb die Erinnerung an ihn in Frankreich ebenso wie in Deutschland bis heute lebendig.

Bei seinem Tod waren Dagoberts I. Söhne noch minderjährig, denn er hatte einige Mühe gehabt, männliche Nachkommenschaft zu zeugen, dies sogar außerhalb der Ehe tun müssen, was ihm kirchliche Kritik eingebracht hatte. Sigibert III. blieb in Metz, die Regierung führte als Hausmeier zunächst Pippin, dann dessen Sohn Grimoald. Der zweite Sohn, Chlodwig II., stand in Paris unter der Vormundschaft seiner Mutter Nantechilde und des Hausmeiers Aega, eines Sachsen, der bald von Erchinoald abgelöst wurde. Diese Art von Regentschaft vermied den früheren Zustand, bei dem mit dem Erbrecht das Prinzip der Regierungsfähigkeit konkurriert hatte, und ein volljähriger Merowinger, der mit den minderjährigen Thronerben auch nur weitläufig verwandt sein mochte, versuchen mußte, die Nachfolge an sich zu reißen. Solche blutigen und das Reich schwächenden Thronfolgeauseinandersetzungen wurden mit der Vormundschaftsregelung, die Brunichild ja auch schon praktiziert hatte, vermieden. Die neue Entwicklung führte allerdings dazu, daß die Könige auf Dauer, über die Minderjährigkeit hinaus, den größten Teil ihrer Macht an den Hausmeier verloren.

Beide Regentschaften agierten glücklos. In Austrasien entwickelte Grimoald großen Ehrgeiz, hatte aber militärisch keine Erfolge aufzuweisen. 641 veranstaltete er einen Königskrieg gegen den Herzog Radulf von Thüringen, erlitt jedoch an der Unstrut eine schwere Niederlage. Es wird berichtet, daß der junge Sigibert III. hoch zu Roß die Katastrophe miterlebte und weinend weggeführt wurde. Inkompetente Führung, aber auch Untreue einer Mainzer Adelsgruppe, die enge Verbindungen zu den Thüringern unterhielt, hatten den Mißerfolg verursacht. Wenngleich sich Radulf hier behaupten konnte, so bedeutete der Bürgerkrieg doch eine wesentliche Schwächung der Abwehrkraft gegen die heidnischen Sachsen und Slawen, die der Hausmeier in seinem internen Machtstreben freilich in Kauf nahm. In letzterem gelangen ihm schließlich auch

Fortschritte. So konnte er einen Rivalen mit alamannischer Hilfe 643 ermorden lassen und den zunächst kinderlosen Sigibert III. dazu bewegen, einen seiner eigenen Sprößlinge als einen Childebert zu adoptieren, um dadurch den Übergang der Königsherrschaft auf die Pippiniden vorzubereiten.

Der Thronwechsel trat 656 programmgemäß ein, als Sigibert III. noch nicht dreißigjährig starb. Ein inzwischen doch geborener Sohn des Königs, Dagobert II., mußte nach Irland ins Exil. Die Cliquenwirtschaft Grimoalds war gesichert, bis sein Sohn Childebert 662 überraschend starb. Nun war der austrasische Hausmeier gezwungen, sich um einen echten Merowinger zu bemühen.

Inzwischen hatte Chlodwig II. von Paris ebenfalls das Zeitliche gesegnet. Seine Witwe Balthild führte die Regentschaft für ihre Söhne Chlothar III., Theuderich III. und Childerich II. Hier also hatte Grimoald vorzusprechen, wurde jedoch in eine Falle gelockt und ermordet. Childerich II. aber ging als König nach Austrasien und mußte dort zur Verbesserung der Legitimation seine Base Bilichild, eine Tochter Sigiberts III., heiraten. In Metz übernahm Wulfoald das Hausmeieramt für Austrasien, in Paris Ebroin für Neustrien-Burgund. Beide waren Feinde der Pippiniden, besonders Ebroin. 673 wurden allerdings Ebroin und sein König Chlothar III.

Abb. 14 *Das schlanke blaue Glas aus Nettersheim (Kr. Euskirchen) Grab 33 gehört zu den jüngsten Vorkommen der fränkischen Rüsselbecher. Der Rüsseldekor, der schon in spätrömischer Zeit aufkam und bis in das 7. Jahrhundert - allerdings nur von sehr wenigen und erfahrenen Glasbläsern - angewandt wurde, verlangte hohe Geschicklichkeit. Rüsselbecher gehören zu den kostbarsten Erzeugnissen unter den merowingerzeitlichen Gläsern (Kat. VII.4.16.). - Foto Klaus Göken, Staatliche Museen zu Berlin.*

von einer burgundischen Adelsopposition gestürzt, man holte Wulfoald und Childerich II. nach Paris. Doch fiel Wulfoalds König 675 einem Mordanschlag zum Opfer. Der Hausmeier mußte sich nach Metz zurückziehen, wohin er Dagobert II. aus dem irischen Exil zurückberief.

Ebroin gelang es, sich des Pariser Königs Theuderich III., des Bruders Chlothars III. und Childerichs II., zu bemächtigen. Er ließ 679 Dagobert II. ermorden und zwang so den austrasischen Adel zur Anerkennung des neustrischen Königs und Hausmeiers. Aber auch Ebroin fiel von Mörderhand, und in schneller Folge übernahmen Waratto, Gislemar und Berthar das gemeinsame Hausmeieramt, ohne das auf diese Weise nur formell wiedervereinigte Frankenreich stabilisieren zu können. Die Könige waren zwar zu Gesamtkönigen, jedoch zu bloßen, wenngleich noch unersetzlichen Legitimationsemblemen geworden. Die politische Konzeption und Aktivität aber konnte nur noch von den Hausmeiern ausgehen. Man möchte dies mit einem Schachspiel vergleichen, in dem die Dame die größte Macht hat, der König die geringste, die Dame aber auf den König zur Aufrechterhaltung des Spiels angewiesen ist.

Die Konsolidierung des Reiches und seine Schwerpunktverlagerung nach Austrasien durch die Arnulfinger-Pippiniden

Die Pippiniden waren mit dem adoptierten Childebert im Mannesstamm ausgestorben, konnten aber, wie recht oft im frühen Mittelalter, die Familientradition in weiblicher Linie weitergeben. Pippin der Mittlere, Sohn Beggas, der Schwester Grimoalds, und Ansegisels, dessen Vater Arnulf von Metz gewesen war, griff den Herrschaftsanspruch der austrasischen Hausmeier auf und stellte sich dem Pariser Hausmeier Berthar entgegen. 687 schlug er Berthar bei Tertry an der Somme, übernahm auch das neustrische Hausmeieramt, ging aber nun nicht mehr nach Paris, sondern bestellte am dortigen Hof einen Stellvertreter und leitete das Reich als Fürst der Franken (*princeps Francorum*) vom Osten aus.

Die Kriege zwischen Neustrien-Burgund einerseits und Austrasien andererseits hatten den Randgebieten des Frankenreichs Gelegenheit gegeben, sich beinahe selbständig zu machen. Die Herzöge in Thüringen, Alamannien, Baiern und Aquitanien erkannten nur noch nominell die Oberhoheit des Merowingerkönigs und seines Hausmeiers an. Auch Anforderungen von außen hatten zu dieser Lockerung der Reichsverfassung geführt. Der Herzog der Aquitanier konnte nicht auf Direktiven aus Paris warten, wenn er sein Land gegen die aus Spanien einfallenden Araber verteidigen mußte. Der Herzog der Baiern hatte die Beziehungen zu den Langobarden zu pflegen, auch wenn dies in Metz nicht interessierte. Daß er dabei von den Partnern südlich der Alpen als König bezeichnet wurde, hat ihm eher geschmeichelt. Die bisher tributpflichtigen Grenzvölker, Basken, Bretonen, Friesen und Sachsen, hatten sich aus ihren Verpflichtungen gelöst und unternahmen teilweise sogar Raubzüge ins Frankenreich. Bei den Fürsten der Bretonen und Friesen machte sich ein ähnliches Streben nach dem Königstitel bemerkbar wie bei den Baiernherzögen.

Hier lag die nächste Aufgabe des Siegers von Tertry, die er jedoch nur zum Teil bewältigen konnte. 690 und 695 bekriegte er den Friesenkönig Radbod und nahm ihm Westfriesland bis zur Vlie ab. Züge gegen die Alamannen und gegen die Aquitanier bewerkstelligten allerdings nicht mehr, als den Anspruch der fränkischen Zentralgewalt in Erinnerung zu bringen. Pippin der Mittlere starb 714 unter Hinterlassung seiner Witwe Plektrud und unmündiger Enkel. Nun hätte Plektrud nach bewährtem Vorbild der Merowingerköniginnen Brunichild, Nantechild oder Balthild eine Regentschaft führen können. Doch zu ihrem Unglück fiel 715 der von Pippin erhobene Merowinger Dagobert III. durch Tod aus. Damit fehlte den Pippiniden die Galionsfigur, die einer Frauenherrschaft die staatsrechtliche Legitimation hätte geben müssen.

Es war indessen ein erwachsener Sohn Pippins vorhanden, der allerdings nur aus einer Friedelehe hervorgegangen war: Karl Martell. Die Franken standen deshalb vor der Wahl zwischen Legitimität und Befähigung. Plektrud suchte sie zugunsten von Ehe und Christensitte zu entscheiden, indem sie Karl Martell gefangensetzte. Unterdessen erhoben die Neustrier einen eigenen König und Hausmeier. Nachdem Plektrud vergeblich versucht hatte, diese mit Gewalt zu vertreiben, mußte sie mit Paris in Verhandlungen treten. Ihr Stiefsohn konnte sich jetzt allerdings aus der Gefangenschaft befreien und begann sofort eine Offensive zur Wiedergewinnung der Macht. Er besiegte neustrische Kontingente 716 bei Malmédy und 717 bei Cambrai, zwang Plektrud zur Anerkennung seiner Herrschaft, besorgte sich einen Merowinger, Chlothar IV., als staatsrechtliche Legitimation, errang 719 den entscheidenden Sieg über die Neustrier bei Soissons und bekam 720 auch deren König Chilperich II. in seine Hand. Die Einheit der *Francia*, des Frankenlandes, war damit wiederhergestellt.

Die abtrünnigen Herzogtümer und Tributvölker mochten sich indessen dem Reich nicht mehr freiwillig unterordnen. Was sein Vater den Friesen abgewonnen hatte, mußte Karl Martell neu erobern; aber 734 konnte er die Grenze sogar bis zur Lauwers nach Osten vorschieben. Gegen die Sachsen zog er viele Male zu Felde, doch blieben die verlorenen fränkischen Gebiete östlich des Niederrheins sächsisch.

Wahrscheinlich ohne Krieg gelang es ihm hingegen, das thüringische Herzogtum, das außer Thüringen auch Osthessen und die Mainlande um Würzburg und Aschaffenburg umfaßt hatte, zu einer unmittelbaren Königs- bzw. Hausmeierprovinz zu machen. Hier entstand ein neues Ostfranken (Austria), das bis heute im deutschen Bereich den Frankennamen bewahrt hat, der inzwischen jedoch vom Namen des Bundeslandes Bayern ein wenig überlagert wird. 731 machte sich Karl Martell den Aquitanierherzog botmäßig, 732 schlug er die Araber, die Aquitanien überrannt hatten, bei Poitiers zurück. In Childebrand, einem weiteren unehelichen Sohn seines Vaters, gewann er einen treuen Statthalter in Burgund. Mit ihm zusammen vertrieb er 735–739 die Araber aus der Provence.

Die zahlreichen Feldzüge, aber auch die Auswechslung illoyaler Herzöge, Grafen und Bischöfe waren nur von einer erweiterten materiellen Grundlage des Fiskus aus möglich. Zu diesem Zweck wurde auch Kirchengut säkularisiert. Ganze Bistümer ließ Karl Martell zeitweise von Laien oder verweltlichten Klerikern verwalten; am bekanntesten unter ihnen sind Gewilib von Mainz, der in Sachsen am Mörder seines Vaters mit eigener Hand Rache übte, und Milo von Reims und Trier, der um 757 bei Ehrang an der Mosel bei einer Eberjagd tödlich verunglückte. In späteren kirchlichen Quellen hatte Karl Martell begreiflicherweise keine gute Presse, aber er bewahrte das Frankenreich vor dem Auseinanderbrechen, beförderte dessen Schwerpunktbildung im Osten und ist verdientermaßen der namengebende Ahn der späteren Karolinger geworden. Am Ende seines Lebens war er so mächtig, daß er den 737 verstorbenen Merowingerkönig Theuderich IV. nicht durch einen neuen ersetzen mußte. Er teilte das Reich unter seine Söhne wie ein Merowingerkönig: der ältere Karlmann erhielt Austrasien mit Alamannien und Thüringen, der jüngere Pippin Neustrien mit Burgund und der Provence. Als ob er ein Nachkomme Dagoberts I. gewesen wäre, ließ sich Karl Martell 741 auch in St-Denis beisetzen.

Danach kam es zunächst zu Aufstandsbewegungen, die von Karlmann und Pippin unter Kontrolle gebracht werden mußten. Zur Verstärkung der Legitimation beriefen sie 743 letztmals einen Merowingerkönig. Er ermöglichte ihnen vor allem einen Reichskrieg gegen Alamannien, dessen Herzogtum so 746 gewaltsam beseitigt wurde.

747 dankte Karlmann ab und zog sich als Mönch nach Italien zurück. Pippin der Jüngere wurde damit Gesamtherrscher. Als Baiernherzog Odilo 748 starb, stützte Pippin die Regentschaft der Witwe, seiner Schwester Chiltrud, für deren unmündigen Sohn Tassilo und intensivierte so die Verbindung zwischen der Zentralregierung und Baiern. Nun konnte nach dem mißglückten Versuch Grimoalds und des adoptierten Childebert ein zweites Mal an die Übernahme des Königtums gedacht werden. Der Weg über eine durch Adoption hergestellte Legitimierung der faktischen Macht wurde jedoch nicht mehr begangen. Vielmehr wurde die höchste Autorität der Christenheit eingeschaltet. Die dem Papst gestellte Frage, ob es gut sei, daß die Merowinger Könige seien, obgleich sie nicht über königliche Macht verfügen, ist aus dem Denken des Kirchenlehrers Augustinus (354–430) heraus zu verstehen. Danach war, ganz in antiker Tradition, Gott der unmittelbare Ursprung von Maß, Gestalt, Ordnung, Größe, Zahl und Gewicht. Friede in einem tieferen Sinn, das heißt über die bloße Abwesenheit des Krieges hinaus, wurde nur durch die von Gott herrührende Ordnung geschaffen und beruhte im politischen Gemeinwesen auf der in diese Ordnung eingebundenen Relation zwischen Autorität und Gehorsam (*De civitate dei* XIX,13). Nicht ohne sorgfältige Vorbereitung durch die Geistlichkeit wurde diese augustinische Lösung des Problems der Verfassung und des Friedens im Frankenreich dem Papst vorgelegt und entsprechend beantwortet. Nach einer traditionellen weltlichen Königserhebung erhielt Pippin Ende 751 in der alten Königsstadt Soissons, in der im 6. Jahrhundert der Chlodwigsohn Chlothar I. residiert hatte, durch Bonifatius eine bis dahin im Frankenreich unbekannte kirchliche Salbung nach biblischem Vorbild. Childerich III., dessen Name noch einmal auf den Vater Chlodwigs zurückgriff und der aus der Linie Chlothars I. hervorgegangen war, wurde als »unechter König« ins Kloster abgeschoben. Papst Stephan II. wiederholte die Königsweihe Pippins 754 in St-Denis und salbte dabei auch dessen Söhne Karl den Großen und Karlmann. Die Karolinger wurden zum neuen Königsgeschlecht des gesamten Frankenreiches.

Wegbereiter Europas

Das neu geeinte und konsolidierte Reich der Franken nahm eine integrierende Entwicklung, welche die seit dem späten 6. Jahrhundert immer stärker gewordenen Unterschiede zwischen Austrasien, Neustrien und Burgund weitgehend verschwinden ließ. Die neue Aufspaltung nach dem Tod Ludwigs des Frommen 840 mit dem eingangs erwähnten Vertrag von Verdun von 843, die letztlich für die Entwicklung der modernen Staatenwelt des kontinentalen Europa weitgehend verantwortlich ist, beruht nach Karl Ferdinand Werner sehr viel weniger auf den merowingischen Teilreichen als vielmehr auf neu gebildeten fränkischen Unterreichen des 9. Jahrhunderts.

Die heutigen Staaten Europas von den Pyrenäen bis zur Elbe stehen daher durchaus in einer gemeinfränkischen Tradition, die seit der erneuten Einigung des Frankenreiches im späten 7. Jahrhundert durch die Hausmeier wirksam wurde. Aber auch manche regionalen Besonderheiten sind auf die Merowingerzeit zurückzuführen. Es sei an die oben erwähnte Erhaltung des Namens »Frankreich« für das alte Neustrien erinnert, die heute noch unmittelbar ins Auge fällt. Erst die Erkenntnisse der Archäologie und der Ortsnamenkunde aber haben gezeigt, daß die massive Aufsiedlung des flachen Landes nach einem starken Bevölkerungsrückgang in spätrömischer Zeit in vielen der sogenannten Altsiedellandschaften der Epoche nach 500 angehört. Damit fällt die Grundlegung des heutigen Siedlungs- und Agrarsystems in das von Chlodwig I. begründete Großreich. Aber es gelang auch eine Ausbreitung christlicher Kultur auf dem flachen Land durch die Konsolidierung der Bistümer, durch die Errichtung von Dorfkirchen seitens unterschiedlichster Grundherren und überdies – nach den Forschungen von Friedrich Prinz – durch eine auf beachtlichem Niveau vor allem von dem Iren Columban dem Jüngeren (um 530 bis 615) angeregte, in diesem Umfang später nicht mehr erreichte Klostergründungswelle. Dies ereignete sich sogar unbeeinträchtigt vom gleichzeitigen Niedergang der Königsmacht.

Während politischer Einfluß, materielle Kultur, Fernhandel des Frankenreiches seinerzeit ganz Europa erfaßten und das wirtschaftliche Schwergewicht des alten weströmischen Reiches aus dem Mittelmeerraum nach Norden verlagerten, etablierten sich auch die charakteristisch fränkischen Anfänge des Lehnswesens, aus dem im Lauf des Mittelalters eine gemeinsame europäische Ritterkultur hervorging. Auf dem Kontinent, unter der Herrschaft und dem unmittelbaren Einfluß der Franken, ließ sich – bliebe man im Bild von einer Verwandtschaft – von Auswirkungen ersten Grades sprechen. Nicht weniger bedeutsam sind aber solche zweiten Grades, die etwa eingetreten sind, nachdem die seit dem 9. Jahrhundert in der Normandie französisierten Normannen 1066 England eroberten und dorthin fränkische Traditionen vermittelten. Was die Franken und das Frankenreich in vorkarolingischer Zeit für ganz Europa vorbereitet und grundgelegt haben, durchzieht somit die heutigen Verhältnisse teilweise offen, teilweise verdeckt als ein reiches, weiterhin dynamisches und anregendes Erbe.

Literatur: Atsma 1976; 1979. – Borchardt 1971. – Brühl 1975 (1990). – Ewig 1988 (1993). – Geary 1988. – Heinzelmann 1994c. – Kaiser 1993. – Lebecq 1990. – Prinz 1988c. – Rouche 1996. – Weidemann, M. 1982a, 417 ff. – Werner, K. F. 1992. – Wood 1994a. – Zöllner 1970.

Forschungsgeschichte

Frühe Funde und archäologische Erforschung der Franken im Rheinland

Hermann Ament

Die fränkischen Grabfunde der Merowingerzeit mit ihren oft zahlreichen und mitunter kostbaren Beigaben haben bei zufälliger Entdeckung schon im hohen Mittelalter und in der frühen Neuzeit Staunen hervorgerufen und waren Anlaß zu vorwissenschaftlichen Interpretationsversuchen. Zu Gegenständen wissenschaftlicher Forschung wurden sie erst in der ersten Hälfte des 19. Jahrhunderts, als man sich im Zeitalter der Romantik den vaterländischen Altertümern als Quellen der eigenen Geschichte zuwandte und für die fränkischen Funde eine archäologische Systematik erarbeitete.

Frankenfunde im Mittelalter: Vermeintliche Märtyrer und ein falscher Kaiser

Am 13. Oktober des Jahres 1121 versammelte Norbert von Xanten, Abt des Klosters Prémontré und Gründer des Prämonstratenserordens, in der Kirche des hl. Gereon im nordwestlichen Vorfeld der Stadt Köln eine Anzahl von Klerikern und Laien zu einem ungewöhnlichen Vorhaben. Im Südteil des aus römischer Zeit stammenden Zentralbaues, nahe dem mittleren Pfeiler, ließ er den Kirchenboden aufgraben. Zuerst kam ein Sarkophag zutage, und als man dessen Deckel abhob, wurde man eines Toten von stattlicher Körpergröße ansichtig, von dessen Haupt nur der Unterkiefer vorhanden war. Teile der kostbaren Kleidung waren erhalten, ein in Goldstickerei ausgeführtes Kreuz auf der Brust stach besonders ins Auge. Der überwältigende Anblick ließ die Anwesenden in den Ruf ausbrechen: »*Ecce dominus noster sanctus Gereon!*« – denn wer anders als der Kirchenpatron selbst, der Märtyrer Gereon, konnte in einem solchen Grab beigesetzt sein. Drei andere Steinsärge boten, als sie geöffnet wurden, dasselbe Bild. Man verschloß die Gräber zunächst wieder, und erst Wochen später, am 24. November, wurden die auf diese Weise entdeckten Reliquien der heiligen Märtyrer in Anwesenheit des Erzbischofs ebenso feierlich wie sorgfältig erhoben. Dabei wurden Dinge beobachtet, die wir nach heutiger Kenntnis für Grabbeigaben halten müssen. Links neben dem Toten lagen ein Wehrgehänge aus schwarzem Leder (*de balteo eius militari ... nigri corii*) sowie ein eiförmiger Gegenstand, den man für einen Schwertgriff hielt (*nodus ferreus ad modum ovi ...*

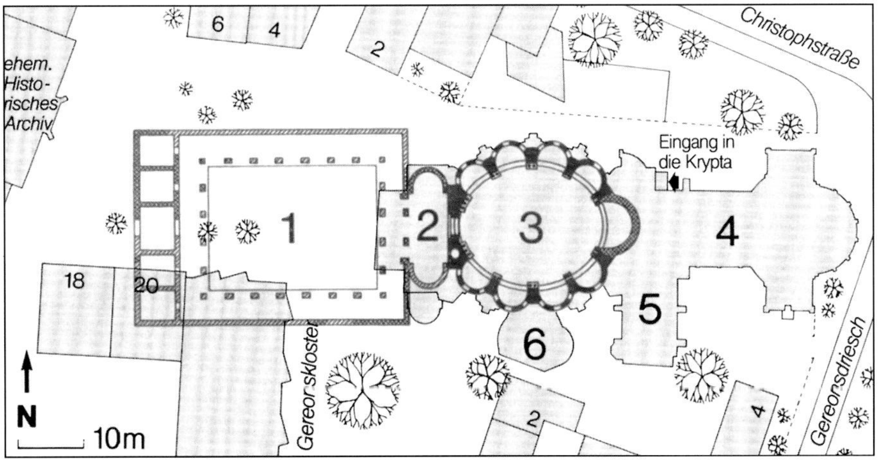

Abb. 15 Grundriß der Gereonskirche in Köln. Eingetragen sind die Grundrisse der römischen Vorgängerbauten des 4. Jahrhunderts, d. h. des zehneckigen Zentralbaues (3) mit Vorhalle (2) und Atrium (1). Die »Ausgrabung« Norberts von Xanten im Jahre 1121 fand im Südteil des Zentralbaues nahe dem mittleren Pfeiler statt. – Nach G. Wolff, Das römisch-germanische Köln. Führer zu Museum und Stadt (Köln [2]1989) 201 Abb. 103.

Abb. 16 *Bronzene Beschläge eines Schwertgurtes aus der Zeit um 600. Sie wurden 1898 in einem Sarkophag nahe der Vorhalle von St. Gereon in Köln gefunden, in welchem ein fränkischer Krieger mit seiner vollen Bewaffnung beigesetzt war (Kat. IV.3.8.). – Nach Führer zu vor- und frühgeschichtlichen Denkmälern 37/1 (Mainz 1980) 205 Abb. 10.*

quem capulum gladii eius fuisse credidimus). Vom übrigen Schwert scheinen nur noch Reste erhalten geblieben zu sein, jedenfalls wird Eisensubstanz in der Schwertscheide – oder was man dafür hielt – ausdrücklich bezeugt (*in media vagina ferrum adhuc patenter sublucere videtur*). Die höchst lebendige und detaillierte Schilderung all dieser Ereignisse und Umstände verdanken wir einem Augenzeugen, dem Abt Rudolf von St. Pantaleon vor Köln.

Nicht der voraussetzungslose Zufall war es also, der zur Aufdeckung jener Gräber in St. Gereon führte, sondern planvolles Vorgehen. Norbert von Xanten, eine höchst eigenwillige Persönlichkeit von beweglichem Geist, konnte bei seinem Handeln teils auf alten Überlieferungen, teils auf zeitgenössischen Erfahrungen aufbauen. Alt war die Überlieferung, daß an der Stelle von St. Gereon zur Zeit der Christenverfolgung römische Legionäre aus dem ägyptischen Theben den Märtyrertod wegen ihres Bekenntnisses zum Christentum erlitten haben sollten. Schon Gregor von Tours († 594), der Geschichtsschreiber der Franken, weiß davon zu berichten und rühmt bei dieser Gelegenheit die dort stehende Kirche, die wegen ihrer prächtigen Mosaiken von den Kölnern »Zu den goldenen Heiligen« genannt wurde. Seit dem 8. Jahrhundert glaubte man den Namen des Anführers jener Thebäer zu kennen: Gereon soll er geheißen haben. In den Tagen Norberts mag man sich noch daran erinnert haben, daß im Jahr 1069 unter Erzbischof Anno II. im Innern der Gereonskirche ein Grab aufgedeckt worden ist, in welchem ebenfalls ein Toter in einem golddurchwirkten Gewand ruhte. Von Beigaben wird nichts berichtet, wohl aber von weiteren Gräbern in der Umgebung, und schon damals ist dieser Fund mit Märtyrern in Zusammenhang gebracht worden. Höchst aktuell war 1121 aber auf jeden Fall das, was sich bei der Kirche St. Ursula abspielte, seit man dort bei Befestigungsarbeiten im Jahr 1106 auf die Gräber einer ausgedehnten antiken Nekropole gestoßen war. Dadurch schien sich die an dieser Kölner Kirche haftende, im Kern echte, aber zwischenzeitlich schon legendenhaft ausgeschmückte Tradition vom Martyrium der hl. Ursula und der sie begleitenden elftausend Jungfrauen glänzend zu bestätigen. Eine rege Ausgrabungstätigkeit und ein schwunghafter Reliquienhandel mit zum Teil unschönen Auswüchsen sind daraus entstanden. In dieser Situation muß es für einen Menschen, der am Zeitgeschehen so lebhaften Anteil nahm wie Norbert von Xanten, verlockend gewesen sein nachzusehen, ob sich nicht in St. Gereon ebensolche Heiligengräber wie bei St. Ursula finden ließen.

Ecce dominus noster sanctus Gereon – in der Tat schien alles für diese Deutung zu sprechen, die am Ort haftende Überlieferung und nicht zuletzt der Augenschein des geöffneten Grabes. Die Waffe paßte zum Legionär, das Kreuz zum bekennenden Christen und das fehlende Haupt zum Märtyrer. Daß die frühe, unter anderem von Gregor von Tours festgehaltene Überlieferung gerade nicht von einer prunkvollen Beisetzung der Märtyrer, sondern von ihrer Verlochung in einem Brunnen spricht, mußte angesichts einer solchen Tatsache augenblicks in den Hintergrund treten.

Indessen, was für Norbert von Xanten und seine Begleitung ein Beweisstück von unzweifelhaftem Wert war, widerlegt aus heutiger Sicht den von ihnen gezogenen Schluß aufs entschiedenste. Römische Legionäre und sonstige Militärpersonen pflegten unter keinen Umständen und zu keiner Zeit mit ihren Waffen begraben zu werden. Hingegen entsprach die Beisetzung mit Waffen dem Brauch des frühen Mittelalters. Es kann aus heutiger Sicht kein Zweifel daran bestehen, daß die 1121 in St. Gereon aufgedeckten Sarkophage mit Waffenbeigabe aus der fränkisch-merowingischen Epoche stammen. Zur weiteren Bestätigung läßt sich anführen, daß im näheren Umkreis der Kirche bei späteren Gelegenheiten wiederholt beigabenführende Gräber des frühen Mittelalters zutage gekommen sind. Unter ihnen ist vor allem ein Fund vom März 1898 hervorzuheben, der in mehreren Punkten eine exakte Parallele zu den 1121 entdeckten Gräbern darstellt. Eine Bestattung in einem ungestörten Sarkophag wies als Beigaben ein Langschwert mit Anhänger (»Spinnwirtel«) und Wehrgehänge (Abb. 16), ein Hiebschwert (Sax), eine Lanzenspitze und einen Fingerring auf. Sie kann in die Zeit um 600 datiert werden. Auch römische, namentlich spätrömische Grabfunde sind im Bereich von St. Gereon

Abb. 17 *Gebeine aus dem römisch-fränkischen Gräberfeld von St. Martin im Reliquienschrank der Pfarrkirche St. Severus in Boppard (Rhein-Hunsrück-Kreis). – Foto Reiss-Museum.*

gefunden worden; zu ihnen wäre am ehesten das 1069 aufgedeckte Grab zu zählen, besonders in Anbetracht seiner Beigabenlosigkeit.

Die vom Abt Rudolf überlieferte Geschichte von der Auffindung mehrerer Gräber in der Kirche St. Gereon vor Köln im Jahre 1121 rundet das Bild ab, das wir uns von der Geschichte dieses Platzes machen können. Die Kirche ist zweifellos als Coemeterialkirche (Friedhofskirche) auf einem in römischer Zeit benutzten Bestattungsareal entstanden. Die hochrangige Architektur schon des römischen Ursprungsbaues läßt auf eine bedeutende Kultstätte schließen, und die früh einsetzende Überlieferung deutet glaubwürdig auf Märtyrerverehrung hin. Der unter diesen Umständen hochgeschätzte Bestattungsplatz wurde im frühen Mittelalter weiterbenutzt, gerade auch von vornehmen Franken. Denn in der Beisetzung im Innern einer Kirche unter Verwendung von Steinsärgen und der Beigabe kostbarer Gegenstände sind unverkennbar Anzeichen einer besonderen Privilegierung zu erkennen. Die respektvolle Anrede *Dominus* wird der fränkische Herr, der in dem 1121 zuerst geöffneten Sarkophag beigesetzt war, auch im Leben oft vernommen haben.

Eine ähnliche Karriere wie den fränkischen Herren von St. Gereon bei Köln war auch frühmittelalterlichen Bewohnern der kleinen Stadt Boppard am Mittelrhein beschieden; auch sie sind, obwohl sie zu Lebzeiten vielleicht gar nicht besonders fromm waren, posthum als Heilige verehrt und zur Ehre der Altäre erhoben worden.

Einige Jahre vor 1280 stieß man beim Graben im Bereich einer dem hl. Martin geweihten Kapelle vor den Toren von Boppard auf zahlreiche Gebeine, zum Teil in Sarkophagen. Anlaß für die Erdarbeiten war offenbar die Wiederherstellung der baufällig gewordenen Kapelle, doch soll auch die selige Gertrud von Altenburg, eine Tochter der hl. Elisabeth, einen Hinweis auf dort zu findende Märtyrergräber gegeben haben. So konnte denn ein bei einem »Gerippe« gefundenes eisernes Schwert unschwer als das Hinrichtungsinstrument von Glaubenszeugen identifiziert werden. Einem ebenfalls dort gefundenen Inschriftstein glaubte man die Jahreszahl 142 entnehmen zu können, was den sonst unverdächtigen römischen Kaiser Antoninus Pius (138–161) in den Ruf eines Christenverfolgers geraten ließ, zumindest in Boppard.

Die Gebeine wurden erhoben und jahrhundertelang als Reliquien von Märtyrern verehrt. Bis vor einigen Jahren stand im Chor der Severuskirche von Boppard ein Schrank, in welchem 21 Schädel und andere Knochen verwahrt wurden, die Schädel in gestickte Stoffhauben aus dem 18. Jahrhundert gekleidet und zum Teil zu Büsten ergänzt, dabei in einem gleichfalls geschmückten Futteral das in dem 1280 abgefaßten Bericht erwähnte Schwert (Abb. 17–18).

Der Charakter des Bestattungsplatzes entspricht im Grunde dem von St. Gereon. Es handelt sich um eine suburbane Sepultur, einen Friedhof im Außenbereich der ummauerten städtischen Siedlung Boppard, entlang der Rheintalstraße. Ihre Anfänge dürften in römische Zeit zurückreichen, was vielleicht auch für die Ursprünge der

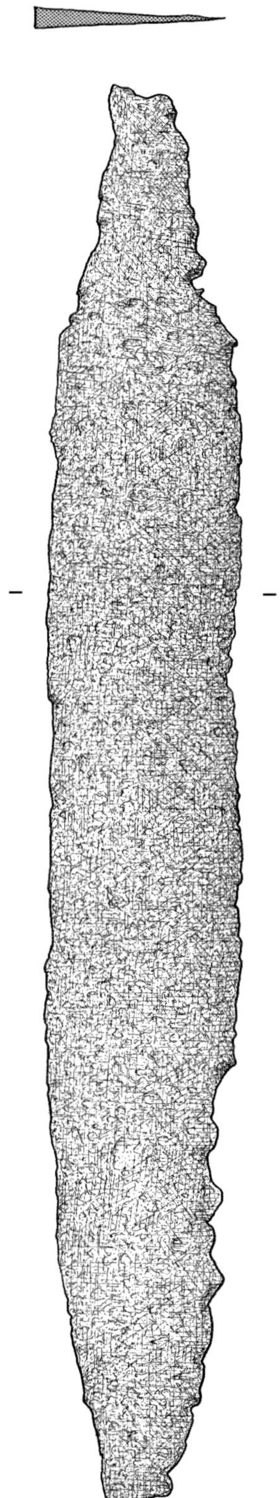

Abb. 18 *Fränkisches Hiebschwert, gefunden um 1280 in den Gräbern bei St. Martin in Boppard. Wir erkennen in ihm heute ohne Schwierigkeit einen fränkischen Breitsax, ein Waffentyp, der im 7. Jahrhundert längere Zeit gebräuchlich war. Die schlichte Waffe ist der früheste fränkische Bodenfund aus dem Rheinland. Nach einer relativ kurzen Gebrauchsdauer hat er ungefähr 600 Jahre im Boden gelegen und führt seit nunmehr über 700 Jahren eine geistlich-weltliche Doppelexistenz als Reliquie und archäologischer Fund. – Zeichnung H. Ament/I. Bell.*

Abb. 19 *Die Grabbeigaben eines frühmerowingischen Kriegergrabes sind im Herbst 1838 von Philipp Houben nördlich von Xanten in der Flur »Am Hagelkreuz« ausgegraben worden, an einer Stelle, »wo schon früher einzelne Gebeine und Lanzenspitzen beim Ackern ans Tageslicht gekommen waren«. Die Darstellungsweise in der ein Jahr später erschienenen Publikation entspricht sicher nicht der ursprünglichen Beisetzungsform. Was als eine Krone dargestellt wurde, ist in Wirklichkeit der bronzene Randbeschlag und der Tragbügel eines hölzernen Daubeneimers. Solche voluminösen Behältnisse für ein Getränk kommen häufig in gut ausgestatteten Gräbern erwachsener Personen vor. Die Einschätzung jedoch, »dass dieses Grab einem im Kampfe gefallenen fränkischen Fürsten angehört«, trifft im Hinblick auf die soziale Stellung des Bestatteten durchaus das Richtige. – Nach Philipp Houben/Franz Fiedler, Denkmaeler von Castra Vetera und Colonia Traiana (1839) 67 f. Taf. 48.*

Martinskapelle gilt, in welcher auf jeden Fall ein dem Bestattungsplatz zugeordneter Kultbau, eine Coemeterialkirche, zu sehen ist.

Nicht immer sind im Mittelalter zufällig zutage getretene fränkische Grabfunde als solche von Märtyrern gedeutet worden. Als man beispielsweise im Jahre 1174 an nicht näher bezeichneter Stelle bei Andernach auf ein reich ausgestattetes Grab stieß, glaubte man, die Bestattung keines Geringeren als des römischen Kaisers Valentinian (364–375) vor sich zu haben. Denn das Grab enthielt eine Münze mit einer Umschrift, die auf diesen Kaiser hinwies. Damit ist natürlich nichts über die Identität des Grabinhabers gesagt. Aber in Andernach hielt sich lange die Vorstellung, man besitze die Gebeine Valentinians, und allem Anschein nach sind die Relikte aus jenem Grab dort längere Zeit verwahrt worden. Was uns berechtigt, von einem Frankengrab zu sprechen, sind die Beigabenfunde, von denen die Kölner Annalen berichten: Am Kopf habe die Krone des Herrschers gelegen – was immer das gewesen sein mag, aber eine solche durfte natürlich im Grab eines Kaisers nicht fehlen (vgl. Abb. 19). An den Füßen habe ein Gefäß gestanden – das ist in beigabenführenden Gräbern der Merowingerzeit meistens so. *Ad latus vero gladius rubigine peresus, aureum habens capulum et lapidem victoriae, est inventus:* Das Schwert an der Seite war zwar von Rost zerfressen, besaß aber einen goldenen Griff und einen »Siegstein«. Auf keinen Schwerttyp trifft die Kennzeichnung *aureum habens capulum* besser zu als auf den der Goldgriffspathen, wie sie vorbildhaft aus dem Grab des Frankenkönigs Childerich (Abb. 23) und darüber hinaus aus etlichen Gräbern fränkischer Großer bekannt sind (Abb. 162–163). Was es mit dem *lapis victoriae* auf sich hat, ist schwer zu sagen. Wird damit auf die Einlageverzierung mit Halbedelsteinen angespielt, wie sie bei solchen Schwertern vielfach auftritt, oder ist ein Schwertanhänger wie bei dem oben erwähnten, 1898 bei St. Gereon in Köln gefundenen Grab gemeint? Ein Prunkschwert aus fränkischer Zeit jedenfalls, das man für bedeutend genug hielt, um es dem Kaiser Friedrich I. Barbarossa (1152–1190) vorzuführen. Über den weiteren Verbleib der Waffe ist nichts bekannt.

Abb. 20 *Marmordenkmal von Peter Anton Verschaffelt, 1768 errichtet im Schloßpark von Schwetzingen zum Andenken an dort 1765 gefundene suebische Gräber des 1. Jahrhunderts sowie fränkische Bestattungen des 6./7. Jahrhunderts. Die Inschrift auf der Rückseite lautet: Martis et mortis Romanor(um) ac teutonum area inventis armis urnis et ossibus instrumentisq(ue) aliis an(no) MDCCLXV detecta (Hier ist das Feld des Kampfes und des Todes von Römern und Deutschen. Es wurde entdeckt im Jahr 1765 anhand von aufgefundenen Waffen, Urnen, Knochen und anderen Gegenständen). – Foto Ament.*

Schlachtfeld oder Römerfriedhof? Ein Frankenfund im Zeitalter der Aufklärung

Kurfürst Carl Theodor von der Pfalz übernahm 1742/3 im Alter von 18 Jahren die Regierung. In der Folgezeit baute er das vor den Toren seiner Residenz Mannheim gelegene Schloß Schwetzingen und den dazugehörigen Park großzügig aus. In dem an das Schloß angrenzenden, im französischen Stil gehaltenen Teil des Parkes befand sich zu dieser Zeit eine langgestreckte Erhöhung, zweifellos eine natürliche Bodenformation, die jedoch das einheitliche Bild der Gartenanlage störte und deswegen beseitigt werden mußte. Als man dieses 1765 tat, machte man eine merkwürdige Entdeckung: »Unter den Blumen breiteten sich nämlich Gräber aus, und unter dem grünen Rasen waren Urnen, Asche, Gebeine und Leichname begraben« (*Sub floribus enim latitabant funera, sub viridi cespite urnae, cineres, ossa, cadavera iacebant sepulta*). Die Gräber mit unverbrannten Bestattungen waren nach Osten ausgerichtet, zwischen ihnen fanden sich Urnen von Brandgräbern, etwa 60 an der Zahl. Schwerter, Speere und Schilde wurden geborgen, ferner Gefäße aus Ton und Glas, und besonders auffällig war ein Bronzegefäß, das eine Lanzenspitze, einen Schildbeschlag und eine zusammengebogene Schwertklinge enthielt. Hier waren, so schien es auf den ersten Blick, die Gefallenen einer Schlacht begraben, und wer anders könnte, angesichts des offensichtlich hohen Alters der Gräber, diese Schlacht ausgetragen haben als Römer und Germanen? Auch der Kurfürst, der den Fund höchstselbst in Augenschein nahm, teilte diese Auffassung und ließ sie in der Inschrift eines Denkmals zum Ausdruck bringen, das 1768 in der Nähe der Fundstelle errichtet worden ist (Abb. 20). Der Hofkaplan des Fürsten, Kasimir Häffelin, kam freilich in einer ge-

Abb. 21 *Porträt des Stadtpfarrers Karl Wilhelmi (1786–1857) aus Sinsheim in Baden. – Foto Badisches Landesmuseum Karlsruhe.*

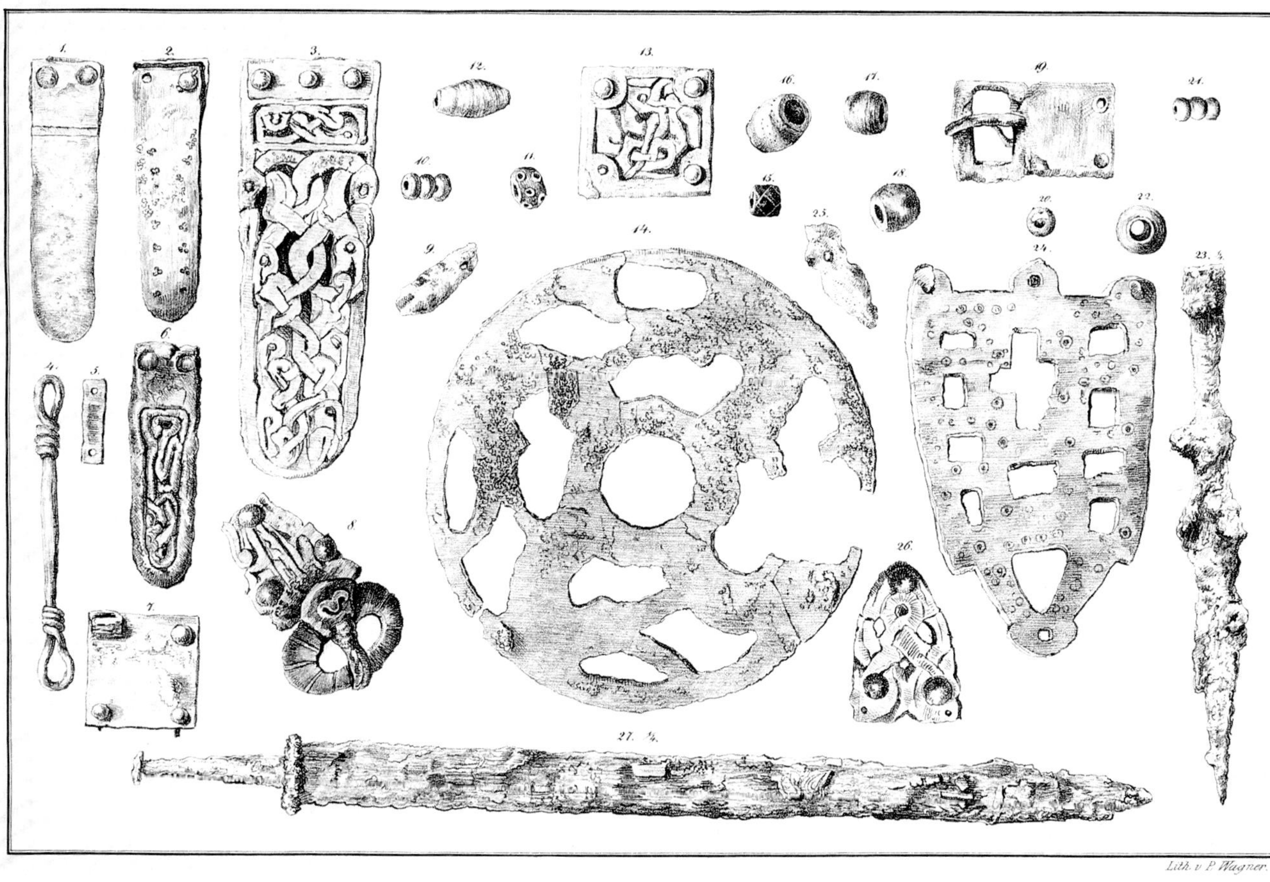

Abb. 22 *Fränkische Grabfunde von Wiesental, Gem. Waghäusel-Wiesental (Kr. Karlsruhe), ausgegraben 1836/37 von Karl Wilhelmi. Langschwert (unten) und Lanzenspitze (rechts) sind typischerweise Beigaben in Männergräbern, die übrigen Stücke – Glasperlen sowie bronzene Bestandteile von der Bekleidung und vom Gürtelgehänge – stammen offenbar aus Frauengräbern der jüngeren Merowingerzeit. – Nach K. Wilhelmi, 6. Jahresbericht an die Mitglieder der Sinsheimer Gesellschaft zur Erforschung der vaterländischen Denkmahle der Vorzeit 1838, Abb. 1–17 auf Falttafel.*

Abb. 23 *Ludwig Lindenschmit der Ältere (1809 bis 1893). Daguerrotypie, um 1870. – Stadtarchiv Mainz.*

lehrten Untersuchung zu dem Schluß, es handele sich um den Begräbnisplatz einer römischen Stadtsiedlung, und in jenem auffälligen Brandgrab sei der *praefectus coloniae* begraben (*Dissertatio de sepulcris Romanis in agro Schwezingano repertis*, 1778).

Die damals unstrittige Datierung in die Römerzeit war jedoch, wie erst zu Beginn unseres Jahrhunderts erkannt werden konnte, nur für einen Teil der Funde richtig, und zwar für die Brandgräber. Diese sind Germanen vom Stamm der Sueben zuzuschreiben, die im 1. Jahrhundert am Oberrhein ansässig waren. Die geosteten Körperbestattungen sind hingegen um mehrere Jahrhunderte jünger; sie gehören zu einem fränkischen Reihengräberfeld des frühen Mittelalters. Offenbar ist der in der flachen Rheinebene auffällige Geländerücken zweimal unabhängig voneinander als Begräbnisplatz ausgewählt worden, zuerst im 1., dann wieder im 6./7. Jahrhundert.

Beim weiteren Ausbau des Schwetzinger Schloßparkes ist in dem nach englischem Vorbild gestalteten äußeren Teil ein zweites fränkisches Reihengräberfeld des frühen Mittelalters angeschnitten worden, und zwar 1777, im gleichen Jahr, in welchem Kurfürst Carl Theodor seine bayerische Erbschaft angetreten hat. Auch hier wurde die Fundstelle durch ein Denkmal markiert. Dieses Gräberfeld setzt sich außerhalb des Schloßparkes fort und hat bei verschiedenen Gelegenheiten, zuletzt in unseren Tagen, charakteristische Beigabenfunde erbracht.

Das Ende der Mutmaßungen – die Anfänge einer wissenschaftlichen Archäologie der Franken

In der ersten Hälfte des 19. Jahrhunderts vollzog sich in der archäologischen Erforschung der Franken ein grundlegender Wandel. Bis dahin sind fallweise zutage getretene, nach heutiger Kenntnis mit den Franken zu verbindende Bodenfunde stets einer nur auf den jeweiligen Einzelfall bezogenen Deutung zugeführt worden. Diese Deutung mochte richtig oder falsch sein, konnte intelligent und sogar gelehrt begründet sein, konnte hellsichtig das Richtige treffen oder auch nicht – auf jeden Fall blieb der ihr zugrundeliegende Fund Gegenstand isolierter Betrachtung. Ein Wandel bahnte sich an, als beispielsweise 1773 der Elsässer Jéremie-Jacques Oberlin das Beigabeninventar eines 1740 bei Verdun gefundenen Kriegergrabes (Abb. 30) in zutreffender Weise mit den Gegenständen aus dem 1653 gefundenen und 1655 publizierten Childerichgrab (Abb. 118–133) verglich und es folglich dem fränkischen Frühmittelalter zuwies. Für die neue Entwicklung ist kennzeichnend, daß die hier und da gemachten Bodenfunde in Beziehung zu gleichartigen Funden gesetzt und auf diese Weise in eine archäologische Systematik eingeordnet wurden. Im deutschsprachigen Raum und in Beziehung auf die Archäologie der Franken waren es vor allem zwei Männer, die diese Entwicklung zu einer modernen Wissenschaft eingeleitet und in ihren Anfängen geprägt haben, Karl Wilhelmi (1786–1857), Dekan zu Sinsheim in Baden, und sein jüngerer Zeitgenosse Ludwig Lindenschmit (1809–1893), Zeichenlehrer und später Museumsdirektor in Mainz.

Karl Wilhelmi hat 1827, also im Alter von mehr als 40 Jahren, seine erste Ausgrabung begonnen. Im Stadtwald von Sinsheim deckte er vorgeschichtliche Grabhügel auf und veröffentlichte die Resultate seiner Untersuchungen 1830 in einem Büchlein des Titels »Beschreibung der vierzehn alten Deutschen Todtenhügel, welche in den Jahren 1827 und 1828 bei Sinsheim in dem Neckarkreise des Großherzogthumes Baden geöffnet wurden«. Auf dem Gebiet der frühmittelalterlichen Archäologie wurde Wilhelmi in den Jahren 1836 und 1837 aktiv, als er ein Reihengräberfeld bei Wiesental (Gde. Waghäusel-Wiesental, Kr. Karlsruhe) untersuchte. Die natürliche Beschaffenheit des Ortes (Sanddünen) ließ Wilhelmi zu der Meinung kommen, es handele sich um Hügelgräber – ein noch lange nachwirkender Irrtum. Diese Fehleinschätzung führte weiter zu der Ansicht, es handele sich um besonders frühe, noch den heidnischen Alamannen zuzuschreibende Gräber. In Wirklichkeit stammen sie aus dem 7. Jahrhundert und damit aus der Zeit fränkischer Herrschaft am nördlichen Oberrhein. Wilhelmi veröffentlichte die Funde umgehend in seiner »Beschreibung der alten deutschen Todtenhügel bei Wiesenthal« (Abb. 22). Selbst wenn Wilhelmi in der chronologischen Einschätzung seiner Funde noch beträchtlich irrte, so war seine Zuordnung doch insoweit richtig, als er Funde dieser Art der nachrömisch-frühmittelalterlichen Periode zuwies und deutlich von den Grabfunden der vorgeschichtlichen Perioden trennte. Zu dieser grundlegenden und für seine Zeit keineswegs selbstverständlichen Erkenntnis ist Wilhelmi schon früher gelangt. Sie wurde andeutungsweise bereits in seiner Publikation von 1830 und klarer im »Jahresbericht an die Mitglieder der Sinsheimer Gesellschaft zur Erforschung der vaterländischen Denkmahle der Vorzeit« von 1834 zum Ausdruck gebracht. Systematisch dargestellt und begründet hat Wilhelmi sie in einer 1840 bis 1848 im 7. bis 9. und 12. Jahresbericht abgedruckten Folge »Vergleichende Darstellung der Resultate der bis jetzt geschehenen Eröffnungen der uralten nicht Römischen Grabstätten in der südlichen Hälfte Deutschlands«, in zusammenfassender Form auch in seiner erst 1986 posthum erschienenen, vermutlich zwischen 1848 und 1852 abgefaßten Schrift über »Die Grabaltertümer der Burgunden, Franken und Alamannen«. Ohne Zweifel hat Karl Wilhelmi als erster im deutschsprachigen Raum die Grabfunde des frühen Mittelalters, darunter auch die den Franken zuzuweisenden, als archäologische Fundgruppe umfassend beschrieben, klar definiert und gegen andere Fundgruppen abgegrenzt. Seine Leistungen für die Wissenschaft hatte er im wesentlichen schon erbracht, als der Stern Ludwig Lindenschmits eben erst aufging.

Ludwig Lindenschmit legte den Grund für seinen wissenschaftlichen Aufstieg als Konservator des »Vereins zur Erforschung der rheinischen Geschichte und Altertümer« in Mainz, dessen Gründung seit

DAS

GERMANISCHE TODTENLAGER

BEI SELZEN

in der Provinz Rheinhessen,

dargestellt und erläutert

von den

Gebrüdern W. und L. Lindenschmit.

Die Gräber mit Eisenwaffen stammen aus der Zeit der Völkerwanderung.

MAINZ,

VERLAG VON VICTOR V. ZABERN.

1848.

Abb. 24 *Titelseite der Publikation »Das germanische Todtenlager von Selzen in der Provinz Rheinhessen, dargestellt und erläutert von den Gebrüdern W. und L. Lindenschmidt« (1848).*

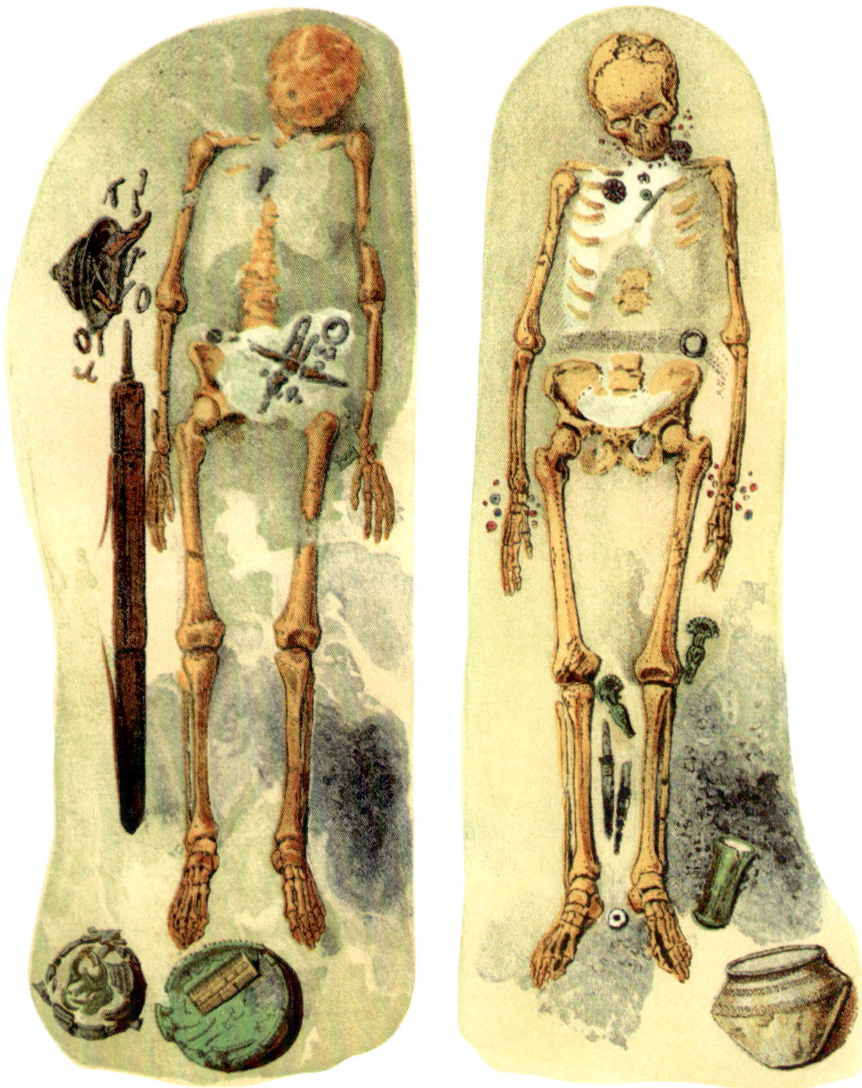

Abb. 25 Ein Männer- und ein Frauengrab von Selzen (Kr. Mainz-Bingen). Es war sicher nicht zuletzt die vorzügliche Illustration der Selzenpublikation, die zu ihrem Erfolg beigetragen hat. Vor allem die in Aquarelltechnik wiedergegebenen Ausgrabungsbefunde der einzelnen Gräber verbinden in idealer Weise wissenschaftlich exakte Dokumentation mit künstlerischem Anspruch. Sie stammen vermutlich von der Hand Wilhelm Lindenschmits (1806–1848), der sich als Historienmaler einen Namen gemacht hat. Auf seine Darstellung der Gräber von Selzen hat man immer wieder gern zurückgegriffen, wenn es darum ging, den Idealtypus des fränkischen Reihengrabes zu veranschaulichen. – Nach Lindenschmit 1848 Taf. 7; 10.

1841 betrieben und 1844 vollzogen worden war. Eine 1844 begonnene Ausgrabung eines Reihengräberfeldes bei Selzen (Kr. Mainz-Bingen) führte Lindenschmit in den beiden folgenden Jahren fort und hatte damit einen außerordentlich glücklichen Griff getan. Etwa zwei Dutzend Gräber hat er insgesamt untersucht; sie waren durchweg ungestört und erbrachten ausgesprochen ansehnliche Beigaben der älteren Merowingerzeit, des späten 5. und des 6. Jahrhunderts. Gleich zwei von ihnen – und das ist ein seltener Fall – enthielten datierende Münzen, zwei Silbermünzen nämlich des oströmischen Kaisers Justinian (527–565), die selbstredend nur nach dessen Regierungsantritt geprägt und erst später in den Boden gelangt sein können. Damit war ein unumstößlicher und unmittelbar einleuchtender Beweis für die nachantik-frühmittelalterliche Zeitstellung dieser und ähnlicher Gräber gefunden, ein Argument, das die durchaus richtigen Überlegungen Wilhelmis an Schlagkraft noch übertraf. Der daraus abgeleitete Kernsatz »Die Gräber mit Eisenwaffen stammen aus der Zeit der Völkerwanderung« steht triumphierend auf der Titelseite der Schrift, die Ludwig Lindenschmit 1848 zusammen mit seinem drei Jahre älteren Bruder Wilhelm vorlegte, eine Publikation, die mit Recht als ein Markstein in der Archäologie des frühen Mittelalters angesehen werden kann: »Das germanische Todtenlager bei Selzen in der Provinz Rheinhessen, dargestellt und erläutert von den Gebrüdern W. und L. Lindenschmit«, erschienen im Verlag Victor von Zabern zu Mainz (Abb. 24–25).

Ausgrabung und Veröffentlichung der fränkischen Funde von Selzen – diese glanzvolle Erstlingstat – hätte Ludwig Lindenschmit mehrere Ansätze zur weiteren Entwicklung als Wissenschaftler bieten können. Er hat nicht jede Möglichkeit ergriffen, ist beispielsweise als Ausgräber fortan nicht mehr nennenswert in Erscheinung getreten. Vielmehr hat er sich auf eine Aufgabe konzentriert, bei der er neben seiner theoretisch-wissenschaftlichen auch seine künstlerische Begabung zur Geltung bringen konnte. Die systematische Ordnung der Altertümer unter formenkundlichen Gesichtspunkten sowie ihre bildhafte und plastische Dokumentation – darin hat er seine Lebensaufgabe gesehen, und er hat sie vor allem in dreierlei Weise erfüllt.

– In dem seit Beginn der fünfziger Jahre in Lieferungen erscheinenden Werk »Die Alterthümer unserer heidnischen Vorzeit« (Band 1 abgeschlossen 1858) hat er und haben alsbald auch andere in steter Folge Fundstücke gleicher Art als archäologische Formengruppe vorgestellt, das heißt tafelweise in Abbildungen von vorzüglicher Qualität dokumentiert (Abb. 26) und beschreibend kommentiert. Dabei spielen die Fundsachen aus dem frühen Mittelalter und namentlich solche fränkischer Zuordnung eine wichtige Rolle.

– Durch die Gründung des Römisch-Germanischen Zentralmuseums in Mainz im Jahr 1852 und als dessen lebenslanger Direktor realisierte Lindenschmit seine Idee, durch eine breit angelegte Sammlung von Abgüssen, Nachformungen und Kopien jeglicher Art eine Grundlage für vergleichende Studien auf dem Gebiet der römisch-germanischen Altertumskunde – wie man damals sagte – zu schaffen. Nichts bestätigt die Richtigkeit seiner Konzeption und ihren zukunftsweisenden Charakter mehr als die Tatsache, daß seine Gründung in Mainz als eine florierende wissenschaftliche Anstalt noch heute besteht. Sie hat ihren Aufgabenbereich

Abb. 26 In der ersten Lieferung des Corpus-Werkes »Alterthümer unserer heidnischen Vorzeit« hat Ludwig Lindenschmit auf Taf. 7 runde durchbrochene Zierscheiben der Merowingerzeit zusammengestellt. Die meisten Stücke stammen aus der Umgebung von Mainz, also aus dem fränkischen Siedlungsgebiet. Deutlich erkennbar ist das Bestreben des Autors, gleichartig gemusterte Scheiben zu Gruppen zusammenzustellen. Dieses Bemühen um eine formenkundlich-typologische Ordnung des archäologischen Fundstoffes hat die Forschungstätigkeit Ludwig Lindenschmits bis an sein Lebensende geprägt.

nur behutsam den Zeiterfordernissen angepaßt und ihren alten Namen mit dem erläuternden, heutigem Sprachgebrauch entsprechenden Zusatz »Forschungsinstitut für Vor- und Frühgeschichte« versehen.

– Den krönenden Abschluß des Lebenswerkes von Ludwig Lindenschmit stellt zweifellos das Handbuch »Die Alterthümer der merovingischen Zeit« dar, 1880 bis 1889 ebenfalls in Lieferungen erschienen. Damit ist Lindenschmit im Alter zum Thema seines Erstlingswerkes und zu seinem bevorzugten Forschungsgebiet zurückgekehrt, zu den Grabfunden des frühen Mittelalters. In Text und Bild stellt dieses Werk wahrhaft die Summe dessen dar, was das 19. Jahrhundert zu diesem archäologischen Fundhorizont in Erfahrung gebracht und als Beitrag zu einer allgemeinen Geschichte des frühen Mittelalters beigesteuert hat.

Diese Leistung – und sie war nicht zuletzt Ludwig Lindenschmits persönliche Leistung – bestand vor allem in einer Erschließung der Quellen durch Ausgrabung und Publikation. Damit war eine solide Grundlage geschaffen, um weiterführende Fragen an dieses Fundmaterial heranzutragen: Fragen der Siedlungsgeschichte, der Ethnographie, der chronologischen Ordnung der Denkmäler, ihrer sozialgeschichtlichen Interpretation – Probleme, die die Forschung im 20. Jahrhundert beschäftigen sollten.

Literatur: Köln, St. Gereon: Levison 1927, 107 ff. – Corsten 1940. – von Gerkan 1951. – Fremersdorf 1955, 9 f. – Krüger 1971, 88 ff. – Steuer 1980, 83 f. – Deckers 1982. – Gechter 1990. – Boppard, St. Martin: Rademacher 1948. – Neumayer 1993, 112. – Andernach: Bonner Jahrb. 87, 1889, 186. – Schwetzingen 1765: zuletzt Gropengießer 1992, 96 f.; Schwetzingen 1777: zuletzt Eibner 1985. – Karl Wilhelmi: Wahle 1933; Ament 1975, 63 f. – Wilhelmi/Eckerle 1986. – Ludwig Lindenschmit: Lindenschmit/Böhner 1848/1969. – Böhner 1979, 1982. – Wolf, R. 1984/85.

Geschichte der archäologischen Erforschung der Franken in Frankreich

Heino Neumayer

Wie in den meisten europäischen Ländern, so bildete auch in Frankreich, geprägt durch das Gedankengut des Humanismus und der Renaissance, die Beschäftigung mit der Antike lange Zeit den Schwerpunkt der Altertumsforschung. Bis in die ersten Jahrzehnte des 19. Jahrhunderts waren die antike Kultur und ihre Auswirkungen auf das frühere Gallien der bevorzugte Forschungsgegenstand der französischen »antiquaires«. Die germanischen Franken galten, im Gegensatz zu den Galliern, nicht selten als ungeliebte Vorfahren, wenngleich oder gerade weil man ihre Bedeutung für die gesamte Entwicklung der französischen Geschichte sehr wohl erkannte. Tatsächlich spielten bei der archäologischen Erforschung der Franken auch immer politische Faktoren eine wichtige Rolle. Vor allem die jeweiligen Auseinandersetzungen mit dem östlichen Nachbarn Deutschland beeinflußten häufig die Intentionen, mit denen die frühgeschichtliche Forschung in den letzten drei Jahrhunderten betrieben wurde.

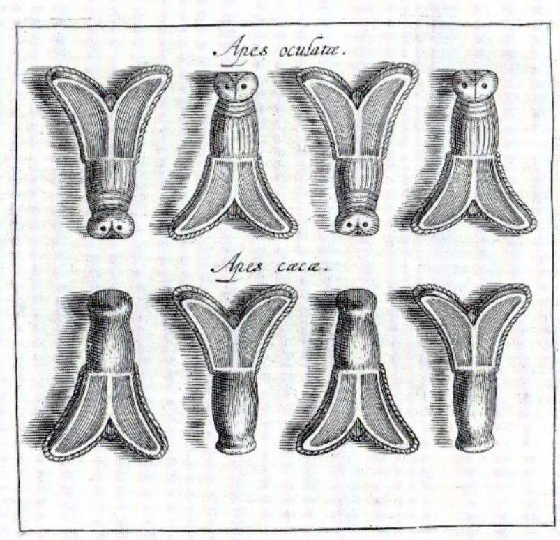

***Abb. 27** Bienenförmige Beschläge aus dem 1653 aufgedeckten Childerichgrab.*
Von den ehemals 27 aus Gold und Almandinen bestehenden Beschlägen, die der bei den Ausgrabungen anwesende Dekan Aegidius Patte dem Magistrat von Tournai übergeben hatte, sind heute nur noch zwei Exemplare erhalten. Chiflet berichtet, daß im Childerichgrab über 300 solcher Bienen gefunden wurden. Ihre Zugehörigkeit zum Pferdegeschirr ist nach seinen Ausführungen anzunehmen. – Nach Jean Jacques Chiflet 1655, 322.

Die fränkischen Königsgräber – Instrument im Spiel der europäischen Mächte

Rückblickend wird man die Auffindung der merowingischen Königsgräber im 17. Jahrhundert als den Beginn der französischen Frühmittelalterarchäologie bezeichnen dürfen. Dabei war bereits das am 27. Mai 1653 in Tournai aufgefundene Grab des fränkischen Königs Childerich I. (457/58 bis 482) Gegenstand literarischer und politischer Diskussionen, die vor dem Hintergrund der Spannungen zwischen Frankreich und der habsburgischen Monarchie gesehen werden können. Zum Politikum wurden die im Grabe Childerichs aufgefundenen Bienen, die der damals bekannte Arzt und Altertumsforscher Jean-Jaques Chiflet zu merowingischen Königszeichen erklärte (Abb. 27). Da diese Bienen im Liliensymbol der Bourbonen nicht unmittelbar fortlebten, folgerte er, daß die Bourbonen und damit der 1643 als Fünfjähriger auf den französischen Thron gelangte Ludwig XIV. nicht die Nachfahren der fränkischen Könige sein konnten. Die antibourbonische Haltung Chiflets – er war durch seinen Sohn Jean Chiflet, der als Kanonikus der Kathedrale von Tournai bei der Auffindung des Grabes anwesend war, von dem Fund informiert worden – erklärt sich durch seine Stellung als Leibarzt am habsburgischen Hof in Brüssel. Hier diente er auch dem von 1647 bis 1655 als Statthalter in den spanischen Niederlanden regierenden Erzherzog Leopold Wilhelm von Österreich, der die Überführung der im Childerichgrab aufgefundenen Beigaben nach Brüssel veranlaßte und Chiflet mit der Untersuchung und Beschreibung der Stücke beauftragte. 1655 war die Konservierung der Stücke abgeschlossen, und im gleichen Jahr erschien Chiflets Werk: *Anastasis Childerici I. Francorum Regis, sive Thesaurus sepulchralis Tornaci Nerviorum effossus et Commentario illustratus*. Nach seinem Amtsrücktritt nahm Erzherzog Leopold Wilhelm die Funde mit nach Wien, wo sie nach seinem Tod am 19. November 1662 sein Neffe, Kaiser Leopold I., erbte und der kaiserlichen Schatzkammer einverleibte. Am 2. Juli 1665 gelangten die Beigaben des Childerichgrabes, da es politisch opportun schien, auf Drängen des Mainzer Erzbischofs Johann Philipp von Schönborn als Geschenk an Ludwig XIV.

Eine besondere Ehre sollte den Bienen aus dem Grabe Childerichs zuteil werden. Am 2. Dezember 1804 schmückten sie den prächtigen Krönungsmantel Napoleons I., als dieser sich zum Kaiser der Franzosen krönte (Abb. 28). Als Symbol der Dynastie unterstrichen sie nicht nur seinen Anspruch auf die Nachfolge der fränkischen Könige, sondern waren zugleich Ausdruck einer Abkehr – ganz den genealogischen Gedanken Chiflets folgend – vom bourbonischen Königtum und dessen Lilien. Zusammen mit dem römischen Adler waren die merowingischen Bienen für Napoleon Bonaparte das sichtbare Zei-

chen seines in der großen Revolution geborenen Reiches, das die Ansprüche der alten Königreiche auslöschte und ein Kaisertum mit einer universalen Bestimmung schuf.

Die Entdeckung des Childerichgrabes, seine reichen Funde und die daran anschließenden literarischen und politischen Diskussionen lassen vergessen, daß man bereits acht Jahre zuvor auf Grablegen merowingischer Könige gestoßen war. Ort der Auffindung war die von Childebert I. (511–558) gegründete Basilika Sainte-Croix-et-Saint-Vincent (heute Saint-Germain-des-Prés). In dieser Grablege der merowingischen Dynastie wurden von 558 bis 629 wohl alle Pariser Herrscher und später ein großer Teil ihrer Nachfahren beigesetzt. Bis zu ihrer Umbettung im Jahre 1656 waren die königlichen Bestattungen Childeberts I., Chilperichs I. (561–584), Chlothars II. (584 bis 629), ihrer Frauen Ultrogotho, Fredegund und Bertetrud sowie Childerichs II. (662–675), seiner Frau Bilichild und ihres Sohnes Dagobert durch Grabskulpturen (frz. gisantes) des 12. Jahrhunderts gekennzeichnet. Unsicher ist allerdings, ob unter den Skulpturen wirklich die angegebenen Personen lagen. Von 1645 bis 1646 scheinen beim Bau eines neuen Hochaltars im Chor der Abteikirche mehrere dieser Grablegen geöffnet worden zu sein. Dabei fand sich in dem vermeintlichen, durch die Grabskulptur ausgewiesenen Grab Childerichs II. auf dem Kopf des Königs ein goldenes Posament in

Abb. 28 *Napoleon I. krönt Kaiserin Josephine. Gemälde von Jacques-Louis David (1748–1825). Das Bild zeigt die Krönungszeremonie in der Kirche Notre-Dame zu Paris. Napoleon krönt, nachdem er sich selbst die goldene Lorbeerkrone auf das Haupt gesetzt hat, Josephine zur Kaiserin von Frankreich. Der Kaiser trägt den prächtigen Krönungsmantel, der nach dem Vorbild des Childerichgrabes mit Bienen bestickt war.*

Form einer Krone, ein Stück goldener Stoff, der das Gesicht bedeckte, Sporen sowie der etwa einen Daumen breite reichverzierte Leibgurt. 1656 stieß man bei der Einrichtung des Chorgestühls im Untergrund des Chores auf steinerne und aus Gips gegossene Sarkophage. Unter diesen war eine Bestattung, die aufgrund der am Kopfende des Sarkophages vorhandenen Inschrift »CHILDR REX« sicher Childerich II. zugewiesen werden kann. An Beigaben wurden unter anderem ein großer gekrümmter Stab, dessen Länge der des Grabes entsprach, ein am Knauf zerbrochenes, stark verrostetes Schwert, die dreiteilige, aus Gold bestehende Schnalle des Wehrgehänges, einige quadratische Beschläge aus Silber mit der Darstellung einer doppelköpfigen Schlange, Kork- und Lederreste, die zu den Stiefeln gehörten, und ein großes Glasgefäß, das am Hals zerbrochen war und in dem sich noch Reste von »parfum« befanden, aufgeführt.

Zwischen 1645 und 1656 scheint es zu Plünderungen der königlichen Grabstätten gekommen zu sein. So war das Grab der Bilichild im Jahre 1656 vollkommen zerwühlt und ausgeraubt, während sie bei der Öffnung im Jahre 1645 ihre »königlichen Gewänder trug und ihr Kopf auf einem Kissen ruhte, das mit wohlriechenden Kräutern gefüllt war«. Überliefert ist auch, daß ein Ordensangehöriger der Abtei auf seinem Sterbebett bekannte, er habe das in den Gräbern aufgefundene kostbare Metall nach Gewicht verkauft und seinem Abt einen Restbetrag von 13 000 Livres ausgehändigt, der 1664 für die Errichtung der Orgel verwendet wurde.

Bezeichnenderweise fanden diese königlichen Gräber zur Zeit ihrer Auffindung keine weitere Beachtung. Gerade auch in Hinblick auf die durch die Entdeckung des Childerichgrabes erneut einsetzende Diskussion um die französische Königstradition waren die Merowinger dem französischen Hof offensichtlich suspekt geworden. Erst 1724 fanden die merowingischen Königsgräber in dem Werk Pater Bouillarts »L'Histoire de l'abbaye royale de Saint-Germain des Prez« Erwähnung. Heute ist von den in der Beschreibung Bouillarts erwähnten Funden lediglich ein quadratischer silberner Beschlag mit Tierdarstellung aus dem Grab Childerichs II. in Abbildung dokumentiert (Abb. 29).

Abb. 29 *Silberner Beschlag aus dem 1656 zu Saint-Germain-des-Prés in Paris aufgefundenen Grab Childerichs II.*
Der vermutlich zum Wehrgehänge gehörende 3 cm × 2,6 cm große Beschlag ist heute verschollen und nur in Abbildung aus dem von 1729 bis 1733 erschienenen fünfbändigen Werk »Les monuments de la monarchie françoise« des Paters Bernard de Montfaucon erhalten.

Das 18. Jahrhundert
Beginn wissenschaftlicher Interpretationsversuche

Im 18. Jahrhundert versuchten auch die französischen Gelehrten, ergrabene Altertümer als historische Denkmäler zu interpretieren. Sie gingen davon aus, daß die in der jeweiligen Landschaft literarisch am frühesten bezeugten Völkerschaften auch die Ureinwohner und damit die Schöpfer der Altertümer waren. So wies Pater Bernard de Montfaucon in seinem 1724 erschienenen Werk »Supplément au livre de l'Antiquité expliquée et représentée en figures« zwei von ihm abgebildete merowingerzeitliche Gürtelgarnituren der gallischen Zeit zu. Die Gürtelgarnituren, von denen eine 1705 in Montbellet (Dép. Saône-et-Loire) gefunden wurde, während die zweite aus dem Kunstkabinett der Abtei Saint-Germain-des-Prés stammte, wurden 1727 von Pater Jacques Martin erneut abgebildet. Im Gegensatz zu Montfaucon gehörte für ihn die Schnalle aus Montbellet einem »Franque ou Françoise de la première qualité«. Ausschlaggebend für diese Zuordnung war das Aussehen des Grabes, welches »wie die der alten Franken aus mächtigen Steinen errichtet« worden war.

1724 veröffentlichte der Kanoniker Lazare-André Boquillot eine kleine Abhandlung über die in Quarré-les-Tombes (Dép. Yonne) aufgefundenen merowingerzeitlichen Sarkophage. Bereits am Ende des 17. Jahrhunderts hatte der Pfarrer hier im Beisein Boquillots zwei Gräber ausgegraben. In seiner »Dissertation sur les tombeaux de Quarré village de duché de Bourgogne« erwähnt Boquillot die Aussagen eines vierundsiebzigjährigen Mannes aus Quarré, nach denen man zu verschiedenen Zeiten bei Aushubarbeiten oder beim Anlegen von Kellern auf Gräber gestoßen sei. Als Funde wären neben Knochen auch ein Sporn und ein Säbel zutage gekommen. Eine vierundsechzigjährige Frau erzählte, daß ihr Vater, als sie vierzehn Jahre alt war, beim Bau eines Kellers zwei Särge geöffnet habe, in denen er außer Knochen auch ein handtellergroßes Silberstück mit Kreuzdarstellung gefunden habe. Aus dem Bericht Boquillots geht hervor, daß man in Frankreich wohl zu allen Zeiten auf merowingische Gräber stieß, ohne daß diese jedoch weiter beachtet wurden.

Aus Gips gegossene Sarkophage wurden 1728 bei Arbeiten in der Pfarrkirche Châtenay-sous-Bagneux südlich von Paris (heute Châtenay-Malabry, Dép. Hauts-de-Seine) aufgedeckt. Sie waren der Anlaß für Grabungen im Bereich eines alten Friedhofs etwa 500 m nordwestlich der Kirche

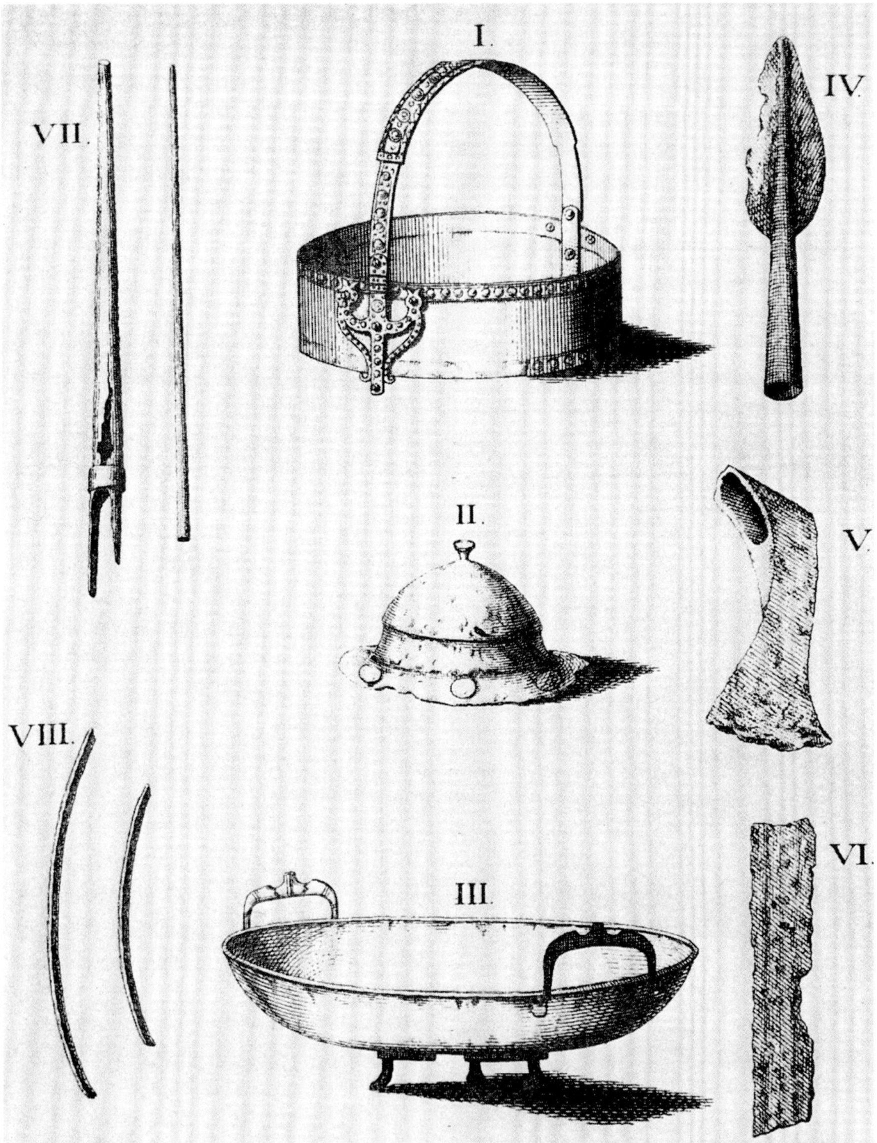

Abb. 30 *1775, 120 Jahre nach der Veröffentlichung des Childerichgrabes, bildete der Elsässer Jérémie-Jacques Oberlin mit einem reichen merowingerzeitlichen Kriegergrab von Verdun das zweite vollständige Grabinventar ab. Oberlin verglich die beiden Gräber und konnte das von Verdun folglich dem fränkischen Frühmittelalter zuweisen. Damit begann die wissenschaftliche Archäologie der Franken.*

im Jahre 1729. Dabei fanden sich elf weitere aus Gips gegossene Sarkophage, mittelalterliche Gefäße sowie eine bronzene Gürtelschnalle des 7. Jahrhunderts. Dokumentiert ist das Stück in einem Manuskript von Pierre de Clairambault, der es der römischen Epoche zuwies und als Teil einer Kappe, eines Mantels oder Gürtels ansprach.

Die Schwierigkeiten einer exakten Funktionsbestimmung der aufgefundenen merowingischen Objekte – auch Bernard de Montfaucon hatte die von ihm abgebildeten Gürtelschnallen mit der weiblichen Haartracht in Verbindung gebracht – sind, ebenso wie die häufig unzutreffenden Zuweisungen, mit fehlenden Fundbeobachtungen und den wenigen Vergleichsfunden in der damaligen Zeit zu erkären. So bedeutete das von 1752 bis 1766 erschienene Werk des Comte de Caylus »Recueil d'Antiquités égyptiennes, grecques, étrusques, romaines et gauloises« mit seiner reichen Bebilderung der Texte für die französische Archäologie einen gewaltigen Fortschritt. Dies gilt vor allem für die Kapitel über die gallischen Altertümer, die sich am Ende der jeweils sieben Bände befinden und einen wesentlichen Beitrag zur Kenntnis der in Frankreich vorhandenen Funde lieferten. In dem Werk sind drei merowingerzeitliche Gefäße abgebildet, die allerdings der römischen Bevölkerung zugeschrieben werden. Ein gleichfalls abgebildeter Sax wird aufgrund der unsymmetrischen Klinge mit »Opferritualen« in Verbindung gebracht.

1740 kam bei Verdun ein reiches merowingerzeitliches Kriegergrab zutage, das der Elsässer Jérémie-Jacques Oberlin 1775 vorstellte (Abb. 30). Nach dem Childerichgrab war es das zweite, dessen Inventar in Abbildung komplett wiedergegeben wurde. Unter Zuhilfenahme der Publikationen Chiflets und Montfaucons, aber auch der Schriften des Agathias von Myrina (ca. 536–582) und Gregors von Tours (ca. 540–594) gelang Oberlin eine korrekte Datierung des Grabes in die merowingische Zeit sowie eine exakte Identifikation der meisten im Grab aufgefundenen Objekte. Lediglich den bronzenen Beschlag eines Holzeimers deutete er als Krone, was ihn sogleich veranlaßte, hier eine weitere königliche Bestattung zu sehen.

Fanatismus und Verbrechen – Vom Schicksal frühmittelalterlicher Zimelien

Die patriotischen und nationalistischen Kräfte der Französischen Revolution blieben auch für die Altertumswissenschaft in Frankreich nicht ohne Folgen. Es kam zu einer Rückbesinnung auf das eigene kulturelle Erbe, deren herausragendster Vertreter der Archäologe Marie-Alexandre Lenoir wurde. Bereits 1790 forderte er, den Verkauf nationaler Kulturgüter einzustellen. Im dritten Jahr der Republik (1794) wurde von ihm das Museum im »Couvent des Petit-Augustins« eröffnet. Bei der Einrichtung des Louvre sorgte er für die Überführung der Gemälde und Antiken. Mit den restlichen Antiken gründete er 1796 das »Musée des Monuments français«.

Wenngleich die Vorkommnisse von 1789 für die nationale Archäologie von großer Bedeutung waren, so fand im Zuge der revolutionären Ereignisse auch ein fanatischer Bildersturm statt, der zahlreiche bedeutende Werke des frühen Mittelalters für immer vernichtete. Am Abend des 17. November 1793 drangen auf offizielle Anweisung Kommissare der Kommune Saint-Denis und der Volksgemeinschaft sowie Wachmanschaften und Depotverwalter in die Schatzkammer des von Dagobert I. (623–638/639) gegründeten Klosters Saint-Denis bei Paris ein. In diesem von den Merowingern, Karolingern und Kapetingern bevorzugt geförderten Kloster, welches ab Ludwig dem Heiligen (1226 bis 1270) auch als Begräbnisstätte des französischen Königshauses diente, wurden in sechs Schränken der Klosterkapelle, in zwei Sakristeien und in der Silberkammer die Kroninsignien und weitere bedeutende Kunstschätze des frühen, hohen und späten Mittelalters aufbewahrt. Die vorgefundenen Gegenstände transportierte man umgehend in die Nationalversammlung, um sie dem Volksvermögen zuzuführen. In 68 Sitzungen wurden die Objekte, nachdem man Perlen und Edelsteine herausgebrochen hatte, nach Metallen getrennt zerlegt. Das Gold – insgesamt mehr als 454 Pfund – kam zum Einschmelzen in die staatliche Münze.

Ein ähnlich tragisches Schicksal ereilte die Funde aus dem Childerichgrab. Nachdem sie die Wirren der Revolution gut überstanden hatten, wurden sie in der Nacht vom 5. auf den 6. November 1831 zusammen mit weiteren Goldgegenständen aus der königlichen Bibliothek gestohlen. Die Ermittlungen der Pariser Kriminalpolizei ergaben, daß es sich bei den Tätern um einen entsprungenen Zuchthäusler namens Fossard – in einschlägigen Kreisen als Bonnet-Rouge (Rotkäppchen) bekannt – und dessen Freund Drouillet, genannt »Voyageur« (der Reisende), handelte. Bei ihrer Verhaftung hatte Drouillet 10 000 Francs in Banknoten und 240 Goldfrancs bei sich, über deren Herkunft er sich jedoch ausschwieg. Überführt wurden die beiden durch den ebenfalls bei Drouillet aufgefundenen Schlüssel zur königlichen Bibliothek. In den Fall verwickelt war auch der Bruder Fossards, ein Goldschmied, der gestand, Teile der Beute in 60 Barren eingeschmolzen zu haben. Daß nicht alle Stücke des Childerichgrabes von diesem Schicksal betroffen wurden, war vor allem den Steineinlagen zu verdanken, die man vor dem Einschmelzen erst mühsam hätte entfernen müssen.

Blütezeit, Ende und Neubeginn – Die merowingerzeitliche Archäologie im 19. und 20. Jahrhundert

Es ist sicherlich nicht falsch, wenn man die zweite Hälfte des 19. Jahrhunderts und die Zeit vor dem Ersten Weltkrieg als das »Goldene Zeitalter« der Frühmittelalterarchäologie in Frankreich bezeichnet. Eingeleitet wurde diese Entwicklung durch die zahlreichen regionalen archäologischen Gesellschaften, von denen viele bereits in der ersten Hälfte des 19. Jahrhunderts gegründet worden waren. In »bulletins« und »mémoires« berichteten ihre Mitglieder, die vor allem dem höheren Beamtentum, dem Ärzte- und Juristenstand angehörten, über ihre Ausgrabungen und Sammlungen. Die Gesellschaften selbst erhielten Nachlässe und Schenkungen, die häufig den Grundstock für die Einrichtung der späteren Regionalmuseen bildeten.

Der 1852 auf den französischen Thron gelangte Napoleon III. erwies sich als Förderer der nationalen Archäologie. Von seinem Schloß in Compiègne aus unternahm der Neffe Napoleons I. Ausgrabungen auf mehreren merowingischen Gräberfeldern. Die Funde aus diesen Grabungen wurden in Compiègne gesammelt und in das von ihm 1862 gegründete »Musée des Antiquités Nationales« in Saint-Germain-en-Laye überführt.

Die zweite Hälfte des 19. Jahrhunderts war für die frühmittelalterliche Archäologie auch die Zeit der großen Publikationen, in denen die Funde nach den einzelnen Landschaften vorgestellt und besprochen wurden. Dabei spielte vor allem die Frage nach der ethnischen Zugehörigkeit der Bestatteten sowie die Funktion und die zeitliche Einordnung der Fundstücke eine entscheidende Rolle. 1857 erschien Abbé Cochets »Sépultures gauloises, romaines, franques et normandes, faisant suite à la Normandie Souterraine«. Henri Baudot publizierte 1860 »Mémoire sur les sépultures des barbares de l'époque mérovingienne découvertes en Bourgogne et particulièrement à Charnay«. Das von Frédéric Moreau in den Jahren 1877 bis 1893 erstellte »Album Caranda« gehört bis heute zu den umfassendsten Dokumentationen merowingerzeitlicher Funde. Zu einem Zentrum der archäologischen Forschung zur Merowingerzeit entwickelte sich ab der Mitte des 19. Jahrhunderts die Landschaft zwischen Somme, Aisne und Oise. In Paris überwachte Théodore Vacquer von 1844 bis 1898 die unzähligen Bauarbeiten in der Hauptstadt. Vor allem in den Kirchen und den dazugehörigen Nekropolen wurden von ihm zahlreiche Grabungen durchgeführt (Abb. 31).

Trotz internationaler Kontakte waren auch die französischen Forscher, den Strömungen der Zeit entsprechend, nicht frei von nationalistischem Gedankengut. So kam es nicht selten zu polemischen Auseinandersetzungen zwischen deutschen und französischen Gelehrten, die durch den deutsch-französischen Krieg von 1870/71 noch verstärkt wurden.

Gegen Ende des 19. Jahrhunderts führte die steigende Nachfrage von Sammlern und Museen zu einem ungeheueren Preisanstieg für Altertümer. Ausgrabungen wurden zu einem lukrativen Geschäft, was die kommerzielle Ausbeutung Tausender merowingerzeitlicher Gräber zur Folge hatte. Einer der bekanntesten »Ausgräber« dieser Zeit war Jean-Baptiste Lelaurain, der an die 20 000 Gräber geöffnet hat und bis zu seinem Tod vom Erlös der Funde lebte. Seine Geschäftsmethoden sind für die Ausgrabung des im Département Somme gelegenen Gräberfeldes von Marchélepot überliefert, wo er die Funde hauptsächlich an lokale Sammler verkaufte, denen er am Abend die jeweilige Tagesausbeute offerierte.

Trotz dieser unerfreulichen Erscheinungen markierte gerade das ausgehende 19. und das frühe 20. Jahrhundert einen Höhepunkt merowingerzeitlicher Archäologie in Frankreich. In seinem von 1880 bis 1899 erschienenen dreibändigen Werk »Études sur d'anciens lieux de sépulture dans l'Aisne« schuf Jules Pilloy eine relative Chronologie, deren Stufen er durch das aufgefundene Material definierte. Die stilistischen Untersuchungen eines Barrière-Flavy und ihre Ergebnisse haben in vielen Fällen ihre Gültigkeit bis heute nicht verloren. Seine beiden Hauptwerke »Étude sur les sépultures barbares du Midi et l'Ouest de la France« von 1892 und »Les arts industriels des peuples barbares de la Gaule du Ve au VIIIe siècle« von 1901 markieren den Versuch, von den historischen Quellen ausgehend, die Unterschiede der in Gallien siedelnden germanischen Stämme anhand des archäologischen Materials herauszustellen.

Zu den bedeutendsten Archäologen der damaligen Zeit zählte Tancrède-Clodomir Boulanger. Mit seinen beiden Monographien »Le mobilier funéraire gallo-romain et franc en Picardie et Artois« und »Le cimetière franco-mérovingien et carolingien de Marchélepot (Somme)« aus den Jahren 1905 und 1907 sowie seiner Abhandlung »Trois cimetières mérovingiennes: Cléry, Maurepas et Corbie« von 1907 wurde für die Bearbeitung merowingerzeitlicher Funde ein Niveau errreicht, das bei dem damaligen Quellenstand und den damaligen analytischen Methoden nicht mehr übertroffen werden konnte. Seine Ausgrabungstätigkeit bescherte Boulan-

Abb. 31 *Ausgrabungen in der rue de la Montagne-Sainte-Geneviève, Paris.*
Die von Napoleon III. angeordnete »transformation de Paris« führte zu einer regen Bautätigkeit in der Hauptstadt, bei der zahlreiche Funde zutage kamen. Das in »Le Monde illustré« vom 23. August 1873 veröffentlichte Bild zeigt Théodore Vacquer (links mit Bart und Zylinder) bei der Öffnung von Sarkophagen, die zu der merowingerzeitlichen Nekropole der heute abgerissenen Kirche Sainte-Geneviève, einer Gründung Chlodwigs (481/482 bis 511) und seiner Gemahlin Chrodechilde, gehörten. Der Frankenkönig wurde nach seinem Tod im Innern der Kirche in einem »sacrarium« beigesetzt. Sein Grab ist bis heute unentdeckt.

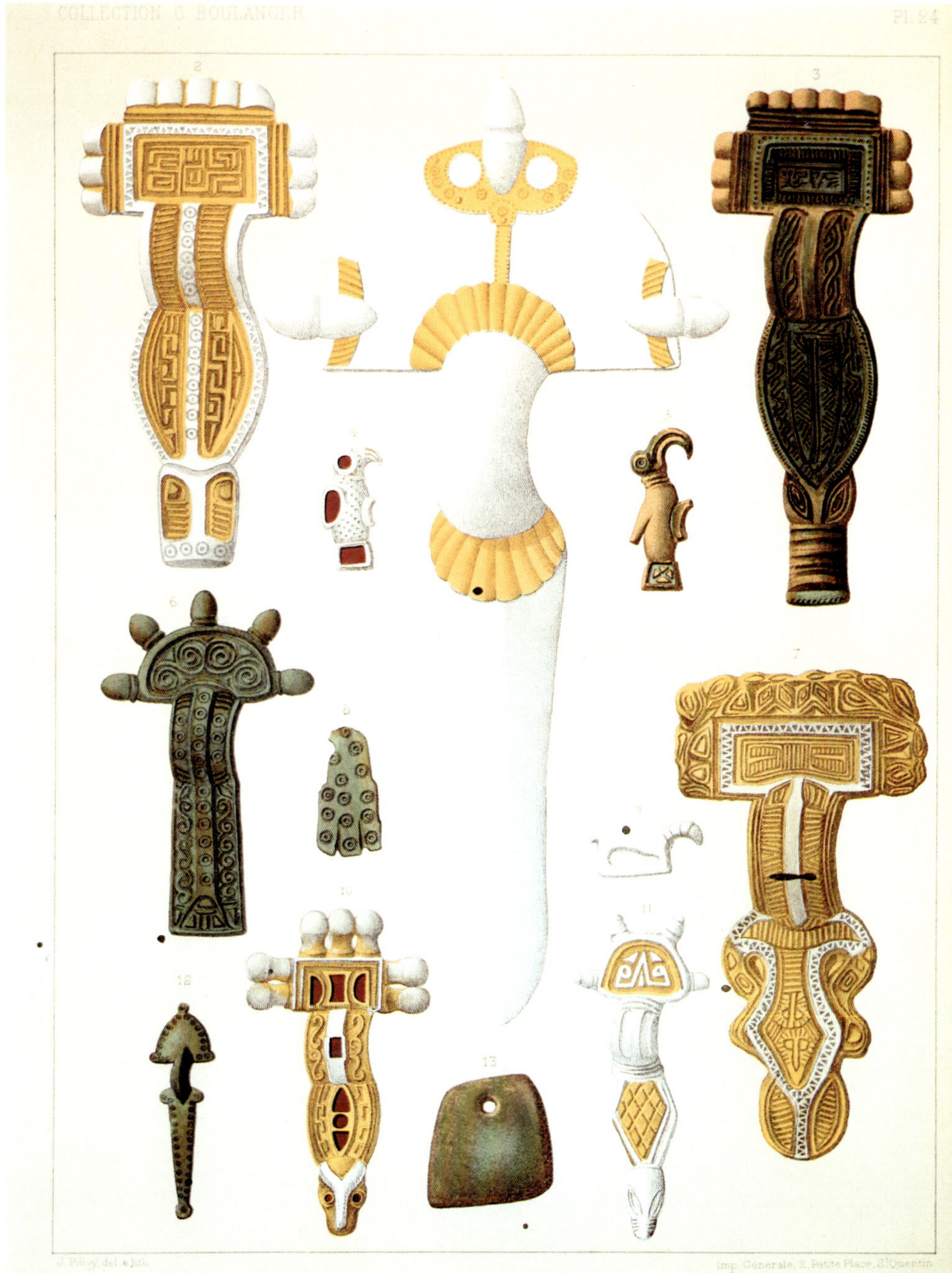

Abb. 32 *Fibeln des 5. und 6. Jahrhunderts aus der Sammlung Boulanger.*
Die Tafel stammt aus dem von Tancrède-Clodomir Boulanger in den Jahren 1905–1907 publizierten Werk »Le mobilier funéraire gallo-romain et franc en Picardie et Artois«. Der 1844 in Allaines geborene Boulanger stammte aus einer alten picardischen Bauernfamilie. Nach 1888 widmete sich der gelernte Notar nur noch der Archäologie seiner Heimat. Einer der Höhepunkte in Boulangers Leben war zweifellos die Präsentation seiner Sammlung auf der im Jahr 1900 in Paris stattfindenden Weltausstellung. Die dort in drei Vitrinen ausgestellten gallo-römischen und fränkischen Funde Boulangers riefen nach einem zeitgenössischen Bericht allgemeines Staunen und Bewunderung hervor.

ger eine der bedeutendsten Privatsammlungen in Frankreich. Die in seinem »Mobilier funéraire« abgebildeten Stücke waren Teil der Ausstellung »Exposition rétrospective de l'art français, dès origines à 1900«, die anläßlich der Weltausstellung in Paris im Jahre 1900 gezeigt wurde (Abb. 32). 1913 verkaufte Boulanger seine Sammlung an die Prähistorische Abteilung des Berliner Völkerkundemuseums, nachdem bereits Baron von Diergardt eine nicht geringe Anzahl von Stücken erworben hatte. Der Verkauf französischer Funde an ausländische Sammler und Museen in der Zeit vor dem Ersten Weltkrieg – auch die Sammlung Pierpont Morgan im New Yorker Metropolitan Museum verdankt ihre Bedeutung nicht zuletzt den zahlreichen aus Nordfrankreich stammenden merowingerzeitlichen Funden – bedeutete für die nationale Forschung einen schmerzlichen Verlust.

Der Erste Weltkrieg, grausames Resultat eines übersteigerten Nationalismus in Europa, führte zu einer Stagnation der französischen Frühmittelalterforschung. Auf den Kriegsschauplätzen Nordfrankreichs kam es zur Zerstörung und Plünderung zahlreicher Sammlungen und Museen durch feindliche Truppen. Von diesen Schlägen sollte sich vor allem die lokale nordfranzösische Forschung bis in die jüngste Zeit nicht mehr erholen.

In der Zeit zwischen den beiden Weltkriegen erreichte die frühmittelalterliche Archäologie in Frankreich nahezu ihren Stillstand. Erst Édouard Salin gelang es, mit seinen in den Jahren zwischen 1950 und

1959 erschienenen vier Bänden über die »Civilisation Mérovingienne« an die große Tradition der französischen Merowingerforschung anzuknüpfen. Die nach dem Zweiten Weltkrieg von den jeweils politisch Verantwortlichen auf den Weg gebrachte deutsch-französische Aussöhnung blieb auch für die Frühmittelalterarchäologie der beiden Nationen nicht ohne Folgen.

Frei von jedem Nationalismus sind französische und deutsche Archäologen heute bestrebt, die archäologischen Hinterlassenschaften der gemeinsamen Vorfahren zu erforschen, welche mit ihrem Reich, in dem gallorömische und germanische Elemente miteinander verschmolzen, zu Wegbereitern der christlich-abendländischen Kultur wurden.

Abb. 33 *Friedrich Tüshaus (1832–1885), Schlacht zwischen Germanen und Römern am Rhein. Öl/Leinwand 84 × 118 cm. – Foto Westfälisches Landesmuseum für Kunst- und Kulturgeschichte Münster.*

Literatur: Böhner 1981. – Delahaye 1989. – France-Lanord 1978. – Périn 1980a; 1985. – Roth 1986a. – Vallet 1986. – Wagner, N. 1973.

Das Bild der Merowinger in Frankreich

Laurence Leloup-Le Montreer

Die Erforschung des Merowingerbildes ist untrennbar mit der Kenntnis der »Zehn Bücher Geschichten« von Gregor von Tours (538–594) und der historiographischen Arbeiten, die im Laufe der nachfolgenden Jahrhunderte dieses Werk zum Vorbild genommen haben, verbunden. In der Tat war es das Werk Gregors von Tours, mit seinen Abschriften und Umarbeitungen, welches einen wesentlichen Einfluß auf das Bild, das man sich im Mittelalter von den ersten vier Generationen der fränkischen Dynastie gemacht hatte, ausübte. Erst mit Beginn des 17. Jahrhunderts, vor allem aber im 18. Jahrhundert werden auch andere erwähnenswerte Einflüsse spürbar.

Infolgedessen wird man in erster Linie von eben diesen schriftlichen Quellen ausgehen müssen, wenn man die Entwicklung dieses Merowingerbildes während mehr als zehn Jahrhunderten, ab dem Beginn des 9. Jahrhunderts, untersuchen will. Dabei ist jedoch zu bedenken, daß auch andere Zeugnisse, Texte oder Gegenstände – besonders Bestattungsutensilien –, welche uns heute verlorengegangen sind, manchmal wichtiges Material zu gewissen Vorstellungen der Fürsten und ihrem Umfeld geliefert haben könnten.

Diese Ikonographie ist sehr umfangreich, und nur einige wenige charakteristische Beispiele können in dieser Studie angeführt werden.

Auf das Mittelalter entfallen mehr als die Hälfte der 1000 Jahre, aus denen Texte und Abbildungen, die sich mit den ersten Königen beschäftigen, vorliegen. Diese zeitliche Dauer und der Abstand, der uns davon trennt und der ihre Analyse vielleicht erleichtert, erlauben es, die Widersprüchlichkeiten beim Aufbau einer kollektiven Erinnerung zu beobachten, ganz so wie wahrscheinlich sich auch individuelle Erinnerungen bilden: Während die Originaltexte weiter überliefert werden, im vorliegenden Falle vor allem die »Zehn Bücher Geschichten« von Gregor von Tours, bildet sich mit dem fortschreitenden Verlust an Information eine Legende, ein Mythos, der sich anschickt, die Geschichte zu ergänzen, sie gleichsam zu ummanteln. Dies geschieht je nach den Bedürfnissen der einzelnen Dynastien und in Funktion des Aufbaus des monarchischen Gedankens in Frankreich.

Schon von Anbeginn an wurde ein beträchtlicher Teil der »Zehn Bücher« zugunsten einiger Gestalten, die besonders hervorgehoben wurden, im Dunkeln belassen. Die Intention war, eine chronologisch ablaufende Geschichte der Franken zu erhalten, die der karolingischen Monarchie von Nutzen sein konnte.

So übernimmt im 7. Jahrhundert die Chronik des Fredegar sechs der »Zehn Bücher«, und dies im nämlichen Augenblick, da sie dieselben weiterführt, indem sie z. B. das Ende der Brunichilde oder die Regierungszeit Chlothars II., des Vaters von Dagobert I., hervorhebt. Einige mythische Erzählungen werden hinzugefügt, z. B. die vom Ursprung des Merowech. Im folgenden Jahrhundert kompilieren die »Fortsetzer« des Fredegar ihrerseits diese Überlieferung und führen die Geschichtsschreibung über die Karolinger weiter. So entsteht im 9. Jahrhundert das »Buch von der Geschichte der Franken« *(Liber Historia Francorum).*

Parallel dazu führt Hinkmar, der Erzbischof von Reims, in einer Lebensbeschreibung des hl. Remigius, die 878 verfaßt wurde, ausführlich die Riten der Königskrönung auf, indem er die Salbung des Königs nach biblischer Tradition mit dem Wunder der heiligen Taube, das während der Taufe Chlodwigs I. geschehen sein soll, verbindet. Schließlich redigierte Aymoin de Fleury im 11. Jahrhundert nach dem Vorbild des *Liber Historia Francorum* seinerseits die *Historia Francorum.*

Die ersten Abbildungen von Merowingern, die wir kennen, erschienen allerdings im Rahmen der hagiographischen Literatur. Die Taufe Chlodwigs ist nach zwei anderen Szenen aus dem Leben des hl. Remigius auf einem elfenbeinernen Bucheinband dargestellt, der im Musée de la Picardie in Amiens aufbewahrt wird (Abb. 311). Er wird in das letzte Viertel des 9. Jahrhunderts datiert. Diese mit dem Werk Hinkmars zeitgleiche Darstellung enthält schon alle Hauptelemente der späteren Darstellungen der Taufe des Königs. Ein gewaltiges Gebäude wird dargestellt, mehrere Personen umgeben den König, der bis zu den Schultern in der Taufwanne steht. Es versteht sich, daß auch der hl. Remigius anwesend ist und ebenso die Königin Chrodechilde, an ihrer Krone erkennbar. Alle diese Bestandteile werden auch im Text Gregors von Tours erwähnt. Hinzugefügt wird aber die Erscheinung der heiligen Taube, welche die Phiole mit dem Salböl hält. Dieses Element stammt aus dem Text von Hinkmar.

Wenn man sich an den von Gregor von Tours beschriebenen Personenkreis hält, so stellt man fest, daß sehr früh auch die hl. Radegunde auftaucht. Dies ist vor allem in einer hagiographischen Handschrift der Fall, die Venantius Fortunatus redigiert hat und die dann am Ende des

11. Jahrhunderts kopiert und illuminiert wurde (Poitiers, Bibliothèque municipale, Handschrift 250). Neben Radegunde steht König Chlothar in einer Szene, die sich auf ihre Hochzeit bezieht (folio 24 v°).

Im 12. Jahrhundert bringen die Fresken der St. Severins-Kapelle von Château-Landon den König mit dem Titularheiligen der Kapelle in Verbindung. Dargestellt wird die Szene einer wunderbaren Heilung Chlodwigs dank dem Einschreiten des Mönches Severin und die darauf folgende Messe, an der das königliche Paar teilnahm. Seit den frühesten bekannten Darstellungen wird Chrodechilde an der Seite ihres Gemahls dargestellt.

Vom 13. Jahrhundert an beginnen sich die Darstellungen der Merowinger aus diesem strikt hagiographischen Rahmen zu lösen. Ludwig IX. übertrug in der Tat den Mönchen von Saint-Denis die Aufgabe, eine breit angelegte historische Kompilation herzustellen, das heißt die Redaktion einer offiziellen, aktualisierten und ins Französische übertragenen Geschichte Frankreichs (*Histoire de France*). Die *Historia Francorum* der vergangenen Jahrhunderte wurde damals von Primatus aufgegriffen und vervollständigt. So entstanden die *Grandes Chroniques de France*, die oft auch als »*Grandes Chroniques de France von Saint-Denis*« bezeichnet wurden. Sie sind um 1275 fertiggestellt worden, und die Geschichte der Merowinger nimmt ihre ersten Seiten ein. Die Handschrift wird in der Bibliothèque Sainte-Geneviève in Paris aufbewahrt.

Bis zu Beginn des 17. Jahrhunderts werden zahlreiche Versionen und Varianten dieser *Grandes Chroniques* geschrieben und jedes Mal auf den neuesten Stand gebracht. Dies geschieht nach einem Modell, das kaum Veränderungen unterliegt. Während sie zum einen die Gegenwartsgeschichte auf den neuesten Stand bringen, bemühen sich diese Handschriften um eine Neuschreibung der Ursprünge der Merowingerdynastie, um eine Genealogie ohne Unterbrechungen seit Chlodwig, ja seit seinen mythischen Vorfahren, die man mit den Trojanern in Verbindung zu bringen versucht, bis zur kapetingischen Monarchie zu erhalten.

Das Äußere der Texte variiert selten: illuminierte Vignetten, deren Legenden immer mit roter Tinte geschrieben sind, illustrieren den schwarz geschriebenen Text. So enthalten die *Grandes Chroniques de France* als Grundlage eine Vielzahl von Abbildungen, die für lange Zeit das Bild der Merowinger und der sie betreffenden Szenen fixieren.

Die Motive dieser Vignetten greifen immer wieder gewisse Konstanten auf: Herrscherbilder, Klerus und Heilige, Krönungen, Schlachten, Tod von bedeutenden Persönlichkeiten, oft nicht ohne eine gewisse Vorliebe für das Sensationelle. Zwar wird immer als zentrales Ereignis die Taufe Chlodwigs abgebildet, jedoch bringen die Handschriften gewisse Varianten. So legen manche besonderes Gewicht auf die wichtigsten Herrscher von Neustrien, die in Paris residierten, Childebert I. und Chilperich I. Das trifft z. B. bei der französischen Handschrift no. 2813 der Bibliothèque Nationale zu, die um 1375/79 illuminiert wurde: Eine Vignette zeigt die Söhne von Chlodwig, wie sie Childebert I. einen mit Lilien verzierten Umhang umlegen, während seine Brüder, obwohl alle ein Szepter tragen, mit einem einfachen weißen Mantel bekleidet sind (folio 15 v°). Dieselbe Handschrift bemüht sich auch, das Leben Chlodwigs und Chrodechildes darzustellen, indem sie den Traum Childerichs zeigt, während Basina mit Chlodwig schwanger war (folio 7 v°). Die Handschrift zeigt auch ein seltenes Motiv, Chrodechilde während ihrer Witwenzeit (folio 23 v°). Eine in Lyon aufbewahrte Handschrift beschreibt eher die Generation der Enkel von Chlodwig (Bibliothèque Municipale, ms. PA 30). In dieser Handschrift sind die Verzierungen auf das Einfachste reduziert, die Farben wenig zahlreich, Rot, Blau und Grün mit nur wenig Weiß und Gelb. Die wichtigste Rolle kommt dem Gebärdenspiel der Personen zu. Eine andere Handschrift der *Grandes Chroniques von Saint-Denis*, die in Toulouse aufbewahrt wird, bringt wiederum andere Charakteristika (Bibliothèque municipale, ms. 512). Sie hebt mit großen Pinselstrichen die spektakulärsten Szenen aus der Geschichte der Merowinger hervor: Die Ermordung von Galaswintha durch Chilperich I. (folio 26 v°), dann seine eigene Ermordung durch die Handlanger der Fredegunde (folio 39 v°), die Hinrichtung der Brunichilde, die von einem Pferd geschleift wird (folio 52 v°), usw.

Um den Sinn dieser Varianten zwischen den Handschriften, deren Grundmodell erstarrt ist, genau zu erfassen, müßte man in jedem Fall gründlich die Entstehungsgeschichte erforschen. Es ist wahrscheinlich, daß der Ort, an dem diese Dokumente hergestellt worden sind, nicht ohne Einfluß auf die Auswahl der ihren Illustrationen zugrundeliegenden Ereignisse war. So ist in einer späteren Handschrift, die von Jean Fouquet im Laufe des 15. Jahrhunderts illustriert wurde, der Tod Chlothars nur zum Vorwand geworden. Den toten König, umgeben von den Silhouetten seiner Söhne, erkennt man kaum unter einem Zelt am Ufer der Seine. Der Maler hat sich statt dessen bemüht, eine sehr genaue Beschreibung der Ile de la Cité am Ende des Mittelalters zu geben (Bibliothèque Nationale, ms. 6465, folio 25). Im 13. und 14. Jahrhundert werden die Szenen im allgemeinen mit sparsamsten Mitteln dargestellt. Die Gestik einiger weniger Personen genügte, um die Szene in einem sehr reduzierten Dekor zu erklären.

Seit dem 15. Jahrhundert gesellen sich andere Texte zu den *Grandes Chroniques*, um das Leben Chlodwigs und seine Taufe hervorzuheben. Raoul de Presles übersetzte die *Civitas Dei* von Augustin und verfaßte als Prolog eine Abhandlung, die dazu dienen sollte, das Königreich Frankreich als von Gottes Vorsehung gewollte Vorstufe der *Civitas Dei* darzustellen. So hätte ein Engel Chlodwig und Chrodechilde durch die Vermittlung des Mönches Severinus das Lilienbanner, das königliche Symbol also, übergeben. Diese Handschrift, die in der Bibliothèque municipale von Mâcon aufbewahrt wird (sie ist auf 1480 datiert; ms. 1–2) zeigt somit die spezifischen Charakteristika der französischen Monarchie. Es wird darin sogar dargestellt, wie Chlodwig Aussätzige berührt, eine wundertätige Handlung, die man ihm später ab der Renaissance häufiger zugerechnet hat.

Eine Handschrift von einem andern Typus, eine feierliche Urkunde, die Karl V. 1380 dem Domkapitel von Reims überreicht hat (Archiv des Dép. Marne, 2G 1550), benutzt ebenfalls das Motiv der Taufe Chlodwigs, um eine Initiale des Textes auszuschmükken.

In der Zeit der Gotik werden die Abbildungen der Merowinger zahlreicher und vielfältiger. Die Taufe Chlodwigs bleibt aber das am häufigsten dargestellte Thema. In der Kathedrale von Reims, dem Ort der Königskrönung, kommen natürlich Chlodwig und Chrodechilde zu Ehren. Zwei Darstellungen mit der Taufe Chlodwigs werden im 13. Jahrhundert in Stein gehauen: die eine im Zentrum der Hauptfassade, die andere am Hauptportal der Fassade des nördlichen Querschiffarmes, das auch »Portal des hl. Sixtus« heißt. Im übrigen schmückt eine Statue Chlodwigs zusammen mit einer des hl. Remigius die

Abb. 34 *Chlodwigs Taufe. Wandgemälde aus dem Panthéon von J. Blanc, 1877. – Nach Grégoire de Tours 1994, Abb. 28.*

rechte Laibung desselben Portals. Die Taufdarstellung ist auch an der Kathedrale von Chartres dargestellt, und zwar am Portal des südlichen Querschiffarmes. In Corbeil, einer königlichen Gründung, schmückten die Statuen Chlodwigs und Chrodechildes, vielleicht seit dem 12. Jahrhundert, die Laibungen der Vorhalle: Zumindest werden sie auf Zeichnungen des letzten Jahrhunderts als jene dargstellt (L'Univers, Dictionnaire encyclopédique de la France, Paris 1845). In St-Germain-des-Prés, in der alten Abtei Saint-Vincent, die von Childebert I. nach seiner Heimkehr aus Saragossa gegründet wurde, war die Statue des Sohnes von Chlodwig auf dem Mittelpfeiler der Pforte zu dem von Pierre de Montreuil gebauten Refektorium aufgestellt; sie wird heute im Louvre aufbewahrt.

Schließlich ließ Ludwig XI. aus Gründen einer lückenlosen Darstellung, ähnlich denen, die zur Abfassung der *Grandes Chroniques* geführt hatten, die königliche Nekropole von Saint-Denis vervollständigen und in Ordnung bringen. Auch die ersten Merowinger durften nicht fehlen. Man weiß nicht, ob damals ihre sterblichen Überreste aus der Abtei von Saint-Geneviève in Paris nach Saint-Denis übertragen wurden, aber eine Zeichnung von Louis Boudan, die von Gagnières in Auftrag gegeben worden ist, stellt ein Marmorgrab zur Erinnerung an König Chlodwig dar (Bibliothèque Nationale, Estampes Res. Pe IIa fol. 16). Es ist nicht ganz deutlich, ob es sich dabei um eine Idealvorstellung oder um ein altes Original handelt, das in Saint-Denis im 17. Jahrhundert vorhanden war. Das große Kenotaph für Chlodwig in Saint-Denis wurde ebenfalls im 13. Jahrhundert erstellt. Die Gräber von Chilperich I. und Fredegunde blieben freilich weiterhin in Saint-Germain-des-Prés. In den folgenden Jahrhunderten fuhr man fort, die merowingischen Herrscher in den Kirchen zu ehren. In der Vorhalle von Saint-Germain-l'Auxerrois, der Pfarrkirche der französischen Könige, stellte man im 15. Jahrhundert steinerne Statuen von König Childebert I. und seiner Gattin Ultrogotho auf. Zur gleichen Zeit wurde durch bemalte Kirchenfenster und eine polychrome Statue die hl. Chrodechilde in der Kirche Notre-Dame des Andelys, die sie angeblich gegründet haben soll, geehrt. Schließlich wurde in den Werkstätten von Tournai eine Reihe von Wandteppichen mit der Darstellung der »Geschichte des starken Königs Chlodwig« bestellt und im Tau-Palast zu Reims im Zusammenhang mit den Zeremonien der Königskrönung aufbewahrt (Abb. 35).

Während die moderne Zeit von einem Aufblühen der Archäologie gekennzeichnet ist, welche die Sicht auf die Merowinger und den Zugang zu den Texten, die sie betreffen, grundlegend geändert hat, hatte sich vor dem 17. Jahrhundert nichts Entscheidendes geändert. Die Renaissance stellt eine Übergangsphase dar, da man noch bis 1621 immer wieder die *Grandes Chroniques* neu aufgriff und edierte.

Damals fand noch keine fundamentale Hinterfragung des mythischen Ursprungs der Franken statt. Deren Abstammungslinie wird offiziell als von Faramund über Francion und Hektor von Troja kommend beschrieben, was Ronsard noch in seiner *Franciade* als wahr verbürgt. Allerdings werden die Texte Gregors von Tours besser bekannt. 1512 werden die »Zehn Bücher« herausgegeben. Im Zeitalter der Religionskriege und anläßlich des Erlöschens der Linie der Valois und der heftigen Polemiken über die Monarchie und deren Legitimität, die dieses Ereignis begleiteten, erwachte das Bedürfnis, die Reihen der aufeinander folgenden Dynastien genauer auszuarbeiten. Im übrigen entdeckte man in dieser Epoche in Italien die Galerien mit Büsten oder Porträts. Solche Sammlungen sind nun Mode. So werden Serien von Stichen, welche die angeblichen Porträts der merowingischen Könige und Königinnen darstellen, veröffentlicht. Sie illustrieren auch Werke wie die *Chronologies de France* (nach 1541), die *Annales et chroniques de France depuis la destruction de Troyes jusques au temps du Roy Louis onzième* (1562) oder noch spektakulärer, weil reich koloriert, den *Recueil des Rois de France*, ein Manuskript von Jean du Tillet (1566; Bibliothèque Nationale, ms. 2848), das mit sogenannten offiziellen Herrscherporträts geschmückt ist, die, wie im Falle von Chilperich I. und Fredegunde, durch deren Grabplatten angeregt worden sind.

Das 17. Jahrhundert bedeutete in der Kenntnis der Franken und infolgedessen auch der Merowinger und ihrer Bildnisse einen großer Schritt nach vorne. Aber diese Fortschritte in der Kenntnis des Mittelalters scheinen auf große Widerstände zu stoßen, die proportional sind zum mythischen Auftrag, der den Merowingern zugeordnet wurde. So hatte zwar Claude Bonnet Dauphinois den trojanischen Ursprung der Franken in seiner Einleitung zur ersten Übersetzung Gregors von Tours 1610 in Zweifel gezogen, kurz bevor man die Redaktion der *Grandes Chroniques* aufgab. Trotzdem wurde Fréret noch 1714 ins Staatsgefängnis gesperrt, weil er behauptet hatte, die Franken stammten nicht von den Trojanern ab.

Ein wichtiges Ereignis trug dazu bei, die Franken aus dem Bereich der Legende in die historische Realität zurückzuholen: Die in Tournai im Jahre 1653 erfolgte Auffindung des Grabes Childerichs I. Die Beigaben dieses Grabes, deren Abbildungen durch Jean-Jacques Chiflet publiziert wurden (Abb. 118–133), machten es möglich, ein genaueres Bild von den Merowingern zu gewinnen. Außerdem veröffentlichte 1699 Dom Ruinart eine Ausgabe der »Zehn Bücher der Geschichten« von Gregor von Tours, gefolgt von den Chroniken Frede-

Abb. 35 *Die Taufe Chlodwigs; Leinen und Seide, um 1468. Die Kathedrale von Reims besitzt mehrere Serien von Wandteppichen. Die ältesten stammen aus dem 15. Jahrhundert und erzählen die Geschichte Chlodwigs. Palais du Tau, Trésor de la Cathédrale. – Foto Reiss-Museum.*

gars und der Vita des Gregor von Tours aus der Feder von Odon von Cluny. Diese Ausgabe ist noch heute hoch angesehen. Schließlich wird die Gesamtheit der bekannten Texte 1783 im Sammelband *Recueil des historiens des Gaules et des Francs* zusammengetragen. Aber dies hinderte Boulainvilliers (1658–1722) keineswegs zu behaupten, der französische Adel gehe auf die Franken zurück, während die besiegten Gallo-Römer die Basis des Dritten Standes (Tiers état) bildeten. Es handelt sich dabei um Theorien, für die ohne Zweifel der Patrizier Gregor sich nicht verbürgt hätte, die aber damals einen gewissen Erfolg hatten und das ganze folgende Jahrhundert beeinflußten.

Die Ikonographie spiegelt diese Widersprüchlichkeiten: Die Abbildungen scheinen sich in drei Richtungen zu entwickeln, drei Optionen, die drei Verhaltensweisen entsprechen. Dabei handelt es sich in einem gewissen Sinne um drei verschiedene Anwendungen der Vergangenheit, um nicht zu sagen der Geschichte: die Allegorie, die fromme Meditation und die romantische Erinnerung.

Die Allegorie, von der zuerst die Rede sein soll, verwendet vor allem Szenen aus dem Leben Chlodwigs und Chrodechildes, um die Idee der absoluten Monarchie göttlichen Rechtes und damit die Beziehungen zwischen Kirche und Krone zu glorifizieren. Solche Themenkreise illustrieren zur Zeit von Ludwig XIV. Tapisserien, die nach Kartons von Jean Leclerc in den Ateliers von Brüssel hergestellt worden sind und im Tau-Palast zu Reims aufbewahrt werden (»die Hochzeit Chlodwigs«; »Entsendung von Boten zum hl. Martin von Tours« . . .), oder auch die Frontispize von historischen Werken: so etwa unterhält sich Chlodwig mit den Göttern des Olymp auf der Titelseite des Werkes *Clovis ou la France chrétienne* von Desmarest de Saint-Sorlin (Paris 1675). Weiter seien genannt die Gemälde von Charles-Joseph Natoire, die für Philibert Orry, den Finanzkontrolleur von Ludwig XV., zum Zeitpunkt des Erscheinens des *Recueil des historiens des Gaules et de la France* gemalt wurden (Troyes, Musée des Beaux Arts). An der Seite von beschreibenden Szenen, wie »der hl. Remigius bietet Chlodwig die Unterwerfung der Einwohner von Reims an« oder »der Sieg Chlodwigs über Alarich I. in der Schlacht von Vouillé«, findet sich auch »Chlodwig, von Viktoria gekrönt, läßt die Religion erblühen«. Bei diesem ersten Darstellungstypus wird großer Wert auf den Dekor und die Kostüme der Personen gelegt. Diese sind ohne spezielle Bezüge zum Mittelalter, ja wahrscheinlich nicht einmal zu der Vorstellung, die man sich von diesem machte. Sie nehmen ihre Anregung eher aus der römischen Welt.

Eine zweite Option wird aus eher religiösen und psychologischen Überlegungen gewählt. Sie steht im Rahmen der Entwicklung der Heiligenviten. So entstehen Porträts in großer Zahl: die hl. Chrodechilde von Coypel, geschaffen für die Abtei von Clairvaux, »Jesus in der Glorie mit der hl. Radegund zu seinen Füßen«, für die Kapelle der heiligen Engel in der Kirche Saint-Eustache. In der Kapelle des Schlosses von Choisy hat eine hl. Chrodechilde unter dem Pinsel von Van Loo die Züge der Madame de Pompadour, der Favoritin des Königs, angenommen. Der Dekor entfaltet sich, und die Kostüme, wenn es sich nicht um die zeitlosen religiösen Gewänder handelt, stehen denen des 17. und 18. Jahrhunderts näher.

Schließlich wird der Eintritt der Franken in eine Geschichtsschreibung, die man zu einer exakteren, der mythischen Aspekte entkleideten Wissenschaft machen wollte, von deren Einführung in eine romanhafte Dimension, die Vorstufe zu ihrem Ruhm in der romantischen Periode, begleitet. Davon zeugt 1661 der Roman von La Calprenède: *Faramond ou l'Histoire de France*. Es ist paradox, aber es scheint, daß man eher in diesem Darstellungstypus wegen der Darstellungsfreiheit außerhalb des allegorischen Rahmens ein gewisses Bemühen um historische Exaktheit suchen muß.

Im 19. Jahrhundert nimmt das wiedergewonnene Interesse an den Merowingern, dessen erste Anzeichen sich seit dem Ende des 17. Jahrhunderts fassen lassen, einen sehr breiten Raum ein. Das Kaisertum Napoleons mit seiner neuen Dynastie versuchte vielleicht, sich auf Chlodwig zurückzubeziehen, indem es die Bienen aus dem Grab Childerichs als Emblem wählte (Abb. 27). Die Debatte, die Boulainvillers ausgelöst hatte, beginnt von neuem, da die »republikanischen« Gallier und die »monarchistischen« Merowinger sich gegenüberstehen.

Die Juli-Monarchie versuchte zwar, die verschiedenen politischen Strömungen zu versöhnen, indem die Merowinger auf dem großen historischen Fresco, das der Maler Ary Scheffer in der *Galérie des Batailles* des Schlosses von Versailles zu malen beauftragt wurde, in gewissem Sinne laisiert dargestellt wurden. Im ersten Gemälde, das die Schlacht von Zülpich darstellt, kämpfen Gallo-Römer und Franken, die an ihrer unterschiedlichen Bekleidung erkennbar sind, Seite an Seite unter dem Befehl von Chlodwig.

Mehr als jede andere Epoche jedoch hat die der Restauration die Merowinger wieder zu Ehren kommen lassen, indem man in den Kirchen, die damals in großer Zahl restauriert oder neu gebaut wurden, Dekorationsprogramme förderte, die bis in die Zeit des Zweiten Kaiserreiches weiter Anwendung fanden. Im Panthéon, dessen gemalte und bildhauerische Ausstattung nun begonnen wurde, ließ der Baron Gros 1827 die hl. Genovefa, umgeben von Chlodwig I., von Karl dem Großen, von Ludwig IX. (Saint-Louis) und von König Ludwig XVIII., darstellen. Auf deutlichere Weise hätte man den Willen, die neue, wieder etablierte Monarchie an ihre Ursprünge anzubinden, nicht ausdrücken können.

Um nur Paris als Beispiel zu nehmen: Hier findet man in zahlreichen Kirchen Darstellungen der Gründerkönige, der Heiligen unter den Merowingern und im speziellen die der hl. Chrodechilde, denen bei der Restaurierung der Kirche Kapellen geweiht wurden.

So wurde in der Madeleine-Kirche eine Kapelle der hl. Chrodechilde eingerichtet und mit einer Statue der Königin von Antoine-Louis Barye geschmückt. In Saint-Germain-l'Auxerrois wird 1845 die Kapelle der hl. Chrodechilde durch ein Farbfenster ausgeschmückt, und zwar mit ihrem Bild nach einer Zeichnung von Jules Quantin, und 1866 mit zwei weiteren Farbfenstern, die von Lusson du Mans gestaltetet wurden und die beiden merowingischen Königinnen, die hl. Balthilde und hl. Radegunde, darstellen. In der Kirche Saint-Roch wurde die Kapelle, die der Gemahlin des Chlodwig geweiht ist, 1851 mit einem Gemälde von Achille-Eugène Devéria ausgestattet, das »die in den Himmel entrückte hl. Chrodechilde« zeigt. Ebendort befindet sich ein Porträt der hl. Chrodechilde, das Charles Landelle 1849 gemalt hat. Die Fassade des Gebäudes ziert seit 1868 eine steinerne Statue der Heiligen, die Pierre Loison geschaffen hat. Bei allen diesen Werken handelt es sich um Aufträge der Stadt Paris.

Die Heilige ist demnach in den Kirchen von Paris reichlich oft abgebildet, denn

***Abb. 36** Die Krönung Chlodwigs; Leinen und Seide, um 1468. Palais du Tau, Trésor de la Cathédrale, Reims. – Foto Reiss-Museum.*

der *Inventaire général des œuvres d'art appartenant à la Ville de Paris*, der von der Präfektur des Département de la Seine 1886 veröffentlicht wurde, erwähnt noch weitere Kunstwerke, die Chrodechilde geweiht sind, unter anderem zwei Glasfenster, davon eines in Saint-Bernard-de-la-Chapelle, einer Kirche, die August Magne ab 1857 baute. Dieses Farbfenster bestellte die Stadt Paris 1861 bei Jules Gaspard und Laurent. Ein anderes Glasfenster, das die hl. Chrodechilde darstellt, wurde gegen 1872 durch Charles Emile Hirsch in der Kirche Saint-Jean-Saint-François im 3. Arrondissement, die damals unter der Aufsicht von Victor Baltard erneuert wurde, restauriert.

Letzterer hat, als er von 1837 an die Kirche Saint-Germain-l'Auxerrois restaurierte und die der hl. Chrodechilde geweihte Kapelle schuf, den ersten heiligen Königen unserer Geschichte einen wichtigen Platz eingeräumt. So stehen sich im Narthex die steinernen Statuen der hl. Chrodechilde, der hl. Radegunde und des hl. Chlodoald (Saint-Cloud) von der Hand von Louis Desprez, die 1841 von der Stadt Paris in Auftrag gegeben wurden, und die des hl. Germanus, hl. Vincentius und hl. Dionysius (Saint-Denis) gegenüber. Auf dem Turm, den Théodore Ballu zwischen 1858 und 1861 erbaute, um diese Kirche mit der Mairie (Bürgermeisteramt) des 1. Arrondissements zu verbinden, wurde eine Statue von Chlodwig von Pierre Loison in der Nähe derjenigen Dagoberts, Karls des Großen und des hl. Ludwig aufgestellt. Bei allen diesen Werken handelt es sich um Bestellungen der Gemeinde Paris.

Die Stadt Paris, welche die Kirchen mit Werken zum Ruhme der französischen

Monarchie reich ausgestattet hat, schickte sich außerdem an, der Gattin des Chlodwig – freilich, das sei festgehalten, gemeinsam mit dem hl. Valerius, dem Märtyrer des Limousin – eine neue Kirche im Faubourg Saint-Germain zu errichten.

Der ursprünglich aus Köln stammende Architekt Gau, dessen Nachfolger Théodore Ballu war, begann, im deutschen neogotischen Stil ein weit ausladendes Gebäude zu errichten. Innerhalb der künstlerischen Ausstattung, die aus den großen hagiographischen Figuren des Mittelalters, Zeitgenossen des königlichen Paares, besteht, nimmt auch hier wieder die hl. Chrodechilde den ersten Platz ein. Sei es, daß sie allein als Statue an der Fassade oder im Innern der Basilika dargestellt ist, sei es zusammen mit ihrem Gatten, besonders bei dessen Taufe. Jedenfalls ist diese Gründungsszene der französischen Monarchie nicht weniger als fünfmal dargestellt: im Innern der Kirche ein Gemälde auf Goldgrund von Benoît Chancel, eine Malerei in Grisaille-Technik von Henri Delaborde und ein Wandgemälde von Alexander Augustin Pils sowie ein Relief, begonnen von Pradier und vollendet von Claude-Jean-Baptiste-Eugène Guillaume. Ein Farbfenster nimmt das Thema ebenfalls auf; es wurde entworfen von Nicolas Auguste Hesse und ausgeführt von Charles Laurent Maréchal aus Metz. In der zentralen Vorhalle der Kirche hat Eugène André Oudiné in einem Relief die Taufe Chlodwigs dargestellt. Die Vermählung von Chlodwig und Chrodechilde kommt zweimal vor, einmal als Malerei auf Goldgrund von Chancel und einmal als Relief von Pradier, das von Guillaume vollendet wurde. Dieselben Künstler fertigten weitere Werke an, die um den Chor der Kirche herum Szenen aus dem Leben der hl. Chrodechilde, die Heilung Chlodomers und den Tod der Königin darstellen. Ein Wandgemälde mit dem Titel »die hl. Chrodechilde zwischen zwei Engeln« von Isidore Alexandre Augustin Pils schließt diesen Zyklus zu Ehren der Chrodechilde ab. Wie sie selbst ist auch ihr Gatte als Statue, ausgeführt von Alfred Victor Geoffroy de Chaume, an der Fassade der Kirche zu finden. Die beiden Statuen sind umgeben von Darstellungen heiliger Bischöfe sowie von denen ihres Enkels, des hl. Chlodoald (Saint-Cloud; eine Statue aus Stein von Eugène Louis Lequesne), ihrer Schwiegertochter Radegunde (eine Statue aus Stein von Aimé Napoléon Perrey), ihres anderen heiligen Enkels, König Chlothars Sohn Gunthram (Statue aus Stein von Auguste Louis Marie Ottin) und sogar von einer Statue des Sigismund, des Märtyrers und Neffen der Königin Chrodechilde.

Der schon zitierte *Inventaire général des œuvres d'art* ... nennt noch verschiedene andere Bildnisse der Merowinger: Ein Fresko, gemalt im Jahre 1842 von Hippolyte Flandrin, in Saint-Vincent-de-Paul zeigt den hl. Chlodoald und die hl. Chrodechilde inmitten von anderen Heiligen. Letztere wird auch auf einem Glasgemälde, das 1843 von der Stadt Paris in Auftrag gegeben und von Maréchal geschaffen wurde, dargestellt. In der Kirche Notre-Dame-de-Lorette schmückt ein Wandgemälde von Adolphe Roger die Taufkapelle, 1833 von der Stadt Paris in Auftrag gegeben. Dasselbe Thema wird auch 1829 in der Kirche Saint-Antoine-des-Quinze-Vingt für den Flügelaufsatz auf dem Hauptaltar in einem vom Staat geschenkten Gemälde von François Dubois aufgegriffen, und wir finden es ebenso in Notre-Dame-des-Champs in einem anonymen Bild sowie in Saint-Paul-Saint-Louis, gemalt von Paul-Joseph Blanc.

Andere Szenen zeugen von mehr Variantenreichtum. In St-Etienne-du-Mont, wo die Reliquien der hl. Genovefa ruhen, wurde ein 1858 von der Stadt Paris in Auftrag gegebenes Glasgemälde, das »die hl. Genovefa befreit die Gefangenen Chlodwigs« darstellt, von Gsell und Laurent gemalt. In der Kirche Saint-Germain-des-Prés wird auch im 19. Jahrhundert Childebert I. immer noch hochgehalten, und zwar mit einem 1820 von der Stadt Paris in Auftrag gegebenen Gemälde von Charles Steuben »der hl. Germanus verteilt an die Armen Gold- und Silbergefäße, die ihm Childebert gesandt hat« sowie mit einem Wandgemälde von Hippolyte Flandrin, 1842–46 im Auftrag der Stadt Paris geschaffen. Eine in dieser Zeit selten aufgegriffene Szene schmückt das 1845 von O. Varcollier gemalte Bild: »König Chlothar wird vom hl. Germanus geheilt«.

Zur gleichen Zeit verbreitete sich ein schwärmerisches Frankenbild, das eng mit der Romantik verknüpft war. Die Darstellung der Franken in Chateaubriands *Les Martyrs* vom Jahre 1809 wirkte entscheidend auf Augustin Thierrys Entschluß, Historiker zu werden, ein. So schrieb er seinerseits 1840 die drei berühmten *Récits des Temps Mérovingiens*, denen als Quelle die berühmten »Zehn Bücher« zugrunde lagen. Thierrys Werk ist somit in einem gewissen Sinne deren letzter Nachfolger unter neuem Namen. Die vom Maler Jean-Paul Laurens illustrierte Ausgabe der *Récits* trug nicht wenig dazu bei, daß das 19. Jahrhundert von dieser Periode unserer Geschichte eingenommen war.

Von diesem Zeitpunkt an bemächtigt sich die Ikonographie der Merowinger neuer Betätigungsfelder, derjenigen des Schauspiels und der entsprechenden Kostüme. So schrieb Hervé eine Opera buffa mit dem Titel »Chilperich«, und etwas später entstand die Oper »Fredegunde« von Camille Saint-Saëns. Aber auch Kunsthandwerkliches ist zu nennen, so unter den Möbelstücken ein ausgezeichnet gearbeiteter Medaillenschrank aus Zedernholz mit Einlegearbeiten aus Nußbaum, Ebenholz, Elfenbein, Bronze und Kupfer, auf dem der Triumph Merowechs über

Abb. 37 *Die Taufe Chlodwigs. Glasfenster von Marc Chagall, 1974, in der Kathedrale von Reims. – Foto Editions Gaud.*

Attila dargestellt wird. Die Künstler Diehl, Brandely und Frémiet stellten ihn bei der Weltausstellung von 1867 in Paris aus. Hier ist auch das in Creil hergestellte Geschirr zu nennen, mit einer Reihe von Tellern mit historischen Darstellungen. Auch die Mode hielt mit, wie eine Krawattennadel aus Elfenbein, Stein und Metall mit dem Kopfbild Chlodwigs zeigt (Musée National des Arts décoratifs, Paris). In diesen Rahmen gehören natürlich auch die Spiele und die Bilder aus Epinal, die Postkarten und die Heiligenbildchen. Aus ihrem religiösen Kontext herausgelöst, reihen sich die französischen Königinnen Chrodechilde und Balthilde unter die Statuen im Jardin du Luxembourg ein.

Die Dritte Republik macht offiziell die Gallier zu Vorfahren der Franzosen, und damals trat Vercingetorix an die Stelle von Chlodwig. Die Katholiken ihrerseits fuhren fort, Chlodwig und vor allem die hl. Chrodechilde, den hl. Remigius und die hl. Genovefa zu verehren. 1896 wurde in Reims das Datum der 1400jährigen Wiederkehr der Taufe Chlodwigs mit großem Pomp begangen.

Zu diesem Zeitpunkt publizierte die *Commission de la Topographie des Gaules* eine Karte der damals bekannten Gräber und Ruinen aus der Merowingerzeit, während Abbé Cochet die Arbeiten von Chiflet 1859 wieder aufgriff. Die in Paris häufigen Ausgrabungen lieferten Überreste und vor allem Grabbeigaben, die es möglich machten, ein weitaus präziseres Bild zu gewinnen. Das Resultat sieht man in den Fresken im Panthéon, die Joseph Blanc 1877 malte: »das Gelübde Chlodwigs in der Schlacht von Zülpich« und »die Taufe Chlodwigs« (Abb. 34) sowie in jenen, ebenfalls im Panthéon, in denen Puvis de Chavannes das Leben der hl. Genovefa darstellte.

An der Schwelle des 20. Jahrhunderts ist also ein Durchbruch in der wissenschaftlich genauen Darstellung der Kleidung und des Schmuckes erfolgt. Gleichwohl werden die zahlreichen illustrierten Schulbucher noch sehr lange Zeit Bilder einer karg dargestellten fränkischen Welt zeigen, die zwischen der Vorstellung der Gallier einerseits und jenen des weniger bekannten »dunklen« Mittelalters andererseits schwanken. Politisch gesehen tragen sowohl die Wiederannäherung der Katholiken an die Republik und vor allem der Gedanke der »Revanche« und die Vorbereitung auf den Krieg gegen Deutschland zur vorübergehenden Verbannung der Franken, die als zu sehr germanisch empfunden werden, aus dem französischen Gesichtsfeld bei. Und zwischen den beiden Kriegen orientierte sich die Rechte unter Charles Maurras eher in Richtung Mittelmeer.

Erst am Ende unseres 20. Jahrhunderts, mit der Aussöhnung Frankreichs mit Deutschland, den beiden historischen Polen der fränkischen Welt, ist wieder eine weniger politische, ausgewogenere und folglicherweise wissenschaftlichere Betrachtungsweise der Merowinger möglich. Daher werden die großen Fortschritte, die durch die Archäologie erzielt worden sind, ebenso wie zahlreiche Ausgrabungen, durch welche wir größere Kenntnisse der Kunst, des Alltags und sogar der physischen Erscheinung der Franken gewinnen, uns eine völlig neue Sicht auf diese Epoche unserer Geschichte erlauben.

Von der Vielfalt zur Einheit: Das Frankenreich entsteht

Roms Gegner und Erben

Frühe Franken in Germanien

Christoph Reichmann

Berichtet wird von den einzelnen zu den Franken gezählten Altstämmen, ihren rechtsrheinischen Ausgangsgebieten und archäologischen Hinterlassenschaften, über Siedlung und Hausbau, die fränkische Bestattungssitte, schließlich vom Verhältnis zwischen schriftlicher Aussage und archäologischem Befund.

Historische Nachrichten über die Altstämme

Als Heimat und Ausgangsregion der Franken galt in römischer Zeit das Gebiet rechts des Niederrheins. Auf einer spätrömischen Straßenkarte, der sogenannten *Tabula Peutingeriana*, ist der Name *FRANCIA* im rechtsrheinischen Vorfeld der *Colonia Traiana*/Xanten eingetragen. In den anderen Quellen sind die Angaben über die Ausdehnung des fränkischen Gebietes recht ungenau. Nach Eumenius (*Panegyrici Latini* VI, 6,2) erstreckte es sich zu Beginn des 4. Jahrhunderts bis an die äußersten Küsten des Barbarenlandes (*ultimis barbariae litoribus*). Ähnlich teilt der Redner Libanius (*Oratio* LIX, 127) den Franken Wohnsitze jenseits des Rheines und dicht am Ozean zu.

Genaueres erfahren wir indes auf indirektem Wege, und zwar über die Wohnsitze der Altstämme, die sich vor der Mitte des 3. Jahrhunderts unter dem neuen Namen Franken zusammengeschlossen hatten oder doch zumindest in den römischen Quellen unter diesem Namen zusammengefaßt werden. Nach der Frankengeschichte Gregors von Tours (II,9), der sich auf Sulpicius Alexander beruft, waren dies u. a. die Brukterer, Chamaver, Amsivarier und Chattuarier. Von den Amsivariern abgesehen, grenzten alle Gebiete dieser Völker im 4. Jahrhundert an den Rhein, weshalb sie in den römischen Quellen häufig genannt werden. Da es außerdem auch in karolingischer Zeit noch rechtsrheinische Regionen gab, die nach diesen Altstämmen benannt waren, lassen sich ihre Wohnsitze genauer beschreiben. Das Gebiet der Brukterer reichte offenbar vom Kölner Vorland bis in die westfälische Bördenzone, während die Chattuarier den nördlich und nordwestlich daran anschließenden Raum an unterer Ruhr und Lippe sowie im westlichen Münsterlande innehatten. Die Chamaver schließlich saßen an Ijssel, Vecht und Ijsselmeer in den heutigen Niederlanden. Alle drei Stämme belegten damit das Vorland einer größeren römischen Stadt: die Brukterer das von Köln, die Chattuarier das von Xanten und die Chamaver schließlich das von Nijmegen. Die Wohnsitze der Amsivarier sind dagegen weniger genau zu beschreiben, doch können sie nicht allzuweit vom Rhein entfernt gelegen haben. Da der Name des Stammes auf die Ems hinzuweisen scheint, wird gewöhnlich angenommen, daß er an diesem Fluß siedelte, wenn auch im Vergleich zur frührömischen Zeit eher am Oberlauf und damit bis in das heutige Münsterland hineinreichend. Schließlich läßt sich noch ein weiteres Gebiet mit einem alten Volksnamen namhaft machen, nämlich die Twenthe (zwischen Chamavern und Amsivariern). Zwar werden die Tuihanten nicht ausdrücklich als Franken bezeichnet, doch gilt ihre Zugehörigkeit als wahrscheinlich. Damit bewohnten die bisher für die Franken namhaft gemachten Altstämme zwar ein weitgehend zusammenhängendes Gebiet rechts des Niederrheins, doch ist sicher, daß vor allem im Osten und Nordosten noch weitere Stämme hinzukamen. Der Grund dafür, daß uns deren Namen nicht genauer überliefert sind, liegt wohl zum Teil in der größeren Entfernung von den römischen Grenzen, vor allem aber darin, daß diese Gebiete schon frühzeitig an die nachdrängenden Sachsen verlorengegangen sind.

Immerhin erscheint auch ein neuer Stammesname unter den Franken, der der Salier. Über die ursprünglichen Wohnsitze dieses Stammes wird nichts Genaues ausgesagt. Als er in das römische Blickfeld trat, hatte er anscheinend bereits einen längeren Weg hinter sich. Es heißt, daß

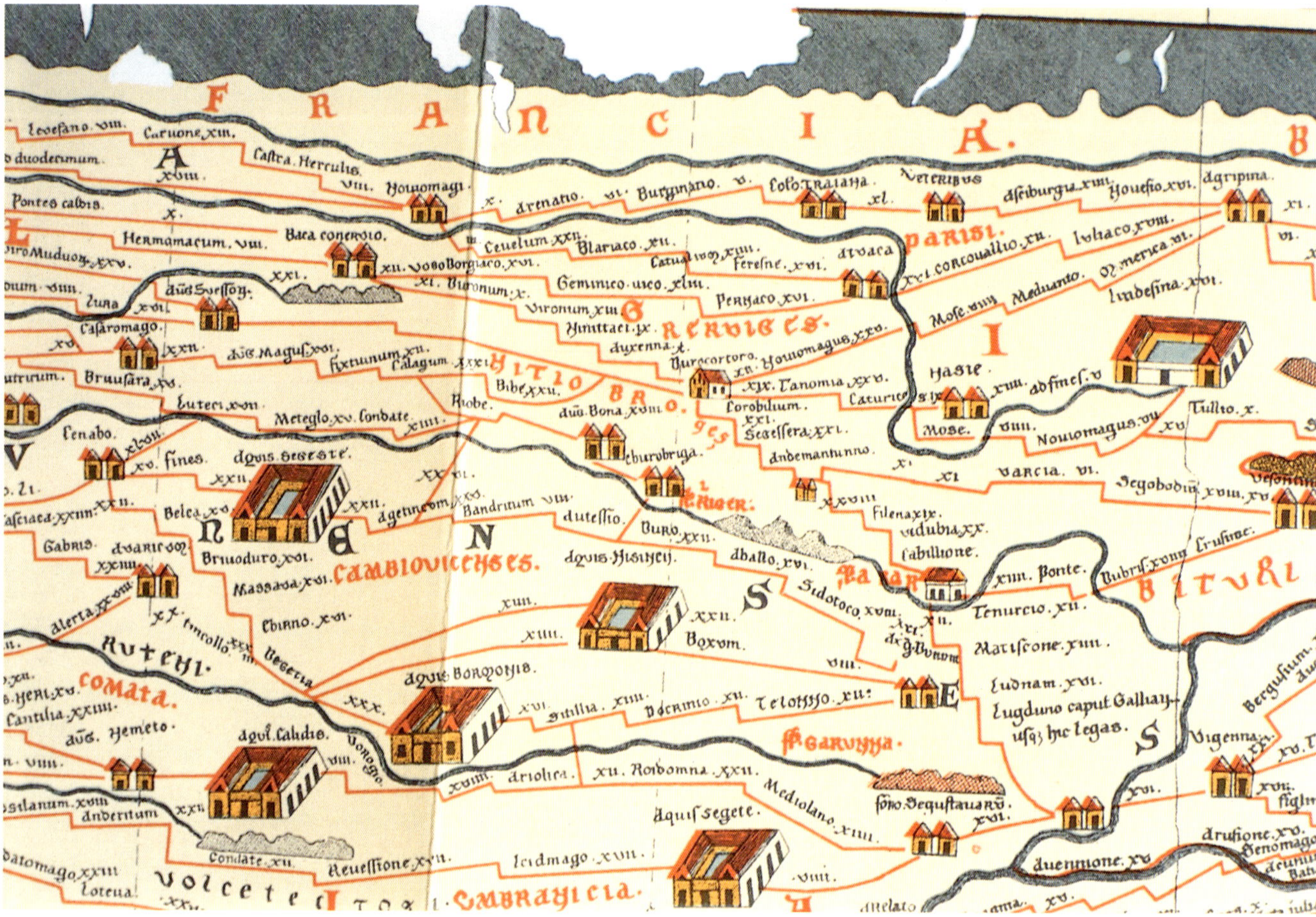

Abb. 38 *Ausschnitt aus der Peutinger-Karte mit dem Namen »FRANCIA« auf der rechten Rheinseite.*

er von den Sachsen vertrieben worden sei (Zosimus 3,6), weshalb seine Heimat am ehesten in jenen besonders gefährdeten Gebieten im Osten und Nordosten des fränkischen Siedlungsraumes zu suchen sein dürfte. Es ist auch ungeklärt, welchem Umstand die Salier ihren neuen Namen zu verdanken hatten, ob etwa ihr Stamm aus verschiedenen Stammessplittern neu gebildet worden ist oder ob der neue Name lediglich auf eine veränderte Situation des Altstammes aufmerksam machen sollte. Auch letzteres ist möglich, denn »sprechende« und daher leicht zu ändernde Namen sind nichts Ungewöhnliches in schriftlosen Kulturen.

Im einzelnen wird berichtet, daß die Salier um die Mitte des 4. Jahrhunderts vom Chamavengebiet aus in die Bataverinsel eingefallen seien (Ammian XVII 8,3–4; Zosimus 3,6–7). Einem Teil von ihnen erlaubte Julian im Jahre 359, sich als wehrpflichtige Bauern (*dediticii*) in Toxandria anzusiedeln, einer größtenteils innerhalb der heutigen niederländischen Provinz Noord Brabant gelegenen Landschaft. Zwar hatte es schon vorher Ansiedlungen einzelner Frankengruppen auf römischem Gebiete gegeben, doch offenbar niemals in solcher Kopfzahl und zu ähnlich günstigen Bedingungen, nicht zuletzt auch so nahe an den Grenzen des fränkischen Stammlandes.

An dieser Stelle ist eines Umstandes zu gedenken, der bei der Behandlung der fränkischen Frühgeschichte nicht immer die ihm gebührende Aufmerksamkeit findet, nämlich der Rolle der einheimischen Bevölkerung germanischer Abstammung in der niedergermanischen Provinz auf der linken Rheinseite. Sieht man in den Franken einen vorrangig politisch motivierten Zusammenschluß reichsunabhängiger Stämme, so bleiben die Provinzialen natürlich ausgeschlossen. Andererseits handelt es sich aber bei den fränkischen Teilstämmen, wie die Quellen zeigen, nicht um einen bunt zusammengewürfelten Haufen von Menschen unterschiedlichster Herkunft, sondern um ehemalige Nachbarn der römischen Provinz, um Stämme aus der gleichen Region, die gemeinsame kulturelle Traditionen besessen haben. Dies wiederum verband sie mit den Provinzialen, die trotz ihrer Reichsangehörigkeit seit zweieinhalb Jahrhunderten keineswegs vollständig in einer uniformen römischen Provinzialbevölkerung aufgegangen waren, sondern durchaus ihre stammesbezogene Identität gewahrt hatten, sie sogar im 3. Jahrhundert wieder besonders herauszukehren bemüht waren. Dem scheint zumindest die ideelle Rolle zu entsprechen, die die Überlieferung ihnen zumißt. Zwar stammen die älteren Hinweise meist aus der Feder byzantinischer oder römischer Autoren, so daß man sie gern als bloße historische Reminiszenz abgetan hat, doch sind die Belege dafür zu zahlreich und zu gewichtig. Gemeint ist der als Synonym für Franken verwendete Name Sicambrer (Sugambrer), der alte, nach Niederlage und Umsiedlung 8 v. Chr. abgelegte Name der um Xanten wohnenden Cugerner, die später auch Traianenses genannt wurden.

Abb. 39 *Die fränkischen Stämme rechts des Niederrheins im 4. Jahrhundert. Entwurf Ch. Reichmann; Zeichnung I. Bell.*

Allerdings wird man kaum soweit gehen wollen, in den Nachfahren der alten Sugambrer auch die tatsächlichen Gründer des Frankenbundes zu sehen. Nach Lage der Dinge kommen hier wohl nur die Stämme des rechtsrheinischen Raumes in Betracht. Man dachte an die Brukterer, aber auch an die Chamaven oder die Salier. Angesichts der späteren Rolle der Salier und des Umstandes, daß vor allem sie sich des traditionsreichen Sugambrernamens bedient haben, möchte man vorrangig sie in Betracht ziehen. Nicht zu unterschätzen sind allerdings auch die Brukterer, die in tatsächlich enger Verbindung mit den Provinzialen des ehemaligen ubischen Gebietes um Köln (den späteren Agrippinensern) einen lange eigenständigen fränkischen Machtbereich gründeten, das Land Ribuarien. In späterer Zeit begegnen wir jedenfalls im Prinzip drei größtenteils unabhängig voneinander operierenden fränkischen Gruppen, nämlich den von den Saliern geführten Stammesteilen im nordgallischen Raum, den Rheinfranken um Köln sowie den zunächst weitgehend rechtsrheinisch verharrenden Altstämmen am unteren Niederrhein.

In der Archäologie verbindet man die frühen Franken gemeinhin mit der sogenannten Rheinwesergermanischen Kultur, ohne allerdings eine strikte Gleichsetzung vorzunehmen. Schließlich hatten auch die nichtfränkischen Chatten Anteil an dieser Kultur, während auf der anderen Seite immer wieder Randgebiete auch der Nordseegermanischen Kultur für die Franken in Anspruch genommen werden. Fest steht aber, daß zumindest die bei Gregor von Tours als fränkisch bezeichneten Stämme aus einem einheitlich geprägten Gebiet gekommen sind. Folglich ist es innerhalb dieser Grenzen auch möglich, bereits für die Frühzeit einheitliche Angaben über den Hausbau und die Siedlungsformen, ferner auch über die Keramik, die

Abb. 40 *Siedlung der römischen Kaiserzeit von Bielefeld-Sieker. Zwei Hofstellen mit Wohn-Stall-Haus als Hauptgebäude und kleineren Nebengebäuden. Nicht nachgewiesen, aber zweifellos vorhanden war ein Hofzaun (Kat. III.1.3.). – Foto Westfälisches Museum für Archäologie, Münster.*

Schmuckformen und schließlich über den Grabbrauch der Franken zu machen.

Die Archäologie: Siedlung und Hausbau

Die bislang innerhalb des fränkischen Gebietes ergrabenen Siedlungen, z. B. Bennekom, Bielefeld-Sieker, Nienborg-Heek, Westik und Soest, unterscheiden sich in Anlage und Struktur nicht wesentlich von dem, was aus dem benachbarten nordwestdeutschen und niederländischen Raum bekannt ist. Wir finden eine unterschiedliche Anzahl von Hofplätzen, die häufig von rechteckigen Einzäunungen umgeben sind und meist nur aus einem verhältnismäßig lang gestreckten Hauptgebäude und einigen kleinen Nebenbauten, vorwiegend Speichern und eingetieften Webhütten, bestanden. In einigen Fällen, z. B. in Bennekom, Westik und Soest, zeigen die Hauptgebäude seit dem 3. Jahrhundert ein auffälliges Größenwachstum. Aber auch dies ist eine in gleicher Weise aus den Nachbargebieten bekannte Erscheinung. Man hat sie mit einer gestiegenen Zahl von Hausbewohnern zu erklären versucht und dabei auch an das verstärkte Aufkommen kriegerischer Gefolgschaften gedacht. Schließlich sah man in den Gefolgschaften junger Krieger vielfach die Träger der ersten fränkischen und sächsischen Überfälle auf römisches Gebiet. Sicheren Aufschluß vermögen die archäologischen Funde hier allerdings nicht zu bieten. Jedenfalls ist das auffällige Größenwachstum einzelner Häuser in dieser Zeit nicht allein durch einen erhöhten Viehbesatz der Ställe zu erklären. Gewöhnlich enthalten die Haupthäuser nämlich nicht allein Wohn- und Wirtschaftsteile, sondern auch Ställe, wenngleich sich der Nachweis aufgrund der andersartigen Erhaltungsbedingungen und Konstruktion der Häuser oft schwieriger gestaltet als in der unmittelbaren Küstenregion.

Die Konstruktion der Häuser scheint dann auch eine der besonderen Eigenarten des fränkischen Raumes gewesen zu sein, soweit sich dies aufgrund der bisherigen Funde sagen läßt. Während in den übrigen Gebieten offenbar das eisenzeitliche Konstruktionsprinzip der Häuser noch bis ins frühe Mittelalter hinein fortlebte, hat man hier offensichtlich schon während der jüngeren Eisenzeit (ab ca. 300 v. Chr.) – wohl aufgrund keltischen Einflusses – damit begonnen, einige Änderungen einzuführen. Betroffen waren allerdings nicht nur die sicher fränkischen Gebiete, sondern auch einige angrenzende Landschaften, so das Gebiet von Drenthe (Wijster), das aber – zumindest zeitweilig – zum fränkischen Siedlungsraum hinzugehört haben könnte.

Während die gewöhnlichen Hausgrundrisse in Germanien dreischiffig waren, das heißt von zwei Pfostenreihen in Längsrichtung geteilt wurden, findet man im rheinwesergermanischen Raum schon früh Grundrisse, deren Innenraum nur durch ganz wenige Pfosten verstellt wurde, und im 3. Jahrhundert schließlich auch solche, die völlig freigestellt waren, deren Dachkonstruktion folglich allein von den Wänden getragen wurde. Obwohl hinsichtlich der Konstruktion im Detail natürlich manche Frage offenbleiben muß – denn in der Regel sind keine Hölzer auf uns gekommen, sondern lediglich Erdverfärbungen der Hausgrundrisse mit den Standspuren eingegrabener und mittlerweile längst verfaulter Holzpfosten –, lassen die charakteristischen Grundrißfolgen und -veränderungen doch einige grundsätzliche Aussagen über die Konstruktionsprinzipien zu. Unerläßlich ist dabei allerdings ein Vergleich mit dem noch stehenden mittelalterlichen Baubestand und damit eine Berücksichtigung der volkskundlichen Hausforschung.

Im Prinzip kennt man in Nordwestdeutschland zwei unterschiedliche mittelalterliche Bauarten nebeneinander. Bei der ersten wurden die Holzgerüste der Häuser in kleinen Quergliedern aufgerichtet und bei der zweiten in großen

***Abb. 41** Modell eines Wohn-Stall-Hauses der römischen Kaiserzeit von Bielefeld-Sieker. Westfälisches Museum für Archäologie, Münster.*

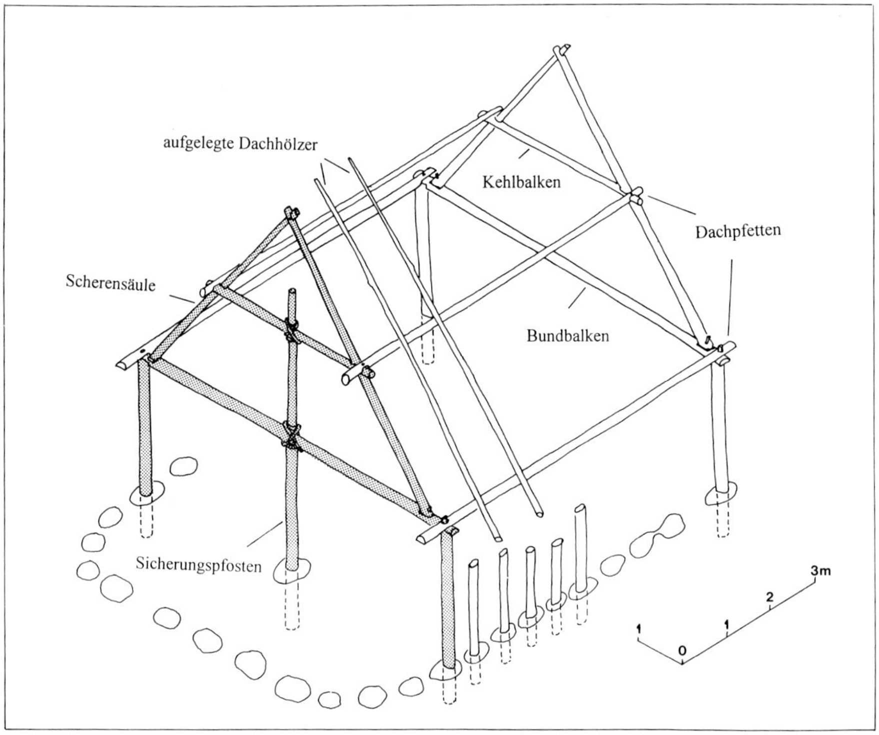

a

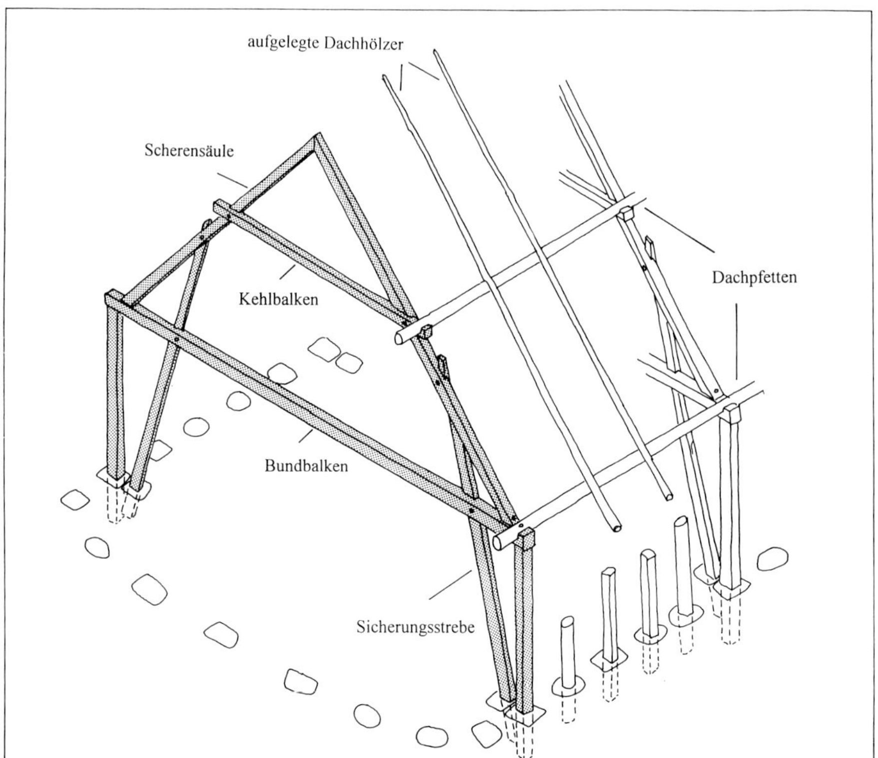

b

Längselementen. Grob gesprochen, folgte die erste Methode damit immer noch der traditionellen einheimischen Zimmertechnik, während sich die zweite letztlich auf den römischen Holzbau zurückführen läßt.

Das wichtigste Kennzeichen des römischen Holzbaus ist nicht etwa eine bestimmte Art der Holzverbindung – obwohl man im Römischen natürlich in großem Umfange von eisernen Nägeln und Beschlägen Gebrauch machte –, sondern der Umstand, daß Wand und Dach grundsätzlich völlig getrennt verzimmert wurden. Die Dachgerüste bestanden aus einer Folge in sich stabiler Dreiecke, die leicht den verschiedensten Grundrissen angepaßt werden konnten. Sie gaben die Dachlast senkrecht nach unten weiter und konnten daher normalerweise ohne besondere Stützkonstruktionen an beliebigen Punkten den Wänden aufgelegt werden. Ganz anders war dies im einheimischen Holzbau. Zwar wurden auch hier ursprünglich Wand und Dach getrennt errichtet, doch kam der Wand dabei keine tragende, sondern lediglich eine raumabschließende Funktion zu. Die Dach-

Abb. 42 *Die Entwicklung der Hauskonstruktion im fränkischen Stammland – vom Scherendachstuhl zum Sparrendach.*

a. Rekonstruktion des frühen Scherendachstuhls am Beispiel eines Hausgrundrisses aus Albersloh bei Münster aus dem 1. Jahrhundert n. Chr. Die tragenden Hauspfosten und die Säulen des Dachstuhles bilden feste Querglieder (Gebinde).

b. Rekonstruktion des späten Scherendachstuhls am Beispiel eines Hausgrundrisses aus Soest (4. Jahrhundert). Die einzelnen »Gebinde« werden durch schräg angebrachte Streben gesichert.

c. Rekonstruktion des frühen Sparrendaches am Beispiel eines Hausgrundrisses aus Telgte bei Münster (7. Jahrhundert). Der feste Verbund von Haus und Dach wurde zugunsten getrennt gezimmerter Haus- und Dachgebinde aufgegeben. Die früheren »Stuhlsäulen« dienen jetzt zugleich als Dachhölzer (Dachsparren).

gerüste reichten immer mit zahlreichen Auflastpunkten bis zum Erdboden, d. h., sie schlugen sich erkennbar in den Grundrissen der Häuser nieder. Die Neuerungen des rheinwesergermanischen Raumes bestanden nun darin, daß man versuchte, die dachtragenden Längshölzer (Pfetten) nicht mehr direkt im Erdboden abzustützen, sondern über Zwischenglieder indirekt abzufangen, kurz gesagt, so etwas wie einen eigenen Dachstuhl einzubauen.

Die Entwicklung der Grundrisse läßt nun darauf schließen, daß man bei der Konstruktion des neuen Daches ebenfalls das Prinzip des geschlossenen Dreiecks angewandt hat. Allerdings bildete man nicht das ganze Dach entsprechend durch, sondern konstruierte lediglich einen aus wenigen Dreiecken bestehenden sogenannten Scherenstuhl, um mit seiner Hilfe die nach wie vor beibehaltenen Pfetten abzustützen. Dies war der Stand der Technik auch noch im 3. Jahrhundert, zur Zeit des ersten Auftretens der Franken. In der Merowingerzeit entwickelte man daraus das »moderne« dachstuhllose Sparrendach, das folglich ebenfalls als eine fränkische Erfindung gelten kann, auch wenn es möglicherweise nicht mehr in allen von Franken besetzten Gebieten übernommen worden ist. Die Neuerung des Sparrendaches bestand darin, daß man die Pfetten aufgab und den Scherenstuhl in die Ebene der Dachhaut rückte. Anders als im Römischen behielt man jedoch das gebundene System bei. Der Vorteil gegenüber der römischen Methode lag darin, daß man die Häuser auf diese Weise nach alter Art in kleineren Querscheiben aufrichten konnte und damit weniger Leute benötigte. Außerdem sparte man nicht nur gutes Bauholz, sondern auch einiges an Zimmerarbeit. All dies war natürlich wichtig, solange man die Häuser überwiegend in Nachbarschaftshilfe und ohne den Einsatz ausgebildeter Zimmerleute zu errichten gezwungen war.

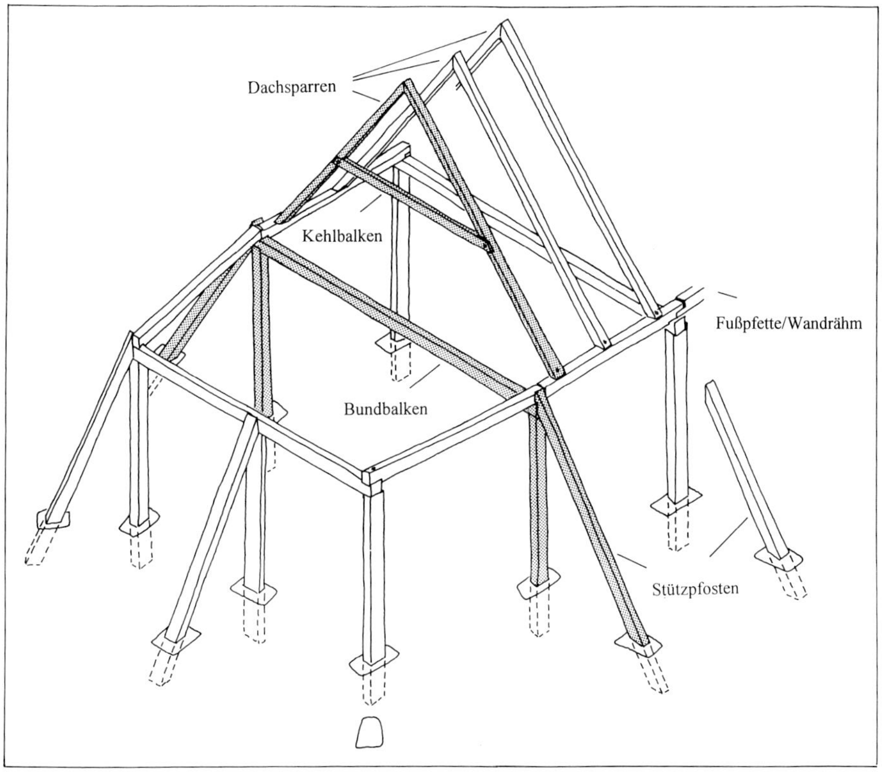

C

Wirtschaft und Handel

Im Unterschied zu den meisten anderen germanischen Stämmen sind wir über die materielle Kultur der frühen Franken vor allem durch Funde in Siedlungen, weniger durch die Ausstattungen der Gräber unterrichtet. In der Merowingerzeit ist dies dann genau umgekehrt. In der Frühzeit jedoch, vom 3. bis frühen 5. Jahrhundert, erschwert die vorherrschend schlichte Grabsitte entsprechende Einblicke. Vor allem aus dem Gebiet der Brukterer kennen wir jedoch einige Siedlungsplätze, die nicht nur die üblichen Abfälle an Tierknochen und Gefäßscherben, sondern auch ungewöhnlich viele Gegenstände aus Metall geliefert haben (Zeche Erin in Castrop-Rauxel, Westik, Soest-Ardey). Darin zeigt sich recht deutlich, daß die Franken oder zumindest ein großer Teil von ihnen zu dieser Zeit über erhebliche materielle Mittel verfügten. Schließlich handelt sich bei den Funden überwiegend um verlorene oder sogar achtlos fortgeworfene Gegenstände. Insbesondere römische Güter scheinen in beträchtlichen Mengen ins Land geströmt zu sein, darunter nicht nur die üblichen Fernhandelsgüter wie Metallgeschirr und ähnlich robuste Waren, sondern auch zahlreiche, eher im kleinen Grenzverkehr bevorzugte Dinge, wie einfache, leicht zerbrechliche Gläser, Alltagsgeschirr und vor allem zahlreiche Münzen. Insbesondere das Gebiet an Lippe und Ruhr erreichten dabei nicht nur in großem Umfange die bei Soldzahlungen bevorzugten römischen Edelmetallprägungen, sondern auch das alltägliche Kleingeld. Zumindest bezogen auf die erste Hälfte des 4. Jahrhunderts unterscheidet sich das Münzaufkommen in

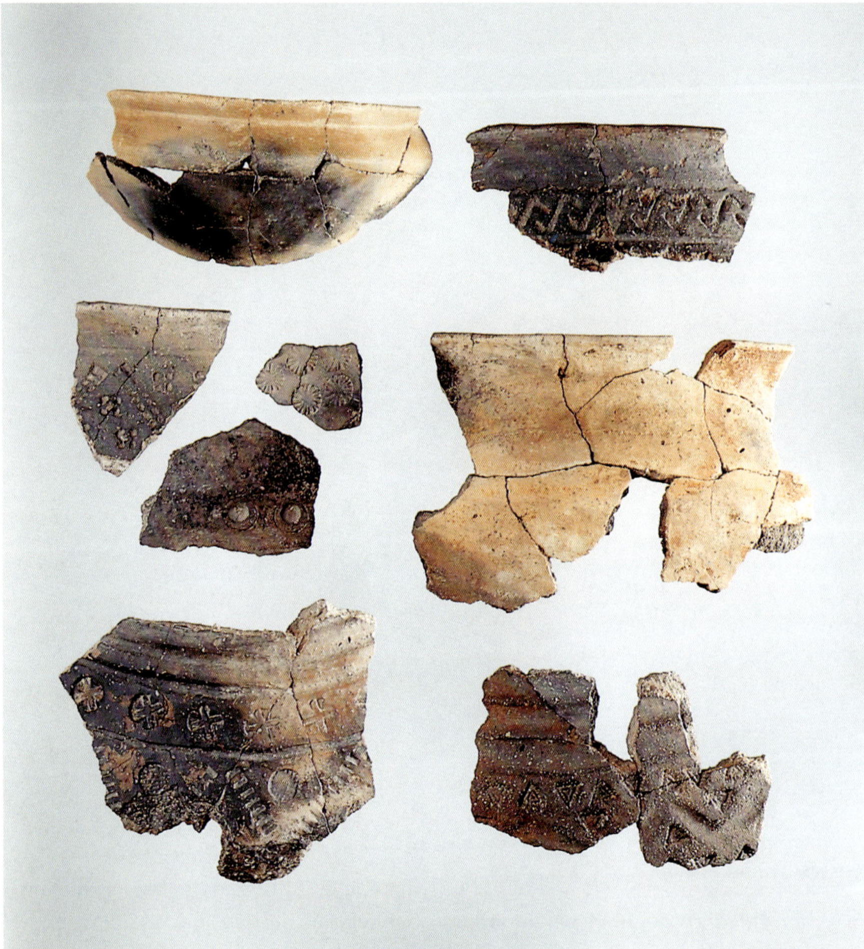

den genannten Siedlungen (Erin, Westik und Soest) kaum von dem gleichzeitiger Siedlungen innerhalb der römischen Provinz.

Einen deutlichen Einbruch brachten allerdings die turbulenten Ereignisse in der Mitte des 4. Jahrhunderts. Der zum Gegenkaiser ausgerufene Magnentius war damals mit einem Teil der rheinischen Truppen nach Italien gezogen und dort geschlagen worden. In der Folge brach die Verteidigung des niedergermanischen Limes für mehrere Jahre zusammen, und zahlreiche fränkische Verbände, darunter – wie oben berichtet – auch die Salier, drangen auf römisches Gebiet vor. Auch als Julian die Lage schließlich wiederhergestellt hatte, wurden die Verhältnisse offenbar nicht mehr so, wie sie zuvor gewesen waren. Zwar kamen immer noch römische Waren ins Land, doch die beinahe provinzialen Verhältnisse stellten sich nicht wieder ein. Der Zustrom von Kleingeld kam fast zum Erliegen und vermochte sich auch bis zur endgültigen Einstellung der Kleingeldprägungen zu Beginn des 5. Jahrhunderts nicht wieder zu erholen.

Interessant ist in diesem Zusammenhang die Übernahme römischer Techniken, besonders gut faßbar im Bereich der Keramikherstellung. Zwar wurde nicht nur römische Feinkeramik, wie die Terra Sigillata und die schwarze Firnisware, sondern auch einfaches Alltagsgeschirr in einigem Umfange importiert, doch deckte man damit bei weitem nicht den gesamten Be-

Abb. 43 *Fragmente handgeformter einheimischer Keramik mit Ritz- und Stempelverzierung aus Bielefeld-Sieker (Kat. III.1.4.). – Foto Westfälisches Museum für Archäologie, Münster.*

Abb. 44 *Keramikfunde aus der kaiserzeitlichen Siedlung von Westick (Kr. Kamen) (Kat. III.1.6.). – Foto Heinz Feußner, Hamm.*

Abb. 45 *Fünf Haarnadeln aus der kaiserzeitlichen Siedlung von Westick (Kat. III.1.6.). – Foto Heinz Feußner, Hamm.*

Abb. 46 *Urnen aus den Brandschüttungsgräbern 1, 8 und 12 von Dehme (Kr. Minden-Lübbecke) (Kat. III.1.7; 10; 12). – Foto Reiss-Museum.*

Abb. 47 *Krefeld-Gellep, Süd-Nord-gerichtetes Körpergrab 2650. Am Fußende standen dicht gedrängt die Gefäße. Durch eine Münze des Jovinus ist das Grab in die erste Hälfte des 5. Jahrhunderts datiert. Museum Burg Linn, Krefeld. – Foto Reiss-Museum.*

darf. Nach wie vor zeigen die Siedlungen einen hohen Anteil einfacher Freihandkeramik traditioneller Art. Daneben trat indes seit dem 3. Jahrhundert verstärkt Werkstattkeramik aus einheimischer Produktion, die unter Verwendung der Töpferscheibe hergestellt wurde. Ein Teil der Produktpalette bestand aus Imitationen römischer Vorbilder, die man im übrigen auch unter der Freihandkeramik in zahlreichen Varianten findet, den Hauptanteil hatte jedoch eine spezielle einheimische Gefäßform, die weitmundige Fußschale. Bereits in der jüngeren vorrömischen Eisenzeit bildeten Fußschalen eine beliebte Keramikform im nachmalig fränkischen Gebiet, insbesondere gab man sie gern den Toten als Trinkgefäß ins Grab. Während der älteren Römerzeit scheint ihre Beliebtheit, gemessen am Vorkommen im Fundmaterial, noch gestiegen zu sein, wobei nicht nur flache Standfüße, sondern vielfach auch recht hohe und kunstvoll profilierte Stengelfüße hergestellt wurden. Ihr Vorkommen beschränkte sich jedoch nicht allein auf den rheinwesergermanischen Raum, sondern umfaßte auch das Küstengebiet, blieb im zentralen Germanien, so im Elberaum, jedoch selten. Interessanterweise hielt sich die

Abb. 48 Henkeltopf, Bronzefibel, kleiner Ring und Feuerzeug aus einer Körperbestattung der zweiten Hälfte des 5. Jahrhunderts von Herzebrock-Klarholz (Kr. Gütersloh) (Kat. III.1.13.). – Foto Stefan Brentführer, Westfälisches Museum für Archäologie, Münster.

Fußschale auch bei der einheimischen Bevölkerung innerhalb der niedergermanischen Provinz. Zwar gibt es dort nur noch wenige Belege für fortgesetzte Freihandherstellung, z. B. in Keppeln, Kr. Kleve, bis ins 2. Jahrhundert, doch ist die Bevorzugung ähnlicher Ersatzformen, vor allem aus dem Spektrum der sogenannten belgischen Ware, die in provinzialrömischen Werkstätten nach keltischen Vorbildern hergestellt wurde, auffällig. Im 3. Jahrhundert fertigte man überwiegend eigene, eng an die rechtsrheinische Palette angelehnte Formen. Der Übergang zur Werkstattherstellung vollzog sich aber auch im Rechtsrheinischen in engem Zusammenhang mit der römischen Provinz, wie gerade die Fußschalen des Lippe-Ruhr-Gebietes deutlich machen. In der ersten Hälfte des 4. Jahrhunderts wurden sie überwiegend aus dem in der Umgebung von Köln anstehenden, fast weißbrennenden »Pfeifenton« hergestellt, und in einer Qualität, die der römischen kaum nachstand.

Grabsitte

Nicht nur im Hausbau, sondern auch in der Grabsitte läßt sich die Sonderart des später fränkischen Gebietes schon bis in die jüngere vorrömische Eisenzeit zurückverfolgen. Im wesentlichen bestand sie darin, daß man hier im Unterschied zu den meisten anderen germanischen Gebieten nur wenig Sorgfalt auf die – im archäologischen Fundbild natürlich zu allererst hervortretende – Beisetzung legte, sondern anscheinend die voraufgehende Verbrennung des Toten als den wichtigeren Teil der Leichenfeier ansah. Daß die Verbrennungen recht prachtvoll gewesen sein müssen und den Toten vielfach ähnliche Ausstattungen mit auf die Scheiterhaufen gelegt wurden, wie wir sie aus den merowingerzeitlichen Erdgräbern kennen, läßt sich in den späteisenzeitlichen und römerzeitlichen Gräbern allerdings meist nur durch geringe Reste nachweisen. In der Regel sammelte man die Knochen des Toten nicht in einer Urne, sondern schüttete sie mit einem eher symbolischen Anteil an Verbrennungsrückständen von Scheiterhaufen und Beigaben in einfache Erdgruben (Brandgrubengräber). Auch wenn gelegentlich Tongefäße auftreten, so zeigt eine genauere Betrachtung, daß sie in nicht wenigen Fällen zuvor mit dem Leichenfeuer in Berührung gekommen waren und daher wahrscheinlich ursprünglich als Behältnis für eine Speise oder Trankbeigabe verwendet worden waren. Vor allem in den keineswegs seltenen Waffenbeigaben zeigt sich, daß man offenbar nur solche Teile ins Grab legte, die den Kampfwert der jeweiligen Waffe nicht beeinträchtigten, so einzelne Schildbeschläge oder Schwertscheidenklammern, jedoch nur ganz selten einmal eine Speer- oder Pfeilspitze. Ganze Schildbuckel oder gar Schwerter fehlen so gut wie vollständig. Dies legt natürlich – vor allem für die Frühzeit – die Vermutung nahe, daß man viele dieser Beigaben nicht wirklich auf dem Scheiterhaufen mitverbrannt hat, sondern von Anfang an nur Teile ins Feuer gab und das übrige nur randlich oder symbolisch an der Verbrennung teilhaben ließ.

Ein weiterer Grund für die schlechten Auffindungsbedingungen der frühfränkischen Grabstätten liegt offenbar in der Gewohnheit, Geländeerhebungen als Bestattungsplätze auszuwählen, entweder flache natürliche Kuppen oder auch alte Grabhügel. Daher fielen die unscheinbaren, weil urnenlosen Bestattungen häufig schon früh dem Ackerbau zum Opfer.

Schriftliche Nachrichten und archäologischer Befund

Vergleicht man nun die eingangs dargelegten Aussagen der Schriftquellen mit den archäologischen Funden, so ist manche Übereinstimmung, aber auch manche Abweichung festzustellen. Die im niederländischen Bennekom gefundenen Hausgrundrisse zeigen z. B. deutlich, daß die Bewohner der Siedlung offenbar im 2. Jahrhundert aus dem Traditionsgebiet dreischiffiger Häuser an den Rhein gewandert sind, daß es also am Niederrhein bereits vor der Entstehung des Frankenstammes Verschiebungen von Bevölkerungsgruppen gegeben hat. Die Funde belegen aber auch, daß z. B. das Weserbergland, der frühere Siedlungsraum der Cherusker, auch im 3. und 4. Jahrhundert noch deutlichen Anteil am rheinwesergermanischen Kulturraum gehabt hat. Im Gegensatz zum weiteren Umland ist hier sogar eine auffällige Häufung von Edelmetallmünzen aus der Mitte des 4. Jahrhunderts festzustellen, also aus der Zeit der Überwanderung der Salier. Zudem besitzt die in der römischen Provinz, jenseits der Maas, in Gennep und Donk, gefundene rheinwesergermanische Keramik vor allem hier zahlreiche Parallelen. Indes wird das Weserbergland keineswegs bereits im 4. Jahrhundert vollständig entsiedelt, und auch Urnenfriedhöfe sächsischer Art lassen sich dort erst seit dem späten 5. Jahrhundert nachweisen.

Literatur: Albrecht 1935. – Beck 1970. – Bérenger 1985; 1988. – Best 1990/91. – Böhme 1974a. – de Boone 1954. – Dickmann 1995. – Doms 1990. – van Es 1967; 1985. – Ewig 1954. – Finke 1990. – Herrmann 1983. – Halpaap 1994. – Heidinga 1987b; 1990. – Janssen 1968. – Joachim 1987. – Krause, G. 1992. – Kunow 1987. – Marschall/Narr/von Uslar 1954. – Mildenberger 1972a; 1972b; 1972c. – de Paepe 1991. – von Petrikovits/Stampfuß 1940. – Polenz, H. 1985. – Reichmann 1981; 1982; 1984. – Riese 1892. – Rosenstock 1979. – Schlüter 1982. – Schmidt, L. 1938; 1940. – Stampfuß 1962. – Trier 1969. – von Uslar 1935; 1938. – Zedelius 1977.

Der Kontakt zu Rom

Franz Theuws und Henk A. Hiddink

In den schriftlichen Quellen wird angesichts der ältesten fränkischen Ansiedlung von einzelnen, meist militärischen Ereignissen berichtet. Wir erfahren auch von einer Ansiedlung der Salier in der Mitte des 4. Jahrunderts in Nordgallien, und zwar in Toxandrien. In den archäologischen Quellen schlägt sich dieser Vorgang nicht nieder, dafür läßt sich eine intensivere Besiedlung Nordgalliens in der Zeit um 400 beobachten, vielleicht durch Kolonisten aus dem Süden und nicht, wie allgemein angenommen wird, aus dem Norden.

Seit die Franken in der zweiten Hälfte des 3. Jahrhunderts in den schriftlichen Quellen auftauchen, wird ihre von antiken Autoren beschriebene Geschichte augenscheinlich beherrscht von Kriegen, Überfällen und Raubzügen. Verschiedene Stammesverbände werden den Franken zugerechnet: Friesen und Chamaven, später, im 4. Jahrhundert auch Chattuarier, Amsivarier, Brukterer, Salier und eventuell Chatten, welche alle nördlich bzw. östlich des Rheins von den Niederlanden bis ins deutsche Mittelgebirge siedelten. Von den Saliern wird aufgrund einiger in den Texten verstreuter Informationen angenommen, daß sie im Lande der Bataver wohnten und sich später, um die Mitte des 4. Jahrhunderts, in Toxandrien niederließen. Vom Charakter der salischen Ansiedlung, von Anfang, Dauer und Art der Kontakte zu den Römern, vom kolonisierten Gebiet, der sozialpolitischen Organisation und ihrem Weltbild wird nichts im Detail mitgeteilt. Was die Ortsnennung *apud Toxiandriam locum* bei Ammianus Marcellinus genau bezeichnet, ist nicht deutlich. Meist wird angenommen, daß es sich um jenen Landstrich handelt, der ab 700 in den schriftlichen Quellen unter der Bezeichnung Texandrien erscheint.

Im vergangenen Jahrzehnt machte die archäologische Forschung über gesellschaftliche Entwicklungen der spätrömischen und merowingischen Zeit im nördlichsten Teil Galliens und dem angrenzenden rechtsrheinischen Raum sprunghafte Fortschritte. In dem Gebiet zwischen Schelde und Ems wurden aus der Periode 350–750 beinahe 20 Siedlungen oder Teile davon ausgegraben. Neben dem verfügbaren Material aus älteren Grabungen bieten sie die Möglichkeit, neue Einsichten in die komplexen Entwicklungen des genannten Zeitraumes zu gewinnen. Es ist jedoch wichtig, die Interpretation der Siedlungsfunde und -befunde methodisch und theoretisch gut begründen zu können. Zu schnell werden Siedlungsfunde aus einer Sichtweise interpretiert, deren Grundlage in der Gräberfeldforschung liegt, und zu oft werden die unterschiedlichen kulturellen Voraussetzungen übersehen, aus denen die archäologischen Sachverhalte in Gräberfeldern und Siedlungen entstanden sind.

Bei zukünftiger Forschungsarbeit, die Nordgallien und das angrenzende rechtsrheinische Gebiet sowohl in einem größeren Zusammenhang sieht als auch die problematische Frage nach ethnischer Identität und Ethnogenese stellt, sind zwei Aspekte zu berücksichtigen: Einerseits nimmt der nördlichste Teil Galliens aus römischer Sicht eine periphere Stellung ein, andererseits ist dieses Gebiet mit der Zone direkt vor der Reichsgrenze die Wiege des fränkischen Stammes. Hier fand im 4. und frühen 5. Jahrhundert die Ethnogenese der Franken statt.

Nordgallien als peripheres Gebiet

Der nördlichste Teil Galliens kann im 4., 5. und 6. Jahrhundert in mancher Hinsicht als peripher bezeichnet werden. Im allgemeinen wird davon ausgegangen, daß die Bevölkerung in diesem Raum stark abnahm. Unbekannt ist jedoch, wie durchgreifend die Entvölkerung tatsächlich war. Vermutlich waren die Sandplateaus Nordbelgiens und der südlichen Niederlande weitgehend entvölkert. In den Tälern der großen Flüsse Maas, Rhein und Schelde treten jedoch immer mehr Funde ans Licht, die auf ein Fortbestehen der Besiedlung deuten. Die Ausdehnung einiger Siedlungen in dem Gebiet nördlich des Rheins zeigt, daß von einer Abnahme der Bevölkerung im 3.und 4. Jahrhundert keine Rede sein kann. Vielleicht trifft sogar das Gegenteil zu, doch bevor darüber spezifische Aussagen gemacht werden können, muß mehr von der topographischen Entwicklung einer größeren Anzahl Siedlungen bekannt sein. Ungeachtet dessen ergibt sich das Bild eines verhältnismäßig dünn besiedelten Gallien im äußersten Norden, dem eine recht bevölkerte »*trans Rhenania*« im 4. Jahrhundert gegenübersteht. Diese Randlage Nordgalliens läßt sich anhand von Daten, die aus dem Vorkommen von christlichen Glaubenszeugnissen und bestimmten Grabfunden erschließbar sind, differenzierter beschreiben.

Margarete Weidemann ging der Frage nach, inwieweit die Bischofssitze in Gallien ab der spätrömischen Zeit kontinuierlich besetzt blieben. Es zeigte sich, daß die Diözesen am Rhein, dem heutigen Belgien und Nordwest-Frankreich sowie in der Normandie und der Bretagne im 5. und 6. Jahrhundert zeitweilig ohne Bischof auskommen mußten. Die Städte, in denen

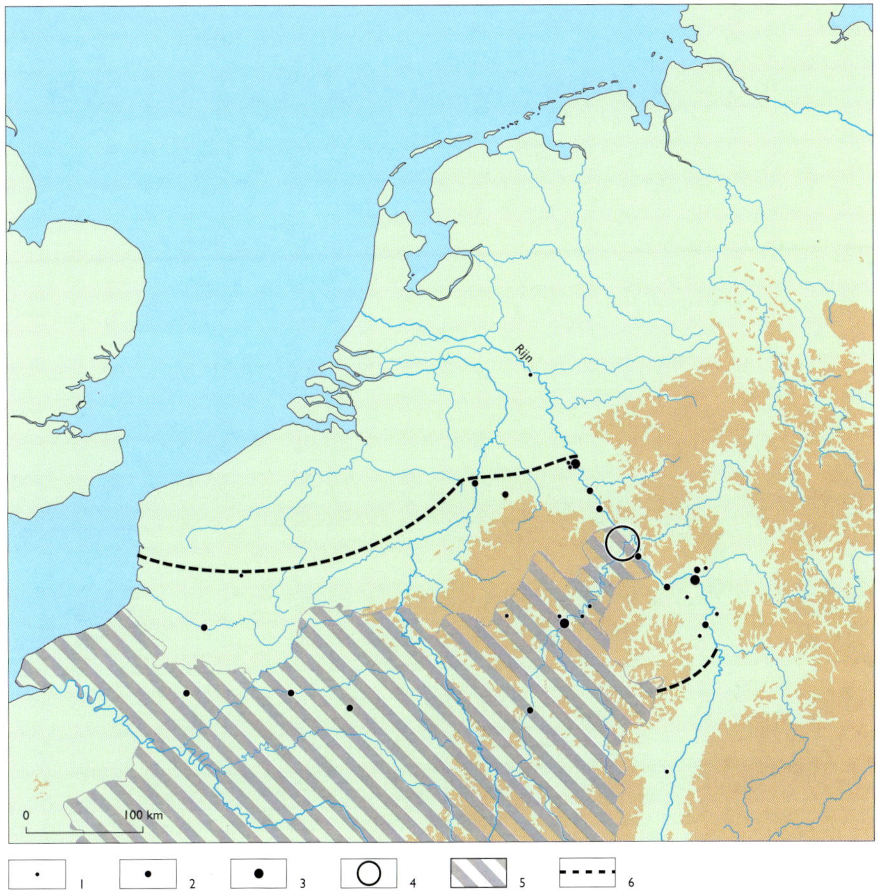

Abb. 49 *Christliches Nord-Gallien im 5. und in der ersten Hälfte des 6. Jahrhunderts.*
1–3 Christliche Grabsteine: 1 ein Exemplar; 2 zwei bis vier Exemplare; 3 fünf und mehr Exemplare. 4 Gebiet, in dem christliche Grabsteine häufig vorkommen. 5 Raum mit kontinuierlich besetzten Bistümern. 6 Umgrenzung des Raumes, in dem christliche Grabsteine regelmäßig angetroffen werden. – Kartographische Gestaltung BRON Amsterdam.

die *sedes episcopalis* immer besetzt waren und bei denen man davon ausgehen kann, daß eine christliche Lebensweise ständig anzutreffen war, bildeten einen Kern in Gallien. An der Nordseite dieser Kernzone liegen die *civitates* Trier, Verdun, Reims, Soissons, Beauvais und Rouen (Abb. 49). Nördlich davon befindet sich eine zweite Zone, in welcher – trotz der Abwesenheit der Bischöfe – christliches Leben im 5. Jahrhundert existierte. Dies wird ersichtlich aus der Verbreitung von Grabsteinen mit christlichen Inschriften. Nördlich der Römerstraße, die von Köln über Tongern und Bavai nach Boulogne führt, sind diese nicht mehr anzutreffen, mit Ausnahme eines Exemplares aus Xanten. Gleichfalls nördlich dieses Straßenverlaufes erstreckt sich bis zum Rheinlimes eine dritte Zone. In römischer Zeit lebten dort hauptsächlich Viehzüchter, die nach N. Roymans andere Weltvorstellungen hatten als die Bewohner der südlich gelegenen, urbanisierten Gebiete in der ersten und zweiten Zone. In der dritten Zone setzte sich das Christentum erst im 6. und 7. Jahrhundert durch. Augenscheinlich primitivere – öfter auch als germanisch bezeichnete – Weltvorstellungen können ebenfalls mit diesem historischen Unterschied zusammenhängen und nicht nur mit einer »Germanisierung« als Folge einer Kolonisation von großen Germanengruppen. Der nördlichste Teil Galliens, in dem sich nach aktuellem Forschungsstand Franken in erster Linie im 4. Jahrhundert ansiedelten, bildet aus römischer Sicht eine periphere Zone. Damit wäre deren Lage noch nicht vollständig umschrieben. Es kann noch eine zweite Einteilung gemacht werden, die in chronologischer Hinsicht nicht notwendigerweise übereinstimmen muß.

Die Verbreitung der Städte, Befestigungsanlagen, *fabricae* und Amtssitze der *praefecti laetorum* in Nordgallien während des 4. und 5. Jahrhunderts läßt zwei Schwerpunkte erkennen: einer findet sich in der Picardie, ein zweiter an der Mosel und am Rhein (Abb. 50). Das Gebiet dazwischen – die mittleren und südlichen Niederlande, Belgien und die nordfranzösischen Départements Ardennes und Meuse – weist verhältnismäßig wenig solcher Plätze auf. Mit anderen Worten: Das Stromgebiet der Maas scheint in der spätrömischen Zeit und im Frühmittelalter von geringerer Bedeutung gewesen zu sein. Die bereits erwähnte Straße von Köln über Tongern, Bavai nach Amiens und Boulogne ist die zentrale Achse zwischen den Kerngebieten am Rhein und in der Picardie. Die Position der Maasregion verschlechterte sich weiterhin gegen Ende des 5. Jahrhunderts. Eine Kartierung der Schwertgräber bedeutender Aristokraten aus der zweiten Hälfte des 5. Jahrhunderts und zu Beginn des 6. Jahrhunderts läßt Konzentrationen im Gebiet zwischen Seine und Aisne sowie Maas und Rhein (Abb. 51) erkennen. Die

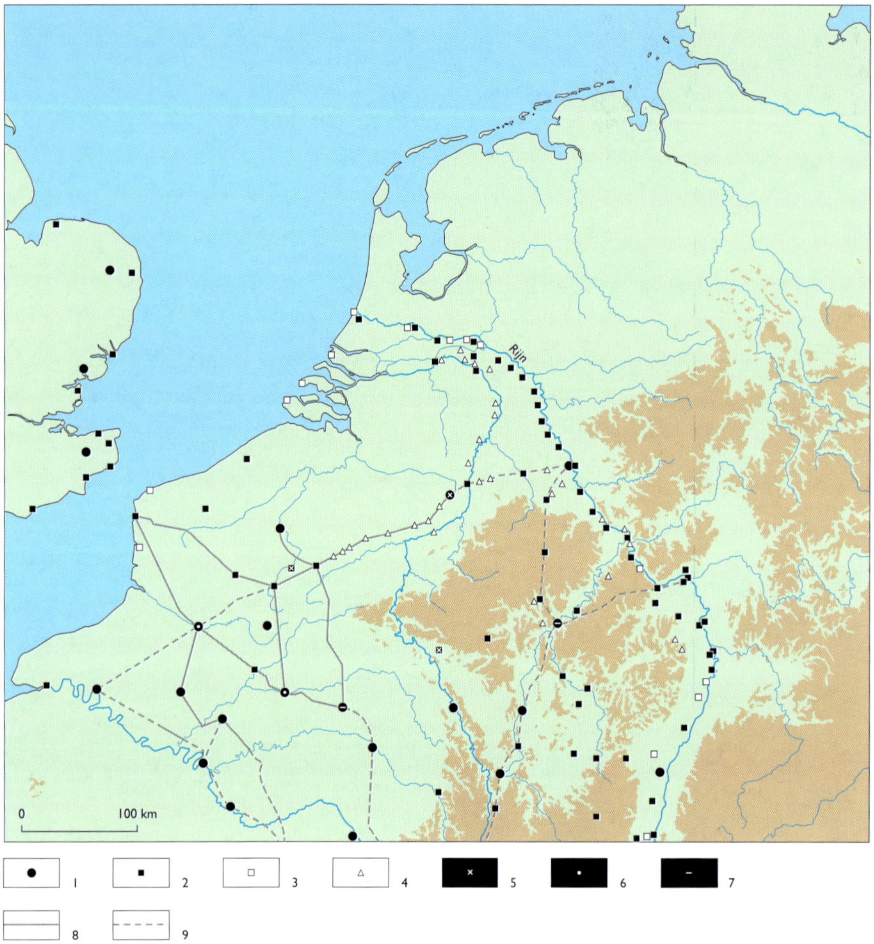

Abb. 50 *Die Infrastruktur Nord-Galliens in der Spätantike.*

1 Befestigte Stadt. 2 Befestigung. 3 Mögliche Befestigung. 4 Burgus. *5* Praefectus Laetorum. *6* fabrica *(Waffen). 7* fabrica *(Waffen und Paradeanzug). 8* Chaussée Brunehaut. *9 sonstige römische Straßen. – Kartographische Gestaltung BRON Amsterdam.*

Gruppe im Maastal besaß Schwertscheiden des Krefelder Types. Teile solcher Schwertscheiden wurden in den mittleren Niederlanden und in Friesland vereinzelt als Streufunde bekannt. Aus Gennep und Maastricht liegen derartige Schwertscheidenfragmente aus einem Grabkontext vor – im ersten Fall als Streufund von einem Brandgräberfeld. Vermutlich weist die Verbreitung solcher Schwertscheidenfragmente auf Aristokraten hin, die miteinander eng verbunden waren und vielleicht ihren Schwerpunkt in der Maasregion hatten. Sie hatten Kontakte nach Süddeutschland und England. Nachdem diese Schwertscheiden als Grabbeigaben nicht mehr in Erscheinung treten, werden wenig neue aristokratische Schwertgräber in der Maasregion angelegt, ganz im Gegensatz zu den beiden anderen Kerngebieten im Nordwesten Frankreichs und am Rhein. Es sieht so aus, als ob der aristokratische Verband der Maasregion auseinandergefallen war. Andere Ursachen, so das Verschwinden der Schwerter aus dem Bestattungsritus, wären ebenfalls denkbar; doch ist es bezeichnend, daß die Verbreitungskarten von Fibeln des 6. Jahrhunderts aus Frauengräbern ein vergleichbares Bild zeigen. Aus einer Studie von H. Göldner wird deutlich, daß die geläufigen Bügelfibeln, jene mit fünf Knöpfen und einem trapezförmigen Fuß, aus der ersten Hälfte und der Mitte des 6. Jahrhunderts in der Picardie und am Rhein angetroffen werden, jedoch verhältnismäßig selten in der Maasregion (Abb. 52). Bei den Fundplätzen in der mittleren Region handelt es sich lediglich um fünf Gräberfelder: Rhenen in den Niederlanden sowie Anderlecht, Trivières, Harmignies und Pry in Belgien. Zudem sind Gräberfelder mit Bestattungen, die unwiderlegbar in die erste Hälfte des 6. Jahrhunderts zu datieren sind, sowohl in den Niederlanden als auch in Ostbelgien selten. Es sieht danach aus, als seien die Gebiete, in denen die Maas eine Achse bildet, zur Zeit Chlodwigs und während der Regierungsperiode seiner Söhne von geringer Bedeutung gewesen, vielleicht weil dort fast niemand mehr ansässig war. Die spätrömische Zeit endet in den Niederlanden und in Ostbelgien um 500 oder zu Beginn des 6. Jahrhunderts. Die Ursachen des möglichen Verfalls aristokratischer Gruppen und einer verhältnismäßig tiefgreifenden Entvölkerung – im Vergleich zu den Kerngebieten am Rhein und in der Picardie – sind vorerst schwer zu nennen. Sie können sowohl von struktureller als auch von alltäglicher oder politischer Art gewesen sein. Um die Mitte und in der zweiten Hälfte des 6. Jahrhunderts werden an der Maas und in den mittleren Niederlanden wieder reich ausgestattete Gräber angelegt, beispielsweise in Rhenen. In den Kerngebie-

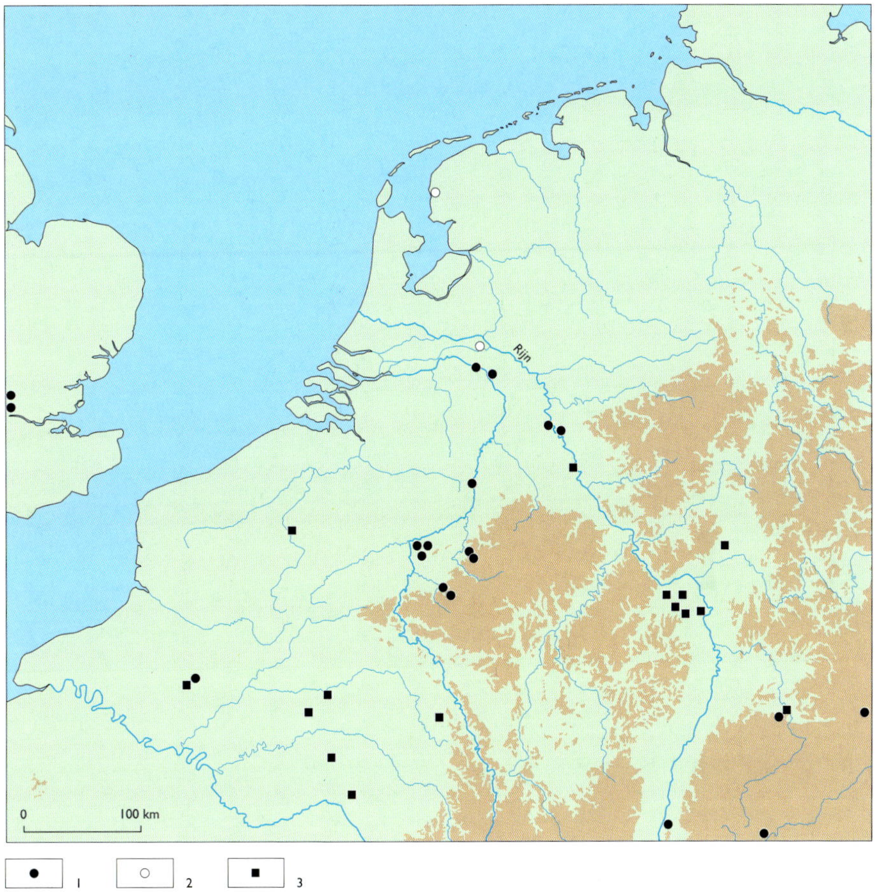

Abb. 51 Die Verbreitung der wichtigsten Typen von Schwertern und Schwertscheiden in Nordgallien im 5. und Anfang des 6. Jahrhunderts. 1 Schwertscheiden vom Krefelder Typ aus Gräbern. 2 idem, als Streufund. 3 Schwerter mit Cloisonné-Beschlägen. – Kartographische Gestaltung BRON Amsterdam.

ten wuchs das Interesse an dieser Zone, und man begann, sie in das fränkische Machtgefüge zu integrieren.

Neben der bereits besprochenen Gliederung von Süd nach Nord besteht auch eine Einteilung von West nach Ost. Im späten 5. Jahrhundert und in der ersten Hälfte des 6. Jahrhunderts bestand eine mittlere Zone, die beidseits von Gebieten mit urbanen Zentren eingerahmt wurde, in denen zur Zeit von Chlodwig und im 6. Jahrhundert die sogenannten salischen Franken und die Rheinfranken siedelten.

Ethnische Identität

Die direkte Einmischung der öffentlichen (militärischen) römischen Verwaltung in das nördlichste Gebiet des Reiches und in die Grenzverteidigung am Rhein endete im Laufe der ersten Hälfte des 5. Jahrhunderts. Jene, die sich ungeachtet ihrer Herkunft noch als Römer fühlten, waren von diesem Zeitpunkt an auf sich allein gestellt, sowohl was den Schutz als auch die Gestaltung ihres sozialen und geistlichen Lebens anbelangte. Nordgallien geriet in eine schwierige Lage: die Landschaft war übersät mit *villae*- und Tempelruinen, mit sich verkleinernden Städten und verfallenen Befestigungsanlagen. Welche Form gab man dem Leben in einer solchen Situation, und auf welche Quellen berief man sich dabei? Einiges stand zur Verfügung: die althergebrachte römische Kultur in ihrer ganzen Vielfalt, das aristokratische Gedankengut der Gruppen am anderen Ufer des Rheins, aber auch die neuen christlichen Werte. Jedermann im spätrömischen Nordgallien stand vor Entscheidungen und mußte neue Wege finden, sowohl im praktischen Leben als auch in den Beziehungen zu neuen Weltvorstellungen. Man tat dies individuell oder im Gruppenverband. Ein wichtiger Bestandteil davon war die Suche nach einer neuen (ethnischen) Identität. Dieser Vorgang, zu Unrecht als Entromanisierung oder Germanisierung bezeichnet, ist in erster Linie ein mentaler und sozialer Prozeß, der für Archäologen unter anderem durch neue Riten und den Umgang mit der materiellen Kultur greifbar wird.

Die derzeitige historische Erforschung der Ethnizität des frühmittelalterlichen Europas, die dank der Arbeiten von R. Wenskus zur Stammesbildung unter neuen Gesichtspunkten erfolgte, betont den dynamischen und subjektiven Charakter der Ethnizität. Von großer Bedeutung ist der Zusammenhang, in dem einzelne oder eine Personengruppe die eigene Identität zum Ausdruck bringen, sei es in Form schriftlicher Texte, mit Hilfe von Symbolen oder im allgemeinen Verhalten. All diese sind jedoch keineswegs eindeutig, sondern verschieden interpretierbar. Es wurde bereits darauf hingewiesen, daß bei der erneuten Suche und Bildung einer ethnischen Identität eine Reihe von Quellen zur Verfügung stehen. Auch sei nochmals hervorgehoben, daß sowohl Indivi-

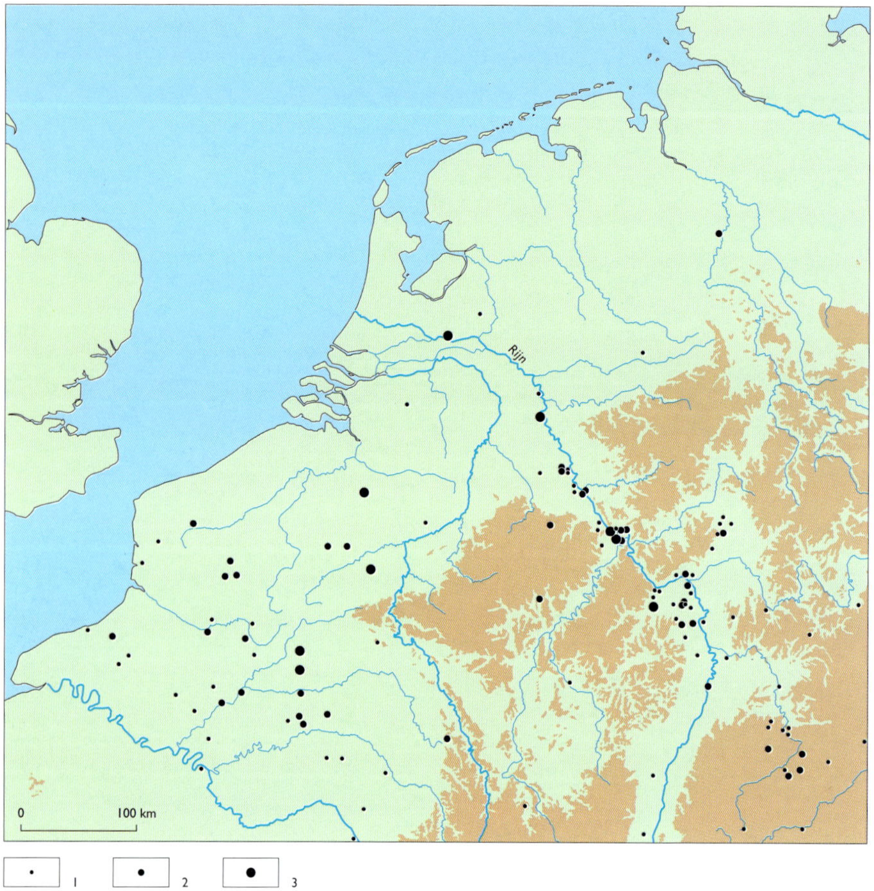

Abb. 52 Die Verbreitung der – zusammengefaßt – vier geläufigsten Typen von Bügelfibeln mit trapezförmigem Fuß in Nord-Gallien. Es handelt sich um Funde aus Frauengräbern.
1 ein Exemplar pro Gräberfeld. 2 zwei bis vier Exemplare pro Gräberfeld. 3 fünf oder mehr Exemplare pro Gräberfeld. – Kartographische Gestaltung BRON Amsterdam.

duen als auch Gruppen die Möglichkeit der Auswahl hatten. So übernahmen sie aus verschiedenen Quellen Kulturelemente, die sie ihren eigenen Bedürfnissen anpaßten und die schließlich die Grundlage für ein/ihr neues Ideen- und Wertegefüge darstellten. Dieses mußte flexibel genug sein, den Betroffenen mentalen Halt in einer sich ändernden Welt bieten zu können. Parallel dazu wurden Riten und Verhaltensweisen entwickelt, mit denen auf die soziale und übernatürliche Welt eingewirkt werden konnte. Solch eine dynamische und subjektive Charakterisierung ethnischer Identität dringt nur langsam in die archäologische Forschung ein. Die Aufgabe der Archäologie besteht aber gerade darin, die Bedeutung der materiellen Kultur – von einfachen Gegenständen bis zu den komplexen Siedlungen in der Landschaft – während der Entstehung einer (ethnischen) Identität zu analysieren. Das heißt, daß man nach der komplexen Beziehung zwischen dem wechselnden (symbolischen) Inhalt und der Form suchen muß. In der Archäologie der spätrömischen Zeit und des frühen Mittelalters ist man im allgemeinen zu sorglos mit dieser Problematik umgegangen. Viel zu schnell wurden bestimmte Objekte und Objektgruppen mit einer bestimmten, vorgegebenen ethnischen Identität des Betroffenen gleichgesetzt. Oftmals handelt es sich dabei um Objekte, die bei einem Bestattungsritus Verwendung fanden. Bei der Interpretation fand die spezifische Bedeutung der Riten ebensowenig Beachtung wie die Form, die in einem solchen Fall gewählt wurde. Zu wenig Aufmerksamkeit wurde auch der unterschiedlich ansprechbaren Symbolik der Gegenstände geschenkt. In der Archäologie wird noch zu oft von der objektiven Gegebenheit und einer statischen Form von Ethnizität ausgegangen. Gegenstände wie Fibeln, Waffen und Keramikformen werden als Teil einer vermeintlich historisch gegebenen Situation angesehen, an die man sich als Mitglied einer Gruppe anzupassen hatte. Bei diesem Konzept der Ethnizität ist wenig Platz für individuelle Aneignungen von Kulturelementen aus unterschiedlichen Quellen. Die Reflexion, das Überdenken der eigenen Position ist ein wichtiges Element bei der kulturellen Transformation. So stellt sich die Frage, inwieweit es möglich ist, aufgrund archäologischer Relikte bestimmten Materialgruppen Etiketten wie »römisch«, »germanisch«, »gallogermanisch«, »gallo-fränkisch« anzuhängen. Die Betroffenen selbst in der spätrömischen Zeit und im Frühmittelalter klassifizierten ebenfalls, abhängig vom Kontext, in dem sie sich befanden. Den Gedanken, daß unsere Einteilung von ihnen als ernst zu nehmen aufgefaßt worden wäre, sollten wir fallenlassen, sei es auch nur aus dem Grunde, daß die unterschiedenen Gruppen damit zu sehr als homogene Einheiten dargestellt werden.

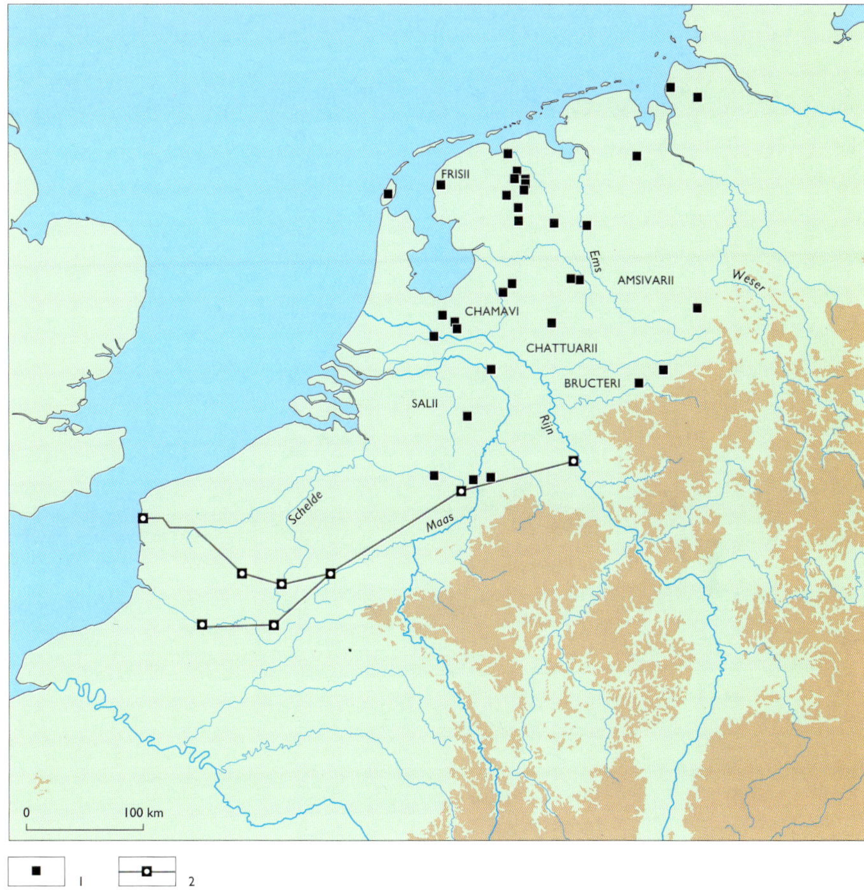

Abb. 53 *Verbreitung von ganz oder teilweise ausgegrabenen ländlichen Siedlungen der Spätantike zwischen Schelde und Ems. 1 ländliche Siedlungen. 2 Städte. – Kartographische Gestaltung BRON Amsterdam.*

Gegenüber dieser Tendenz zum Homogenisieren sollte in der modernen archäologischen Forschung die Vielfalt der kulturellen Quellen und Interpretationen im Vordergrund stehen sowie ihre Verarbeitung, selbst innerhalb des individuellen Bewußtseins. Das gilt vor allem für solch ein Gebiet wie das zwischen Schelde und Ems, wo eine kulturelle Entwicklung zur Ethnogenese der Franken führte. Eine Analyse der Siedlungen, Gräberfelder und Funde in diesem Gebiet aufgrund der Gegenüberstellung »römisch-germanisch«, unter Zuweisung bestimmter Objekte an die Römer bzw. Germanen oder selbst an bestimmte Stämme, führt sicherlich nicht zu Einsichten in den komplexen Prozeß, bei dem nach einer neuen (ethnischen) Identität gesucht wird.

Die archäologische Diskussion bezüglich der gesellschaftlichen Transformationen wurde bisher auf der Grundlage der Grabfunde geführt. Ein bedeutendes Instrument bei der Untersuchung stellt die Verbreitungskarte bestimmter Typen der (Grab-) Funde dar, die im Licht der Gegensätze »römisch-germanisch« interpretiert werden. Eine kritische Besprechung der bis heute gezogenen Schlußfolgerungen erscheint notwendig, wobei sowohl der Grabkontext der betroffenen Objekte und ihre Rolle bei einem Ritual als auch die Vorgänge, die zu den Verbreitungsmustern der rituellen Deponierungen führten, stärker als zuvor beachtet werden müssen. Um so mehr, da Verbreitungsmuster von Gegenständen, die auf dieselben kulturellen Entwicklungen zurückgeführt werden, oftmals wichtige, bis heute nicht ausreichend erklärte Diskrepanzen aufzeigen. Es handelt sich beispielsweise um »germanische« Waffenbestattungen und um Gräber mit »germanischem« Frauenschmuck. Zu einer kritischen Besprechung der bis heute gewonnenen Forschungsergebnisse im Hinblick auf die Entwicklungen Nordgalliens in der spätrömischen Zeit sollte auch ein Vergleich zwischen den regionalen, lokalen sowie überregionalen Entwicklungen hinzukommen. Gräber sollten im lokalen Zusammenhang interpretiert werden, und die Ansiedlung neuer Verbände wäre anhand der Siedlungsstrukturen zu untersuchen. Um einen Beitrag zur letztgenannten Forschungsarbeit liefern zu können, wird im folgenden die gegenwärtige Siedlungsforschung im nördlichsten Teil Galliens besprochen. Allerdings ist dies nur sinnvoll, wenn zuvor die Siedlungen im angrenzenden rechtsrheinischen Gebiet der *Germania Libera* erläutert werden.

Siedlungen in der *Germania Libera*

Die Ergebnisse einer intensiven Siedlungsforschung in den letzten 60 Jahren vermittelten für die spätrömische Zeit den Eindruck von einer schnell wachsenden Gemeinschaft in Germanien. Neue Studien zeigen jedoch, daß diese Vorstellung einiger Anpassungen bedarf. Die herrschenden Auffassungen von der spätrömischen Besiedlung auf den Sand-

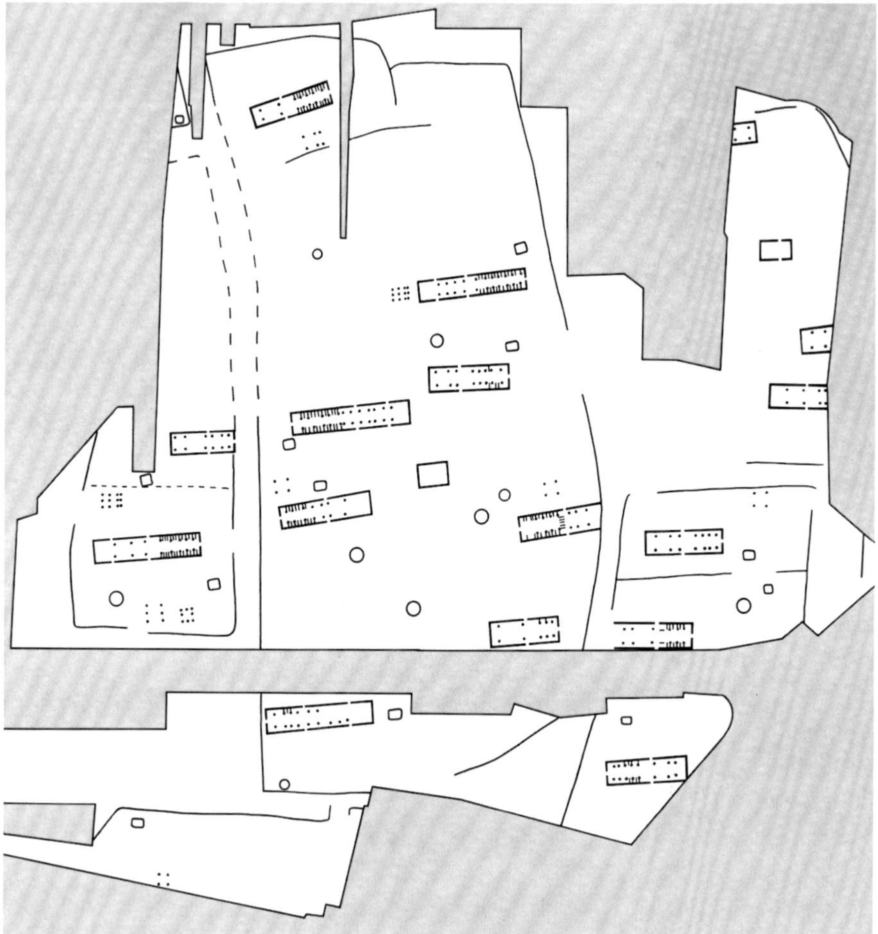

böden der nördlichen und östlichen Niederlande sowie Norddeutschlands beruhen im großen und ganzen auf den Grabungen einiger großer Siedlungen, wie Wijster und Flögeln (Abb. 53).

Dem Ausgräber zufolge breitete Wijster sich von vier Wohnstallhäusern am Ende des 2. Jahrhunderts aus; er zählte zehn Häuser im 3. und fünfzehn Häuser im 4. Jahrhundert (Abb. 54). In der letztgenannten Periode wurde die Siedlung überdies nur zur Hälfte ausgegraben! Wijster wurde nicht nur größer, gleichzeitig kann von einer Entwicklung einer zunehmend regelmäßigen Anlage gesprochen werden. Schließlich ergab sich ein Muster mehr oder weniger rechteckiger Areale mit einem oder mehreren Gehöften. Jedes Areal war von Wegen und Palisaden umschlossen. Die Ordnung wurde wahrscheinlich von einer zentralen Autorität gesteuert. Deren Wohnsitz lokalisierte der Ausgräber mit einiger Vorsicht im Westen der Siedlung. Dieser »Herrenhof« bestand aus zwei Wohnstallhäusern, darunter einem sehr langen Gebäude, welches von großen Speichern umgeben wurde. Ursprünglich galt um ca. 425 als Enddatum der Besiedlung Wijsters. Die Arbeiten von H. T. Waterbolk erbrachten jedoch neue Einsichten hinsichtlich der Entwicklung der Häuser auf dem Drenther Plateau. Es stellte sich heraus, daß die Besiedlung länger andauerte; doch scheint sich die Forschung der daraus resultierenden Folgen nicht ausreichend bewußt zu sein. Zuerst einmal muß die Zahl der freigelegten Hausgrundrisse über eine längere Periode hinweg verteilt werden. Demzufolge wird Wijster aus nicht mehr als zehn zeitgleichen Häusern bestanden haben. Zweitens scheint die regelmäßige Siedlungsstruktur nach einiger Zeit aufgegeben worden zu sein und sich die Siedlung in östliche Richtung verlagert zu haben. Drittens ist es fraglich, ob die Strukturen auf dem Herrenhof tatsächlich zu ein und derselben Periode gehörten. Übrigens ist das Wohnstallhaus auf dem genannten Hof nicht viel größer als verschiedene andere Gebäude der Siedlung.

Die Siedlung Flögeln entstand im 1. Jahrhundert n. Chr., als sich die auf einem

Abb. 54 *Wijster. Plan der Siedlung im 4. Jahrhundert. Nicht alle Wohnstallhäuser sind zeitgleich! Maßstab 1:1500. – Nach van Es 1967. Kartographische Gestaltung BRON Amsterdam.*

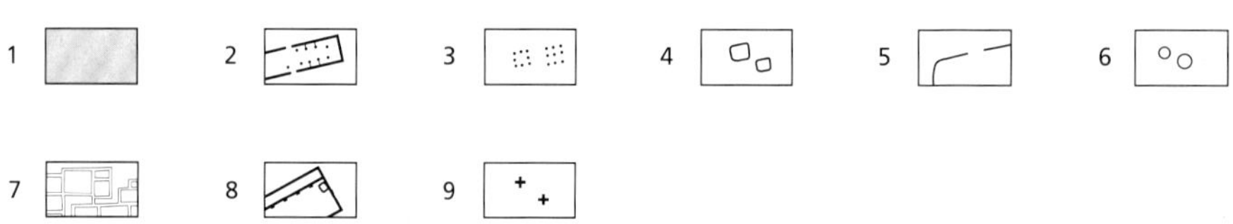

Samtlegende zu Abb. 54–59, 61 *1 nicht ausgegrabenes Areal. 2 Wohnstallhäuser mit Viehboxen. 3 Speicher. 4 Grubenhäuser. 5 Umfriedungen. 6 Brunnen. 7 Ruinen römischer villae. 8 Steinbau. 9 Gräber.*

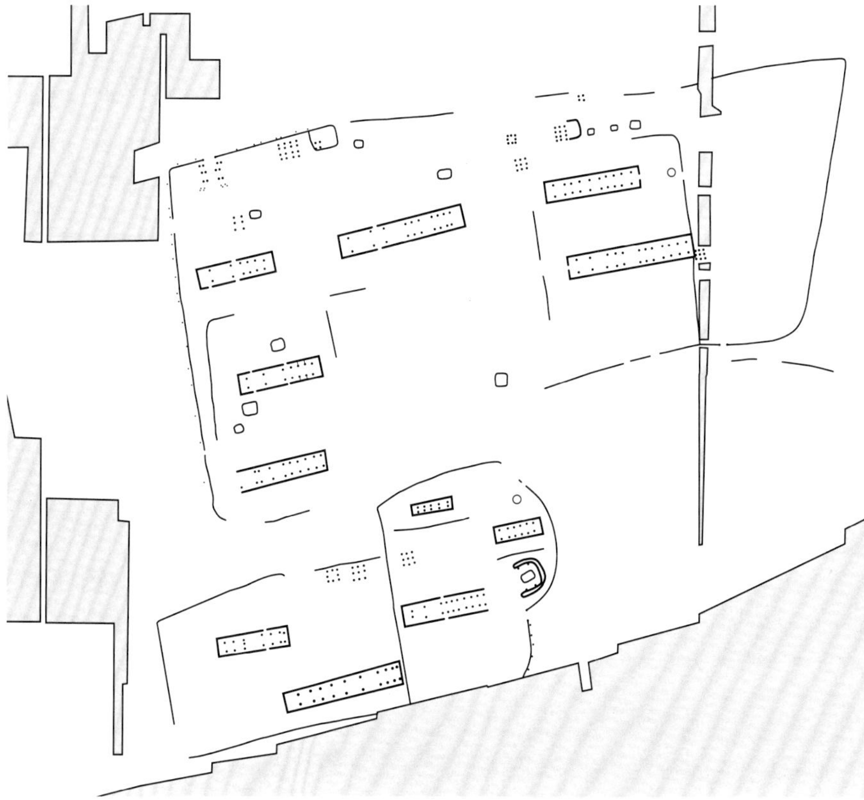

Abb. 55 *Flögeln (Kr. Wesermünde). Plan der Siedlung aus dem 3. Jahrhundert. Maßstab 1:1500. Legende siehe Abb. 54. – Nach Zimmermann 1992, Abb. 69–70; Kossack et al. 1984, Abb. 77 und den Angaben von Zimmermann 1976; 1986. – Kartographische Gestaltung BRON Amsterdam.*

Celtic field, einer prähistorischen Ackerform, verstreut liegende Besiedlung auf ein Areal konzentrierte. In der Siedlungsphase des 2. und 3. Jahrhunderts handelte es sich dem Ausgräber zufolge sogar um zehn bis fünfzehn zeitgleiche Häuser (Abb. 55). Die Palisaden dreier Höfe stellen eine gemeinschaftliche »Prunkfront« dar, woraus hervorgeht, daß diese Teil einer integrierten Einheit verschiedener Gehöfte waren. Wo drei oder vier Wohnstallhäuser innerhalb einer Hofumgrenzung liegen, spricht der Ausgräber von Mehrbetriebsgehöften. Einige Wohnstallhäuser ohne Speicher können von diesen Gehöften abhängig gewesen sein. Im 4. Jahrhundert wurde die regelmäßige, platzkonstante Anlage der Siedlung aufgegeben. Die Besiedlung lag fortan verstreut und verlagert sich allmählich.

Der wichtigste Punkt ist die Zahl der Häuser pro Periode. Das herrschende Bild von Flögeln beruht auf einer Gebrauchsdauer pro Haus zwischen 50 und 65 Jahren. Wir denken, daß eine Nutzungsdauer von 30 bis 35 Jahren realistischer ist und gehen aus von einem gleichmäßigen Zuwachs: von drei bis vier Häusern am Ende des 1. Jahrhunderts bis zu ungefähr zehn Häusern in der spätrömischen Zeit und im Frühmittelalter. Eine wichtige Schlußfolgerung ist, daß die Mehrbetriebsgehöfte als solche nicht unbedingt bestanden haben dürften. Für eine Abhängigkeit einiger Haushalte im 2. und 3. Jahrhundert bietet die Archäologie auch keine Hinweise. Ferner ist es nicht wahrscheinlich zu machen, daß die Familien eines Mehrbetriebsgehöftes in den jüngeren Phasen zusammen in einem Wohnstallhaus untergebracht waren.

Die Entwicklung Flögelns ähnelt stark der Entwicklung von Wijster, nur daß in Flögeln sowohl die Entstehung als auch die Aufgabe der regelmäßigen Siedlungsstruktur mindestens ein Jahrhundert eher stattfand. Die Frage ist natürlich, welche Ursachen den Vorgängen zugrunde lagen. Die Konzentration der Gehöfte in einer strukturierten Siedlung stimmt zeitlich ungefähr mit den Veränderungen im agrarischen System, das heißt mit der Aufgabe der *Celtic fields*, überein. Es ist jedoch unwahrscheinlich, daß das zunehmende Einfrieden der Höfe in Zusammenhang stand mit der Entstehung von privatem Grundbesitz, wie oft angenommen wird. Das Abgrenzen des Hofes muß nicht unbedingt auf eine auf Privatbesitz basierende Parzellierung des übrigen Geländes deuten. Was der Grund für die lockere Siedlungsstruktur der spätrömischen Zeit ist, bleibt vorerst ungeklärt.

Die Grenze zwischen den größeren und mittelgroßen Siedlungen scheint fließend zu sein. Letztere Gruppe ist – gemessen an der Zahl der Fundplätze – am bedeutendsten, wenn sie auch in der Literatur wenig Beachtung genießt. Von dieser Gruppe ist Peelo am besten untersucht (Abb. 56). Die Siedlung wuchs von einem Haus im 1. Jahrhundert zu drei bis vier zeitgleichen Häusern im 4. und 5. Jahrhundert. Von Beginn an sind Hofeinfriedungen vorhanden, auch wenn sie in manchen Phasen nur fragmentarisch erfaßt sind. Die Höfe liegen ungeordnet zueinander, und sie »wandern« während ihres Bestehens allmählich auf dem einstigen Siedlungs-

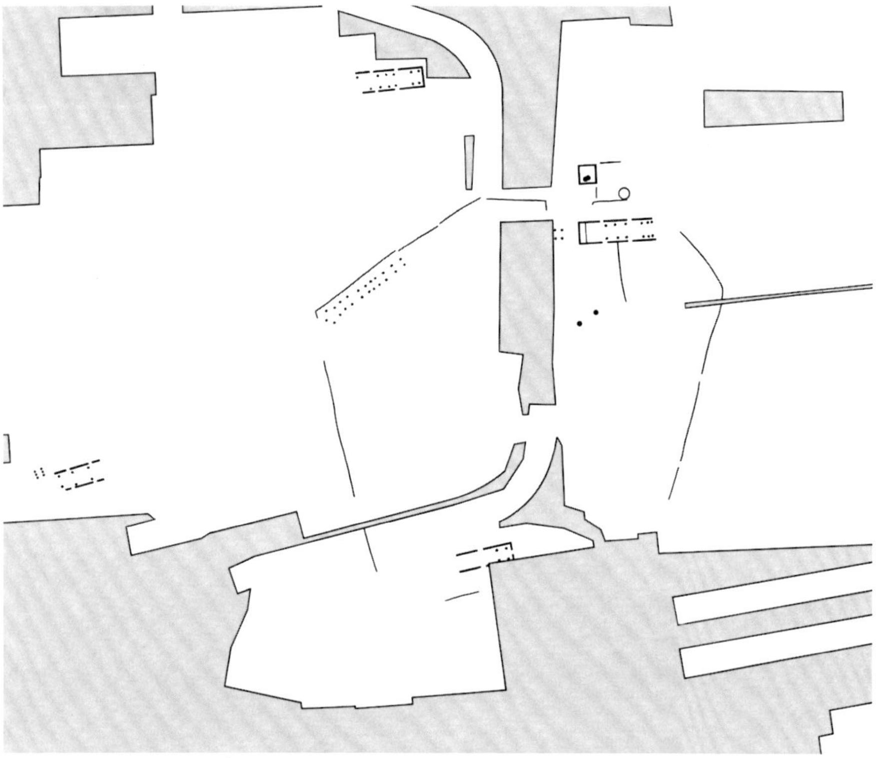

Abb. 56 *Peelo. Plan der Siedlung aus dem 4./5. Jahrhundert. Das östliche Gehöft umfaßt ein Wohnstallhaus, Vierpfostenspeicher, Brunnen, Schmiede und einige Öfen. Maßstab 1:1500. Legende siehe Abb. 54. – Nach Kooi 1991/92, Abb. 5; 82. – Kartographische Gestaltung BRON Amsterdam.*

gelände. Siedlungen wie Bielefeld-Sieker, Westick, Gristede und Soest-Ardey sind, was Umfang und Struktur betrifft, mit Peelo vergleichbar.

Neben diesen Siedlungen mit zwei bis vier Häusern muß für die gesamte römische Zeit noch mit dem Vorkommen zahlreicher Einzelhöfe gerechnet werden. Da die Möglichkeit, solche isoliert stehenden Bauernhöfe zu entdecken, gering ist, wurden Siedlungen dieser Kategorie jedoch selten ausgegraben.

Die Siedlungen in den holozänen Küstengebieten ähneln in ihren Variationen im Umfang denen der Sandböden. In den nördlichen Niederlanden standen auf den größeren Wurten, beispielsweise in Ezinge, höchstens fünf bis sechs Wohnstallhäuser. Die Mehrzahl der Wurten bot Raum für kaum ein bis zwei gleichzeitige Gebäude. Feddersen Wierde bildet mit mehr als 25 Häusern eine Ausnahme. Diese Siedlung ist außerdem die einzige in der ganzen *Germania Libera*, bei welcher das Vorhandensein von Mehrbetriebsgehöften und einem Herrenhof nachgewiesen wurde. Der Ausgräber sieht eine Akkumulation des Viehbesitzes als primäre und die Monopolisierung von Handwerk und Handel als sekundäre Grundlage zur Entstehung der Macht des »Herrn«. In dieser Erklärung mag ein Wahrheitskern stecken, aber es kann auch anders erklärt werden. So ist der Viehbesitz der Haushalte auf dem Herrenhof im Durchschnitt kleiner als auf den übrigen Gehöften der Siedlung. Ferner zeigt sich bei näherer Betrachtung, daß auf der Wurt kein herausragendes Handwerk ausgeübt wurde. Spezialisiert war lediglich die Tätigkeit des Wagenmachers. Es gibt Hinweise auf Bronzegießer, die aber nur einfache Gegenstände produzierten. Ihre Aktivitäten sind schwierig zu lokalisieren und zu datieren. Die Handwerker übten ihre Tätigkeit nur im Nebenerwerb aus. Sie blieben in die agrarische Produktion mit einbezogen, und in einigen Phasen werden sie die gewöhnlichen Wohnstallhäuser bewohnt haben.

Genau betrachtet gibt es keine Indikatoren, die auf eine straff gegliederte Siedlungshierarchie in der *Germania Libera* hinweisen in dem Sinne, daß größere Siedlungen mehr bzw. bedeutendere Funktionen erfüllten als kleinere Siedlungen. Dies ist jedenfalls archäologisch kaum nachzuweisen. Jede Siedlung ist zusammengesetzt aus einer Anzahl von Grundelementen: dem Hof mit Wohnstallhaus, Speichern und Grubenhäusern. Natürlich unterscheiden sich die Höfe an Zahl und Größe der Gebäude, doch aus einer Analyse der betreffenden Siedlungen ist abzuleiten, daß außer der Feddersen Wierde nirgendwo Anzeichen einer Arbeitsteilung zu erkennen sind.

Insgesamt deuten bestimmte Erscheinungen in den Siedlungen auf Veränderungen innerhalb der Gemeinschaft hin. Zuerst scheint ein Bevölkerungswachstum eingetreten zu sein. Die Zahl der Haushalte innerhalb der Siedlungen nahm langsam zu, auch wenn dies anfangs zum Teil eine Folge der Siedlungskonzentration war. Zweitens wurden die Wohnstallhäuser im Laufe der römischen Zeit größer und erreichten schließlich im 3. Jahrhundert eine Länge von 30 m oder mehr. Bestanden die Gebäude anfänglich aus einem Stall und einem »Vorhaus«, getrennt durch eine Eingangspartie, werden sie später zunehmend »mehrteilig« mit meh-

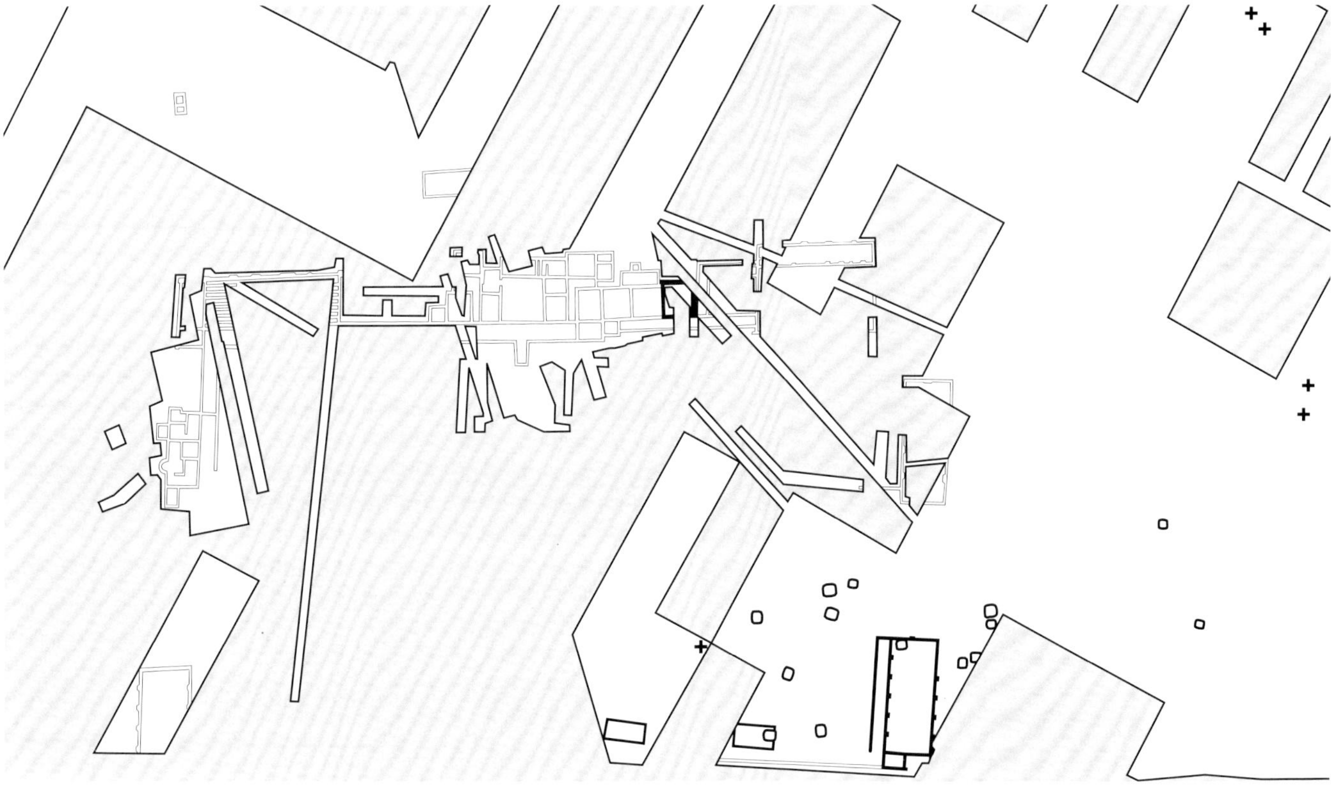

Abb. 57 *Voerendaal. Gelände der römischen villa mit der Ruine des Hauptgebäudes und des in spätrömischer Zeit noch existierenden Nebengebäudes, Gräber, Grubenhäuser und »germanische« Häuser. Maßstab 1:2000. Legende siehe Abb. 54. – Nach Willems/Kooistra 1987, Abb. 2. Kartographische Gestaltung BRON Amsterdam.*

reren Eingängen. Welche Funktionen die neuen Räume in den Häusern hatten, ist leider nicht deutlich. Abgesehen von den chronologisch und räumlich bedingten Veränderungen sind die Häuser in der *Germania* zu allen Zeiten beeindruckende, solide Konstruktionen, in denen Mensch und Tier unter einem Dach lebten. Letzteres weist, wie N. Roymans zeigte, auf die Bedeutung des Viehs im germanischen Denken hin, und zwar sowohl in den Regionen mit Sandböden als auch in den Küstengebieten.

»Germanische« Siedlungen in der nördlichen Peripherie Galliens

Im Vergleich zum Norden hat die Forschung hier erst in jüngster Zeit angefangen. Die »germanischen« Siedlungen Neerharen, Donk und Voerendaal wurden erst zu Beginn der 80er Jahre vom Belgischen bzw. vom Niederländischen Amt für Bodendenkmalpflege zufällig entdeckt und ausgegraben. Bergeijk und Geldrop wurden im Rahmen eines regionalen Projekts der Universität von Amsterdam, das der systematischen Forschung bedrohter Landschaften gilt, gefunden. Gennep wurde von demselben Institut untersucht; hier war die Freilegung einer spätrömischen Siedlung von Anfang an das Hauptziel. Es ist zudem flächenmäßig die umfangreichste (3,4 ha) und auch die am detailliertesten ausgeführte Untersuchung; so wurden beispielsweise die Einfüllungen von Gruben gesiebt. Trotz vielversprechender Resultate des abgelaufenen Jahrzehnts steckt die Siedlungsforschung der »germanischen« Besiedlung Nordgalliens noch in den Kinderschuhen.

Im Siedlungssystem auf dem Decksandplateau zwischen Maas, Demer und Schelde war während der römischen Zeit großflächiger und intensiver Ackerbau für den Bedarf der Städte und des Militärs nicht möglich; Ackerbau diente vornehmlich dem lokalen Nahrungsbedarf. Viehzucht war dagegen von wesentlichem Belang. Diese Wirtschaftsweise spiegelt sich in der Struktur der Siedlungen. Wir finden kaum *villae*, sondern vor allem Siedlungen mit ein bis zwei Haushalten, von denen jeder im eigenen Wohnstallhaus untergebracht war. Überbewirtschaftung der Landschaft, ökonomische Stagnation und vielleicht auch germanische Überfälle führten bereits am Ende des 2. Jahrhun-

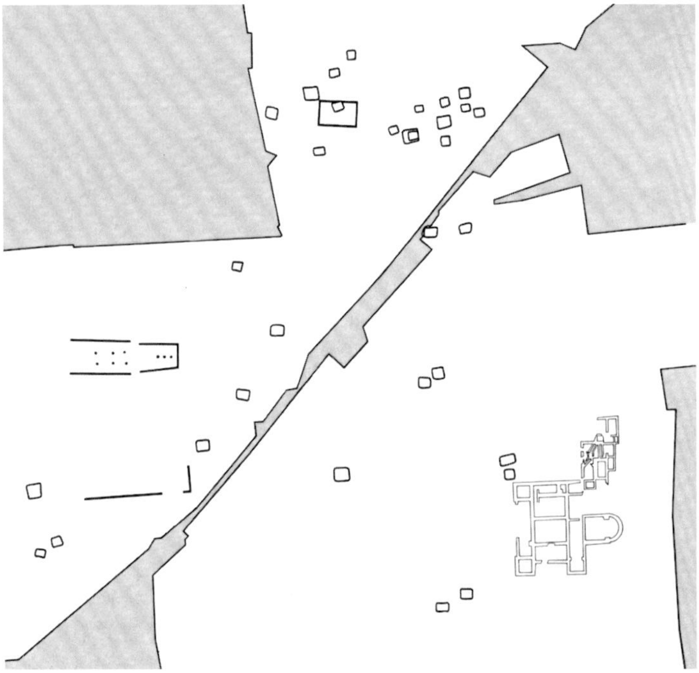

Abb. 58 *Neerharen. Die spätrömische Siedlung bei der Ruine der römischen* villa. *Maßstab 1 : 1500. Legende siehe Abb. 54. – Nach De Boe 1985, Abb. 10; 12; Brulet 1990, Abb. 78. Kartographische Gestaltung BRON Amsterdam.*

derts zu einer Bevölkerungsabnahme. Um 250/270 scheint das Gebiet vollständig aufgegeben worden zu sein.

Die *villa* von Voerendaal stellt eine Ausnahme dar, aber dieser Ort befindet sich im Lößgebiet, in dem während der römischen Zeit eine marktorientierte Wirtschaft mit Getreideanbau vorherrschte. Diese *villa* war in römischer Zeit bereits verfallen, doch in der Ruine des Hauptgebäudes wurde irgendwann im späten 3. oder 4. Jahrhundert ein festes Gebäude errichtet, das als *horreum* oder »Wachturm« gedient haben kann (Abb. 57). Bis in das ausgehende 4. Jahrhundert blieb ein Nebengebäude in Benutzung. Ein Körpergrab mit Gefäßbeigaben und ein Brandgrab mit Lanze, Messer, Pfeilspitze und Teilen einer Egge aus der Zeit um 300 oder der ersten Hälfte des 4. Jahrhunderts können möglicherweise noch mit dieser letzten Phase der *villa* verbunden werden. Drei andere Körperbestattungen auf dem Gelände datiert der Ausgräber in die Mitte des 4. Jahrhunderts. Aus der Mitte und der zweiten Hälfte des 4. Jahrhunderts wurden ein einschiffiges Gebäude von 5 × 10 m^2 und ein vermutlich zweischiffiges Gebäude von 5 × 9 m^2 freigelegt, die als »germanisch« bezeichnet werden. Von einem dritten läßt sich der Grundriß schwer rekonstruieren. Ferner wurden 14 Grubenhäuser und 17 schlüssellochförmige »kleine Öfen« gefunden. Es besteht die Möglichkeit, daß das zuvor genannte Nebengebäude der *villa* noch von den Bewohnern der spätrömischen Siedlung benutzt wurde.

Die römische *villa* von Neerharen wurde in der Mitte des 3. Jahrhunderts oder kurz danach aufgegeben. Auf dem Gelände entstanden mindestens 25 Grubenhäuser (Abb. 58). Die zugehörigen Häuser treten weniger deutlich in Erscheinung. Der am vollständigsten erhaltene Grundriß stammt von einem 29 m langen Gebäude. Lediglich der Eingangsbereich stellt ein verbindendes Element zwischen den beiden total unterschiedlich konstruierten Hälften dar. Im Ostteil ist die Konstruktion zweischiffig und wird von drei schweren Firstpfosten getragen. Im Westteil handelt es sich um eine einschiffige Konstruktion mit dachtragenden Pfosten in oder gerade außerhalb der Wand. Ein einschiffiges Gebäude von 10,5 × 7 m^2 und ein langes Haus sind nur auf den schematischen Übersichtsplänen von Neerharen verzeichnet.

In Donk bestehen die Befunde der »germanischen« Siedlung aus zwei Brunnen und spätrömischer Keramik, gefunden in und bei den Stallräumen zweier Häuser aus einer vorhergehenden Phase. Ferner sind zwei Grubenhäuser zu nennen, die dem Ausgräber zufolge in das 3. Jahrhundert datieren. Sie können jedoch aufgrund des Vorkommens handgeformter Keramik jünger sein; eine 14C-Bestimmung läßt eine Datierung in das 3. bis 5. Jahrhundert zu. Einige hundert Meter östlich der Siedlung wurden acht zugehörige Brandgräber gefunden.

Die Grabungen in Geldrop förderten zwei spätrömische Gebäude zutage (Abb. 59). Eines maß mindestens 11 × 5 m^2 und ist einschiffig. Paarweise in der Länge der Wand aufgestellte Pfosten trugen die Konstruktion. Die Bauweise des zweiten Hauses mit den Maßen 9 × 6 m^2 ist weniger deutlich. Innerhalb des Grundrisses wurden drei Pfostenlöcher angetroffen, doch diese gehörten wohl nicht zur tragenden Konstruktion. Auch die Wände können eine tragende Funktion gehabt haben, da die Wandpfosten genau gegenüber gestanden haben. Die Ecken des Gebäudes waren abgerundet. Außerhalb des Gebäudes wurden fünf Grubenhäuser, ein Vier-Pfostenspeicher, einige Gruben und ein Brandgrab ausgegraben.

Von der spätrömischen Siedlung von Bergeyk wurden mittels Sondierungen Spuren eines Grubenhauses sowie drei Brunnen festgestellt, von denen einer vollständig ausgegraben worden ist (Abb. 60). Der Brunnen ist dendrochronologisch datiert. Schließlich fand man noch eine große Brandgrube.

In Gennep wurden mindestens 12 Hausgrundrisse entdeckt, doch sind von den meisten nur wenige Einzelheiten bekannt (Abb. 61). Neben einem einschiffigen, kleineren Gebäude wurde der Grundriß eines Wohnstallhauses mit einem dreischiffigen Stall und einem Vorhaus ohne Spuren einer klaren Innenkonstruktion freigelegt. Bei einem langen, mehrteiligen Grundriß kommen – neben einem dreischiffigen Teil – Räume mit anderen Konstruktionen vor. Die Grabung hat eine Vielzahl von Grubenhäusern erbracht, von denen mehrere als Orte, an denen Metall bearbeitet worden sein muß, identifiziert werden konnten. Auffallend ist, daß dort nur vier Speicher gefunden worden sind. Die Befunde im ausgegrabenen Teil stammen allesamt aus dem späten 5. bzw. beginnenden 6. Jahrhundert; aber es ist möglich, daß sich die Siedlung weiter nach Osten fortsetzte und somit ältere Funde auftauchen könnten. Einen solchen Rückschluß läßt auch die Tatsache zu, daß das Gräberfeld beispielsweise in einem Zeitraum vom frühen 5. bis zum 8. Jahrhundert anscheinend kontinuierlich belegt wurde. Zur ältesten Phase zählen ungefähr dreißig Brandgräber und eine bis jetzt noch unbekannte Anzahl von Körperbestattungen. Die mitverbrannten Funde umfassen unter anderem Fragmente von Schwertern, Schwertscheiden, Gürtelgarnituren und gläsernen Gefäßen.

Diese Siedlungen sind mit denen der *Germania Libera* vergleichbar, was das Fehlen einer planmäßigen Siedlungsstruktur und den unterschiedlichen Umfang betrifft. Die Besiedlung ist jedoch kleinflächiger und weniger intensiv. Es handelt sich zumeist um kleine Siedlungen – soweit sie ausgegraben wurden –, keine mit mehr als ein bis drei zeitgleichen Häusern. Es fehlt die für die *Germania* so charakteristische Reihe einander überlappender Grund-

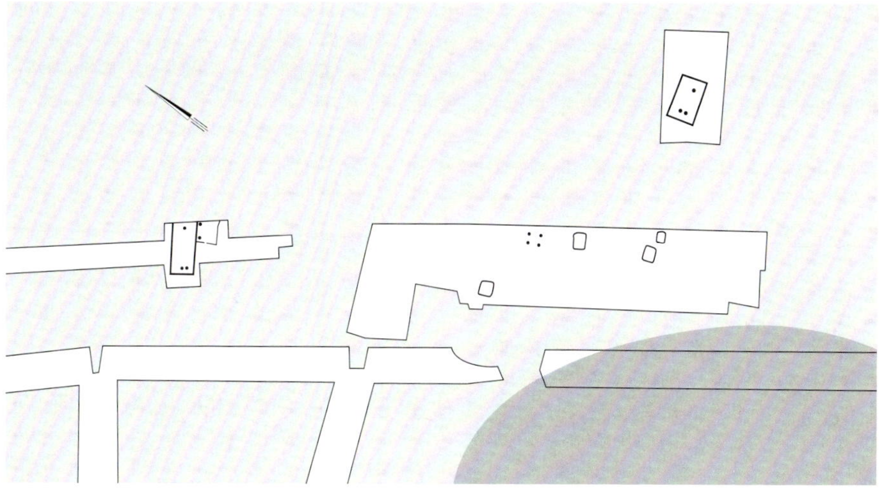

Abb. 59 *Geldrop. Die spätrömische Siedlung neben einem Fenn. Maßstab 1:1500. Legende siehe Abb. 54. – Nach Bazelmans 1990, Abb. 8–10; 1991, Abb. 47–48. Kartographische Gestaltung BRON Amsterdam.*

Abb. 60 *Bergeyk. Brunnen aus dem späten 4. Jahrhundert. – Kartographische Gestaltung BRON Amsterdam.*

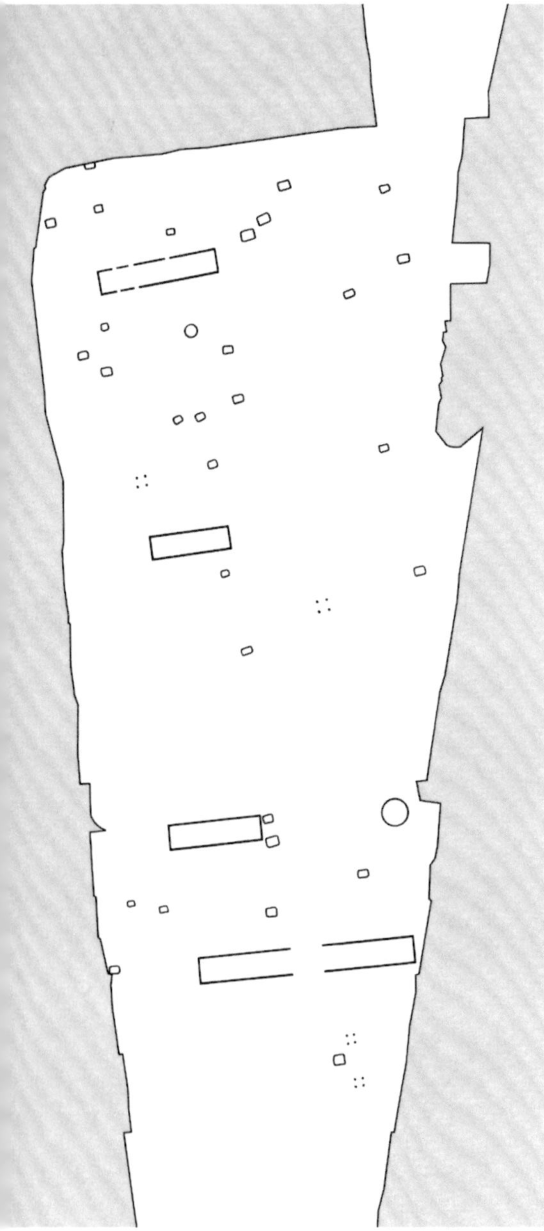

Abb. 61 *Gennep. Plan der Siedlung aus der Mitte des 5. Jahrhunderts. Maßstab 1:2000. Legende siehe Abb. 54. – Nach Heidinga/Offenberg 1992, 75. Kartographische Gestaltung BRON Amsterdam.*

risse, ebenso gut erkennbare Hofareale. Die Unterschiede werden noch größer, wenn man sich die Häuser näher anschaut. Es wird deutlich, daß nur wenige Häuser mit denen in der *Germania* zu vergleichen sind (Abb. 62). Die Verschiedenheit in der Bauweise ist so groß, daß diese sich nur aus dem Einfluß einer Reihe unterschiedlicher Bautraditionen erklären läßt. Vor allem die begrenzte Länge vieler Gebäude ist signifikant, da diese die Existenz von Ställen, vergleichbar denen in der *Germania Libera*, sehr wahrscheinlich ausschließt. Das steht im Kontrast zur Situation in der *Germania Libera*, in der die Häuser fast immer einen Stall für Rinder besitzen.

Bei den Nebengebäuden fällt die geringe Zahl der Speicher auf, im Gegensatz zur Bedeutung in der *Germania*, wo fast neben jedem Haus mehrere Speicher standen. Zwar gab es viele Grubenhäuser, doch deutet das nicht unbedingt auf eine germanische Herkunft all ihrer Benutzer. Nachdem dieser Gebäudetypus in Nordgallien im 3. Jahrhundert erneut eingeführt wurde, kann er von jedem genutzt worden sein.

Die Funde der Siedlungen reichen ebenfalls für eine Herkunftsbestimmung ihrer Bewohner nicht aus. Natürlich müssen die Prototypen bestimmter Sorten von Metallwaren und handgeformter Keramik nördlich und östlich des Rheins gesucht werden. Durch petrographische Untersuchungen kann ferner nachgewiesen werden, daß ein Teil der Keramik Galliens tatsächlich in der *Germania* hergestellt wurde; wie sie importiert wurde, ist nicht festzustellen. Ein Teil wurde jedoch lokal produziert, wofür Germanen keinesfalls verantwortlich gewesen sein müssen. Bei genauerer Betrachtung wird die materielle Kultur zwischen Seine und Elbe im 4. und 5. Jahrhundert zunehmend einförmiger. Jedem Produzenten in dem Gebiet stand ein reiches Arsenal an Vorbildern zur Verfügung, so daß ein Gegenstand kaum etwas über die Herkunft des Produzenten oder Benutzers aussagt.

Die Datierung der Siedlungen ist äußerst wichtig, doch oft nicht unproblematisch. Keramik-, Glas- und Metallfragmente sind chronologisch im allgemeinen nicht exakt genug einzuordnen. Die Datierung kann ungefähr in das 4. und in die erste Hälfte des 5. Jahrhunderts gelegt werden. Die Münzen erlauben ebenfalls keine exakten Angaben, da sie längere Zeit in Umlauf blieben, die kleineren Bronzemünzen dienten möglicherweise als Rohmaterial für Bronzearbeiten. Nach dem Beginn des 5. Jahrhunderts wurden kaum noch Münzen geprägt.

Am wichtigsten für die Datierung der Siedlungen sind die Ergebnisse der dendrochronologischen Untersuchung des Holzes aus den Brunnen. Inzwischen liegen vier Daten vor: 396 für einen Brunnen aus Bergeyk, etwa 15 Jahre nach 385 für Donk, nicht vor 390 und um 408 für Gennep. Die Daten konzentrieren sich alle auf die Übergangszeit vom 4. zum 5. Jahrhundert, beinahe innerhalb eines Jahrzehnts. Auffallend genug scheint auch die zweite und letzte Wiederherstellungsphase der römischen Brücke bei Cuijk in diesen Zeitraum zu fallen (392 n. Chr.).

Dieser Periode gehört auch eine Anzahl römischer Gräberfelder an. Die ältesten Bestattungen in Rhenen datieren in das späte 4. Jahrhundert. Die Brandgräber in Gennep sind nicht älter als spätes 4. Jahrhundert. Viele spätrömische Gräberfelder im mittleren Maasgebiet datieren ebenfalls erst in das späte 4. Jahrhundert. Nur die Gräberfelder bei großen Ansiedlungen oder Befestigungsanlagen (Tongern, Nimwegen, Oudenburg, Krefeld-Gellep) wurden während des gesamten 4. Jahrhunderts belegt.

Dank der Häufung der dendrochronologischen Datierungen darf man annehmen, daß der Bau der genannten Brunnen mit

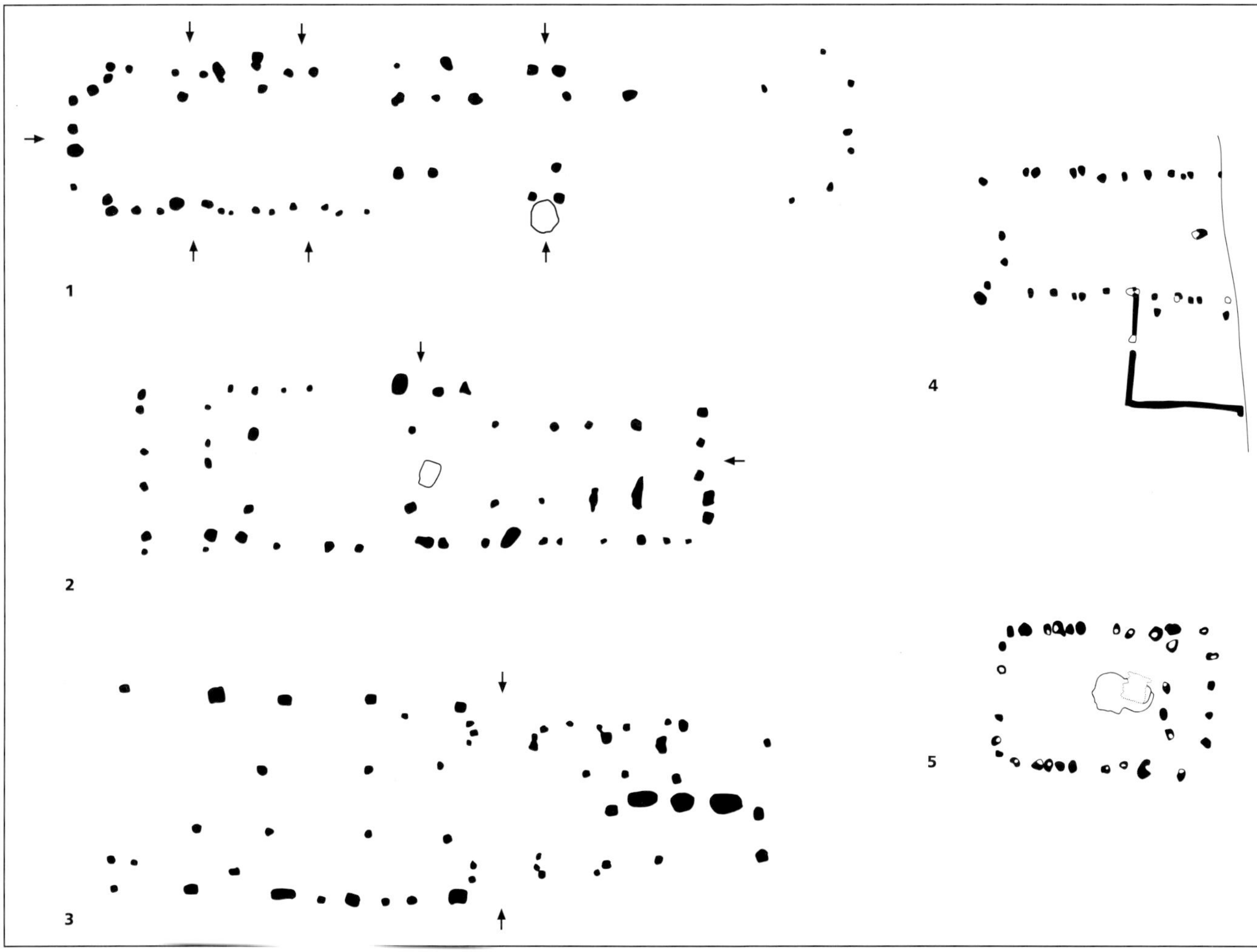

Abb. 62 *Spätrömische Hausgrundrisse aus Nord-Gallien. Maßstab 1:200. 1–2 Gennep. – Nach Heidinga/Offenberg 1992, 78. 3 Neerharen-Rekem. – Nach De Boe 1985, Abb. 12. 4–5 Geldrop. – Nach Bazelmans 1990, Abb. 9; 1991 Abb. 48. Kartographische Gestaltung BRON Amsterdam.*

dem Beginn der verschiedenen Siedlungen in Zusammenhang steht. Sie werden vielfach mit der Übersiedlung germanischer Gruppierungen vom anderen Rheinufer auf römisches Gebiet in Verbindung gebracht, vor allem im Hinblick auf die Ansiedlung der Salier und der von Ammianus Marcellinus geschilderten Aktivitäten Iulians und Valentinians I. im Norden. Die Datierungen lassen jedoch erkennen, daß der in der Forschung üblichen Verbindung zwischen den literarischen Berichten über die Ansiedlung germanischer Gruppen im nördlichsten Teil Galliens um die Mitte des 4. Jahrhunderts und den Ergebnissen der archäologischen Siedlungsforschung bisher jede Grundlage fehlt.
Die ausgegrabenen Siedlungen und die Gräberfelder auf römischem Territorium sind eher dem Zeitraum der *magistri militium* Arbogast und Stilicho zuzurechnen. In dieser Periode wird die Rheingrenze wieder stärker verteidigt, unter anderem dank der Verträge mit den Franken. Es ist möglich, daß ihnen im Rahmen dieser Verträge zugestanden wurde, sich südlich des Rheins anzusiedeln. Jedoch bieten die Ergebnisse der Siedlungsgrabungen dafür kaum Hinweise. Eine der Komponenten der Einmischung der römischen Verwaltung in der nördlichen Peripherie Galliens im späten 4. Jahrhundert war möglicherweise die Ansiedlung von Leuten, die sich vorher südlich der Römerstraße Boulogne–Köln aufgehalten hatten. Die Besiedlung der *Germania Secunda* im ausgehenden 4. und 5. Jahrhundert wird viel-

leicht stärker, als derzeit in der Forschung angenommen wird, charakterisiert durch eine Kolonisierung, die vom Süden ausgeht. Die exklusive Rolle, die derzeit den Kolonisten aus dem Norden zugeschrieben wird, entspringt wahrscheinlich mehr den Traditionen, die die Erforschung des Übergangs von römischer Zeit ins Mittelalter seit dem 19. Jahrhundert beherrschen, als dem Datenbestand selbst.

Die als nicht-römisch betrachteten Siedlungsstrukturen aus den Jahren um 400 in der *Germania Secunda* werden zu Unrecht mit Hilfe von Hinweisen auf die Umstände um die Mitte des 4. Jahrhunderts als »germanisch« interpretiert. Bei der Identifizierung der lokalen Gruppen wird immer noch zu sehr an einer Gegenüberstellung römisch oder germanisch festgehalten und nach einer direkten historisch-literarischen Untermauerung der archäologischen Erscheinungen gesucht. Die erhaltenen Texte beziehen sich für das nördlichste Gallien außerdem meistens auf politisch-militärische Ereignisse, die nicht unbedingt oder gar nicht parallel zu den Besiedlungs- oder Kolonisationsvorgängen und den Entwicklungen auf ideeller Ebene in einer sich ändernden Welt verlaufen. Damit verlieren wir die Sicht auf die komplexen, kulturellen Gegebenheiten, auch im Norden Galliens, und auf die Wahlmöglichkeiten, die Personen oder Gruppen bei ihrer Suche nach einer neuen Lebensweise und einer neuen Identität besaßen.

Danken möchten wir für ihre Hilfe: Frau S. Lange für die Übersetzung der Texte in die deutsche Sprache und BRON, Amsterdam für die entgültige kartographische Gestaltung der Abbildungen.

Literatur: Bazelmans 1990; 1991. – Bloemers 1983. – de Boe 1982; 1986; 1987. – Böhme 1974a; 1994. – Böhner 1987. – de Boone 1954. – Boppert 1986. – Brulet 1990a. – van Es 1967. – van Es/Hessing 1994. – Geary 1983. – Göldner 1987. – Goffart 1980. – Haarnagel 1979. – Halsall 1992. – Hedeager 1992. – Heidinga/Offenberg 1992. – Hiddink (in Vorbereitung). – van Impe 1983. – van Impe/Strobbe/Vynckier 1985. – James 1979. – Kooi 1991/92. – Langen/Waterbolk 1982/88. – Mioulet/Barten 1994. – van Ossel 1992. – de Paepe/van Impe 1991. – Périn 1981a; 1981b. – Pohl, W. 1991; 1994. – Roymans 1993. – Theuws 1995. – Waterbolk 1982. – Weidemann, M. 1990. – Wenskus 1977. – Willems, W. J. H. 1986b. – Willems, W. J. H./Kooistra 1987; 1988. – Wolfram 1994. – Zimmermann, W. H. 1976; 1986.

Krefeld-Gellep in der Spätantike

Renate Pirling

Bei dem Dorf Gellep, heute Teil der Stadt Krefeld, lag in antiker Zeit ein römisches Kastell namens Gelduba, das kurz nach 70 erbaut wurde und – mehrmals umgebaut – bis in das 5. Jahrhundert hinein bestand. Es ist erst zu einem Teil erforscht. Die zugehörigen Gräberfelder konnten fast vollständig untersucht werden, sie sind von ungewöhnlicher Größe – bis heute rund 6200 Bestattungen – und zeichnen sich vor allem dadurch aus, daß sie mit dem Abzug der römischen Truppen zu Beginn des 5. Jahrhunderts nicht abbrechen, sondern kontinuierlich weiterbelegt werden. Die Grabfunde aus dem Übergang von der römischen zur Völkerwanderungszeit sind für die archäologischen Forschungen von besonderem Interesse, da sie von kaum einem anderen Fundort in so großer Zahl vorliegen.

Am äußersten südöstlichen Rande des Stadtgebietes von Krefeld liegt auf einer dünenartigen Erhebung das Dörfchen Gellep. Es ist identisch mit dem in mehreren antiken Quellen, darunter dem Geschichtswerk des Tacitus, genannten Gelduba. Dieses lag einst unmittelbar am Rhein, der inzwischen seinen Lauf 700 m weiter nach Osten verlagert hat, an der Mündung eines – heute verschütteten – Bachlaufes.

In tiberischer Zeit (14–37) war hier eine Siedlung zivilen Charakters angelegt worden, die während des Bataveraufstands 69/70 zugrunde ging, dann 1,5 km weiter südlich neu erbaut wurde. Dazwischen errichteten die Römer schon bald nach 70 ein festes Kastell und bauten es in der Folgezeit mehrfach um. Ein letztes Mal begegnet Gelduba im Antoninischen Itinerar, einem Reisestreckenbuch des 3. Jahrhunderts, und zwar als Sitz einer *ala*, einer Reitereinheit. Unser weiteres Wissen über den Ort beruht allein auf Ergebnissen archäologischer Grabungen. Solche hatte in sehr bescheidenem Umfang schon in den neunziger Jahren des vorigen Jahrhunderts August Oxé begonnen. Später führte das Rheinische Landesmuseum Bonn sie in unregelmäßigen Abständen weiter. Seit 1981 werden Kastell und Zivilsiedlung vom Museum Burg Linn in Krefeld aus unter der Leitung von Christoph Reichmann systematisch erforscht. Die Untersuchungen sind noch längst nicht abgeschlossen, das Gelände ist erst zu einem Teil ergraben. Weiter fortgeschritten ist die Erforschung der Gräberfelder, 1934 durch Albert Steeger begonnen, seit 1959 unter der Leitung der Verfasserin stehend und von der Deutschen Forschungsgemeinschaft finanziert. Mit 6120 Gräbern (Stand Januar 1996) handelt es sich um das wohl größte zusammenhängend und modern erforschte frühgeschichtliche Gräberfeld zumindest im Rheinland. Es wurde kontinuierlich vom 1. bis zum Ende des 7. Jahrhunderts belegt.

Nach dem heutigen Stand unseres Wissens ergibt sich für die Geschichte Geldubas von der Spätantike an folgendes Bild: Nach einer im großen und ganzen friedlichen Zeit im 2. und der ersten Hälfte des 3. Jahrhunderts, der »Pax romana«, traf Gelduba bald danach eine erste große Katastrophe. Das Kastell zeigt einen Zerstörungshorizont. Im Vorgelände fanden sich zahlreiche Leichen Gefallener oder Erschlagener, die teilweise in Massengräbern verscharrt worden waren (Abb. 63). Eine genaue Datierung auf das Jahr 259 ergab sich aus Münzen, die eine Frau in einem dieser Massengräber bei sich trug. Die Zerstörung des Lagers ist Einfällen germanischer, im wesentlichen sicher fränkischer Scharen zuzuschreiben, deren Spuren auch in anderen Militärlagern des niedergermanischen Limes zu beobachten sind. Auch der *vicus*, die zivile Siedlung rings um das Kastell, wurde um die Mitte des 3. Jahrhunderts zerstört. Man bebaute die Fläche bald wieder, doch war den neu errichteten Gebäuden keine lange Lebensdauer beschieden, sie wurden noch im Laufe des 3. Jahrhunderts endgültig niedergelegt. Man brauchte offenbar freies Sicht- und Schußfeld rund um das Lager, um feindliche Angriffe rechtzeitig erkennen und abwehren zu können. Solche häuften sich in den folgenden Jahrzehnten, besonders schwere Einfälle fanden 275/76 und 288 statt. Bemerkenswert ist der Wiederaufbau nach 276: Er wurde ganz abweichend vom üblichen Schema vorgenommen und folgt einheimisch-germanischer Tradition. Zwar erinnern einige größere Speicherbauten an römische *horrea*, doch standen daneben Höfe mit Wohn-Stall-Häusern, kleinen Speichern und runden Vorratsgruben. Offenbar bestand die Mannschaft des Kastells, das wohl vor allem als Vorratslager logistischen Zwecken diente, aus Einheimischen, die mitsamt ihren Familien und ihrem Vieh im Lager lebten.

Die Verhältnisse änderten sich grundlegend am Ende des 3. Jahrhunderts unter Diokletian. Es wurde ein völlig neues Kastell erbaut, das mit seinen komplizierten Verteidigungsanlagen griechisch-orientalischen Vorbildern folgte und im Rheinland ohne Parallele ist.

Auf dem Gräberfeld ließ sich von der Mitte des 3. Jahrhunderts an beobachten, daß die Bevölkerung von der bis dahin geübten Brand- zur Körperbestattung überging. Ein kleiner Teil allerdings ver-

Abb. 63 *Nach der Schlacht von Gelduba im Jahre 259 werden die Waffen eingesammelt.*
In der Mitte des 3. Jahrhunderts traf Gelduba ein schwerer kriegerischer Einfall der Franken; davon zeugen im Kastell starke Zerstörungen; der vicus wurde an dieser Stelle nicht wiedererrichtet. Im Vorgelände des Kastells blieben zahlreiche Gefallene und Erschlagene liegen (Kat. III.2.2.). – Zeichnung A. Schmickler.

blieb bis in das 4. Jahrhundert hinein bei der alten Sitte. Unter den Beigaben tauchen Gegenstände unrömischen Charakters auf, vor allem Waffen, die in römischen Gräbern sonst nicht angetroffen werden. Es scheint, daß dies erste Anzeichen für Germanen sind, die in Diensten des Reiches standen und auf dem Gräberfeld der romanisierten Bevölkerung ihre letzte Ruhe fanden. Bei den Grabungen der letzten Jahre konnte eine Gruppe von Brandgräbern aus dem ausgehenden 3. Jahrhundert aufgedeckt werden, die von Kreisgräben mit 4–9 m Durchmesser oder von rechteckigen Einfassungen umgeben waren. Die meisten dieser Gräber waren reich mit Beigaben ausgestattet, unter denen sich manches fand, das, wie auch die Grabanlagen, vom römischen Brauch abwich.

Das Kastell wurde in constantinischer Zeit zu einer Festung ausgebaut, die jetzt wieder der Tradition des Westens folgte. Es muß eine der stärksten Bastionen im Mittelabschnitt des niedergermanischen Limes gewesen sein. Offenbar blieb das Kastell durchgehend besetzt und überstand selbst die Wirren unter Magnentius zwischen 352 und 355 im wesentlichen unbeschadet. Das sprunghafte Ansteigen der Zahl der Gräber in der ersten Hälfte des 4. Jahrhunderts zeigt, daß dies die eigentliche Blütezeit Gelleps gewesen ist. Viele dieser Gräber waren reich mit Beigaben ausgestattet und weisen auf einen beträchtlichen Wohlstand der darin Bestatteten hin. Die Zivilsiedlung der constantinischen Zeit muß eine erhebliche Ausdehnung gehabt haben.

Der alte *vicus* nördlich und südlich des Kastells war im 3. Jahrhundert aufgelassen worden. Reste einer Brückenanlage, die vom Kastell aus zu einer Rheininsel geführt hat, wurden vor etlichen Jahren entdeckt. Alles spricht dafür, anzunehmen, daß sich auf dieser Insel der *vicus* des 4. Jahrhunderts befunden hat. Durch die geschützte Lage wäre auch zu erklären, weshalb die Siedlung die unruhigen Zeiten nach der Jahrhundertmitte offenbar unbeschadet überstanden hat. Ein direkter Nachweis ist leider nicht möglich. Außer randlichen Resten ist die Insel durch massive Aufschüttungen überdeckt. Ein weiterer Ausbau des Kastells folgte unter Valentinian, und schließlich erfuhr die Festung unter Theodosius ganz am Ende des 4. Jahrhunderts eine letzte Erweiterung durch die Errichtung einer neuen polygonalen Ringmauer. Nach Spuren menschlicher Besiedlung, die innerhalb des Kastells angetroffen wurden, war dieses das ganze 5. Jahrhundert hindurch noch bewohnt, doch kam es zu keiner nennenswerten Bautätigkeit mehr. In unmittelbarer Nähe der westlichen Umfassungsmauer entstand ein Dorf aus Holzhäusern germanischer Bauart, wodurch die Befestigungen einen Teil ihrer Wirksamkeit einbüßten.

Am Ende des 3. Jahrhunderts wird in Gellep ein neuer Begräbnisplatz erschlossen. Es werden erstmals Bestattungen östlich einer Straße vorgenommen, die schon in römischer Zeit existiert haben muß. Sie wirkte während längerer Perioden als deutliche Grenze. So findet sich östlich von ihr kein einziges Grab aus dem 1. bis mittleren 3. Jahrhundert, während solche westlich davon bis an die Straße heranreichen. Hunderte von Bestattungen werden in der ersten Hälfte des 4. Jahrhunderts auf dem östlichen Geländeteil vorgenommen. In kleinen Gruppen finden sie sich darüber hinaus verstreut über das ganze Gelände rings um das Kastell. Die Gräber sind nord-südlich ausgerichtet und meist gut, oft sogar aufwendig mit Beigaben ausgestattet. Es dominieren Gefäße, meist aus Ton, die einst mit Speise und Trank als Wegzehrung für den Toten gefüllt waren. Höchst auffallend ist eine buntglasierte Tonware, die im 3. Jahrzehnt des 4. Jahrhunderts ohne Vorstufen auftritt und um die Jahrhundertmitte plötzlich wieder verschwindet. Aus dem Rheinland wurden bisher, mit Ausnahme eines Gefäßes aus Neuß, keine Parallelen bekannt. Zu allen Formen aber gibt es Vorbilder in Pannonien. Sicher war ein Töpfer von dort mit dem »Rezept« für die Glasurherstellung nach Gellep gelangt und hatte hier eine Zeitlang sein Handwerk ausgeübt. Relativ viele Glasgefäße, oft seltene und daher kostbare Stücke, zeugen von einem hohen Wohlstand. Entsprechend römischer Grabsitte fehlen Waffen so gut wie vollständig. Männergräber sind gelegentlich durch die für die Zeit typischen Gewandschließen, sogenannte »Zwiebelknopffibeln«, Frauengräber in seltenen Fällen durch Schmucksachen zu erkennen. Im allgemeinen lassen sich Männer- und Frauengräber nicht unterscheiden. Da sich in dem kalkarmen Gelleper Sandboden die Skelette nicht erhalten, sind anthropologische Untersuchungen nicht möglich.

Ein deutlicher Wandel ist von der Mitte des 4. Jahrhunderts an festzustellen. Die

Abb. 64 *Waffenfunde der zweiten Hälfte des 3. Jahrhunderts aus der Nordwestecke des Kastells geben eine gute Vorstellung, mit welcher Ausrüstung auf dem Schlachtfeld von 259/60 gekämpft wurde (Kat. III.2.3.). – Foto Museum Burg Linn, Krefeld.*

Gräber werden jetzt west-östlich ausgerichtet, der Kopf im Westen mit Blick nach Osten, zur aufgehenden Sonne hin. Dies wird für Jahrhunderte die herrschende Grabrichtung. Gleichzeitig mit der Orientierung ist ein Nachlassen der Beigabensitte zu beobachten, von einem Teil der Bevölkerung wird sie ganz aufgegeben. Zweifellos wurden hier Einflüsse des Christentums wirksam, das sich in den Provinzen auszubreiten beginnt. Bei den nach der Mitte des 4. Jahrhunderts angelegten Gräbern, die weiterhin Beigaben aufweisen, spielt die Keramik meist keine dominierende Rolle mehr, oft wird ganz darauf verzichtet.

Immer häufiger tauchen jetzt Beigaben auf, die kein Römer ins Grab gelegt hätte, z. B. in den Männergräbern Waffen: Streitäxte, Lanzen und Pfeilspitzen sowie Gürtelzubehör. Höchst überraschend war der Fund eines kleinen Spiegels aus Weißmetall, der eindeutig sarmatischer Herkunft ist. Das Grab, in dem er gefunden wurde, lag etwas isoliert von den übrigen und unterschied sich in der Anlage deutlich von ihnen. Der Spiegel war gewaltsam zerbrochen. Die Sitte des rituellen Spiegelzerschlagens, in Asien bis nach China verbreitet, wurde von mehreren Sarmatenstämmen geübt. Daß sie in Gellep auftritt, zeigt, daß hier wirklich ein Sarmate (in diesem Fall wohl eine Frau) mit Stammesgenossen gelebt haben muß. Es ist dies der erste und bisher einzige archäologische Nachweis von Sarmaten an der Rheingrenze, die aus der antiken Geschichtsschreibung bekannt sind. Diese Tatsache wirft ein bezeichnendes Licht auf die Verhältnisse am Niederrhein im allgemeinen und die Besatzung des Kastells Gelduba im besonderen am Ende des 4. Jahrhunderts. Neben Germanen ist offensichtlich auch mit Angehörigen anderer Völker als Grenzverteidiger zu rechnen.

Im 5. Jahrhundert blieb die Bestattung ohne alle Beigaben weithin üblich. Dies erschwert naturgemäß eine Beurteilung. Daß die Belegung der Gräberfelder Gelleps ohne jede Unterbrechung weiterging, steht außer Frage. Zahlreiche beigabenlose Gräber massieren sich ganz auffällig auf zwei Arealen im Anschluß an Bestattungen des 4. Jahrhunderts. Da sich in ihrer Mitte einzelne Gräber mit Beigaben des 5. Jahrhunderts fanden, ist so gut wie sicher, daß sie allesamt zeitgleich sind. Einzeln oder in kleinen Gruppen werden darüber hinaus Gräber dieser Zeit an den Rändern des Gräberfeldes verstreut angetroffen. Manche der Toten werden weiterhin mit Speise und Trank versehen, wie die Mitgabe von Tongefäßen und Gläsern beweist. Die Gläser zeigen eine deutliche Verschlechterung der Qualität an; sie lassen die römischen Vorbilder erkennen, die Ausführung ist aber grob und ungeschickt (Abb. 47). Die Tongefäße sind oft handgemacht, neben Nachahmungen spätrömischer Formen treten ganz neue auf, deren Ursprung im rechtsrheinischen Germanien zu suchen ist. Nach dem Abzug der regulären römischen Truppen vom Rhein am Beginn des 5. Jahrhunderts siedelten sich offenbar in steigendem Maße Gruppen von Neuankömmlingen in Gellep an, die ihre Toten auf denselben Gräberfeldern wie die einheimische, romanisierte Bevölkerung bestattete. Für das 5. Jahrhundert ist in Gellep jedenfalls mit einer ganz erheblichen Bevölkerungszahl zu rechnen.

Unter den relativ wenigen Gräbern dieser Zeit, die mit Beigaben versehen sind, ragt Grab 43 hervor, das inmitten einer Gruppe von beigabenlosen Bestattungen angetroffen wurde. Seine Ausstattung bestand aus einem eisernen Langschwert, etlichen zum Wehrgehänge gehörenden Schnallen und Beschlägen aus Bronze sowie drei eisernen Pfeilspitzen; zum Tascheninhalt gehörten Feuerstahl mit Feuerstein, Pinzette und Kamm; neben einer Schale aus Terra sigillata enthielt es als markantestes Stück einen prächtigen gläsernen Trinkbecher, einen »Rüsselbecher«.

Zweifellos war hier bald nach der Mitte des 5. Jahrhunderts ein vornehmer Franke bestattet worden. Zur Zeit seines Todes muß das Kastell Gelduba noch bewohnt gewesen sein; der Besitzer des prächtigen Rüsselbechers ist als einer der Anführer zu betrachten.

In den Frauengräbern des 5. Jahrhunderts werden immer häufiger paarweise getragene Fibeln angetroffen, manchmal begegnen mehrere verschiedene Fibelpaare bei einer Bestattung. Von der Jahrhundertmitte ab erscheinen längliche Fibeln mit Kopf- und Fußplatte, die durch einen Bügel verbunden sind. In mehreren Gelleper Gräbern fanden sich derartige Fibelpaare, die als die ältesten Formen der fränkischen Bügelfibeln betrachtet werden können und die in der archäologischen Literatur den Namen »Krefelder Fibeln« erhielten.

Literatur: Paar/Rüger 1971. – Piepers/Haupt 1968. – Pirling 1966; 1974; 1979; 1986; 1989. – Reichmann 1987a; 1987b.

Verteidiger und Verbündete des Römischen Reiches. Germanen in römischen Diensten und das spätantike Befestigungssystem

Raymond Brulet

Seit dem 3. Jahrhundert bedrohten Barbaren die römischen Grenzen. Dies führte in Gallien zu einem tief gestaffelten Verteidigungssystem mit Kastellen an den Grenzen und im Hinterland, vor allem entlang der Hauptstraßen. Schwer zu verteidigende Regionen wurden aufgegeben und gingen wie Toxandrien in germanische Hand über. Tiefgreifende Veränderungen erfuhr die Heeresstruktur, besonders als es im 4. Jahrhundert zu einer Trennung in stationäre Grenztruppen und ein bewegliches Einsatzheer kam. Es entstanden neue Kommandostellen wie die der duces in den Provinzen, die bald von Germanen besetzt waren. Städte wurden verkleinert und befestigt, auch ländliche Siedlungen brauchten Schutz, häufig lagen sie nun auf befestigten Höhen. Barbaren verursachten die Unruhen und hatten sie auch zu bewältigen.

Als sich ab dem Jahr 260 die barbarische Bedrohung entlang der Reichsgrenzen bemerkbar machte, wurde die Krise allgemein und berührte alle Bereiche: Zahlreiche Sezessionsversuche wurden unternommen, deren bekanntester die Errichtung eines gallischen (Sonder-)Reiches war. Der Westen zeichnete sich durch einen Bevölkerungsrückgang aus, und die landwirtschaftliche Produktion erfuhr eine beispiellose, nie dagewesene Rezession. Auf militärischem Gebiet war es vor allem der Fall des germanischen Limes im mittleren 3. Jahrhundert, der dazu führte, daß man sich den Ernst der Lage bewußt machte. Die Unsicherheit wurde durch die Furcht vor Einfällen der Barbaren aus jenseits des Rheins liegenden Gebieten hervorgerufen. Aber auch das Binnenland war von der Anwesenheit plündernder Banden betroffen.

Wiederholt wurden Reformen zur Verbesserung der Situation eingeleitet. Insbesondere wurde die Militärstrategie überprüft. Auf eine rein passive Strategie der Errichtung und Verteidigung von Grenzen folgte eine aktive Strategie der tiefgreifenden Verteidigung.

Die besondere Gestalt Nordgalliens macht es notwendig, den Umfang der in die Militärstrategie eingreifenden Veränderungen und ihre Anwendung entsprechend den geographischen Abschnitten unterschiedlich zu erläutern.

An der Küste veränderte eine große Meerestransgression die physische Gestalt der Küste und diejenige der Flußmündungen und machte aus dieser Region eine unwirtliche Landschaft, deren systematische Verteidigung wenig Sinn hatte. Auch war die Küste dem immer stärker werdenden Druck der Sachsen ausgesetzt. Sowohl der Küstenbereich als auch der Grenzbereich am Rhein hatten eigenständige militärische Verbände. Im Binnenland führte das Streben nach Abwehr zum Schutz von Ansiedlungen durch Wehranlagen. Sie wurden zur Verteidigung mit einem Truppenkontingent ausgestattet oder beherbergten Truppen des Bewegungsheeres. Später wurden einige von ihnen auch zum Sitz einer Präfektur für Milizverbände der Laeten und Sarmaten.

Zur selben Zeit sah sich das Hauptstraßennetz durch die Errichtung von einer Kette von Kleinkastellen geschützt, die in regelmäßigen Abständen verteilt sind, um die Sicherheit des Limeshinterlandes zu gewährleisten, aber auch um den Nachschub zu garantieren.

Zwei andere Bereiche spielten ebenfalls in der allgemeinen Kräfteverteilung mit. Um den Gefahren der Invasionen aus östlicher Richtung vorzubeugen, verdoppelte man die Grenzpostenkette mit einem Netz von Befestigungen, die auf den Felshöhen angelegt wurden. Zusammen mit zahlreichen Höhensiedlungen stattete man die Hochebenen der Eifel, des Hunsrücks, der Ardennen und des Condroz mit einer Reihe von in der Landschaft verteilten Kastellen aus, welche die Verteidigungseinrichtungen des Hinterlandes auf vernünftige Weise ergänzten.

Man muß schließlich einige Zonen berücksichtigen, die am Rand des Limes, aber auf Reichsboden lagen und vollständig von der Bevölkerung und der römischen Macht aufgegeben wurden, wie Toxandrien. Die römische Diplomatie führte hier zur Ansiedlung germanischer Gruppen, die damit beauftragt wurden, an der Verteidigung des Gebietes mitzuarbeiten.

Die Hauptquelle, die uns hilft, einen Teil der Militärorganisation der Spätantike zu verstehen, ist die *Notitia Dignitatum*, ein offizielles Handbuch, das im wesentlichen den Zustand der Armee unter der Regierung des Honorius (395–423) überliefert. Es ist eine wertvolle Quelle, um die Truppen und die Kommandos des Bewegungsheeres und der an der Atlantikküste stationierten Armee zu lokalisieren. Leider sind die Blätter, welche die Rheinarmee der *Germania II* betreffen, verlorengegangen.

Zudem muß man mehrere Veränderungen, die in der Militärorganisation während der ganzen Spätantike eingetreten waren und über die wir nicht gut unterrichtet sind, und die Tatsache in Betracht ziehen, daß die Einheiten oft in weit entfernte Bestimmungsorte versetzt worden waren.

Die Kommandostrukturen, die Sollstärke und der Ursprung der Rekrutierung erlebten in der Spätantike genau wie die Militärstrategie tiefgreifende Veränderungen.

Die erste wichtige Veränderung in Gallien stattete die Legion mit 726 Reitern aus, während sie zuvor nur 120 hatte. Im 3. Jahrhundert griff man mehr und mehr auf Spezialeinheiten fremder Herkunft zurück, wie die *catafractarii*, die gepanzerten Reiter, die Bogenschützen und die Schleuderer. Diese Tatsache bestätigte sich z. B. in Amiens, wo die epigraphischen Funde insbesondere die Anwesenheit von *Valerius Durio* bestätigen, eines untergeordneten Offiziers eines *numerus catafractariorum*.

Diokletian vermehrte die Kontingente, aber diese werden aufgeteilt. Die alte Bezeichnung der Legion wird manchmal beibehalten, aber sie umfaßt nicht mehr als 1000 Mann.

Die große Reform des 4. Jahrhunderts bestand darin, Truppen in zwei getrennte Armeen aufzuteilen. Die erste, die am Limes beibehalten wurde, bestand aus *ripenses*, nachfolgend als *limitanei* bezeichnet. Die zweite war ein Bewegungsheer. Es waren bewegliche Reserveeinheiten, die *comitatenses*, die schnell als Elitetruppen betrachtet wurden. Wenn man der *Notitia Dignitatum* glaubt, gab es in Gallien ein starkes Mißverhältnis zwischen der Armee der *limitanei* und derjenigen der *comitatenses*, die besser ausgebildet war. Die *comitatenses* waren im Binnenland stationiert, in den Städten oder in Feldlagern. Da die Grenzarmee keine Vermehrung der Truppenstärke erfuhr, wurden, sobald ein Angriff an den Grenzen drohte, Einheiten der *comitatenses* an die Front geschickt und blieben dort, bis sich die Lage gebessert hatte.

Gegen Ende des 4. Jahrhunderts, angesichts des zerrütteten Zustandes der Armee der *limitanei*, geschah es häufig, daß das Bewegungsheer dort Abteilungen zurückließ, um den Mangel an Sollstärke zu lindern. Zweifellos muß man in ebendiesen Kontext einige Grabinschriften aus Köln einordnen, besonders die des *Viatorinus*, die vom *vicarius* der Einheit der *Divitenses* gestiftet wurde.

Was das Kommando anbelangt, erfuhr es ebenfalls Veränderungen, neu sind die Territorialbefehlshaber, die *Duces*. Drei Kommandos, jeweils eines pro Provinz, teilten sich die Verteidigung der Rheinlinie. Sie hatten ihre Amtssitze in Besançon, Mainz und Köln. Man muß hier einen vierten *Dux* anfügen, denjenigen der *Belgica II*, der für Verteidigung der Atlantikküste verantwortlich war. Im Gegenzug blieben die anderen Militärkräfte unter der direkten Verantwortung des Oberbefehlshabers. Es handelt sich hier um das Feldheer der *comitatenses*, um Flottenverbände auf den Flüssen und die Milizverbände der Laeten und Sarmaten, die ebenfalls im Binnenland stationiert waren.

Die Grenzen

Der Rheinlimes, der zwischen 254 und 260 unter dem Druck der Barbaren zusammengebrochen war, wurde ab dem späten 3. Jahrhundert mit mehreren Wiederaufbauten am alten Verlauf versehen. Während der ersten Hälfte des 4. Jahrhunderts sind die in Xanten und in Bonn stationierten Legionen, die *XXX Ulpia Victrix* und die *legio I Minervia* – wenn auch stark verringert – weiterhin nachgewiesen. Sie stellen zweifellos die dem Territorialbefehlshaber zugewiesene Hauptmacht dar.

Constantin sorgte für die Errichtung von anderen Kastellen wie Haus Bürgel bei Zons und *Divitia* gegenüber Köln.

Für die valentinianische und theodosianische Zeit weiß man, daß das *castellum* von Krefeld-Gellep eine entscheidende Rolle spielte. Leider verfügen wir über keine Angaben aus der *Notitia Dignitatum*. Die Archäologie brachte den Nachweis von sehr kleinen Kastellen und Wachttürmen wie demjenigen von Asberg.

Für das Ende des 4. Jahrhunderts und den Anfang des 5. Jahrhunderts läßt die *Notitia Dignitatum* eine andere militärische Einrichtung erkennen, die von einem die Provinz *Belgica II* überwachenden Befehlshaber abhängig war und zu der drei oder vier Kastelle an der Küstenfront zählten.

Der genaue Zeitpunkt der Errichtung dieses *Litus Saxonicum* genannten Systems ist unbekannt, auch wenn Carausius seit dem Ende des 3. Jahrhunderts der direkte Vorgänger des militärischen Befehlshabers dieser Einrichtung zu sein scheint. Nach Carausius wird sogar von einem Kommando die Rede sein, das den Titel *Dux Tractus Armoricani et Nervicani* trägt, was ein Interpretationsproblem darstellt. Das alte Kommando ist in der Tat am Ende des 4. Jahrhunderts aufgeteilt worden, aber das Territorium der *Belgica II* entspricht nicht demjenigen der Nervier noch der Zone, in der die Kastelle an der Straße Bavay–Köln errichtet worden sind.

Die Machtbefugnis des *Dux* der *Belgica II* erstreckte sich auf folgende Einheiten: die *Equites Dalmatae* in *Marcis*, die *Classis Sambricae* in *Quartensi sive Hornensi*, was zwei Ankerplätzen entsprechen kann, und den nervischen *milites* in *Portu Aepatiaci*. Offensichtlich unterhielten diese Garnisonen Verbindung mit dem Meer, wenigstens in zwei Fällen; auch ist es überraschend, daß die *classis Britannica* und der Hafen von Boulogne stillschweigend übergangen wurden, der weiterhin eine wichtige Rolle spielte, und zwar als

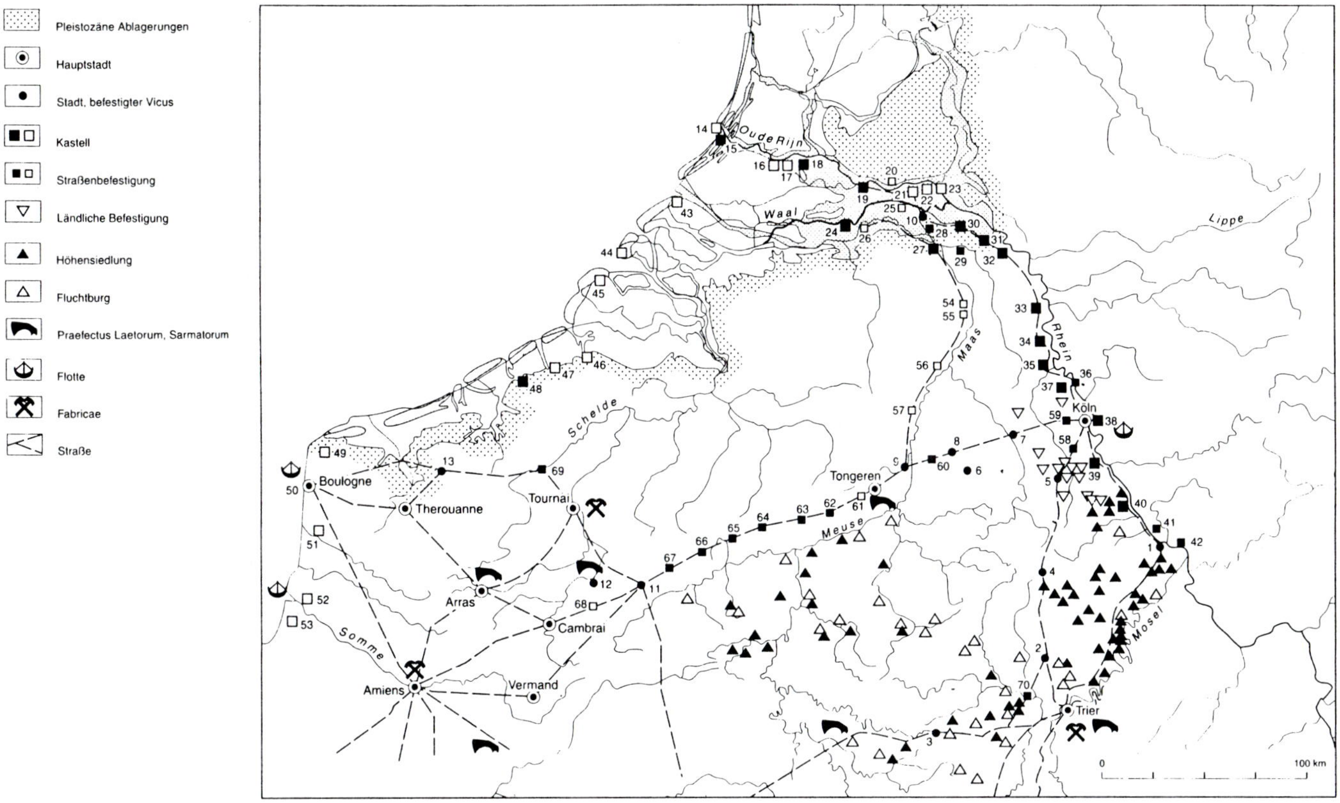

Abb. 65 *Das spätrömische Verteidigungssystem zwischen Mosel und Nordseeküste.*
Spätrömische Befestigungen: 1 Andernach – Autunacum. *2 Bitburg* – Beda. *3 Arlon* – Orolaunum. *4 Jünkerath* – Icorigium. *5 Zülpich* – Tolbiacum. *6 Aachen* – Aquae Granni. *7 Jülich* – Iuliacum. *8 Heerlen* – Coriovallum. *9 Maastricht* – Traiectum. *10 Nijmegen-Valkhof* – Noviomagus. *11 Bavay* – Bagacum. *12 Famars* – Fanum Martis. *13 Cassel. 14 Brittenburg. 15 Valkenburg. 16 Woerden* – Laurum. *17 Vleuten-De Meern. 18 Utrecht* – Traiectum. *19 Maurik* Mannaricium. *20 Rhenen. 21 Driel. 22 Meinerswijk* – Castra Herculis. *23 Huissen. 24 Rossum. 25 Ewijk. 26 Kessel. 27 Cuijk* – Ceuclum. *28 Heumensoord. 29 Asperden. 30 Qualburg* – Quadriburgium. *31 Kalkar-Altkalkar* – Burginatum. *32 Xanten* – Tricesimae. *33 Moers-Asberg* – Asciburgium. *34 Krefeld-Gellep* – Gelduba. 35 Neuss – Novaesium. *36 Monheim-Haus Bürgel. 37 Dormagen* – Durnomagus. *38 Deutz* – Divitia. *39 Bonn* – Bonna. *40 Remagen* – Rigomagus. *41 Rheinbrohl. 42 Engers. 43 Oostvoorne. 44 Westerschouwen. 45 Domburg. 46 Aardenburg. 47 Brugge. 48 Oudenburg. 49 Marquise? 50 Boulogne. 51 Étaples. 52 Le Crotoy. 53 Cap Hornu. 54 Lottum. 55 Blerick. 56 Heel. 57 Stokkem. 58 Brühl-Villenhaus. 59 Hüchelhoven. 60 Hulsberg. 61 Oreye-Bergilers. 62 Braives* – Perniciacum? *63 Taviers. 64 Cortil-Noirmont. 65 Liberchies I und II* – Geminiacum. *66 Morlanwelz I und II. 67 Givry. 68 Bermerain. 69 Courtrai* – Cortoriacum. *70 Echternach.* – *Nach Bechert/Willems 1995 Abb. 101.*

Landungspunkt für das Heer aus Britannien zum Zeitpunkt von dessen Aufgabe.

Städte und befestigte Siedlungen

In die Spätantike fiel der Übergang von der offenen zur geschlossenen Stadt. Durch einen Mauerring geschützt, erlebten die Städte eine erhebliche Reduzierung der bewohnten Fläche; dies verlieh ihnen die Gestalt einer Zitadelle oder einer Fluchtburg.

Dagegen nahmen Köln und Tongeren als einzige den in der Liste der *Notitia Galliarum* für die *Germania II* aufgeführten Städte den Rang von Hauptstädten ein. Den großen Städten wie Trier, Amiens und Tournai wird eine nicht zu unterschätzende militärische Rolle zugewiesen. Zusätzlich zu ihrer Eingliederung in die allgemeine Verteidigungsanlage beteiligten sie sich in mehrfacher Hinsicht an der Kriegslast: Sie nahmen die Einheiten des Reserveheeres auf und konnten zu ihrer Verteidigung auch mit einem besonderen Kontingent ausgestattet sein. Sie konnten Amtssitz der Präfektur für die Laeten und Sarmaten sein. Sie nahmen kaiserliche Werkstätten zur Herstellung der Bewaff-

nung oder militärischen Ausrüstung auf. Ihre Rolle ist daher von größter Bedeutung.
Schwierig zu bestimmen ist die jeweilige Funktion in ziviler und militärischer Hinsicht von Kleinstädten, die ebenfalls von Wallanlagen umgeben waren. Eine zivile Besiedlung ist dort nicht ausgeschlossen, aber die geringe Ausdehnung der umschlossenen Fläche, im allgemeinen 2 ha, weist sie eher als *castella* aus.

Die Straßenbefestigungen

Das Rückgrat des tiefgreifenden Verteidigungssystems war der Schutz des Straßennetzes. Nicht alle Straßen mußten notwendigerweise geschützt werden, sondern nur die wichtigsten Verkehrsachsen. Man unterscheidet Verbindungsstraßen zum Limes, wie die Strecke von Nijmegen nach Maastricht, und die vom Limes hereinführenden Straßen, wie die Strecke Köln–Trier und die Strecke Köln–Bavay.
Die Verbindung Nijmegen-Maastricht ist mit Kastellen ausgestattet worden: Heumensoord und Cuijk. Die Straße von Köln nach Trier ist ebenfalls befestigt worden. Dies belegen der Wachtposten von Brühl-Villenhaus und die befestigten Siedlungen von Zülpich, Jünkerath und Bitburg.
Die bekanntesten Einrichtungen befanden sich entlang der Strecke Köln–Bavay. Die Archäologie hat ein Dutzend Kastelle aufgedeckt, die an dieser Straße angelegt wurden: inbesondere Hüchelhoven, Hulsberg, Braives, Taviers, Cortil-Noirmont und Liberchies in der *Germania II* und Morlanwelz und Givry in der *Belgica II*.
Es handelt sich um eine wahrhaft militärische Vorkehrungsmaßnahme, die entlang dieser Straße seit der zweiten Hälfte des 3. Jahrhunderts eingerichtet wird und *burgi*, Wachttürme und *castella* umfaßt. Sie wurde natürlich ergänzt durch die befestigten Siedlungen von Jülich, Heerlen, Maastricht, Tongeren und Bavay. Eben dieses hat man irrtümlich den »*Limes Belgicus*« genannt. Die Verteilung dieser Kleinkastelle vollzieht sich nach einem vorgefaßten Plan in regelmäßigem Abstand, nämlich alle 16 bis 17 km. Die Verteidigungsanlagen der Straße nehmen keine Rücksicht auf bestehende Verwaltungsbezirke wie Städte oder Provinzen: Die Festungen an der Straße staffeln sich auf nervischem Gebiet ebenso wie auf dem Gebiet von Tongeren oder Köln, angefangen in Deutz, gegenüber von Köln.
Zwei Hauptperioden charakterisieren diese Militäreinrichtung. Kurz nach der Mitte des 3. Jahrhunderts, zwischen 260 und 275, wird die Strecke mit einer Reihe von *burgi* mit Graben und Palisaden ausgestattet. Dieses Bauprogramm muß entweder Gallienus zugeschrieben werden, den gallischen Kaisern oder den Thronfolgern Probus und Aurelianus im Rahmen ihrer Bemühungen, das Hinterland zu verteidigen. Das System setzt sich aus Straßenposten und Festungen an der Straße zusammen.
Die zu Beginn des 4. Jahrhunderts erfolgte Unterbrechung in der Besiedlung dieser befestigten Plätze erklärt sich wahrscheinlich durch die von Diokletian verfolgte Politik, die das Verteidigungssystem der Straßenachsen im Binnenland aufgibt.
Constantin, der diese Strategie wieder verfolgte, muß als Wiedererbauer der Kastelle an der Straße Köln–Bavay angesehen werden. Die neue, von ihm angelegte militärische Einrichtung umfaßt die Kastelle von Maastricht und Liberchies II und eine Reihe von Wachttürmen wie Hulsberg, Braives, Cortil-Noirmont, Morlanwelz II. Die Kastelle von Deutz, Maastricht und Liberchies II liegen in beinahe gleichem Abstand.
Die Kleinkastelle sind gekennzeichnet durch viereckige oder häufiger rechteckige Türme mit Stützpfeiler im Inneren, die von einem eine geringe Fläche einschließenden Graben umgeben sind. Sie haben Kontrollfunktion und dienen als Verteidigungsbasis der Straße und zum Schutz des Nachschubs.
Vermutlich erwies sich der Unterhalt dieser Straßenbefestigungen als zu kostspielig. Als sie dann keinerlei praktischen Nutzen offenbarten, dürften sich die Einheiten wieder dem Bewegungsheer angeschlossen haben, um an dringenden Feldzügen teilzunehmen. Man kann annehmen, daß die *Geminiacenses* an den Militäroperationen des Bürgerkrieges von Magnentius im Jahr 350 teilgenommen haben. Die Kleinkastelle der Strecke Köln–Bavay waren nur noch sporadisch besetzt, von nun an von mobilen Einheiten. Es gab kein Programm mehr, um die Reorganisation dieses Verteidigungssystems im Laufe der zweiten Hälfte des 4. Jahrhunderts durchzuführen.
Die Straße Köln–Bavay hatte als Stützpunkt gedient für eine Kontrolleinrichtung, die wesentlich zur Grenzverteidigung gehörte, aber sie hatte eigentlich niemals als *limes* gedient.

Die ländlichen Befestigungen

Der Schutz der ländlichen Welt war eine lebensnotwendige Hauptvorsorge. Das Heer konnte im Rahmen seiner neuen Strategie die Verteidigung der Felder nicht vernachlässigen, zumal Hilfstruppen barbarischer Herkunft mit dem Status eines Wehrbauern angesiedelt wurden. Die Verteilung der ländlichen Befestigungen im

Abb. 66 *Hortfund von Östrich-Letmathe (Kr. Iserlohn) aus der Zeit um 400. Der Goldene Halsring und der goldene Armring dürften einem germanischen Gefolgschaftsführer, möglicherweise sogar einem der germanischen Häuptlinge gehört haben, die in römischen Quellen* rex, *König, genannt werden (Kat. III.1.16.). – Foto Westfälisches Museum für Archäologie, Münster.*

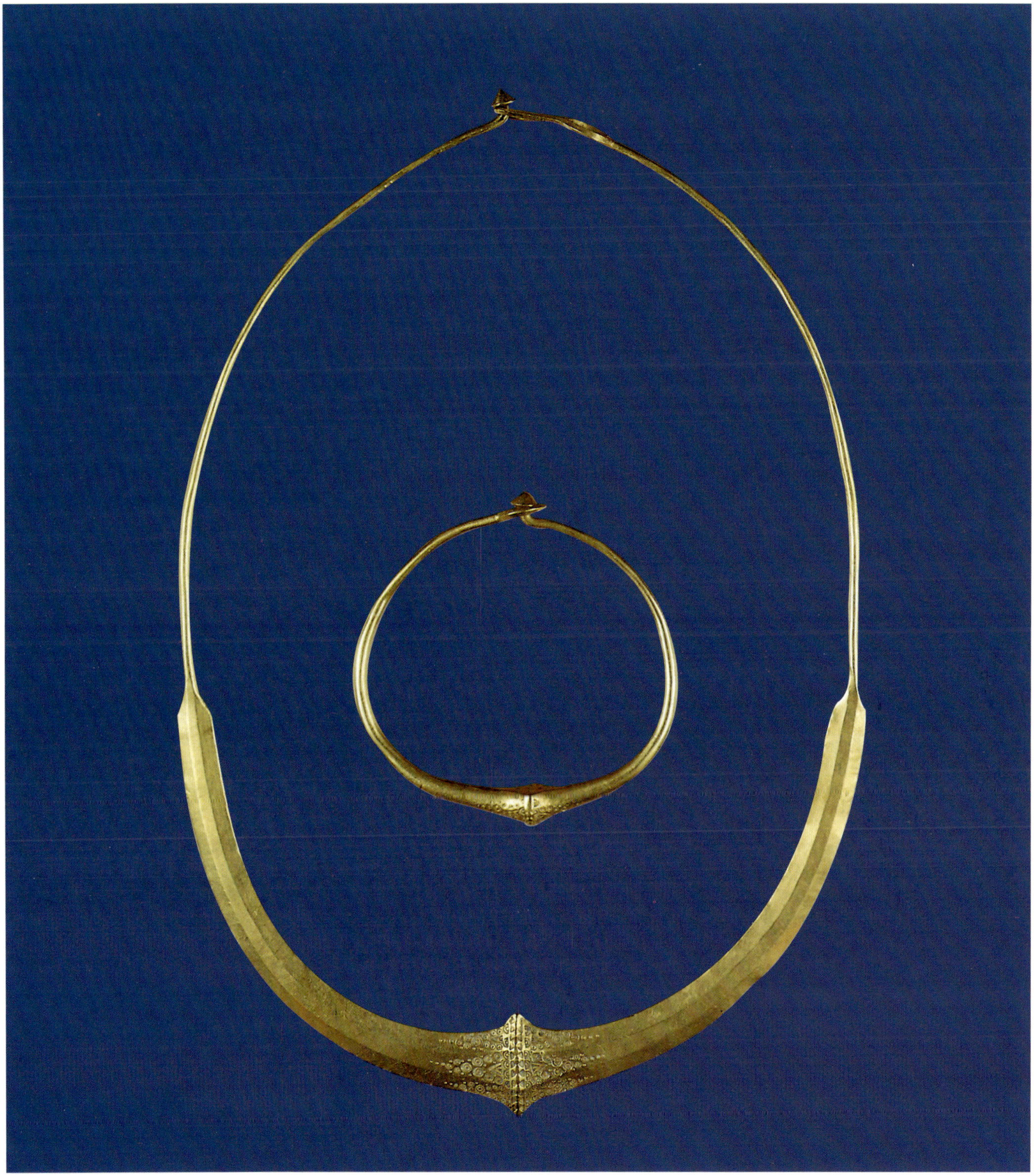

Hinterland des *limes* kann zur Verdoppelung der Grenzverteidigungen dienen. Schließlich mußten auch die privaten Grundbesitzer Maßnahmen zum Schutz der Landgüter ergreifen.

Es ist schwierig, die von einem Militärkontingent besiedelten Plätze und diejenigen, die besondere Funktionen als Zuflucht und Schutz für die Bevölkerung und die Ernte hatten, zu unterscheiden.

Die Mehrzahl der uns bekannten ländlichen Befestigungen reihte sich in die Kategorie der Höhenfestungen auf den Bergrücken des Hunsrücks, der Eifel und der Ardennen ein. Die genannten Regionen sind ziemlich weit von den Grenzen entfernt.

Näher am *limes* gelegen hat man kürzlich südwestlich von Köln ein besonderes Phänomen entdeckt: Dieses flache Gebiet war überzogen mit landwirtschaftlichen Einrichtungen, die mit kleinen Befestigungsanlagen versehen sind.

Von den Höhenzügen der Ardennen, des Hunsrücks und der Eifel stammen viele ähnliche Einrichtungen.

Man kann unterscheiden zwischen Zufluchtsbauten, die keinen Hinweis auf Besiedlung liefern, und anderen Plätzen, die anscheinend im 4. Jahrhundert Sitz von Milizeinheiten gewesen waren, wie es uns nicht nur die Ausgrabung der Plätze selbst, sondern auch die Nekropolen ihrer Bewohner offenbaren.

Man hat auch zu unterscheiden zwischen den Festungen, die auf Anhöhen nahe den Straßen liegen und von militärischem oder paramilitärischem Typus sind, und denjenigen, die auf Hügeln in weiterer Entfernung zu den Straßen angelegt wurden, die oft als Zufluchtsstätten gedient hatten und in den Händen privater Grundbesitzer waren.

Was die wichtigen Kastelle anbelangt, können drei chronologisch unterschiedliche Besiedlungen nach dem archäologischen Material dargestellt werden. In bestimmten Festungen erstreckte sich die Besiedlung von der zweiten Hälfte des 3. Jahrhunderts bis zum Ende der Spätantike mit einer Unterbrechung nach der Regierungszeit des Magnentius.

Für andere umfaßt sie die zweite Hälfte des 3. Jahrhunderts und die constantinische Zeit; die Plätze sind anscheinend in der Folgezeit aufgegeben worden. Die letzte Kategorie beginnt später, im wesentlichen in der zweiten Hälfte des 4. Jahrhunderts und umfaßt einen Großteil des 5. Jahrhunderts.

Der Bruch im mittleren 4. Jahrhundert ist sehr charakteristisch. Er bestätigt sich im archäologischen Material und in den Baustrukturen mit zwei aufeinanderfolgenden Phasen.

Die Rolle der Barbaren in der Verteidigung des Gebietes und die Entwicklung des 5. Jahrhunderts

Eine wichtige Antwort auf die militärischen Schwierigkeiten der Spätantike wird von den Barbaren selbst geliefert, deren Rolle sich mehr und mehr als entscheidend herausstellt.

Bereits während der Kaiserzeit beruhte die Schaffung von Auxiliareinheiten auf einer gut fundierten Tradition.

In der Spätantike stellten die Barbaren offiziell die Heereseinheiten, später streben sie die Kommandoposten an.

Die fremden Enklaven im Reichsinneren entwickelten sich seit der zweiten Hälfte des 3. Jahrhunderts. Diese Enklaven sind verschiedenen Ursprungs. Sie können das Ergebnis von Abkommen sein oder aus Zwangsansiedlungen herrühren.

Die ältesten Enklaven bestanden aus Militärkolonien in den Händen von Laeten, die auf den Feldern angesiedelt wurden, unter der Bedingung, einen erblichen Militärdienst für Rom zu stellen.

Die zweite Hälfte des 4. Jahrhunderts vermehrt auch diplomatische Arrangements zwischen dem Imperium und fremden Volksstämmen. Die Geschichte der Ansiedlung von fränkischen Föderaten in Toxandrien während der Regierungszeit des Julian ist wohlbekannt. Aber es ist sicher, daß es noch andere gab. Während sie verlassene Regionen besiedelten, trugen sie auf ihre Weise zur Verteidigung der nördlichen Bereiche des Imperiums bei. Tatsächlich bildeten sie eine wirkliche Kette von Pufferzonen, und sie sahen es bald als Tatsache an, daß die von ihnen besiedelte Zone die ihre geworden war, die es verdiente, gegen die Angriffe ihrer Blutsbrüder von jenseits des Rheins verteidigt zu werden. Sie konnten Rekruten für das römische Heer liefern oder ganz einfach militärische Verbündete werden, die von der römischen Macht unabhängig sind.

Dieser Entwicklungsprozeß setzte sich während des frühen 5. Jahrhunderts fort, und man sieht, wie die salischen Franken als Hauptverbündete Roms die Verteidigung des Gebiets zu ihrer Aufgabe machten, zu dem Zeitpunkt als die Macht des Imperiums zerfiel. Bis zum mittleren 5. Jahrhundert und ein wenig darüber hinaus traten sie wahrhaftig an die Stelle der römischen Armee. Nach einer sehr langen Tradition des Dienstes in der römischen Armee war die Zeit reif für Chlodwig und die salischen Franken.

Literatur: Anderson 1995. – Brulet 1989; 1990a; 1993. – Gilles 1985. – Goffart 1980. – Luttwak 1976. – Mertens 1980. – Whittaker 1989. – Willems, W. J. H. 1986a. – Wood 1994a.

Söldner und Siedler im spätantiken Nordgallien

Horst Wolfgang Böhme

Die Armee bildete im spätantiken Römerreich nicht nur eine wesentliche Stütze kaiserlicher Macht und Herrschaft, sie sorgte vor allem für den Schutz des Imperiums gegen innere und äußere Feinde, sicherte den Wohlstand seiner Bewohner und garantierte den Armeeangehörigen den ersehnten sozialen Aufstieg. Auf diese Weise trug der Heeresdienst, die »militia armata«, auch noch während des 4. und 5. Jahrhunderts ganz entscheidend zur Romanisierung der ethnisch gemischten und unterschiedlich strukturierten Militäreinheiten bei. Auf der anderen Seite hat sich gezeigt, daß gerade der Dienst barbarischer Söldner im spätrömischen Heer eine nicht unerhebliche Rolle für die Ethnogenese germanischer Stämme gespielt hat. Es dürfte daher in diesem Zusammenhang von besonderem Interesse sein, daß es von allen westgermanischen Volksstämmen – neben den Bajuwaren in Raetien und den Angelsachsen in Britannien – nur die Franken in Nordgallien gewesen sind, bei denen es zur Stammesbildung auf römischem Reichsterritorium gekommen ist. Von diesen äußerst bedeutsamen Vorgängen für die Geschichte Frankreichs und Deutschlands soll hier die Rede sein.

Heeresreformen unter Constantin

Als Folge der verheerenden Germaneneinfälle in der 2. Hälfte des 3. Jahrhunderts und der sich abzeichnenden Reichskrise wurde im Zuge der diocletianisch-constantinischen Reformen das römische Heerwesen grundlegend umgestaltet. Entscheidend war dabei die Zweiteilung der Armee: Neben die weiterhin an den Reichsgrenzen postierten Truppen (*limitanei*) trat nun als augenfälligste Neuerung eine mobile Eingreifreserve, das sogenannte Marsch- oder Feldheer (*comitatenses*), mit der man ins Reich eingefallene Feinde bekämpfen konnte, ohne die stets gefährdete Grenze zu entblößen. Jene Teile des Feldheeres, die sich beim Kaiser selbst befanden, erhielten unter Valentinian I. (364 bis 375) die Bezeichnung *palatini*, und zu ihnen zählten neben den Legionen auch die *auxilia*, die barbarischen Hilfstruppen, die damit in die höchste Rangklasse aufrückten. Kennzeichen des militärischen Standes war der charakteristische Gürtel, *balteus* oder *cingulum militiae* genannt.

Die Neuorganisation der spätantiken Armee brachte nicht nur die revolutionierende Aufstellung eines mobilen Feldheeres, das der linearen Grenzverteidigung eine tief ins Hinterland gestaffelte Rückendeckung gab, sondern sie bewirkte insgesamt eine erhebliche Truppenvermehrung. Zum einen wurden zahlreiche Kastelle entlang der Grenzen neu errichtet, zum anderen legte man auf vielen unzugänglichen Höhen und Bergspornen im Landesinneren Befestigungen an, die ebenfalls vornehmlich als Garnisonen für Truppen meist germanischer Herkunft dienten. Das Heer wuchs damals auf über 500000 Mann an, wovon allein 75000 in Gallien stationiert waren.

Der seit Constantin I. (306–337) sprunghaft angestiegene Bedarf an neuen Truppen war aber durch herkömmliche Rekrutierung unter der Reichsbevölkerung nicht mehr zu decken. Daher entschloß sich dieser Kaiser – in stärkerem Maße als je zuvor – zur Anwerbung reichsfremder Barbaren, insbesondere von Angehörigen germanischer Stämme aus den Gebieten östlich des Rheins.

Germanen im römischen Heer

Die Rekrutierung nichtrömischer Soldaten ist freilich keine Neuerung der Spätantike, sondern wurde bereits seit Caesar, vor allem aber im 2. und 3. Jahrhundert häufig praktiziert. Bemerkenswert ist einzig der enorme Umfang und die erstaunliche Häufigkeit derartiger Truppenwerbungen außerhalb des Imperiums seit Beginn des 4. Jahrhunderts und in besonderem Maße unter Valentinian I. Sie haben schließlich im archäologischen Fundmaterial des ausgehenden 4. und des 5. Jahrhunderts ihren deutlichen Niederschlag gefunden. Zu dieser Zeit bestand der Kern des Feldheeres weitgehend aus den neuen, meist germanischen *auxilia* mit ihren leicht beweglichen Fußtruppen in nationaler Bewaffnung und Ausrüstung. Auch die palatinischen *scholae*, das heißt die berittenen Garde-Einheiten, setzten sich fast ausschließlich aus Germanen zusammen.

Ein entscheidender Grund für die auffallende Zunahme germanischer Kriegerverbände im Reichsheer seit dem frühen 4. Jahrhundert war die damals deutlich gestiegene Anziehungskraft der römischen Armee, eröffnete sie doch seit Constantin den barbarischen Truppenführern erstmals den Zugang zu höheren Kommandostellen, die ihnen bislang stets verschlossen geblieben waren. Besonders den Angehörigen fürstlicher oder gar königlicher Familien eröffnete sich häufig ein steiler Aufstieg in der römischen Militärhierarchie bis hin zum obersten Heermeisteramt. Vielfach scheint allein die vornehme Abkunft einigen Bewerbern den Weg zum Offiziersrang geebnet zu haben,

ohne daß sie sich langsam empordienen mußten.
Spätestens seit Valentinian I. erfreuten sich Personen der germanischen Oberschicht aus den verschiedensten Stämmen, vor allem der Franken und Alamannen, in ihrer Eigenschaft als Gefolgschaftsführer größerer und kleinerer Söldnerverbände besonderer Vergünstigungen seitens der spätrömischen Militärverwaltung. Die zumeist in reguläre Truppeneinheiten des mobilen Feldheeres eingegliederten germanischen Krieger wurden seit dem ausgehenden 4. Jahrhundert von Offizieren aus der eigenen Stammesaristokratie befehligt, die ihre Ausrüstung – Waffen ebenso wie breite Militärgürtel mit kerbschnittverzierten Metallbesätzen (*cingula militiae*) – aus reichsrömischen Werkstätten (*fabricae*) bezogen.

Die »Reichsgermanen« im späten 4. Jahrhundert

Am Beispiel zweier historisch überlieferter Vorgänge kann man die hier geschilderte Praxis römischer Rekrutierung deutlich erkennen: Dem vornehmen Franken Mallobaudes gelang es, als *comes domesticorum*, als Chef also des privilegierten Offizierskorps der Garde, im Jahre 378 alamannische Lentienser aus dem Elsaß zu vertreiben. Anschließend kehrte er in seine rechtsrheinische Heimat zurück, wo er 380 als *rex Francorum* die über den Main nach Norden vorgedrungenen Alamannen zurückschlug und deren König Macrianus tötete. Auf der anderen Seite gab im Jahre 372 Fraomar, König des alamannischen Stammes der Bucinobanten, beim Eintritt in den Reichsdienst sein Königtum auf und wurde *tribunus* des damals in Britannien stehenden *numerus Alamannorum*, der vermutlich aus seiner Gefolgschaft rekrutiert wurde.
Entsprechende Regelungen sind wohl auch bei der Aufnahme anderer germanischer Fürsten in den römischen Heeresdienst getroffen worden, wobei vor allem an die zahlreichen zu Heermeistern (*magistri militum*) und sogar zu römischen Konsuln aufgestiegenen Franken Merobaudes, Teutomer, Richomer, Bauto und Arbogast zu denken ist, von denen allein drei zwischen 372 und 394 in ununterbrochener Folge die höchsten spätrömischen Militärkommandos in Gallien innehatten. Bautos in Konstantinopel erzogene Tochter Eudoxia wurde – nebenbei bemerkt – einer Ehe mit Kaiser Arcadius für würdig befunden, aus welcher der für das 5. Jahrhundert nicht unbedeutende Kaiser Theodosius II. hervorging.
Man erkennt an diesen Vorgängen, welcher Wertschätzung sich die germanischen Militärführer fürstlicher und erst recht königlicher Abstammung im spätrömischen Reich seit Kaiser Valentinian I. erfreuten, und welche Bedeutung ihnen für das gesamte Kriegswesen am Ende des 4. und zu Beginn des 5. Jahrhunderts zugekommen ist: Sie gehörten zweifellos zur spätantiken »Militäraristokratie« (A. Demandt), der mittlerweile höchsten und wichtigsten sozialen Oberschicht des Imperiums, die alle Fäden der Reichsverteidigung in den Händen hielt.
Freilich dürfen wir nicht vergessen, daß alle hier gegebenen Hinweise auf die außergewöhnliche Stellung der Germanen im Reichsdienst, von K. F. Stroheker als »Reichsgermanen« bezeichnet, sich fast ausschließlich auf die Angehörigen der germanischen Eliten beziehen, und daß wir aus den Schriftquellen nur sehr wenig über die barbarischen Truppen selbst erfahren, die es aber zweifellos gegeben hat. Denn es wäre ein verhängnisvoller Irrtum zu glauben, daß die dem fränkischen oder alamannischen Adel entstammende germanische Führungsschicht allein und ohne eigene Krieger in den römischen Militärdienst getreten sei. Schließlich war den Römern in erster Linie an einer spürbaren Vermehrung der Truppenzahlen gelegen, die man um so leichter zu steigern hoffte, je mehr Anreize zum Eintritt in die Armee den germanischen Gefolgschaftsführern in Form ehrenvoller Militärkarrieren geboten werden konnten.
Wie und wo diese fränkischen und anderen barbarischen Soldaten in Nordgallien zum Einsatz kamen, erfahren wir allerdings nicht aus den schriftlichen Zeugnissen. Dies ist allenfalls archäologischen Quellen zu entnehmen, denen wir uns im folgenden zuwenden wollen.

Die archäologischen Quellen

Die den Archäologen bei der Beantwortung dieser Fragen zur Verfügung stehenden Zeugnisse sind leider recht einseitig: Es handelt sich vornehmlich um zahlreiche Grabfunde, während Schatz- und Siedlungsfunde, zumeist aus spätrömischen Befestigungen, deutlich zurücktreten.
Wir kennen heute aus dem gesamten nordgallischen Bereich zwischen Rhein und Loire 100 bis 200 Friedhöfe des 4. und 5. Jahrhunderts, die sehr häufig – wenn auch nicht immer – Gräber aufweisen, in denen mit Sicherheit nichtrömische Personen bestattet worden sind. Die meisten dieser Nekropolen gehören bezeichnenderweise zu spätantiken Kastellen oder sonstigen Militäranlagen, sind also als Garnisonsfriedhöfe zu bezeichnen.
Auffallend sind in diesen Gräbern Waffen, die römischen Soldaten sonst nicht ins Grab gelegt wurden, ferner Militärgürtel mit meist vielen Bronzebeschlägen, eiserne Schnallen, Fibeln und große Haarnadeln der Frauentracht, Halsringe, Spinnwirtel, Eisenscheren, Feuerstahle, dreieckige Dreilagenkämme typisch germanischer Form oder Holzeimer. Alle diese Grabbeigaben, die in großer Zahl recht unvermittelt seit dem mittleren 4. Jahrhundert

__Abb. 67__ Frauengrab von Fécamp (Dép. Seine-Maritime), aus der Zeit um 400. Bemerkenswert sind die typisch germanischen Trachtbestandteile aus Silber. 1–2 Stützarmfibel; 3–4 Tutulusfibeln; 9 Haarpfeil.

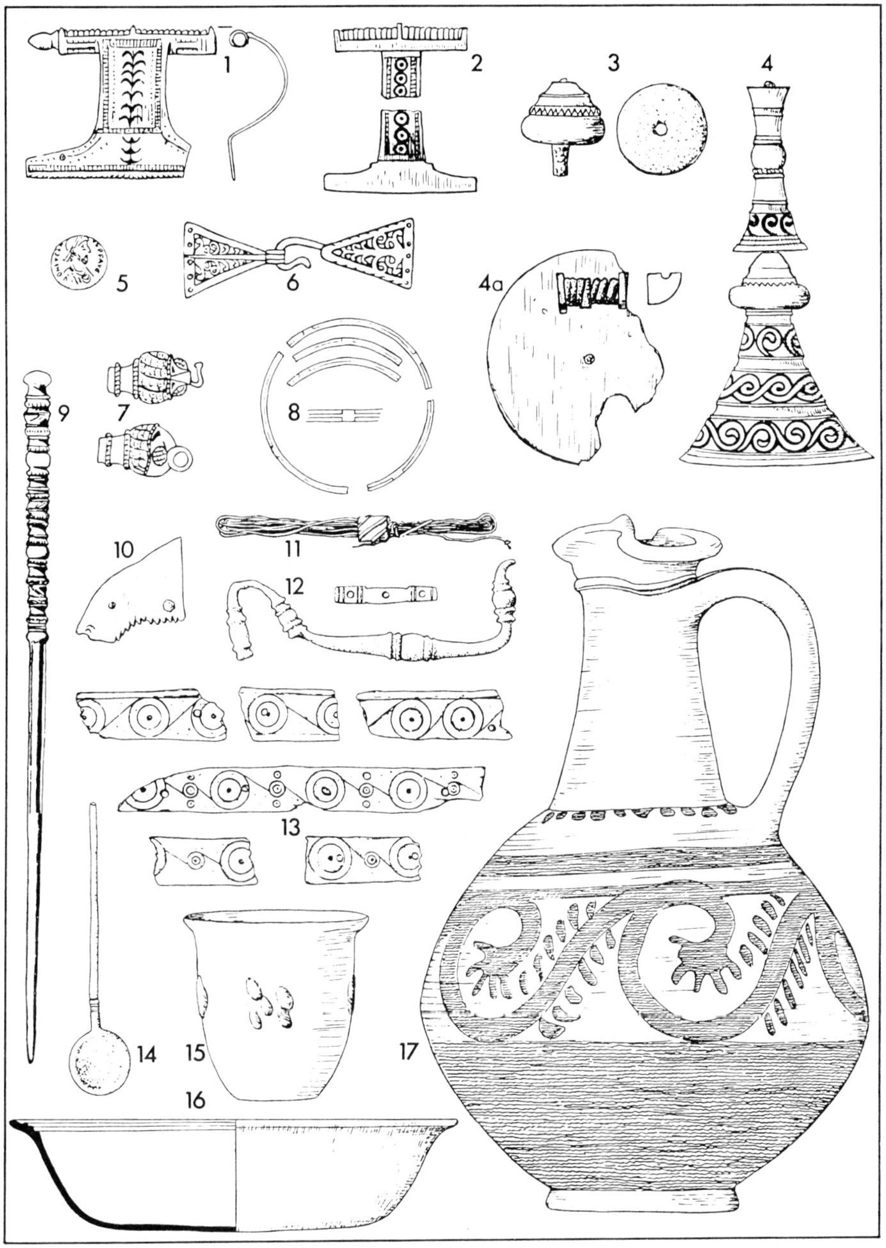

auf den Körpergräberfeldern des Rheinlandes, Belgiens und Nordfrankreichs beobachtet werden können, sind im provinzialrömischen Milieu ungewöhnlich und besitzen keine Traditionen oder gar unmittelbaren Vorbilder in Gallien. Dagegen haben viele der genannten Objekte ihre direkten Vergleichsfunde oder zumindest ihre eindeutigen Vorformen im rechtsrheinischen Germanien der gleichen Zeit. Dies betrifft in besonders klar erkennbarer Weise die Fibeln einer spezifisch germanischen Frauentracht (Abb. 68). Sie hielten ein peplosartiges Gewand auf den Schultern und einen Mantel auf der Brust zusammen – ganz im Gegensatz zur fibellosen Kleidung der gallorömischen Frauen. Das übrige Grabinventar dieser fremdartig anmutenden Bestattungen Nordgalliens setzt sich zumeist aus gängigen Produkten spätrömischer Werkstätten und Ateliers zusammen: scheibengedrehte Keramik, hochwertige Gläser, Bronze- und Zinngefäße, Fingerringe, Perlen, Münzen und anderes mehr. Die hier angesprochenen Gräber einer nichtrömischen Bevölkerung repräsentieren somit eine charakteristische »Mischzivilisation« im nördlichen Gallien während des 4./5. Jahrhunderts. Sie kommt in einer unverwechselbaren, reichen »Gräberkultur« zum Ausdruck, die durch eine einzigartige Verbindung von traditionell germanischen Schmuck- und Ausstattungsgegenständen mit den Erzeugnissen einer weiterlebenden gallorömischen Gebrauchsgüterindustrie gekennzeichnet ist.

Alle diese Funde können also zweifellos als deutliche Hinweise auf die Anwesenheit von Germanen im spätrömischen Reich angesehen werden, die in einiger Zahl Nordgallien bevölkert haben müssen. Da sie mehrheitlich auf römischen Garnisonsfriedhöfen vorkommen und einige sogar mit Waffen ausgestattet waren, schien es nicht allzu gewagt, diese Gräber mit germanischen Soldaten im römischen Heer in Verbindung zu bringen. Diese Interpretation wurde bereits vor 100 Jahren in Erwägung gezogen und ist heute von den Archäologen Frankreichs, Englands, Belgiens und Deutschlands weitgehend anerkannt und akzeptiert. Allein über die rechtliche Stellung

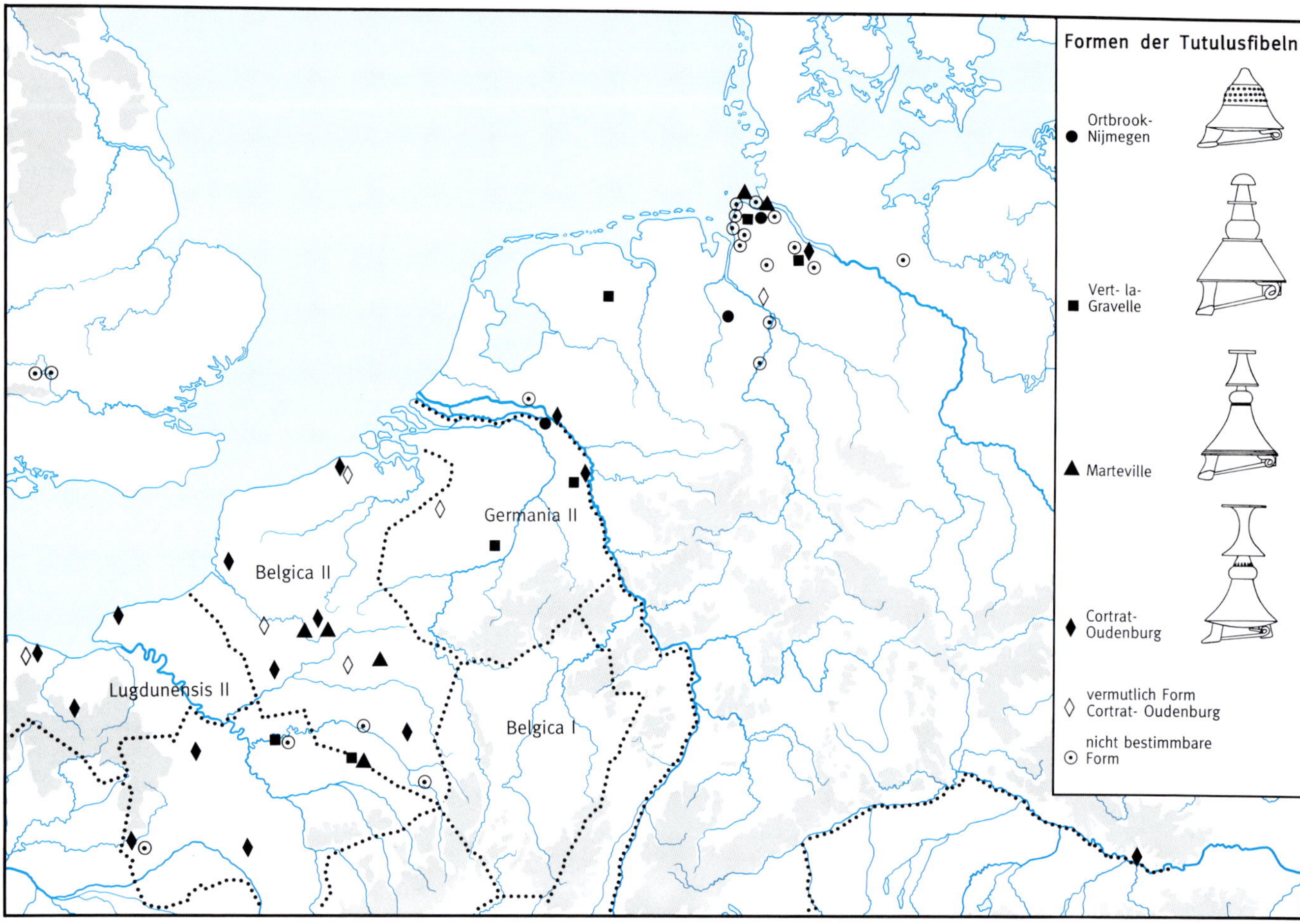

Abb. 68 *Verbreitungskarte der germanischen Tutulusfibeln des 4. und 5. Jahrhunderts. Die verschiedenen Formen dieser Gewandspangen sind in der Legende von oben nach unten chronologisch gegliedert.*

dieser Soldaten und die Art ihrer Verwendung in der spätantiken Armee gab es noch vereinzelt Diskussionen.

Reiche Gräber mit Fibeln und Waffen

Besondere Aufmerksamkeit schenkten die Archäologen einerseits den zahlreichen Männerbestattungen mit Waffenbeigaben, andererseits den wenigen Frauengräbern mit typisch germanischen Trachtbestandteilen.

Die Frauen aus Vron Grab 269 A, Oudenburg Grab 88 und Fécamp (Abb. 67), die alle im ausgehenden 4. oder beginnenden 5. Jahrhundert begraben wurden, gehören zu einer kleinen Gruppe recht konservativer germanischer Damen der gehobenen Mittel- und Oberschicht, die ihre traditionelle gefibelte Kleidung in der neuen, ungewohnten Umgebung beibehalten hat und sich damit deutlich von den einheimischen Frauen absetzte. Wie bereits oben betont, handelt es sich bei dieser »Fibelkleidung« ursprünglich um die Tracht germanischer Frauen aus dem Gebiet zwischen Rhein und Niederelbe, wie auch die Verbreitung der geschätzten »Tutulusfibeln« verdeutlicht (Abb. 68). Als diese Damen im Gefolge ihrer Männer nach Nordgallien kamen, trugen sie selbstverständlich weiterhin ihre vertraute Gewandung und wurden in ihr auch bestattet. Es fällt auf, daß besonders die germanische Frauentracht mit mehreren Gewandspangen, die häufig paarweise getragen wurden, wie Tutulus-, Armbrust- oder Stützarmfibeln, bislang nur in den spätrömischen Provinzen *Belgica II* und *Lugdunensis II* nachgewiesen werden konnte, während sie weiter östlich fehlt. Man gewinnt aufgrund dieser Trachtunterschiede den

Eindruck, daß in den Landschaften am Niederrhein und an der mittleren Maas, die zur Provinz *Germania II* gehörten, eine andere germanische Bevölkerung zum Militärdienst in der römischen Armee herangezogen wurde als in den westlich anschließenden küstennahen Provinzen.

Abb. 69 *Verbreitungskarte germanischer Waffengräber des 4./5. Jahrhunderts westlich des Rheins, die sich besonders in den nordgallischen Provinzen* Germania II *und* Belgica II *konzentrieren, wo im 5. Jahrhundert Franken bezeugt sind.*

Die Verbreitung dieser typisch germanischen Fibeltracht – offenbar nur noch von wenigen, besonders stammesbewußten Frauen gepflegt – deckt sich weitgehend mit der Verbreitung germanischer Waffengräber (Abb. 69), die eine dichte Streuung über den ganzen nordgallischen Raum erkennen lassen, wobei starke Konzentrationen im Namurois (Provinz *Germania II*) und in der *Belgica* festzustellen sind. Die Mehrzahl dieser Kriegergräber (etwa 80%) war allerdings nur mit einer Axt ausgestattet, wie etwa die Gräber 183 A und 143 A von Vron (Abb. 70), während die Ausstattung mit mehreren Waffen und vor allem mit einem Langschwert nur auf 10% der Männergräber beschränkt war, wie beispielsweise Krefeld-Gellep Grab 43 (Abb. 71).

Spathagräber aus der zweiten Hälfte und dem Ende des 4. Jahrhunderts sind noch außerordentlich selten: Wir kennen bis heute nur drei in diese Zeit zu datierende Bestattungen. Erst mit Beginn des 5. Jahrhunderts nimmt die Beigabe eines Schwertes deutlich zu und erreicht im

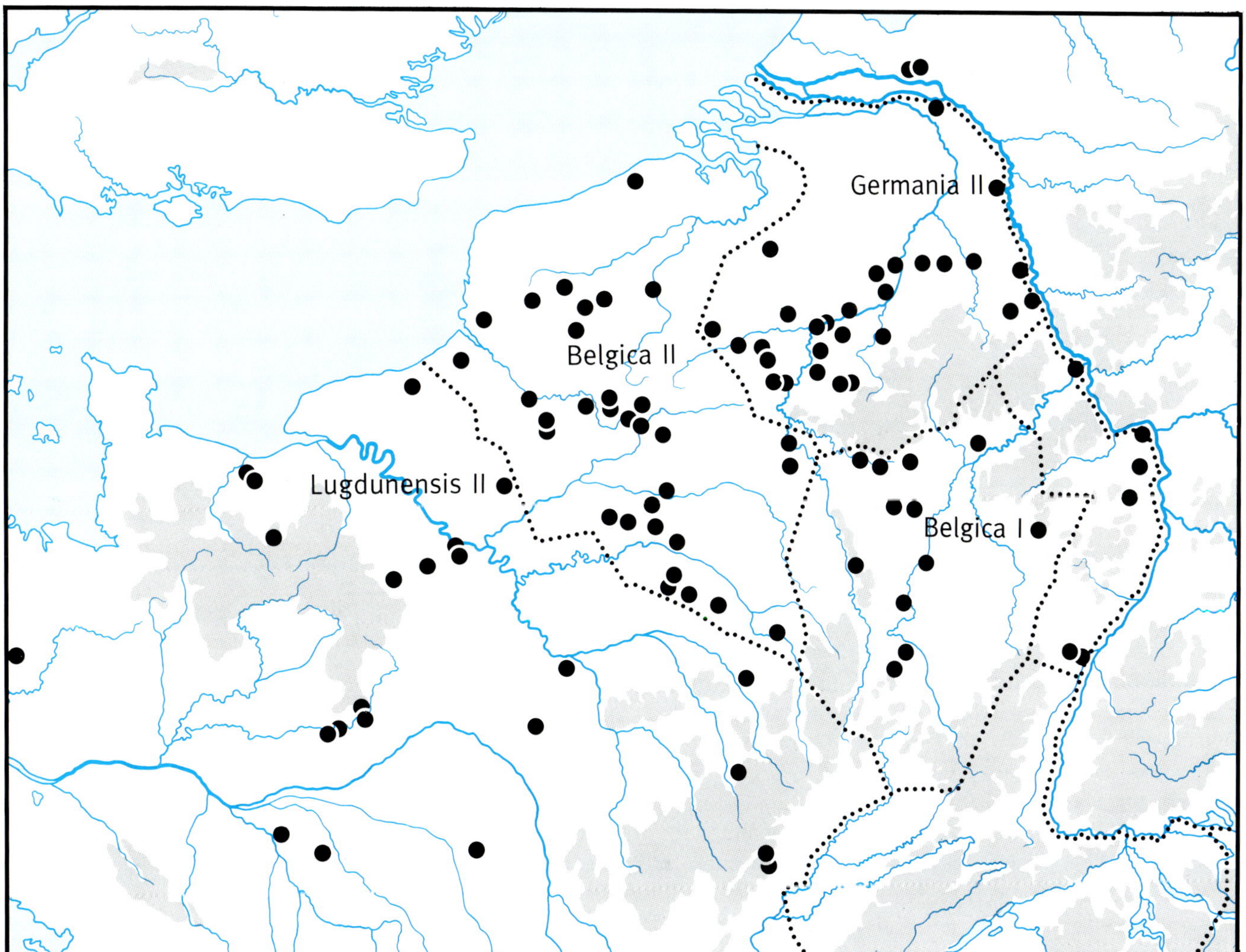

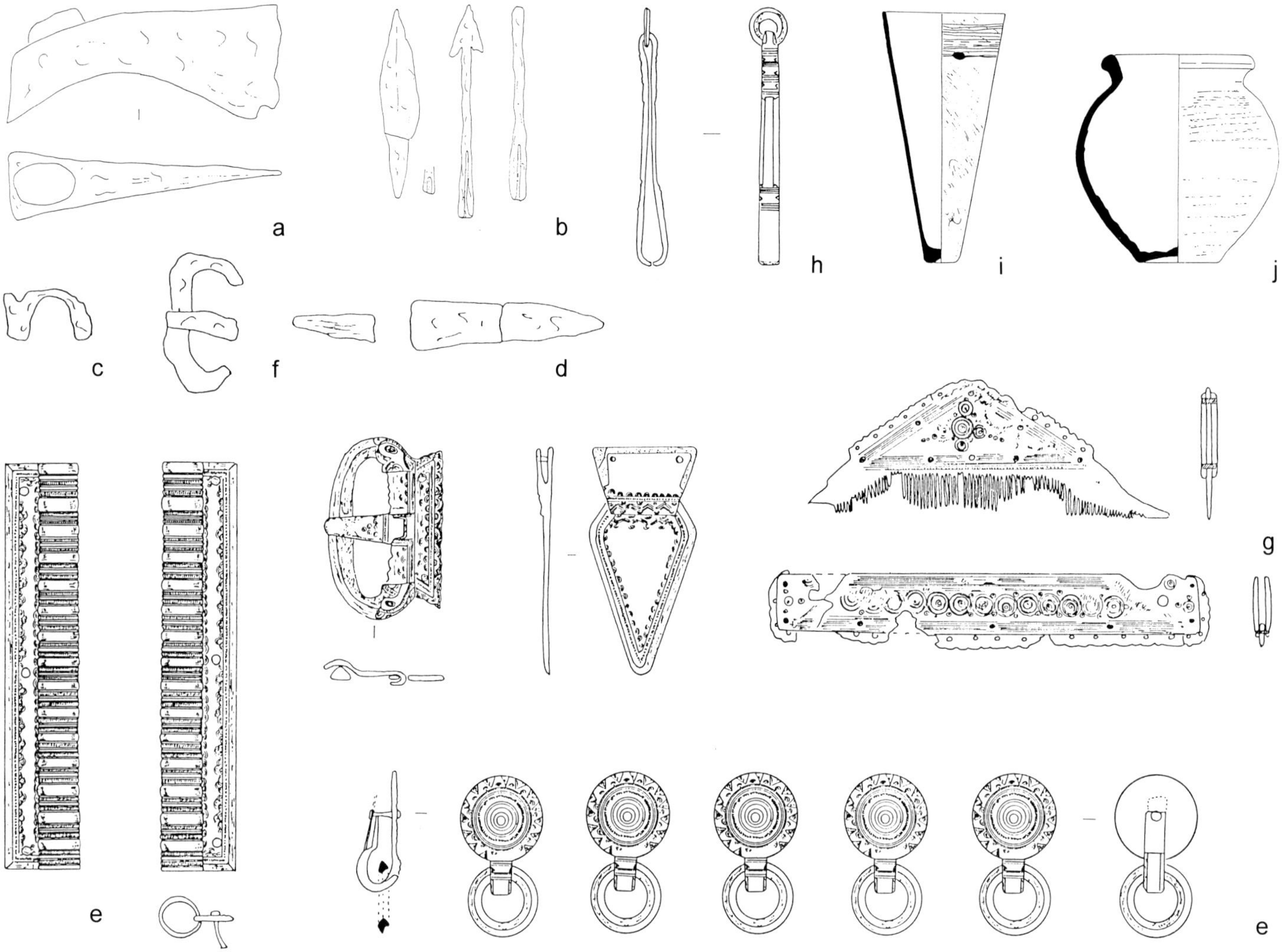

__Abb. 70__ Männergrab 143 A von Vron (Dép. Somme) aus dem mittleren Drittel des 5. Jahrhunderts. Neben den Bronzebeschlägen des breiten Militärgürtels (e) ist vor allem die frühe Franziska (a) hervorzuheben (Kat.III.3.8.).

mittleren Drittel des 5. Jahrhunderts erstmals allgemeine Verbreitung. In der Zeit der Frankenkönige Childerich und Chlodwig (ca. 460–510) gehörte die Ausstattung mit einer Spatha bei reicheren Männergräbern bereits zur Normalität: Die im 4. und frühen 5. Jahrhundert offenbar noch nicht voll ausgebildete und normierte Sitte einer generellen Waffenbeigabe bei den germanischen Kriegern in Nordgallien hat sich – wie die Spathabeigabe im speziellen – demnach erst im Laufe des 5. Jahrhunderts vollständig entwickelt und durchgesetzt. Zu Beginn der Merowingerzeit, in der zweiten Hälfte des 5. Jahrhunderts, tritt sie dann als Regelausstattung klar in Erscheinung.

Die Kontinuität der germanischen Friedhöfe bis zum 5. Jahrhundert

Betrachtet man einzelne spätrömische Nekropolen Nordgalliens mit Fibel- und Waffengräbern (zum Beispiel Vron, Vermand, Vireux-Molhain, Furfooz, Vieuxville, Jülich oder Krefeld-Gellep), so zeigt sich, daß die meisten von ihnen erst seit dem ausgehenden 4. Jahrhundert einen deutlich erkennbaren germanischen Bevölkerungsanteil aufweisen oder sogar erst in dieser Zeit angelegt worden sind. In der Regel wurden sie zwei Generationen lang

Abb. 71 Männergrab 43 von Krefeld-Gellep aus dem dritten Viertel des 5. Jahrhunderts. Der vornehme Krieger trug ein Langschwert und zwei metallbeschlagene Militärgürtel (Kat. III.3.7.). Foto Reiss-Museum.

bis zum mittleren Drittel des 5. Jahrhunderts benutzt (im Rheinland offenbar sogar bis in die Zeit um 500), wobei die Zahl der bestatteten Frauen und Kinder, wie neuere anthropologische Untersuchungen gezeigt haben, genausogroß war wie die der Männer: Wir haben es also mit Begräbnisstätten ganzer Familien zu tun und nicht etwa nur speziellen Soldatenfriedhöfen mit überwiegendem Männeranteil. Dies wirft ein bezeichnendes Licht auf die Art der Ansiedlung dieser germanischen »Heerscharen«, die offensichtlich als kleine geschlossene ethnische Einheiten im Familienverband erfolgte, wobei ihre gentile Identität gewahrt blieb.

Man geht also heute davon aus, daß während des 4./5. Jahrhunderts zahlreiche germanische Krieger von der römischen Militärverwaltung ganz regulär angeworben und rekrutiert wurden, ihren Dienst in Gallien absolvierten und entweder dort verstarben, wie die vielen entsprechenden Bestattungen belegen, oder aber – nach Dienstende – wieder in ihre Heimat zurückkehrten. Dabei hat es sich offenbar überwiegend um Angehörige verschiedener rechtsrheinischer Stämme samt ihren Familien gehandelt, wobei Franken, Sachsen und Alamannen deutlich überwogen. Es lassen sich aber auch Thüringer, Skandinavier, Angelsachsen und Ostgermanen in bescheidener Zahl nachweisen. Eine Verbreitungskarte spätrömischer Militärgürtelbeschläge in germanischen Gräbern östlich des Rheins (Abb. 73) zeigt deutlich, woher die Mehrzahl dieser Krieger stammte. Leider ist im Einzelfall nur sehr schwer zu entscheiden, welchen rechtsrheinischen Stämmen im einzelnen die nordgallischen »Reichsgermanen« einst angehörten, doch muß der Anteil fränkischer Kontingente außerordentlich hoch gewesen sein.

Abb. 72 Einen Militärgürtel mit Tierkopfschnalle wie in Krefeld-Gellep Grab 43 trug auch der Krieger aus Jülich (Kr. Düren) Grab 140 im dritten Viertel des 5. Jahrhunderts (Kat. III.3.14.). – Foto Reiss-Museum.

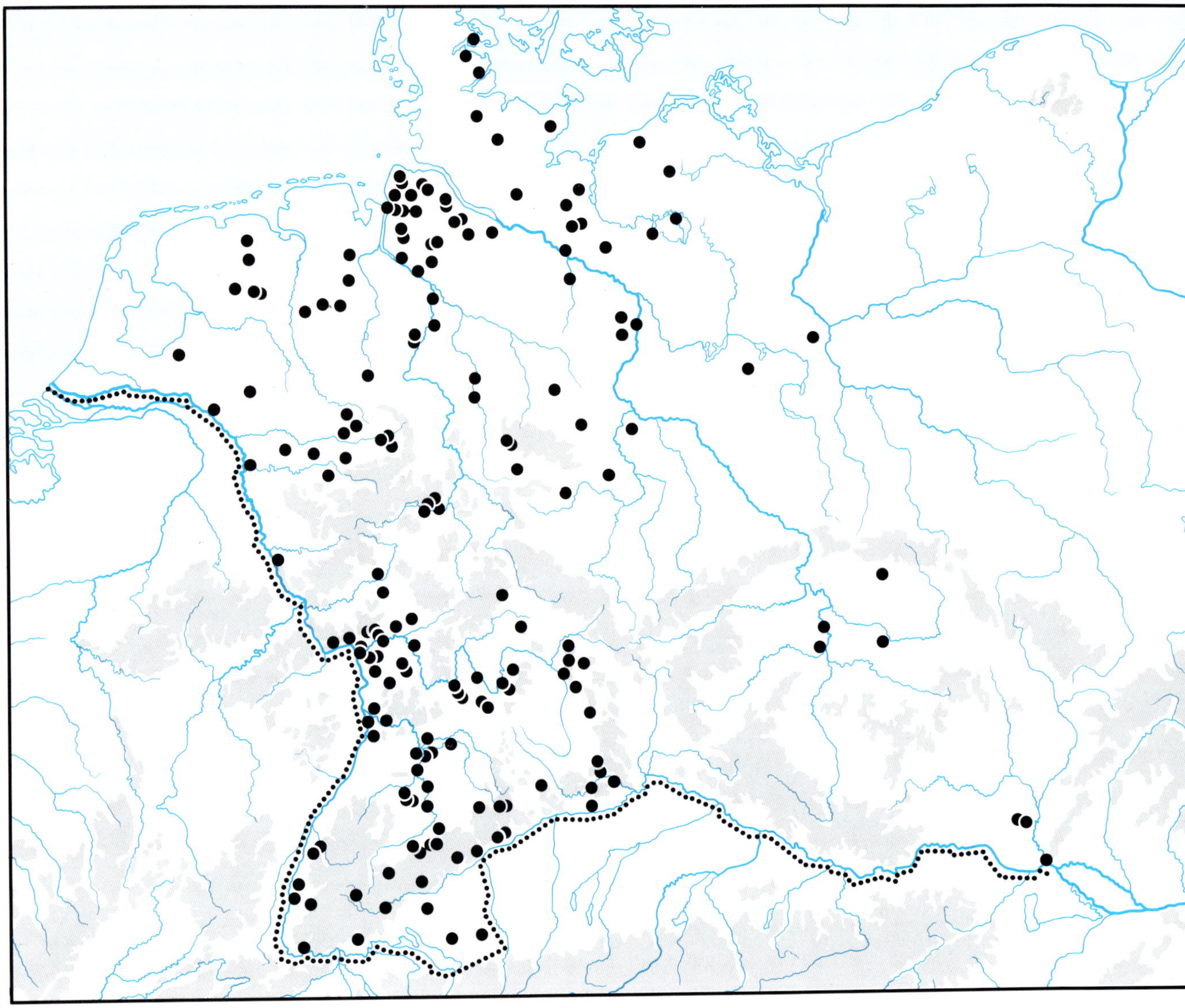

Abb. 73 Verbreitungskarte spätrömischer Bronzebeschläge von Militärgürteln des 4. und 5. Jahrhunderts östlich des Rheins und nördlich der Donau. Sie bezeugt die in ihre Heimat zurückgekehrten germanischen Kriegsverbündeten und läßt die Herkunftsgebiete dieser einstigen Söldner in römischem Dienst erkennen.

Als Gegenleistung für ihre dringend benötigte Waffenhilfe hatten diese Söldner dreierlei zu erwarten: Geldzahlungen, Waffenlieferungen und Landzuweisungen. Die Soldzahlungen in gemünztem Gold und Silber zeigen sich sowohl in den häufigen Münzbeigaben der betreffenden nordgallischen Gräber als auch in den gewaltigen Münzschätzen rechts und links des Rheins, wie etwa in Suarlée (Belgien), Dortmund oder Großbodungen südlich des Harz. Zahlreiche Waffen in germanischen Gräbern stammen – wie damaszierte Schwerter und gelegentliche Fabrikmarken belegen – aus reichsrömischen Werkstätten, ebenso wie die vielfältigen, häufig kerbschnittverzierten Militärgürtel. Sie bezeugen nachdrücklich die Lieferung römischer Militärausrüstung an die germanischen Verbündeten. Die Landzuweisungen lassen sich allerdings meist nur indirekt nachweisen, etwa durch zum Teil reich ausgestattete Gräber germanischer Krieger und ihrer Frauen auf ländlichen Friedhöfen Galliens in der Nähe von

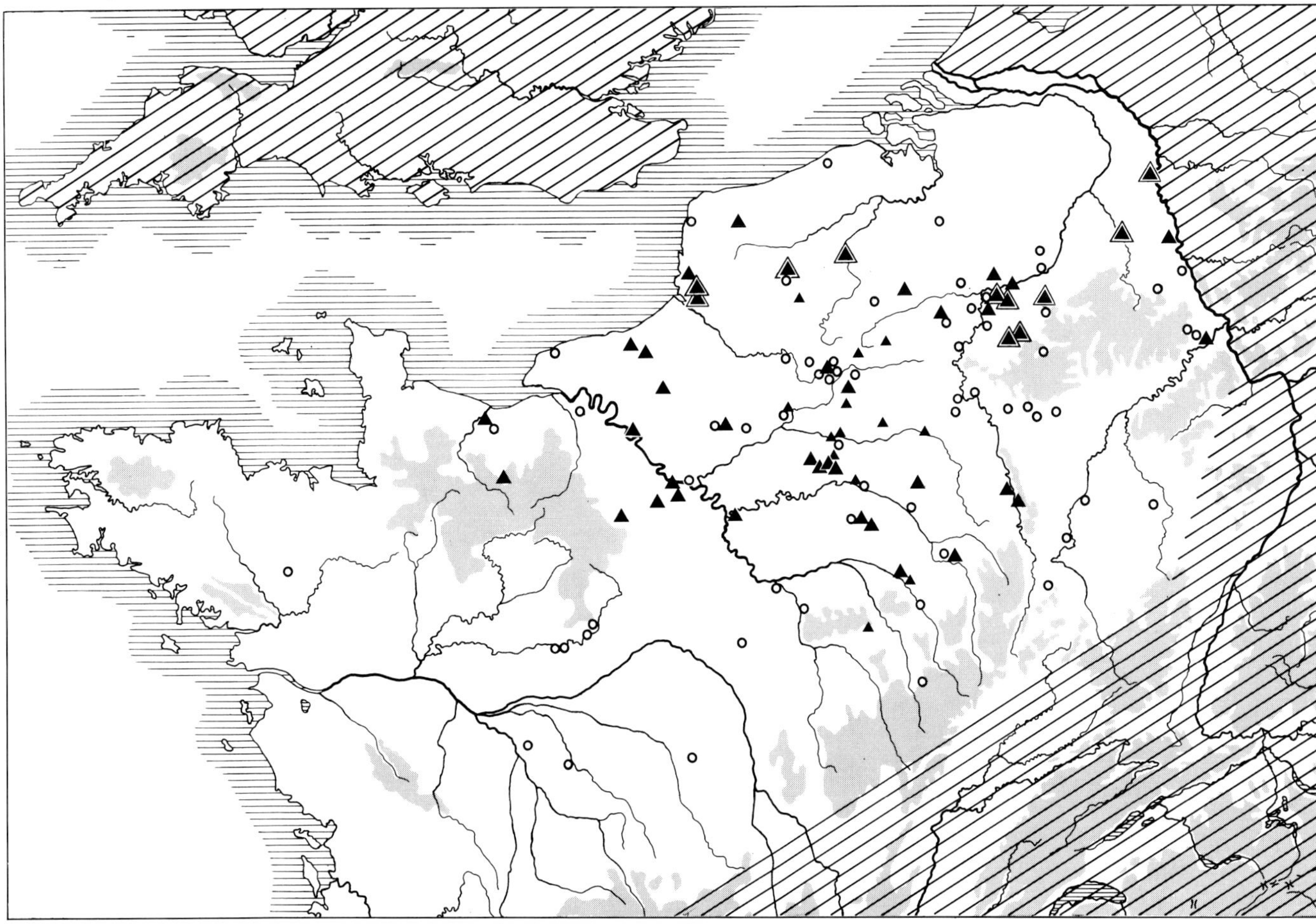

Abb. 74 *Verbreitungskarte spätrömischer Friedhöfe in Nordgallien und deren kontinuierliche Nutzung bis in die Merowingerzeit. Offener Kreis: Abbrechen um 400/Mitte 5. Jahrhundert. – Dreieck: Vermutliche Weiterbenutzung bis in die Merowingerzeit. – Gerahmtes Dreieck: Gesicherte Weiterbenutzung bis in die Merowingerzeit durch germanische Waffen- und andere Gräber des mittleren und späten 5. Jahrhunderts.*

Villen, die ihnen offenbar zwecks Selbstversorgung überlassen worden waren.

In vielen der hier behandelten Nekropolen Nordgalliens, die sämtlich nördlich und östlich der Somme liegen (Abb. 74), konnte eine kontinuierliche Belegung durch germanische, mehrheitlich fränkische Militärsiedler nachgewiesen werden, die bis zur Mitte des 5. Jahrhunderts zu verfolgen ist und sich teilweise bis in die beginnende Merowingerzeit (um 500) erstreckte. Zu den charakteristischen, breiten Militärgürteln dieses späteströmischen Heeres in Nordgallien während der Mitte bis zweiten Hälfte des 5. Jahrhunderts gehörten unter anderem die sogenannten einfachen Garnituren mit zwei Astragalröhren, einer Schnalle mit festem Beschläg, einer lanzettförmigen Riemenzunge sowie drei bis fünf Gürtelösen, wie sie zum Beispiel aus Jülich Grab 74 (Kat. III.3.13) und Vron Grab 143 A (Abb. 70) bekannt sind. Ihre Verbreitung (Abb. 75) erfaßte nicht mehr – wie bei den Schnallen und Gürtelgarnituren im 4. und frühen 5. Jahrhundert – das gesamte Gebiet zwischen Rhein und Loire, sondern beschränkte sich deutlich auf den äußersten Nordosten Galliens (*Germania II*, Nordteil der *Belgica II*), wo den schriftlichen Quellen zufolge vornehmlich salische und rheinische Franken saßen, die noch unter den letzten Heermeistern (Aëtius, Aegidius, Syagrius) zum Militärdienst aufgeboten wurden und ihre Pflichten auch loyal erfüllten, bis Chlodwig im Jahre 486 diese Verbindungen jäh unterbrach.

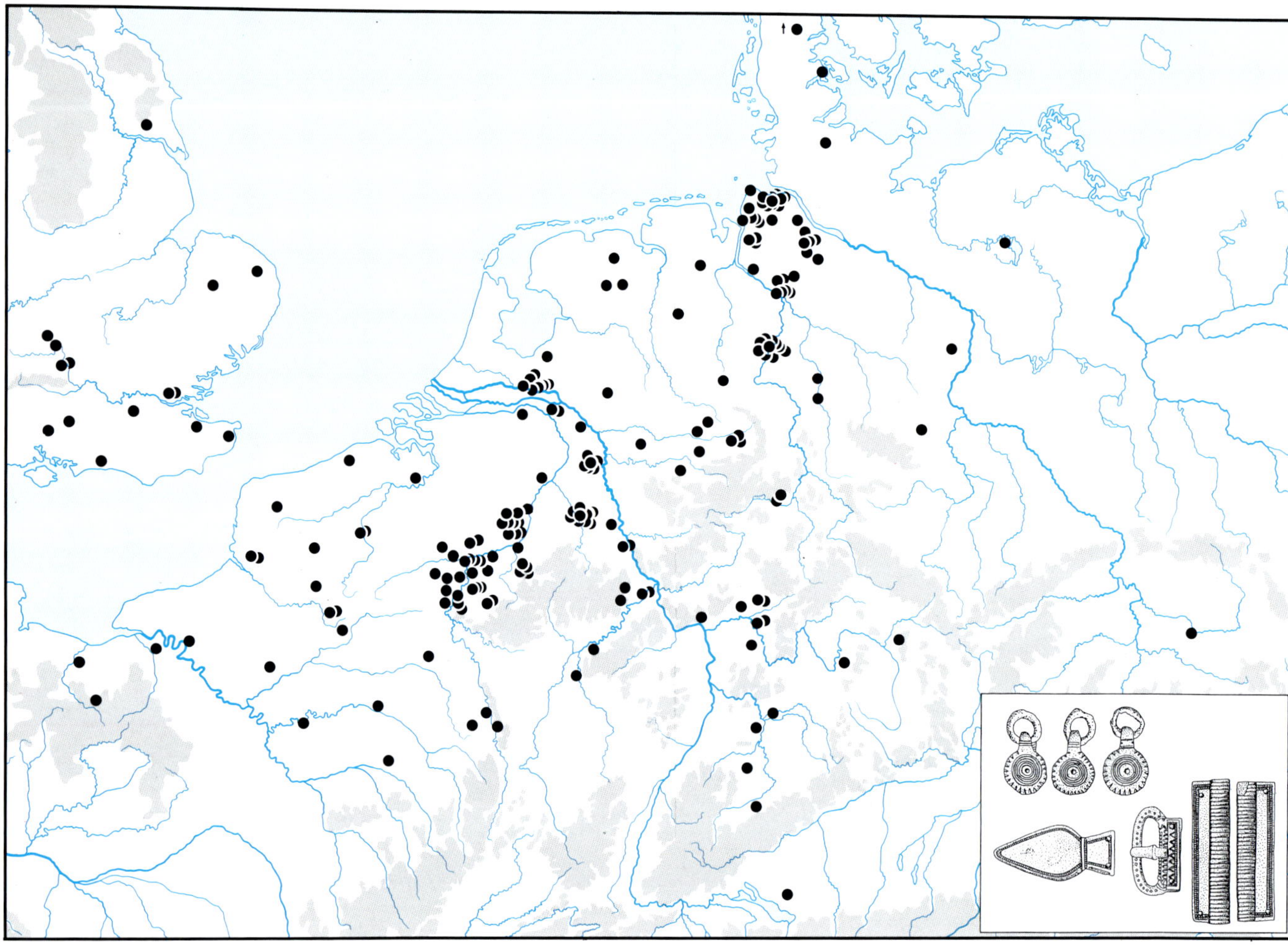

Abb. 75 *Verbreitungskarte spätesrömischer Militärgürtelbeschläge des mittleren Drittels des 5. Jahrhunderts, sogenannte einfache Gürtelgarnituren. Jeder Punkt repräsentiert einen solchen Gürtel und nicht nur – wie bei den anderen Karten – den jeweiligen Fundplatz.*

Laeten oder Foederaten?

Vor nahezu 50 Jahren hat Joachim Werner erwogen, die zweifelsfrei germanischen Gräber des 4./5. Jahrhunderts in Nordfrankreich und Belgien mit den Laeten in Verbindung zu bringen. Einen reichen Krieger aus Vermand hielt er demzufolge für einen *praefectus Laetorum*, also für den Oberkommandierenden einer solchen Laeteneinheit. Diese sicher überwiegend germanische Bevölkerungsgruppe setzte sich aus kriegsgefangenen Gegnern des Römischen Reiches zusammen, die vor allem im späten 3. und frühen 4. Jahrhundert in Nordgallien zwangsangesiedelt und zum Kriegsdienst verpflichtet worden waren.

Die Laeten-Theorie ist vor etwa drei Jahrzehnten als unzulänglich erkannt worden, wobei Kurt Böhner und Verfasser die entscheidenden Argumente geliefert haben. Die ausführliche Diskussion von damals soll hier nicht wiederholt werden. Nur drei Punkte der Beweisführung seien noch einmal hervorgehoben:

– 1. Es besteht eine zeitliche Diskrepanz von 50 bis 100 Jahren zwischen der ersten Erwähnung von Laeten und dem Einsetzen der entsprechenden germanischen Grabfunde.

– 2. Das Hauptverbreitungsgebiet dieser spätrömischen Grabfunde, besonders der Waffengräber, deckt sich nicht mit den historisch bezeugten Siedlungsgebieten der Laeten.

– 3. Der aus den Schriftquellen erkennbare äußerst niedrige soziale und rechtliche Status der Laeten verträgt sich nicht mit den bemerkenswert reichen Grabausstattungen der besagten Gräber, die vielmehr eine Oberschicht der Germanen repräsentieren.

Ersatzweise schlug Verfasser 1974 vor, diese anhand ihrer Gräber nachweisbaren Germanen Nordgalliens als *foederati* (Verbündete des Reiches) zu bezeichnen, wobei er darunter damals sowohl die Kontingente ganzer föderierter germanischer Stämme (etwa die um 340/45 angesiedelten Salfranken in Toxandrien), die unter dem Befehl eigener Fürsten standen, als auch freie Söldner (*voluntarii*) verstand, die sich freiwillig – gewissermaßen auf privater Basis – zum Heeresdienst in der römischen Armee entschlossen hatten.

Sicherlich war der etwas weitgefaßte Begriff »Foederaten« damals nicht besonders glücklich gewählt, weshalb Verf. später davon abgerückt ist. Er glaubt heute vielmehr – zusammen mit vielen anderen Archäologen –, daß sich die meisten der fraglichen barbarischen Grabfunde Nordgalliens mit Militärkontingenten verbündeter germanischer Völker sowie mit Gefolgschaftsverbänden rechtsrheinischer Häuptlinge und Könige erklären lassen – erinnert sei an Mallobaudes und Fraomar –, die in römische Dienste traten und ganz regulär ins Reichsheer eingegliedert wurden. Diese neuen Truppen waren also offizielle römische Soldaten germanischer Herkunft (sogenannte *auxilia*) und keine unabhängigen, selbständig operierenden freien Kriegerscharen.

Diese neue Deutung deckt sich weitgehend mit den Anschauungen des Historikers R. Schneider, der – unter Hinweis auf Äußerungen Prokops (Vandalenkriege I,11) – die Bezeichnung »Foederaten« durchaus auch für die germanischen Söldner Nordgalliens gelten lassen möchte, da es im 5. Jahrhundert offenbar zu einem Begriffswandel des juristisch ursprünglich sehr eng verstandenen »klassischen« Föderatenstatus gekommen sei.

Die Stammesbildung der Franken auf Reichsboden

Die Ergebnisse der Frühmittelalterarchäologie in den letzten Jahrzehnten haben eines sehr deutlich gemacht: Im Zuge der Anwerbung germanischer, vor allem fränkischer Soldaten östlich des Rheins und ihrer Verwendung in der regulären spätrömischen Armee gelangten seit dem mittleren 4. Jahrhundert und in besonderem Maße während des 5. Jahrhunderts zahlreiche reichsfremde Krieger mit ihren Familien nach Nordgallien, wo sie sich – auf römische Anordnung – besonders in den Provinzen *Germania II* und *Belgica II* niederließen und heimisch wurden. Der jahrzehntelange Militärdienst dieser Barbaren führte einerseits zu ihrer langsamen, schrittweise erfolgenden Akkulturation an die zunächst ungewohnte Umgebung (Romanisierung), andererseits – da sie unter dem Befehl und der Herrschaft eigener Stammesführer standen – zu einem zunehmenden gentilen Zusammenschluß der ursprünglich einigermaßen heterogenen Stammessplitter.

Die prägende Kraft des Reichsdienstes hat also ganz entscheidend auf die Stammesbildung der verschiedenen fränkischen Volksteile (Salfranken, Rheinfranken) eingewirkt, die sich bezeichnenderweise erst auf dem Boden des Römerreiches vollzogen hat. Betrachtet man die recht komplizierten Vorgänge der fränkischen Ethnogenese unter diesem Aspekt, so muß man von der »klassischen« Theorie einer Eroberung Galliens durch die Franken wohl Abschied nehmen und das langsame Einsickern fränkischer und anderer germanischer Bevölkerungsgruppen seit dem 4./5. Jahrhundert als einen bedeutsamen siedlungsgeschichtlichen Prozeß auffassen, der im Verlaufe von gut 100 Jahren zu einer »Barbarisierung« Nordgalliens führte und die ethnischen und sozialen Strukturen dieser Provinzen nachhaltig veränderte. Ohne diesen einschneidenden Wandel wäre die fränkische Reichsgründung gegen Ende des 5. Jahrhunderts, als die römische Herrschaft westlich des Rheins zum Erliegen kam, wohl kaum möglich gewesen.

Literatur: Böhme 1974a; 1986; 1988; 1993b; 1994. – Böhner 1963. – Demandt 1980; 1989. – Schneider, R. 1995. – Stroheker 1965. – Werner, J. 1950; 1958b.

Die Gallo-Romanen als Nachfahren der römischen Provinzialbevölkerung

Paul van Ossel

Bei der Erforschung der frühen merowingischen Epoche waren Archäologen meist bestrebt, Überreste einer fortschreitenden Inbesitznahme Galliens durch die Franken ans Licht zu bringen. In vielerlei Hinsicht ist dagegen die innere Entwicklung der gallo-römischen Provinzen weniger gut untersucht worden. Zahlreiche neuere Grabungen erlauben es jedoch, in Gallien Veränderungen des 4. und 5. Jahrhunderts besser wahrzunehmen und die neuen Formen der Landnahme anschaulich zu machen.

Die Provinzen der gallischen Diözese waren lange Zeit stark gallo-römisch geprägt gewesen. Die in vier Jahrhunderten Geschichte fest verwurzelte antike Kultur wurde durch die Ankunft der Franken nicht auf einen Schlag weggefegt. Jene haben sich auch nicht in verlassenen Gebieten niedergelassen. Das Bild von der geringen, hauptsächlich städtischen Provinzialbevölkerung, die sich hinter enge Stadtmauern geflüchtet hat, die von großenteils verlassenen Feldern umgeben waren, ist übertrieben. Man weiß außerdem, daß die Eingliederung der Franken nicht von einer massiven Wanderung begleitet wurde und daß der Anteil der Franken in der gallo-römischen Provinzialbevölkerung gering geblieben ist, abgesehen von den nördlicheren Regionen und dem Rheinland. Dies zeigt sowohl die archäologische Erforschung der Gräber als auch die Anthropologie. Viele Friedhöfe der Städte weisen noch im 5. Jahrhundert gallo-römische Bestattungssitten auf, mit Körpergräbern ohne Ausstattung und manchmal Familiengruppen in *memoriae.* Germanische Präsenz ist niemals in großer Zahl belegt, auch nicht in den ausgedehnten Friedhöfen, die mit dem fränkischen Vordringen in Nordgallien in Zusammenhang gebracht werden. Die Niederlassung der Franken scheint mehr von kleinen Gruppen getragen zu sein, und zwar eher um die Gebiete zu halten als sie zu kolonisieren. Einige dieser Neuankömmlinge haben ganz offensichtlich mühelos die Sitten des spätantiken römischen Lebens übernommen. Die in der zweiten Hälfte oder gegen Ende des 5. Jahrhunderts verfaßte Weihinschrift für eine angesehene Persönlichkeit mit dem germanischen Namen *Steleco,* Stilicho, auf dem Mosaik von Mienne-Marboué, Dép. Eure-et-Loir, ist in dieser Hinsicht bezeichnend (Abb. 76). Andere Zeugnisse legen sogar die Integration germanischer Personen in die Klasse der reichen gallo-römischen Grundbesitzer nahe, selbst in den Provinzen Nordgalliens. Die Rolle, welche die hl. Genovefa in der Verwaltung der Hauptstadt der *Parisii* spielte, weist in diese Richtung.

Das Erbe der Spätantike

Die Entwicklung Galliens zwischen dem 4. und dem 6. Jahrhundert zeugt von der Last des antiken Erbes, auch wenn es nicht überall gleich ist. Die Romanitas bleibt in der politischen Organisation und der der Verwaltung allgegenwärtig, ebenso wie in religiösen und juristischen Bereichen, da das römische Recht sich immer noch auf einen Teil der Bevölkerung anwenden läßt. Man findet ihre Spuren ebenso im Fortbestehen von Militärtraditionen. Die klassische Kultur hat länger überlebt, als man es gemeinhin glaubt, und man weiß, daß sich Rhetorikschulen einige Zeit in Nordgallien halten konnten. Zahlreiche während des 4. Jahrhunderts eingeführte Strukturen bestanden fort, veränderten und paßten sich dabei an. Dies trifft für die städtische Landschaft zu, die sich von dieser Zeit an festigte und sich vor dem 10. oder dem 11. Jahrhundert nicht grundlegend veränderte. Dies trifft auch für das ländliche Siedlungswesen zu, das seit dem 4. Jahrhundert eine Entwicklung beginnt, die in vollem Umfang im 5. und 6. Jahrhundert weiterführte. Dies trifft schließlich im Bereich der materiellen Kultur zu: Man könnte zahlreiche Gegenstände des täglichen Lebens anführen, die im 4. Jahrhundert auftraten und die mehr oder weniger lange in merowingischer Zeit fortbestanden, wie die rädchenverzierte Argonnenkeramik oder das rauhwandige Küchengeschirr. Zahlreiche römische Bauten sind wiederbenutzt worden oder kennzeichnen noch immer die städtische Landschaft, aber auch die ländliche Region, wie neuere Grabungen mehr und mehr beweisen (Abb. 77).

Mehr als von Bruch oder Kontinuität sollte man also von Entwicklung sprechen. Die heutige Archäologie setzt den Akzent zunehmend auf die wechselseitigen Anleihen, die in fast allen Bereichen der materiellen Kultur stattfanden, wovon der Begriff der »Mischzivilisation« herrührt, der zu Recht benutzt wird, um die Zeit zwischen dem 4. und 6. Jahrhundert zu charakterisieren. Solche charakteristischen Konstanten erlauben es, den Übergang der gallo-römischen Welt in die fränkische Welt zu ermessen. Unter diesem Gesichtspunkt ist das Festhalten oder das Fortbestehen spezifisch römischer Formen der Besiedlung, wie die *villa* und die Stadt mit all ihrem Bauschmuck des 2. Jahrhun-

Abb. 76 *Mosaik von Mienne-Marboué (Dép. Eure-et-Loir) aus der zweiten Hälfte oder dem späten 5. Jahrhundert. – Foto M. Blanchard-Lemée.*

derts, weniger interessant als ihre fortschreitende Veränderung.

Städte und Siedlungen

Die Wahrnehmung der spätantiken Städte hat sich in den letzten Jahrzehnten sehr verändert. Man sah herkömmlicherweise in der Verkleinerung der bewohnten Flächen und der Errichtung von engeren Stadtmauern, die eilig aus Spolien, d. h. aus wiederverwendeten Bausteinen errichtet wurden, das Zeichen eines tiefgreifenden Niedergangs der Stadt. Dieser pessimistischen Vorstellung steht eine positivere entgegen. Die Ausdehnung von spätantiken Stadtmauern und Städten kann in Gallien sehr verschiedenartig sein; es gibt Anzeichen für ein Fortbestehen städtischer Siedlung außerhalb der Mauern, die, um einen manchmal gebrauchten Ausdruck wiederaufzugreifen, nur »Zitadellen« gewesen sein können. Die Rolle, welche die Verwaltung in den Städten für die Festigung der städtischen Landschaft des frühen Mittelalters spielte, ist ebenso wichtig wie die der Kirchenbauten des 4. und 5. Jahrhunderts.

Im Gegensatz dazu scheint die Rolle der untergeordneten Siedlungen, die während der Kaiserzeit ein ziemlich dichtes Netz ergeben, weniger klar. Mehrere waren befestigt, ohne daß man weiß, ob sich in ihren Mauern eine zivile Sied-

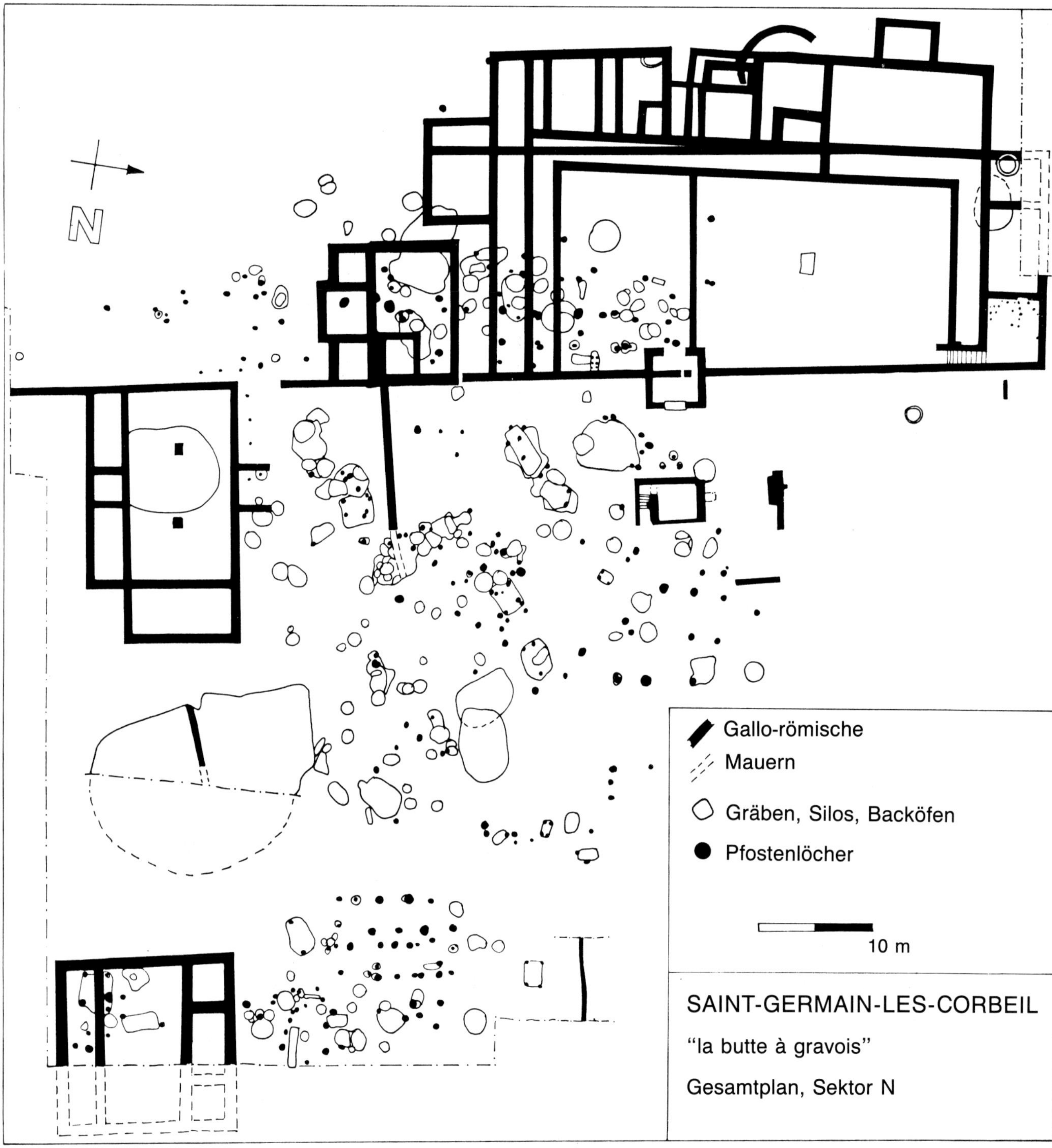

Abb. 77 Plan der Villa von Saint-Germain-les-Corbeil (Dép. Essonne) aus dem 5.-6. Jahrhundert. – Zeichnung M. Petit.

lung behauptete. Bei den anderen ist es oft schwierig zu erkennen, wie viele am Ende der Spätantike noch bewohnt waren und wie viele vollständig oder teilweise verlassen worden sind. Das Fortbestehen geordneter Siedlungen, abgesehen von den Städten oder den *castra*, ist kaum gesichert. Welche Art Besiedlung sich an den unbedeutenderen Siedlungsplätzen entwickelte oder dort andauerte, ist völlig unklar.

Die ländliche Siedlung

Die langsame Entwicklung, die in fast zwei Jahrhunderten die ländliche Landschaft der Spätantike zumindest in ihren unmittelbar sichtbaren Überresten veränderte, ist mittlerweile besser erkannt worden. Dies betrifft zuallererst die römischen *villae*, aber auch die weniger romanisierten Siedlungsformen, welche die Archäologie zunehmend häufiger daneben aufdeckt. Diese Plätze erfahren während der Spätantike voneinander abweichende Veränderungen, aber alle führen zu ihrem Verschwinden, dann zu ihrer Ersetzung durch verschiedene Siedlungsmodelle. Wegen des besonderen Zusammenhanges dieser Epoche stellt sich unweigerlich die Frage nach den äußeren Einflüssen, aber mehr und mehr ergeben sich Hinweise, daß die ländliche Siedlung, so wie sie seit dem 6. Jahrhundert besteht, das Ergebnis einer internen Entwicklung der ländlichen gallo-römischen Welt ist.

Villae nach römischer Art gehören offenkundig am Beginn der merowingischen Epoche immer noch zur bäuerlichen Landschaft. Darauf läßt jedenfalls das Verlegen von zeitlich sehr späten Fußböden oder Mosaiken in einigen *villae* im Loire-Becken, im Burgund, aber auch in der Pariser Region, in der Picardie und Normandie schließen. Ein solches Fortbestehen gallo-römischer Siedlungsarten bestätigt eine bescheidenere *villa* (Abb. 77) in Saint-Germain-les-Corbeil, Dép. Seine-et-Marne, wo ein Teil des alten Herrenhauses offenkundig – mit Hilfe welcher Veränderungen? – beibehalten wurde, während sich um sie herum eine sehr unterschiedliche Siedlung mit Holzbauten und Grubenhütten seit dem 5. Jahrhundert entwikkelte.

Sehr viel zahlreicher sind ländliche Siedlungen, die seit dem 4. Jahrhundert deutliche Anzeichen von Veränderungen zeigen. Jene werden oft von einer Verringerung der bewohnten Flächen begleitet sowie von der mehr oder weniger tiefgreifenden Veränderung der alten Baustrukturen. Diese Plätze zeugen von einem fortschreitenden Auslöschen der Romanitas während des 4.-5. Jahrhunderts. Die Baumaterialien waren unterschiedlich, aber alle verraten, daß weniger ausgeklügelte, billigere Bautechniken angewandt wurden, die auf eine nie in Vergessenheit geratene einheimische Tradition zurückgehen. Diese neuen Formen setzten sich rasch durch. Daher die beachtliche Anzahl der Bauten in leichten Materialien mit Pfosten oder auf Sockelmauern, die man oft und etwas zu voreilig als eine seit der Spätantike »wiederkehrende« Form bezeichnete. Wenn Holzbauten in den gallo-römischen Landschaften immer noch neben gemauerten Gebäuden existierten, so hat ihre weite Verbreitung nun eine beträchtliche Veränderung im Aussehen der ländlichen Siedlungen bewirkt. Die Gründe für eine solche Entwicklung sind vielfältig, aber das Fehlen finanzieller Mittel, um in Stein zu bauen, hat sicher eine Rolle gespielt.

Da diese Bauten aus leichtem Material erst neu aufgedeckt sind, sollen ihre charakteristischen Merkmale besonders hervorgehoben werden. Unter den ebenerdigen Bauten sind zwei Gruppen zu unterscheiden, die in ihrer Beschaffenheit, vor allem in der Anfertigung der Wände voneinander abweichen. Die eine vereint niedrige Bodenschwellen, Sockelmauern aus Stein und in den Boden verankerte Holzpfosten. Diese Bautechniken sind nicht neu, aber die andersartige Ausführung ist jüngeren Datums. Bei einigen Bauten handelt es sich um recht große einfache Hütten mit leicht eingetieftem Boden, die sich manchmal auf die Mauern eines zerstörten Gebäudes aus Stein stützen. Andere sind nicht so grob ausgeführt und weisen einen regelmäßigen Grundriß auf, auch wenn sie sehr bescheiden sind. Die kürzlich in Herblay, Dép. Val-d'Oise, ausgegrabene Siedlung gibt ein gutes Beispiel für den Gebrauch dieser Bautechniken im 5. Jahrhundert (Abb. 78). Die mit Öfen ausgestatteten Wohngebäude besitzen Sockelmauern aus Stein in gleichmäßigem Wechsel mit in den Boden eingetieften Pfosten. Eine zweite Gruppe von ebenerdigen Bauten vereinigt verschiedene Pfostenbauten. Ihre räumliche Ordnung ist ebenfalls unterschiedlich. Einige zeigen einen einfachen einschiffigen Grundriß; dieser Typus ist mindestens seit der Vorgeschichte bekannt. Sie sind von unterschiedlicher Größe und unterscheiden sich kaum von ähnlichen ebenfalls aus Holz errichteten Gebäuden, die in den gallo-römischen *villae* der Kaiserzeit gut belegt sind. Diesen wichtigen Gebäudetypus gibt es auch in Mauertechnik, sogar im 4. Jahrhundert, wie kürzlich in der Ile-de-France ausgegrabene Beispiele zeigen. Solche Funde legen unweigerlich eine einfache Umsetzung der in gallo-römischen Siedlungen häufigen Steinvorbilder in leichten Materialien nahe. Die Grabungen haben neben einschiffigen Bauten auch Gebäude mit zwei, sogar drei Schiffen nachgewiesen. Jene scheinen ältere Traditionen zu haben. Ähnliche Bauten waren im ländlichen Siedlungswesen sicher seit dem 1. Jahrhundert bekannt, aber vor allem in den nördlichen Regionen Galliens, in Nordbelgien und den Niederlanden, wo sie zu einer ein-

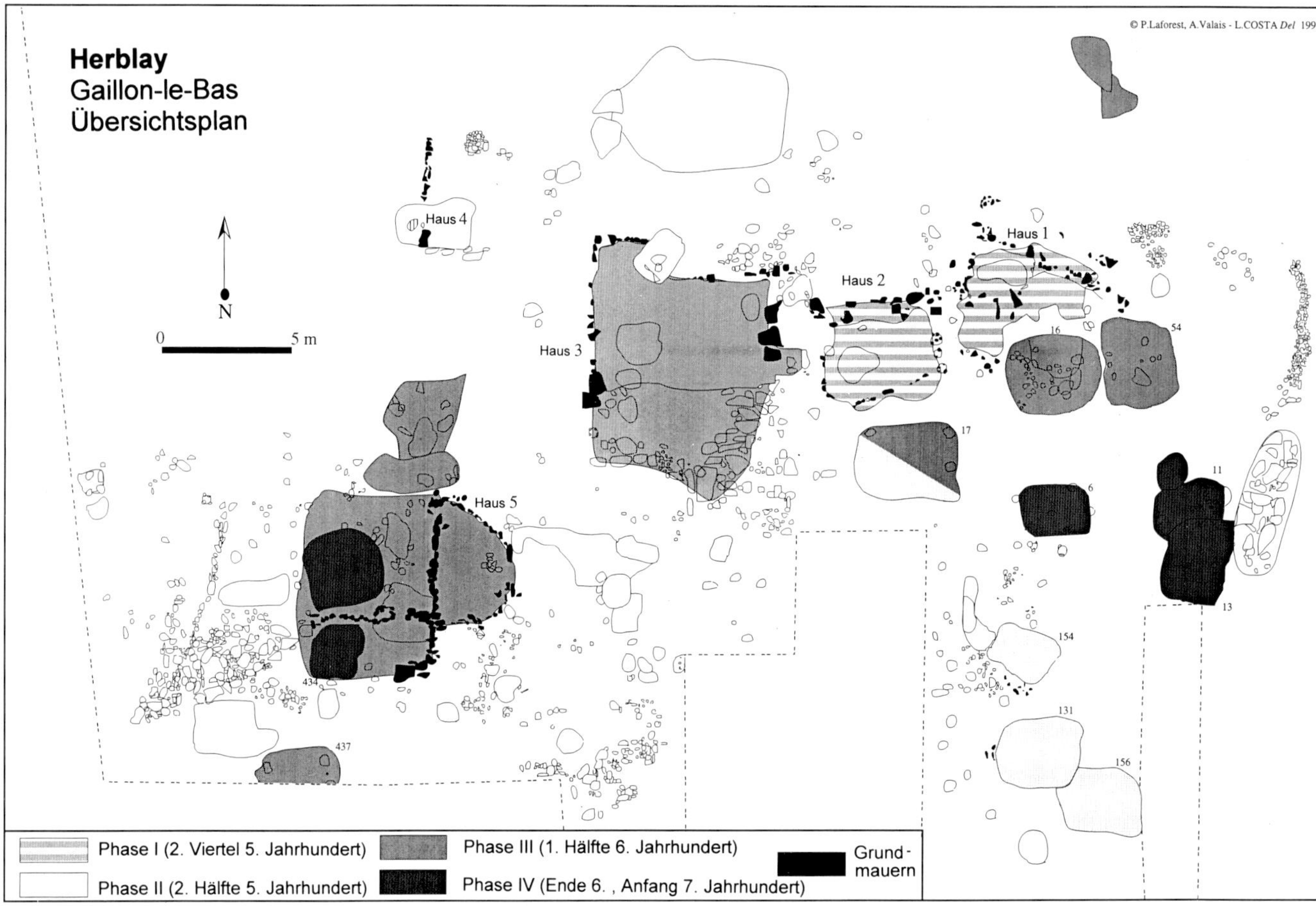

heimischen Siedlungsart gehören, die sich immer noch neben den romanisierten Siedlungen gehalten hat. Zwei- oder dreischiffige Bauten sind von nun an auch im 4. und 5. Jahrhundert bezeugt, zum Beispiel in der Pariser Region, und sie finden sich noch im Frühmittelalter, ohne daß die Grundrisse grundlegend abweichen.

Grubenhütten sind in zahlreichen ländlichen Siedlungen der Spätantike fortan ebenfalls zunehmend besser dokumentiert. Die ältesten treten im Laufe des 4. Jahrhunderts auf, aber die Mehrzahl datiert vom Ende des 4. Jahrhunderts und vom 5. Jahrhundert. Sie sind in seltenen Fällen sehr zahlreich und werden am häufigsten mit ebenerdigen Bauten in Verbindung gebracht, aber manchmal liegen sie auch abseits.

Die Lage dieser Bauten aus leichtem Material in den alten gallo-römischen Siedlungen verrät die sich vollziehenden Veränderungen. Die einen ersetzen frühere Steinbauten, ohne Rücksicht auf einen Vorgänger, während andere sich offenkundig in den Allgemeinplan der alten *villae* einfügen, trotz gewisser Flächenveränderungen. Herauszufinden ist, in welchem Umfang diese Holzgebäude neben den aus Stein errichteten Häusern bestanden, denn die Benutzungsdauer der Steingebäude kann durch die Grabungen nicht immer leicht bestimmt werden. Stellen sie eine letzte Umwandlung der *villa* dar, in der sie errichtet werden, oder gehören sie zu einer völlig anderen Besiedlung? Eine umfassende und endgültige Antwort liegt noch außer Reichweite, aber ihre Stellung in der Raumordnung der Siedlung legt die Hypothese einer einfachen Weiterentwicklung der alten *villa*

Abb. 78 *Plan der Siedlung von Herblay (Dép. Val-d'Oise) aus dem 5. und 6. Jahrhundert. – Zeichnung A. Valais und P. Laforest.*

Abb. 79 *Plan der ländlichen Siedlung von Marolles-sur-Seine, Le Chemin de Sens, aus dem 4. und 5. Jahrhundert. – Zeichnung J.-M. Séguier/P. Pihuit.*

N
✶ 4. Jh.
▲ 5. Jh.
■ 4.-5. Jh.
○ Funde aus vermutlich spätantiker Zeit
0
50m

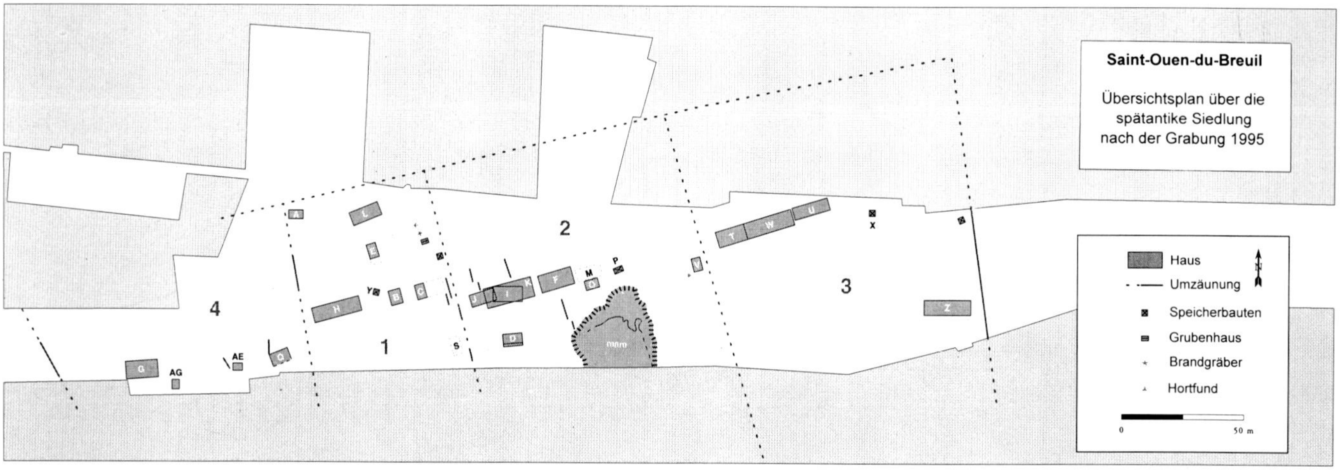

Abb. 80 *Schematischer Plan der ländlichen Siedlung von Saint-Ouen-du-Breuil (Dép. Haute-Normandie) aus der zweiten Hälfte des 4. Jahrhunderts. – Zeichnung V. Gonzalez/P. Ouzoulias/P. Van Ossel.*

sehr nahe und damit ihren Fortbestand in einer etwas veränderten Form.

Das Vorhandensein von vollständig oder fast völlig aus Holz errichteten Siedlungen im 4. und 5. Jahrhundert ist eine Neuerung im Norden Frankreichs. Einige, wie Marolles-sur-Seine (Abb. 79), kennzeichnen zweifellos nichts anderes als die Entwicklung des herkömmlichen einheimischen Bauerngehöfts. Andere sind aufgrund der Vergleiche, die sich mit den germanischen Siedlungen aufdrängen, schwieriger zu erklären. Ihre Anordnung ist charakteristisch. Neben einem Haus oder zumindest einem wichtigeren Gebäude, das als solches interpretiert wird, findet man weitere Pfostenbauten, wie Speicher und Grubenhütten, die manchmal mit kleineren Pfostengebäuden verbunden werden und deren Funktion schwierig zu bestimmen ist. Ein gutes Beispiel ist der Fundort von Athies-sous-Laon in der Picardie, der seit dem Ende des 3. Jahrhunderts bis zum mittleren 4. Jahrhundert besiedelt war. Der kurzen Zusammenfassung der Grabungsergebnisse nach zu urteilen, sind ungefähr ein Dutzend Pfostenbauten, nämlich drei Langhäuser von rechteckigem Grundriß, vielleicht mit landwirtschaftlicher Funktion, fünf kleine rechteckige Gebäude und vier viereckige Speicherbauten, um einen Hof herum angeordnet, der durch eine Umzäunung begrenzt ist. Eine ähnliche Siedlung wird gerade durch V. Gonzalez, P. Ouzoulias und den Autor in Saint-Ouen-du-Breuil ausgegraben, wenige Kilometer nördlich von Rouen. Gegen die Mitte des 4. Jahrhunderts erbaut und zweifellos vor dem Beginn des 5. Jahrhunderts aufgegeben, zählt sie ungefähr dreißig Holzbauten. Deren Verteilung (Abb. 80) läßt eine Raumordnung erkennen, die sich deutlich von den gallo-römischen *villae* unterscheidet. Die Untersuchung der Strukturen erlaubt es, mindestens vier Gruppen auszusondern, wobei jede dieselbe Auswahl an Gebäuden – große dreischiffige Häuser, kleinere einschiffige sowie Speicher und einige Grubenhütten – umfaßt.

Diese immer noch wenigen Beispiele weisen bemerkenswerte Ähnlichkeiten mit Fundorten wie Neerharen-Rekem in Belgien, Voerendaal oder Gennep in den Niederlanden auf, die etwas später, das heißt mit Siedlungen in der zweiten Hälfte des 4. Jahrhunderts oder am Ende des 4. Jahrhunderts im nördlichen Teil Nordgalliens aufkommen. Auch sie setzen sich aus einem oder mehreren großen Gebäuden, kleineren Bauten, Speichern auf Pfosten und Grubenhütten zusammen, sie sind jedoch zahlreicher. Die Grundrisse der dreischiffigen Häuser mit einer Länge von 20 bis 30 m und einer Breite von 6 bis 8 m stellen Parallelen zu den gleichzeitigen Wohnstallhäusern der *Germania libera* dar. Die innere Ordnung dieser Siedlungen, wenn man sie aufdecken kann, läßt auch Gruppierungen erkennen, die manchmal von Umzäunungen begrenzt sind. Dieser Charakteristika wegen, aber auch aufgrund ihres spätes Auftretens im Römischen Reich an seit längerem verlassenen Plätzen wie in Neerharen-Rekem oder an bisher unbesiedelten Stellen wie in Gennep wurden sie anfangs als Siedlungen von ins Reich eingewanderten germanischen Gruppen, sogar von fränkischen Gruppen identifiziert; dazu paßt scheinbar die Entdeckung von handgemachter Keramik, die aus den Gebieten östlich des Rheins stammt, was durch Magerungspartikel aus Gletschergeröll im Ton bestätigt wird.

In welcher Beziehung sie zu Siedlungen wie Athies-sous-Laon oder Saint-Ouen-du-Breuil stehen, ist beim jetzigen Forschungsstand nicht klar festzulegen. Die Grundrisse der Häuser stimmen nicht überein, und man hat anscheinend keine »germanische« Keramik an den französischen Fundorten erkennen können. Die Befunde sind schwierig zueinander in Beziehung zu setzen, und man sollte sich vor einer zu schnellen Interpretation der ausgegrabenen Überreste hüten. Die Datierung des Fundortes von Athies-sous-Laon an das Ende des 3. Jahrhunderts und in die erste Hälfte des 4. Jahrhunderts macht jede ethnische Zuordnung eher zu einem Wagnis, während man auf zahlreichere und erschöpfendere Hinweise wartet. Selbst der germanische Charakter von Siedlungen, die in Belgien und in den Niederlanden als solche bezeichnet werden, ist manchmal schwierig aufzuzeigen. Die Hausgrundrisse weisen alle strukturelle Unterschiede auf, die viele Fragen aufwerfen. Allein die Anwesenheit von grobgemagerter Keramik, von Ähnlichkeiten mit der handgemachten Keramik aus den nördlichen Niederlanden und dem Nordwesten Deutschlands, ebenso wie der allgemeine historische Kontext dieser Regionen am Ende des 4. Jahrhunderts und im 5. Jahrhundert, bilden die Grundlage für die Hypothese einer germanischen Siedlung.

Wenn auch Unsicherheiten und immer noch offene Fragen bestehen, die in den letzten Jahren zusammengetragene archäologische Dokumentation läßt doch den Umfang der Entwicklung erkennen, soweit es die gallo-römische Provinzialsiedlung seit dem 4. Jahrhundert betrifft. In ihrer Ordnung wie in ihren Architekturformen neigt jene dazu, sich nach und nach mit den Formen, die auch bei den östlich des Rheins angesiedelten germanischen Völkerschaften vertraut sind, zu vermischen. Aus dieser Begegnung kommt eine tatsächlich neue Welt hervor, in der die gallo-römische Bevölkerung, Gallo-Romanen, die unter die Macht der fränkischen Könige gerät, sich zu Recht als Erbe einer weitgehend fortbestehenden Tradition erweist.

Frau Blanchard-Lemée und den Herren Séguier, Petit und Valais danken wir für die Erlaubnis zum Abdruck der Abbildungen.

Literatur: Bassier/Darmon/Tainturier 1981. – Blanchard-Lemée 1981. – Blanchard-Lemée 1983. – Blanchard-Lemée 1991. – de Boe 1986; 1989. – Böhme 1974a. – Collart 1989. – Collectif 1990. – Darmon 1995. – Darmon/Lavagne 1977. – Depraetere-Dragery/Valais 1994. – van Es 1976. – Goudineau 1980. – Heidinga/Offenberg 1992. – Heinzelmann/Poulin 1986. – Ouzoulias/van Osssel 1995. – de Paepe/van Impe 1991. – Séguier 1995. – Stern 1937. – Willems, W. J. H. 1987.

Romanen im fränkischen Siedelgebiet

Volker Bierbrauer

Die regelhafte Beigabenlosigkeit romanischer Gräber im 5.–7. Jahrhundert bereitet der archäologischen Frühmittelalterforschung große Interpretationsprobleme; Ausnahmen von dieser Regel ändern hieran nur wenig. Gleichwohl läßt sich die archäologische Hinterlassenschaft von Romanen im fränkischen Siedelgebiet im 5. und 6. Jahrhundert, also noch vor Einsetzen des Akkulturationsprozesses, einigermaßen befriedigend beschreiben; gute Anhaltspunkte hierfür bieten die spätrömischen Gräber des 4. Jahrhunderts in Gallien selbst, die romanischen Gräber des 5.–7. Jahrhunderts im Mittelmeerraum und die Andersartigkeit germanisch-fränkischer Gräber. Auf dieser Grundlage ist es möglich, das regional unterschiedliche Schicksal romanischer Bevölkerungsgruppen nach der fränkischen Landnahme zumindest in seinen generellen Grundzügen zu erkennen und zu begründen- im Westen des fränkischen Siedelgebietes eine ihre ethnische Identität behauptende Romania mit einer Romanisierung der Franken und im Osten bis hin zum Rhein eine absterbende Romania mit einer fränkisch-germanisch geprägten Siedel- und Kulturlandschaft.

Grundlagen und Ausgangssituation

Thema dieses Beitrages ist die weiterlebende provinzialrömische Bevölkerung – kurz Romanen genannt – allein in jenem begrenzten linksrheinischen Gebiet, das innerhalb des fränkischen Großreiches auch fränkisch besiedelt war.

Wichtig zu wissen ist zunächst: Wie lange und unter welchen Bedingungen existierte römisches Leben ohne Beeinträchtigungen durch fränkische Landnahmen, und ab wann erfolgten Landnahmen in welchen linksrheinischen Gebieten bzw. Provinzen der gallischen Diözese. Nur in jenen Räumen, in denen Franken und Romanen gemeinsam siedelten, konnte es auf sehr direkte Weise zu Akkulturationsprozessen kommen; in »Konkurrenz« treten dabei die beiden so unterschiedlichen Kulturmodelle der einwandernden Germanen-Franken und der ansässigen Romanen (s. u.). Wohin sich schließlich die Waage neigt, hängt von vielen Faktoren ab, von denen drei besonders wichtig sind: zum einen grundsätzlich die Anziehungskraft der beiden Kulturmodelle aufeinander und zum anderen natürlich und vor allem das demographische Gewicht der Vertreter des jeweiligen Kulturmodells. Für die Bewahrung einer ethnischen Identität romanischer Bevölkerungsgruppen wird noch ein dritter Faktor von entscheidender Bedeutung sein: Geht die ursprünglich vorhandene Einbindung in die Einheit der romanischen Kultur-, Siedlungs- und Sprachlandschaft verloren, gerät die Romania in die Isolierung und schert infolgedessen aus diesen gemeinsamen Landschaften aus, so gehen die Grundlagen für ihre Weiterexistenz verloren.

Das Endprodukt eines Akkulturationsvorganges ist in der Regel gut erkenn- und beschreibbar, oft jedoch nicht oder weniger gut der Weg dorthin, an dessen Ende bekanntermaßen – territorial im Westen und Osten des Überschichtungsraumes höchst unterschiedlich – entweder die Romanisierung der Franken oder die Frankisierung der unterlegenen Romanen steht und damit auch die Herausbildung der heutigen germanisch-romanischen Sprachgrenze. Für die Verlaufsrichtung dieser Akkulturationsprozesse ist nicht nur, aber doch in hohem Maße bereits die Ausgangskonstellation des 5. und 6. Jahrhunderts von entscheidender Bedeutung, deren genaue Kenntnis – und dies ist das übergeordnete Problem – leider allergrößte Schwierigkeiten bereitet, besonders für die Romanen.

Die Romania: Trotz verheerender Germaneneinfälle seit dem 3. Jahrhundert in die römischen Provinzen existierte die provinzialrömische Bevölkerung schlecht und recht im Schutze der noch etwa bis zur Mitte des 5. Jahrhunderts mehr oder minder funktionierenden spätantiken Militärorganisation an der Rheingrenze und im Hinterland. Trotz Fortschritten in der archäologischen Forschung ist eine verläßliche »Zustandsbeschreibung« der frühen Romania im 5. und 6. Jahrhundert weiterhin schwierig; sie wäre zur Klärung der im Westen und Osten der fränkisch besiedelten Gebiete so unterschiedlich ablaufenden Akkulturationsprozesse außerordentlich wichtig. Diese mangelnde Kenntnis zur Archäologie der Romanen ist im wesentlichen quellenbedingt, da deren Gräber in dieser Periode in der Regel beigabenlos sind. Es wird dennoch versucht, die wenigen und im Gesamtraum zunächst isoliert wirkenden archäologischen Befunde zu einem erklärenden Gesamtbild zusammenzufügen.

Die Franken: In diese Romania hinein erfolgten die fränkischen Landnahmen, die der Salfranken und die der Rheinfranken, sehr wahrscheinlich von Westen nach Osten und von Norden nach Süden zeitlich gestaffelt: die ersten zur Zeit Childerichs I. (457/58–482), die nachfolgenden unter seinem Sohn Chlodwig I. (482–511) nach Beseitigung der letzten Reste römi-

scher Herrschaft in Gestalt des Syagrius-Reiches und des Gebietes von *comes* Arbogast in Trier. Zur Zeit Chlodwigs erreichte das fränkisch aufgesiedelte Gebiet im Westen etwa die Seine (Ile-de-France, Picardie etc.) und im Süden das obere Maasgebiet, die Champagne und Lothringen. Aller folgende territoriale Zugewinn seit Chlodwig hat nichts mehr mit einer Erweiterung fränkischer Siedelgebiete zu tun, sondern betrifft allein die Herrschaftsgebiete des *regnum Francorum*.
Klarheit für diese wichtige Trennung von fränkischem Siedel- und Herrschaftsraum vermittelt vor allem die Verbreitung von Hunderten von fränkischen Gräberfeldern der zweiten Hälfte des 5. Jahrhunderts bis weit in die zweite Hälfte des 6. Jahrhunderts hinein, also noch zu einer Zeit, in der die fränkischen Gräber durch ihr altes heidnisches Kulturmodell ethnisch gesichert als fränkisch erkannt werden können, also – vor allem im Westen des fränkischen Siedelgebietes – dieses noch nicht einem Romanisierungsprozeß unterlag. Demographisch verläßliche Angaben über die Zahl der in der Romania siedelnden Franken sind dennoch nicht möglich; fest steht nur, daß sich die Franken in einer deutlichen Minderheit gegenüber den Romanen befanden, vor allem je weiter ihre Siedlung nach Westen und Südwesten in eine weiterhin noch dicht aufgesiedelte und auch noch weitgehend intakte Romania ausgriff.

Das romanische und das fränkische Kulturmodell: ihre Kennzeichnung und Aussagekraft

Gute Grundlagen für die Beschreibung des romanischen Kulturmodells mit seinen »unverfälschten« Merkmalen bieten sicherlich jene romanischen Landschaften, die völlig unberührt von Akkulturationserscheinungen durch die Überschichtung germanischer Bevölkerungsgruppen blieben: etwa Sizilien, Sardinien, Süditalien. Die entscheidenden, weil gegenüber den Germanen-Franken auch ethnisch differenzierenden Beurteilungsgrundlagen finden sich in den Nekropolen. Gewiß handelt es sich dabei zunächst um Erscheinungsformen des Bestattungsbrauches; dies engt den Sachverhalt und dessen Aussagekraft aber zu sehr auf die Jenseitsvorstellungen ein, da die Inventarteile romanischer Gräber, so eingegrenzt sie sind, dennoch in Tracht und Schmuck dem Alltag im Diesseits entsprechen. Das romanische Kulturmodell ist trotz regionaler Ausprägungen in rein romanisch geprägten mediterranen Landschaften in seinen übergeordneten Determinanten gut erkennbar.
Wichtigstes Kennzeichen ist die regelhafte, das heißt als Regel eingeführte Beigabenlosigkeit; als Folge der Christianisierung erlischt die Beigabensitte im Verlauf des 4. Jahrhunderts. Dieser Befund ist besonders kennzeichnend für das 5. Jahrhundert. Prinzipiell ändert sich hieran auch nichts im 6. und 7. Jahrhundert, doch fällt auf, daß die regelhafte Beigabenlosigkeit nun öfters durchbrochen wird: Der Romane wird gelegentlich mit seinem schlichten Leibgurt mit Gürtelschnalle beigesetzt und die Romanin mit ihrem ebenfalls zu Lebzeiten getragenen Schmuck, also mit Ohrringen und Armreifen sowie mit einem Fingerring; noch seltener durchbrochen wird diese regelhafte Beigabenlosigkeit bei der Frau durch die Beisetzung in ihrer gleichfalls zu Lebzeiten getragenen Tracht mit einer einzeln getragenen Fibel oder einer größeren Nadel als Fibelersatz, die unter dem Kinn in Brustmitte der mediterranen Frauentracht entsprechend eine Art Mantel verschloß, und mit Nadeln für eine Haube oder einen Schleier. Hinzu kommt die Bestattung mit goldbrokatdurchwirkten Gewändern bei der Oberschicht. Dieses als romanisch beschriebene Kulturmodell könnte man ebensogut und zutreffend als mediterran bezeichnen, dies um so mehr, als die Tracht selbst und die zu ihr gehörigen Trachtelemente als Typen genuin romanisch-mediterran sind.
Der Gesamtbefund in der zeitlichen Entwicklung der romanischen »Beigabensitte« ist besonders wichtig, da die häufige Abkehr von der regelhaften Beigabenlosigkeit im 6. und 7. Jahrhundert im Sinne einer »reduzierten Beigabensitte« in jenen mediterranen Landschaften Siziliens, Sardiniens und Süditaliens üblich ist, in denen im 5.–7. Jahrhundert zu keiner Zeit Germanen gesiedelt haben. Genau dasselbe beigabensittengeschichtliche Phänomen kennzeichnet nun aber auch Nekropolen, die die Forschung zu Recht für romanisch hält und die in jenen Landschaften liegen, in denen Romanen und Germanen zusammen lebten, so auch in den fränkisch aufgesiedelten Gebieten. Dieses seltsame Wiederaufleben der »Beigabensitte« bei den Romanen erklärt man hier mit einer Germanisierung, also Frankisierung des romanischen Bestattungsbrauches. Bei der Beschreibung der Akkulturationsvorgänge in den fränkisch aufgesiedelten Gebieten braucht man das »Wiederaufleben« der Beigabensitte – vor allem im späten 6. und frühen 7. Jahrhundert – daher nicht notwendigerweise als zeitlich befristete und partielle Frankisierung der Romanen zu werten.
Kennzeichnend für das »unverfälschte« romanische Kulturmodell ist auch die Grabsitte: Neben reinen Erdgräbern wurden die Verstorbenen sehr häufig in Gräbern beigesetzt, die auf unterschiedlichste Weise umfaßt waren, mit gemauerten oder unregelmäßigen Steineinfassungen, mit Ziegeln bis hin zum Sarkophag; gleiches gilt für die Mehrfachbestattung, und alles dies bereits seit dem 5. Jahrhundert. Dieses »unverfälschte« romanische Kulturmodell in den mediterranen, von Germanen unberührten Landschaften bildet

Abb. 81 *Lavoye (Dép. Meuse) Grab 307. Im frühen 6. Jahrhundert trug die vornehme fränkische Frau eine Tracht mit vier Fibeln; der große Glaswirtel hing als Amulett am langen Band von Fibeln herab (Kat. VIII.4.3.). – Foto J. G. Berizzi, MAN, St-Germain-en-Laye.*

somit eine verläßliche Beurteilungsgrundlage für den archäologischen Nachweis von Romanen auch in jenen Landschaften, in denen sie ab der Mitte des 5. Jahrhunderts zusammen mit Franken siedelten. Unterschiedliche regionale und lokale Ausprägungen im romanischen Kulturmodell ändern hieran prinzipiell nichts.

Die im Gegensatz zu den Romanen von Franken regelhaft eingehaltene Beigabensitte erlaubt auf dem Hintergrund Tausender solcherart überlieferter germanischer »Reihengräber« eine sehr verläßliche und sehr detaillierte Beschreibung des fränkischen Kulturmodells. Beide Geschlechter wurden in ihrer zu Lebzeiten getragenen Tracht bestattet: die Fränkin vor allem mit einer »Mehrfibeltracht« aus den sogenannten Klein- und Bügelfibelpaaren (Abb. 81) für zwei verschiedene Gewandungsstücke, mit Gürtel, Strumpf- und Schuhgarnituren sowie mit heidnischen und später christlichen Amuletten und der Mann vor allem mit seinen Waffen, Spatha, Schild, Sax, Lanze und Bogen mit Pfeil. Dieser sehr eng personenbezogenen, gleichsam genormten Bestattungsweise steht eine variable gegenüber mit »echten« Beigaben, unter ihnen Speise und Trank in Behältnissen aus Ton, Glas und Metall. Unterschiedlich aufwendig angelegte und ausgestattete Gräber spiegeln gleichfalls die enge Verbindung zwischen Jenseits und Diesseits wider: Im Sinne der heidnischen Glaubenswelt hatte der Verstorbene ein Anrecht auf ein »Weiterleben« im Jenseits, das seiner ökonomischen und gesellschaftlichen Stellung im Diesseits entsprach.

Vergleicht man beide Kulturmodelle miteinander, das christlich-mediterran-romanische mit dem zunächst noch heidnisch-fränkischen, in jenen Ausgangskonstellationen, mit denen sie sich im 5. und 6. Jahrhundert konkurrierend gegenüberstehen, so verbindet sie sehr wenig miteinander: Das Trennende ist das Kennzeichnende. Damit sind auch die Kriterien eindeutig, um zum einen in der Frühzeit des 5. und 6. Jahrhunderts beide Ethnien trennen und zum anderen in der Folge die unterschiedlichen Verlaufsrichtungen des Akkulturationsprozesses erkennen zu können; er führte – wie schon angesprochen – im Endergebnis im Westen des fränkischen aufgesiedelten Gebietes letztlich zu einer dauerhaften Romanisierung der Franken und im Osten zu einer dauerhaften Frankisierung der Romanen. Trotz der begrenzten Beurteilungsmöglichkeiten romanischer Bestattungsplätze wegen der erwähnten regelhaften Beigabenlosigkeit läßt sich dieser regional so unterschiedlich verlaufende Akkulturationsprozeß archäologisch einigermaßen befriedigend nachzeichnen.

Romanen in der Champagne und Lothringen

Das Gräberfeld von Isle-Aumont im Dép. Aube liegt bei Troyes an der südwestlichen Peripherie des fränkisch besiedelten Raumes. Insgesamt wurden rund 1450 Gräber aufgedeckt, von denen der Ausgräber J. Scapula 860 in die merowingische und 589 in die karolingische Zeit datiert; der Belegungszeitraum für die merowingerzeitlichen Gräber umfaßt das gesamte 6. Jahrhundert sowie den Zeitraum bis gegen Ende des 7. Jahrhunderts. Bemerkenswert sind drei das Gräberfeld grundsätzlich kennzeichnende Fakten: 1. Rund 600 der Gräber enthielten Sarkophage, viele von ihnen sind verziert; 2. mehr als 720 Gräber waren beigabenlos; 3. in mindestens 60 Gräbern wurde mehrfach bestattet, bis zu sechs Individuen. Genaue Zahlen lassen sich nicht ermitteln, da ein großer Teil der Gräber zerstört war. Bereits diese Statistik zu Grab- und Beigabensitte weist die Nekropole ohne Zweifel als einen Bestattungsplatz der Romanen aus. Hieran besteht auch deswegen kein Zweifel, da der Belegungsbeginn bereits in der ersten Hälfte des 6. Jahrhunderts liegt und schon zu dieser Zeit alle genannten Besonderheiten aufweist; eine Verwechslung mit einem fränkischen Gräberfeld ist daher ausgeschlossen.

Das romanische Volkstum der hier Bestatteten läßt sich auch durch die Analyse der »beigabenführenden« Gräber geradezu beispielhaft nachweisen: Meist fand sich in ihnen nur ein einzelnes »isoliertes« Ausstattungsteil, überwiegend bestehend aus einer Gürtelschnalle bzw. einer Gürtelgarnitur als Trachtbestandteil, daneben gab es Gräber mit nur einer Perlenkette, einem Fingerring und seltener noch einem Ohrringpaar oder einer Nadel als personenbezogenem Schmuck.

Grab- und Beigabensitte entsprechen somit völlig dem romanisch-mediterranen Kulturmodell; der Abstand zum fränkischen Kulturmodell kann größer nicht sein: So wurde beispielsweise keine der verstorbenen Frauen in gefibelten Gewandungsstücken mit germanischen Fibeltypen und kein Mann mit Waffenbeigabe beigesetzt. Wenn man das vergleichsweise häufige Abgehen von der regelhaften Beigabenlosigkeit christlich-romanischer Gräber wegen der gleichartigen Befunde des 6./7. Jahrhunderts in rein mediterran geprägten Landschaften nicht mehr oder nicht allein durch den Einfluß des germanisch-fränkischen Kulturmodells erklären will, so würde sich die Sepulturgemeinschaft von Isle-Aumont vollends »unverfälscht« romanisch präsentieren.

Weitere ähnlich große und ähnlich strukturierte rein romanische Nekropolen wie Isle-Aumont sind bislang in der westlichen Francia noch nicht ausgegraben worden; es mag wohl lange Zeit an der mangelnden »Attraktivität« gelegen haben, solche überwiegend beigabenlose Gräberfelder freizulegen. Kleinere Nekropolen im übrigen Gallien wie etwa das 186 Gräber mit 296 Bestattungen umfassende Gräberfeld von Saint-Martin de Verson bei Caen in der Normandie, also westlich des fränkisch besiedelten Gebietes, verdeutlichen dies: 70 Prozent der Gräber sind beigabenlos.

Fränkisch-romanische Sepulturgemeinschaften sind zwar nicht häufig, aber doch in einiger Zahl bekannt; aus ihnen darf man sehr wahrscheinlich auch auf von beiden Ethnien gemeinsam benützte Siedlungen schließen. Der Nachweis solcher Friedhofsgemeinschaften gelingt nur dann zweifelsfrei, wenn beide Bevölkerungsgruppen voneinander getrennte Friedhofsareale benutzten. Wäre dies nicht der Fall, dann sind – spätestens ab dem Ende des 6. Jahrhunderts – nebeneinanderliegende fränkische und romanische Bestattungen wegen der Romanisierung des fränkischen Kulturmodells ab der Zeit um 600 ethnisch nicht mehr gesichert trennbar.

In Dieue-sur-Meuse in Lothringen ist eine Nekropole bekannt, in der Romanen spätestens ab dem beginnenden 5. Jahrhundert kontinuierlich bis in das frühe 7. Jahrhundert bestatteten. Bereits in der Zeit Chlodwigs, also etwa um 500, siedelten hier auch Franken; bemerkenswerterweise beerdigten sie ihre Verstorbenen auf dem von Romanen schon hundert Jahre zuvor angelegten Gräberfeld. Die Gräberfeldareale beider Bevölkerungsgruppen blieben jedoch getrennt: die Romanen überwiegend im Westen und die Franken im Osten der Sepultur, beide Areale sind aufgrund der beschriebenen unterschiedlichen Kulturmodelle gut trennbar. Dieue-sur-Meuse ist kein Einzelfall: Sepulturgemeinschaften – und Siedelgemeinschaften? – sind auch sonst überliefert, kenntlich sowohl an weiteren Lokalbefunden an einem Ort wie zum Beispiel im nahe gelegenen Lavoye, Dép. Meuse, aber auch etwa im Gesamtraum Lothringens, in dem beide Gräberfelder liegen, mit unterschiedlich stark fränkisch bzw. romanisch strukturierten Mikroregionen.

Romanen am Rhein

Rein romanische Nekropolen vom »Typ Isle-Aumont«, die vom 5.–7. Jahrhundert kontinuierlich belegt sind, sind im Osten der Francia im Rhein-Moselgebiet unbekannt. Gleichwohl lassen sich auch hier archäologische Befunde ermitteln, die mit Romanen zusammenhängen müssen. Sie sind bezeichnenderweise mehr an alte römische Städte wie Trier, Köln und Bonn gebunden, im Einzelfall auch an spätrömische Kastelle wie Krefeld-Gellep, als an ländlich geprägte Siedlungsbereiche; daß auch hier Romanen nach der fränkischen Landnahme weitersiedelten, ist grundsätzlich nicht zu bezweifeln. Entscheidend ist jedoch zunächst die detaillierte »Zustandsbeschreibung« dessen, was der Archäologe hier im 5. Jahrhundert noch gesichert mit dem romanischen Kulturmodell verbinden kann, und schließlich wie lange und in welcher Intensität und Klarheit sich dieses noch im 6. und 7. Jahrhundert erkennen läßt. Einige Beispiele sollen dies verdeutlichen.

Köln war nach Trier die bedeutendste Stadt der Germania Romana, und noch im späten 4. Jahrhundert bezeichnet sie Ammianus Marcellinus als groß und wohlhabend; auch in kirchlicher Hinsicht kam ihr zentralörtliche Funktion zu, ist doch der erste Bischof bereits 313 bezeugt. Das Schicksal Kölns im 5. und 6. Jahrhundert wird von Archäologen und Historikern höchst unterschiedlich beurteilt. Waren für den einen »weite Gebiete im Inneren des römischen Mauerringes eine Ruinen- und Gestrüpplandschaft geworden« (H. Steuer), die man »sich nicht bevölkerungsarm genug vorstellen kann«, so zeichnet der andere dieses Bild wesentlich differenzierter und freundlicher. Er sieht keinen Bruch, sieht nicht (nur) »die Kontinuität der Ruinen«, sondern nach wie vor ein »Gemeinwesen mit städtischem Charakter«, für das die Kirche als Institution und durchaus noch lebendige Einrichtung »die entscheidende Brücke zwischen den Zeitaltern« schlug (D. Claude), wie dies auch der Fortbestand der vorstädtischen Kirchen von St. Severin, St. Gereon und St. Ursula lehrt.

Bereits um 440 war Köln , in dem es »viel Volk von der Seite der Römer« gab, voller »Feinde«; im Vergleich zu Mainz oder Trier sei – so die Schriftquellen – die Stadt nicht zerstört, sondern widerstandslos in die Hände der Germanen, offensichtlich Franken, gelangt, die Salvian von Marseille »Feinde« nennt; diese Eindringlinge wohnten in der Stadt, so daß man auch von einer Kolonisierung Kölns selbst und nicht nur seines Umlandes durch Franken sprechen kann. Auch danach behielt Köln seine Bedeutung als politisches Zentrum unter den Franken. Sind die Grundzüge Kölns als fränkische Stadt durch die Schriftquellen einigermaßen bekannt, so schweigen sie fast gänzlich zu der weiterlebenden romanischen Bevölkerung. An ihre Stelle tritt die archäologische Überlieferung.

Exemplarische Bedeutung zur Kontinuitätsgeschichte und zur Weiterexistenz der Romanen kommt dem mittlerweile gut bekannten Befund in St. Severin zu, seinen christlichen Kultbauten und vor allem wiederum der zu ihnen gehörenden Nekropole; ab dem 6. Jahrhundert wurde hier der spätantike Kölner Bischof Severinus als Heiliger verehrt. Das Gräberfeld liegt außerhalb der Stadtmauern im Süden der Stadt, beidseits der nach Bonn führenden Straße; auf ihr wurde schon seit dem 1. Jahrhundert bestattet. Hier wurde auch um oder schon vor der Mitte des 4. Jahrhunderts eine *cella memoriae* errichtet zur Abhaltung christlicher Begräbnisfeiern (Bau A als Apsidensaal: 10,60 m × 8,90 m; Abb. 82). Auf sie folgt – durch Hinzufügung von zwei Seitenannexen und einer Vorhalle, eines Narthex – im späten 4. oder frühen 5. Jahrhundert der erste Kirchenbau im Sinne einer Friedhofskirche (Bau B; Abb. 84), die in der zweiten Hälfte des 6. Jahrhunderts im Westen in Fachwerk atriumartig erweitert wurde (Bau C; Abb. 109). In der zweiten Hälfte des 7. Jahrhunderts entstand eine dreischiffige Anlage mit Rechteckabschluß (Bau D; Abb. 110).

Die Gräber aus der Zeit vor Errichtung der *cella memoriae* sind bereits westöstlich orientiert und fast ausschließlich beigabenlos; außer in Holzsärgen wurde vor allem in Sarkophagen bestattet. Auch Goldbrokat weist auf eine provinzialrömische Oberschicht hin. Nach Errichtung der *cella memoriae* wird in ihrem Inneren und um sie herum *ad sanctos*, also bei den Heiligen, bestattet. Alle Bestattungen, die zu diesem ältesten Kultbau A (Abb. 82) gehören, wurden in Sarkophagen vorgenommen; alle sind beigabenlos mit Ausnahme einiger Obolus-Gräber, in denen sich jeweils eine Kupfermünze bei der rechten Hand fand; einige Gräber weisen auch eine Kopfunterlage auf, ein Merkmal für romanische Bestattungen ab dem 4. Jahrhundert. An der Grab- und Beigabensitte ändert sich nichts in der Zeit der Friedhofskirche, die etwa bis zur Mitte des 6. Jahrhunderts bestand: wiederum fast ausschließliche Beigabenlosigkeit, nur Sarkophagbestattungen, zum Teil mit Mehrfachbelegung. Diese »Zustandsbeschreibung« der Nekropole entspricht im 4. bis 5. Jahrhundert somit auf besonders klare Weise dem romanischen Kulturmodell.

Das Erscheinungsbild der Nekropole bei St. Severin ändert sich grundlegend ab der Zeit um 500. Sieht man von zwei germanisch-fränkischen Knaben der zweiten Hälfte des 5. Jahrhunderts ab (Abb. 83), so werden in ihr erstmals und dann kontinuierlich bis Ende des 7. Jahrhunderts auch Franken beigesetzt, zunächst

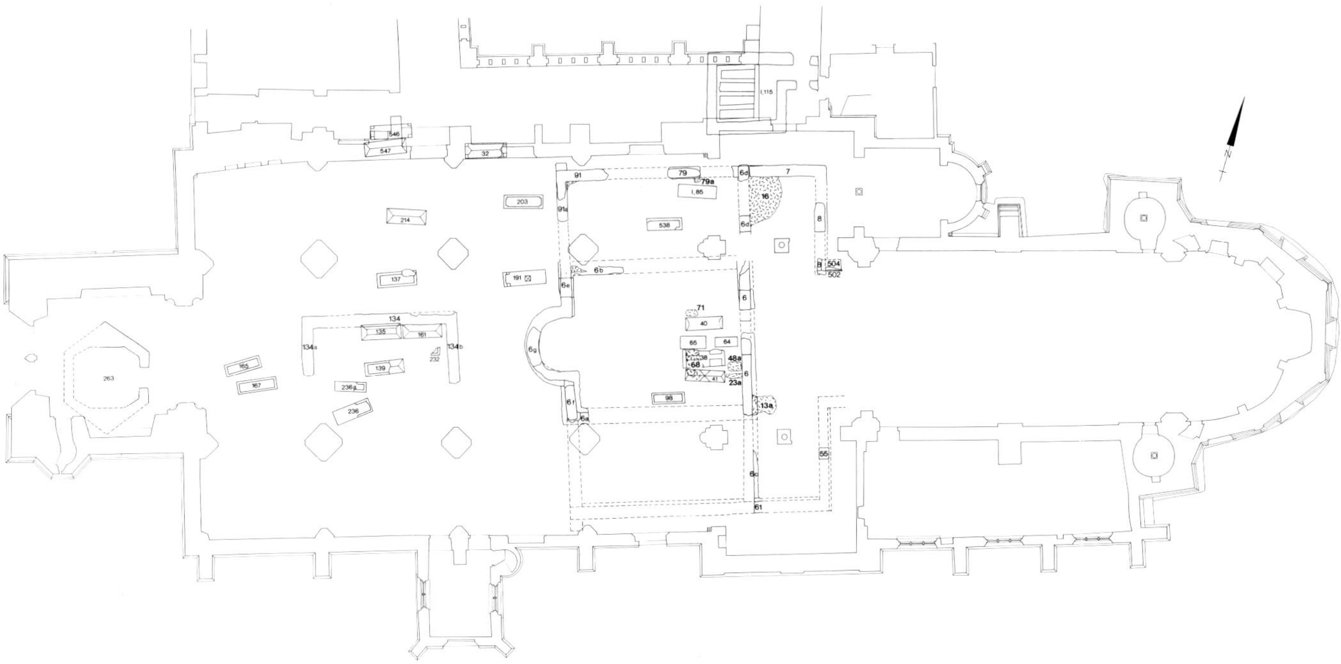

Abb. 82 *Die Ausgrabungen in St. Severin zu Köln. Bau A und wahrscheinlich gleichzeitige Gräber und Grabarchitektur. – Nach Päffgen 1992 Beilage 18.*

mit sogenannten Adelsgräbern bei der Kirche, dann ab der zweiten Hälfte des 6. Jahrhunderts auch im Kircheninneren (Bau C), dies in Erdgräbern, aber auch in Sarkophagen, gemauerten Gräbern und Steinplattengräbern, die nun dominieren. Wegen starker Zerstörungen durch jüngere Baumaßnahmen sind viele Gräber in der Beigabensitte und damit auch ethnisch schwer beurteilbar: Beigabenlose Gräber sowie Sarkophagbestattungen – auch mit Goldbrokat – kommen zwar weiterhin vor, ebenfalls Mehrfachbestattungen, beigabenführende Gräber bestimmen aber das Bild. Die Beigabensitte ist nun germanisch-fränkisch geprägt, und auch Mitglieder der fränkischen Oberschicht werden bis gegen Ende des 7. Jahrhunderts in der Kirche selbst beigesetzt (Abb. 85), kenntlich etwa am »Grab des Sängers«. Kein Zweifel: Die im 5. Jahrhundert und in der ersten Hälfte des 6. Jahrhunderts noch so deutlich nachweisbaren Romanen – in der Literatur bislang erheblich unterschätzt – müssen danach in der Beigabensitte immer stärker frankisiert worden sein, anders ist dieser Befund nicht zu erklären. Man darf annehmen, daß die in der Stadt verbliebenen Romanen auch demographisch gegenüber dem starken fränkischen Zuzug in Köln und im Kölner Umland, etwa auf den Gräberfeldern von Köln-Müngersdorf und Köln-Junkersdorf, in die Minderheit gerieten. Am Niederrhein »überlebte« die Romania im 5. Jahrhundert im wesentlichen nur in der Stadt oder an einem wichtigen Platz mit zentralörtlicher Funktion wie Krefeld-Gellep. Ein noch weiterhin romanisch geprägtes ländliches Hinterland fehlte schon zu dieser Zeit. Anders als im westlichen fränkischen Siedelgebiet gerieten hier romanische Bevölkerungsgruppen immer mehr in die Isolierung; sie waren von einer noch weiterhin lebendigen und flächendeckenden Romania abgeschnitten. Diese Gesamtkonstellation bot somit schlechte Bedingungen für die Bewahrung einer ethnischen Identität. Hieran änderte letztlich auch nichts, daß in Köln – ebenso wie in Bonn, Xanten, Trier, Boppard usw. – christliche Gemeinschaften bis in das 5. und 6. Jahrhundert weiter existierten; ihre Bedeutung liegt vielmehr darin, daß durch sie – anders als etwa im bayrischen Alpenvorland mit Regensburg, Augsburg und Salzburg – das spätantike Christentum unmittelbar auf die nachfolgenden Germanen, hier Franken, einwirken konnte.

Romanen im Moseltal

Wenn die romanische Bevölkerung im Rhein-Moselgebiet selbst in den Städten mit fortbestehenden christlichen Gemeinschaften ihre ethnische »Gruppen«-Iden-

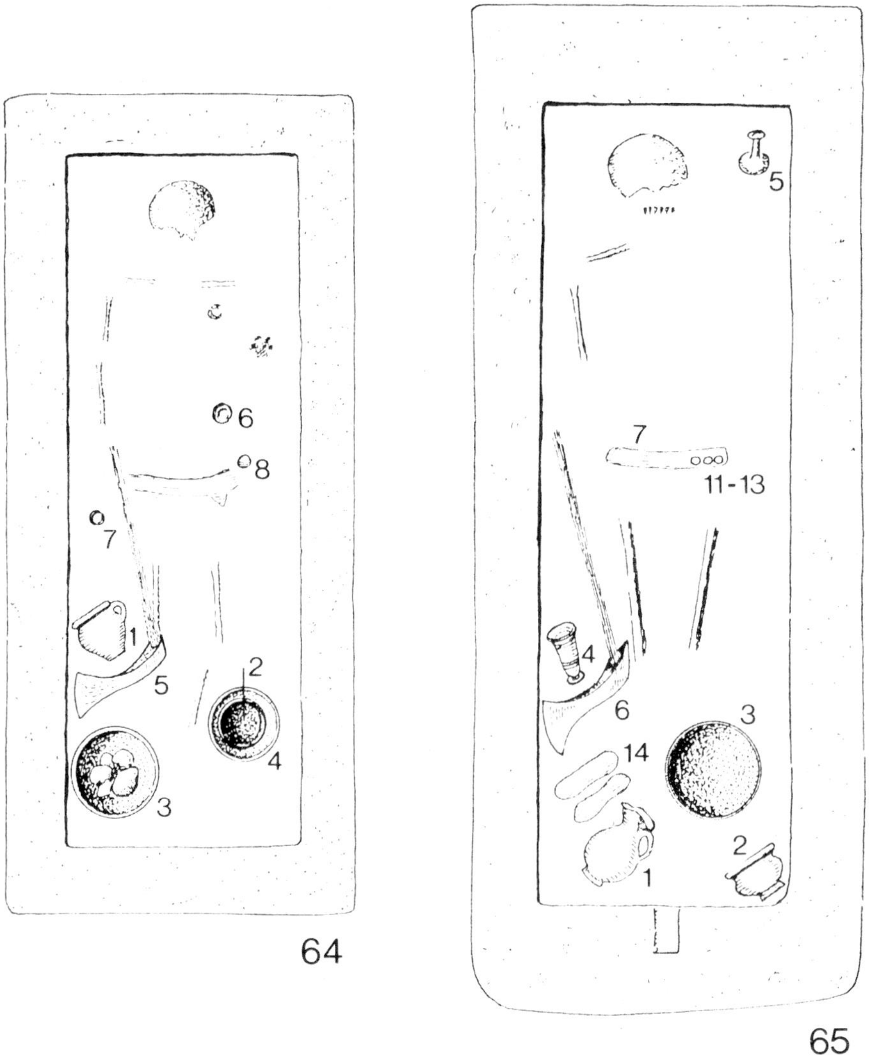

Abb. 83 *In St. Severin zu Köln wurden im dritten Viertel des 5. Jahrhunderts zwei Knaben einer einflußreichen Familie in den Gräber 64 und 65 beigesetzt. – Nach Päffgen 1992 Taf. 124.*

tität nicht bewahren konnte, so dürfte es noch schwieriger sein, die Romania des 5. Jahrhunderts in ländlichen Gebieten zu beschreiben und ihre Weiterexistenz in fränkischer Zeit zu erkennen. Altbekannte und stets neu diskutierte Beispiele sind Gondorf und Kobern im unteren Moseltal. Wegen unsachgemäßer Bergung des Fundstoffs gegen Ende des 19. Jahrhunderts läßt sich für Gondorf der Befund nicht mehr in der wünschenswerten Klarheit rekonstruieren, weder für die römischen und die spätantik-frühmittelalterlichen Siedlungen noch für das Gräberfeld, das mit mehr als 1400 Bestattungen das mit Abstand größte in diesem Gebiet ist; ähnliches gilt für Kobern. Das Erhaltene fügt sich dennoch zu einem noch aussagekräftigen Gesamtbild.

Zu *Contrua*/Gondorf, von dessen einstiger Bedeutung der Dichter Venantius Fortunatus noch 588 weiß, gehörte die erwähnte Nekropole; auf ihr wurde seit römischer Zeit bis Ende des 7. Jahrhunderts bestattet. Die Siedlung(en) ist (sind) nicht bzw. nur ungenügend bekannt. In der Nekropole fanden sich mehr als 400 spätrömische und frühmittelalterliche Sarkophage sowie rund 100 merowingerzeitliche Plattengräber. Da zudem nur wenige Gräber mit ihrem Inventar bekannt sind, sind Grab- und Beigabensitte nicht beurteilbar. Der überlieferte Denkmälerbestand mit etwa 2650 Objekten läßt bei etwa 1400 Bestattungen gleichwohl eine sehr hohe Zahl beigabenloser Gräber erwarten; für eine reduzierte Beigabensitte und für ein »isoliertes« Ausstattungsteil in weiteren Gräbern spricht, daß der mit Abstand höchste Anteil an »Beigaben« auf Fingerringe und Gürtelschnallen entfällt – dies auch schon im 5. und 6. Jahrhundert. Züge des romanischen Kulturmodells sind trotz der qualitativ schlechten Quellenüberlieferung somit eindeutig vorhanden. Die Richtigkeit dieser Einschätzung belegen in neuerer Zeit Grabungen der Jahre 1973 und 1977 am südlichen und nördlichen Rand des Gräberfeldes. Von den insgesamt 32 Gräbern waren neun Sarkophagbestattungen und 17 ummauerte Gräber bzw. Steinplattengräber, 29 Verstorbene waren beigabenlos beerdigt; die drei beigabenführenden Gräber gehören in die zweite Hälfte des 5. Jahrhunderts, und man darf annehmen, daß dies zumindest auch auf einen Teil der benachbarten beigabenlosen Gräber samt Sarkophagen zutrifft. Vieles spricht folglich für einen Verbleib der spätrömischen Bevölkerung in *Contrua*/Gondorf. In diesem Sinne sind ebenso fünf der acht erhaltenen Grabsteine zu verstehen: sie tragen romanische Personennamen, darunter der Grabstein des Maitricius mit Christogramm

und Pfauenpaar aus dem 5. oder 6. Jahrhundert.
Die Sitte beschrifteter Grabsteine mit Bezug auf Leben und Tod ist kennzeichnend christlich-romanisch; sie wurde von Franken nur sehr eingeschränkt und spät übernommen. Christliche Grabsteine mit romanischen Personennamen sind im Rhein- und Moselgebiet angesichts der geschilderten Problematik zum archäologischen Nachweis der Romania deren unmittelbarste Zeugnisse. Sie finden sich bezeichnenderweise in den alten Kastellorten mit ihren schützenden Mauerringen am Mittelrhein mit deutlichen Schwerpunkten in Köln, Andernach, Boppard – in diesen beiden sogar mit romanischen Klerikergemeinschaften – und Mainz (Abb. 86), nicht oder nur selten in ländlichen Gebieten, so auch nicht im Moseltal westlich von Gondorf und Karden bis nach Trier, das mit über 900 Grabinschriften alle anderen Orte übertrifft, auch solche mit weiterbestehenden christlichen Gemeinschaften; so sind in Trier im 6. bis 8. Jahrhundert sogar Angehörige des senatorischen Adels, sowohl historisch als vor allem auch durch Grabinschriften, ebenso bezeugt wie romanische Kleriker. Es ist völlig klar, daß in diesen Orten auch noch im 5. und 6. Jahrhundert lateinisch gesprochen wurde.
Wegen der verstümmelten Quellenüberlieferung zur Gondorfer Nekropole läßt sich über das weitere Schicksal der Gondorfer Romanen im 6. und 7. Jahrhundert nicht gesichert urteilen; gewiß ist noch, daß fränkischer Zuzug nach Contrua ab der Zeit um 500 erfolgte, kenntlich vor allem an Gräbern mit Waffenbeigaben in der Nekropole. Inwieweit diese Franken, die ihre Verstorbenen auf dem schon bestehenden romanischen Gräberfeld bestatteten, auch die künftige ortsgeschichtliche Entwicklung bestimmten, läßt sich nicht ausreichend einsichtig abschätzen; hierzu müßte die Lage der zugehörigen Siedlung(en?) bekannt sein.
Bessere Einsichtmöglichkeiten zur zukunftsweisenden Siedlungsentwicklung eines kontinuierlich seit der Römerzeit besiedelten Platzes bietet das unmittelbar nördlich von Gondorf gelegene Kobern/*Cubrunum*. Südlich vom heutigen Ort erstreckte sich in römischer Zeit ein *Vicus* und südlich davon das römische Gräberfeld; dieses wurde nun wie in Gondorf bis an das Ende des 7. Jahrhunderts kontinuierlich belegt, was auf eine zumindest partielle Siedlungskontinuität im alten *Vicus* schließen läßt. Ähnliche Befunde wie in Gondorf verweisen auch in der Nekropole von Kobern auf Romanen des 5. Jahrhunderts, des weiteren wiederum fünf Grabsteine vom Ende des 4.–5./6. Jahrhunderts, darunter der Stein, den die Eltern ihrem Knaben Desideratus setzten, versehen wie der des Mauricius in Gondorf mit Pfauenpaar und Christo-

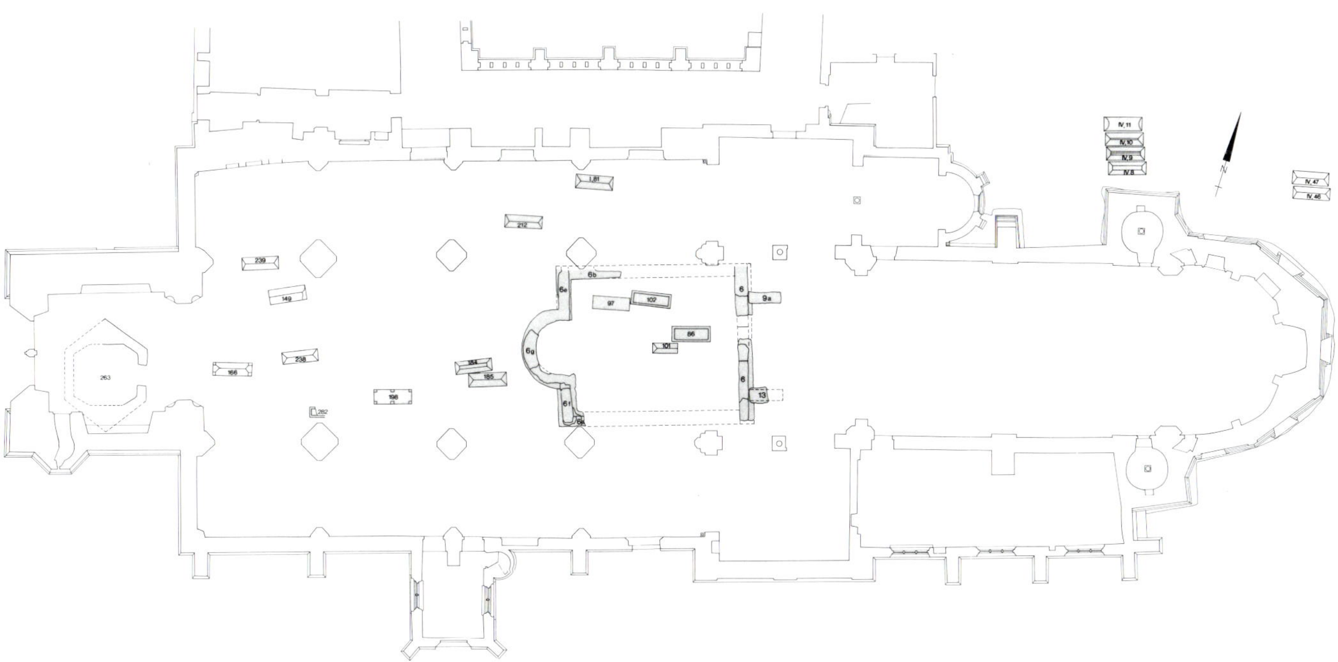

Abb. 84 *St. Severin zu Köln. Bau B und die wahrscheinlich zeitgleichen Gräber, darunter die Knabengräber 64 und 65, sowie zeitgleiche Grabarchitektur. – Nach Päffgen 1992 Beilage 19.*

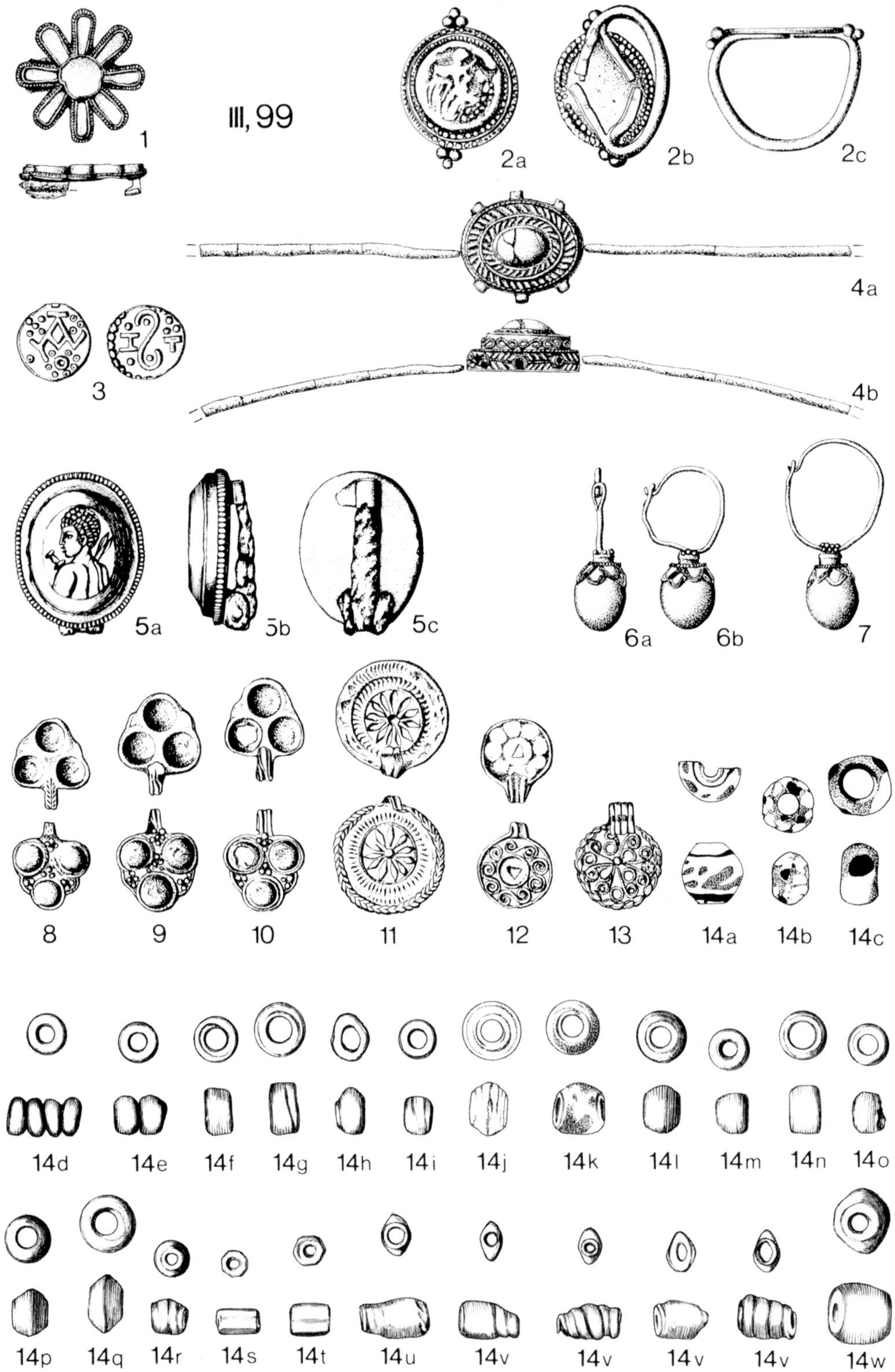
III, 99
1
2a
2b
2c
4a
3
4b
5a
5b
5c
6a
6b
7
8
9
10
11
12
13
14a
14b
14c
14d
14e
14f
14g
14h
14i
14j
14k
14l
14m
14n
14o
14p
14q
14r
14s
14t
14u
14v
14v
14v
14v
14w

gramm. Wie in Gondorf wurden im altangestammten Gräberfeld aber auch Franken beigesetzt, gesichert nachweisbar für das 6. Jahrhundert durch Waffenbeigabe. Wegen fehlender Kenntnis der Grabinventare läßt sich über das quantitative Verhältnis beider ethnischer Gruppen zueinander auch hier nicht verläßlich urteilen. Entscheidend für die künftige Ortsentwicklung wurde jedoch eine neu zugezogene Gruppe, die sich nach fränkischem Siedlungsmuster nun im Mündungsbereich des Mühlbaches nördlich des *Vicus* und unmittelbar am südlichen Ortsrand von Kobern niederließ und ihre Toten hangaufwärts in einer eigenen Sepultur beerdigte. Auf diese neu angelegte Siedlung geht offensichtlich das Dorf Kobern zurück, nicht auf den im 7. Jahrhundert wüst werdenden, weiter südlich gelegenen *Vicus*. Die durch fränkischen Zuzug bestimmten Umformungen einer seit römischer Zeit bestehenden Siedlungsstruktur sind auch von anderen Orten im Rhein-Moselgebiet bekannt: Sie entsprechen nun dem neuen, auch sonst üblichen fränkischen Siedlungsmuster des 6./7. Jahrhunderts, und dieses ist es, was mit innerem und äußerem Landesausbau die künftige Siedel- und Kulturlandschaft im Mosel- und Rheingebiet prägte. Die Franken haben sich im 5. und 6. Jahrhundert zwar in den seit römischer Zeit noch offenen Landschaften niedergelassen, übernahmen aber in der Regel nicht die römische ländliche Siedlungsform der *villae rusticae*, sondern legten abseits von diesen ihre eigenen Höfe an, aus denen sich unsere Dörfer entwickelten.

Abb. 85 *In St. Severin zu Köln wurde in dem gemauerten Grab III,99 in der Zeit um 700 eine vornehme wohlhabende Frau mit reichem Goldschmuck beigesetzt (Kat. IV.3.9.). – Nach Päffgen 1992 Taf. 58.*

Die Weiterexistenz der provinzialrömischen Bevölkerung bis zum 5. und 6. Jahrhundert ist – unterschiedlich stark und räumlich sehr verschieden – im Rhein- und Moselgebiet an römischen Orten, besonders in Städten und Kastellen, gesichert. Mit Blick beispielsweise auf die in römischer Zeit geprägten -*(i)acum*-Namen scheint es ferner plausibel, daß romanisch sprechende Gruppen bis in das 6./7. Jahrhundert hinein aktiv an Siedlungsvorgängen beteiligt gewesen sein dürften, da erst zu dieser Zeit eindeutig fränkische Siedlungen mit diesem römisch-romanischen Namenstyp gegründet wurden; dies legt die sonstige sprachliche Überlieferung nahe. Romanische Bevölkerungskontinuität in das 5. und 6. Jahrhundert hinein ist aus archäologischer Sicht unbestreitbar. Unbestreitbar ist ebenso, daß die Romania im Laufe des frühen Mittelalters ihre Eigenständigkeit weitgehend einbüßte, frankisiert wurde. Dies belegen die Grabinschriften, in denen im 7. Jahrhundert schließlich germanische Personennamen überwiegen, erst recht dann, wenn – wie man vermutet – die romanische Bevölkerung im Laufe der Zeit vermehrt germanische Namen übernommen hat.

Schlußfolgerungen: Westliche und östliche Francia

Ohne auf die Diskussion und das alte Forschungsproblem über »die fränkische Landnahme und die Entstehung der germanisch-romanischen Sprachgrenze« (F. Petri) eingehen zu können, wurden an den aufgezeigten »Fallbeispielen« generelle Züge zur jeweiligen »Zustandsbeschreibung« der Romania im Westen und Osten des fränkisch aufgesiedelten Raumes im 5.–7. Jahrhundert deutlich. Sie ist zu messen an den eingangs genannten Kriterien: an der Wirkungsmächtigkeit und Anziehungskraft des romanischen Kulturmodells auf das fränkische und

Abb. 86 *Der Grabstein des Dructacharius aus dem 7. Jahrhundert wurde 1882 im Fundament der ehemaligen Peterskirche zu Mainz entdeckt (Kat. IV.4.7.). – Foto Reiss-Museum.*

umgekehrt, an den demographischen Voraussetzungen und schließlich daran, ob romanische Bevölkerungsgruppen aus der ursprünglich überregional vorhandenen Einheit der römisch-romanischen Siedlungs- und Kulturlandschaft (Koiné) ausscherten und in die Isolierung gerieten. Grundsätzlich verbindend für den Westen und Osten sind gleichermaßen der durch fränkische Landnahmen eingeleitete Überschichtungsprozeß von Romanen und deren Weiterexistenz. Entscheidend für die Frankisierung der Romanen im Osten war bereits der erhebliche Exodus provinzialrömischer Bevölkerung aus den rheinnahen Provinzen wegen der historisch zunehmend instabilen Situation spätestens in der ersten Hälfte des 5. Jahrhunderts; demographisch gerieten die verbliebenen Romanen hier somit in eine bedrohliche Situation; dies schließt ihre Isolierung und »Absprengung« von der romanischen Koiné ebenso ein wie die abnehmende Strahlungskraft bzw. letztendlich den Verlust ihres zivilisatorischen Niveaus. Ganz anders die Situation im Westen; alles das, was der Romania im Osten verlorenging, konnte sie unter umgekehrten Vorzeichen bewahren mit dem Endergebnis einer Romanisierung der Franken. Besonders eindrucksvoll zeigt sich dies in der Veränderung der das fränkische Kulturmodell so kennzeichnenden und mit alten heidnischen Jenseitsvorstellungen verbundenen Beigabensitte, insbesondere der Beisetzung des Franken mit seinen Waffen. Etwa ab der Zeit um 600 sind die Gebiete an Seine, Marne und Maas frei von Gräbern mit Waffenbeigabe; dies hat nichts mit der zunehmenden Beigabenlosigkeit merowingischer Bestattungen zu tun, die weitgehend andere Gründe hat und sich – vom ostfränkischem Siedelgebiet bis zu den Bajuwaren zeitlich gestaffelt – erst sehr viel später ab dem Ende des 7. Jahrhunderts auswirkt. Somit lassen sich im Westen der Francia Romanen und Franken im 7. Jahrhundert archäologisch nicht mehr trennen. Wie tiefgreifend dieser Romanisierungsprozeß war, verdeutlicht auch ein Beispiel aus dem 8. Jahrhundert. Kennzeichnend und wichtig für die Bild- und Vorstellungwelt germanischer *gentes* waren im Frühmittelalter die germanischen Tierstile I-II. Der nachfolgende anglo-karolingische Tierstil des 8. Jahrhunderts führte dies fort; den romanisierten Franken westlich der heutigen und im wesentlichen schon seit der Mitte des 9. Jahrhunderts stabilen germanisch-romanischen Sprachgrenze blieb er hingegen fremd, wurde von ihnen nicht mehr verstanden.

Das Schicksal der Franken in der westlichen *Francia* teilten auch jene germanischen *gentes*, die ebenfalls in einer dichten und noch weiterhin strahlungskräftigen Romania Land nahmen, so die Langobarden in Italien, die Westgoten in Spanien und auch die Burgunden. Am Ende stand ihre vollständige Akkulturation.

Literatur: Ament 1978; 1992b. – Claude 1988. – Stein, F. 1994. – Spätantike 1991. – Päffgen 1992. – Pilet 1980a; 1980b. – Steuer 1980.

Die Erben Roms und ihre Städte

Paris, merowingische Metropole

Patrick Périn

Dank zahlreicher Schriftquellen und einer ununterbrochenen Reihe von archäologischen Entdeckungen seit dem 17. Jahrhundert haben wir eine gute Kenntnis von Paris, dem römischen Lutetia, das Chlodwig zu seiner Hauptstadt machte, ferner von seiner Entwicklung in merowingischer Zeit.

Das antike Erbe

Wegen seiner besonderen Lage hatte Lutetia seit der römischen Kaiserzeit zwei Gesichter: ein insulares Stadtviertel auf der Ile de la Cité und offene, ausgedehnte Viertel auf dem linken Seineufer. Obwohl sein monumentaler Schmuck nicht geringer gewesen ist – das Forum der Rue Soufflot und die »Arenen« der Rue Monge zählen zu den gewaltigsten Bauwerken dieses Typus in Gallien –, gelangte Lutetia nicht in den Rang einer Provinzhauptstadt, da Sens ihm vorgezogen worden ist. Wie die Mehrzahl der Städte des nördlichen Gallien, die durch die Germaneneinfälle des mittleren 3. Jahrhunderts heimgesucht wurden, erfährt die Stadt, die sich nun Paris nach dem gallischen Stamm der *Parisii* nannte, in der Spätantike wichtige topographische Veränderungen. Eben damals wird die Ile de la Cité befestigt mit einem mächtigen Schutzwall, der im Laufe der ersten Hälfte des 4. Jahrhunderts errichtet wurde. Die Stadtviertel des linken Ufers bestehen zum Teil fort, wobei sie beträchtlich schrumpfen. Bezeugt sind sie durch ein Netz von Nekropolen und verschiedene kürzlich im »Quartier Latin« gemachte Entdeckungen. Im Unterschied zu den meisten anderen Städten bleiben sie offen, zweifellos weil sie einen unmittelbaren Schutz durch das antike Forum genießen, das befestigt ist und zusammen mit der Cité einen doppelten Stützpunkt darstellt. Wie es der römische Geschichtsschreiber Ammianus Marcellinus überliefert, verfügte die Stadt damals über ein ständiges Lager, einen Exerzierplatz und Vorratshäuser, die der Truppe für 20 Tage Proviant liefern können. Diese militärischen Infrastrukturen mußten, wie es Beispiele an der Rheingrenze bezeugen, am Rand der Stadt liegen; eine gewisse räumliche Trennung zwischen der Zivilbevölkerung und der Armee war aus praktischen Gründen geboten. Die Entdeckung von mehreren Soldatengrabstelen im Quartier St-Marcel und von Gräbern mit Zwiebelknopffibeln, die bekanntlich von Soldaten getragen wurden, spricht für die Lokalisierung dieses Feldlagers nicht weit von der Carrefour des Gobelins und vielleicht an der Butte aux Cailles, in der Nähe einer strategisch wichtigen Straße nach Italien. Dank der *Notitia Dignitatum*, einem Dokument der römischen Militärverwaltung vom Anfang des 5. Jahrhunderts, weiß man noch, daß in Paris ein Kriegsflottenverband auf dem Fluß stationiert war, ebenso wie eine sarmatische Auxiliareinheit in der Nähe.

Die Hauptstadt Chlodwigs

In lakonischer Kürze überliefert Gregor von Tours, dessen 1400stem Todestag man 1994 gedacht hat, in seinen *Zehn Bücher Geschichte* (häufig auch als Geschichte der Franken bezeichnet), daß Chlodwig als »Sitz seines Königreiches« Paris bestimmte. Wenn man die Abfolge der durch den gelehrten Bischof berichteten Tatsachen berücksichtigt, findet dieses Ereignis kurz nach dem Triumph statt, den der König als Sieger über die Westgoten bei Vouillé (507), nicht weit von Poitiers, soeben in Tours in reinster antiker Tradition feierte. Mit der Chlamys und dem Purpurmantel bekleidet und das Diadem tragend, ritt er von der Basilika St-Martin zur Kathedrale, verteilte Gold- und Silbermünzen an die Menge und ließ sich fortan nach Gregor »*Consul*« oder »*Augustus*« nennen. Ein Gesandter des oströmischen Kaisers Anastasius hatte ihm in der Tat die offizielle Urkunde des Konsulats verliehen, eine ehrenhafte Auszeichnung, die den Vorrang des katholischen Besiegers der Westgoten über die anderen barbarischen arianischen oder heidnischen Könige des Westens bestätigte. Weil Chlodwig seinen Feldzug in Aquitanien

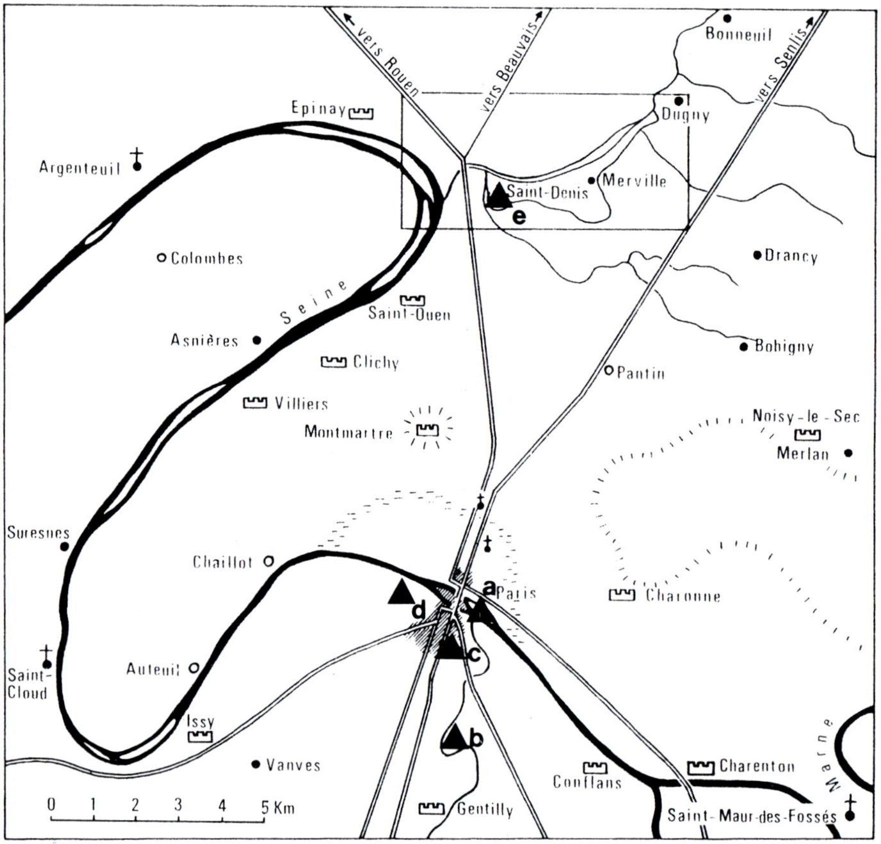

Abb. 87 *Plan der Stadt Paris mit Umgebung im Frühmittelalter.*
a Kathedralgruppe, »ecclesia Parisiaca«.
b Gräberfeld an der Bièvre mit der »ecclesia senior«.
c Saints-Apôtres / Sainte-Geneviève.
d Saint-Vincent et Sainte-Croix / Saint-Germain-des-Prés.
e Saint-Denis. – Nach Duval et al. 1992, mit Ergänzungen und Legende von A. Kluge-Pinsker.

nach dem Sieg fortsetzte und in Bordeaux überwinterte, datierte man traditionellerweise die »Zeremonie von Tours« eben ins Jahr 508, wobei die Wahl von Paris als Hauptstadt später fiel, vielleicht noch im selben Jahr.

Als »neuer Constantin«, um den Begriff des Gregor von Tours wieder aufzugreifen, mußte der soeben konvertierte und siegreiche König auch eine Hauptstadt haben, was seine gelehrte Umgebung von Laien und Klerikern ihm nicht versäumte nahezulegen. Es war keine Erschaffung *ex nihilo*, sondern, wie bei den anderen barbarischen Königen des Westens – Ravenna bei den Ostgoten, Toulouse und dann Toledo bei den Westgoten, Lyon und Genf bei den Burgunden –, eine bestehende Stadt, im vorliegenden Fall Paris.

Die Historiker haben sich offensichtlich nach den Gründen für Chlodwigs Wahl dieser Stadt zur Hauptstadt gefragt; am häufigsten werden seit Félix-Georges De Pachtère, Verfasser eines Monumentalwerks »Paris in gallo-römischer Zeit« (1912) strategische Gründe angeführt. Zur außergewöhnlichen natürlichen Lage der Stadt, die Caesar in einer der Episoden des Gallischen Krieges verdienstvollerweise festgehalten hatte, kam seit dem 4. Jahrhundert ihr militärischer Charakter hinzu, der wichtig genug war, daß Kaiser Julian in den Jahren 357/358 und 359/360, später Kaiser Valentinian I. in den Jahren 365/366 und 366/367 dort ihr Winterquartier einrichteten. Paris wäre daher gewissermaßen eine vorbestimmte Hauptstadt gewesen, an der seinerseits der fränkische König zu Recht festgehalten hätte. Die Frage verdient es eigentlich, im Licht der neueren historischen und archäologischen Arbeiten wieder untersucht zu werden.

Wie Paul van Ossel kürzlich aufgezeigt hat, hatten diese militärischen Infrastrukturen, die vollkommen in das damals von Rom eingerichtete, tiefgreifende Verteidigungssystem eingegliedert waren, im Verhältnis zu anderen Städten Nordgalliens, die zur selben Militärgliederung gehörten, in der Tat nichts Außergewöhnliches an sich. Darüber hinaus und im Unterschied zu Soissons, Amiens oder Reims besaß Paris keine Waffenlager. Schließlich ist es Soissons, wo die gallischen Heermeister des 5. Jahrhunderts, Aegidius und später sein Sohn Syagrius, der 486 von Chlodwig besiegt wurde, ihre Residenz einrichteten. Auch wenn die von Chlodwig zur Hauptstadt gemachte Stadt zweifellos zu Beginn des 6. Jahrhunderts immer noch einen nicht zu vernachlässigenden militärischen Charakter bot, so ist es wahrscheinlich nicht dieser, der die Wahl des Königs bestimmte, denn sonst wären andere große Militärstädte Nordgalliens Paris wahrscheinlich vorgezogen worden. Es muß daher ein anderer Weg gesucht werden, um die Wahl Chlodwigs zu erklären.

Dank der *Vita* der hl. Genovefa, die im Auftrag Chrodechildes gegen 520 verfaßt wurde, also wenige Jahre nach dem Tod der um 502 verstorbenen Heiligen, kennt man die bevorzugten Verbindungen, die

Childerich († 481/482) mit der Pariser Jungfrau unterhielt. Obwohl er Heide war, »liebte er sie in aufrichtiger Verehrung« und ging sogar soweit, daß er ihr die Entscheidung über das Leben der zum Tode Verurteilten oder die Befreiung der Gefangenen überließ. Man kann trotz des Schweigens der Schriftquellen annehmen, daß Chlodwig, der Genovefa seit seiner Kindheit begegnet sein mußte, sie seinerseits verehrte und daß ihr Einfluß neben dem des hl. Remigius und der Chrodechilde für den König ausschlaggebend war, als er sich für den Glaubensübertritt entschied. Jedenfalls ist es kein Zufall, wenn das Königspaar entschied, am Grab der Genovefa eine Basilika zu errichten, die dazu bestimmt war, ihm als dynastische Grablege zu dienen. Genovefa wurde nicht, wie man vermuten würde, in der Basilika bestattet, die sie im *vicus Catulliacus,* dem heutigen St-Denis, über dem Grab des hl. Dionysius errichtet hatte, der gegen die Mitte des 3. Jahrhunderts den Märtyrertod erlitt, sondern in einem der Friedhöfe, welche die Stadtviertel des linken Ufers umgaben, und zwar bei der zukünftigen Montagne Ste-Geneviève. Zu ihrer Zeit erhob sich dort noch keine geweihte Stätte; die beiden in Paris bezeugten Kultplätze waren damals außer der Basilika von St-Denis die Kathedrale der Ile de la Cité an der Stelle der heutigen Kathedrale Notre-Dame und im Viertel von St-Marcel nicht zentral liegende Kirche. Auf eben diesem Friedhof hatte die christliche Gemeinschaft von Paris ihre Toten begraben, so zum Beispiel die hl. Eusoz und den Bischof Prudentius am Ende des 4. Jahrhunderts. Man darf daher zu Recht glauben, daß die Pariser, die aus freiem Antrieb über Genovefas Grab ein Oratorium aus Holz errichteten, damit sie ihren Körper in der Stadt behielten, die sie praktisch jahrelang regiert hatte. Wie es die Interpretation der *Vita* der hl. Genovefa nahelegt, hatte Chlodwig möglicherweise seit 502 den Vorsatz, sein zukünftiges Grab mit demjenigen der Pariser Jungfrau zu verbinden. Jedenfalls begannen die Bauarbeiten aber erst nach dem Sieg von Vouillé (507), weil westgotische Kriegsgefangene anscheinend dort beschäftigt worden sind. Im Gegensatz zu einer hartnäckigen Legende hat man den Körper der Heiligen nicht in die neue, vermutlich angrenzende Basilika überführt, sondern diese wurde – gemäß eines gut eingeführten Brauchs in der christlichen Welt, bei dem die Bestattungsplätze genauso heilig sind wie die Körper der Heiligen – über dem Grab selbst errichtet, das in eine *memoria* eingefügt war, zu welcher die Pilger Zugang hatten.

Beim Tod Chlodwigs 511 war das Bauwerk noch nicht vollendet, so führte Chrodechilde die Arbeiten an der heiligen Stätte zu Ende. Aus politischen Gründen wurde sie nicht der hl. Genovefa geweiht – eine offenkundig von Chlodwig und Chrodechilde gewünschte Titulatur, die sich jedoch erst später durchsetzte –, sondern den Aposteln Peter und Paul nach dem Vorbild der Grablege von Constantin in Constantinopel.

Ob die Verbindung zwischen dem Grab der hl. Genovefa und der dynastischen Grablege nun seit 502 vorgesehen war, oder ob sie seit dem Sieg bei Vouillé und dem Triumph von Tours (507–508) geboten war: Es ist klar, daß Paris, ob strategisch und militärisch begründet oder nicht, die Hauptstadt Chlodwigs sein mußte, da sie gerade eine dynastische Grablege erhalten hatte am Grab der Schutzheiligen der neuen Dynastie.

Eine merowingische Metropole

Bald nach dem Tod Chlodwigs († 511) wurde sein Königreich wie privates Erbe zwischen seinen Söhnen Theuderich, Chlodomir, Childebert und Chlothar aufgeteilt, die jeweils »Könige« von Reims, Orléans, Paris und Soissons wurden: Paris teilte von nun an seine Stellung als Hauptstadt mit drei anderen, aber es bewahrte sich dabei zumindest einen Vorrang, den es bis zur Mitte des 7. Jahrhunderts innehaben sollte. Folglich versuchte Chilperich I. beim Tod von Chlothar I. († 561), Paris zu besetzen, um das Königreich wieder zu vereinigen: Er wurde durch seine Brüder daran gehindert, welche die Aufteilung von 511 erneuerten, dabei wird Charibert »König von Paris«. Als historische Hauptstadt der merowingischen Dynastie stellte Paris einen solchen Anreiz dar, daß die Söhne Chlothars und ihre Nachfolger durch ein Abkommen entschieden, aus ihr eine nicht aufzuteilende Stadt zu machen, eine Art gemeinsame Hauptstadt des Königreiches. Daraus erklärt sich, daß diese Stadt, nach den vielfältigen heiligen Stätten zu urteilen, in merowingischer Zeit als eine wahrhaftige Metropole erscheint.

Da sich die Schriftquellen, insbesondere die Werke von Gregor von Tours und von Venantius Fortunatus, und die archäologischen Befunde ergänzen, läßt sich in großen Zügen die Topographie von Paris, und zwar besonders unter dessen religiösen und funerären Aspekten, in merowingischer Zeit rekonstruieren: Dies erklärt sich aus den relevanten Schriftquellen – Berichte mit religiösem Charakter, in denen gerne religiöse Themen abgehandelt werden – und aus der einseitigen Auswahl der Grabungsplätze, bislang vor allem geweihte Stätten und Nekropolen. Die Identifizierung von Wohngebäuden merowingischer Zeit wird durch das Fortbestehen von spätantiken, die in zahlreichen Fällen noch benutzt werden, erschwert.

Die Topographie der Ile de la Cité ist das Erbe der spätrömischen Zeit: Sie wird bestimmt durch den Schutzwall, den Palast im Westen mit Nord-Süd-gerichteter Hauptstraße in der Achse des *cardo*, zwei Tore zum Grand-Pont an der Stelle des heutigen Pont Notre-Dame und zum Petit-Pont. Nicht gezählt sind die noch fortbestehenden öffentlichen und privaten Gebäude. In den beiden östlichen Dritteln der Insel entstehen im 6. und 7. Jahrhundert eine Reihe von geweihten Stätten: Am äußersten östlichen Ende der »Bischofsbezirk«, der sich gemäß den liturgischen Gebräuchen jener Zeit aus mehreren Kirchen zusammensetzte, den Kathedralen St-Etienne und Notre-Dame, dem Baptisterium St-Jean le Rond und der Kirche St-Germain le Vieux und vielleicht St-Denis; hinzufügen muß man den Bischofspalast, ferner im Westen zwei Frauenklöster, St-Christophe und St-Martial. Letzteres mit 300 Nonnen wurde gegen 630 durch den hl. Eligius begründet; dessen erste Äbtissin war die hl. Aurea von syrischer Herkunft. In der Nähe des Grand-Pont stand schließlich ein Oratorium aus Holz, das dem hl. Martin geweiht war. Gregor von Tours berichtet uns noch von einem Platz vor der Kathedrale, ebenso von einem Gefängnis in der Nähe des Petit-Pont.

Von allen angeführten geweihten Stätten war allein die Kathedrale St-Etienne Gegenstand archäologischer Untersuchungen: Dieses Bauwerk, dessen Errichtung Childebert I. (511–558) zugeschrieben wurde, erhob sich vor und unter der heutigen Kathedrale; es war ein beeindruckendes Gebäude, eines der größten des Westens, mit einer Fassade von 36 m – und deshalb wahrscheinlich mit einer Länge von 50 bis 60 m –, einem Portalvorbau, der zweifellos von einem Glockenturm bekrönt wurde, einem von vier Seitenschiffen flankierten Hauptschiff und vielleicht einem Turm auf der Südseite, der sich an den Schutzwall lehnte. Es ist jedoch nicht sicher, ob dieses Bauwerk aus einem Guß im 6. Jahrhundert stammte, denn zu Beginn des 12. Jahrhunderts war es Ruine, die gegen 1160 bei den ersten Arbeiten an Notre-Dame zerstört wurde. Archäologie und Schriftquellen bezeugen eine zweite Kathedrale, Notre-Dame, ein bescheideneres Bauwerk, das sich an der Stelle des Chors der heutigen Kathedrale befand und nach St-Etienne erbaut sein dürfte. Es bleibt jedoch vieles von der Geschichte der »Doppelkathedrale« von Paris unbekannt, insbesondere die möglichen Vorgänger von St-Etienne und Notre-Dame, da eine der zwei geweihten Stätten, vermutlich erstere, auf eine ältere Kathedrale zurückgeht, die sich seit dem constantinischen Religionsfrieden in der Cité erhob. Die Vorrangstellung von St-Etienne über Notre-Dame, die seit merowingischer Zeit sicher festgestellt ist, hört seit dem 9. Jahrhundert auf: Eine Erklärung dafür könnte die Einrichtung eines Domherrenkapitels in Notre-Dame zwischen 754 und 829 sein, wofür in St-Etienne der Platz fehlte. Durch diese Institution gewann Notre-Dame im Zusammenspiel mit den Bischöfen an Einfluß.

Wie auf der Ile de la Cité bestanden auch auf dem linken Seineufer die topographischen Verhältnisse im wesentlichen seit spätrömischer Zeit weiter: das orthogonale Straßennetz, denn auf dieses bezogen sich mehrere merowingische Kirchen, öffentliche Gebäude, davon besonders die großen Thermen von Cluny, das *forum* und die »Arenen« – über Erhaltungszustand und Bestimmung der öffentlichen Gebäude sind jedoch nur Vermutungen anzustellen –, dann Einzel- sowie Gemeinschaftsgebäude und Nekropolen, ausgenommen anscheinend die südwestliche. Zahlreiche geweihte Stätten, die königliche Gründungen sind oder auf Privatinitiativen zurückgehen, werden in merowingischer Zeit im »Quartier latin« und an seinem Rand errichtet. Es handelt sich zunächst um Kirchen in den Vorstädten, in den Vierteln auf dem linken Ufer, mit dem antiken *cardo* (Rue Saint-Jacques) als Hauptachse: St-Séverin, St-Julien le Pauvre, wo Gregor von Tours während eines Aufenthaltes in Paris wohnte, dann St-Serge et St-Bacchus, St-Etienne des Grès. Weiter östlich, auf dem Gipfel des Montagne Ste-Geneviève, erhob sich die berühmte Basilika der hl. Apostel, die von Chlodwig für seine Bestattung und die seiner Angehörigen errichtet worden war: Die Gräber von Chlodwig und Chrodechilde, die trotz der 1807 durchgeführten Untersuchungen bei der Zerstörung von Ste-Geneviève nicht wiedergefunden wurden, waren in einem *sacrarium* angelegt worden, das zur Basilika gehörte, während sich das Grab der Patronin von Paris in der *memoria* im Chor der geweihten Stätte befand. Zwei Kultplätze hingen zweifellos seit dieser Zeit von Sts-Apôtres ab: St-Symphorien des Vignes und St-Michel.

Andere geweihte Stätten wurden am Rand der Stadtviertel des linken Ufers und an ihren Hauptzufahrtsstraßen errichtet: Ste-Croix et St-Vincent, wovon wiederum St-Pierre abhing, dann Notre-Dame des Champs, St-Médard und St-Victor. Die herrlichste unter ihnen war zweifellos die Basilika Ste-Croix et St-Vincent, die von Childebert I. (511–558) nach seiner Rückkehr von einem Spanienfeldzug als Grabkirche gegründet wurde. Außer zahlreichen Mitgliedern der Königsfamilie wurde dort 576 der hl. Germanus, Bischof von Paris, bestattet, wodurch die geweihte Stätte wegen der schnell einsetzenden Verehrung seines Grabes seinen Namen erhielt.

Drei Kirchen erhoben sich schließlich jenseits der Bièvre und standen mit dem von Gregor von Tours erwähnten Friedhof des *vicus Parisiorum* in Verbindung: St-Marcel, das über dem Grab des hl. Marcellus, Bischof von Paris, errichtet wurde und vielleicht schon am Ende der römischen Epoche bestand, St-Martin und St-Hippolyte.

Die Vorstadt, die sich auf dem rechten Seineufer am Ende der römischen Epoche

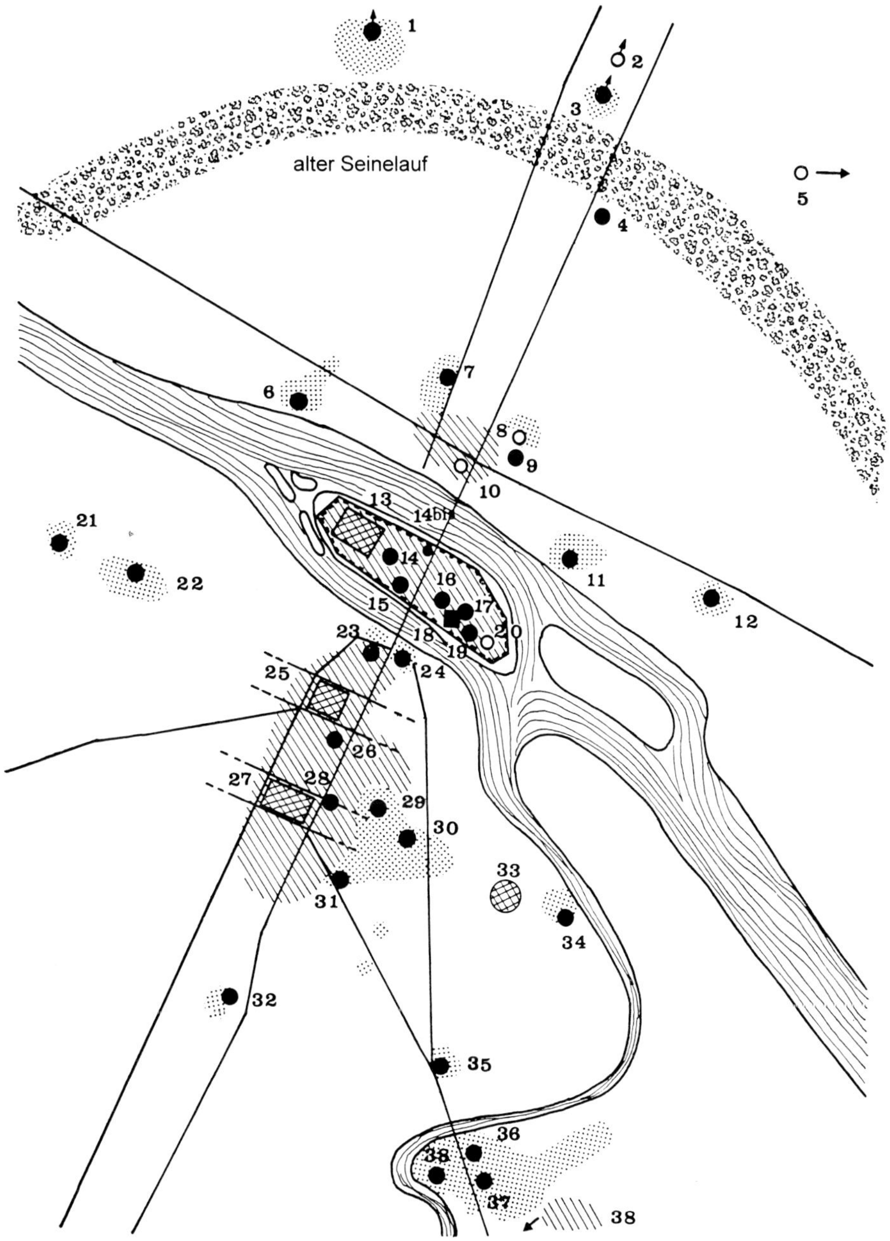

Abb. 88 *Schematischer Plan von Paris zur Merowingerzeit (6.–8. Jahrhundert).*
Gestreift: Mögliche städtische Ausdehnung. – Gepunktet: Nekropolen. – Gegittert: Überreste antiker Monumentalbauten. – Viereck: Kathedrale. – Punkte: Kirche durch schriftliche oder archäologische Quellen nachgewiesen. – Kreise: mögliche Kirchen.
1 Montmartre. 2 Sainte-Geneviève de la Chapelle. 3 Saint-Laurent. 4 Saint-Martin des Champs. 5 Saint-Germain le Charonne? 6 Saint-Germain le Rond/L'Auxerrois. 7 Notre-Dame des Bois? 8 Saint-Merri? 9 Sainte-Colombe. 10 Saint-Jacques de la Boucherie. 11 Saint-Gervais-et-Saint-Protais. 12 Saint-Paul des Champs. 13 Le palais. 14 Saint Martial/Saint Eloi. 14 bis Oratoire Saint Martin. 15 Saint-Germain le Vieux. 16 Saint-Christophe. 17 Saint-Jean le Rond (Baptisterium). 18 Kathedrale Saint-Etienne. 19 Kathedrale Notre-Dame. 20 Saint-Denis du Pas? 21 Saint-Père/Saint-Pierre. 22 Sainte-Croix-et-Saint-Vincent – Saint-Germain-des-Prés. 23 Saint-Severin. 24 Saint-Julien Martyr/le Pauvre. 25 Thermes de Cluny. 26 Saint-Serge-et-Saint-Bacchus – Saint-Benoît. 27 Forum. 28 Saint-Etienne des Grès. 29 Saint-Symphorien des Vignes. 30 Les Saints-Apôtres – Sainte-Geneviève. 31 Saint-Michel. 32 Notre-Dame des Champs. 33 Arena. 34. Saint-Victoir. 35 Saint-Médard. 36 Saint-Martin. 37 Saint-Marcel. 38 Vicus Parisiorum. – Nach La Neustrie 1985, 334 f. Abb. 139.

gebildet hatte, erweitert sich im Laufe der merowingischen Zeit, bezeichnend dafür ist die Verteilung einiger geweihter Stätten an den Ufern des Flusses: St-Germain le Neuf oder le Rond, das dem hl. Germanus von Auxerre geweiht ist und so bezeichnet wurde, um eine Verwechslung mit St-Germain le Vieux in der Cité zu vermeiden, dann Ste-Colombe und St-Paul des Champs, die vom Kloster St-Martial in der Cité abhingen, St-Gervais und St-Protais, ebenso wie ein Kultplatz im Quartier des Innocents, vielleicht Notre-Dame des Bois. Die Existenz von St-Merri seit dem Ende der merowingischen Zeit ist möglich, während die von St-Jacques de la Boucherie zweifelhaft ist. Auf andere geweihte Stätten, die sehr viel weiter von der Seine entfernt liegen und die nicht mehr mit der Vorstadt auf dem rechten Ufer in Verbindung gebracht werden können, muß noch hingewiesen werden: St-Martin des Champs ist mindestens seit dem Ende der merowingischen Zeit bezeugt, St-Laurent und St-Denis de Montmartre, vielleicht St-Geneviève de la Chapelle und St-Germain de Charonne. Mit Ausnahme des ersten befinden sich alle diese am Rand liegenden Kultplätze jenseits eines von der Seine verlassenen Flußbettes – den Geologen und Geographen von Paris wohlbekannt –, das während der größten Überschwemmungen der Seine nicht überflutet werden konnte, wie es Gregor von Tours bezeugt.

Die Kirche von Montmartre erfreute sich einer bemerkenswerten geographischen Lage, denn sie war an die Stelle römischer Tempel gesetzt und zu Ehren der Märtyrer Dionysius, Rustikus und Eleutherius errichtet worden, wobei eine auf der Südseite des Hügels gelegene Kapelle, nämlich die von St-Martyre, in der Folgezeit an den genauen und überlieferten Ort der Marter erinnern sollte: Eben dadurch wird der Hügel, der ursprünglich *Mons Martis*, bzw. *Mons Mercure*, Berg des Mars oder des Mercur, genannt wurde, zum Berg der Märtyrer, dem *Mons Martyrum*, später Montmartre.

Diese topographischen Gegebenheiten schließen einige Angaben allgemeiner Art ein. In merowingischer Zeit gab es anfangs keine Friedhöfe auf der Ile de la Cité gemäß der römischen Tradition, die Bestattungen *intra muros* untersagte. Deshalb verfügte zum Beispiel das Kloster St-Martial über zwei eigene Grabkirchen auf dem rechten Ufer, nämlich Ste-Colombe und St-Paul. Die Zivilbevölkerung der Cité hatte keinen besonderen Friedhof, sondern benutzte zahlreiche Friedhöfe *ad sanctos,* die es auf den beiden Seineufern gab, und wählte den Platz nach den Heiligen, die sie im besonderen verehrte. Nach den Schriftquellen zögerte man nicht, sich in einer gewissen Entfernung vom Wohnhaus bestatten zu lassen. Eben deshalb wurden so angesehene Pariser Friedhöfe wie Montmartre, St-Germain des Prés oder St-Marcel, die mit berühmten Kirchen ausgestattet waren, nicht nur von der benachbarten Bevölkerung genutzt, sondern zogen die christlichen Bestattungen aus der Umgebung an, wodurch sie eine beträchtliche Erweiterung erfuhren. Die Mehrzahl der erwähnten Kirchen in den Vorstädten hatte von Anfang an eine Funktion im Bestattungswesen. Die ältesten unter ihnen wurden in spätrömischen Nekropolen errichtet, St-Gervais und St-Protais, St-Julien, Sts-Apôtres, St-Marcel und ohne Zweifel Notre-Dame des Champs und St-Victor, und in zahlreichen Fällen ist ihr Ursprung ein verehrtes Grab, wie in St-Marcel oder Sts-Apôtres. Andere Kirchen in den Vorstädten stimmen anscheinend nicht mit den Bestattungsplätzen aus vormerowingischer Zeit überein: Diese Grabkirchen, seien sie nun auf Initiative eines Fürsten, wie Ste-Croix et St-Vincent, oder von Privatpersonen entstanden, wandelten sich schnell in Nekropolen *ad sanctos;* ihre Bedeutung wuchs, sobald die von ihnen beherbergten Reliquien Gegenstand volkstümlicher Verehrung wurden. Was die Viertel auf dem linken Ufer anbelangt, wundert man sich vielleicht darüber, daß mehrere Grabkirchen in der urbanisierten Zone liegen, besonders St-Serge et St-Bacchus sowie St-Etienne: Soweit man es beurteilen kann, wurden diese Kultplätze erst spät mit zunächst bescheidenen Nekropolen verbunden, und zwar als kaum noch zwischen der Welt der Lebenden und der der Toten unterschieden wurde, wie dies im Laufe des Mittelalters geschah. Der Begriff *intra muros* ist für die Viertel auf dem linken Ufer auch sehr viel verschwommener ist als für die Cité.

Einige Bemerkungen zur Lage der merowingischen Stadt in bezug auf die benachbarten Ländereien der *civitas*, deren Hauptort sie war, drängen sich noch auf. Das Studium einer Karte zeigt eine dichte Besiedlung in der Mitte der *civitas Parisiorum* zu Beginn des Frühmittelalters. Festzustellen ist anhand einer kombinierenden Auswertung traditioneller Geschichtsquellen und der archäologischen Ergebnisse eine relative Isolierung von Paris, betrachtet man die in mittlerer Dichte randlich liegenden Siedlungen. Im Unterschied zum Paris aus der Zeit vor Haussmann, das von elf »Dörfern« umgeben war, die 1860 eingemeindet wurden, hat das merowingische Paris vor seinen Toren anscheinend keinen gleichmäßigen Gürtel aus ringsum angeordneten Siedlungen gehabt. Von den mittelalterlichen Dörfern, die innerhalb der modernen Grenzen der Hauptstadt liegen, bestanden allein Montmartre und vielleicht Charonne und La Chapelle-Saint-Denis bereits in merowingischer Zeit, ebenso wie der nahe gelegene *vicus Parisiorum* (St-Marcel) und in Chaillot die *villa* von Nimione. Nur in der nahe gelegenen heutigen Vorstadt begegnet man einem Kranz von mehr oder weniger bedeutenden Gebäuden, wie die *villa* von Clichy, wo die merowingischen Herrscher nach der Mitte des 7. Jahrhunderts gerne residierten, das Kloster von St-Denis, im *vicus Catulliacus* gegründet, der *fundus* von Bobigny, die *villa* von Nogent-sur-Marne, Ivry, der *fiscus* von Gentilly oder noch der von Issy etc. Diese Unterbrechung der Besiedlung zwischen der merowingischen Stadt und den am Rand liegenden Siedlungen spiegelt sich in der archäologischen Realität. In der Tat hätten die im Lauf der zweiten Hälfte des 19. Jahrhunderts und bis zum Ersten Weltkrieg von Hand ausgeführten Erdbewegungen, die der Parzellierung der am Rand liegenden Bezirke vorangingen, Sarkophage, Skelette oder Unterbauten und verschiedene Ausstattungsgegenstände geliefert, wenn antike oder merowingische Siedlungen tatsächlich existiert hätten: Man zeigte damals gerne diese Art von Funden an, die leicht aufzudecken sind und nach denen die Presse und die Sammler gierig waren; ferner genoß Paris in dieser Zeit eine offizielle und wirkungsvolle archäologische Überwachung. Diese archäologische Leere scheint zudem von den Schriftquellen und der historischen Topographie

Abb. 89 *Modell der Stadt Paris im 8. Jahrhundert. Paris, Coll. de l'Association Clovis. – Nach La Neustrie 1985, 380 Abb. 139.*

bestätigt zu werden: Merowingische Siedlungen in der Nähe von Paris und von einer gewissen Bedeutung hätten zweifellos irgendwelche Spuren in den Quellen hinterlassen oder die frühe Gründung von geweihten Stätten hervorgerufen, die wiederum der Kern von mittelalterlichen Dörfern geworden wären. Dies scheint nicht der Fall gewesen zu sein, und man muß daher eine historische Realität zur Kenntnis nehmen und nicht von einem durch das Fehlen von Quellen hervorgerufenen Bild ausgehen. Diese relative Isolierung der merowingischen Stadt in Herzen der *civitas* scheint man bereits in römischer Zeit anzutreffen, ihre Gründe sind zweifellos dieselben. Man darf also annehmen, daß zwischen der eigentlichen städtischen Ansiedlung und den am Rand liegenden Großdomänen ein zur Versorgung der Stadt notwendiger Gürtel von Agrarland bestand, der in merowingischer Zeit zum großen Teil zum Fiskus gehörte, bevor er nach und nach auf die großen Pariser Abteien von St-Denis, St-Germain des Prés und Ste-Geneviève aufgeteilt wurde. In der Antike wie in merowingischer Zeit mußte man den täglichen

Unterhalt der Bürger sichern, was der Handel mit den benachbarten Großdomänen allein nicht schaffte. Man kann sich also leicht die Funktion dieser »Agrarvorstadt« vorstellen, die um so notwendiger und ausgedehnter sein mußte, je wichtiger und bevölkerter Paris war. Wenn die historische und archäologische Untersuchung auch keine Ansiedlungen in dieser dem Ackerbau und der Viehzucht vorbehaltenen Verbindungszone aufgedeckt hat, kann man dennoch die dauerhafte Anwesenheit von Arbeitskräften in Betracht ziehen; diese haben aber nur wenige Spuren im Boden zurückgelassen: Sie bestatteten ihre Toten in den nahe gelegenen Friedhöfen der Vorstädte; sie errichteten ihre Häuser aus Holz, deren wenig aufsehenerregende Reste unbemerkt geblieben sind, sowohl während früherer Bauarbeiten und um so mehr auf modernen Großbaustellen bei Benutzung schwerer Maschinen. Nichtsdestoweniger haben die neueren Grabungen von P. Van Ossel in der Umgebung des Louvre, in den Jardins du Caroussel, es erlaubt, diese Hypothese zu überprüfen, da sie eine ländliche Parzellierung und einige Siedlungsspuren aufgedeckt haben. Diesen Nährgürtel unterbrachen beiderseits von Paris nur Wälder, von denen allein der Bois de Vincennes und Bois de Boulogne übrigblieben.

Solcherart zeigt sich in großen Zügen Paris als wahrhaftige Metropole in merowingischer Zeit.

Die Franken in den Römerstädten der Rheinzone

Hermann Ament

Nach schweren Beeinträchtigungen schon in der Spätantike setzte sich der Niedergang der Städte fort, nachdem die Franken in den Regionen links des Rheins die Herrschaft von den Römern übernommen hatten. Wichtige Bereiche städtischer Lebensformen sind abgestorben. Erhalten blieben vor allem dem Boden gewissermaßen eingewurzelte Strukturen wie Verkehrswege und Befestigungsmauern, blieben aber auch die Kirche und ihre Einrichtungen. Diese stellten zugleich die wesentliche Organisationsstruktur für die am Ort verharrenden Nachkommen der römischen Provinzialbevölkerung, die Romanen, dar und boten Integrationsmöglichkeiten für die fränkischen Neubürger. Die so bewahrten Rudimente des römischen Städtewesens bildeten eine maßgebliche Grundlage für die Entwicklung der spezifisch mittelalterlichen Form der Stadt, die mit der Herausbildung von burggeschützten Marktsiedlungen in karolingischer Zeit beginnen sollte.

Stadt und Land bei Römern und Germanen

Nullas Germanorum populis urbes habitari satis notum est – daß es bei den germanischen Völkerschaften nirgends Städte gab, war allgemein bekannt, als Tacitus um 100 seine Abhandlung über Germanien schrieb. Im germanischen Gebiet kannte man ausschließlich Siedlungen von ländlichem, bäuerlichem Charakter, meist in Höfe gegliederte Gruppensiedlungen von Weiler- oder Dorfgröße, dazu auch Einzelhöfe. Nirgends standen Häuser aus Stein, alle Bauwerke wurden in Holzarchitektur errichtet. Dieses von Tacitus gezeichnete Bild ist durch zahlreiche Ausgrabungen bestätigt worden, gerade auch für das östliche Vorfeld des Niederrheins und damit für jene Regionen des norddeutschen und niederländischen Flachlandes, die als Ursprungsgebiet des Frankenstammes anzusehen sind.

Ganz anders verhielt es sich auf der anderen, westlichen Seite des Rheins. Das starke politische Interesse der Römer an diesem Gebiet und ihre massive Militärpräsenz seit der Regierungszeit des Augustus hatten in der Rheinzone eine rasche und tiefgreifende Romanisierung bewirkt, die nicht zuletzt im Siedlungssystem ihren Ausdruck fand: Dieses war nach dem Muster der mediterranen Hochkultur durch und durch städtisch geprägt. Die *colonia* als die von römischen Bürgern bewohnte Pflanzstadt Roms und das aus einheimischer Wurzel hervorgegangene *municipium* stellten die geläufigen Formen der Provinzstadt dar. Aber auch die durch Handel und Gewerbe geprägten *canabae* bei Legionslagern und die *vici* bei Kastellen und an sonstigen verkehrsgünstigen Plätzen waren alles andere als ländliche, bäuerlich wirtschaftende Siedlungen. Wo sie sich hinreichend entfalten konnten, sind sie nach Bebauungsplan und Architektur durchaus als stadtartige Siedlungen anzusehen. Selbst die Gutshöfe (*villae rusticae*) als die eigentlichen Stätten der landwirtschaftlichen Produktion strahlten mit ihren komfortablen Herrenhäusern noch ein urbanes Flair aus.

Die Franken an einem historischen Scheideweg

Dieses unvermittelte Nebeneinander hier einer durch und durch städtisch-urbanen, dort einer nicht minder eindeutig ländlich-rustikalen Welt prägte jahrhundertelang die Situation an der römisch-germanischen Grenze im Rheingebiet. Unter solchen historischen Voraussetzungen konnte es keineswegs als ausgemacht gelten, daß die linksrheinischen, aus römischer Wurzel entstandenen Städte als solche weiterbestehen würden, nachdem sie früher oder später im 5. Jahrhundert der Herrschaft der Römer entglitten und unter die der Franken geraten waren. Auch anderswo haben einst blühende Städte den Zusammenbruch des Römischen Reiches nicht überlebt und sind für immer verödet, zum Beispiel im Dekumatland, dem rechtsrheinisch gelegenen Teil der *Germania I*, und in den alpenländischen Provinzen. Nichts bot im 5. Jahrhundert die Gewähr, daß dieses Schicksal den fortan von den Franken beherrschten Städten erspart bleiben würde.

Damit stand freilich für die europäische Geschichte Entscheidendes auf dem Spiel, ob es nämlich den Franken gelingen könnte, die antike Hochkultur – mitsamt dem Städtewesen als integrierendem Bestandteil – gewissermaßen in eigene Regie zu übernehmen, oder ob die von ihnen beherrschten Gebiete auf barbarisches Kulturniveau zurückfallen würden. Für die Zeit des Übergangs von der Antike zum Mittelalter »gipfelt das Problem der Kontinuität in der Frage nach dem Fortbestand der städtischen Lebensform« (Edith Ennen). Liest man, was der aus dem Moselland stammende Kleriker Salvian aus eigener Kenntnis über die rheinischen Städte um die Mitte des 5. Jahrhunderts mitzuteilen weiß (*De gubernatione Dei* VI,39), schwindet aller Optimismus: Mainz war vernichtet und zerstört (*excisa atque deleta*), Köln wimmelte von Feinden

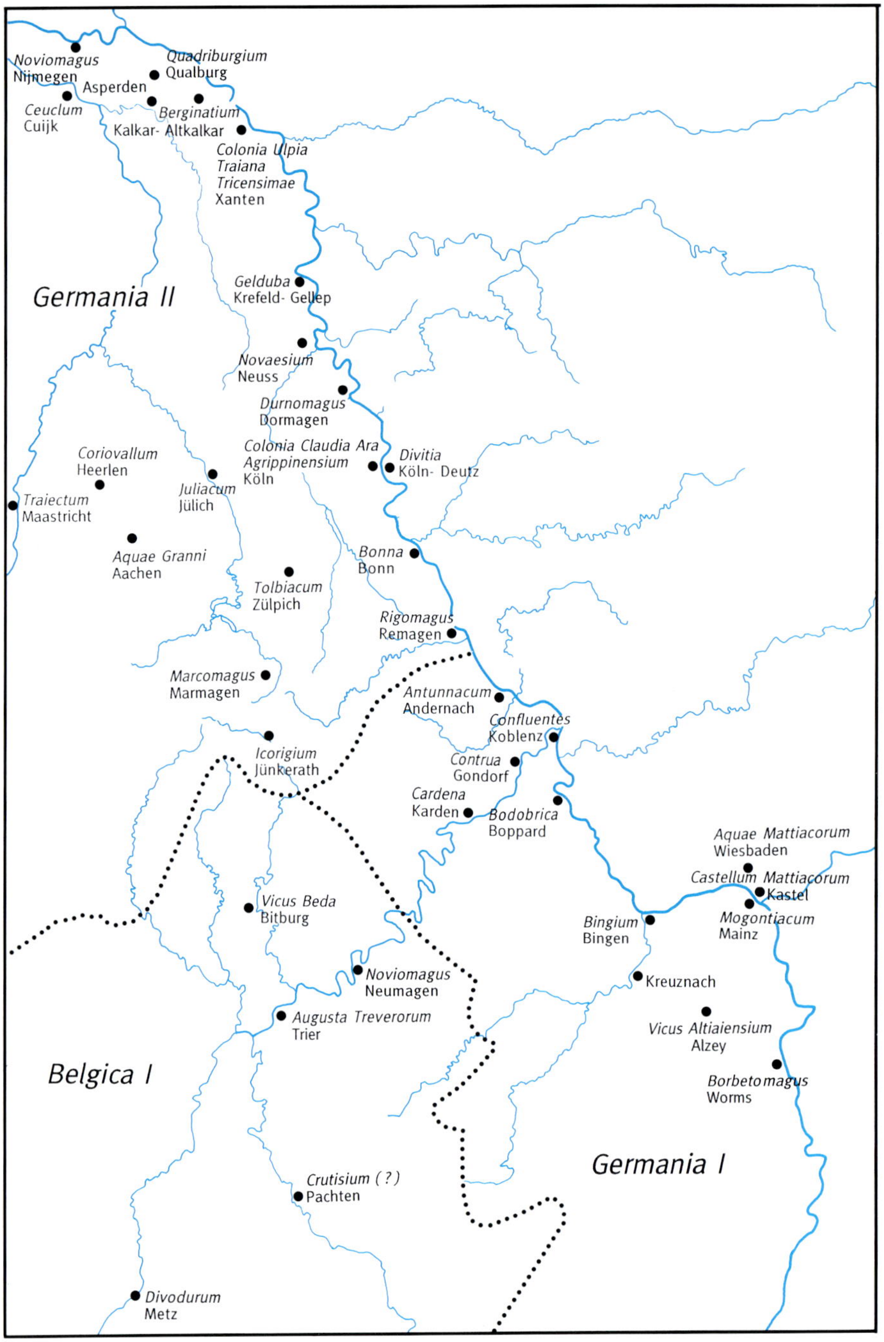

Abb. 90 *Städte, vici und Kastellorte der späten Römerzeit in der Rheinzone. – Nach Spätantike 1991, Abb. 1; Umzeichnung I. Bell.*

(*hostibus plena*), und das einst prachtvolle Trier lag nach viermaliger Eroberung völlig am Boden (*quadruplici est eversione prostrata*). – Wie die Sache ausgegangen ist, wird nicht zuletzt aus den archäologischen Quellen erkennbar und stellt sich, wie meistens in der Geschichte, durchaus differenziert dar.

Der erste Anschein: Fortbestehende Römerstädte

Köln besteht noch heute, trägt seinen römischen, vom lateinischen *colonia* abgeleiteten Namen mit Stolz und spielt als Metropole des Niederrheingebietes in unseren Tagen ungefähr dieselbe zentralörtliche Rolle wie zur Zeit der Römer, als es Hauptstadt der Provinz *Germania Inferior* war. Nicht anders die heutige Landeshauptstadt Mainz am Oberrhein, die in der Antike *Mogontiacum* hieß und Hauptort der Provinz Obergermanien war – damals wie heute steht sie an Urbanität ein bißchen hinter Köln zurück. Das tut der Gewißheit römischen Ursprungs keinen Abbruch, und solche Gewißheit herrscht auch in Trier, wo man schon im 15. Jahrhundert im Stolz auf das antike Gründungsdatum weit übers Ziel hinausschoß und der Stadt ein Alter von mehr als dreitausend Jahren – älter als Rom – zuschrieb (*Ante Romam Treveris stetit annis mille trecentis* . . .). Selbst viele kleine Städte am Rhein sind sich ihrer Entstehung in römischer Zeit sicher und haben deshalb, auch unter Inkaufnahme unscharfer Datierungen, in der letzten Zeit ihre 2000-Jahr-Feiern begangen: Andernach und Koblenz, Boppard und Bingen, Remagen, Xanten und wie sie alle heißen.

Das setzt natürlich voraus, daß diese Städte am Ende der Römerzeit nicht untergegangen sind, daß sie vielmehr auch unter den neuen Herren des Landes, den Franken, fortbestanden haben, an gleicher Stelle und unter denselben Namen, womöglich auch in der alten städtischen Existenzform. In der Tat hält dieser nach dem ersten Anschein gewonnene Ein-

Abb. 91 *Topographische Skizze zur Frühgeschichte von Andernach. – Nach H. Ament, Mayen und Andernach im Übergang von der Spätantike zum frühen Mittelalter. In: J. Werner/E. Ewig (Hrsg.), Von der Spätantike zum frühen Mittelalter. Vorträge und Forschungen 25 (Sigmaringen 1979) 353 Abb. 2.*

Abb. 92 *Topographische Skizze zur Frühgeschichte von Xanten. – Nach C. Bridger/F. Siegmund, Die Xantener Stiftsimmunität. In: Beiträge zur Archäologie des Rheinlandes. Rheinische Ausgrabungen 27 (Köln 1987) 114 ff. Abb. 4,3–6; Umzeichnung I. Bell.*

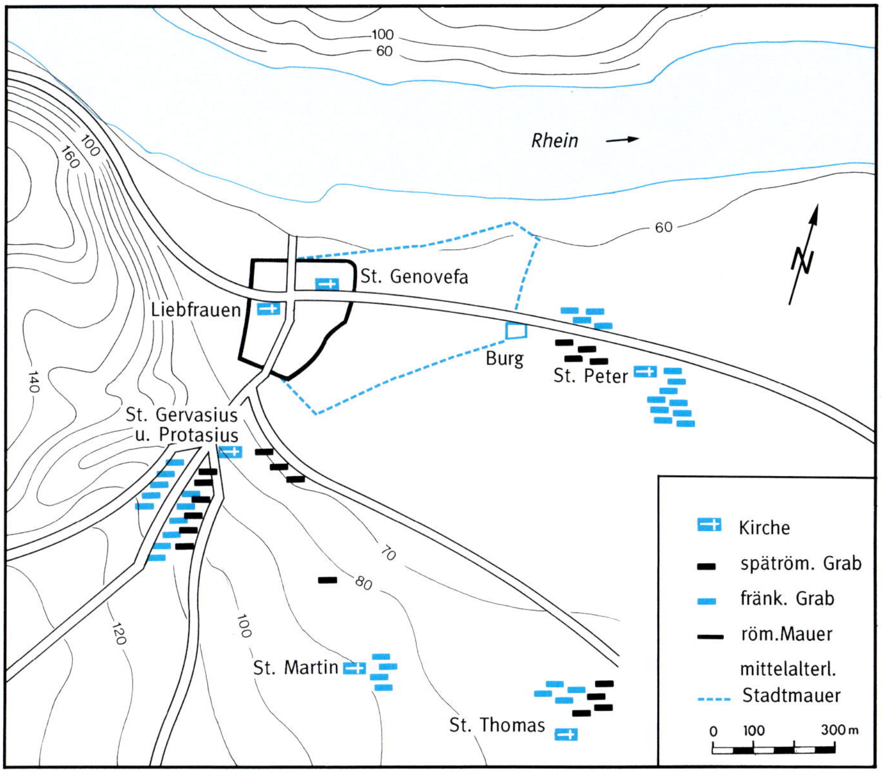

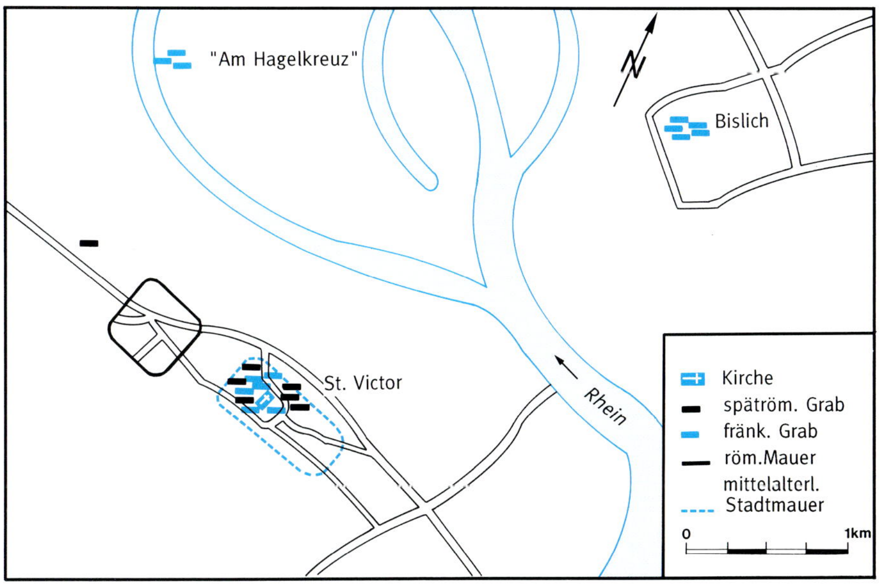

druck auch wissenschaftlicher Nachprüfung stand. Nur wenige Plätze haben das Ende der Römerherrschaft nicht überlebt. Dabei handelt es sich durchweg um solche, die schon nach römischen Maßstäben am unteren Ende der Skala städtischer Siedlungsformen rangierten, namentlich offene oder nur schwach befestigte *vici* oder ein zwar ummauerter, aber etwas abseits gelegener *vicus* wie *Icorigium* bei Jünkerath in der Eifel. Alle übrigen Stadtsiedlungen konnten ihre Geschichte auch unter den veränderten Umständen fortsetzen. Deshalb ist es schwer vorstellbar, daß die Franken überall und grundsätzlich der städtischen Siedlungsform feindlich oder auch nur verständnislos und distanziert gegenübergestanden hätten. Vielmehr haben sie allem Anschein nach die Städte in ihrer spezifischen Rolle im Siedlungssystem zumindest toleriert, womöglich sich aber auch zunutze gemacht. Freilich wird man kaum annehmen dürfen, daß die römischen Städte den einschneidenden Wechsel der ethnischen, politischen und wirtschaftlichen Verhältnisse an der Wende vom Altertum zum frühen Mittelalter völlig unbeschadet und ohne die geringste Veränderung überstanden haben. Nicht daß, sondern wie sie fortbestanden haben, ist die Frage.

Straßen, Mauern und Gräber – dem Boden verhaftete Beharrungselemente

»Die römisch-germanischen Zusammenhänge im Rheinland«, so urteilte Hermann Aubin 1921, »gehören durchaus einer niederen Sphäre an. Was in den Boden eingewurzelt war, wie der Weinstock, Grenzen, Stadtmauern, feste Steinbauten, und manche Fertigkeiten des täglichen Lebens, das hat den Sturm der Völkerwanderung überdauert und auf die germanischen Eroberer eingewirkt. Der ganze Oberbau des römischen Lebens aber ist hier im Rheinland vernichtet worden«. Dem kompromißlosen Urteil fügt er sogleich an: »Eine Ausnahme muß freilich hervorgehoben werden: die Kirche«.

Dem Boden verhaftet, ja durch die Bodengestalt selbst bedingt, sind die Verkehrswege. Die Stadtsiedlungen der Römerzeit sind in aller Regel da entstanden, wo günstige Verkehrsbedingungen herrschten, zum Beispiel an Flußufern und namentlich an der Mündung eines Flusses in einen anderen. Koblenz (*Confluentes*) leitet seinen Namen von dieser existenzbestimmenden Situation ab. Eine nicht geringere Rolle haben Verkehrswege über Land gespielt. Das dichte Kunststraßennetz, das in römischer Zeit nach und nach entstanden war, verband Orte von Mittelpunktsfunktion untereinander. Sie waren die Knoten, mit denen das Netz der Verkehrswege geknüpft war. Dieses Verkehrssystem aus Wasserwegen und Landstraßen hat das Ende der römischen Herrschaft in großem Umfang überdauert und damit zugleich die Bedeutung der Städte für Verkehr und Handel und viele damit zusammenhängende wirtschaftliche Funktionen bewahrt. Von ganz wenigen Ausnahmen wie dem bereits erwähnten *Icorigium* abgesehen, gerieten die Römerstädte auch unter fränkischer Herrschaft nicht ins Abseits, sie blieben Knotenpunkte im Verkehr, Umschlagplätze für den Handel, Etappenstationen auf Reisen und bewahrten so wichtige Voraussetzungen ihrer städtischen Existenzform.

Als nächstes unter den dem Boden eingewurzelten Elementen seien die auch von Aubin erwähnten Stadtmauern hervorgehoben. Beinahe alle städtischen oder stadtartigen Siedlungen der Römerzeit im Rheinland sind in der Spätantike unter dem Eindruck nicht abreißender Germaneneinfälle mit Wehrmauern umgeben worden – nicht anders als Rom selbst. Nach ihrer Bauart stellen diese Mauern die stärksten Befestigungen dar, die in Europa vor der Erfindung des Schießpulvers errichtet worden sind: um die drei Meter dick und um die zwölf Meter hoch, die Außenschalen aus Quadermauerwerk aufgeführt, das Innere mit Gußmauerwerk aufgefüllt – einem Gemisch aus Mörtel und Steinen –, in dichter Folge mit Türmen bestückt und durch vorgelagerte Gräben zusätzlich gesichert. Ihre technische Beschaffenheit und ihre schiere Baumasse setzten allen Zerstörungsversuchen härtesten Widerstand entgegen, mögen solche Versuche von beutelüsternen Germanen im 4. oder von modernen Baumaßnahmen im 20. Jahrhundert ausgegangen sein, und auch für den Zahn der Zeit gab es wenig an ihnen zu nagen. Ein solcher Mauerring, ein solches Mauergeviert stellte ein ungemein stabiles Siedlungselement dar, umgrenzte unverrückbar ein klar definiertes Territorium und konnte seine Schutzfunktion ausüben, solange die Bausubstanz nur halbwegs intakt blieb. Für viele rheinische Städte – große wie Mainz, Trier oder Köln, kleine wie Andernach, Koblenz oder Boppard – steckte die spätrömische Mauer schon den Raum für die mittelalterliche Stadtentwicklung ab. Selbst da, wo dieser Rahmen später überschritten oder gar verlassen worden ist, kennzeichnete er die Ausgangssituation im frühen Mittelalter.

Während Straßen und Mauern, wenn überhaupt, dann nur in ihrer ursprünglichen Funktion benutzt werden konnten, gilt dies nicht in gleichem Maße für die von Aubin genannten Steinbauten, jedenfalls soweit es sich um solche profanen Charakters handelt. Schon ihre Unterhaltung bereitete den neuen Herren des Landes erhebliche Schwierigkeiten, da sie mit der Steinbauweise nicht vertraut waren. So mußte der Trierer Bischof Nicetius Handwerker aus Italien anwerben, als er um die Mitte des 6. Jahrhunderts Baumaßnahmen an den Kirchen seines Bischofssitzes vornehmen lassen wollte. Vor allem aber war die ursprüngliche Zweckbestimmung der Bauten vielfach weggefallen, und nur gelegentlich konnten sie einer anderen, neuen Nutzung zugeführt werden. Getreidespeicher (*horrea*) in Trier und Andernach dienten fränkischen Großen als Residenz, ein Bad in Boppard, eine Kommandantur in Alzey und ein Tempel in Köln wurden zu Kirchen umgebaut. In den meisten Fällen aber dürften die römischen Profanbauten, private und öffentliche, dem Verfall preisgegeben gewesen sein.

In den Boden eingelassen waren schließlich die Gräber, in welchen die verstorbenen Bewohner der städtischen Siedlungen beigesetzt worden sind. Römischer Sitte entsprechend waren die Bestattungsplätze in der Antike vor den Toren der Siedlung, entlang den aus ihnen herausführenden Straßen angelegt worden. Diese in römischer Zeit entstandenen Bestattungsplätze sind im frühen Mittelalter in aller Regel beibehalten worden, sicher in erster Linie dank des Traditionsbewußtseins der alteingesessenen Bevölkerung. Allem Anschein nach haben aber auch die fränkischen Neuankömmlinge ihre Toten häufig auf diesen alten Nekropolen beigesetzt. Im einzelnen sind die archäologischen Indizien, die auf eine kontinuierliche Belegung der stadtnahen Friedhöfe hindeuten, von unterschiedlichem

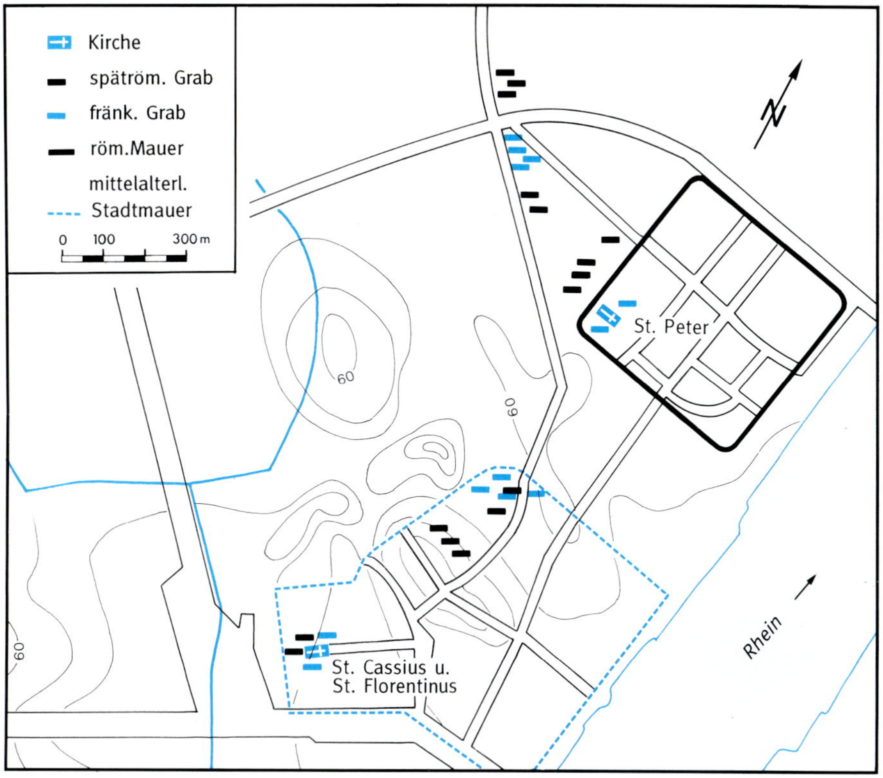

Abb. 93 *Topographische Skizze zur Frühgeschichte von Bonn. – Nach K. Böhner, Bonn im frühen Mittelalter. Bonner Jahrb. 178 (1978) 403 Abb. 7; Umzeichnung I. Bell.*

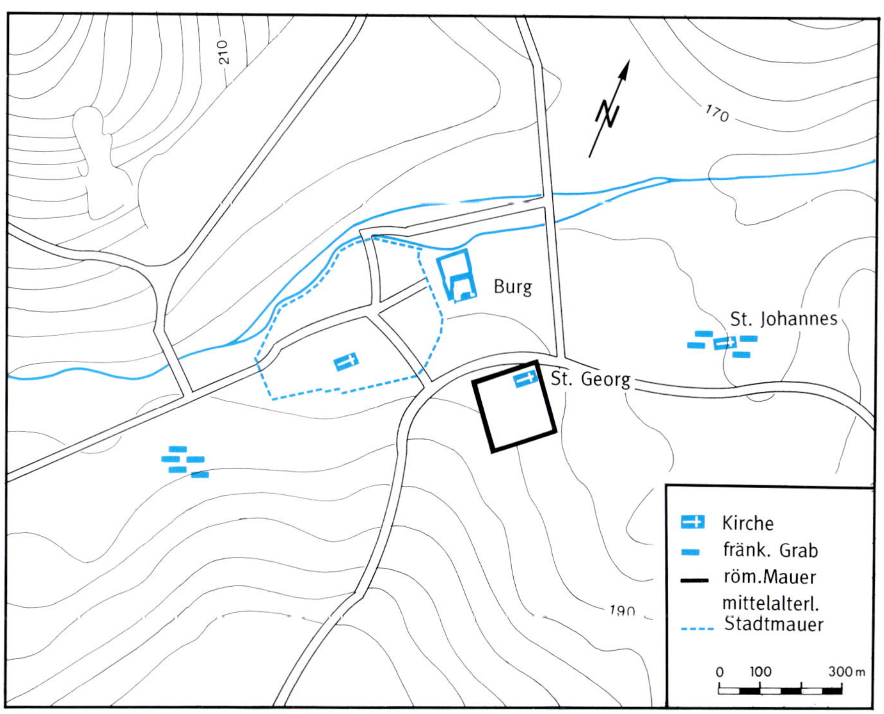

Abb. 94 *Topographische Skizze zur Frühgeschichte von Alzey. – Nach K. Böhner, Vom Römerkastell zu Hof, Burg und Stadt. In: 1750 Jahre Alzey (Alzey 1973) 62 Abb. 1; Umzeichnung I. Bell.*

Gewicht; es gibt aber nur sehr wenige Plätze, an denen sie ganz fehlen (Alzey), und dies dürfte dann am ehesten auf eine Forschungslücke zurückzuführen sein.

Garanten der Kontinuität: Die Kirche und die Kirchen

Allgemein anerkannt ist, »daß die christliche Kirche die tragfähigste Brücke zwischen den Zeitaltern schlug« (E. Ennen). Das gilt für die Kirche als Institution, gilt aber gerade im Hinblick auf die Entwicklung der Stadttopographie auch für ihre Kultbauten. Christliche Kirchen sind in spätantiker Zeit sowohl innerhalb als auch außerhalb der umwehrten Siedlungen errichtet worden. Erstere dienten dem Gemeindegottesdienst; in den Hauptstädten der Provinzen sowie in den Vororten der *civitates* wirkte an ihnen ein Bischof. Hingegen standen die Kirchenbauten außerhalb der Umwehrung in Zusammenhang mit dem Totenkult; es handelte sich um oft nur kleine, kapellenartige Bauten, die dem Andenken der Verstorbenen geweiht waren, und in welchen Gedächtnisfeiern namentlich für solche Toten begangen wurden, die im Ruf der Heiligkeit standen.

Das hervorragendste Beispiel einer innerhalb einer römischen Stadt im 4. Jahrhundert errichteten Kirche haben Ausgrabungen und Bauuntersuchungen am Trierer Dom geliefert. Die Mauern einer unter Kaiser Gratian (367–383) errichteten Kirche bilden noch heute einen wesentlichen, haushoch sichtbaren Teil des Baukörpers der Kathedrale. Ein nicht minder imposantes Bild würde sich für Köln ergeben, wenn man den Darlegungen der Vorberichte über die dortigen Ausgrabungen folgen darf, die womöglich aber der Revision bedürfen. Demnach wäre der entlang der nördlichen Stadtmauer über 100 m sich erstreckende Komplex aus Gemeindekirche, Vorhof, Taufkirche und anderen Nebengebäuden – in seinen Anfängen mit einem heidnischen Tempel in merkwürdiger Weise verzahnt – in dieser Form noch im 6. Jahrhundert in Benutzung gewesen. Zu dieser Zeit wurden im erwähnten Atrium zwei Personen aus edler fränkischer Sippe in einer aufwendigen Grabanlage und mit reichen Beigaben bestattet. Wenig später wurde die spätantike Kathedrale durch einen großzügigen Neubau ersetzt – der nächste Schritt in der bis heute fortgeschriebenen Baugeschichte des Kölner Domes.

Gemeindekirchen in kleineren Orten waren, wie nicht anders zu erwarten, von bescheidenerem Zuschnitt. Spätrömischer Ursprung und Weiterbenutzung mindestens im frühen Mittelalter sind durch Ausgrabungen nachgewiesen für St. Peter/St. Johannes in Bonn (»Dietkirche«), St. Severus in Boppard, St. Georg in Alzey und St. Martin/St. Kilian in Bad Kreuznach. Es kann nicht zweifelhaft sein, daß auch andere Kirchen in analoger topographischer Situation – im Innern einer spätantiken Befestigung nämlich – auf eine spätantike Gründung zurückgehen und im Mittelalter weiterbenutzt wurden, zumal wenn sie ein Patrozinium alten Typs tragen, zum Beispiel St. Peter in Zülpich, Liebfrauen ebenso in Andernach wie in Koblenz, St. Martin in Bingen, St. Peter und St. Paul in Remagen und andere mehr.

Eine nicht minder wichtige Rolle in der Siedlungsentwicklung haben die christlichen Kultbauten auf den Nekropolen vor den Toren der Städte gespielt. Totengedächtnis, Heiligenverehrung, Märtyrerkult – starke Motive der Volksfrömmigkeit kamen hier zusammen und sicherten diesen heiligen Stätten fortdauernden Bestand über die Wirren der Zeiten hinweg. Aus den oft bescheidenen Anfängen einer schlichten *cella memoriae* haben sich mitunter bedeutende kirchliche Anlagen entwickelt, die das Weichbild der mittelalterlichen Städte maßgeblich prägten. Das Reichskloster St. Alban vor den Toren von Mainz, die Abteien St. Maximin und St. Eucharius/St. Matthias vor Trier, die Stifte St. Severin, St. Ursula und St. Gereon im Vorfeld des mittelalterlichen Köln sind aus solchen Anfängen erwachsen, und auch bei vielen kleineren Orten gehörten die aus spätantiker Wurzel entstandenen suburbanen Coemeterialkirchen (Friedhofskirchen) zum festen Bestand der mittelalterlichen Stadttopographie.

Friedhofskirchen im Spannungsfeld von Kontinuität und Wandel

Die Bedeutung solcher Friedhofskirchen wie überhaupt von kirchlichen Einrichtungen für die Erhaltung römischer Stadtstrukturen läßt sich besonders da erkennen, wo sie als einzige die Umbruchssituation überdauert haben, während alle anderen städtischen Elemente weggebrochen sind. Zum Beispiel in Xanten: Die römische Pflanzstadt *Colonia Ulpia Traiana* war nach schweren Zerstörungen durch die Franken in den frühen Regierungsjahren des Kaisers Constantin (306 bis 337) wiederaufgebaut worden, zwar auf reduzierter Fläche, dafür aber um so stärker befestigt. Diese nun *Tricensimae* genannte Festungsstadt bestand freilich nur für wenige Jahrzehnte; durch einen abermaligen Frankeneinfall im Jahr 351 fand sie ihr definitives Ende. Die Nachfolgesiedlung, welche in den frühmittelalterlichen Quellen als *oppidum Bertunense* bezeichnet wird, lag an anderer Stelle, vermutlich näher am Rhein, und ist durch Abschwemmungen spurlos verschwunden. Die Bewohner dieser uns nur dem Namen nach bekannten Stadtsiedlung der spätesten Römerzeit und des frühen Mittelalters begruben ihre Toten aber nach wie vor auf dem Gräberfeld, welches sich südlich der Ruinenstadt *Tricensimae* entlang der Rheintalstraße erstreckte, und es wurden dort, der Sitte der Zeit entsprechend, mehrere Memorialbauten aus Holz oder Stein errichtet. Wiewohl eine lückenlose Kultkontinuität für alle Zeitabschnitte nicht zu erweisen ist, dürfte es kaum auf Zufall beruhen, daß in der Baunachfolge eines solchen Memorialbaues im 8. Jahrhundert eine erste Kirche errichtet worden ist. Daraus erwuchsen Kirche und Stift St. Viktor, und in dessen Umkreis entstand die mittelalterliche Stadt Xanten. Deren Name, abgeleitet von *ad sanctos* (zu den Heiligen), bringt deutlich zum Ausdruck, daß ihre Ursprünge etwas mit der an jenen Bestattungsplatz gebundenen Heiligen- und Reliquienverehrung zu tun haben. Die historische Verbindung mit den Vorgängersiedlungen *oppidum Bertunense*, *Tricensimae* und *Colonia Ulpia Traiana* wird allein durch die frühchristliche Grabstätte gewährleistet.

Ebenfalls offensichtlich ist die siedlungsprägende Wirkung eines Heiligengrabes im Falle von Bonn. Hier war im 4. Jahrhundert außerhalb des Legionslagers eine *cella memoriae* für die Heiligen Cassius und Florentinus errichtet und in der Folgezeit baulich ausgestaltet worden. Das umwehrte Lagerareal mit der bereits erwähnten »Dietkirche« blieb zwar im frühen Mittelalter zunächst weiter bewohnt, wurde aber noch vor der Jahrtausendwende aufgelassen zugunsten einer Siedlung, die sich um das aufblühende Stift

Abb. 95 Der Stadtplan von Trier in der Römerzeit und im hohen Mittelalter. – Nach Putzger Historischer Weltatlas (Berlin 1979); Umzeichnung I. Bell.

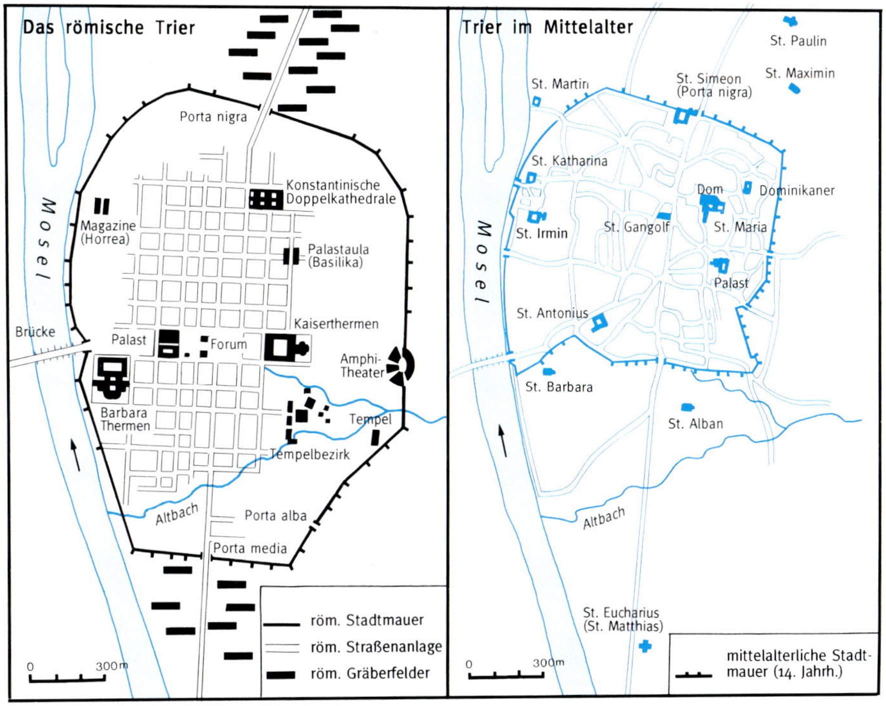

St. Cassius und Florentinus gebildet hatte. Das mittelalterliche Bonn hat sich nicht in dem durch die spätantike Befestigung vorgegebenen Rahmen entwickelt, sondern ist im Schatten des ein Märtyrergrab überwölbenden Kirchenbaues entstanden. Die schützende Kraft des Heiligengrabes wurde höher eingeschätzt als die römischer Festungsmauern: Im Umgang mit dem Erbe der Antike setzte das Mittelalter seine eigenen Akzente.

Verlust an urbaner Qualität

Schon die Beispiele von Xanten und Bonn haben gezeigt, daß keineswegs alle antiken Städte ohne erhebliche Veränderungen ihrer Gestalt in fränkischer Zeit haben fortbestehen können. War in diesen Fällen die überragende Bedeutung einer durch fromme Verehrung geweihten Grabstätte die Ursache einer Siedlungsverlagerung, so kann der gleiche Effekt an anderen Plätzen aus ganz profanen Gründen eintreten. Der Innenbereich des Kastells Alzey wies, wie umfangreiche Ausgrabungen erwiesen haben, im frühen Mittelalter keine nennenswerte Besiedlung mehr auf. Lediglich die in der Nordostecke des Kastells noch in späteströmischer Zeit errichtete Kirche blieb in Benutzung; unter dem Patrozinium des hl. Georg war sie das ganze Mittelalter hindurch Pfarrkirche von Alzey. Die zu ihr gehörige Siedlung lag unterhalb des Kastells, näher zum Wasserlauf der Selz hin; ein Reihengräberfeld mit reichen Funden schon aus dem frühen 6. Jahrhundert ist ihr zuzuordnen. Mit dieser auf den Wasserlauf bezogenen Lage und dem unfern in erhöhter Position angelegten Reihengräberfeld ordnet sich die Nachfolgesiedlung des spätantiken *Alteium* völlig in das für fränkische Landsiedlungen geläufige Schema ein: Das Erfordernis der Wassernähe resultiert aus den Bedürfnissen der Landwirtschaft, namentlich der Viehhaltung, und war in dem aus fortifikatorischen Gründen erhöht angelegten Kastell nicht erfüllt. Der Nachfolger der spätantiken Kastellsiedlung Alzey ist offensichtlich in eine bäuerliche Existenzform zurückgefallen, und es ist bezeichnenderweise wieder allein die kirchliche Komponente, die von der Spätantike bis an die Schwelle der Neuzeit überdauert hat. Daß aus der von den Ruinen des Kastells überragten bäuerlichen Siedlung des frühen Mittelalters schließlich doch wieder eine Stadt wurde, ist eine Folge der Errichtung einer Burg, abseits vom Kastell in der Niederung der Selz, also ein Vorgang der mittelalterlichen Geschichte, ohne direkten Zusammenhang mit der spätantiken Situation. Ganz entsprechend ist das Siedlungsgeschehen im benachbarten Bad Kreuznach abgelaufen: Das spätantike Kastell mit der Kirche St. Martin/St. Kilian wurde schließlich verlassen zugunsten einer nach ländlichem Muster positionierten Siedlung, die später im Schatten einer Burg zur Stadt aufgestiegen ist.

Aber auch ohne Ortsverlagerung konnten sich im frühen Mittelalter bäuerlich-ländliche Siedlungsformen im Areal der alten Römerstädte breitmachen. Ein anschauliches Beispiel bietet Trier. Sein in römischer Zeit, noch vor den Bedrängnissen der Spätantike und in einer Periode wirtschaftlicher Prosperität errichteter Mauerring war großzügig dimensioniert, rund 6,5 km lang und schloß 285 ha Fläche ein. Schon zur Römerzeit dürfte dieses Gebiet nicht bis in den letzten Winkel bebaut gewesen sein, geschweige denn im frühen Mittelalter. Vielmehr scheinen ortsnamenähnliche Stellenbezeichnungen wie Musil,

Castil, Beheim oder Bergentheim darauf hinzudeuten, daß in nachrömischer Zeit im Umkreis der städtischen Restsiedlung bei der Kathedralkirche, aber noch innerhalb des spätantiken Mauerringes Hofsiedlungen bäuerlichen Charakters entstanden waren. Auch für Köln und Mainz liegen Anzeichen für entsprechende Entwicklungen vor.

Lassen wir die Frage beiseite, wie es um die städtische Qualität mancher kleiner Kastellorte in frühmittelalterlicher Zeit bestellt gewesen sein mag, die – wie beispielsweise Koblenz – in den Quellen konsequent als *villa* oder *curtis*, also als Hof, bezeichnet werden. Hinzuweisen ist aber noch auf das Phänomen suburbaner Hofsiedlungen, bäuerlicher Anwesen im Vorfeld der städtischen Siedlungen, die diesen offensichtlich zugeordnet waren. Wiewohl nicht ohne Vorbilder in der Antike (*villae suburbanae*), haben auch sie einen ländlich-rustikalen Zug zum Erscheinungsbild der Nachfolgesiedlungen römischer Städte beigesteuert.

Neue Ansätze: Burg und Markt

In der Karwoche des Jahres 882 standen die Normannen vor den Mauern von Trier – vor Mauern, deren beste Zeit ein halbes Jahrtausend zurücklag. Zu mehr als zu einem neugierigen Verweilen konnten sie die Nordleute zweifellos nicht veranlassen; Trier wurde geplündert, niedergebrannt und verwüstet. Diese Katastrophe dürfte der Anlaß gewesen sein, innerhalb des alten Stadtareals den engeren Umkreis der Kathedrale gesondert zu befestigen. Wir hören davon allerdings erst für die Zeit Erzbischof Heinrichs (956–964), der ein *claustrum circa maiorem ecclesiam* erbaut haben soll. Derselbe Bischof verlegte den bis dahin nahe der Römerbrücke bestehenden Markt ins unmittelbare Vorfeld des nunmehr befestigten Dombezirks; das im Jahr 958 errichtete und noch heute aufrecht stehende Marktkreuz ist der sichtbare Ausdruck dieses Aktes. Dom-Burg und Markt – dieser neue Schwerpunkt bestimmte fortan die siedlungsmäßige Entwicklung der Stadt. So entstand beispielsweise eine neue Straßentrasse, die auf kürzestem Weg Markt und Moselbrücke verband, ohne Rücksicht auf das rechtwinklige Raster des römischen Straßennetzes, das sie diagonal überschneidet. Auch die im 13. Jahrhundert errichtete hochmittelalterliche Stadtmauer trug dieser Entwicklung Rechnung. Sie umfaßte zusammen mit einem Teilabschnitt der antiken Mauer nur den Nordostquadranten des römischen Stadtareals.

In der Zweiheit von befestigtem Bezirk – in den zeitgenössischen Quellen als *civitas* bezeichnet – und Marktsiedlung (*vicus* oder *portus*, in bezug auf die Befestigung auch *suburbium*) stellt sich uns ein außerordentlich typischer Siedlungskomplex dar, der vor allem für die Entstehung neuer, mittelalterlicher Städte rechts des Rheines, außerhalb des ehemals römischen Territoriums, von maßgeblicher Bedeutung war. Er hat aber auch die weitere Entwicklung der alten Römerorte der Rheinzone nachhaltig geprägt. So entstanden sowohl in Köln wie auch in Mainz in der Uferzone des Rheins, außerhalb der Mauern aus der Römerzeit, jeweils eine Hafen- und eine Marktsiedlung für den Fernhandel; beide wurden später in den Mauerring der Stadt einbezogen. Dieser Teil Kölns mit Altem Markt und Heumarkt um Groß-St. Martin prägte das Bild der mittelalterlichen Stadt in besonderem Maße, und das »Friesenviertel«, wie es in Mainz hieß, wurde anläßlich eines Brandes im Jahr 886 als *optima pars civitatis*, als der ansehnlichste Teil der Stadt bezeichnet. Auch Andernach bietet ein anschauliches Beispiel: Entlang der aus dem Osttor des römischen Mauerringes in Richtung Koblenz führenden Rheintalstraße war spätestens nach dem Normanneneinfall von 882 eine von Händlern und Handwerkern bevölkerte Marktsiedlung entstanden, die sich sowohl an dieser Straße wie auch am nahen, als Anlegestelle genutzten Rheinufer orientierte. Zu ihrem Schutz und zu ihrer Kontrolle wurde um 1200 die erzbischöflich-kölnische Burg errichtet, noch ehe im weiteren Verlauf des 13. Jahrhunderts das alte Kastellareal, der Bereich der Marktsiedlung und die kölnische Burg durch eine neu errichtete Mauer zu einem einheitlichen Stadtraum zusammengeschlossen wurden. Was sich in römischer Zeit im Zusammenspiel von Kastell und Vicus, von Legionslager und *canabae*, des öfteren abgespielt hat, wiederholte sich im Mittelalter allenthalben: Ein befestigter Kern – Burg, Pfalz, Kloster, Domimmunität oder was immer – wuchs mit der in seinem Schutz entstandenen Marktsiedlung zu einer neuen Einheit von städtischem Charakter zusammen. Im Rheinland ist die aus römischer Zeit bewahrte Stadtsubstanz noch an diesem erst in nachmerowingischer Zeit voll einsetzenden Prozeß maßgeblich beteiligt.

Franken und Romanen

Daß mit den Anfängen der fränkischen Herrschaft in der ehemals römischen Rheinzone für die dort seit langem bestehenden Städte ein positiver Entwicklungsimpuls verbunden gewesen wäre, kann man beim besten Willen nicht behaupten. Vielmehr sind diese Siedlungen allesamt in eine schwere Krise geraten, die keine von ihnen unverändert und so manche überhaupt nicht überstanden hat. Altes Stadtgebiet wurde verlassen, Nachfolgesiedlungen fielen in bäuerliche Existenzformen zurück und haben sich allenfalls erst im Verlauf des Mittelalters wieder zu einer Stadt entwickelt, und nicht einmal das ist in jedem Fall gelungen. Reduktion der besiedelten Fläche, Verlust zentralörtlicher Funktionen und städtischer Qualität, Rückfall in rustikale Siedlungs- und Wirtschaftsformen sind allenthalben zu beobachten. Unübersehbar ist, daß diese Tendenzen sich im Niederrheingebiet einschneidender ausgewirkt haben als am Mittelrhein und am nördlichen Oberrhein. Festzuhalten ist ferner, daß die Veränderungen nicht schlagartig und überall gleichzeitig eingetreten sind, etwa in dem Augenblick, als die militärisch abgesicherte römische Herrschaft im Rheinland endgültig zu Ende ging, sagen wir: zu Beginn der zweiten Hälfte des 5. Jahrhunderts. Der Niedergang des Städtewesens hat sich vielmehr in einem längeren Prozeß vollzogen, der Spätantike und Merowingerzeit, die Zeit vom 4. bis zum 7. Jahrhundert umspannt. Erst mit dem Aufkommen neuer Kaufmannssiedlungen seit der späten Merowingerzeit, vollends in der Karolingerzeit, verschaffte sich eine durch die Vicus-Siedlungen der Römerzeit zwar präformierte, in der nunmehrigen historischen Situation aber gänzlich neue urbane Siedlungsform Geltung und wurde zu einem wesentlichen Gestaltungselement der Stadt des Mittelalters.

Zurück zu den Franken der vorkarolingischen Zeit und ihrem Anteil an den Geschicken der antiken Städte. Um es wohlwollend auszudrücken: Sie sind nicht als fanatische Gegner städtischer Lebensformen aufgetreten, nicht als ihre konsequenten Vernichter über das gewissermaßen normale Maß von Plünderung, Brandlegung und Vernachlässigung hinaus. Sie haben von den antiken Städten immerhin soviel übriggelassen, daß die Restsubstanz im Einzelfall Ausgangspunkt eines neuen Aufschwungs und im ganzen Grundlage für die Entwicklung des mittelalterlichen Städtewesens werden konnte. Das ist nicht viel, aber immerhin mehr als das, was andere barbarische Völker bei ihrer Besitznahme römischen Territoriums zugelassen haben.

Was die historisch höchst bedeutsame Bewahrung antiker Stadtstrukturen anbelangt, so hat die Kirche, wie gerade auch die archäologischen und topographischen Befunde lehren, eine unübertroffen wichtige Rolle gespielt. Dabei war es entscheidend, daß die Franken dem Christentum in aller Regel nicht mehr ablehnend gegenüberstanden, seitdem ihr König Chlodwig (482–511) mit seiner Taufe ein Signal für ihre Bekehrung gesetzt hatte, *wohlgemerkt* für eine Bekehrung zu einem Christentum athanasianisch-katholischer Ausprägung. Damit entfiel der in anderen Germanenstaaten verhängnisvoll wirkende Gegensatz zwischen arianisch-christlichen Germanen einerseits und Rom-orientierten Alteingesessenen andererseits. Mit den in den alten Römerstädten noch vorhandenen Einrichtungen der Kirche, mit ihren Kultplätzen, ihrem Klerus und ihren Gemeinden konnten sich die Franken ohne grundsätzliche Schwierigkeiten arrangieren und sich auf diese Weise eine wesentliche Komponente der antiken Stadtstruktur spätrömischer Prägung zu eigen machen. In den christlichen Nachkommen der römischen Provinzialbevölkerung, die sich nach wie vor *Romani* nannten, und die wir demzufolge als »Romanen« bezeichnen, sind die eigentlichen Vermittler der antiken Stadtkultur im Rheinland in der Übergangsphase zwischen Altertum und Mittelalter zu sehen. Sie haben ihr kulturelles Erbe an die neuen Herren des Landes, an die Franken, weitergegeben.

Die Bedeutung der romanischen Bevölkerungsgruppe für die Bewahrung städtischer Siedlungsstrukturen wird erkennbar im Wirken ihrer Exponenten, der Bischöfe. Von Bischof Nicetius von Trier (Amtszeit 525/26–561/85), der Handwerker aus Italien zu Bauarbeiten in der Stadt Trier und im Moselland herangezogen hat, war bereits die Rede. Er stammte aus einem gallo-römischen Adelsgeschlecht und war der letzte Träger eines lateinischen Namens auf dem Trierer Bischofsstuhl; sein Nachfolger Magnerich (561/85 bis nach 587) war allem Anschein nach germanischer Abkunft. Entsprechend verhielt es sich in Mainz: Hier wirkte der aus dem Westen stammende Bischof Sidonius (gestorben 580) für das Wohl der Stadt nicht nur dadurch, daß er Baumaßnahmen an der Kathedralkirche vornahm, bei ihr eine Taufkirche und an anderer Stelle eine Georgskirche errichtete, sondern er sicherte Mainz auch durch Errichtung eines Dammes gegen das Hochwasser des Rheins. Diesem einen lateinischen Namen führenden Bischof folgte Sigismundus im Amt (für 589 bezeugt), seinem Namen nach vermutlich ein Germane. In diesen Vorgängen wird die Rolle der romanischen Bevölkerung und der christlichen Kirche für die Tradierung antiker städtischer Lebensformen ebenso deutlich wie das Hineinwachsen der neuen fränkischen Elite in die alten kulturellen Traditionen.

Literatur: Allgemeines: Aubin 1921. – Brachmann/Herrmann 1991. – Eck/Galsterer 1991. – Ennen 1975. – Ewig 1980. – Haase 1978. – Jankuhn/Schlesinger/Steuer 1973. – Studien 1958.

Einzelne Städte: Alzey: Böhner 1973. – Oldenstein 1986. – Andernach: Ament 1988. – Schäfer 1988. – Bad Kreuznach: Zeller 1992, Teil 1 234 f.; Teil 2 108 ff. – Bingen: Zeller 1992, 231 ff. – Bonn: Böhner 1978b. – Boppard: Neumayer 1993, 108 ff. – Jünkerath: Cüppers 1990, 403 ff. – Koblenz: Ament 1992c. – Neumayer 1993, 114 ff. – Köln: Borger 1979. – Steuer 1980. – Mainz: Böhner 1988. – Zeller 1992, 227 ff. – Trier: Böhner 1977. – Anton 1987. – Xanten: Bridger 1989. – Siegmund 1989b.

Zwischen Reichs- und Stadtgeschichte – Trier in Spätantike und Frühmittelalter

Hans-Peter Kuhnen

In kaum einer Geschichte des römischen Deutschland fehlen Bilder der berühmten Trierer Römerbauten, um zu illustrieren, welche Bedeutung das spätrömische Trier als Kaiserresidenz des Westreichs und als Wiege des Christentums in Deutschland hatte. Die Wohlhabenheit der Stadt spiegelt sich im 3. und 4. Jahrhundert auch in den Bodenfunden wider, besonders den vielfarbigen Mosaikböden in privaten und öffentlichen Bauten. Darstellungen zur Stadtgeschichte beziehen sich gerne auf dieses Material, um den Glanz der spätantiken Blütezeit hervorzuheben, doch nur Fachleute ahnen, daß gerade das bauliche Erbe der spätantiken Kaiserresidenz trotz einer gut 200jährigen Forschungsgeschichte archäologisch schlechter aufgearbeitet ist als viele weniger bedeutende Römerorte im benachbarten In- und Ausland. Abgesehen von den Kaiserthermen und der Römerbrücke sind die Grabungen in den römischen Großbauten der Stadt nicht abschließend ausgewertet und publiziert. Der im Boden verbliebene Rest wird seit den siebziger Jahren durch Baugruben und Tiefgaragen so rasch dezimiert, daß die archäologische Bodendenkmalpflege immer weniger Chancen zu zeitgemäßen Nachforschungen erhält.

Die Blütezeit der Kaiserstadt

Die historischen und theologischen Schriftsteller der Spätantike geben ein lebendiges Bild von der Rolle, die die unter Kaiser Augustus (31 v. Chr. – 14 n. Chr.) entstandene »*Colonia Augusta Treverorum*« – Trier als Metropole Galliens, als Münzstätte und als zeitweilige Kaiserresidenz im 4. Jahrhundert spielte: Bis 275 n. Chr. eines der Zentren des Gallischen Sonderreichs, diente die Stadt erstmalig zwischen 286 und 293 Kaiser Maximian als Aufenthaltsort während seiner Feldzüge gegen Aufstandsbewegungen in Gallien und Britannien. Von 293 bis 306 residierte in Trier Constantius als Teilregent des Westens, zwischen 313 und 315 dessen Sohn Constantinus I. (»der Große«), dann dessen Söhne Constantinus II. und Constans (zwischen 328 und 340 bzw. 345). Nach einer durch Bürgerkriege und Barbareneinfälle geprägten Stagnationsphase unter Constantius II. (350–361) erlebte Trier eine zweite Blüte als Residenz der Kaiser Valentinian I. und Gratian (367–375 bzw. 383), des Usurpators Magnus Maximus (383–388) und schließlich des Valentinian II. (389–392). Als Kaiserresidenz ist Trier in dieser Zeit auch ein wichtiger Schauplatz der Kirchengeschichte und strahlt besonders durch den aus Alexandrien hierher verbannten Kirchenvater Athanasius über die Grenzen der Region hinaus. So erscheinen Bischöfe der Stadt Trier erstmals im 4. Jahrhundert auf den Bischofslisten berühmter Synoden; das gläubige Mittelalter verbindet mit ihren Namen fromme Legenden über die Anfänge des Christentums an der Mosel.

Soweit die Archäologie das archäologische Erbe dieses Jahrhunderts fassen kann, offenbart sie uns in der Tat einen bemerkenswerten Bestand an Denkmälern (Abb. 95), der um so bedeutsamer erscheint, als in den Grenzprovinzen an Rhein und Donau damals bereits der Niedergang römischer Herrschaft und Kultur eingesetzt hatte. Reisende, die aus diesen Regionen im frühen 4. Jahrhundert nach Trier kamen, sahen die Stadt hinter der mächtigen, wohl an die 100 Jahre alten Stadtmauer, deren schwarzes Haupttor im Norden Mauer und innerstädtische Bebauung weithin sichtbar überragte. Der mit Zinnen bewehrte Mauerring umschloß ein rund 285 ha großes Stadtgebiet, das ein Mehrfaches der Fläche vergleichbarer Römerstädte in Gallien und besonders Germanien ausmachte. Ein Gitter rechtwinklig sich schneidender Straßen teilte die Innenstadt in rechteckige und quadratische Häuserblöcke, »*insulae*«, auf denen die Ausgräber teilweise noch die Parzellierung aus der Frühzeit der Römerstadt rekonstruieren konnten. Das Forum als wirtschaftlicher, politischer und gesellschaftlicher Mittelpunkt der Stadt behielt seinen seit der Frühkaiserzeit angestammten Platz, wurde aber baulich verändert, was möglicherweise einen Wandel der Funktionen dieses Platzes widerspiegelt. Im Nordostviertel der Stadt entstand nach Abbruch älterer Vorgängerbauten ein repräsentativer, ausgedehnter Palastkomplex, von dem heute noch die Palastaula und die Ruinen der als Badeanlage wohl nie vollendeten Kaiserthermen aufrecht stehen. Die beiden älteren monumentalen Thermenkomplexe – die »Barbara-Thermen« und die »Viehmarkt-Thermen« – scheinen fortzubestehen; auch das Amphitheater behält seine Funktion als Spielstätte und Eckbastion der Stadtmauer.

Religiöse Mittelpunkte bilden bis in das späte 4. Jahrhundert die großen gallorömischen Tempelbezirke im Altbachtal und im »Irminenwingert« mit dem Heiligtum des Lenus Mars und der Xulsigiae; im Altbachtal entsteht mit dem Mithräum des

Martius Martialis um 300 eine der spätesten nichtchristlichen Kultstätten Triers. Neben heidnischen Tempeln deuten sich im 4. Jahrhundert die Anfänge frühchristlicher Sakralbauten an. Nach den noch unpublizierten Grabungen unter dem Trierer Dom soll eine Münze des Jahres 330 in Verbindung mit historischen Überlegungen die Gründung einer »Doppelkirchenanlage« und damit den Beginn des Kirchenbaus innerhalb der Stadtmauern noch in die Zeit Kaiser Constantins I. datieren, was aber vom Befund her nicht nachprüfbar ist. Besser zeitlich einzuordnen ist der im heutigen Dom noch sichtbare sogenannte Quadratbau, der nach Ziegelstempeln und anderen archäologischen Funden in die zweite Hälfte des 4. Jahrhunderts gehört und damit die Blütezeit Triers unter Gratian und Valentinian widerspiegelt. Auch die neueren Grabungen auf dem Domfreihof sind noch nicht ausgewertet. Die Zerstörungen im 5. Jahrhundert, der partielle Wiederaufbau der Nordbasilica unter Bischof Nicetius (525–566) und die frühmittelalterliche Baugeschichte der großen Trierer Hauptkirche müssen daher weiterhin als Mutmaßungen gelten, die nur auf vagen Angaben schriftlicher Quellen und auf unveröffentlichten, im einzelnen noch nicht nachvollziehbaren Ausgrabungsergebnissen beruhen.

Forschungsdefizite und unkontrollierter Denkmälerverlust beeinträchtigen auch die Kenntnis der großen Gräberfelder nördlich und südlich der Stadt, die bis heute nur selektiv bearbeitet und publiziert sind. Wie überall in den Nordwestprovinzen war die Bevölkerung Triers während des 3. Jahrhunderts von der Brand- zur Körperbestattung übergegangen, ohne daß dies bereits mit einem Bekenntnis zum Christentum verbunden gewesen wäre. Beigaben sind bis gegen Ende des 4. Jahrhunderts üblich, lassen aber keine Unterschiede zwischen christlicher und altgläubiger Bevölkerung erkennen. Von christlichem Auferstehungsglauben beeinflußt erscheint indes die Sitte, Tote in Steinsarkophagen durch Kalk- und Hobelspanbettungen physisch zu konservieren, wofür es in den frühchristlichen Nekropolen Triers mehrere Beispiele gibt (Abb. 96). Wohl gegen Ende des 3. Jahrhunderts kommen die hoch aufragenden, mit erzählfreudigen Reliefs geschmückten Pfeilergrabmale der Oberschicht aus der Mode; die meisten von ihnen werden im späten 3. oder frühen 4. Jahrhundert pietätlos abgebrochen und als Baumaterial wiederverwendet, etwa zum Bau der spätrömischen Kastellmauer von Neumagen. Anstelle von Pfeilergrabmälern bevorzugen vornehme Familien in der Spätzeit tempelartige Grabbauten mit repräsentativer Fassade und unterirdischen Kammern, in denen verzierte und unverzierte Sarkophage die Toten aufnehmen.

Abb. 96 *Trier, St. Matthias. Spätantike Bestattung im Sarkophag aus wiederverwendetem Inschriftenstein. – Foto Rheinisches Landesmuseum Trier.*

Wer sich keinen Grabbau oder Steinsarkophag leisten kann, bestattet in Ziegelplatten- oder Erdgräbern. An die Stelle der seit dem 1. Jahrhundert üblichen aufrechten Grabaltäre aus Sand- oder Kalkstein treten etwa seit der Mitte des 4. Jahrhunderts schlichtere Grabinschriften auf Marmorplatten, die in den Boden der Grabanlagen eingelassen oder eingemauert werden. Christliche Symbole oder charakteristische Segensformeln – »lebe in Gott« – weisen die Bestatteten oft als Christen aus; sonst nennen die Inschriften meist nur Name, Alter und allenfalls noch die berufliche Tätigkeit des Verstorbenen, verzichten aber auf die bis in das 3. Jahrhundert üblichen Weihe- und Segensformeln und auf die ausführliche Nennung der Ämterlaufbahn des Verstorbenen.

Niedergang im 5. Jahrhundert

Als zwischen 395 und 406/7 die Kaiserresidenz nach Mailand und die Praetorianerpraefectur nach Arles verlegt wurden, verlor Trier seine Rolle als Herrschaftszentrum des Westens und erlebte den allmählichen Zerfall der traditionellen politischen Strukturen, die Regionalisierung der Macht und die demographischen Veränderungen der Völkerwanderung.
Für den Beginn dieses Zeitabschnitts berichten die Schriftquellen von mehreren Eroberungen durch die Franken – vermutlich um 410/11, 413, 419/20 und evtl. 428 oder 435. Während der ersten Eroberung soll sich nach dem Bericht des fränkischen Chronisten Fredegar (7. Jahrhundert) die romanische Bevölkerung im Amphitheater verschanzt haben, das damals offenbar als Spielstätte und Teil der Stadtbastion noch intakt war. Die bemerkenswerten Elfenbeinfunde und andere Objekte aus dem Arenakeller scheinen diese Interpretation zu stützen. 451 streifen die Hunnen unter Attila das Trierer Gebiet, 455 erobern erneut rheinische Franken die Stadt, ohne daß Einzelheiten über etwaige Zerstörung bekannt sind. Im dritten Drittel des 4. Jahrhunderts erscheint der Raum Trier als besonderes Herrschaftsgebiet des Comes Arbogast, der nach Herkunft und Anspruch römische wie fränkische Traditionen verkörperte und geschickt zwischen den beiden großen Machtzentren der Franken und Romanen agierte. Gegen Ende des 5. Jahrhunderts setzen die ripuarischen Franken des Kölner Raumes Trier zu, bis die Stadt – vermutlich 507 – schließlich dem Frankenreich Chlodwigs einverleibt wird.
Archäologisch gesehen beginnen für Trier im 5. Jahrhundert die »dark ages«. Daß städtisches Leben trotz der politischen Unruhen weiterging, ist nach den wenigen literarischen Quellen anzunehmen. Sicher ist auch, daß die Großbauten der Römerzeit den Niedergang römischer Herrschaft überdauerten, doch lassen uns moderne Grabungsergebnisse im Stich, wenn es um das Ende der ursprünglichen Nutzung, um Nutzungswandel oder den Beginn des Verfalls der antiken Monumente geht.
Stadtmauer, Tore und Straßennetz der spätantiken Stadt bestanden mindestens bis in das fortgeschrittene 5. Jahrhundert ohne nennenswerte Veränderungen fort. In den folgenden Jahrhunderten zerfällt die bauliche Einheit der alten Römerstadt in mehrere eigenständige, teils befestigte Siedlungskerne mit zugehörigen Kirchen und Märkten. Diese Quartiere verbindet ein unregelmäßiges, sternförmiges Wegesystem, das von dem rechteckigen Straßengitter der *Augusta Treverorum* grundverschieden ist. Die einzelnen Stationen dieses Wandels werden nur durch die schriftliche Überlieferung schwach erleuchtet; datierende archäologische Befunde stehen noch aus.
Der unter Constantin errichtete Repräsentationsbau der aula palatina, die sogenannte Basilica, überdauerte als Bauwerk die Unruhen des 5. Jahrhunderts. Möglicherweise bildete er in fränkischer Zeit zusammen mit dem im Umfeld angenommenen Kaiserpalast den Sitz des Gaugrafen, doch fehlen archäologische Befunde zu dieser Theorie. Für die Viehmarkt- und die Barbarathermen rechnet man aus allgemeinen historischen Überlegungen mit einem Ende des Badebetriebs im 5. Jahrhundert. Die Kaiserthermen dienten nach einem umfassenden Umbau gegen Ende des 4. Jahrhunderts als weitläufiger Repräsentationsbau, neben dem ein stark verkleinerter Badetrakt in einem Seitenflügel wohl ebenfalls bis in das 5. Jahrhundert erhalten blieb; in jedem Fall standen ähnlich wie bei der aula palatina die Ruinen der Gebäude weit über das Ende der römischen Zeit hinaus aufrecht und wurden von teils unterkellerten Privatbauten zu Wohn- und Gewerbezwecken weiter genutzt.
Kontinuität gilt für den spätrömischen Speicherbau am Moselufer bei St. Irminen, der in fränkischer Zeit zunächst als »Getreidepfalz« (*palatium ad horrea*), später im 7. Jahrhundert als Nonnenkloster fortbestand. Wie die in den römischen Ruinen vorauszusetzenden Privathäuser des 5. bis 7. Jahrhunderts aussahen, läßt sich höchstens nach den Befunden des gallorömischen Tempelbezirks im Altbachtal erahnen, über dem in merowingischer Zeit bescheidenere Behausungen sowie im 7. Jahrhundert auch ein Töpferofen entstanden. Das zentrale Stammesheiligtum der Treverer am Lenus-Mars-Tempel im Irminenwingert überlebt, zumindest nach der Münzreihe, die Regierungszeit der Kaiser Valentinian und Gratian († 383) nicht und wurde zerstört.
Da die nachrömischen Schichten über der Römerstadt wegen des Steinraubs im Hoch- und Spätmittelalter für die Archäologie der Merowingerzeit wenig hergeben, konzentriert sich das Interesse der Forschung auf die großen Bestattungsplätze vor der Stadtmauer. Soweit diese Areale nicht seit der Antike kontinuierlich als Friedhöfe genutzt wurden, fielen sie seit dem 19. Jahrhundert den modernen Stadterweiterungen zum Opfer. Dabei konnten nur kleine Flächen durch moderne wissenschaftliche Grabungen untersucht und dokumentiert werden; die Auswertung ist über das Stadium von Vorberichten noch nicht hinausgekommen.
So sind gerade aus diesem Bereich für die Zeit zwischen 5. und 7. Jahrhundert nur aus St. Matthias, St. Paulin und aus St. Maximin planmäßig erhobene Ausgrabungsbefunde zu vermelden, ferner Notbergungen in St. Martin und an der ehemaligen Stätte von St. Medard. An allen diesen Orten kamen unter Kirchenbauten des

Mittelalters spätantike Gräber, teils in Sarkophagen aus wiederverwendeten Spolien der mittleren Kaiserzeit, zum Vorschein (Abb. 97), ferner sporadische Baureste aus römischer Zeit. Trotz des fragmentarischen Erhaltungszustandes der römischen Baubefunde werden diese Ruinen gerne als römische Gutshöfe bzw. Villen vor den Toren der Stadt interpretiert, in denen während der Spätantike ihre christianisierten Besitzer zunächst Kirchen und dann in der Folge auch Bestattungsplätze angelegt hätten. In keinem Fall sind jedoch die vorgelegten Stratigraphien und Baureste so eindeutig, daß sie sich sicher als Stadt- oder Landvillen interpretieren ließen. Ebensogut kommen – wie bei St. Medard von den Ausgräbern selbst vorgeschlagen – Funeralbauten wie Grabtempel, Grabkammern oder Grüfte in Frage, zumal die topographische Lage in nächster Nähe zu den Gräberfeldern und im unmittelbaren Vorfeld der Stadtmauer nicht unbedingt typisch für vornehme Landsitze ist.

Gleichgültig ob diese Gotteshäuser gewissermaßen als Privatkapellen in den Villen vornehmer Christen oder als Coemeterialkirchen an den Gräbern »besonderer Toter« entstanden, in jedem Fall liegen mit Ausnahme des Doms die frühesten christlichen Sakralbauten auf den großen Gräberfeldern vor den Mauern des spätantiken Trier. Bei den Bestattungen handelt es sich, soweit Beifunde und Kontext dokumentiert wurden, bis gegen Ende des 5. Jahrhunderts überwiegend um Angehörige der romanischen Bevölkerungsgruppe, wenngleich auf Grabinschriften und in der schriftlichen Überlieferung seit dem fortgeschrittenen 4. Jahrhundert bereits vereinzelt Germanen zu fassen sind. Die ältesten fränkischen Kleinaltertümer im Stadtgebiet setzen in der zweiten Hälfte des 5. Jahrhunderts ein; die frühesten, noch seltenen Bestattungen mit charakteristischen fränkischen Beigaben stammen aus St. Martin und gehören in die Zeit um 500; auch unter St. Maximin finden sich Gräber vornehmer Franken.

Die große Mehrzahl der Bestattungen auf den großen Gräberfeldern nördlich und südlich der Römerstadt ist nach dem 4. Jahrhundert zeitlich nicht ausreichend zu differenzieren, so daß weder anhand der Inschriften noch anhand der Beifunde Bestattungsabfolgen festgelegt werden können. Sarkophage aus Stein kommen vor, sind aber seltener als schlichte Ziegelplatten- oder Erdgräber, in denen die romanische Bevölkerung wohl seit dem späten 4. Jahrhundert beigabenlos bestattete: Stellten früher vornehme Bestatter die herausgehobene Stellung ihrer Toten durch luxuriöse Grabbeigaben oder aufwendigen Grabbau dar, so strebten die frühen Christen nach größtmöglicher Nähe zu den Märtyrern – »*ad martyros*« –, was zu der hohen Bestattungsdichte bei den frühchristlichen Coemeterialkirchen von St. Maximin, St. Paulin und St. Matthias führte. Durch Stiftungen förderten die reichen Familien der Stadt den Bau

Abb. 97 *Trier St. Maximin. Spätantike Sarkophagbestattung mit Kalkschüttung. – Foto Rheinisches Landesmuseum Trier.*

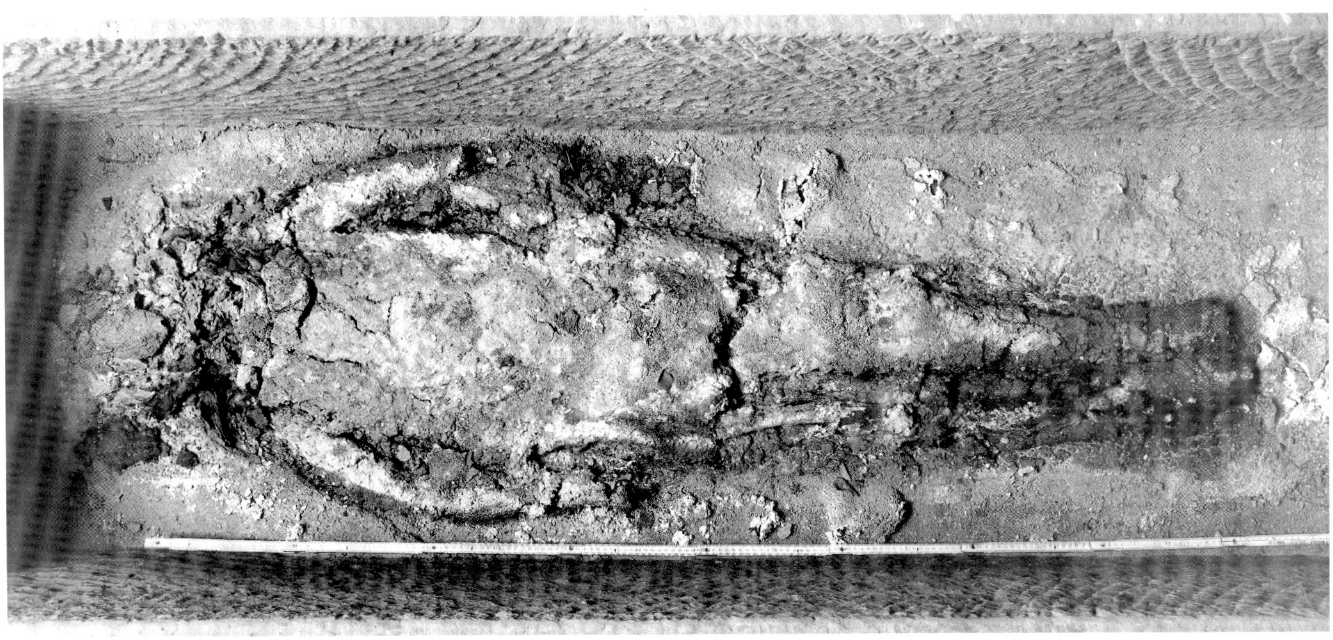

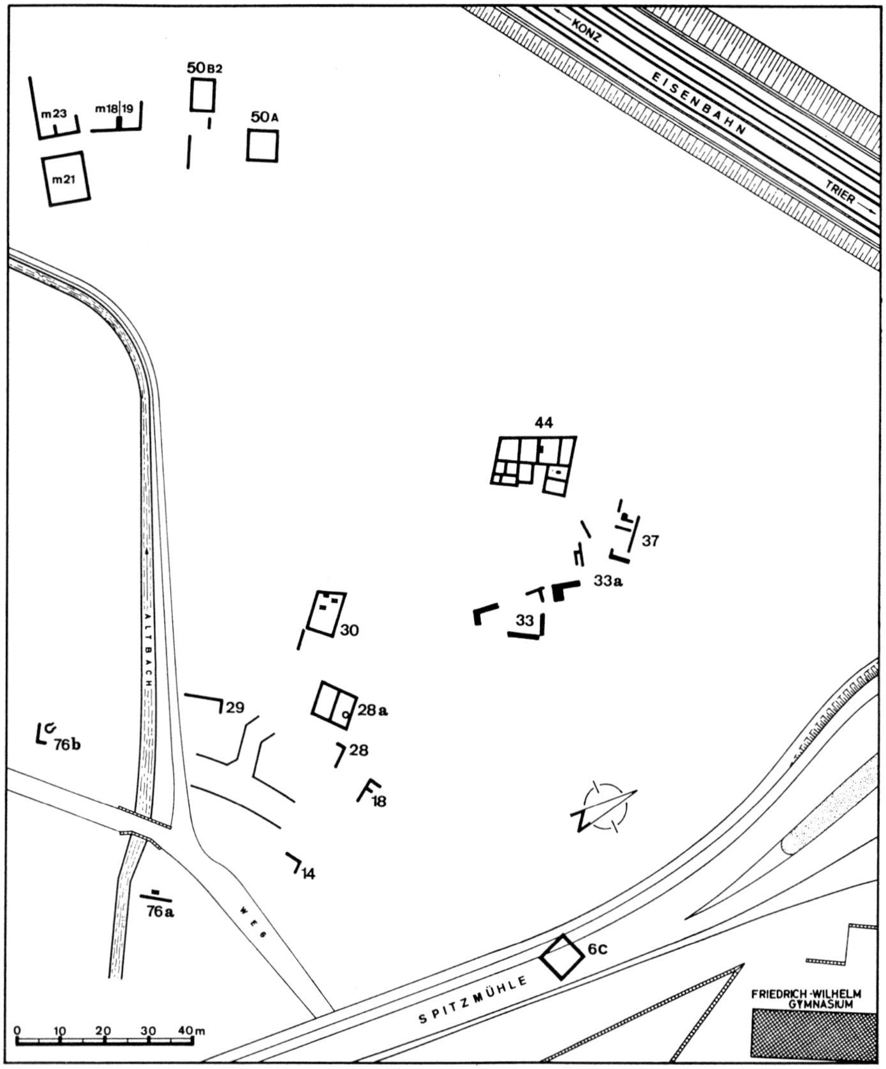

Abb. 98 *Trier. Siedlungsspuren der Merowingerzeit auf dem Gelände des gallorömischen Tempelbezirks im Altbachtal. – Plan Rheinisches Landesmuseum Trier.*

dieser Kirchen, womit sie Traditionen des klassischen städtischen Wohltätigkeitswesens, »Euergetismus«, wiederbelebten und sich als Stifter in herrschaftsbildenden Traditionen darstellten.

Das 6.–7. Jahrhundert: Die Bodenfunde verstummen

Das wenige, was über Trier im 6. und 7. Jahrhundert bekannt ist, verdanken wir fast ausschließlich der schriftlichen Überlieferung, die zum Teil mit großem zeitlichem Abstand Daten zur Frühzeit des mittelalterlichen Trier bietet. Die archäologischen Befunde zu diesem Abschnitt der Stadtgeschichte sind weiterhin äußerst dürftig. Nicht nur Grabfunde, sondern auch die sporadisch geborgenen Siedlungsfunde des 6.–7. Jahrhunderts scheinen sich im Bereich der vor der alten römischen Stadtmauer gelegenen Kirchen sowie an der Peripherie des römischen Straßennetzes zu konzentrieren, was mit überlieferungsbedingten Faktoren zusammenhängen dürfte. Nach den merowingerzeitlichen Befunden vom Altbachtal (Abb. 98) und punktuellen Beobachtungen aus anderen Teilen des Stadtgebietes ist damit zu rechnen, daß die Wohnbebauung des Stadtgebietes insgesamt in fränkischer Zeit gegenüber der Spätantike zurückging. Im späten 6. Jahrhundert übernimmt die romanische Bevölkerung der Stadt von den Franken die Sitte, Tote mit Beigaben zu bestatten; umgekehrt lernen vornehme Franken im engen Kontakt mit Romanen im 5. und 6. Jahrhundert, Tote in Steinsarkophagen zu bestatten und ihnen Grabsteine zu setzen, an denen allerdings bereits der zunehmende Verfall der Schriftlichkeit zu verfolgen ist (Abb. 99). Weitestgehendes Nebeneinander von Franken und Romanen und ein kontinuierliches Fortbestehen städtischen Lebens nach dem Ende der politischen Herrschaft Roms steht angesichts dieser Bezüge außer Zweifel.

Teils durch mittelalterliche oder neuzeitliche Abbruchtätigkeit zerstört, teils bei eiligen Notgrabungen übersehen, teils nicht publiziert und in Vergessenheit geraten, schweigt das archäologische Erbe des nachantiken Trier, wenn wir mehr über die frühe fränkische Geschichte der Stadt erfahren wollen als in den dürftigen Schriftquellen steht. Die Gründung der großen Coemeterialkirchen des nördlichen und des südlichen Gräberfeldes, die Zerstörungen der Stadt durch Franken und Hunnen, der Verfall der spätrömischen Bausubstanz und des Straßennetzes sowie die Überlagerung dieses Straßenbildes durch die zur Markterschließung entstandenen Straßen der heutigen

Trierer Altstadt sind Vorgänge, die nach den mittelalterlichen Chroniken und Heiligenviten zwischen dem 5. und 9. Jahrhundert ablaufen, die aber durch wissenschaftlich solide erschlossene archäologische Quellen einstweilen nicht zu belegen sind.

Abb. 99 Fränkische Grabsteine und Sarkophagdeckel aus den Gräberfeldern der Stadt Trier. – Foto Rheinisches Landesmuseum Trier.

Das Umland der Kaiserresidenz

Ähnlich verschwommen stellt sich die Zeit des Übergangs von römischer zu fränkischer Herrschaft im Umland der Stadt dar, das als rechtlich zugehöriges Territorium die wirtschaftliche Grundlage des städtischen Reichtums bildete. Zumindest in der Bausubstanz gut zu fassen sind die auffälligen Luxusvillen der Spätantike, etwa in Konz, Pfalzel, Welschbillig, Echternach und Nennig, die sich in der Wahl des Standorts, in der Größe und in der baulichen Ausstattung deutlich von den bescheideneren mittelkaiserzeitlichen Villen des Typus »Bollendorf« abheben. Da die zugehörigen Kleinfunde und Gräberfelder sehr partiell publiziert sind, lassen sich Feinchronologie und Siedlungsgeschichte dieser Anlagen nur schwer überschauen. Größere Defizite bestehen bei der Erforschung der nichtstädtischen Gemeinschaftssiedlungen der Spätantike; lediglich die Höhensiedlungen sind so aufgearbeitet, daß die räumliche Verteilung, der Lagebezug und die jeweilige Sied-

lungsgeschichte zu überschauen sind. Das Schicksal der romanischen Siedlungen in fränkischer Zeit und die Entstehung der fränkischen Niederlassungen auf dem Land sind archäologisch erst ab ca. 500 deutlicher zu verfolgen, als die Bevölkerung auf dem Land zur Anlage der charakteristischen Reihengräberfelder überging. Siedlungsbefunde im engeren Sinn fehlen, so daß es wiederum der Anleihen bei den historischen Quellen bedarf. Von den archäologisch arbeitenden Naturwissenschaften wurden im Trierer Land lediglich isolierte dendroarchäologische Daten und einzelne archäobotanische Makrorestanalysen geliefert; Sediment- und Pollenanalysen sowie osteoarchäologische und anthropologische Studien stehen noch aus.

Damit lassen sich für die ländliche Besiedlung des Trierer Landes zwischen Spätantike und frühem Mittelalter nur sehr ungefähre Entwicklungslinien angeben: der aufstrebenden, schwerpunktmäßig offenbar auf Getreidebau basierenden Villenwirtschaft des 1.–3. Jahrhunderts folgt eine Differenzierung des ländlichen Siedlungs- und Wirtschaftsgefüges im 4. Jahrhundert: die Unterschiede in Größe und Luxus der verschiedenen Villen nehmen zu; gleichzeitig tritt eine regionale Spezialisierung ein, die zur Folge hat, daß je nach Vermögen und Standort eines Villenbetriebes unterschiedliche Produktionszweige in den Vordergrund treten – faßbar etwa beim Getreide- und Weinbau, in der Eisengewinnung, unter günstigen Umständen vielleicht auch in der Holzwirtschaft. In der Folge dieses wirtschaftlichen Wandels kommen mit den Höhensiedlungen völlig neue Wirtschaftsstandorte auf, die das Stadt-Land-Verhältnis und die wirtschaftliche Kontur ganzer Landstriche verändern.

Im 5. Jahrhundert sind Spuren ländlicher Besiedlung rar, was möglicherweise auf ein stärkeres Gewicht der Viehzucht in jenem Jahrhundert hindeutet. Die Hof- und Dorfstandorte des 6.–7. Jahrhunderts lassen sich aus der Verteilung der merowingischen Reihengräberfelder rekonstruieren. Räumlich gesehen bevorzugen die fränkischen Siedlungsgründer die guten Ackerböden des Bitburger Gutlandes sowie des Saargaus, während im Moseltal mit kontinuierlich fortbestehenden romanischen Siedlungen gerechnet wird. Aus der flächigen Verteilung der Gräberfelder ergeben sich durchschnittliche Gemarkungsgrößen von ca. 200 bis 600 ha für Siedlungen mit einer Gehöftgruppe und bis zu 1200–2300 ha für Siedlungen mit 3–4 Gehöftgruppen. Dahinter steht der Verfall der antiken Herrschaftsarchitektur auf dem Land und die Rückkehr zum alten, vorrömischen »*Habitat*«, dessen schlichte und funktional wenig differenzierte Holzarchitektur bei Notgrabungen und architekturgeschichtlich ausgerichteten Grabungen nur allzu leicht übersehen wird.

Insgesamt sehen wir nach einer archäologisch und historisch gut faßbaren Blüte Triers im 4. Jahrhundert das monumentale Zentrum der Stadt seit dem 5. Jahrhundert im Niedergang, der sich in Politik, Wirtschaft und Kultur gleichermaßen auswirkt. Da die Archäologie jahrzehntelang die römische Glanzzeit der *Augusta Treverorum* bevorzugt hat, liegt in Trier der Übergang zwischen Antike und Mittelalter aus archäologischer Sicht brach. Die Anfänge des mittelalterlichen Trier bleiben daher im wesentlichen ein Thema für Historiker, zu dem die Archäologie einstweilen höchstens Illustrationen beisteuern kann.

Literatur: Anton 1987. – Böhner 1949; 1958b; 1964b; 1977. – Brown 1991. – Clemens 1995. – Clemens/Löhr 1995. – Cüppers 1973; 1977; 1979; 1990. – Dassmann 1993. – Ewig 1952; 1972. – Führer Trier 1977. – Gauthier 1975; 1980; 1986. – Gilles 1985; 1995. – Goethert-Polaschek 1977. – Gose 1955; 1972. – Heinen 1985; 1996. – von Hesberg 1992. – Hollstein 1980. – Hussong/Cüppers 1972. – Trier 1984. – Kempf/Reusch 1965. – Kuhnen 1995; 1996. – Laufner 1964. – von Massow 1932. – Merten 1990. – Neyses 1995. – van Ossel 1992. – Schindler 1972; 1973; 1979. – Stein, F. 1989. – Thomas, C. 1981. – Trunk 1991. – Waldherr 1993. – Watts 1991. – Waurick 1973. – Weber 1995; 1996. – Wightman 1985. – Zahn 1991. – Zink 1979.

Die Römerstadt Köln zur Merowingerzeit

Bernd Päffgen und Sebastian Ristow

Der guten Quellenlage zum römischen Köln stehen ungleich weniger archäologische Befunde zur merowingerzeitlichen Stadt gegenüber. Dennoch läßt sich vor allem mit Hilfe der Schriftquellen das Bild einer bedeutenden frühmittelalterlichen Stadt zeichnen, der auch über die Spätantike hinaus eine wichtige politische Stellung zukam. Seit dem 6. Jahrhundert spiegeln umfangreiche kirchliche Bauprojekte die gestiegene Bedeutung Kölns als Bischofssitz wider. Kirchenbestattungen und reiche Grabinventare der Merowingerzeit belegen die kontinuierliche Anwesenheit der Oberschicht.

Die spätrömische Stadt

Die Beschäftigung mit der Topographie des merowingerzeitlichen Köln ist mit verschiedenen Problemen verbunden. Die spätantiken Wandlungsprozesse sind kaum hinreichend überschaubar. Früh- und mittelkaiserzeitliche Strukturen können aus methodischen Gründen nicht zum Vergleich herangezogen werden. Die Quellenlage zu den spätantiken Veränderungen der Stadt ist dürftig. Traditionell gilt das Forschungsinteresse eher der Stadt der älteren römischen Kaiserzeit (Abb. 100). Mit einem Fortbestehen und partieller Nutzung der römischen Großbauten bis weit in die Merowingerzeit hinein muß gerechnet werden, teilweise verschwanden die römischen Bauten erst im 10. Jahrhundert im Zuge von Neubebauung.

Wichtige antike Großbauten bestanden im Stadtzentrum mit dem erst kürzlich in einem größeren Abschnitt aufgefundenen halbrunden *Forum* mit *Kryptoportikus*, dem *Praetorium* in der Mitte der Rheinfront, dem *Kapitol* in der Südostecke der Stadt, den Thermenbauten an St. Cäcilien und großen Nutzbauten, den *horrea,* auf der Rheininsel sowie unter dem Kölner Dom. Natürlich waren auch die üblichen infrastrukturellen und versorgungstechnischen Einrichtungen mit dem Entstehen einer römischen *Colonia* gegeben. Außerhalb der Stadtmauern befanden sich Handwerksbetriebe und Gräberfelder; als bedeutende Architektur entstand hier im 4. Jahrhundert auf der Nordwest-Nekropole der Memorialbau der späteren Kirche St. Gereon.

Die Krisenzeit des späteren 3. Jahrhunderts brachte Köln im Unterschied zu anderen Städten des Reiches einen Aufschwung, da es nochmals an politischer Bedeutung gewann. Gallienus ließ im Jahre 254 Teile der Kölner Stadtmauern errichten bzw. umbauen. Die Stadt wurde unter Postumus zur Hauptstadt des Gallischen Sonderreiches. Hier bestand ein Senat, das *Praetorium* wurde Regierungssitz, man unterhielt eine eigene Praetorianergarde und versorgte das Reich mit Gold-, Silber- und Bronzemünzen. Auch nach dem Ende des Gallischen Sonderreiches blieb Köln als zeitweilige Kaiserresidenz geeignet, wie die Aufenthalte von Maximian, Constantin I., Constans II., Julian und Valentinian I. belegen.

In constantinischer Zeit wurden weitere städtebauliche Akzente gesetzt. Kaiser Constantin ließ im frühen 4. Jahrhundert eine Brücke über den Rhein schlagen, um den Anspruch des Reichs zu erneuern, so preist es ein Panegyriker in seinem Lobgedicht. Gegenüber der Stadt wurde ein rechteckiges Kastell von 150 m Seitenlänge mit Rundtürmen und zwei Toranlagen im Westen und Osten errichtet; die Bauinschrift datiert in das Jahr 315. Wenige Befunde und einige Kleinfunde deuten auf eine Weiternutzung der Befestigung während der Merowingerzeit hin.

Wohl bereits seit dem 3. Jahrhundert ist mit einer Vermischung der ansässigen Romanen mit von der anderen Rheinseite zugewanderten Germanen zu rechnen. Im Jahre 355 wurde Köln erstmals von den Franken eingenommen. Wenn Ammianus Marcellinus berichtet, die Stadt sei mit Ausnahme eines Turmes ganz zerstört worden, handelt es sich um einen Topos, eine übliche literarische Formulierung. Die Befestigung kann jedenfalls nicht in größerem Umfang zerstört worden sein, da Julian, ebenfalls nach Ammianus Marcellinus, Köln im folgenden Jahr bei einem erneuten Angriff der Franken halten konnte. Von archäologischer Seite wurden mehrfach Befunde mit diesen Ereignissen in Verbindung gebracht. Brunnenverfüllungen, Brandschichten, etwa im Haus mit dem Dionysos-Mosaik oder dem *Praetorium*, der Zerstörungshorizont der Thermen, Ausbesserungen der *horrea* am Rhein und Spolienverwendung bei St. Gereon wurden auf die Wirren der Jahre 355/56 bezogen. Der Schatzfund aus dem Königsforst östlich von Köln datiert etwas früher (348) und dokumentiert lokale Wirren, die keinen Niederschlag in den Schriftquellen gefunden haben. Die römische Militärverwaltung bemühte sich, ausgehend vom Kastell Deutz, um eine Sicherung auch der rechtsrheinischen Umlande. Eine bei St. Gereon gefundene Grabinschrift berichtet von einem bei Deutz im Barbarenland von Franken erschlagenen Offizier Viatorinus. Noch im gleichen Jahr wird der Usurpator Silvanus auf der Flucht in ein *conventiculum ritus christiani* in Köln ermordet. Diese Quelle läßt sich jedoch keinesfalls auf einen archäologisch nachweisbaren Bau bezie-

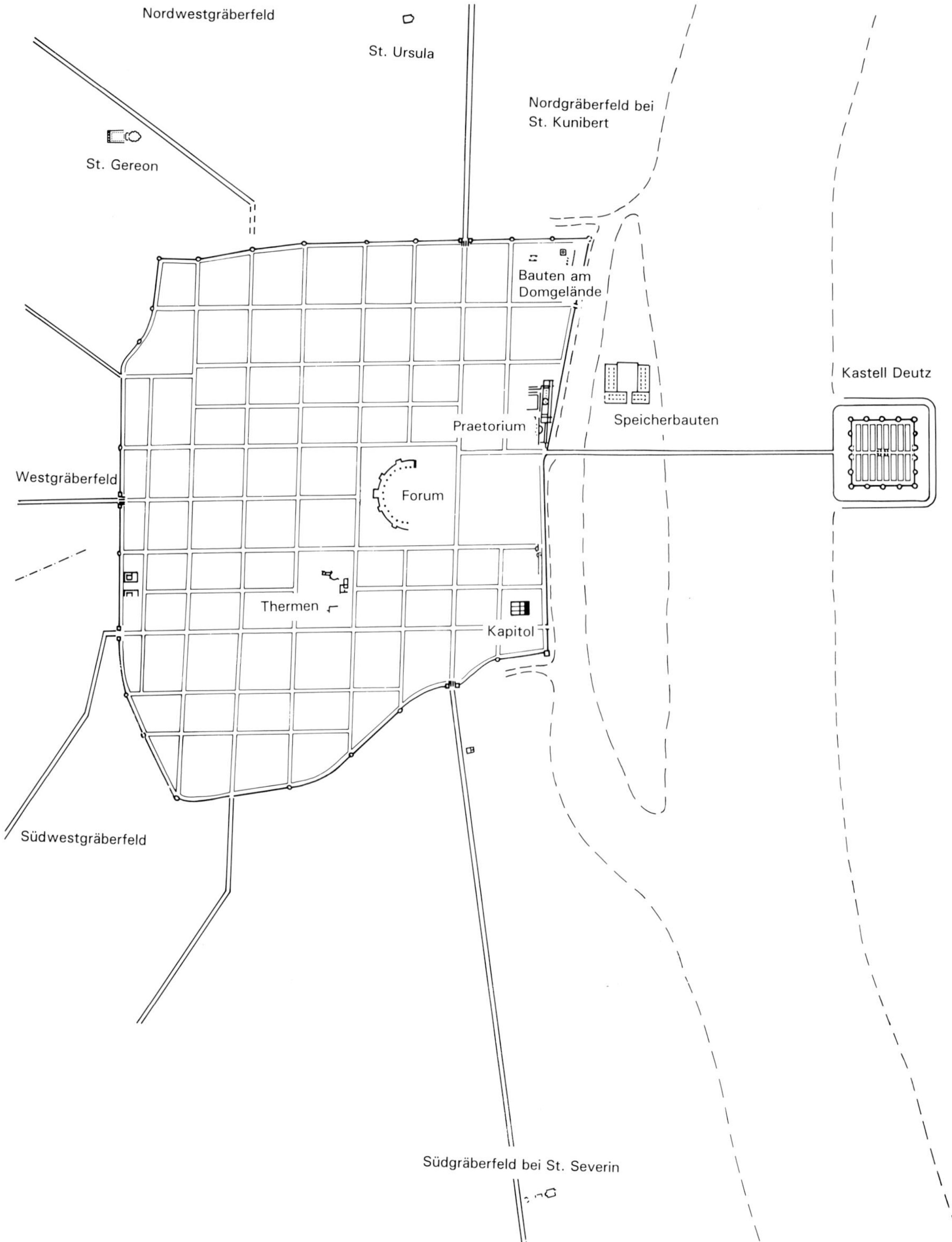
Nordwestgräberfeld
St. Ursula
Nordgräberfeld bei St. Kunibert
St. Gereon
Bauten am Domgelände
Kastell Deutz
Speicherbauten
Praetorium
Westgräberfeld
Forum
Thermen
Kapitol
Südwestgräberfeld
Südgräberfeld bei St. Severin

hen. Die letzten Nachrichten über spätrömische Bautätigkeit besitzen wir in der Inschrift des fränkischen Generals Arbogast.
Schriftquellen und Kleinfunde erweisen christliche Romanen seit der Zeit des bedeutenden Bischofs Maternus, der Anfang des 4. Jahrhunderts in Rom und Arles unter den Teilnehmern zweier wichtiger Konzilien genannt wird. Die legendäre Herkunft dieses ersten belegbaren Kölner Bischofs aus dem elsässischen Dompeter kann wissenschaftlich zwar nicht abgesichert werden, sehr wohl aber die Aussendung des Maternus von seinem Trierer Episkopat nach Köln. Der Wechsel aus der spätantiken Residenzstadt an den neuen Bischofssitz am Rhein zeigt die hohe Bedeutung, welche der vermutlich neuen Gründung dieses Bistums beigemessen wurde. In der Folgezeit gehen Stellung und Einflußnahme der christlichen Gemeinde auf das städtische Leben jedoch wieder zurück. Euphrates, der Amtsnachfolger des Maternus, ist noch in den Quellen faßbar; als letzter spätantiker Bischof wird Severin durch Gregor von Tours für die Zeit um 400 überliefert. Eine Bischofsgrablege ist für diese frühe Zeit nicht bekannt. Das Grab des Bischofs Severin wurde später in der nach ihm benannten Kirche lokalisiert. Spätestens in der Mitte des 10. Jahrhunderts soll der Überlieferung nach der Leichnam erhoben und in einen neuen Schrein gebettet worden sein. Von den Ausgrabungsbefunden unter St. Severin ist in diesem Zusammenhang ein umschranktes Podest am Ostende des Kirchenmittelschiffs von Bedeutung, auf dem bereits in der Merowingerzeit ein Schrein mit den Gebeinen des Bischofs gezeigt worden sein könnte.

Abb. 100 *Die antike Stadt als Grundlage für die merowingerzeitliche Entwicklung Kölns. Eingetragen sind die wichtigsten Standorte von Großbauten und die Lage der späteren Kirchen im Vorstadtbereich. – Entwurf S. Ristow; Gestaltung C. Claus.*

Die Zeit des Übergangs

Den militärischen Schutz der Provinz *Germania Secunda* hatte man gewissermaßen in die Hand der verbündeten Franken gelegt. Verträge mit rheinfränkischen Fürsten sicherten nach den Forschungen von Eugen Ewig noch bis in die Regierungszeit Kaiser Valentinians III. den Grenzschutz. Demnach ist anzunehmen, daß ein fränkischer Fürst in der Provinzhauptstadt Köln ansässig war und mit Beistand römischer Beamter die militärische Verwaltung seines Gebietes kontrollierte. Andere Historiker nehmen an, daß sich Köln seit etwa 420/30 ganz in fränkischer Hand befand.
Für diese Zeit des Übergangs, der sich bis um die Mitte des 5. Jahrhunderts vollzieht, fehlen verläßliche und eindeutige Schriftquellen. Dennoch ergeben sich einige interessante Einzelheiten: Der Kleriker Salvianus von Marseille beklagte, daß man in Köln keine Schauspielaufführungen mehr zu sehen bekommen könne, da es voller Feinde sei. In einem Brief äußert sich der wohl aus Trier gebürtige Schriftsteller über einen jungen Verwandten aus Köln. Es heißt, daß die wohlhabende romanische Familie alles verloren habe und sich die in Köln verbliebene Mutter des Empfohlenen in fränkischen Haushalten als Dienstmagd verdingen müsse (*epistolae* I,5 f.). Gregor von Tours besaß von dieser Zeit eine allenfalls legenhafte Vorstellung. In den im ersten Drittel des 8. Jahrhunderts entstandenen *gesta regum francorum* 8 heißt es, daß die Franken Köln gegen den Widerstand des Aegidius einnehmen konnten und die eroberte Stadt *Colonia* nannten, da sie von nun an wie Pächter (*coloni*) in ihr wohnten.
Auch die Archäologie vermag die quellenarme Zeit des Übergangs kaum zu erhellen. Aus den Grabungen unter der Kirche St. Severin sind jedoch zwei wichtige Grabfunde (III,64–65) der Mitte des 5. Jahrhunderts bekannt (Abb. 104). In der Achse eines erweiterten Apsidenbaus wurden hier zwei fränkische Knaben in kleinen Sarkophagen bestattet und der darüberliegende Fußboden wieder geschlossen. Die reiche Grabaustattung stellt eine wichtige Quelle für die Übergangszeit von der römischen hin zur fränkischen Herrschaft am Rhein dar. Die beiden Knaben wurden mit einer germanischen Waffenausstattung beigesetzt; die schwere Wurfaxt, eine echte Franziska, konnten die kleinen Jungen im Leben nicht handhaben. Die Beigabe muß also symbolisch gemeint gewesen sein, um den besonderen Status in einer adelig-kriegerischen Welt zu dokumentieren. Ein Handgelenkring in einem der beiden Gräber ist als germanisches Würdezeichen zu verstehen. Auch die Beigabe eines Fingerrings unterstreicht die besondere gesellschaftliche Stellung der Knaben. In den Ton- und Glasgefäßen waren die Überreste von Speisebeigaben durch günstige Erhaltungsbedingungen unter dem Kirchenfußboden erhalten; so war es möglich, diese näher zu bestimmen. Die rauhwandige Kleeblattkanne war mit gegorenem Birkensaft gefüllt – noch vor einigen Generationen ein in Rußland und Schottland beliebtes Getränk –, die gläsernen Glockenbecher mit Rebenwein, chemisch nachgewiesen durch Reste von Hefen, Weinsäure sowie Spuren von Phosphat und Nitrat. Im Grab eines sechsjährigen fränkischen Knaben nehmen sich alkoholische Getränke ungewöhnlich aus, unterstreichen jedoch seine gesellschaftliche Stellung. Die rädchenverzierte Sigillataschale enthielt Rindfleisch in einer gewürzten Brühe, ein kleiner Napf eine Süßspeise aus Hirsebrei und Honig. Im Grab des jüngeren Knaben fanden sich in der Glasschale kleine Vogelknochen, Mengen von Lindenblü-

tenpollen, Pollen von Doldenblütern, Kompositen, Erikaceen, Labkraut und Knautiaarten. Es dürfte sich also um einen nach römisch-mediterraner Tradition mit frischen Kräutern verfeinerten, in Honig gebratenen Vogel gehandelt haben. Der rauhwandige Henkeltopf des Grabes enthielt Geflügelknochen und geringe gekochte Fleischreste. Die Vorliebe für Geflügel während der Merowingerzeit ist aus Schriftquellen bekannt. Ein Knickwandtöpfchen zeigte eine schwarze krümelige Masse aus tierischem Fett. In einer Sigillataschale waren zwei Hühnereier deponiert. Die beiden Gräber stehen am Übergang vom sogenannten Föderatenhorizont zur frühen Reihengräberzeit. Kulturgeschichtlich überrascht die Sitte der hier vorliegenden Bestattung in dem als Coemeterialkirche anzusehenden Bau für Angehörige der fränkischen Oberschicht bereits um 460.

Von der rheinfränkischen Königsstadt zur Residenz der Merowinger

In der zweiten Hälfte des 5. Jahrhunderts betrachtete sich der in Köln ansässige rheinfränkische Fürst als vom Römischen Reich unabhängig. Zeitgleich mit den salfränkischen Königen Chararich, Childerich I. und Ragnachar regierte in Köln der König Sigibert. Von seinem anzunehmenden Vorgänger ist der Name nicht überliefert. Unklar bleibt, ob und inwieweit dieses rheinfränkische Königtum sich nach Herkunft und Selbstverständnis von den salfränkischen Merowingern unterschied; zumindest empfand man eine Verwandtschaft. Aus einer großen Schlacht gegen die Alamannen bei Zülpich, vermutlich im Jahre 496, trug König Sigibert eine schwere Knieverletzung davon, während Childerichs Sohn Chlodwig I. den Schlachtruhm für sich vereinnahmen konnte. Die Rheinfranken unterstützten im Gegenzug Chlodwig bei seinen militärischen Operationen in Südfrankreich. Sigiberts Sohn Chloderich kommandierte ein rheinfränkisches Heer bei den Kämpfen gegen das Westgotenreich von Toulouse im Jahre 507. Archäologisch läßt sich dieser Feldzug nun auch über Grabfunde nachweisen. Im Gräberfeld von Rödingen bei Jülich wurde mit Grab 472 die Bestattung einer Dame ausgegraben, die durch ihre großen Silberblechfibeln (Abb. 101) als Westgotin zu identifizieren ist; ihre Gürtelschnalle zeigt die genauere Herkunft aus Südfrankreich an. Hier handelt es sich um einen sicheren Fall von Exogamie. Wahrscheinlich hatte ein Rheinfranke eine Westgotin geehelicht und in die Kölner Bucht heimgeführt.

Bald jedoch kam es zu Interessenkonflikten zwischen dem von Paris aus herrschenden Chlodwig und den Kölner Rheinfranken. Wahrscheinlich hatte Sigibert die Gefahr für die Existenz seines Reiches erkannt und sich den Burgundern angenähert, oder er bemühte sich bei den Ostgoten um mögliche Unterstützung. Nach dem Bericht des Gregor von Tours überredete Chlodwig seinen Schlachtgefährten Chloderich, den alten König Sigibert von Köln zu töten. Bei einem Jagdausflug im rechtsrheinischen Gebiet soll der in seinem Zelt zum Mittagsschlaf ruhende König im Jahre 511 von gedungenen Mördern umgebracht worden sein. Chlodwig nutzte die Gelegenheit und ließ daraufhin Sigiberts Sohn in Köln durch Boten töten, als dieser ihnen den rheinfränkischen Königsschatz zeigte. Chlodwig stellte anschließend den Prinzen Chloderich als grausamen Vatermörder dar und stritt jede Beteiligung am Tod seiner Verwandten ab. Die Großen des Kölner Reiches huldigten Chlodwig und hoben ihn auf den Schild, um ihn künftig als König anzuerkennen. Das rheinfränkische Königtum sollte jedoch trotz der Integration in ein gemeinschaftliches Merowingerreich eine lange immanente Bestandskraft aufweisen. Köln blieb ein kultureller und politischer Schwerpunkt Austrasiens, was nicht zuletzt die Oberschichtgrablege unter dem Kölner Dom zeigt. Aber auch das Wiederaufleben des alten Kölner Königsnamens Sigibert im späteren 6. und 7. Jahrhundert ist in diesem Zusammenhang interessant.

Archäologische Funde aus der Zeit des eigenständigen Kölner Königreichs gibt es wenige. Zu nennen sind hier reiche Grabfunde, die um die Kirche St. Severin im Kölner Süden entdeckt wurden. Das bereits 1845 am Severinstor entdeckte Frauengrab weist eine kostbare Prunkschnalle mit Almandinzellenwerk auf, die aus einer mediterranen Werkstatt den Weg an den Kölner Königshof fand. An der Seite des Königs Sigibert können wir uns ebenfalls den Krieger mit Goldgriffspatha, Ango und Schild vorstellen, dessen Grab im Kreuzgang der Severinskirche entdeckt wurde (Grab V,205).

Der rheinfränkische König hatte seine Residenz im *Praetorium* der römischen Provinzhauptstadt eingerichtet. Germanische Fürsten richteten sich oft innerhalb der alten *Civitates* in den Sitzen und Palästen spätantiker Amtsträger ein. Der Befund im Kölner *Praetorium* steht bei einer vergleichenden Betrachtung nicht vereinzelt dar. In Genf etwa hatten sich die Burgunderkönige im 5. Jahrhundert das dortige *Praetorium* zunutze gemacht und einen Apsissaal mit Rechtecknarthex als Palastkirche ausgebaut. In Trier diente die konstantinische Palastaula als königliche Residenz. Von historischer Seite ist seit langem darauf hingewiesen worden, daß die merowingerzeitlichen Königspfalzen in Köln und Trier beide eine dem hl. Laurentius geweihte Palastkapelle aufweisen. Die merowingische Pfalz in Köln, die *aula regia,* wird durch Gregor von Tours in seiner *historia francorum* und im *liber vitae patrum* beschrieben. Die in den 50er Jahren durch Otto Doppelfeld geleiteten Aus-

Abb. 101 *In Rödingen (Kr. Düren) Grab 472 trug eine Frau ein großes, 17 cm langes Bügelfibelpaar westgotischer Herkunft. Sie hatte es allerdings nach alamannisch-fränkischem Vorbild in Hüfthöhe festgesteckt. Die Fibeln waren also an ein Gewand geheftet, das den Gürtel – obgleich auch er reich verziert war und ursprünglich sichtbar getragen wurde – verdeckte. – Foto RGZM.*

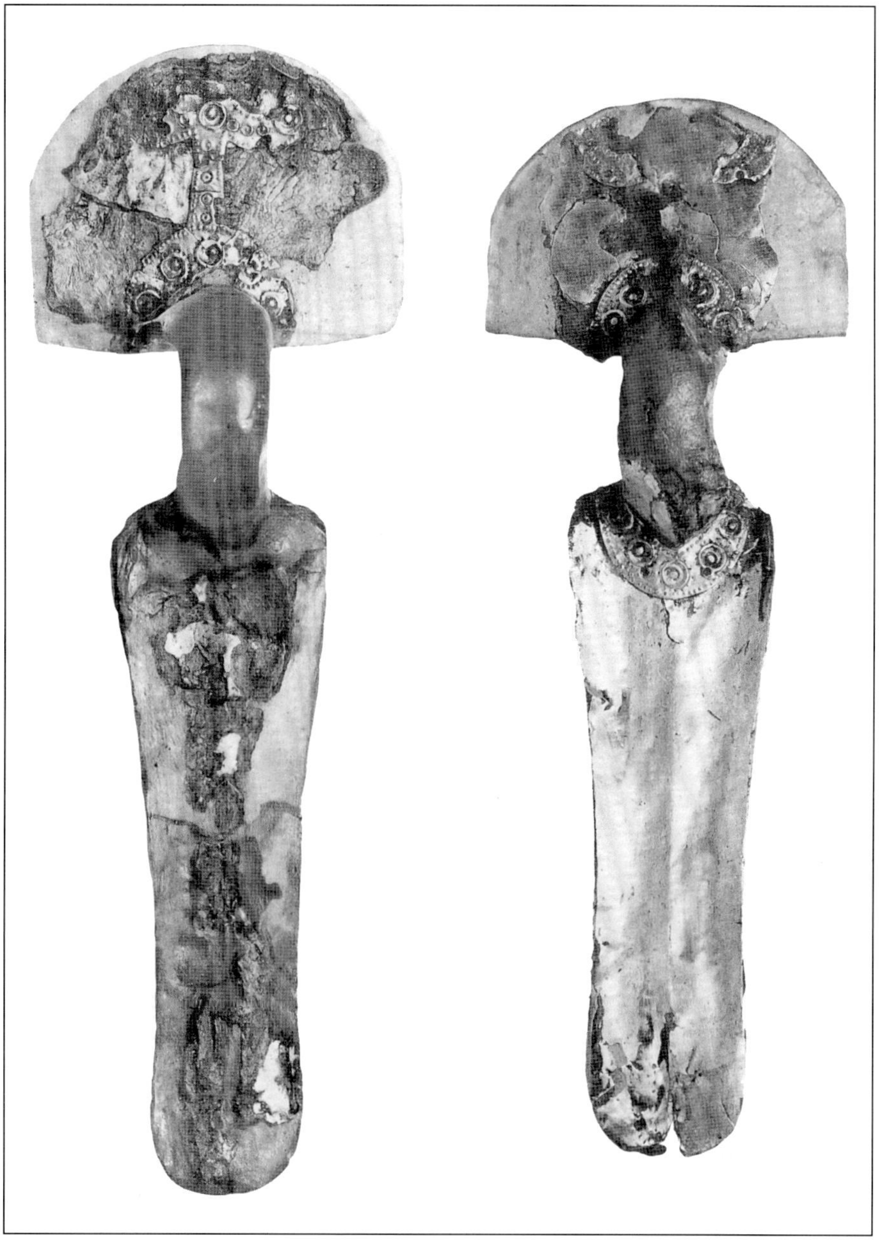

grabungen haben die sicherlich vorhandenen merowingerzeitlichen Ein- und Umbauten im mehrphasigen steinernen *Praetorium* der römischen Kaiserzeit nicht mit der wünschenswerten Klarheit erkennen lassen. Grabungstechnisch dürfte man sich in dieser Zeit freilich auch mit dem Nachweis von Trockenmauerwerk und Holzeinbauten schwergetan haben. Immerhin beschrieb Doppelfeld nachantike Veränderungen an der in karolingischer Zeit abgebrochenen Bausubstanz. Im Hof des Statthalterpalastes fand er Steinverkleidungen für starke Holzpfähle und schloß daraus, daß man in nachrömischer Zeit ein Dach angelegt hatte. Als Einzelfund beleuchtet eine unter dem Rathausplatz gefundene westgotische Goldmünze schlaglichtartig das Leben in der Königspfalz am Rhein mit ihren Fernkontakten.

Das Umland

Während der ganzen Merowingerzeit diente Köln zeitweise als königliche Residenz. Für die Zeit von der Mitte des 5. Jahrhunderts bis 511 war Köln die Hauptstadt des rheinfränkischen Königtums. Danach war es für die Könige des Merowingerreichs und die austrasischen Teilkönige bis zu Chlothar IV. († 719) immer wieder Aufenthaltsort und Regierungssitz. Verschiedene Elemente begünstigten diese Funktion. Zum einen besaß man im *Praetorium* eine durch Tradition ausgewiesene *aula regia*, zum anderen lag Köln als Mittelpunkt des römischen Straßennetzes im Rheinland verkehrstechnisch günstig. Von hier aus gelangte man schnell nach Norden und Süden, aber auch der Moselraum war nach Südwesten ebenso wie das Innere Galliens über Trier gut erreichbar. Ebenso darf der Kölner Rheinhafen mit seiner natürlichen Vermittlung zwischen Ober- und Unterlauf in seiner Bedeutung für Verkehr und Handel nicht vergessen werden. Die römische Kulturlandschaft um Köln bot gute Voraussetzungen für eine landwirtschaftliche Nutzung, andererseits existierten in der

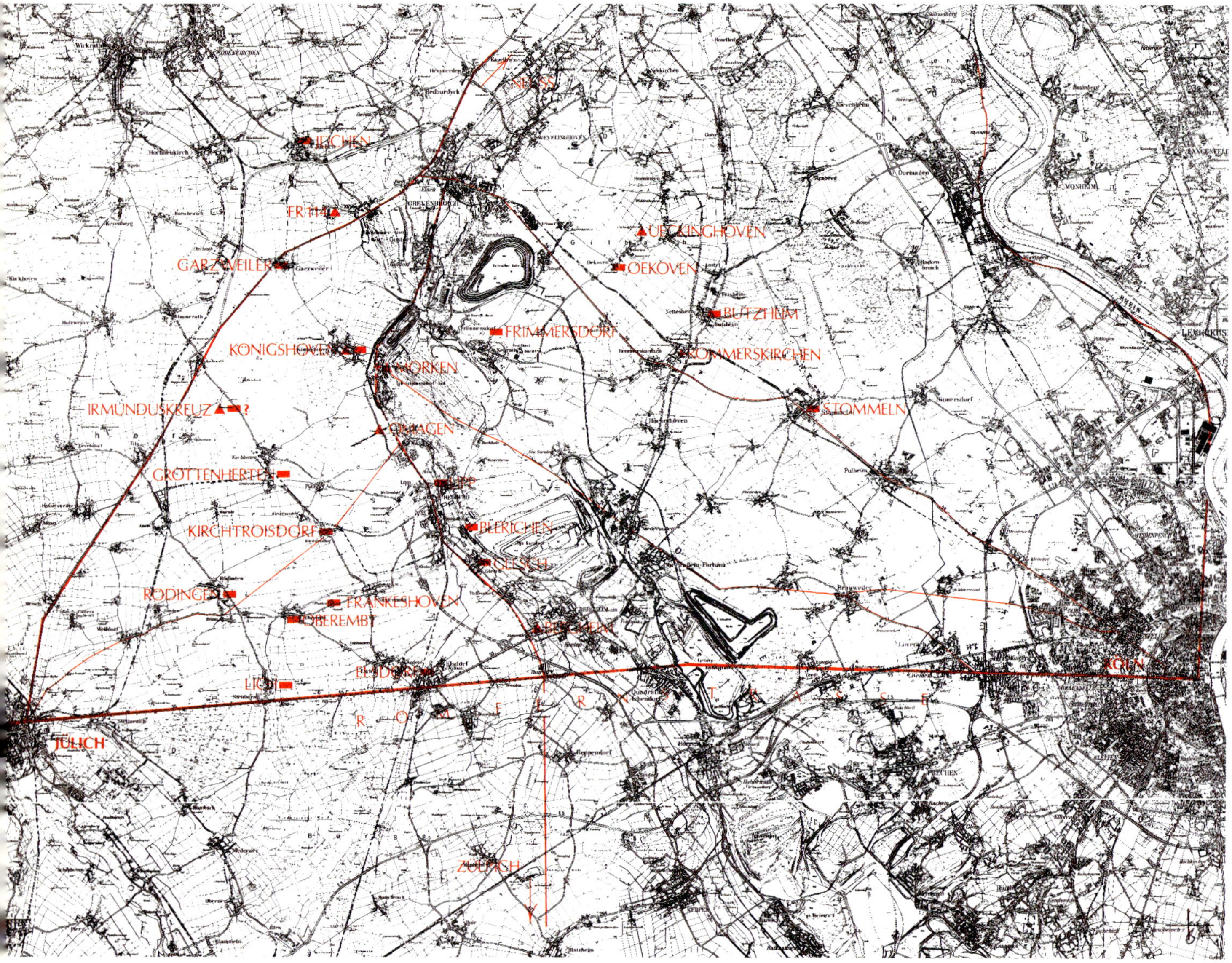

Eifel und im Vorgebirge standortgebundene Industrien, Töpferei, Kalk-, Basaltlava- und Tuffabbau. Vorgeschobene Kastellorte wie Zülpich und Jülich sicherten das Vorfeld der Stadt. Im Westen können die römischen Quellen des Militärbads Aachen genutzt worden sein. In der ausgehenden Merowingerzeit befand sich der Aachener Badebereich jedenfalls in der Hand der karolingischen Hausmeier und besaß einen eigenen Kirchenbau.

Vom funktionierenden landwirtschaftlich geprägten Kölner Umland zeugen zahlreiche Funde fränkischer Gräberfelder. Ein überaus reiches Holzkammergrab der Zeit um 590 wurde zwischen Köln und Jülich auf dem Kirchberg in Morken entdeckt (Abb. 596). Es vermittelt den Eindruck

Abb. 102 *Die Umgebung Kölns in Richtung Jülich nördlich der römischen Staatsstraße. – Entwurf B. Päffgen; Zeichnung L. Velling/J. Jansens.*

der Grabausstattung eines vornehmen Adeligen der Kölner Bucht. Der Adelige war separat vom Dorfgräberfeld auf dem Hügel bestattet. Wohl noch in der jüngeren Merowingerzeit entstand über seinem Grab ein hölzerner Kirchenbau. Auch das Dorfgräberfeld konnte im benachbarten Königshoven mit 481 Bestattungen vor einigen Jahren aufgrund der großflächigen Untersuchungsmöglichkeiten im rheinischen Braunkohlengebiet gefunden werden. Die kleinräumige Topographie läßt sich gewinnbringend untersuchen (Abb. 122). Von Bedeutung ist die alte römische Staatsstraße, die von Köln über den Kastellort Jülich nach Tongern, Bavai und Boulogne-sur-Mer führt. Eine Nord-Süd verlaufende Nebenstraße verband Neuss (*Novaesium*) mit Zülpich (*Tolbiacum*). In Morken überquerte diese Straße den Flußverlauf der Erft. Der Übergang konnte ebenfalls archäologisch erfaßt werden. Die römische Villa auf dem Morkener Kirchberg wurde in der Spätantike befestigt. Es erscheint als eine ansprechende Vermutung, daß die Herren von Morken diese strategisch wichtige Position kontrollierten. Neue siedlungsarchäologische Untersuchungen im Bereich des Elsbachtals haben ergeben, daß im 5. und 6. Jahrhundert die nördliche Kölner Bucht zwar einen Rückgang an Bevölkerung und ländlicher Produktion erlebte, diese jedoch keineswegs aussetzte. Für das Ende des 6. Jahrhunderts belegen die naturwissenschaftlichen Untersuchungen der Kleinlandschaft eine intensivere Ausnutzung, die mit der Präsenz der Familie des Herren von Morken zu erklären ist.

Auch im näheren Umfeld des merowingerzeitlichen Köln konnten dörfliche Bestattungsplätze annähernd vollständig archäologisch untersucht werden. 149 Bestattungen von Köln-Müngersdorf gehören in die Zeit von der zweiten Hälfte des 5. Jahrhunderts bis um die Mitte des 7. Jahrhunderts. Das größere Gräberfeld von Köln-Junkersdorf wurde bis in die Zeit um 700 belegt. Während die Gräber der fränkischen Bevölkerung archäologisch gut faßbar sind, fallen die Bestattungen

Abb. 103 *Solidus des Theudebert. – Foto Rheinisches Bildarchiv.*

der in und um Köln ansässigen Romanen weitgehend aus. Immerhin lassen sich romanische Grabfunde der Merowingerzeit aber auf dem Gräberfeld von St. Severin nachweisen. Grabsteine mit lateinischen Inschriften sind ebenfalls primär mit Romanen zu verbinden.

Die Stadt in der Merowingerzeit

Im 6. Jahrhundert werden in Köln noch heidnische Kulte gepflegt. Gregor von Tours überliefert, daß der hl. Gallus von Clermont um 520 im Gefolge König Theuderichs I. (511–534) in Köln weilte (*vit. patr.* VI,2). In der Stadt nahm der eifrige Kirchenmann Anstoß an der Existenz eines heidnischen Tempels, der durch besonderen Zierat auffiel. Das Volk der Umgebung brachte an dieser Stelle Opfer dar, verehrte Götzenbilder und fertigte Holzvotive zur Heilung von Krankheiten. In Begleitung eines Hofklerikers legte Gallus im menschenleeren Tempel Feuer. Aufgebrachte Kölner verfolgten den Brandstifter mit gezückten Schwertern bis zum königlichen Palast, der *aula regia*. Einzig das Eintreten König Theuderichs, der die Menge mit schönen Worten beruhigte, rettete dem Heiligen das Leben. Zu Beginn des 6. Jahrhunderts war demnach in Köln zumindest noch ein antiker Tempel in Funktion. Eine solche Kulttradition erscheint ohne verbliebene Provinzialbevölkerung kaum denkbar. Auch zugezogene Franken können durchaus in einem solchen Tempel Opfer dargebracht haben. Leider bleibt unklar, welcher heidnische Kult hier ausgeübt wurde. Es sei daran erinnert, daß die Matronenverehrung im Rheinland in christlicher Überprägung im ganzen Mittelalter und noch darüber hinaus lebendig blieb.

Eine gewisse Bedeutung besaß Köln in der Merowingerzeit als Münzstätte. Chlodwigs Enkel Theudebert I. (534–548), den Gregor von Tours (*hist. III,1*) als *homo elegans atque utilis* schildert, ließ in Köln *Solidi* schlagen, die ihn wie den byzantinischen Kaiser im Brustbild mit der Beischrift *Dominus noster Theudebertus* zeigen (Abb. 103). In der jüngeren Merowingerzeit lag die Münzprägung in der Hand von eigenen Münzmeistern, die ihren Namen auf den Goldmünzen anbrachten, um deren Qualität zu garantieren. In einem der Gräber in Köln-Junkersdorf fand sich

ein Triens des Kölner Münzmeisters Rauchomarus, der um 630 in Köln tätig war. Zwei weitere Münzmeister mit den Namen Sunno und Gaucemarus sind für die jüngere Merowingerzeit bekannt.
Aus dem alten römischen Stadtbereich sind bisher kaum Siedlungsfunde der Merowingerzeit bekanntgeworden. Grabungstechnisch erscheint der Nachweis von Siedlungsbefunden des 5. bis frühen 8. Jahrhunderts sehr schwierig. Die wenigen Funde stammen aus der Domimmunität, von St. Caecilien, von der Helenenstraße, vom Heumarkt, von St. Kolumba, von der Pipinstraße und vom Gülichplatz. Neue Ausgrabungen auf dem Heumarkt, die in der Form eines kleinen Suchschachtes aufwendig dem Schichtenverlauf folgten, scheinen dagegen einen großen Fundanfall für die Zeit des 5. bis 8. Jahrhunderts erbracht zu haben, ohne daß diese Funde jedoch veröffentlicht sind.
Bei den Ausgrabungen im Bereich der Stadtpfarrkirche St. Kolumba fanden sich Trockenmauerbefunde, die vielleicht aus der älteren Merowingerzeit stammen. Spätestens für die ausgehende Merowingerzeit belegen Grabsteine hier die Existenz einer Kirche. Eine ausführliche Aufarbeitung der Grabungen aus den 70er und 80er Jahren, die in und um St. Kolumba stattfanden, steht noch aus.
Aus der Gesamtperspektive des Merowingerreichs kann jedoch nicht vergessen werden, daß Köln wie schon in der Römerzeit an der Peripherie des Reiches lag. Im Jahre 555 erhoben sich die den Franken tributpflichtigen Sachsen und nutzten den Tod König Theudebalds, um das rechtsrheinische Gebiet der Francia bis an das alte Römerkastell Deutz zu plündern. Um 565 war Köln als Verbannungsort geeignet: König Sigibert I. von Austrasien hatte dem Prinzen Gundovald in Metz das Haar scheren lassen und ihn nach Köln geschickt. Dieser konnte jedoch entkommen und floh nach Italien zum oströmischen Exarchen Narses. Der wichtige Verkehrsweg des Rheins nach Süden war demnach zu dieser Zeit noch funktionsfähig.
Während für das 5. und die erste Hälfte des 6. Jahrhunderts keine Bischöfe überliefert sind, ist danach eine deutliche Konsolidierung der Verhältnisse in Köln festzustellen. Bischofspersönlichkeiten mit engen Beziehungen zum Herrscherhaus bemühen sich um eine Wiederherstellung und Neuordnung der alten Römerstadt. Das Wirken des Bischofs Carentinus in den Jahren 565–567 preist der Dichter Venantius Fortunatus (*carm.* III,14): »Goldenen Kirchen gabst Du neue Pracht und stattliche Stützen; Du strahlst selbst und gibst Glanz dem Hause des Herrn. Und damit größere Scharen von Gläubigen die Kirchen fassen, werden in schwebender Höhe Säulenemporen errichtet«. Deutlich wird eine Bezugnahme auf die Durchführung von Kirchenbauten, die zum Ideal eines tätigen Bischofs gehören. Die antiken Großbauten wurden im Zuge solcher Arbeiten ihrer Säulen und Kapitelle beraubt. Der Bestattungsplatz des Bischofs Carentinus ist nicht überliefert.

Kirchenbauten

Ab dem fortgeschrittenen 6. Jahrhundert kann in Köln mit monumentalen christlichen Bauten gerechnet werden. Neben den Bauten am Platz der heutigen Kathedrale enstanden auf den römischen Grä-

Abb. 104 *Das Taufpiscinum, das 1866 östlich des Kölner Domes aufgedeckt worden ist, vermag zu illustrieren, daß in der Merowingerzeit meist Erwachsene getauft wurden. Die Täuflinge haben im Wasser gestanden und wurden vom Täufer übergossen. Auf den Vorsätzen der Beckenwandung befanden sich die Säulen eines architektonischen Überbaus (Ziborium), zwischen denen Vorhänge angebracht werden konnten. – Foto Domgrabung Köln.*

Abb. 105 *Mit dem Kölner Becken vergleichbares Taufpiscinum aus Riva Ligure. – Foto S. Ristow.*

berfeldern an den Ausfallstraßen der Stadt merowingische Kirchen.
Am Ort des heutigen Domes suchte man, neben anderen vermuteten Standorten, schon seit dem 19. Jahrhundert einen Ursprungsbau aus spätantiker und merowingischer Epoche. Der älteste Bestand sicher christlich genutzter Bauten auf dem in der Nordostecke der römischen Stadtummauerung gelegenen Domgelände wurde auch bereits 1866 aufgedeckt (Abb. 104). Es handelt sich dabei um ein östlich des heutigen Chores gelegenes Taufbecken (B 564) mit achtseitiger Grundform, das aufgrund seiner Charakteristika in eine Gruppe von Taufpiscinen der Zeit um 500 eingeordnet werden muß (Abb. 105). Die Ursprünge dieser christlichen Anlage sind in der Bebauung des Geländes mit römischen Wohnhäusern zu suchen. Eine erste oktogonale Piscina (B 574) wurde in einem später verkleinerten, einfachen Rechteckraum angelegt (Abb. 106a – Phasen I und II). Die christliche Umnutzung dieser Piscina ist nicht ausgeschlossen, sicher aber diente das über dieser Anlage errichtete Becken baptisterialen Zwecken. Es befand sich zunächst innerhalb eines rechteckigen Raumes (Phase IIIa), der spätestens in einer zweiten Ausbauphase von verschiedenen Annexräumen umgeben ist (Abb. 106b). So entstand im späten 6. oder im 7. Jahrhundert ein Bau mit kreuzförmigem Charakter (Phase IIIb). Gut vergleichbar ist die Bauabfolge des Baptisteriums von Poitiers (Abb. 107). Später wurden die seitlichen Vorräume des Kölner Baptisteriums abgebrochen und durch zum Baukörper parallel verlaufende Mauern ersetzt, die möglicherweise als Umgang oder Begrenzung eines mit dem zugehörigen Kirchenbau in Verbindung stehenden Atriums gedeutet werden können (Phase IIIc).
Für die zu vermutenden Ursprünge der Kölner Bischofskirche in der Spätantike liegen bislang keine sicheren Anhaltspunkte vor. Vor allem fehlen jegliche Zeichen einer christlichen Nutzung des Platzes. Verschiedentlich vorgenommene Rekonstruktionen eines basilikalen Aufrisses orientieren sich weniger am archäologischen Befund denn an architekturgeschichtlich bekannten Grundformen frühchristlichen Kirchenbaus. Das vergleichsweise große Taufbecken zeigt aber, daß in der Merowingerzeit am Ort des Domes mit einer weitläufigen kirchlichen Anlage gerechnet werden muß. In Anbetracht der *intra muros* gelegenen Oberschichtgrablege ist bereits vor Anlage der Gräber im ersten Drittel des 6. Jahrhunderts ein Kirchenbau zu erwarten. Ein Kirchenbau mit groß dimensioniertem Presbyterium ist durch die über den Gräbern errichtete Anlage von Ambo und Solea für die Zeit nach 537 ± 10 gesichert. Diese Kirche muß mit dem östlich gelegenen Baptisterium zu einer *groupe épiscopal* repräsentativeren Ausmaßes gehört haben, denn auch noch über 70 m westlich des Baptisteriums liegen mit dem Boden B 1104 Reste des 6. Jahrhunderts vor (Abb. 108).
Mindestens zweiphasig ist die Vorgängerkirche von St. Ursula auf dem nördlich der Stadt gelegenen Gräberfeld. Zunächst entsteht hier eine dreischiffige, nach Osten orientierte Basilika. Eine schlüssellochförmige Amboanlage kann, wie diejenigen in Trier, Boppard und am Kölner Dom, dem 6. Jahrhundert zugeordnet werden. Einer Aufarbeitung der weitgehend unpublizierten Grabungsunterlagen muß die mögliche Zugehörigkeit von Ambo und Solea zu dieser ersten Bauphase vorbehalten bleiben. Möglicherweise wird man von der Vorstellung einer spätantiken Kirche an dieser Stelle zugunsten einer merowingerzeitlichen Gründung Abschied nehmen müssen. Leider kann auch die im Chor des heutigen Baues vermauerte Inschrift des Clematius, die von einem partiellen Neubau der

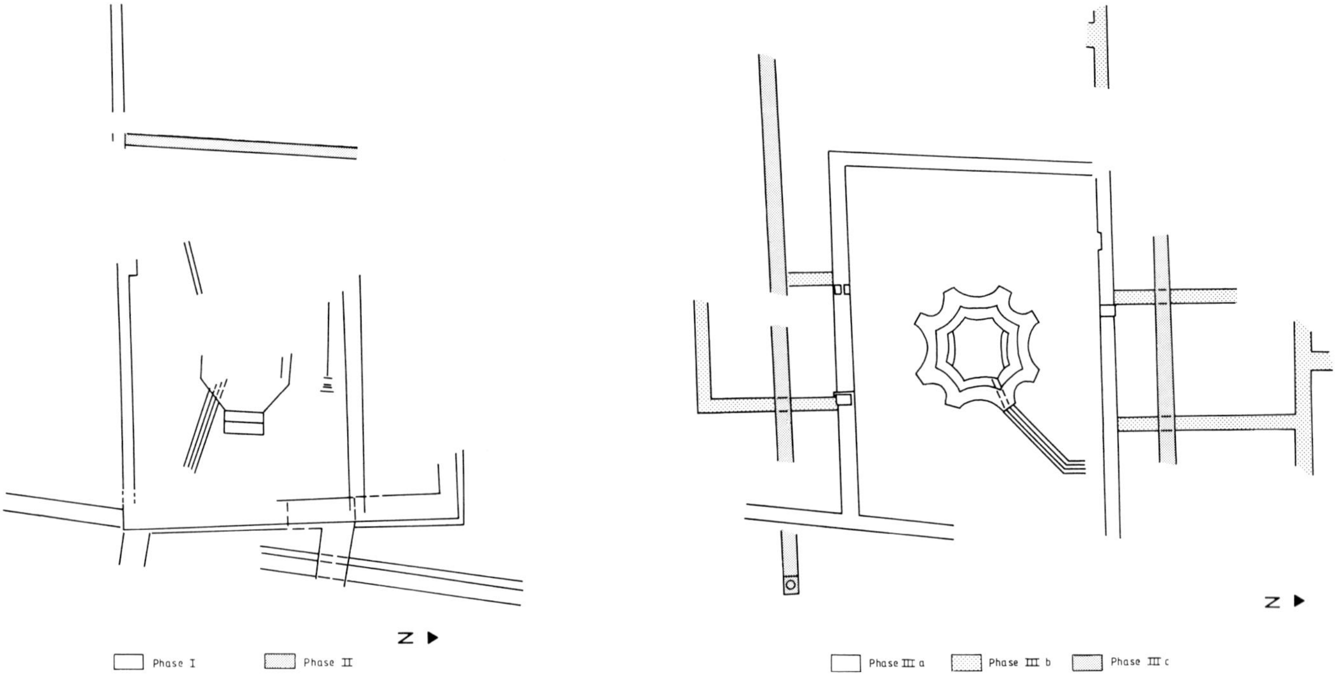

Abb. 106a.b *Die Bauphasen des östlich des heutigen Kölner Domes gelegenen Baptisteriums. – Nach S. Ristow (1993) 299 Abb. 7f.*

Kirche berichtet, nicht klar datiert werden. Verschieden begründete Versuche zur zeitlichen Ansetzung der Inschrift bewegen sich im Bereich zwischen dem 4. Jahrhundert und dem Mittelalter. Wahrscheinlich gehört die Inschrift zu einer Westerweiterung der Kirche in der Karolingerzeit.

Im Süden der Stadt entstand aus den Ursprüngen einer *cella memoriae* in einer römischen Nekropole im Laufe der Merowingerzeit eine Coemeterialkirche, in und bei der nach wie vor bestattet wurde. Seit der Karolingerzeit ist das Patrozinium des Bischofs Severin für diese Kirche bekannt. Noch vor dem zweiten Drittel des 5. Jahrhunderts erhielt der ursprüngliche Rechteckraum mit Westapsis zwei Seitenräume und einen Vorraum. Der nun entstandene Komplex (Bau B – Abb. 84) kann seiner Charakteristik nach als Coemeterialkirche angesprochen werden. In einer weiteren Bauphase (Bau C – Abb. 109) wurde wohl noch in der mittleren Merowingerzeit ein westliches Atrium angefügt. Hierbei verwandte man Fachwerkmauern. In der späten Merowingerzeit wird eine erneute Erweiterung vorgenommen (Bau D – Abb. 110), diese besitzt einen im Westen gelegenen Rechteckchor. In der Karolingerzeit entsteht ein Bau mit Ostchor und Westwerk (Bau E).

Die von Gregor von Tours verfaßte Vita des hl. Martin von Tours enthält einige Angaben für die Kölner Sakraltopographie, die zwar nicht für die Zeit um 400, wohl aber für die zweite Hälfte des 6. Jahrhunderts gelten können. Der würdige Bischof Severin von Köln wurde nach Gregor von Tours der Himmelfahrt des hl. Martin in Form einer Vision teilhaftig, als er mit seinen Klerikern wie jeden Sonntag die heiligen Stätten Kölns im Rahmen eines Stationsgottesdienstes aufsuchte. Dies macht deutlich, daß die Kölner Kirchen schon in der Merowingerzeit, ausgehend von der Kathedrale, miteinander in einem Funktions- und Sinnzusammenhang standen, der im Rahmen einer städtischen Liturgie gepflegt wurde.

Um 590 stand der weltgewandte Evergisil der Kölner Kirche vor, der mit vielen gallischen Bischöfen sowie den weltlichen Herrschern seiner Zeit gut bekannt war. Evergisil förderte die Überlieferung des Martyriums von 50 Soldaten der thebäischen Legion in St. Gereon bei Köln und soll durch Erde vom Ort des Martyriums von halbseitigen Kopfschmerzen geheilt worden sein, wie sein Amtsbruder Gregor von Tours im *liber in gloria martyrum LXI* berichtet. Evergisil trat mit einem neuen Machtanspruch auf, der über die antike *civitas* hinausging. Er gliederte den Nordteil der ehemaligen *Germania secunda* dem Kölner Bistum ein. In Xanten baute er eine Kapelle, in der der Märtyrer Malosus verehrt wurde, zur Basilika aus und ließ den Heiligen durch eine gezielte Ausgrabung aus seinem nicht mehr kenntlichen Grab erheben. Der Bestattungsplatz des Bischofs Evergisil ist unbekannt geblieben. In der zweiten Hälfte des 10. Jahrhunderts sollen die Gebeine des Bischofs in die Caecilienkirche transferiert gewesen sein.

St. Gereon und die Auseinandersetzungen der Merowingerkönige

Zu Beginn des 7. Jahrhunderts spielt Köln eine Rolle im Zuge der Auseinandersetzung zwischen den Königen Theuderich II. von Burgund und Theudebert II. von Austrasien, über die Fredegar und eine Chronik unter dem Namen *Gesta regum Francorum*, die Taten der Frankenkönige, berichten. Nachdem der austrasische König Theudebert in Toul im Jahre 612 in offener Feldschlacht unterlegen war, zog er sich mit dem Königsschatz und seinen restlichen Truppen nach Köln zurück. Dort ermahnte ihn der Mainzer Bischof Lesius wegen seiner Untaten. Theuderich führte das burgundische Heer über die Ardennen. Theudebert hatte Verbündete bei Sachsen, Thüringern und anderen Völkern der rechten Rheinseite gewonnen. Die beiden Heere trafen vor Zülpich aufeinander. Fredegar überliefert, daß seit Menschengedenken niemals eine so furchtbare Schlacht geschlagen geworden sei. Theudebert floh, nach Fredegar, über den Rhein, während nach der anonymen Chronik verräterische Kölner ihren König enthaupteten. Theuderich zog nach Köln und nahm den austrasischen Königsschatz an sich; die Chronik nennt für die königliche Residenz ein eigenes Schatzhaus, *palacium thesauri*. Zuverlässige Männer aus dem Gefolge Theuderichs verfolgten – Fredegar zufolge – Theudebert und brachten ihn als Gefangenen nach Köln. In Theuderichs Gegenwart wurden dem

Abb. 107 *Baptisterium von Poitiers. – Foto S. Ristow.*

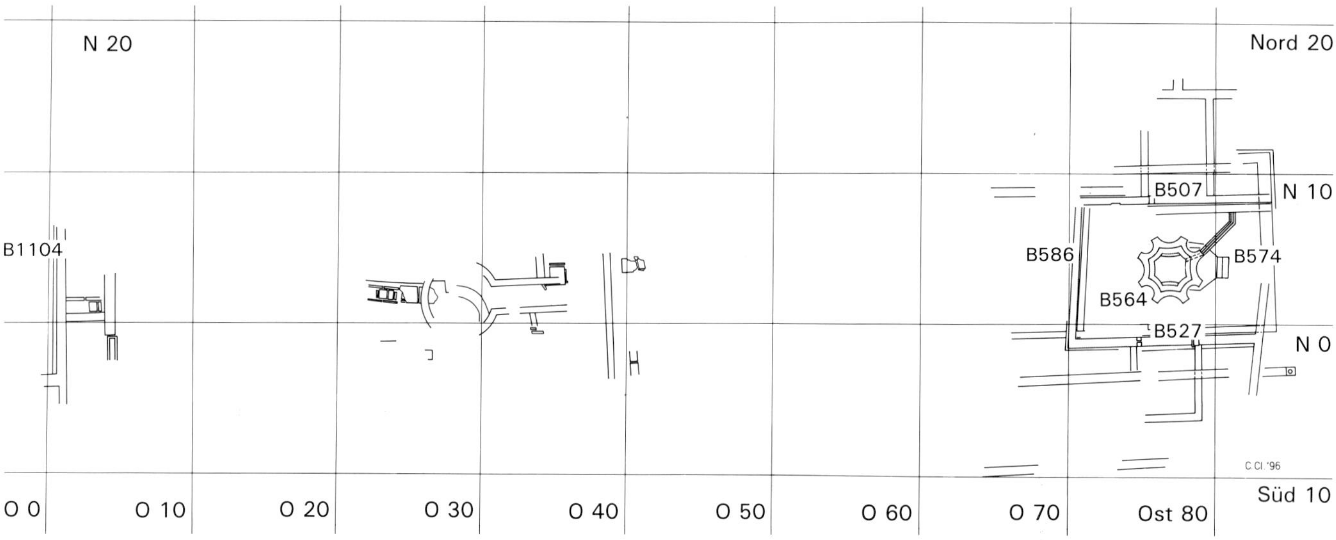

***Abb. 108** Situation des Baptisteriums, der Amboanlage und weiterer zugehöriger Befunde im Bereich des Binnenchores des heutigen Kölner Domes. – Zeichnung C. Claus, Domgrabung Köln.*

Austrasier die königlichen Gewänder ausgezogen, bevor man ihn gefesselt abführte. Theuderich ließ sich in der Basilika des Märtyrers Gereon von den Kölner Großen huldigen und Eide schwören. Nach der Chronik brachte Theuderich seine Verachtung für die »meineidigen Ripuarier« zum Ausdruck. Theudeberts kleiner Sohn Merovius wurde laut Fredegar auf königlichen Befehl von einem Gefolgsmann am Fuß gefaßt und gegen einen Stein geschlagen bis das Hirn spritzte. Nach der Chronik *Gesta regum Francorum* ließ dagegen Sigiberts Witwe Brunhilde Theudeberts Söhne erst in Metz umbringen. Theuderich nahm Theudeberts Tochter zur Frau, weswegen Brunhilde ihn 613 vergiftete, sie selbst wurde daraufhin in Burgund von König Chlothar II. von Neustrien gefangen und getötet. Chlothar war somit Alleinherrscher des Merowingerreichs. Am 10. Oktober 614 ließ er in der Basilika des hl. Apostels Petrus zu Paris eine Synode nach den Wirren abhalten, zu der *ex civitate Colonia* Bischof Solatius erschien.

Der ursprünglich spätantike Memorialbau der späteren Kirche St. Gereon gehörte zur bedeutendsten Architektur im Merowingerreich (Abb. 15). Der spätrömische Bau besteht aus einem neunnischigen Zentralraum mit betonter Ostapsis und westlicher biapsidialer Vorhalle vor einem großen Atrium, das als Quadriportikus nachgewiesen ist. Auf prächtigen Mosaikschmuck kann aus den während der Grabungen gefundenen vielfarbigen *Tessellae*, würfelförmigen Steinchen, geschlossen werden. Gregor von Tours verherrlicht den Bau *ad sanctos aureos* (*glor. mart. XLI*) wegen des reichen musivischen Schmucks. In der Merowingerzeit nutzte man die Kirche als Bestattungsplatz der in Köln ansässigen fränkischen und romanischen Oberschicht. Die Reliquiensuche des Mittelalters erhob solche Bestattungen. Auch bei den jüngeren Grabungen kamen Bestattungen dieses Zeitraumes zutage, wie beispielsweise Münzfunde zeigen. In einem Sandsteinsarkophag aus der Krypta wurden ein gehenkelter Solidus des späten 6. Jahrhunderts, eine spätrömische Kleinbronze, Perlen und Textilreste, die zu einer Mädchenbestattung gehörten, gefunden. Der Sarkophag wurde im 12. Jahrhundert geöffnet, wie ein mitgefundener Vierteldenar dieser Zeit zeigt. In St. Gereon wurden während des Frühmittelalters Kölner Bischöfe bestattet. Es ist auch vermutet worden, daß fränkische Könige in St. Gereon beigesetzt worden sind, doch fehlt hierzu eine literarische oder örtliche Überlieferung. Die Kirche besaß aber ohne Zweifel eine hohe Bedeutung. Mit der Huldigung König Theuderichs II. im Jahre 612 zeigt sich eine Parallele zu Paris, der großen neuen *sedis regiae* im Westen, wo man in den *extra muros* gelegenen Grabkirchen Herrschaftsakte vollzog und Konzilien abhielt. In der Karolingerzeit diente die Gereonskirche als bischöfliche Grablege. Nachweislich wurde Erzbischof Hildebold beim Mauritiusaltar in St. Gereon bestattet; möglicherweise geht die Tradition jedoch weiter zurück, da für einige Kölner Bischöfe der Bestattungsplatz unbekannt ist.

Kölner Bischöfe

Wie Chlothar II. beherrschte sein Sohn Dagobert I. das gesamte Merowingerreich. In Austrasien führten Bischof Arnulf von Metz und der Hausmeier Pippin I. die Regierungsgeschäfte. Als Arnulf 626 resignierte und sich von den Staatsgeschäften zurückzog, wurde Bischof Kunibert von Köln an seine Stelle berufen. Fredegar berichtet von dieser für das Frankenreich glücklichen Konstellation. Im Jahre 633 setzte Dagobert wegen der Bedrohung der Ostgrenze seinen Sohn Sigibert III. als austrasischen König ein; die Hof- und Regierungsgeschäfte führte Kunibert von Köln mit Herzog Adalgisel, dem Stammvater der Karolinger. Eine Urkunde König Sigiberts III. aus der Zeit zwischen 640 und 647 nennt in einer Güterschenkung die Kölner Kirche des hl. Petrus, *ecclesia domni Petri,* neben der Metzer Kirche des Märtyrers Stephan. Damit ist erstmalig das Petruspatrozinium für Köln bezeugt. Als Pippins Sohn Grimoald die Regierung an sich zog, verließ Kunibert die Residenz in Metz und kehrte nach Köln zurück.

Bischof Kunibert gründete, wie es der *Vita Cuniberti* und anderen Quellen zu entnehmen ist, nördlich der Stadt auf einem antiken Gräberfeld eine Clemenskirche und wurde dort um 650 beigesetzt. Die Verbundenheit der Karolinger mit Bischof Kunibert ging über dessen Tod hinaus. Pippin der Mittlere ordnete an, die Gebeine der hl. Ewalde, die bei der Missionsarbeit in Friesland und Sachsen zu Tode gekommen waren, in die Clemenskirche zu überführen. Es erscheint mehr als wahrscheinlich, daß die Überführung der politisch wichtigen Märtyrer eine bestehende Klerikergemeinschaft voraussetzt. Eine solche ist bereits für den dem Selbstverständnis Kuniberts entsprechenden ordnungsgemäßen Dienst am Grab des Bischofs anzunehmen. Von historischer Seite ist Kunibert als treibende Kraft in der Mission der rechtsrheinischen Gebiete angesehen worden; in diesem Zusammenhang ist wohl die Bereicherung seiner Grabkirche durch die Reliquien der beiden Märtyrer zu sehen. Das Grab des verehrten Bischofs ist unbekannt, spätestens 1080 sollen seine Gebeine erhoben und in einem Schrein ausgestellt worden sein. Bei dessen Öffnung im Jahre 1898 wurde ein sassanidischer Seidenstoff gefunden. Ein sicher jüngermerowingerzeitlicher Gründungsbau der heutigen Kunibertskirche läßt sich archäologisch aber bislang nicht nachweisen.

Im 7. Jahrhundert ist die bischöfliche *successio* mit Solatius, Suno, Remedius, Kunibert, Botandus, Stephanus und Giso lückenlos bekannt. Das Grab des um 700 verstorbenen Giso wurde in romanischer

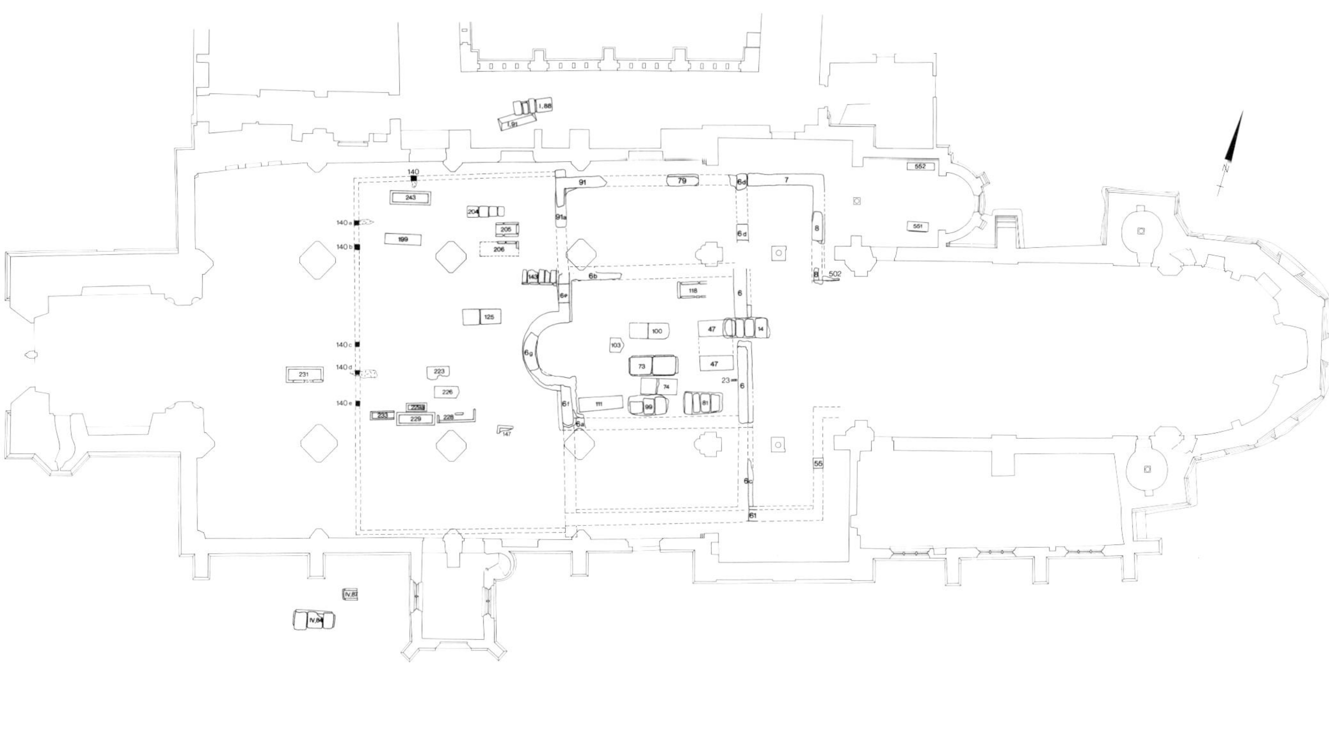

Abb. 109 *Die Ausgrabungen in St. Severin zu Köln. Bau C und wahrscheinlich gleichzeitige Gräber und Grabarchitektur. – Nach Päffgen 1992 Beilage 20. Zu den Bauphasen A und B vgl. Abb. 82 und 84.*

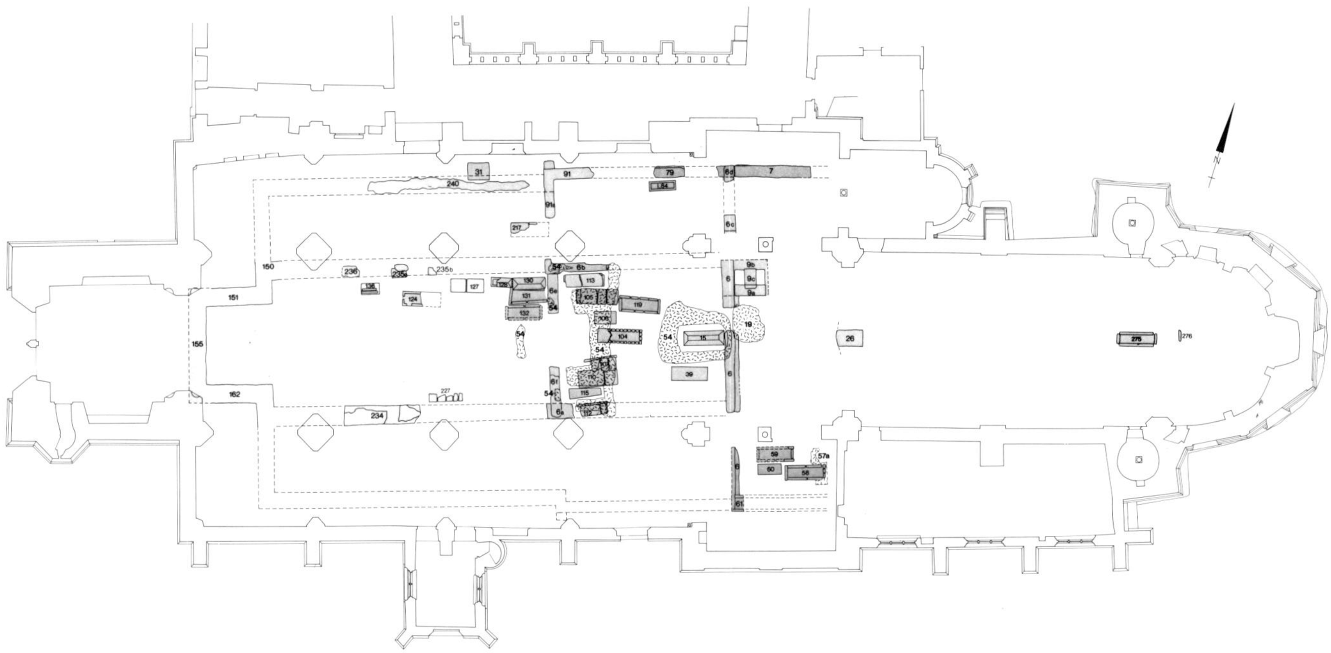

Abb. 110 *Die Ausgrabungen in St. Severin zu Köln. Bau D und wahrscheinlich gleichzeitige Gräber und Grabarchitektur. – Nach Päffgen 1992 Beilage 21.*

Zeit im Zuge der Erweiterung der Krypta der Severinskirche versetzt und mit einem Altar versehen. Die Ausgrabungen deckten das leere Steinplattengrab auf. Wenig später wurde Anfang des 8. Jahrhunderts ebenfalls in der Severinskirche Bischof Anno I. in einem gemauerten, innen rot verputzten Grab beigesetzt, das im Kirchenschiff bis in die frühe Neuzeit durch marmorne Grabaufbauten beim Kreuzaltar sichtbar war. Die traditionelle Überlieferung der Einrichtung von Stiftspräbenden durch die Bischöfe Giso und Anno I. läßt die Existenz einer Klerikergemeinschaft an der Grabeskirche dreier Kölner Bischöfe annehmen.

Für die Mission bei den nichtchristlichen rechtsrheinischen Völkern stellte Köln in der jüngeren Merowingerzeit eine wichtige Basis dar, wie dies durch die Beisetzung der beiden aus England stammenden Brüder Ewalde im Jahre 695 zum Ausdruck kam. Der bei den Friesen seit 690 wirkende Missionsbischof Suitbert († 713) wurde von Sachsen aus dem Gebiet zwischen Ems und Lippe vertrieben; Plectrudis erreichte bei Pippin II., daß dieser die nördlich von Köln gelegene Rheininsel Kaiserswerth erhielt und ein Kloster errichten konnte.

Recht interessant erscheint für die Kölner Topographie der ausgehenden Merowingerzeit eine in diesem Zusammenhang bislang noch nicht ausgewertete Schriftquelle. Es handelt sich um die Vita des Königs Dagobert III. Dieser kehrte im Jahre 711 erfolgreich mit seinem Hofstaat aus Friesland auf einem Schiff in sein Reich nach Köln zurück. Deutlich wird die Verbindung des Rhein-Mündungsgebiets mit Köln, das einen wichtigen Hafen besaß. Archäologische Zeugnisse des friesischen Handels im Rheinland sind u. a. die Funde der Sceattas, friesischer und englischer Silbermünzen. Nach der *Vita Dagoberti III,11* erinnerte sich der König an eine Begebenheit in Flandern, als ihm Severin und Kunibert im Traum erschienen waren und ihm Vorhaltungen über mangelnde Großmut bei einer Güterschenkung an die Kölner Gereonskirche gemacht hatten. Hier ist zu berücksichtigen, daß die Kirchen dieser Heiligen eine Gemeinsamkeit besitzen: Es handelt sich um *extra muros* gelegene bischöfliche Grabkirchen, an denen Kleriker Dienst taten. Bearbeitet man die literarische Überlieferung im Frankenreich, wird deutlich, daß die bischöflichen Grabkirchen gerade durch ihre Lage *extra muros* in der Gedankenwelt der Zeit eine ausgesprochene Schutzfunktion für die Stadt besitzen. Die Schriftquellen unterscheiden den Bischofssitz in der Stadt vom »Sitz der Ruhe« für den Verstorbenen. Die drei genannten Kirchen werden durch den in ihnen meist verehrten Heiligen repräsentiert. Bedeutsam ist, daß Klerikergemeinschaften bereits begannen, ohne direkte Mitwirkung des Bischofs ihre Rechte selbst bzw. über ihren Schutzheiligen zu vertreten. Vergleichbare Interessengemeinschaften wurden in späterer Zeit in Urkunden festgeschrieben.

Köln unter den karolingischen Hausmeiern

Zur Zeit König Dagoberts III. führte nach dem Tod Pippins II. im Jahre 714 dessen Witwe Plectrudis die Regierungsgeschäfte und verwahrte den Schatz der karolingischen Hausmeier in Köln. Diesen nahm nach dem Tod König Dagoberts der Usurpator Chilperich II. an sich, gegen den sich 716/17 Pippins Nebensohn Karl Martell durchsetzen konnte. Er unternahm als militärischer Sieger kurzerhand eine Art Staatsstreich gegen die in Köln residierende Plectrudis und erzwang den Zutritt zu ihrer Stadt und die Herausgabe eines Großteils des Familienvermögens. Daß die Hausmeier in Köln den Kapitolstempel besaßen und dort auch ihren literarisch überlieferten Schatz verwahrten, kann vermutet werden. An dieser Stelle jedenfalls soll Plectrudis nach ihrer Entmachtung ein der Maria geweihtes Damenstift gegründet haben, das sie – der Überlieferung staufischer Zeit zufolge – reich ausstattete. Die Verehrung der edlen Kirchengründerin liefert ein zusätzliches Argument für die Glaubwürdigkeit dieser Überlieferung trotz des Fehlens sicherer zeitgenössischer Nachrichten. Grab- und Mauerfunde können mit einem spätmerowingerzeitlichen Kirchenbau *intra muros* an der Stelle des Tempels der kapitolinischen Trias gedeutet werden.

Die spätere Überlieferung bringt die Gründung der heutigen Kirche Groß St. Martin mit Pippin dem Mittleren und Plectrudis in Verbindung. Aus den Mauerbefunden der Ausgrabungen geht eine solche spätmerowingerzeitliche Kirche nicht hervor. Die Nutzungsfrage der römischen Speicherbauten und des großen Beckens am Ort der späteren Kirche bleibt weiter zu diskutieren, zumal es bislang unpublizierte merowingerzeitliche Kleinfunde des 6./7. Jahrhunderts aus den Ausgrabungen im Martinsviertel gibt. Ein unikater Münzfund der ersten Hälfte des 8. Jahrhunderts vemag die Bedeutung des Ortes zu unterstreichen; es handelt sich um eine Kupfermünze nach dem Vorbild der Metzer Denare, die ebenfalls im spätmerowingerzeitlichen Köln umliefen. Die bislang unbekannten Kupfermünzen wurden vielleicht in Köln geschlagen, um Kleingeld unterhalb der gängigen Edelmetallwährung verfügbar zu machen.

Es ist bezeichnend, daß im Jahre 745 Papst Zacharias Bonifatius zunächst Köln als Metropolitansitz übertrug und ihm das Recht einräumte, die übrigen Bischöfe des Frankenreichs »auf den Weg der Gerechtigkeit zu lenken«. Im Jahre 748 mußte Zacharias, da die Franken »nicht bei ihrem Wort und Versprechen geblieben« waren, die Berufung auf die Kölner *cathedra* widerrufen, und Bonifatius nahm seine reformatorischen Aufgaben von Mainz aus wahr.

Quellen: Amm. Marc. X; XV. – Athan. hist. Arian. 20 f. – Eus. hist. eccl. X,5. – Fredegar, Chronicae 10; 38. – Gest. reg. franc. 38; 51 ff. – Greg. Tur., Hist. II,30; 37; 40; III,1, 10, 14, 16; *Liber glor. mart.* LXI; LXII; Vit. S. Martini I,4; Vit. Patr. VI,2. – MGH Conc. I,191. – MGH Epp. sel. I, 120 ff. – Paneg. Lat. VII,13. – Salv., Gub. VI,39; Epist. I,5 f. – Ven. Fort., Carm. III,14.

Literatur: Borgolte 1988. – Brühl 1990. – Carroll-Spillecke 1993. – Claude 1988. – Deckers 1982; 1988. – Doppelfeld 1958a; 1958b; 1958c; 1975. – Ewig 1980. – Führer Köln 1980. – Galsterer, B. u. H. 1975. – Geissen/Päffgen/Quarg 1984. – Jacobsen 1991. – Janssen 1993. – Kühnemann 1985. – La Baume 1967. – Oediger 1954/1961. – Päffgen 1992; 1995. – Ristow, G. 1980. – Ristow, S. 1993; 1997 (im Druck). – Schaefer 1991a; 1991b. – Scholz 1993. – Seiler 1984. Weidemann, M. 1990. – Weinfurter 1982. – Wolff 1993.

Inschriften: CIL XIII, 313*; 8261; 8274; 8502.

Worms zwischen Burgunden und Saliern

Mathilde Grünewald

Die historischen Ereignisse im frühmittelalterlichen Worms schimmern durch die schriftlichen Quellen hindurch und lassen auf einen spannungsvollen Alltag schließen, denkt man vor allem an die Konstellation Bischof – König – Graf des Wormsgaues. Fränkische Gräber, am Rande der römischen Friedhöfe angelegt, wurden in einiger Zahl gefunden, doch bestehen kaum noch Hoffnungen, in der Wormser Altstadt auf frühmittelalterliche Siedlungsspuren zu stoßen.

Auf dem linken Rheinufer, auf der ersten hochwasserfreien Terrasse, sind im Wormser Stadtgebiet seit dem Neolithikum Siedlungen und Gräberfelder angelegt worden. Für Archäologie und Siedlungsforschung mag bitter sein, daß die Nachfolgerbauten selten Rücksicht auf ihre »Fundamente« genommen haben. Noch heute werden ja vielerorts die Zeugnisse der Vergangenheit aus wirtschaftlichen Erwägungen einfach beseitigt.

So mag es verständlich sein, daß einerseits nahezu alle Forschungen in fränkischen Gräberfeldern aus dem 19. und frühen 20. Jahrhundert stammen, andererseits Siedlungsfunde nur in Gestalt von Streufunden auf uns gekommen sind, weil über den mutmaßlichen Frankensiedlungen sich Wohngebiete bis in unsere Zeit entwickelt haben. Da das Stadtgebiet von Worms dicht bebaut ist, konnten in neuerer Zeit weitere Forschungen nur in beschränktem Maß durchgeführt werden.

Für die römerzeitliche Besiedlung der Wormser Innenstadt wurden in den 80er Jahren durch Grabungen des Museums der Stadt Worms an einigen Stellen im Zuge von Bauvorhaben Beobachtungen gesammelt, welche zu Anlage und Dauer einiger weniger Wohnhäuser und Werkstätten, aber auch zu Lage und Datierung einer mutmaßlichen spätantiken Kastellanlage beitrugen. Einzelfunde aus dem Stadtgebiet – untersucht sind bisher Münzen und die Argonnensigillata – belegen, wenn auch spärlich, Aktivitäten (im weitesten Sinn verstanden) bis in das späte 5. Jahrhundert. Auch nordafrikanische Sigillata weist in diese Zeit (Abb. 113b).

Besondere Hoffnungen wurden in eine der letzten Grabungen des Wormser Museums gesetzt. 1987–89 konnte ein guter Teil des Geländes um die 1002 wohl begonnene, 1016 fertiggestellte Stiftskirche St. Paul untersucht werden. Nach Ausweis der Funde wurde die spätrömische militärische Anlage – hier zum ersten Mal erkannt – unter Kaiser Valentinian in den 360er Jahren erbaut und hat bis nach der Mitte des 5. Jahrhunderts existiert. Von der Innenbebauung stammen kleine Backöfen, schwache Mauerzüge vermutlich für Fachwerkbauten und interessanterweise auch ein Glasschmelzofen. Vor der Errichtung der Bauten hat man die ältere zivile Bebauung niedergelegt, das Gelände planiert und mit den zerschlagenen Dachziegeln eine Schotterung aufgebracht. Leider ist es nicht wie in Alzey gelungen, so viel von der Innenbebauung wiederzufinden, daß verschiedene Perioden erkennbar wurden oder gar eine davon den 413 n. Chr. im Wormser Raum als Föderaten angesiedelten Burgunden zugewiesen werden konnte.

Die burgundischen Föderaten – vielmehr die von ihnen übriggeblieben waren – wurden 443 an den Genfer See umgesiedelt. Einige Generationen später erstreckte sich ihr Reich zwischen Nancy und Lausanne und reichte fast bis Marseille. Auch in Worms war die Garnison nach Ausweis der rädchenverzierten Sigillata weiter besetzt. Einzelfunde weisen auf Germanen aus Norddeutschland und auf donauländischen Zuzug. Das Datum der letzten Inspektion der Rheingrenze durch den Heermeister und späteren Kaiser Avitus im Frühjahr 455 wird zumeist als absolutes Ende der römischen Organisation am Rhein angesehen. Nach Ausweis von Keramikfunden an der Pauluskirche in Worms mag dieses Ende noch einige Jahre aufgeschoben werden. Die alamannische Landnahme war jedoch durch die eine oder andere Garnison, die sich in einem Grenzkastell am Rhein noch halten konnte, nicht zu verhindern. Die germanischen Soldaten und ihre Familien dürften sich mit den Alamannen arrangiert haben, die ab 455 das in großen Teilen unbewohnte Land besiedelten.

Eine Generation später, gegen 500 n. Chr., haben die Franken das nördliche Rheinhessen eingenommen, nach der Unterwerfung der Alamannen 506 breiten sie sich auch im südlichen Rheinhessen aus. Archäologisch sind aber Franken von Alamannen in unserer Gegend kaum zu trennen, allenfalls durch die Datierung des Fundstoffes. Mit den Franken ziehen auch Kontingente mit ihnen verbündeter Germanen aus Mitteldeutschland (Thüringen) ein. Hierher gehören die mit Beigaben reich versehenen »Fürstengräber« von Eich mit cloisonnéverzierter Spatha, Rommersheim und Flonheim mit Goldgriffspathen. In Worms wird sich die ansässige Bevölkerung nach und nach mit den neuen Herren vermischt haben, nachdem zunächst beide ihre Traditionen fortsetzten, wie es aus den räumlich getrennt

Abb. 111 Worms. – Entwurf A. Wieczorek; graphische Gestaltung I. Bell.

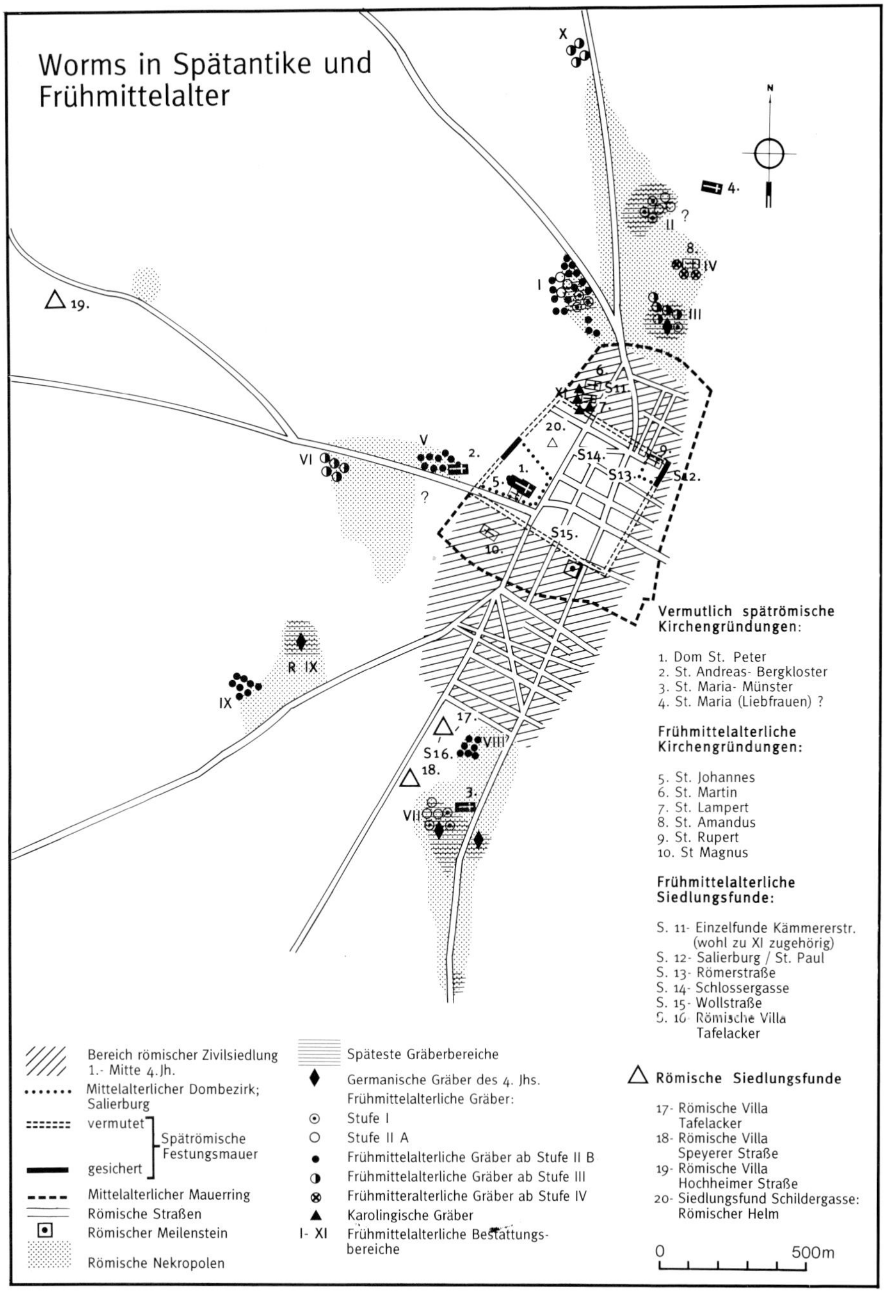

angelegten neuen Friedhöfen hervorzugehen scheint. Außerhalb der Stadt wurde das fruchtbare Land gezielt aufgesiedelt. Hier ist eine planmäßige Siedlungspolitik erkennbar, deren Durchführung nur durch das fränkische Königtum gesichert werden konnte.

Die Pauluskirche ist über der abgetragenen Burg bzw. «festen Hause« der Grafen des Worms- und Speyergaus, der Salier, errichtet worden, an der Seite einer älteren kleineren Kirche, die ihr Patrozinium St. Rupert, Bischof von Worms um 700 und Gründer des mittelalterlichen Salzburg, verdankt. Der Befund ergab jedoch entgegen allen Erwartungen auch innerhalb dieser Kirche keine Gräber oder Siedlungsspuren des 7. oder 8. Jahrhunderts. Auch wenn das Gelände durch Hunderte Gräber des von spätestens 1016 (Fertigstellung der Stiftskirche St. Paul) bis 1802 (Schließung aller innerstädtischen Friedhöfe) in drangvoller Enge belegten Pfarrfriedhofs von St. Rupert tiefgehend gestört ist, hätten sich doch mehr als nur eine Fibel, zwei Scherben einer grauen, weiten Schüssel, ein Ohrring und ein Preßblechfragment finden lassen müssen! Noch deutlicher: Ein Profil, angelegt am Ostchor von St. Paul, wo keine jüngeren Störungen verzeichnet wurden, zeigt über den römischen Schichten mehrere Zentimeter angewachsenen Humus bis zum Bauhorizont der Salierburg. Es sieht wohl so aus, als müsse man die Hoffnung aufgeben, in der Wormser Altstadt frühmittelalterliche Siedlungsspuren herausarbeiten zu können.

Es hat insgesamt vier Stiftskirchen im Stadtzentrum gegeben, von denen drei dicht neben mutmaßlich älteren, jedenfalls kleineren Pfarrkirchen situiert waren: St. Andreas neben Magnus, St. Martin neben Lambertus (heute von der Tiefgarage unter dem Ludwigsplatz verdrängt), St. Paul neben Rupertus. Völlig ungeklärt ist das Verhältnis von Dom (Stiftskirche) und der verschwundenen Johanneskirche, ein Dekagon, von dem Säulen der romanischen Zwerggalerie im Museum der Stadt Worms im Andreasstift eingebaut sind. Dennoch: Die Gräber sprechen eine deutlichere Sprache. Es muß Siedlungen in der Innenstadt gegeben haben, aus denen die Toten

Abb. 112 *Grabstein des Aldualuhus aus Worms, Bergkloster. 8. oder 9. Jahrhundert (Kat. IV.4.5.). – Foto Reiss-Museum.*

Abb. 113 *Funde aus Worms, St. Paul (Kat. IV.4.6). a Zwei anpassende Scherben einer Schüssel aus grauem Ton mit dunkelgrauer Oberfläche, RDm. 17 cm; Stempelmuster in zwei Reihen. Ende 6. Jahrhundert. b Fragment eines Tellers mit Standring aus orangefarbenem Ton und ebensolchem glatten Überzug; Rest eines P-Stempels (Christogramm oder Rho). Nordafrikanische Sigillata nach Mitteilung von M. Mackensen, München, und in die zweite Hälfte des 5. Jahrhunderts zu datieren. c Fragment eines Anhängers aus dünnem Bronzeblech mit gepreßtem Flechtwerkornament. Mitte bis Ende 7. Jahrhundert. H. noch 3,2 cm. d Bronzener Ohrring; Dm. etwa 4,5 cm; um 600. e Bronzene Emailscheibenfibel, das Email ist vergangen; 8. Jahrhundert.*

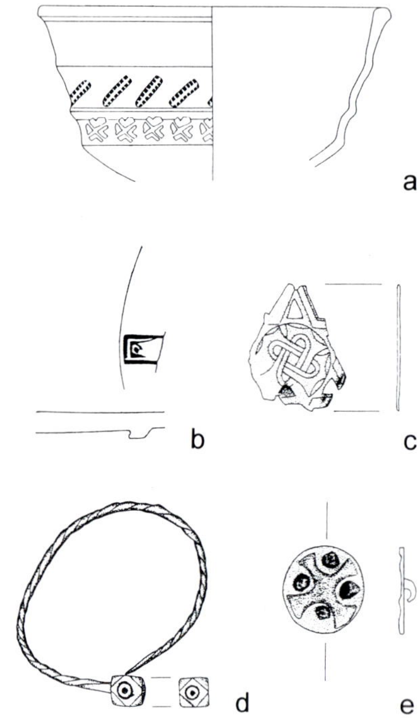

stammten. Diese Siedlungen können im Bereich der genannten Pfarrkirchen gelegen haben – es ist wohl nicht mehr nachweisbar. Allein zwischen Andreasstift und Dom liegen noch unbebaute Bereiche, in denen Bodenforschung möglich wäre.

Alle aus Worms bekanntgewordenen fränkischen Gräber sind in oder am Rand von römerzeitlichen Gräberfeldern angelegt worden. Als Beispiel mag das nördliche Gräberfeld dienen: Zu seiten der von Worms nach Mainz ziehenden (als Bauwerk allerdings nicht erkannten) Römerstraße liegen Gräber des 1. bis 5. Jahrhunderts, in Stadtnähe breit, fernerhin immer dünner gestreut, bis zu einer Entfernung von etwa 800 m vom nördlichen Stadtrand. Eine größere Gruppe fränkischer Körper- und Plattengräber überlagert eine kleine Ansammlung spätrömischer Bestattungen westlich zwischen Merowinger- und Gymnasiumstraße.

Eine andere Anhäufung fränkischer Gräber hat sich im Norden, östlich der Mainzer Straße, zwischen Hermannstraße und Eulenburgstraße, gefunden. Zu einigen gibt es Steine mit Inschriften und christlichen Symbolen. Lange Zeit hat man diese Gräber mit der in den rheinnahen Weinbergen gelegenen Liebfrauenkirche zusammengebracht und in dieser die Nachfolgerin einer spätantiken bzw. frühchristlichen Friedhofskirche sehen wollen. Die räumliche Distanz läßt dies jedoch nicht zu.

Sieht man von Victor ab, der als Bischof von Worms im Jahre 346 an der Kölner Synode teilgenommen haben soll (über seine Existenz sind die Historiker geteilter Meinung), ist als erster Bischof Bertulf überliefert, der in den Akten der Pariser Synode im Jahr 614 verzeichnet ist.

In die Zeit um 600 wird der erste Dombau auf dem wohl als unbebaute Fläche offenliegenden Forum der Römerstadt datiert. Auch wenn der Tempel der kapitolinischen Götterdreiheit neben dem Forum anzunehmen ist aufgrund von etlichen Weihinschriften, handelt es sich nicht um ein Kultkontinuum. Der erste Dom wird mit der Königin Brunichildis in Verbindung gebracht, die dann in Burgund von Chlothar besiegt wurde.

»Wie es aber mit den Anfängen der Königspfalz steht, ist bis heute ungewiß«, schrieb Georg Illert 1972, und wir müssen sogar zugeben, daß wir nicht einmal ihre Lage kennen. Ob sie tatsächlich unmittelbar neben der Kathedrale gelegen hat, ist völlig offen, ebenso ihr Verhältnis zum Bischofshof. Karl der Große hielt sich mehr als zwanzig Mal in Worms auf, er wohnte wiederholt über Winter hier, und im Jahre 783 heiratete er in Worms Fastrada, die Tochter des Grafen Radulf. Der Machtkampf zwischen dem Bischof und dem Grafen wurde 1002 entschieden. Die salischen Grafen verließen Worms, in dessen Kathedrale ihre Stammväter – wie Konrad der Rote, der 955 in der Schlacht auf dem Lechfeld fiel – noch heute ruhen, und der Bischof war somit der Stadtherr von Worms.

Literatur: Grünewald 1987/91; 1990a; 1990b; 1992. – Kranzbühler 1905.

Tournai und der Bestattungsplatz um Saint-Brice

Raymond Brulet

Tournai gewann erst im 4. Jahrhundert größere Bedeutung, wurde zum Hauptort der Civitas und mit einer Stadtmauer umgeben. Es war Verwaltungsmittelpunkt der Provinz Belgica; hier gebot Childerich I. über die zivile und militärische Verwaltung der Provinz. Tournai hatte sieben Friedhöfe, von denen zwei sehr ausgedehnt waren und seit der älteren Kaiserzeit benutzt wurden. Von diesen wiederum wurde nur der auf dem rechten Scheldeufer bis in merowingische Zeit hinein belegt. Hier entdeckte man 1653 das Grab Childerichs; nach neueren Untersuchungen lag der König unter einem Hügel, umgeben von seinen Pferden; die merowingische Nekropole nahm hiervon ihren Ausgang.

Die Stadt Tournai in spätantiker Zeit

Der gallo-römische Marktflecken Tournai ist anscheinend keine sehr alte Gründung; die bis heute ausgegrabenen materiellen Zeugnisse sind äußerst spärlich und reichen nur bis in augusteische Zeit zurück.

Der antike Name der Siedlung wurde durch die alten Itinerare überliefert. Die *Tabula Peutingeriana* bildet die Straße von Cassel nach Bavay ab und lokalisiert *Tornaco* an auf der Strecke zwischen Wervik und Escaupont. Das *Itinerarium Antonini* erwähnt es fünfmal als Straßenknotenpunkt.

Während der Spätantike weist die Stadt eine Fläche von 40 ha auf, die sich auf beide Schelde-Ufer verteilt; auf der östlichen Uferböschung sind es zu 25% Wohnviertel von hauptsächlich gewerblichem Typus. Nach historischen Quellen wird Tournai erst im 4. Jahrhundert eine bedeutende Metropole und bleibt dies während des Frühmittelalters. Um Cassel auszustechen wird sie in den Rang einer *Caput Civitatis* erhoben und mit einer Mauer umgeben. Der Verlauf der Stadtmauer ist hypothetisch rekonstruiert worden. Bekannt, das heißt aufgedeckt wurde bisher lediglich ein einziger Abschnitt der Befestigung bei La Loucherie mit einem Stück Mauer und zwei Türmen (Abb. 114). Auf der Innenseite lehnt sich die Mauer an ein großes öffentliches Gebäude des 4. Jahrhunderts an. Auf der Außenseite hat sie als Stütze für die erste Stadtmauer des Mittelalters gedient. Es gibt aber mehrere Indizien für die Grenze der spätrömischen ummauerten Stadt: nach Südosten die Grabkirche Saint-Piat, nach Süden die kleine Nekropole an der Rue d'Espinoy, nach Westen der große Friedhof an der Grand-Place/Rue Perdue. Demnach ist die spätantike Stadt als ein Viereck mit einer Fläche von ungefähr 12 ha darzustellen. Die Stadt verfügte über eine Werkstatt zur Herstellung von militärischen Ausrüstungen. Sie gab ihren Namen dem *Numerus Turnacensium*, der an die Küste der Bretagne entsandt worden ist.

Die meisten archäologischen Funde aus spätrömischer Zeit stammen aus Gräbern, und zwar aus sieben Nekropolen. Im Inneren des *castrums*, in unmittelbarer Nähe der Kathedrale, wurde bisher keine Flächengrabung durchgeführt. Das Problem des frühmittelalterlichen Bischofshofs ist daher weiterhin offen. Doch sind einige Hinweise in Erinnerung zu rufen: Gregor von Tours berichtet, daß Samson, der Sohn Chilperichs I., in Tournai während der Belagerung durch Gunthram und Sigibert I. geboren und vom Bischof getauft wurde. Die spätantike Stadtmauer erfüllte also 575 immer noch ihre Verteidungsaufgabe, und die Stadt verfügte zu diesem Zeitpunkt über einen Bischof. Möglicherweise gab es im Bischofsviertel bereits ein Baptisterium. Nach der *vita Eleutherii* Ia und der *vita alia* bestand der Bischofshof damals aus einer *ecclesia beatae Mariae*, einer *basilica beati Stephani*, einem Baptisterium und dem Wohngebäude des Bischofs.

Intra muros wurden an der Place Saint-Pierre unter den Fundamenten einer frühmittelalterlichen Kirche die Überreste eines großen Gebäudes aus dem mittleren 4. Jahrhundert entdeckt. *Extra muros* ist auf große gallo-römische Thermen auf dem rechten Schelde-Ufer hinzuweisen. Eine Herstellung von Derivaten später Terra Sigillata ist in Tournai sehr wahrscheinlich.

Außerhalb der Mauern sind Gräber bei Saint-Piat bekannt, die möglicherweise spätrömisch sind und mit einer *memoria* unter einer merowingischen Grabkirche zusammenhängen. Letztere ist dagegen mit einem Frauengrab aus der Zeit Chlodwigs gut bezeugt. Der Ursprung der geweihten Stätten Saint-Martin und Saint-Brice, die mit einer merowingischen Nekropole verbunden sind, ist verworrener. Nach derzeitigem Kenntnisstand scheint die Kirche Saint-Brice ihren Ursprung nicht in einer merowingischen Grabkirche zu haben.

Am Ende der römischen Epoche übernahm Childerich I. teilweise die Rolle eines Gouverneurs. In den Schriftquellen wird er beharrlich als König bezeichnet, wie auf seinem Siegelring (Abb. 118). Er wird 463, zur Zeit des Kampfes gegen die Westgoten in der Nähe von Orléans, als Verbündeter des *Magister militum* Aegidius genannt. Auf der Seite des *comes* Paulus kämpfte Childerich 469 gegen die sächsischen Piraten bei Angers; 470 stand er bei Orléans den Alanen gegenüber. Nach 470 wird Childerich in den Quellen nicht mehr erwähnt.

Derzeit besteht in der Forschung die Tendenz, seine Funktion als verantwortlicher Militärbeamter der Region höher zu bewerten als seine Stellung als germanischer Herrscher. Weder Chlodwig noch sein Vater sind einfache Kleinfürsten von Tournai gewesen. Von der Verwaltung und der Kirche anerkannt, sind sie die legitimen Gebieter über die *Belgica Secunda* und die Heermeister einer Interventionsarmee gewesen, die niemals eine einfache lokale Streitmacht war.

Der an Chlodwig anläßlich dessen Ankunft adressierte Brief des Remigius, des Bischofs von Reims, bestätigt, daß Childerich der militärische und zivile Befehlshaber der Provinz *Belgica Secunda war*. In ebenjener Zeit bekämpfen die Barbaren weniger das Imperium von außen her, sondern sie schlugen sich untereinander im Inneren des Reiches um dessen Kontrolle.

Die Bestattungsplätze

Die Bestattungsplätze waren während der älteren Kaiserzeit offensichtlich zahlenmäßig gering, aber dafür sehr ausgedehnt. Im wesentlichen handelt es sich um die Nekropolen an der Grand-Place und an der Rue Monnel, die sich nordwestlich und nordöstlich der antiken Siedlung erstreckten.

In der jüngeren Kaiserzeit nahm die Zahl und Verschiedenartigkeit der Begräbnisplätze zu. Die immer noch benutzten zwei großen Nekropolen entwickelten sich unterschiedlich. Auf dem weiterhin belegten Friedhof an der Grand-Place befindet sich die Mehrzahl der Bestattungen im nördlichen Areal, diejenigen des 3. Jahrhunderts anscheinend vor allem in Höhe der Kirche Saint-Quentin und des antiken Theaters. An der Rue Perdue entwickelte sich ein Friedhof des späten 3. Jahrhunderts und der ersten Hälfte des 4. Jahrhunderts. Seine Belegung hört vor dem Ende der jüngeren Kaiserzeit auf.

Bei der Nekropole am rechten Flußufer, in der Nähe des Viertels von Saint-Brice deuten die neueren Grabungen an, daß sich der spätrömische Friedhof zum Fluß hin ausdehnte, in Richtung auf das Viertel von Saint-Brice und die römische Straße, da sich in dieser Zeit das Leben auf dem linken Ufer konzentrierte und die Wohn- und Gewerbeviertel auf der rechten Seite aufgelassen wurden.

Weniger bedeutende Nekropolen scheinen in der zweiten Hälfte des 4. Jahrhunderts in einer gewissen Entfernung zum *castrum* bei Saint-Martin und bei der Zitadelle entstanden zu sein. Sie enthalten Gräber von germanischem Charakter, und ihre Belegung setzte sich über die spätrömische Zeit hinaus fort.

Schließlich sind einige neue Bestattungsplätze, deren Existenz zuvor nicht möglich gewesen wäre, nämlich direkt unter den Mauern der Stadt, in Gebrauch genommen worden: die Nekropole der Rue d'Espinoy und diejenige von Saint-Piat.

In merowingischer Zeit waren drei Bestattungszonen durch Kontinuität des Platzes gekennzeichnet: Saint-Martin, Saint-Brice und Saint-Piat. Die beiden erstgenannten Plätze sind im Gegensatz zum letztgenannten recht weit vom Stadtzentrum entfernt. Für drei andere Plätze kann man im übrigen nach dem Ursprung der damit verbundenen geweihten Stätten fragen und eine mögliche Beziehung zwischen Friedhof und christlichem Gebäude erwägen.

Von den zwei großen römischen Nekropolen der Stadt zeigt nur die am rechten Flußufer gelegene eine bis an das Ende des frühen Mittelalters reichende Belegung. Die kleinen, an den Toren der spätrömischen Stadt eingerichteten Friedhöfe tauchten frühestens gegen die Mitte des 4. Jahrhunderts auf. Sie werden nur dann eine andauernde Belegung gekannt haben, wenn der Bezug auf ein christliches Gebäude gegeben war. Zwei große Nekropolen, die später eingerichtet wurden, aber weiter entfernt liegen, sind anscheinend durch eine Gruppe germanischer Herkunft oder germanischer Sitte begründet worden. Ihre Belegung dauerte bis in merowingische Zeit fort.

Zwischen dem 4. und dem 6. Jahrhundert geht die allgemeine Tendenz dahin, verschiedene, *extra muros* gelegene Friedhöfe zu benutzen. Unterschiedliche soziale Gruppen könnten sich mehrheitlich besonderer Nekropolen bedient haben; doch lassen unsere geringen Kenntnisse der archäologischen Befunde keine weiteren Aussagen zu.

Die Rolle der Grabkirchen und die Bestimmung der christlichen Friedhöfe am Ende der merowingischen Epoche bleibt schwierig zu umreißen, da die Chronologie dieser Gebäude – mit Ausnahme des Fundplatzes von Saint-Piat – nicht gesichert ist.

Die Bestattung König Childerichs und der Grabbezirk im Viertel von Saint-Brice

Die Entdeckung reicht ins Jahr 1653 zurück, als der Arbeiter Adrien Quinquin zufällig Gold- und Silbermünzen, dann andere Stücke einer sehr kostbaren Grabausstattung anläßlich der Errichtung von Fundamenten für ein neues Hospiz bei der Kirche Saint-Brice in Tournai ausgrub. Im danach zusammengetragenen Schatzfund befanden sich ein Prunkschwert und ein Siegelring, dessen Inschrift deutlich anzeigte, daß es sich um König Childerich, den Vater Chlodwigs, handelte, der 481/482 verstarb.

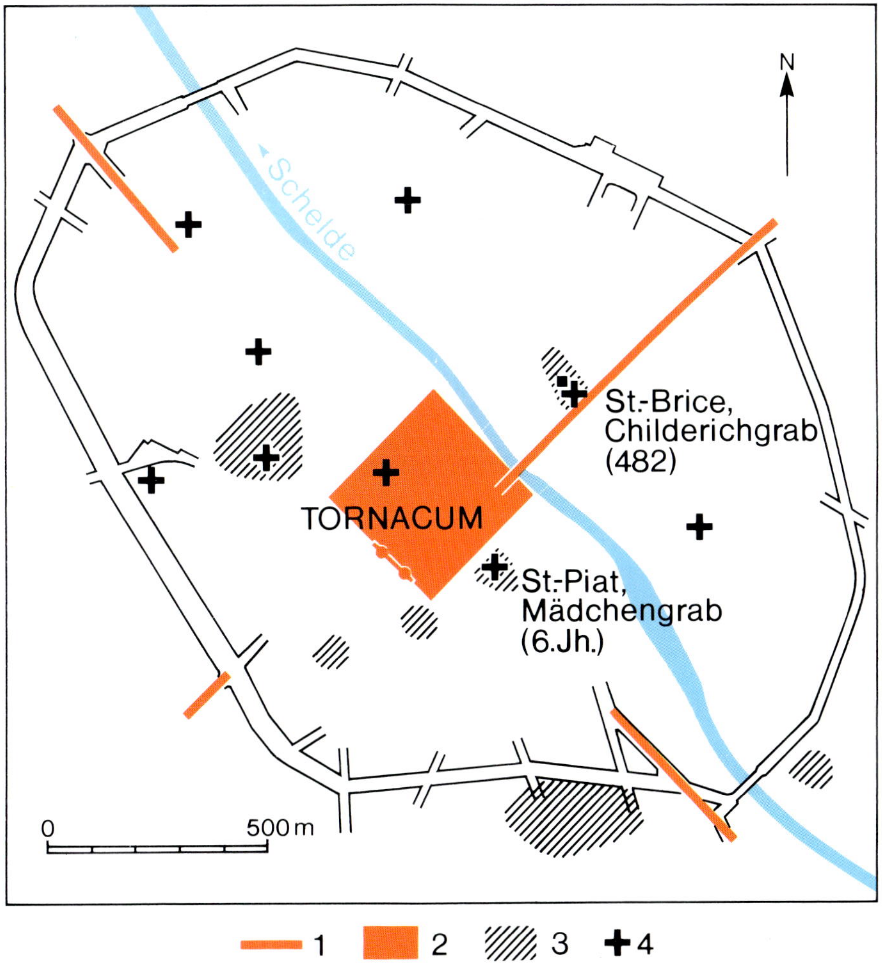

Abb. 114 *Das spätrömische Tornacum und die Gräberfelder der römischen und fränkischen Zeit. 1 Römische Straßen. 2 Lage der antiken Stadt mit der Stadtmauer bei La Loucherie. 3 Nekropolen der Spätantike und 4 der merowingischen Zeit. – Entwurf Müller-Wille nach Werner 1992, 146 Abb. 2; Überarbeitung von I. Bell.*

Die Fundumstände bleiben indessen in vielerlei Hinsicht unbefriedigend. Man weiß nicht, ob die Publikation von 1655 wirklich alle Stücke vorstellt, welche die Bestattung enthielt; möglicherweise sind Objekte zum Zeitpunkt der Entdeckung zerstreut worden. Schließlich fehlt eine ganze Reihe von wertvollen Informationen: Wie war die Bestattung orientiert? Wo befanden sich die Objekte, die vermutlich zum Zaumzeug gehörten? Von wo genau stammen der Pferdeschädel und der zweite Menschenschädel, die entdeckt wurden? Kamen sie wirklich aus der Grabgrube, oder stehen sie mit getrennten, aber benachbarten Bestattungen in Verbindung? Welche Beziehungen gab es, welche die königliche Bestattung mit der sehr nahe gelegenen Kirche Saint-Brice haben konnte? Was war eigentlich die Umgebung des königlichen Grabes in merowingischer Zeit?

All diese Fragen sind lange Zeit unbeantwortet geblieben, aber sie sind von großem Interesse, weil sie bestimmte Interpretationen bedingen, die mit dem königlichen Grabritual und mit der Identifizierung der Ausstattung in Verbindung stehen.

In der Folge der ersten Studien, die von Jean Jacques Chiflet und von Abbé Cochet ausgingen, haben sich eine Vielzahl von modernen Publikationen bemüht, auf die historische Rolle Childerichs, auf die Interpretation des Grabrituals und auf die Analyse der Grabbeigaben zurückzukommen.

Weil aber die Mehrzahl der Autoren die Umgebung des Grabes nicht kannte, betrachteten sie es oft als eine feststehende Tatsache, daß das Grab völlig isoliert war. Auch sind Faktoren wie die Anwesenheit von Menschen- und Pferdeschädeln, die während der Grabung aufgefunden wurden, nur selten als eingedrungene Befunde betrachtet worden.

Zwischen 1983 und 1986 – 330 Jahre nach der Entdeckung des Königsgrabes – konnten Archäologen ergänzende Untersuchungen am Fundort durchführen, die Umgebung des Königsgrabes wieder zuordnen, eine merowingische Nekropole ausgraben, die insbesondere frühere und mit Childerich zeitgleiche Bestattungen enthielt, und das Problem der besonderen Gestalt seiner Bestattung erneut angehen. Diese neuen Befunde erlauben es, die königliche Bestattung unter einem anderen Blickwinkel zu erörtern.

Die zweifache kulturelle Zugehörigkeit Childerichs ist gut zu erkennen: Er ist mit Verantwortung in der politischen und militärischen Verwaltung ausgestattet, er bleibt aber dennoch ein Herrscher von germanischer Herkunft. In der Grabausstattung ist dieser zweifache Einfluß offenkundig, ebenso wie andere, von Michel Kazanski und Patrick Périn deutlich gemachte Einflüsse, die zugleich fränkisch, romanisch, byzantinisch, germanisch und donauländisch sind. Diese vielfältigen Einflüsse fügen sich gut in die Zeit, sie sind ebenso in einem anderen Frauengrab der nämlichen Nekropole nachgewiesen worden.

An ein angrenzendes Frauengrab ist heute nicht mehr zu glauben. Die 1653 erfolgte Entdeckung einer Schädelkalotte von kleiner Größe hatte Kurt Böhner dazu verleitet, die Existenz einer Frauenbestattung in Betracht zu ziehen, die den Leichnam Childerichs begleitete. Joachim Werner hielt an dieser Behauptung völlig zu Recht nicht fest. Zudem erscheint unter den ausgegrabenen Stücken keine weibliche Beigabe. Wie dem auch sei, man kennt die genauen Fundumstände der Schädelkalotte nicht, und man kann nun erwägen, ob die Knochenreste zum Aushub des Grabes gehörten, zum Beispiel als Überreste eines antiken gestörten Grabes.

Dagegen besteht weiterhin die Möglichkeit, daß der Kopf des persönlichen Reitpferdes des Königs mit ihm bestattet worden ist, eventuell mit dem Zaumzeug, wenn man Böhner recht gibt und nicht Werner. Allerdings bleiben die Teile des Zaumzeugs – zumindest die Stücke, die als solche betrachtet werden – zahlenmäßig relativ gering, und sie lassen sich nicht eindeutig als solche identifizieren.

Die neuen Grabungen erwiesen im wesentlichen das Vorhandensein einer merowingischen Nekropole sowie eine wahrscheinlich grabfreie Zone um das Königsgrab und zahlreiche kollektive Pferdegräber um dieses herum. Die Grabungen erlauben es uns daher, Fragen zur Entstehung des Friedhofs mit dem Königsgrab zu stellen.

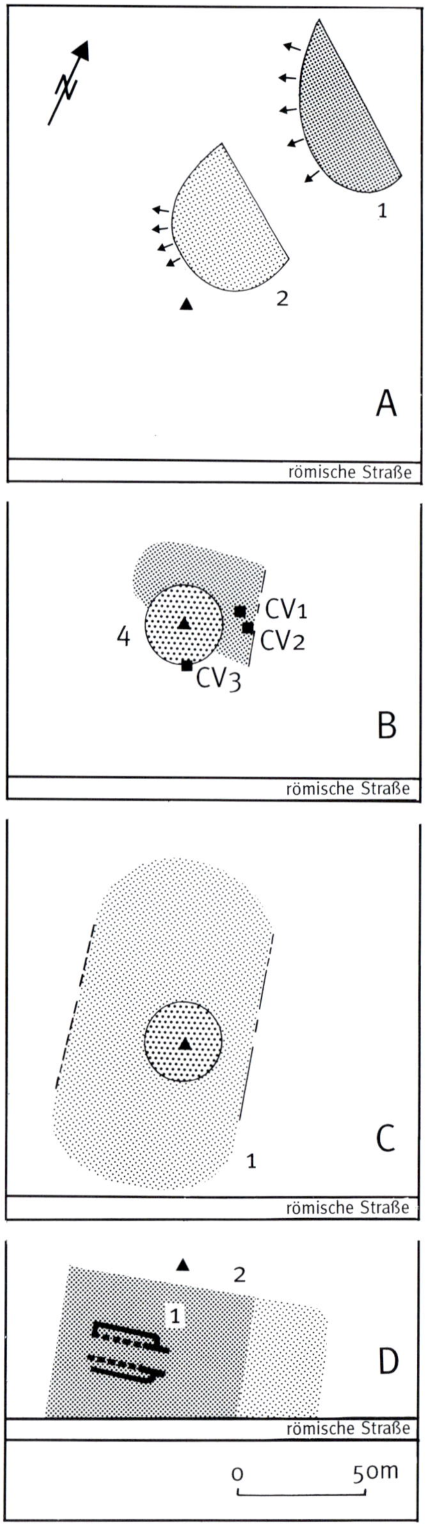

Abb. 115 Räumliche und zeitliche Entwicklung des Gräberfeldes von Saint-Brice. Die römische Straße ist eingezeichnet und die Anlage des Königsgrabes durch ein Dreieck angegeben.
A Ausdehnung der kaiserzeitlichen Nekropole der Rue Monnel und Rue Childéric (1); vermutete Ausdehnung der Nekropole des 5. Jahrhunderts bis 482 (2). B Lage des Königsgrabes und seines Hügels (4), umgeben von kollektiven Pferdegräbern CV 1 bis CV 3, sowie Ausdehnung der älteren und der mit Childerich zeitgleichen Nekropole. C Ausdehnung der merowingischen Nekropole des 7. Jahrhunderts mit der nachgewiesenen östlichen Begrenzung (1). D Präromanische Kirche (1) und mittelalterlicher Kirchengemeindefriedhof mit seiner Ausdehnung nach Osten (2). – Graphische Gestaltung I. Bell.

Entstehung der Nekropole von Saint-Brice (Abb. 115)

Das Childerich-Grab befand sich an zentraler Stelle in bezug auf die heute bekannte Fläche des Friedhofs des 6. und 7. Jahrhunderts, man könnte daher im Königsgrab ein Gründergrab sehen. Doch war die Wahl des Areals als Bestattungsplatz nicht ausschließlich an das Königsgrab gebunden, denn schon vom 1. bis zum 3. Jahrhundert war das Gebiet der Rue de Monnel und Rue de Childéric einem Gräberfeld vorbehalten. Es begrenzte ziemlich deutlich die römische Ansiedlung auf dem rechten Flußufer. Überdies war zur selben Zeit das Viertel von Saint-Brice bewohnt, was jegliche Ausdehnung des Friedhofs zum Fluß hin ausschloß. In der Spätantike änderte sich die Situation. Das Feld blieb frei, da diese Zone, die zuvor hauptsächlich durch großflächige Gewerbeeinrichtungen besetzt war, aufgelassen wurde.

Einige Belege deuten an, daß das Viertel Saint-Brice bereits seit dem Ende des 4. Jahrhunderts als Bestattungsplatz gedient hat. Die Bestattungen des 5. Jahrhunderts gruppieren sich nördlich des Königsgrabes und entlang eines verlängerten Randbereichs.

Man kann also das folgende Modell vorschlagen: Die kaiserzeitliche Nekropole an der Kreuzung der Rue de Monnel und der Rue de Childéric konnte sich im 4. Jahrhundert in aufgelassenen Siedlungsflächen zur römischen Straße und zum Fluß hin ausweiten, um im mittleren 5. Jahrhundert das Areal zu erreichen, in dem Childerich bestattet wurde.

Unter den Bestattungen des 5. Jahrhunderts findet man wenigstens zwei, die weit früher sind als das Königsgrab. Sie enthalten jeweils Kinder von neun und acht Jahren, deren Ausstattung um 450 herum datiert, also 30 Jahre vor dem Tod Childerichs. Das sehr reich ausgestattete junge Mädchen von Grab 10 ist wahrscheinlich in der Zeit des Todes von Childerich geboren, also kurz davor oder kurz danach.

Demnach wurde Childerichs Grab am Rand des Friedhofs, der zum Zeitpunkt seines Todes in Gebrauch war, angelegt, und zwar jenseits einer Zone, wo die einige Zeit vor ihm Verstorbenen begraben wurden, so daß für die Errichtung eines Grabmals genügend Platz vorhanden war.

Gehört die Bestattung Childerichs zur Kategorie der Gründergräber? Diese sind oft in den merowingischen Nekropolen zu finden und werden deshalb so bezeichnet, weil ihre Grabanlage der Kristallisationspunkt eines neuen Friedhofs wurde, und weil sie während der Belegungsdauer stets ein Bezugspunkt bleiben.

Diese Gräber sind im allgemeinen größer, tiefer angelegt und besser eingerichtet als die Mehrzahl der Bestattungen des Friedhofs. Sie befinden sich etwas abseits vom Begräbnisplatz, oder sie weisen eine frei gebliebene Fläche um sich herum auf, wodurch sie einen Grabhügel oder eine runde Einfassung offenbaren, wie in Charleville-Mézières (Dép. Ardennes) und in Lavoye (Dép. Meuse).

Nur eines ist unabdingbar, nämlich daß die für das Gründergrab ausgewählte Stelle im Gräberfeld absolut jungfräulich sei, vor allem im Stadtbereich. Zu erwähnen ist der Fall von Krefeld-Gellep, wo das Fürstengrab die älteste Bestattung darstellt und dabei den neuen Kern eines im 6. Jahrhundert eingerichteten Friedhofs bildet, der am Rande der antiken Nekropole und derjenigen des 5. Jahrhunderts liegt (Abb. 183).

Im übrigen bestreiten bestimmte Autoren die Existenz von Gründergräbern im Stadtbereich, wo sich die sozialen Verbindungen von denjenigen des ländlichen Umfeldes ziemlich unterscheiden. Der Reichtum der Gräber, welche die hervorgehobenen Gräber umgeben, ist dort sehr viel höher als auf dem Lande.

Die Bedeutung des Begriffs »Gründergrab« für die königliche Bestattung von Tournai ist nur teilweise gültig. Sie markiert nicht wirklich eine neue Initiative, aber sie hat die ausgedehnte Benutzung dieses Gräberfeldes veranlaßt. Das Königsgrab wird ein zentraler Bezugspunkt, um den herum sich im 6. und zu Beginn des folgenden Jahrhunderts eine bedeutende Nekropole entwickelt. Die Nachahmung des königlichen Vorbildes und die Wahrung der sozialen Hierarchie spielten in der Entwicklung der merowingischen Friedhöfe anfangs eine wichtige Rolle, und zwar außerhalb von allen religiösen Überlegungen.

Ein anderes Aufmerksamkeit verdienendes Problem ist der Wechsel von der Süd-Nord-Ausrichtung zur West-Ost-Orientierung, der in Tournai gut zu verfolgen ist. Gräber des mittleren 5. Jahrhunderts sind ebenso wie die der Zeit um 500 Süd-Nord oder Nord-Süd oder West-Ost orientiert. Seit dem 6. Jahrhundert weicht die Regelwidrigkeit in Tournai jedenfalls einer Anordnung in West-Ost gerichteten Reihen.

Entwicklung der Nekropole bei Saint-Brice

Zweifellos nimmt im räumlichen Sinn die Anlage der Bestattung Childerichs eine zentrale Stelle in der Nekropole des 6. und 7. Jahrhunderts ein. Sie hat daher eine entscheidende Rolle gespielt in der Art und Weise, wie sich diese ausdehnte.

Auch wenn es keine in der direkten Umgebung des Königsgrabes durchgeführten Flächengrabungen gibt, scheint um dieses herum eine Fläche von 20 bis 30 m Durchmesser frei gelassen worden zu sein.

Abgesehen von einigen sehr alten Bestattungen ist seit dem 6. Jahrhundert die Mehrzahl der Gräber in Reihen angeordnet und strebt danach, das gesamte Gräberfeld im Laufe des 7. Jahrhunderts auszufüllen. In einem ersten Zeitraum (500 bis 530/40) gruppieren sich die Gräber ziemlich genau um das Königsgrab herum.

Um den Ablauf der Entwicklung des Friedhofs genau nachzuvollziehen, müssen zwei gleichzeitige Phänomene in Saint-Brice hervorgehoben werden. Auf der einen Seite ist er zweifellos von radialkonzentrischem Typus. Wie die Untersuchung zeigt, geht die allgemeine Tendenz dahin, den Friedhof in alle Richtungen auszudehnen, je nach der Zahl der Todesfälle. Auf der anderen Seite bleibt es während der gesamten bekannten Belegungsdauer des Reihengräberfriedhofs üblich, Bestattungen zwischen die älteren Gräber zu schieben.

Wie dem auch sei, die jüngsten Gräber sind am Rand der untersuchten Fläche gefunden worden, also nach Westen hin oder unter der Kirche Saint-Brice. Im Westen befindet sich eine Reihe von Gruften, die ohne Ausstattung sind und einen Bruch mit der allgemeinen Ordnung der Bestattungen darstellen. Sie gehören zu einer sehr fortgeschrittenen Belegungsphase des Friedhofs, die man gerne an das Ende der Merowingerzeit setzt.

Die Ausgrabungen unter der Kirche Saint-Brice brachten mehrmals merowingische Grabbeigaben des 7. Jahrhunderts zum Vorschein. Alles deutet also darauf hin, daß sich die Nekropole in ihrer Spätphase nach Südosten, zur antiken Straße hin, ausdehnte.

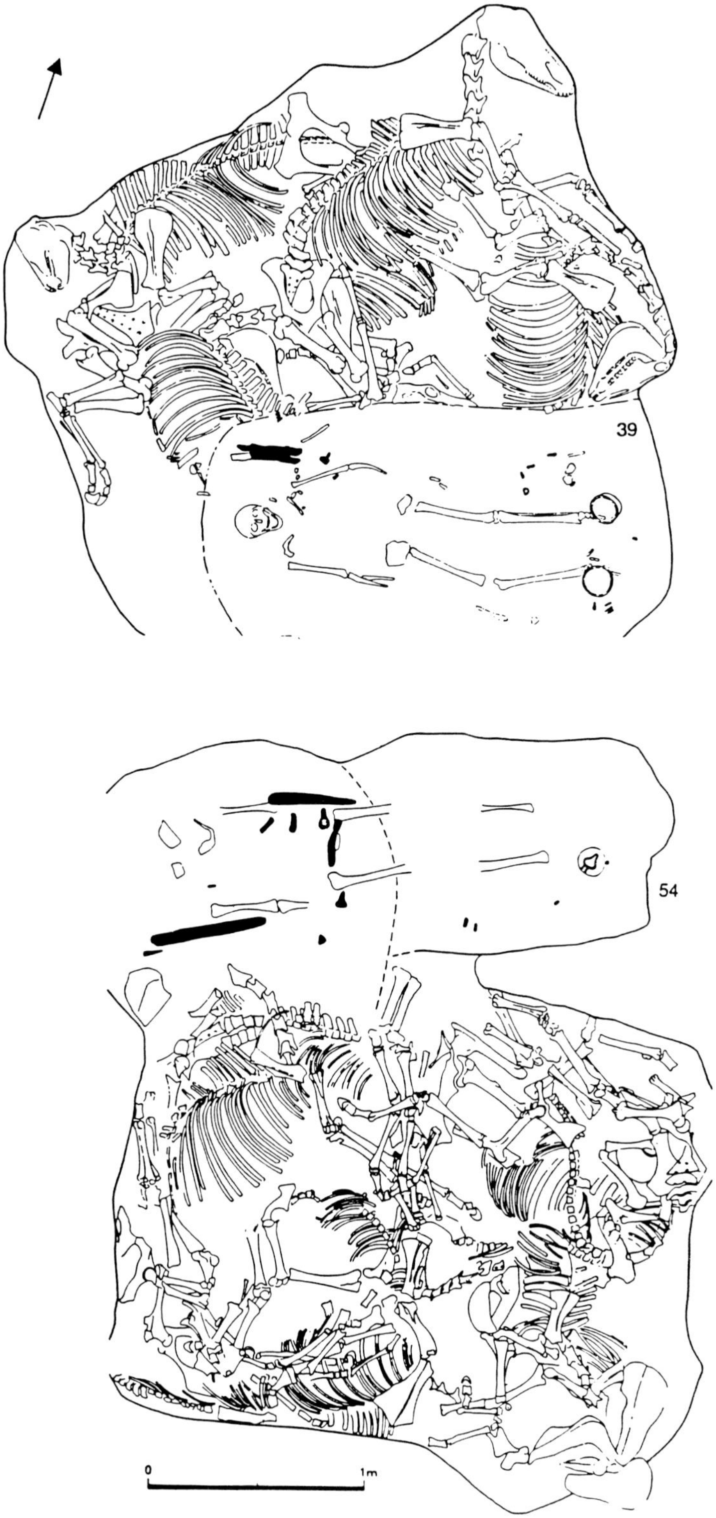

Die Frage nach dem Gründungsdatum der ersten christlichen Stätte und ihrem Verhältnis zur merowingischen Nekropole ist schwierig zu beantworten. Der Bericht der 1941 im Inneren der Kirche Saint-Brice durchgeführten Grabungen liefert widersprüchliche Angaben. Der Grundriß eines als präromanisch bezeichneten Gebäudes, das zwei kleine Seitenschiffe mit gerundeten Chorhauben aufweist, tritt deutlich aus den Grabungen zutage und kann der Merowingerzeit nicht zugeordnet werden. Es wird von zumindest einer Bestattung gesprochen, die vom Bogen der nördlichen Apsis geschnitten wird, was bedeutet, daß sie zu einer älteren Periode gehörte. Man könnte darin ein Grab sehen, das mit der merowingischen Nekropole in Verbindung steht.

Das Königsgrab

Welches auch die Gründe sein mochten, die Childerich dazu bewogen haben, die Rolle des Verteidigers der sterbenden Romanitas zu übernehmen, er nahm auch die ererbte Rolle des germanischen heidnischen Fürsten ein. In ebendieser Richtung muß man sich orientieren, um die Art und Weise seiner Bestattung zu erörtern.

Seine Bestattung ist von der Kategorie der »Fürstengräber« abhängig. Das Phänomen dieser hervorgehobenen Bestattungen ist aus früheren Epochen gut bekannt und verschwindet im Laufe des 6. Jahrhunderts. Die Umgebung des Königsgrabes offenbart schließlich einige reiche zeitgleiche Gräber, von denen einige zum

Abb. 116 *Plan des kollektiven Pferdegrabes CV 1 (oben), das im 6. Jahrhundert durch das Männergrab 39 angeschnitten wurde. Plan des kollektiven Pferdegrabes CV 3 (unten), das im 6. Jahrhundert durch das Grab 54 angeschnitten wurde.*

Abb. 117 Ansicht des kollektiven Pferdegrabes CV 1 während der Aufdeckung sowie des Männergrabes 39.

Adel von Tournai gehören bzw. zum Gefolge des Fürstenhauses.

Die Errichtung eines Hügels über dem Grab des Königs ist quasi gesichert. Die Forschungen zeigen, daß die fränkische Welt auf den Gebrauch des Tumulus oder auf das von einem Kreisgraben umgebene Grab zurückgegriffen hat, wobei letzteres außerdem die Spuren eines eingeebneten Hügels belegen kann. Die von einem Kreisgraben umgebenen merowingischen Gräber sind oft älter als diejenigen unter einem Hügel und weisen eine deutliche Konzentration am Niederrhein auf, auf fränkischem Territorium. Die Tumulusgräber befinden sich in alamannischem Gebiet, auf linksrheinischem Gebiet bilden sie eine Ausnahme.

Diese Gräber sind dazu bestimmt, wichtige Persönlichkeiten aufzunehmen. Sie stellen ein Kriterium der unbestrittenen germanischen Zugehörigkeit und einen sehr sicheren Hinweis auf Heidentum dar. Dieser Denkmälertypus wird vor allem ab dem 7. Jahrhundert noch einmal aufgegriffen.

Für das Grab Childerichs kann man das Vorhandensein eines Hügels postulieren, der gut sichtbar aufgeschüttet war und der in der Nähe der römischen Straße und am Rand der gerade belegten Nekropole lag. Diese Lage dürfte das Grab hauptsächlich vor Plünderungen geschützt haben.

Die Hypothese stützt sich auf die grabfreie Zone, die das Königsgrab umgibt, zumindest soweit dies in den in einzelnen Parzellen durchgeführten Grabungen nachgeprüft werden konnte. Dieser Vorschlag berücksichtigt auch die drei Pferdegräber (CV 1 bis CV 3), die, falls sie mit der Bestattung des Königs in Verbindung stehen, am Fuße des Hügels eingetieft waren. Das Grabmal weist nach dieser Hypothese einen Durchmesser von 20 bis 40 m auf. Im Laufe des 6. Jahrhunderts sind dennoch Gräber näher herangerückt angelegt worden, so daß der Durchmesser des Hügels eher auf 20 m reduziert werden muß. Es ist nicht möglich, das Abtragen des Hügels zeitlich einzugrenzen; früher oder später sollte er sich als unvereinbar erweisen mit der Nachbarschaft einer Kirche und mit der notwendigen Umwandlung dieses Bereichs in einen Kirchengemeindefriedhof.

Die Pferdegräber

Die Zuordnung der drei am Rand des Grabes aufgefundenen Pferdegräber zum Königsgrab ist nicht unanfechtbar. Dennoch scheint es verlockend zu sein, das beobachtete Phänomen mit der königlichen Bestattung zu verbinden, zumal nichts gegen die Gleichzeitigkeit der drei Kollektivgräber spricht. Mehrere Argumente zugunsten dieser Idee verdienen festgehalten zu werden.

Was den Zeitrahmen anbelangt, weiß man, daß diese Gräber an das Ende des 5. Jahrhunderts gehören. Man verfügt über Faktoren der relativen und absoluten Chronologie, die es beweisen. Die Lage der Gräber am Hügelfuß und in einer entsprechenden Entfernung zum Königsgrab ist ebenfalls sehr bezeichnend. Die Zahl der Pferde ist bemerkenswert. Auch für sich genommen haben die Gräber eine völlig ungewöhnliche Menge erbracht. Die Pferdepopulation ist schließlich sehr homogen: Die Wallache, Reitpferde im Krieg, sind dabei in der Überzahl.

Man kann nicht daran glauben, daß sie an diesem Ort in der Folge einer verheerenden Epidemie vergraben wurden. Die Gräber sind deutlich als solche zu erkennen,

und ihre Lage in der Nekropole zeigt eine kultische Verwendung an.
Die Verbreitungskarte der Pferdegräber in merowingischer Zeit zeigt deutlich, daß diese Sitte zwischen Rhein und Seine eine Ausnahme geblieben ist, während sie sich seit dem mittleren 5. Jahrhundert in Thüringen, dann etwas später an der Elbe, am Rhein und an der Donau beträchtlich ausgedehnt hat.
Man kann daher in der Tat festhalten, daß diese Pferdegräber mit dem Königsgrab und seinem prächtigen Grabritual in Verbindung zu bringen sind. Der in Childerichs Grab gefundene Pferdekopf gehört zweifellos zu seinem persönlichen Reitpferd, die anderen Pferde, die zum Zeitpunkt seiner Beerdigung geopfert wurden, entstammen wahrscheinlich seiner eigenen Zucht.
Wie der Bericht über die Ankunft des fränkischen Prinzen Sigimer in Lyon uns nahelegt, ist die Teilnahme von Pferden an wichtigen Zeremonien sehr geschätzt worden.
Die Entdeckung in Tournai erklärt die besondere Wertschätzung, welche die Pferde in der fränkischen Gesellschaft des 5. Jahrhunderts erfahren, und die rituelle Bedeutung, die sie im Rahmen des Todesfalls eines heidnischen Monarchen einnehmen.

Literatur: Amand 1963; 1990. – Brulet 1984, 1990a; 1990b; 1993; 1994. – Brulet/Bocquet/Laduron 1994. – Brulet/Coulon 1977. – Brulet/Vêche 1985. – Brulet u. a. 1990a; 1990b; 1990c; 1991. – Dumoulin/Pycke 1983. – Kazanski/Périn 1988. – Lesenne 1981. – Mertens/Remy 1972; 1974. – Müller-Wille 1970/71. – Oexle 1984; 1992. – Roosens 1980. – Verslype 1993; 1995.

Die Merowinger und ihr Reich

Vom Kleinkönigtum zum Großreich

Das Grab Childerichs I.

Patrick Périn und Michel Kazanski

König Childerich war einer der »Kriegsherren« in dem zum weströmischen Reich gehörenden Nordgallien. Die Ausstattung seines 1653 zufällig entdeckten Grabes mit Waffen, Statussymbolen und viel Gold mit Granateinlagen in reichem Zelldekor gibt uns eine gute Vorstellung von der barbarisierten Militäraristokratie aus dem späten 5. Jahrhundert.

Das Grab des Frankenkönigs Childerich I., der 481/482 verstarb, wurde in Tournai (Belgien) 1653 durch Zufall entdeckt. Die noch heute beachtenswerte Publikation mit vorzüglichen Abbildungen der Grabbeigaben legte Jean Jacques Chiflet bereits 1655 vor. Seither wurde das Grabinventar mehrfach wissenschaftlich bearbeitet. Daß es sich um das Grab Childerichs handelte, konnte anhand des im Beigabenmaterial vorgefundenen Siegelringes mit Namen und Porträt des Königs festgestellt werden. Neue Grabungen durch ein belgisches Forscherteam unter Leitung von Raymond Brulet haben eine Rekonstruktion des Königsgrabes und von dessen Umfeld innerhalb des Friedhofes möglich gemacht. Aufgrund dieser Grabungen weiß man nun, daß Childerich unter einem Grabhügel von 20 bis 40 m Durchmesser, vermutlich in einer Grabkammer bestattet worden ist. Hierbei handelt es sich um eine »königliche« oder »fürstliche« Bestattungssitte, die bei verschiedenen germanischen Völkern während der zweiten Hälfte bis Ende des 5. Jahrhunderts bezeugt ist, vor allem in Skandinavien (z. B. Högom) und an der Donau in Mähren (Zuran). Es ist eine Neuerung der Völkerwanderungszeit, da die fürstlichen *tumuli* (Grabhügel) bei den Germanen während der spätrömischen Zeit nicht bekannt sind. Man kann natürlich an einen östlichen Einfluß denken, der mit den Hunnen oder Alanen im 5. Jahrhundert aus der Steppe gekommen ist. Diese beiden Völker führten die Körperbestattungen – und im Falle der Hunnen auch Brandbestattungen – unter den *tumuli* durch. Im Umkreis dieses angenommenen Grabhügels wurden drei Gruben, die insgesamt 21 geopferte Pferde enthielten, freigelegt. Die Pferdegräber mit sieben, vier und zehn Individuen lagen etwa 15 bis 20 m vom Fürstengrab entfernt. Es ist möglich, daß in der Grabkammer auch eine Frau und ein Reitpferd begraben worden sind. Doch während die

Abb. 118 *Goldener Siegelring Childerichs. – Nach Jean Jacques Chiflet 1655, 96.*

Abb. 119 *Goldene Zwiebelknopffibel Childerichs, die Chiflet als Schreibgriffel mißverstand. – Nach Chiflet 1655, 182.*

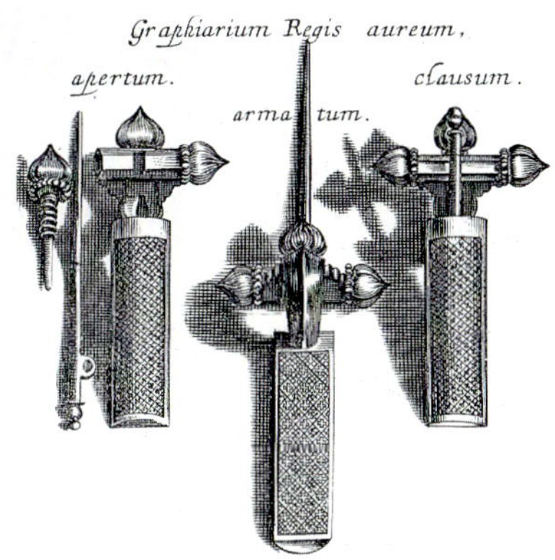

Abb. 120 *Bergkristallkugel mit einem Durchmesser von 5 cm aus dem Childerichgrab. – Nach Chiflet 1655, 243.*

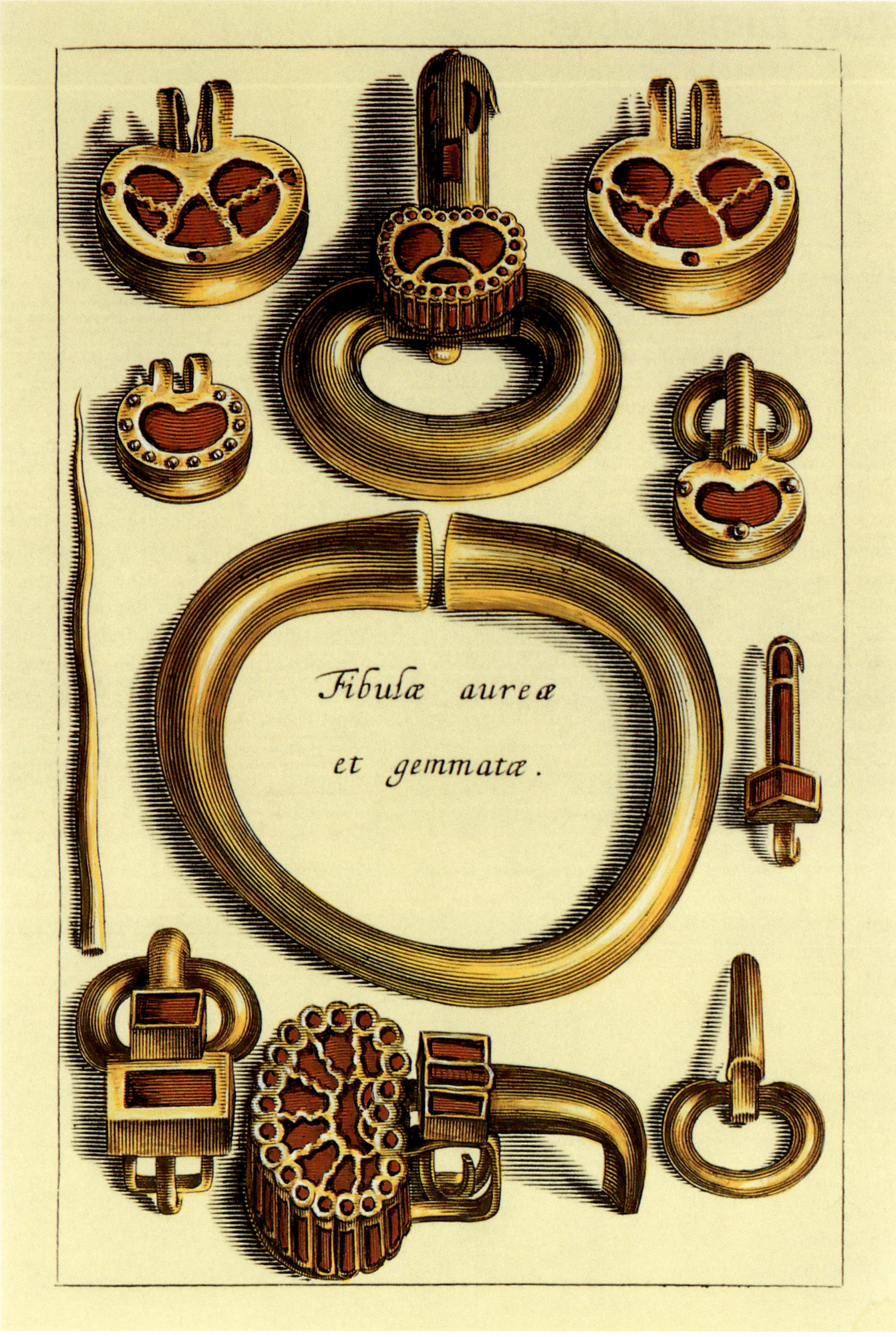

Abb. 121 Handgelenkring, Nadel und Schnallen aus Gold aus dem Childerichgrab. Die Beschläge und Dorne der Schnallen waren mit Almandinen eingelegt. – Nach Chiflet 1655, 236, koloriert vom RGZM; Foto RGZM.

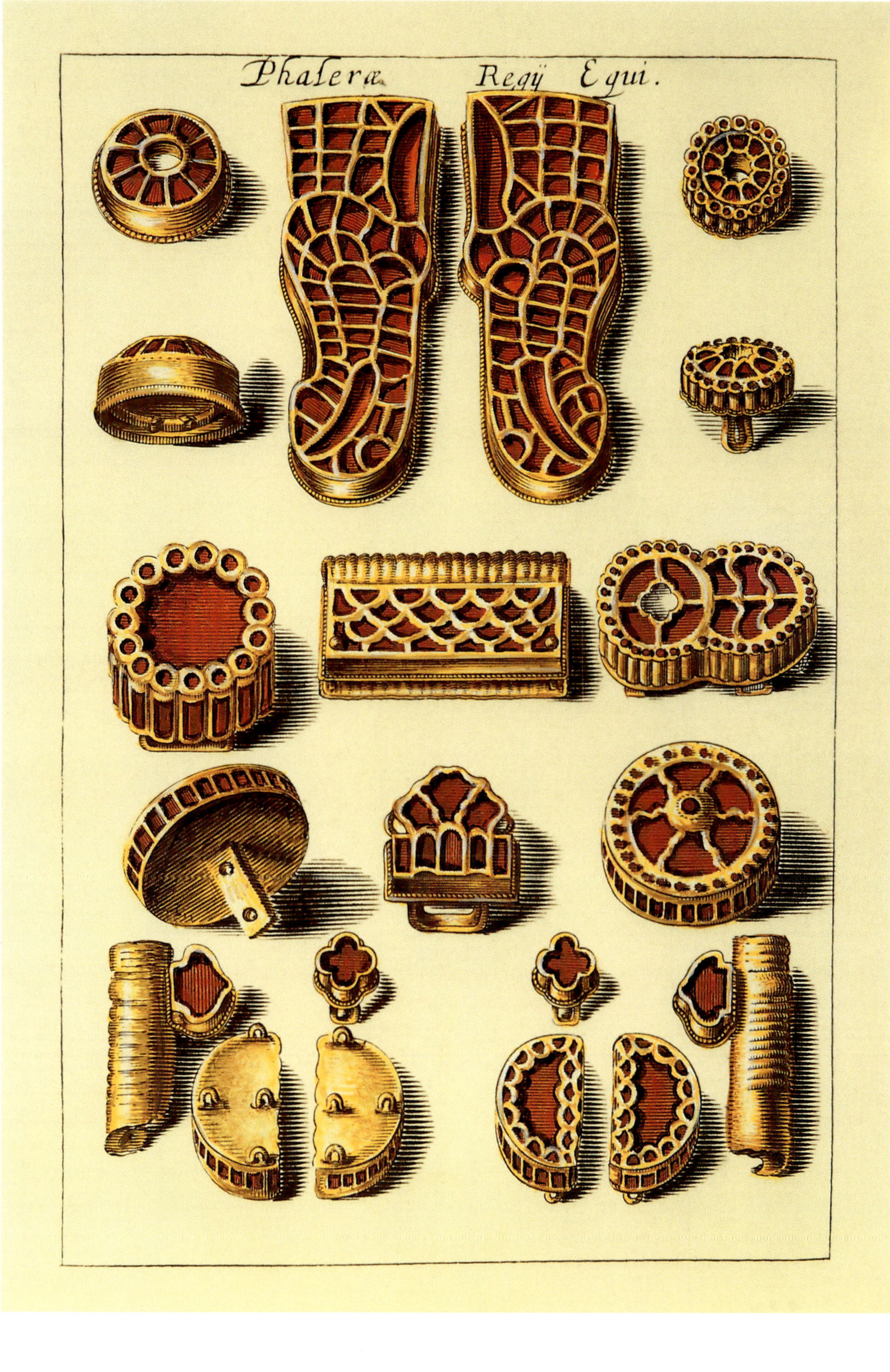

Abb. 122 *Goldene Beschläge und Knöpfe mit Almandineinlagen von Spathascheide, Zaumzeug und Tasche aus dem Childerichgrab. Die beiden Eberköpfe – deutlich erkennbar sind die Eberhauer waren Endstücke eines Taschenbügels. – Nach Chiflet 1655, 226.*

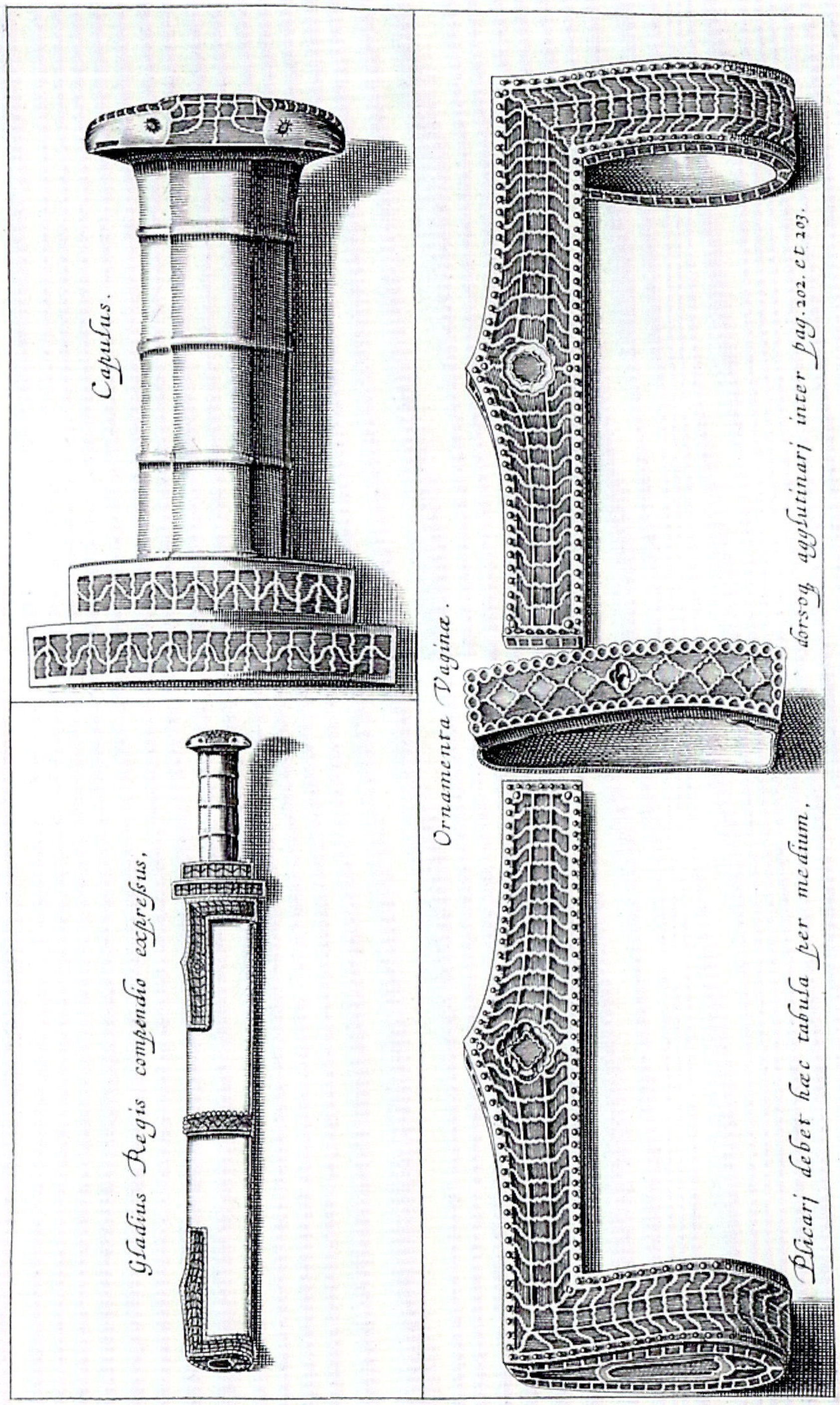

Abb. 123 *Die goldenen Knauf- und Scheidenbeschläge von Spatha (links oben) und Sax (rechts) aus dem Childerichgrab. – Nach Chiflet 1655, 202.*

Annahme einer Doppelbestattung von Mann und Frau bisher noch nicht eindeutig belegt wurde, gehören auf jeden Fall zum Beigabenmaterial aus der Grabkammer auch Bestandteile von Pferdegeschirr. Allerdings hat man 1653 im Grab eine kleine Schädelkalotte freigelegt, die zu einem weiblichen Skelett gehören könnte. Im 5. Jahrhundert sind bei den Barbaren solche Doppelbestattungen sehr wohl belegt (beispielsweise Altlußheim im Rheintal, am Diurso nahe der kaukasischen Küste des Schwarzen Meeres, vielleicht auch in Izenave, Dép. Ain). Unter den Entdeckungen von 1653 werden auch ein Pferdeschädel und ein Hufeisen altertümlicher Machart erwähnt, doch ist die Zuweisung dieser Objekte zum Grabinventar bzw. deren genaue Identifizierung immer noch fraglich, denn bei dem angeblichen Hufeisen kann es sich auch um den Rand des Schildbuckels handeln.

Das Childerichgrab mit den Pferdegräbern an der Peripherie des Grabhügels war der Ausgangspunkt für ein Gräberfeld, das sich seit dem Ende des 5. Jahrhunderts um das königliche Grab herum bildete.

Das Beigabenmaterial des Grabes ist vor allem durch die Publikation von Jean Jacques Chiflet bekannt. Die Originalgegenstände wurden 1831 gestohlen und größtenteils zerstört. Der Teil der Beigaben, der damals von der Polizei noch sichergestellt werden konnte, befindet sich heute in Paris im Cabinet des Médailles. Es ist keineswegs sicher, daß im Buche von Jean Jacques Chiflet alle Objekte erfaßt sind, die einst das Beigabenensemble aus-

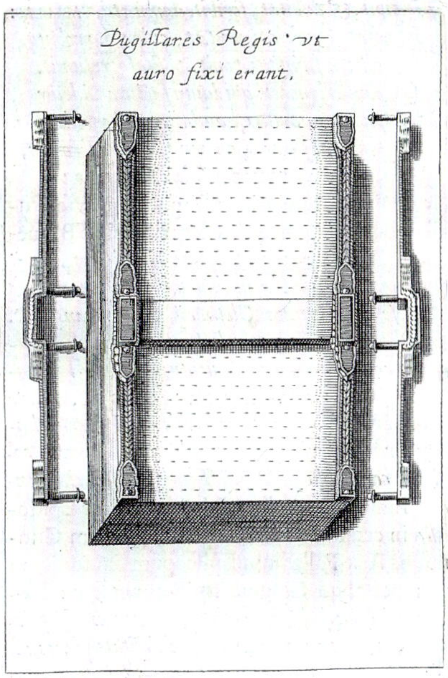

Abb. 124 *Goldene Riemendurchzüge von der Spathascheibe aus dem Childerichgrab, die Chiflet als Beschläge eines Schreibtäfelchens mißverstand. – Nach Chiflet 1655, 194.*

machten. Außerdem ist deren ursprüngliche Lage im Grab unbekannt. Zu den Grabbeigaben gehörten die Waffen und die persönliche Ausstattung des Königs, das Zaumzeug seines Pferdes und die Goldmünzen. Dies alles entspricht einem typischen Beigabenensemble von Fürstengräbern bzw. dem von Gräbern germanischer Anführer in der zweiten Hälfte des 5. Jahrhunderts, wie in Pouan, Dép. Dép. Aube, Blucina in Mähren, Apahida in Siebenbürgen und vom Ufer des Diurso im Kuban. Eine Kugel aus Bergkristall (Durchmesser 5 cm; Gewicht 134 g) und eine fragmentierte Goldnadel könnten nach Kurt Böhner zur weiblichen Bestattung gehört haben. Diese Ansicht wird von Joachim Werner bestritten. Man kann in der Tat nicht ausschließen, daß weibliche Opfergaben im Grab niedergelegt wurden, wie dies zum Beispiel in einer gotischen Nekropole am Diurso nahe der kaukasischen Küste des Schwarzen Meeres, die von der zweiten Hälfte des 5. bis ins 7. Jahrhundert belegt wurde, der Fall ist.

Das Grab Childerichs enthielt drei Objekte, die direkt mit dem sozialen Status des Bestatteten in Verbindung stehen. Beim ersten handelt es sich um die goldene Zwiebelknopffibel eines auch sonst bekannten Typus (Keller Typ 6). Dieses Stück trägt eine Verzierung in Durchbruchmanier, *opus interrasile*. Die Fibel dürfte auf der rechten Schulter den Umhang geschlossen haben, das heißt das *paludamentum* eines römischen Funktionärs. Man weiß aus einem Brief des hl. Remigius, daß Childerich tatsächlich Verwalter der *Belgia Secunda* war. Das andere Belegstück ist ein Armreif aus massivem Gold (Gewicht ungefähr 300 g) mit stollenförmigen Enden. Nach Werner waren solche Armreife bei den Germanen Insignien königlicher Abstammung. Schließlich enthielt das Beigabeninventar einen Siegelring aus massivem Gold, der den Namen, den Titel und das Bild des Königs trug; davon sind 1653 angefertigte Abdrücke noch vorhanden.

Unter den anderen Trachtbestandteilen muß zuerst eine ovale Schnalle aus massivem Gold erwähnt werden, von der aber nur der Dorn mit einer rechteckigen Basis erhalten geblieben ist; sie war mit einer nierenförmigen Platte mit goldenem Zellenwerk-Dekor verbunden. Die Basis des Schnallendorns und die Platte sind mit roten Granaten verziert. Zwei nierenför-

Abb. 125 *Goldener Beschlag mit Zelleneinlage, vermutlich von einem Ortband aus dem Childerichgrab. – Nach Chiflet 1655, 204.*

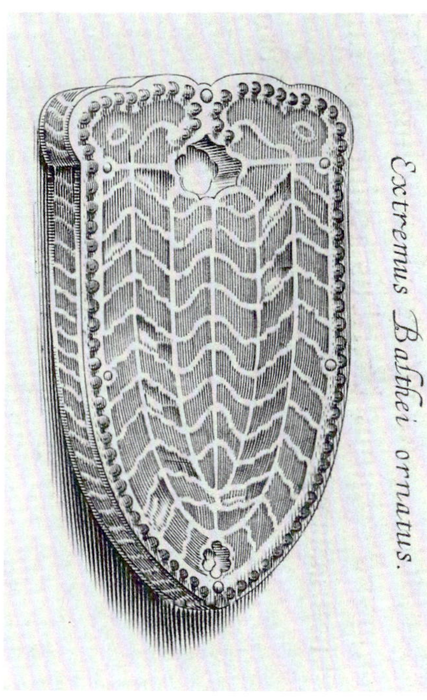

Abb. 126 *Lanzenspitze mit rautenförmigem Blatt aus dem Childerichgrab. – Nach Chiflet 1655, 218.*

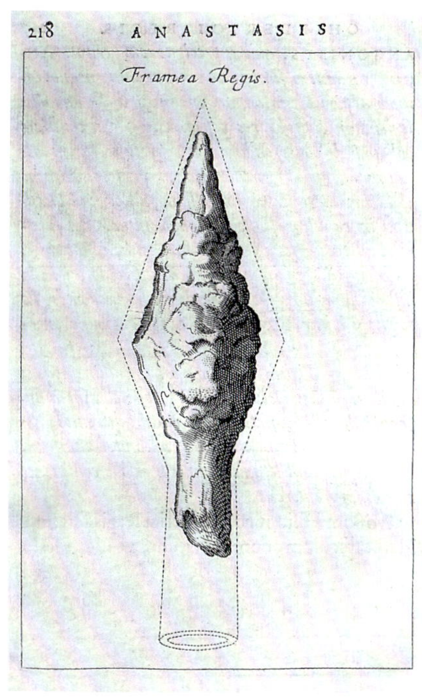

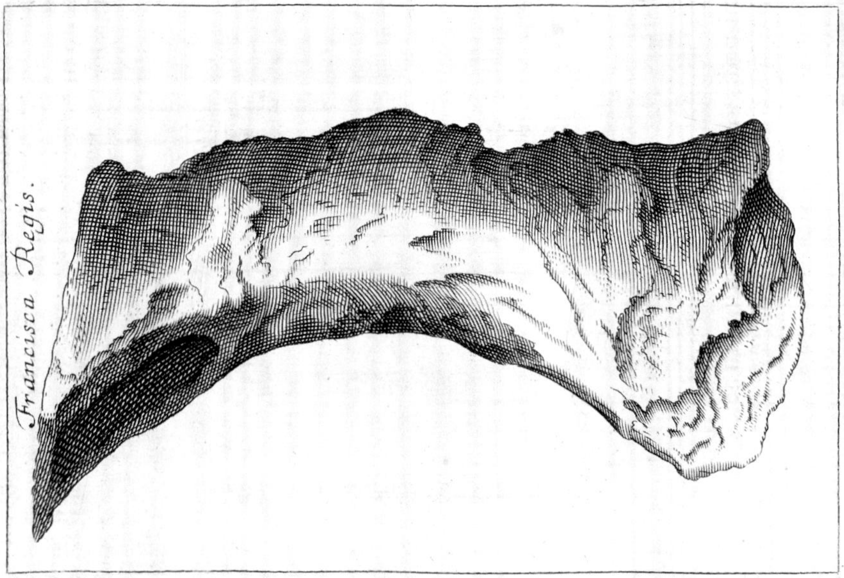

Abb. 127 *Eiserne Franziska aus dem Childerichgrab. – Nach Chiflet 1655, 210.*

mige Platten mit Zellendekor gehörten zur Schuhgarnitur. Erwähnt sei außerdem ein sehr einfacher Ring aus Gold, der an moderne Eheringe erinnert, sowie eine zoomorphe Taschenschließe aus goldenem Zellendekor mit roten Granaten. Zu ihr muß man ohne Zweifel eine kleine, nierenförmige Schnallenplatte ebenfalls mit Zellendekor als Aufhänge- oder Schließvorrichtung hinzufügen.

Bei den erhaltenen Waffen aus dem Beigabenensemble des Childerich handelt es sich um folgende Stücke: Eine Lanze mit kurzer Tülle und rautenförmigem Blatt, die sogenannte *francisca als* Wurfaxt, ein Schwert in Form einer zweischneidigen *spatha* und einen Sax. Lanze und Wurfaxt gehören zu den in Nordgallien zu Beginn der Merowingerzeit gängigen Typen. Das Schwert wies eine Parierstange und einen Griffknopf mit goldenem Zellenwerk und Granateinlagen auf. Das obere Ende des Griffes war von einem gegliederten Goldblech bedeckt. Die Scheide hatte ein Mundband mit Zellendekor von roten Granaten und ein U-förmiges Ortband, von dem sich nur die halbzylindrischen, schildförmigen Enden der Schienen erhalten haben. Zum Ortband könnte die Applike aus Zellenwerk mit einander zugewandten Vogelköpfen gehört haben; schließlich gehörten zur Schwertscheide noch die Halter für die Aufhängung des Schwertriemens. Nach K. Böhner soll die große Schnalle aus massivem Gold, die mit einem Schnallendorn mit Basisplatte und nierenförmigem Beschlag mit Zellendekor und roten Granaten versehen ist, mit diesem Schwertriemen zusammenhängen; ein Knopf mit Zellendekor und kanelliertem Rand könnte zu einem Schwertgehänge, das am Schwertgriff befestigt war, gehört haben. Vom Sax kennt man nur das abgewinkelte Zierstück der Scheide und das Ortband. Beide sind reich verziert mit Zellenwerk und roten Granaten. Die Klinge ist verloren, sie war aber ohne Zweifel relativ kurz und besaß nur eine einseitige Schneide, wie dies bei den Sekundärwaffen üblich ist, die in den Fürstengräbern der zweiten Hälfte des 5. Jahrhunderts und der Zeit um 500 (beispielsweise in Pouan, Dép. Aube, und Lavoye, Dép. Meuse) die Schwerter begleiten. Auch die Form der Scheide erlaubt es, eine kurze Waffe zu rekonstruieren, die am Gurt durch zwei Riemen befestigt war, deren einer vom abgewinkelten Mundband, der andere aber vom Ortband ausging. Ein runder Endknauf mit Zellendekor war vielleicht ebenfalls Bestandteil des Saxes.

Böhner wies, indem er sich auf verschiedene Parallelen in Zentraleuropa stützte, etwa aus Apahida in Siebenbürgen, eine gewisse Anzahl von Objekten mit Zellendekor dem Zaumzeug von Childerichs Pferd zu: Appliken, Knöpfe, Schnallen sowie die berühmten Bienen (etwa dreißig an der Zahl) und die Applike in Form eines Stierkopfes. Diese Zuweisung wurde von Werner bestritten. Er sah in den Bienen und in der Stierkopf-Applike Zierstücke vom Brokatmantel, von dem Chiflet sprach.

Das Grab hat um die 200 Silbermünzen aus der mittleren Kaiserzeit und mehr als 100 Goldsolidi geliefert. Letztere lagen ursprünglich in einer Art Geldbeutel, dessen Leder vergangen war. Chiflet prüfte 90 oder 91 Münzen, von denen zwei Exemplare des Theodosius II. (402–450) die ältesten sind, während zu den jüngsten 15 Exemplare von Zeno (474–491) und eines von Zeno und Leo zählen, dazu zwei von Basiliscus und Marcus (476–477). Mehr als die Hälfte der Münzen stammte aus der Regierungszeit von Leo I. (58 Exemplare), zwei von Valentinian III., acht von Marcian und einer von Nepos. Von 14 der beschriebenen Münzen, stammen zwölf aus Constantinopel, eine aus Thessaloniki und eine aus Ravenna.

Die Ähnlichkeit der Beigaben des Childerichgrabes mit denen der Gräber ostgermanischer Fürsten aus dem Donauraum, die aus den Funden von Blucina in Mähren sowie Apahida und Cluj-Someseni in Siebenbürgen bekannt sind, ist augenfällig. Diese Tatsache hat die Forscher dazu veranlaßt, Kontakte zwischen dem merowingischen Hof und den Königshäusern aus dem Donauraum anzunehmen, das heißt somit einen donauländischen Einfluß auf die aristokratische Kultur des Abendlandes zu postulieren. Dieser Einfluß konnte auch ein indirekter gewesen und über Thüringen erfolgt sein. Man weiß in der Tat, daß Childerich in seiner Jugend eine lange Exilperiode am thüringischen Hofe zugebracht hat. Die neuesten Forschungen von Birgit Arrhenius zeigten die Rolle der ostmediterranen Tradition bei der Verbreitung reicher Objekte, die mit Zellentechnik und Granateinlagen verziert sind, im barbarischen Europa auf. Nach ihrer Ansicht stammt das Beigabenmaterial mit Zellenschmuck aus dem Childerichgrab ebenso wie das der Fürstengräber aus dem Donauraum aus einer Werkstatt in Constantinopel. In der Tat ist der Sax des Childerich eine Waffe byzantinisch/sassanidischen Ursprungs. Außerdem haben die Ziermotive des Zellenschmucks aus dem Childerichgrab zahlreiche Parallelen im Mittelmeerraum. Diese Verbreitung mediterraner Mode, die vom Hofe in Constantinopel ausgeht, im fränkischen aristokratischen Umfeld würde sich nach H. W. Böhme durch die Loyalität Childerichs gegenüber dem byzantinischen Kaiser erklären; die Liste der im Childerichgrab gefundenen Goldsolidi würde die Kontakte mit dem Ostreich bestätigen.

Man kann jetzt aber diesen beiden Hypothesen, der »donauländischen« und der »byzantinischen«, eine dritte an die Seite stellen. Es wird nach den neusten Arbeiten in der Tat immer klarer, daß die Objekte

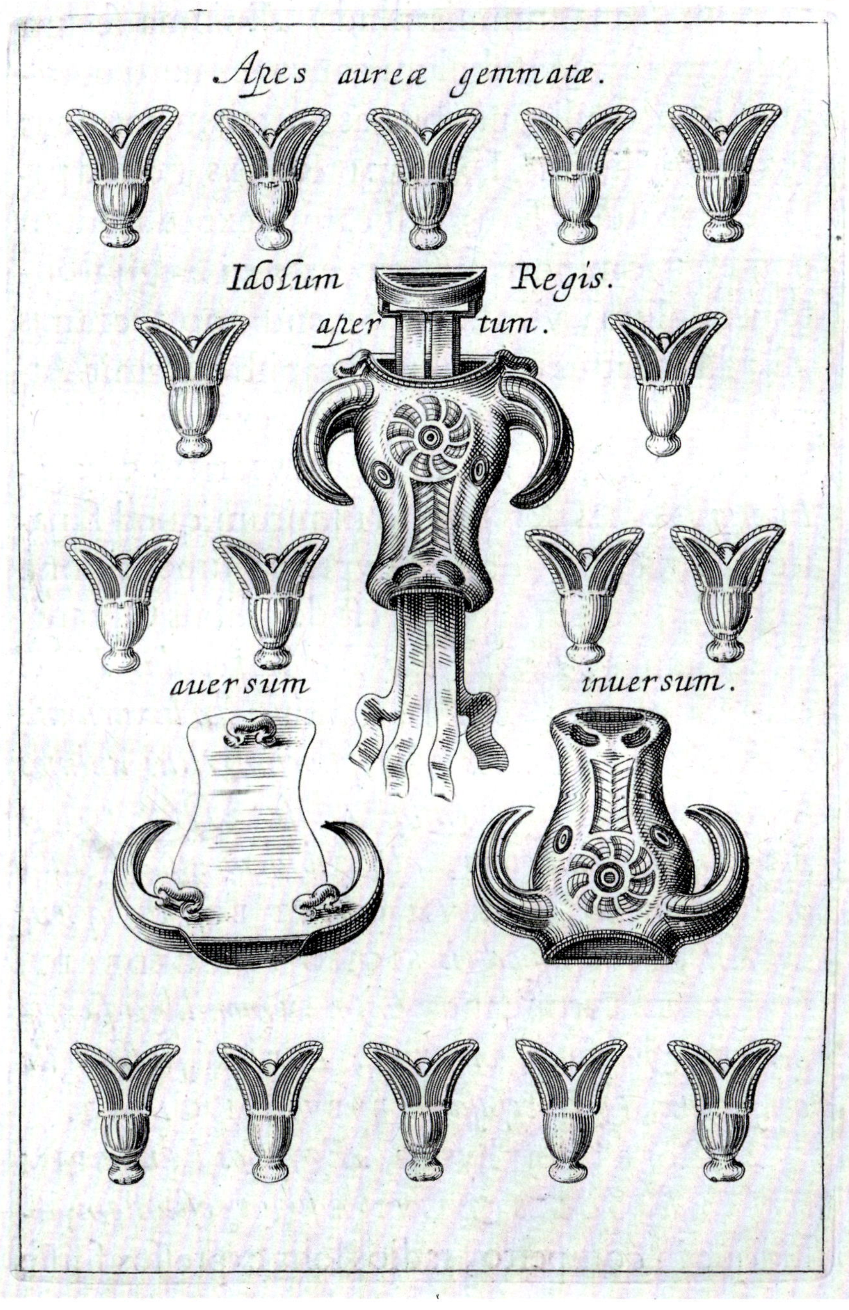

Abb. 128 *Bienenförmige Beschläge und Stierkopfanhänger aus Gold mit Almandineinlagen. Diese Stücke schmückten vermutlich das Zaumzeug von Childerichs eigenem Pferd, das demnach – entsprechend thüringischem Brauch – über seiner Grabkammer beigesetzt war. Nach dem Einsturz der Holzkammer fielen diese Beschläge in die Grabkammer, wo sie dann nicht mehr von der übrigen reichen Ausstattung Childerichs zu trennen waren. – Nach Chiflet 1655, 141.*

Abb. 129 Römische Goldmünzen aus dem Childerichgrab. – Nach Chiflet 1655, 252.

Abb. 130 Goldmünzen aus dem Childerichgrab. – Nach Chiflet 1655, 261.

Abb. 131 Gelochte Münzen aus dem Childerichgrab, in der oberen Reihe Silber, unten Gold und Bronze. – Nach Chiflet 1655, 286.

mit Zellendekor aus dem Childerichgrab mediterranen Ursprungs sind. Daher müssen die Kontakte zwischen Childerich und Constantinopel noch einmal überprüft werden. Die schriftlichen Quellen berichten darüber nichts. Es ist auch wenig wahrscheinlich, daß der Kaiser des Ostreiches sich für Childerich interessiert hätte, einen der »Kriegsherren« in Nordgallien, der ohne spezielle Bedeutung war, so daß man kaum direkte Kontakte mit ihm herzustellen brauchte. Auch das Vorhandensein von Goldmünzen aus dem Ostreich im Childerichgrab ist kein Beweis. Der Schatzfund von Reggio Emilia in Italien mit seinen ostgermanischen Gegenständen und einer römischen Zwiebelknopffibel enthielt ebenfalls in der Mehrzahl byzantinische Münzen. Der Schatzfund von Zercona, ebenfalls in Italien, weist neben Prägungen aus dem Westen auch solche von Marcian, Leo I., Leo II., Zeno und Basiliscus, also von lauter Kaisern des Ostreiches aus der zweiten Hälfte des 5. Jahrhunderts auf. Diese Münzen liefen offensichtlich bis zu einem bestimmten Grad im Westen um. Man kann voraussetzen, daß die Objekte mit Zellendekor aus dem Childerichgrab eher die Mode der barbarisierten Militäraristokra-

Abb. 132 *Römische Silbermünzen aus dem Childerichgrab. – Nach Chiflet 1655, 286.*

wie etwa die von Altlußheim (Rheintal) oder von Beja (Portugal), die zu militärischen Führern barbarischen Ursprungs im Dienste Roms gehörten, belegen dies. Diese Mode existierte im militärischen Umfeld im dritten Viertel des 5. Jahrhunderts, also in dem Zeitraum der Aktivitäten Childerichs. Als Beispiel sei das Grab von Pouan in der Champagne angeführt, das einer Militärperson barbarischen Ursprungs gehörte, die in der Armee Nordgalliens diente, oder das Grab von Capraia, das erst vor kurzem in der Toscana entdeckt worden ist. Letzteres enthielt eine Spatha und Gürtelbeschläge mit Zellendekor, deren einer im Childerichgrab eine Parallele hat. Das Grab von Capraia ist der direkte Beleg für die Mode der Militäraristokratie während der zweiten Hälfte des 5. Jahrhunderts. Schnallenbeschläge mit Zellendekor, die in Italien gefunden wurden, wie solche mit den Fundortbezeichnungen Aquasanta, »Italien«, »La Lima«, Pavia, Tortona, »Lombardei«, sind denen, die zur Tracht der militärischen Führer in Nordgallien in der zweiten Hälfte des 5. Jahrhunderts und zu Beginn des 6. Jahrhunderts gehörten, sehr ähnlich. Ein Ortband vom Typus Samson, das charakteristisch ist für die Prunkschwerter im Nordgallien der zweiten Hälfte des 5. Jahrhunderts, stammt aus Verona. Die Zwiebelknopffibel Childerichs ist mit der aus Reggio Emilia identisch. Das alles belegt die Ähnlichkeiten zwischen der barbarisierten Militäraristokratie Italiens und Nordgalliens zur Zeit von Ricimer bis Odoaker bzw. von Childerich bis Chlodwech. Dieselbe Mode dringt vor zu den Barbaren, die Nachbarn des Westreiches sind, wie das Adelsgrab von Esslingen-Rüdern belegt. Andere Gürtelschnallen mit Zellendekor, vergleichbar denen aus dem Childerichgrab, wurden im Rheintal,

tie des Westreiches aus der zweiten Hälfte des 5. Jahrhunderts widerspiegeln. Erinnern wir daran, daß Childerich in seiner Eigenschaft als römischer General zu dieser Aristokratie gehörte. Seine Kontakte mit dem Hof in Ravenna sind im übrigen durch die schriftlichen Quellen gut belegt: Nach Gregor von Tours (*Historia Francorum* II,19) schloß Childerich ein Bündnis mit Odoaker.

Objekte mit Zellenschmuck aus dem 5. Jahrhundert sind im westlichen Mittelmeerraum gut belegt. Diese Ausstattungsstücke sind seit der ersten Hälfte des 5. Jahrhunderts bei der barbarischen Militäraristokratie des Westreiches in Mode. Die Gräber mit Spatha-Beigabe,

Abb. 133 *Römische Bronzemünzen aus dem Childerichgrab. – Nach Chiflet 1655, 278.*

vor allem in Bislich bei Wesel, in Wiesbaden und Speyer gefunden.
Childerich wurde in seiner Eigenschaft als römischer General zwangsläufig von dieser Modeströmung berührt. Er war vielleicht der erste, der sie unter den Franken einführte. In der Tat wurde die Ausstattung Childerichs zum Prototyp derjenigen der merowingischen Aristokratie im letzten Viertel des 5. und zu Beginn des 6. Jahrhunderts. Ausstattungsstücke im Zellendekor sind seit dem Beginn der merowingischen Periode bei den Anführern nach Aussage der Gräber, etwa von Lavoye (Dép. Meuse), Flonheim in Rheinhessen, Gültlingen (Kr. Calw), weit verbreitet. Bei diesen Gräbern handelt es sich effektiv um vereinfachte Wiederholungen der Ausstattung des Childerich-Grabes. Es versteht sich, daß das Ansehen der donauländischen Könige und der Prunk des fernen Hofes zu Constantinopel zur Ausbreitung des Zellendekors bei den Franken beigetragen haben. Es scheint aber dennoch weitaus logischer, den Ursprung dieser neuen Mode im Westen zu suchen, und hierin westmediterrane Tradition zu sehen.

Literatur: Arrhenius 1985. – Bierbrauer 1975, 302 ff. mit Taf. 32. – Böhme 1994. – Böhner 1980. – Brulet 1990; 1995. – Brulet u. a. 1991. – Christlein 1972. – Ducci/Ciampoltrini 1991. – Dumas 1982. – Kazanski 1982; 1991; 1994. – Kazanski/Périn 1988. – Menghin 1983, Karte 18. – Périn 1995a. – Werner, J. 1971.

Die Taufe Chlodwigs

Alain Dierkens

Chlodwig ist Christ geworden, ein Katholik, durch eine Taufe, die ihm in Reims vom hl. Remigius gespendet wurde, an einem Weihnachtstag, vielleicht im Jahr 508. Das Datum ergibt sich einerseits aus der Überprüfung der Schilderung Gregors anhand anderer merowingischer Quellen, andererseits aus der inneren Logik, nach der die Wahl des katholischen Glaubens einer wirkungsvollen Machtausübung in einem überwiegend katholischen Gallien entsprach. Noch im Jahre 508 erhielt Chlodwig die Anerkennung seiner Macht durch den oströmischen Kaiser.

Gegen 481/482, bei der Thronbesteigung Chlodwigs als König der salischen Franken, ist Gallien seit fast einem Jahrhundert offiziell christlich. In der gesamten römischen Welt ist das Christentum in der Tat seit der Herrschaft des Theodosius am Ende des 4. Jahrhunderts Staatsreligion und in eben diesem unübersichtlichen Verwaltungsnetz des Reiches wird es sich erweitern. Insbesondere vermischen sich die grundlegenden religiösen Verwaltungsbezirke, nämlich die Bistümer, mit den *civitates* und auf der unmittelbar darüberliegenden Ebene, das heißt auf der Ebene der Provinzen, überwachen und koordinieren Metropoliten, die zukünftigen Erzbischöfe, die Tätigkeit der unter ihre Jurisdiktion gestellten Bischöfe. Diese Grundstrukturen erfahren während der folgenden Jahrhunderte keine wesentliche Änderung.

Zudem und nach langen theologischen und politischen Auseinandersetzungen ist das Christentum in seiner katholischen, auf dem Konzil von Nicäa verfaßten Form die einzig autorisierte Religion; die anderen christlichen Glaubensauffassungen – insbesondere der Arianismus, der in der Dreifaltigkeit den Sohn dem Vater unterordnet – werden als häretisch angesehen und in dieser Hinsicht ohne Berufung verurteilt. Es wurden jedoch Ausnahmen gestattet für die germanischen Völkerschaften, die als Folge eines *foedus*, eines durch den Kaiser garantierten Abkommens, und im Austausch für eine Beteiligung am öffentlichen Leben Roms im Rahmen der *hospitalitas* von Ländereien und Erträgen im Herzen des Reiches profitierten. Diese verbündeten Völker konnten ihren König, ihr Recht, ihre Sitten und ihre Religion bewahren. Ebenso blieben einige Völker, wie Westgoten, Ostgoten, Burgunden, die im mittleren 4. Jahrhundert zum Christentum übertraten – das heißt vor dem Konzil von Nicäa – nach ihrer Eingliederung in die Grenzen des Reiches arianisch. Andere Volksgruppen, die nicht von den christlichen Missionen betroffen waren, da sie immer noch jenseits des *limes* lebten, fuhren fort, ihre traditionelle und heidnische Religion auszuüben; allem Anschein nach war dies der Fall bei den Franken und den Alamannen. Um die zum Teil kaum durchschaubare Verschiedenartigkeit des religiösen Status zu verstehen – und um daher die Taufe Chlodwigs richtig in ihren Zusammenhang einzuordnen –, ist es unverzichtbar, sehr kurz die allgemeine Geschichte wieder ins Gedächtnis zu rufen.

Die Schwächung der kaiserlichen Macht im Westen, die im Lauf des 5. Jahrhunderts immer deutlicher wird, hat offensichtlich in den Provinzen und Städten eine Machtzunahme der Mitglieder des römischen senatorischen Adels begünstigt, welche die hohen Ämter völlig – oder fast ganz – für sich in Anspruch nahmen. Auf dieselbe Weise hat die Schwächung die Autonomie der verbündeten Völker verstärkt. Andererseits bleibt es dabei, daß die Existenz eines Kaisers an der Spitze der Verwaltungspyramide und als Garant für die mit den Verbündeten abgeschlossenen Verträge genügte, um einen Zusammenhalt mit der Regierung des *pars Occidentis* des Reiches beizubehalten. 476 wurde Romulus Augustulus abgesetzt, von dem man offensichtlich noch nicht wußte, daß er der letzte weströmische Kaiser vor Karl dem Großen im Jahr 800 sein würde. In den Jahren nach der Absetzung des weströmischen Kaisers kam es zu erheblichen Verwirrungen, denn die Verwaltungen mußten sich neu orientieren und organisieren, was auf eine Regionalisierung hinauslief. Die einen, Mitglieder der alten Aristokratie und durch den Kaiser oder die Zentralgewalt auf Schlüsselposten berufen, versuchten das System zu erhalten, so wie es ihnen anvertraut worden war, aber sie versäumten es nicht, weitestgehend von ihrer verstärkten Unabhängigkeit zu profitieren; die anderen, Könige und verbündete Völker, sahen im Fehlen einer Zentralgewalt die Chance, ihre Autonomie zu stärken, oder sogar die Möglichkeit, die gesamten Bewohner des Territoriums, das ihnen durch die *hospitalitas* zugestanden worden war, zu regieren.

Das Ende des 5. Jahrhunderts ist somit von Konflikten gekennzeichnet; es mußte das Westreich ohne einen Kaiser geführt werden oder vielmehr unter Berücksichtigung der theoretischen Autorität eines Kaisers im Osten, aber ohne daß die Existenz eines fernen Kaisers die Tatsache einer gewachsenen lokalen oder regionalen Macht bedrohte. Sollte man die Ernennung eines neuen Kaisers, welche die Rückkehr zum früheren Zustand nach

sich zog, erhoffen oder fürchten? Sollte man im Gegenteil auf das endgültige Verschwinden des Kaiseramtes setzen und das in Kraft befindliche politische System überdenken?
Wie dem auch sei, es gab jedes Interesse daran, schnellstens die Machtbeziehungen zu klären und soweit als möglich bestehende Strukturen zu erhalten, zum Beispiel was die Straßen anbelangt, die Steuererhebung oder die Ausübung der Religion. Die Herrschaft Chlodwigs, Sohn eines kurz nach den Ereignissen von 476 verstorbenen verbündeten Königs, des *rex Francorum* Childerich, der bis zu seinem Tod gegen 481 Heide geblieben war, läßt sich nur gemäß diesen Vorbemerkungen verstehen.

Die Taufe Chlodwigs nach Gregor von Tours

Die Dokumentationslage zu Chlodwigs Herrschaft stellt ein größeres Problem dar; es ist noch kritischer als bei den anderen zeitgenössischen germanischen Königen, wie dem Ostgoten Theoderich oder dem Westgoten Alarich II. Das Gerüst unserer Kenntnisse hängt nämlich fast ausschließlich von einem einzigen Text ab, den *Decem Libri Historiarum*, die – in Abschnitten – von Bischof Gregor von Tours zwischen 576 und 594 geschrieben worden sind. Die Herrschaft Chlodwigs ist das Thema des zweiten Teils von Buch II, das anscheinend zwischen 576 und 580 verfaßt worden ist, das heißt fast 70 Jahre nach dem Tod Chlodwigs. Obendrein hat Gregor die Chronologie der Herrschaft gemäß einem Schema von Zeiträumen von 5 Jahren konzipiert, die in der Mitte der Regierungszeit mit der Taufe des Königs kulminiert: Seine Chronologie hat sich in zahlreichen Punkten als ungenau erwiesen und ist offenkundig durch den Bischof von Tours neu geschaffen worden, um aus Chlodwig den König eines von Gott auserwählten Volkes zu machen. Dennoch kann man die von Gregor von Tours gelieferten Informationen nicht außer acht lassen, nicht weil der Historiker ohne sie ohne Quellen wäre – dies wäre offenkundig kein triftiger Grund im Hinblick auf die historische Kritik –, sondern weil man in zahlreichen anderen Punkten weiß, daß sie auf gesicherten Quellen beruhen oder daß ihre Überprüfung anhand ande-

Abb. 134 *Der hl. Remigius bereitet den knienden Chlodwig auf die Taufe vor. Remigius (437–533) wurde mit 22 Jahren zum Bischof gewählt und blieb in seinem Amt bis ins hohe Alter von 96 Jahren. Grabmal des hl. Remigius von 1847 mit den Statuen des älteren Grabmals von 1537 in St-Rémi, Reims. – Foto Reiss-Museum.*

Abb. 135 Die Taufe Chlodwigs. Nördliches Querhaus der Kathedrale von Reims, Galerie de Gloria im Tympanon, um 1225/30. – Foto Reiss-Museum.

rer zeitgenössischer Texte ihren nicht zu verleugnenden Wert zeigt.

Es empfiehlt sich also, Gregor von Tours kritisch und aufmerksam zu lesen, sich vorzugsweise an die erhaltenen zeitgenössischen Texte zu wenden – insbesondere an einige Briefe, die von Bischöfen oder von Chlodwig nahestehenden Herrschern stammen – und, wenn möglich, den archäologischen Kontext nicht außer acht zu lassen. Wie man hier vermuten kann, hat die Bibliographie zum Werk des Gregor von Tours einen beträchtlichen Umfang. Es ist ausgeschlossen, hier die Abstufungen eines schwierigen und verwickelten Problems darzustellen. Ich werde mich mit einigen kräftigen Linien begnügen.

Hier also die von Gregor dargebotene Version nach *Decem Libri Historiarum*, II,29–31:

Chlodwig, der auf seinen Vater Childerich gefolgt war, hatte die Ausweitung des salischen Königreiches begonnen; im fünften Jahr seiner Herrschaft hatte er Soissons eingenommen. In diesem Zusammenhang schildert eine wohlbekannte Episode, wie Chlodwig sich bemühte, einen Krug zurückzuerhalten, der Teil der Beute gewesen war, um ihm dem Bischof zu geben, der ihn von ihm gefordert hatte, vermutlich war dies der Bischof von Soissons, auch wenn spätere Quellen ihn mit Remigius von Reims identifizieren. Dieser Wunsch illustriert die Sympathie des noch heidnischen Chlodwig für die katholische Kirche. Etwas später heiratet Chlodwig eine katholische burgundische Prinzessin, Chrodechilde. Diese versucht ihren Mann zum Katholizismus zu bekehren, aber vergeblich. Gregor von Tours verfaßt bei dieser Gelegenheit einen Diskurs, den er in den Mund Chrodechildes legt, in

dem das Heidentum in interessanten Begriffen verurteilt wird.
Obwohl Chlodwig Heide war, widersetzte er sich nicht der Taufe des ersten ihrer Söhne, aber dieser stirbt wenig später. Dies ist die Gelegenheit für Gregor, einen neuen exemplarischen Dialog zu verfassen, der Chrodechilde zugeschrieben wird. Ein zweiter Sohn wird seinerseits getauft. Chrodechilde führt ihr Werk der Bekehrung fort, das bis zu dem Moment erfolglos bleibt, als, im Laufe einer Schlacht mit den Alamannen, Chlodwig im Begriff ist, eine aufsehenerregende Niederlage zu erleiden. Er beruft sich daher auf die Wirkungskraft und den Schutz des »Gottes von Chrodechilde« und verspricht, im Falle eines Sieges Christ zu werden und sich taufen zu lassen. Das Schicksal wendet sich; der König der Alamannen wird getötet, die Alamannen fliehen, danach unterwerfen sie sich. Nach dem Sieg läßt Chlodwig heimlich Remigius, Bischof von Reims, kommen und bittet ihn um Unterweisung in den christlichen Werten. Nachdem er einmal bereit ist, die Taufe zu empfangen, überzeugt er ohne Schwierigkeit seine Truppen. Das Baptisterium wird vorbereitet, denn die Taufe geschah damals durch Eintauchen in ein richtiges Taufbassin, und nicht durch Benetzung am Taufbrunnen; das Gebäude wird prunkvoll geschmückt. Chlodwig wird zuerst getauft: »Chlodwig, der neue Constantin, tritt zum Becken vor, um sich von der Krankheit eines alten Aussatzes zu heilen und um mit frischem Wasser frühere Schmutzflecken zu beseitigen.« Remigius wendet sich an Chlodwig und bittet ihn, *dimittere colla*, das heißt – gemäß derjenigen Übersetzung, für die man sich entscheidet – seine Demut zu beweisen und den Kopf zu neigen oder seine Ketten abzulegen, womit – so merkt man gerne an – seine Waffen und sein Schmuck gemeint sind. Mehr als 3000 Franken aus der Armee Chlodwigs folgten ihrem König zur Taufe, von der Gregor genau erklärt, daß sie im Namen des Vaters, des Sohnes und des Heiligen Geistes gespendet wurde, das heißt gemäß dem katholisch nicäischen Ritus, und nicht gemäß dem arianischen Ritus, der eine Unterordnung des Sohnes unter den Vater festlegte und die Gleichheit der drei Personen der Dreifaltigkeit nicht anerkannte.
Nachdem Chlodwig einmal getauft ist, begünstigt er die katholische Kirche durch viele Maßnahmen. Insbesondere macht er Schenkungen an den hl. Martin von Tours und zeigt eine besondere Ergebenheit gegenüber dem hl. Hilarius von Poitiers, der sich 150 Jahre früher im Kampf gegen die Arianer ausgezeichnet hatte. Nicht weit von Poitiers, vermutlich bei Vouillé (wahrscheinlich bei Voulon, Dép. Vienne), stellt er sich im 25. Jahr seiner Herrschaft der Armee der Westgoten, die von König Alarich II. angeführt wird. Jene waren Arianer, und Gregor von Tours stellt den Krieg als einen Religionskrieg zwischen Katholiken und Arianern dar. Folglich erscheinen der Tod Alarichs und der Sieg Chlodwigs als ein Triumph des katholischen Bekenntnisses.
Chlodwig verbringt anschließend den Winter in Bordeaux, kehrt nach Tours zurück, wo er vom byzantinischen Kaiser Anastasius die Insignien des Konsulats erhält. Er feiert seinen Triumph auf römische Art. Das Ende der Regierungszeit Chlodwigs ist von Siegen über verschiedene fränkische Könige – von Köln, Cambrai, Le Mans – gekennzeichnet. Er stirbt in Paris und läßt sich »in der Basilika St-Apôtres, die er selbst zusammen mit der Königin Chrodechilde erbaut hatte«, begraben. Er hatte 30 Jahre lang regiert. Nachdem Chrodechilde Witwe geworden war, zog sie sich nach Tours zurück und blieb dort bis zu ihrem Tod und zu ihrem Begräbnis an der Seite ihres Mannes in Paris im Dienst des hl. Martin.

Die Taufe Chlodwigs: Einige kritische Bemerkungen

Anfänglich akzeptierten fast alle Historiker das von Gregor von Tours geschilderte Szenario. Ebenso übernahmen sie das Datum – Weihnachten 496 – fast übereinstimmend. Dagegen bleibt es dabei, daß die Überprüfungen von anderen merowingischen Quellen kaum ein blindes Vertrauen in die Äußerungen Gregors von Tours fördern.
Wohl stehen gewisse Punkte anscheinend fest: 1. die guten Beziehungen zwischen Remigius von Reims und Chlodwig seit dessen Herrschaftsbeginn; 2. die Taufe an einem Weihnachtstag in Reims und nicht in Tours, wie es Bruno Krusch einmal vorgeschlagen hatte; 3. Chlodwig war spätestens am Ende seiner Regierungszeit Katholik; 4. bestattet wurde er in der Apostelkirche in Paris 511.
Im Gegensatz dazu sind das Datum und die Umstände der Taufe bei weitem nicht gesichert. Das Hauptargument gegen den Bericht Gregors kommt aus einem leider undatierten Brief des Bischofs Avitus von Vienne, also aus burgundischem Gebiet, an Chlodwig; darin gratuliert Avitus Chlodwig zu seiner Taufe und teilt ihm sein Bedauern mit, daß er nicht an der Zeremonie teilnehmen konnte, zu der er jedoch eingeladen war. Aber, bevor ich detaillierter auf diesen Brief zurückkomme, ist – entsprechend den Untersuchungen von Ian Wood – auf die bösartig anti-arianische Einstellung des Gregor von Tours hinzuweisen und sind die ihm für seinen Bericht über die Taufe zur Verfügung stehenden Quellen zu beachten.
Um diese Taufe zu beschreiben, hat Gregor von Tours eine *Vita* des hl. Remigius von Reims gelesen, einen heute verlorenen Text, der aber kurz nach dem Tod des Bischofs verfaßt worden sein mußte, also kurz vor 550. Vielleicht hat er ebendort

das Bild von Chlodwig, dem neuen Constantin, gefunden, auf das er in seiner Erzählung zurückgreift. Dieser Vergleich, der sich sowohl auf die Entscheidung zur Taufe (Milvische Brücke und »Tolbiacum«-Zülpich) wie auch auf die Taufe selbst bezieht, ist jedoch nicht in dem Maße ausgewertet worden, wie man es hätte tun können: Gregor von Tours, der sich auf die Berichte des hl. Hieronymus stützte, war überzeugt, daß Constantin bekehrt und arianisch getauft worden war. Er hat daher auf diesem sensiblen Gebiet nicht stärker nachfragen wollen. Gregor hat möglicherweise auch von einer mündlichen Tradition profitiert, die auf Chrodechilde zurückgehen könnte, die mehr als 20 Jahre am Grab des hl. Martin von Tours verbrachte. Er hat wahrscheinlich einen Brief gelesen, den Nicetius von Trier gegen 563/565 der Enkelin Chlodwigs, Chlodoswinth, schrieb, die mit Alboin, dem König der Langobarden, verheiratet war: Nicetius erinnerte Chlodoswinth an das Beispiel Chrodechildes und, indem er ihr aufzeigte, inwieweit die Bekehrung Chlodwigs für den Erfolg des fränkischen Königreiches gewinnbringend gewesen war, bewegte er sie dazu, ihren arianischen Mann zum Katholizismus zu bekehren. Auf dieser Grundlage hat Gregor offenkundig die Geschichte Chlodwigs umgearbeitet, um aus ihm den Vermittler von Gottes Plan auf Erden zu machen.

Ian Wood hat in einem bemerkenswerten Aufsatz zunächst mit Recht daran erinnert, daß der Erfolg Chlodwigs gegen die Westgoten nicht von einer vorangegangenen Taufe abhängig war und daß Gregor von Tours an anderer Stelle in dem Bericht bewußt die Chronologie bestimmter Elemente dieses Konflikts verfälscht hat. Chlodwig wurde nicht von allen Bewohnern des westgotischen Königreichs, auch nicht von den katholischen, als Befreier empfunden. Alarich II. war nicht der dem katholischen Glauben systematisch

Abb. 136 *Kopf Chlodwigs von der Galerie de Gloria am nördlichen Querhaus der Kathedrale von Reims. Palais du Tau, Trésor de la Cathédrale. – Foto Reiss-Museum.*

feindlich gesinnte König, wie Gregor vorgibt; die 506 – ein Jahr vor Vouillé/Voulon – erfolgte Herausgabe des Breviariums von Alarich – einem Rechtscodex, der anfangs für die Gallo-Romanen bestimmt war, die unter westgotischer Herrschaft lebten – zeigt eine vielmehr aus Übereinkünften bestehende Führung etc. Außerdem impliziert die Chronologie der Korrespondenz des Avitus, daß der Brief an Chlodwig, von dem ich zuvor gesprochen habe, nicht vor 501 geschrieben sein kann. 501 bietet nun einen *terminus post quem* für die besagte Taufe, da dieser Brief nicht viel später nach der Taufe verfaßt sein kann. Eine Passage in diesem Brief spielt auf Griechenland an, das heißt auf das byzantinische Reich. Die Mehrzahl der Historiker sieht darin einen Hinweis auf die Genugtuung des byzantinischen Kaisers, einen König des Westens den katholischen Glauben annehmen zu sehen. Ian Wood zieht es dagegen vor, darin eine Anspielung auf die Bewilligung des Konsulats für Chlodwig 508 in Tours zu sehen. Die Überprüfung eines Briefes von Cassiodor würde erlauben, einen entscheidenden Feldzug gegen die Alamannen etwa 506 oder 507 festzulegen. Schließlich spielt ein anderer, diesmal an den Papst adressierter Brief des Avitus auf die Bekehrung eines arianischen oder vom Arianismus angezogenen Königs zum Katholizismus an, den man gemeinhin mit dem Burgunden Sigismund identifiziert. Ian Wood zeigt aber, daß dieser König eben nicht Sigismund sein kann, sondern daß es sich dabei wahrscheinlich um Chlodwig handelt. Kurzum, am Ende einer umfassenden Diskussion (die ich aber insgesamt überzeugend finde) datiert Ian Wood die Taufe Chlodwigs auf Weihnachten 508.

Diese neue Datierung zieht eine Reihe von Komplikationen nach sich. Besonders ist nach der Religion Chlodwigs vor seiner Taufe durch Remigius zu fragen. Die Begriffe in den Briefen des Avitus an Chlodwig und an den Papst suggerieren, wenn nicht eine formelle Angehörigkeit zum Arianismus, so wenigstens eine mögliche Sympathie für diese religiöse Auffassung. Zu Recht erinnert Ian Wood daran, daß mindestens eine Schwester Chlodwigs arianisch war und daß Avitus anläßlich ihrer Bekehrung zum katholischen Glauben eine Predigt verfaßt hat, die heute verloren ist, aber Teil der Sammlung der Werke von Avitus war, die Gregor von Tours wahrscheinlich gelesen hat (*De conversione Lenteildis Chlodovaei sororis*).

Wie dem auch sei, die Unterstützung der katholischen Kirche durch Chlodwig – die bereits von Remigius von Reims in einem Glückwunschschreiben zur Ankunft 481/482 erbeten worden ist – reiht sich in die logische Folge der Kontinuität der römischen Macht in einem Teil des Reiches ein. In diesem Brief spielt Remigius auf das der Kirche gegenüber positiv eingestellte Handeln von Childerich, Chlodwigs Vater an, der sicher Heide war. Außerdem sind, sowohl im burgundischen Königreich wie in den west- und ostgotischen Königreichen, jede Menge Beispiele für ein wohlwollendes Zusammenarbeiten zwischen einem arianischen König und einer katholischen Episkopalhierarchie vorhanden. Selbst das Edikt, das Chlodwig 506, »auf dem Weg« nach Vouillé/Voulon, erließ und durch das er die Geistlichen und die Witwen unter seinen Schutz nimmt, erklärt sich leicht ohne eine bereits erfolgte Taufe Chlodwigs. Wie die Schenkungen an den hl. Martin oder der Abstecher zum Grab des hl. Hilarius von Poitiers wäre also dieses Edikt dazu bestimmt gewesen, die Unterstützung der Katholiken – und insbesondere der Bischöfe und der gallo-romanischen, überwiegend katholischen Bevölkerung – vor der Auseinandersetzung mit den Westgoten zu erbitten. Wenn man akzeptiert, daß Chlodwig sich entschieden hat, die Taufe im Laufe einer Schlacht gegen die Alamannen zu erbitten und daß diese gegen 506 stattgefunden hat, müßte man also zugeben, daß Chlodwig, selbst wenn er noch nicht getauft war, schon damals seine Entscheidung getroffen haben müßte. Tours und Poitiers wären also gleichzeitig politische und religiöse Stationen vor der großartigen Taufzeremonie 508 in Reims.

Einige religiöse Aspekte der Herrschaft Chlodwigs I.

Als Chlodwig 482 dazu aufgerufen worden ist, die Nachfolge seines Vaters Childerich anzutreten, schrieb Remigius Chlodwig einen Brief, dessen Text in der *Epistolae Austrasiacae* genannten Sammlung erhalten ist. Als Bischof von Reims dehnte er seine religiöse Jurisdiktion über die verschiedenen *civitates* der Provinz *Belgica Secunda* aus, zu denen Tournai gehörte, wo Childerich begraben war. Er spricht daher aus Kenntnis der Lage, wenn er auf die guten Beziehungen anspielt, die er mit Childerich unterhalten hatte; sein Verlangen nach Fortsetzung einer harmonischen Zusammenarbeit ist kein frommer Wunsch.

Chlodwig nahm also die Ämter seines Vaters ein, eines verbündeten Königs, der nach 476 die politische Kontinuität des ihm anvertrauten Gebietes, das im Schelde-Tal lag, übernehmen sollte. Als er in Soissons einschreitet, versucht der neue König seinerseits, unter einer zusammenhängenden Macht so viele Teile des Römischen Reiches wie möglich und bestmöglich neu zu ordnen. Ein ähnliches Phänomen ist, *mutatis mutandis*, in den burgundischen, westgotischen und ostgotischen Königreichen zu beobachten. Der Wunsch nach Anerkennung durch den einzigen regierenden Kaiser – den des Ostens – ist der symbolische Reflex eines tatsächlichen Legitimationsproblems. Chlodwig mußte auf die Anerkennung seiner Macht bis 508 warten, während sich die Dinge im Italien des Theoderich deutlich früher entwickelten. Die Wahrung der römischen Institutionen berührt nicht nur die Steuererhebung oder das Festhalten an der Führungselite, oft von alter gallo-romanischen Herkunft; sie erstreckt sich völlig natürlich auf die Kirche und die Religion: Der Herrscher, Nachfolger des Kaisers – bzw. in seiner Abwesenheit sein Bevollmächtigter oder Stellvertreter – ist Garant der Staatsreligion, welche das Christentum ist und bleibt. Unter welcher Form? Man neigt dazu, der katholischen Glaubensauffassung eine unbestreitbare Vormachtstellung zuzugestehen, aber man darf nicht vergessen, daß die ersten Könige, welche die römische Zentralgewalt im Westen abgelöst hatten, Arianer waren. Die guten Beziehungen zwischen Chlodwig und Remigius – man denke dabei an die Episode mit dem Krug von Soissons – sind in gewisser Weise die Folgen einer Kontinuität, um deren Sicherung über private Interessen hinaus es sich handelte.

Die Taufe Chlodwigs rechtfertigt diese Kontinuität: War Chlodwig – wie Gregor von Tours es ausdrücklich sagt – noch Heide wie sein Vater? Hat er infolgedessen das Begräbnis seines Vaters geleitet? Hat er dabei den Ablauf übernommen oder sogar gestaltet? Oder – wozu die manchmal kühne Deutung Ian Woods einlädt – war er arianisch geworden, oder hat er zumindest gezögert und ist vom Arianismus angezogen worden? In diesem Fall konnte der Einfluß von Chrodechilde und Remigius von Reims entscheidend sein. Wie dem auch sei, die Wahl des katholischen Glaubens reihte sich in die innere Logik einer wirkungsvollen Machtausübung in einem überwiegend katholischen Gallien ein, vor allem in Anbetracht von germanischen Königreichen, deren Herrscher offen arianisch waren.

Chlodwig hat die Taufe in Reims empfangen, und zwar aus den Händen desjenigen, mit dem er seit den ersten Tagen seiner Herrschaft in Briefwechsel stand. Das Baptisterium – oder vielmehr das Taufbassin –, wo das Ereignis stattfand, scheint kürzlich unter dem Schiff der heutigen Kathedrale gefunden worden zu sein. Man wartet ungeduldig auf die Fortsetzung der Grabungen und deren wissenschaftliche Publikation.

Die historische Bedeutung der Taufe Chlodwigs

Heutzutage beurteilen die Historiker das Ende des 5. Jahrhunderts oder die merowingische Zeit nicht mehr als eine von der Barbarei, der völligen Dekadenz oder dem radikalen Verschwinden römischer Institutionen gekennzeichnete Epoche. Ganz im Gegenteil besteht man auf der Kontinuität der Strukturen und sogar auf der Kontinuität der Auffassung von öffentlicher Macht, von der *res publica*. Ebenso glaubt in religiöser Hinsicht keiner – oder fast keiner – mehr an die Vernichtung der christlichen Strukturen, an eine »Paganisierung« und danach an eine »Neuchristianisierung«. Insofern kann die Taufe Chlodwigs, des Herrschers über einen der Nachfolgestaaten des Römischen Reiches, nicht mehr als der Beginn eines neuen Prozesses oder als ein revolutionärer Gründungsakt erscheinen, der mit einem früheren Zustand bricht. Andererseits bleibt es dabei, daß die Folgen dieser Taufe und insbesondere die Entscheidung Chlodwigs für den Katholizismus und nicht für den Arianismus weit davon entfernt sind, außer acht gelassen zu werden.

Zunächst weil die von Chlodwig und in seinem Kielwasser von allen seinen Nachfolgern offen gezeigte Begünstigung des katholischen Christentums, der Religion der ortsansässigen gallo-romanischen Aristokratie, die Zusammenarbeit zwischen Gallo-Romanen und Franken erleichtert und somit dazu beigetragen hat, eine der Barrieren verschwinden zu lassen, welche die verschiedenen Bevölkerungsgruppen im Inneren Galliens trennten. Die Taufe reiht sich in dieselbe Logik ein wie diejenige, die Chlodwig dazu gebracht hat, nach dem Vorbild der burgundischen und westgotischen Herrscher,

Abb. 137 *Der hölzerne 18 cm hohe Krug aus Lavoye Grab 319 ist mit fünf bronzenen Preßblechen beschlagen. Jedes Blech stellt eine Szene aus dem Leben Jesu dar: Die Hochzeit zu Kana, die Auferweckung des Lazarus, Zachäus in den Sycomoren und die Heilung der blutflüssigen Frau. Es ist gut vorstellbar, daß dieser Krug einst in einer Kirche stand und als Beute in den Besitz des vornehmen Kriegers von Lavoye, einem Gefolgsmann Chlodwigs I., kam (Kat. V.2.4.). – Foto RMN.*

das Gesetz der salischen Franken niederschreiben zu lassen: diese *lex salica* mit 65 Titeln, deren Abfassung man gewöhnlich in den letzten Teil der Regierungszeit Chlodwigs (507–511) setzt. Zur selben Zeit wird der Gebrauch des Breviariums von Alarich, das ursprünglich für die Gallo-Romanen auf westgotischem Territorium verfaßt worden war, auf alle Einwohner Galliens unter der Herrschaft Chlodwigs ausgedehnt.

Die Annahme des katholischen Glaubens durch Chlodwig erlaubt dem Herrscher schließlich, die Rolle als Unterstützer der Staatsreligion in seinem Königreich verstärkt zu übernehmen. Der bezeichnendste Aspekt dieser Religionspolitik findet sich meiner Ansicht nach in den Akten des Konzils, das Chlodwig im Juli 511 in Orléans einberief, in einer vor Vouillé/Voulon genau an der Grenze der fränkischen und westgotischen Königreiche gelegenen Stadt. Die 32 Bischöfe, denen Chlodwig befohlen hatte zu kommen, begrüßten den König in unmißverständlich respektbezeigenden Worten und erklärten ausdrücklich, daß es Chlodwig selbst gewesen sei, der die Tagesordnung des Konzils festgelegt habe, daß er es war, der die Entscheidungen in der Sache treffen würde, und daß ihre Meinung nur einen Ratschlag darstelle. Dieser Richtung folgend, wurden unter den Nachfolgern Chlodwigs mehr als dreißig andere Konzile abgehalten, deren Akten erhalten sind. Offensichtlich konnte der nun getaufte Chlodwig die Bemühungen der Missionare, die in den Grenzen seines Königreiches tätig waren, noch viel wirkungsvoller unterstützten. Diese werden die logistische Unterstützung der Zentralgewalt wie auch des Episkopats genossen haben.

Schließlich hat die Taufe Chlodwigs die Anerkennung des Frankenkönigs durch den byzantinischen Kaiser 508 zweifellos erleichtert. Es ist offensichtlich kein Zufall, wenn Chlodwig seinerseits für die eine oder andere bezeichnende Geste das kaiserliche Muster zum Vorbild genommen hat.

Das spektakulärste Beispiel für diese Politik ist die von Patrick Périn einwandfrei untersuchte Apostelkirche, die Chlodwig und Chrodechilde in Paris neben dem Grab der hl. Genovefa errichten ließen.

Das historiographische Schicksal der Taufe Chlodwigs

Die Taufe Chlodwigs ist eine bezeichnende symbolische und politische Geste. Aber in der Nachfolge Gregors von Tours wurde die Bedeutung der Taufe nach und nach überschätzt.

Die ersten Schritte dieses Verherrlichungsprozesses gehen wahrscheinlich auf die hagiographischen Schriften über den hl. Remigius zurück und auf die Benutzung der »Zehn Bücher Geschichte« des Gregor von Tours im 7. und 8. Jahrhundert, zum Beispiel durch Pseudo-Fredegar. Aber das bezeichnendste Moment ist vielleicht der Machtantritt des ersten karolingischen Königs, Pippins des Kurzen, im Jahr 751 und die Verbannung des letzten merowingischen Königs, Childerichs III., in ein Kloster. Man mußte für die neue Dynastie das politische Band verstärken, das sie mit den Merowingern und vor allem mit dem ersten unter ihnen verband. Dieser Wunsch nach politischer Abstammung ist zum Beispiel in dem neuen Vorwort des salischen Rechts erkennbar, das unter Pippin III. überarbeitet wurde. Die Taufe Chlodwigs wird darin als glorreicher Akt betont. Die Verbundenheit mit der Figur des Chlodwig zeigt sich auch in der Entscheidung Karls des Großen für den Namen Chlodwig/Louis-Ludwig für einen seiner Söhne. Der Name wird in der karolingischen Familie in Gebrauch bleiben.

Ein zusätzlicher Schritt in der Verherrlichung der Taufe Chlodwigs stammt aus der Feder des Hauptratgebers von Karl dem Kahlen, des Bischofs Hinkmar von Reims. In den Jahren nach 870 verfaßte Hinkmar eine neue *Vita* des Remigius. Er hat darin eine Episode von beträchtlichem historiographischen Schicksal geschaffen. Bei der Taufe Chlodwigs sei die Menschenmenge so groß gewesen, daß Remigius nicht an das Salböl gelangen konnte, mit dem er den Herrscher salben wollte. Eine vom Himmel gekommene Taube brachte ihm dann das besagte Salböl in einer Heiligen Ampulle. Diese Legende ist für die Geschichte der Salbung der Könige Frankreichs grundlegend: Bis zum Ende des 18. Jahrhunderts werden alle kapetingischen Herrscher in Reims gesalbt werden, mit dem aus der Heiligen Ampulle stammenden Öl. Aber die Legende ist meiner Meinung nach noch wichtiger, weil sie eine Vermengung von Taufe und Salbung schafft. Der erste gesalbte König ist Pippin der Kurze im Jahr 751, und die Salbung wurde sogar durch den Papst in St-Denis im Jahr 754 wiederholt, sowohl für den König Pippin als auch für seine Söhne Karlmann und Karl den Großen. Kein merowingischer König hat diese Art der Legitimation zum Herrschen nötig gehabt. Diesen Mythos, der vorzugsweise in der den hl. Remigius betreffenden Ikonographie dargestellt wird, kehrt man anläßlich aller Königssalbungen wieder neu hervor. Die Assoziation Taufe/Salbung verleiht der Taufe Chlodwigs eine neue *aura* und erklärt, warum diese Zeremonie den Charakter eines richtigen Gründungsmythos der französischen Nation annehmen konnte. Wenn man die von den Organisationskomitees verteilten Unterlagen des den 1500sten Jahrestag der Taufe Chlodwigs behandelnden Kolloquiums (Reims, im September 1996) liest, sieht man, inwieweit die Taufe Chlodwigs mit der Geburt des christlichen Frankreich gleichgesetzt wird, sogar mit der Geburt Frankreichs schlechthin, und inwieweit sie zum

Brennpunkt der häufig katholischen und/oder royalistischen nationalistischen Rechten wird.

Schlußfolgerung

Durch die Taufe hat Chlodwig offen der Religion seiner Vorfahren abgeschworen. Diese Wahl, deren mutigen Charakter Avitus von Vienne ausdrücklich unterstreicht, war nicht selbstverständlich: Zwei Jahrhunderte später hat der König der Friesen, Radbod, diese Taufe verweigert, indem er argumentierte, daß er es viel eher vorziehe, zusammen mit seiner Verwandtschaft in der Hölle zu sein, als allein im Paradies. Im Gegensatz zu dem, was einige gerne bestätigen (indem sie sich vor allem auf die späten und wenig vertrauenswürdigen historiographischen Quellen stützen), ist der Anteil der persönlichen Überzeugung Chlodwigs bei seiner Geste uns völlig unbekannt. Ihre politische Wirkung kann man dagegen beurteilen.

Die Taufe Chlodwigs mußte mehr oder weniger langfristig die Bekehrung – zumindest die formelle Bekehrung – von Mitgliedern seiner Umgebung nach sich ziehen, die noch nicht Christen waren. Seit dem Beginn des 6. Jahrhunderts waren in Gallien fast alle hohen Beamten somit katholisch, ob sie zu einer dieser alten Senatorenfamilien gehörten, deren Fortbestand von Martin Heinzelmann durch Bischofsbiographien enthüllt worden ist, oder ob sie aus einer dieser fränkischen Familien stammten, deren politische Verantwortung anwuchs wird. Das Christentum hat in seiner katholischen Form tatsächlich niemals aufgehört, Staatsreligion in Gallien zu sein.

Aber hinter den christlichen Verwaltungsstrukturen, unter der Macht der Bischöfe und der christlichen Grafen, und in der Nähe von Klöstern, die oft von Mitgliedern der Aristokratie oder der Königsfamilie gegründet worden waren, ist eine Bevölkerung zu erahnen, deren Grad der Christianisierung und die Bedeutung der Traditionen für sie, von denen bestimmte (aber sicher nicht alle) ihren spezifischen religiösen Charakter verloren haben, unendlich viel schwieriger zu verstehen ist.

Nach reiflicher Überlegung kann die Taufe Chlodwigs als Hauptereignis der Geschichte des Frühmittelalters beurteilt werden. Was wäre geschehen, wenn Chlodwig nicht getauft worden wäre oder wenn er sich nicht für den Katholizismus entschieden hätte? Andererseits bleibt es dabei, daß seine Entscheidung sich in die politische Logik eines Systems einfügt, in dem die Kirche eine Staatsbehörde ist, ein System, das bis zu dem, was gemeinhin die »Gregorianische Reform« oder der »Investiturstreit« genannt wird, unangefochten blieb, das heißt bis zum Ende des 11. Jahrhunderts oder zum 12. Jahrhundert.

Literatur: Daly 1994. – Heinzelmann 1994c. – Lebecq 1995. – Le Jan 1996. – Rouche 1996. – Spencer 1994. – Tessier 1964. – Theis 1996. – Périn 1989a; 1992. – Weiss 1971. – Wood 1985; 1994c.

Die Bedeutung der Taufe Chlodwigs

Michel Rouche

Nach den Feierlichkeiten von 1896, die aus Anlaß der Taufe Chlodwigs vor 1400 Jahren veranstaltet worden waren, trat die historische Forschung für lange Zeit auf der Stelle. In dem für seine Zeit bemerkenswerten Buch über Chlodwig hatte Gottfried Kurth bereits 1896 versucht, die Legenden und Texte, die geschickte Fälscher über Chlodwig in Umlauf gebracht hatten, zusammenzustellen und zu widerlegen. Doch wagte es der Verfasser angesichts deutscher hyperkritischer Gelehrsamkeit damals nicht, zwei schriftliche Quellen, die heute als authentisch gelten, als bedeutende Zeitzeugnisse darzustellen: die Lebensbeschreibung der hl. Genovefa und das Testament des hl. Remigius. Auch stritten sich die Gelehrten, wo Chlodwig tatsächlich die Taufe empfangen hatte, in Tours oder in Reims. Ebenso war das exakte Jahr umstritten: 496, 498, 506, ja sogar 508 standen zur Debatte. Die Irritationen waren schließlich so angewachsen, daß noch 1965 Georges Tessier die Sachverhalte lediglich zusammenzufassen vermochte, ohne selbst ein präzises Datum vorzuschlagen. In jedem Fall hat diese allzu formalistisch verlaufene Diskussion die eigentliche Bedeutung des Ereignisses und dessen Konsequenzen insgesamt verschleiert. Es ist daher an der Zeit, die Umstände dieser Taufe nüchtern zu analysieren und die überlieferten Texte überhaupt erst einmal korrekt zu übersetzen.

Im romanischen Gallien bestanden zu Beginn des 5. Jahrhunderts 80 katholische Bistümer, doch gegen Ende des Jahrhunderts, nach dem Ansturm der barbarischen Völker, war Gallien in unterschiedliche politische und religöse Einheiten gespalten. Aus Rom war keine entscheidende Hilfe zu erhalten, Papst und Gegenpapst waren Spielball des arianischen Ostgotenkönigs. Chlodwig hatte zwar 496 ein Taufgelübde abgelegt, löste es aber nicht sofort ein. Der Einfluß der Arianer, deren Glaubensvorstellungen den germanischen Kriegerkönigen verständlicher waren als die katholische Lehre, war erheblich. Chlodwig traf erst 498 in Tours die Entscheidung; er war der erste germanische Fürst, der freiwillig zum Katholizismus übertrat. Zwar gelang es ihm nicht, ganz Gallien zu erobern, doch stellte er die römische und katholische Universalität wieder her und verband Franken und Römer und gab ihnen Recht und Gesetz.

Gallien nach dem Ende des Römischen Reiches

Im Jahr 359 wies Kaiser Julian Apostata nach einem Sieg über die salischen Franken diesen in Toxandrien, im Nordwesten des heutigen Belgien, Siedelland zu. Die besiegten Soldaten wurden offiziell in den Teil der römischen Truppen eingegliedert, der Befehl hatte, die Rheinlinie gegen die rheinischen Franken (früher: Ripuarier), also ihre germanischen Blutsverwandten, zu sichern sowie gegen die Alamannen, die Burgunden, die Vandalen und sogar gegen die Goten, die aus Osteuropa und Skandinavien einzudringen versuchten. Von da an während eines Zeitraums von über einhundert Jahren waren die Franken, mit nur einer Ausnahme, treue Gefolgsleute des *Imperium Romanum*. Als Childerich I., der Vater Chlodwigs I., 481 oder 482 in Tournai starb, wurde er nach heidnischem Ritus unter einem Grabhügel beigesetzt. Die Praktizierung eines nicht-christlichen Brauchtums beweisen die Pferde, die mit dem König bestattet wurden. Andererseits jedoch begrub man ihn in der Kleidung eines römischen Generals, denn schließlich hatte er das Amt eines militärischen und zivilen Verwalters der Provinz *Belgica Secunda* versehen und in seinem *Praetorium* in allen Gerichtssitzungen, die sowohl Gallo-Römer als auch Franken betrafen, den Vorsitz geführt.

Insgesamt jedoch hatte die Romanisierung des Volkes noch kaum stattgefunden. Noch dominierte das alte germanische Wesen, das geprägt war von matrilinearer Nachfolge, Solidarität unter Blutsverwandten, Blutrache (*faides*), verzweigter polygamer Familienbande usw. Die Krieger, deren Anführer man für einen Abkömmling des Kriegsgottes Wodan hielt, waren noch von jener »Heils«-Vorstellung besessen, die mit dem Begriff »Heil« Leben, Gesundheit und Sieg verband. Dieser Teil der römischen Armee stellte gleichsam das letzte Bollwerk Roms gegen die »Barbaren« dar.

Andererseits war Gallien zu Beginn der Barbaren-Einfälle stark romanisiert. Erfolgte die Evangelisierung auch erst verhältnismäßig spät, und war die Anzahl der Märtyrer eher gering – beispielsweise Servain von Toulouse, Paul von Narbonne, Symphorien von Autun oder Denis von Paris –, so erlaubten doch die Glaubensfreiheit, wie Constantin sie 313 verkündet hatte, sowie die Union von Staat und Kirche, die Theodosius 392 vollzogen hatte, die Einrichtung einer Kirche aller drei Gallien, in denen bereits 70 Bischofssitze installiert waren – wenn auch 100 möglich gewesen wären. Schon vor dem Regierungsantritt Chlodwigs waren auf lokaler Ebene bereits 22 Konzile abgehalten worden. Dennoch sah sich die Kirche

Abb. 138 *Kaiser Constantin läßt die arianischen Schriften verbrennen. Vercelli, Bibliotheca Capitolare, Ms CLXV, fol. 1ᵛ. Erste Hälfte 9. Jahrhundert. – Nach Hubert/Porcher/Volbach 1968 Abb. 157.*

bald mit der Ausbreitung der arianischen Häresie konfrontiert. Verfechter sowie Gegner der Idee von einem Christus, der »gezeugt, nicht geschaffen« war, hatten sich bis zum Konzil von Constantinopel im Jahr 381 heftig bekämpft, und zahlreiche Sekten blieben weiterhin bestehen. Der hl. Martin, ein ehemaliger Soldat, der erst Einsiedler und schließlich unter der geistlichen Anleitung des hl. Hilarius von Poitiers Mönch geworden war, profilierte sich als entschiedener Anti-Arianer. Später, als Bischof von Tours (362–379), gab er seinen Nachfolgern absolute Unversöhnlichkeit mit auf den Weg, die von wirksamen missionarischen Praktiken begleitet war.

Genovefa, die »Herrin von Paris«

Jedenfalls wurden Mitte des 5. Jahrhunderts sowohl die kirchliche Organisation als auch der christliche Glaube an sich durch die Verfolgungen seitens germanischer Könige sowie durch Bürgerkriege nachdrücklich auf die Probe gestellt. In der Tat war Gallien damals, zehn Jahre nach dem Ende des Römischen Reiches, in unterschiedliche politische Einheiten gespalten. Die Westgoten beherrschten Aquitanien und die Provence, die Burgunden, die zwischen Langres und der Durance lebten, kontrollierten den Süden. Ebenso wie die Ostgoten, die in Italien herrschten, zum Arianismus bekehrt, verboten die Burgunden Mischehen, trennten zusammengehörige Volksgruppen voneinander und ließen Bischofssitze vakant bzw. schickten die jeweiligen Amtsinhaber ins Exil, falls sie sich allzu katholisch gebärdeten. Im Westen setzten sich die romanisierten und christianisierten Armorikaner gegen den römischen Fiskus zur Wehr und bewahrten sich ihre Unabhängigkeit. Im Osten schließlich waren die Rheinfranken gemeinsam mit den Alamannen Herren des linken Rheinufers.

Die Diakonin Genofeva stand in Paris dem städtischen Rat vor und war nur von einem Ziel bewegt: dem katholischen Glauben dadurch Treue zu bewahren, daß sie die Konversion der salischen Franken – ihren König inbegriffen – forcierte. Um dieses Ziel zu erreichen, forderte sie, planmäßig vorgehend und erfolgreich, die Begnadigung der Kriegsgefangenen, die Childerich und Chlodwig in die Hände gefallen waren. Bei diesen Kriegsgefangenen handelte es sich zumeist um katholische Gefolgsleute der westgotischen oder der burgundischen, sprich arianischen Könige. Genofeva bereitete der zukünftigen Einheit den Weg, indem sie die Folgen des Bürgerkrieges zu überwinden versuchte. Als sie 502 im Alter von 80 Jahren starb, hinterließ sie ein politisches und religiöses Lebenswerk von eminenter Bedeutung.

Die Zeit, in der Genovefa als »Herrin von Paris« wirkte, war durch zwei besondere Ereignisse gekennzeichnet: durch das Ende des Römischen Reiches 476 und den Sturz des pro-westgotischen römischen Generals Syagrius 486. Ihr politisches und religiöses Vermächtnis gab Genovefa an die Gemahlin Chlodwigs, Chrodechilde, weiter. Als katholische burgundische Prinzessin von hoher Intelligenz verstand sie, was ihren Mann an einer Konversion hinderte. Der Tod des ersten Kindes, das sie hatte taufen lassen, erweckte in Chlodwig Widerstand gegen einen Gott, der seiner Meinung nach verantwortlich war für dieses Unglück, indem er den Tod dieses unschuldigen Geschöpfes zugelassen hatte. Gregor von Tours berichtet über die Gespräche der Gatten zu diesem Thema. Als Chrodechilde ihrem Mann begreiflich zu machen suchte, daß seine heidnischen Götter – der Kriegsgott Wodan und die Göttin der Fruchtbarkeit, Freia – nur machtlose Götzen seien, erwiderte er, Jesus Christus, der Gott der Christen, stamme nicht einmal von Göttern ab, wie immerhin er selbst, der König. Kurzum, für Chlodwig waren die Position der Welt innerhalb der Schöpfung und das Wesen der Herrschaft in der Gesellschaft so wichtig, »daß er sich in keiner Weise von ihren Argumenten überzeugen ließ« (Gregor von Tours, *Historia Francorum II*, 30).

Arianer – Katholiken

In dieser Geisteshaltung verharrte Chlodwig, bis es im Jahr 496 zu der berühmten Schlacht von *Tolbiacum*, bei Zülpich, 34 km südwestlich von Köln, gegen die Alamannen kam. Man weiß, daß der König im Moment der Gefahr, die Schlacht auf der ganzen Linie zu verlieren, schwor, sich taufen zu lassen, »wenn der Gott der Chrodechilde« ihm den Sieg verleihe. Ganz im Gegensatz zu dem, was bis in die fünfziger Jahre unseres Jahrhunderts behauptet wurde, erfüllte Chlodwig trotz seines Sieges, den er 496 schließlich errang, sein Gelübde keineswegs. In der Tat nämlich widerspricht sich der Brief des hl. Avitus von Vienne, der zeitgleich mit der Taufzeremonie geschrieben ist und in dem er Chlodwig beglückwünscht, Mitglied der katholischen Kirche geworden zu sein, buchstäblich selbst. Denn in dem Schreiben ist in Wahrheit von den »Parteigängern der Schismata« die Rede, die in der Lage gewesen seien, dem König den Scharfblick zu trüben.

Was hat es mit diesen Schismata auf sich, von denen die katholische Kirche seinerzeit zweimal heimgesucht wurde. Zur ersten Kirchenspaltung kam es im Jahr 486, als Zeno – Kaiser des Ostreiches – ein Edikt verkündete, das von der Vereinigung mit den monophysitischen Häretikern handelte, also jenen Ketzern, die davon ausgingen, daß in Christus nicht zwei Naturen verbunden seien, nämlich die göttliche und die menschliche, sondern nur die eine Natur des Fleisch gewordenen Wortes Gottes existiere. Dieser Erlaß, das sogenannte Heniotikon, berührte die Frage nach der Natur Christi mit keinem Wort. Immerhin aber hatte man über diese beim Konzil von Chalkedon im Jahr 451 bereits zugunsten der zwei Naturen abgestimmt.

Das zweite Schisma ergab sich am 24. November 498, als der Klerus in Rom nacheinander zwei Päpste wählte, von denen sich der eine – Symmachus – unversöhnlich gegenüber Constantinopel gebärdete, während sich der andere – Laurentius – entgegenkommend verhielt. Der König der Ostgoten, Arianer und zugleich Herrscher über Italien, wurde in die Rolle des Schiedsrichters gedrängt. Mal entschied er im Sinn des Papstes Symmachus, mal im Sinn des Gegenpapstes Laurentius. Dieser Zustand war der Grund dafür, daß sich keiner der beiden Päpste blicken ließ, als Chlodwig offiziell zum katholischen Glauben wechselte, was auch das Durcheinander und die verzögerte Entscheidung des Königs erklärt.

Noch schwerer wogen für ihn die Einwände der Arianer. Chlodwigs Schwester Lantechild hatte sich auf deren Seite geschlagen und betrieb beim König vermutlich eine Propaganda zugunsten einer Position, die derjenigen von Genovefa diametral zuwiderlief. Diese Position war für einen Heiden leichter zu verstehen. In der Tat hatten die Ostgermanen gemeinsam mit ihrem Bischof Wulfila die Auffassung von der »Wesensähnlichkeit« angenommen, also Christus sei Gottvater ähnlich, nicht aber von derselben Natur, woraus folgt, daß nur Gott wirklich Gott ist. Er ist alles. Im Griechischen wird Gott als *Despótes*, eine Bezeichnung, die in »Despot« weiterlebt, und nicht als *kyrios* qualifiziert, das heißt als »Herr«, wie ihn die Katholiken nennen – vgl. *Kyrie eleison*! Gott ist somit der absolute Herrscher über alle Schöpfung, allmächtig und ohne Zwischenglied oder Vermittler zu den Menschen. Aus diesem Grund kennen die Arianer keine Ekklesiologie, also keine theologische Lehre von der Kirche, deshalb lehnen sie jeglichen Heiligenkult ab und messen dem König eine besondere liturgische Bedeutung bei. Er nimmt die Kommunion aus einem speziellen Kelch, der nur ihm vorbehalten ist. Außerdem lenkt er den Klerus und das ganze arianische Volk. Er hat beinahe die Stellung eines Priesterkönigs, die in etwa der Machtposition heidnischer Kriegsherren gleichkommt, die von der Unantastbarkeit des »Heils« ergriffen waren. So war es verhältnismäßig sehr viel einfacher, vom Heidentum in das Arianertum gleichsam »hinüberzugleiten«, als vom Heidentum zum Katholizismus zu konvertieren.

Immer aber ging es um nichts anderes als die Sicherung der Macht. Ein burgundischer oder westgotischer König vereinigte in seinen Händen sowohl die religiösen als auch die militärischen Kräfte. Diese christlich-diktatorische Machtausübung half ihm, beispielsweise indem er Mischehen untersagte, um die ethnische Abgrenzung seines Volkes aufrechtzuerhalten. Die Vandalen gingen sogar noch weiter: Im Jahr 484 ließ beispielsweise Thrasamund 466 Bischöfe nach Südtunesien deportieren, was für die afrikanische Kirche ein schwerer Schlag war, oder in Aquitanien weigerte sich Eurich, die Bischofsvakanzen neu zu besetzen. Sein Nachfolger Alarich II. verbannte kurzerhand diejenigen Bischöfe, die den Mut aufbrachten, die Verbrechen und das intolerante Verhalten der Arianer anzuprangern. Insgesamt glich, als Chlodwig zö-

Abb. 139 *Retabel (Seitenaltar) der drei Taufen Constantin – Jesus – Chlodwig im südlichen Querhaus von St-Rémi in Reims, 1610. – Foto Reiss-Museum.*

gerte, die bischöfliche Vernetzung der Kirche Galliens durch die Fortschritte des Heidentums im Norden und Osten des Landes in etwa einem Flickenteppich, der durch die bisweilen verdeckten, bisweilen offenen Verfolgungen durch die Westgoten und die Burgunden zusätzlich durchlöchert war.

Taufe oder Krone

Chlodwig stand demnach vor der Wahl: Taufe oder Krone. Bekannte er sich zum Arianertum, behielt er seine ganze Macht. Bekannte er sich hingegen zum Katholizismus, bedeutete dies, einen Gott der Schwäche, der sich hatte kreuzigen lassen, anzunehmen. Die Franken konnten nicht dulden, auf diese Weise den Sieg aufs Spiel zu setzen. Sobald ihr Anführer geschlagen war, pflegten sie ihn vom Thron zu stoßen. Dies Schicksal traf beispielsweise den besiegten Burgundenkönig Sigismund, der zum Katholizismus konvertiert hatte. Die Burgunden lieferten ihn auf der Stelle ihren fränkischen Gegnern aus.

Was also war zu tun? Chrodechilde, die ihr vergebliches Bemühen eingesehen hatte, beschwor Chlodwig, diese theologisch-politischen Fragen mit dem Bischof von Reims »unter vier Augen« zu erörtern. Diese für die Franken geheimen Diskussionen erstreckten sich auf das »Credo«, besonders auf den Satz aus dem Credo von Constantinopel von 381 »gezeugt, nicht geschaffen«, der vom Arianertum abgelehnt wurde, ebenso wie das Bekenntnis »ich glaube an Gott, den allmächtigen Vater«. In letzterem Fall war eine präzise persönliche Antwort gefragt: Ist die Liebe des Vaters wirklich allmächtig? Wie dem auch sei, die Theologie von Remigius reichte offensichtlich nicht aus, denn der König hatte von nun an stets einen Eremiten als Katecheten in seiner Nähe. Bei diesem handelte es sich um Vaast, einen Einsiedler germanischer Abstammung. Auf der Basis ihrer gemeinsamen Sprache, dem Althochdeutschen, fanden sie gemeinsam Wege, mit Hilfe der Mystik zur Erkenntnis Gottes zu gelangen. Später belohnte Chlodwig diesen treuen Diener und ernannte ihn zum Bischof von Arras.

Die Taufe

Aber erst nach einem Mißerfolg in Saintes traf der König, da ihn der Weg durch Tours führte, seine endgültige Entscheidung. Tatsächlich gibt ein Brief des Bischofs Nicetius von Trier Auskunft darüber, wie Chlodwig vor dem Grab des hl. Martin von Tours, angesichts der vielen Gläubigen, die im Gebet versunken waren, und angesichts der Wunder, die zur Heilung etlicher Kranker führten, schließlich versprach, sich »ohne Verzug« taufen zu lassen. Auf diese Weise gab er zu erkennen, daß ihn die Entscheidungsfindung lange Zeit umgetrieben hatte. All dies spielte sich wohl am 11. November 498 ab. Es wird ersichtlich, daß man Chlodwig auf diesem langen, siebenjährigen Weg zur Konversion alle möglichen Varianten der Gotteserkenntnis vorgeschlagen hatte: einerseits eine von der Ratio bestimmte, andererseits eine rein theologische Auseinandersetzung, aber auch den Weg über die Mystik. Letztendlich fand die Entscheidung unter Mitwirkung einer Kirche im Gebet statt. Vergessen wir aber nicht, daß diese persönliche Entscheidung des Königs in einem internationalen Kontext getroffen wurde, der den Interessen Chlodwigs zuwiderlief. Die »arianische Internationale« unter Führung des Ostgotenkönigs Theoderich scharte die Vandalen, die Westgoten und die Burgunden um sich und beherrschte das Terrain, vor allem dank der starken Armee, die damals fast ausschließlich in der schweren ostgotischen Kavallerie bestand. Schließlich waren die christianisierten Armorikaner immer noch unabhängig. Das Herrschaftsgebiet Chlodwigs reichte von Tournai bis in die Nähe der Loire.

Nun war der Akt der Taufe selbst zu organisieren. Mit den salischen Franken konnte man übereinkommen. Diese akzeptierten, daß die 3000 Mann starke königliche Garde gemeinsam mit ihrem Herrscher getauft werden sollte, was den Vorteil hatte, daß jeder wie auch immer geartete Versuch eines Umsturzes oder gar der Ermordung – im Fall einer Niederlage des zum Christentum konvertierten Königs – hätte im Keim erstickt werden können. Der Rest des bewaffneten Volkes blieb heidnisch und nahm die Taufe erst wesentlich später an. Gregor von Tours hebt sehr wohl die Zwiespältigkeit dieser Situation hervor: »Diese Generation der Franken verstand sie [die Nichtigkeit der Götzenbilder] nicht auf Anhieb; später aber haben sie sie verstanden, wie der Fortgang der Geschichte zeigt« (*Historia Francorum* II,10). In Wirklichkeit jedoch waren Konversion und Taufe Chlodwigs die Tat eines einzigen Mannes, auch wenn die gesamte Leibgarde gleich mitgetauft wurde und Chlodwigs Schwester Andofleda zum Christentum übertrat und Lantechilde, die andere Schwester des Königs, sich vom Arianertum distanzierte.

Das Dutzend Bischöfe, das es im Norden Galliens noch gab und das sich um den hl. Remigius scharte, beschloß, dieser Taufe eine Feierlichkeit, wie man sie nicht alle Tage erlebte, zu verleihen. Sie verlegten nämlich die Zeremonie von der Osternacht auf die Nacht zum 25. Dezember, die Weihnachtsnacht also, um mit diesem Akt gleichsam symbolisch die Geburt einer neuen Zeit anzuzeigen: Wahrhaftig war Chlodwig der erste germanische Fürst, der freiwillig zum Katholizismus übertrat. Dadurch, daß er öffentlich und schriftlich um die Taufe ersuchte, trat er in die zweite Stufe des Katechumenentums ein, die Stufe der sogenannten *com-*

pitentes. Avitus von Vienne, der von seinem arianischen Burgundenkönig daran gehindert wurde, bei der Zeremonie anwesend zu sein, beglückwünschte Chlodwig in einem Brief, in dem er besonders darauf abhob, daß der König »den Glauben ohne Prediger erkannt habe«. Dies ist eine abermalige Bestätigung für die eigenständige Entscheidung Chlodwigs. Avitus fügt hinzu, daß der König nun Missionare als Botschafter ausschicken müsse, um sein noch heidnisches Volk, »das allerdings wenigstens nicht durch schlechte Dogmen verdorben sei«, zur Konversion zu bewegen. Daraus läßt sich entnehmen, wie lange der Prozeß des Übergangs der Franken zum Christentum dauerte und wie spät er abgeschlossen war, denn die letzten Heiden wurden in der Gegend von Lüttich und Tongeren erst um 720/740 getauft.

Falls diese Taufe einen realen Zweck verfolgt haben sollte, etwa gegründet auf die Hoffnung, die katholische gallo-römische Bevölkerung würde nun ihre arianischen Herren absetzen und sich in die Arme des neuen christlichen Königs werfen, wäre Chlodwig wohl sehr enttäuscht worden. Die Jahre, die auf seine Taufe folgten, waren von Mißerfolgen und Niederlagen gekennzeichnet. 500/501 wurde er von den Burgunden geschlagen, und die katholische pro-arianische Partei unterstützte Gundebad. Auch wurde er von dem Ostgotenkönig Theoderich gezwungen, mit Alarich II. – König der Westgoten – Frieden zu schließen, und zwar ohne daß er sich des Heiligtums des hl. Martin in Tours hätte bemächtigen können. 504 mußte er schließlich, nach einer abermaligen Niederlage, den Armorikanern als Preis für deren Beistand die Unabhängigkeit zugestehen. Immerhin waren sie katholisch, und ihre Bischöfe nahmen an den gallischen Konzilen teil.

Somit hatte die Taufe Chlodwigs keine eigentlich politischen Folgen, bis Theoderich, Herr über die internationale arianische Koalition, einen taktischen Fehler beging, den Chlodwig geschickt ausnützte. Der Graf (*comes*) Pitzia griff auf Befehl Theoderichs *Sirmium* an, das heutige Sremska Mitrovica in Serbien, das direkt an der Grenze zum oströmischen Reich lag. Bei dieser Gelegenheit betrat er sogar oströmisches Gebiet, was den Kaiser Anastasius mutmaßen ließ, daß sich die Ostgoten schon wieder anschickten, auf Constantinopel loszuschlagen. Sogleich schloß er mit Chlodwig ein Bündnis und stellte dadurch das Kräfteverhältnis auf den Kopf, indem er die Ostgoten in Italien festhielt, während der Frankenkönig um so leichter die isolierten Westgoten angreifen konnte. Wiederum traten die pro-arianischen Katholiken Aquitaniens zur entscheidenden Schlacht bei Vouillé im Jahre 507 nur in vernachlässigbarer Zahl an die Seite Chlodwigs, sondern kämpften in den Reihen der Westgoten. Die übrige katholische Bevölkerung begrüßte freilich die Franken als Befreier. Kaum aber hatten die Ostgoten ein oströmisches Landungsunternehmen in Italien abgewehrt, eilten sie ihren Blutsverwandten zu Hilfe. Klugerweise hielt Chlodwig vor ihnen bei Carcassonne inne, weil er überzeugt war, daß er von ihrer schweren Kavallerie geschlagen würde. Er kehrte über Tours nach Hause zurück. Dort feierte er seine Ernennung zum Konsul und Patricius durch den Kaiser. Infolge dieser Berufung avancierte er zu einem veritablen Vizekaiser des alten weströmischen Reiches. Dies ist der Grund dafür, daß Chlodwig die Eroberung ganz Galliens nie zu einem Abschluß bringen konnte, auch wenn es ihm durch die Ermordung mehrerer Verwandten gelang, sich der rheinischen Königreiche zu bemächtigen. Erst Chrodechilde und ihre Söhne waren in der Lage, diese Unternehmungen zu Ende führen, indem sie 534 Burgund eroberten und 536 die Provence annektierten. Chlodwigs Bedeutung lag auf einem anderen Gebiet: Aus der Sicht der Zeitgenossen vereinigte er die Franken und die Römer, er rettete die römische Universalität und stellte vor allem den alles umfassenden Anspruch des Katholizismus wieder her, und dies angesichts nationaler Partikularismen, die durch die gotischen, arianischen Systeme repräsentiert wurden.

Die neue christlich-politische Struktur

Nach diesem Sieg liegt die tiefere Bedeutung der Taufe Chlodwigs klar auf der Hand. Zunächst bestand sein Glaube darin, die totalitäre Gewalt zurückzuweisen und die einem liebenden Gott innewohnende Wahrheit anzunehmen. Die drei letzten Jahre seiner Regierungszeit widmete er der Aufgabe, seinem Königreich eine christlich-politische Struktur zu verleihen. So wie das Dogma von der hl. Dreieinigkeit, das heißt der Einheit in der Ungeteiltheit, eine permanente Liebesbeziehung zwischen den drei Personen herstellt, so setzte die Errichtung eines christlichen Staates im Rahmen der Vereinigung von Kirche und Staat, die 392 proklamiert worden war, die Beziehungen von Freiheit und Gleichheit zwischen dem König, der Geistlichkeit und den Laien voraus. Es konnte weder die Rede von einem heidnischen Priesterkönig noch von einem arianischen Staatschef und Kirchenoberhaupt sein. Das Römische Reich hatte den Staatsbegriff, die *Res publica*, aufgestellt, den politischen Organismus, der beauftragt war, die gemeinsame Wohlfahrt durch die Anwendung der Gesetze zu garantieren. Chlodwig hatte begriffen, daß die germanische polygame Großfamilie mit matrilinearer Herrschaft zu Gewalt und Krieg führte. Man mußte deshalb das Recht als Lösung für die Konflikte wählen sowie die monogame, unauflösliche Ehe, um die Stabilität einer Gesellschaft zu garantieren, in der sich konsequenterweise die Bevölkerungsgruppen zu vermischen begannen.

Chlodwig war nicht mehr genügend Zeit vergönnt, diese Bestrebungen generell umzusetzen, aber auf der Ebene des Rechtes legte er Grundsteine, die mit seinem Glauben konform gingen. Er führte für das ganze Königreich allgemein das *Breviarium* Alarichs II. ein, das im letzten Augenblick vom westgotischen König am 3. Februar 506 in Toulouse verkündet worden war. Hierbei handelte es sich um eine Kurzfassung des öffentlichen und privaten römischen Rechtes, die von *iurisprudentes*, das heißt von Rechtsgelehrten, »der Elite unter unsern Provinzbewohnern« ausgearbeitet worden war. Die Interpretationen, die sie den Rechtssätzen beifügten, sprechen Bände: »Von niemandem wird erwartet, daß er das Recht nicht kennt«. Kaiserliche und königliche Reskripte, wie sie auch immer beschafft worden sein mögen, waren gegenüber diesem Recht wertlos. Beamte, die sich an Reskripte des Königs, die mit diesem Recht übereinstimmten, nicht hielten, wurden bestraft. Das heißt umgekehrt, daß die Richter nicht jedem beliebigen Aktenstück oder jeder beliebigen Entscheidung, die mit dem Recht nicht konform ging, folgen konnten. In der Konsequenz mußte sich auch das politische Oberhaupt an die Rechtssätze halten, da es sie selbst verkündet hatte. Alle diese Prinzipien sind grundlegend und rechtstiftend zugleich. Da das Gesetz von der Exekutive unabhängig ist, wird auf diese Weise erneut der Rechtszustand nach Augustus konstituiert.

Chlodwig hat aber nicht nur das römische Recht generell für sein Reich eingeführt, sondern gleichfalls das Gesetz der salischen Franken abfassen lassen. Die Präambel des im Jahr 511 veröffentlichten Textes präzisiert, daß das Gesetz auf diejenigen Franken angewendet werden solle, die zwischen dem Kohlenwald, Forêt Charbonnière, und der Lys, das heißt im westlichen Teil des heutigen Belgien, wohnen. Aus der Präambel erfahren wir auch, daß diese Gesetze am Ende des 4. Jahrhunderts durch drei fränkische Generale erarbeitet worden sind. Auch hier hat Chlodwig nur eine rechtliche Übereinkunft eingeführt, die er nicht selbst entwickelt hatte. Dieses Gesetzeswerk war durch ausgewählte Franken (*electi*) redigiert worden, die sich zuvor untereinander abgestimmt hatten. Das salische Gesetz betrifft die Rechte und Pflichten der Gefolgsleute, vor allem auf dem Gebiet des Privatrechtes. Es beschäftigte sich nicht mit der zentralen Verwaltung, sondern regelte die Gleichbehandlung von Franken und Gallo-Römern. Kurzum, Chlodwig verstand es, die Einheit in der Verschiedenheit herzustellen, indem er die Gewohnheiten des einzelnen respektierte, den Staat aber als Schiedsrichter einsetzte, der nach den Gesetzen zu urteilen hatte.

Ohne Zweifel entspricht diese Einstellung der Überzeugung, daß der König nicht selbst das Gesetz sein kann, da er lediglich Geschöpf, nicht aber Schöpfer ist. Das Gesetz jedoch geht, wie jede Gewalt, von Gott aus. Das Verhältnis des gläubigen Menschen zu Gott führt zu einem Gesellschaftsmodell, in dem die Beziehungen der Menschen zueinander ohne Zwang akzeptiert sind. Die Einberufung des Konzils von Orléans durch Chlodwig am 11. Juli 511 stellt dies unter Beweis. Die in seinem Namen versammelten Bischöfe erließen nach Beratung Rechtsgrundsätze, die die nun versöhnten Arianer wieder integrierten und die Klerus und Laien sauber voneinander trennten, um jedem seinen Aufgabenbereich zuzuweisen. Schließlich bitten sie Chlodwig »mit der Autorität eines so großen Königs . . ., den Erlaß der Bischöfe zu bekräftigen.« Hier handelt es sich also einerseits um ein Bischofskollegium, das in seinen geistlichen Entscheidungen souverän ist, auf der andern Seite um einen König, der ein religiöses Gesetz verkündet (oder nicht), um daraus ein ziviles Gesetz zu machen. Die Autonomie der beiden Sphären, des Staates und der Kirche, ist sogar im Rahmen ihrer Union umfassend. Chlodwig hat somit die Lehrmeinung des Papstes Gelasius (492–496) aufgegriffen, eine anti-constantinische Lehrmeinung. Dieser hatte verkündet, daß auf der Welt zwei Gewalten existierten, die königliche auf der einen und die bischöfliche Gewalt auf der anderen Seite. Letztere freilich sei der ersteren übergeordnet, bzw. der christliche Fürst habe aufgrund seiner persönlichen Freiheit anzuerkennen, in welchen Angelegenheiten die Gesellschaft mit Hilfe christlicher Prinzipien geleitet werden müsse. Jede der beiden Sphären ist autonom und anerkennt das Betätigungsfeld des anderen. Dies war eine derartige Neuheit, daß sie von den Nachfolgern überhaupt nicht begriffen wurde, was in der Folgezeit dazu führte, daß entweder der Fürst oder der Klerus den jeweils anderen beherrschte.

Der Tod Chlodwigs am 27. November 511 hinterließ gleichsam eine Baustelle, wie diejenige bei der unfertigen Kirche Saints-Apôtres, die Petrus und Paulus in Anerkennung der Autorität Roms gewidmet war. Als Chlodwig an der Seite der hl. Genovefa in dieser Basilika bestattet wurde, gleichsam aus Dankbarkeit für die visionäre Autorität dieser Prophetin, lag sein Werk in den Folgen von seiner Taufe und seiner Konversion.

In der Tat hatten ihn seine langen inneren Kämpfe befähigt, die großen Probleme der Menschheit im Licht sowohl der römischen als auch der katholischen Universalität zu sehen: Diese Probleme waren die Versuchung durch die totalitäre Macht, Gewaltanwendung als einzige Lösung sowie eine Kirche, die mit dem Staat verschmolzen ist. Er hat darauf mit religiösen Prinzipien geantwortet, die zur Gründung einer Gesellschaft beitrugen: Diese Prinzipien waren freie Annahme des Glaubens (nach welchem Reifeprozeß!), freie Akzeptanz des Nächsten, Autonomie von Staat und Kirche sowohl im gemeinsamen Bündnis als auch in den wechselseitigen Beziehungen, wobei sich diese wohlgeordnet und ohne sich gegenseitig beherrschen zu wollen nach dem Beispiel der Heiligen Dreifaltigkeit gestalten sollen. Indem er das Erbe des römischen Rechts annahm, das zwischen dem Bürger und dem Staat einen Vertrag etablierte, der durch Machtgelüste nicht einseitig zu verändern ist – die *Res publica* –, hat Chlodwig einen neuen politischen Organismus geschaffen. Der Begriff *Francia*, der im 4. Jahrhundert das rechte, im 5. das linke Rheinufer, später im 6. Jahrhundert die Ile de France und schließlich 1204 das ganze Königreich bezeichnete, als Philippe Auguste seinen Titel König der Franken zugunsten eines Königs von Frankreich aufgab, endete schließlich damit, daß er für jenes Königreich stand, dessen Hauptstadt Chlodwig 508 nach Paris verlegt hatte. Von der Empfängnis bis zur Geburt kann diese lang dauernde Schwangerschaft eines Staates mit universalistischer Anmaßung nicht verstanden werden, außer man greift auf den ursprünglichen Sinn des Wortes »Konversion« zurück, das innere Umkehr bedeutet, die auf den Ruf Gottes folgt.

Literatur: Kurth 1896 (1978). – Tessier 1964. – Rouche 1996.

Das Baptisterium der Kathedrale von Reims

Walter Berry

Von den Ergebnissen der seit 1919 durchgeführten Grabungen neben und unter der Kathedrale von Reims stießen stets vermeintliche Überreste des Beckens von Chlodwigs Taufe auf breites, z.T. gar öffentliches Interesse. 1995 erbrachten Untersuchungen im Kircheninnern beim 5. Joch, 2 m unter dem Kirchenboden, Befunde, die auf ein Becken schließen lassen, das nachrömisch und vorkarolingisch ist. Viele jüngere Zerstörungen in diesem Bereich verhindern aber gesicherte Aussagen.

Der Aufsatz entstand in Zusammenarbeit mit Sylvie Balcon.

Die Suche nach dem Baptisterium von 1919–1963

Die archäologischen Untersuchungen, die seit 1992 am erzbischöflichen Kirchenkomplex von Reims durchgeführt werden, haben umfassende Informationen zur Geschichte des Fundplatzes vor der Erbauung der jetzigen Kathedrale im 13. Jahrhundert geliefert. Sie galten vor allem den drei Vorläuferbauten und den bedeutenden gallo-römischen Thermen, die hier zwischen dem 1. und dem 4. Jahrhundert standen. Genaugenommen sind diese Grabungen die Weiterführung der alten Sondierungen von Henri Deneux, die zwischen 1919 und dem Beginn der 30er Jahre parallel zu den Restaurierungen an der durch die Bombardierungen im Ersten Weltkrieg schwer beschädigten Kathedrale stattfanden. Während der langen Grabungsdauer wurde fast die ganze Innenfläche der Kathedrale sowie eine Zone entlang der Nordflanke des Schiffes ausgegraben. Von größter Wichtigkeit ist die Tatsache, daß weite Teile dieser Fläche nicht wieder zugeschüttet wurden. Die freigelegten Elemente wurden geschützt. Sie blieben unter Gewölben, die den gegenwärtigen Fußboden der Kathedrale und die Pflasterung des Hofes nördlich des Kirchenschiffes tragen, erhalten.

Es ist heute klar, daß von Grabungsbeginn an die Forschungen von Henri Deneux von dem Wunsch getragen wurden, das Baptisterium wiederzufinden, das Gregor von Tours als den Ort der Taufe Chlodwigs beschrieben hat. Seit dem 17. Jahrhundert bemühten sich verschiedene Verfasser um dieses Gebäude und seine Lage. Sie stützten sich bei ihren Interpretationen aber alle ausschließlich auf die schriftlichen Quellentexte. Obwohl sich diese Arbeiten oft widersprechen und vor allem gegen Ende des 19. Jahrhunderts auch einen kontroversen Charakter erhielten, ist als Ergebnis dieser Arbeiten und ganz besonders der des Reimser Historikers Louis Demaison festzustellen, daß das Baptisterium als ein Bauwerk von einer gewissen Bedeutung aufgefaßt wurde, das westlich der ursprünglichen Kathedrale und an ein ihr vorgelagertes Atrium anschließend gestanden hätte.

Aus dieser Sicht der Dinge heraus scheint Henri Deneux seine Suche nach dem Baptisterium aufgenommen zu haben. So legte er 1921, als er zwischen dem vierten und dem sechsten Joch des gegenwärtigen Kirchenschiffes grub, zwei breite, parallel laufende, Nord-Süd-orientierte Fundamente und einen Schachtbrunnen, von dem Leitungen ausgingen, frei. Damals nahm er an, daß es sich um die Fundamente des Atriums aus dem 5. Jahrhundert handle – in Wirklichkeit waren die Mauern ins 9. Jahrhundert zu datieren und gehörten zum Westwerk der karolingischen Kirche. Angesichts des Fehlens von Bauspuren eines großen Baptisteriums verlegte Henri Deneux seine Forschungen mehr gegen Norden ins Seitenschiff, wohin die vorhin erwähnten Leitungen führten. So schrieb er in einem Grabungsbericht aus demselben Jahre: »Man legte einen Schachtbrunnen frei, bei dem es sich um den Brunnen im Atrium handeln könnte. Eine Leitung, die nach Norden führt, von der ein Teil freigelegt werden konnte, müßte demnächst das Wasser aus dem Baptisterium zu diesem Brunnen führen« (Abb. 140). Diese Aussagen bestätigen, daß er seine Untersuchungen ganz unter dem vorgenannten Aspekt betrieb, denn er dachte wie andere Autoren, vor allem wie Louis Demaison, daß sich das Baptisterium an einer der Seiten des Atriums befinden müsse.

Im Sommer des Jahres 1924 ereignete sich außerhalb der Kirche auf der Höhe der Nordseite des siebten Joches des Kirchenschiffes ein Oberflächeneinbruch. Dieses »Einsacken« richtete das Interesse von Henri Deneux auf die Nordseite der Kathedrale. Er entdeckte dort zwei Konstruktionen, die er mit dem Taufritus in Beziehung setzte (Abb. 141). Die erste, im Westen gelegen – es handelte sich um ein einfaches Becken, das zu den Thermen gehörte –, wurde von ihm als die ursprüngliche Tauf-Piscina identifiziert. Henri Deneux glaubte nämlich, daß dieser Teil des Thermenkomplexes anläßlich der Erbauung der ersten Kathedrale erhalten geblieben sei. Das zweite Element wurde wegen seiner Form – außen viereckig mit 12 m Seitenlänge und im Innern rund und mit Nischen in den vier Ecken – als Baptisterium identifiziert.

Ein Brief mit einer Zeichnung der Strukturen (Abb. 142) aus der Feder von Henri Deneux, datiert vom 3. August 1924, befindet sich heute in Paris in der Bibliothèque des Offices du Patrimoine. Er zeigt die Interpretation durch Deneux unmittelbar nach der Entdeckung auf. Der Text lautet: »Nachdem festgestellt werden konnte, daß der Oberflächeneinbruch im Nordhof auf die Senkung alter Auffüllungen zurückging, zeigte die Ausgrabung, daß man einen Schachtbrunnen von 3 m Durchmesser vor sich hatte. Das Mauerwerk bestand in seinem oberen Teil aus Kreide, war aber im unteren Teil römischen Ursprungs.

Die außergewöhnlichen Dimensionen dieses Schachtes brachten uns zur Annahme, daß sich das Baptisterium in unmitttelbarer Nähe befunden haben mußte.

Eine neue Grabung erbrachte Fundamente, die in der Tat das gesuchte Baptisterium zu sein scheinen. Darunter befindet sich ein Becken von 2,5 m Durchmesser.

Es scheint auch, daß sich seitlich von diesem eine mit dem Becken fast zeitgleiche Konstruktion befindet. Wenn, wie wir dies annehmen, der Grundriß dieser Konstruktion symmetrisch ist, so wäre ein Saal von 8 m Durchmesser mit Nischen von 2,6 m Durchmesser anzunehmen.

Die Grabungen sind noch nicht genügend weit fortgeschritten, um in dieser Hinsicht hinreichend sichere Anhaltspunkte zu liefern.«

Daß Deneux dieses »Becken« zum Baptisterium, in dem Chlodwig getauft worden wäre, rechnete, wird durch ein weiteres Dokument belegt, das als Einzelblatt mit der Kopfbezeichnung »*Cathédrale de Reims, Cour Nord*« heute in den Grabungsarchiven aufbewahrt wird. Es handelt sich um eine Liste der Höhenquoten der Bauteile, die in diesem Sektor gefunden wurden. In dieser wird das entsprechende Bassin mit den Worten »Taufbecken Chlodwigs« bezeichnet.

Im einzigen Kommentar zu diesem Befund – er wurde 1944 veröffentlicht – befleißigte sich Henri Deneux, was die entsprechenden Entdeckungen anging, lakonischer Kürze. Er sagte nur, daß die

Abb. 140 *Die Grabungen im Schiff der Kathedrale im Jahre 1924. Man sieht – von Westen – die beiden Nord-Süd-gerichteten Mauern, die Henri Deneux 1921 als Bestandteile des frühchristlichen Atriums betrachtete. In Wirklichkeit gehören diese Mauern und die beiden anderen, West-Ost-orientierten, zum Westwerk der karolingischen Kathedrale. Die Stelle des Schachtbrunnens wird durch die Bretter in der Nordwestecke der Struktur markiert. Die aus Steinen errichtete Kanalisation mehr im Osten wurde von Hans Reinhardt mit dem karolingischen Taufbecken in Verbindung gebracht. – Nach Deneux 1944, 19; Foto H. Henze.*

Ausgrabungen die Entdeckung eines »wahrscheinlich aus dem 6. Jahrhundert stammenden Baptisteriums« ermöglicht hätten, fügte freilich bei, »daß möglicherweise Teile der Thermen im 5. Jahrhundert, während der Taufe Chlodwigs durch den Heiligen Remigius, noch existiert hätten«. Bei dieser Interpretation wurde Henri Deneux vielleicht von Louis Demaison beeinflußt, der seit der Mitte der 20er Jahre behauptete, daß die Ergebnisse der archäologischen Untersuchungen nicht ausreichten, um die freigelegten Befunde mit dem Ort der Taufe des Frankenkönigs zu identifizieren.

Obwohl sie seinerzeit keineswegs auf allgemeine Zustimmung gestoßen waren, wurden die Behauptungen von Henri Deneux das »Baptisterium« betreffend nichtsdestotrotz, mit gewissen Modifizierungen, von Hans Reinhardt in seinem 1963 erschienenen Buch *Cathédrale de Reims* übernommen und vorgestellt. Hans Reinhardt präzisiert, daß die viereckigen Befunde, die im Nordhof freigelegt worden waren, von einem isoliert stehenden Baptisterium stammen, das mit der ursprünglichen Kathedrale, die weiter im Süden lag, verbunden war und mit deren Westfassade auf einer Linie gelegen habe.

Hans Reinhardt stellte Parallelbezüge zu altchristlichen Baudenkmälern im Süden her, wie etwa zu den Baptisterien von Fréjus und St-Rémi-en-Provence. Im übrigen datierte er aufgrund historischer Argumente das Bauwerk bis ans Ende des 5. Jahrhunderts zurück. Damit schuf er eine mehr oder weniger direkte Verbindung zwischen dem Gebäude und der Taufe Chlodwigs.

Obwohl Reinhardts Hypothesen in den 60er Jahren von gewissen Gelehrten akzeptiert wurden, sind sie nach einiger Zeit sogar von hervorragenden Spezialisten in

Abb. 141 *Die Ausgrabungen im Nordhof im Jahre 1924, von Westen gesehen. Die »Wanne«, die Henri Deneux gezeichnet hat, ist im Vordergrund sichtbar. Die Westmauer des »Baptisteriums« ist unter dem Mann mit Schaufel zu sehen. Die Kreidemauer hinter diesem datiert aus dem 19. Jahrhundert. Die Fundamente des Kirchenschiffes aus dem 13. Jahrhundert sind links. – Foto Bibliothèque du Patrimoine, Paris, Fonds Deneux No. 1232 P.*

Abb. 142 *Brief von Henri Deneux von 3. August 1924 mit einem Plan der Sondierungen im Nordhof und einer Rekonstruktion des »Baptisteriums«. – Bibliothèque du Patrimoine, Paris, Dossier No. 1569.*

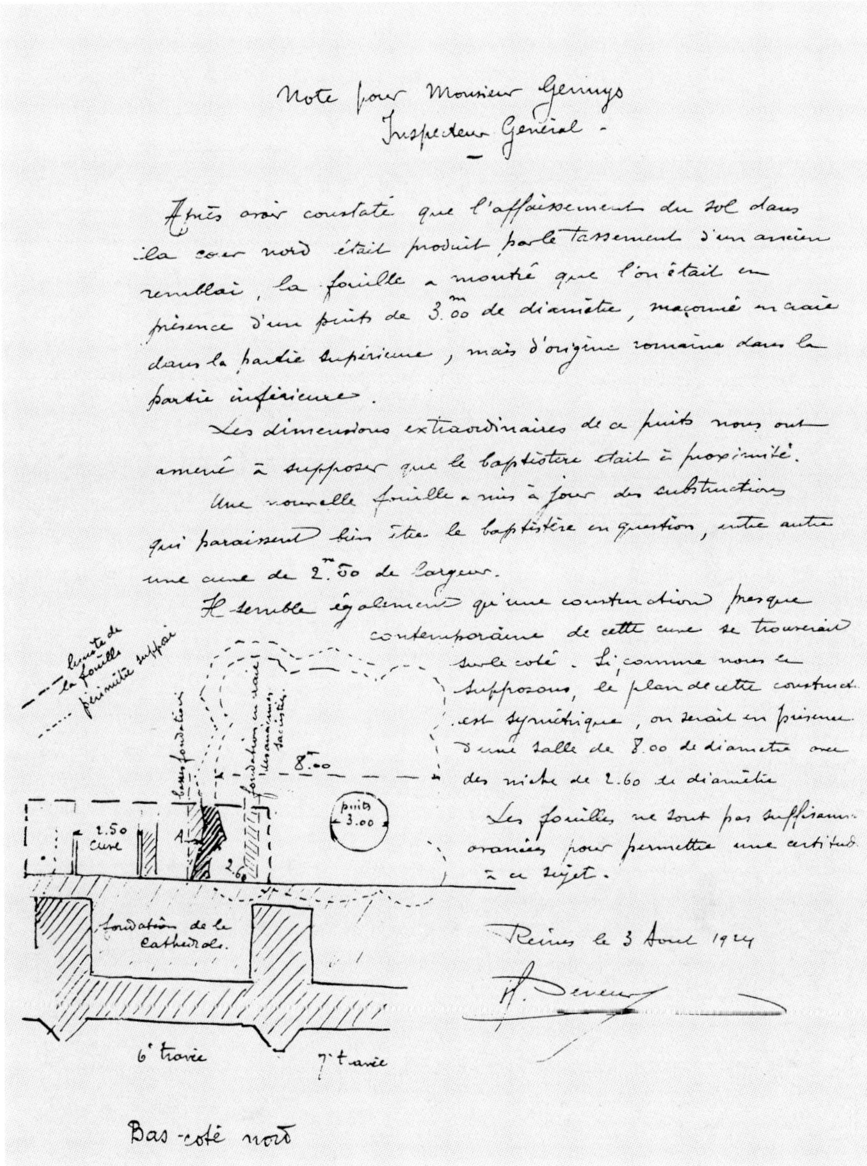

Note pour Monsieur Genuys
Inspecteur Général –

Après avoir constaté que l'affaissement du sol dans la cour nord était produit par le tassement d'un ancien remblai, la fouille a montré que l'on était en présence d'un puits de 3.00 de diamètre, maçonné en craie dans la partie supérieure, mais d'origine romaine dans la partie inférieure.

Les dimensions extraordinaires de ce puits nous ont amené à supposer que le baptistère était à proximité.

Une nouvelle fouille a mis à jour des substructions qui paraissent bien être le baptistère en question, entre autre une cuve de 2.50 de largeur.

Il semble également qu'une construction presque contemporaine de cette cuve se trouverait sur le côté. Si comme nous le supposons, le plan de cette construct. est symétrique, on serait en présence d'une salle de 8.00 de diamètre avec des niches de 2.60 de diamètre.

Les fouilles ne sont pas suffisamment avancées pour permettre une certitude à ce sujet.

Reims le 3 Août 1924

H. Deneux

Zweifel gezogen worden. Aber Reinhardts Identifikation der von Henri Deneuve aufgedeckten Befunde als »Baptisterium Chlodwigs« hat sich im Denkprozeß der Öffentlichkeit fest verankert und wurde in den vergangenen 30 Jahren als absolute Gewißheit betrachtet.

Die neuen Grabungen ab 1992

Vor dem Hintergrund dieser sehr zwiespältigen Interpretationslage wurde im Jahre 1992 die gegenwärtig laufende archäologische Kampagne begonnen. Die Grabungen werden auf gemeinsame Initiative des Ministère de la Culture und der Stadt Reims hin durchgeführt. Die Oberaufsicht hat die Direction Régionale des Affaires Culturelles de Champagne-Ardenne; die Oberleitung der Grabungen liegt bei Jean-Michel Musso, dem Architekten der Monuments Historiques; wissenschaftlich Verantwortlicher ist Robert Neiss; verantwortlicher Grabungsleiter der Verfasser im Auftrag der Association pour les Fouilles Archéologiques Nationales.

Ein Großteil der ersten archäologischen Untersuchungen hatte zu Beginn der Grabungen die detaillierte Analyse jener Baubefunde, die als »Baptisterium« bezeichnet worden waren, zum Ziel. Die ersten Abklärungen haben bereits gezeigt, daß die Strukturen keineswegs jene einfachen Konfigurationen hatten, wie sie Henri Deneux und Hans Reinhardt annahmen. So wurde in der Tat festgestellt, daß der Grundriß des Bauwerks nicht quadratisch war, sondern sich, mindestens gegen Osten hin, auf drei parallelen Achsen fortsetzte, wie das auch beim Baptisterium von Aix-en-Provence der Fall ist. Nicht vereinbar damit erwies sich die Feststellung, daß weder eine Wanne noch Elemente, welche die Heranführung oder die Ableitung von Wasser ermöglicht hätten, vorhanden waren.

Die bereits existierenden Zweifel bestätigten sich, als im Jahre 1995 die Zone unmittelbar nördlich des »Baptisteriums« ausgegraben wurde, und zwar in einem Gebiet, das durch die Unternehmungen der 20er Jahre nicht gestört worden war. Es zeigte sich sogleich, daß das Gebäude, das fast 70 Jahre lang als »Baptisterium« bezeichnet worden war, nicht isoliert dastand, und daß es nie zu Taufzwecken Verwendung gefunden hatte. Es gehörte in Wirklichkeit zur vorletzten Benützungsphase der Thermen und ist wahrscheinlich ins 3. Jahrhundert zu datieren. Es wurde abgebrochen, um großen geheizten Sälen Platz zu schaffen, die zur letzten Bauphase des öffentlichen Thermenbaus gehörten, die in den Beginn des 4. Jahrhunderts zu datieren ist.

Anderseits haben nun aber die Untersuchungen im Untergrund der Kathedrale im Juni 1995 unter dem fünften Joch des Kirchenschiffes Befunde geliefert, die das Vorhandensein einer Tauf-Einrichtung wahrscheinlich machen. Hier, beinahe 2 m unter dem gegenwärtigen Kirchenboden und nur wenige Meter vom 1921 entdeckten Schachtbrunnen entfernt, hat die Reinigung der Reste einer Grablege aus dem 14. Jahrhundert – es handelt sich um das Grab des 1347 verstorbenen Kanonikers Thomas von Cernay, das schon im 18. Jahrhundert gestört und in den 20er Jahren ausgegraben worden war – die Reste des Bodens eines »Beckens« von ca. 1 m^2 Größe und von unbekannter Tiefe ergeben. Dieses Becken hat zumindestens eine wichtige Umbauphase erlebt (Abb. 143). Beim Becken fand sich der Abdruck eines Bleirohres auf einer Länge von 2 m und einem Gefälle von Westen her. Dieses Element, das mit dem von Henri Deneux entdeckten Schachtbrunnen in Verbindung zu bringen ist, hat wahrscheinlich zur Versorgung des »Beckens« mit Wasser gedient. Die Entleerung erfogte über einen Kanal aus Steinen, der unter dem »Becken« entdeckt wurde und der nach Nordwesten weiterführte.

Um diese Reste umfassender studieren zu können, wurden einige Betonpfosten entfernt, die um 1966 errichtet worden waren, und zwar zur Verstärkung des Gewölbes, das den gegenwärtigen Fußboden der Kathedrale trägt. Leider wurden in der

Abb. 143 *Die Grabungen unter dem 5. Gewölbejoch des Schiffes im Juni 1995. Die Reste des Beckenbodens sind sichtbar, zusammen mit den Pfeilern und dem Betonboden der 60er Jahre, die im Vordergrund immer noch an Ort und Stelle stehen. Die Fundamente des karolingischen Westwerkes sind hinten zu erkennen. – Foto W. Berry.*

zentralen Zone alle aufragenden Teile, inklusive der Nordhälfte des Beckens, während der Arbeiten in den 60er Jahren zerstört. Aber die im August 1995 erneut aufgenommene Untersuchung ermöglichte es, andere Elemente freizulegen, die in tiefer gelegenen Niveaus noch vorhanden waren. Darunter befindet sich ein Bassin von größerem Umfang – es handelt sich aller Wahrscheinlichkeit nach um eine quadratische Struktur von mehr als 3 m Seitenlänge –, das aber offensichtlich wenig tief war, nicht mehr als 20 cm. Es lag unmittelbar unter dem im Juni entdeckten Becken und erstreckte sich weiter gegen Süden und Osten als jenes. Das Becken und der umgebende Fußboden, der sich auf einem etwas erhöhten Niveau befand, bestanden aus Mörtel mit Ziegelkleinschlag und Oberflächen in Terrazzo-Technik.

Diese Entdeckung machte in der Folge die Entfernung anderer moderner Stützpfeiler nötig. So konnten die Untersuchungen in diesem Sektor erst in allerjüngster Zeit wieder aufgenommen werden. Sie sind gegenwärtig noch im Gange.

In dieser Zone werden in der Tat die Untersuchungen durch äußerst schwierige Arbeitsbedingungen behindert: Der Platz ist beschränkt, die Überreste sind stark fragmentiert und sehr brüchig. Außerdem ist es nötig, ein Maximum von Befunden an Ort und Stelle zu belassen, um eine eventuelle spätere Untersuchung nicht zu verhindern.

Die Ergebnisse

Es ist wichtig, schon heute zu sagen, daß definitve Schlüsse angesichts des sehr fragmentarischen Zustandes der Befunde vielleicht nie gezogen werden können. Ohne von den in jüngster Zeit erfolgten Verlusten zu sprechen, ist festzuhalten, daß dieser Ort schon in früher Zeit durch die Errichtung des karolingischen Westwerkes massiv gestört worden ist. In der Folge hat die Errichtung von Grabschächten für 16 Kanoniker des späteren Mittelalters, darunter der schon erwähnte von Thomas von Cernay, größere Zerstörungen angerichtet. Diese Gräber wurden in der Periode der Französischen Revolution geplündert und die Grabkonstruktionen anläßlich der Ausgrabungen der 20er Jahre vollständig entfernt.

Diese Ausgrabungen haben unmittelbar über dem Mörtelboden, der sich über die ganze Zone hin erstreckt, haltgemacht. Es handelt sich somit um einen ausgesprochenen Glücksfall, daß die architektonischen Befunde, über die wir heute verfügen, erhalten geblieben sind.

Beim jetzigen Stand der archäologischen Untersuchungen müssen wir die Frage nach der Datierung mit äußerster Sorgfalt angehen. Die relative Chronologie der Gesamtheit der verschiedenen Elemente zeigt, daß die aufeinanderfolgenden Phasen sich vom Ende der Antike bis zum Ende der merowingischen Periode erstrecken. Das heißt, daß alle heute vorliegenden Elemente darauf hinweisen, daß eine Bauphase existiert haben dürfte, die später als die Thermen, aber früher als die karolingische Kirche datiert werden muß.

Was eine absolute Datierung anbetrifft, so ist die Menge des im Kontext gefundenen Keramikmaterials sehr gering. Das einzige andere datierbare Element sind Mosaikwürfelchen aus Glas, deren eines mit Blattgold verziert ist. Sie stammen aus Abbruchschichten. Immerhin zeigt das aufgefundene archäologische Material, daß es möglich ist, daß bereits im 5. Jahrhundert ein großes Bassin – dessen Verwendungszweck problematisch ist – vorhanden war. Der Zeitpunkt der Errichtung der ersten »Wanne« muß noch mit größerer Genauigkeit präzisiert werden.

Obwohl diese Befunde in der Presse unter dem Titel »Entdeckung des Baptisteriums von Chlodwig« verbreitet wurden, bleibt die Identifizierung dieser Befunde, die unter dem Schiff der gegenwärtigen Kathedrale gefunden wurden, ungewiß. Zu diesen Fragen kann ganz einfach, nach dem Vorbild von Henri Deneux in seinem Bericht von August 1924 nur gesagt werden, »daß die Grabungen noch nicht genügend weit vorangetrieben worden sind, um zu diesem Thema eine gesicherte Aussage machen zu können«.

Literatur: Demaison 1926. – Deneux 1944. – Reinhardt 1963.

Königtum und Adel im Spiegel der Grabfunde

Michael Müller-Wille

Unter den königlichen Bestattungen der merowingischen Dynastie in der frühen Phase ihrer Herrschaftszeit spiegeln die Gräber Childerichs I. (457/58–482) in Tournai und seines Sohnes Chlodwig I. (482–511) in Paris zwei religiöse Welten wider. Das königliche Grab von Tournai wird vor allem im östlichen Frankenreich Vorbild für eine Reihe von Prunkbestattungen des 6. Jahrhunderts. Seit Chlodwig begaben sich die Merowinger unter den Schutz der Heiligen und ließen sich in Kirchen bestatten. Auch diese Sitte übernahmen weitere fränkische Adelsfamilien. Die Gräber in den Kirchen enthielten nicht weniger Beigaben als die nach heidnischem Ritus angelegten Bestattungen. Ein Wandel in der Ausstattung bis hin zur bewußten Schlichtheit vollzog sich erst im 7. Jahrhundert.

Childerich I., der dritte König der merowingischen Dynastie – über die Grablegen seiner Vorgänger Chlodio (ca. 425–455) und Merowech (um 440/450) ist nichts bekannt –, wurde im Jahre 482 in Tornacum (Tournai, Belgien), dem Hauptort der *Civitas Turnacensium* im Norden Galliens, als Heide begraben. Gregor von Tours berichtet in seinem historiographischen Werk *Historiarum Libri Decem* (Zehn Bücher Geschichte), das wohl zwischen 573 und 594 entstand: »Aber dieses Geschlecht sah man stets heidnischen Kulten Gefolgschaft leisten, sie erkannten Gott nicht, sondern sie machten sich Bildnisse aus Wäldern und Quellen, Vögeln und wilden Tieren und aus den anderen Elementen, und verehrten sie göttlich und brachten ihnen Opfer dar« (II, 10). Childerich I. war als fränkischer König den in Soissons residierenden gallo-römischen Heermeistern nachgeordnet. Sein Sohn übernahm jedoch nach dem Sieg über Syagrius (486/7) das Erbe der Heermeister und erweiterte seine Herrschaft bis zur Seine und Loire. Er wählte Paris zur *cathedra regni.* Nach Gregor von Tours trat er in Erwartung des ersten Sieges über die Alamannen zum katholischen Christentum über, eine Entscheidung, die »für die christliche Orthodoxie über den fränkisch-gallischen Bereich hinaus für den gesamten germanisch-romanischen Okzident von größter Bedeutung war« (Ewig 1983). Dem Rat seiner aus dem burgundischen Königsgeschlecht stammenden Frau Chrodechilde folgend, verkündete er: »Gewährst du (Jesus Christus) mir jetzt den Sieg über diese Feinde, und erfahre ich so jene Macht, die das Volk, das deinem Namen sich weiht, zu dir erprobt zu haben rühmt, so will ich an dich glauben und mich taufen lassen auf deinen Namen« (II, 29–30). Nach der Glaubensunterweisung durch Remigius, Bischof von Reims, und dem öffentlichen Taufversprechen in der Martinsbasilika von Tours wurde Chlodwig wohl im Jahre 498 (vielleicht auch 497, 499 oder nach Alain Dierkens und Jan Wood gar erst 509) getauft. Im Jahre 511 starb Chlodwig in Paris und wurde, nach Gregor von Tours, »in der Kirche der heiligen Apostel begraben, die er mit der Königin Chrodechilde selbst erbaut hat« (II, 43). In dieser Grabkirche fanden auch seine Frau, seine Tochter sowie seine Enkel ihre letzte Ruhe.

Das Grab Childerichs: das heidnische Modell

Das Grab Childerichs wurde 1653 nördlich der Pfarrkirche Saint-Brice, auf dem östlichen Ufer der Schelde, mitten gegenüber dem in spätrömischer Zeit befestigten Tornacum, dem Kern des mittelalterlichen und neuzeitlichen Tournai, gefunden (Abb. 114). Zwei Jahre später hatte Johann Jakob Chiflet, Leibarzt Leopold Wilhelms, Erzherzog von Habsburg und Gouverneur der Niederen Lande, den bedeutenden Grabfund in einer prachtvollen Publikation mit dem Titel »Auferstehung Childerichs I., König der Franken, oder der ausgegrabene und mit einer schriftlichen Aufzeichnung erläuterte Grabschatz der Stadt Tornacum der Nervier« veröffentlicht (Abb. 144). Ein Teil des reichen Grabfundes ging schon bei der »turbulenten Auffindung« verloren. Die erhaltenen Beigaben gelangten 1656 in die Schatzkammer nach Wien. Durch Vermittlung des Mainzer Erzbischofs Johann Philipp von Schönborn wurden sie 1665 dem französischen König Ludwig XIV. übergeben. 1831 fielen sie, bis auf wenige Reste, einem Einbruch in der königlichen Bibliothek in Paris (heute Cabinet des Médailles der Bibliothèque Nationale) zum Opfer. Dennoch ist es möglich, aufgrund der Dokumentation durch Chiflet, von Abdrücken und Kopien mehrerer Gegenstände sowie der noch erhaltenen Beigaben das Grabgut weitgehend zu rekonstruieren.

Dem Toten von »gerader und eleganter Gestalt«, der offenbar in einem Sarg oder einer Holzkammer mit Sarg in einer mehr als 2 m in den Felsboden eingetieften Grabanlage bestattet war, waren Waffen, nämlich Spatha und Schmalsax, jeweils mit zugehörigem Gehänge, Franziska,

Abb. 144 *Titelblatt der ersten Veröffentlichung des Childerichgrabes von Jean Jacques Chiflet (1655).*

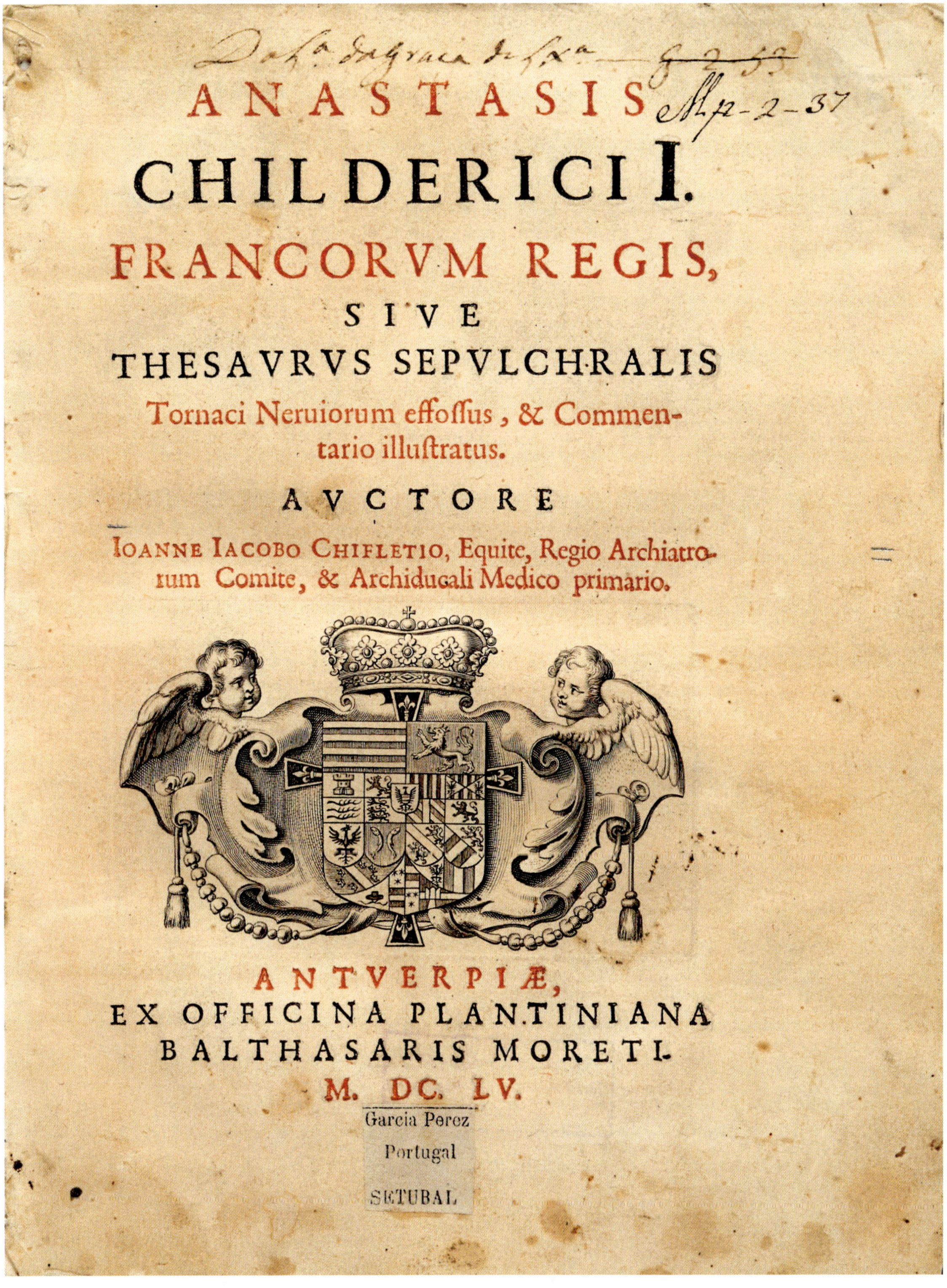

ANASTASIS
CHILDERICI I.
FRANCORVM REGIS,
SIVE
THESAVRVS SEPVLCHRALIS
Tornaci Neruiorum effoſſus, & Commentario illuſtratus.

AVCTORE
IOANNE IACOBO CHIFLETIO, Equite, Regio Archiatrorum Comite, & Archiducali Medico primario.

ANTVERPIÆ,
EX OFFICINA PLANTINIANA
BALTHASARIS MORETI.
M. DC. LV.

Garcia Perez
Portugal
SETUBAL

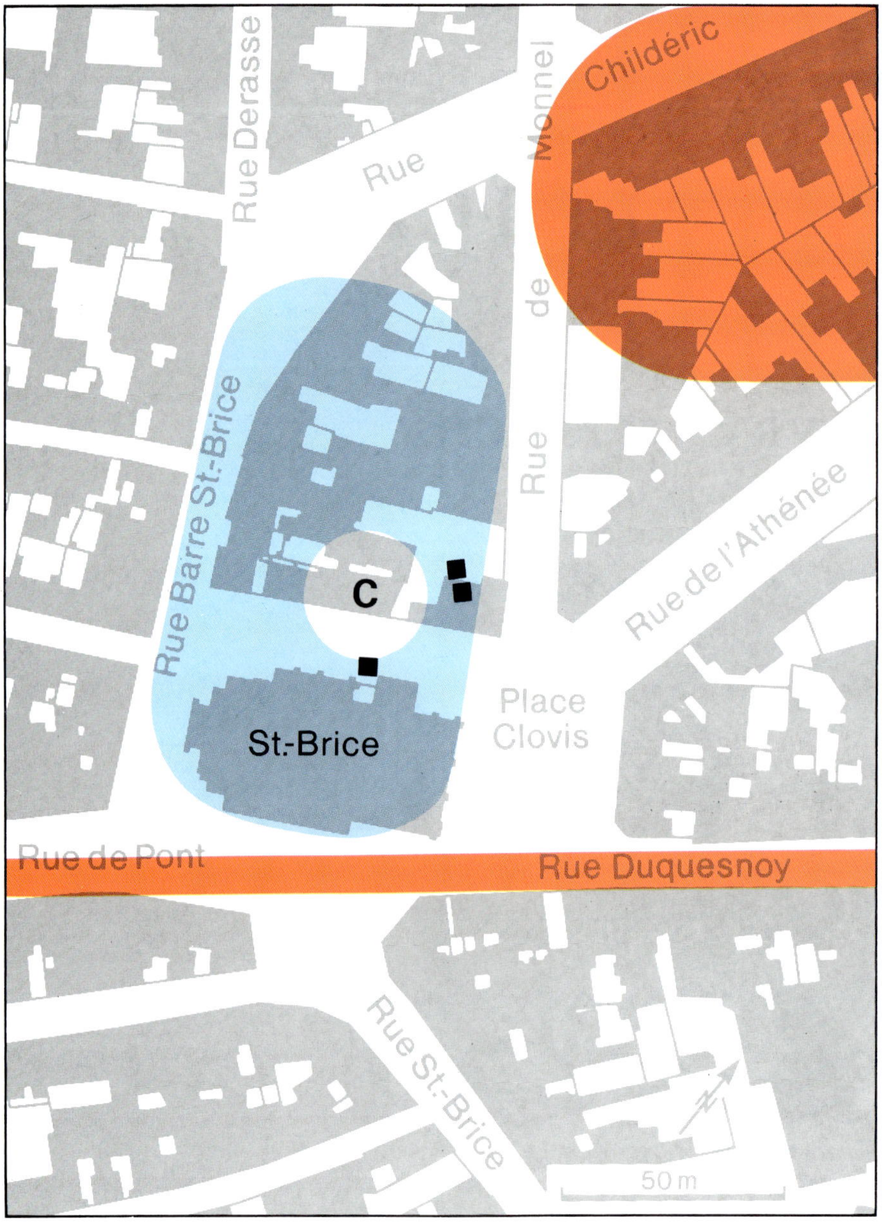

Abb. 145 *Tournai, das merowingische Gräberfeld bei der Kirche St-Brice, ursprüngliche Ausdehnung. Vermutete Lage des Childerichgrabes mitsamt erschlossener Überhügelung und den Massengräbern mit Pferden (Quadrate). – Nach Brulet 1991, 10 Abb. 3.*

Lanze und möglicherweise ein Schild beigegeben. Zum Tracht- und Körperschmuck gehörten eine Zwiebelknopffibel, zwei Fingerringe, darunter der Siegelring mit der spiegelverkehrten Umschrift CHILDIRICI REGIS, Handgelenkring, Gürtelschnalle, Taschenbeschlag, Schnallen und Beschläge vom Schuhwerk. Ein Münzschatz mit mehr als 200 Silbermünzen und mehr als 100 Goldmünzen, darunter Schlußmünzen von Zeno (474–491) sowie Basiliskos (475–476), stammt wohl aus der Zahlung des oströmischen Reiches aufgrund eines *foedus*. »Die Goldmünzen, überwiegend Konstantinopler Prägungen von Theodosius II. (408–50) bis Zeno (474–91), waren vermutlich ein Teil von Zahlungen des Kaisers Zeno für ein Militärbündnis, zu dessen Abschluß Childerich vom Kaiser Prunkfibel und Mantel erhielt« (Theune-Großkopf 1995, 97). Weiterhin enthielt das Grab Pferdezaumzeug und mit dem Achatgefäß möglicherweise auch Tafelgeschirr. Zahlreiche Beigaben waren aus Gold gefertigt und mit Almandinen in Zellenwerk verziert. Siegelring, Handgelenkring und Fibel werden als Zeichen des Königtums und der Dienststellung als höherer Offizier in der römischen Armee angesehen. Die zahlreichen bienenförmigen Beschläge, von denen heute nur noch zwei erhalten sind, werden unterschiedlich interpretiert: Joachim Werner (1983b) sah sie als Besatz eines golddurchwirkten Mantels an – in dieser Weise verwendete sie Napoleon als Schmuck seines Krönungsmantels, um seinen Machtanspruch in der Nachfolge des ersten fränkischen Königs gegenüber den Bourbonen, deren Emblem die Lilie war, zu legalisieren. Kurt Böhner (1981) bezeichnete die Bienen in Anlehnung an Chiflets Aussage als reiche Zier des Pferdezaumzeugs.

Die genaue Lage des Childerichgrabes ist nicht gesichert. Während der neuen Ausgrabungen von 1983–1986 im Viertel Saint-Brice nördlich der Pfarrkirche wurden im Bereich unbebauter Flächen fast 100 Körpergräber eines Reihengräberfeldes aufgedeckt, das von der Mitte des 5. bis zu Anfang des 7. Jahrhunderts belegt war (Abb. 145). Nördlich davon schloß sich ein während der Römerzeit genutztes Gräberfeldareal an. Vermutlich befand sich das

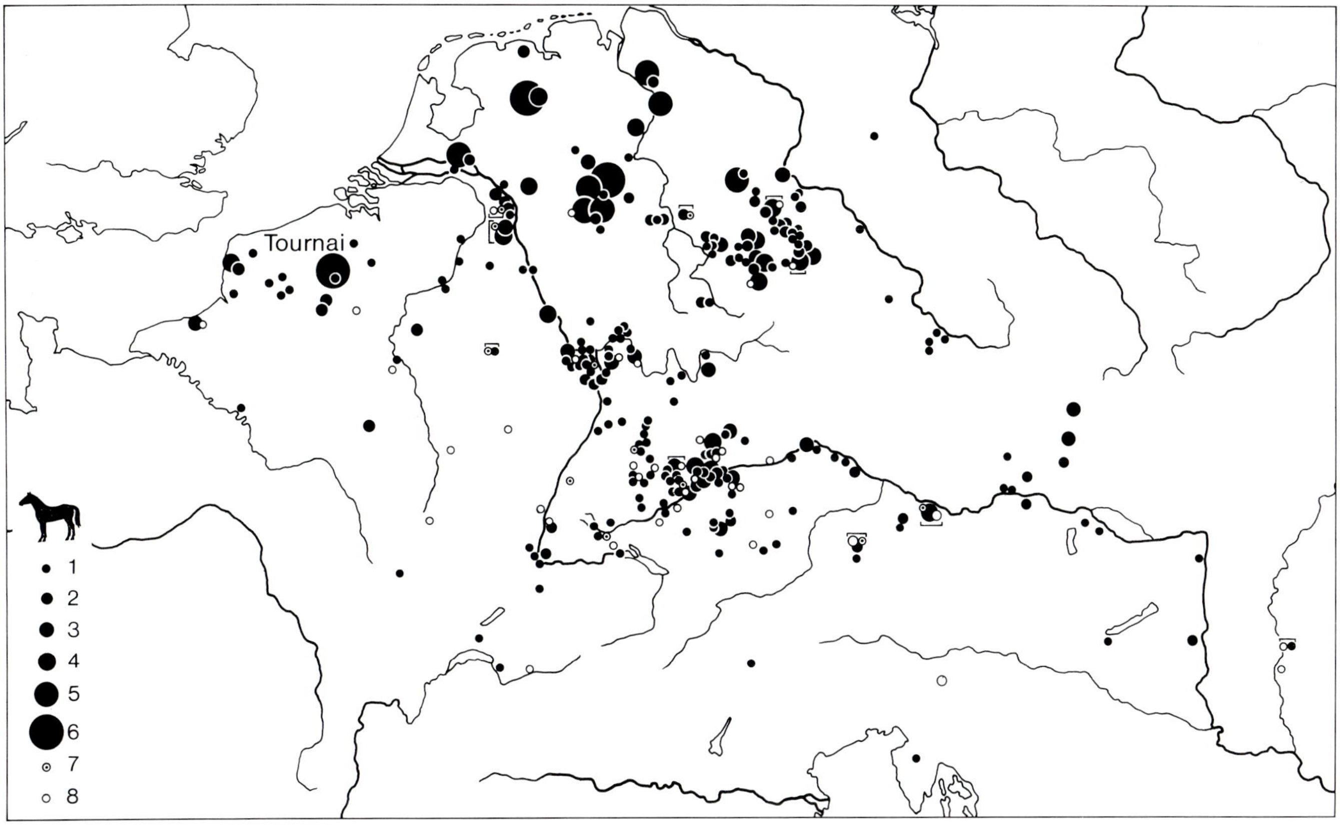

Abb. 146 Verbreitung von Pferdegräbern der Merowingerzeit im westlichen und mittleren Europa. 1 Ein Pferdegrab oder eine unbekannte Zahl von Pferdegräbern. 2 Zwei bis vier Pferdegräber. 3 Vier bis fünf Pferdegräber. 4 Sechs bis zehn Pferdegräber. 5 Elf bis 20 Pferdegräber. 6 mehr als 20 Pferdegräber. 7 Pferdezähne. 8 Pferdeknochen in Körpergräbern von Menschen. – Nach Müller-Wille 1993, 34 Abb. 21.

Königsgrab nördlich unweit der Kirche, deren älteste Baureste aus der Karolingerzeit stammen, und innerhalb eines kreisförmigen gräberlosen Bereiches, an dessen südlichem und nordöstlichem Rand drei in den Felsen eingetiefte Massengräber mit Pferdeskeletten zum Vorschein kamen: Grab CV (CV = chevaux) 1 mit sieben Wallachen, Grab CV 2 mit vier Wallachen, Grab CV 3 mit zwei Wallachen, fünf Hengsten und drei Fohlen; die Tiere waren offenbar mit Halsschnitt getötet worden. Die Gräber waren beigabenlos, Radiokarbonbestimmungen weisen in die Zeit 460–520. Der Ausgräber R. Brulet geht davon aus, daß das königliche Grab ursprünglich mit einem Hügel von 25–30 m Durchmesser bedeckt und der Hügelrand im Nordosten und Südosten von Pferdebestattungen begrenzt war; angesichts der kleinen Ausgrabungsfläche bleibt diese Annahme allerdings hypothetisch. Zwei Gräber des Friedhofes stammen nach Ausweis ihrer Beigaben wahrscheinlich aus der Mitte des 5. Jahrhunderts, doch erst mit der Anlage des Childerichgrabes im Jahre 482 setzt offenbar die volle Belegung des Reihengräberfeldes ein, das ebenso wie die anderen römer- und merowingerzeitlichen Nekropolen von Tornacum entsprechend antiker Sitte *extra muros* lag (Abb. 114).

Die Bestattung Childerichs umfaßte nicht nur die Mitgabe prunkvoller Beigaben, die seinem Rang entsprachen. Offensichtlich waren dem königlichen Toten auch zahlreiche Reitpferde aus seinen Stallungen mitgegeben, mindestens 21, wenn nicht noch mehr; das persönliche Reitpferd dürfte hingegen, mit kostbar verziertem Zaumzeug ausgestattet, dem Toten selbst in das Grab gefolgt sein. Der Befund steht bislang vereinzelt da. Unzweifelhaft erscheint mit den Pferdebestattungen ein östlicher Hintergrund: Der größte Teil ist von Friedhöfen des 5.–8. Jahrhunderts zwischen Rhein, Elbe und oberer Donau

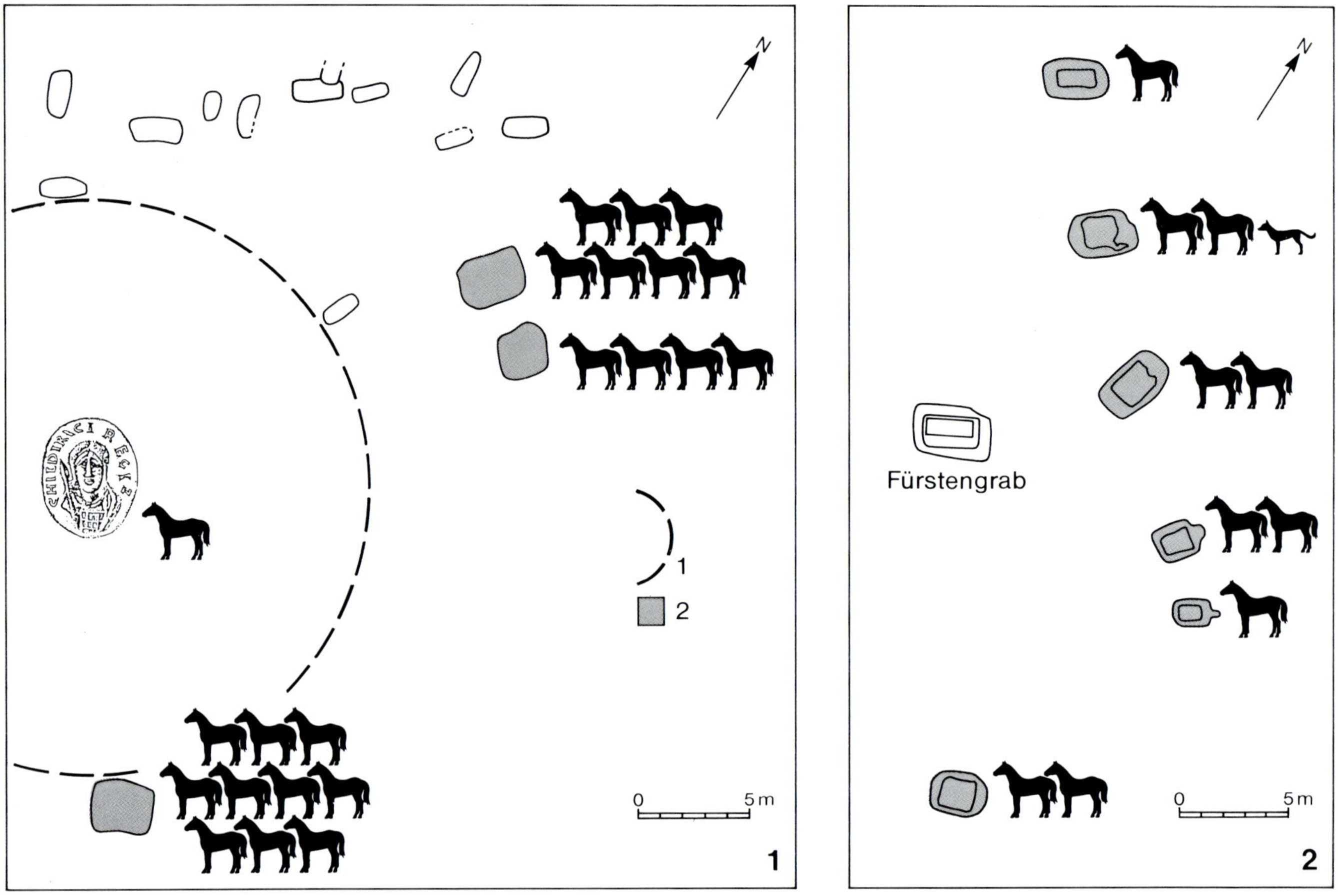

Abb. 147 *1 Grab des Childerich und die Pferdegräber. 2 Beckum, Westfalen. »Fürstengrab« der Zeit um 600 mit umliegenden Tiergräbern, Pferden und Hunden. – Nach Werner 1992, 157 Abb. 8.*

überliefert (Abb. 146). Bemerkenswert ist die dichte Verbreitung in Thüringen; dort verbrachte Childerich mehrere Jahre im Exil. Aus diesem und dem nordwestlich anschließenden sächsisch-friesischen Gebiet sind auch Friedhöfe mit einer größeren Anzahl von Pferden bekannt, darunter die Nekropole von Beckum, Westfalen, auf der sich um das »Fürstengrab« sechs Gräber mit jeweils einer bzw. zwei Pferdebestattungen gruppieren (Abb. 147). Die männliche Bestattung mit reichem Beigabengut in einer Grabkammer (»Fürstengrab«) datiert in die Zeit um 600; der mit dem Childerichgrab vergleichbare Befund ist demnach sehr viel jünger, ebenso wie zahlreiche Pferdebestattungen auf den Friedhöfen von Looveen in den nördlichen Niederlanden und von Rullstorf im nördlichen Niedersachsen.

Die alte Diskussion über die Frage, ob die Pferde Sachbeigaben oder Opfer seien, ist angesichts der neuen Befunde in der Nähe des Childerichgrabes wiederum aufgegriffen worden. Werner (1992) läßt offen, ob es sich um die Manifestation des »gesamten persönlichen Besitzes« oder um wodanistische Vorstellungen von einer Fortsetzung des kriegerischen und herrschaftlichen Lebens mitsamt dem Eintritt in Walhall, Odins Reich, handele. Sein Fazit lautet: »Auf jeden Fall lag dieses Jenseits, in das Childerich nach den Vorstellungen seiner Sippe und seiner Gefolgschaft mit Hilfe heidnisch-barbarischer Rituale gelangen sollte, weit entfernt vom christlichen Paradies, das für Bischof Remigius das Jenseits bedeutete. Der sechzehnjährige Chlodwig, der sicherlich an der Bestattung seines Vaters teilnahm und später das Grab mit den königlichen Schätzen vor Beraubung schützte, brauchte noch viele Jahre, ehe er sich von Remigius taufen ließ und sich damit für die christliche Heilserwartung entschied«.

Die königliche Bestattung in Tournai mit

prunkvollem Beigabengut und zahlreichen Pferden, mit möglicherweise auch monumentaler Überhügelung wird als Vorbild für eine Reihe von Prunkbestattungen oder Fürstengräbern (frz. tombes privilégiées, tombes de chef) der Zeit um 500 und der ersten Hälfte des 6. Jahrhunderts, vor allem im fränkisch-alamannischen Herrschaftsgebiet, angesehen. Young (1986) spricht vom »Vorbild Childerich« in einer hierarchisch strukturierten Gesellschaft (»l'exemple de Childéric: une communauté hiérarchiquement structurée«). Als Beispiele unter den reich ausgestatteten Waffengräbern seien stellvertretend Lavoye, Grab 319 (»tombe de chef«), aus der Zeit um 500 (Abb. 163) und Krefeld-Gellep, Grab 1782 (»Fürstengrab«), aus der Zeit um 530 (Abb. 192–196) genannt. Diese und andere Gräber sind über die Ausstattung hinaus durch aufwendigen Grabbau (Kammer), möglicherweise Überhügelung und abgesonderte Lage auf den Friedhöfen charakterisiert; es liegt nahe, sie als Grablegen des Adels zu betrachten.

Zeitgleich mit dem Grab des Childerich sind die Prunkbestattungen von Apahida in Siebenbürgen, die als gepidische Königsgräber gedeutet werden. Ebenso wie das Childerichgrab (Abb. 118–133) sind sie durch außerordentlich qualitätvolle Goldschmiedearbeiten mit Zellenwerk und Almandinschmuck gekennzeichnet, die – wie die goldene Zwiebelknopffibel als Rangabzeichen für Föderatenherrscher – aus kaiserlichen Werkstätten von Byzanz stammen dürften.

Das Grab Chlodwigs und seiner Familie: das christliche Modell

Etwa zehn Jahre nach seiner Bekehrung und unmittelbar nach dem Sieg über die Westgoten (507) verlegte Chlodwig I., nachdem er, vermutlich ein Jahr später, in Tours zum Honorarkonsul ernannt und damit von Kaiser Anastasios als König im gleichen Rang wie Theoderich anerkannt worden war, wohl mit dem Recht auf Akklamation als Konsul und Augustus, seine Residenz von Soissons, dem Sitz der nordgallischen Heermeister, nach Paris.

Abb. 148 Paris, Kirche Ste-Geneviève, Ausdehnung des merowingerzeitlichen Gräberfeldes um die Kirche nach Funden. – Nach Périn 1992, Taf. 14.

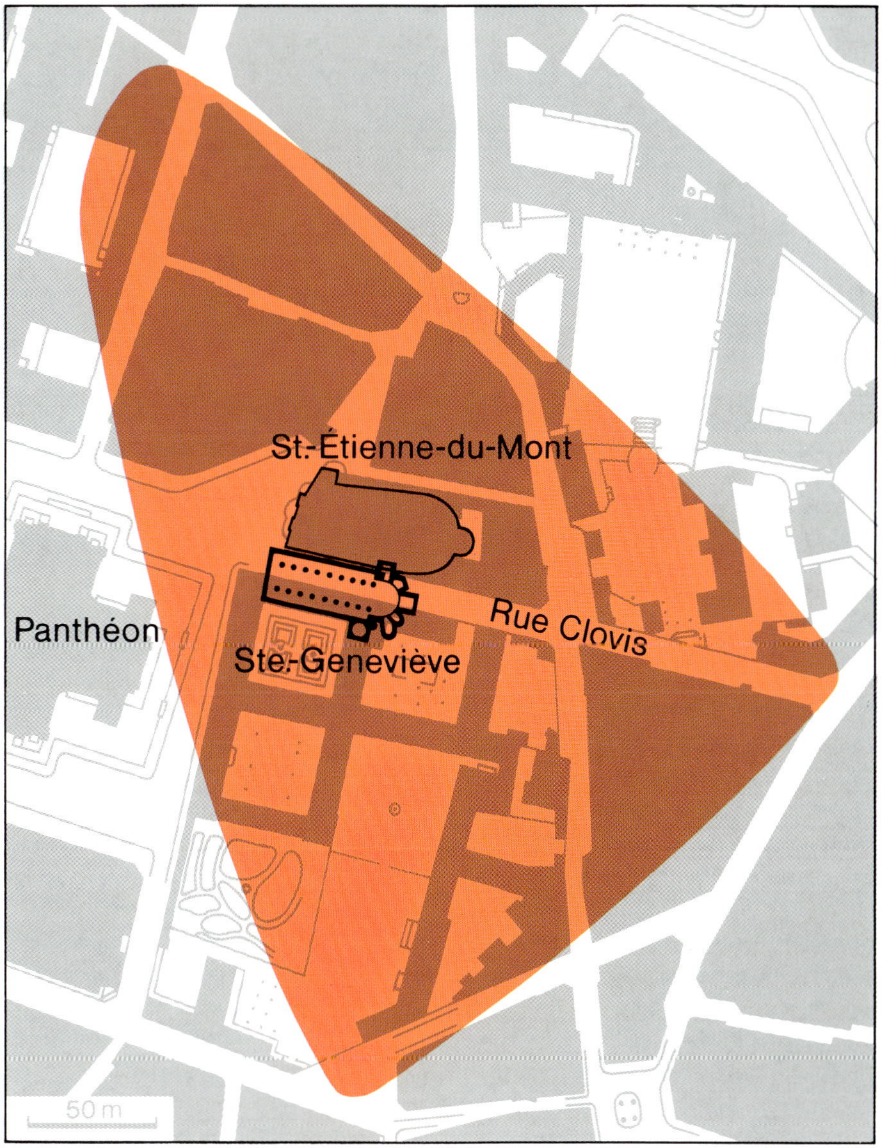

Dort errichtete er, zusammen mit seiner Gattin, auf einem Hügel am östlichen Rand des römischen Stadtgebietes südlich der Seine (rîve gauche) auf einem spätrömischen Gräberfeld *extra muros* eine Kirche über dem hölzernen Oratorium der hl. Genovefa (frz. Sainte Geneviève), der im Jahre 502 verstorbenen Nothelferin der Stadt Paris während der Wirren zur Zeit der hunnischen und fränkischen Ein-

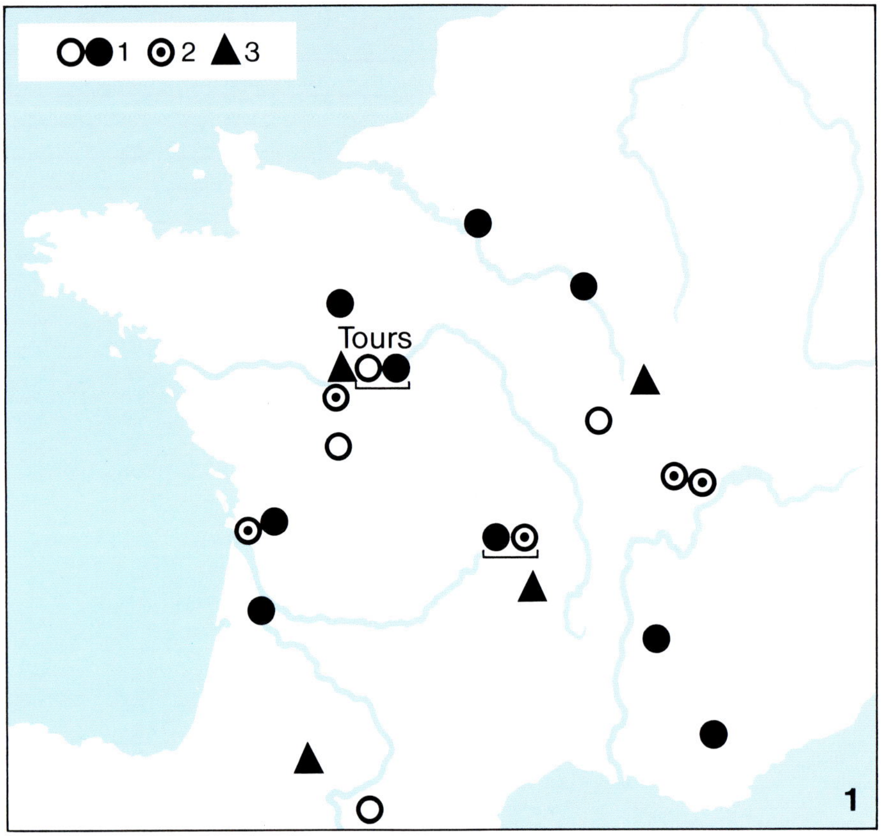

Abb. 149 Gallien. Christliche Bestattungen des 5. Jahrhunderts nach Gregor von Tours. 1 Bischöfe. 2. Äbte, Klostermitglieder, Eremiten. 3 Mitglieder der oberen Schichten. Offenes Symbol = Gräber auf Friedhöfen; andere Symbole = Gräber in Kirchen. – Nach Müller-Wille 1993, 14–15 Abb. 5.

fälle in der Mitte und zweiten Hälfte des 5. Jahrhunderts (Abb. 148). Auf dem Friedhof waren auch Prudentius, Bischof von Paris (Ende 4. Jahrhundert), und Eusoz bestattet; beide als Heilige Verehrte wurden später in die Kirche überführt.

Zweifellos suchten Chlodwig und seine Familie gemäß antiker christlicher Tradition in der von ihnen bestimmten Grabkirche *ad sanctos* den Schutz der Heiligen. Wohl nach dem Vorbild der Grabkirche Constantins in Constantinopel, in denen die Kenotaphe der heiligen Apostel aufgestellt waren, trug die Kirche jedoch anfänglich das Patrozinium der Heiligen Apostel; erst in karolingischer Zeit wurde sie der hl. Genovefa geweiht. Der »neue Constantin« (Gregor von Tours II, 31) nahm demnach sowohl das kaiserliche Vorbild als auch den Schutz der Heiligen in Anspruch.

Chlodwig wurde 511, seine Tochter Chlodechild 531, seine Enkel Theudoald und Gunthar in den Jahren um 530, schließlich seine Frau Chrodechild 544 in der Kirche der Heiligen Apostel bestattet (Gregor von Tours II,43; III,10.18; IV,1). Zum Begräbnis von Chrodechild schreibt Gregor von Tours: »Die Königin starb hochbetagt und reich an guten Werken in der Stadt Tours ... Sie wurde unter vielen Chorgesängen nach Paris gebracht und zur Seite des Königs Chlodwig am Hochaltar der Kirche (*sacrario basilicae*) des hl. Petrus von ihren Söhnen, den Königen Childebert und Chlothar, beigesetzt. Jene Kirche hatte sie selbst gebaut; in ihr ist auch die heilige Genovefa bestattet.«

Kurz vor Abriß der Kirche Sainte-Geneviève, früher Saints-Apôtres, veranlaßte Napoleon I., auf der Suche nach den königlichen Gräbern, 1807 umfangreiche Grabungen unter der Leitung der Architekten Rondelet und Bourla. Dabei wurden im Inneren der Kirche zahlreiche, teilweise verzierte Sarkophage der Merowingerzeit freigelegt (Abb. 328). Eine Identifizierung der Gräber der Königsfamilie war nicht möglich, da jegliche Beigaben fehlten und herausragende Sarkophage sich nicht nachweisen ließen, schließlich eine Datierung aufgrund der Grabform und -zier in die erste Hälfte des 6. Jahrhunderts nicht gesichert ist. Die Gräber der Heiligen waren im Laufe des Mittelalters und der Neuzeit mehrfach umgesetzt und entfernt worden, zuerst angesichts der Normanneneinfälle (845 bis 885).

Die von Gregor von Tours verwendete Bezeichnung *sacrarium basilicae* bezieht sich offenbar auf einen Vorraum (Angenendt 1994b) oder Annexraum im Bereich des Chores, nicht jedoch auf den Hochaltar. Périn (1992) schlug vor, die rechteckige nördliche Kapelle der Kirche, heute im Bereich der Rue Clovis und unter der Nachbarkirche St Étiénne-du-Mont gelegen, als königliche Grabstätte in Betracht zu ziehen (Abb. 148). Im übrigen hat sich um die Königsgrabkirche des frühen und mittleren 6. Jahrhunderts ein ausgedehnter Friedhof befunden, wie zahlreiche seit dem 17. Jahrhundert geborgene Grabbeigaben der Merowingerzeit anzeigen.

Chlodwig fügt sich als erster christlicher König der Franken mit seiner Bestattung

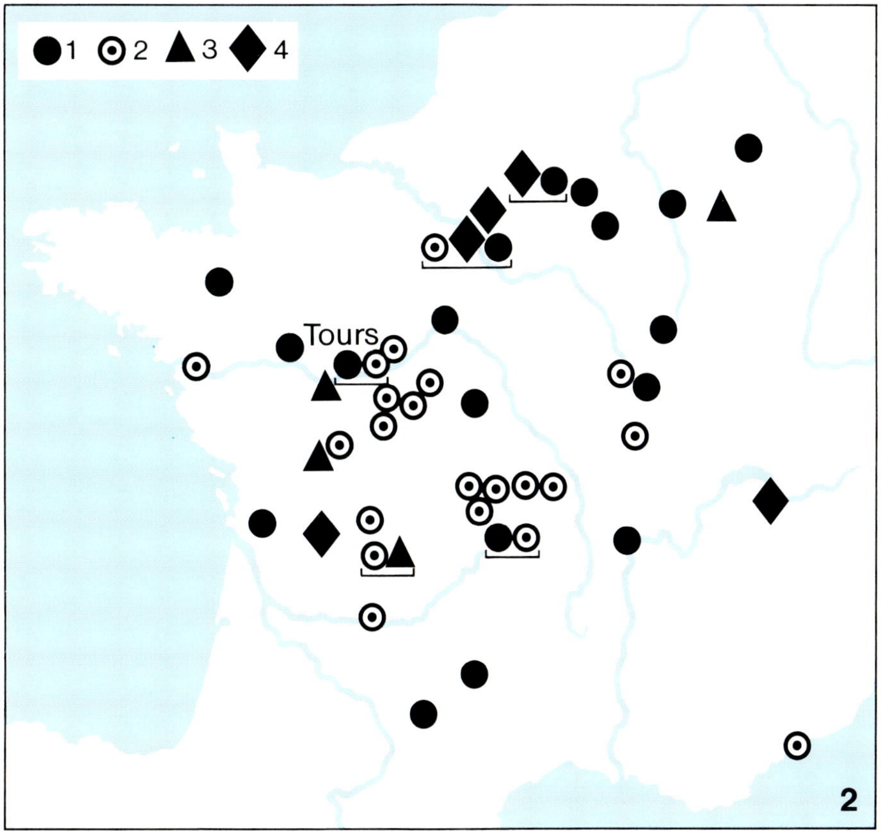

***Abb. 150** Gallien. Christliche Bestattungen des 6. Jahrhunderts in Kirchen nach Gregor von Tours. 1 Bischöfe. 2 Äbte, Klostermitglieder, Eremiten. 3 Mitglieder der oberen Schichten. 4 Mitglieder königlicher Familien. – Nach Müller-Wille 1993, 14–15 Abb. 6.*

in die ehrwürdige Reihe von Kirchenbestattungen im südlichen und mittleren Gallien ein. So berichtet Gregor von Tours über Märtyrergräber der Frühzeit christlicher Gemeinden, weiterhin über Märtyrer- und Bischofsgräber des 3. und 4. Jahrhunderts sowie über Gräber von Heiligen, Klerikern und Laien, meist Mitgliedern des senatorischen Adels des 4. Jahrhunderts, auf offenen Friedhöfen, in Krypten und in Friedhofskirchen. Diese Tradition setzt sich während des 5. Jahrhunderts im südlichen und mittleren Gallien fort (Abb. 149). Im 6. Jahrhundert eröffnet die Begräbniskirche Chlodwigs und seiner Familie neben den Kirchenbestattungen von Bischöfen, Äbten, Klosterleuten, Klausnern (Eremiten) und Mitgliedern der romanisch-fränkischen Oberschicht die Reihe dynastischer Kirchenbestattungen der fränkischen und burgundischen Königsfamilien (Abb. 150). Gregor von Tours nennt Bestattungen der fränkischen Königsfamilie in Paris (Saint-Germain-des-Prés), Saint-Denis, Soissons und Angoulême, weiterhin die Grablege der Burgunderkönige im Kloster Saint-Maurice d'Agaune im Wallis. Das »Beispiel Chlodwig« – die aristokratische Bestattung in der Kirche (»L'exemple de Clovis: l'inhumation aristocratique christianisée«, Young 1986) – wurde prägendes Vorbild.

Königliche und adelige Bestattungen des 6. Jahrhunderts

Die zweite königliche Begräbniskirche in Paris errichtete der Sohn Chlodwigs, Childebert I. (511–558): »König Childebert fing an zu kranken, und nachdem er sehr lange Zeit zu Paris im Bette gelegen hatte, starb er und wurde in der Kirche des hl. Vincentius begraben, die er selbst erbaut hatte« (Gregor von Tours IV, 20). Während die Kirche Chlodwigs nur für zwei Generationen in der Zeit von 511 bis 544 der königlichen Familie als Grablege diente, fanden hier von 558 bis um 675 Mitglieder der königlichen Familie von Childebert I. bis Childerich II. mit seiner Frau Bilichild und ihrem Sohn Dagobert ihre letzte Ruhe. Die Kirche wurde offenbar auf freiem Felde nordwestlich des Forums auf dem linken Ufer der Seine errichtet, ohne jegliche Anknüpfung an ein Gräberfeld (Abb. 114). Die Kirche war dem hl. Vincentius aus Spanien geweiht; sein Mantel wurde als Reliquie aufbewahrt. Jünger ist das Heiligkreuzpatrozinium (Sainte-Croix et Saint-Vincent). Den heutigen Namen Saint-Germain-des-Prés trägt die Kirche nach Germanus, Bischof von Paris (556 bis 576), der bei der Kirchengründung eine wichtige Rolle spielte. Sein Grab lag zuerst in der südlichen Portikus; später wurde es in die Kirche überführt.

Bei verschiedenen Bodeneingriffen und Grabungen der Jahre 1645 und 1656 im Chorbereich und an anderen Stellen innerhalb der Kirche hatte man offenbar intakte Bestattungen ausgegraben, zerstört und ausgeraubt, darunter auch beigabenführende dynastische Gräber, deren Lage im Chor bis 1656 durch gotische Grabplatten gekennzeichnet war. Darunter befand sich offenbar der Steinsarkophag Childerichs II. († 675) mit Kleider-

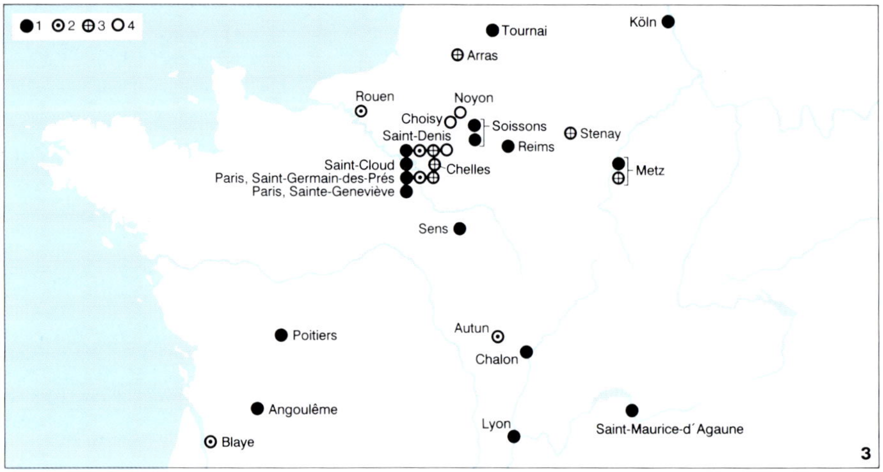

resten, Schwert und Metallschmuck des Schwertgehänges. Dem Bericht eines Mönches zufolge wurden im 17. Jahrhundert wertvolle Gegenstände aus den Gräbern entnommen und heimlich verkauft. Demzufolge waren trotz verschiedener baulicher Veränderungen und der Normanneneinfälle die königlichen Grablegen und weitere Bestattungen bis zur frühen Neuzeit unberührt. Ebenso wie in der Kirche Sainte-Geneviève wurde hier die Erinnerung an die königlichen Toten bis zu dieser Zeit aufrechterhalten. Die Kirche diente noch in karolingischer Zeit als Bestattungsort führender königsnaher Familien in Paris.

Leider können wir aufgrund der Fund- und Forschungsgeschichte dem Beigabengut aus dem nach heidnischem Ritus angelegten Grab Childerichs I. kein entsprechendes Ensemble der Kirchengräber Chlodwigs und seiner Familie zur Seite stellen. Doch bietet die dritte Grabkirche, die etwa 9 km nördlich des Zentrums von Paris gelegene Abtei Saint-Denis (Abb. 87; 327), mit einer Reihe von reich ausgestatteten Gräbern des 6. Jahrhunderts eine angemessene Vorstellung. Um 475 errichtete Genovefa innerhalb eines spätrömischen, zu einem *vicus* gehörenden Gräberfeldes, wohl über dem Grab des heiligen Dionysius (Saint-Denis), eine Basilika. Dionysius kam als einer von sieben Missionsbischöfen unter Decius (249–251) nach Paris, wurde dort Bischof und erlitt das Martyrium; er wurde unter den Franken Reichsheiliger und erhielt im Laufe des Mittelalters besondere Bedeutung für das französische Königtum. Bei den von Viollet-le-Duc (1859), Salin (1952–53, 1957) und Fleury (1957–66) geleiteten Grabungen

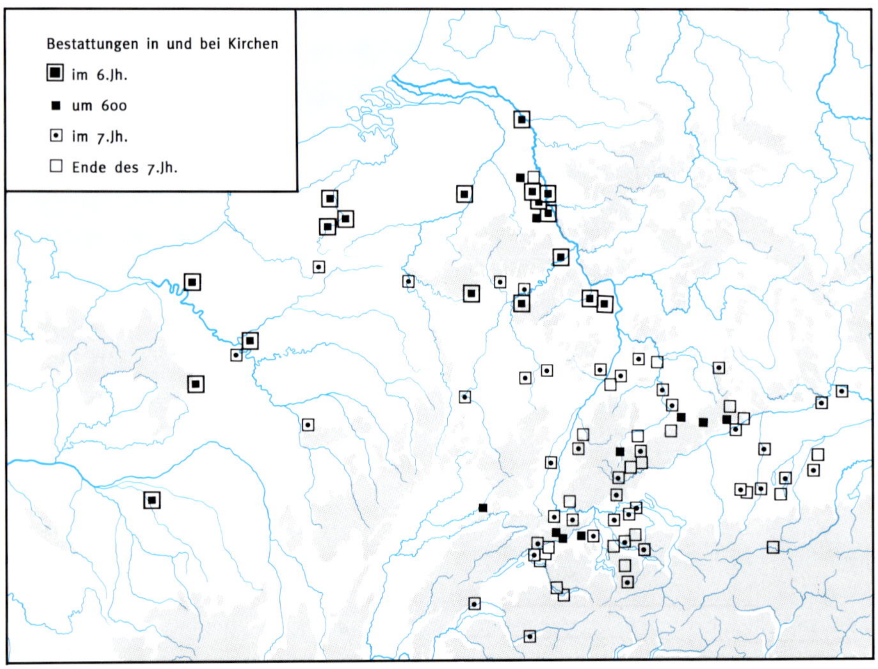

Abb. 151 *Gallien. Dynastische Bestattungen der Franken und Burgunden. 1 Spätes 5. und 6. Jahrhundert. 2 Erste Hälfte 7. Jahrhundert. 3 Zweite Hälfte 7. Jahrhundert. 4 Erste Hälfte 8. Jahrhundert. – Nach Müller-Wille 1993, 20 Abb. 10.*

Abb. 152 *Bestattungen in und bei Kirchen im fränkischen und alamannischen Gebiet, 6. und 7. Jahrhundert. – Nach Böhme 1993, 21 Abb. unten; Umzeichnung I. Bell.*

Abb. 153 *Frauengrab unter dem Kölner Dom. Goldene Ohrringe, Halsschmuck mit Perlen aus Glas und Goldblech sowie goldenen Münzanhängern und goldenen cloisonnéverzierten Anhängern, dann goldene, filigran- und cloisonnéverzierte Scheibenfibeln mit der von ihnen getragenen goldenen Kette (Kat. VI.2.4.). – Foto Matz und Schenk, Dombauarchiv.*

kamen im Bereich der ältesten Kirche und des nördlichen Annexes zahlreiche Sarkophage in gedrängter Anordnung zum Vorschein. Mehrere Gräber enthielten reichen Körper- und Trachtenschmuck von weiblichen Bestattungen aus dem Anfang bis zum Ende des 6. Jahrhunderts. Es sind dies Zeugnisse für Begräbnisse der fränkischen Oberschicht, die jedoch nicht mit historisch überlieferten Personen in Verbindung gebracht werden können. Einzig der Goldring mit der Inschrift ARNEGUNDIS RGE [REGINE] aus dem trapezoiden Sarkophag 49 bietet eine Verknüpfungsmöglichkeit mit Aregunde, eine der Frauen Chlothars I. (511–561) und Mutter Chilperichs I. (561–584), der in den Jahren 537/39 geboren wurde. Die Tote, deren anthropologisch bestimmtes Alter mit 45 Jahren angegeben wurde, war in voller Kleidung, d. h. mit Tunika, Mantel, Haube, Schuhen, Strümpfen, bestattet. Der Tracht- und Körperschmuck aus Gold und vergoldetem Silber umfaßt jeweils zwei Haubennadeln und Ohrringe, Kleidernadel, zwei Scheibenfibeln, zwei große Gürtelbeschläge sowie Waden- und Schuhgarnituren; hinzu kommt eine Glasflasche. Die bislang vorgeschlagene Datierung in die Jahre 565/70 wird neuerdings angezweifelt. Périn (1991a, b) plädiert, vor allem aufgrund von Fundparallelen im alamannischen Bereich, für die Jahre um 590/600. Folgt man dieser Zuweisung, so läßt sich in Saint-Denis auf archäologischem Weg die älteste königliche Bestattung für das Ende des 6. Jahrhunderts nachweisen. Gregor von Tours berichtet für das Jahr 585, daß eine Verwandte der Ehefrau des austrasischen Herzogs Gunthramn Boso »verstorben und samt großem Geschmeide und vielem Golde (*cum grandibus ornamentis et multo auro*) in einer Kirche der Stadt Metz bestattet worden« sei; weiterhin schreibt er, die Diener des Herzogs seien zur Kirche gekommen, und »sie drangen ein, schlossen die Pforten hinter sich, deckten das Grab auf und beraubten den Leichnam allen Geschmeides (*omnia ornamenta*), dessen sie habhaft werden konnten« (VIII, 21). Die archäologische und historische Überlieferung bestätigt für das späte 6. Jahrhundert gleichermaßen die prunkvolle Schmuck- und Trachtausstattung kirchlicher Begräbnisse von hochgestellten Damen.

Will man sich eine genauere Vorstellung von der Ausstattung königlicher Gräber aus der Zeit der ersten und zweiten Generation nach Chlodwig machen, so wird man das Knaben- und das Frauengrab in Steinsarkophagen an der Nordseite des kleinen einschiffigen Baues mit halbrunder Apsis heranziehen dürfen, die 1959 mehrere Meter unter dem Fußboden im Chorbereich des Kölner Domes angetroffen wurden. Das Knabengrab mit Totenlade und Stuhl enthielt eine komplette Waffengarnitur mit Schwert, Franziska, Ango, Lanze, Bogen, Pfeilspitzen, Schild und Helm, dann persönliches Zubehör wie Lederkleidung, Goldknöpfe, Silberschnallen, Fausthandschuhe, goldener Fingerring, vier Messer mit Goldbeschlägen sowie eine Tasche mit fünf einseitig in Köln (?) geprägten Silbermünzen, ein vielteiliges Tafelservice mit Glas-, Holz- und Metallgefäßen, einen gedrechselten Holzstab u. a. Das Ensemble mit mehr als 30 Beigabenpositionen wird in die Zeit um 535/40 datiert. Das Frauengrab, mit mehr als 40 Positionen, enthielt zahlreiche Gegenstände aus Gold. Unter den Münzen befanden sich ein Solidus des Anastasios I. (491–518), zwei Siliquen Theoderichs des Großen (493–526) und eine Halbsiliqua Athalarichs (526–534). Zum goldenen Kopf- und Armschmuck gehörten Stirnbinde, Ohrringpaar, zwei Fingerringe unterschiedlicher Zier und ein Armring, zum Brustschmuck zwei Rosettenfibeln, eine lange und eine kurze Goldkette sowie das Halskollier mit Münzanhängern, und zwar Solidi von Valentinian I. (364–375) bis Justinus I. (518–527). Weiter fanden sich ein Bügelfibelpaar, ein Gehänge, Fußbekleidung, Teile des Tafelservices, nämlich Gläser, Bronzebecken, Holzeimer und Trinkhorn, außerdem ein Schmuckkästchen u. a. Die jüngsten Münzen legen eine Datierung nach 518/526, wahrscheinlich in das zweite Viertel des 6. Jahrhunderts fest. Die nach anthropologischer Bestimmung 25–30 Jahre alte Frau läßt sich nicht mit Sicherheit identifizieren. Es wird vermutet, daß es sich um Wisigarde, die zweite Gattin Theudeberts I. (534–548) und Tochter des langobardischen Königs Wacho, handelte. Das Beigabenspektrum beider Gräber unter dem Kölner Dom ist ungleich größer als das des Arnegundisgrabes in St-Denis. Im übrigen stellt die Brandbestattung eines Knaben unter dem Osthügel von Gamla Uppsala in Mittelschweden – dem Toten wurden ebenfalls Helm und Szepter mitgegeben – ein zeitgleiches Begräbnis nach heidnischem Ritus in einem dynastischen Kontext dar. Während die kleine Grabkapelle mit dem Knaben- und Frauengrab in unmittelbarer Nähe der Bischofskirche innerhalb der römischen Stadtmauern Kölns stand, befanden sich die Grabkirchen von St. Severin und St. Gereon auf römerzeitlichen Friedhöfen *extra muros*. Der spätantike Apsidenbau (B) unter der Severinskirche enthielt zwei Knabengräber (64, 65) mit einer auf hohen sozialen Status hinweisenden Beigabenausstattung der zweiten Hälfte des 5. Jahrhunderts. Im Umfeld dieses wohl als Kirche zu interpretierenden Baus kamen Frauengräber des 6. Jahrhun-

Abb. 154 *Frauengrab unter dem Kölner Dom. Goldener Armring, Bügelfibelpaar mit dem von ihm getragenen Gehänge – dazu gehören das Messer mit goldener Griffhülse und die gefaßte Kristallkugel –, große silberne Bulla und Wadenbinden- sowie Schuhgarnituren (Kat. VI.2.4.). – Foto Matz und Schenk, Dombauarchiv.*

Abb. 155 Frauengrab unter dem Kölner Dom. Die nicht zu Schmuckstücken verarbeiteten Münzen, ein Solidus und eine Siliqua des Anastasius von Theoderich (1–2) sowie zwei ostgotische Halbsiliquen, die jüngste von Athalarich (526–534), sind für die Datierung des Grabes in das zweite Viertel des 6. Jahrhunderts recht wichtig. – Nach Doppelfeld 1960 Taf. 13.

derts mit qualitätvollen Beigaben zum Vorschein. Nach ausführlichen Berichten des 11. und 12. Jahrhunderts zur Suche nach Heiligengräbern wurden innerhalb des im 4. Jahrhunderts errichteten Kirchenbaus St. Gereon offensichtlich reich ausgestattete Begräbnisse der Merowingerzeit mit Kleiderresten, Waffen und weiteren Beigaben geborgen.

Beigabenführende Grablegen dieser Art fügen sich in die größere Anzahl von Bestattungen des Adels ein – der *nobiles, meliores, potentes, proceres, domini* der schriftlichen Quellen –, die während des 6. und 7. Jahrhunderts in Kirchen des wieder christianisierten Gebietes zwischen Seine und Rhein angelegt wurden; das weitere Ausgreifen des Christentums spiegelt sich sodann in Kirchengründungen und Kirchenbestattungen des 7. Jahrhunderts im alamannischen und bajuwarischen Gebiet des südlichen Deutschland und der nördlichen Schweiz wider (Abb. 152). Mit dieser Gruppe von Kirchen vollzog sich offenbar auch der erste Aufbau von Pfarrkirchen auf dem Land, der zur endgültigen Christianisierung führte. Als Beispiele aus dem fränkischen Gebiet seien Arlon im südlichen Belgien und Hordain bei Cambrai im nordwestlichen Frankreich, weiterhin Flonheim und Morken im Ober- und Niederrheingebiet genannt, letztere allerdings ohne sicheren Nachweis für eine zeitgleiche Kirche. Die Männergräber weisen reiches Beigabengut auf. Vermutlich richtete sich ihre Ausstattung nach dem königlichen Vorbild Chlodwigs.

Königliche und adelige Bestattungen des 7. Jahrhunderts

Mit der Bestattung Dagoberts I. (623, 629 bis 638), des bis zu unseren Tagen populären »bon roi Dagobert«, und seiner Gemahlin Nanthild († 642) setzte die Reihe dynastischer Begräbnisse ein, die Saint-Denis seitdem zur bedeutendsten Königsgrabkirche Frankreichs machten. Von den spätmerowingischen Gräbern gibt es keinerlei archäologische Nachweise. Dies trifft auch, abgesehen von Saint-Germain-des-Prés, auf andere Kirchen mit vereinzelten königlichen Bestattungen zu, über die historische Nachrichten vorliegen (Abb. 151). Kurz vor der Herrschaftszeit Dagoberts wurde als erster christlicher König Englands Aethelberht (560/65 bis 616/618) aus dem kentischen Königshaus in der erzbischöflichen und königlichen Grabkirche St. Peter und Paul (spätere Abtei St. Augustine's) *extra muros* östlich von Canterbury bestattet, ebenso wie seine Frau Bertha, die Tochter des fränkischen Königs Charibert I. (561–567). Einige Jahre später, um 625, fand sodann das mit außerordentlich reichem Beigabengut versehene Begräbnis in einem Schiff auf dem Gräberfeld von Sutton Hoo statt, vermutlich des ostanglischen Königs Raedwald. Fast 150 Jahre nach dem Begräbnis Childerichs in Tournai sollte nochmals ein König in einer religiösen Umbruchszeit nach heidnischem Ritus bestattet werden.

Vier Frauengräber in Kirchen mögen abschließend als Beispiele für den sich während des 7. Jahrhunderts abzeichnenden Wandel, zugleich auch für den Konservativismus in der Ausstattung von adeligen und dynastischen Bestattungen dienen.

Ähnlich wie Arnegunde in Saint-Denis wurde Theodechilde als erste Äbtissin des um 635 nach den Regeln des heiligen Columban gegründeten Doppelklosters Jouarre (östlich von Paris) in einem golddurchwirkten Mantel und mit einer »goldenen Agraffe« bestattet, wie aus der Beschreibung anläßlich der Öffnung des reich verzierten Sarkophages in der Krypta der Friedhofskirche im Jahre 1627 hervorgeht (de Maille 1971). Ebenso wie Theodechilde, die im letzten Drittel des 7. Jahrhunderts verstarb, fanden ihre Nachfolgerinnen im Amt ihre letzte Ruhe in der Krypta, desgleichen Angehörige ihrer Familie, so ihr Bruder Agilbert, Bischof von Paris und Wessex († vor 690). Das Mausoleum mit verzierten Sarkophagen und wohl auch qualitätvoller Kleider- und Schmuckausstattung entsprach dem Rang der Familie.

Unweit von Jouarre ist das Doppelkloster Chelles gelegen, das Balthild, die Witwe Chlodwigs II. († 657), in den Jahren 658/661 errichten ließ. Balthild, die durch Schenkungen und Verordnungen insbesondere die irofränkischen Klöster in Gallien förderte, wurde 680 in der Heiligkreuzkirche des Klosters bestattet und 833 in die Marienkirche überführt.

Zu den frühen Bestandteilen des Klosterschatzes gehört ein zerschlissenes Leintuch, das in der späteren Überlieferung als »Ba(l)thildenhemd« (frz. chemise chasuble de Sainte Bathilde) und als Reliquie der merowingischen Königin und Klostergründerin bezeichnet wird (Abb. 651). Es handelt sich vermutlich um einen Teil der Totenbekleidung, ein Bahr- oder Leichentuch, in das mit verschiedenfarbigen Seidenfäden kostbarer Frauenschmuck eingestickt war. Offenbar sind die kleine Halskette, der Juwelenkragen mit Pektoralkreuz und Pendilien und die Brustkette mit mindestens neun meist figürlich verzierten Medaillons detailgenaue Wiedergaben von Goldschmiedearbeiten mit Stein- und Perlenauflagen, die der kaiserlichen Hoftracht in Byzanz entsprachen oder angenähert waren. »So unauffällig der bestickte Latz auf einen ersten Blick auch erscheint, bei näherem Zusehen steht er in seinem Quellenwert den königlich-fränkischen Grabfunden des Childerich und der Arnegunde sowie den Gräbern unter dem Kölner Dom in nichts nach: Zunächst handelt es sich um ein frühes Zeugnis der Stickkunst ... Trifft die Deutung als Totenhemd zu, so ist dessen Anfertigung vielleicht insofern als ein Kompromiß vor dem allgemeinen Hintergrund des 7. Jahrhunderts zu verstehen, als zu dieser Zeit das Beigaben-Brauchtum allmählich aufgegeben wurde. Selbst einer Königin wurde demnach nur noch die Kopie ihres Schmucks ins Grab gelegt. Für diesen Fall wären wohl angesichts des tiefen Eindrucks, den die benediktinisch-columbanische Askese gerade in merowingischen Hofkreisen um Bathilde hinterlassen hat, die entsprechenden Realien *pro anima* gestiftet worden« (Atsma/Vierck 1991, 429). Die im Jahre 1983 untersuchten Reliquien enthielten Knochen, Haare, weiterhin u. a. Fragmente eines Mantels und Bruchstücke von verzierten Seidenborten sowie eine goldene gleicharmige Fibel (Laporte/Boyer 1991). Wie der Lebensgeschichte des Eligius (ca. 590–660), Bischofs von Noyon, zu entnehmen ist, hat Bathild auf Bitten des bischöflichen Ratgebers, der ihr nach dem Tod im Traum erschienen ist, darauf verzichtet, fortan Gold- und Gemmenschmuck um der Ehrerbietung Christi willen *(insignia auri gemmarumque ornamenta ... ob Christi reverentiam)* zu tragen. Im Grab sollte jedoch die königliche Schmuckausstattung bezeugt werden (Laporte 1988, 89 f.).

In dem um 650 unter irischem Einfluß gegründeten Doppelkloster Nivelles, Brabant, wurde Gertrud, Tochter des austrasischen Hausmeiers Pippin des Älteren und seiner Frau Itta, nach ihrem letzten Willen nur in einem Büßerhemd und einem groben Schleier aus Wollstoff oder Linnen bestattet. Kurz nach ihrem Tode im Jahr 659

Abb. 156 *Frauengrab unter dem Kölner Dom. Holzkästchen mit Bronzeblechverkleidung, Bronzebecken mit gegossenem Dreifußring und die große silberne Bulla (Kat. VI.2.4.). – Foto Matz und Schenk, Dombauarchiv.*

***Abb. 157** Glasflaschen, Sturzbecher und Glasschalen aus dem Frauengrab unter dem Kölner Dom (Kat. VI.2.4.) – Foto Matz und Schenk, Dombauarchiv.*

wurde sie als Heilige verehrt und genoß als Adelsheilige besonders unter den Karolingern sehr hohes Ansehen. Beigabenlosigkeit oder der »Exzeß der Demut«, der nicht dem adeligen Rang der Bestatteten entsprach (Young 1986), kennzeichnet auch die Grabkapelle der Klostergemeinschaft in der St. Peterskirche.

Lassen die drei etwa zeitgleichen Frauenbestattungen in den Klosterkirchen von Jouarre, Chelles und Nivelles den Wandel von einer den Rang bezeichnenden Tracht- und Schmuckausstattung über eine Ersatzausstattung zur bewußten Schlichtheit (*humilitas*) und Beigabenlosigkeit erahnen, so bietet das vor wenigen Jahren entdeckte Mädchengrab unter dem Frankfurter »Dom« mit seinem Beigabenreichtum ein hervorragendes Beispiel der älteren Tradition (Kat. VI.2.12.). Dieses in die Zeit um 680 zu datierende Grab unterhalb des Altarraums der ältesten Kirche (Bau I) in der Folge der Kirchenbauten enthielt eine reiche Schmuckausstattung in Form von Ohrringen, Halskette, Fibeln, Fingerringen, Armreifen, Amulettkapsel, weiterhin Holz-, Glas- und Tongefäße sowie Geräte, schließlich ein Häufchen kalzinierter Knochen eines jungen Schweines und eines Kindes sowie zwei Bärentatzen. Dieses Grab fügt sich zwanglos in die Gruppe reich ausgestatteter Kindergräber ein, die in Kirchen der älteren Merowingerzeit angetroffen wurden, wie in Köln (Dom und St. Severin), Tournai (Saint-Piat), Famars und Chartres (Saint-Martin-au-Val).

Ausblick in die Karolingerzeit

Pippin I. (der Ältere), Spitzenahn der Pippiniden, fand 639/640 seine letzte Ruhe in Landen, Brabant, während seine Frau Itta, ebenso wie ihre Tochter Gertrud, im Kloster Nivelles beerdigt wurde. Pippin II. (der Mittlere), 714 verstorben, soll zunächst in der von ihm gestifteten Marienkirche auf dem Burgberg von Chèvremont bestattet worden sein, bevor er in die St. Lambertikirche des unweit gelegenen Lüttich überführt wurde. Die Graborte der beiden Hausmeier der ersten und zweiten Generation der Karolinger liegen inmitten bedeutender frühkarolingischer Besitzkomplexe. Mehrere Mitglieder der arnulfingischen und pippinidischen Familien wurden in Metz (Saint-Arnoul) bestattet. Karl

Martell, 741 verstorben, wählte jedoch die Abtei Saint-Denis als Grabstätte, in der zuletzt Chlodwig II. († 657), der Sohn Dagoberts I., bestattet war. Diese Entscheidung spiegelte »sein gesteigertes monarchistisches Selbstgefühl« wider (Schieffer 1992, 48 f.). Pippin III. (der Jüngere), Hausmeier von Neustrien und Burgund seit 741 und König der Franken in den Jahren 751/752 bis 768, folgte seinem Vater. Nach dem Briefzeugnis Hilduins von Saint-Denis aus dem Jahre 835 wollte er *cum humilitate ante limina basilicae sanctorum martyrum* beerdigt werden (Angenendt 1994b, 76). Nach dem Bericht Abt Sugers von Saint-Denis lag der Tote bei der Öffnung des Grabes in der ersten Hälfte des 12. Jahrhunderts mit dem Gesicht zur Erde (*prostratum non supinum*), ein Akt der Demut in Anbetracht der Sünden seines Vaters. Auch seine Frau Bertrada, verstorben 783, wurde in Saint-Denis bestattet. Es ist daher verständlich, daß ihr Sohn Karl der Große den Wunsch äußerte, in der königlichen Abtei seine letzte Ruhe zu finden, wie aus einem schriftlichen Zeugnis des Jahres 769 hervorgeht. Karl der Große wurde jedoch im Jahre 814 in der Pfalz Aachen zu Grabe getragen, wie Einhard (Kap. 31) schreibt, »in der Kirche, die er selbst aus Liebe zu Gott und zu unserem Herrn Jesu Christo und zu Ehren der heiligen und ewigen Jungfrau der Gottesmutter in Aachen auf eigene Kosten erbaut hat«. Die historischen wie auch archäologischen Quellen sprechen dafür, daß das Grab im Atrium unmittelbar vor der Westfassade der Pfalzkirche lag.

Offensichtlich folgte Karl der Große in der Wahl des Grabplatzes vor dem Kircheneingang seinem väterlichen Vorbild in Saint-Denis. Das Begräbnis im Westen der Kirche ist auch für seine Frau Fastrada († 794, Mainz, St. Alban), seinen Sohn Pippin († 811, Verona, San Zeno) und seinen Schwiegersohn Angilbert († 814, Saint-Riquier) bezeugt. Die Vorstellung vom Warten in den Vorhöfen und Toren bis zum Ende der Tage fand dann auch in der karolingischen Gesetzgebung ihren Niederschlag. Zeitgleiche und spätere Bestattungen, vor allem geistlicher und weltlicher Würdenträger, zeigen jedoch deutlich, daß das Verbot »*ut nullus deinceps in ecclesia mortuum sepeliat*« (Mainzer Konzil von 813) vielfach durchbrochen wurde.

Literatur: Allgemein: Angenendt 1994a. – Böhme 1993b; 1993c. – Dabrowska 1989. – Duval/Picard 1986. – Erlande-Brandenburg 1975. – Heinzelmann 1994c. – James 1992. – Krüger 1971. – Müller-Wille 1982; 1993. – Périn 1995a. – Périn/Feffer 1987. – Steuer 1996. – Theune-Großkopf 1995. – Vieillard-Troiëkouroff 1976. – Vieillard-Troiëkouroff/Fossard/Chatel/Lamy-Lassalle 1960. – Weidemann, M. 1982a. – Young 1986.

Childerichzeit: Böhme 1994. – Böhner 1981. – Brulet 1995. – Brulet u. a. 1991. – von Carnap-Bornheim 1995. – Chifletius 1655. – Cochet 1859. – Gallien 1980, 240 ff. – Tournai 1982, 69 ff. – Kazanski/Périn 1988. – Menghin 1995. – Werner, J. 1983a; 1983b; 1992.

Chlodwigzeit und später: Arrhenius 1995. – Arrhenius/Sjovold 1995. – Böhner 1967/68. – Doppelfeld 1960a; 1964. – Doppelfeld/Pirling 1966. – Doppelfeld/Weyres 1980. – Ewig 1983. – Fleury/France-Lanord 1979. – France-Lanord/Fleury 1962. – Tournai 1982, 142 ff. – Mertens 1976. – van der Meulen/Speer 1988, 24 ff. – Päffgen 1992. – Périn 1990; 1991a; 1991b; 1992. – Werner, J. 1964.

7. Jahrhundert: Atsma/Vierck 1981. – Hampel 1994. – Laporte 1988. – Laporte/Boyer 1991. – de Maille 1971. – Mertens 1962. – Quast 1994. – Young 1986.

8./frühes 9. Jahrhundert: Angenendt 1994b. – Beumann 1967. – Dierkens 1991. – Hugot 1984. – Schieffer, R. 1992.

Austrasien – Versuch einer Begriffsdefinition

Régine LeJan

Im späten 6. Jahrhundert kam die Bezeichnung Austria für die östlichen Reichsteile auf. Die austrasische Identität hat kein ethnisches Substrat, sie erwächst aus der Politik und der Kultur: Inmitten eines merowingischen Ganzen stellt Austrasien ein regnum dar, das sich auf die fränkischen Kerngebiete westlich des Rheins bezog, das aber auch mit den rechtsrheinischen Ländern in Verbindung war. Die Wurzeln der Karolinger lagen in Austrasien, das dann in deren neuem Reich integriert wurde.

Die Begriffe *Austria/Auster* erscheinen in den »Zehn Büchern Geschichte« von Gregor von Tours im Zusammenhang mit den Kämpfen nach dem Tod Sigiberts I. im Jahre 575. Sie bezeichnen eines der *tria regna*, die am Ende des 6. Jahrhunderts im Norden des fränkischen Reichs entstehen, und zwar, wie sein Name schon sagt, dasjenige im Osten. Dennoch gibt der Begriff Austrasien Anlaß für Verwechslungen. Man weiß nicht, ob er die Gesamtheit des östlichen Merowingerreiches mit seinen germanischen und südlichen Gebieten bezeichnet oder ob er allein auf den fränkischen Teil westlich des Rheins begrenzt war. Die Antwort darauf ist sehr zweideutig. Austrasien entspricht dem Kern des östlichen Reiches, dem fränkischen Teil also, der sich vom Kohlenwald zum Rhein und von der Mündung des Rheins bis zur burgundischen Hochebene erstreckt, doch das austrasische Identitätsbewußtsein hat sich den rechtsrheinischen Ländern gegenüber aufgebaut. Die austrasische Identität hat kein ethnisches Substrat. Der nordöstliche Raum Galliens war ein stark romanisiertes Gebiet, da die römischen Heere dort lange stationiert waren. Man traf hier auf große römische Metropolen wie Köln, Trier, Mainz und Reims sowie auf wichtige Städte und viele *castra*. Nach der Niederlassung der rheinischen Franken und der Gründung eines Königtums, zu dessen Oberhaupt sich Chlodwig I. vor 511 machte, konnte sich die römische Bevölkerung in den Städten und *castra* sowie auf dem Lande neben den fränkischen Ansiedlungen halten.

Die Toponymie, die Wissenschaft von den Ortsnamen, offenbart das Ineinandergreifen von Gebieten mit überwiegend römischer und solchen mit vornehmlich germanischer Bevölkerung. In Lothringen zum Beispiel findet man Suffixe römischen Ursprungs auf -y, -ey oder ac(h) sowie germanische Ortsnamen mit den Endungen -ing (ange), -ham, -bach, -berg. Römische Ortsnamen behaupteten sich überall. Sie waren im Moseltal und in der Rheinebene, wo es wenig fränkische Siedlungen gab, vorherrschend.

Das rechtliche System erlaubte aufgrund der personenbezogenen Gesetze jeder der Gemeinschaften, ihre Individualität beizubehalten, ohne die einheimische Bevölkerung dem Joch der fränkischen Eroberer zu unterwerfen. So besetzten die Römer in Austrasien wie auch im übrigen Merowingerreich weiterhin die bischöflichen Ämter, während sie die bürgerlichen den Germanen überließen. Das fränkische Recht erlaubte jedoch gemischte Ehen. Insofern war es nicht schwer, die ethnischen Grenzen zu überwinden. Wahrscheinlich ist die Verschmelzung nirgendwo anders besser gelungen als in den Städten und in den *castra* im nord-östlichen Gallien. Um das Land einzunehmen, ließen sich die Franken in den großen Metropolen nieder, wo sie die öffentlichen Gebäude besetzten – das römische *praetorium* von Köln wurde zur *sedes regia*, die *aula palatina* von Trier wurde zum königlichen Palast – und sich in den Kirchen bestatten ließen, wie unter dem Kölner Dom. Die Grabausstattung offenbart, daß sie auch die *castra* – Xanten, Bonn – innehatten. Die Verschmelzung der Völker hat einen Prozeß der Germanisierung mit sich gebracht, der sich in der Übernahme germanischer Namen äußerte. Sie ist nach dem hierarchischen Schema von oben nach unten auf der sozialen Leiter entstanden. Am Ende des 6. Jahrhunderts, als der Begriff Austrasien als lexikalische Bezeichnung auftaucht, ist der Verschmelzungsvorgang der Aristokratien schon weit fortgeschritten. Die Gesetzgebung kann dann das ethnische Kriterium nach gesellschaftlichen Aspekten neu auslegen. So werden im Erlaß Childeberts II. die Franken mit den Aristokraten gleichgesetzt und die Römer mit der Bevölkerung niederen Standes.

Die Entwicklung einer austrasischen Identität ist mit der Schaffung eines Königsraumes und mit der zunehmenden Bedeutung des germanischen Ostens verbunden. Das austrasische *regnum* stimmt mit dem Territorium überein, in dem die Könige des Ostens sich im 6. Jahrhundert aufhielten und in dem sie sich bewegten. Die *leudes*, die ihrem König auf seinen Reisen folgten, identifizierten sich nach und nach mit diesem Königsraum. Während der ersten drei Viertel des 6. Jahrhunderts schien der Königsraum zwei Pole zu haben. Der Hauptpol lag im Westen, in der Nähe des Pariser Beckens, wo Chlodwig seine Hauptstadt errichtet hatte. Indem Theuderich I. Reims, die Stadt von Chlodwigs Taufe, als *sedes regia* wählte, wollte er zeigen, daß er Haupterbe seines

Abb. 158 *Waffen und Pferdegeschirr aus dem Männergrab 33 der kleinen fränkischen Nekropole am Bernerring in Basel. Der Vertreter der Merowinger kontrollierte unter Theudebert und Theudebald eine der wichtigsten Straßenverbindungen Richtung Süden; um 560 dürfte er verstorben sein (Kat. V.4.12). – Text nach Martin 1976. Foto P. Portner, Historisches Museum Basel.*

Vaters war, also Gewährsmann der merowingischen und christlichen Traditionen. Doch ein zweiter Pol hatte sich im Osten, in der früheren *Francia Rinensis*, wo die königliche Tradition lebendig blieb, behaupten können. Der östliche Pol nahm im Zuge der wachsenden Integration Germaniens in die »merowingische« Kulturgemeinschaft an Bedeutung zu. Die rechtsrheinischen Länder hingen von Austrasien ab, selbst wenn die politischen Verbindungen sehr locker blieben – die ersten Herzöge von Alamannien und von Baiern, die von den fränkischen Königen ernannt

stadt von Reims nach Metz unter Childebert II.

Die Wahl von Metz, das Köln vorgezogen wurde, mag überraschend wirken, da diese Stadt nicht zu den großen römischen Metropolen zählte und keinerlei königliche Tradition dort bekundet ist. Doch konnte Metz für sich den bedeutenden Vorteil in Anspruch nehmen, daß es günstig zum germanische Hinterland und besonders zum Mittelrhein gelegen war. Es befand sich an der Kreuzung zweier großer Straßen, der von Langres nach Trier und Köln sowie der von Reims nach Mainz und Straßburg. Das Moseltal, das man leicht von den Hochtälern der Maas und der Meurthe aus erreichen konnte, ermöglichte die Verbindung zur rheini-

wurden, verwalteten wahrscheinlich nur die alten romanisierten Randgebiete. Fränkische Familien wurden in Germanien zum Beispiel am Bernerring bei Basel angesiedelt (Abb. 159–161). Sie waren von den Königen damit beauftragt, das Land und vor allem die Straßen über die Alpen, die den Weg nach Italien öffneten, zu überwachen. Baiern und Alamannien waren zunächst der unumgängliche Durchfahrtsweg zum Mittelmeer und zum Orient, aus dem die bedeutendsten Reichtümer kamen. Die Beziehungen zwischen den Aristokraten des Mittelrheins, Alamanniens, Baierns und Thüringens nahmen zu. Dies trug zur Eingliederung Germaniens in ein merowingisches kulturelles Ganzes bei, welches etwa durch die Bestattung in Reihengräbern oder durch einen ähnlichen religiösen Hintergrund gekennzeichnet ist. Die kulturelle Integration Germaniens setzte sich im Zuge der Christianisierung im 7. und 8. Jahrhundert fort. Der Schwerpunkt des Königtums von Reims verlagerte sich also nach Osten. Dies bestätigte die Verlegung der Haupt-

Abb. 159 *Die insgesamt 6,3 cm lange silberne Gürtelschnalle aus dem Grab des fränkischen Kriegers vom Bernerring in Basel bezeichnete Max Martin schon 1976 als »ein außergewöhnlich elegantes Erzeugnis des frühmittelalterlichen Kunsthandwerks«. Der Schnallenbügel ist mit dem durchbrochenen Beschlag fest verbunden; vergoldet ist die silberne Unterlegplatte mit den aufgelöteten Drähten und Kügelchen. Die Gürtelschnalle ist das Erzeugnis eines romanischen Goldschmiedes; am deutlichsten zeigt sich dies am Rahmenwerk mit den geschwungenen Stegen und den beiden Delphinköpfen mit aufgerissenen Mäulern hinter dem Schnallenbügel. Wahrscheinlich brachte der Franke sich die Schnalle in der Mitte des 6. Jahrhunderts aus Italien mit (Kat. V.4.12). – Text nach Martin 1976. Foto P. Portner, Historisches Museum Basel.*

Abb. 160 *Basel, Bernerring, Grab 33. Die kleine bronzene Schnalle stammt von der Tasche, die eiserne Schnalle lag an der linken Ferse und könnte von einem sonst nicht erhaltenen Sporn stammen. Das Messer steckte am Gürtel (Kat. V.4.12). – Foto P. Portner, Historisches Museum Basel.*

Abb. 161 *Basel, Bernerring, Grab 33. In dem großen Kammergrab 33 standen Holzeimer, Topf, Bronzebecken und eine Glasschale aus altem Familienbesitz (Kat. V.4.12). – Foto P. Portner, Historisches Museum Basel.*

schen Achse. Schon Sigibert I. hatte die Bedeutung von Metz erkannt, als er es für seine Hochzeit mit Brunichilde auswählte. Die Verlegung der Hauptstadt nach Metz unter seinem Nachfolger ist also der Ausdruck für Veränderungen, die sich im Laufe des 6. Jahrhunderts ergeben hatten. Es handelte sich weder um eine Rückkehr zu einer rheinisch-fränkischen Vergangenheit noch um einen Bruch mit der merowingischen Gemeinschaft, sondern um das Aufkommen einer regionalen Identität, die inmitten eines kulturellen Ganzen die rechtsrheinischen Länder über die spezifisch fränkische Welt hinaus integrierte. Die Austrasier betrachteten sich als Franken und Austrasien als das Land der Ostfranken, doch diese Begriffe sind nicht ethnisch begründet. Sie erwachsen aus der Politik und der Kultur: Inmitten eines merowingischen Ganzen stellt Austrasien ein *regnum* dar, das mit den rechtsrheinischen Ländern in Verbindung war.

Nachdem Austrasien tatsächlich im 6. Jahrhundert seine Überlegenheit geltend machte, erfuhr es im 7. Jahrhundert, direkt oder indirekt, die Vormundschaft Neustrien-Burgunds, ohne deshalb jedoch seine Autonomie zu verlieren. Hier wie anderswo war das Hauptphänomen das Aufkommen einer mächtigen Aristokratie, die mit dem Besitz von gewaltigen Landgütern die Ausübung ziviler und religiöser Ämter anhäufte. Als es der austrasischen Familie der Pippiniden gelungen war, die Macht zuerst in Austrasien (um 680) und dann in der *Francia* (687) an sich zu reißen, schien für die austrasische Aristokratie der entscheidende Augenblick gekommen. Tatsächlich stützten sich im 8. Jahrhundert die Karolinger auf die Austrasier, um das fränkische Reich zu übernehmen. Sie setzten ihre Freunde in die höchsten Ämter des Königtums ein, während sie austrasische Familien in den eroberten Regionen ansiedelten, um das Land mit einem Kontrollnetz zu überziehen. Am Ende des 8. Jahrhunderts schien die Erbauung der Aachener Pfalz, mitten im Herzen Austrasiens, die führende Rolle der Austrasier stärken zu sollen. In Wirklichkeit hatte Austrasien schon einen Großteil seiner Identität verloren. Die karolingischen Könige hatten einen neuen Königsraum geschaffen, der nun ganz Franken von der Seine bis zum Mittelrhein einnahm. Sie hatten eine entschlossene Politik der Integration der Aristokratie geführt, die die alten Gegensätze aufgelöst hatte. Das alte Austrasien, das in der Mitte des 11. Jahrhunderts zur *Francia media* werden sollte, würde auf einer anderen Basis versuchen, seine Individualität zu behaupten. Es war nicht mehr die Rede von Austrasien außer zur Bezeichnung der Gebiete jenseits des Rheins oder später des heutigen Österreich.

Literatur: Cardot 1987. – Ewig 1979. – Ewig 1980. – Halsall 1995. – Jan 1995. – Metz 1967. – Parisse 1990. – Picard 1988. – Staab 1975.

Die archäologischen Zeugnisse der fränkischen Expansion in Gallien

Patrick Périn

Die Franken aus dem nördlichen Teil der Provinz Belgica II expandierten unter König Chlodwig I. in die Gebiete südlich der Somme; sie erreichten die Seine, stießen über die Loire in den westgotischen Machbereich vor und drangen über den Rhein. Die Eroberung Burgunds blieb den Söhnen vorbehalten. Archäologisch lassen sich die einzelnen Phasen der Expansion bereits gut nachvollziehen, da in allen eroberten Gebieten Gefolgsleute der Merowinger ansässig wurden, die sich durch aufwendige und relativ gut datierbare Grabausstattungen auszeichnen.

Die Kriegergräber und der Ausgangsraum fränkischer Expansion

Zu den markantesten archäologischen Befunden der älteren Merowingerzeit, d. h. der zweiten Hälfte des 5. und des 6. Jahrhunderts, gehört eine Reihe von Kriegergräbern, sogenannte Fürstengräber, denen man zwischen der Seine und dem Rhein ebenso begegnet wie in den antiken *Decumates agri*, die durch den Oberlauf von Rhein und Donau begrenzt werden. Zahlreiche Untersuchungen wurden diesen Bestattungen bereits gewidmet, die sich von zeitgleichen, um sie herum angeordneten Körpergräbern durch eine vollständigere Bewaffnung, durch den reichen Dekor von Schwertgriff und Schwertscheide, durch die Qualität der Gürtelschnallen und anderer Trachtbestandteile oder durch die Anwesenheit von Luxusobjekten, wie Metall- und Glasgefäße, unterscheiden. Die historische und soziale Interpretation dieser Gräber, die manches Mal versucht wurde, um das diesbezügliche Schweigen der Schriftquellen für diese Epoche und die betreffenden Gebiete zu brechen, erweist sich in Wirklichkeit als heikel, weil die Auswertung des archäologischen Materials und insbesondere der Schwerter von der Wahl eines auf typologischer Einordnung beruhenden Chronologiesystems abhängt.

Man hat insbesondere die geographische Verbreitung dieser »Fürstengräber« zwischen Niederrhein und Seine benutzen wollen, um das fränkische Vordringen in Gallien aufzuzeigen. Nach den historischen Quellen lassen sich drei beinahe sichere Punkte festlegen, die das Vordringen der Franken nach Süden seit der Thronbesteigung Chlodwigs I. abgrenzen: einerseits Soissons und Verdun, von denen man weiß, daß sie Eroberungen des fränkischen Königs gewesen sind, andererseits Worms, das damals noch den Alamannen gehörte.

Da Somme und Kohlenwald ungefähr den südlichen Vorstoß der Franken gegen 480 markieren, ist es zuallererst interessant nachzuprüfen, ob die geographische Verbreitung der fränkischen Schwerter aus dem zweiten Drittel des 5. Jahrhunderts eine entsprechende Streuung aufweist. Es handelt sich um die frühen Schwerttypen, die durch Ortbänder mit menschlichen Masken charakterisiert werden, von Max Martin und Kurt Böhner als »Gruppe A« bezeichnet. In der Tat zeigt die Verbreitungskarte dieser Waffen ihre deutliche Konzentration nördlich der Somme und insbesondere zwischen der mittleren Maas und dem Niederrhein. Bedeutsam ist außerdem die Verbreitung der fränkischen Schwerter mit dem Goldgriff, mit zwei Riemendurchzügen und mit Almandinen verzierten Scheidenbeschlägen, die von Martin als »Gruppen B3« und von Böhner als »Gruppe B« bezeichnet wurden und die der Schicht der Fürstengräber angehören, die von Joachim Werner nach einem fränkischen und einem alamannischen Fundort als Gruppe »Flon-

Abb. 162 *Arcy-Ste-Restitue (Dép. Aisne) Grab 1276. Goldgriffspatha und Schwertperle gehörten einem Krieger aus der Gefolgschaft Chlodwigs, der sich im ehemaligen Syagriusreich angesiedelt hatte (Kat. V.2.2). – Foto MAN, St-Germain-en-Laye.*

Abb. 163 *Lavoye (Dép. Meuse) Grab 319. Zur Gefolgschaft Chlodwigs gehörte zweifellos der Herr mit der Goldgriffspatha, der sowohl eines der wichtigen Industriegebiete als auch die durch die Argonnen führende Straße von Châlon-sur-Marne nach Verdun kontrollierte (Kat. V.2.4.). – Foto MAN, St-Germain-en-Laye.*

heim-Gültlingen« benannt wurde. Für diese Schwertgruppe mit dem Goldgriff fällt auf, daß mit Ausnahme des Childerich-Grabes alle Vorkommen am Rande des Verbreitungsgebietes der Schwerter der »Gruppe A« liegen, das heißt im nördlichen Becken der Seine einerseits und am Mittelrhein andererseits.

Da die Goldgriffschwerter jünger sind als die Schwerter der »Gruppe A« und da sie sich sehr wahrscheinlich – wie man bestimmen konnte – seit dem Ende der Herrschaft Childerichs ausbreiteten, darf ihre charakteristische Streuung mit der Wiederaufnahme der fränkischen Expansion unter Chlodwig (486/487) in Verbindung gesetzt werden; sie sind daher wertvolle Zeugnisse dieses Vorgangs.

Die archäologische Bestätigung der schriftlichen Befunde zur südlichen Grenze der fränkischen Expansion gegen 480 bleibt weiterhin interessant, weil sie die Frage nach der historischen Realität des »römischen Königreichs« des Syagrius und nach der wirklichen Tragweite des 486/487 durch Chlodwig errungenen Sieges aufwirft. Es ist eine strittige Frage, zu deren Lösung die Gräberarchäologie beitragen kann.

Der britische Historiker Edward James hat vor einigen Jahren die tatsächliche Existenz dieses Königreiches bezweifelt; nach ihm ist es das Ergebnis einer gelehrten Konstruktion von Historikern, ausgehend vom späteren Zeugnis des Gregor von Tours. Über die Tatsache eines gallischen Gebietes, das sich noch unter der Herrschaft von Heermeistern als römisch bekennt, gibt es im 5. Jahrhundert dennoch keinen Zweifel. Daß seine Ausdehnung mehr und mehr beschränkt wurde, war nichts anderes als die Folge des Anwachsens germanischer Königreiche, die sich an seinem Rand befanden. Man kann außerdem nicht bestreiten, daß zur Zeit Childerichs dieses letzte römische Bollwerk im Süden durch die Loire begrenzt war, bis wohin die Westgoten vorgedrungen waren. Im Südosten und im Osten war es begrenzt durch das Zentralmassiv, die Loire und eine ungefähr über Nevers, Langres und Basel laufende Linie, bis wohin die Burgunden vorgedrungen waren. Im Norden sollte sich, wie man gesehen hat, ungefähr an der Somme und am Kohlen-

wald der Kontakt zwischen den »Römern« und den Franken ergeben.
Die Berechtigung dieser Trennlinie ist von James bezweifelt worden, weil Chlodwig, wie aus dem berühmten Brief, den der hl. Remigius an den fränkischen König zu dessen Taufe schrieb (497 bis 499), hervorgeht, ebenso wie sein Vater Childerich die Verwaltung der *Belgica II* innehatte. Nun umfaßte aber das »römische Königreich« des Syagrius, so wie es weiter oben beschrieben ist, einen Teil dieser Provinz. Dieser Widerspruch ist nur allzu offensichtlich, erlaubt es aber nicht, die Folgen eines militärischen Erfolges herabzusetzen, von dem man sicherlich die Erinnerung zu der Zeit bewahrt hat, in der Gregor seine »Zehn Bücher Geschichte« verfaßte.
Durch die Gräberarchäologie bekräftigt, markiert diese Trennlinie bis zur Zeit der Eroberung durch Chlodwig die maximale südliche Verbreitung von Objekten und Sitten, die man als protofränkisch bezeichnen kann. Die Tatsache dieses »romano-fränkischen« Vorfeldes, was auch James so sieht, steht zum wertvollen Zeugnis des Briefes des hl. Remigius nicht im Widerspruch, ganz im Gegenteil. Es ist in der Tat im politisch-militärischen Kontext der Zeit völlig plausibel, daß Childerich und zweifellos nach ihm auch Chlodwig vom Heermeister, dem sie militärisch dienten, eine Verwaltungsvollmacht über die gesamte *Belgica II* erhalten haben, weil sie bereits deren nördlichen Städte kontrollierten. Diese Machterweiterung, übrigens nicht mehr als die fränkischen Feldzüge gegen die Loire, die von Childerich auf Verantwortung der Heermeister geführt wurden, machte keine fränkische Ansiedlung in den südlichen Städten dieser Provinz notwendig, ebensowenig in anderen Provinzen der nördlichen Hälfte Galliens. Man würde vergeblich archäologische Spuren davon vor der Eroberung durch Chlodwig suchen.
Man muß daher zugeben, daß der Großteil der Franken nördlich der Somme und des Kohlenwaldes blieb, was die Entdeckung des Childerichgrabes in Tournai – statt in Soissons oder Reims – gut versinnbildlicht. Aus dieser Perspektive ist es wahrscheinlich, daß die Verschlechterung der Beziehungen zwischen Chlodwig und Syagrius den fränkischen König dazu brachte, mit dem letzten römischen Heermeister in Konflikt zu geraten und tatsächlich den Süden der *Belgica II* nach seinem Sieg von 486/487 zu besetzen. In diesem Fall kann dieses Datum tatsächlich einen begründeten historischen *terminus post quem* bilden, der der Chronologie der Grabfunde in den eroberten Gebieten nicht widerspricht. In ebendiesem Maße erlaubt es die Gräberarchäologie, die historische Realität des »römischen Staates« des Syagrius zu überprüfen, wenn auch der Begriff »Königreich« mit vollem Recht als eine unangemessene, aber freilich entschuldbare Interpretation von Gregor von Tours betrachtet werden kann.

Die ersten Eroberungen Chlodwigs

Es ist offenkundig, daß Chlodwig, um seine ersten Gebietseroberungen zwischen Somme und Loire zu festigen, sie organisieren mußte. Wie es Sitte war, mußte er als Kriegsherr einer Armee auf Stammesgrundlage seine wichtigsten Kampfgefährten belohnen, indem er ihnen Domänen zuteilte, von denen viele zweifellos den Besitzungen des alten Reichsfiskus entnommen und zu königlichem Fiskalbesitz wurden. Gleichzeitig bot sich dem fränkischen König die Möglichkeit, die Kontrolle über die eroberten Gebiete zu sichern. Jene äußert sich nicht durch eine tatsächliche fränkische Kolonisation, die weder die Schriftquellen noch die

Abb. 164 *Lavoye Grab 319. In Cloisonné-Technik verziert sind die Gürtelschnalle und der Taschenbügel aus Lavoye Grab 319 (Kat. V.2.4.). – Foto MAN, St-Germain-en-Laye.*

Archäologie bestätigen, die aber aus der mehr politischen als militärischen Umrahmung der unterworfenen Völkerschaften durch kleine fränkische Gemeinschaften hervorgeht, die aus einem Stammes»chef«, seiner erweiterten Familie und seinem Kriegergefolge bestehen. Das ist jedenfalls der Eindruck, den die reichen Kriegergräber der »Gruppe B3« mit den Goldgriffspathen vermitteln, deren Zahl zu gering ist – auch mit den gleichzeitigen, um sie herum angeordneten Gräbern –, um von »Besatzungstruppen« zu sprechen. Aber nichtsdestoweniger waren sie ausreichend genug, um die Gebietskontrolle zu gewährleisten, und zwar wie dies analog in der Spätantike, manchmal in denselben Regionen, kleine barbarische Garnisonen wirkungsvoll getan hatten. Eben dies bestätigt auch die recht plötzliche »Diaspora« dieser Kriegerelite, deren Gräber am Rand der ersten fränkischen Königreiche vorkommen. Charakteristisch ist ihre Lage in der Nachbarschaft von untergeordneten Ansiedlungen, von ländlichen Domänen oder strategischen Punkten, deren Kontrolle besonders wichtig war; gute Beispiele findet man in der Picardie, Champagne, in Lothringen oder in Rheinhessen. Daß diese Krieger von hohem Rang sehr wohl aus den ersten fränkischen Königreichen stammten, ist nicht zu bezweifeln, weil man in ebendiesen Regionen die direkten Vorläufer des ihnen entsprechenden archäologischen Horizonts findet. Ein zusätzliches Argument wird noch durch die Verbreitungskarte von Gürtelschnallen und anderen cloisonnierten, d. h. mit Almandineinlagen in den Zellen verzierten Objekten geliefert, die gewöhnlich mit den Gräbern mit Goldgriffspathen, den »Gruppen B2/B3« nach Max Martin, verbunden werden, unabhängig ob es sich um mediterrane Importstücke handelt oder um deren Imitationen. Die Tatsache, daß diese Stücke auch in dem Verbreitungsraum von Schwertern der »Gruppe A« nach Martin und Böhner auftreten, beweist stichhaltig, daß die Träger von Schwertern der »Gruppe B3« aus den Gebieten zwischen Somme und Rhein stammen, wo offensichtlich wenige nach 486/487 aus den oben angeführten Gründen blieben. Ein letztes Argument wird schließlich durch die Aufdeckung von Gräbern geliefert, die trotz ihrer geographischen Entfernung einander erstaunlich ähnlich sind, so die Gräber 1812 von Krefeld-Gellep am Niederrhein und 74 von Mézières an der oberen Maas: Die Gleichheit dieser Gräber, die sich nicht auf die Bestandteile des archäologischen Materials beschränkt, sondern auch den Grabritus betrifft, impliziert notwendigerweise eine gemeinsame Herkunft, so daß es ratsam ist, sie im Innern der ersten fränkischen Königreiche anzusetzen, das heißt zwischen der Somme und der mittleren Maas. Was die Verbreitung von Gräbern mit Ringknaufschwertern der »Gruppen C« von Max Martin und Wilfried Menghin anbelangt, die mit derjenigen der Gräber mit Goldgriffspathen der »Gruppen B« von Martin übereinstimmt, so bestätigt sie das dauerhafte Auftreten dieser Kriegereliten kurz nach den ersten Eroberungen Chlodwigs, zu einem Zeitpunkt, als die Stütze des fränkischen Heeres seßhaft wird. Dies bezeugt auch das Vorkommen von mehreren Generationen von »Fürsten« an bestimmten Orten, wie in Mézières oder in der Picardie, wie es Françoise Vallet zu Recht betont hat bei der Entdeckung einer Anzahl dieser Bestattungen im Bereich großer, aus schriftlichen Quellen bekannter Domänen des Frühmittelalters.

Weitere Etappen der fränkischen Ausbreitung

Wie für die ersten Eroberungen Chlodwigs können andere archäologische Funde die folgenden Etappen der fränkischen Ausbreitung in Gallien veranschaulichen, nämlich die Eroberung Aquitaniens 507/508, danach Burgunds 534, und, wenn es noch nötig ist, die Berechtigung der historisch-archäologischen Problematik belegen.

Erwähnen wir zuallererst den bemerkenswerten Fundort La Gravette in l'Isle-Jourdain (Dép. Gers), dessen frühes archäologisches Material keinen Zweifel an der nördlichen und unbestreitbar fränkischen Herkunft der Gemeinschaft läßt. Bewaffnung und Teile des weiblichen Schmucks sowie die Bestattungssitten weichen von dem im Südwesten Frankreichs Üblichen völlig ab. Die Ansiedlung der Franken fällt an das Ende der seit 507 erfolgten fränkischen Eroberung Aquitaniens.

Merklich später, aber ebenso bezeichnend ist das Beispiel der Nekropole von Brèves (Dép. Nièvre). Jene unterscheidet sich von benachbarten Fundplätzen durch eine reichhaltige und verschiedenartige Bewaffnung, durch Schmuckstücke von nördlichem Typus und selbst durch Fälle von Verbrennung, die anzeigen, daß diese Gemeinschaft – oder einzelne Mitglieder – vom Rand der fränkischen Welt stammt, wo diese Sitten noch in Gebrauch waren. In Anbetracht ihrer Lage an der Grenze der fränkischen und burgundischen Königreiche und der Datierung ihrer ältesten Gräber gegen 520/530 ist es völlig plausibel, diese Nekropole mit der Überwachung der Grenze und mit den Vorbereitungen zur Eroberung des burgundischen Königreiches zu verbinden, die seit 523 in Betracht gezogen und erst durch die Söhne Chlodwigs 534 durchgeführt wurde.

Der Kontaktbereich zwischen Franken und Alamannen ist ebenfalls archäologisch untersucht worden, um die aus den Schriftquellen gewonnenen, in geographischer Hinsicht oft ungenauen historischen Erkenntnisse zu verbessern. Die bezeichnende Verbreitung der Schwertscheidentypen der »Gruppe B« von Martin

Abb. 165 *Chaouilley (Dép. Meurthe-et-Moselle) Grab 20. Der vornehme Gefolgschaftskrieger mit dem Ringknaufschwert gehörte bereits der Generation von Chlodwigs Söhnen an. Er war im ehemaligen Kommandobezirk des Arbogast angesiedelt (Kat. VIII.5.3.) – Foto J. Berizzi, MAN, St-Germain-en-Laye.*

hat dazu gedient, zwei Untergruppen zu schaffen; die westliche zeigt reichen, mit Almandinen eingelegten Zellendekor und wird als »Gruppe B3« nach Martin oder »Gruppe B« nach Böhner benannt, die andere, östliche mit gerieften Mundblechen an der Scheide als »Gruppe B2« oder »Gruppe C« nach Böhner. Sie werden jeweils zu Recht als fränkisch und alamannisch bezeichnet, da sie den aus den Schriftquellen gewonnenen Informationen, was die territoriale Eingliederung der östlichen Franken und der Alamannen zu Beginn der Herrschaft Chlodwigs betrifft, entsprechen. Wie Böhner gezeigt hat, erlauben es die archäologischen Befunde sogar, noch weiter zu gehen und zu bestimmen, daß zu jener Zeit die Alamannen, die hauptsächlich auf den *Decumates agri* ansässig waren, an den Mittelrhein vorgerückt und die Beherrscher des nördlichen Teils der Provinz Obergermanien waren. Im Gegenzug ist es anscheinend heikler, das Datum von 506/507 zu benutzen, um die Auswirkung des entscheidenden Sieges zu ermessen, den die

Franken über die Alamannen davontrugen. Insbesondere hat Martin auf diesen *terminus ante quem* zurückgegriffen, um das Ende seiner »Gruppe B2« zu kennzeichnen, welche seiner Meinung nach mit dem Untergang der alamannischen Kriegereliten verschwunden wäre, während die Unterwerfung des alamannischen Gebietes durch die Franken archäologisch veranschaulicht wurde durch die Verbreitung der Schwerter der »Gruppe C« mit dem Ringknauf. Zu fragen bleibt allerdings, ob die durch die Schwerter der »Gruppe B2« veranschaulichte archäologische Schicht wirklich vollständig mit der Unterwerfung Alamanniens verschwunden ist. Wenn bestimmte Adelsfamilien damals auswanderten, wie es der von Theoderich an Chlodwig geschriebene Brief mit der Bitte um Milde gegenüber den Besiegten bezeugt, ist es möglich, daß andere an Ort und Stelle blieben und mit den neuen Herrschern zusammenarbeiteten, wie dies im burgundischen Königreich nach seiner Eroberung der Fall war. Die Frage bleibt allerdings offen, und sie wird nur durch eine Verfeinerung der Chronologie der Gräber ihre Lösung finden können.

Literatur: Ament 1970. – Böhme 1974a; 1994. – Böhner 1987. – Boudartchouk/Bach 1993; 1995. – Christlein 1979. – James 1987; 1988. – Kazanski 1982. – Kazanski/Périn 1988. – Martin 1989. – Menghin 1983. – Périn 1972a; 1995a. – Pioux 1980. – Quast 1993a. – Vallet 1986.

Die austrasischen Besitzungen in Aquitanien

Aquitanien und die Auvergne waren Gebiete mit hohem Fiskalaufkommen. Die Einkünfte gelangten als Schenkungen von Königen und Bischöfen in den Besitz der Kirchen. Dort erwiesen sie sich als wichtiges kulturelles Bindeglied zwischen den Teilen des fränkischen Reiches.

Michel Rouche

Im Jahre 1979 hatte ich das Interesse der Historiker auf die fundamentale wirtschaftliche Rolle gelenkt, welche die Schenkungen von in Aquitanien gelegenen Gütern und Einkünften zugunsten von weltlichen und geistlichen Behörden nördlich der Loire hatte. Kaum zwanzig Jahre später ist es möglich, noch genauer anzugeben, bis zu welchem Grad es zu Wechselbeziehungen in bezug auf die austrasischen Ländereien und ihre südliche Enklave in Aquitanien kam. Halten wir zunächst fest, daß ich mich auf die Städte Köln, Mainz, Worms, Speyer, Straßburg und Basel, was die beiden Germanien anbetrifft, dann auf Trier, Metz, Toul und Verdun, was die *Belgica prima* betrifft, sowie auf Reims und Châlons-sur-Marne für die *Belgica secunda* und schließlich auf Sens, Troyes und Auxerre für die *Lugdunensis tertia* stützen werde. Das austrasische Aquitanien umfaßte Bourges, Clermont, Le Puy, Javols, Rodez, Albi, Cahors und Limoges, ohne die Teile von *Civitates* mitzuzählen, die Theudebert vom Gebiet von Septimanien abtrennte, oder etwa noch die Städte der *Aquitania secunda*, die der König von Metz vorübergehend erworben hatte. Im wesentlichen betraf dieser gelungene Versuch eines ökonomischen Ausgleichs den Nordosten Galliens, das heißt das eigentliche Austrasien, sowie den sehr stark romanisierten aquitanischen Massif Central.

Wenn wir zunächst die beiden Hauptstädte des austrasischen Königreiches, Reims und Metz, in Betracht ziehen, wird es deutlich, daß in den Augen der ersten merowingischen Könige Aquitanien und vor allem die Auvergne Gebiete von bedeutendem Fiskalaufkommen waren. Eine neuerlich gemachte Entdeckung erlaubt es, das kostbare Geschenk abzuschätzen, das König Theuderich I. seiner Tochter Theudechild, vielleicht als Mitgift, anläßlich ihrer Verlobung mit Radigis, dem König der *Varnii*, machte. Die Fläche der übertragenen Ländereien reicht vom Puy Merle in der Nähe des Plomb du Cantal bis auf das rechte Ufer der Dordogne, mitten ins Limousin hinein. Sie umfaßt mindestens 1052 km^2! Im übrigen meint das Dokument, wie auch in anderen Fällen, keinen eigentlichen Bevölkerungsanteil. Es handelt sich vielmehr, wie das erhaltene Polyptychon belegt, in Wirklichkeit um eine Schenkung von Fiskalerträgen, zu deren Erhebung und zur Überbringung in den Schatz der Königin einige Personen, die als *Coloni* oder Sklaven bezeichnet werden, beauftragt wurden. Die Königin machte ihrerseits am Ende ihres Lebens diese Einkünfte dem Kloster Saint-Pierre-le-Vif in Sens zum Geschenk.

Dieser Schenkung an Theudechild entspricht eine Generation später diejenige, die Chilperich I. seiner Gemahlin Galswinth anläßlich der Hochzeit im Jahre 565 machte. Diese Morgengabe umfaßte die Städte Limoges, Cahors, Bordeaux, Bigorre (Cieutat, Dép. Hautes-Pyrénées) und Béarn (Lescar, ebenda). Die Fläche war noch größer als die der Ländereien, die Theudechild geschenkt worden waren. Aber auch hier muß man sehr wohl in Betracht ziehen, wie es der Text des Vertrags von Andelot (587) belegt, daß es sich nämlich nicht um die Schenkung der ganzen Geländeoberfläche der betroffenen Städte handelte. Der Sprachgebrauch zeigt auf, daß auch hier in Wirklichkeit die Fiskalerträge der entsprechenden territorialen Einheiten geschenkt wurden. Brunichilde erhielt im übrigen gemäß Vertrag Cahors, von dem sie die Steuern bezog als Kompensationsbuße für die Ermordung ihrer Schwester Galswinth, sowie später beim Tode König Guntrams auch die drei anderen Gebiete. Die gesamte jährlich eingetriebene Summe gelangte somit, als Brunichilde 613 hingerichtet wurde, sicherlich in den Schatz nach Metz.

Eine andere königliche Schenkung von Fiskaleinkünften fand wahrscheinlich im 7. Jahrhundert zugunsten der Abtei Saint-Timothée in Reims statt. Sie deckte, wie die an Theudechild gemachte, ein dreieckiges Gebiet ab, das vom Plomb du Cantal ausging und bis La Truyère reichte und das somit auch das zukünftige Kloster von Saint-Flou einschloß. Wir kennen den Stifter nicht, aber im 9. und 11. Jahrhundert bestehen Hinkmar und Flodoard auf Rechte der Kirche von Reims an den Ländereien in der Auvergne. In der ersten Hauptstadt Austrasiens pflegten Theuderich I. und seine Nachfahren ihre kirchlichen Anstalten besonders. Dies geschah vor allem zur Erinnerung an den hl. Remigius, jenen Mann, der, indem er die Taufe Chlodwigs organisierte und leitete, die Grundlage für das Königreich legte.

Wir stellen in der Tat fest, daß die Kirche von Reims Schenkungen aus verschiedenen Quellen erhielt. Bischof Romulfus schenkte am Ende des 6. Jahrhunderts dem Frauenkloster Saint-Pierre Güter, die

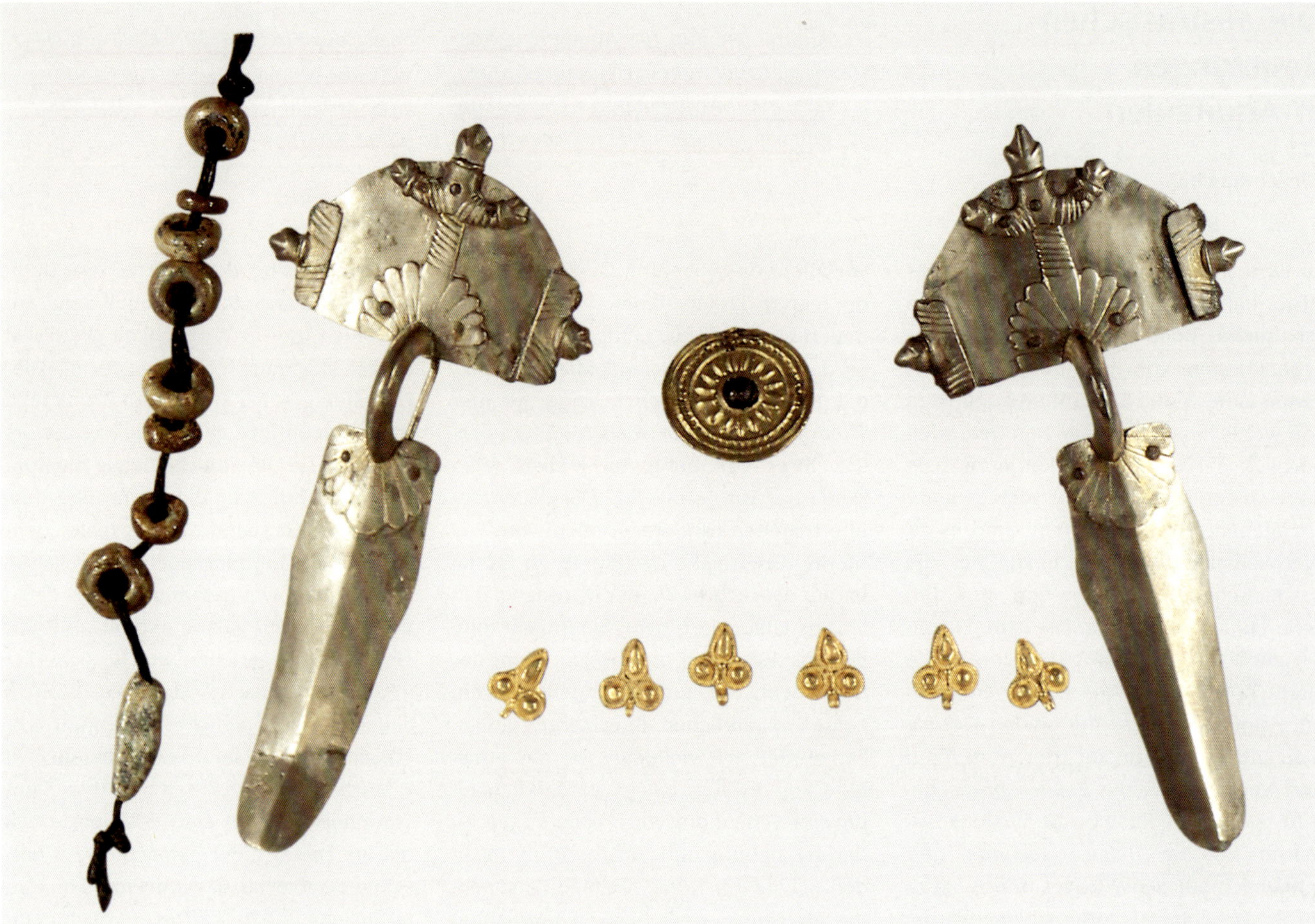

Abb. 166 *Lezoux (Dép. Puy de Dôme) Grab F 30. Die Westgotin lebte zur Zeit Chlodwigs I. Sie trug ein großes Bügelfibelpaar aus Silberblech sowie eine kleine Scheibenfibel; sie besaß Halsschmuck aus Goldflitter und einige Glasperlen (Kat. V.2.9.). – Foto Y. Duterne, Clermont-Ferrand.*

im Poitou lagen, darunter einen Ort namens »Lantaniacus«, der irgendwo am Ufer des Clains liegt. Zwischen 711 und 715 bestätigte Dagobert III. auf die Bitte des Bischofs Rigobert der Kathedrale und dem hl. Remigius den Besitz und die Immunität aller Güter, die sie »in Marville en Rovergue, in Giaudan, in der Auvergne, in der Touraine und im Poitou« hatten. Der Erzbischof Tilpinus erreichte nach den Konfiskationen durch die aquitanischen Herrscher während seines Bischofsamtes (748–795) deren Rückerstattung. Hinkmar widmet zwischen 847 und 856 mindestens elf Briefe der Verteidigung von Ländereien und deren Einkünften, um welche die fränkischen Beamten, die im Süden eingesetzt waren, erneut zu vermitteln trachteten. Es handelte sich vor allem um den ganzen Pagus von Saint-Georges Nigremont an den Grenzen zwischen der Auvergne und dem Limousin. Im allgemeinen betrafen die Besitzungen, die Reims gehörten, ganz Aquitanien und im speziellen die Auvergne, das Limousin, das Poitou und sogar die Provence.

Auch die Kirchen von Metz, der zweiten Hauptstadt Austrasiens, wurden mit Besitzungen im Süden ausgestattet. Die Kathedrale Saint-Etienne besaß in der Landschaft Quercy frisch gerodete Ländereien auf öffentlichem Besitz, »oder daß es sei, daß sie gerodet worden seien«. Im Jahre 635 erwarb sie in der Folge von komplizierten Verhandlungen und Prozessen die Domäne Routaboul in der Rovergue. Um 643 verlieh ihr Sigibert III. als Mitbesitz mit St. Peter in Köln das Gebiet von Trébosc in

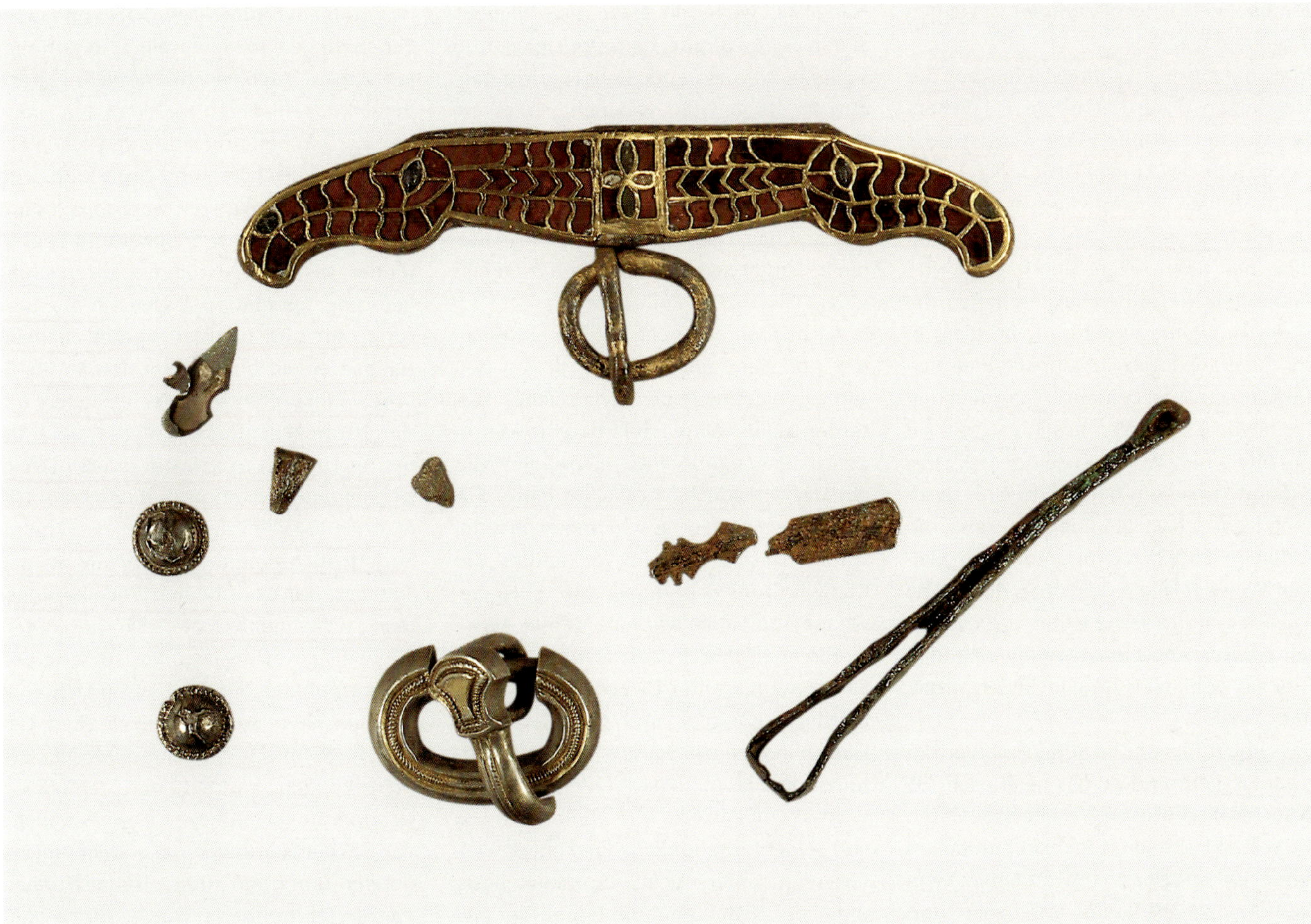

Abb. 167 *Lezoux Grab F 35. Bereits unter fränkischer Herrschaft stand Lezoux zu Lebzeiten des Mannes, der mit cloisonniertem Taschenbügel und punzverzierter Schilddornschnalle etwa im zweiten Viertel des 6. Jahrhunderts beigesetzt wurde (Kat. V.2.10.). – Foto Y. Duterne, Clermont-Ferrand.*

derselben Gegend, das seit der Zeit Brunichildes dem Fiskus gehörte. Die öffentlichen und die privaten Urkundenunterlagen reichen im übrigen nicht aus, um den ganzen Besitz der Kathedrale Saint-Etienne von Metz aufzählen zu können. Wir wissen über den Umweg des Patroziniums der folgenden Kirchen, Segolène in Albi, Julien in Brioude, Amant in Rodez, Privat in Mende und Victor in Marseille, daß die Kathedrale von Metz in den Hauptorten und im Gebiet dieser *Civitates* Besitztümer hatte. Im umgekehrten Sinne hat die Berühmtheit des hl. Severin und von St. Irmina von Köln dazu geführt, daß Patrozinien mit diesen Heiligennamen dort eingeführt wurden, wo diese Kirchen Besitz hatten, so im Bordelais und im Gévaudan mit Saint-Seurin und Sainte-Enimie. König Theudebert II. (585–612) schenkte nach einem Text aus Metz aus dem 8. Jahrhundert der Kathedrale Saint-Etienne in Metz das Gebiet der Stadt Hierle, das von dem von Nîmes in der Folge der Eroberung durch Theudebert I. am Beginn des 6. Jahrhunderts abgetrennt worden war. Die Bande waren derart eng, daß um 600 Bischof Agiulf von Metz seinen Bruder Deotarius und später seinen Neffen Modercius zum Bischof über diese 15 Pfarreien weihte. Das ökonomische Interesse an diesem Gebiet beruhte auf der reichen Produktion der Gold- und Silberminen. Die Prägung von Silbermünzen durch die Stadt Metz am Ende des 8. Jahrhunderts läßt sich nicht anders erklären, als durch die Zufuhr von Metall, das in den hochgelegenen Tälern der Cevennen ausgebeutet wurde.

Trier, die alte Verwaltungshauptstadt der drei Gallien, die im Verlauf des 6. Jahrhunderts fünfmal erobert worden war, wurde auf die Bitte des Königs Theuderich I. vom aquitanischen Bischof Nicetius (525/6 bis nach 561) restauriert. Dies konnte nur mit Hilfe der finanziellen Übertragung von Einkünften aus Ländereien geschehen, die in der *Aquitania prima* und vor allem in der Auvergne lagen. Im Jahre 847 ließ sich die Kathedrale St. Peter in Trier erneut den Besitz von Ländereien bestätigen, die sie von alters her, das heißt seit dem 7. Jahrhundert, besessen hatte. Die eine Besitzung lag in Chazelle in der Auvergne, die andere in »Ebreziana« im Limousin. In gleicher Weise gelang es Hinkmar, der Kirche von Trier aquitanische Güter zurückzuerstatten. Kurzum, hieraus ergibt sich, daß Trier gar wohl mit Gütern im Süden ausgestattet war.

Dasselbe traf, mehr im Süden, auf Verdun zu. Im 8. Jahrhundert, das heißt nach 735 besuchte Bischof Madolvie öfters die Güter, die seine Kirche seit langem in Aquitanien besaß, es handelt sich um die Abteien von Saint-Amand in Rodez, Madignac und Puilhac. Das benachbarte Bistum von Châlons-sur-Marne hatte nach einer Regel für die Kathedrale Saint-Etienne als Geschenk von einem seiner Bischöfe, der aus dem Limousin stammte (vielleicht handelt es sich um Elophe), vier Besitztümer im Limousin erhalten, worunter sich Foussac, Jugnat und Janailhac sowie drei weitere in der Rovergue, darunter Neyrac und Nadaillac, weiterhin zwei im Albigeois, vier in der Auvergne, darunter Lignat, und schließlich eines in der Stadt Hierle befanden. Im übrigen darf man nicht vergessen, daß das Kloster Montierander, das ebenfalls im austrasischen Gebiet nahe der Grenze zu Burgund lag, von seinem Gründer Berchaire Ländereien erhalten hatte, die in Aquitanien lagen. Unter diesen ragt einzig Dissaye im Poitou heraus.

Es verbleiben uns noch die beiden Bistümer von Sens und Auxerre, die an den südlichen Grenzen des Königreiches Austrasien lagen. Wir wissen, daß die Metropolis der *Lugdunensis tertia* die Mitgift der Theudechild erhalten hatte. Für Auxerre, ein neu geschaffenes Bistum, stiftete Desiderius, ein Verwandter der Königin Brunichild, dessen Mutter Necteria aus Aquitanien stammte, seiner Adoptiv-Kirche nach 621 elf Besitzungen in der Santoigne, darunter Civzac, Nieul, Orlac, Mardillac, Orignac und Nantillé, sowie Häuser in Melle, in Saintes und ein Besitztum in Fréjus. Im folgenden erhielt Saint-Etienne von Auxerre außerdem nach 635 von seinem Bischof Palladius, einem weiteren Aquitanier, noch Souesmes im Berry unter der Bedingung, ein Drittel der Einkünfte dem benachbarten Kloster von Saint-Julien zu überlassen. Derselbe Geistliche stellte die in Quercy gelegenen Güter seiner Kirche, das heißt Le Boime, Pasturac, Beysac und Alvignac, unter die Schirmherrschaft von Desiderius von Cahors.

In den frühen Zeiten merowingischer Herrschaft erhielten sieben Kathedralen in Austrasien Einkünfte aus Gütern, die in der *Aquitania prima* lagen, als königliche Schenkungen sowie – freilich in geringerer Zahl – auch als bischöfliche; diese Schenkungen sollten vor allem den Haushalt der Kirchen unterstützen. Diese Politik ahmten Bischöfen und Gründungsäbte nach; die Schenkungen waren insgesamt sicher weitaus umfangreicher und bedeutender, als es die Trümmer ihrer Überlieferung annehmen lassen. Romanisierung und Christianisierung der austrasischen Gebiete hingen von den aquitanischen Einkünften ab oder erhielten dadurch ihre Akzente. Dem Klerus gaben sie die finanziellen Mittel, um die am Rhein siedelnden Franken und ebenso die Alamannen auf dem linken Ufer des Rheins zu christianisieren. Sie war eines der Elemente, das die beiden Bevölkerungsteile zusammenbrachte. Sie bereiteten ebenfalls eine langsame Verlagerung des Schwerpunktes der Zivilisation vor, vom aquitanischen und provenzalischen Gebiet in Richtung Maas und Mosel. Die Schenkungen wirkten den regionalen Gruppierungen entgegen. Die erste Woge von Säkularisierungen der südlichen Ländereien durch die aquitanischen Fürsten des 8. Jahrhunderts wurde durch Karl den Großen und seine Nachfolger zunichte gemacht. In einem zweiten Anlauf nahm die feudale Revolte am Ende des 9. Jahrhunderts abermals die Schenkungen in Beschlag. Dadurch wird der Hauptzweck deutlich, das Ziel war stets die Einheit des Königreiches der Franken.

Literatur: Rouche 1974; 1991; 1992b; 1996.

Die Rheinfranken und das Reich von Köln

Franz Staab

In der römischen Provinz Germania II und Teilen der Germania I geht die römische Herrschaft und Administration nach 460 in die Hände der rheinfränkischen Könige über. Die Rheinfranken fanden Rückhalt beim gallischen Heermeister, dem Burgundenkönig als Nachfolger des Aetius. Das Bündnis mit den Burgunden war eindeutig gegen die Alamannen gerichtet, die noch 496 bis 506 das Rheintal von Worms aufwärts kontrollierten, sich nach einer weiteren Niederlage aber in den Machtbereich Theoderichs zurückzogen.

Die Entstehung der fränkischen Herrschaft und Besiedlung in den Rheinlanden steht im Zusammenhang mit dem sogenannten Untergang des weströmischen Reiches, für den als gängiges Datum die Absetzung des letzten weströmischen Kaisers Romulus Augustulus 476 durch den Heermeister Odoakar gilt. Dieses Jahr hat indessen größere Bedeutung für Italien als für das römische Germanien. Für letzteres wird häufig der große Barbareneinfall des Neujahrstages von 407, bei dem die Rheingrenze auf breiter Front durchbrochen wurde, die Invasoren die Städte plünderten, Bischöfe töteten und bis weit nach Gallien hinein vordrangen, als entscheidendes Datum angenommen. Die Kontinuität der christlichen Grabinschriftensitte am Rhein und archäologische Untersuchungen in den Siedlungen haben jedoch gezeigt, daß trotz der – lokal verschiedenen – Folgen dieses Jahr bezüglich des christlichen Kultes, der Besiedlung und der Aufrechterhaltung einer römischen Ordnung keine echte Zäsur darstellt.

Als nächstes Datum ist selbstverständlich an den Hunnensturm von 451 zu denken, der von dem Heermeister Aëtius erst auf den Katalaunischen Feldern bei Troyes aufgehalten werden konnte. Aber auch der Einfall der Hunnen hatte aufs Ganze gesehen zunächst keine nachhaltigen Folgen, wenngleich er örtlich großen Schaden anrichtete. Schlimmer wirkte sich die Ermordung des Aëtius im Jahre 454 aus, weil damit dem Reich ein sehr kompetenter Militär verlorenging. Die Kaiser Avitus (455–456) und Maiorianus (457–461) wurden am Rhein kaum mehr aktiv. Franken standen damals zeitweise im Bündnis (*foedus*) mit den Römern – ein typisches Verhältnis zwischen Barbaren und Römern in dieser Zeit. Sie hielten sich in den römischen Provinzen Obergermanien mit der Hauptstadt Mainz und Niedergermanien mit der Hauptstadt Köln auf, waren aber auch in Gruppen nach Nordgallien, insbesondere in das heutige belgische und französische Flandern eingedrungen. Der von Maiorianus ernannte gallische Heermeister Aegidius versuchte anscheinend, ein Bündnis mit den niederrheinischen Franken aufzukündigen, war aber nicht in der Lage, sie aus Köln zu vertreiben, wo sie um 459/461 ein quasi selbständiges, aber im Notfall an römische Heermeister angelehntes Reich gründeten. Nachdem Kaiser Libius Severus (461–465) den Aegidius 463 entlassen und durch den Burgundenkönig Gundowech († um 470) ersetzt hatte, wandten sich die Kölner Franken dem neuen Heermeister zu, während die in Nordgallien sitzenden sogenannten Salfranken dem alten Heermeister Aegidius († 464) sowie dessen Sohn Syagrius (gestürzt durch Chlodwig 486/87) treu blieben. Die an einem Bündnis mit Rom interessierten Barbaren in Gallien und Germanien konnten also zwischen zwei konkurrierenden Heermeistern wählen.

Als Niedergermanien und Köln um 459/461 dauerhaft unter rheinfränkische Kontrolle gerieten, blieben die Lande rheinaufwärts in mehr traditionellen Verhältnissen. Trier und der Moselraum waren in der Hand des Franken Arbogast, der das Amt eines römischen Befehlshabers (*comes*) bekleidete. Im Bereich Obergermaniens verfügten die Alamannen über die größte militärische Schlagkraft. Beide Mächte mußten in einem Gegensatz zu den niederrheinischen Franken gestanden haben, weshalb Arbogast bei Bedarf vermutlich eher mit Aegidius und dessen Sohn Syagrius paktierte.

Andererseits blickten Römer links und Alamannen rechts des Rheins auf eine lange Geschichte feindlicher Auseinandersetzungen zurück, die für die zweite Hälfte des 4. Jahrhunderts besonders gut dokumentiert sind. Dennoch ist im 5. Jahrhundert gleichzeitig sowohl mit Gruppen dieses Volkes zu rechnen, die sich dem Reich gegenüber feindlich verhielten, als auch mit verbündeten Gruppen. Als Kaiser Avitus 455 die Regierung antrat, suchten Alamannen bei ihm um Frieden nach. Maiorianus dagegen mußte eine Gruppe von ihnen, die in die italienischen Alpen vorgedrungen war, mit Waffengewalt zurückschlagen. Jedenfalls war das Verhältnis der römischen Bevölkerung in Obergermanien zu den Alamannen nicht dauerhaft gesichert und scheint in der zweiten Jahrhunderthälfte prekärer geworden zu sein. Um 470 war sogar Childerich I. von Tournai gezwungen, gemeinsam mit einem in Gallien sitzenden Sachsenfürsten gegen Alamannen anzutreten, und später

– längere Zeit vor 507 – erlitt Sigibert von Köln in einer Schlacht gegen die Alamannen bei Zülpich eine Beinverletzung, derentwegen er später hinkte. Diese Schlacht wird häufig auch, obgleich die Berichterstattung des Gregor von Tours dafür keinen Anlaß gibt, mit der ersten identifiziert, in der Chlodwig I. 496 gegen die Alamannen focht und in großer Not sein Gelübde ablegte, Christ zu werden.

Die Rheinstädte von Mainz an stromabwärts bezeichnet der ostgotische Geograph Athanarid als fränkisch, die stromaufwärts gelegenen aber als alamannisch. Überliefert ist Athanarid durch den sogenannten Anonymus Ravennas, und zwar in einer Schrift aus dem Anfang des 9. Jahrhunderts. Diese Herrschaftsverteilung kann nicht sehr lange Bestand gehabt haben und läßt sich am besten in die Zeit zwischen 496 und 507 einordnen, also zwischen Chlodwigs erste Alamannenschlacht, die er nur mit Mühe gewann, und die zweite, bei der er seine Gegner so entscheidend schlug, daß sie an den Grenzen des Ostgotenreiches Schutz suchen mußten. Alamannisch waren in diesem kurzen Zeitraum Worms, Speyer, Altrip, Pforz, Straßburg etc.; nicht alle der von Athanarid gesammelten und in der späten Überlieferung des Textes zum Teil inkorrekt wiedergegebenen Namen konnten bisher identifiziert werden. Außerhalb des Rheintals bezeichnet diese Quelle noch Würzburg und Aschaffenburg (oder Mainaschaff) im späteren Mainfranken, sowie Langres, Besançon und Mandeure in Burgund als alamannisch.

Wichtig für die Bewertung dieser Verteilung ist der Wandel der übergeordneten politischen Konstellation. Die oben erwähnte gespaltene fränkische Loyalität, wonach Childerich den Heermeistern Aegidius und Syagrius ergeben war, das Kölner Frankenreich jedoch den zu Heermeistern ernannten burgundischen Königen Gundowech und Chilperich I., endete mit der Vertreibung des Syagrius durch Chlodwig im Jahre 486 oder 487. Seitdem mußte auch für den Sohn Childerichs der maßgebliche Heermeister, wenn er den Rückhalt eines solchen benötigte, der Burgundenkönig sein. Verstärkt wurde dieses Verhältnis durch Chlodwigs Heirat mit Chrodechild, der Nichte des burgundischen Königs und Heermeisters Gundobad. Die späteren Berichte, auch bei Gregor von Tours, wonach Gundobad seinen Bruder, den Vater Chrodechilds, ermordet haben soll, woraus eine tiefe Feindschaft zwischen Chlodwig und Gundobad resultiert habe, scheinen nach Jan Wood bestenfalls überzeichnet zu sein. Das Jahr der Eheschließung ist nicht überliefert, aber 496 bestand die Verbindung offenbar bereits seit einiger Zeit, während der Chrodechild vorerst vergeblich versucht hatte, ihren Gemahl zum Christentum zu bekehren.

Diese Verhältnisse mußten im Ergebnis zu einer Art Interessengemeinschaft der Burgunden, der rheinischen und der nordgallischen Franken gegen die Alamannen führen, welche die Alamannen trotz ihrer militärischen Stärke sehr unter Druck setzte und ihre Gegenschläge herausforderte. Dabei konnte ein burgundischer Heermeister wohl kaum darauf verzichten, gelegentlich auch mit den Alamannen ein Bündnis abzuschließen, insbesondere um deren Vorstöße nach Burgund einzudämmen, wo sie, wie erwähnt, zeitweise in Langres, Besançon und Mandeure saßen. Vorteilhaftere Verträge schloß er aber gewiß mit den Franken ab. Aus der Sicht der Föderierten war nun ein wesentlicher, von den Römern immer sehr restriktiv gehandhabter Vorteil der, nicht allein mit ihren Truppen auf römischem Gebiet in einem Kastell oder in einer Stadt zu stehen, dort ernährt und bezahlt zu werden, sondern auch, weitere Volksangehörige auf römischem Gebiet ansiedeln zu können. Solche Privilegien gewährten die burgundischen Heermeister vermutlich eher den Franken als den Alamannen.

Nach den Siegen Chlodwigs über die Alamannen, besonders dem des Jahres 507, schließlich nach dem Tod des letzten burgundischen Heermeisters, König Gundobad († 516), wurde die Position der Franken am Rhein schrittweise so stark, daß ihnen hier auf der linken Uferseite niemand mehr die Ansiedlung zusätzlich zum militärischen Personal verweigern mochte. Zugleich ermutigte die neue Sicherheit zur Ansiedlung auf beiden Ufern des Rheins. Die Direktive zur Aufsiedlung des Landes muß gleichzeitig vom Kölner König auf Chlodwig übergegangen sein.

Dem entspricht auch der Befund der Ortsnamen. Zwar geht deren Erstüberlieferung in der Regel auf die Urkunden des 8. und 9. Jahrhunderts oder noch späterer Zeit zurück. Es läßt sich jedoch zeigen, daß bestimmte Ortsnamenformen zur Zeit der urkundlichen Ersterwähnung längst altertümlich waren und nicht mehr neu vergeben wurden. Im Mittelrheingebiet beobachtet man nun, wie die ältesten germanischen Ortsnamen, etwa auf -wil oder -apa, nur rechtsrheinisch vorkommen, während auf dem linken Rheinufer bis ins Elsaß hinein die germanischen Ortsnamen erst mit den Namen auf -heim beginnen, dies aber dann in überreicher Fülle. Das gilt selbst im Elsaß, für welches bereits Fritz Langenbeck feststellte, daß dessen zahlreiche Namen auf -heim erst auf fränkische Besiedlung zurückgehen. Es spiegelt sich in dieser Verteilung von Ortsnamentypen also die verhältnismäßig

Abb. 168 *Das spätantike Festungs- und Limessystem an der Römischen Rheingrenze seit der zweiten Hälfte des 4. Jahrhunderts. – Graphische Gestaltung I. Bell.*

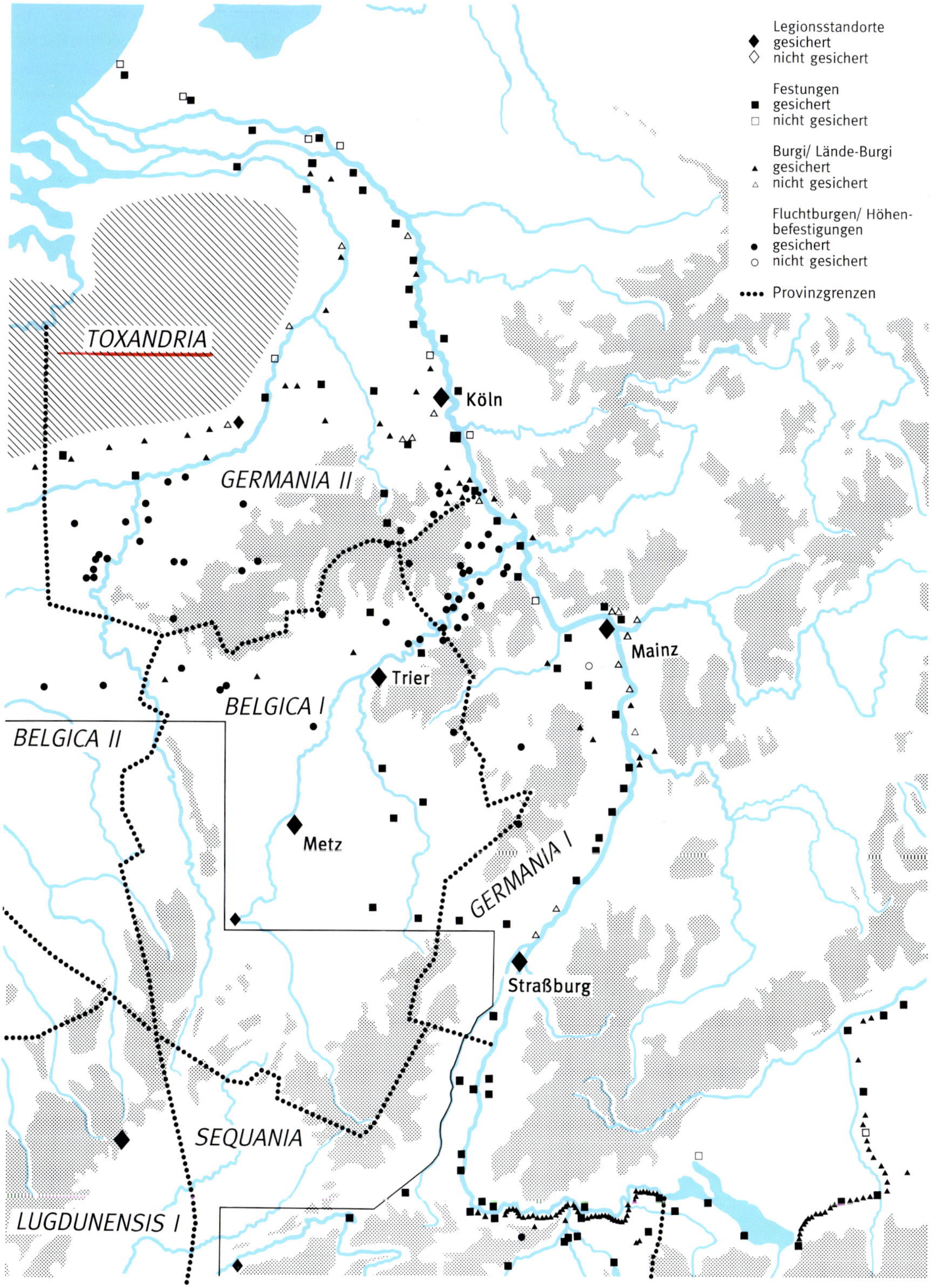
Legionsstandorte
gesichert
nicht gesichert
Festungen
gesichert
nicht gesichert
Burgi/ Lände-Burgi
gesichert
nicht gesichert
Fluchtburgen/ Höhen-befestigungen
gesichert
nicht gesichert
Provinzgrenzen
TOXANDRIA
Köln
GERMANIA II
Mainz
Trier
BELGICA I
BELGICA II
Metz
GERMANIA I
Straßburg
SEQUANIA
LUGDUNENSIS I

lange römische Restriktion gegenüber barbarischen Ansiedlungen auf dem linken Rheinufer wider. Ältere Theorien übrigens, wonach die Ortsnamenformen direkt als ethnisch bedingt, nicht aber als chronologisch geschichtet gedeutet wurden, erwiesen sich somit als unzureichend.

Die massive Aufsiedlung seit der Chlodwigzeit benötigte Menschenmassen, die von den Franken allein nicht gestellt werden konnten. Auch dies findet in den Ortsnamen seinen Niederschlag, insofern nicht allein die verschiedensten Personennamen, ob romanisch oder unterschiedlich germanisch, als Bestimmungswörter für die Ortsnamen auf -heim begegnen, sondern in dieser Rolle auch mehrere Völkernamen, zum Teil sogar mehrfach: Hessen, Langobarden, Romanen (Welsche), Schwaben, Thüringer. Der gelegentliche Bezug auf Slawen und einige slawische Toponyme sind dann einer nachträglichen Ausbauphase wohl seit dem späteren 7. Jahrhundert zuzuordnen.

Literatur: Dirlmeier/Sprigade 1980. – Ewig 1980. – Langenbeck 1957. – Staab 1975; 1976; 1994b. – Wood 1994a.

Die Ausbreitung der fränkischen Herrschaft in den Rheinlanden vor und seit Chlodwig I.

Alfried Wieczorek

Die Rheinfranken werden als offiziell anerkannte Bündnisgenossen des spätantiken Staates mit der Verteidigung der Grenze des Römischen Reiches am Rhein betraut. Das Bündnis richtet sich in erster Linie gegen die Alamannen, denen damit die Ansiedlung auf linksrheinischem Gebiet verwehrt bleibt. Wie auch anderen Verbündeten auf reichsrömischem Boden wird den Rheinfranken in dem von ihnen gesicherten Gebiet die Ansiedlung gestattet. Am Nieder-und Mittelrhein und dem nördlichen Oberrheingebiet entstehen so im letzten Drittel des 5. Jahrhunderts neue, kontinuierlich bis weit in die Merowingerzeit hinein belegte Bestattungsplätze und Siedlungen. Mit dem Jahr 496 erreichen die Auseinandersetzungen mit den Alamannen einen vorläufigen Höhepunkt. Erst 10 Jahre später, um 506/507, können die Alamannen endgültig bezwungen werden. Noch unter Chlodwig setzt nun eine planmäßige Erfassung der neuerworbenen rheinfränkischen und der eroberten alamannischen Gebiete durch eine flächendeckende Aufsiedlung mit eigenen oder verbündeten Personengruppen ein. Die auf diese Weise in Besitz genommenen Regionen erhalten zu jener Zeit die noch heute weitgehend bestehende Siedlungsstruktur.

Adiuta Deus! Gott helfe uns! Mit diesem Schlachtruf dürfte Chlodwigs Heer in die Schlacht gegen die Alamannen im Jahr 496 n. Chr. gegangen sein. Der Schlachtruf war seinem Heer schon lange vertraut, handelte es sich dabei doch um den Schlachtruf der spätantiken Truppen im Westen und Osten des Römischen Reiches. Auch die nichtchristlichen Kontingente der spätrömischen Heere verwendeten ihn. Der Schlachtruf, die Feldzeichen und sicherlich noch weitere Besonderheiten des spätrömischen Militärwesens blieben Ferdinand Lot zufolge noch lange Zeit im Frankenreich gebräuchlich, zum Teil bis ins 11. Jahrhundert hinein.

Chlodwigs Armee bestand im Jahr 496 zu wesentlichen Teilen aus kampferprobten Soldaten, die im römischen Heer (*exercitus Romanorum*) des gallischen Heermeisters (*magister militum per gallias*) und selbsternannten Königs der Römer (*rex Romanorum*) Syagrius gedient hatten. Nach dem Sieg Chlodwigs über Syagrius im Jahr 486 war dessen römisches Heer in das fränkische Heer integriert worden. Den neuen Soldaten wurden nach Karl Ferdinand Werner dieselben Sonderrechte – das salische Recht (*Lex salica*) – verliehen, wie sie die Angehörigen des salfränkischen Heeres genossen. Auch Chlodwigs salfränkische Kerntruppe, der »*exercitus Francorum*«, war ein von der römischen Administration anerkanntes, verbündetes Heer, das mit der römischen Militärdisziplin und Taktik bestens vertraut war.

Ein wild zusammengewürfeltes, undiszipliniertes Heer aus fränkischen Bauernkriegern war es also nicht, das im Jahr 496 in der Schlacht gegen die Alamannen in Bedrängnis geriet. Und so, wie es schon Constantin der Große in der Schlacht an der Milvischen Brücke vor Rom im Jahre 312 getan hatte, rief auch Chlodwig in der Not den Gott der Christen um Beistand an. Das Schlachtenglück wendete sich, das alamannische Heer verlor den Kampf und zog sich in die *Alamannia* zurück (Gregor v. Tours, *Historiae* II, 30).

Unabhängig davon, ob es sich bei dieser Schlacht um dieselbe Alamannenschlacht handelt, in der der rheinfränkische König Sigibert bei *Tolbiacum* (Zülpich) am Bein verletzt wurde, oder nicht, wird der Ort der Schlacht im Herzen des rheinfränkischen Herrschaftsgebietes in der jüngeren Forschung wieder verstärkt als Indiz für ein machtvolles Ausgreifen alamannischer Siedlungstätigkeit in der zweiten Hälfte des 5. Jahrhunderts bis zur Grenze zwischen den beiden römischen Provinzen *Germania I* und *Germania II* gewertet (Abb. 176). Nur so sei es zu verstehen, daß die Alamannen bis nach Zülpich vorstoßen konnten. Als zweites Indiz für eine alamannische Herrschaft und Ansiedlung in der Provinz *Germania I*, dem linksrheinischen Gebiet vom Elsaß im Süden über die Pfalz und Rheinhessen bis zum Neuwieder Becken im Norden, wird zumeist die Nachricht des anonymen Geographen von Ravenna angeführt, die von der alamannischen Herrschaft über die linksrheinischen römischen Festungsorte zwischen Worms im Norden und der burgundischen Pforte im Süden berichtet. Dieses Gebiet, so wird von Eugen Ewig mit Hinweis auf eine Nachricht bei Sidonius Apollinaris zu 455 geschlossen, sei im Jahr 455 der alamannischen Landnahme zum Opfer gefallen. Eine noch im gleichen Jahr durchgeführte Inspektionsreise des gallorömischen Heermeisters und späteren Kaisers Avitus zu den Truppenstandorten entlang der römischen Rheingrenze habe diese neue Lage durch den Abschluß neuer Bündnisse mit den Franken und Alamannen lediglich legalisieren, nicht aber rückgängig machen können. Der Bericht des Geographen von Ravenna beziehe sich daher auf die zweite Hälfte des 5. Jahrhunderts bis zum Jahr der Alamannenschlacht 496 n. Chr.

Archäologisch gestützt wird diese Deutung zumeist mit einer kleinen Zahl von Bodenfunden der zweiten Hälfte des 5. Jahrhunderts, Fibeln und Beschlagteilen von Schwertscheiden, die von einigen Archäologen als typisch alamannisch angesehen werden. Die Kartierung dieser Funde (Abb. 172) zwischen Krefeld-Gellep im Norden und Obrigheim in der Pfalz im Süden verdeutlicht allerdings, daß mit nur 24 archäologischen Fundstücken die Materialbasis für die vermutete alamannische Ansiedlung links des Rheines ausgesprochen gering ist. Aus dem Elsaß und der Südpfalz fehlen derartige Belege sogar völlig! Den 24 alamannischen Funden stehen 16 Funde nordseegermanischer Provenienz, 16 Fundstücke donauländischer oder ostgermanischer Prägung und weitere 16 Funde östlich-elbgermanischer Formgebung derselben Zeitstellung entgegen (Abb. 172), für die mit der nämlichen Begründung ein Siedlungs- und Herrschaftsgebiet vermutet werden müßte.

Wie eingangs geschildert, ist der Bericht des Geographen keineswegs gesichert auf die Ereignisse der zweiten Hälfte des 5. Jahrhunderts zu beziehen. Vielmehr überliefert er vermutlich die Situation, die die Konfrontation zwischen Franken und Alamannen des Jahres 496 auslöste: das alamannische Überschreiten der alten Grenzlinie am Rhein und das Vordringen bis tief in burgundisches Gebiet (Abb. 176). Erst mit der zweiten großen Schlacht gegen die Alamannen 506/507 gelang es Chlodwig, den alamannischen Drang nach Westen endgültig zurückzuweisen.

Auch die Stellen bei Sidonius lassen nicht zwingend auf eine Landnahme der Alamannen in der zweiten Hälfte des 5. Jahrhunderts in den römischen Provinzen links des Rheines schließen: »Der Franke warf die Provinzen *Germania* prima und *Belgica* secunda nieder; Du, wilder Alamanne, trankst aus dem Rhein auf den römischen Ufern und warst, Übermütiger, im Lande auf beiden Seiten des Flusses, als Bürger oder Sieger. Als der Kaiser [Petronius] Maximus die weiten Gebiete verloren sah, tat er das einzig Richtige: er ernannte Dich, Avitus, sich zum Heermeister der Fuß- und Reitertruppen« (*Carmen VII*, 372 ff.). »Sobald er [Avitus] die Last der ihm aufgedrängten Stellung übernommen hatte, schicktest Du, Alamanne, Gesandte, die um Gnade bitten sollen für das vorherige Wüten ...« (*Carmen VII*, 388 ff.).

Die hier geschilderten Vorstöße von Alamannen und Franken im Jahr 455 dürfen jedoch genausogut als Kriegszüge ohne nachhaltige Wirkung angesehen werden, wie jener alamannische Kriegszug des Jahres 470, der erst in Gallien vom weströmischen Heer unter Beteiligung der salfränkischen Truppen Childerichs von Tournai und sächsischer Kontingente gestoppt werden konnte. Besonders bemerkenswert an Sidonius' Schilderung ist vor allem, daß nicht die Alamannen 455 in die Provinz *Germania I* einfielen, sondern die Franken. Der alamannische Vorstoß dürfte demnach das südlich anschließende Gebiet der Provinz Sequania betroffen haben.

Aufschlußreich ist in diesem Zusammenhang auch, daß die oben genannten archäologischen Funde (Abb. 172) überwiegend aus den Gräberfeldern und Siedlungsschichten der spätrömischen Festungsorte stammen. Jürgen Oldenstein hat für die spätrömische Festung Alzey eine dritte Belegungsphase mit römischem Militär um die Mitte des 5. Jahrhunderts sehr wahrscheinlich machen können. Verfasser kann für die Pfalz und Rheinhessen in einer neuen Studie weitere Belege für diese These beibringen. Danach bleibt bis an den Beginn des letzten Drittels des 5. Jahrhunderts die von Kaiser Valentinian I. begründete spätrömische Infrastruktur mit einem Festungssystem entlang des Rheinlimes, weiteren Festungen und befestigten Straßenstationen im Hinterland entlang der Fernstraßen und einer Vielzahl von befestigten Höhensiedlungen und Fluchtburgen in der Etappe bestehen (Abb. 168). Zu diesem System zählen auch große landwirtschaftliche Betriebe, Domänen, die in der Regel ebenfalls wenigstens ein festungsartiges Gebäude aufweisen.

In den Befestigungen am Limes selbst lagen die Grenztruppen (*milites limitanei*), in den Befestigungen des Hinterlandes die Einheiten des weströmischen Feldheeres (*comitatenses*) und in den Fluchtburgen und befestigten Domänen Milizen und Detachements von Privatarmeen, den Bucellariern der begüterten Senatorenfamilien. In allen diesen römischen Truppenteilen oder Privatarmeen versahen Söldnereinheiten unterschiedlichster Herkunft – von Angehörigen asiatischer Reitervölker bis zu verschiedensten Germanenvölkern – unter ihren angestammten Anführern den Dienst. In dieses Bild fügen sich die oben genannten Funde unterschiedlicher Provenienz aus den Standorten der späteströmischen Truppen (Abb. 172) bestens ein. Die Personen, denen diese Fundstücke gehörten, könnten dieser Lesart zufolge mit ihren Familien als Angehörige des römischen Militärs nach der Mitte des 5. Jahrhunderts in die beiden Provinzen *Germania I* und *II* gekommen sein, darunter auch alamannische Kontingente. Sie alle blieben offenbar an den Stationsorten nach der Absetzung des letzten weströmischen Kaisers im Jahr 476 und dem Ausbleiben der

Abb. 169 *Die römischen Provinzen am Rhein im ersten Drittel des 5. Jahrhunderts. – Graphische Gestaltung I. Bell.*

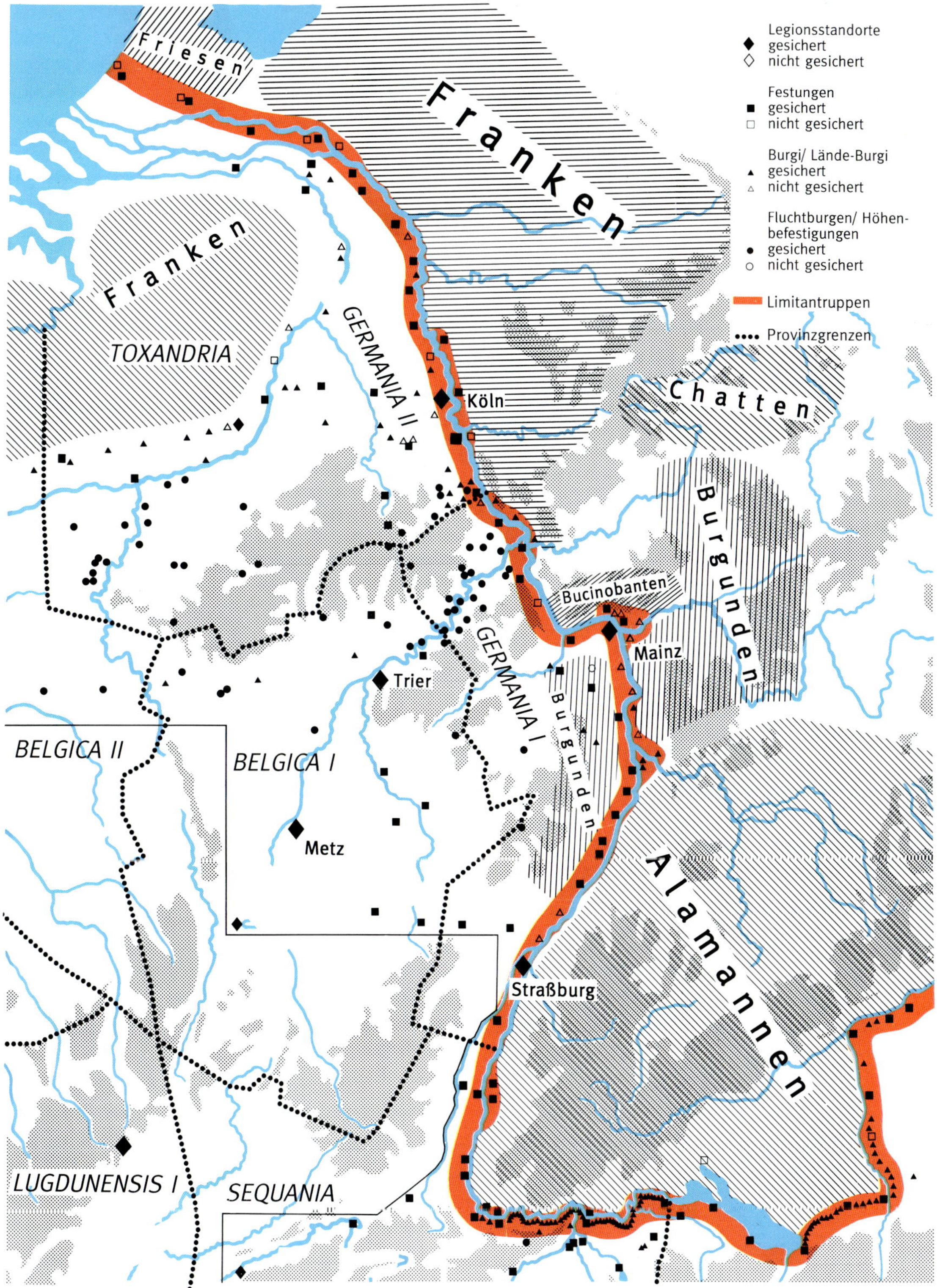
Legionsstandorte
gesichert
nicht gesichert
Festungen
gesichert
nicht gesichert
Burgi/ Lände-Burgi
gesichert
nicht gesichert
Fluchtburgen/ Höhen-befestigungen
gesichert
nicht gesichert
Limitantruppen
Provinzgrenzen
Friesen
Franken
Franken
TOXANDRIA
GERMANIA II
Köln
Chatten
Burgunden
Bucinobanten
Mainz
Trier
GERMANIA I
Burgunden
BELGICA II
BELGICA I
Metz
Alamannen
Straßburg
LUGDUNENSIS I
SEQUANIA

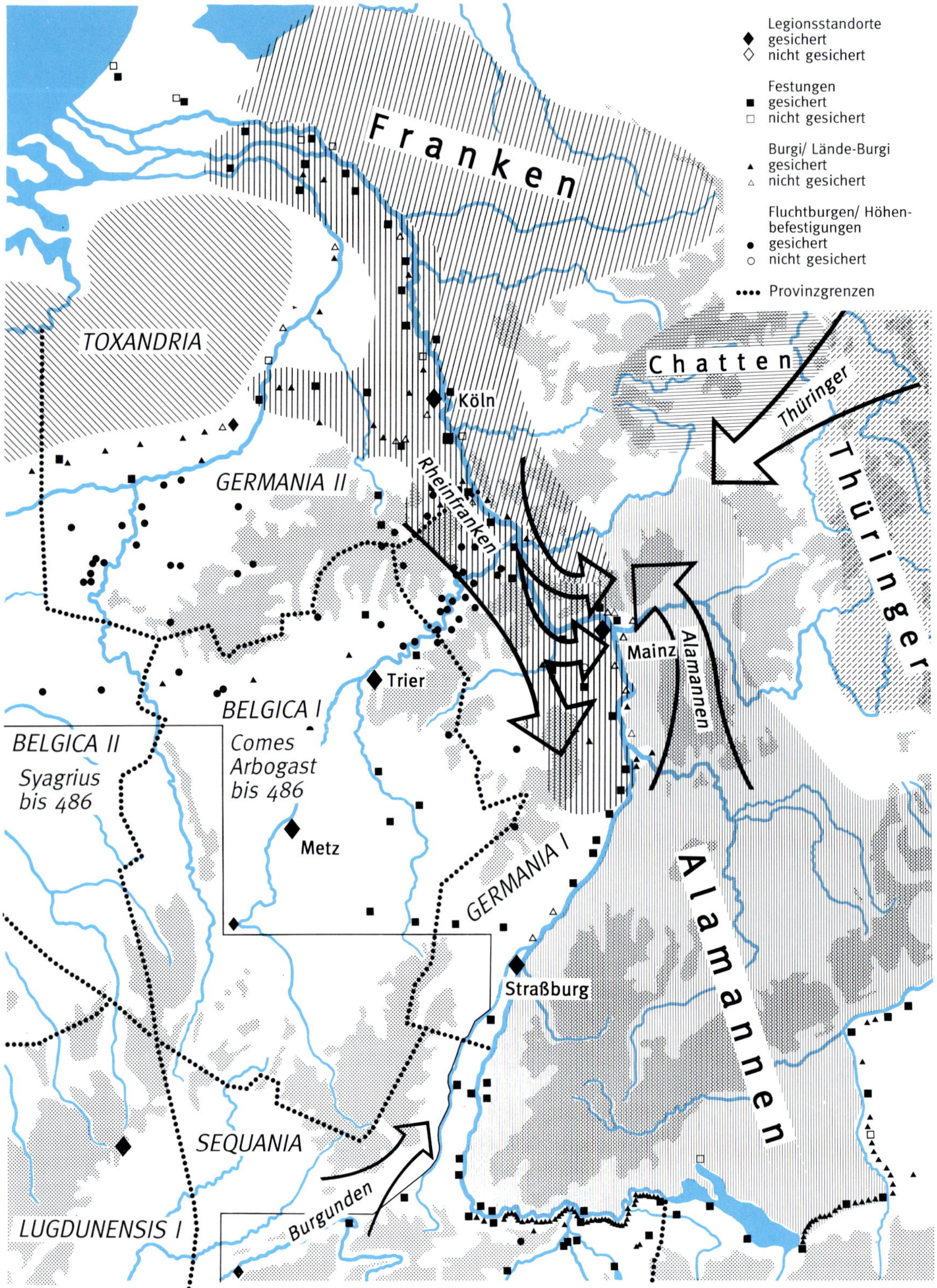
Legionsstandorte
gesichert
nicht gesichert
Festungen
gesichert
nicht gesichert
Burgi/ Lände-Burgi
gesichert
nicht gesichert
Fluchtburgen/ Höhenbefestigungen
gesichert
nicht gesichert
Provinzgrenzen
Franken
Chatten
Thüringer
Thüringer
TOXANDRIA
Köln
GERMANIA II
Rheinfranken
Mainz
Alamannen
Trier
BELGICA I
Comes Arbogast bis 486
BELGICA II
Syagrius bis 486
Metz
GERMANIA I
Alamannen
Straßburg
SEQUANIA
Burgunden
LUGDUNENSIS I

Abb. 170 Die Rheinlande im letzten Drittel des 5. Jahrhunderts. – Graphische Gestaltung I. Bell.

Abb. 171 Die Verbreitung der Siedlungen und Gräberfelder des letzten Drittels des 5. Jahrhunderts in den Rheinlanden. – 1 Emmerich-Speelberg. 2 Praest-Blouswardt. 3 Wissel. 4 Wardt-Lüttingen »Am Hagelkreuz«. 5 Rill. 6 Sevelen. 7 Krefeld-Stratum. 8 Serm I. 9 Meiderich. 10 Duisburg, Beeckstraße. 11 Saarn. 12 Düsseldorf-Oberlörick, Ilvericherstraße. 13 Hamm. 14 Mayen, Töpfereizentrum und »In den Burggärten«. 15 Inden-Lamersdorf. 16 Rödingen. 17 Köln-Müngersdorf. 18 Köln-Junkersdorf. 19 Bornheim-Widdig. 20 Niederkassel-Monheim. 21 Bornheim. 22 Zülpich »Mersburden«. 23 Zülpich »Kloster Hoven«. 24 Bonn-Schwarzrheindorf. 25 Müddersheim-Gladbach. 26 Lechenich. 27 Kottenheim. 28 Nettersheim. 29 Meerbusch-Strümp. 30 Hasselsweiler. 31 Morken, Fundstelle FR 81. 32 Kaltenengers. 33 Kärlich I, Westrand des Ortes. 34 Koblenz-Rübenach. 35 Mülhofen. 36 Eltville. 37 Pillig, bei der Kirche. 38 Lehmen »Hüdeborn«. 39 Polch »Jaichen«. 40 Gennep (NL). 41 Neerharen-Rekem (B). 42 Voerendaal (NL). 43 Bingen-Kempten I. 44 Heidesheim I. 45 Mainz-Finthen I. 46 Ober-Olm I. 47 Selzen I. 48 Wörrstadt I. 49 Rommersheim I. 50 Guntersblum I. 51 Mettenheim I. 52 Alzey I »Himmeläcker«. 53 Flonheim I. 54 Freilaubersheim I. 55 Westhofen I. 56 Flomborn I. 57 Dalsheim I. 58 Mörstadt I. 59 Worms-Weinsheim II. 60 Worms-Wiesoppenheim I. 61 Obrigheim I. 62 Mutterstadt I. 63 Schifferstadt I. 64 Freinsheim I. 65 Speyer, Baumwollspinnerei. 66 Speyer »Vogelgesang«. – Graphische Gestaltung I. Bell.

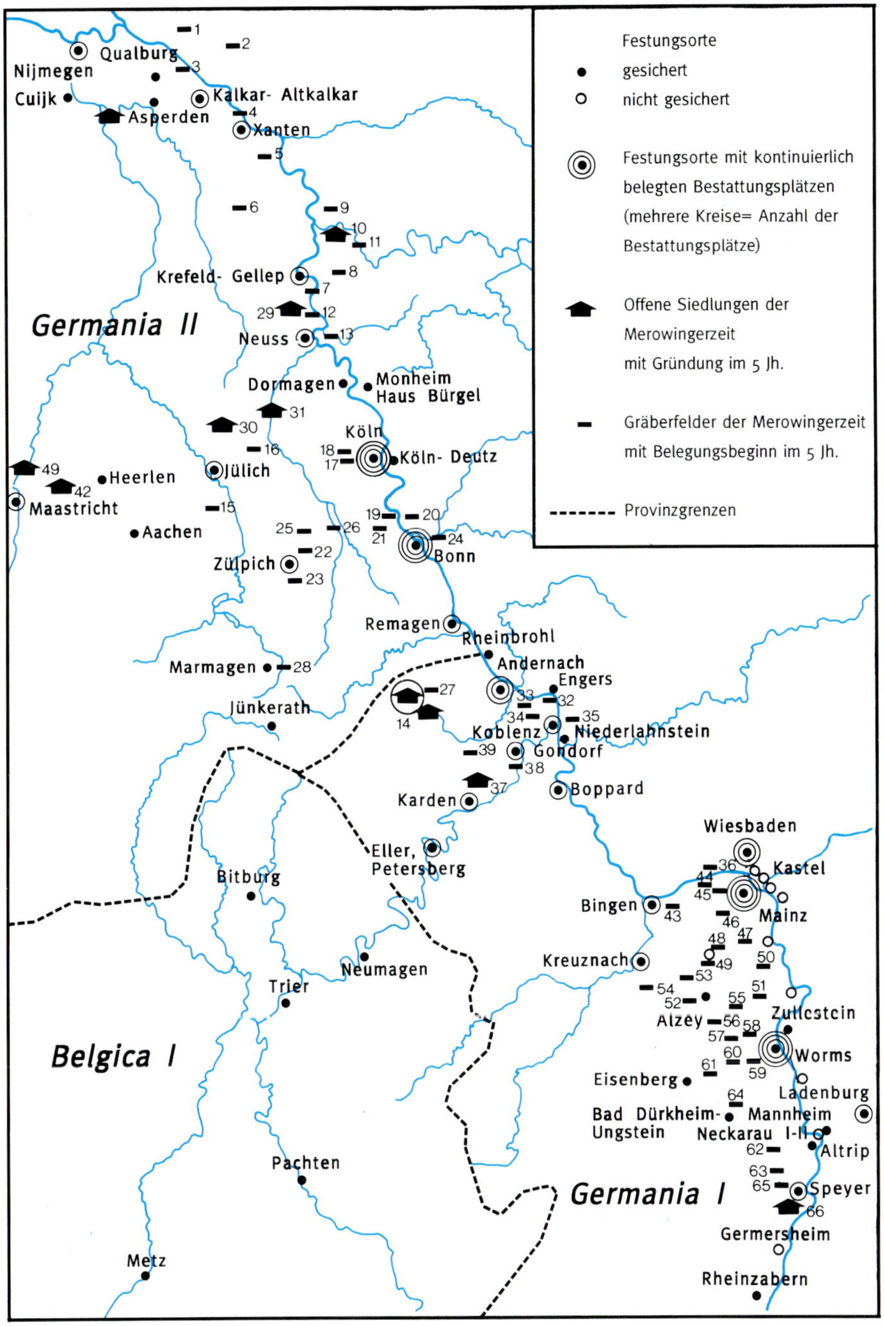

Soldzahlungen an einige Heeresabteilungen.

Die römische Macht schwand – von Region zu Region unterschiedlich – mit der schleichenden Selbstauflösung insbesondere der Grenztruppen. Während in der Provinz *Belgica I* der *comes* Arbogast und in den Provinzen *Lugdunensis II*, *Belgica II* und Teilen der *Germania II* der gallische Heermeister Syagrius mit Unterstützung des römischen Generals und salfränkischen Königs Childerich I. von Tournai über das Jahr 476 hinaus die römische Administration erhalten konnten, waren die beiden Provinzen entlang der Rheingrenze stets den Beutezügen rechtsrheinischer Germanenvölker ausgesetzt. Im ersten Drittel des 5. Jahrhunderts hatten die mit Rom verbündeten Burgunden bis zu ihrer Umsiedlung in die Westschweiz 443 durch den römischen Heermeister Aetius als Puffer zu anderen germanischen Völkern in den rechtsrheinischen Vorlimesgebieten zwischen Lahn

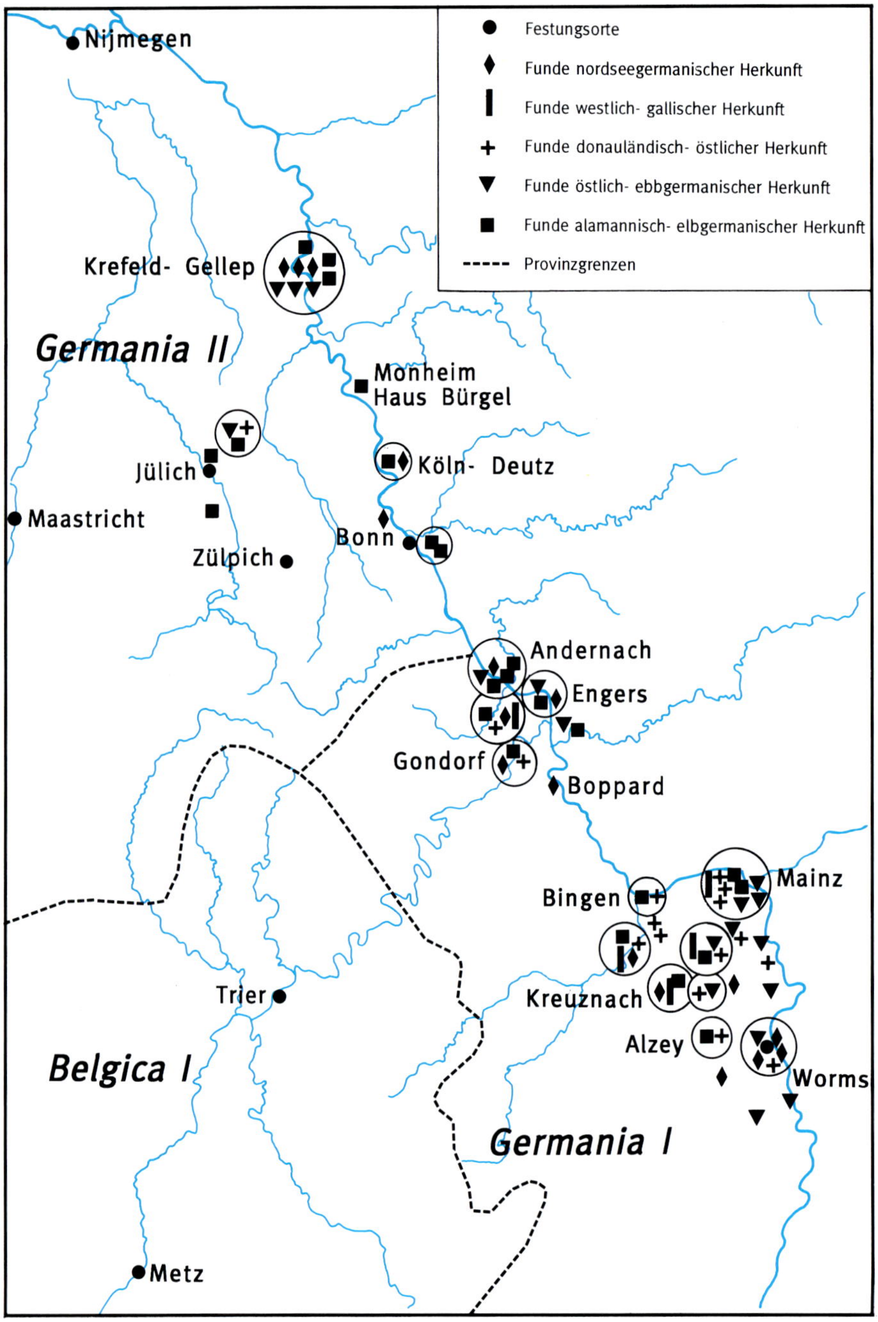

***Abb. 172** Archäologische Funde fremder Herkunft in den Rheinlanden der zweiten Hälfte des 5. Jahrhunderts. – Graphische Gestaltung I. Bell.*

und Neckar gedient. Innerhalb der Provinz *Germania I* erfüllten sie zudem Aufgaben des Feldheeres, der comitatensischen Truppen. In dieser Eigenschaft lagen sie in den Truppenstandorten des Hinterlandes, während nach J. Oldenstein Limitantruppen in den Festungen entlang der Rheingrenze stationiert waren (Abb. 169).

Das nach dem Abzug der Burgunden 443 entstandene Vakuum in der *Germania I* konnte – wie oben aufgezeigt – durch Truppenkontingente unterschiedlichster Herkunft geschlossen werden (Abb. 172). In den rechtsrheinischen Freiraum zwischen Lahn und Neckar drängten insbesondere die Alamannen (Abb. 170). Sie legten in dieser Zeit die für sie typischen Gräberfelder von Eschborn und Weilbach an. In den linksrheinischen römischen Provinzen konnten sie allerdings nicht Fuß fassen. Hier sorgte das eingangs erwähnte Bündnis von 463 zwischen dem frisch ernannten *magister militum Galliarum* und Burgundenkönig Gundowech und den rheinischen Franken für die Sicherung der Rheingrenze gegen die Alamannen. Die Rheinfranken hatten mit ihrem Vorstoß von 455 ihr Interesse an der Provinz *Germania I* schon bekundet, und den Burgunden – nun die offiziell ernannten Hüter der Interessen des Römischen Reiches in Gallien – war daran gelegen, ihre unmittelbaren Nachbarn im Norden, die Alamannen, außerhalb ihres eigenen Einflußgebietes zu halten.

Das Bündnis wird auch unter Gundowechs Nachfolgern, den Burgundenkönigen Chilperich und Gundobad, weiterbestanden haben, die beide ebenfalls das gallische Heermeisteramt – jetzt vom Gesamtkaiser des Römischen Reiches in Constantinopel – verliehen bekamen. Die alamannischen Vorstöße des Jahres 496 richteten sich folgerichtig sowohl gegen Gundobads Herrschaftsgebiet als auch gegen das der Rheinfranken (Abb. 176).

Eine alamannische Landnahme und Siedlungstätigkeit links des Rheines ist also weder durch schriftliche noch archäologische Quellen zu belegen. Die in der älteren Literatur dafür in Anspruch genom-

***Abb. 173** Eine typisch sächsische Form hat die kreuzförmige Bügelfibel aus Worms, Maria Münster. Museum Worms. – Foto Reiss-Museum.*

menen handgeformten Tongefäße konnte Verfasser vor längerer Zeit schon der Hinterlassenschaft mitteldeutsch-thüringischer Siedler im Zuge der fränkischen Aufsiedlung des Oberrheingebietes nach den Schlachten von 496 und 506/507 zuweisen.

In der zweiten Hälfte des 5. Jahrhunderts lebte innerhalb der Befestigungen zusammen mit den Söldnerfamilien weiterhin die Provinzialbevölkerung, eine Mischung aus Galloromanen und früher oder später hinzugekommenen Personen germanischer Herkunft rechts des Rheines. Nach Ausweis der Gräberfelder vor den Toren der Festungen – Köln, Bonn, Andernach, Wiesbaden, Mainz und Worms besaßen sogar mehrere Bestattungsplätze – darf man die Bevölkerungszahl nicht zu gering ansetzen. Die seit dem 4. Jahrhundert bei den Provinzialen stets zunehmende Sitte der beigabenlosen Bestattung der Verstorbenen läßt die Rekonstruktion der Bevölkerungszahl kaum noch zu. Frank Siegmund hat allerdings mit einer Modellrechnung für den großflächig ausgegrabenen Bestattungsplatz des Festungsortes Krefeld-Gellep am Niederrhein aufzeigen können, daß bei Berücksichtigung der beigabenlos bestatteten Personen die Zahl der Provinzialen die der hinzuziehenden Franken erheblich übertraf.

Von den befestigten Orten aus betrieb die Provinzialbevölkerung neben Gewerbe- und Handelstätigkeit auch die Landwirtschaft. Pollenanalysen und dendrochronologische Untersuchungen im Elsbach (Kr. Neuss) haben nach Bernd Päffgen die kontinuierliche landwirtschaftliche Nutzung von der Spätantike bis in die Merowingerzeit nachweisen können, obwohl in der Tallandschaft ein Siedlungsplatz des späten 4. und des 5. bis 6. Jahrhunderts archäologisch nicht zu fassen war (Abb. 102). In einiger Entfernung, auf dem Morkener Kirchberg, ist dagegen eine in der Spätantike befestigte *villa* bezeugt, die in der Merowingerzeit der Familie des »Herrn von Morken« zu eigen war. Von diesem Platz aus könnte das Elsbachtal im 5. und vielleicht auch im 6. Jahrhundert bewirtschaftet worden sein.

Die naturwissenschaftlichen Untersuchungen im Elsbachtal bestätigten auch die in den Rheinlanden vielerorts beobachtete Veränderung der Infrastruktur bis zur Mitte des 4. Jahrhunderts. Das bekannte römische Siedlungsbild mit den mehr oder weniger regelmäßig über das gesamte Siedelland verbreiteten landwirtschaftlichen Betrieben (*villae rusticae*) schwindet in dieser Zeit. Einhergehend mit der Reorganisation der Reichsgrenze am Rhein in der zweiten Hälfte des 4. Jahrhunderts unter Kaiser Valentinian I., konzentriert sich die Bevölkerung in den ummauerten größeren Ansiedlungen oder findet sich bei den neu entstehenden Festungen ein. Einige große *villae rusticae* – wie die genannte von Morken oder die Palastvilla bei Kreuznach – wurden mit festungsartigen Bauten versehen. Großbetriebe dieser Art waren entweder Staats-

domänen, die der Versorgung der Armee dienten, oder sie gehörten zum Besitz gallischer Senatorenfamilien.

Der an den Gräberfeldern ablesbare Bevölkerungsrückgang in dieser Zeit ist im Elsbachtal auch am Rückgang der landwirtschaftlich genutzten Fläche abzulesen. Die nunmehr konzentrierte Siedlungsstruktur blieb ohne Unterbrechung bis in das späte 5. Jahrhundert bestehen.

Für das letzte Drittel des 5. Jahrhunderts lassen sich erste Belege eines Wandels in der Siedlungsstruktur der beiden rheinischen Provinzen erkennen. Zu den schon bestehenden befestigten Orten kommen jetzt erstmals weitere Ansiedlungen im ländlichen Raum hinzu (Abb. 171). In den Siedlungen zeigen die Haustypen, Grubenhäuser und Wohngebäude, das bekannte Bild rechtsrheinischer Germanensiedlungen (Abb. 171,10.14.29.30.31.37.40. 41.42.66). Die neue Nutzung des ländlichen Raumes verdeutlichen ferner die 56 neu angelegten Gräberfelder, bei denen jeweils eine zugehörige Ansiedlung bestanden haben wird. Das Verbreitungsbild weist derartige Siedlungen und Gräberfelder des letzten Drittels des 5. Jahrhunderts vom Niederrhein über das Neuwieder Becken bis in die Pfalz aus (Abb. 171). Südlich von Speyer findet sich keine einzige neue Ansiedlung. Und auch die benachbarte Provinz *Belgica I* bleibt bis zum Beginn des 6. Jahrhunderts frei von neuen ländlichen Siedlungen und Gräberfeldern hinzuziehender Germanen.

Das römische Straßensystem bildete das Rückgrad dieser Neuanlagen. So gesehen blieb auch weiterhin die römische Infrastruktur prägend. Dennoch sind einige wenige Festungen und Straßenstationen zu verzeichnen, die nach heutigem Kenntnisstand im dritten Viertel des 5. Jahrhunderts aufgelassen wurden. Hierzu zählen zum Beispiel die Bergfestung Polch-Ruitsch mit ihrem Gräberfeld und das Gräberfeld von Mayen »Auf der alten Eich«. Die nur sehr ausschnitthaft bekannten Gräberfelder Katzem, Übach-Palenberg »Am Heidberg«, Bad Münstereifel-Kalkar und Jakobwüllesheim scheinen spätestens

Abb. 174 *Sächsischer Herkunft ist zweifellos der Buckeltopf aus Worms (Fundstelle unbekannt). Museum Worms. – Foto Reiss-Museum.*

Abb. 175 *Buckeltopf aus Worms-Wiesoppenheim I. Museum Worms. – Foto Reiss-Museum.*

Abb. 176 *Die Rheinlande im Jahr 496. – Graphische Gestaltung I. Bell.*

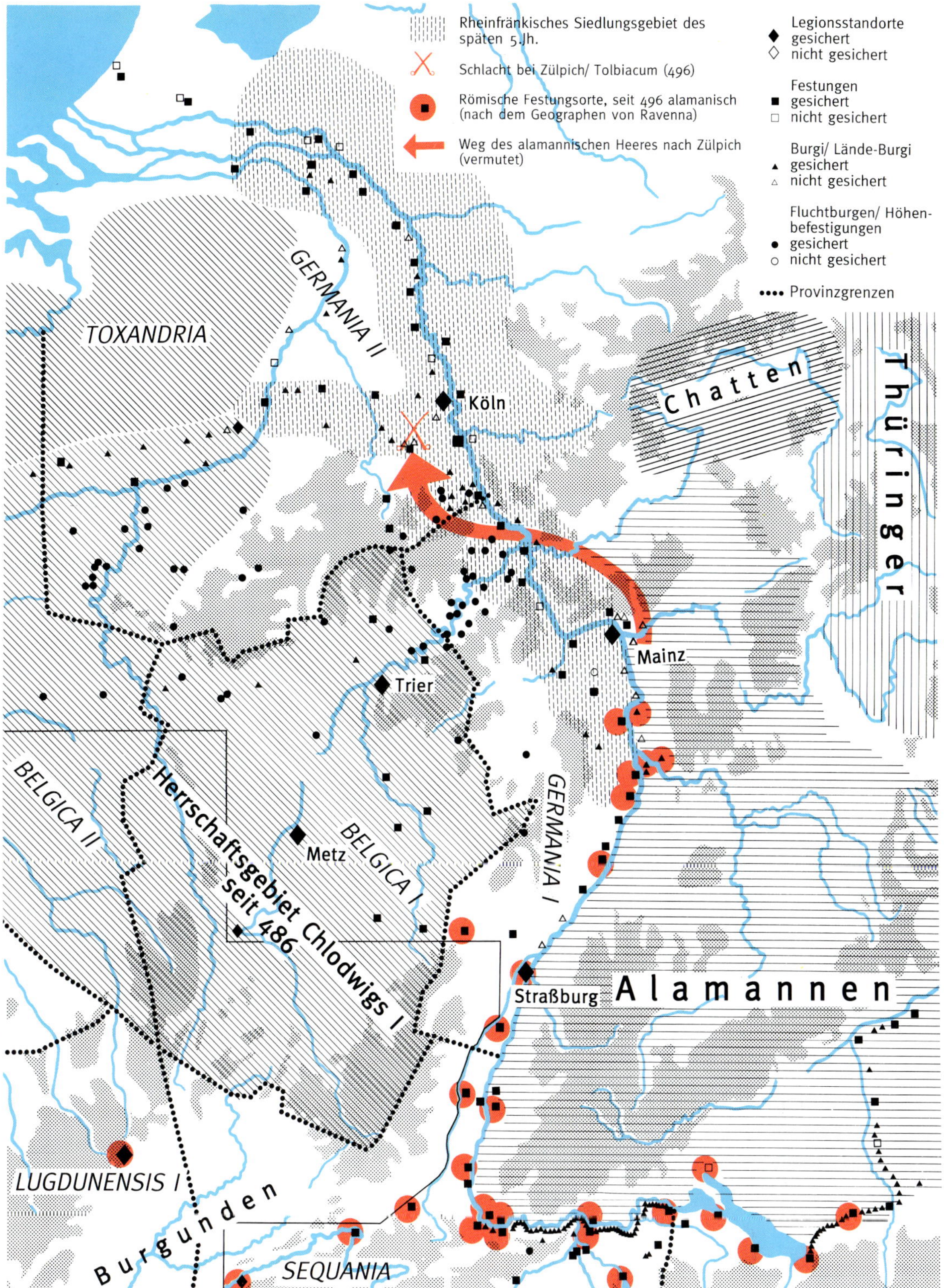

Rheinfränkisches Siedlungsgebiet des späten 5. Jh.
Schlacht bei Zülpich/ Tolbiacum (496)
Römische Festungsorte, seit 496 alamanisch (nach dem Geographen von Ravenna)
Weg des alamannischen Heeres nach Zülpich (vermutet)
Legionsstandorte
gesichert
nicht gesichert
Festungen
gesichert
nicht gesichert
Burgi/ Lände-Burgi
gesichert
nicht gesichert
Fluchtburgen/ Höhenbefestigungen
gesichert
nicht gesichert
Provinzgrenzen
TOXANDRIA
GERMANIA II
Köln
Chatten
Thüringer
Mainz
Trier
BELGICA II
Herrschaftsgebiet Chlodwigs I seit 486
Metz
BELGICA I
GERMANIA I
Straßburg
Alamannen
LUGDUNENSIS I
Burgunden
SEQUANIA

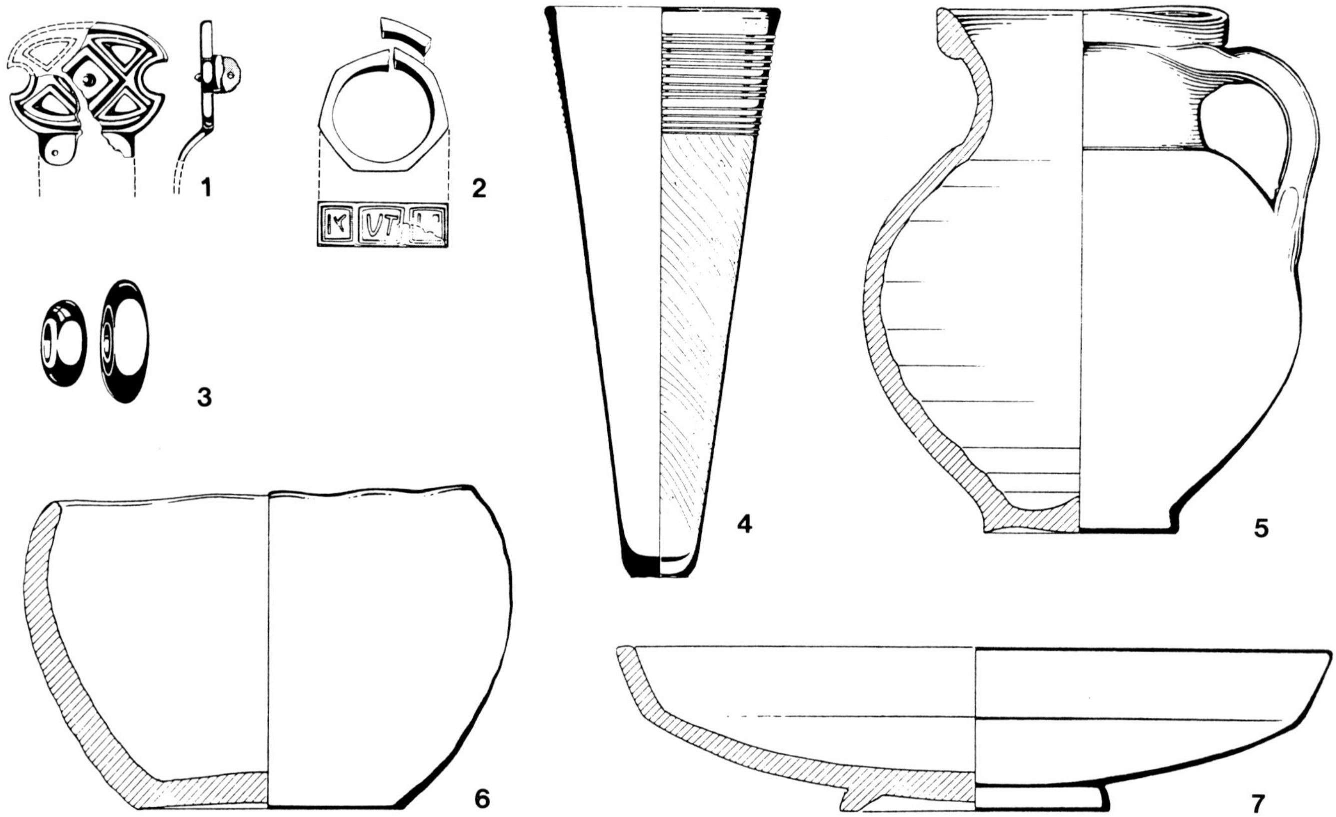

Abb. 177 *Rödingen (Kr. Düren) Grab 469. 1–3 M. 1:1; 4–7 M. 1:2. – Nach Janssen 1993.*

in dieser Zeit – wenn nicht schon eher – ihr Ende gefunden haben. Entgegen den Äußerungen Frank Siegmunds wird man mit diesen Fundorten keine erste Phase rheinfränkischer Siedlungstätigkeit nachweisen können.

Wer waren diese Germanen, die jetzt erstmals den ländlichen Raum in den beiden rheinländischen Provinzen besiedelten? Einleitend wurden schon die schriftlichen Quellen angeführt, nach denen die rheinischen Franken um 459/461 Köln und sein Umland in Besitz nahmen. Der Versuch des römischen Heermeisters Aegidius, die Franken aus Köln 461 wieder zu vertreiben, scheiterte. Schon 463 wurde ihre Herrschaft am Rhein durch das neue Bündnis mit dem Römischen Reich, vertreten durch den neuen gallischen Heermeister Gundowech, dem König der Burgunden, sanktioniert. Als Soldaten des spätrömischen Heeres, insbesondere der comitatensischen Truppen, kannten die Franken den Aufbau der römischen Grenzverteidigung. Ihre Machtübernahme wird sich eher als armeeinterner Putsch denn als Angriff von außen abgespielt haben. Die Tatsache, daß sie schon zwei Jahre nach dem Machtwechsel in Köln als verbündete Hüter der Römischen Grenzen am Rhein anerkannt wurden, zeigt, daß es ihnen in kurzer Zeit gelungen sein muß, alle weiteren Militäreinheiten in der *Germania II* und vielleicht auch in Teilen der *Germania I* auszuschalten oder zu Mitstreitern zu machen.

Das Bündnis mit den römischen Heermeistern beruhigte offensichtlich die Situation an der Rheingrenze bis zum Jahr 496. Und es brachte den rheinischen Franken – wie schon den Burgunden in den Provinzen Sequania und Lugdunensis I – den Vorteil, ihre Angehörigen auch außerhalb der Stationsorte ansiedeln zu dürfen.

Das archäologische Fundgut aus den im letzten Drittel des 5. Jahrhunderts neu angelegten Gräberfeldern vermittelt eine ganz ähnliche Fundzusammensetzung, wie sie schon für die Gräberfelder der Festungsorte bemerkt wurde. Geprägt wird sie von den Erzeugnissen der fortbestehenden spätrömischen Produktionsstätten, wie etwa der Keramikmanufaktu-

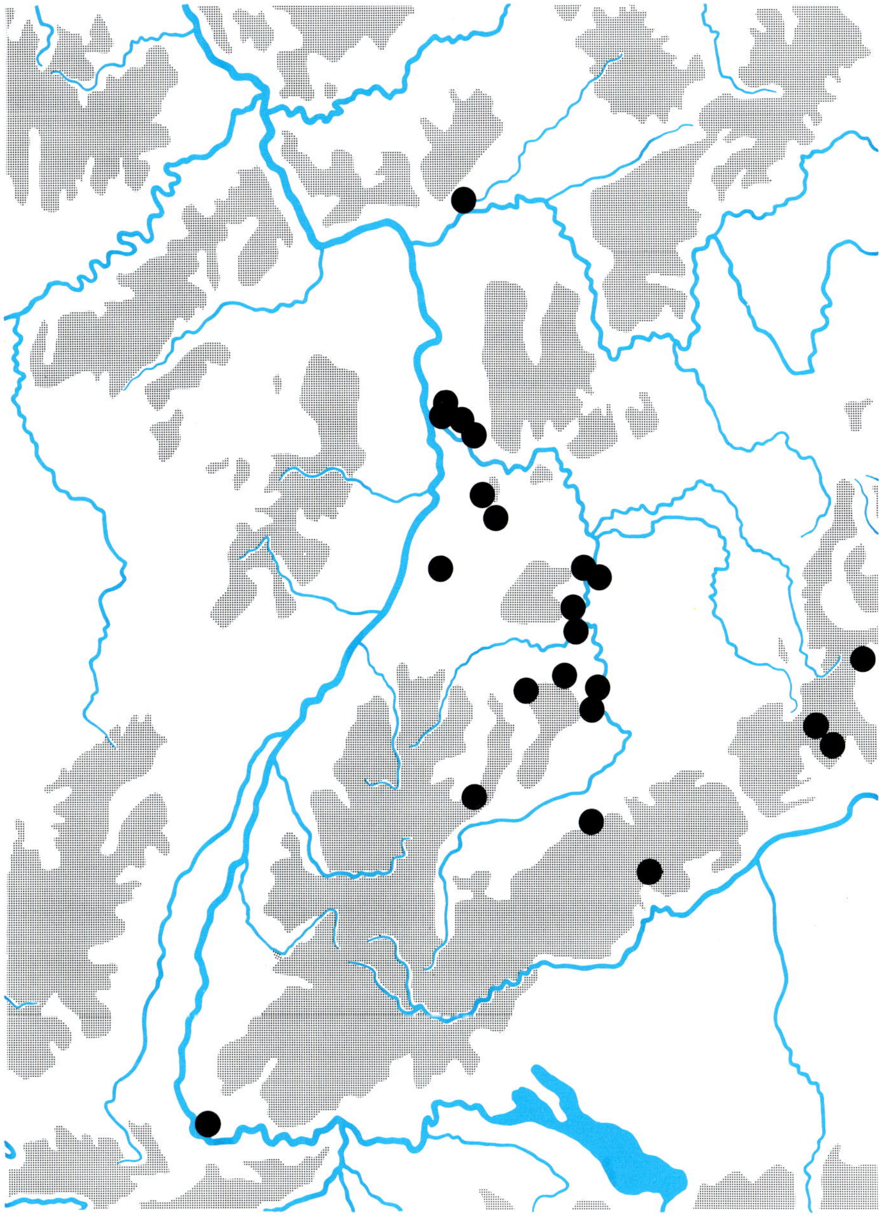

***Abb. 178** Kurzfristig belegte Nekropolen (Punkte) in alamannischen Kern- und Expansionsgebieten nach Hermann Ament 1992 mit eigenen Korrekturen sowie Ergänzungen nach Ursula Koch: Auingen (Kr. Reutlingen); Aldingen, (Kr. Ludwigsburg); Basel, Gotterbarmweg; Bruchsal, »Bei der Reserve«; Eschborn (Main-Taunus-Kreis); Fleinheim (Ostalbkreis); Heidelberg-Kirchheim; Heilbronn, Rosenberg; Heilbronn-Böckingen, Forchenweg; Heilbronn-Böckingen, Klammenäcker; Hemmingen (Kr. Ludwigsburg); Kirchheim am Neckar (Kr. Ludwigsburg), Walheimer Straße; Ladenburg (Rhein-Neckar-Kreis); Lampertheim (Kr. Bergstraße), Hammelsbett; Mannheim-Sandhofen; Mannheim-Vogelstang; Nagold (Kr. Calw); Renningen (Kr. Böblingen); Reutlingen; Stuttgart-Münster; Stuttgart-Stammheim; Unterschneidheim (Ostalbkreis); Walheim (Kr. Ludwigsburg); Wiesloch (Rhein-Neckar-Kreis). – Graphische Gestaltung M. Lange.*

ren in Mayen und in den Argonnen, der Glasindustrie um Köln und im Maas-Sambre-Gebiet, sowie der Waffen- und Militärausstattungsbetriebe des mittleren Maasgebietes, in Tournai, Amiens, Soissons, Reims, Trier, Autun, Argenton, Mâcon und Arles. Wenn auch nicht archäologisch nachweisbar, so darf man aber mit der weiterhin vollen Auslastung der staatlichen Kleidungsindustrie rechnen. Der *Notitia Dignitatum* zufolge – dem nach Konrad Weidemann und Jürgen Oldenstein um 425 abgeschlossenen römischen Staatshandbuch – fertigten diese Betriebe in Winchester, Tournai, Reims, Metz, Trier, Autun, Lyon, Vienne, Viviers und Arles überwiegend für das Militär.

Damit sind die Möglichkeiten einer eindeutigen Zuweisung des Fundgutes zu den Rheinfranken stark eingeschränkt. Aufgrund der oben schon genannten vielfältigen Herkunftsmöglichkeiten der in den spätrömischen Festungsorten stationierten Soldaten fallen die Stationierungsorte wie zum Beispiel Krefeld-Gellep zum Nachweis des eindeutigen Zuzuges von Rheinfranken in der Zeit um 460 aus. Ohne Zweifel lassen sich auf den kontinuierlich belegten Gräberfeldern der Festungsorte neuartige Bestattungssitten seit der Mitte des 4. Jahrhunderts neben den vertrauten der einheimischen Bevölkerung nachweisen. Während die Provinzialen zunehmend beigabenlos und West-Ost ausgerichtet ihre Gräber anlegen, bestatten die überwiegend germanischen oder reiternomadischen Soldaten und ihre Angehörigen mit Kleidungsaccessoires, mit Waffen und Gebrauchsgegenständen. Dies ändert sich auch im 5. Jahrhundert nicht.

Es sind die eher fremd in diesem Umfeld anmutenden Fundstücke, die Aufschluß

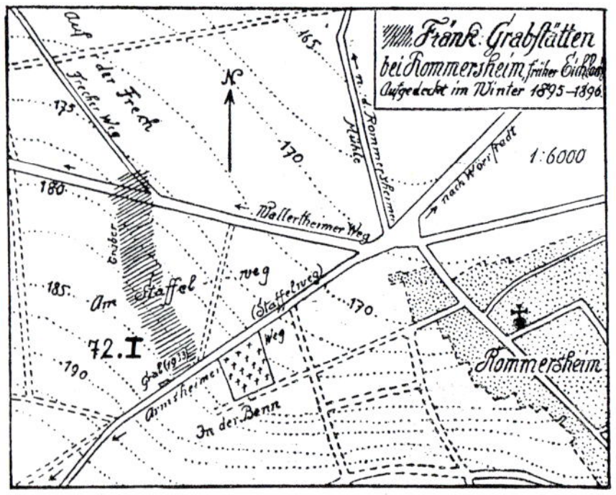

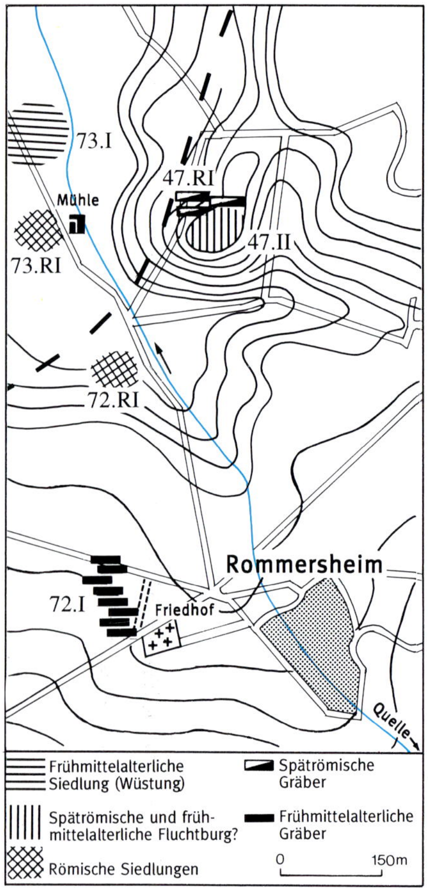

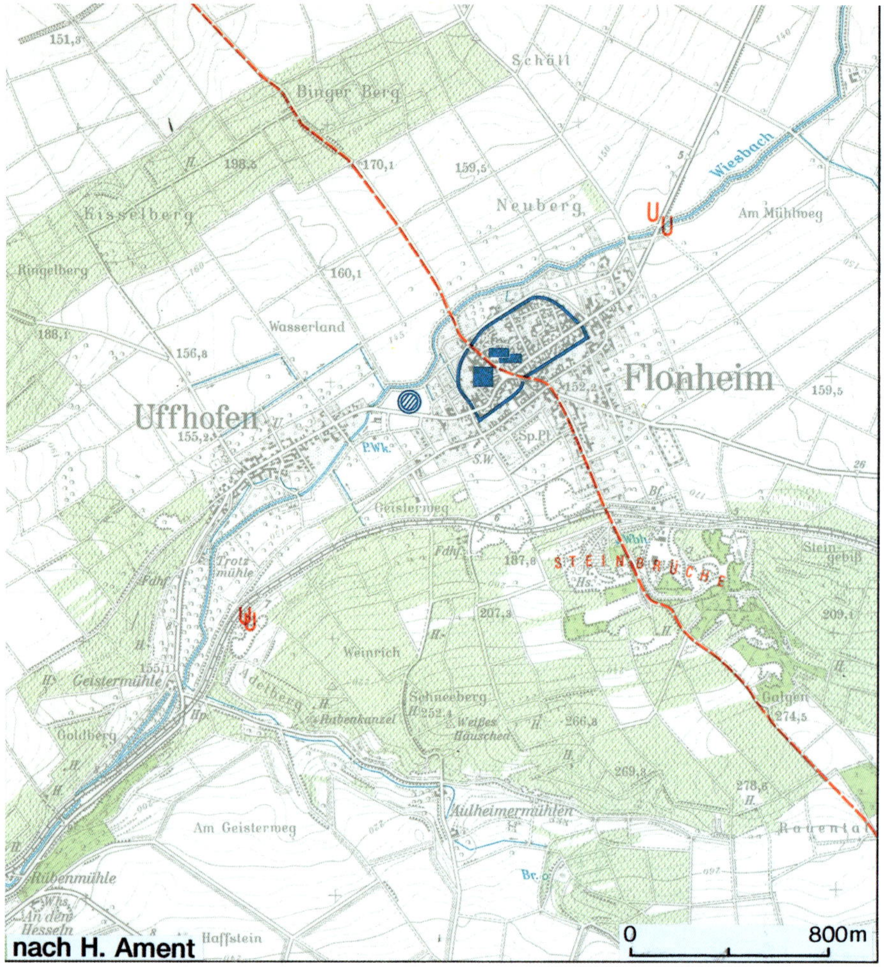

Ausschnitt aus der TK 25, Bl. Nr. 6214. Mit Genehmigung des Landesvermessungsamtes Rheinland-Pfalz vom 1.9.1970, Az. 4062/SA. 266/70, vervielfältigt durch Römisch-Germanische Kommission, Frankfurt a. M.

***Abb. 179** Topographie von Rommersheim in Römerzeit und Frühmittelalter. – Graphische Gestaltung I. Bell.*

***Abb. 180** Topographie von Flonheim in Römerzeit und Frühmittelalter. – Nach Hermann Ament 1970; graphische Gestaltung I. Bell.*

geben über die Herkunft einer Person aus einer anderen Umgebung. Hierzu zählen Kleidungsaccessoires aus Edelmetall bei den Frauen – zum Beispiel Fibeln und Nadeln – oder handgeformte beziehungsweise charakteristisch verzierte und geformte Tongefäße. Aus Rödingen Grab 469 stammt beispielsweise eine Frauenbestattung des letzten Drittels des 5. Jahrhunderts, die neben zwei Tongefäßen und einem Glasspitzbecher aus fortbestehenden Produktionsstätten auch ein handgeformtes Gefäß und eine Fibel thüringischer Formgebung enthielt (Abb. 177). Die Ausstattung der Männer läßt zumeist noch weniger Aussagen über die Herkunft der Personen zu. In der Regel wurden die Männer mit Gegenständen bestattet, die

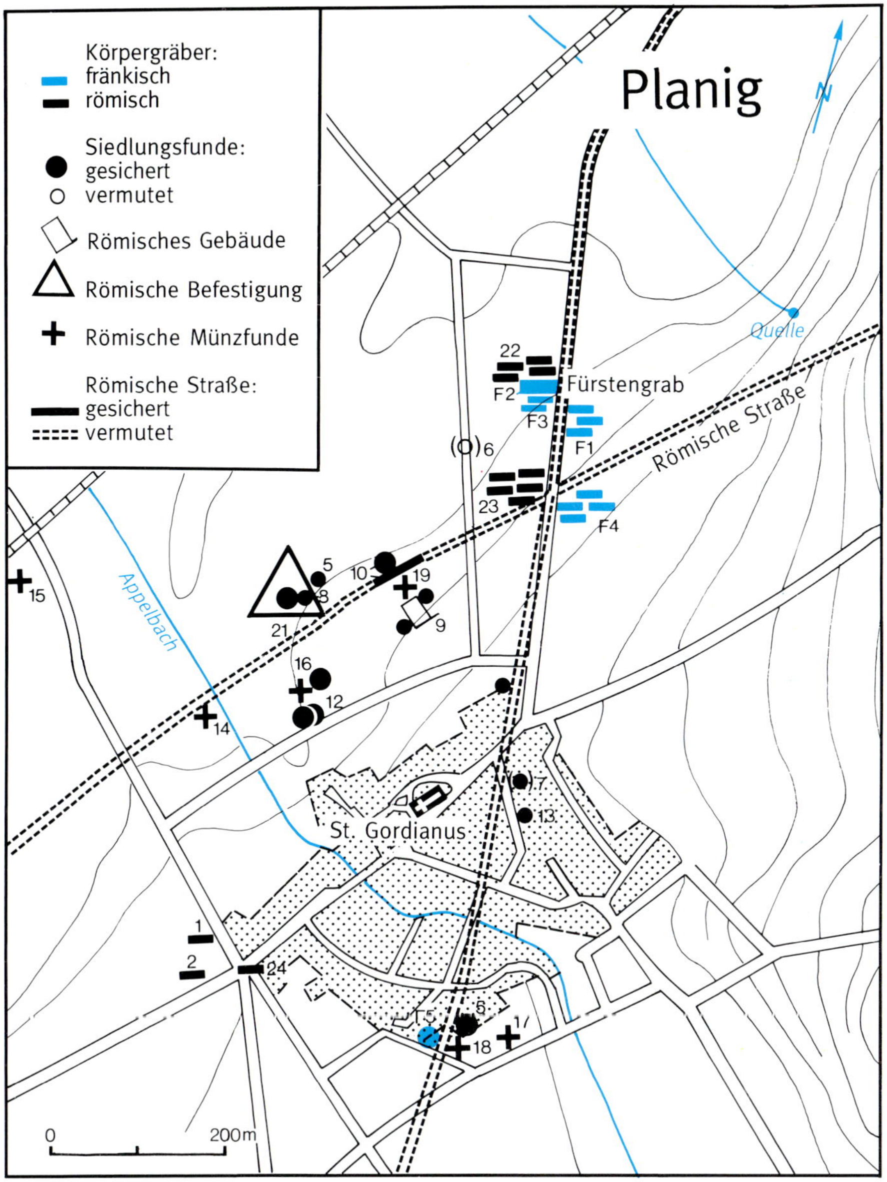

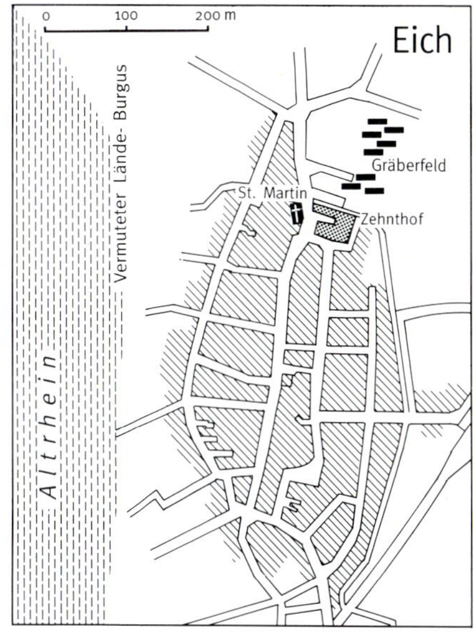

***Abb. 181** Topographie von Planig in Römerzeit und Frühmittelalter. – Graphische Gestaltung I. Bell.*

***Abb. 182** Frühmittelalterliche Topographie von Eich in Rheinhessen. – Graphische Gestaltung I. Bell.*

sie als Militärausstattung erhalten hatten. Und die stammte überwiegend aus den fortbestehenden Staatsbetrieben. Typisch für derartige Ausstattungen ist das Grab 43 von Krefeld-Gellep aus dritten Viertel des 5. Jahrhunderts. Neben Glas- und Keramikerzeugnissen spätrömischer Manufakturen enthielt das Grab ein Schwert und eine Schwertgurtgarnitur aus Militärausrüstungsbetrieben des mittleren Maasgebietes (Abb. 71). Nach den neueren Untersuchungen Horst-Wolfgang Böhmes zeigen die zuweilen regional verschiedenen Ausrüstungszusammensetzungen lediglich die Belieferungsströme aus unterschiedlich produzierenden Fabrikationsstätten an. Böhme hat diesbezüglich die Verbreitung mediterraner Import-Schnallen nördlich der Alpen mit der Verbreitung tauschierter Schnallen und Taschenbügel aus nordgallischen Werkstätten verglichen.

So läßt sich zwar durch die schriftlichen Quellen verläßlich sagen, daß die Rheinfranken die rheinischen Gebiete der Provinz *Germania II* beherrschten, aber im archäologischen Formengut sind sie noch immer schwer auszumachen. Die teilweise fremdartigen Fundstücke in den neuangelegten Gräberfeldern des letzten Drittels des 5. Jahrhunderts sprechen meines Erachtens zumindest dafür, daß wohl durch den Militärdienst in die Region gekommene nicht-fränkische Personengruppen von den Rheinfranken integriert und später assimiliert wurden.

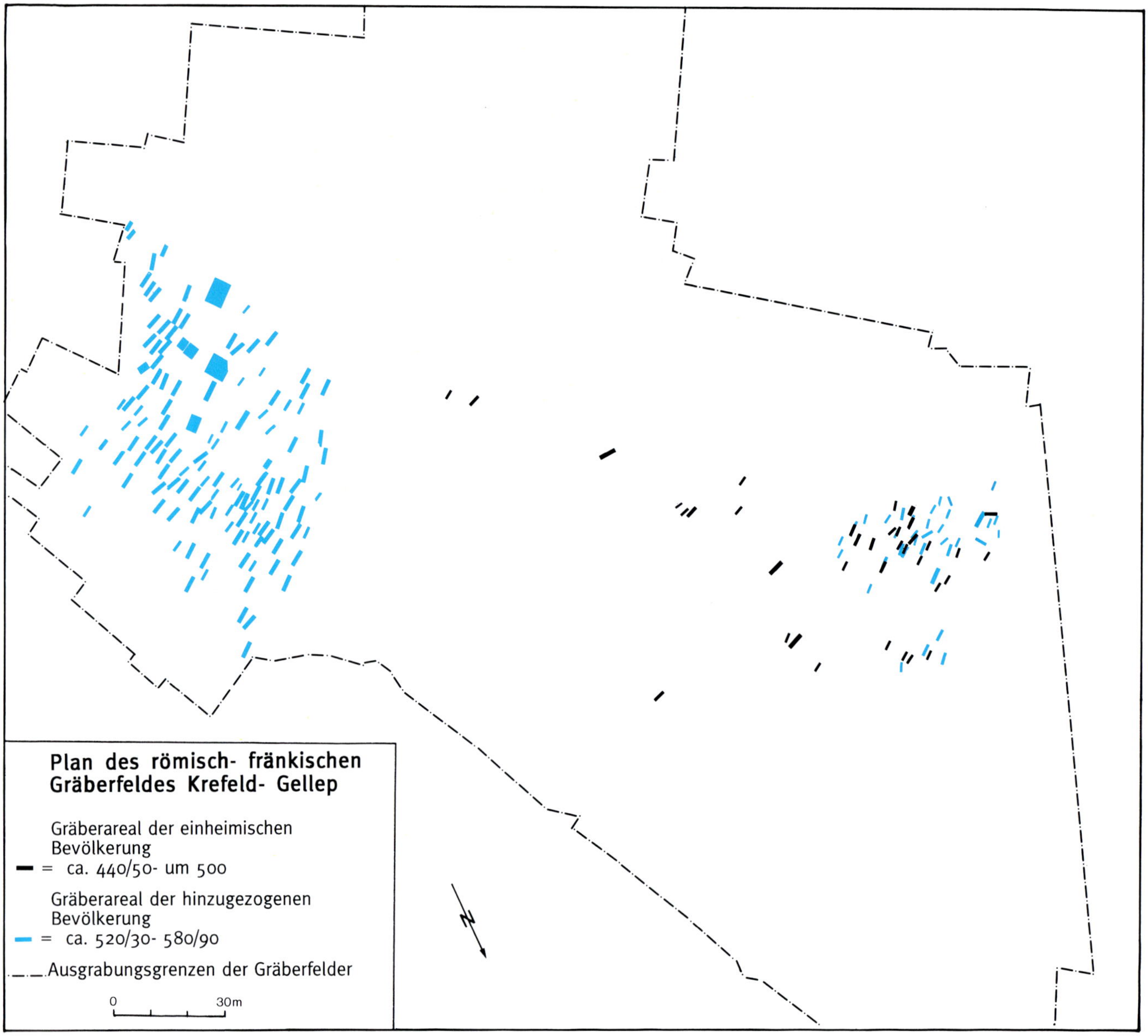

***Abb. 183** Plan des Gräberfeldes von Krefeld-Gellep. – Nach Renate Pirling 1979; graphische Gestaltung I. Bell.*

Wie ist aber das Verbreitungsbild der neuangelegten Gräberfelder zu interpretieren (Abb. 171), das über die Grenzen der *Germania II* hinaus auch den nördlichen Abschnitt der *Germania I* bis auf die Höhe von Speyer einnimmt, während südlich dieser Linie bis in die Provinz Sequania kein einziges Gräberfeld im 5. Jahrhundert neu entstand?

Zeitgleich mit den Gräberfeldern in der *Germania II* im letzten Drittel des 5. Jahrhunderts angelegt, lassen sich in den Gräberfeldern der *Germania I* auch im Fundspektrum und in den Bestattungssitten keine Unterschiede ausmachen. Alle kartierten Siedlungen und Gräberfelder (Abb. 171) in der *Germania I* und *II* wer-

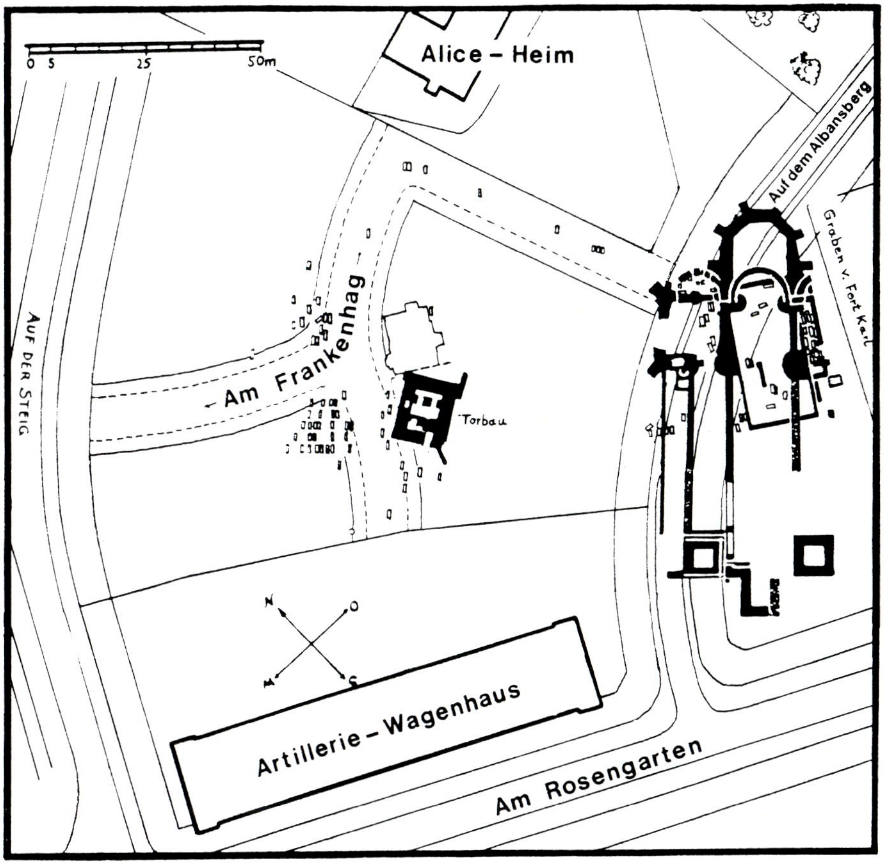

den kontinuierlich im 6. Jahrhundert weiterbelegt. Darin unterscheiden sich die 20 rechtsrheinischen alamannischen Gräberfelder, die aufgrund der fränkischen Expansion nach den Schlachten von 496 und 506/507 abbrechen. Hermann Ament stellte unlängst diese alamannischen Gräberfelder zusammen (Abb. 178). Zu streichen ist in seiner Liste das linksrheinische Gräberfeld Polch »Jaichen«. Mit den von Ulrich Back vorgelegten Gräbern 2, 3, 6 und 9 liegen von diesem Fundplatz genügend Funde vor, die die kontinuierliche Belegung im 6. Jahrhundert erweisen. Zugleich entfällt damit Hermann Aments Zuweisung des Bestattungsplatzes an die Alamannen.

So sprechen im Einklang mit der hier vorgelegten Interpretation der Schriftquellen die archäologischen Quellen eher für eine Herrschaft der Rheinfranken über die nördlichen Gebiete der Provinz *Germania I* (Abb. 170). Zusammen mit im Land verbliebenen Söldnern des römischen Heeres aus anderen Herkunftsregionen legten sie die noch wenigen Gräberfelder im ländlichen Raum an. In den Festungsorten waren sie gleichermaßen – aber nicht separiert von der einheimischen Bevölkerung – vertreten. Zu ihren frühesten Gräberfeldern zählt das rheinhessische Rommersheim, Fundort eines reich ausgestatteten Männergrabes mit einem aufwendig verzierten Prunkschwert. Die Scheidenbeschläge und der Griffteil des Schwertes sind derzeit Gegenstand kontroverser Zuweisungen an Franken bzw. Alamannen. Nicht anders ist der Fall bei dem etwas später ins Grab gelangten Prunkschwert von Flonheim Grab 5 (Kat. V.4.2) gelagert. Während die Schwerter selbst als »fränkische Arbeiten« interpretiert werden, sollen die Abschlußzwingen der Schwertscheiden eine »alamannische Herkunft« des Eigentümers erweisen. Horst Wolfgang Böhmes Modell

Abb. 184 *Plan des Gräberfeldes bei St. Alban in Mainz. – Graphische Gestaltung M. Lange.*

Abb. 185 *In Mainz, St. Alban, bei der Kirche bestattete die einheimische Bevölkerung galloromischer Herkunft. Beigaben treten im 7. Jahrhundert auf, sind aber insgesamt selten: in Grab A 5/II ein Messer, in Grab A 6/V ein Spinnwirtel und Glasperlen, in Grab A 12 ein kleines Messer und eine Preßblechscheibenfibel (Kat. IV.4.11–14.). – Foto Reiss-Museum.*

der Belieferung von Armeeeinheiten und ihren Anführern mit Erzeugnissen aus verschiedenen, zum Teil weit entfernten Waffenschmieden mag eher als Erklärung für derartige Phänomene dienen.

Beide Gräberfelder wurden an strategisch wichtigen Plätzen angelegt. Unweit des Rommersheimer Bestattungsplatzes an einer römischen Nebenstraße könnte auf dem Altenberg eine Höhenbefestigung in Spornlage bestanden haben. Ein zugehöriges Gräberfeld mit Bestattungen der zweiten Hälfte des 4. Jahrhunderts wurde bei Weinbergsarbeiten angeschnitten. Merowingerzeitliche Scherben kamen bei weiteren Weinbergsarbeiten auf dem Altenberg zutage (Abb. 179). Das Flonheimer Gräberfeld entstand nach H. Ament in der Nähe des Überganges der römischen Fernstraße Bingen-Planig-Alzey-Worms über den Wiesbach und nahe bei einem römischen Steinbruchbetrieb (Abb. 180).

In der benachbarten Provinz *Belgica I* kam es vor 496 nicht zur Anlage neuer Gräberfelder im ländlichen Raum. Hier sorgte seit ca. 475/476 Arbogast, der Sohn eines Rheinfranken und einer Mutter aus gallorömischer Senatorenfamilie, als Militärkommandeur und Verwaltungschef (*comes*) für die Aufrechterhaltung römischer Strukturen (Abb. 170). Sein katholischer Glaube, seine profunde antike Bildung und die Absolvierung der römischen Ämterlaufbahn stellten die idealen Voraussetzungen für sein Amt als *comes* dar. Das Ende seiner Tätigkeit als *comes* könnte mit dem Sieg Chlodwigs über Syagrius 486 bei Soissons in Zusammenhang stehen, zu dessen Herrschaftsbereich Arbogast vielfältige Verbindungen pflegte. Hans Hubert Anton hat schließlich glaubhaft machen können, daß Arbogast mit jenem Bischof Arbogast von Chartres identisch ist, der noch in den achtziger Jahren sein Bischofsamt antrat. Chartres gehörte seit 486 zum Herrschaftsbereich Chlodwigs, der in Fragen von Besetzungen bischöflicher Ämter stets mitzusprechen pflegte. Eine Übernahme der *Belgica I* in den Herrschaftsbereich Chlodwigs nach der Schlacht von Soissons wäre demnach durchaus denkbar (Abb. 176).

Die häufig bemühte Einbeziehung der *Belgica I* in das Herrschaftsgebiet der Rheinfranken etwa zur selben Zeit beruht allein auf der Auslegung der schwierigen Quelle des Geographen von Ravenna, die hier mit ihrer frühesten Schicht aber erst in die Zeit nach 496 gesetzt wird. Einigkeit scheint jedoch darin zu bestehen, daß die Passagen, die die Orte an Maas und Mosel

Abb. 186 *Mainz, St. Alban. Grabstein der Leutegund (Kat. IX.1.11.). – Foto Reiss-Museum.*

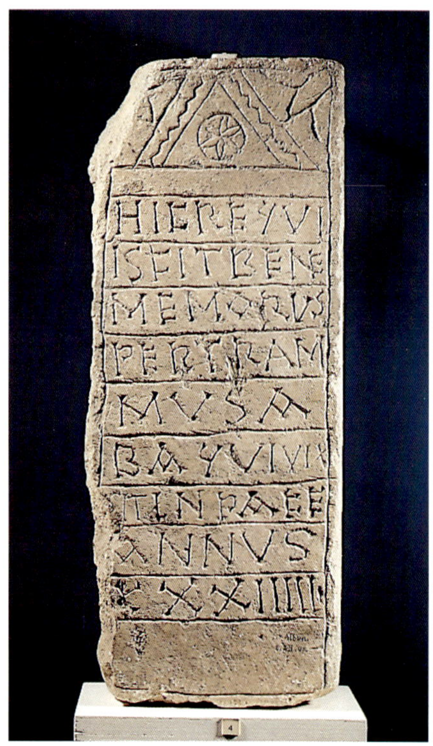

Abb. 187 *Mainz, St. Alban. Grabstein des Pertrammus aus dem 7. oder 8. Jahrhundert (Kat. IV.4.7.). – Foto Reiss-Museum.*

***Abb. 188** Mainz, St. Alban, am Torbau. – Getrennt vom Gräberfeld der einheimischen Bevölkerung bestattete seit dem 6. Jahrhundert eine Personengruppe, deren Frauen thüringische und fränkische Fibeln trugen (Kat. IV.4.9–10.). – Foto Reiss-Museum.*

als rheinfränkisch bezeichnen, eine Einbeziehung dieser Region in den rheinfränkischen Machtbereich zu einem späteren Zeitpunkt wahrscheinlich machten. Die Zeit der Herrschaft der Chlodwigsöhne wäre dann auch mit dem archäologischen Fundgut in Einklang zu bringen.

Spätestens mit der endgültigen Niederwerfung der Alamannen nach der zweiten Alamannenschlacht von 506/507 hatte sich Chlodwigs Einfluß und Vorherrschaft über die Rheinfranken gefestigt. Mit der Beseitigung König Sigiberts von Köln und seines Sohnes Chloderich wurde schließlich für Chlodwig der Weg frei zur offiziellen Übernahme der rheinfränkischen Königsherrschaft durch Schilderhebung.

Unter Chlodwig und seinen Söhnen wurde dieser Machtanspruch im rheinfränkischen Gebiet durch administrative Maßnahmen gefestigt. In der *Germania I* und *II* übernehmen »Funktionsträger« des Königs die Kontrolle über den ehemals römischen Staatsbesitz, die Staatsdomänen und militärischen Anlagen. Die Verwaltung wird nach gallorömischem Vorbild fortgeführt oder – wenn nötig – reorganisiert.

Die archäologischen Quellen liefern hierfür einige Anhaltspunkte. So finden sich zum Beispiel die überdurchschnittlich gut mit Beigaben ausgestatteten Gräber der vornehmen »Funktionsträger« vorwiegend in der Nähe von militärischen Anlagen oder strategisch und wirtschaftlich bedeutenden Plätzen. Der Punkschwertträger von Planig in Rheinhessen (Kat. V.4.4.) fand seine Ruhestätte nahe dem Kreuzungspunkt der wichtigen römischen Fernverbindungsstraßen Bingen–Alzey–Worms und Mainz–Kreuznach sowie einer vielleicht noch bestehenden befestigten Straßenstation. Sein Grab war auf einem spätrömischen Bestattungsplatz angelegt worden, für den trotz der nur wenigen uns überlieferten Funde die Belegung bis zum ersten Drittel des 5. Jahrhunderts gesichert ist (Abb. 181).

Das Prunkschwertgrab von Eich in Rheinhessen (Kat. V.4.5.) wurde in unmittelbarer Nähe eines befestigten ehemaligen Flottenstützpunktes am Rhein angelegt (Abb. 181). Am Niederrhein in Krefeld-Gellep verwaltete der »Fürst« aus Grab 1782 (Abb. 192–196) vermutlich auch die alte Festung nahe dem Gräberfeld.

Die Sicherung der Herrschaft wird im archäologischen Sinn ferner durch die Anlage von eigenen Bestattungsarealen der Neuankömmlinge neben den bestehenden der schon eingesessenen Bevölkerung sichtbar. Belege für derartige Gräberfelder des »Typs Westhofen« finden sich in den Rheinlanden in einiger Zahl, doch selten sind sie ausreichend bekannt.

Zu den gut dokumentierten zählt das letztgenannte Gräberfeld von Krefeld-Gellep (Abb. 183). Neben einem vom 3. bis zum 8. Jahrhundert kontinuierlich belegten Bestattungsplatz der einheimischen Bevölkerung und der Besatzung der Festung in spätrömischer Zeit entsteht im ersten Drittel des 6. Jahrhunderts mit deutlichem Abstand nach Osten versetzt das Areal, auf dem auch der »Fürst« niedergelegt wurde. In Rübenach bei Koblenz (Abb. 586) ist ähnliches zu beobachten. Neben dem schon im letzten Drittel des 5. Jahrhunderts angelegten Gräberareal von Rheinfranken breitet sich im ersten Drittel des 6. Jahrhunderts ein zweites Areal aus, daß sich durch die reihenartige

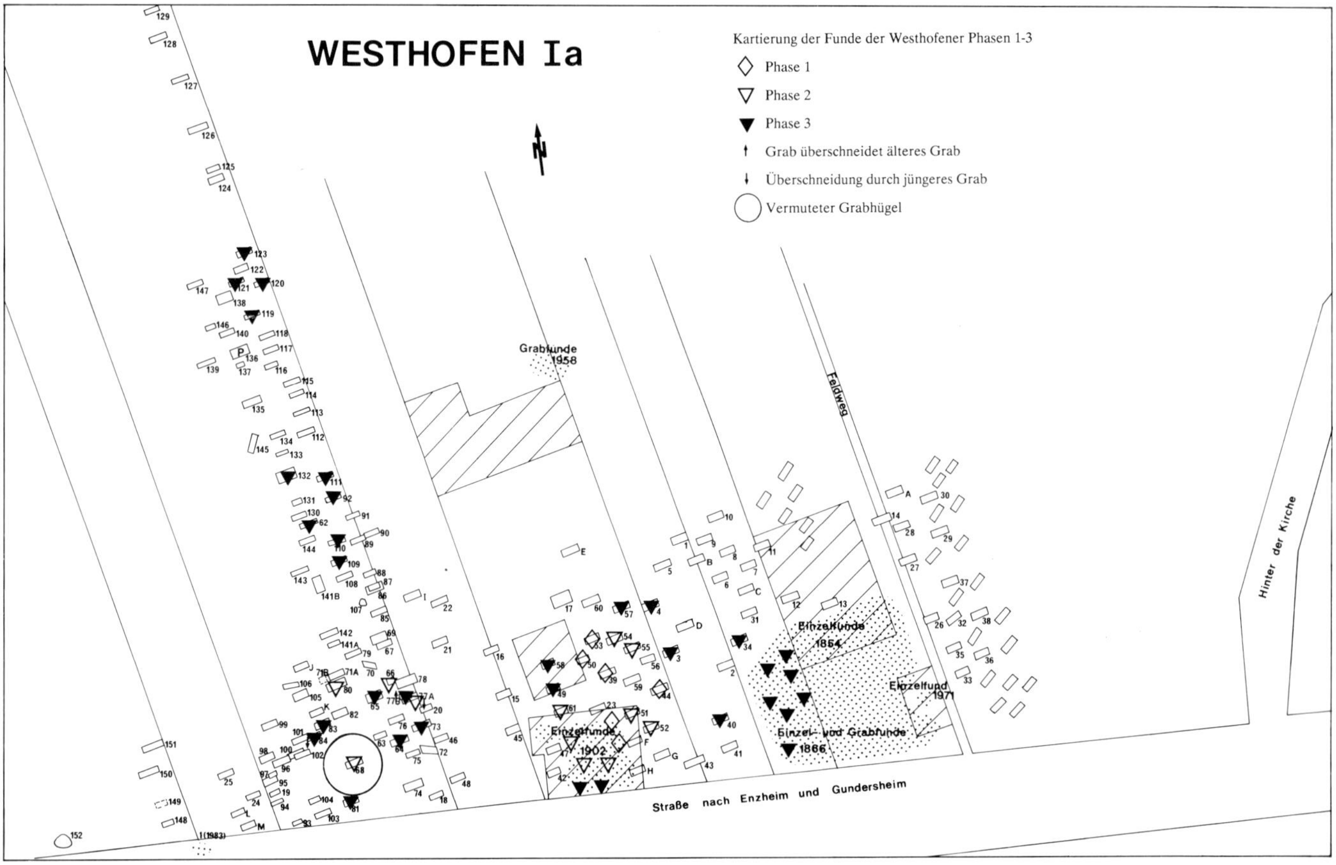

Abb. 189 Plan des Gräberfeldes von Westhofen in Rheinhessen. Die Belegungsphasen 1-3. – Graphische Gestaltung M. Lange.

Anlage der Gräber und die erst seit Childerich von Tournai bei den Franken bekannte Anlage von Grabhügeln auszeichnet. Auch auf Gräberfeldern der großen Festungsorte wird diese Separierung vollzogen, wie der kontinuierlich genutzte Bestattungsplatz bei St. Alban in Mainz zeigt (Abb. 184). Während die einheimische, hier gallorömische Bevölkerung weiterhin in und um das Kirchengebäude mit reduzierter Beigabensitte oder beigabenlos bestattete, entwickelt sich im ersten Drittel des 6. Jahrhunderts beim Torbau neben der Kirche ein »fränkischer« Gräberfeldteil.

In Westhofen bei Worms wird der Anteil nicht-fränkischer Personengruppen, die die Aufgaben der neuen »Funktionsträger im Land zu unterstützen hatten, besonders deutlich. Neben einem schon im späten 5. Jahrhundert (Phase 1) gegründeten Gräberfeld (Abb. 189) kommt es im ersten Drittel des 6. Jahrhunderts (Phase 2) zur Anlage eines weiteren, in zwei unterschiedliche Bereiche geteilten Areals westlich des ersten. Das zweite Areal besitzt mit zwei Hügeln und je einer zugehörigen Pferdebestattung zwei eigenständige Ausgangspunkte. Um den nördlichen Hügel gruppieren sich Gräber mit handgeformter Keramik thüringischer Formgebung, während um den Süd-Hügel nur Bestattungen fränkischer Herkunft zu finden sind (Abb. 190). Spätestens nach zwei Generationen verwischen sich diese Unterschiede. Auch beginnen sich die beiden Areale gegenseitig zu überschneiden (Abb. 191). Der Prozeß der Integration und Assimilierung scheint abgeschlossen zu sein. Unabhängig von ihrer einstigen Herkunft leben jetzt nur noch »Franken« in Westhofen.

Nach dem Sieg über die Alamannen 506/507 setzt auch die große Gründungswelle von Gräberfeldern und vielfach auch der zugehörigen Siedlungen ein, die ohne die regelnde Hand der königlichen Administration kaum vorstellbar ist. Flächendeckend – vergleichbar der Neustrukturierung der Rheinprovinzen im späten

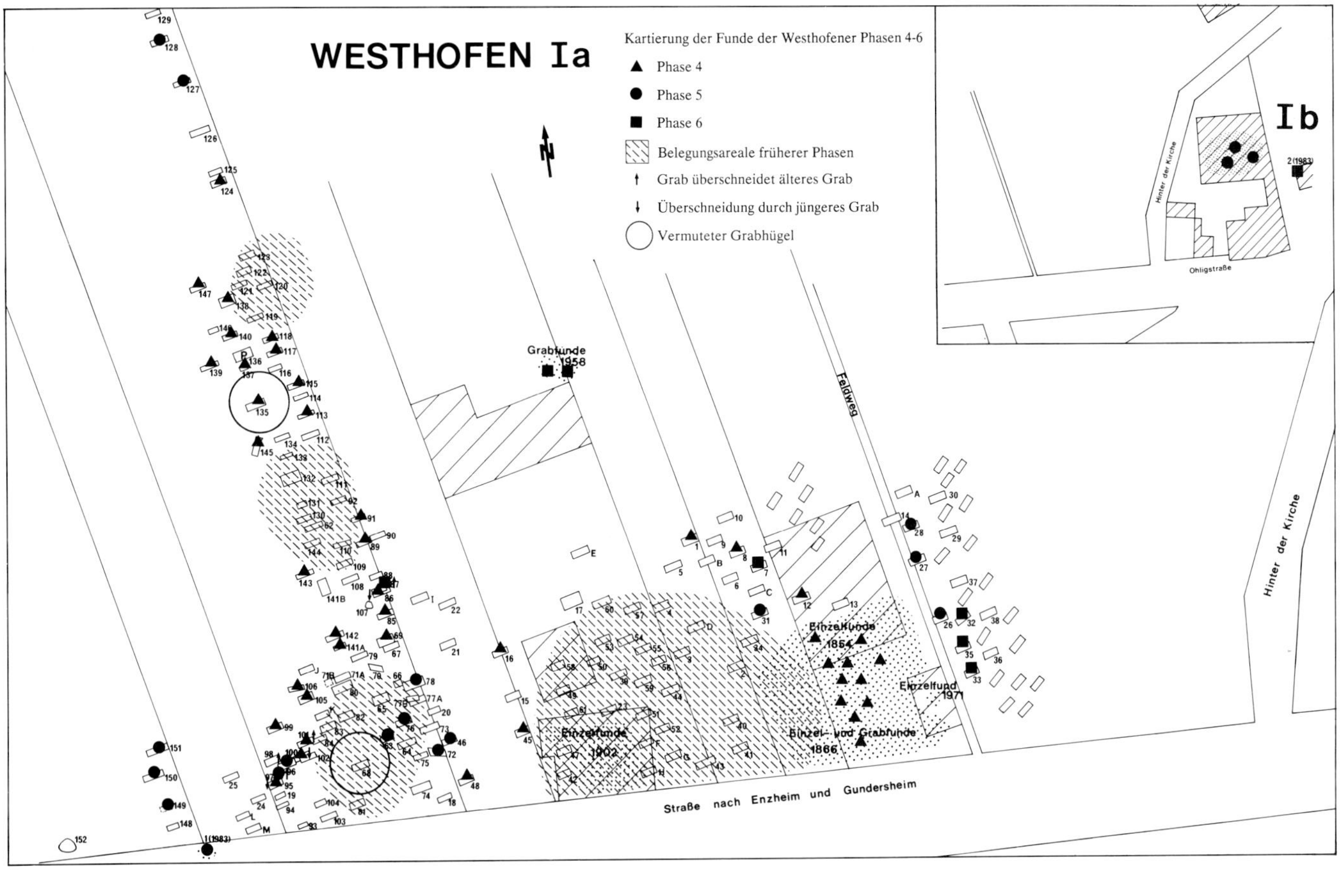

Abb. 190 *Plan des Gräberfeldes von Westhofen in Rheinhessen. Die Belegungsphasen 4–6. – Graphische Gestaltung M. Lange.*

4. Jahrhundert unter Valentinian I. – werden die Regionen am Niederrhein und nördlichen Oberrhein sowie erstmals das Elsaß bis Basel (Kat. V.5.12) mit einem dichten Netz von Ansiedlungen überzogen. Auch das Gebiet zwischen Main und Neckar gehört zur ersten Ausbauphase des Systems. Ohne die Unterstützung nicht-fränkischer Bevölkerungsgruppen wäre diese planmäßige Sicherung des fränkischen Herrschaftsgebietes wohl kaum möglich gewesen. So kann es nicht verwundern, daß vom Beginn der Aufsiedlung ganzer Regionen seit dem frühen 6. Jahrhundert an auch fremde Personenverbände – insbesondere aus Thüringen und den chattischen Regionen – an der Siedlungstätigkeit beteiligt wurden. Sie können in allen jetzt fränkisch beherrschten Gebieten nachgewiesen werden. Ihr Status wird mit dem der spätantiken Foederaten vergleichbar gewesen sein. Für den fränkischen König war ihre Loyalität zu seiner Person, ihre Gefolgschaft, offenbar wichtiger als ihre nicht-fränkische Herkunft. Auch in diesem Punkt, der Patronage, knüpfte Chlodwig an das Vorbild des spätrömischen Staates an.

Nach Ausweis der schriftlichen Quellen war es offenbar nicht der sehnlichste Wunsch germanischer Foederaten des römischen Staates, mit dem von ihnen kontrollierten Gebiet aus dem römischen Staatswesen auszuscheren, sondern sie trachteten danach – wie die offiziell bestellten Heermeister des Römischen Reiches auch –, ihren Einfluß und ihre Machtgrundlagen innerhalb der lukrativen staatlichen Administration auszubauen. Gundobad, burgundischer König von 480 bis 516, vormals einer der beiden obersten Heermeister des Weströmischen Reiches (*magister militum praesentalis*) und später *magister militum Galliarum* schrieb dem Kaiser des Gesamtreiches in Constantinopel nach seiner Erhebung in den höchsten gesellschaftlichen Rang des Reiches: »Wir schätzen die von den Kaisern verliehenen Titel höher ein als unsere eigenen« (Avi-

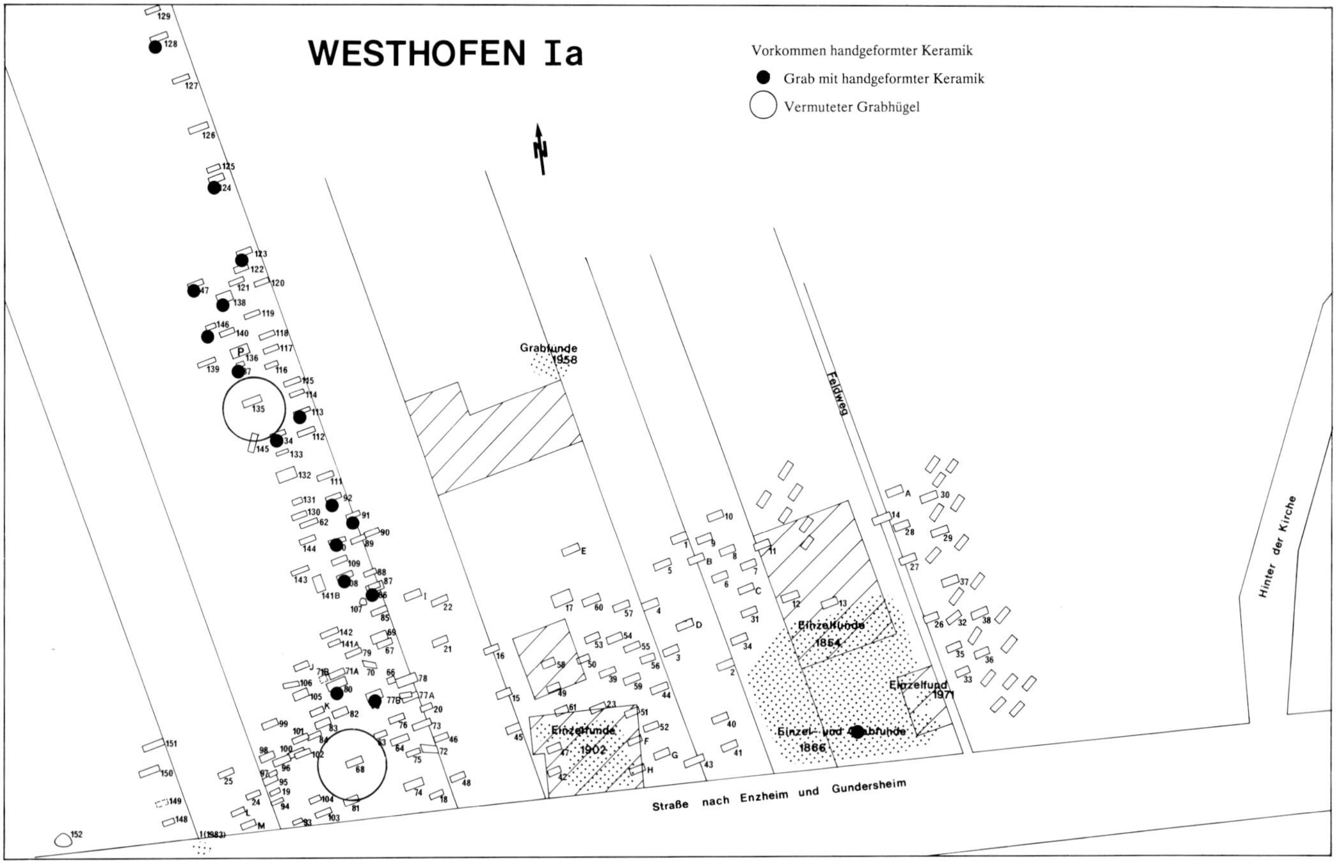

***Abb. 191** Plan des Gräberfeldes von Westhofen in Rheinhessen. Die Verteilung der handgeformten Tongefäße auf dem Gräberfeld. - Graphische Gestaltung M. Lange.*

tus, *epistula* 2). Sein Sohn und Nachfolger Sigismund schrieb ganz ähnlich an Kaiser Anastasius nach seiner Ernennung zum *patricius*: »Euer Volk ist mein Volk, und es ist für mich eine größere Ehre, Euch untertan zu sein, als über die Burgunden zu herrschen« (Avitus, *epistula* 93). Chlodwig war ebenfalls um Zusammenarbeit mit den Galloromanen und dem Kaiser bemüht. Er führte den Königstitel ganz im Sinne der römischen Bezeichnung eines Foederatenkönigs. Als Herrscher über Galloromanen, Germanen und einige Kontingente der Reitervölkerschaften war ihm die offizielle Anerkennung seiner Machtbefugnisse auf dem Territorium des *de iure* fortbestehenden Römischen Reiches außerordentlich wichtig. 508 erhielt er durch Gesandte des Kaisers Anastasius das Ehrenkonsulat und die offizielle Würde eines verbündeten Königs verliehen. Chlodwigs Politik war dementsprechend eher darauf ausgerichtet, das römische Staatswesen fortzuführen und zu stärken, als es durch ein »Fränkisches Reich« zu ersetzen.

Literatur: Ament 1970. - Ament 1992a. - Anton 1987; 1989. - Böhme 1994. - Böhner 1958b; 1987. - Ewig 1979b. - Haberey 1942; 1948. - Hanel 1994. - Janssen 1993. - Keßler/Schnellenkamp 1933. -. Martin 1976. - Menghin 1994/95. - Neumayer 1993. - Oldenstein 1994. - Päffgen 1992; 1995. - Périn 1995a. - Pirling 1979. - Polenz, H. 1988. - Schulze-Dörrlamm 1990. - Siegmund 1989a. - Werner, K. F. 1989. - Wieczorek 1987; 1989; 1997 (in Vorbereitung). - Zöllner 1970.

Krefeld-Gellep im Frühmittelalter

Renate Pirling

Das große, vom 1. Jahrhundert an kontinuierlich belegte Gräberfeld von Krefeld-Gellep umfaßt bis heute mehr als 6000 Beisetzungen. Vom 6. Jahrhundert ab wurde auf zwei getrennten Nekropolen bestattet. Die eine war bereits vom 3. Jahrhundert an belegt worden; hier bestattete sicher eine einheimische Bevölkerung. Die andere nahm ihren Ausgang von einem extrem reich ausgestatteten Männergrab, einem »Fürstengrab«. Es muß sich um einen Neuankömmling gehandelt haben, der vermutlich im Auftrag des Frankenkönigs Chlodwig das Gebiet um das ehemalige Kastell Gelduba verwalten sollte. Am Rande des Gräberfeldes wurden in isolierter Lage fünf Gräber von ungewöhnlichen Dimensionen angetroffen, die alle antik beraubt waren. Nach Resten der Beigaben handelt es sich um Bestattungen von Persönlichkeiten fürstlichen Ranges.

Von der Mitte des 5. Jahrhunderts an begegnen uns im großen Gräberfeld von Krefeld-Gellep Beigabenensembles, die später auf fränkischen Friedhöfen allgemein üblich werden sollten: einzelne Gefäße aus Ton und Glas, daneben Waffen bei den Männern, Schmuck und Fibeln bei den Frauen. Vorläufer hatte es vereinzelt schon im 4. Jahrhundert gegeben, doch wird erst vom 6. Jahrhundert an diese Grabsitte allgemein üblich.

War am Anfang des 5. Jahrhunderts noch eine bunte Vielfalt von Tongefäßen in Gebrauch gewesen, so dominiert von der Jahrhundertmitte an eine doppelkonische Form von grauschwarzer Farbe, der »Knickwandtopf«, der für fast zwei Jahrhunderte bestimmend wird. Bei den Gläsern werden Trinkbecher aller Art zunehmend wichtig. Es bilden sich zwei Formen heraus, die alle übrigen zurückdrängen: der Spitzbecher schon im 5. und der Sturzbecher vor allem im 6. Jahrhundert. Was die Gefäße betrifft, so zeigt die Ausstattung der Gräber eine gewisse Einförmigkeit.

Betrachtet man das Gelleper Gräberfeld insgesamt, so macht man eine überraschende Entdeckung: Vom 6. Jahrhundert an gibt es zwei rund 150 m voneinander entfernte, getrennte Gräberfelder, auf denen gleichzeitig bestattet wurde. Das eine, nordwestliche, wird vom Ende des 3. Jahrhunderts an kontinuierlich bis zum Beginn des 8. Jahrhunderts belegt. Offensichtlich bestattete hier die einheimische Bevölkerung ihre Toten. Das Abrücken der regulären römischen Truppen am Anfang des 5. Jahrhunderts und den massiven Zuzug neuer fränkischer Ansiedler muß die einheimische Bevölkerung ziemlich unbeschadet überstanden haben. Franken begründeten im 6. Jahrhundert ein neues Gräberfeld im Südosten. Versucht man, durch möglichst genaue Datierung der einzelnen Gräber den Gang der Belegung zu rekonstruieren, so ergibt sich, daß dieser neue Friedhof seinen Ausgangspunkt von dem ungefähr in seiner Mitte gelegenen Grab 1782 genommen hat. Es ist das älteste dieser Gruppe, zugleich das reichste, das in Gellep entdeckt wurde, und darüber hinaus eines der am qualitätvollsten ausgestatteten Gräber der Merowingerzeit in Mitteleuropa. Im Herbst 1962 war es bei planmäßigen Ausgrabungen entdeckt worden. Das Grab war mit großen Steinbrocken abgedeckt und erwies sich als völlig ungestört. Daß es sich um die Bestattung eines Mannes handelte, war an den mitgegebenen Waffen zu erkennen, das Skelett des Toten hatte sich gänzlich aufgelöst. Der Boden der ganzen Grabgrube war dicht mit Beigaben bedeckt. Mit Ausnahme einiger Waffen und kleinerer Gebrauchsgegenstände sind sie alle ungewöhnlich, manche überhaupt einmalig. Aufschlußreich für die Datierung ist eine Goldmünze, eine barbarische, wohl fränkische Nachprägung nach einem Solidus des Anastasius I. (491 bis 518). Im Westen, vermutlich neben dem Kopf, lag der Helm des Toten, ein aus Eisen und Bronze gefertigter, auf der Außenseite vergoldeter Spangenhelm. Dicht neben und zum Teil unter ihm fand sich ein komplettes Zaumzeug mit reichem Besatz aus Gold, Silber und Almandinen, zu dem es bisher keine Parallele gibt. Zwei D-förmige Beschläge aus Gold mit Almandinbesatz waren Beschläge eines hölzernen Sattels. Die einzigen bisher bekannten Gegenstücke sind in Ravenna in der Nähe des Grabmals Theoderichs des Großen gefunden worden. Mehrere Gegenstände waren also Reitzubehör, doch war das Pferd des Toten nicht mitbestattet worden. Es gibt zwar in Gellep mehrere Pferdegräber, die sorgfältig angelegt mitten zwischen den menschlichen lagen, jedoch keines in der Nähe von Grab 1782.

Unter den zahlreichen Waffen ragt das Schwert hervor, eine eiserne Spatha mit almandinverziertem goldenem Ringknauf, eines der ältesten bekanntgewordenen Ringknaufschwerter, wenn nicht das älteste überhaupt. Ohne Parallele ist ein Fingerring aus massivem Gold, der als Einlage eine (sicher römische) Chalcedongemme trägt. Überraschend sind zwei Glasgefäße, eine mit eingeschliffenen menschlichen Figuren verzierte Schale und eine Henkel-

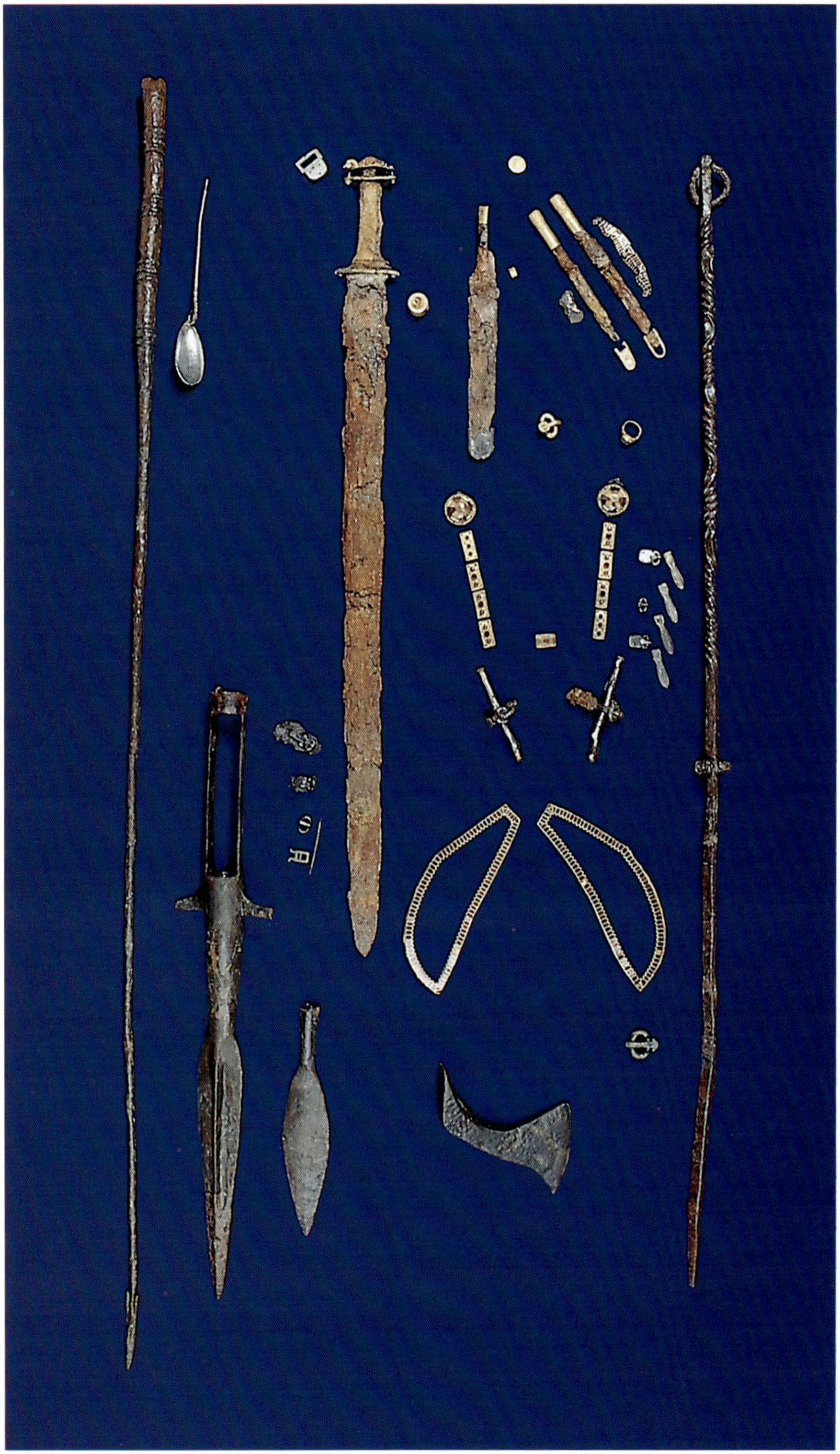

kanne, römische Erzeugnisse des 4. Jahrhunderts, vermutlich aus Kölner Werkstätten stammend.

Unter mehreren Bronzegefäßen ist ein Kännchen besonders wichtig, weil es auf dem Bauch eine eingravierte Inschrift trägt: ARPVAR ERAT ELEX VNDIQVE PRE. Der Epigraphiker Géza Alföldy ergänzt sie folgendermaßen: *Arpvar erat (f)elex undique pr(a)e(celsus).* Arpvar ist als Eigenname aufzufassen, felex gleich felix zu setzen. Die Übersetzung lautet also: Arpvar war glücklich und überall hoch angesehen.

Es ist anzunehmen, daß mit Arpvar der in dem Grab Bestattete gemeint ist. So kennen wir zwar seinen Namen, doch bleibt seine Persönlichkeit völlig im Dunkeln. Es gibt keine schriftliche Quelle, die von einem Herrn namens Arpvar berichtet. Daß er zur höchsten Schicht des fränkischen Reiches gehörte, erscheint nach seiner Grabausstattung sicher. Sie ist eng verwandt mit der anderer fürstlicher Bestattungen seiner Zeit, wenn sie auch fast alle an Reichtum übertrifft. Dies gilt selbst für das Knabengrab unter dem Kölner Dom, das man immerhin mit einem Angehörigen des merowingischen Königshauses in Verbindung gebracht hat.

Für die zeitliche Festlegung liefern die Beigaben einigermaßen feste Anhaltspunkte. Das Grab muß ungefähr im dritten Jahrzehnt des 6. Jahrhunderts angelegt worden sein. Der Herr von Gellep ist demnach als einer der Gefolgsleute des 511 verstorbenen Reichsgründers Chlodwig zu betrachten. Er kam an den Niederrhein, um

Abb. 192 *Krefeld-Gellep Grab 1782. Waffen, Pferdegeschirr und Teil der persönlichen Ausstattung des Fürsten (Kat. V.4.8.). – Foto Reiss-Museum.*

Abb. 193 *Byzantinischer Spangenhelm des Fürsten von Krefeld-Gellep Grab 1782 (Kat. V.4.8.). – Foto Reiss-Museum.*

Abb. 194 *Münze, Ring und goldene Schnalle aus Grab 1782 von Krefeld-Gellep (Kat. V.4.8.). – Foto Reiss-Museum.*

neuen Siedlungsplatzes rechnen. Nach der Zahl der ringsum angelegten Gräber zu schließen, kann es sich nicht nur um eine Hofstätte gehandelt haben, sondern um einen aus mehreren Höfen bestehenden Weiler. Wo dieser lag, wissen wir nicht. Außer einem in Ruinen des römischen *vicus* eingebauten Töpferofen des 6. Jahrhunderts und außer geringen Spuren im Kastell konnten bis jetzt in Gellep keine Siedlungsreste aus fränkischer Zeit entdeckt werden.

Nach seiner Anlage hatte sich das Grab 1782 von der Vielzahl der umliegenden Gräber nur dadurch unterschieden, daß die Grube größer und tiefer und daß sie mit Steinbrocken bedeckt war. Wenig später, kurz nach der Mitte des 6. Jahrhunderts beginnend, wurden am südlichen Rande des Gräberfeldes, isoliert von den übrigen, fünf Gräber von ungewöhnlicher Größe, mit kammerartigen Holzeinbauten und von Hügeln überwölbt, angelegt. Leider waren alle antik beraubt, eines davon vollständig. Bei Grab 2589 handelt es sich um die Bestattung zweier Männer, denen neben mehreren Waffen je ein Holzeimer mit bronzenen Beschlägen, ein Bronzebecken und einem von ihnen ein eiserner Lamellenpanzer beigegeben waren. Das größte der Gruppe war das ganz am Rande liegende Frauengrab Nr. 2268. Es ist auch das jüngste, um 600 angelegt. Neben der goldenen Randeinfassung eines Holzgefäßes, silbernen Gürtelteilen, einem großen Bronzebecken und einer Ledertasche mit Silberbeschlägen enthielt es noch die Reste eines zweirädrigen Wagens.

in Chlodwigs Auftrag das Gebiet um Gellep zu verwalten, das als ehemaliger römischer Fiskalbesitz dem merowingischen Königshaus zugefallen war, wie es der damaligen Rechtsgepflogenheit entsprach.

Chlodwig hatte sich nach einer siegreich bestandenen Schlacht gegen die Alamannen mit 3000 Mann aus seinem Gefolge taufen lassen. Es ist denkbar, daß der Herr von Gellep einer von ihnen, daß er also Christ war. Von seinen Grabbeigaben spricht freilich keine eindeutig dafür. Sein Grab, außerhalb des seit römischer Zeit bestehenden und kontinuierlich weiterbelegten Friedhofes angelegt, bildet als »Gründergrab« den Anfangs- und späteren Mittelpunkt einer neuen Nekropole. Alles spricht dafür, daß der in ihm Beigesetzte ein Neuankömmling war. Wir müssen also mit der Gründung eines

Abb. 195 *Schale und Krug aus Glas sowie Bronzekrug aus Grab 1782 von Krefeld-Gellep (Kat. V.4.8.). – Foto Reiss-Museum.*

***Abb. 196** Holzeimer, eiserner Dreifuß und Bronzegeschirr aus Grab 1782 von Krefeld-Gellep. (Kat. V.4.8.). – Foto Reiss-Museum.*

Mit diesem einst sicher prächtig ausgestatteten Grab bricht die Reihe der extrem großen, isoliert liegenden Gräber ab. Die Mitglieder der Adelsfamilie, vermutlich Nachkommen des in Grab 1782 Bestatteten, ließen sich danach sicher in oder bei einer Kirche beisetzen, wie es üblich geworden war. Die Belegung des Gräberfeldes geht noch bis zum Ende des 7. Jahrhunderts weiter, dann endet sie ebenfalls. Auch die einfache Bevölkerung bestattete jetzt wohl bei einer Kirche, deren Lage uns unbekannt ist.

Eine Urkunde aus dem Jahre 732 kann mit großer Wahrscheinlichkeit auf Gellep bezogen werden. Adela, Gründerin des Klosters Pfalzel bei Trier, Schwester von Plektrud, der Gemahlin Pippins II., verfügte in ihrem Testament, daß dem Kloster Höfe aus ihrem Besitz *»in pago que dicitur Gildegavia«* geschenkt wurden. Nach neueren Forschungen dürfte es sich dabei um einen Gellep-Gau handeln. Gellep wäre also der namengebende Hauptort eines fränkischen Gaues gewesen, in dem Angehörige des einflußreichsten ostfränkischen Adels über Besitz verfügten. Der Niedergang des Ortes muß schon im 7. Jahrhundert eingesetzt haben. Der Bau einer Kirche lohnte sich hier offenbar nicht. Gellep besitzt bis heute keine.

Drei Schiffswracks, eines aus dem 8., die beiden anderen aus dem 13./14. Jahrhundert, waren beim Ausbaggern eines Hafenbeckens 1972/73 in einiger Entfernung vom Kastell zutage gekommen. Sie markieren deutlich das Verlanden des Rheinarmes, der seinen Lauf immer weiter nach Osten verlagerte. Auf der überaus günstigen Lage seines Hafens beruhte sicher zu einem guten Teil die einstige Bedeutung Gelleps. Der Ort büßte sie ein, als er von der Lebensader des Stromes abgeschnitten wurde.

Literatur: Alföldy 1966. – Doppelfeld/Pirling 1966. – Pirling 1964; 1966; 1974; 1979; 1986.

Alamannisch-fränkische Kontinuität im Untermaingebiet

Egon Wamers

Als gegen 500 die Franken unter König Chlodwig das bis dahin alamannisch besiedelte Mittelrhein- und Untermaingebiet in Besitz nahmen, betraten sie östlich des Rheins ein Land, das seit etwa zweieinhalb Jahrhunderten von römischen Einflüssen wenig berührt war.

Unter den Wellen der alamannischen Raub- und Eroberungszüge des 3. Jahrhunderts waren römische Herrschaft und Zivilisation zusammengebrochen; zurückgeblieben waren steinerne Geisterstädte, verlassene Landgüter, ausgeräumte Industriebetriebe und zunehmend unpassierbare Straßen. Die germanische Wiederbesiedlung des Ödlandes erfolgte nur zögernd und in bescheidenem Umfang; dabei haben die Siedler »alamannischer« und anderer innergermanischer Herkunft die aufgelassenen römischen Plätze mit gerodeten Böden, noch nutzbaren Bauten und den leicht zugänglichen Überresten römischer Zivilisation bevorzugt.

Einer der Plätze im Umfeld der Bezirkshauptstadt *Nida* (Frankfurt am Main-Heddernheim) lag unweit der Straßen, die südwestlich zur Provinzhauptstadt *Mogontiacum* (Mainz) und zur Legionsziegelei Nied führten, auf der fruchtbaren Hochfläche oberhalb des windungsreichen Flüßchens Nidda. Hier hatten die Gebäude eines kleinen, verlassenen Landguts das Interesse germanischer Siedler geweckt (Abb. 197). Die zahlreichen, seit Ende des 19. Jahrhunderts sporadisch durchgeführten Ausgrabungen in diesem Areal erbrachten, daß die ehemalige römische *villa* nach Ausweis der »elbgermanischen« Keramik im 4. Jahrhundert von Germanen wiederbenutzt worden war – allerdings nicht das separat im Norden gelegene große Haupthaus, sondern lediglich kleinere Nebenbauten, ehemalige Wirtschaftsgebäude, die man um Trockenmauern, Kieswege und einen Graben (Befestigung?) ergänzt hatte. Gut 100 m nördlich dieser Bauten, etwa in Höhe des anscheinend unbenutzten Hauptgebäudes, wurden zahlreiche Bestattungen des 4. bis 7. Jahrhunderts freigelegt, die sich etwa 500 m weit nach Norden erstreckten. Allerdings konnten die im Zuge des jahrzehntelangen örtlichen Erdabbaus nur gelegentlich vorgenommenen Notbergungen keine flächendeckende Belegung des Bestattungsplatzes nachweisen, sondern nur einzelne Grabgruppen. Im Süden, in der Nähe der ehemaligen römischen Bauten, sind die älteren Bestattungen des späten 4. und 5. Jahrhunderts konzentriert; nach Norden zu überwiegen solche des 6. und 7. Jahrhunderts: Dies deutet auf eine gewisse, wenn auch nicht streng beachtete Belegungsfolge. Es ist allerdings ungeklärt, ob der römische Gutshof noch um 400 bewohnt war, als die ersten reichen Körpergräber angelegt wurden. Mit weiteren Siedlungen in unmittelbarer Nähe ist zu rechnen. Es kann nämlich nicht ausgeschlossen werden, daß mehrere Familien oder die Bewohner mehrerer Gehöfte diesen Friedhof nutzten und es darin zu kleinräumigen Gruppierungen kam. Die Topographie und die einheitliche Ausrichtung legen nahe, daß es sich um einen großen, kontinuierlich über zwei Jahrhunderte hindurch genutzten Bestattungsplatz handelt.

Diese Kontinuität ist in jeder Hinsicht bemerkenswert. Die älteren Gräber reichen bis in das späte 4. Jahrhundert zurück, seien sie nun burgundisch oder alamannisch. Alamannen bestatteten hier zweifellos in der zweiten Hälfte des 5. Jahrhunderts, während die jüngeren Gräber des 6. und 7. Jahrhunderts fränkisch sind. Im benachbarten Eschborn, eine gute halbe Fußstunde vom Praunheimer Ebelfeld entfernt, bestattete eine »alamannische« Bevölkerung in den beiden letzten Dritteln des 5. Jahrhunderts, also etwa bis zur fränkischen Inbesitznahme des Untermaingebietes. Nur zwei Gräber des frühen 6. Jahrhunderts zeigen einen merkbaren fränkischen Einfluß. Zwar bedeutet eine »Bestattungs-Diskontinuität« nicht automatisch auch »Siedlungs-Diskontinuität« (Ament), doch darf die fortgesetzte Benutzung des heidnischen alamannischen Bestattungsplatzes von Praunheim durch die neue fränkische Bevölkerung sicher auch als Fortsetzung der zugehörigen Siedlung(en) verstanden werden. Es stellt sich die Frage, wie die Inbesitznahme des Untermaingebiets »um 500« vonstatten ging.

Sowohl die Aufgabe von Friedhöfen gegen 500 wie auch ihre Fortführung bis ins 7. Jahrhundert hinein sind im Untermaingebiet mehrfach zu beobachten. Die »Frankisierung« dieses Raumes ist somit, nach den Bestattungsgewohnheiten zu urteilen, nicht einheitlich erfolgt. Das Auflassen von alamannischen Gräberfeldern bedeutet sicher einen gewissen, zumindest kulturellen Bruch, ohne daß Näheres über das Schicksal der zugehörigen Bevölkerung gesagt werden könnte. Die Fortführung des Bestattungsplatzes Praunheim läßt zwar auf einen unmittelbaren Herrschaftsübergang von Alamannen zu Franken schließen, doch ermöglicht er gerade wegen der großen Lücken bei seiner archäologischen Untersuchung und ihrer mangelhaften Dokumentation, die

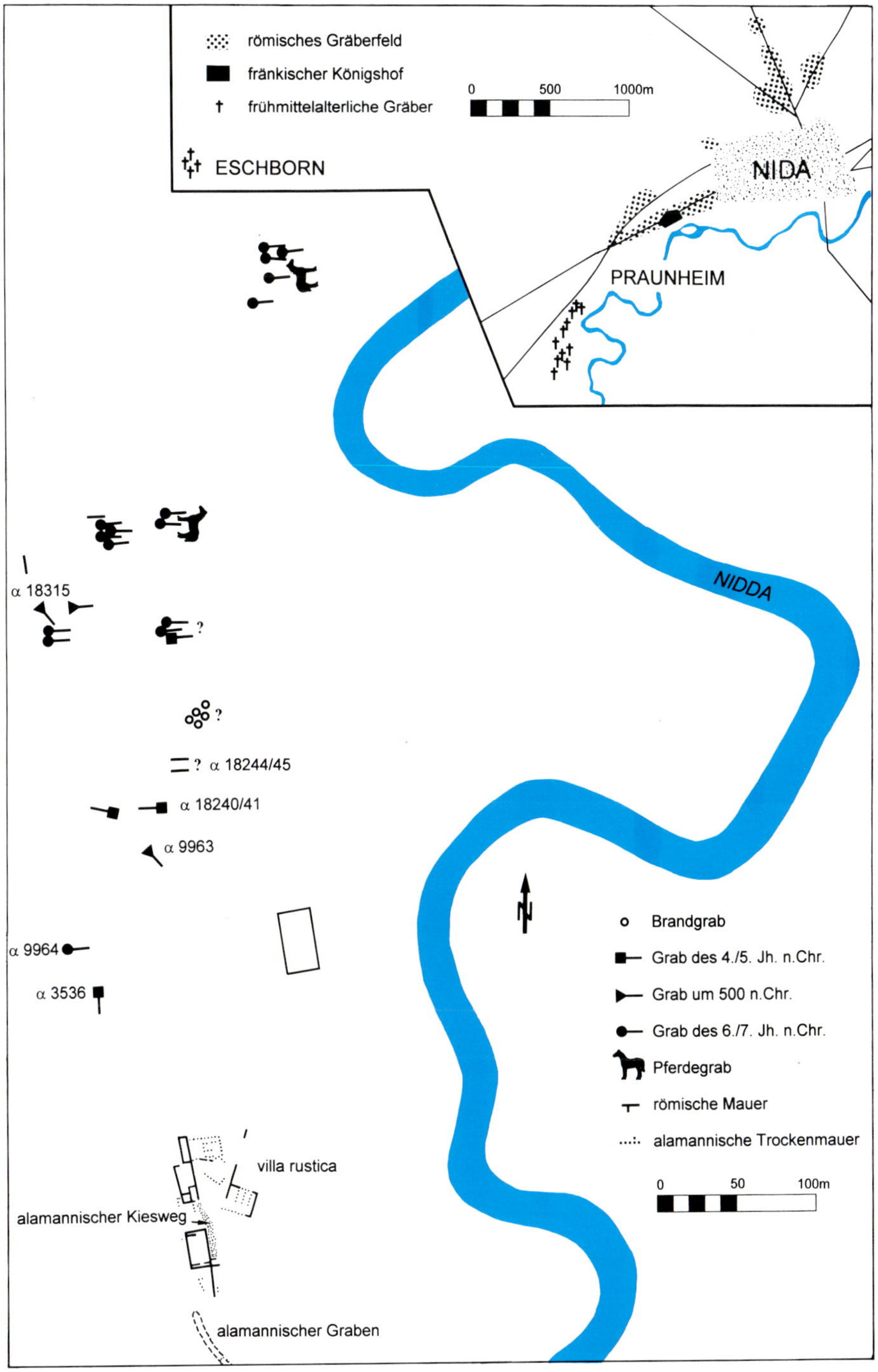

***Abb. 197** Frankfurt am Main-Praunheim, das Ebelfeld in Spätantike und Frühmittelalter.*

sogar die Lokalisierung der einzelnen Gräber erschwert, keine nähere Betrachtung des Vorganges und auch keine Aussagen über den Verbleib der alamannischen Oberschicht.

Von den 27 menschlichen und zwei Pferdebestattungen, die in den Akten des Frankfurter Museums vermerkt sind, interessieren besonders die im Süden locker hingestreuten, meist älteren Grablegen (Abb. 197). Sollten sie annähernd vollständig erfaßt sein, lassen sie einen gewissen Bezug zu den damals wohl obertägig noch sichtbaren römischen Gebäuden erkennen. Unter ihnen wiederum ragen drei reiche Kriegergräber heraus. Vielbeachtet ist das Grab des »Grundherrn« aus der Zeit um 400, das ihn mit seinen Waffen, dem römischen Militärgürtel, reichen römischen Keramik- und Glasgefäßen, aber auch mit handgeformter Keramik und »elbgermanischem« Fingerring als ehemaligen römischen Truppenführer germanischer Herkunft ausweist.

Weiter nordwestlich und nördlich von diesem Grab (Inv. α 3536) lagen offensichtlich frei und einzeln zwei weitere sehr reiche Waffengräber. Die hier bestatteten Männer dürfen jeweils der Führungsschicht zugerechnet werden. Der ältere in Grab α 9963 besaß eine Waffenausrüstung mit silbernen Zierteilen an Schwertscheide und Schildbuckel, ein bronzenes Perlrandbecken und spätrömische Keramik. Das handgearbeitete, nigraartige Gefäß des Herrn, der hier im späten 5. Jahrhundert beigesetzt wurde (α 9963), steht in »alamannischer« Tradition (Abb. 198).

Etwa 100 Jahre oder ungefähr vier Generationen jünger ist Grab α 9964. Es enthielt eine silber- und goldtauschierte sowie almandinverzierte eiserne Gürtelgarnitur. Solche Garnituren kennt man sonst aus »Adelsgräbern«, wie dem aus der Kirche von Morken im Rheinland, dem Goldschmiedegrab von Wallerstädten in Südhessen oder den Gräbern 1 und 9 der kleinen Nekropole von Niederstotzingen in Baden-Württemberg.

Aus diesem Befund darf wohl geschlossen

werden, daß auf dem Areal nördlich des ehemaligen römischen Landhauses die jeweiligen »Grundherren« jenes Gutes bestattet wurden, und zwar über mehr als zwei Jahrhunderte bis in die mittlere Merowingerzeit hinein. Der Herr aus dem späten 5. Jahrhundert dürfte Alamanne, der aus der Zeit um 600 (a 9964) Franke gewesen sein; ob es sich immer noch um die nämliche Familie handelt, ist allerdings fraglich. Ausgesprochen fränkisch sind die Beigaben einer Frau aus dem mittleren Drittel des 6. Jahrhunderts (Grab α 18245), die sich nicht von anderen Grabinventaren der Zeit am Mittelrhein unterscheiden (Abb. 200). Das reiche Mädchen aus dem frühen 6. Jahrhundert (Grab α 18315), das eine silberne Gürtelschnalle trug, besaß mit der Hirschgeweihrose am linksseitigen Gürtelgehänge ein Amulett, das erst durch fränkischen Einfluß üblich wurde (Abb. 199).

Abb. 198 *Der Krieger aus Grab α 9963 lebte im letzten Drittel des 5. Jahrhunderts auf dem Ebelfeld in Frankfurt am Main-Praunheim. Er war mit reichen Beigaben ausgestattet: Vorhanden sind ein Schildbuckel mit silberplattierten Nieten, eine Franziska, eine Spatha mit silbernen, bronzenen und silbertauschierten Scheidenbeschlägen sowie eine Schwertperle aus opakem Glas mit Fadeneinlage, dann zwei Pfeilspitzen und eine Lanzenspitze; zum Geschirr gehörten ein bronzenes Perlrandbecken, in dem der Kamm lag, eine rottonige Schale und ein handgeformtes Gefäß in Nigratradition. – Foto Reiss-Museum.*

Abb. 199 *Dem Mädchen in Frankfurt am Main-Praunheim Grab α 18315 wurden im frühen 6. Jahrhundert ein Krug mit Kleeblattmündung und eine rauhwandige Schale mitgegeben; es trug eine Glasperlenkette sowie einen Gürtel mit silberner Schnalle; eine schwarz-opake Perle mit Fadenauflage lag auf der linken Brust; Amulette, nämlich Geweihrose und Knochenscheibchen, hingen links am Gürtel. – Foto Reiss-Museum.*

Abb. 200 Frankfurt am Main-Praunheim Grab α 18245 war im Oberkörper- und Beckenbereich zerstört. Von der Ausstattung der hier im mittleren Drittel des 6. Jahrhunderts beigesetzten Frau sind erhalten: ein grauer Knickwandtopf, ein Glasbecher, zwei silberne, vergoldete Bügelfibeln, ein Silberschnällchen, Perlen, zwei Spinnwirtel, Messer, Flachsbreche, Schere, Taschenbügel, Kamm, dann als Amulette Muschel, Tier-(Wirbel?)-Knochen und Fragment eines keltischen Glasarmreifs. – Foto Reiss-Museum.

Auf dem Praunheimer Gräberfeld zeigt sich somit eine andere Situation als im benachbarten Eschborn: Während dort nur über drei bis vier Generationen bestattet wurde, benutzten mindestens zehn Generationen den Begräbnisplatz in Praunheim; die Besiedlung der Flur begann vermutlich mit der Wiederinbetriebnahme des alten römischen Landguts im 4. Jahrhundert. Die Grundherren wurden in exponierter Einzellage beigesetzt, eine dichte Belegung in Reihen scheint erst in fränkischer Zeit üblich geworden zu sein. Wenn nun auch noch nach der fränkischen Inbesitznahme des Untermaingebietes sowohl die Grundherren dieses Platzes wie auch jeweils ihre *familia* auf den altangestammten Plätzen bestatteten, bedeutet dies, daß zumindest ein Teil der alamannischen Vorbevölkerung – nun unter fränkischer Oberhoheit – hier weiterlebte. Die neuen fränkischen Herren hatten sicherlich bewußt an alte Tradition angeknüpft.

Nicht viel anders war die Situation an strategisch wichtigen Plätzen. Die Grabungen auf dem Domhügel Frankfurts brachten Keramikscherben zutage, die eine seit römischer Zeit ungebrochene, bis in das späte Mittelalter und noch weiter reichende Besiedlung nachweisen. Der neue Name »Franken-Furt« macht aber den Herrschaftsanspruch des fränkischen Königshauses deutlich. Die hochrangige fränkische Präsenz zeigt sich ebenso am jüngst entdeckten adeligen Mädchengrab unter dem heutigen »Dom« (Kat. VI.2.12) wie an der Errichtung einer Pfalz in karolingischer Zeit. Und genauso wie die »Franken-Furt« ist die Gemarkung Praunheim im Frühmittelalter Königsland. Nördlich der Niddaschleife entstand, um einen fränkischen Königshof und eine frühmittelalterliche Kirche herum, der mittelalterliche Ort *Prumheim*. Die Herren von Praunheim spielten während des gesamten Mittelalters eine bedeutende Rolle in der Verwaltung und Rechtsprechung Frankfurts, zeigen auch verwandtschaftliche Beziehungen zum Frankfurter Adel. All dies könnte auf alte fränkische Verbindungen schließen lassen. Aus welchem Anlaß indes, unter welchen Umständen und wann genau in spätmerowingischer Zeit die alamannisch-fränkischen Bewohner des »Ebelfeldes« ihre Siedlungsstätten aufließen und sich gut 1000 m weiter nordöstlich niederließen, ist unbekannt.

Literatur: Fischer, U. 1962. – Menghin 1983. – Steidl 1994. – Ritzel/Rothammel 1988. – Wahl 1982. – Werner, J. 1965. – Woelcke 1937.

Die fränkische Expansion ins Main- und Neckargebiet

Robert und Ursula Koch

Chlodwig I. hat zwar die alamannischen Gebiete erobert, doch erst eine Generation später, nach dem Tod Theoderichs und dem Fall Thüringens, kam es zu fränkischen Ansiedlungen in Ostfranken, das damals noch keinen eigenen Namen hatte. Das Ziel ostfränkischer Politik wurde Italien, und es galt, die zahlreichen Wege dorthin zu sichern. Die Unternehmungen im Süden führten zu beachtlichem Wohlstand. Im 7. Jahrhundert bedrohten Slawen und Awaren die östlichen Grenzen, so daß eine stärkere Einbindung Mainfrankens ins Merowingerreich erforderlich wurde.

Das Ende der alamannischen Herrschaft im Rhein-Neckarraum (Abb. 201)

Seit dem 3. Jahrhundert schlossen sich germanische Kriegerverbände in der römischen Provinz Obergermanien zum Stammesbund der Alamannen zusammen. Jenseits des Limes siedelten die Burgunden, bevor sie 406 an den Rhein vorstießen und hier 413 das Reich von Worms gründeten. Als die Alamannen sich nach deren Abzug im Jahre 443 ungehindert ausdehnen konnten und in der zweiten Hälfte des 5. Jahrhunderts für kurze Zeit auch das zur Provinz Obergermanien gehörige Mittelrheingebiet kontrollierten, gerieten sie zwangsläufig in Konflikt mit den Franken. Chlodwig I. besiegte sie 496 nach langem, schwerem Kampf.

Einschneidendere Folgen für die alamannische Bevölkerung im Neckarraum und wohl auch im Main-Tauber-Gebiet hatte zweifellos erst das Ereignis, auf das sich ein Brief des Ostgotenkönigs Theoderich vom Jahre 507 an seinen Schwager Chlodwig bezog, nämlich ein alamannischer Aufstand, den der Franke etwa neun Jahre nach der großen Schlacht blutig niedergeschlagen hatte. Die erschöpften Reste der Alamannen suchten Schutz bei den Ostgoten in der Präfektur *Italia*, zu der die Donauprovinzen *Raetia* und *Noricum* gehörten. Bischof Ennodius von Pavia pries Theoderich als *rex Alamannicus*; er, der von 493 bis 526 unbestrittener Herr Italiens war, sei mit vollem Recht auch alamannischer König.

Nicht nur durch die weite Verbreitung typisch alamannischer Trachtbestandteile machen sich die Ereignisse der Zeit um 500 im archäologischen Fundgut bemerkbar. Die meisten der ohnehin nicht sehr zahlreichen alamannischen Gräberfelder im Rhein-Neckar-Raum brachen in dieser Zeit ab. Die mehrjährigen Grabungen auf dem Runden Berg bei Bad Urach (Kr. Reutlingen) zeigten, daß die schwer zugängliche Höhensiedlung eines alamannischen Fürsten und seiner wohlhabenden Gefolgsleute zu Beginn des 6. Jahrhunderts im Kampf untergegangen war. Zur gleichen Zeit endet die Fundreihe auf der Gelben Bürg bei Dittenheim am Hahnenkamm (Kr. Weißenburg-Gunzenhausen).

Vom umfangreichen Gräberfeld in Pleidelsheim (Kr. Ludwigsburg) sind etwa 260 Gräber untersucht; sie erlauben es, für das Neckarland ein differenziertes Bild dieser Zeit des Übergangs von alamannischer zu fränkischer Herrschaft zu ent-

Abb. 201 *Die 6,4 cm langen Bügelfibeln und die Reiterfibel aus dem letzten Viertel des 5. Jahrhunderts von Heilbronn-Böckingen geben eine gute Vorstellung von der Qualität des alamannischen Kunsthandwerks. Das kleine Gräberfeld bricht nach dem Sieg Chlodwigs ab; in fränkischer Zeit wurden neue Friedhöfe an anderen Stellen angelegt. – Foto U. Koch.*

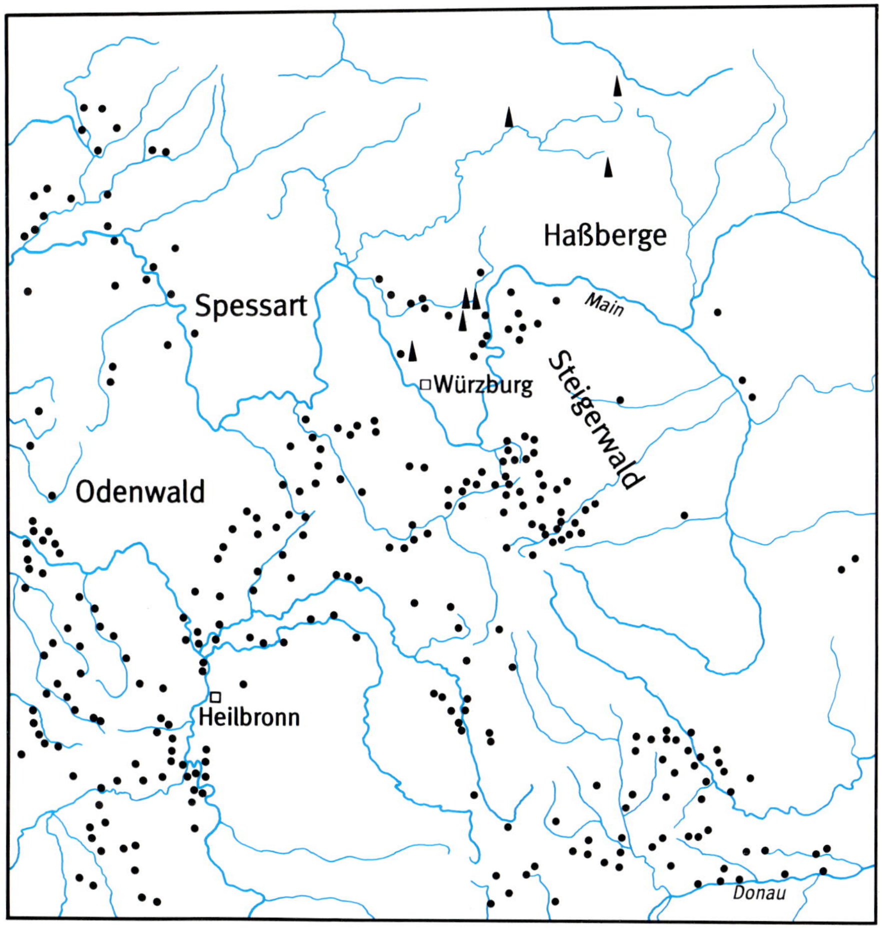

Abb. 202 *In die Karte sind mit Punkten alle Ortschaften und bekannten Wüstungen eingetragen, deren Namen, wie in den frühesten Nennungen erkennbar, aus einem Personennamen und der Endung »-heim« gebildet wurden. In vielen dieser Orte gibt es bereits fränkische Gräber aus dem 6. Jahrhundert. Typische thüringische Ortsnamen enden auf »-leben« und sind mit hohen Dreiecken eingetragen. – Nach R. Koch 1967 mit Korrekturen und Ergänzungen.*

werfen. Seit der Mitte des 5. Jahrhunderts hatten hier die Bewohner mehrerer Höfe, darunter Besitzer von Pferden und der Träger einer Goldgriffspatha, drei Generationen lang auf einem gemeinsamen Friedhof bestattet. In der vierten Generation waren nur noch die Gräber einer Familie von bescheidenem Wohlstand und sicher geringem Einfluß am Ort zu finden. In der folgenden Generation trugen die alamannischen Frauen fränkischen Schmuck, aus Bronze gefertigt. Das reiche alamannische Kunsthandwerk war verschwunden. Vereinzelt kehrten jedoch die vor Chlodwig Geflohenen wieder in den Neckarraum zurück. Dies dürfte bei der Frau aus Pleidelsheim Grab 115 der Fall gewesen sein. Der bronzene Knotenring, ein typisches Amulett alamannischer Frauen, läßt keinen Zweifel an ihrer Herkunft. Sie trug ein älteres alamannisches Vogelfibelpaar und ein Paar Bügelfibeln vom ostgotischen Typ, das sie entweder im Ostgotenreich oder in Thüringen erhalten hatte. Die thüringische Königin, Theoderichs Nichte Amalaberga, hatte sicher einen ganzen Hofstaat samt Handwerkern aus dem Ostgotenreich mitgebracht.

Thüringer am Main (Abb. 202)

Als die Thüringer unter ihrem König Bisin gegen Ende des 5. Jahrhunderts zu einer bedeutenden Macht aufgestiegen waren, beherrschten sie offensichtlich auch die Gebiete nördlich der Provinz Raetien, Teile der heutigen bayerischen Regierungsbezirke Oberpfalz, Ober- und Mittelfranken. Juthungen kontrollierten diesen Raum, bis sie 430 dem römischen Heermeister Aëtius unterlagen; in den schriftlichen Quellen wurden sie fortan nicht mehr genannt. In der Vita des hl. Severin schilderte Eugippius, wie die Thüringer um 480 Passau plünderten und die römischen Städte *Noricums* bedrohten. Jordanes, ein römischer Schriftsteller gotischer Herkunft, verwechselte in seiner 551 abgeschlossenen Gotengeschichte die Suaven mit den Alamannen und berichtete, daß sie im Westen die Franken, im Osten die Baibaros, das sind die Bajuwaren, und im Norden die Thuringi als Nachbarn haben. Er beschrieb hier offensichtlich Machtverhältnisse, die bis zum Jahre 531 bestanden. Bis zum Tod Theoderichs des Großen (526) war das Thüringerreich vor einem Einfall der Franken geschützt. Danach aber griff Chlodwigs Sohn Theuderich I. (511–533), dem bei der Teilung des Erbes das Ostreich zugefallen war, zusammen mit seinem Bruder Chlothar und im Bund mit Sachsen die Thüringer erfolgreich an. Im 5. Jahrhundert ging die Ausdehnung thüringischer Herrschaft sicher nicht mit einer Auswei-

***Abb. 203** Die Frau aus Gelchsheim (Kr. Würzburg) Grab 1 trug im zweiten Viertel des 6. Jahrhunderts stark abgenutzte, silberne Bügelfibeln. Knapp unter dem Becken steckte die 5 cm lange thüringische Fibel mit Vogelköpfen an der Kopfplatte. Gut 10 cm kniewärts befand sich die 8 cm lange Fibel mit gegitterter Kopfplatte und fünf Knöpfen. Die Einlagen der ausgedrehten Schälchen waren ausgefallen. – Foto Bayer. Landesamt für Denkmalpflege, Würzburg.*

tung des Siedelraumes einher. Ein Vordringen über den Thüringer Wald hinweg bezeugen allerdings die Ortsnamen mit dem Suffix -leben; sie finden sich an der fränkischen Saale und der Wern und reichen mit Güntersleben (Gundresleibi) bis dicht vor Würzburg. Ortsnamen mit der Endung -leben können im Elbe-Saale-Gebiet zwar durch zugehörige Gräberfelder archäologisch in die Völkerwanderungszeit datiert werden, doch erst seit 1978 das merowingerzeitliche Gräberfeld von Zeuzleben im Kreis Schweinfurt archäologisch untersucht wurde, ist sicher, daß die thüringischen -leben-Orte im Werntal bis in das frühe 6. Jahrhundert zurückreichen. Vorher war nur eine thüringische Gräbergruppe des frühen 6. Jahrhunderts bei Staffelstein in Oberfranken bekannt.

Am nordöstlichen Ortsrand von Zeuzleben hatte eine Familie des thüringischen Adels Opferplatz und Gräberfeld angelegt. Gründlich und mehrfach wurde das Grab der Ahnin wie auch fast alle übrigen Gruben in späterer Zeit geplündert. Doch die ungewöhnliche Größe des mehrgeschossigen Grabhauses, in dem die vornehme Tote in 4,5 m Tiefe auf einem vierrädrigen Wagen beigesetzt war, läßt bereits auf die hohe Stellung der Frau schließen (Kat. V.5.13.). Fünf Tiergräber mit zehn Pferden umgaben den zentralen Platz. Die thüringische Familie war bis in das späte 6. Jahrhundert in Zeuzleben anwesend und behielt solange ihre Bestattungssitten bei. Ab der Mitte des 6. Jahrhunderts unterstand sie wohl fränkischer Kontrolle; Franken legten ihre Kammergräber am Rand des Platzes an.

Vom Land zwischen den Stämmen zur *Francia orientalis* – die Quellenlage in Ostfranken (Abb. 202)

Östlich des Rheins kannten die Geschichtsschreiber im 6. und 7. Jahrhundert nur die Alamannen, die Bajuwaren und Thüringer. Genauere Angaben zur Bevölkerung zwischen Mittelmain und Donau sowie am unteren Neckar fehlen. Gregor von Tours hatte kaum eine Vorstellung und kannte keinen Namen für die *gentes illas quae ultra Renum habentur oder quae de ulteriore Rheni amnis parte venerant*, wie er im 49. Kapitel seines IV. Buches zu erkennen gibt. Gehört hatte er von der Wildheit jener Völker, die jenseits des Rheins wohnten bzw. die vom jenseitigen Ufer des Rheins kamen und die der in Reims residierende König Sigibert I. (561 bis 575) gegen seinen Bruder Chilperich I. von Soisson aufbot.

In dem einzigen größeren Geschichtswerk des 7. Jahrhunderts, in der Chronik des Fredegar, ist auch nur von Stämmen jenseits des Rheins die Rede, die Brunichilde, Witwe Sigiberts I., von Worms aus zum Widerstand gegen Chlothar II. (584 bis 629), den jüngsten Sohn Chilperichs I. von Soisson und der Fredegunde, aufforderte. Dazu schickte sie ihren Urenkel Sigibert II. mit dem Hausmeier Warnachar und anderen Großen im Jahre 613 nach *Thoringia* (Fredegar IV,40). Bekannt waren also die Thüringer, während für die Bewohner an Neckar, Tauber und Main entlang der Straße von Worms nach Würzburg kein eigener Namen überliefert wird. Auch als die slawischen Stämme des Samo das Frankenreich bedrohten und das austrasische Heer bei Mainz den Rhein überschritt, wußte der Schreiber der

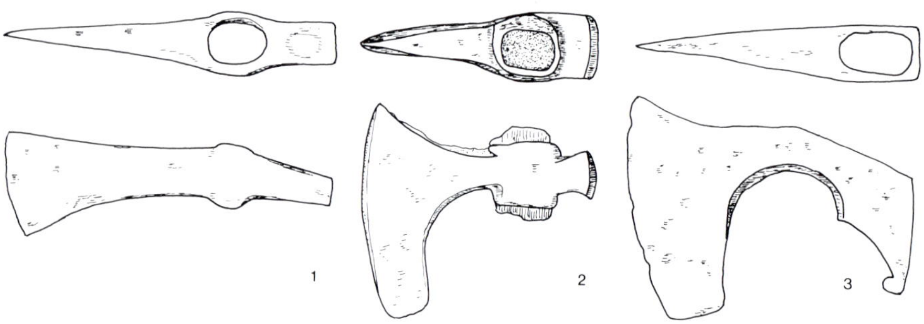

***Abb. 204** Eine 18,2 cm lange schmale Hammeraxt war dem Knaben in Grab 11 von Herbolzheim (Kr. Heilbronn) mitgegeben worden, die 13,4 cm lange Bartaxt gehörte dort dem Mann aus Grab 19. Mit der 16 cm langen geschweiften Bartaxt kämpfte ein Krieger von Heilbronn-Horkheim. – Zeichnungen U. Koch.*

Chronik (Fredegar IV,68,75) nur, daß Slawen und Wenden 631 bis 634 *in Toringiam et relequos pagus*, nach Thüringen und den anderen Gauen des Frankenreiches eingefallen waren. Erst nachdem Bonifatius 741 das Bistum Würzburg für die Bewohner *in intimis orientalium Franchorum partibus*, der entferntesten Gebiete der Ostfranken einrichtete, übertrug sich der Name der Ostfranken auf die Regionen zwischen Main und Neckar. Zuvor hatte Papst Gregor noch einige Schwierigkeiten, neben den Thüringern und Hessen auch alle im östlichen Landstrich Wohnenden zu grüßen. In den sogenannten Einhardsannalen ist zum Jahre 782 von *orientalibus Francis* die Rede; Karl der Große befahl, die slawischen Sorben, die zwischen Elbe und Saale lebten und nach Sachsen und Thüringen eingefallen waren, mit dem Heer der Ostfranken und Sachsen zu bestrafen. Erst seit karolingischer Zeit also rücken die Bewohner der Mainlande als *orientales Franci*, als Ostfranken, ins Blickfeld.

Die Gebiete zwischen Main und Donau wurden zweifellos während der harten Auseinandersetzungen mit den Alamannen und Thüringern im ersten Drittel des 6. Jahrhunderts in merowingischen Besitz genommen. Zu vermuten ist, daß die eroberten Gebiete östlich des Rheins zunächst als Königsgut ausgewiesen, daß aber Land oder Nutzungsrechte schließlich an Gefolgsleute der Merowinger verschenkt oder verliehen wurden, die dafür Stützpunkte besetzten, die Verwaltung übernahmen, Steuern einzogen, Handel und Wirtschaft förderten.

Doch damit sind die Fragen nach Herkunft und Zusammensetzung der Bevölkerung ebensowenig beantwortet wie die nach ihrer sozialen und rechtlichen Stellung. Ungeklärt ist, wer im einzelnen und wie viele Familien insgesamt in den Landschaften an der Peripherie des Reiches die Herrschaft der Merowinger vertraten. Unbekannt ist, wie diese weiten Räume in merowingischer Zeit gegliedert, besiedelt und verwaltet wurden. Umstritten ist unter den Historikern besonders, wann das Gebiet zwischen den Stämmen überhaupt politisch und organisatorisch erfaßt wurde.

Diese Fragen sind schon oft gestellt und unterschiedlich beantwortet worden. Da die wenigen zeitgenössischen Schriftquellen kaum etwas von den rechtsrheinischen Gebieten berichten, wurden Gau-, Orts- und Flurnamen herangezogen und immer wieder die schriftlichen Quellen aus karolingischer Zeit auf ein eventuelles Erbe aus merowingischer Zeit untersucht.

Es ist an der Zeit, den archäologischen Quellen mehr Gewicht beizumessen und sie vor ihrer Vernichtung zu bewahren. Denn um diese Fragen zu beantworten, bedarf es nicht einzelner Grabfunde, sondern vieler vollständig untersuchter Friedhöfe mit jeweils einer großen Zahl von Gräbern. Aus dem Neckargebiet sind nur wenige Plätze, die schon vor der Mitte des 6. Jahrhunderts aufgesucht wurden, ganz oder zumindest in größeren Ausschnitten untersucht und veröffentlicht, und zwar diejenigen von Heidelberg-Kirchheim, von Herbolzheim und Klepsau an der Jagst sowie von Pleidelsheim am Neckar. Noch nicht ausgewertet ist das große reiche Gräberfeld von Dittigheim, Stadt Tauberbischofsheim. Aus Unterfranken gestatten die Gräberfelder von Müdesheim (Main-Spessart-Kreis), Hellmitzheim und Kleinlangheim (Kr. Kitzingen), Sulzheim und Zeuzleben (Kr. Schweinfurt) wichtige Einblicke; aus Mittelfranken ist das Gräberfeld von Westheim im Sualafeld (Kr. Weißenburg-Gunzenhausen) monographisch vorgelegt. Aufschlußreich für die Entwicklung der ostfränkischen Gebiete ist, obgleich schon an der Donau gelegen, das Gräberfeld von Schretzheim (Kr. Dillingen). Ist es erst einmal gelungen, anhand einiger gut untersuchter Plätze die vorgefundenen Grabbeigaben zu beurteilen, zu datieren und in das soziale Umfeld einzuordnen, läßt sich das Bild durch die vielen einzeln geborgenen Gräber oder Funde durchaus noch erweitern.

Abb. 205 *Zur Familie des fränkischen Reiters von Pleidelsheim (Kr. Ludwigsburg) gehörte im zweiten Viertel des 6. Jahrhunderts die in einem langen Kammergrab bestattete Frau aus Grab 141. Sie hatte eine untergeordnete Stellung auf dem Hof des Reiters, denn sie trug als einzigen Fibelschmuck eine silberne, 3 cm große Scheibenfibel. Von den sechs im Wirbel angeordneten Tierköpfen sind drei mit je einem Almandin gefüllt und drei mit niellierten Kreisen versehen. – Foto U. Koch.*

Die ersten Franken zwischen Neckar und Main (Abb. 203–207)

Östlich von Spessart und Odenwald wurde die Sitte der Körperbestattung unter fränkischer Herrschaft allgemein üblich. Der Beginn von Gräberfeld und Siedlung muß aber nicht immer zusammenfallen. Anzunehmen ist dies, wenn in den ältesten Gräbern Zugezogene lagen. Doch festzustellen, wer fremd war und wer nicht, ist oft schwierig, da die gesamte Bevölkerung mit Massenware aus fränkischen Werkstätten versorgt wurde. Die Frauen im Main-Tauber-Gebiet schmückten sich ebenso wie die weiblichen Angehörigen der sicher alamannischen Familie

Abb. 206 *Ein Paar 9,7 cm langer Fibeln mit schmalem Trapezfuß trug die in Pleidelsheim Grab 20 beigesetzte Frau noch im dritten Viertel des 6. Jahrhunderts. Der Fibeltyp wurde zu Beginn des 6. Jahrhunderts von einem alamannischen Kunsthandwerker mit fünf Knöpfen konzipiert, dann aber in Nordfrankreich weiterentwickelt. Die geringe Tiefe und Schärfe des Kerbschnitts zeigten gegenüber den älteren alamannischen Fibeln einen deutlichen Qualitätsabfall. – Foto U. Koch.*

von Pleidelsheim mit den in großen Serien aus Bronze, seltener Silber hergestellten Stücken. Dazu gehören die im gesamten fränkischen Reich weit verbreiteten jüngsten Varianten der Bügelfibeln mit gleich breitem Fuß: Die für das zweite Viertel des 6. Jahrhunderts typischen Fibeln mit fünf Knöpfen an der halbrunden Kopfplatte zeichnen sich aus entweder durch fehlenden Kerbschnitt und einfache Gravierung oder durch einfache Kerbschnittrippen oder Kerbschnittgitter, wie in Nenzenheim, Mergentheim, Gelchsheim, Hellmitzheim und Kleinlangheim, um nur die mainfränkischen Vorkommen aufzuzählen. Solche Fibeln finden sich aber auch in den ältesten Gräbern von Heidelberg-Kirchheim und Schretzheim an der Donau. Nicht ganz so zahlreich, aber ebenfalls in Serien produzierten fränkische Metallhandwerker Fibeln mit halbrunder Kopfplatte und gegitterter Rautenplatte über der Nadelrast, die nach einem rheinhessischen Fundplatz als Typ von Hahnheim bezeichnet werden. In Basel, Bernerring, in Klepsau an der Jagst und in Hellmitzheim am Südwestrand des Steigerwaldes wurden sie von Frauen der ersten fränkischen Generation getragen (Abb. 542–543).

Die älteste Belegungsphase kennzeichnen in Kirchheim bei Heidelberg ebenso wie in Westheim im Sualafeld grobwandige Näpfe und scheibengedrehte Krüge, Schilddornschnallen mit kleinen Haften, Kampfmesser bzw. Kurzsaxe, lange Lanzen mit kurzem Blatt und besonders Äxte. Eine ganze Reihe von Axtwaffen entwickelten die Franken westlich des Rheins, teilweise auch nach alamannischen Vorbildern, und brachten sie mit über den Rhein. Mit Bartäxten, deren stark geschweifte Oberkante von der Franziska, der typisch fränkischen schmalen Wurfaxt, übernommen wurde, kämpften die Franken von der Seine und Somme ebenso wie die Truppen zwischen Mosel und Mittelrhein; geschweifte Bartäxte fanden sich mehrfach entlang der Neckartalstraße, aber auch in Weißenburg/Mfr.

Nur vereinzelt tauchen in den fränkischen Gräberfeldern noch Schmuckstücke, Gürtelteile oder Waffen aus dem späten 5. oder frühen 6. Jahrhundert auf, wobei das seltene lange einschneidige Hiebschwert im Westheimer Doppelgrab 106 besonders auffällt. Für die Datierung der Anlage des Grabes entscheidender sind aber stets die jüngsten Funde; zusammen mit einer stempelverzierten Lanze mit geschweiftem Blatt kam das Hiebschwert, ein Relikt aus der Völkerwanderungszeit, erst in der Mitte des 6. Jahrhunderts in die Erde. Wie bei der sechzigjährigen Frau in Schretzheim im Grab 472 dürfte es sich auch bei dem Mann aus Westheim, Grab V, mit einem chlodwigzeitlichen Gürtel um eine ältere Person handeln, die nicht vor 530 bestattet worden ist.

In Pleidelsheim am Neckar bildeten die Gräber zurückgebliebener Alamannen aus dem ersten Viertel des 6. Jahrhunderts den Kern eines merowingischen Reihengräberfeldes. Mindestens zwei große Familienverbände kamen hinzu, die durch neue Bestattungssitten auffielen. Während die Alamannen hier weiterhin an schmalen Gruben festhielten, benutzten die zugezogenen Familien große lange Grabkammern. Da die Fremden in zwei räumlich getrennten Arealen bestatteten, war nicht zu übersehen, daß eine Gruppe insgesamt wesentlich größere und tiefere Grabkammern anlegte als die andere. Erstere waren Franken, die neuen Herren, letztere eine thüringische Gefolgschaft.

Abb. 207 *Die 2,7 cm langen, silbernen, tierköpfigen S-Fibeln sind gegossen, das Kerbschnittmuster ist feuervergoldet; in den runden Augen sind rote Almandine eingelegt. Die kaum abgenutzten Fibeln gehörten der knapp zwanzigjährigen Frau in Pleidelsheim Grab 140, einer nahen Verwandten des fränkischen Amtsträgers. Das mitgefundene Bügelfibelpaar, ähnlich dem aus Grab 20, muß zuvor schon lange von einer anderen Frau getragen worden sein. – Foto U. Koch.*

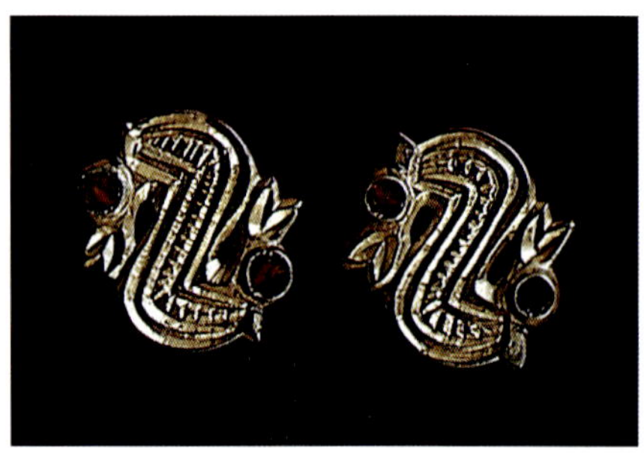

Die fränkische Herkunft der neuen Pleidelsheimer Familien wird bestätigt durch die Funde aus den Frauengräbern. Zur Rundfibel mit sechs im Wirbel angeordneten Tierköpfen aus Grab 141 gibt es ebenso wie zu den Bügelfibeln mit quergerippten Trapezplatten aus Grab 20 und Grab 140 zahlreiche Parallelen in Nordfrankreich. Mit dem S-förmigen Kleinfibelpaar aus Grab 140 stimmt eine Fibel aus Köln-Junkersdorf völlig überein.

Da nun vom Neckar bis zum Steigerwald die ältesten Körpergräber in das zweite Viertel des 6. Jahrhunderts zu datieren sind und sich überwiegend bei den Orten finden, deren Namen auf »heim« enden, wie in Herbolzheim und Klepsau (ursprünglich Clepsheim) an der Jagst, in Mergentheim an der Tauber, in Müdesheim (Main-Spessart-Kreis), in Gelchsheim (Kr. Würzburg), in Gochsheim und Sulzheim (Kr. Schweinfurt), in Enheim, Hellmitzheim, Hüttenheim, Kleinlangheim, Nenzenheim und Seinsheim (Kr. Kitzingen), darf wohl auf eine umfangreichere von Franken durchgeführte Ansiedlung in dieser Zeit geschlossen werden. Merowingerzeitliche Grabfunde und patronymisch gebildete Ortsnamen mit der Endung »heim« finden sich in den gleichen Räumen; sie füllen diese sogar zum Teil flächendeckend aus. Sie bezeugen eine Besiedlung der waldarmen Gäuflächen vom Kraichgau bis ins Windsheimer Becken. Unbesiedelt blieben Odenwald und Spessart, im Süden die bewaldeten Keuperhöhen, im Osten Steigerwald und Haßberge. Auf den sandigen Keuperflächen Mittelfrankens fehlen Siedlungsspuren weitgehend. Erst im mittleren Altmühltal und vor der südlichen Frankenalb setzt lockere, um Weißenburg etwas dichtere Besiedlung ein.

Ostfranken – ein germanischer Schmelztiegel (Abb. 208–213)

Da die Franken selbst kaum in der Lage waren, alle von Chlodwig eroberten Gebiete selbst aufzusiedeln, waren sie zu umfangreichen Umsiedlungen gezwungen. Sie selbst stellten offenbar weitgehend die Oberschicht, stützten sich aber auf Gruppen aus anderen germani-

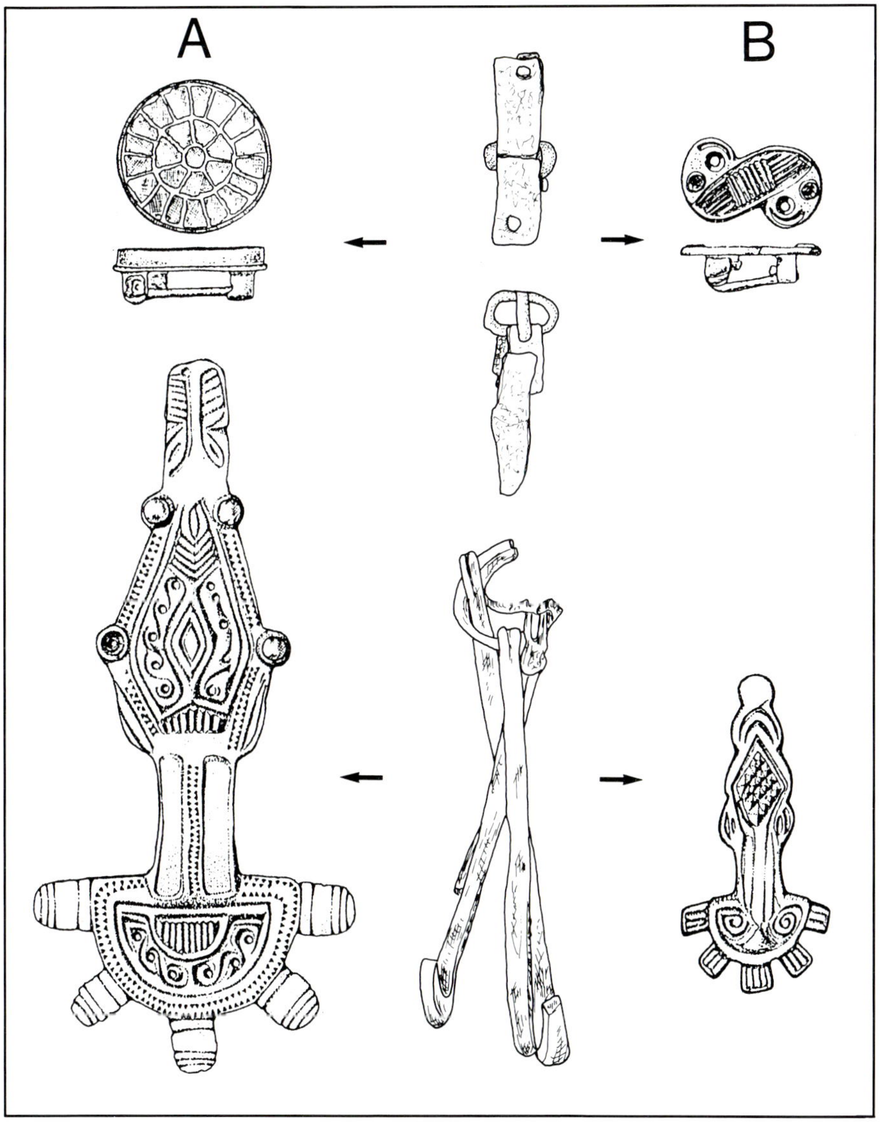

Abb. 208 Die Frau in Pleidelsheim Grab 89 trug ein Paar 3 cm großer Almandinscheibenfibeln und silberne, 13,8 cm lange Bügelfibeln. 2,9 cm lange bronzene S-Fibeln und nur 6,2 cm lange bronzene Bügelfibeln schmückten die Gewänder der Frau in Grab 9. Fast identisch waren die Gürtelgehänge der beiden Frauen, nämlich aus ovalen Bronzeringen mit eisernen Laschen sowie drei Hakenschlüsseln. Die in Grab 89 als Obolus verwendete Münze wurde zwischen 540 und 552 in Italien geprägt. – Gestaltung I. Bell nach Zeichnungen Landesdenkmalamt Baden-Württemberg.

schen Stämmen, vorzugsweise aus dem Thüringerreich, wie durch die Untersuchungen der Gräberfelder vom Bernerring in Basel und von Schretzheim an der Donau ermittelt wurde.

In Pleidelsheim wurde nach thüringischem Brauch in Grab 95 mit der Bestattung eines jungen Mannes das Pferd über der Holzkammer beigesetzt. Diesem benachbart und in gleicher Reihe mit dem schwerbewaffneten, aber ethnisch nicht einzuordnenden Mann in Grab 15 lagen zwei Frauen. Sie trugen beide gleichartige Fibelgehänge mit einem Bund eiserner Hakenschlüssel. Die Frau in Grab 9 war geschmückt mit einem S-Fibelpaar und einem Bügelfibelpaar mit gegittertem Rautenfuß, zu dem es mehrere Parallelen in Thüringen und im langobardischen Siedelgebiet gibt. Sie besaß einen scheibengedrehten fränkischen Topf. Die andere Frau in Grab 89 trug eines der in Thüringen sehr beliebten, ganzflächig mit Almandinen belegten Scheibenfibelpaare und ein großes ostgotisches Bügelfibelpaar. Von den Franken hatten die Angehörigen der Frau in Grab 89 sowie des Mannes in Grab 15 den Brauch des Obolus übernommen; sie verwendeten Münzen, die nach 540 in Ravenna geprägt waren. Diese Leute stammten aus Thüringen, hatten aber wohl schon einige Jahre in fränkischem Gebiet gelebt, bevor sie sich am Neckar niederließen. In Westheim im Sualafeld läßt der Gräberfeldplan eine Dreiteilung erkennen; denn während im Nord- und Südteil überwiegend große west-ost-gerichtete Gräber angelegt wurden, weist eine breite Zone in der Mitte schmalere, von der Orientierung leicht abweichende Gruben auf. Die ältesten Gräber aus dem zweiten Viertel des 6. Jahrhunderts verteilen sich auf alle drei Zonen. Die handgemachte, mit Dellen und Riefen verzierte Keramik sowie die groben Näpfe in Kindergräbern konzentrieren sich dagegen auf die meist nicht genau orientierten Gräber in der Mitte. Die in diesem Bereich bestatteten Menschen waren keine Franken, sondern elbgermanischer, vielleicht thüringischer Herkunft. Den bevorzugten nördlichen Platz auf dem nach Süden abfallenden Hang nahm diejenige Gruppe ein, die zweimal ein Pferd beigab und um 600 eine Kapelle auf dem am höchsten gelegenen Punkt errichtete. Der Südgruppe gehörten zwei Männer an, die mit dem fränkischen Ango ausgestattet waren. Die Frau in Grab XX trug ein fränkisches Bügelfibelpaar, zu dem es gleichartig verzierte Stücke in Poivres, 60 km südlich der Hauptstadt Reims gelegen, und in Lonay bei Lausanne am Genfer See gibt.

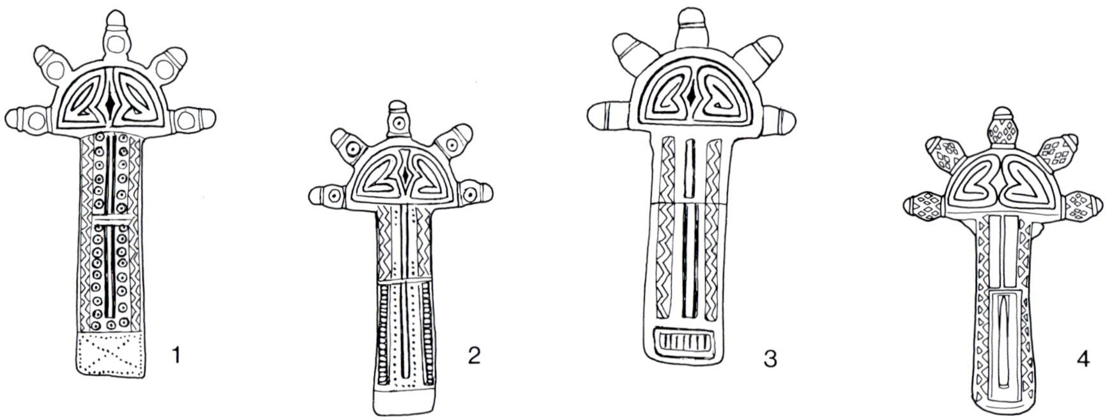

Abb. 209 *Den vier etwa 9 cm langen Fibeln aus Westheim (Kr. Weißenburg-Gunzenhausen) Grab XX (Kat. V.5.7.), Lonay im Kt. Vaud, Poivres im Dép. Aube und von Mill Hill in Kent (Abb. 280; Kat. V.6.7.) ist das sonst nicht bekannte, symmetrisch angeordnete Blattmuster auf der halbrunden Kopfplatte gemeinsam. Selten sind auch längsgegliederte Mittelbahnen auf Bügel und Fuß. – Zeichnungen U. Koch; B. Bruggmann; I. Bell.*

In Klepsau zeigte sich, daß auch die Familien der Oberschicht, der neue fränkische Adel, nicht immer fränkischer Herkunft waren. Schon der Name des Ortes – Klepsheim, Heim des Clepho – gibt zu denken; denn dieser Personenname taucht in der langobardischen Königsliste auf. Die Damen von Klepsau trugen langobardisch geprägte Fibeln und Fibelgehänge mit Silberplättchen. Zwar ist davon auszugehen,

Abb. 210 *Die Dame aus Klepsau (Hohenlohekreis) Grab 7 trug in der Mitte des 6. Jahrhunderts ein Paar silberne, vergoldete, 8,7 cm lange Bügelfibeln. Das Kerbschnittmotiv der Kopfplatte, eine Mäander-Swastika, die eingezapften vollrunden Knöpfe und die Drahtraupenzier an den Bügelenden der äußerst qualitätvollen Fibel verraten den langobardischen Einfluß (Kat. V.5.5.). – Foto Badisches Landesmuseum, Karlsruhe.*

Abb. 211 *Auch bei den kleinen, knapp 3 cm breiten goldenen Fibeln aus Klepsau Grab 7 griff der Goldschmied mit den cloisonnierten Vogelköpfen auf Motive aus dem thüringisch-langobardischen Kulturkreis zurück; die Verwendung von Almandinen und Filigrandekor in den tiefer liegenden Feldern verbindet die Arbeit mit den Fibeln aus dem Frauengrab unter dem Kölner Dom (vgl. Abb. 154) (Kat. V.5.5.). – Foto U. Koch.*

daß die mit Theudebert I. und seinem Sohn Theudowald verheirateten langobardischen Prinzessinnen in der ostfränkischen Mode den Ton angaben, doch in Klepsau steckte wohl mehr dahinter. Eiserne Webschwerter ins Grab zu legen, wie in den Frauengräbern 33 und 36, war bei Thüringern und Langobarden üblich; einen langobardischen Keramikbecher enthielt das Männergrab 8. Typisch langobardische Keramik kam unter Siedlungsfunden im Taubertal sowie im Raum Aschaffenburg zum Vorschein. Offensichtlich wurden Langobarden aus dem von Thüringen beherrschten Böhmen an Jagst und Tauber angesiedelt.

Die fränkische Oberschicht (Abb. 214–215)

Eine Spathascheide mit silbernem Ortband ist das älteste archäologische Zeugnis der merowingischen Siedler in Klepsau. Sie wurde in der ersten Hälfte des 6. Jahrhunderts in einer fränkischen Waffenschmiede westlich der Maas angefertigt. An der Jagst gehörte eine solche Scheide zweifellos einem Reiter oder Krieger von hohem Rang. Sie stammt bedauerlicherweise aus den vor Beginn der Grabungen zerstörten Gräbern von zwei Männern und einem Pferd. In der zweiten Hälfte des 6. Jahrhunderts stellte die fränkische Oberschicht ihren erworbenen Wohlstand offen zur Schau. Die Pferde waren prächtig gezäumt; so manches stempelverzierte Pferdegeschirr gelangte in die Gräber, wie die sorgfältig vergoldeten Zaumzeugbeschläge in Klepsau Grab 6 oder die verzinnten Bronzebeschläge in Sulzheim Grab 6. Die Frauen dieser Familien trugen keinen in großen Serien produzierten Schmuck. Sie pflegten sich einen Goldschmied an ihren Hof zu holen, der ihren Wünschen entsprechend kostbare Einzelstücke anfertigen konnte. In Lauffen am Neckar und Dittigheim an der Tauber wirkten Schmiede und wurden samt ihrem Werkzeug im Ortsgräberfeld beigesetzt. Einem solchen Goldschmied gelang in Klepsau an der Jagst im letzten Viertel des 6. Jahrhunderts mit dem Bügelfibelpaar aus Grab 4 ein kleines Kunstwerk, das den Übergang vom älteren zum jüngeren germanischen Tierstil festhält (Abb. 500).

Das Frauengrab 128 von Pleidelsheim war gestört, doch hatten die Plünderer einen Teil der prächtigen Ausstattung übersehen. Mit 2,9 m war es das tiefste Grab des Friedhofes überhaupt und wohl ursprünglich von einem Hügel überdeckt. Zwischen den Oberschenkeln der Frau lag noch eine große Bügelfibel mit eingezapf-

Abb. 212 *Nicht jeder Goldschmied war so geschickt wie der vom Klepsauer Hof. Bei der aus Bronze gegossenen, versilberten und vergoldeten, 8,6 cm großen Fibel von Niedernberg (Kr. Aschaffenburg) Grab 40 mißlang eine symmetrische Gliederung des Kerbschnittmusters der rechteckigen Kopfplatte. – Foto Bayer. Landesamt für Denkmalpflege, Würzburg.*

Abb. 213 *Zu den ältesten Funden aus Klepsau gehört das insgesamt 13,5 cm lange silberne Ortband aus einer um die Spitze einer Spathascheide herumlaufenden Randschiene, versehen mit einem 7,7 cm langen silbernen Ortblech als Verkleidung der Vorderseite; ein gerieftes Silberband diente der zusätzlichen Befestigung des Ortbleches. – Foto U. Koch.*

ten Knöpfen; von einer zweiten Fibel hatten sich die Knöpfe gelöst, bevor sie geraubt wurde. Auf Wohlstand und gehobene Lebensführung weisen ferner Holzeimer und Glasbecher hin. Die Frau besaß einen mit Bronzeblechen beschlagenen Holzkasten, ein seltenes Ausstattungsstück, zu dem nur 35 Vergleichsstücke von 28 Fundplätzen bekannt sind. Solche an der Schauseite flächig mit Zierblechen beschlagenen Kästchen wurden in Sulzheim südlich von Schweinfurt, in Klepsau und Herbolzheim an der Jagst, in Walheim am Neckar und in Basel, Bernerring, gefunden; aber auch in Zeuzleben an der Wern verwendeten die adligen Thüringerinnen solche Kästen. Die merowingerzeitlichen, nach spätantiken Vorbildern beschlagenen Holzkästchen dürften in einer einzigen Werkstatt, vermutlich in Köln, gefertigt worden sein. Mit den Besitzerinnen der kostbaren Schatullen werden in den Gebieten östlich des Rheins Angehörige wohlhabender Familien faßbar, die Kontakte in den rheinfränkischen Raum hatten.

Für die erste Beisetzung eines Oberhauptes der fränkischen Familie von Pleidelsheim wurde in Grab 247 eine tiefe, große Kammer gebaut und dafür mehr als 16 m^3 Erde ausgehoben; 12 m im Durchmesser hatte die vermutlich überhügelte Grabstelle, an deren Rand, nicht ganz so tief, das Pferd beigesetzt war. Grab 247 war beraubt, nur das Bronzebecken blieb am Fußende in 2,8 m Tiefe stehen. Bronzebecken mit gegossenem Dreifußring be-

Abb. 214 *Das getriebene Bronzebecken mit einem Randdurchmesser von 34 cm stand in Pleidelsheim Grab 247 zu Füßen des fränkischen Reiters. Die Attaschen und der Fußring mit den drei stempelförmigen Füßen waren gegossen und angelötet, die unregelmäßigen Gußkanäle neben den Füßen wurden nicht entfernt. – Foto Landesdenkmalamt Baden-Württemberg, Stuttgart.*

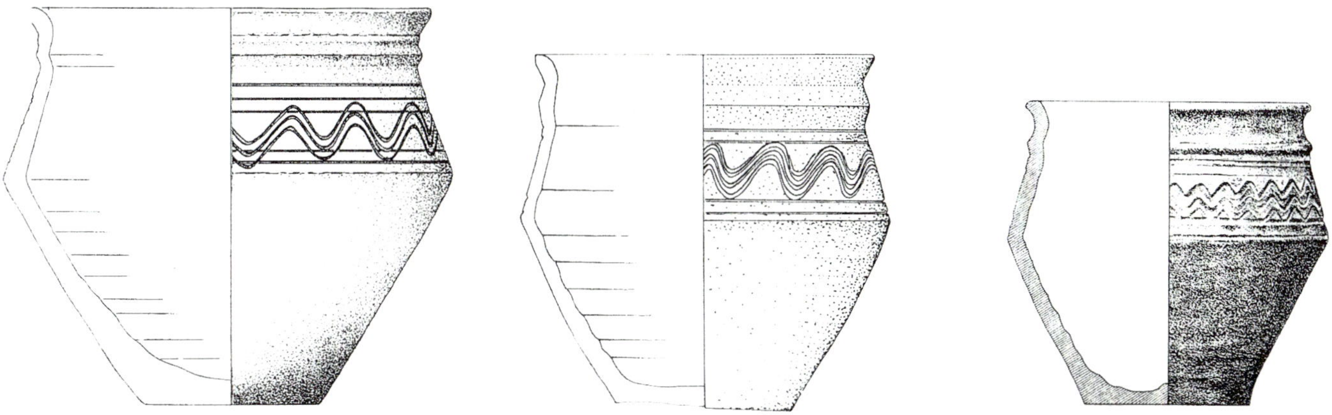

Abb. 215 Doppelkonische scheibengedrehte Töpfe mit hoher Unterwand, schwachem Halswulst, leicht ausbiegender Randlippe und dreizeiligem Wellenband zwischen umlaufenden Rillen wurden in der Mitte des 6. Jahrhunderts über Rhein, Mosel, Main und Neckar vertrieben. Der 19,6 cm hohe, glattwandige schwarz polierte Topf stammt aus Heilbronn-Horkheim Grab 15, der 18,1 cm hohe, ebenfalls schwarz polierte aus Hettstadt (Kr. Würzburg) Grab 7 und der 15,1 cm hohe braunrote bis graubraune Topf aus Basel-Bernerring Grab 29. – Zeichnungen U. Koch; Pescheck 1983; Martin 1976.

saßen in der ersten Hälfte und Mitte des 6. Jahrhunderts nur Angehörige der fränkischen Oberschicht, beispielsweise die Fürsten von Gellep, die Dame sowie der junge Prinz unter dem Kölner Dom. Wie in Pleidelsheim benutzten auch in Crailsheim und Ulm die neuen fränkischen Herren Bronzebecken mit gegossenem Dreifußring. Ihrem gehobenen Lebensstandard entsprechend, reinigten sie darin die Hände vor den Mahlzeiten.

Dem Ausschenken von Getränken dienten in diesen Kreisen die metallbeschlagenen Holzeimer. In Kleinlangheim erhielt im 6. Jahrhundert der kaum 25jährige Mann in Grab 261 die wohl kostbarste Ausstattung am Ort. Neben voller Waffenausrüstung und einer Goldmünze als Obolus besaß er einen Glasbecher, ein Bronzebecken und einen Holzeimer mit gegabelter eiserner Attasche. Holzeimer mit solchen Attaschen sind aus linksrhei-

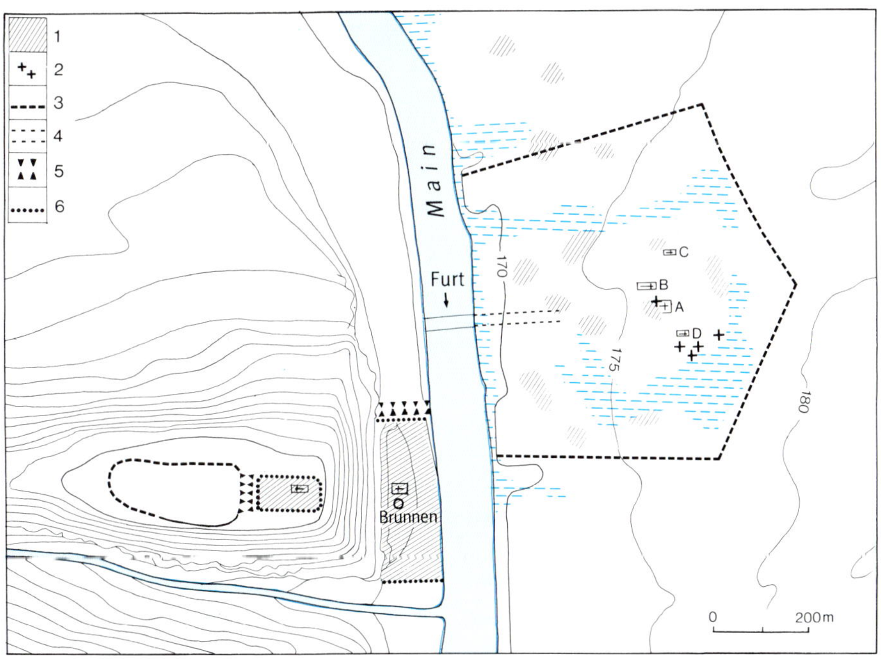

Abb. 216 Würzburg im frühen Mittelalter. Die rechtsmainische Talbucht mit Rekonstruktion der orohydrographischen Struktur; Feuchtzonen (gestrichelt) umgeben die Siedlungsbereiche (1), die durch merowingerzeitliche Funde in Gräbern (2) und die Standorte von Kirchen (Dom Neumünster, St. Martin, Mariä Verkündigung) gekennzeichnet sind. Die in ihrem Verlauf angegebene Stadtbefestigung (3) stammt aus dem 10. Jahrhundert. Ein Altweg führt zur Furt. Auf dem linken Ufer ist ein Teil des 8 m breiten Grabens (5) einer spätmerowingischen Befestigung (6) im Tal archäologisch erschlossen. Bereits in merowingischer Zeit war auch der Marienberg in den Siedlungsbereich einbezogen und mit einer Kirche versehen. – Nach einem Plan des Bayer. Landesamtes für Denkmalpflege, Würzburg; Umzeichnung I. Bell.

Abb. 217 *Der Fibeltyp mit rechteckiger Kopfplatte, geschweift rautenförmiger Fußplatte, stilisierten randlichen Tierköpfen und Rundeln ist den großen nordischen Fibeln nachempfunden und war bei der fränkischen Oberschicht sehr beliebt. Das 8,5 cm lange Fibelpaar trug die Frau aus Würzburg Grab 2 im zweiten Viertel des 6. Jahrhunderts. – Foto Bayer. Landesamt für Denkmalpflege, Würzburg.*

nischen Gebieten zahlreich bekannt, fanden sich aber auch in Müdesheim, Zeuzleben und Pleidelsheim Grab 128. Etwas kostbarer waren die Holzeimer mit bronzenem Rand, bronzenen Preßblechbeschlägen, gegossenen Attaschen und Henkel wie in Klepsau Grab 4 oder auch in Basel, am Bernerring Grab 33. Zum Vergnügen in der gastlichen Halle gehörte das Brettspiel. Schon die Kinder dieser vornehmen Familien erlernten offenbar die Regeln, wie der Knabe in Herbolzheim an der Jagst, dem 20 gedrechselte Spielsteine aus Geweih ins Grab mitgegeben wurden (Abb. 581).

Von Glashandel flußaufwärts zeugen zahlreiche Gefäße aus den rheinischen Glashütten. Gläser gab es in Dittigheim an der Tauber, in Kleinlangheim oder auch Müdesheim, vereinzelt liegen sie aus Würzburg und Hellmitzheim vor; relativ häufig wurden sie in den Gräbern an Neckar und Jagst gefunden. Auch florierte im 6. Jahrhundert der Keramikhandel auf dem Wasserweg, nachdem das mitgebrachte Geschirr aufgebraucht war. So gelangten fast identisch geformte glattwandige, wellenbandverzierte doppelkonische Töpfe sowohl nach Basel als auch nach Heilbronn und Würzburg. Demnach waren hier zahlungskräftige Käufer vorhanden, die nach den Produkten der fränkischen Manufakturen verlangten.

Italien – das Ziel ostfränkischer Politik

Ein beachtliches Interesse an den Ländern östlich des Rheins kann zweifellos bei Theudebert I. (533–547) vorausgesetzt werden. Als das Königreich der Burgunden durch die Chlodwigsöhne Childebert und Chlothar endgültig zerschlagen war, ging ihr Neffe Theudebert bei der Teilung nicht leer aus. Als aber auch der Ostgotenkönig Witigis 536 die Gebiete der Alamannen, die wie ein Schutzwall vor Italien lagen, an ihn abtrat, hatte er nun von mehreren Straßen her Zugang zu den Alpenpässen. In den ostgotisch-byzantinischen Krieg griff Herzog Butilin 539 mit einem alamannisch-fränkischen Heer ein. Doch auch als 562 Italien an Byzanz fiel und selbst nach 568, als Italien bereits langobardisch war, gaben die Merowinger die Idee einer Herrschaft über Italien nicht auf. Dazu benötigten sie nicht nur Krieger, sondern auch gesicherte Straßen. Schon Theudebert verteilte seine Leute in alle Richtungen. Das bezeugen die von gleicher Hand wohl in Reims gefertigten fränkischen Fibeln von Westheim im Sualafeld und Lonay am Genfer See ebenso wie die

Abb. 218 *Die 6 mm hohe Goldblechauflage der vierpaßförmigen 6,2 cm großen Fibel ist mit Kitt hinterfüllt und wird auf der bronzenen Grundplatte von tordiertem Draht gestützt. Aufgelötet sind Filigrandrähte und die Fassungen für Steine. Sie war in der Mitte des 7. Jahrhunderts im Besitz einer Frau aus Horkheim bei Heilbronn. Antik und kostbar war schon damals die Karneolgemme mit dem Mars. – Foto U. Koch.*

Abb. 219 *In dem seit 1905 bekannten großen Gräberfeld auf der Gemarkung Pflaumheim (Kr. Aschaffenburg), 700 m vom Ortskern entfernt, wurde 1960 eines der reichsten Frauengräber Mainfrankens geborgen. In einem mit Eisenbeschlägen versehenen Sarg war die Dame im ersten Viertel des 7. Jahrhunderts beigesetzt worden. Sie trug außer einer 5,5 cm großen Goldscheibenfibel mit silberner Grundplatte auch noch eine 11 cm lange silberne Bügelfibel mit Almandinen in goldenen Zellkästen auf Bügel, Kopf- und Fußplatte. – Foto Bayer. Landesamt für Denkmalpflege, Würzburg.*

Abb. 220 *Aus dem Gräberfeld in der Flur »Hinter der Kirche« in unmittelbarer Nähe von Pflaumheim stammt die 4,5 cm große Goldscheibenfibel mit Mittelbuckel und Kreuzmotiv, Filigranverzierung, roten Almandin- und blauen sowie grünen Glaseinlagen aus dem frühen 7. Jahrhundert. Zwar trug eine Frau aus dem benachbarten Niedernberg (Kr. Miltenberg) eine fast identische Goldscheibenfibel, jedoch wurden solche Fibeln wahrscheinlich im Moselgebiet hergestellt. – Foto Bayer. Landesamt für Denkmalpflege, Würzburg.*

Bartäxte mit geschweifter Oberkante unter anderem von Horkheim, Weißenburg und Port im Kanton Bern.

In den Neckarraum zogen die Franken ganz offensichtlich erst, nachdem sich das Interesse der Merowinger auf die Alpen und das dahinter liegende ostgotische Italien richtete und für Theudebert mehrere Pässe über die Alpen zugänglich waren. Der Fernweg im Rheintal traf im Aargau auf das römische Straßennetz vom Neckarraum her. Eine weitere Verbindung verlief ebenfalls durch den Kraichgau und schließlich über die Wasserscheide zwischen Kocher und Jagst; sie teilte sich in Crailsheim und führte einerseits durch das Härtsfeld, andererseits weiter östlich durch das Sualafeld nach Augsburg und wieder gemeinsam auf der *via Claudia* nach Italien.

Die Herren von Klepsau waren mehrmals in Italien. Der kleine Dolch des Knaben aus Grab 13 steckte in einer Scheide mit filigranverziertem Ortband (Abb. 260); in seinem Mund lag als Obolus ein Triens des Ostgotenkönigs Athalarich (526–534). Ein zweiteiliges Kreuz, aus Silberblech geschnitten und stempelverziert von einem sich wohl gerade am Hof aufhaltenden Goldschmied, hatte man ihm auf die Stirn gelegt. Damit wurde in Klepsau in der Mitte des 6. Jahrhunderts ein Brauch geübt, den die Langobarden erst später in Italien kennenlernten. Ein enger Verwandter des adligen Knaben war vermutlich kurz vor dessen Tod aus Italien zurückgekehrt, brachte Münze, Dolch und die Kenntnis byzantinischen Totenbrauchtums mit.

Vier Schmuckanhänger der Frau aus Grab 4 waren von einem germanischen Münzmeister und Goldschmied im langobardischen Italien gefertigt (Abb. 259). Sie fügte sie zwei älteren hinzu, die wohl schon länger in ihrem oder der Familie Besitz waren. Der Reiter aus Klepsau Grab 6 trug im späten 6. Jahrhundert einen Mantel mit einer nördlich der Alpen ungewöhnlichen, gleicharmigen Fibel. Ein derartiges Kleidungsstück kann er nur südlich der Alpen kennengelernt haben, wo Langobarden diese Tracht der einheimischen romanischen Bevölkerung bereits übernommen hatten. Er brachte sich selbst ein Bronzebecken mit und ergänzte den Gewichtssatz seiner Feinwaage durch ein byzantinisches Nomismagewicht. Auch zwei der Horkheimer Reiter waren offensichtlich recht erfolgreich aus Italien zurückgekehrt. Der ältere kehrte im letzten Drittel des 6. Jahrhunderts mit neuem Pferdegeschirr heim. Ein typisches Erzeugnis langobardischer Kammacher ist sein großer Kamm mit hochgezogenen Tierköpfen an den Enden. In der ersten Hälfte des 7. Jahrhunderts war ein weiterer Horkheimer Reiter nicht nur im Besitz eines gegossenen mediterranen Bronzebeckens, sondern auch eines langobardischen Schwertes mit zugehörigem Wehrgehänge.

Mehrfach zogen im letzten Viertel des 6. Jahrhunderts fränkische Heere nach Italien. König Sigibert I. schickte noch kurz vor seiner Ermordung 575 ein mächtiges Heer über den Brenner. Während des Krieges von 584 bis 591 konnte der junge König Childebert II. nach zunächst nur geringen Erfolgen 590 die fränkische Übermacht demonstrieren. Daneben bestanden vielfältige Handelskontakte zwischen Langobarden und den Nachbarn nördlich der Alpen.

Fränkische Königshöfe und Stützpunkte (Abb. 216–218)

Mainz und Worms waren nicht erst in karolingischer Zeit Ausgangspunkte für militärische Unternehmungen Richtung Osten und Südosten; auch in merowingischer Zeit versammelten sich hier die aufgebotenen Krieger, und zwar auf der östlichen Rheinseite. Die beiden mit dem Ango bestatteten Krieger von Hofheim (Kr. Bergstraße) aus dem ersten und zweiten Viertel des 6. Jahrhunderts weisen nachdrücklich auf die militärische Bedeutung dieses Worms gegenüberliegenden Feldes hin. Es war von mehreren karolingischen Königshöfen umgeben. In Königshand verblieben seit der Merowingerzeit strategisch wichtige Plätze, wie Kreuzungen von Land- und Wasserstraßen. An einer Furt durch den Neckar liegt auf dem östlichen Ufer, von kleinen Wasserläufen und Sumpf geschützt, der Hof in Heilbronn, der sich samt Kirche 741 in Königsbesitz befand. Die – soweit bekannt – ältesten zugehörigen Grabfunde stammen aus zwei Frauengräbern des späten 6. Jahrhunderts und bezeugen eine gehobene Bevölkerungsschicht. Ganz ähnlich ist die Situation in Würzburg; auf dem rechten Mainufer lag der von Bachläufen umgebene Domhügel wie ein Brückenkopf an der Furt. Das teilweise zerstörte Frauengrab 2 mit einem Bügelfibelpaar vom nordischen Typ aus dem zweiten Viertel des 6. Jahrhunderts reicht in die Anfänge der fränkischen Siedlung zurück.

Die Stützpunkte königlicher Macht be-

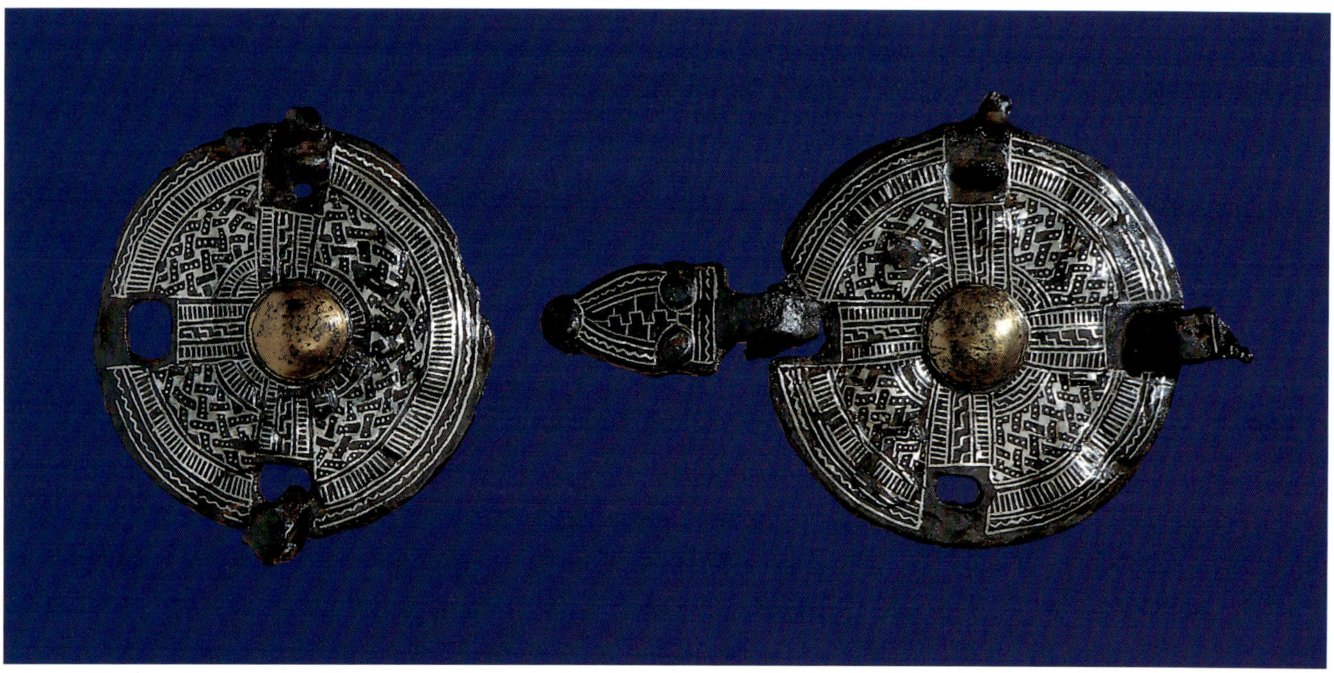

Abb. 221 *Pferdegeschirr erhielten nur die vornehmsten Männer mit ins Grab. Es war Statussymbol einer im sozialen Rang weit oben stehenden, sehr kleinen Bevölkerungsgruppe. Die beiden scheibenförmigen eisernen Riemenverteiler von 8,5 cm Durchmesser mit silberner Tauschierung und vier Ösen für die triangulären Riemenbeschläge stammen aus der ersten Hälfte des 7. Jahrhunderts und gehörten dem Reiter aus Grab 1/1951 von Mömlingen (Kr. Miltenberg). – Foto Bayer. Landesamt für Denkmalpflege, Würzburg.*

***Abb. 222** Enge Beziehungen von der Mosel zum Mittelmain in der Zeit um 600 bezeugen die 10 cm langen silbernen und vergoldeten Fibeln von Würzburg-Heidingsfeld mit den aufgenieteten vollrunden stempelverzierten Knöpfen und den im germanischen Tierstil verzierten Flächen, denn sie haben in Gersheim im Saarland ein genaues Gegenstück. Sowohl auf der rechteckigen Kopfplatte mit den glockenförmigen Tierköpfen als auch der ovalen Fußplatte mit den kreisrunden Tierköpfen sind die dreisträhnigen Leiber verschlungen; oben beißen sie mit den zweisträhnigen Kiefern das jeweils andere Tier, unten in den eigenen Leib. – Foto Bayer. Landesamt für Denkmalpflege, Würzburg.*

schränkten sich sicher nicht auf einen Hof allein, denn zeitweise mußten viele Menschen mit Nahrung, Unterkunft und Nachrichten versorgt werden. Zum *castellum, quod nominatur Wirciburc* gehörten in spätmerowingischer Zeit, als Würzburg Herzogssitz war, auf der linken Seite des Mains eine Befestigung auf dem nach drei Seiten steil abfallenden Bergsporn des Marienberges und eine Talsiedlung zu seinen Füßen, von deren Bewehrung ein 8 m breiter Spitzgraben archäologisch nachgewiesen wurde.

Die Boten und Reiter des merowingischen Hofes von Heilbronn waren in Horkheim stationiert, 4 km neckaraufwärts auf dem Gleithang einer Flußschleife. Das Sumpfgebiet, das dem Ort seinen Namen gab, war für die Pferdezucht gut geeignet, was die geringe Bodengüte aufwog; entscheidend für die Wahl des Platzes war die dort durch den Neckar nach Süden führende Römerstraße. Die ältesten der zum Teil sehr qualitätvollen Funde aus dem durch Kiesgrubenbetrieb zerstörten großen Horkheimer Gräberfeld stammen aus der Mitte des 6. Jahrhunderts. Auch Horkheimerinnen trugen Fibeln vom nordischen Typ.

Eine wichtige Rolle bei der fränkischen Besetzung des Donauraumes und der Provinz Raetien spielten zweifellos die im Sualafeld zwischen Altmühl und Ries stationierten Krieger. Der bedeutendere Ort war, nach der Qualität der Funde zu urteilen, der spätere Königshof Weißenburg. Archäologisch besser erschlossen ist jedoch Westheim mit 261 Gräbern. Mit fünf Franzisken, drei Streitäxten und zwei Angones fällt der Platz in Mittelfranken auf. Westheim wurde im zweiten Viertel des 6. Jahrhunderts als Stützpunkt auf dem Weg nach Süden eingerichtet.

Sicherung der fränkischen Herrschaft unter Dagobert I. (Abb. 219–223)

Seit der zweiten Hälfte des 6. Jahrhunderts gefährdeten Awaren und Slawen die östlichen Teile des Merowingerreiches und führten bald zu einer Verlagerung des politischen Schwerpunktes. Hinzu kamen kriegerische Auseinandersetzungen zwischen den Merowingern und einzelnen mächtigen Adelsparteien in den östlichen Reichsteilen sowie im Grenzgebiet nach Thüringen. Sicher ein gewichtiges Wort redeten auch die vornehmen fränkischen Familien mit, die am Unterlauf des Mains, im Bachgau siedelten. Hervorragend ausgestattet war hier im frühen 7. Jahrhundert die Frau aus Pflaumheim, Grab 1/1960; vermögend war ebenso die Familie des Reiters aus Mömlingen im Grab 1/1951. Schweres gegossenes Bronzegeschirr mediterraner Herkunft konnten sich wohlhabende Franken im Rhein-Main-Gebiet, in Großwallstadt (Kr. Miltenberg) und Heilbronn-Horkheim leisten. In den weniger dicht besiedelten östlichen Randgebieten Mainfrankens zogen zumindest zeitweise Angehörige der fränkischen Oberschicht auf befestigte Höhen. Dies waren strategisch besonders günstig gelegene Berge, wie der Judenhügel bei Kleinbardorf, dem nordwestlichsten Ausläufer der Haßberge. An dessen Fuß lief die Straße von Würzburg nach Thüringen vorbei; von der Höhe war der Blick frei über das Grabfeld bis zu den Gleichbergen bei Römhild. Unter den qualitätvollen Metallfunden vom Judenhügel befindet sich Gehängeschmuck von Frauen aus der Mitte des 7. Jahrhunderts; die Höhensiedlung war ebenso wie die Schwedenschanze bei Wechterswinkel nördlich der Saale also nicht nur ein militärischer Stützpunkt. Zweifellos verlangten die andauernden

Abb. 223 *Die 9,8 cm lange bronzene Riemenzunge vom Schneckenberg bei Hüttenheim (Kr. Kitzingen) geriet unfertig in den Boden; es fehlt nicht nur der zur Befestigung notwendige Niet, auch die im Kerbschnitt angelegte Tierornamentik war erst teilweise ausgearbeitet. Es besteht die berechtigte Annahme, daß eine Familie, die auch Handwerker beschäftigte, in der Mitte des 7. Jahrhunderts auf dem Berg Zuflucht gesucht hat. – Foto Bayer. Landesamt für Denkmalpflege, Würzburg.*

Auseinandersetzungen mit den slawischen Stämmen des Samo-Reiches eine tief gestaffelte Ordnung in Thüringen und den benachbarten fränkischen Gauen. Umfangreiche Neuerungen werden besonders dem Merowingerkönig Dagobert I. (623–639) zugeschrieben, der bereits von seinem Vater Chlothar II. zum König im Ostreich ernannt worden ist und dieses zusammen mit Bischof Arnulf von Metz bereiste. Überliefert ist, daß Dagobert Herzog Radulf in Thüringen einsetzte. In Mainfranken sind durch die Vita des hl. Kilian drei Vorgänger des 704 bezeugten *dux* Heden, nämlich Hruodi, Heden d. Ä. und Gozbert, namentlich bekannt. Vermutlich wirkten sie ebenfalls als Herzöge in Würzburg. Hruodi dürfte zur Zeit Dagoberts gelebt haben. Die letzte bekannte militärische Aktion eines Merowingerkönigs rechts des Rheins war der Feldzug von Dagoberts elfjährigem Sohn Sigibert III. (633–656) unter der Führung der austrasischen Adeligen Adalgisel und Grimoald gegen Herzog Radulf.

Literatur: Beyerle 1955. – Büttner 1952. – Clauß 1971. – Dannheimer 1962. – Erichsen 1989. – Ewig 1991. – Gockel 1970. – Gross 1993. – Haas 1989/90. – Koch, R. 1967. – Koch, U. 1977; 1982a; 1982b; 1990; 1994; 1995. – Lenssen/Wamser 1992. – Lindner 1972. – Martin 1976. – Möller 1987. – Pescheck 1983; 1993. – Reiß 1994. – Rettner 1992. – Schlesinger 1975b. – Schulze, H. K. 1984. – Steidle 1989. – Wamser 1984a; 1985b.

Das Königreich der Thüringer und seine Eingliederung in das Frankenreich

Berthold Schmidt

Etwas länger als ein halbes Jahrhundert beherrschte das Königreich der Thüringer Teile Mitteleuropas. Die Aufarbeitung der umfangreichen archäologischen Quellen, die Ausgrabungen der vergangenen Jahrzehnte und ihre Konfrontation mit den wenigen schriftlichen Quellen ergeben ein plastisches Bild von der Entstehung und der Blüte eines großen germanischen Reiches der Völkerwanderungszeit, dessen Untergang seinen Niederschlag in einem Heldenlied, dem Iringlied, fand.

Schon frühzeitig – allerdings mehr sagenhaft überliefert – bestanden Beziehungen zwischen Thüringern und Franken, vor allem zwischen den Königshäusern. Der Expansionsdrang der Franken in östliche Richtung wurde durch das Bündnis der Thüringer mit den Ostgoten in Italien aufgehalten. Nach dem Tod des Ostgotenkönigs Theoderich im Jahre 526 unterlagen die Thüringer dem vereinten Ansturm der Franken im Jahre 531.

Das Gebiet des Thüringer Reiches gehörte fortan zum Frankenreich. Noch in der zweiten Hälfte des 6. Jahrhunderts – wohl erzwungen durch Einwirkungen der Awaren – erfolgte eine Aufgabe des Siedlungslandes östlich von Elbe und Saale, die von nun an die Grenze des fränkischen Staates bildeten, während rechts der Flüsse, die seit dem späten 6. und 7. Jahrhundert eingewanderten Slawen wohnten. Die folgende Zeit brachte Umsiedlungen, Bevölkerungsabwanderungen, Neuansiedlungen sowie vor allem Bemühungen um die Erhaltung und den Ausbau der fränkischen Herrschaft durch Errichtung von Befestigungen und militärischen Straßenstationen, aber auch um christliche Missionierung. Im 7. und frühen 8. Jahrhundert setzte eine staatlich gelenkte Binnenkolonisation ein. Die kirchliche Integration fand ihren Abschluß in der ersten Hälfte des 8. Jahrhunderts durch das Wirken von Bonifatius mit der Gründung des Bistums Erfurt im Jahre 742.

Das Stammesgebiet der Thüringer und das Thüringische Königreich mit seinen Provinzen

Während die schriftlichen Quellen zur Geschichte Mitteldeutschlands für mehr als 200 Jahre, nämlich von den Markomannenkriegen (172/173) bis in die Zeit um 400, völlig schweigen und damit dieser lange Zeitraum als dunkelste Jahrhunderte in der Geschichte Mitteldeutschlands erscheinen würde, kann die Archäologie diese Lücke glücklicherweise durch eine stattliche Anzahl von Funden und Fundplätzen schließen. Die durch Bach- und Flußläufe gegliederten fruchtbaren Landschaften Mitteldeutschlands waren mit Ausnahme der Gebirge relativ dicht besiedelt. Es handelte sich meist um kleinere Siedlungseinheiten, um Einzelhöfe oder drei bis fünf Gehöfte. In Dienstedt (Kr. Arnstadt) wurde ein umzäumter Adelshof ausgegraben. Größere, dortartige Siedlungen sind nur in der Altmark bis nach Magdeburg nachgewiesen, im Saalegebiet werden einige vermutet. Ausgehend von den Adelsnekropolen der Leuna-Haßlebener-Gruppe erfolgte hier der Übergang von der Brand- zur Körperbestattung. Einzelne Adlige müssen mit ihren Gefolgschaften im gallischen Sonderreich Militärdienst geleistet haben. Dabei lernten sie den römischen Lebensstil und römische Umgangsformen kennen. Bild und Schrift fanden hier Eingang. In Haarhausen, zwischen Erfurt und Arnstadt, wurden römische Töpferöfen ausgegraben. Daß römische Töpfer, in welcher Form auch immer, hier gewesen sein müssen, war schon vor längerer Zeit aufgrund der Fundstreuung postuliert worden. Drei Kammmacherwerkstätten wurden im Saalegebiet untersucht.

Für Mitteldeutschland ist der Stamm der Hermunduren bis in die zweite Hälfte des 2. Jahrhunderts durch schriftliche römische Quellen bezeugt. Um 400 wurden die Thüringer (Toringi) erstmals durch einen römischen Militärtierarzt erwähnt.

Daß ihre Wohnsitze die gleichen wie die der Hermunduren gewesen sein müssen, erfahren wir rückschließend aus den »Zehn Büchern fränkischer Geschichten« des fränkischen Bischofs Gregor von Tours. Er berichtet, daß die Entscheidungsschlacht von 531 an der Unstrut in Thüringen stattgefunden habe. Somit können wir die für diese Zeit dort erfaßte archäologische Kultur mit dem Stamm der Thüringer gleichsetzen. Sprachlich ist die Ableitung des Namens Thüringer (Toringi, Thur-ingi) aus dem der Hermun-duri durchaus möglich. Da zwischen dem 2. Jahrhundert und der Zeit um 400 kein durchgreifender Bevölkerungswechsel stattgefunden hat, handelt es sich um eine Bevölkerungskontinuität. Die Namensänderung muß zwischen den Jahren 173 und 400 erfolgt sein. Lediglich im frühen 3. Jahrhundert scheint eine geringe Bevölkerungszuwanderung aus Westmecklenburg/Ostholstein stattgefunden zu haben, die Zugewanderten

Stammtafel der Thüringer

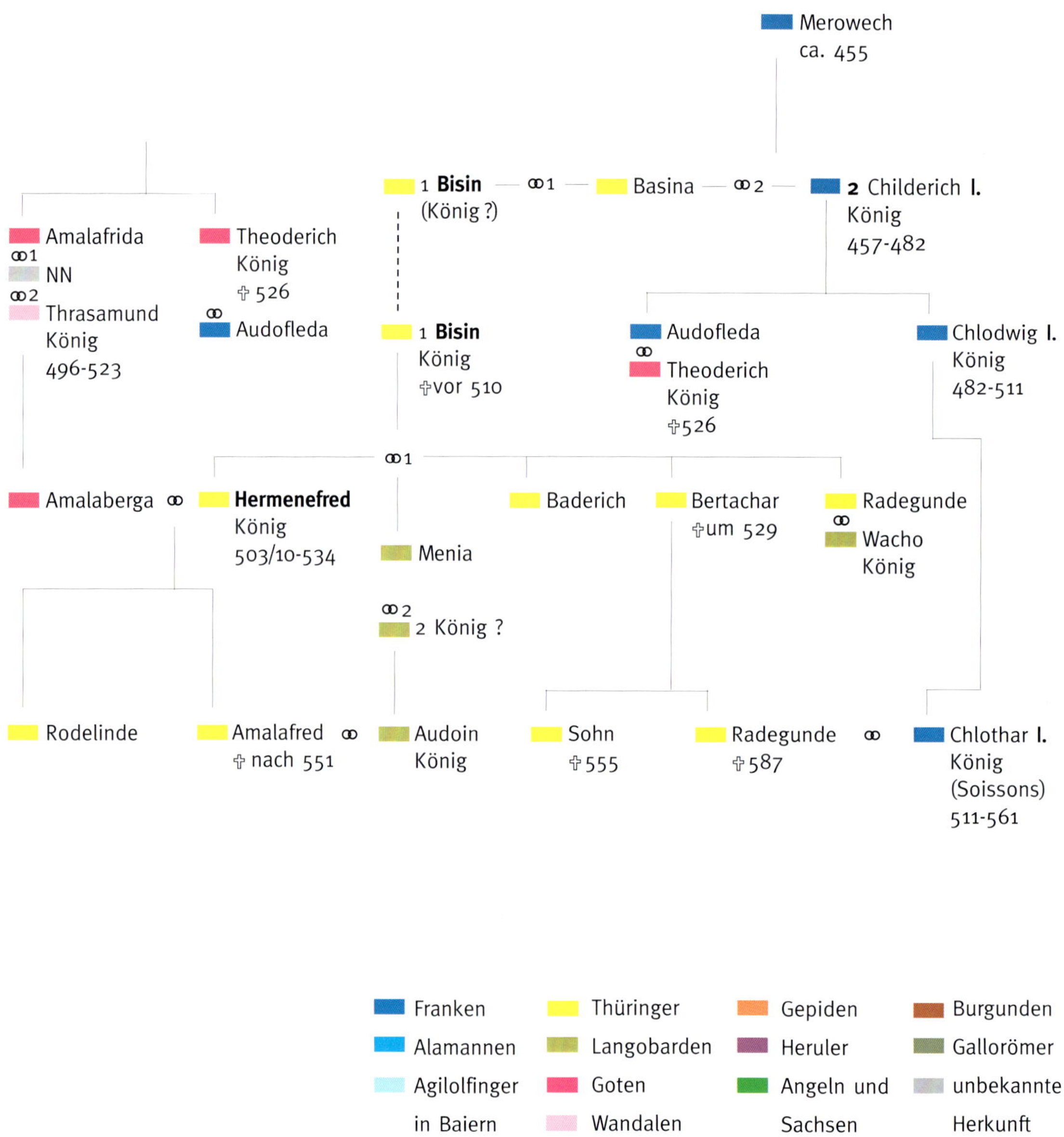

Abb. 224 *Das Thüringer Königshaus und seine dynastischen Verbindungen. – Nach Entwurf B. Schmidt; graphische Gestaltung I. Bell.*

Abb. 225 *Die thüringischen Fundplätze zwischen 450 und 600. – Nach Entwurf B. Schmidt; graphische Gestaltung I. Bell.*

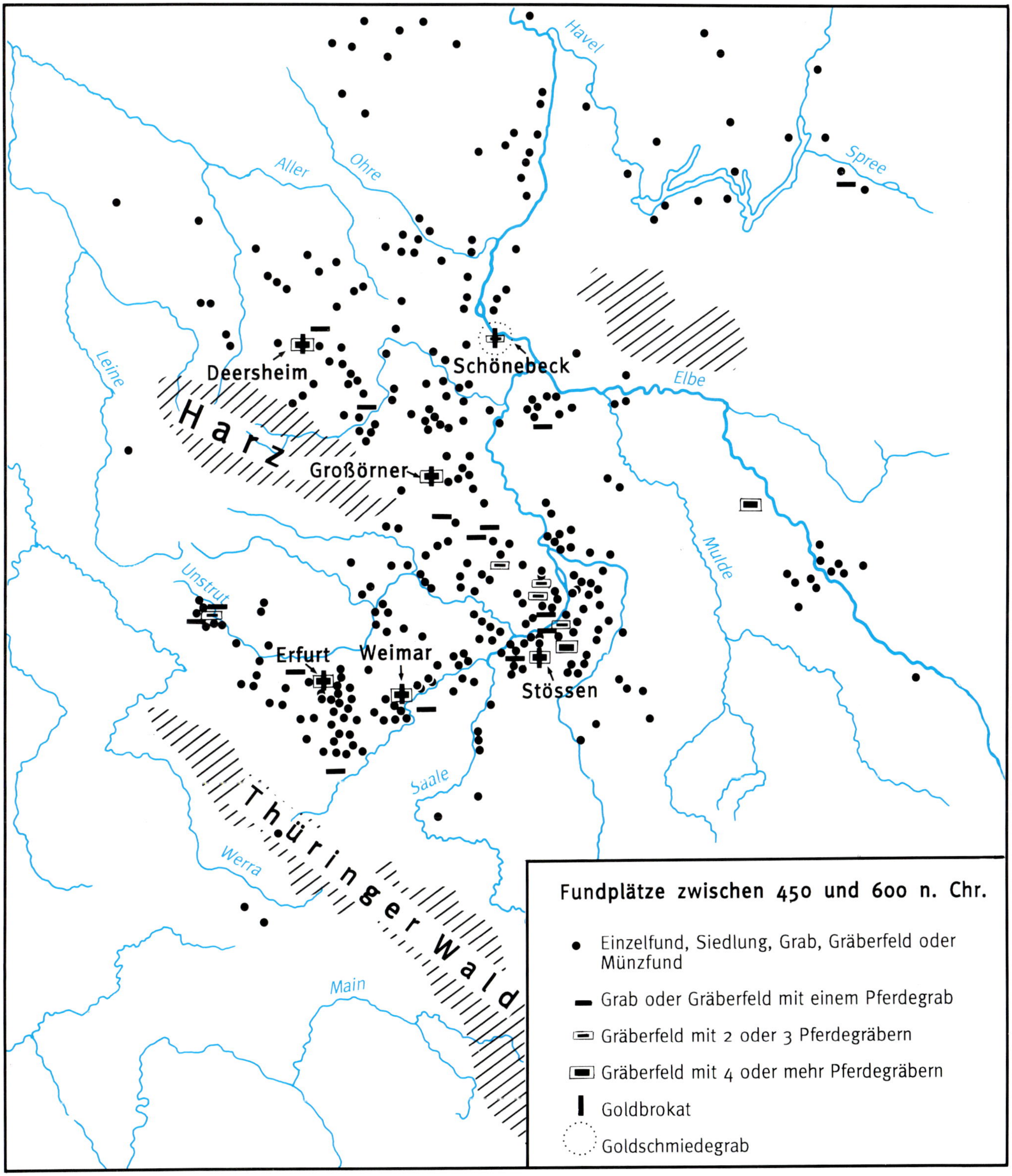
Havel
Spree
Aller
Ohre
Leine
Elbe
Mulde
Unstrut
Saale
Werra
Main
Harz
Thüringer Wald
Deersheim
Schönebeck
Großörner
Erfurt
Weimar
Stössen
Fundplätze zwischen 450 und 600 n. Chr.
Einzelfund, Siedlung, Grab, Gräberfeld oder Münzfund
Grab oder Gräberfeld mit einem Pferdegrab
Gräberfeld mit 2 oder 3 Pferdegräbern
Gräberfeld mit 4 oder mehr Pferdegräbern
Goldbrokat
Goldschmiedegrab

***Abb. 226** Die prächtigste Pferdetrense der Völkerwanderungs- und Merowingerzeit aus einem Adelsgrab des späten 5. Jahrhunderts von Großörner (Kr. Hettstedt). – Foto Klaus G. Bayer, Weimar.*

dürften mit den Angeln zu identifizieren sein. Am Ende des 4. Jahrhunderts erfolgte in das ostsaalische Gebiet der Zuzug einer kleinen Bevölkerungsgruppe, die aus der Konkursmasse des großen Gotenreiches nördlich und nordwestlich des Schwarzen Meeres stammte und im Lauf einer Generation mit den einheimischen Thüringern verschmolz. Es wird sich hierbei um die in der *Lex Thuringorum* genannten Warnen handeln. Im ersten Drittel des 5. Jahrhunderts wurden die Thüringer den Hunnen untertan und mußten Hilfstruppen stellen, die auf den Schlachtfeldern Europas mitkämpften. Ihre Anführer bekamen nun Kontakt mit den auf hunnischer Seite kämpfenden Ostgoten und Gepiden. Sie sammelten militärische und diplomatische Erfahrungen. Diese sollten sie nach dem Tod des Hunnenkönigs Attila 453 und nach der Befreiungsschlacht am Nedao 454 befähigen, ein eigenes Königreich zu errichten. Als erster Thüringerkönig wird am Ende des 5. Jahrhunderts Bisinus genannt. Seine Gattin Menia stammte aus einem langobardischen Adelsgeschlecht. Mit den Langobarden, die damals nach Niederösterreich eingewandert waren, bestanden seitdem sowohl starke dynastische als auch bevölkerungsmäßige Kontakte. Die Genealogie des Thüringer Königshauses weist weiterhin Verbindungen zu den Ostgoten und Franken aus. Bisin und Menia hatten vier Kinder, drei Söhne und eine Tochter. Hermenefred folgte um oder kurz vor 510 seinem Vater auf den Thron, den er bis zur Niederlage der Thüringer im Jahre 531 innehatte. Er heiratete Amalaberga, die Nichte Theoderichs des Großen, der inzwischen das Ostgotenreich in Italien errichtet hatte. Prinzessin Radegunde, Tochter des Bisin, heiratete den Langobardenkönig Wacho, der seinen Stamm im Jahre 526 nach Pannonien führte. Der Thüringerkönig Hermenefred und Amalaberga hatten einen Sohn und eine Tochter. Letztere heiratete den Langobardenkönig Audoin, während Amalaberga und ihr Sohn Amalafred beim Untergang des Thüringischen Königreiches nach Ravenna flüchteten und schließlich als Gefangene nach Byzanz gebracht wurden. Einen Hinweis auf die gute Erziehung am Thüringer Königshof gibt die Tatsache, daß Amalafred in kürzester Zeit in die höchsten militärischen Ränge des oströmischen Reiches aufstieg. Qualitätvolle kunsthandwerkliche Erzeugnisse, unter anderem Fibeln und kostbare Pferdetrensen, zeigen einen eigenen Kunststil. Die Streuung der Erzeugnisse sowie die Auffindung eines Goldschmiedegrabes bei Schönebeck/Elbe legten eine Verbindung mit den Adelshöfen nahe. Adelsnekropolen wurden bisher ausgegraben bei Deersheim (Kr. Halberstadt), Schönebeck (Kr. Schönebeck/Elbe), Großörner (Kr. Hettstedt), Stößen (Kr. Hohenmölsen), Weimar (Kr. Weimar), Gispersleben (Stadtkr. Erfurt) und Zeuzleben (Kr. Schweinfurt). Das Herrschaftsgebiet des Thüringer Königreiches umfaßte Territorien, die über das Stammesgebiet der Thüringer weit hinausreichten. Nach Angabe der *Vita Severini* plünderten Thüringer um 470 Passau in der römischen Provinz Rätien und bedrohten Lorch *(Lauriacum)* in der Provinz *Noricum*. Die in die Donau mündenden Flüsse Regen und Naab flossen nach Aussage des Geographen von Ravenna durch thüringisches Gebiet. Die thüringischen Interessengebiete umfaßten das Land zwischen Main und Donau, Böhmen, Brandenburg bis Berlin, Niedersachsen bis nach Braunschweig. Im Norden hat Mecklenburg mit Siedlungskammern um Schwerin, Teterow und Neubrandenburg einige Verbindungen zur thüringischen Kultur aufzuweisen, ohne daß eine Zugehörigkeit zum Thüringer Reich klar erkennbar ist. Das geschlossene Siedlungsgebiet des thüringischen Stammes umfaßte das Nordharzvorland, das Mittelelbegebiet bis zur Ohre und zum Fläming, das Südost- und Ostharzvorland, das Saale-Unstrut-Gebiet bis über Mühlhausen hinaus und das Thüringer Becken bis zum Fuß des Thüringer Waldes. Eine kleine Gruppe saß am Obermain, eine weitere elbaufwärts um Riesa.

Thüringisch-fränkische Kontakte im 5./6. Jahrhundert

Obwohl Franken und Thüringer während des 5. Jahrhunderts nicht unmittelbar benachbart waren, gab es doch einen Austausch von kostbaren Gläsern aus dem Rheinfränkischen nach Mitteldeutschland und einen Export unter anderem von Kleinfibeln mit Almandinrundeln aus dem Saalegebiet zu den Franken. Wegen des mehrfachen Vorkommens derartiger Funde am Niederrhein bis nach Nordfrankreich und Belgien könnte es sich bei den Trägern dieser Formen sogar um Bevölkerungsteile aus Mitteldeutschland handeln. Ähnlich wie die Franken könnten sie als Föderaten in der römischen Provinz, dem bis 486 bestehenden Reich des Syagrius, angesiedelt worden sein oder als Einheiten im römischen Heer gedient haben. Nun berichtet Gregor von Tours in seinen im 6. Jahrhundert verfaßten zehn Büchern Geschichten über einen Thüringerkönig namens Bisin, zu dem der Frankenkönig Childerich geflohen sei, als die Franken ihm die Herrschaft genommen und ihm nach dem Leben getrachtet hätten. Childerich habe dort Basena, die Gemahlin

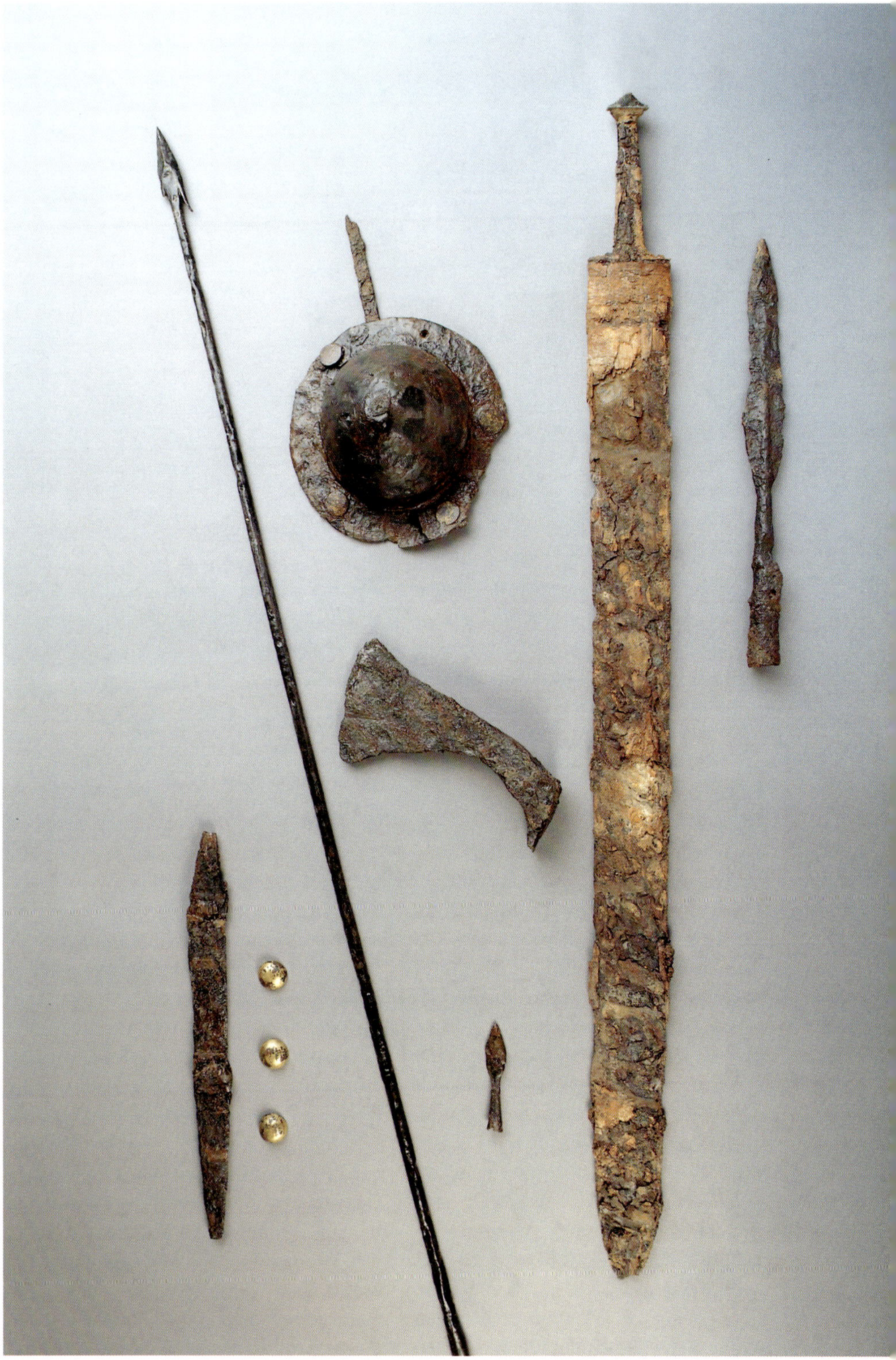

Abb. 227 *Alach (Kr. Erfurt) Grab 1/1981. Waffenausrüstung eines Vertreters der Merowinger aus der zweiten Hälfte des 6. Jahrhunderts mit Spatha, Franziska, Ango, Lanzenspitze und Schildbuckel (Kat. V.5.15.). – Foto Reiss-Museum.*

Abb. 228 *Alach Grab 1/1981. Typisch fränkische Gürtelgarnitur, Tascheninhalt sowie Geräte; zu den besonderen, auffälligen Dingen gehört vor allem die bronzene Feinwaage, mit der Münzen und Edelmetall gewogen wurden (Kat. V.5.15.). – Foto Reiss-Museum.*

Abb. 229 *Alach Grab 1/1981. Eiserne Ringtrense, Schnallen und Beschläge vom Zaumzeug (Kat. V.5.15.). – Foto Reiss-Museum.*

Bisins, kennengelernt. Nachdem der Franke seine Königsherrschaft zurückerlangt habe, sei ihm Basena gefolgt, Childerichs Gattin und Mutter Chlodwigs geworden. Childerich I. starb im Jahreswechsel 481/482. Wenn in dem Bericht Gregors von Tours ein wahrer Kern enthalten ist – und manche Anzeichen sprechen dafür –, dann müßten sich die erwähnten Ereignisse um 460 abgespielt haben. Also kann es sich bei dem von Gregor von Tours genannten Bisin und dem Thüringerkönig Bisin der Zeit um 500 nicht um dieselbe Person handeln, vielmehr müßten Bisin und Basena der vorausgegangenen Generation angehört haben.

Noch vor diesen Ereignissen seien die Franken, berichtet Gregor von Tours, über den Rhein gegangen und nach »Thoringien« gezogen. Es könnte sich in diesem Fall um Thüringer und Warnen handeln, die vor dem Druck der Hunnen in westliche Richtung ausgewichen waren und sich im heutigen Nordostfrankreich und Belgien niedergelassen hatten. In diesem Fall wäre der in der Verbindung mit Basena genannte Bisin der Vater oder nur ein Verwandter des schriftlich bezeugten Alleinkönigs der Thüringer Mitteldeutschlands in der Zeit um 500.

Die Eroberung des Thüringischen Königreiches und seiner Provinzen durch die Franken im Jahre 531

Die Hinterlassenschaften der im Kernland um den Ostharz und im Saale-Unstrut-Ilm-Gebiet wohnenden Thüringer lassen eine wohlhabende, zahlreiche Bevölkerung erkennen. Als die Franken im Jahre 496/497 die Alamannen geschlagen und vom Rhein-Main-Mündungsgebiet nach Süden zurückgedrängt hatten, erfolgte im frühen 6. Jahrhundert der Anschluß der Hessen an das Frankenreich, ohne daß Kämpfe oder Verträge darüber überliefert sind. Dadurch waren nun Franken und Thüringer unmittelbare Nachbarn geworden. Der Austausch an Kulturgütern zwischen beiden Stämmen verstärkte sich, wobei die Thüringer mehr der gebende Teil waren. Thüringer Fibeln, aber auch handgeformte Rippenkeramik finden sich im ersten Drittel des 6. Jahrhunderts und wohl noch etwas darüber hinaus in größerer Zahl in Rheinhessen. Die Bearbeitung dieser Funde durch Alfried Wieczorek ergab ein rapides Ansteigen der Siedlungstätigkeit seit etwa 500, wobei vielfach Thüringer, »natürlich unter Anerkennung der fränkischen Königsherrschaft«, beteiligt waren. In Anbetracht des fränkischen Expansionsdranges schlossen die Ostgoten Italiens, deren Herrschaftsgebiet südlich der Donau begann, also die römische Provinz Rätien mit umfaßte, mit den Thüringern ein Verteidigungsbündnis, das um 509/510 durch die Vermählung von Amalaberga und Hermenefred besiegelt wurde.

Abb. 230 *Alach Grab 1/1981. Eiserne Reifen und Henkel von einem Holzeimer (Kat. V.5.15.). – Foto Reiss-Museum.*

16 Jahre später, im Jahre 526, starb Theoderich der Große. Damit fehlte der ostgotisch-thüringischen Allianz der überragende Führer und Diplomat, gerade als der neue oströmische Kaiser Justinian den Plan faßte, das *Imperium Romanum* in seinen alten Grenzen wiederherzustellen. Desgleichen konnten die Langobarden, die den Thüringern sowohl ethnisch als auch dynastisch eng verbunden waren, durch ihre Eroberung von Pannonien im Jahre 526 den Thüringern keine Hilfe bringen. Die Franken nutzten diese Gelegenheit, um die Thüringer anzugreifen. Ein moralischer Kriegsgrund, wenn auch wenig stichhaltig, war bald gefunden. Vermutlich im Jahre 529 fielen die Franken unter König Theuderich in Thüringen ein. Sie konnten zurückgeschlagen werden. Die Verluste auf beiden Seiten sollen sehr hoch gewesen sein. Berthachar, der Bruder des Thüringerkönigs, bezahlte den Abwehrerfolg mit seinem Leben. Seine Tochter Radegunde lebte nun am Hofe ihres Onkels Hermenefred.

Doch die Franken verfolgten ihr Ziel der Eroberung weiter. Sie mußten alle Kräfte zusammennehmen und bereiteten sich zwei Jahre vor. 531 war es soweit. Es hatten sich zwei fränkische Könige, Theuderich I. aus Reims und Chlothar I. aus Soissons, mit ihren Heeren vereinigt. Am Feldzug nahm auch Theudebert, Sohn Theuderichs, teil. Dazu kamen wohl noch Sachsen, die aber Gregor von Tours erst 24 Jahre später erwähnt. Gregor von Tours beschreibt nur eine Schlacht, die an der Unstrut stattfand. Dagegen erzählt Widukind von Corvey in seiner Sachsengeschichte *(Res gestae Saxoniae)*, daß die erste kriegerische Begegnung bei Runibergun stattgefunden habe. Man bedenke aber, daß Widukind etwa 400 Jahre nach diesen Ereignissen lebte. Einige Historiker suchten diese Örtlichkeit bei Hannover. Nun gibt es aber mehrere Ronneberge, unter anderem auch bei Weißensee im Thüringer Becken unweit der Unstrut und in der Nähe von Nebra/Unstrut. Wenn dieses Gefecht überhaupt stattgefunden hat, würde es ehestens bei den beiden letztgenannten Örtlichkeiten zu lokalisieren sein. Die von Gregor verbürgte Entscheidungsschlacht hat irgendwo am Mittel- oder Unterlauf der Unstrut stattgefunden. Er schildert sie folgendermaßen:

»Als die Franken nun heranzogen, stellten die Thüringer ihnen eine Falle. Auf dem Felde nämlich, wo gekämpft werden sollte, gruben sie Löcher; deren Öffnungen wurden mit dichtem Rasen bedeckt,

Abb. 231 *Alach Grab 1/1981. Gefäßensemble aus handgeformter und scheibengedrehter fränkischer Keramik sowie bronzenem Perlrandbecken (Kat. V.5.15.). – Foto Reiss-Museum.*

so daß es eine ebene Fläche zu sein schien. In diese Löcher nun stürzten viele der fränkischen Reiter, als es zum Schlagen kam, und wurden schwer behindert; nachdem man aber die List gemerkt hatte, fing man an, achtsam zu sein. Als aber die Thüringer sahen, daß sie großen Verlust erlitten, wandten sie, da auch ihr König Hermenefred schon die Flucht ergriffen hatte, den Rücken und kamen bis zur Unstrut. Dort wurden so viele Thüringer niedergemacht, daß das Bett des Flusses von der Masse der Leichname zugedämmt wurde und die Franken über sie, wie über eine Brücke, auf das jenseitige Ufer zogen. Nach diesem Sieg nahmen diese sofort das Land in Besitz und brachten es unter ihre Botmäßigkeit. Chlothar I. aber führte Radegunde, die Tochter König Berthachars, bei seiner Rückkehr als Gefangene mit sich und nahm sie zur Frau; ihren Bruder ließ er später ungerechterweise durch schändliche Menschen töten.«

König Hermenefred war in einen anderen Teil seines Reiches entkommen. Er wurde von Theuderich I. mit Versprechungen zu Verhandlungen nach Zülpich gelockt und als »sie (nun Theudebert) eines Tages auf der Mauer der Stadt Zülpich miteinander sprachen, erhielt Hermenefred einen Stoß, stürzte von der Mauer zur Erde und gab seinen Geist auf«. Das geschah im Jahre 534. Durch die Heirat Chlothars I. mit der thüringischen Königstochter Radegunde wurden die Frankenkönige legal Herrscher Thüringens und seiner Provin-

Abb. 232 *Griefstedt (Kr. Sömmerda) Grab 5/69. Bronzene Gürtelschnalle mit einer Greifdarstellung. – Foto Klaus G. Bayer, Weimar.*

Abb. 233 *Prunkscheibenfibel von Großorden bei Quedlinburg aus dem 7. Jahrhundert. – Foto Mus. Quedlinburg.*

zen. Stolz schrieb König Theudebert I. im Jahre 533/534 an Kaiser Justinian nach Byzanz, daß er das Reich der Thüringer und seine Provinzen erobert habe.

Feldzüge der Franken gegen die Awaren »in Thüringen an der Elbe«

Lange konnten sich die Franken ihres Sieges nicht erfreuen. Genau 30 Jahre nach der Eroberung Mitteldeutschlands kam wieder ein Reitervolk aus Asien mit Vehemenz über Europa und fiel in das Mittelelbe-Saale-Gebiet ein. Im folgenden Jahr, 562, zog der austrasische König Sigibert I. gegen sie und schlug sie *»in Turingia ..., ... iuxta Albem fluvium«*, berichtet Paulus Diaconus in seiner Langobardengeschichte. Im Jahre 566 erschienen die Awaren wieder. Abermals zog König Sigibert mit dem Heer aus »in die gleiche Gegend wie ehedem«. Das Heer wurde umzingelt und sah einer vernichtenden Niederlage entgegen. Nur dem Verhandlungsgeschick, der Nachgiebigkeit und vielen Geschenken Sigiberts ist es zu verdanken, daß der Vertrag zustande kam, der den Franken freien Abzug sicherte. Ferner versprachen Sigibert und der Gagan (»Khan der Khane«), sich auf Lebenszeit nicht mehr anzugreifen. Diese Ereignisse zogen schwerwiegende Folgen nach sich. Der Frieden war wahrscheinlich erkauft worden mit der Preisgabe des umfangreichen Gebietes östlich der Elbe und Saale. Eine schwere awarische Pfeilspitze, ein Einzelfund von Bergfarnstedt (Kr. Querfurt), könnte aus diesen Auseinandersetzungen stammen. Nun war auch seit dem letzten Drittel des 6. Jahrhunderts der Weg frei für einwandernde Slawen, von denen bislang im Bereich des ehemaligen Thüringer Reiches über 60 Fundplätze, Siedlungen und Brandgräberfelder des späten 6. und 7. Jahrhunderts bekanntgeworden sind. Damit hatten die Franken über ein Drittel des Territoriums des Thüringer Reiches aufgegeben.

Fränkische administrative Bevölkerungsumsiedlungen in Mitteldeutschland während des 6. Jahrhunderts

Nach dem Zusammenbruch des Thüringer Reiches, der nach den von Venantius Fortunatus aufgeschriebenen Klageliedern der Radegundis mit erheblichen Menschenverlusten einherging, erfolgte kein genereller Bevölkerungswechsel. Lediglich eine Reihe von Gräberfeldern, auch Adelsnekropolen, wurden nicht mehr belegt. Die Trachtenbestandteile und Beigaben in den frühen Gräbern nach 531 pflegten zunächst weiterhin sowohl im Schmuck, als auch in der Keramik, die thüringische Kulturtradition. Allerdings lief die Produktion von Edelmetallschmuck, speziell Thüringer Fibeln aus, die Werkstattkeramik in Form von scheibengedrehter schwärzlicher Ware mit Einglättornament wurde noch wenige Jahrzehnte weitergeführt, desgleichen die handgeformte hausgemachte Keramik. Die Funddichte und die Belegungsintensität der Gräberfelder nahm etwas ab. Es scheint auch zu administrativen Aussiedlungen von Thüringern gekommen zu sein. Bei der Bearbeitung des umfangreichen Körpergräberfriedhofes von Schretzheim (Lkr. Dillingen an der Donau) beispielsweise konnte Ursula Koch feststellen, daß die Belegung um 530 mit thüringischem Inventar beginnt.

Abb. 234 *Der fränkische Knickwandtopf aus Darnstedt (Kr. Apolda) Grab 1 zeigt auf der Schulter Kreuze, die mit einem Rollrädchen eingedrückt wurden. – Foto Thüringisches Landesmuseum Weimar.*

Die Mediävistik vermutete anhand der *Res gestae Saxoniae* des Widukind von Corvey eine Inbesitznahme der umfangreichen altthüringischen Ländereien nördlich der Unstrut durch Sachsen. Diese ältere Lehrmeinung wird auch heutzutage oft wiederholt. Gregor von Tours erwähnt Sachsen, nicht die Sachsen als Stamm, erstmals für das Jahr 555 und später, als diese sich 567/568 der Abwanderung der Langobarden von Pannonien nach Oberitalien anschlossen. Sie hätten dort gesessen, wo die Frankenkönige 567 die Nordschwaben angesiedelt hätten, im nachmaligen Schwabengau, also zwischen Harz und Saale bei Bernburg. Die Umsetzung der ehedem zum Thüringer Reich gehörenden Nordschwaben aus dem Berliner Gebiet in den Schwabengau geschah als administrative Maßnahme des fränkischen Königs im Zuge der Verträge mit den Awaren von 566. Dagegen wurden bislang keine sächsischen Funde nördlich der Unstrut im 6. Jahrhundert gemacht. Auch das neu ausgegrabene Gräberfeld des späten 6. und 7. Jahrhunderts von Wansleben (Kr. Eisleben) zeigt einen Reihengräberhabitus fränkisch-thüringischer Art, aber keine Verbindung zum sächsischen Grabkult. Erst im fortgeschrittenen 7. Jahrhundert zieht sich eine Kette sächsischer Gräberfelder nördlich des Harzes entlang von Halberstadt bis zur Saale.

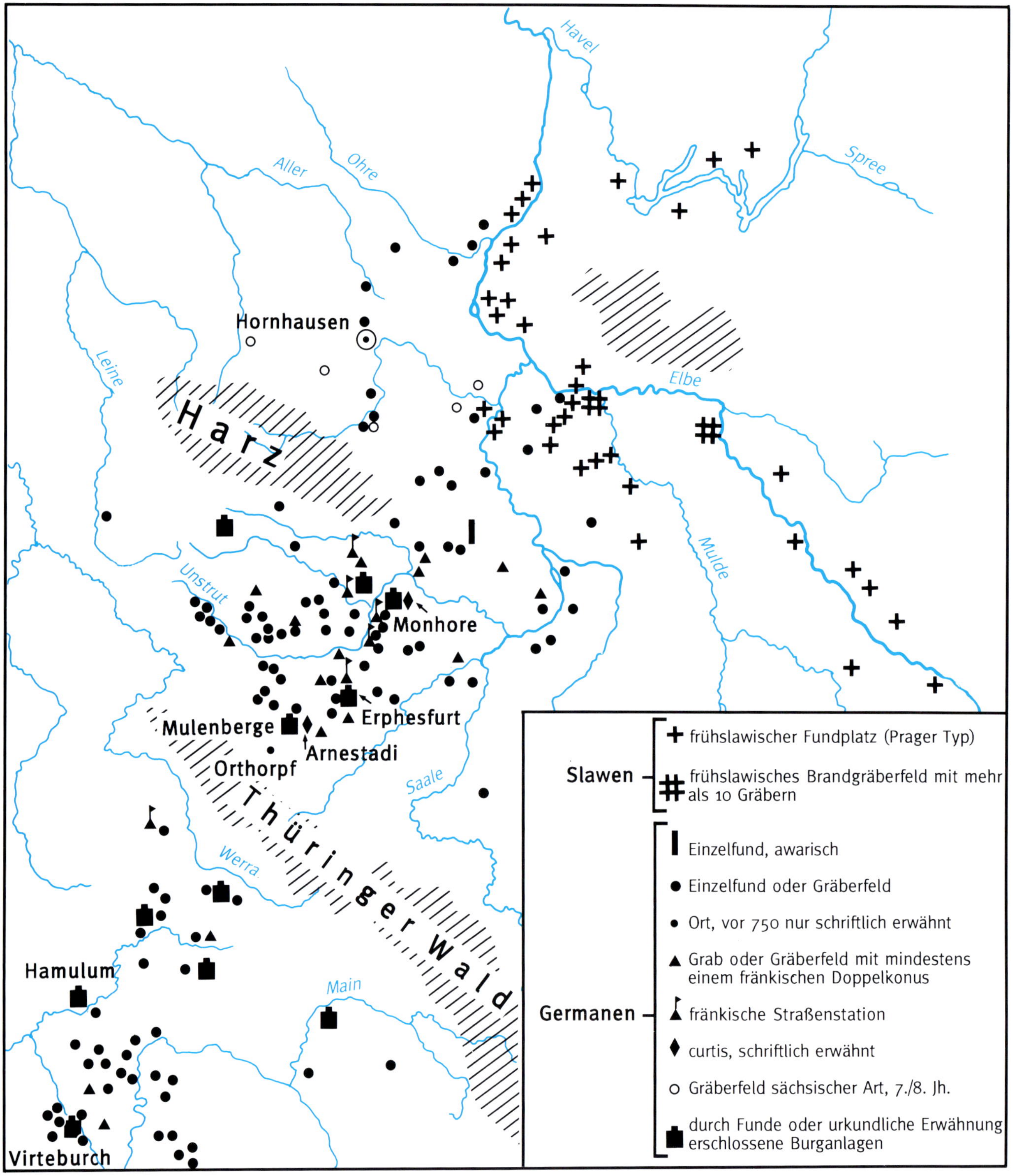

Havel
Aller
Ohre
Spree
Leine
Hornhausen
Harz
Elbe
Mulde
Unstrut
Monhore
Erphesfurt
Mulenberge
Arnestadi
Orthorpf
Saale
Thüringer Wald
Werra
Hamulum
Main
Virteburch
Slawen
frühslawischer Fundplatz (Prager Typ)
frühslawisches Brandgräberfeld mit mehr als 10 Gräbern
Germanen
Einzelfund, awarisch
Einzelfund oder Gräberfeld
Ort, vor 750 nur schriftlich erwähnt
Grab oder Gräberfeld mit mindestens einem fränkischen Doppelkonus
fränkische Straßenstation
curtis, schriftlich erwähnt
Gräberfeld sächsischer Art, 7./8. Jh.
durch Funde oder urkundliche Erwähnung erschlossene Burganlagen

Abb. 235 *Die Besiedlung im 7. Jahrhundert. – Nach Entwurf B. Schmidt; graphische Gestaltung I. Bell.*

Abb. 236 *Zu den Burgen, von denen aus Thüringen unter Herzog Heden regiert wurde, gehört der Mühlenberg, der 704 als Castello Mulenberge genannt wird. – Foto B. Schmidt.*

Die Franken und die Sicherung ihrer Herrschaft in Mitteldeutschland während des 6. und 7. Jahrhunderts

Im Verlauf des 6. Jahrhunderts kam es zu eigenen Aufstandsversuchen der Thüringer, die den Einmarsch fränkischer Heere erforderlich machten und blutig niedergeschlagen wurden. So zog im Jahre 555 ein fränkisches Heer durch Mitteldeutschland und verwüstete ein Gebiet, wo Sachsen angesiedelt waren, und ganz Thüringen, »weil es ihnen Beistand gewährt hatte«. Eine große Strafaktion, wohl sogar über die mittlere und untere Saale hinaus, erfolgte am Ende des 6. Jahrhunderts.

Für das 7. Jahrhundert ist für Thüringen ein Herzog bezeugt, der das Land für den fränkischen König verwaltete. Die östlich der Saale eingewanderten Slawen hatten die fränkische Oberherrschaft anerkannt, bis sie von dem Franken Samo in dessen Slawenreich nach einer Niederlage des Frankenkönigs Dagobert I. (623/29–639) aufgenommen wurden. Nun fielen sie mehrfach in Thüringen ein. Der für Thüringen eingesetzte fränkische Herzog Radulf schlug die Slawen zurück und ging, durch seine Erfolge überheblich geworden, nach dem Tod des letzten hier aktiven Merowingerkönigs Dagobert I. zur offenen Rebellion über. Der elfjährige Frankenkönig Sigibert III. erlitt im Jahre 641 bei der Bestürmung der über der Unstrut errichteten, mit Holz befestigten Burg des Radulf eine Niederlage. Wenn auch Thüringen damals nur sehr lose dem Zentralreich angebunden war und die schriftlichen Quellen sehr spärlich fließen, so ist archäologisch seit der Zeit um 600 und vor allem im 7. Jahrhundert die Anbindung Thüringens an die fränkische Kultur klar zu erkennen. Es gab eigentlich nichts spezifisch Thüringisches mehr. Im Schmuck der Frauen dominierten eiserne Rundfibeln mit Silbertauschierung oder Prunkscheibenfibeln. Allerdings war die Schmuckausstattung viel geringer als im 6. Jahrhundert. Die Keramik beschränkte sich auf einfache Töpfe als reine Nutzformen und auf fränkische Knickwandgefäße bzw. deren im Lande hergestellte Imitationen. Ein beträchtlicher Teil der Gegenstände ist direkt aus dem Fränkischen, meist aus dem Mittelrhein- und Mainmündungsgebiet importiert worden. Mehrfach wurden doppelkonische Gefäße in Gräbern in der Nähe von Flußübergängen oder an strategisch wichtigen Punkten zusammen mit Waffen, rheinischen Gürtelgarnituren und Pferdegräbern gefunden. Dies läßt auf Bestattungen fränkischer Krieger schließen, die hier als Besatzung und Schutz in Form von Straßenstationen an der Militärgrenze des fränkischen Reiches standen. In Sömmerda am Unstrutübergang gibt es auch fränkische Steinkistengräber. Als fränkische Straßenstationen können ebenso die Fundplätze Kaltenwestheim, Allach, Erfurt-Roter Berg, Haßleben, Sömmerda, Bilzingsleben und Steinthaleben gedeutet werden.

Ortsnamen mit der Endung -heim zeigen den fränkischen Einfluß, teilweise als aufeinander bezogene Gruppensiedlungen wie im Fall von Kaltenwestheim, und den beginnenden Landesausbau an. Burgen wurden zur strategischen Sicherung errichtet. Da seit dem späten 7. Jahrhundert Thüringen unter Herzog Heden von Würzburg aus regiert wurde, werden die Burgen des 7./frühen 8. Jahrhunderts, die entweder schriftlich oder durch Funde ausgewiesen sind, vom Süden nach Norden aufgezählt: 1. Würzburg, 704 »castellum Virtburch«; 2. Hammelburg, 716 »Hamulo castellum«; 3. Wechterswinkel, Schwedenschanze (Egon Wamers 1985, 138);

4. Oberelsbach, Gangolfsberg (Wamers 1985, 138); 5. Klimbardorf, Wartburg (Wamers 1985, 138); 6. Staffelstein, Staffelberg; 7. Römhild, Kleiner oder Großer Gleichberg; 8. Mühlberg, 704 »in castello Mulenberge«; 9. Erfurt, Petersberg, erschlossen; 10. Burgwenden, Monraburg; 11. Sachsenburg, Unterburg; 12. Großbodungen, Hasenburg.

Die christliche Missionierung und Rückgewinnung verlorener Gebiete

Die Christianisierung Mitteldeutschlands ist kein einmaliger Vorgang, sondern bildet einen Prozeß, auch mit Rückschlägen, von fast 300 Jahren. Die erste Missionierung ging von den arianischen Ostgoten aus und setzte spätestens 509/510 mit der Hochzeit von Amalaberga und Hermenefred ein und endete 531.

Die zweite christliche Missionierungswelle ging von iro-schottischen Mönchen und dem Angelsachsen Willibrord aus und reichte bis zum frühen 8. Jahrhundert. Wahrscheinlich in der ersten Hälfte des 7. Jahrhunderts muß die Kirche mit den Chorschranken auf dem Saalberg bei Hornhausen (Kr. Oschersleben) erbaut worden sein. Der größte Reliefstein, allgemein bekannt als »Reiterstein von Hornhausen« zeigt nordische Kunsttradition mit südlichem, festländischem christlichem Ideengehalt. Das Vorhandensein einer christlichen Kirche nördlich des Harzes setzt voraus, daß diese Landschaft nicht unter sächsischer, sondern unter fränkischer Herrschaft stand. Die Zerstörung dieses Bauwerkes dürfte der Schwäche des Frankenreiches nach dem Tode von Dagobert (639) im Zuge der heidnischen Reaktion und des Vordringens der Sachsen im fortgeschrittenen 7. und 8. Jahrhundert zuzuschreiben sein. Möglicherweise fällt die Gründung des Petersklosters in Erfurt noch in das 7. Jahrhundert. Die Meinung der Mediävisten darüber ist unterschiedlich. Daß die Menschen Mitteldeutschlands bei der Ankunft des Bonifatius im Jahre 719/725 nicht alle Heiden waren, ergibt sich aus dessen Briefen. Er schreibt, daß die Menschen hier »fast« Heiden seien, und bekundet damit seinen Maßstab. Bonifatius baute eine strenge Kirchenorganisation auf und gründete im Jahre 741/742 das Bistum Erfurt. In seinem Bericht an den Papst bezeichnet er Erfurt als schon lange Hauptort der heidnischen

Abb. 237 *Der Reiterstein von Hornhausen (Kr. Oschersleben) im Nordharzvorland mit der Darstellung eines christlichen Reiterheiligen. Der 78 cm hohe und 66 cm breite Stein war Teil der Chorschranke in einer christlichen Kirche des 7. Jahrhunderts (Kat. VI.1.5.). – Foto Landesmuseum Halle.*

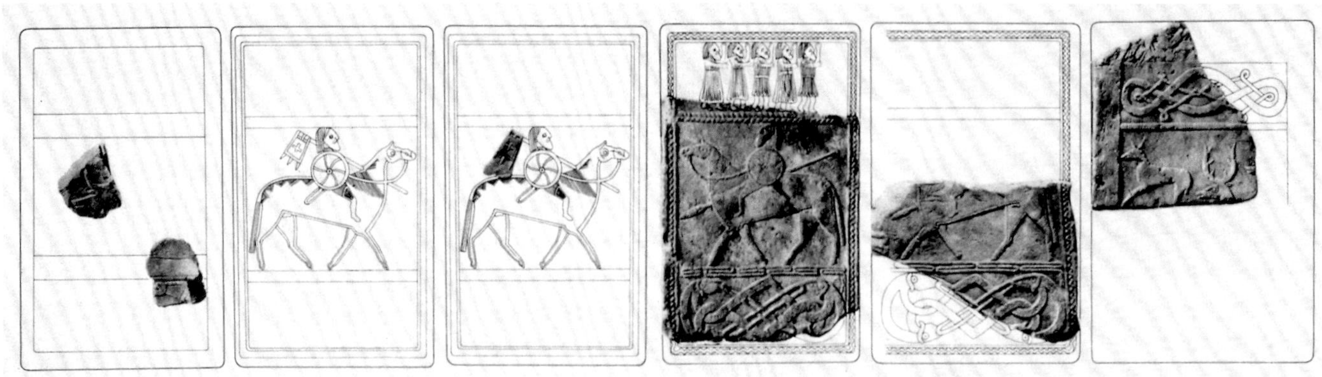

Abb. 238 *Rekonstruktion der Chorschranken von Hornhausen. – Nach K. Böhner 1976/77 Taf. 19.*

Bauern, »*Erphesfurt iam olim urbs paganorum rusticorum*«. Damit ist die kirchliche Integration Thüringens in das Frankenreich abgeschlossen.

Zur gleichen Zeit bemühten sich die Hausmeier, beginnend bei Karl Martell bis hin zu Pippin, die abgefallenen Gebiete im Norden und Osten dem Frankenreich zurückzugewinnen

Quellen: Cassiodor, Variae. – Dobenecker, Regesten. – Epistolae Merovingiacarum. – Eugippius, Vita Severini. – Fredegar, Chronikon. – Geograph von Ravenna. – Gregor von Tours. – Lex Angliorum et Werinorum, hoc est Thuringorum. – Paulus Diaconus, Historiae Langobardorum. – Vegetius Renatus, Mulomedicina. – Venantius Fortunatus, Carmina. – Venantius Fortunatus, Vita Radegundis. – Widukind von Corvey.

Literatur: Abels 1988. – Behm-Blancke 1969; 1973. – Böhner 1958b; 1976/77. – Dannheimer 1962. – Grimm 1958. – Grimm/Timpel 1966. – Höfer 1907. – Jäschke 1974. – Koch, R. 1967. – Koch, U. 1977. – Peschek 1983. – Sachenbacher 1993. – Schlesinger 1941; 1968. – Schmidt, B. 1961; 1966; 1970; 1976; 1982; 1983. – Schmidt, B./Marschall 1979. – Schmidt, L. 1940. – Schneider, J. 1983. – Staab 1993b. – Stöbe 1956/57. – Timpel 1977; 1980; 1990. – Wamser 1984b; 1985b. – Weidemann, K. 1975. – Werner, M. 1973; 1982a. – Wenskus 1979. – Wieczorek 1989. – Zöllner 1970.

Die Alamannen

Matthias Knaut

Aus archäologischer Sicht hat die Entwicklung Alamanniens drei wesentliche Phasen durchlaufen, die sich auch mit historisch überlieferten Ereignissen und Entwicklungen parallelisieren lassen. Das 3. bis frühe 5. Jahrhundert ist durch die schrittweise Aneignung und Besiedlung des Dekumatlandes zwischen Rhein und obergermanisch-rätischem Limes geprägt. Dabei spielt die Gegnerschaft zum Römischen Reich eine ebenso wichtige Rolle wie das römische Heer als Soldgeber für germanisch-alamannische Krieger und Gefolgschaften. Die militärische Schwäche des Reiches im 5. Jahrhundert läßt den heterogen zusammengesetzten Verband mit seinen unterschiedlichen Stammesteilen und ihren jeweiligen Kleinkönigen erstarken und seinen Machtbereich ausdehnen. Die Konfrontation mit den gleichzeitig erstarkten Franken führt um 500 zur Unterwerfung der Alamannen. Unter fränkischer Oberhoheit gibt es in der ersten Hälfte des 6. Jahrhunderts eine Welle von Siedlungsgründungen, die an den Reihengräberfeldern ablesbar ist. Das 7. Jahrhundert ist durch die »Binnenkolonisierung« der vorhandenen Siedlungsräume geprägt und die Herausbildung des Adels, was sich in sehr reichen Gräbern spiegelt. Mit der Christianisierung und den frühesten Kirchenbauten geht die allmähliche Aufgabe der Beigabensitte im ausgehenden 7. und frühen 8. Jahrhundert auch im alamannischen Gebiet einher.

Heterogene Quellenlage

»Weiterhin wird nahe bei eben diesem Thüringen das Land der Suaven angeführt, welches auch das Land der Alamannen ist; es grenzt an Italien. Dieses Land der Alamannen haben sehr viele Gelehrte beschrieben . . . Doch haben sie das oben erwähnte Land nicht übereinstimmend dargestellt, sondern jeweils etwas anderes gesagt, und jeder auf andere Weise« (Geograph von Ravenna IV 26,1–5). Dieser Satz des anonymen Geographen von Ravenna, den er wohl zwischen dem Ende des 7. und dem 9. Jahrhundert in seiner Cosmographia (Erdbeschreibung) niedergeschrieben hat, charakterisiert recht treffend den Stand der historischen Kenntnisse über Alamannien und die Alamannen bis zum heutigen Tag. Über den uns interessierenden Zeitraum vom 3. bis zum 8. Jahrhundert, also mehr als 500 Jahre!, verfügen wir über nur wenige zeitlich und regional ganz unterschiedlich gewichtete schriftliche Quellen. Eine Reihe von Gründen hat diesen Zustand verursacht, unter anderem die Randlage der germanischen Stammesgebiete zum Römischen Reich, fehlender Schriftgebrauch bei den Germanen selbst und schließlich die fragmentarische Überlieferung schriftlicher Zeugnisse aus diesen weit zurückliegenden Zeiträumen. Vor diesem Hintergrund bekommen die archäologischen Quellen als zufällige oder absichtliche Hinterlassenschaften eine immense Bedeutung. Als authentische Zeugnisse der alamannischen Bevölkerung geben die Befunde und Funde aus Siedlungen und Gräbern Einblicke in die unterschiedlichsten Lebensbereiche. Leider lassen sich die Erkenntnisse der historischen und der archäologischen Forschung meist nicht ohne Probleme und offene Fragen zu einer Synthese zusammenfügen.

Beutezüge – Landnahme – Ansiedlung

Ins Licht der Geschichte treten die Alamannen im Jahre 213, als Kaiser Caracalla einen Feldzug von der Provinz Raetien aus gegen die Germanen führte. Demnach hatten sich elbgermanische Gruppen im Vorfeld des römischen Limes, im Maingebiet, zusammengeschlossen, um mit vereinten Kräften in das römische Reichsgebiet einzufallen. Die von den römischen Gegnern überlieferte Selbstbezeichnung Alamannen, was mit »Menschen oder Männer insgesamt« treffend zu übersetzen ist, charakterisiert die gemischte und sich dynamisch entwickelnde Zusammensetzung dieses Verbandes, der sich aus Sueben, Hermunduren und anderen elbgermanischen Stammesteilen gebildet hatte. Seit dieser ersten Erwähnung bildeten die Alamannen eine ernstzunehmende Bedrohung für das römische Reichsgebiet, vor allem für die Grenzprovinz *Germania superior* – Obergermanien – mit ihrer Hauptstadt Mainz. Zwischen Mosel und Inn brachen sie in den Jahren 233 bis 235 tief ins Hinterland ein und hinterließen zerstörte Städte und Kastelle. Vorerst konnte das römische Militär diese Angriffe zurückschlagen und für einige Zeit die vorgeschobene Grenzlinie des Obergermanisch-Raetischen Limes halten. Doch weitere Überfälle der Alamannen hatten zur Folge, daß die Landbevölkerung die Gutshöfe in den besonders gefährdeten Gebieten zwischen Rhein und Donau größtenteils aufgab. Besonders massive Angriffe um 259/60 führten schließlich zum Zusammenbruch der Limesverteidigung und zum endgültigen Rückzug römischer Truppen auf die Grenze an Rhein, Bodensee, Iller und Donau.

Abb. 239 Germanische Höhensiedlungen des 4. und 5. Jahrhunderts in Südwestdeutschland und römische Kastelle. – Nach Führer Runder Berg; graphische Aufbereitung I. Bell.

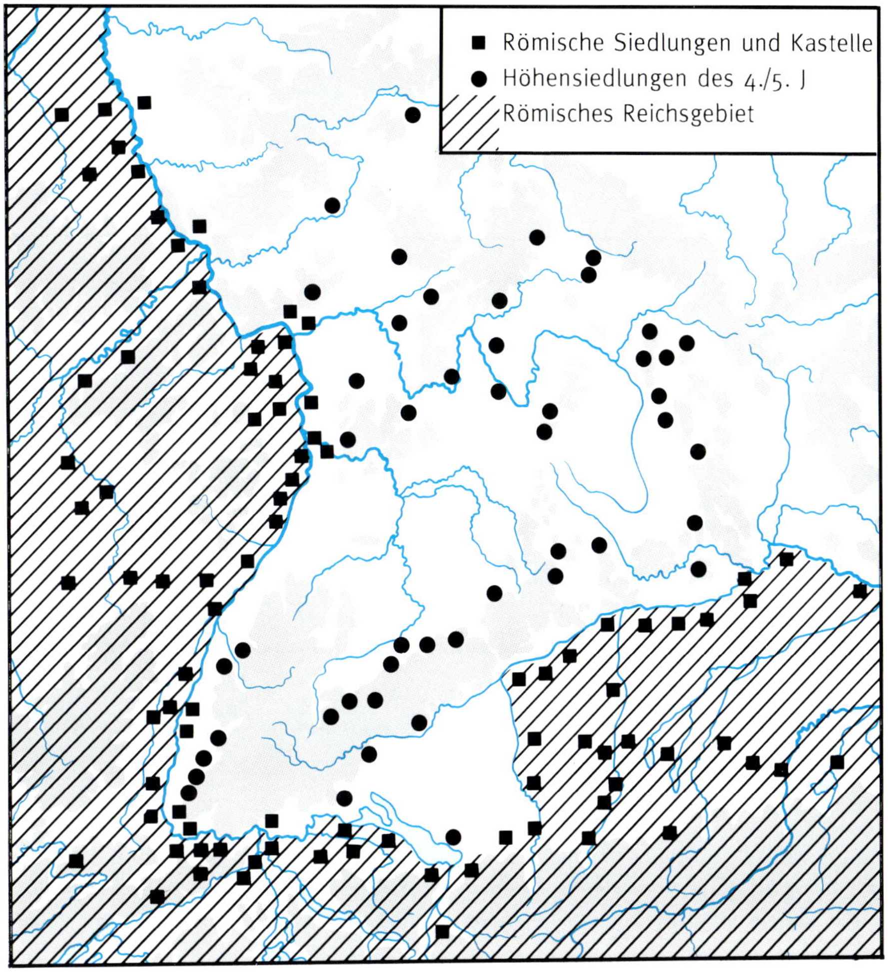

Nach anfänglicher Instabilität konnte die spätantike Reichsgrenze gegenüber den Alamannen vor allem im 4. Jahrhundert befestigt und gesichert werden; das Dekumatland rechts des Rheins und nördlich der Donau lag aber offen für die germanische Aufsiedlung. Aus der Zeit des ausgehenden 3. und des frühen 4. Jahrhunderts sind jedoch so wenig Funde aus diesem Gebiet bekannt, daß davon auszugehen ist, daß sich die germanischen Heerhaufen nach den Überfällen zumeist in die vom Zugriff der römischen Truppen weiter entfernten Gebiete am mittleren Main oder noch weiter nordöstlich zurückzogen.

Neueste Analysen des nicht sehr zahlreichen Fundmaterials legen den Schluß nahe, daß bis zum frühen 4. Jahrhundert vorrangig die grenznahen Gebiete am ehemaligen Limes und im Neckarmündungsgebiet von Alamannen dauerhaft in Besitz genommen wurden und weiter westliche und südliche »offene« Gebiete kaum besiedelt waren. In dieser frühen Phase der Besiedlung haben die ehemaligen römischen Siedlungen große Anziehungskraft auf die eindringenden Germanen ausgeübt, denn von dort sind die frühesten germanischen Funde bekannt. Die Verbreitung von Gräbern und Siedlungsfunden des 4. und frühen 5. Jahrhunderts belegt nach Helga Schach-Dörges »eine langsam fortschreitende Inbesitznahme des südwestdeutschen Raumes durch die Alamannen«.

Dieser Zeitraum war durch unterschiedliche Formen römisch germanischer Beziehungen geprägt, die in vielen Phasen nicht kriegerisch waren. Das Wissen über die Verhältnisse seit der Mitte des 4. Jahrhunderts und im 5. Jahrhundert wird besonders von historischer Seite untermauert. Durch den Bericht des Offiziers und Historikers Ammianus Marcellinus (330–395), der unter dem Caesar und Kaiser Julian (355/361–363) an Feldzügen gegen die Alamannen teilnahm, sind wir schlaglichtartig über Personen und gesellschaftliche Verhältnisse im Gebiet der spätantiken Reichsgrenze am Rhein und im alamannischen Hinterland informiert. Ranghohe Offiziersposten im römischen Heer wurden von alamannischen Anführern eingenommen. Gleichzeitig nennen die Quellen alamannische Machthaber, *reges* und *reguli*, aus der Mitte des 4. Jahrhunderts. »Das Herrschaftsgebiet eines alamannischen Anführers und seiner Krieger war unterschiedlich groß, und die Machtverhältnisse verschoben sich ständig. Einmal auf seiten der Römer, einmal gegen sie Krieg führend, wechselten die Alamannenkönige oftmals die Fronten.« (Steuer 1990, 11). Es werden Heere von 30 000 (Schlacht bei Argentorate/Straßburg im Jahre 357) und 40 000 Kriegern (Schlacht bei Argentaria/Horburg im Jahre 378) genannt, bestehend aus zusammengeschlossenen Gefolgschaften dieser Könige, die von den Römern geschlagen wurden. Selbst

Abb. 240 *Helm und Goldgriffspatha als Statussymbol aus dem Grab des alamannischen Herrn von Gültlingen (Kr. Calw), gestorben zwischen 480 und 500. – Nach Quast 1993; Foto H. Zwietasch, Württembergisches Landesmuseum, Stuttgart.*

wenn die Zahlen nicht im einzelnen nachweisbar sind, so wird der Eindruck einer *gens populosa*, eines volkreichen Stammes aus römischer Sicht verständlich.

Aus archäologischer Sicht ergibt sich, gestützt auf neue Ausgrabungen und Forschungen der vergangenen Jahre, ein eigenes Bild. Intensive Erforschung einzelner Landschaften wie des Breisgaus und bedeutender Fundstellen wie des Kastells Sponeck, des Zähringer Burgberges oder des Runden Berges bei Urach auf der mittleren Alb haben dazu beigetragen, die Besiedlungsprozesse besser zu verstehen. In den Höhensiedlungen, von denen etwa 50 in Südwestdeutschland bekannt sind, lagen die Höfe der alamannischen Könige und Kleinkönige (Abb. 239). Dort suchten sie Schutz vor den Römern, aber auch vor gegnerischen Gruppen aus den eigenen Stämmen oder vor durchziehenden germanischen Kriegergruppen wie Burgunden und Goten oder später den Hunnen. Der bisher am besten untersuchte Herrschaftssitz dieser Art, der Runde Berg bei Urach, war ein Zentralort, an dem Krieger mit ihren Angehörigen lebten und an dem spezialisierte Handwerker angesiedelt waren. In grenznahen Bereichen ist die Übernahme von römischen Villen und Kastellen durch Germanen anzunehmen, nachdem um 400 die regulären römischen Truppen durch den Heermeister Stilicho vom Rhein abgezogen worden waren. Für die schon vorher von in römischen Diensten stehenden Alamannen besetzten Kastelle Sponeck und Breisach, Münsterberg sowie für die Brückenköpfe am Hochrhein ist dies wahrscheinlich.

Die Besiedlung des flachen Landes bestand aus befestigten und unbefestigten Einzelhöfen sowie kleinen weilerartigen Gehöftgruppen, die sich an den vorhandenen römischen Strukturen wie Straßen, Gutshöfen und deren Feldflur orientierten, diese benutzten oder als Rohstofflager ausbeuteten. Typischerweise finden sich in den letzten Jahren mehr und mehr alamannische Siedlungsspuren und wenige oft vereinzelt liegende Gräber des 4. und des frühen 5. Jahrhunderts in enger Nachbarschaft zu den Ruinen römischer Gutshöfe.

Bei den wenigen bekannten Grabfunden handelt es sich meist um Körperbestattungen von Angehörigen wohlhabender Familien. Dies lassen vor allem die reichhaltigen Grabbeigaben mit typisch germanischem Trachtschmuck erkennen. Überwiegend wurden die Verstorbenen auf Scheiterhaufen verbrannt und die wenigen Überreste in kleinen Gruben beigesetzt, ganz so wie es in den Herkunftsgebieten der germanischen Einwanderer traditionell üblich war. Diese oft nur wenig eingetieften, unscheinbaren Brandbestattungen entziehen sich jedoch sehr viel leichter der archäologischen Entdeckung und Untersuchung als die größeren und tiefer ausgehobenen Grabgruben der gleichzeitigen Körpergräber.

Die Entwicklung war in dieser Zeit in Südwestdeutschland vom römisch-alamannischen Verhältnis geprägt. Durch Verträge, Bündnisse oder kriegerische Auseinandersetzungen wurde die alamannische Inbesitznahme der *agri decumates* stark beeinflußt. Das römische Militär beherrschte die Flußläufe vom Rhein bis zur Donau weniger als feste Grenze, sondern vielmehr in ihrer Funktion als wichtige Verkehrsadern. Rechtsrheinische Kastelle und Burgi manifestierten die Machtansprüche des Römischen Reiches auch auf der anderen Rheinseite, und die Ansiedlung germanischer Gruppen im Vorfeld dieses Gebietes wurde – soweit möglich – vom römischen Militär kontrolliert. Hier wurden auch die alamannischen Truppen rekrutiert, die das spätrömische Militärhandbuch *Notitia Dignitatum* vom Beginn des 5. Jahrhunderts nennt, beispielsweise die *Brisigavi* aus dem Breisgau oder die *Raetobari* aus dem Ries nördlich der Donaugrenze.

Die selbständige Alamannia im 5. Jahrhundert

Ab der Mitte des 5. Jahrhunderts ist das Entstehen von dauerhaften Gräberfeldern im alamannischen Gebiet zu beobachten. In den meisten Fällen, wie in Mengen und Wyhl im Breisgau, Pleidelsheim, Hemmingen, Aldingen und Heilbronn am mittleren Neckar, Neresheim und Heidenheim-Großkuchen in der Ostalb und anderen, handelt es sich um die Bestattungen von nur ein bis drei Familien, die auf wenig entfernt liegenden ländlichen Höfen wohnten. Von diesen Siedlungen sind nur wenige bekannt, doch wird ihre Erforschung gerade in den letzten Jahren systematisch vorangetrieben. Die führenden Familien der alamannischen Oberschicht herrschten von ihren Höhensitzen wie dem Runden Berg über die von ihnen abhängigen Gebiete. Zu diesen Herr-

Abb. 241 *In Grab 269 des alamannischen Friedhofes von Hailfingen (Kr. Tübingen) wurde im zweiten Viertel des 6. Jahrhunderts ein Mann mit reicher Waffenausrüstung sowie einer Feinwaage beigesetzt. Er dürfte als Vertreter der Merowinger im Neckarraum überörtliche Funktionen erfüllt haben (Kat. V.5.2.). – Foto Reiss-Museum.*

schaftsmittelpunkten sind bislang keine Gräberfelder bekannt, doch geben qualitätvolle Funde wie das Grab vom Ailenberg bei Eßlingen-Rüdern mit goldbeschlagenem Langsax und massiv goldener Gürtelschnalle mit Edelsteineinlage einen Eindruck vom Reichtum der Spitzen der alamannischen Gesellschaft. Zur Oberschicht mit überörtlicher Bedeutung – Kleinkönig? Gefolgsleute des Königs? – gehörten auch Männer aus Gültlingen, die in ihren Gräbern mit Helm und Goldgriffspatha ausgestattet waren (Abb. 240). Ihre Frauen trugen ausgefallene, einzeln angefertigte Schmuckgegenstände.

Die Zeit um die Mitte des 5. Jahrhunderts wurde vor allem geprägt durch die Völkerwanderungen. Gruppen aus west-, ost- und nordgermanischen Gebieten drängten ins Römische Reich. Das alamannische Gebiet wurde Durchzugsregion, die auch vom Heereszug der Hunnen unter Attila im Jahr 451 nach Westen betroffen war. Dieser Zug nach Gallien, der erst an der Seine bei Troyes vom römischen Heer aufgehalten werden konnte, ließ eine große Zahl Krieger aus den verschiedenen germanischen Stämmen aufeinandertreffen. Auf dem Rückzug dürften als Söldner angeworbene ostgermanische Gefolgschaften das hunnische Heer verlassen und ihr Glück im alamannischen Gebiet gesucht haben. Das Ende des Hunnenreiches ermöglichte außerdem stärkere wirtschaftliche und politische Kontakte der Alamannen nach Osten, die sich deutlich im archäologischen Fundstoff aus den Gräbern dieser Zeit niederschlagen. In den Schriftquellen werden Alamannen westlich des Rheins erwähnt, ein alamannischer König Gibuld wird an der oberen Seine genannt, im Osten gelangen sie bis nach Passau, nach Südwesten dringen sie auf burgundisches Gebiet vor. Nach Nordwesten dehnen sie ihre Interessensphäre bis zum Mittelrhein aus. Hier prallen ihre Machtinteressen auf die des mittlerweile gleichfalls erstarkten Stammesverbandes der Rheinfranken. Die Auseinandersetzungen mündeten in die Schlacht bei Tolbiacum, dem heutigen Zülpich, in der der rheinfränkische König Sigibert nur mit Mühe den Sieg behaupten konnte. Die große Gefahr, die die Alamannen für die Franken darstellten, wird durch die Schilderung Gregors von Tours ersichtlich, der über die Schlacht von 496 berichtete: »Es geschah nämlich, daß beide Heere zusammenstießen und gewaltig zugeschlagen wurde, und das Heer des Chlodwig (die Franken) war gar nahe daran, ins Verderben zu stürzen.« (Gregor von Tours, *Historiae II* 37). Das fränkische

***Abb. 242** Hailfingen Grab 269. Zwei gläserne Spitzbecher (Kat. V.5.2.). – Foto Reiss-Museum.*

Aufgebot errang schließlich den Sieg und schuf damit die Basis für die Oberhoheit über die Alamannen.

Im Jahr 506 folgte der entscheidende fränkische Angriff, der tief in die Kernlande Alamanniens hineinreichte. Archäologisch nachweisbar wurden die Sitze der alamannischen Herren, wie der Zähringer Burgberg bei Freiburg oder der Runde Berg bei Urach, angegriffen und zerstört. Offenbar kamen diese fränkischen Aktionen so unerwartet, daß die Bewohner des Runden Berges ihr wertvolles Hab und Gut in aller Eile an den steilen Hängen des Berges vergruben. Ihr Tod oder ihre Vertreibung ließ ihnen keine Möglichkeit, in friedlicheren Zeiten diese Schätze wieder in ihren Besitz zu bringen; die Herrschaftssitze blieben für mehr als ein Jahrhundert verwaist. Das Abbrechen der Belegung von Gräberfeldern in Alamannien, vor allem im nördlichen und zentralen alamannischen Gebiet – als Beispiele seien hier Eschborn bei Frankfurt, Heilbronn, Hemmingen, Aldingen und Renningen im mittleren Neckarraum, Heidenheim-Großkuchen sowie Basel genannt –, läßt erkennen, wie drastisch dieser Einschnitt war, denn auf einigen dieser Friedhöfe sind zuvor auch die Angehörigen der alamannischen Führungsschicht beigesetzt worden.

Die nördlichen Gebiete Alamanniens nahmen die Franken in Besitz, die dort ansässigen alamannischen Gruppen wurden vertrieben und suchten teilweise im südlichen Gebiet sowie in Raetien und in Italien Zuflucht, wo sie der ostgotischen Herrschaft unterstanden. König Theoderich warnte 507 von Ravenna aus seinen Schwager Chlodwig I., bei der Verfolgung der Alamannen nicht die Interessen des ostgotischen Königreiches zu verletzen. Der Niedergang der Ostgoten führte aber schon 536 zur Abtretung der gesamten nordalpinen Gebiete an die Franken. Ganz Alamannien war nun Teil des fränkischen Reiches als *Ducatus Alamanniae*.

Abb. 243 *Niederstotzingen (Kr. Heidenheim) Grab 12. Mediterraner Lamellenhelm aus dem Grab eines adeligen Reiters vom Beginn des 7. Jahrhunderts. – Foto Württembergisches Landesmuseum, Stuttgart.*

Das merowingische Herzogtum Alamannien im 6. und 7. Jahrhundert

Die Oberhoheit der Franken hatte Folgen im gesamten alamannischen Siedlungsgebiet, die sich auf alle Lebensbereiche wie Verwaltung, Wirtschaft, soziale Verhältnisse sowie die Besiedlung des Raumes und auch das Bestattungswesen erstreckten. Letzteres ist aus archäologischer Sicht und vor dem Hintergrund weniger schriftlicher Quellen von besonderer Bedeutung, bilden doch die bisher mehr als 10000 Gräber aus dem 6. und 7. Jahrhundert einen enorm großen Fundus an Informationen. Allerdings ist der Quellenbestand sehr einseitig, denn diesen vielen Grabfunden stehen bislang viel zu wenige bekannte und großflächig ausgegrabene Siedlungen der gleichen Zeit gegenüber. Aufbauend auf älteren Forschungsergebnissen, konnten in zielgerichteten Rettungsgrabungen einige bedeutende Gräberfelder und, was noch wichtiger ist, die dazugehörigen Siedlungsplätze in jüngster Vergangenheit erforscht werden.

Viele Siedlungsgemeinschaften überstanden die katastrophalen Ereignisse der Zeit um 506/7 nicht ohne harte Einschnitte. Andere wie die von Pleidelsheim, Sindelfingen, Kirchheim unter Teck, Pfullingen, Lauchheim, Neresheim, Gammertingen, Mengen, Eichstetten, Sasbach, Schleitheim, Tiengen und Weingarten bestanden kontinuierlich vom 5. bis zum 7. Jahrhundert und wurden teilweise zu fränkischen Stützpunkten ausgebaut. Hier deutet sich an, daß der alamannische Bereich südlich der Schwäbischen Alb von den Auswirkungen der fränkischen Angriffe weniger hart betroffen war. Im Verlauf der ersten Hälfte des 6. Jahrhunderts kam es vermehrt zur Anlage von neuen Ortsfriedhöfen, auf denen die durch die Obrigkeit festgelegte Beisetzung aller Verstorbenen in Reihen erfolgte, was den Begriff »Reihengräberfelder« prägte. Oft in Randbereichen von Orten mit den ältesten alamannischen und fränkischen Ortsnamenendungen auf -ingen oder -heim entdeckt, erreichen die Zahlen der freigelegten Gräber Größenordnungen von ein paar Dutzend bis zu mehr als 1000 wie im Fall von Lauchheim oder Sasbach. Die gleichmäßig und intensiv geübte Sitte, die verstorbenen Frauen, Männer und Kinder in ihrer Tracht sowie mit Beigaben aus ihrer persönlichen Habe beizusetzen, gibt Aufschluß über die unterschiedliche Herkunft und die wirtschaftlichen und sozialen Verhältnisse der neuen Siedlungsgemeinschaften. Diese Gräberfelder sind gleichzeitig Ausdruck für eine Siedlungsverlagerung an neue Plätze innerhalb der Gemarkung. Lagen die archäologisch bekannten Siedlungsplätze im 4. Jahrhundert in der Nachbarschaft römischer Gutshöfe, so finden sie sich im 6. und 7. Jahrhundert regelhaft in nächster Nähe von Bachläufen mit dem zugehörigen Gräberfeld am maximal wenige hundert Meter entfernten Hang. Da viele Dörfer bis in unsere Tage in dieser topographischen Situation liegen, war die archäologische Forschung lange davon ausgegangen, daß die alamannischen und fränkischen Hofanlagen den Kern der noch heute bestehenden Dörfer gebildet hätten und ihre Spuren durch spätere Bauten zerstört worden wären. Neuere Ausgrabungen im Breisgau, an der oberen Donau, am Oberrhein, im Neckarland und in Ostwürttemberg zeigen, daß die frühgeschichtlichen Siedlungsplätze oft an anderen Stellen als die mittelalterlichen liegen und im Verlauf der Jahrhunderte innerhalb der Gemarkungen verlegt worden waren. Die Siedlungsgröße ist aus dem Umfang der Ortsgräberfelder in groben Zügen erschließbar. Friedhöfe mit 1000 und mehr Gräbern stehen für Dörfer mit mehr als 10 bis 15 Hofstellen. Üblicherweise müssen wir anhand viel kleinerer Gräberfelder mit Weilern von weniger als zehn Höfen bis hin zu Einzelhöfen rechnen, die die Besiedlung der Landschaft geprägt haben. Ab der Mitte des 7. Jahrhunderts wurden auch Höhensiedlungen als Sitze adeliger Familien wieder ausgebaut. Das Beispiel des Runden Berges bei Urach mit seinem repräsentativen Hallenbau und Funden von Reitzeug und fränkischen Trinkgläsern als Elementen des gehobenen Lebensstandards belegt eine erneute Nutzung dieses Adelssitzes von der Mitte des 7. bis zur Mitte des 8. Jahrhunderts. Das Ende der Anlage läßt sich mit dem Gerichtstag von Cannstatt im Jahr 746 in Verbindung bringen, an dem der karolingische Hausmeier Karlmann Teile des treu zu den Merowingern stehenden alamannischen Adels umbringen ließ.

Nicht exponiert wie die Höhensiedlung auf dem Runden Berg, sondern im Talgrund der Jagst, an der wichtigsten Verkehrsader vom mittleren Neckar zur Donau, lag eine große umzäunte Hofanlage von etwa 60 × 60 m Umfang innerhalb der Siedlung von Lauchheim. Sie war Hof und Sitz einer Adelsfamilie des ausgehenden 7. Jahrhunderts, deren Macht und Besitz wohl im ostalamannischen Gebiet konzentriert war.

Im 7. Jahrhundert sind als Folge der durchgreifenden Christianisierung die ersten Kirchenbauten überliefert. Kleine Saalbauten mit einer Apsis in landesüblicher Holzpfostenbauweise wurden wie in Brenz an der Brenz oder anderenorts auf Gräberfeldern errichtet. Auch als Gründungsbauten von einigen bis ins Mittelalter oder in die Neuzeit weiterbestehenden Kirchen sind sie, wie im Fall von St. Blasius in Bopfingen oder aus Kirchheim unter Teck, durch Ausgrabungen bekannt. Im Kirchenbau finden sich zur gleichen Zeit, erstmals seit der römischen Epoche, wieder Steinbauten.

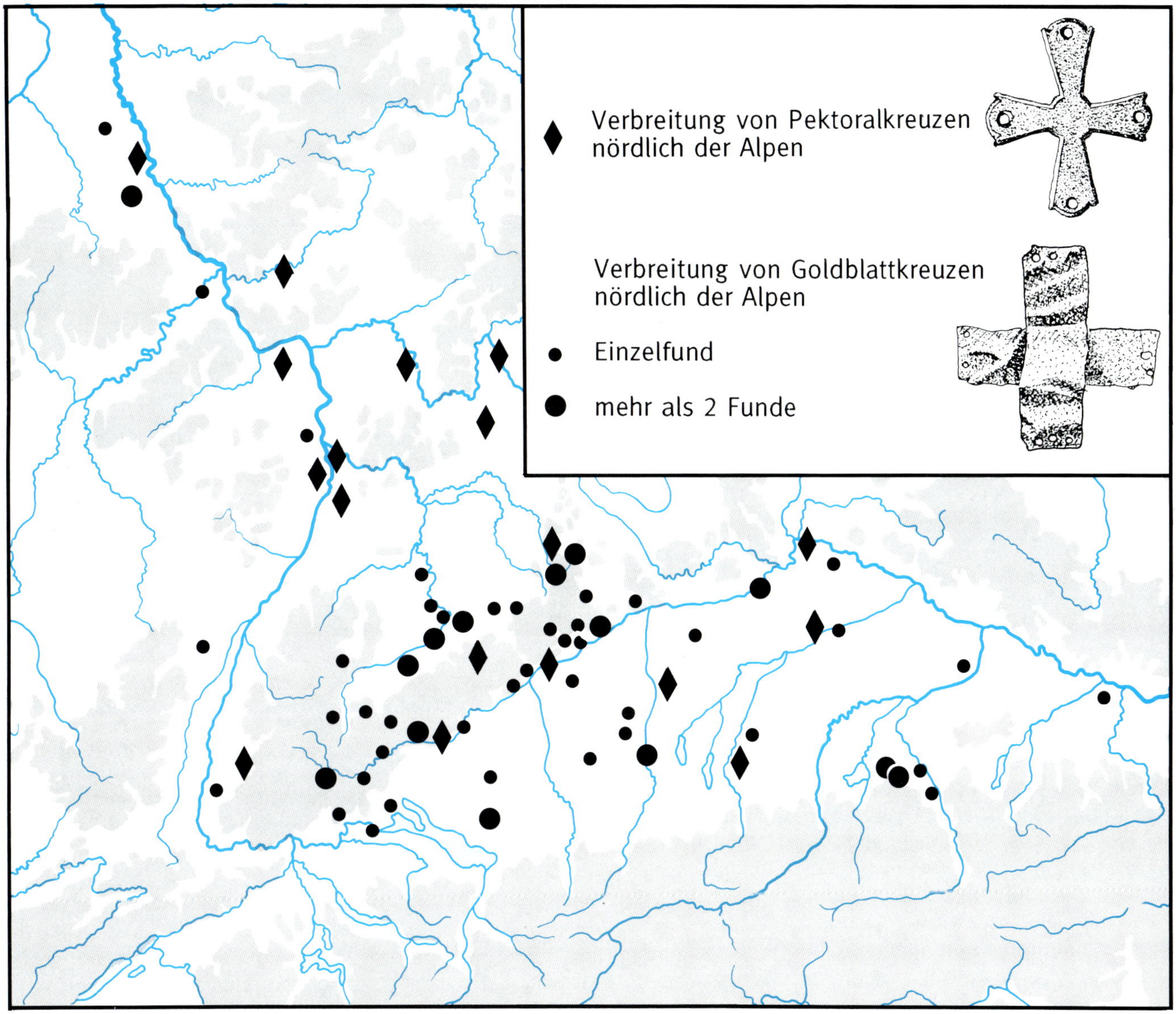

Gräber – die wichtigste Quelle

Erst in der zweiten Hälfte des 6. Jahrhunderts bildete sich im alamannischen Gebiet – an den Grabfunden ablesbar – erneut eine reiche Führungsschicht heraus. Die besonders gut ausgestatteten Gräber wie die der Damen von Donzdorf (Kr. Göppingen) oder von Güttingen (Kr. Konstanz) und die der Krieger aus Hüfingen (Schwarzwald-Baar-Kreis) oder von Niederstotzingen (Kr. Heidenheim) enthalten oft ungewöhnliche, aus zum Teil weit entten Gebieten stammende Objekte: Pferdegeschirre, Waffen (Abb. 243) und Schmuck aus dem Mittelmeergebiet, bevorzugt wohl aus Italien, zu dem intensive Kontakte bestanden, aus dem fränkischen Rheingebiet importierte Gläser (Abb. 242), aber auch Gürtel und Waffen. Die unter fränkischer Führung erfolgten Neuansiedlungen hatten auch aus anderen Regionen Kolonisten ins alamannische Gebiet gebracht.

Abb. 244 *Goldblattkreuze, die überwiegend im alamannischen und bairischen Siedelraum in den Gräbern zu finden sind, sowie Pektoralkreuze, die von Franken bevorzugt wurden, sind Zeugnisse einer weitreichenden Christianisierung im späten 6. und 7. Jahrhundert. – Nach Entwurf M. Knaut; graphische Gestaltung I. Bell.*

Abb. 245–246 *Eine Adelige wurde um 700 in Fridingen an der Donau (Kr. Tuttlingen) Grab 278 mit ihren besonders wertvollen Fibeln beigesetzt. Diese Ausstattung fällt bereits in eine Zeit, in der nur noch wenige Tote Grabbeigaben erhielten. – Foto Landesdenkmalamt Baden-Württemberg.*

Durch ihre Grabausstattungen sind sie als Thüringer zu identifizieren, wie etwa in Kösingen (Ostalbkreis) oder Schretzheim (Kr. Dillingen an der Donau). Darüber hinaus spiegeln die Grabbeigaben auch langobardische Einflüsse der Zeit vor 568 aus dem östlichen Donauraum oder in Einzelfällen Einheirat von weit entfernt aus Südskandinavien stammenden Frauen. Die politischen Veränderungen brachten Menschen unterschiedlicher Herkunft zusammen, die die wirtschaftlichen und strukturellen Grundlagen für ein gehobenes alamannisches Kunsthandwerk schufen, wie es uns beispielsweise Mitte des 7. Jahrhunderts mit den Goldscheibenfibeln des »Wittislinger Meisters« im ostalamannischen Raum entgegentritt.

In der zweiten Hälfte des 6. Jahrhunderts bestattete die gesamte Ortsgemeinschaft ihre Verstorbenen auf einem gemeinsamen Gräberfeld, so auch die sich durch ihren besonderen Reichtum an Grabbeigaben deutlich von den übrigen abhebenden Mitglieder einer kleinen Führungsschicht, deren Anteil mit wenigen Prozent der Gesamtbevölkerung einer Siedlung zu veranschlagen ist. Diese Sitte löste sich im Verlauf des 7. Jahrhunderts zusehends auf, und zwar zugunsten einer Trennung oder Isolierung dieser Oberschicht von der Bestattungsgemeinschaft. Aufwendiger Grabbau mit hölzernen Kammern und obertägige Markierungen mit Grabhügeln waren erste Anzeichen, die sich fortsetzten in kleinen Separatfriedhöfen wie Niederstotzingen oder Giengen an der Brenz. Bei großen Ortsgräberfeldern wie Lauchheim, Kirchheim am Ries oder Fridingen an der Donau sind vom übrigen Gräberfeld abgesetzte Bezirke zu beobachten, die den führenden Familien vorbehalten waren. Ganz allgemein ist allerdings festzuhalten, daß auch bei den ärmeren Bestattungen auf alamannischen Gräberfeldern eine gruppenbezogene Belegung nach Familien oder Hofgemeinschaften immer deutlicher als Grundmuster zu erkennen ist. Kleinere Gräberfelder der durchschnittlichen Bevölkerung, die im Verlauf des 7. Jahrhunderts abseits der zentralen großen Ortsgräberfelder entstanden, sind ein Hinweis auf den dynamischen Prozeß der »Binnenkolonisation«, das heißt des Ausbaus der landwirtschaftlich nutzbaren Flächen innerhalb der bereits seit Generationen aufgesuchten

Siedlungskammern. Diese Entwicklung konnte besonders prägnant in Bayerisch-Schwaben in Tallandschaften des Voralpengebietes nachgewiesen werden, fand aber genauso in anderen Regionen Alamanniens statt.

Der in den Regionen zwischen Rhein und Lech so gleichmäßig bis ins fortgeschrittene 7. Jahrhundert und vielfach bis in die Zeit um 700 und danach anhaltende Brauch, die Verstorbenen in Tracht sowie mit Waffen, Reitzeug, Gefäßen und sonstigen Beigaben beizusetzen, liefert eine Fülle von Material für die zeitliche Einordnung vieler Entwicklungen, für die in den fränkischen Gebieten zur gleichen Zeit die Materialbasis fehlt, da die Beigabensitte dort schon früher aufgegeben wurde. So ist noch im ausgehenden 7. Jahrhundert der Prozeß der Auflösung der alten Ortsgräberfelder archäologisch zu beobachten. In dieser Phase entstehen kleine Gräbergruppen unmittelbar bei einzelnen Hofanlagen sowohl in der Oberschicht, wie das Beispiel der um 700 datierten Adelsgrablege innerhalb des Hofareals in Lauchheim zeigt, als auch bei weniger betuchten Hofbesitzern aus der gleichen Siedlung. Zunehmend dürften die Gräberfelder bei den überall entstandenen Kirchen benutzt worden sein, die jedoch in den meisten Fällen archäologisch nicht nachweisbar sind.

Oberflächlich betrachtet meint man, im 7. Jahrhundert, vor allem in der ersten Hälfte, eine Bevölkerungszunahme in den Gräberfeldern zu beobachten. Dieser Eindruck ist wohl vor allem auf die weit verbreitete, auch in den ärmeren Schichten intensiv geübte Beigabensitte zurückzuführen, die zur besseren Datierbarkeit der Gräber dieses Zeitraums führt. Regelmäßig finden sich Glasperlen bei Frauen und Mädchen sowie immer mehr metallene Beschläge an den Gürteln und Riemen der unterschiedlichen Trachtbestandteile. Typische Männergürtel sind mit mehreren Riemenzungen und Beschlägen meist aus Eisen mit tauschierten Silberverzierungen, seltener aus Bronze, in Ausnahmefällen aus Silber oder Gold versehen. Auch in der Frauentracht nimmt die »Metallisierung« zu. Strumpfbänder, sogenannte Wadenbinden, und Lederschuhe werden zunehmend mit Schnallen und immer mehr Riemenzungen, bestückt. Charakteristische Verzierungsmuster, vor allem bei den Tauschierungen mit Silber- und Messingdrähten, aber auch bei den geläufigen Preßblecharbeiten für Scheibenfibeln und Riemenzungen weisen auf kleinräumige Werkstätten und Einzugsgebiete hin. Bei diesen Objektgruppen existiert interessanterweise eine scharfe Trennung zwischen Trachteigenheiten der Alamannen westlich des Lechs und der Bajuwaren östlich davon.

Nur bei diesen beiden Stämmen konnte sich auch eine erlesene und wertvolle Objektgruppe durchsetzen, die Goldblattkreuze (Abb. 244). Der Schwerpunkt ihrer Verbreitung liegt eindeutig in Alamannien, doch werden gerade in den letzten Jahren zunehmend Beispiele aus dem bajuwarischen Gebiet bekannt. Als Totenschmuck wurden diese Kreuzzeichen aus dünnem Goldblech geschnitten und mit Preßmodeln verziert, um dann, auf feine Tücher genäht, den wohlhabenden Verstorbenen über das Gesicht gelegt zu werden. Diese Sitte übernahm die im 7. Jahrhundert weitgehend christianisierte Oberschicht der Alamannen von den Langobarden. Anstatt Folienkreuze als Votivgaben den Kirchen zu stiften, wie es bei den Romanen im Mittelmeergebiet üblich war, hatten die germanischen Christen diese Heilszeichen in die bei ihnen übliche Beigabensitte integriert. Daß das Christentum und mit ihm eine Kirchenorganisation im 7. Jahrhundert in Alamannien fest Fuß fassen konnte, belegt das seit Ende des 6. Jahrhunderts bestehende Bistum Konstanz. Darüber hinaus ist der christliche Einfluß in Ornamentik und Ikonographie an vielen archäologischen Objekten des täglichen Gebrauchs deutlich sichtbar (Abb. 245–246). Zu Klostergründungen kam es in den meisten alamannischen Gebieten erst im Verlauf des 8. Jahrhunderts. Im 7. Jahrhundert bildeten vom Adel gegründete Eigenkirchen die Fundamente des organisierten Christentums.

Mit dem Ende der Reihengräberfelder im frühen 8. Jahrhundert versiegt die wichtigste Quelle zur frühmittelalterlichen Geschichte Alamanniens und seines Charakters als einem Teil des merowingischen und später karolingischen Reiches.

Literatur: Ament 1992. – Christlein 1978. – Fingerlin 1974; 1993. – Geuenich/Keller 1985. – Junghans 1986. – Keller 1981; 1993. – Knaut 1988; 1990. – Koch, U. 1993. – Müller, W./Knaut 1987. – Quast 1993a. – Quellen I–VI. – Runder Berg I–X. – Schaab/Werner, K. F. 1988. – Schach-Dörges 1994. – Schmidt, B. 1983. – Steuer 1988; 1990; 1994. – Stork 1988. – Veeck 1931. – Werner, J. 1975.

Die Bajuwaren – Nachbarn der Franken

Uta von Freeden

Der Stamm der Bajuwaren tritt erst am Ende der Völkerwanderungszeit ins Licht der Geschichte. Jedoch setzten bereits vor dem Ende des Weströmischen Reiches (476) in den römischen Donauprovinzen Raetia II *und* Ufernoricum *Vorgänge ein, die zur Herausbildung dieses neuen germanischen Stammes führten. Nachfahren germanischer Söldner, neu zugewanderte Germanengruppen und die Reste der bereits ansässigen romanischen Bevölkerung verschmolzen zu einer neuen ethnischen Einheit. Die Bajuwaren standen zunächst unter der Herrschaft der Goten, später unter der der Franken. Die baierischen Herzöge entstammten einer hochadeligen fränkischen Familie – den Agilolfingern, die bis zum Ende des 8. Jahrhunderts an der Macht blieben.*

Ein neuer Germanenstamm an der Donau

Die älteste Nachricht über die Bajuwaren ist in einem Geschichtswerk über die Goten erhalten, das der Historiker Jordanes im Jahr 551 vollendet hat (*Getica* c. 55). Ihr Name taucht bereits kurz darauf (565) in Texten des Dichters Venantius Fortunatus erneut auf. Beide Autoren berichten übereinstimmend, daß östlich des Siedlungsraumes der Sueben (Schwaben) bzw. östlich des Lechs das Land *Baiuaria* liegt, dessen Einwohner *Baibari* bzw. *Baiovarii* heißen.

Mit den Bajuwaren war die Familie der Agilolfinger aufs engste verbunden. »Der Herzog aber, der dem Volk vorsteht, war immer aus dem Geschlecht der Agilolfinger und soll es sein«, dieses ungewöhnliche Privileg ist in der *Lex Baiuvariorum* dekretiert (Titel III; nach Störmer 1988, 146). Vergleichbares ist in keiner anderen germanischen Rechtssammlung überliefert.

Die wenigen schriftlichen Zeugnisse lassen jedoch mehr Fragen offen, als sie beantworten: Wer waren die Bajuwaren, und woher kamen sie so plötzlich in der Mitte des 6. Jahrhunderts? Wer waren die Agilolfinger? Wie fügen sich die Bajuwaren und ihre Herzöge in das Beziehungsgeflecht der germanischen Völker des frühmittelalterlichen Europa und ihrer herrschenden Familien ein?

Wenden wir uns zuerst der Frage nach der Herkunft des germanischen Volksstamms der Bajuwaren zu! Das Rätsel ihres Ursprungs umschreibt Herwig Wolfram (1985, 105) sehr anschaulich mit dem Bild, daß die Baiern »den Historikern als die 'Findelkinder' der Völkerwanderung« gelten. Und wirklich wie Findelkinder tauchten sie scheinbar plötzlich um die Mitte des 6. Jahrhunderts unter den damals schon altbekannten germanischen Völkern wie Alamannen, Thüringern, Langobarden, Goten, Burgunden und Franken auf. Zu diesem Zeitpunkt hatten sich die Bajuwaren in dem Gebiet östlich des Lechs durchaus fest etabliert. Nun ist davon auszugehen, daß es im 5. und 6. Jahrhundert nicht ohne weiteres möglich war, eine so große Region Europas in zentraler Lage zu okkupieren, ohne daß dem größere Widerstände entgegengesetzt worden wären. Auch wäre zu jener Zeit die Wanderung eines größeren Volksstammes kaum unbemerkt vor sich gegangen. Wanderung wie Okkupation hätten unbedingt ihren Niederschlag in den Geschichtswerken finden müssen.

Raetien und Noricum in der Spätantike

Ein Ansatz zur Lösung des Rätsels »Bajuwaren« ergibt sich aus der politischen Situation, in der sich das Land *Baiuaria* zur Zeit seiner ersten Erwähnung befand. Um den Zustand in der Mitte des 6. Jahrhunderts richtig erfassen zu können, wird hier ein kurzer Überblick über die historische Entwicklung gegeben. Das Land zwischen Lech und Inn gehörte in spätrömischer Zeit zur Provinz *Raetia Secunda (Raetia II)*, nach Osten hin schloß sich die Provinz *Noricum Ripense* (Ufernoricum) an (Abb. 247). Beide Provinzen verblieben bis zum Ende des Weströmischen Reiches unter dessen Oberhoheit.

Ungeachtet ihrer langen und ungebrochenen Zugehörigkeit zum Römischen Reich konnten sich Raetien und Ufernoricum während dieser Zeit keinesfalls ungestörter Ruhe erfreuen. Vielmehr kam es immer wieder zu Einfällen germanischer Stämme. Dies waren Ereignisse, die notwendigerweise Änderungen innerhalb des römischen Heeres nach sich zogen. Die Reformen erschöpften sich nicht im Festungsbau und in organisatorischen Maßnahmen, sondern erweiterten vor allem die Rekrutierungsbasis für die römischen Grenztruppen. Söldner konnten fortan – wie schon in anderen Teilen des Römischen Reiches – auch außerhalb der römischen Grenzen angeworben werden.

In die kritische Zeit vor dem Ende des Weströmischen Reiches fiel die Lebenszeit des hl. Severin, der in den Gebieten entlang der Donau, in der östlichen *Raetia II* und in Ufernorikum, missionarisch wirkte und hier 482 starb. Dank seiner Lebensbeschreibung – im Jahr 511 vom Abt Eugippius verfaßt – verfügen wir über einen Bericht zur Situation in der Grenzregion des Donaulimes. Das ungeschützte Land war weitgehend aufgegeben worden; die roma-

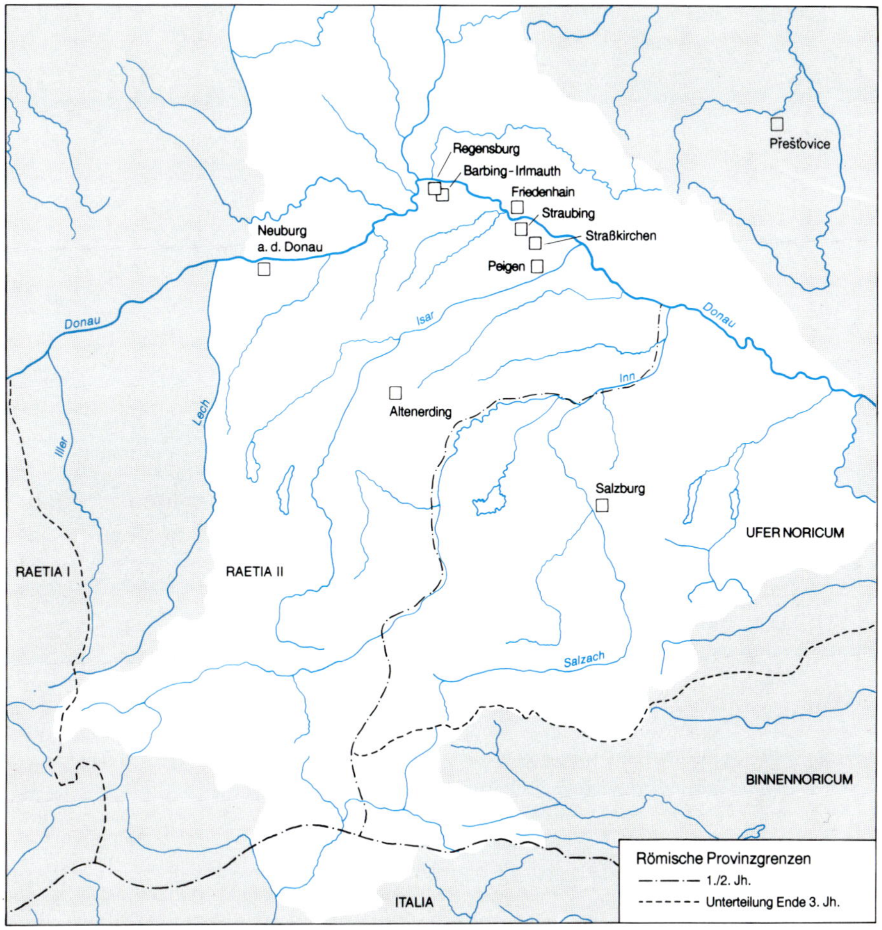

Abb. 247 *Die Grenzen der spätrömischen Provinzen und die Ausdehnung des baierischen Herzogtums um 788 (gerastert) mit den im Text erwähnten Orten. – Zeichnung R. Lieser, Röm.-Germ. Komm. Frankfurt a. M.*

nische Bevölkerung konzentrierte sich auf die Sicherheitsbereiche der wenigen durch ihre Befestigungen geschützten Kastellorte.

Nach der Absetzung des letzten weströmischen Kaisers Romulus Augustulus durch Odoaker im Jahre 476 versiegten als erstes die Soldzahlungen an die Grenztruppen. Spätestens zu diesem Zeitpunkt boten auch die Kastellorte der spätrömischen Bevölkerung keine Sicherheit vor den andrängenden Germanen mehr. Die Auflösung gipfelte in einem Befehl Odoakers aus dem Jahre 488, mit dem er die romanischen Siedler zur Rückkehr nach Italien aufforderte. Damit endete die jahrhundertelange Herrschaft Roms in den Provinzen *Raetia II* und Ufernoricum.

Das Land stand nun für neue Siedler und neue Machthaber offen. Der Ostgotenkönig Theoderich, der im Auftrag des oströmischen Kaisers versuchte, die Geschicke Westroms und seiner Provinzen von Ravenna aus zu leiten, erhob bereits fünf Jahre später Anspruch auf Raetien und Noricum. Gleichzeitig strebte der Frankenkönig Chlodwig I. (482–511) danach, seinen Machtbereich zu festigen und im süddeutschen Raum weiter nach Osten auszudehnen. Zu seinen Zielen zählte auch die Übernahme der von Odoaker aufgegebenen ehemaligen weströmischen Provinzen. Nachdem Chlodwig im Jahre 506 die Alamannen seiner Herrschaft unterworfen hatte, grenzte der fränkische Einflußbereich nun an den Westen der *Raetia II* und damit unmittelbar an das Interessengebiet Theoderichs. Der Ostgotenkönig setzte sich gegenüber Chlodwig zugunsten der Alamannen ein und erreichte ein vorläufiges Ende der fränkischen Ostexpansion.

Beim Tod Theoderichs im Jahre 526 hatten sich die Machtverhältnisse so weit konsolidiert, daß Raetien und Noricum als Bestandteile des ostgotischen Reiches galten. Theoderichs Nachfolger gerieten jedoch bald wieder so sehr in Bedrängnis, daß sie nur zehn Jahre später, nämlich im Jahre 536, Raetien an die Franken abtraten. Im Jahre 545 beanspruchte schließlich der Frankenkönig Theudebert I. gegenüber dem oströmischen Kaiser Justinian sogar das Land bis Pannonien, zu dem also auch Noricum gehörte, als seinen Herrschaftsbereich.

Schon dieser kurze Abriß der Geschichte Raetiens und Noricums zeigt mit aller Deutlichkeit, wie intensiv die Entwicklung dieser beiden Regionen nach dem Fall des weströmischen Reiches von konkurrierenden Mächten beobachtet wurde – es waren ebenso begehrte wie umstrittene Lande. Aus dieser Sicht erscheint es schier unmöglich, daß dort – unbemerkt von der übrigen Welt – ein unbekannter germanischer Volksstamm hätte einwandern und sich niederlassen können. Dennoch sind die *Baiovarii* im Jahre 551 so selbstverständlich präsent, daß die Geschichtsschreiber bei ihrer Nennung keine Erläuterung für notwendig hielten.

Abb. 248 *Keramik vom Typ Friedenhain/Přešt'ovice aus Friedenhain, Straubing Azlburg I und Straubing Bajuwarenstraße mit typischen schrägen Kanneluren bzw. spitzovalen Facetten auf der Gefäßwandung. – Foto Gäubodenmuseum Straubing, Fotowerbung Bernhard.*

Abb. 249 *Fundorte von Keramik des Typs Friedenhain/Přešt'ovice. Sehr klar zeichnet sich die Verbreitung im Vorfeld des Donaulimes ab (helle Kreise und Quadrate). Sie illustrieren die Verbindung zwischen den germanischen Völkern im Limesvorland und den Söldnern der römischen Grenztruppen. – Nach Fischer 1993; Umzeichnung R. Lieser, Röm.-Germ. Komm. Frankfurt a. M.*

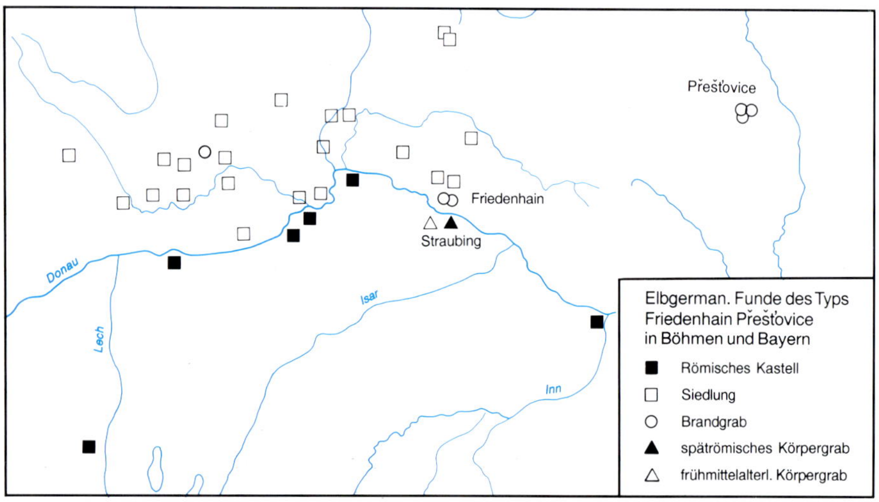

Kann, so ist zu fragen, die archäologische Forschung zum Verständnis dieser historisch überlieferten Fakten etwas beitragen?

Frühmittelalterliche Gräberfelder als Erkenntnisquellen für die Entstehung der Bajuwaren

In der archäologischen Forschung gilt als sicher, daß mehrere Volksstämme an der Entstehung der *Baiovarii* in der Zeitspanne vom 5. Jahrhundert bis zum Anfang des 6. Jahrhunderts beteiligt waren. Dieser Vorgang wird als Ethnogenese bezeichnet. In vergleichbarer Weise ist er auch bei den Franken vor sich gegangen. Die verschiedenen Wurzeln der Bajuwaren lassen sich archäologisch durchaus belegen.

Die für die römischen Grenztruppen unter den germanischen Stämmen rekrutierten Söldner liegen in den Gräberfeldern der Kastellorte. Die z. B. in Neuburg an der Donau oder in Straubing entdeckten Grabfunde zeugen von unmittelbaren Verbindungen der Söldner sowohl mit den ostgermanisch-gotischen Stämmen als auch mit elbgermanischen Völkern, die in Thüringen und Böhmen beheimatet waren.

Während des 5. Jahrhunderts fällt im raetischen Abschnitt des Donaulimes eine der germanischen Volksgruppen, die sowohl im Vorfeld des Limes lebte als auch durch Söldner im römischen Heer präsent war, durch ihre besonders charakteristische Keramik auf. Es handelt sich um eine feine, handgemachte Tonware, die mit Kanneluren oder mit spitzovalen Facetten verziert ist. Ihr Verbreitungsgebiet reicht von Neuburg an der Donau bis nach Passau. Bei der modernen Namensgebung für die Keramik standen die beiden Fundorte Friedenhain nördlich vom ehemaligen Kastell Straubing und Přešt'ovice in Böhmen Pate. Diese Keramik vom Typ Friedenhain/Přešt'ovice (Abb. 248–249) bildet das kulturelle Bindeglied zwischen den Hinterlassenschaften aus den spätantiken Kastellorten und aus den Gräberfeldern des frühen Mittelalters, die ab der Mitte des 5. Jahrhunderts neu angelegt wurden.

Beispielhaft läßt sich dies im Raum Straubing verfolgen: Dort ist diese Keramik sowohl im namengebenden germanischen Brandgräberfeld Friedenhain, außerhalb des Limes und jenseits der Donau gelegen, als auch in dem spätrömischen Friedhof Azlburg I des Kastells Straubing und gleichermaßen in dem großen frühmittelalterlichen Gräberfeld von Straubing, Bajuwarenstraße, anzutreffen. Damit ist bewiesen, daß die Volksgruppe, die die Keramik vom Typ Friedenhain/Přešt'ovice hervorgebracht hat, ab der Mitte des 5. Jahrhunderts an der Neubesiedlung des offenen Landes außerhalb der Kastelle beteiligt war: Diese Volksgruppe wird neben Siedlern elbgermanischer bzw. romanischer Herkunft als eine der Keimzellen der späteren *Baiovarii* betrachtet.

Etwa ab dem letzten Viertel des 5. Jahrhunderts tauchen im Gräberfeld Straubing, Bajuwarenstraße, Bestattungen mit neuen Typen von Beigaben auf. Darunter befinden sich sehr charakteristische Fibeln, die eine neue Entwicklungsphase in der Strau-

Abb. 250 *Straßkirchen (Kr. Straubing-Bogen) Männergrab 364. Die drei rechteckigen verzierten Beschläge und die große Riemenzunge aus Silber saßen unmittelbar auf dem Gürtel. Die kleine Riemenzunge und die Schnalle aus Silber gehörten wohl zu einer am Gürtel befestigten Tasche (Kat. V.5.19.). – Foto Gäubodenmuseum Straubing, Fotowerbung Bernhard.*

Abb. 251 *Straßkirchen, Männergrab 364. Eiserne Franziska. Solche Wurfäxte bilden einen typischen Bestandteil der Waffenausrüstung fränkischer, aber auch alamannischer Krieger (Kat. V.5.19.). – Foto Gäubodenmuseum Straubing, Fotowerbung Bernhard.*

binger Siedlungsgemeinschaft bekunden. Sie zählen zum Trachtzubehör von Frauen, die nicht etwa aus der Umgebung stammen, sondern die entweder westlich-merowingischer oder aber östlicher Herkunft sind. Zusammen mit ihren Männern gehören sie alamannischen und fränkischen bzw. thüringischen, ostgotischen und langobardischen Volkssplittern an. Diese Gruppen stellen zweifellos weitere Keimzellen des Bajuwarenstammes dar.

Etwa vier Kilometer östlich der Kastelltore von Regensburg entfernt findet sich in Barbing-Irlmauth eine kleine Nekropole. Hier ließ sich zur Zeit der ostgotischen Herrschaft eine kleine Gruppe alamannischer Siedler nieder, die möglicherweise dem stetig wachsenden Druck der Franken ausgewichen war. Ihre wertvollen Grabbeigaben belegen, daß sie einer gehobenen Bevölkerungsschicht angehörten. Beigaben mit unverkennbar westlich-merowingischen Komponenten enthielten auch zwei kürzlich entdeckte Gräber in Straßkirchen (Kr. Straubing). Der 22–24jährige Mann besaß einen silberbeschlagenen Gürtel (Abb. 250) und neben einer typisch fränkischen Waffe, der Franziska (Abb. 251), einen Schild; weitere Waffen fehlten. Aufgrund der Beigaben, zu denen noch ein Kamm zählt, wird das Grab in die erste Hälfte des 6. Jahrhunderts datiert. Die gleichzeitige Bestattung einer 20–22jährigen Toten in Nachbarschaft des Männergrabes unterstreicht den überdurchschnittlichen sozialen Status des Paares: Sie hatte nicht nur goldene Scheiben- und Bügelfibeln als Grabbeigaben, sondern darüber hinaus zwei kostbare fränkische Rüsselbecher sowie ein Messer mit goldbeschlagenem Griff und ebensolcher Scheide (Abb. 252–253).

Mit der Entdeckung des vornehmen Paares von Straßkirchen wurde jüngst erneut

Abb. 252 *Straßkirchen, Frauengrab 365. Die Oberfläche der beiden Bügel- und Scheibenfibelpaare besteht aus goldenem Zellwerk, das vorwiegend flachgeschliffene Granatplättchen enthält. L. der Bügelfibeln 8,1 cm. – Foto Gäubodenmuseum Straubing, Fotowerbung Bernhard.*

Abb. 253 *Straßkirchen, Frauengrab 365. Zwei verzierte Hülsen aus Goldblech saßen auf dem Griff des Messers. Ein goldenes U-förmiges Ortband schützte ehemals das Ende der heute vergangenen Scheide, die kleinen Beschläge waren an zugehörigen Riemen befestigt. – Foto Gäubodenmuseum Straubing, Fotowerbung Bernhard.*

Abb. 254 *Straßkirchen, Frauengrab 365. Zwei kostbare fränkische Rüsselbecher aus Glas. Unterhalb der Mündung und über dem Boden umzieht jeweils ein Spiralfaden das Glas. In der Mittelzone sitzen in zwei Reihen die Rüssel, die bei einem der Becher noch zusätzlich gekerbte Glasbänder tragen. – Foto Gäubodenmuseum Straubing, Fotowerbung Bernhard.*

der Beweis erbracht, daß sich unter den neuen Ansiedlern des Donauraums um Regensburg tatsächlich Personen von hohem gesellschaftlichem Rang und materieller Potenz befanden. Man kann zweifellos davon ausgehen, daß diese Menschen die Region aufgrund der politischen und wirtschaftlichen Voraussetzungen gezielt als neue Heimat gewählt hatten. Doch ihren Reichtum werden sie wohl kaum erst kurzfristig aus dem fruchtbaren Land oder z. B. aus dem Handel erwirtschaftet haben, der sich an der überregionalen Fernstraße bei Straßkirchen abwickelte, sondern sie werden ihn bereits mit sich geführt haben.

Es ist daher die Frage, ob die Besiedlung des Landes auf rein zufällige Weise vonstatten gegangen ist oder ob sich hinter dem Zustrom von germanischen Siedlergruppen unterschiedlicher Herkunft und ihrer Ansiedlung nicht eher ein planmäßiger und von der ostgotischen Verwaltung reglementierter Vorgang verbirgt.

Die Besiedlung durch Personen unterschiedlicher Volkszugehörigkeit, wie sie sich im Donauraum abzeichnet, stellt weder einen Einzelfall dar, noch beschränkt sie sich auf das Land unmittelbar an der Donau. Auf dem knapp dreißig Kilometer nordöstlich von München gelegenen frühmittelalterlichen Friedhof von Altenerding läßt sich ähnliches verfolgen: Am Beginn stehen Gräber alamannischer Prägung sowie einer romanischen Restbevölkerung; es folgen Bestattungen langobardischer und thüringischer Bevölkerungsteile, und schließlich sind ostgotische Einflüsse vorhanden. Während der ersten Hälfte des 6. Jahrhunderts setzte sich jedoch in dem ehemals von alamannischen Gräbern belegten Areal zunehmend fränkischer Einfluß durch, besonders seit das Land in den fränkischen Herrschaftsbereich übergegangen war.

Wie einst die Ostgoten sorgten nun die Franken dafür, daß Gefolgsleute aus ihren eigenen Reihen die politische Macht repräsentierten. In den wichtigen Siedlungen saßen seither Männer fränkischer Abstammung, die vom König bzw. vom Herzog mit der Durchsetzung fränkischer Politik betraut waren (Abb. 255). Ein besonders schönes Beispiel zeichnet sich im Gräberfeld von Barbing-Irlmauth ab. Von den eng beieinanderliegenden Bestattungen alamannischer Prägung unterscheidet sich eine Gruppe von vier Männergräbern. Daß es sich bei Grab 36 um das eines privilegierten Mannes des fränkischen Reiches handelt, geht aus der vollständigen Waffenausrustung mit Spatha, Sax, Lanze, Pfeil und Schild, aus dem bronzenen Perlrandbecken und dem Sturzbecher eindeutig hervor. Er lebte in der Gemeinschaft von Barbing-Irlmauth offensichtlich als fränkischer Gefolgsmann. Die drei anderen Männer, deren sonst nicht herausragende Gräber aber alle je eine Spatha enthielten, waren seine Begleiter.

Bereits in der zweiten Hälfte des 6. Jahrhunderts, als der Bajuwarenstamm endgültig in die Geschichtsschreibung eingegangen war, treten unter den Grabfunden die fränkischen Einflüsse immer deutlicher hervor, gleichzeitig bildeten sich typisch bajuwarische Eigenheiten heraus.

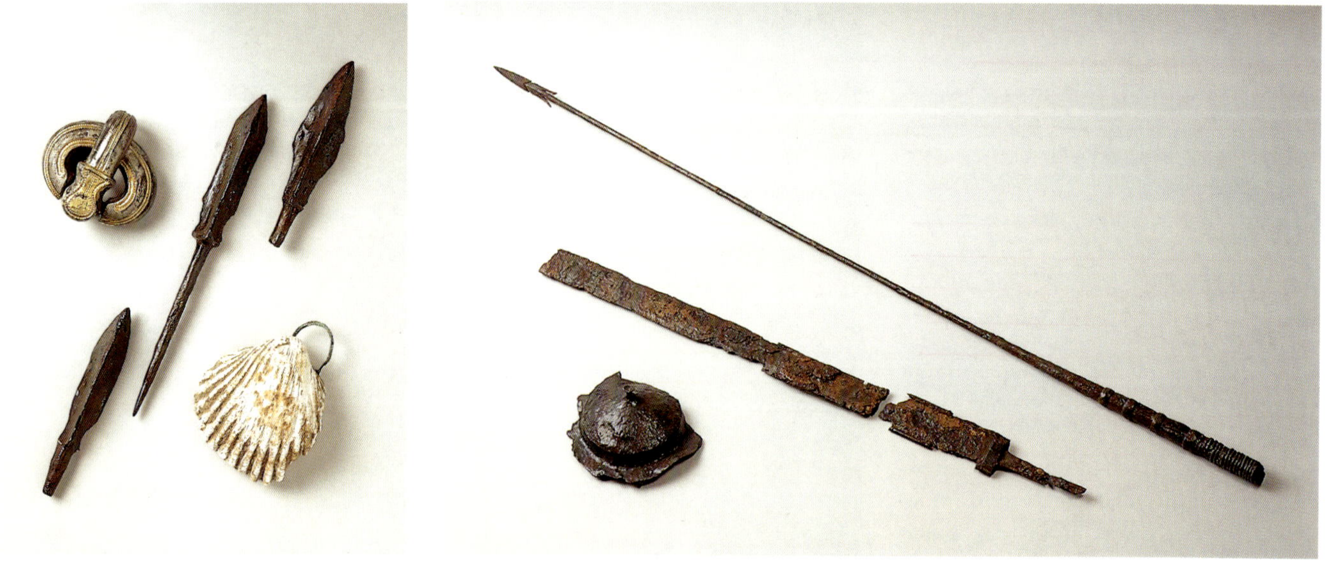

Abb. 255a, b Fränkisches Männergrab von Inzing-Hartkirchen Grab 21b (Kat. V.5.20.). – Foto Reiss-Museum.

Exemplarisch sei hier Grab 36 von Peigen, Markt Pilsting (Kr. Dingolfing-Landau) vorgestellt, in dem ein etwa 35jähriger Mann mit seinen Waffen, nämlich Schildbuckel, Lanze, Pfeile und Helm, sowie einem Gürtel bestattet war (Abb. 256). Vor allem bei dem Helm mit zwei Eberhauern handelt es sich um eine echt bajuwarische Arbeit, die sowohl von Männern als auch von Knaben getragen wurde (Abb. 257); sie stellt jedoch keinen Bestandteil einer außergewöhnlichen Waffenausrüstung dar. Dagegen kennzeichnet der reich beschlagene Gürtel fränkischer Herkunft die Bestattung als verhältnismäßig wohlhabend. Der Tote wird zu Lebzeiten in der bäuerlich-handwerklichen Gemeinschaft von Peigen zwar ein freier und nicht unbedeutender Mann gewesen sein, aufgrund der Beigaben gehörte er aber keinesfalls zur bajuwarisch-fränkischen Oberschicht.

Doch es waren nicht nur Germanen an der Entstehung des Bajuwarenstammes beteiligt, sondern auch romanische Bevölkerungsteile. Ortsnamen romanischen Ursprungs lassen vermuten, daß selbst in der von germanischen Raubzügen ausgebeuteten Region unmittelbar südlich der Donau nach wie vor Romanen lebten, wenn auch zunächst nur als eine Minderheit, die sich in der Folgezeit wohl ziemlich rasch mit den neuen, germanischen Siedlern in der nördlichen *Baiuaria* assimilierte. Einen bedeutend größeren Anteil an der Gesamtbevölkerung besaßen die Romanen dagegen im Salzburger Land und in Tirol, wo sie sich sogar noch im 7. Jahrhundert unverkennbar von den vorwiegend durch Germanen besiedelten Landesteilen der *Baiuaria* abgrenzten. Den archäologischen Nachweis liefern wiederum die Gräberfelder. Für die romanische Bevölkerung ist – wie auch im inneralpinen Raum – eine reduzierte Beigabensitte typisch: Es fehlen in den Gräbern Waffen, Pferdegeschirr oder Objekte mit Amulettcharakter. Es wurden nur wenige Beigaben in die Gräber gelegt, und zwar nur solche, die zur Tracht gehörten. Aus späteren schriftlichen Quellen geht jedoch hervor, daß Nachkommen der romanischen Bevölkerung im öffentlichen Leben Ansehen und Bedeutung gewannen. Spätestens im 10. Jahrhundert verlieren sich ihre Spuren vollständig.

Der Schmelztiegel *Baiuaria* und die Geburt des Namens *Baiovarii*

Aus der Zusammenführung von historischer und archäologischer Forschung läßt sich für die spät- und nachrömische Zeit folgender Besiedlungsvorgang in der *Raetia II* wahrscheinlich machen: Nördlich des Limes wanderte schon im Laufe des 5. Jahrhunderts – also bereits während der ausgehenden spätrömischen Phase – eine germanische Volksgruppe ein, die ursprünglich aus Böhmen stammte; ihr Name ist uns nicht überliefert (Abb. 247). Ihre Ansiedlung im Vorfeld des Limes wird durchaus mit Zustimmung, wenn nicht sogar mit Förderung der römischen Militärverwaltung erfolgt sein. Von Vorteil war

für die Römer, daß in unmittelbarer Nähe Söldner rekrutiert werden konnten.
Noch vor der endgültigen Auflösung der römischen Grenzbewachung überschritt diese Germanengruppe, wahrscheinlich wiederum einvernehmlich mit den Römern, den Limes, zog in das teilweise verlassene fruchtbare Gebiet südlich der Donau und siedelte dort gemeinsam mit den verbliebenen Romanen sowie mit den Nachkommen anderer germanischer Foederaten. Etwa ab der Mitte des 5. Jahrhunderts legte diese Mischbevölkerung ihre ersten Gräber an, z. B. im Straubinger Friedhof an der Bajuwarenstraße, der fortan kontinuierlich bis in das 7. Jahrhundert benutzt wurde.
Für eine dauerhafte Besiedlung waren Regensburg und sein Umland geradezu prädestiniert: Es gab einerseits die wehrhafte, mächtige Anlage der Legionsfestung, von der noch heute eindrucksvolle Mauerreste und Tore zeugen, und andererseits erstreckt sich nach Südosten hin die außerordentlich fruchtbare Ebene des Gäubodens. Teilweise dürften nach dem Ende der römischen Provinzialverwaltung Reste der romanischen Bevölkerung in Regensburg und seiner Umgebung verblieben sein und ihre handwerklichen und landwirtschaftlichen Traditionen weiterhin bewahrt haben. Nach dem Untergang des Weströmischen Reiches wurde durch all diese Voraussetzungen und in Verbindung mit einer äußerst verkehrsgünstigen Lage die Entstehung eines

Abb. 256 Peigen Grab 36. Die bronzene, mit Weißmetall überzogene fränkische Gürtelgarnitur besteht aus einer Schnalle mit rundem Beschlag und ebensolchem Gegenbeschlag sowie fünf dreieckigen Ösenbeschlägen. Der rechteckige Rückenbeschlag und der Riemenschieber – beide tragen keine randbegleitende Punzverzierung – stellen zeitgenössische Ergänzungen der ursprünglichen Garnitur dar. – Foto J. Bahlo, Röm.-Germ. Komm. Frankfurt a. M.

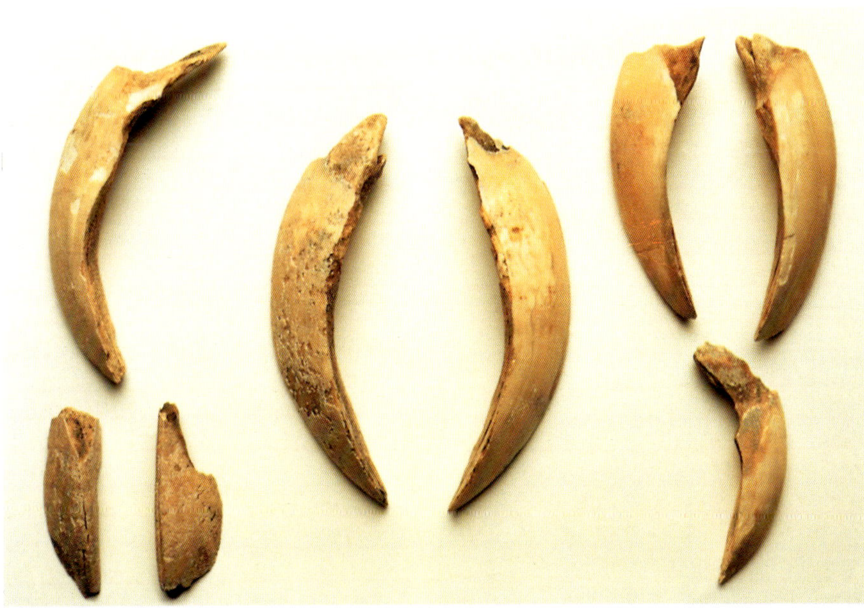

Abb. 257 Peigen. Helmzier der Gräber 65, 86, 69, 36 und 42. Die Wildschweinhauer dienten der Verzierung von Helmen, wie sie bislang nur in bajuwarischen Gräbern angetroffen wurden. Sie finden sich sowohl in Männer- als auch in Knabengräbern und sind in ihrer Größe dem Besitzer entsprechend angepaßt. – Foto J. Bahlo, Röm.-Germ. Komm. Frankfurt a. M.

neuen Machtzentrums in Regensburg geradezu herausgefordert. So ist es kein Wunder, daß die später regierenden agilolfingischen Herzöge sich dieses überregional bedeutende Zentrum zu ihrem Hauptsitz erwählten.

Funde – allen voran die typischen fränkischen Knickwandtöpfe – aus dem frühmittelalterlichen Gräberfeld unter dem Kloster und der Basilika von St. Emmeram belegen eine fränkische Bevölkerung in Regensburg. Für die Anwesenheit hochgestellter adeliger Persönlichkeiten sprechen außergewöhnliche Bestattungen wie die Pferdegräber vom Bismarckplatz und eine Nachricht aus dem 9. Jahrhundert über die Aufdeckung reich ausgestatteter Gräber – Herzogsgräber? – in der Ostmauer des Legionslagers.

Nach sprachwissenschaftlichen Analysen zerfällt der Name *Baiovarii* in zwei Komponenten. Über die Interpretation des zweiten Teils besteht Einigkeit: *varii* bedeutet »Männer aus einer bestimmten Gegend«, der erste Teil des Namens bekundet den Namen der Gegend. Die wichtigste Aussage verbirgt sich also in dem Namensteil *Baio*. Doch leider ist die Auslegung dieses Wortteiles bislang umstritten. Zur Zeit neigt die Forschung dazu, *Baio* mit Böhmen gleichzusetzen. Die *Baiovarii* wären nach dieser Lesart also »Männer aus Böhmen« gewesen. Hinter den »Männern aus Böhmen« könnte sich ohne weiteres die Volksgruppe verbergen, für die die Keramik vom Typ Friedenhain/Přešt'ovice kennzeichnend ist (Abb. 248). Diese *Baiovarii* werden in Regensburg und seinem Umland zweifellos eine gewisse Vorherrschaft ausgeübt haben (Abb. 247). Da das Kastell von Regensburg sich von vornherein als Machtzentrum anbot, hat sich von dort aus der Name *Baiovarii* auf die gesamten anderen Bevölkerungsteile übertragen.

Diese Namensübertragung konnte überhaupt nur dann stattfinden und von dauerhaftem Bestand sein, wenn sich unter den einzelnen Volksstämmen schon seit längerem eine starke Integration entwickelt hatte, die von einer deutlichen Abgrenzung gegenüber den altbekannten germanischen Stämmen getragen war. Darin, daß sich die Verschmelzung nach Aussage der archäologischen Funde relativ friedlich abgespielt hat, wird eine übergeordnete politische Kraft deutlich: In Nachfolge der spätrömischen Herrschaft versuchten zunächst die Ostgoten und später die Franken, ihre Herrschaft in dieser Region zu festigen, indem sie den unaufhaltsamen Prozeß der Ethnogenese observierten und in ihrem Sinne durch einen eingesetzten Herzog steuern ließen.

Die Agilolfinger

Das Schicksal der Bajuwaren, oder später Baiern, ist bis an das Ende des 8. Jahrhunderts eng mit ihren Herzögen, den Agilolfingern (Abb. 258), verknüpft. Den genauen Zeitpunkt der Übertragung der Amtsgewalt an die Agilolfinger durch den fränkischen König kennen wir nicht. Spätestens 30 Jahre nachdem die Franken die Provinz *Raetia II* von den Ostgoten übernommen hatten, erwähnt Gregor von Tours in der Frankengeschichte (IX,4) einen bajuwarischen Herzog mit Namen Garibald. Der fränkische König Chlothar I. nannte ihn »einen der Seinen« und vermählte ihn mit der Witwe König Theudowalds, der langobardischen Königstochter Waldrada. Demnach mußte Garibald ebenfalls hochadliger Abstammung gewesen sein und gehörte folglich einer der führenden fränkischen Adelsfamilien an.

Trotz des erbrechtlichen Anspruches der Agilolfinger auf die baierische Herzogswürde, der einmalig in der germanischen Geschichte ist, untermauert der entsprechende Passus in der *Lex Baiuvariorum* zugleich auch ihre feste Bindung an die merowingischen Könige. Es konnte nämlich nur derjenige Agilolfinger Herzog der Baiern sein, der zugleich auch dem König treu ergeben war. Dieser Zwiespalt, der einerseits aus einer erblichen und damit eher unabhängigen Herzogswürde und andererseits aus der engen Gebundenheit an das fränkisch-merowingische Königshaus resultierte, führte in der folgenden Zeit immer wieder zu Konflikten zwischen den baierischen Herzögen und den fränkischen Königen.

Schon Garibald versuchte, seine herzogliche Herrschaft auszubauen und zu stärken. Dabei betrieb er auf eigene Faust eine Politik, die fränkischen Interessen zuwiderlief und ihn in Opposition zum fränkisch-merowingischen König brachte. Deshalb ersetzte ihn Childebert II. durch einen Agilolfinger mit Namen Tassilo.

Tassilo und seinen Nachfolgern gelang es, die baierischen Grenzen bis nach Südtirol und nach Osten bis an die Enns auszudehnen. Im Norden umfaßte die baierische Herrschaft die Flußgebiete von Naab und Regen und reichte im Nordwesten fast bis an Rednitz und Pegnitz (Abb. 247). Die Herzöge stabilisierten ihre Macht, indem sie sowohl für eine funktionierende Verwaltung sorgten als auch eine aktive Kirchenpolitik betrieben. Beim inneren Landesausbau folgten sie dem römischen Verkehrsnetz und legten herzogliche Pfalzen und Siedlungen an.

Der Niedergang des merowingischen Königshauses und der Aufstieg eines neuen Adelsgeschlechtes – der späteren Karolinger – an die Spitze der fränkischen

Abb. 258 *Stammtafel der Agilolfinger und ihrer verwandtschaftlichen Verbindungen zu den Herrscherhäusern der Langobarden und Alamannen sowie zum fränkischen Königshaus der Karolinger. Die regierenden bajuwarischen Herzöge sind hervorgehoben. – Nach Störmer 1988; Umzeichnung R. Lieser, Röm.-Germ. Komm. Frankfurt a. M., und I. Bell.*

Stammtafel der agilolfingischen Baiernherzöge

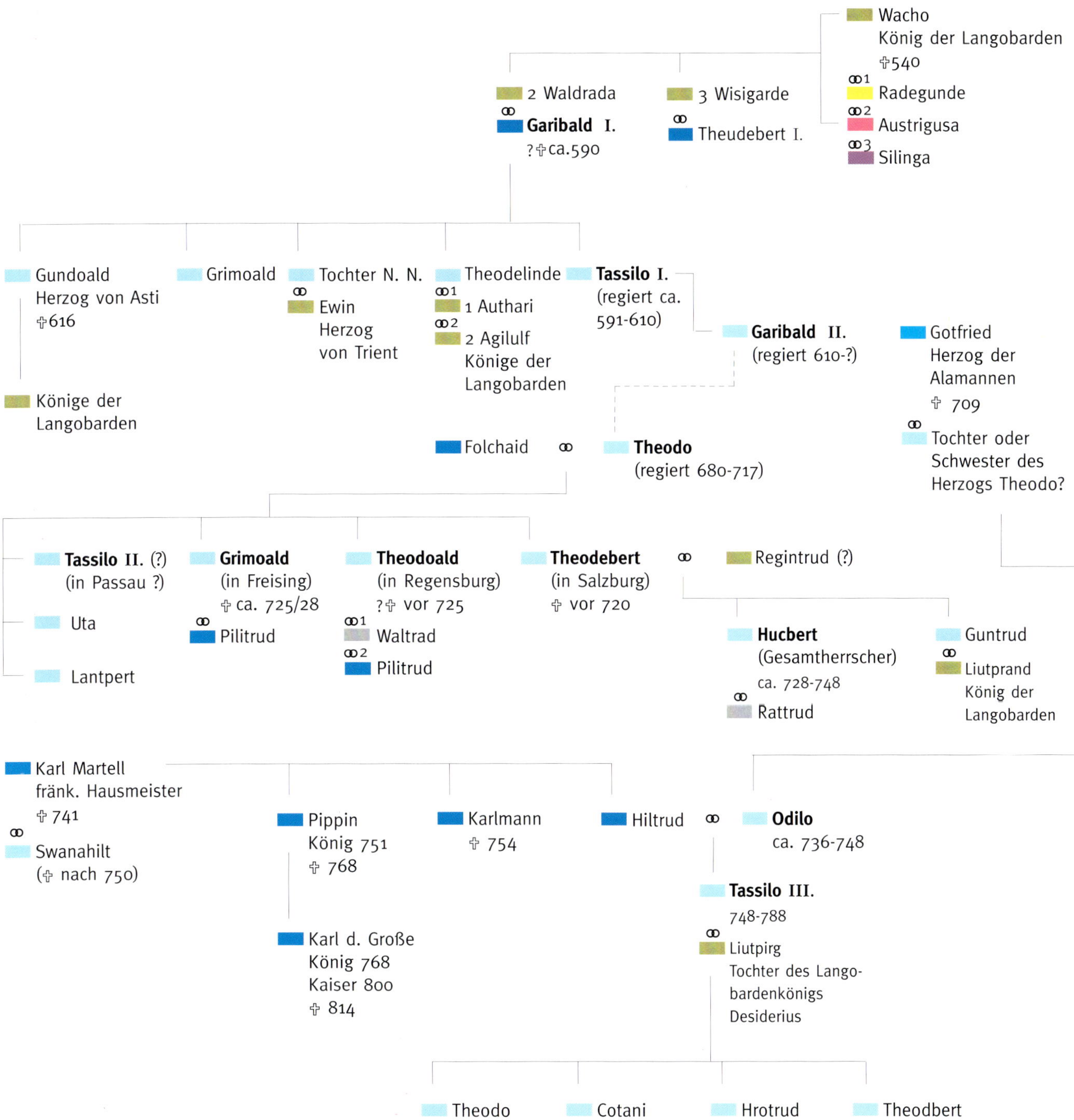

Macht brachten es mit sich, daß die Agilolfinger zeitweise über mehr Handlungsspielraum und Unabhängigkeit verfügten. Das bedeutete für sie Zuwachs an Macht und Stärkung ihres Einflusses innerhalb des frühmittelalterlichen Europa. Daraus erwuchs aber zugleich eine zunehmende Rivalität zu den neuen fränkischen Machthabern. So zeichnet sich die altbaierische Geschichte bis zu ihrem letzten Herzog Tassilo III. vor allem durch die wechselhaften Beziehungen zu den Franken aus. Erst Karl dem Großen gelang es, Tassilo III. abzusetzen und die Agilolfinger ihrer angestammten Herzogswürde zu berauben. Damit endete der erste Abschnitt der baierischen Geschichte, die bis heute von großem Unabhängigkeitsstreben geprägt ist.

Literatur: Bajuwaren 1988. – Bierbrauer 1985. – Böhme 1988a. – Dopsch 1988. – von Freeden 1993. – Fischer, Th. 1993. – Geisler 1994. – Jahn 1991. – Knöchlein 1991. – Koch, U. 1968. – Menghin 1994. – Osterhaus 1995. – Pohl, E. 1993. – Reindel 1988. – Schmid 1988. – Severin 1982. – Störmer 1988. – Wolfram 1985; 1988.

Die Franken und Italien

Jörg Jarnut

Die rund 200 Jahre merowingischer Italienpolitik können in zwei sehr ungleiche Phasen eingeteilt werden. Von den 530er bis in die 560er Jahre versuchte das in der letzten Phase seiner Expansion begriffene Frankenreich, wenigstens Teile Norditaliens seiner Herrschaft zu unterwerfen und sich damit eine bedeutende Position in der mediterranen Welt zu sichern. Nach der Begründung des italischen Langobardenreiches 568 blieben erneute Versuche in dieser Richtung letztlich weitgehend erfolglos, auch wenn ein fränkischer Einfluß in Italien bis in das beginnende 7. Jahrhundert fortbestand. Seit dem Ende des 6. Jahrhunderts wurde die fränkische Italienpolitik stark durch die bayerischen Agilolfingerherzöge bestimmt. Dabei war bis zum Beginn des 8. Jahrhunderts vor allem wegen der dynastischen Verflechtungen der agilolfingisch-bayerische Einfluß in Italien meist stärker als der merowingisch-fränkische. Erst unter dem Arnulfinger Karl Martell gelang es den Franken wieder, ihre Position in den an Italien angrenzenden Dukaten Alamannien und Baiern zu festigen und zugleich eine gut funktionierende politische Partnerschaft mit dem großen Langobardenkönig Liutprand herzustellen.

Kontinuierliche Wirtschaftsbeziehungen

Die Beziehungen der Franken zur Apenninenhalbinsel waren zu allen Zeiten eng und vielgestaltig. So belegen nicht wenige materielle Überreste und vereinzelte Schriftquellen, daß der wirtschaftliche Austausch zwischen Gallien und Italien auch nach dem Untergang des Weströmischen Reiches und nach dem Aufstieg der Franken zur führenden Macht in Gallien keineswegs unterbrochen wurde. Aus Italien wurden dabei vor allem Luxusgüter über die Alpen und das Mittelmeer gebracht, die zum Teil auf der Halbinsel selbst hergestellt worden waren, zum Teil aber auch aus dem östlichen Mittelmeerraum stammten. In umgekehrter Richtung wurden vor allem Rohstoffe, Sklaven und Pferde, aber beispielsweise auch Waffen nach Italien importiert. Viel mehr als diese pauschalen Aussagen geben die Quellen aber kaum her. In kultureller Hinsicht sind seit dem 5. Jahrhundert vor allem Beziehungen zwischen Klostergemeinschaften beiderseits der Alpen nachweisbar. Zudem gab es eine nicht unbeträchtliche und im 8. Jahrhundert ansteigende Zahl fränkischer Pilger, die das langobardische Italien durchqueren mußten, wenn sie in die heilige Stadt der Apostel und Märtyrer gelangen wollten. Mönche, Kleriker und Pilger trugen so zu einem zeitweise regen geistigen Austausch zwischen den beiden benachbarten Regionen bei, von dem wir allerdings erst in frühkarolingischer Zeit schärfere Konturen erkennen können.

Politische Beziehungen

Die Quellenlage gestattet es lediglich, die politischen Beziehungen zwischen dem Reich der Franken und der jeweiligen Vormacht auf der Apenninenhalbinsel differenzierter darzustellen. Als Karl der Große 774 das italienische Langobardenreich eroberte, konnten seine Franken bereits auf eine zweieinhalb Jahrhunderte zurückreichende intensive Italienpolitik zurückblicken, die zeitweise höchst aggressive Züge getragen hatte. Es ist sicher erklärungsbedürftig, daß ein Volk, das seine ältesten Machtzentren in dem von Italien so weit entfernten Nordostgallien hatte, schon eine Generation nach seinem Aufstieg zur Großmacht die Alpen überschreiten und große Teile Norditaliens unterwerfen konnte.

Zunächst wird man zu bedenken haben, daß die Franken durch *foedera* und ähnliche Bündnisse seit dem späten 3. Jahrhundert schrittweise in das römische Imperium integriert wurden und damit bald in der Lage waren, die trotz aller spätantiken Schwerpunktverlagerungen weiterhin zentrale Rolle Italiens für die damalige Welt richtig einzuschätzen. Zugleich lockte sie sicher der in Jahrhunderten angehäufte und in Teilen noch immer vorhandene Reichtum der Halbinsel nach Süden.

Die Voraussetzungen für eine fränkische Italienpolitik wurden durch die Eroberung König Chlodwigs I. (482–511) überhaupt erst geschaffen. Daß dieser seine Schwester Audofleda dem Italien beherrschenden Ostgotenkönig Theoderich verheiratet hatte, ist ein Ausdruck des Bemühens der beiden großen Mächte des Westens, trotz aller Machtkonkurrenz und Interessengegensatze eine Art Koexistenz zu erreichen. Wenn diese wegen der fränkischen Siege über die Alamannen und vor allem über die Westgoten bei Vouillé (507) zeitweise auch stark belastet wurde, so kam es doch zu Lebzeiten der beiden Herrscher zu keiner direkten militärischen Konfrontation zwischen Franken und Ostgoten. Immerhin hatte Chlodwig die fränkischen Grenzen in Südgallien weit vorgeschoben, aber die unter ostgotischem Protektorat stehenden raetischen und alamannischen Alpengebiete bewahrten die Ostgoten ebenso wie das Burgundenreich vor einer direkten Konfrontation mit den fränkischen Aggressoren.

Abb. 259 *Sechs goldene Schmuckanhänger trug die vornehme Frau aus Klepsau Grab 4 im letzten Viertel des 6. Jahrhunderts. Die vier jüngeren langobardischen Münzanhänger mit gerippter Öse unterscheiden sich durch stark stilisierte Darstellungen von den beiden älteren ostgotenzeitlichen, und zwar einem Triens des Athalarich (526–534) mit einfach gewulsteter Hängeöse und einem Triens des Totila (541–552), der im Perlreif gefaßt und mit filigranverzierter Öse versehen war (Kat. XI.17.). – Foto Landesdenkmalamt Baden-Württemberg, Karlsruhe.*

Abb. 260 *Der kleine Dolch des Knaben aus Klepsau Grab 13 steckte in einer Scheide mit 3 cm langer silberner Orthülle mit Randschiene und filigranverzierter Vorderseite. Es handelt sich zweifellos um eine mediterrane Arbeit; sie gelangte etwa in der Mitte des 6. Jahrhunderts über die Alpen (Kat. VIII.5.3.). – Foto U. Koch.*

Fränkische Expansionspolitik in Italien

Dies änderte sich erst, als nach dem Tod Theoderichs (526) das Ostgotenreich in eine schwere Krise geriet und schließlich ab 535 von den Byzantinern mit Krieg überzogen wurde. Die Söhne und Enkel Chlodwigs betrieben eine wohldurchdachte Politik, um die sich aus dieser ostgotischen Krise ergebenden Vorteile für sich zu nützen. So unterwarfen sie schon 532/33 das bisher durch das gotische Protektorat geschützte Burgundenreich. Als der gotische Krieg ausbrach, bemühten sich beide Seiten um ein Bündnis mit den nun Italien benachbarten Franken. 536 gelang es dem Ostgotenkönig Witigis durch die Abtretung der Schutzherrschaft über die im Alpengebiet lebenden Alamannen, die Aufgabe Raetiens und vor allem der Provence, die Franken für sich zu gewinnen. Damit wurden diese Herren über die westlichen und zentralen Alpenpässe. Schon im selben Jahr erteilte Theudebert I., der merowingische König des fränkischen Ostreiches, seinen Truppen den Befehl, in Italien zu intervenieren. Skrupellos ließ sich der Herrscher von beiden Kriegsparteien umwerben und verfolgte dabei konsequent sein Ziel, möglichst große Teile Oberitaliens seiner Herrschaft zu unterwerfen. 539 eroberte er Teile Nordwestitaliens, 545 traten ihm die Ostgoten große Teile Veneziens ab. Damit war der einen imperialen Herrschaftsstil pflegende fränkische Großkönig Herr weiter Gebiete Norditaliens. Nach seinem Tod (547) konnten seine Erben und Nachfolger noch über das Ende des Gotenkrieges (552–555) hinaus einige seiner Eroberungen bewahren. Erst 565 gewannen die Byzantiner die letzten verbliebenen fränkischen Stützpunkte zurück und beendeten so für mehr als zwei Jahrhunderte die direkte fränkische Herrschaft über große Teile der Halbinsel.

Franken und Langobarden

Als die Langobarden diese ab 568 zu erobern begannen, veränderten sich sehr bald die Beziehungen zwischen den Franken und Italien. Zwischen 569 und 575 drangen beinahe jährlich langobardische Heeresverbände über die Westalpen in die Provence und nach Südburgund vor, um dort zu plündern. Erst 575 gelang es den Feldherren König Gunthrams von Orléans, die Eindringlinge entscheidend zu schlagen und damit der langobardischen Bedrohung aus dem Süden Herr zu werden. Damals fielen die Gebiete von Aosta und Susa mit ihren wichtigen Alpen-

pässen an das Frankenreich. Im selben Jahr 575, als Gunthram die langobardischen Angriffe auf sein burgundisches Teilreich endgültig abwies, eroberten die austrasischen Franken König Sigiberts I. das Herzogtum Trient und erfüllten dabei ihre Bündnisverpflichtungen gegenüber Byzanz, mit dem sie 571 eine Allianz gegen die Langobarden abgeschlossen hatten. Die gleichzeitige byzantinische Offensive in Italien scheiterte aber vollständig, und auch die Franken verloren schon 576 ihre tridentinischen Eroberungen wieder. Diese gescheiterten Angriffe waren aber nur das Vorspiel für den großen fränkisch-langobardischen Krieg zwischen 584 und 591, wobei die austrasischen Franken wieder mit den Byzantinern verbündet waren und von diesen erhebliche finanzielle Unterstützungen empfingen. König Childebert II. (575–596) wollte dabei zumindest Trient zurückgewinnen, wenn er nicht sogar die Oberherrschaft über das gesamte Langobardenreich anstrebte. Obwohl die Franken viermal (584, 585, 588 und 590) mit z. T. sehr großen Heeren die Alpen überschritten und die Langobarden angriffen, erreichten sie keine dauerhaften Erfolge, da innerfränkische Auseinandersetzungen, schlechte Koordination der fränkischen mit den byzantinischen Aktionen, völlig verschiedene Vorstellungen über die Kriegsziele und andere Faktoren wie extreme Klimaverhältnisse und Seuchen die fränkische Kampfkraft schwächten und es König Authari (584 bis 590) so gestatteten, erhebliche Abwehrerfolge gegen sie zu erringen. Als auch die letzte, zunächst recht erfolgreiche Offensive im Jahre 590 gescheitert war, waren die Franken schließlich 591 bereit, mit dem neuen Langobardenkönig Agilulf (591–616) Frieden zu schließen. Dabei mußten sich die Langobarden zu erheblichen jährlichen Tributzahlungen verpflichten, was zugleich die Anerkennung einer gewissen fränkischen Oberhoheit

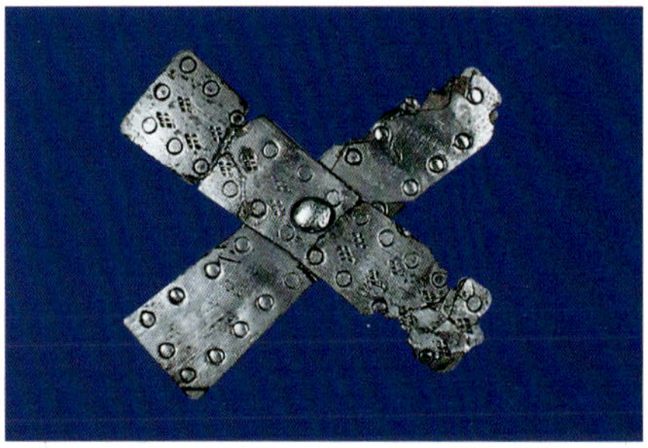

Abb. 261 *Das Kreuz ist aus zwei 4 cm langen stempelverzierten Silberblechstreifen geschnitten und vernietet. Es wurde dem Knaben aus Klepsau Grab 13 auf die Stirn gelegt, und zwar schon in der Mitte des 6. Jahrhunderts, also bevor die Langobarden dieses mediterrane Totenbrauchtum in Italien kennenlernten und es dann den Alamannen vermittelten (Kat. VIII.5.3.). – Foto Badisches Landesmuseum Karlsruhe.*

bedeutete. Sie befreiten sich aber mit diesem Vertrag von der tödlichen Gefahr eines fränkisch-byzantinischen Zweifrontenkrieges. Der Frieden von 591 wurde in der Folgezeit mehrmals erneuert, der Tribut 617/18 durch eine hohe Pauschalzahlung abgelöst.

Die bayerischen Agilolfinger und die fränkische Italienpolitik

In die großen fränkisch-langobardischen Auseinandersetzungen der 580er Jahre wurden auch die Agilolfinger einbezogen, die seit der Mitte des 6. Jahrhunderts als von den Merowingern eingesetzte Herzöge über Bayern herrschten. 589 hatte König Authari Theodelinda, eine Tochter des Bayernherzogs Garibald, geheiratet und ihren vor einer fränkischen Intervention geflohenen Bruder Gundoald zum Herzog von Asti erhoben. Die agilolfingische Dominanz im Alpengebiet war einer der entscheidenden Faktoren für die fränkische Italienpolitik des 7. und 8. Jahrhunderts.

Nach einem Dreivierteljahrhundert drangen 663 erstmals wieder fränkische, diesmal neustroburgundische Truppen in Italien ein. Königin Balthild, Witwe Chlodwigs II., und ihr Hausmeier Ebroin versuchten mit diesem Angriff für den von Grimoald (662–671) aus Italien vertriebenen agilolfingischen Langobardenkönig Perctarit, der sich zu ihnen ins Exil geflüchtet hatte, den Thron zurückzugewinnen und damit die fränkische Vorherrschaft in Italien wiederherzustellen. Der Feldzug scheiterte aber, und Grimoald konnte die Franken bei Asti fast vollständig vernichten. Nur zu vermuten ist, daß der fränkische Vorstoß mit Kaiser Konstans II. abgestimmt war, der damals – ebenso vergeblich – versuchte, Italien von Süden her für Byzanz zurückzugewinnen.

In den folgende Jahrzehnten wurde die Italienpolitik der Franken weitgehend von den bayerischen Agilolfingern bestimmt. Als Herzöge von Bayern und Alamannien und als Könige der Langobarden beherrschten sie um 700 die zentralen und östlichen Alpenpässe.

Zu Beginn des 8. Jahrhunderts erschütterten schwere innerdynastische Auseinandersetzungen das Langobardenreich. Einer der Protagonisten dieser Auseinandersetzungen, Ansprand, mußte damals nach Bayern flüchten. 712 stellte ihm der bayerische Herzog Theodebert ein Heer zur Verfügung, mit dem er den letzten langobardischen Agilolfingerkönig, Aripert II., vernichtete. Er bestieg nun selbst den Thron, starb aber schon nach drei Monaten. Ihm folgte sein im bayerischen Exil aufgewachsener Sohn Liutprand, der größte Langobardenkönig des 8. Jahrhunderts, der eine Tochter Theodeberts heiratete. Als 717 ein langandauernder dynastischer Konflikt in Bayern ausbrach, unterstützte Liutprand seinen Schwager Hugbert und verhalf ihm zum Sieg über seine Rivalen.

Nach dem Tod Pippins II. (714) brach eine

lange Krise um die Nachfolge aus. Erst nach deren Überwindung war sein Sohn, der mittlerweile zum Alleinherrscher des Frankenreiches aufgestiegene Hausmeier Karl Martell, in der Lage, 725 und 728 ebenfalls in Bayern zugunsten Hugberts zu intervenieren. Aus dieser Übereinstimmung erwuchs ein Bündnis mit König Liutprand, das durch die Eheschließung von Karl und der Agilolfingerin Swanahilt weiter abgestützt wurde. Die Beziehungen zwischen beiden Herrschern waren so eng, daß Karl 737 nach dem Tod des vorerst letzten Merowingerkönigs, Theuderichs IV., seinen jüngeren Sohn Pippin von Liutprand adoptieren ließ, um so die Übernahme des fränkischen Königtums für seine Familie vorzubereiten. 738 vertrieb der Langobardenkönig die Sarazenen aus der fränkischen Provence, als Karl Martell in Sachsen kämpfte und im Süden nicht selbst intervenieren konnte. Das enge Bündnis mit dem Langobardenkönig hinderte den Hausmeier auch daran, 739/40 dringenden Hilfsgesuchen Papst Gregors III. nachzukommen, Rom gegen langobardische Übergriffe zu schützen.

Aber nicht der Zusammenarbeit mit den Langobarden, sondern der mit dem Papsttum gehörte die Zukunft: Im Dienste des hl. Petrus besiegte Liutprands Adoptivsohn König Pippin 754 und 756 das langobardische Italien, das sein Nachfolger Karl der Große 773/74 endgültig der fränkischen Herrschaft unterwarf und damit eine entscheidende Voraussetzung für die Wiedererrichtung des westlichen Kaisertums schuf.

Literatur: Büttner 1960. – Holtzmann 1940. – Jarnut 1976. – Löhlein 1932. – Schmid 1987. – Schneider, R. 1987. – Tangl 1958.

Die fränkische Expansion in Nordhessen

Norbert Wand

Das nördliche Hessen wurde vermutlich zu Beginn des 6. Jahrhunderts gewaltsam in das Frankenreich eingegliedert. Die eigentliche Frankisierung vollzog sich jedoch erst im 8. Jahrhundert, im Zusammenhang mit schweren kriegerischen Auseinandersetzungen zwischen Franken und Sachsen.

Chatten und Hessen

Der geographische Raum von Nordhessen, historisch als »Althessen« bezeichnet, umfaßt die nördlichen Bereiche der Westhessischen Senke mit der Fritzlarer und Kasseler Beckenlandschaft, das sich nach Südwesten jenseits der Waldgebiete von Keller- und Burgwald anschließende Amöneburger Becken sowie das Marburg-Gießener Lahntal.

Die Einbeziehung ins Frankenreich erfolgte nach Ansicht der Mediävisten in der Art einer fränkischen Ostbewegung durch Übertragung fränkischer Verfassungs-, Rechts- und Wirtschaftsformen auf die anzugliedernden Gebiete. Die Durchdringung wurde ergänzt durch die von der fränkischen Reichsgewalt geförderte Ausbreitung des christlichen Glaubens. Aus dem Fehlen historischer Nachrichten von kriegerischen Aktionen zwischen Chatten und Franken glauben die Historiker schließen zu können, »daß die fränkische Erfassung Nordhessens ... auf friedliche Weise vor sich ging« (Fred Schwind). Hinsichtlich der Frage einer ethnischen Kontinuität meinen die Historiker, gestützt vor allem auf die Ergebnisse der Sprachwissenschaft, eine stammesmäßige Identität von Chatten und Hessen erkennen zu können. Die Archäologen hatten dazu lange Zeit keine aussagekräftigen Bodenfunde.

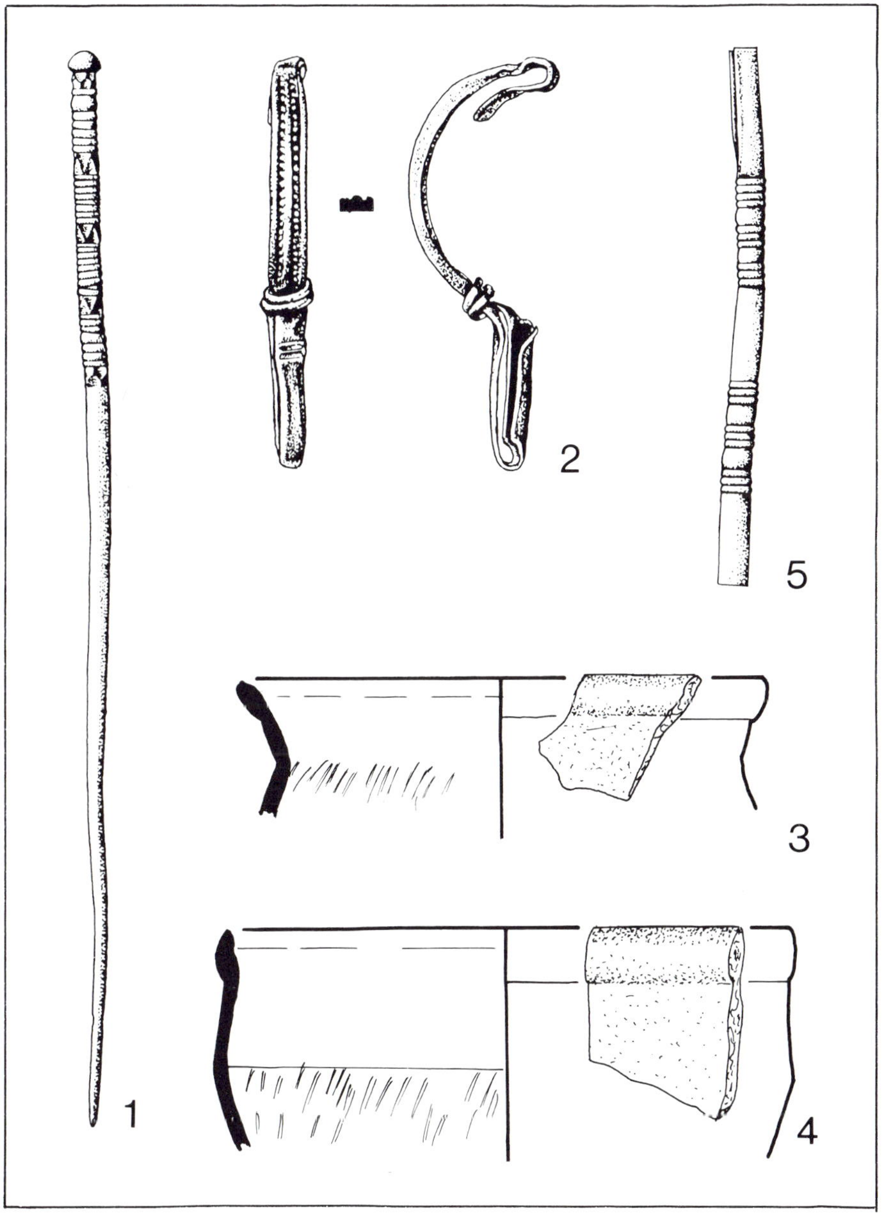

Abb. 262 *Völkerwanderungszeitliche Funde, das heißt aus dem 4. und 5. Jahrhundert, vom Büraberg bei Fritzlar (Schwalm Eder Kreis): 1 Bronzene Haarnadel. 2 Bronzene Fibel. 3–4 Terra Nigra. 5 Bronzene Astragalröhre von einem breiten Militärgürtel. 1. 2. 5 M. 1:1; 3. 4 M. 1:2.*

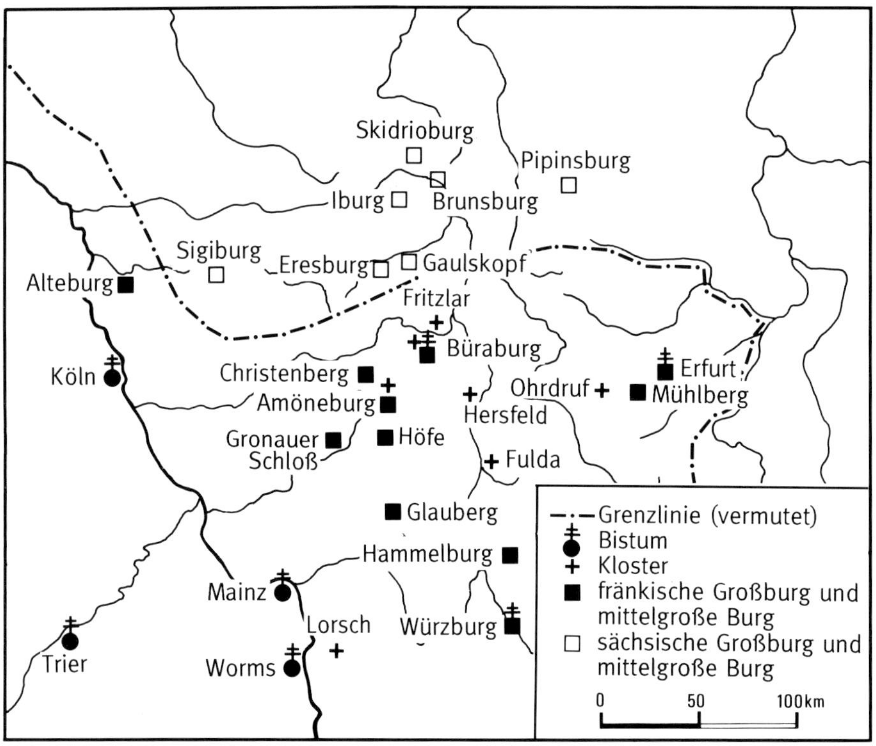

Die von Cassius Dio (77,14,2) überlieferte Nachricht über einen Präventivkrieg Kaiser Caracallas im Jahr 213 enthält die letzte sichere Nennung der Chatten in der antiken Überlieferung. Die zeitweilig aufgestellte These eines Siedlungsabbruchs im 3. Jahrhundert hat sich jedoch als Irrtum erwiesen. Gerhard Mildenberger stellte 1972 bei seiner Bearbeitung der spätkaiser- und völkerwanderungszeitlichen Funde aus Nordhessen für das 3. und 4. Jahrhundert lediglich eine Siedlungsverdünnung fest und wies an mehreren Plätzen eine Siedlungskontinuität bis in die karolingische Zeit nach. Die neuen Siedlungsgrabungen bei Fritzlar, nämlich in Geismar, Kirchberg und Holzheim, haben die meist nur aus Lesefunden gewonnenen Ergebnisse Mildenbergers vollauf bestätigt. Demnach dürften die Chatten in den zuerst 738 bezeugten Hessen, die in den Schriftquellen Hassi, Hassii, Hessii oder Hassones genannt werden, ihre ethnische Fortsetzung finden. Die Bodenfunde bestätigten damit die von historischer und sprachwissenschaftlicher Seite vertretene Kontinuitätstheorie.

Der Büraberg bei Fritzlar – ein zentraler Platz der Chatten

Die als einzige sicher nachgewiesene Höhensiedlung im Chattengebiet der römischen Kaiserzeit befand sich auf dem gewaltigen Bergsporn des Büraberges gegenüber von Fritzlar (Abb. 263). Von hier

Abb. 263 *Der Büraberg bei Fritzlar (Schwalm-Eder-Kreis). Luftbild von Südosten. Die im Mittelgrund erkennbare Geländekante enthält im Kern eine starke Befestigung der Völkerwanderungszeit aus starkem Wall und vorgelegtem breitem Befestigungsgraben. – Foto H. Heintel 1969.*

Abb. 265 *Die Nordostgrenze des Frankenreiches, um 750. – Graphische Gestaltung I. Bell.*

liegen bereits für das 1. bis 3. Jahrhundert römischer Import in Gestalt von Fibeln und Gefäßscherben aus Terra sigillata vor. Für die spätere Chattenzeit kommen bedeutsamere Schmuck- und Gürtelteile der herausgehobenen Frauen- und Männertracht des 4. bis beginnenden 5. Jahrhunderts hinzu (Abb. 262). Die Herren vom Büraberg kontrollierten die fruchtbare Siedlungskammer des Waberner Beckens. Nach den Metall- und den Keramikfunden, insbesondere der *terra-nigra*-ähnlichen Drehscheibenkeramik, wird die chattische Büraburg um 500 bzw. zu Beginn des 6. Jahrhunderts ihr Ende gefunden haben, da die signifikante Knickwandkeramik hier nicht mehr auftritt, obwohl sie in den unter dem Berg gelegenen Siedlungen Geismar und Holzheim seit dem zweiten Drittel des 6. Jahrhunderts begegnet.

Die Ursache für das Verlassen der Höhensiedlung ist in einer machtpolitischen Intervention der Franken zu suchen, die mit der Zerstörung des Stammeszentrums die Unterwerfung des Raumes einleitete. Die archäologischen Indizien lassen an einer gewaltsamen Eingliederung Althessens ins Frankenreich keinen Zweifel.

Die fränkische Erfassung Althessens im 6. und 7. Jahrhundert

Den Stand der fränkischen Durchdringung Althessens können wir für das 6. und 7. Jahrhundert in erster Linie aus den Grabfunden dieser Zeit erkennen (Abb. 264). Sie liefern allerdings ein eher negatives Ergebnis, denn für das 6. Jahrhundert liegen kaum Körperbestattungen mit Beigaben nach Art der fränkischen Reihengräber vor (Goddelsheim, Kat. V.5.23) und für das 7. Jahrhundert lediglich wenige Einzelgräber, beispielsweise ein Frauengrab in Fritzlar. Zudem warnen die für fränkische Friedhöfe untypische Lage und die meist recht bescheidene Beigabenausstattung davor, in den Toten stets eingewanderte oder in politischem Auftrag handelnde Franken zu sehen. Im Gegenteil scheint es, daß wir hier ganz überwiegend Mitglieder einheimischer Bevölkerung vor uns haben, möglicherweise eine grundbesitzende, alteingesessene Adelsschicht, die mit der fränkischen Reichsgewalt in Verbindung gestanden hat. Die große Mehrheit der Bevölkerung Hessens wird dagegen ihre Toten weiterhin verbrannt und unter Grabhügeln beigesetzt haben, wie dies für die ansässigen Bewohner

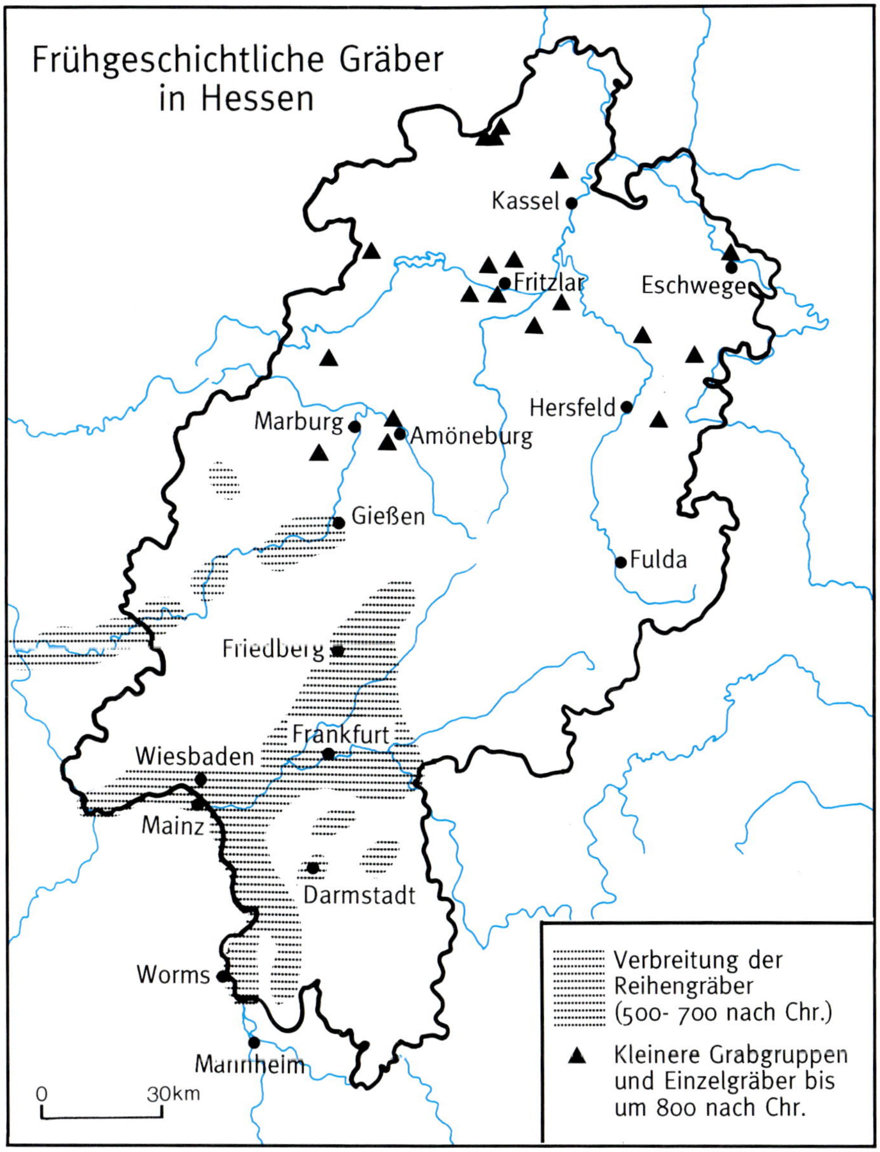

Abb. 264 Frühgeschichtliche Gräber in Hessen. – Nach H. Roth; Umzeichnung I. Bell.

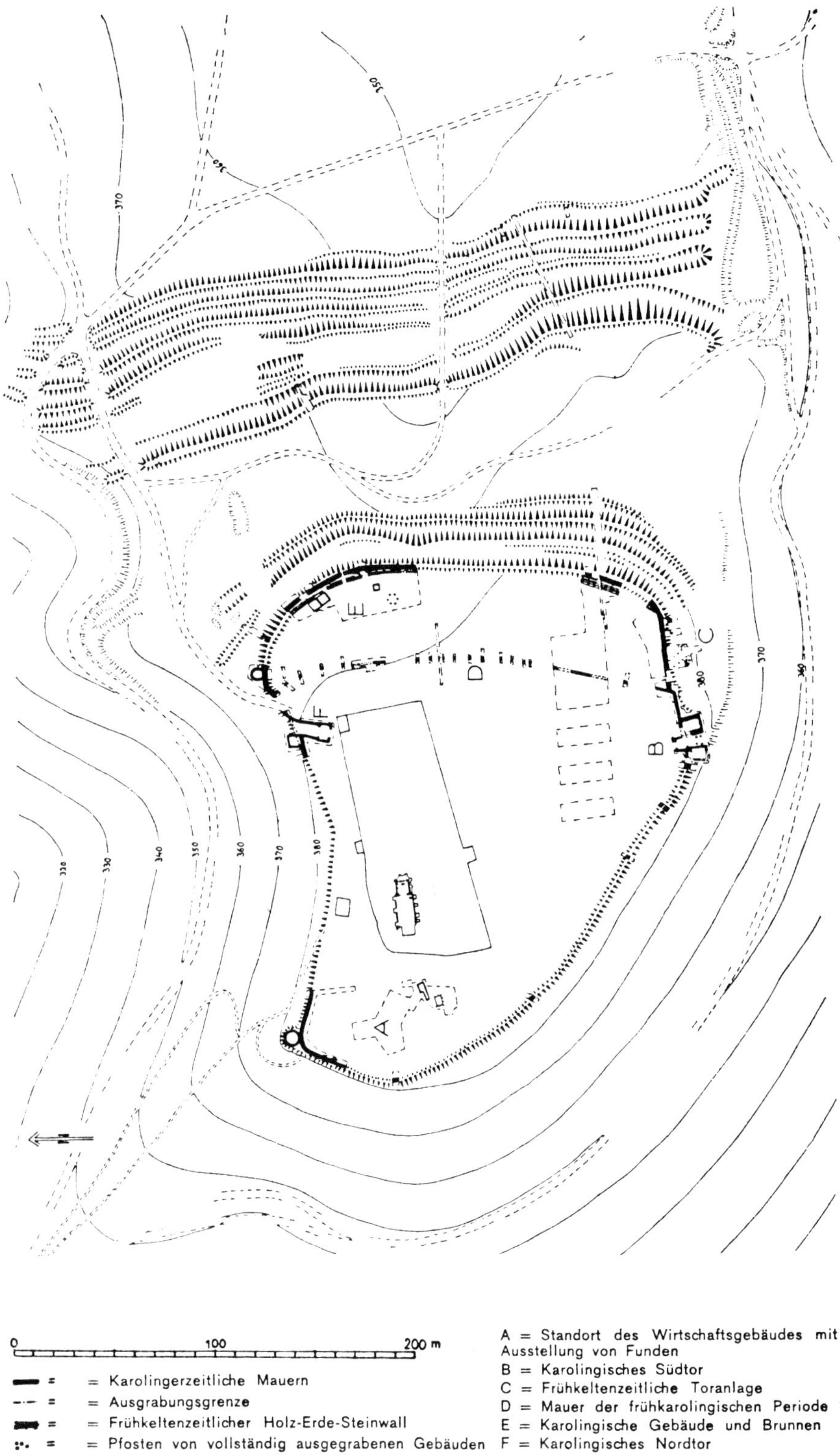

im Gießener und Marburg-Amöneburger Raum durch zahlreiche Beispiele belegt wird. Es ist daher wahrscheinlich, daß von seiten der fränkischen Reichsgewalt während des 6. und 7. Jahrhunderts noch keine intensive Einflußnahme auf den nordhessischen Raum ausging.

Die Situation änderte sich schlagartig, als die Franken gegen Ende des 7. Jahrhunderts mit der Errichtung großer und stark befestigter Machtstützpunkte einen systematischen Landesausbau in Althessen einleiteten. Dies betraf den Christenberg nördlich und die Amöneburg östlich von Marburg sowie die Büraburg gegenüber von Fritzlar (Abb. 265).

Fränkische Burgen im Hessenland

Die fränkischen Reichsburgen der frühkarolingischen Zeit in Althessen stellen bei vier bis acht Hektar Innenfläche großräumige Anlagen dar. Christenberg und Büraburg wurden auf mächtigen Bergspornen, die Amöneburg auf einem isolierten, steil aufragenden Basaltkegel errichtet, stets in dominanter Position über den jeweiligen Siedlungskammern und in Kontrollfunktion über den Fernstraßen aus dem Rhein-Main-Raum nach Sachsen bzw. Thüringen. Wehrtechnisch stehen die hessischen Großburgen in antiker Tradition, wie sie sich in den westfränkischen Kernländern herausgebildet hatte. So erscheinen mit diesen Befestigungen erstmals in Nordhessen Mörtelmauern, die an gefährdeten Stellen wie an der Ostmauer der Büraburg bis auf 2,70 m verstärkt werden konnten. Zur weiteren Sicherung wurden tiefgestaffelte Systeme von

***Abb. 266** Kesterburg auf dem Christenberg bei Münchhausen (Kr. Marburg-Biedenkopf). – Übersichtsplan nach R. Gensen.*

Abb. 267 Büraburg bei Fritzlar (Schwalm-Eder-Kreis). Karolingischer Schleifstein aus der Schmiede an der Südostecke der Burg. 1 Der Stein in Fundlage. 2 Der Stein nach der Freilegung.

Spitzgräben vor die Bermen (Böschungen) gelegt. Aufwendige Torkonstruktionen wurden durch mächtige Türme bastionsartig verstärkt (Abb. 266).
Den Innenbering besetzte eine recht dichte Dauerbesiedlung aus ebenerdigen Pfostenbauten, im zentralen Bereich auch aufwendige Hausbauten auf Steinfundamenten. Sie dienten meist als Wohngebäude, einige auch als Speichergebäude oder Handwerksräume (Abb. 267–268). Ein Sonderfall scheinen die kasemattenartig an die Mauerinnenfronten gelehnten Ge-

Abb. 268 Im Utrechter Psalter (Ps. 63) ist die Verwendung eines solchen großen Steines durch den Schwertschleifer festgehalten.

Abb. 269 Büraburg bei Fritzlar (Schwalm-Eder-Kreis). Rekonstruktion der Bebauung an der Südostecke aufgrund der Ausgrabungsbefunde. – Graphische Gestaltung I. Bell.

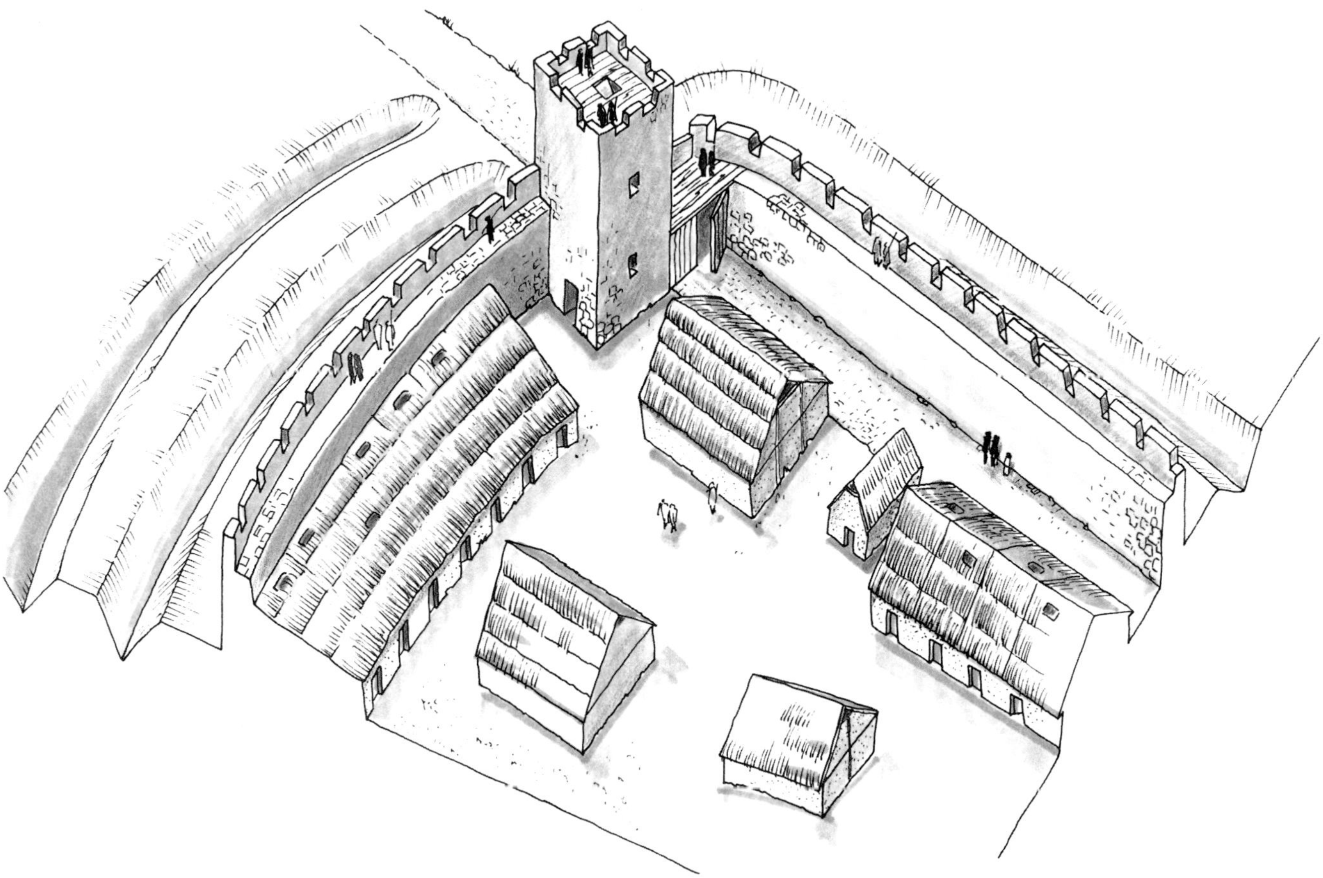

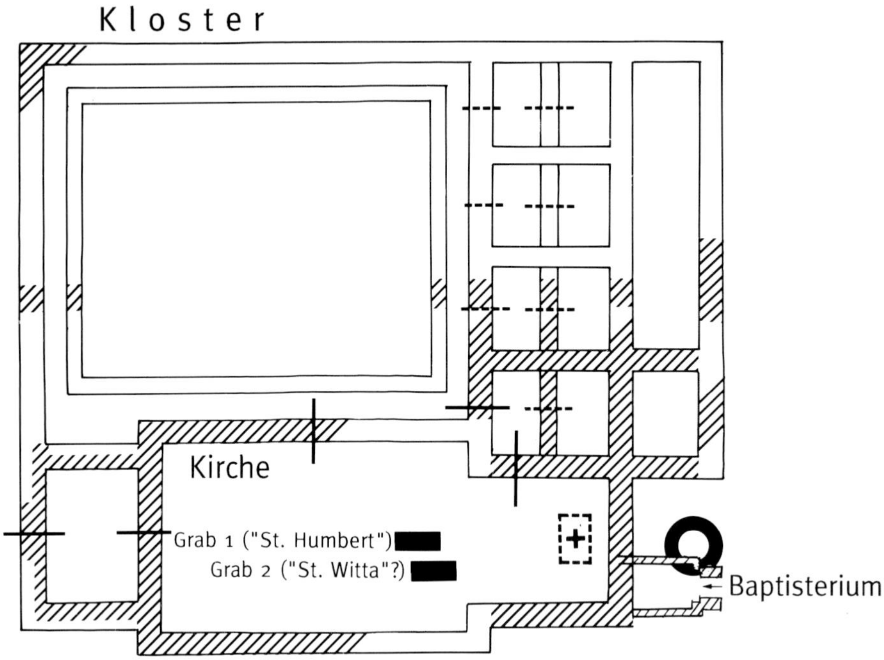

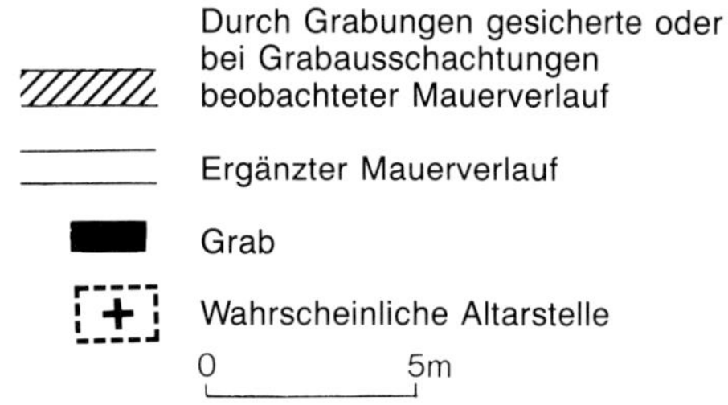

Abb. 270 Kirche und Kloster St. Brigida auf dem Büraberg in frühkarolingischer Zeit. – Grabungsplan; Umzeichnung I. Bell.

Abb. 271 Bischof Witta von Büraburg (rechts) und der hl. Humbert, nach mittelalterlicher Überlieferung Abt des Klosters auf dem Büraberg. Darstellung aus der Zeit um 1470 auf dem Reliquienschrein der Brigidenkirche auf dem Büraberg.

bäude der Büraburg zu sein, die in erster Linie wohl militärische Funktionen besaßen und hierin an spätantike Vorbilder anknüpften (Abb. 269). Der Wasserversorgung dienten kleinere und größere Zisternen, wie sie auf dem Büraberg und Christenberg freigelegt wurden.

Alle Burgen waren mit einer in Stein erbauten, größeren Kirche ausgestattet, die auf der jeweils höchsten Stelle im Innenbering errichtet worden ist. Der Büraburg war sogar ein vorbonifatianisches Kloster der Zeit um 700 angeschlossen (Abb. 270 bis 271). Die Kirchen waren bereits früh von einem Friedhof umgeben. Andere Bestattungsplätze lagen an den Zugangswegen zur Burg, im Falle des Christenberges in Form von Grabhügelfeldern, die den einheimischen Bewohnern der Burg zugewiesen wurden. Das Fundgut vom Christenberg und Büraberg spiegelt die intensiven Beziehungen zum fränkischen Kulturraum, insbesondere in den Tracht-

Abb. 272 *Die Fällung der Donareiche bei Geismar durch Bonifatius; Darstellung der Zeit um 1500. – Nach W. Gerstenberg.*

bestandteilen, Waffen, liturgischen Geräten und in der Drehscheibenkeramik; demgegenüber treten die einheimischen Elemente, wie etwa in der Keramik, nach Menge und Qualität deutlich zurück.
Die fränkischen Großburgen wiesen in vieler Hinsicht bereits stadtartige Züge auf und waren politisch-administrative, kirchliche und militärische Zentren. Das Sozialgefüge war nicht-agrarisch; die Einwohnerschaft setzte sich aus einer adeligen Führungsschicht, Kriegern, Handwerkern, Klerikern sowie Frauen und Kindern zusammen. Größe und Wehrhaftigkeit machten die Burgen im Falle eines kriegerischen Angriffes zudem zu Refugien für die umwohnende Bevölkerung. Dafür sicherte das Siedlungsgebiet um die Burg die Versorgung der Burgbewohner.
Aus der archäologisch erschlossenen Errichtungszeit der Burgen am Ende des 7. Jahrhunderts wird schließlich auch der in keiner zeitgenössischen Schriftquelle genannte Anlaß für ihre Erbauung erkennbar: Es war die Althessen von Norden bedrohende Sachsengefahr!

Missionierung und kirchliche Organisation

Die Christianisierung des hessischen Kernlandes ist wesentlich mit der Person des hl. Bonifatius verknüpft. Nach einem ersten Missionserfolg im Jahr 721/722 schritt Bonifatius – mit einem Schutzbrief des Hausmeiers Karl Martell ausgerüstet und daher mit der Büraburg-Besatzung im Rücken – zur spektakulären Fällung der Donareiche bei Geismar nahe Fritzlar (Abb. 272). 723/724 folgte die Stiftung des Petersklosters in Fritzlar, das zum Ausgangspunkt der anderen frühen hessischen Klöster in Fulda und Hersfeld wurde. Bonifatius krönte sein Missionswerk mit der Errichtung des Hessenbistums Büraburg im Jahr 741/742.
Die innere Organisation des Bistums schritt schnell voran. Auch der hessische Adel nahm durch die Stiftung von Eigenkirchen, wie beispielsweise in Kirchberg archäologisch nachgewiesen, an der Ausbreitung des Christentums teil.

Der fränkische Landesausbau in karolingischer Zeit

Die intensive Feldforschung der 70er Jahre hat für ganz Nordhessen eine Fülle von Siedlungen nachgewiesen, die bereits in frühkarolingischer Zeit gegründet worden sind.

Nach den anthropologischen Untersuchungen der Grabfunde des 7. und 8. Jahrhunderts durch Manfred Kunter ergeben sich keine demographischen Differenzierungen im nordhessischen Raum. Die engste genetische Verwandtschaft seiner Bevölkerung besteht zum Westfränkischen, insbesondere bei den jüngeren Skelettindividuen vom Ende des 7. bis zur Mitte des 8. Jahrhunderts. Damit dürfte ein gewichtiges Argument für die Herkunft der neuen Bevölkerungsteile Althessens aus Gebieten westlich des Rheins vorliegen.

Mit der Aufsiedlung der nordhessischen Landschaft und mit ihrer politischen und kirchlichen Organisation war die Frankisierung Althessens abgeschlossen. Im Umfang und in der historischen Bedeutung gleichen diese Vorgänge der fränkischen Erfassung und Besiedlung der Wetterau und des Rhein-Main-Gebietes. Allerdings erfolgte der Eingliederungsprozeß in Nordhessen bemerkenswerterweise um Jahrhunderte verzögert, und zwar erst zu einem Zeitpunkt, als die sächsische Bedrohung Althessens die fränkische Reichsgewalt zu tatkräftigem Handeln zwang.

Literatur: Bach 1954. – Becker, A. 1992. – Best 1990. – Böhme 1974b. – Dahmlos 1979. – Gensen 1979; 1984; 1989. – Jockenhövel 1990. – Kunter 1989. – Mildenberger 1972a; 1972b; 1972c. – Neumann/Jungandreas/von Petrikovits/Mildenberger 1981. – Roth 1986c. – Schlesinger 1975b. – Schwind 1984. – Sippel 1989. – Wand 1973; 1974; 1975; 1992. – Weidemann, K. 1982.

Die Sachsen – Nachbarn und Gegenspieler der Franken

Friedrich Laux

In der Frühphase der Geschichte beider Stämme waren gemeinsame politische Interessen die Grundlage für ein gutes Verhältnis zwischen Sachsen und Franken. Ein Umschwung trat im 6. Jahrhundert ein und führte schließlich im späten 8. Jahrhundert zu den Sachsenkriegen Karls des Großen. Diese endeten mit der Unterwerfung der Sachsen unter die Herrschaft der Franken. Ungeachtet der lange dauernden Auseinandersetzungen haben die Sachsen die Art und Weise ihrer Bewaffnung von den fränkischen Gegnern übernommen, auch haben sich ihre Frauen an fränkischen Trachtsitten orientiert.

Franken und Sachsen im Licht der Schriftquellen

Ein engeres Verhältnis zwischen Sachsen und Franken bestand spätestens seit der zweiten Hälfte des 3. Jahrhunderts; beide Völkerschaften werden in römischen Quellen gleichermaßen als »Seeräuber« bezeichnet, als sie im Jahr 285/86 einen Raubzug an den Küsten Galliens unternahmen. Gemeinschaftliche kriegerische Unternehmungen fanden auch in der Folgezeit statt, zum Beispiel im Jahr 370 ein Kampf gegen römische Truppen am Unterlauf des Rheins. Auch waren fränkische Stammesgruppen beteiligt, als Sachsen während des 5. Jahrhunderts in mehreren Schüben in das vom römischen Militär geräumte Britannien übersetzten und sich dort ansiedelten. Dieses offensichtlich gute Verhältnis muß sich während des 6. Jahrhunderts in sein Gegenteil verkehrt haben. In den fränkischen Quellen wird zwar noch zum Jahr 531 von einem Bündnis zwischen Franken und Sachsen gegen die Thüringer berichtet, wenig später ist aber von sächsischen Tributzahlungen an das fränkische Reich (534, 555/56) und von kriegerischen Zusammenstößen am Niederrhein (557 bei Deutz) die Rede. Der fränkisch-sächsische Gegensatz führte im 8. Jahrhundert zum Bau von Befestigungen im Grenzgebiet der beiden Völkerschaften, in Thüringen, Hessen und im südlichen Westfalen. Die Auseinandersetzungen erreichten in den Sachsenkriegen Karls des Großen ihren Höhepunkt; sie dauerten mehr als 30 Jahre (772–804) und endeten mit der Unterwerfung der führenden sächsischen Stämme. Westfalen, Engerer und Ostfalen gerieten unter fränkische Herrschaft und mußten das Christentum annehmen.

Wer waren eigentlich diese Sachsen, die der fränkischen Eroberung jahrzehntelang trotzen konnten? Erstmals werden sie von dem antiken Astronomen Ptolemäus um 160 als ein Stamm erwähnt, der südlich der kimbrischen Landenge (Jütland), jedoch nördlich der Elbe und eines nicht identifizierten Flusses namens *Chalousos* siedelte. In den folgenden Jahrhunderten muß sich der Großstamm der Sachsen, sei es durch geschickte Bündnispolitik, sei es durch Eroberung, über die Elbe nach Süden hin ausgedehnt haben, denn bereits vor dem 5. Jahrhundert lag sein Stammesgebiet zwischen Elbe und Weser. Aus diesem Raum sind ebenso wie aus Teilen Schleswig-Holsteins und Frieslands größere Bevölkerungsgruppen im 5. Jahrhundert nach Britannien abgewandert. Das Zentrum des Stammes verlagerte sich dadurch in den Bereich um die mittlere Weser; die jährliche Stammesversammlung fand noch im 8. Jahrhundert bei Marklô unweit von Nienburg an der Weser statt, wie der angelsächsische Mönch Lebuin für 768 berichtet.

Höfe und Dörfer – Siedlungen der Sachsen

Erkenntnisse über das Siedlungswesen der Sachsen sind vor allem durch archäologische Ausgrabungen gewonnen worden. Es handelt sich um Einzelhöfe, ferner um Weiler und sogar größere Dörfer, die aus einer Mehrzahl von Gehöften bestanden haben. Im 5. Jahrhundert umfaßten diese Gehöfte dreischiffige Wohnstallhäuser von rechteckigem Grundriß, ferner einige Grubenhäuser unterschiedlicher Funktion und nicht selten auch einen Werkplatz für Eisenverarbeitung und andere Gewerke (zum Beispiel Flögeln [Ldkr. Cuxhaven]; Zimmermann 1992). Einblicke in den Aufbau und die Organisation einer bäuerlichen Siedlung des 7. und 8. Jahrhunderts haben die Ausgrabungen in Warendorf (Kr. Warendorf; Winkelmann 1958) vermittelt. In jeder der etwa vier bis fünf Gehöftanlagen stand ein großes einschiffiges Hallenhaus von schiffsförmigem Grundriß, dessen Dachlast auf den Wandpfosten ruhte, die zusätzlich von außen durch angesetzte Streben gestützt wurden. Hinzu kommen weitere kleinere Häuser der gleichen Form, die als Wohn- und Wirtschaftsgebäude gedient haben, ferner zwei gestelzte Getreidespeicher und mehrere Grubenhäuser.

Eine Vorstellung, wie groß derartige Siedlungen gewesen sein können, vermittelt indirekt der Friedhof von Issendorf (Ldkr. Stade; Hans-Jürgen Häßler 1994). 6500 Urnengräber, 20 Scheiterhaufengräber und 79 Körperbestattungen wurden festgestellt. Die Belegung setzte Ende des 3. Jahrhunderts ein und endete um die Mitte des 6. Jahrhunderts, dauerte also

Abb. 273 *Zwei typische Urnen des 5. Jahrhunderts aus dem sächsischen Bereich zwischen Elbe und Weser. Charakteristisch ist besonders die Buckelurne rechts. – Foto Hamburger Museum für Archäologie.*

etwa 250 Jahre. Unter der Voraussetzung, daß die hier beisammen Beigesetzten zu Lebzeiten beieinander gesiedelt haben, kann die große Zahl der Verstorbenen – durchschnittlich 26 pro Jahr – auf die Einwohnerschaft eines größeren Dorfes hindeuten.

Vom heidnischen Grabhügel zum christlichen Reihengrab – die Grabstätten der Sachsen

Nur auf den Friedhöfen an der mittleren Weser und auf der nördlich daran anschließenden Bremen-Rotenburger Geest kann eine ungestörte Belegungsabfolge vom ausgehenden 3. bis zum 9. Jahrhundert erkannt werden. In allen übrigen sächsischen Teillandschaften ist eine deutliche Unterbrechung der Belegung während des späten 5. und des 6. Jahrhunderts feststellbar.

Die Belegung der sächsischen Friedhöfe setzt im späten 3. Jahrhundert mit Brandgruben- und Scheiterhaufengräbern ein. Im Elbe-Weser-Dreieck und auf der Stader Geest überwiegen jedoch bereits im 4. und frühen 5. Jahrhundert Bestattungen in Urnen. Als solche dienten anfangs hohe und weitmundige Töpfe mit Kerbwulsten, Riefen- und Rosettenmustern. Sie werden von engmundigen, mehr oder weniger bauchigen Gefäßen mit Dellen- und Rippenzier, meist in Kombination mit Strich- oder Stempelmustern, sowie von der typisch sächsischen Buckelkeramik abgelöst (Abb. 273). Im Nordharzvorland treten an deren Stelle ein ziemlich einförmiger Gefäßtyp, der Kumpf, und seltener auch sorgfältig gearbeitete Schalen sowie auf der Drehscheibe gefertigte Tongefäße, die wohl aus Thüringen importiert worden sind. In anderen sächsischen Landschaften kennt man in dieser Zeitphase ausgedehnte Scheiterhaufengräber, zum Beispiel in Liebenau (Kr. Nienburg/Weser). Deren räumliche Ausdehnung läßt sich anhand der Brandverfärbungen des Bodens sowie der Verteilung von Beigaben-, Leichenbrand- und Holzkohleresten ermitteln. Seltener wurde ein Teil des Leichenbrandes gesondert in einem Gefäß (Urne) gesammelt und dann im Bereich des Scheiterhaufens beigesetzt. Seit der zweiten Hälfte des 4. Jahrhunderts wurden auf den Friedhöfen auch einzelne Körpergräber angelegt, die entweder von Westen nach Osten, häufiger aber von Süden nach Norden ausgerichtet sind. Die Sitte der Körperbestattung ist auf Anregungen aus dem spätrömischen Reich zurückzuführen, die womöglich von heimkehrenden sächsischen Söldnern vermittelt worden sind. Seit dem späten 5. Jahrhundert können im Weserbereich verschiedentlich Pferdegräber diesen Körpergräbern, aber auch einzelnen Brandbestattungen zugeordnet werden.

Für das Wesergebiet bleibt vom 5. bis 7. Jahrhundert das Scheiterhaufengrab kennzeichnend. Im Oldenburgischen und im Bardengau kennt man dagegen seit dem ausgehenden 6. Jahrhundert Brandräber unter flachen Grabhügeln und Brandschüttungsgräber zwischen Vier- und Fünf-Pfosten-Setzungen. In diesen Pfostengruben standen ehedem Pfähle für niedrige Flechtwandzäune.

Um 700 änderte sich die Bestattungssitte ziemlich unvermittelt. Auf die Bestattungsplätze mit Scheiterhaufengräbern und wenigen Nord-Süd-gerichteten Körpergräbern folgten im Wesertal Reihengräberfriedhöfe mit geosteten, eng beieinanderliegenden Bestattungen, die kaum noch Beigaben führen. Solche Friedhöfe gehen vermutlich auf fränkische Vorbilder zurück. In den weiter östlich gelegenen sächsischen Gebieten traten an die Stelle der älteren Brandbestattungen nun ausnahmslos Süd-Nord-gerichtete Körpergräber, von denen die ältesten noch unter flachen, gelegentlich von Kreisgräben oder Steinkränzen eingefaßten Hügeln liegen oder von Vier-Pfosten-Setzungen umgeben sind. Diese Bestattungen wurden noch mit Beigaben versehen, ebenso die seit der Mitte des 8. Jahrhunderts aufkommenden, ebenfalls in weitem Abstand voneinander angelegten West-Ost-gerichtenen und in Reihen angeordneten Körpergräber. Erst in der Zeit um 800 wurden diese von dicht beieinanderliegenden, nahezu beigabenlosen West-Ost-Bestattungen abgelöst. Entsprechendes ist in Oldenburg und in der Drenthe zu beobachten. Anders als im Elbe-Weser-Dreieck und an der mittleren Weser sind im übrigen sächsischen Bereich Pferdebestattungen (Abb. 274) erst seit dem 7. Jahrhundert nachzuweisen, zumeist noch mit flach angelegten Brandschüttungsgräbern kombiniert. In den sächsischen Gebieten westlich der Weser wurden die Tiere zumeist in Hocklage beigesetzt, die Beine unter dem Bauch angezogenen, den Hals hoch aufgerichtet und mit dem Kopf in einer Nische liegend. Diese Pferde befanden sich zum Teil in Reihen nebeneinander und können keiner menschlichen Bestattung eindeutig zugeordnet werden (Looveen bei Wijster, Gem. Beilen, Prov. Drenthe; Stein 1967, 384 ff.).

Die großen Reihengräberfelder wurden um 900 aufgegeben. Sie fanden ihre Fortsetzung in Friedhöfen bei den neu errichteten Pfarrkirchen. Kleine Friedhöfe dagegen, die im 7. Jahrhundert noch zahlreiche Pferde- und Hundebestattungen aufwiesen, wurden vielfach bereits um 800 aufgelassen. Nach Beobachtungen im Bardengau zu schließen, wurden die Verstorbenen aus den zugehörigen Siedlungen bereits im 9. Jahrhundert bei den im Zuge der Sachsenkriege Karls des Großen gegründeten Kirchen beigesetzt, bei Eigenkirchen vermutlich des niederen Adels, den späteren Archidiakonatskirchen.

Im Küstenstreifen und im Bereich der Wesermündung können für die Zeit um 700 die Gräberfelder einer weiteren Bevölkerungsgruppe beobachtet werden, die der Friesen. Für sie sind Brandgruben- und Brandschüttungsgräber sowie Urnenbeisetzungen unter flachen Grabhügeln kennzeichnend. Auch war es üblich, die Toten noch bis zum Anfang des 9. Jahrhunderts mit Beigaben auszustatten; zu dieser Zeit war im Sachsenland die Beigabensitte schon längst erloschen. Im nordelbischen Raum, in Dithmarschen, kam es zu einer Vermischung von sächsischen und friesischen Grabsitten.

Tracht und Bewaffnung – römische und fränkische Vorbilder

Über die Bewaffnung der sächsischen Krieger und über die von ihren Frauen getragene Tracht sind wir nur durch die wenigen Körpergräber informiert, da sich in diesen wenigstens Metallgegenstände einigermaßen gut zu erhalten pflegen. Demgegenüber können die durch das Scheiterhaufenfeuer weitgehend zerstörten Beigaben der Brandgräber nur wenig an Erkenntnissen beitragen. Es zeigt sich, daß während der Völkerwanderungszeit Form und Verzierung des Gürtelzubehörs der Männer sowie der Fibeln und des Toilettenbesteckes der Frauen auf spätrömische Vorbilder zurückgehen. Für die Merowinger- und Karolingerzeit kann

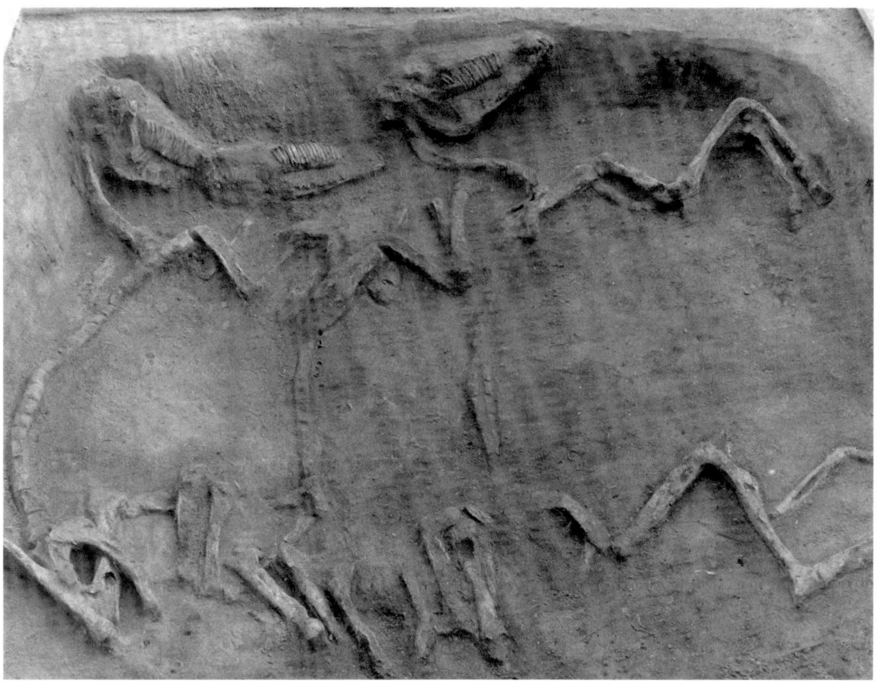

Abb. 274 *Grabungsbefund einer Dreifachpferdebestattung aus Wulfsen (Landkreis Harburg). Die drei siebenjährigen Hengste, die hintereinander in einer gemeinsamen Grabgrube liegen, können keiner der menschlichen Bestattungen eindeutig zugeordnet werden; in Frage kommen dafür insbesondere Brandschüttungsgräber innerhalb von Pfostensetzungen und von Süd nach Nord ausgerichtete Körpergräber. – Foto Hamburger Museum für Archäologie.*

Abb. 275 Körpergrab einer Frau aus Ketzendorf (Stadt Buxtehude, Landkreis Stade) mit der kennzeichnenden Drei-Fibel-Tracht des 4. Jahrhunderts. In den Schmuckformen und ihren Zierweisen werden ebenso wie in der West-Ost-Ausrichtung des Grabes Einflüsse aus dem spätrömischen Reich sichtbar. Es handelt sich offensichtlich um die Frau eines in seine Heimat zurückgekehrten Germanen, der als Angehöriger der Grenztruppen im spätrömischen Heer gedient hatte. – Foto Hamburger Museum für Archäologie.

im sächsischen Stammesgebiet kein eigenständiges Kunsthandwerk erkannt werden. Schmuck und Waffen stammen – sofern sie von einiger Qualität sind – aus fränkischen und thüringischen, zum Teil sogar aus alamannischen und angelsächsischen Werkstätten. Das gilt nicht nur für das einzelne Stück. Sogar die Waffenrüstung insgesamt entsprach weitgehend dem fränkischen Bewaffnungsschema, und ebenso trugen die Sächsinnen eine der fränkischen Mode angeglichene Tracht mit entsprechendem Zubehör.

Bei den Frauengräbern kann im Laufe der Zeit eine Veränderung der textilen Tracht und, damit zusammenhängend, auch des Schmuckes erkannt werden, die den gesamten sächsischen Bereich von der niederländischen Provinz Drenthe im Westen bis zum Elbe-Weser-Dreieck im Osten erfaßt hat. Beispielhaft für den Beginn der Entwicklung kann die Ausstattung der in einem geosteten Körpergrab beigesetzten »Prinzessin« von Zweeloo (Prov. Drenthe; van Es/Ypey 1977) genannt werden, die mit zwei komponierten Schalenfibeln, einer gleicharmigen Fibel und mehreren Perlenketten geschmückt war. Seit der fortgeschrittenen zweiten Hälfte des 5. Jahrhunderts traten an die Stelle der bis dahin üblichen Drei-Fibel-Tracht (zwei Fibeln auf der Schulter, eine Fibel im Brustbereich: Abb. 275) zwei gußgleiche Fibeln, die untereinander im Brustbereich getragen wurden. Ihre Formen, zumeist Bügelfibeln mit halbrunder, rechteckiger oder gelappter Kopfplatte, Dreirundelfibeln und Fünfknopffibeln (Abb. 276), gehen in aller Regel auf Einflüsse aus dem Thüringer- und dem Frankenreich zurück. Diese Tracht änderte sich im 8. Jahrhundert erneut, denn zur Ausstattung einer Frau gehörten von nun an insbesondere Ketten aus vielfarbigen Perlen verschiedener Form und Größe. Am Gürtel wurden Messer, Nadelbüchschen und gelegentlich auch ein Hakenschlüssel getragen. Im 9. Jahrhundert wurde die Schmucktracht auf einzeln getragene Fibeln reduziert, zum Beispiel auf Email-Scheibenfibeln mit Heiligen- und Kreuzdarstellung.

Die Bewaffnung der Männer war in der Frühzeit, im 3., 4. und frühen 5. Jahrhun-

Abb. 276 *Fibeln des 5. Jahrhunderts aus Urnen und Körpergräbern beiderseits der Unterelbe. Die zumeist aus Brandbestattungen stammenden Fibeln sind häufig stark verschmolzen und zerbrochen, dennoch läßt sich in vielen Fällen die Zwei-Fibel-Tracht rekonstruieren. Ein Beispiel dafür sind die beiden kleinen Fibeln mit halbrunder Kopfplatte aus Hamburg-Schnelsen. – Foto Hamburger Museum für Archäologie.*

dert, noch von Einflüssen aus dem römischen Imperium geprägt. Das veranschaulichen beispielsweise die Waffen in einem Grab des späten 4. Jahrhunderts von Helle (Gem. Bad Zwischenahn, Ldkr. Ammerland; Böhme 1974a, 234). Der Tote war mit einer Spatha, einem Ango, einer Lanze, einem Messer und einem Schild ausgestattet. Er trug den typischen Gürtel der römischen Legionäre (Abb. 277). Spätrömischer Bewaffnung entspricht auch das häufige Vorkommen von Lanze und Axt. Dabei bleibt die Anzahl der Waffengräber vorerst gering, was sich erst gegen Ende des 5. Jahrhunderts änderte. Ab dem späten 5. Jahrhundert ist eine Abhängigkeit von der fränkischen Bewaffnung zu erkennen. Zweischneidige Schwerter (Spathen) und einschneidige Hiebschwerter (Saxe), Lanzen und Speere, Bogen und Pfeile fanden nun ebenso Eingang in die sächsische Bewaffnung wie der Schild als Schutzwaffe. Auch im 8. Jahrhundert hat die Bewaffnung des fränkischen Reiches unvermindert Anklang bei den Sachsen gefunden. An die Stelle der Breitsaxe des 7. Jahrhunderts traten nun Langsaxe, und zur Ausstattung des Kriegers kam Reitzubehör wie Trensen, Sättel, Steigbügel und Sporen hinzu. Das im 6. und 7. Jahrhundert zum Teil noch sehr umfangreiche Gürtelzubehör wurde auf eine Schnalle reduziert. Messer, Feuerstahl und Feuerstein wurden ebenfalls am Gürtel getragen. Doch waren Waffengräber in diesem Zeitraum verhältnismäßig selten. Im späten 7. Jahrhundert endete auf den Friedhöfen des Wesergebietes die Sitte, die Toten mit Waffen auszustatten, in anderen sächsischen Bereichen zog sich dieser Vorgang bis um die Mitte des 8. Jahrhunderts hin.

Die Christianisierung – archäologische Spuren und historische Nachrichten

Den schriftlichen Quellen zufolge setzte die Christianisierung erst nach dem Ende der Sachsenkriege ein, doch stimmt dies nicht mit den archäologischen Befunden überein. Auf den sächsischen Reihengräberfriedhöfen, die entlang der großen Handelsrouten liegen, findet der Wechsel von Süd-Nord-gerichteten zu geosteten Bestattungen weitaus eher statt als auf

Abb. 277 *Schnalle vom Gürtel eines germanischen »Legionärs« der spätrömischen Grenztruppen des frühen 5. Jahrhunderts aus Westerwanna, Gem. Wanna (Landkrejs Cuxhaven). Auf der Schnalle finden sich nicht nur sämtliche Elemente des spätrömischen Tierstiles – etwa die beißenden Tierköpfe am Ende des Schnallenbügels und die beiden Halbfiguren auf dem Dorn –, sondern auch als Verzierung auf dem Bügel das spätrömische Kerbschnittmuster. – Foto Hamburger Museum für Archäologie.*

den abseits gelegenen. Dies spricht für wandernde Mönche, die lange vor den Kriegen Karls des Großen durch sächsische Gebiete zogen, um das Christentum zu verkünden. Die Auswirkungen der strengen Gesetze Karls des Großen *(Capitulatio de partibus Saxoniae)* spiegeln sich erst in den beigabenlosen, dicht beieinanderliegenden West-Ost-Gräbern wider. Seit dieser Zeit kann unter den Beisetzungen ein gegenüber der vorangegangenen Zeit auffällig hoher Anteil an Kinderbestattungen beobachtet werden. Dies kann nur so gedeutet werden, daß nun die christliche Mission wirksam wurde und alle getauften Mitglieder der Dorfgemeinschaft auf dem zugehörenden Friedhof beigesetzt wurden.

Über den Ablauf der Mission bei den Sachsen geben nicht nur die Gräberfelder, sondern auch die Ausgrabungen bei den frühen Holzkirchen Auskunft. So wurden zum Beispiel unter der ersten, ins 11. Jahrhundert zu datierenden Feldsteinkirche in Tostedt (Ldkr. Harburg; Drescher 1985) zwei hölzerne Vorgängerbauten angetroffen, von denen der ältere in die Zeit um 800 und der jüngere um die Mitte oder in die zweite Hälfte des 9. Jahrhunderts datiert werden kann. Erst zu dieser zweiten Kirche gehört ein ausgedehntes Gräberfeld mit zum Teil mehrfach übereinanderliegenden Bohlensärgen. Gleichzeitig mit der Zeitphase der zweiten Tostedter Kirche enden die spätsächsischen Reihengräberfriedhöfe einer nach dem anderen.

Versucht man den Vorgang der Christianisierung in Taufmission und Pastorisierung zu differenzieren – das heißt, in ersterer den Akt der Erfassung der anbefohlenen Menschen und ihrer Einweisung in die christliche Heilslehre zu sehen und in letzterer die planmäßige Tätigkeit von Geistlichen in festumrissenen Sprengeln –, dann steht mit der Taufmission der Richtungswechsel von Süd-Nord-gerichteten zu geosteten Gräbern und das generelle Aufhören der Brandbestattungssitte im Zusammenhang. Für die fortschreitende Festigung des christlichen Glaubens spricht am ehesten das Erlöschen der Beigabensitte. Die Christianisierung ist erst mit dem Aufbau der Niederkirchenorganisation, das heißt mit der lückenlosen Erfassung des Landes durch Pfarreien, abgeschlossen, ein Vorgang, der sich im Ende der Belegung auf den Reihengräberfriedhöfen im späten 9. Jahrhundert und im Beginn der Friedhöfe bei den Kirchen archäologisch darstellt. Die Phase der Christianisierung nimmt damit im sächsischen Bereich einen Zeitraum von etwa 150 bis 200 Jahren in Anspruch.

Soziale Gliederung – das Aufkommen von Adelsfriedhöfen

Für die Zeit des 5. bis frühen 7. Jahrhunderts fällt es schwer, eine soziale Oberschicht zu erkennen, denn im Bestattungsbrauchtum und in den Beigabensitten sind kaum Unterschiede zu erkennen. Erst im späten 7. und im 8. Jahrhundert ändert sich das Bild. Insbesondere unter den Reihengräberfriedhöfen des Bardengaues können zwei verschiedene Gruppen von Friedhöfen beobachtet werden, einerseits die großen, zum Teil mehrere hundert Bestattungen und mehrere Familiengruppen umfassenden Friedhöfe wie Maschen (Gem. Seevetal, Ldkr. Harburg; Wegewitz 1968, 11 ff.) und andererseits die kleinen »Adelsfriedhöfe« wie Hittfeld-Karoxbostel (Ldkr. Harburg; Laux 1992) und Hamburg-Schnelsen (Schindler 1951/52). Von dort stammt beispielsweise ein typisches Grab dieser sozialen Gruppe aus der Zeit um 700. Dem mit Sax, Lanze und Schild ausgestatteten Krieger wurde sein gesatteltes Pferd über die hölzerne Grabkammer gelegt. Diese »Adelsfriedhöfe« zeichnen sich nicht nur durch ihre geringe Größe – als Bestattungsplatz einer Hofgemeinschaft – und zahlreiche Pferdegräber aus, sondern auch durch die Tatsache, daß sie sämtlich bereits um 800 enden, also noch vor dem Einsetzen der Phase der beigabenlosen, dicht beieinanderliegenden, geosteten Bestattungen. Die nach 800 erfolgten Bestattungen dieser Höfe (zum Beispiel Hittfeld-Karoxbostel, Ldkr. Harburg) dürften wohl bei den neuerbauten Missionskirchen (wie etwa Hittfeld, Ldkr. Harburg) gesucht werden. Diese Kirchen müssen dann als Eigenkirchen des niederen sächsischen »Adels« angesehen werden.

Fremde Einflüsse - aus Thüringen und dem Frankenreich

In den Grenzregionen des sächsischen Stammesgebietes sind Fremdeinflüsse stärker und intensiver spürbar als im zentralen Bereich. Das kleine Gräberfeld des 6. und 7. Jahrhunderts in Beuchte (Gem. Schladen, Ldkr. Wolfenbüttel; Busch 1976, 18 ff.) ist dafür ein Beispiel. Die Ausstattungen der geosteten Körperbestattungen zeigen nämlich in ihren Formen einerseits Verbindungen nach Thüringen, andererseits aber auch in den fränkischen Bereich am Mittelrhein auf. In eine andere Richtung weisen die Funde aus Rosdorf (Ldkr. Göttingen; Nowothnig 1958). Eine vergoldete Bügelfibel mit rechteckiger Kopfplatte, eine reichverzierte Stangenlanzenspitze mit gefaßter, flechtbandverzierter Tülle und reich gegliedertem Tüllenhals sowie ein gläserner Wirtel belegen deutliche Verbindungen zum alamannischen Stammesgebiet, dagegen die übrigen geborgenen Waffen, Spatha, Langsax, Federlanzenspitze und Lanzenspitzen mit achtkantigem Schaft, wiederum eher zum fränkischen Raum.

Schwierig zu beurteilen sind die Verhältnisse im westfälischen Raum beiderseits der Lippe, einem Raum, der erst im späten 6. Jahrhundert und in der anschließenden Zeit von den Sachsen aufgesiedelt worden ist. Die prinzipielle Gleichartigkeit der sächsischen und fränkischen Beigabenausstattung macht es in diesem Grenzgebiet zwischen beiden Völkern schwierig, einzelne Bestattungen oder auch Friedhöfe jeweils der einen oder anderen Volksgruppe zuzuordnen. Besonders deutlich wird dies bei dem Fürstengrab von Beckum in Westfalen (Winkelmann 1984, 135 ff.), das in der Zeit um 600 angelegt worden ist. Die Verwendung einer Holzkammer für die Bestattung, die annähernd west-östliche Ausrichtung des Toten und die Zusammensetzung seiner Beigaben, darunter ein Ringknaufschwert, sprechen für einen Franken, doch die Beigabe vieler Pferde, darunter einige aufgeschirrte – wenn sie denn zur Bestattung gehören –, deutet eher auf sächsisches Brauchtum hin.

Literatur: Ahrens 1978. - Böhme 1974a. - Busch 1976; 1987. - Drescher 1985. - van Es/Ypey 1977. - Cosack 1982. - Genrich 1978; 1981. - Häßler 1983; 1985; 1990; 1994a; 1994b. - Laux 1978/80; 1987a; 1987b; 1993. - Nowothnig 1958. - Schindler 1951/52. - Stein, F. 1967. - Wegewitz 1968. - Winkelmann 1958; 1974; 1984. - Zimmermann, W. H. 1992.

Franken und Friesen

Stéphane Lebecq

Die Geschichte überliefert von den Beziehungen zwischen Franken und Friesen im 7.–8. Jahrhundert vor allem die Geschichte der Kämpfe um die Vorherrschaft im Rheindelta und nach den fränkischen Erfolgen in dieser Region die Geschichte der tiefgreifenden systematischen Eroberung Frieslands durch die Franken zwischen dem ersten Drittel des 8. und dem ersten Drittel des 9. Jahrhunderts. Aber diese späten Gegensätze verbergen eine sehr alte Verbundenheit zwischen zwei Völkern; deren älteste Geschichte ist zum Teil eine gemeinsame Geschichte gewesen, und zwar in einer Region – dem niedrig gelegenen niederländischen Flußbecken, einer Umgebung von sehr feuchtem Charakter, in der die Inseln und flachen Küsten der ständigen Bedrohung durch Überflutungen vom Meer und von den Flüssen ausgesetzt waren –, die zunächst ein Schmelztiegel und eine Drehscheibe war, bevor sie zum Spielball der Rivalitäten wurde.

Die antiken Überlieferungen

Die Friesen sind ein sehr viel älteres Volk als die Franken. Sie waren nach Tacitus zwischen dem rechten Rheinufer und dem Meer angesiedelt und umgeben von sehr großen Seen, darunter dem *Lac Flevo*, dem Vorläufer des heutigen IJsselmeers (*Germania* XXX); aber die lateinischen Autoren der ersten Jahrhunderte führen sie gern zusammen mit gewissen Stämmen an, mehr noch in der nächsten Nachbarschaft von diesen, die eines Tages das begründen sollten, was man gemeinhin die fränkische Konföderation nennt. Daher nochmals Tacitus, der in einer sehr vagen Ethnographie die Friesen in die Nähe der *Angrivarii*, *Chamavi*, *Dulgubini*, *Chasuarii*, *Chatti* und *Chauci* einordnet, Volksstämme, von denen man zumindest die Chamaven, die Chattuarier und die Chatten kennt (*Germania* XXXIV, XXXV). So erwähnt ein Panegyriker, ein Festredner des Constantius Chlorus, die Friesen und die Chamaver Seite an Seite unter den Gefangenen, die in die Bauernkolonien Galliens geschickt wurden (*Pan.* IV,10,3). Einige Jahrhunderte später reiht Beda Venerabilis unter den Völkern, die auf den einstmals von den Angelsachsen besiedelten Gebieten des kontinentalen Germanien leben, die *Fresones*, die *Antiqui Saxones* und die *Boructarii* aneinander, in denen man ziemlich sicher die Friesen, die Altsachsen und die fränkischen *Bructeri* erkennt (*Hist. Ecc.* V,9).

Diese späte Erwähnung der Bructerer mag etwas anachronistisch erscheinen, denn seit der Mitte des 3. Jahrhunderts haben die lateinischen Autoren die Angewohnheit, unter dem Namen Franken die Mehrzahl der germanischen Völker einzuschließen, die in den Gebieten am rechten Ufer des Mittel- und Niederrheins leben. Nun erwähnen aber diese Autoren, jedenfalls diejenigen des 3. und 4. Jahrhunderts, gern die konfliktreichen Beziehungen, in denen die römischen Armeen den Franken gegenüberstehen; die Franken werden nicht nur als kontinentale Aggressoren, sondern auch als Piraten vorgestellt, da sie Unsicherheit entlang den nördlichen Küsten des Reiches verbreiten und mit den beiden anderen Völkern gemeinsame Sache machen, welche die Historiographie systematischer als Seevölker bezeichnen wird, nämlich die Sachsen und die Friesen.

Das Werden des friesischen Königreiches

Obwohl treffende Argumente fehlen, ist es daher wahrscheinlich, daß sich im Gebiet des Deltas und der Mündung des Rheins im 4.–5. Jahrhundert germanische Stämme verschiedener Herkunft kreuzten und vermischten, die alle mehr oder weniger seetüchtig waren und die nach und nach in die allgemeinen Bezeichnungen der Franken, Friesen und Sachsen eingeschlossen werden sollten. Bevorzugten sie die britannischen Küsten und ließen sie sich dort dauerhaft nieder, werden sie vor allem als sächsisch betrachtet; stützten sie sich weiterhin auf das Festland oder sickerten sie nach und nach ins Reichsinnere, indem sie die Täler der Schelde, der Maas und der Rheinzuflüsse des linken Ufers hinauffuhren, werden sie eher als fränkisch betrachtet; siedelten sie weiterhin an den Ufern des *Lac Flevo* oder breiten sie sich nach und nach in den feuchten Gebieten des großen Deltas aus, werden sie als friesisch betrachtet.

Tatsache ist, daß nach dem massiven Rückzug des römischen Militärapparates an der Wende vom 4. zum 5. Jahrhundert die gesamte Region des großen Deltas und mit ihr die niederländische Inselwelt nach und nach unter die Kontrolle des friesischen Volkes und der friesischen Königsherrschaft kam; anschließend gerieten sie unter die fränkische Herrschaft, die sich dort ungern geschlagen gab. Die merowingischen Könige des 6. bis 7. Jahrhunderts, die gerade die Einigung Galliens zu ihrem Vorteil durchführten, ertrugen es nicht, daß ihnen dieses Gebiet entging, in dem der maritime Teil ihrer Herkunft verankert war und wo die Macht Roms ihre einflußreiche Prägung in Form von Grenzbefestigungen hinterlas-

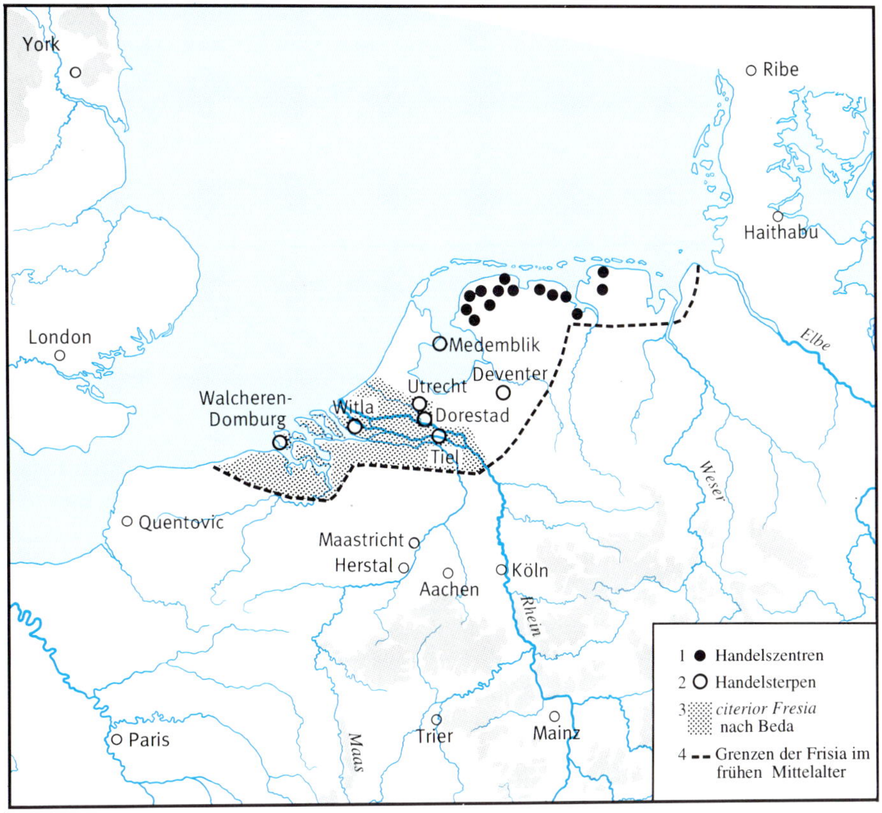

Abb. 278 *Der Friesenhandel. – Entwurf Lebecq; graphische Bearbeitung I. Bell.*

sen hatte, die den Lauf des alten Rheins absteckten. Dieser Gegend drückten zuerst Chilperich I., später Dagobert I. für einige Zeit den Namen der Franken auf; letzterer hat anscheinend sogar die Zeit gehabt, im *castellum* von *Traiectum* (Utrecht) eine dem hl. Martin geweihte Kirche zu gründen: erster und ephemerer Versuch der Christianisierung der Friesen.

Das Königtum der Friesen, ein charakteristisches Heerkönigtum, in dem der König vor allem als Kriegsherr erscheint, hatte zweifellos noch im 7. Jahrhundert in den Gebieten der heutigen niederländischen Provinz Friesland eine Grundlage, wo in einer Umgebung von künstlichen Aufschüttungen – *terpen* oder Wurten –, die gegen die drohenden Überschwemmungen errichtet wurden, der Hauptsitz der friesischen Bevölkerung fortbestand. Die jüngsten Grabungen des *terp* von Wijnaldum in der Nähe von Harlingen und insbesondere die Entdeckung einer prachtvollen Schnalle, die in mehreren Punkten mit der im Königsgrab von Sutton Hoo gefundenen vergleichbar ist, erlauben die Frage, ob sich nicht hier das Machtzentrum der friesischen Könige befand, jedenfalls in der ersten Hälfte des 7. Jahrhunderts. Aber als gegen Ende des 7. Jahrhunderts der Kosmograph von Ravenna schrieb, lag das Zentrum in Dorestad, das heißt an der Spitze des Rheindeltas, dort wo sich sein Lauf aufteilt nach Norden in den *Rhin Tortueux* und den *Lac Flevo* und nach Westen in den Lek, wo sich die *patria* der Friesen befand. Dies bedeutet zweifellos, daß die königliche Macht sich nach Südwesten verlagerte in das Gebiet – zentriert auf das Reich gleichen Namens, das damals noch im Werden war –, das am meisten vom neuen Aufflammen des fränkischen Expansionsgedankens bedroht war.

Das linksrheinische Friesland – erstes Ziel fränkischer Eroberungspolitik

In der Tat beginnt gerade gegen 690 das systematische Eroberungsunternehmen des diesseits des Rheins gelegenen Frieslands durch die Franken, im vorliegenden Fall durch die austrasischen Hausmeier des arnulfingisch-pippinidischen Hauses. Jene sollten dort Erfolg haben, wo die Merowinger gescheitert waren, vielleicht weil sie entschlossener waren, die Küstenregion zu unterwerfen, die den Zugang zum Meer für die Gegenden bot, in denen sich ihre Macht aufgebaut und ihr Reichtum angehäuft hatte, vielleicht auch weil ihre Eroberungspolitik von einer Christianisierungspolitik begleitet wurde, die sehr schnell angelsächsischen Missionaren übertragen wurde, die für die Mission in friesischem Gebiet sehr viel besser vorbereitet waren – sowohl durch ihre eigene kulturelle Herkunft und ihre sprachliche Verwandtschaft mit den Friesen als auch durch die sehr irische Praxis der *peregrinatio pro Deo* und durch die gregorianische Tradition der Evangelisation.

Von 690 bis ungefähr 695 stand in erbitterten Kämpfen Pippin II. dem friesischen König Radbod bei Dorestad gegenüber. Wenn diese zum Konfliktpunkt wurde, geschah das zweifellos weniger wegen der Funktion als Hauptstadt – die eine reine Vermutung bleibt, trotz des Kosmographen von Ravenna – als wegen des Hafens, der im Laufe des 7. Jahrhunderts die Hauptdrehscheibe des Handels zwischen dem Hinterland an Rhein und Mosel und England sowie Skandinavien geworden war. Seit den Jahren 670–675 waren in Dorestad die Rheinufer entsprechend hergerichtet worden, um die Schiffsladungen eines riesigen Hinterlandes aufzunehmen: Naturprodukte und landwirtschaftliche Erzeugnisse wie seltene Steinsorten, Holz, Getreide, Wein, aber auch Erzeugnisse rheinischen Kunsthandwerks wie Keramik, Glas und Waffen und – aus nördlichen Überseegebieten – Sklaven, Metalle, Leder, Pelze, Bernstein.

Als Pippin II. endlich Gebieter über das Friesland diesseits des Rheins war, erlaubte er mit Einverständnis des Papstes, dessen Konsultation und Segnung den angelsächsischen Missionaren unverzichtbar erschien, daß 695 ein Bistum der Friesen für den Northumbrier Willibrord geschaffen und sein Sitz dort eingerichtet wurde, wo Dagobert I. eine erste Kirche erbaut hatte, das heißt in Utrecht. Von nun an begann die systematische Errichtung eines Kontrollnetzes für das Friesland diesseits des Rheins, einerseits durch die fränkischen Truppen und den im Land angesiedelten Menschen, welche die Quellen *homines Franci* nennen, andererseits durch die angelsächsischen Missionare, die bald von den ersten Konvertiten unterstützt wurden. Diese wurden, wenn man sich auf das wohl bekannte Beispiel der Vorfahren von Liudger – erster friesischer Apostel und später (803–809) erster Bischof von Münster – bezieht, hauptsächlich in den gesellschaftlichen Eliten rekrutiert, die bereit waren, mit der fränkischen Macht zusammenzuarbeiten.

Das rechtsrheinische Friesland

Aber die fränkische Eroberung der großen Deltaregion bleibt brüchig, insofern als das immer noch auf der anderen Rheinseite bestehende friesische Königtum von ebendieser Seite Ungehorsam und Rebellion gegen die Christianisierung unterstützte. Gut zu erkennen ist dies, als ein allgemeiner Aufstand beim Tod von Pippin II. (714) all diejenigen mitriß, die er besiegt hatte, die Friesen an der Spitze, die vom alten König Radbod aufgestachelt wurden: Das militärische Kontrollnetz des linksrheinischen Friesland wurde geschleift, die ersten von Willibrord errichteten Kirchen zerstört, die Kultbilder wiederhergestellt. Karl Martell, der umstrittene Erbe Pippins II., mußte sich heftig bemühen, zunächst um die fränkische Macht auf dem linken Rheinufer wiederherzustellen (719), später, indem er seine Truppen in das alte Kerngebiet des Friesland jenseits des Rheins verlagerte, um den Hauptbrennpunkt des Aufstands im Innersten anzugreifen und das friesische Königtum zu zerstören (734). Von nun an blieb den Franken nur noch, die am weitesten östlich gelegenen Gemeinschaften zu unterwerfen. Diese waren lange Zeit Rebellen geblieben, wie es die Ermordung von Bonifatius, Willibrords Nachfolger, durch heidnische Friesen 754 deutlich macht, die sich mit den im heutigen Norddeutschland übriggebliebenen Sachsen solidarisch zeigten: Es sollte das Werk Karls des Großen sein, die letzten unabhängigen Friesen gewaltsam in das *regnum Francorum* und ins Christentum zurückzuholen, an der Seite der Sachsen und mit diesen gleichberechtigt.

Friesland unter fränkischer Herrschaft

Seitdem wurden alle friesischen Gebiete in das fränkische Reich eingegliedert, in Grafschaften und Bistümer aufgeteilt; die *lex Frisionum* wurde auf Befehl Karls des Großen schriftlich niedergelegt; und der große friesische Handel, der seit den längst vergangenen Zeiten der Unabhängigkeit in Dorestad seine Hauptdrehscheibe gefunden hatte, wurde ein fränkisch-friesischer Handel. Nichts ist in der Tat erstaunlicher als das durch die fränkische Herrschaft erfolgte Auffangen der wirtschaftlichen Dynamik, die seit dem 7. Jahrhundert das entfernte Friesland und die große Deltaregion gekennzeichnet hatte: In Dorestad wurden durch Pippin II. und Karl den Großen eingerichtet: 1. eine fränkische Münzprägestätte, die, wenn man sie anhand der Zahl der Funde beurteilt, nach derjenigen des Königshofes die ergiebigste wurde; 2. eine *procuratores* und anderen Ministerialen anvertraute Zollverwaltung, die beauftragt wurde, eine Steuer von 10 Prozent auf alles zu erheben, was in den Hafen hereinkam oder herausging, und die zweifellos mit der Aufgabe betraut war, den Schiffsverkehr in allen anderen Häfen dieser weitläufigen Region zu überwachen. Aber wenn die Franken dauerhaft das Deltagebiet einzugliedern wußten, wo die ersten Kontakte zwischen den Friesen und ihnen selbst geknüpft worden waren, eine Region, wo sich zu guter Letzt ihre Sprache gehalten hat – der Vorläufer der heutigen niederländischen Sprache –, so gelang es ihnen niemals, die nördlichsten Völkerschaften völlig zu akkulturieren, die lange Zeit fortfuhren, friesisch zu sprechen, und die in einigen Gegenden Frieslands, Niedersachsens und Schleswig-Holsteins immer noch die friesische Sprache sprechen.

Literatur: Besteman/Bos/Heidinga 1992. – Blok 1979. – Demougeot 1969/1979. – Döring u. a. 1996. – James 1988. – Lebecq 1978; 1983; 1990b; 1991; 1992. – Niermeyer 1958. – Périn/Feffer 1987. – van Es 1990. – van Es/Hessing 1994. – van Es/Verwers 1980. – van Vlierden 1995. – Wenskus 1961 (1977). – Wood 1983; 1990a.

Franken und Angelsachsen

Ian Wood

Für Beziehungen zwischen Franken auf der kontinentalen Seite des Kanals sowie Angeln und Sachsen auf der insularen gibt es spärliche Hinweise. Neben Handel sowie der Ansiedlung anglischer Gruppen südlich des Kanals sind es vor allem dynastische Verbindungen. Mehrere Merowingerkönige erhoben Anspruch auf die Oberherrschaft in England; so gerieten Angeln und Sachsen zeitweilig zwischen rivalisierende Merowinger. Franken trugen unter Mithilfe Papst Gregors des Großen zur Christianisierung Englands bei. Seit dem späten 7. Jahrhundert mehren sich wechselseitige religiöse Kontakte, deutlich verknüpft mit politischen und wirtschaftlichen Anliegen.

Germanen an der Nordseeküste

Obwohl sich die Geschichte der Franken und der Angelsachsen sehr unterschiedlich entwickeln sollte, hatten die Römer im späten 3. und frühen 4. Jahrhundert anscheinend Schwierigkeiten, die beiden Völker auseinanderzuhalten. Für Überfälle, die in manchen schriftlichen Quellen den Franken zugeschrieben werden, werden in anderen Quellen die Sachsen verantwortlich gemacht. Bevor man die Glaubwürdigkeit einer Quelle akzeptiert und die einer anderen ablehnt, sollte man sich vor Augen führen, daß die Franken einen verhältnismäßig neuen Zusammenschluß von Stämmen darstellten und daß einige dieser Stämme an der östlichen Grenze, die Brukterer beispielsweise, sowohl als Sachsen als auch als Franken angesprochen werden konnten. Zudem wurden im 4. und 5. Jahrhundert die Franken wie die Sachsen als ein maritimes Volk betrachtet. Beide Gruppen führten Raubzüge entlang des Kanals und über ihn hinweg. Erst als sich das fränkische Volk starker herausbildete und sich Gegenden südlich des Kanals als fränkische Einflußsphäre herauskristallisierten, konnte zwischen fränkischen und sächsischen Aktivitäten unterschieden werden. Es ist daher nicht verwunderlich, daß Beigaben, die üblicherweise als fränkisch angesprochen werden, in südenglischen Gräbern des 5. und 6. Jahrhunderts zu finden sind. Ebensowenig ist es erstaunlich, daß im Bessin und an der Garonne Gräberfelder angetroffen wurden, die anscheinend Gruppen zuzuschreiben sind, die – zumindest archäologisch – als sächsisch gelten können.

Dynastische Verbindungen und ihre Folgen

In den schriftlichen Quellen des 5. und 6. Jahrhunderts gibt es kaum Nachweise von Verbindungen über den Kanal; und davon stammt nicht viel aus fränkischen Quellen, sondern von dem byzantinischen Historiker Procop, der zweifellos nicht alles verstand, was er hörte. Er erzählt die Geschichte von Radigis, Sohn des Hermegiselus, König der *Varni*, einem Volk, das an der Nordseeküste östlich des Rheins wohnte. Radigis war mit einer anglischen Prinzessin verlobt, die in *Brittia* wohnte, vermutlich Britannien. Nach Hermegiselus' Tod heiratete Radigis jedoch Theudechild, die Frau seines Vaters und Schwester des merowingischen Königs Theudebert I. (533–548). Die verschmähte Prinzessin stellte alsbald eine Armee auf und zwang Radigis dazu, sein ursprüngliches Versprechen zu halten. So unglaublich diese Geschichte auch klingt, gibt sie doch Hinweise auf gewisse Kontakte über den Kanal. Diese deuten sich zusätzlich in zwei ebenso verwirrenden Geschichten an. Procop berichtet, daß Schiffe, die rätselhafterweise mit Ladungen für die Toteninsel bestückt waren, regelmäßig den Hafen von Boulogne verließen. Mit großer Wahrscheinlichkeit verwechselte er das griechische Wort »*thanatos*« (Tod) mit dem Ortsnamen Thanet, einer Insel vor der englischen Küste. In diesem Falle könnte die Anekdote als ein Hinweis auf einen regulären Handel über den Kanal interpretiert werden. In einer dritten Geschichte teilt Procop mit, daß Angeln, nachdem sie in Britannien gelandet waren, den Kanal ein zweites Mal überquerten und im fränkischen Königreich angesiedelt wurden. Diese Geschichte könnte die sächsischen Gräberfelder im Bessin erklären. Sie ist zudem wichtig, da Procop zufolge eine fränkische Gesandtschaft nach Constantinopel auch eine Gruppe von Angeln einschloß. Deren Anwesenheit sollte fränkischen Anspruch auf Autorität in Britannien unterstützen; einen Anspruch, der auf der bizarren Begründung aufbaute, daß Angeln aus Britannien von Merowingern innerhalb des fränkischen Reiches angesiedelt worden seien.

Procop könnte sehr wohl mißverstanden haben, was gesagt wurde, doch besteht kein Zweifel daran, daß ein fränkischer König in den 550er Jahren Oberherrschaft in England beanspruchte. Er wäre nicht der einzige merowingische König gewesen, der einen solchen Anspruch erhob. Theudebert I. verlangte in einem Brief an Justinian die Oberherrschaft über Sachsen und Jüten, und er könnte damit durchaus die insularen Sachsen und Jüten gemeint haben. Chilperich I. (561–584) machte anscheinend ähnliche Ansprüche geltend. Ebenso wäre es nicht erstaunlich, wenn die Merowinger großen Wert darauf gelegt hätten, eine gewisse Macht im südlichen England auszuüben. Bereits aus dem *Pactus Legis Salicae*, wahrscheinlich vor 507 erstellt, wird deutlich, daß Chlodwig Wert darauf legte, Sklaven, die aus seinem Reich über die See nach England verschleppt worden waren, zurückzuerhalten. Chlodwig hielt es anscheinend für dringend notwendig, das Piratenunwesen zu kontrollieren. Eine Handhabe dagegen bestand darin, eine gewisse Macht in England auszuüben. Ob diese Macht jedoch jemals in etwas anderem als in Worten bestand, läßt sich nicht mehr feststellen.

Der nächste Nachweis für merowingische Ansprüche auf die Oberherrschaft in England stammt aus einem Brief Papst Gregors des Großen an die Könige Theudebert II. (596–612) und Theuderich II. (596 bis 613). Er bezieht sich auf den Wunsch der Könige, ihre Untertanen zu christianisieren, und zählt zu diesen eindeutig die Bewohner Kents. Gregors Brief ist Teil einer umfangreichen Korrespondenz zur englischen Mission, deren Geschichte eine weitere Verbindungslinie zwischen Franken und Engländern zieht. Beda zufolge heiratete Bertha, Tochter des Merowingerkönigs Charibert (561–567), Aethelberht (Aedilberct), der König von Kent wurde. Obwohl sie von ihrem Kaplan Liudhard begleitet wurde, machte sie anscheinend keinen Versuch, ihren Ehemann zu bekehren. Die Christianisierung Kents begann erst nach der Ankunft des Augustinus. Beda setzte Aethelberhts Thronfolge mit 561 zweifellos viel zu früh an. Gregor von Tours glaubte anscheinend, daß Aethelberht 589 noch immer ein Prinz war. Es ist sehr wahrscheinlich, daß er erst in den 590ern den Thron bestieg, und erst nach dem Tod seines Vaters Eormenric bestand überhaupt die Möglichkeit einer Bekehrung. Bertha und Liudhard könnten tatsächlich die erste Möglichkeit, die sich ihnen bot, ergriffen haben, um das Christentum in Kent zu verbreiten. Tatsächlich handelte Aethelberht anscheinend recht schnell und wandte sich zuerst an die Franken und dann an den Papst mit der Bitte um Unterstützung bei der Christianisierung seines Königreiches. Als Reaktion auf diese Bitte sandte Gregor Augustinus. Der Grund für die Untätigkeit der Franken mag in der Tatsache zu suchen sein, daß Gunthram 592 und Childebert II. 596 starben und daß die noch lebenden Könige weniger Macht besaßen.

Als Gregor Augustinus nach Kent sandte, bat er nicht nur Theudebert II. und Theuderich II. um Hilfe, sondern auch deren Großmutter Brunichilde. Kurz danach gratulierte er der alten Königin dazu, daß sie mehr für die Mission tue als irgend jemand außer Gott. Anscheinend hatte sie plötzlich begriffen, welche Möglichkeiten diese Mission bot. Diese bezogen sich nicht nur auf die Erlösung der Engländer, sondern auch auf die fränkische Politik. Ein dritter fränkischer König, Chlothar II. (584–629), war der Sohn der verhaßten Rivalin Fredegund. Die südliche Kanalküste wurde von seinem Königreich aus, mit dem Hauptsitz in Soissons, kontrolliert. Ein Bündnis zwischen Brunichilde und Aethelberht übte somit automatisch Druck auf Chlothar aus. Merowingische Ansprüche auf eine Hegemonie in England waren eine Angelegenheit fränkischer Innen- ebenso wie Außenpolitik. Brunichilde konnte ihre Pläne jedoch nicht verwirklichen, und Chlothar beseitigte sie und ihre Nachkommen (613). Im Frankenreich machte er deutlich, daß er Brunichildes Innenpolitik ablehnte, aber er könnte ihre kirchlichen Verbindungen nach Kent fortgeführt haben. Zwei Vertreter der kentischen Kirche, Justus, Bischof von Rochester, und Peter, Abt von Dover, waren auf einem Konzil anwesend, das Chlothar 614 nach Paris einberief. Möglicherweise hatten dieses Konzil und sein weltliches Gegenstück, das einige Tage später abgehalten wurde, einigen Einfluß im Königreich Kent. Zudem war dies wohl nicht die letzte Reise Peters ins Frankenreich, denn ein gewisser Abt Peter von Canterbury ertrank bei einem späteren Ereignis im fränkischen Hafen von Ambleteuse.

Die Existenz von Heiratsverbindungen zwischen dem Frankenreich und England ist durch das Schicksal Berthas erwiesen. Das heißt jedoch nicht, daß die Heirat zwischen Bertha und Aethelberht notwendigerweise für eine bedeutende politische Allianz stand. Bei der Heirat war Aethelberht nur ein Prinz, und Bertha war wahrscheinlich keine bedeutende Prinzessin, da ihr Vater vermutlich schon tot war. Trotzdem hatte die Tatsache, daß Bertha eine Merowingerin war, wahrscheinlich Auswirkungen. Als ihre Tochter Aethilberga 632 aus dem Königreich Northumbria floh, gab sie ihre Söhne in den Schutz Dagoberts I. (623–639). Ein anderer angelsächsischer Prinz, Sigibert von Ostanglien, floh etwa zur gleichen Zeit ins Frankenreich. Sein Name läßt vermuten, daß er ebenfalls Nachkomme einer merowingischen Prinzessin war. Die Verbindungen seiner Familie mit den Merowingern könnten teilweise die 37 merowingischen Goldmünzen erklären, die im Hügel 1 von Sutton Hoo gefunden wurden. Das andere Beispiel einer politischen Heirat über den Kanal hinweg in dieser Zeit hatte zwar nicht mit einem Merowinger zu tun, jedoch mit dem Hausmeier Erchinoald, dessen Tochter Emma Aethelberhts Sohn Eadbald heiratete. Der erste Bestandteil in dem Namen ihres Sohnes Eorcenberht verrät seine fränkischen Vorfahren. Die kentische königliche Dynastie war somit im 7. Jahrhundert eng mit den herrschenden Kreisen im Frankenreich verbunden, und es ist wahrscheinlich, daß als ein

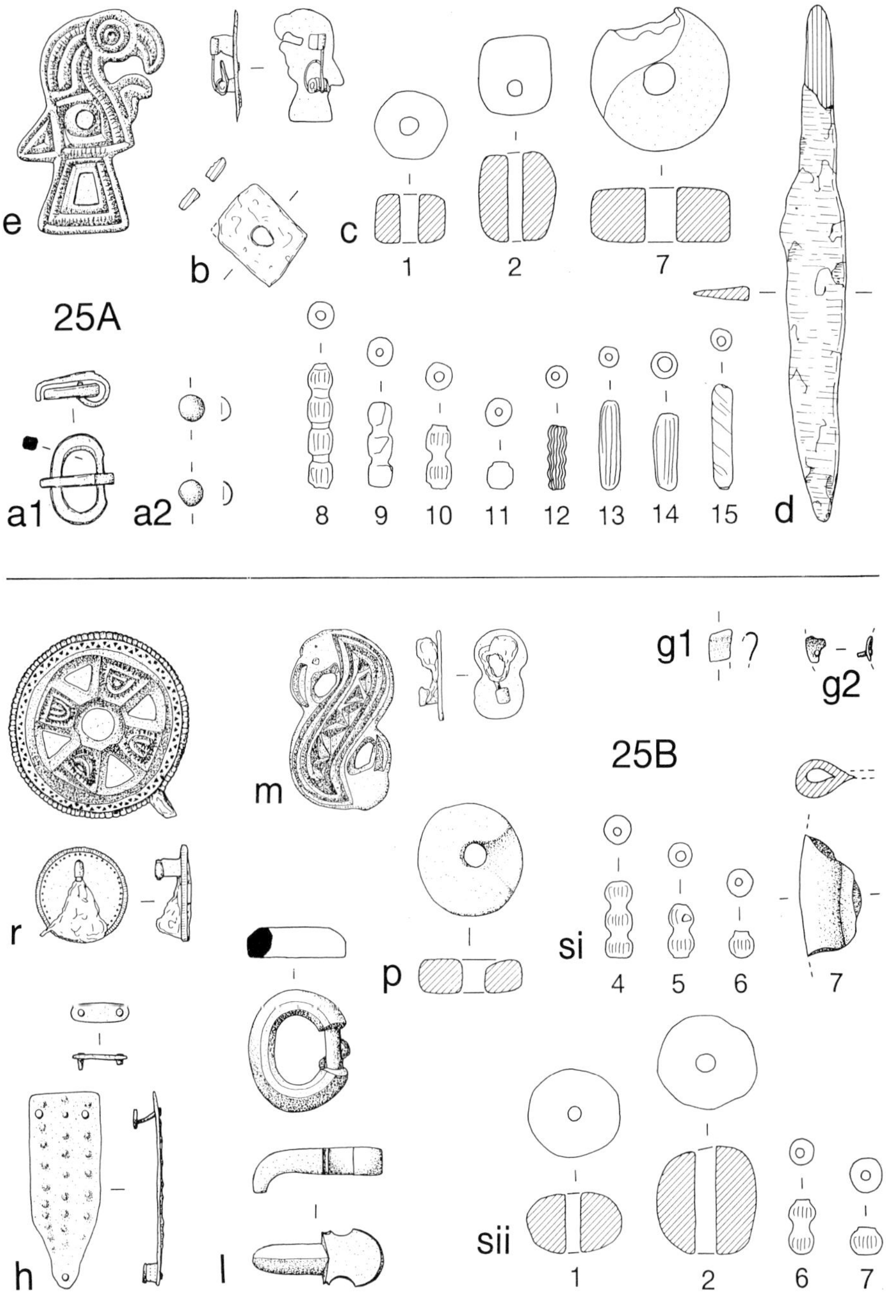

Abb. 279 *Frauendoppelgrab 25A–B von Mill Hill, Deal in Kent. Die Frau in Grab 25A trug außer Glas- und Bernsteinperlen als einzigen Schmuck eine fränkische Vogelfibel. – Zeichnung B. Bruggmann.*

Ergebnis davon der fränkische Einfluß im Königreich Kent besonders stark war.

Nonnen, Kleriker und Missionare

Verbindungen zwischen dem Frankenreich und England werden jedoch in Heiraten weniger deutlich als in der Anwesenheit angelsächsischer Prinzessinnen in Klöstern auf der Ile-de-France. Beda erinnert an die Gegenwart englischer Nonnen aus Ostanglien in Zentren wie Faremoutiers, Chelles und Les Andelys. Ebenso wichtig für die Geschichte der englischen Kirche war die Präsenz von fränkischen Klerikern in England. Unter diesen befanden sich Richarius, der Burgunde Felix, der in Ostanglien wirkte, und der wichtigste von allen, Agilbert, der eine Zeitlang Bischof von Wessex war. Als er aus seiner Diözese vertrieben wurde, kehrte er ins Frankenreich zurück und erhielt den Bischofssitz von Paris. Sein Sarkophag in Jouarre ist eines der Glanzlichter merowingischer Kunst. Trotz der Auseinandersetzung, die Agilbert mit dem König von Wessex geführt hatte, wurde sein Neffe Leutherius auf seine Empfehlung hin später zum Bischof von Winchester ernannt.

Agilberts Karriere ist für die Beziehungen zwischen dem Frankenreich und England von zweifacher Bedeutung. Er war nicht nur eine Zeitlang Bischof von Wessex, sondern auch der Gönner Wilfrids, des späteren Bischofs von York sowie Gründers der Abteien von Ripon und Hexham. Wilfrid und sein Zeitgenosse Benedict Bishop waren unter den ersten Angelsachsen, die nach Rom reisten, und beide taten dies bei mehreren Gelegenheiten. Auf ihren Reisen knüpften sie enge fränkische Kontakte. Wilfrid wurde ein Freund des Bischofs Aunemundus von Lyon und wurde sogar in Compiègne zum Bischof von York geweiht. Er war 676 an der Rückkehr des Merowingerkönigs Dagobert II. aus dem irischen Exil nach Austrasien beteiligt und erwarb sich dadurch die Gönnerschaft des Königs, der ihm sogar die

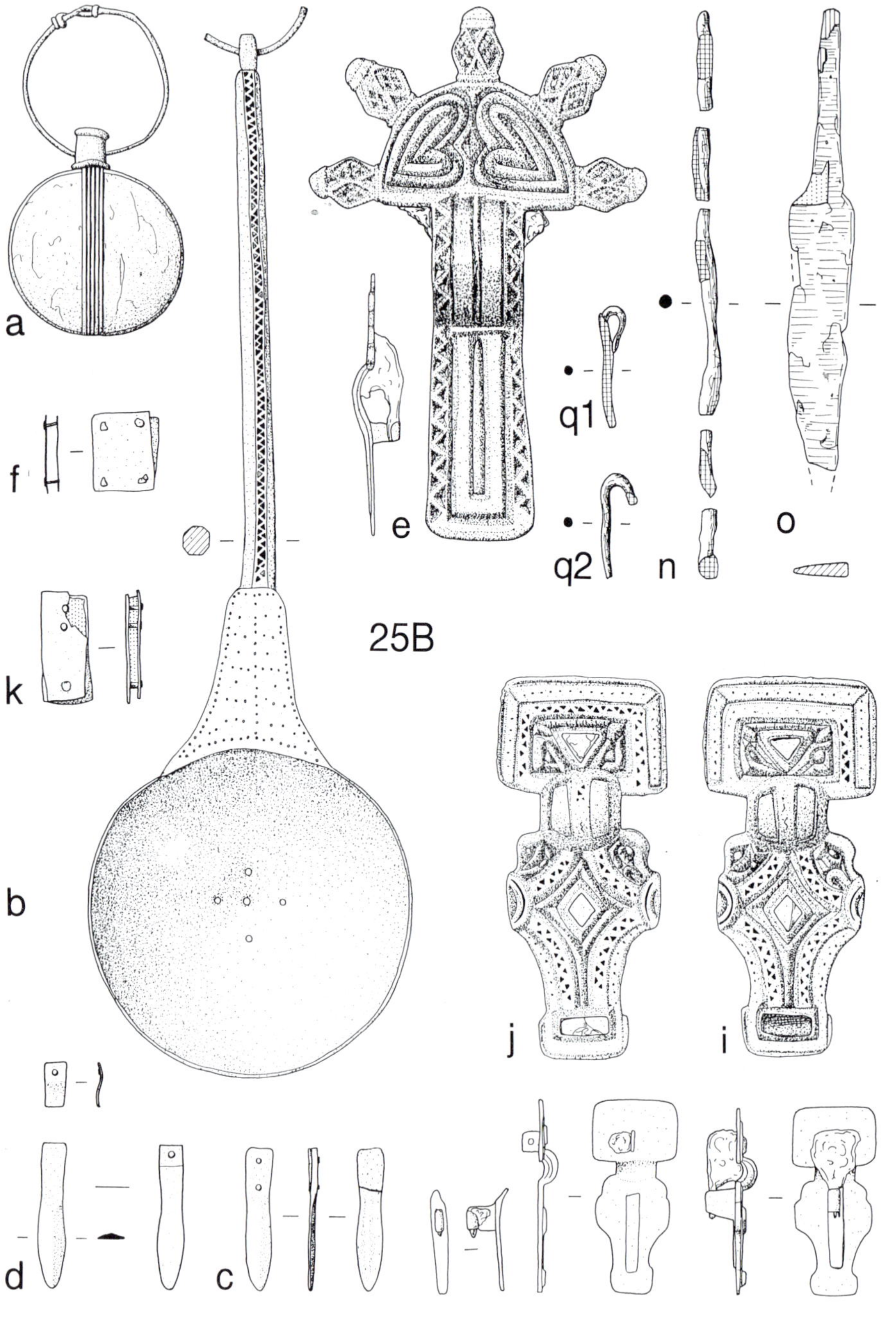

Abb. 280 *Frauendoppelgrab 25A–B von Mill Hill, Deal in Kent. Bestattung B ist typisch für ein gut ausgestattetes kentisches Frauengrab des zweiten und dritten Viertels des 6. Jahrhunderts mit kentischen (i.j.r) und kontinentalen (e.m) Fibeltypen, einer Schilddornschnalle (l) und der Kombination von Sieblöffel (b) und Kristallkugel (Kat. V.6.7.). – Zeichnung B. Bruggmann.*

Diözese Straßburg anbot. Später hielt Wilfrid sich wegen einer Krankheit eine Weile in Meaux auf. Benedict Bishops fränkische Kontakte sind weniger gut belegt, aber er hatte mit Sicherheit Freunde in Vienne, in deren Schutz er Bücher zurückließ. Er war zudem in der Lage, gallische Steinmetze zu rufen, als er das Kloster Wearmouth bauen ließ. Einige Gründe sprechen dafür, die angelsächsischen Gebäudereste von Wearmouth, Jarrow, Ripon und Hexham als die am besten erhaltenen Beispiele merowingischer Architektur zu bewerten.

Angelsächsische Mission auf dem Kontinent

Wilfrid war noch aus einem anderen Grund wichtig. Er war der erste Angelsachse, der auf dem Kontinent als Missionar wirkte. Auf einer seiner Reisen nach Rom geriet er versehentlich nach Friesland, dort versuchte er, König Aldgisl zu bekehren. Wilfrids Beispiel folgte später sein ehemaliger Schüler Willibrord, der eine wichtige Rolle in der Evangelisierung Frieslands im 8. Jahrhundert spielte. Zwischen 719 und 721 stieß der Westsachse Bonifatius zu ihm, der eine weitere Gruppe von Angelsachsen mit sich brachte, um vor allem in den 730er Jahren die Christianisierung Sachsens voranzutreiben. Noch später verließ Alcuin, ein entfernter Verwandter Willibrords, Northumbrien, um an den Hof Karls des Großen zu gehen.

Verbindungen zwischen England und dem Frankenreich im späten 7. und 8. Jahrhundert werden zumeist unter dem Aspekt angelsächsischer Missionstätigkeit auf dem Kontinent betrachtet. Die Nachweise religiöser Kontakte zeigen uns jedoch auch etwas über die Kommunikationsmechanismen zwischen diesen beiden Regionen. Der wichtigste fränkische Hafen für den Verkehr nach England war Quentovic. Er erscheint in einer Reihe von Berichten. Bemerkenswerterweise wandte sich der König von Northumbrien an den fränkischen Hof, als er Wilfrid auf dem Weg nach Rom festnehmen lassen wollte, worauf der Hausmeier Ebroin veranlaßte, daß der Bischof in Quentovic erwartet wurde. Wilfrids Schiff wurde jedoch vom Kurs abgetrieben, und ein anderer angelsächsischer Bischof, Winfrith von Lichfield, wurde irrtümlicherweise festgenommen. Dies war nicht die einzige Gelegenheit, bei der Ebroin Reisende von und nach England festnehmen ließ. Als Benedict Bishop 668 den frisch geweihten Erzbischof von Canterbury nach England zurückbringen wollte, wurden beide zusammen mit ihrem Begleiter, dem Abt Hadrian, festgehalten. Hadrian wurde eine Weile unter Hausarrest gestellt, weil man ihn als Spion verdächtigte. Die Franken konnten die Reisewege zwischen England und Rom gut überwachen, und als der Abt Ceolfrith von Wearmouth-Jarrow 716 auf eine Pilgerreise ging, mußte er sich erst die Erlaubnis einholen, das Land Chilperichs II. zu durchqueren. Vielleicht weil diese Erlaubnis gegeben wurde, fand der Name Chilperichs Eingang in den *Liber Vitae*, der mit Durham in Zusammenhang gebracht wurde. Sein Andenken wurde anscheinend in einem der Klöster in Northumbrien bewahrt.

Handel über den Kanal

Kontakte waren jedoch nicht nur eine Angelegenheit hoher Politik und kirchlicher Verbindungen. Quentovic war ein wichtiger Handelshafen, wie seine Münzprägungen vermuten lassen. Er diente offensichtlich als größeres Zentrum für ein Handelsnetz, das Quentovic mit den englischen Häfen Hamwic (Southampton) und Ipswich verband, mit Dorestad und Domburg in Friesland und sogar mit Ribe in Dänemark. Aus der Lebensbeschreibung des friesischen Händlers Liudger erfahren wir außerdem von einer friesischen Kolonie in York, das daher wirtschaftlich mit Friesland verbunden gewesen sein muß. Dieses Handelsgebiet hatte anscheinend seine eigene Währung, die als Sceatta bekannt ist. Diese wurde mit Sicherheit in Friesland geprägt. Obwohl Quentovic ein bedeutendes Zentrum für die Prägung staatlicher merowingischer Währung war, könnten dort ebenfalls Sceattas geschlagen worden sein. Allgemein wird die Bedeutung Quentovics jedoch am deutlichsten durch Überlieferungen, die sich auf das Kloster Sankt Wandrille beziehen, dessen Abt Gervold von Karl dem Großen zum Verantwortlichen für den Hafen ernannt wurde. Die Tatsache, daß Karl der Große einem Abt die Verantwortung für den wichtigsten nördlichen Hafen seines Königreiches übertrug, und die Tatsache, daß er in Erwägung zog, mit Hilfe Alcuins politischen Streit mit dem König von Mercia zu schlichten, zeigen, wie sehr kirchliche, politische und wirtschaftliche Anliegen miteinander verbunden waren. Diese enge Verbindung ist ebenfalls ein Zeichen dafür, wie kompliziert die Beziehungen zwischen England und dem Frankenreich im 8. Jahrhundert geworden waren.

Literatur : Campbell 1986. – Evison 1965. – Hodges 1982. – Lebecq 1983. – Levison 1946. – Lohaus 1974. – Wallace-Hadrill 1971. – Werner, K. F. 1985. – Wood 1983; 1991; 1992; 1994b; 1995; 1996. – Wormald 1976.

Kirche und Staat – Der Weg ins christliche Abendland

Identität und Integration – Zur Bevölkerungspolitik der Merowinger nach archäologischen Quellen

Alfried Wieczorek

Ausgehend von der Grablege des fränkischen Königs Childerich von Tournai wird der Frage nachgegangen, wie integrationsfähig die fränkische Gesellschaft des 5. und 6. Jahrhunderts gewesen ist. Die zahlreichen »fremden« Einflüsse im archäologischen Befund- und Fundmaterial des Königsgrabes, aber auch der es umgebenden Bestattungen, sowie die weiteren Gräberfelder Nordgalliens belegen, daß die Vielfalt ethnisch unterschiedlicher Funde geradezu den Charakteristika der Bestattungsplätze im nordgallischen Herrschaftsgebiet der Franken gehört. Über das Gefolgschaftsprinzip können selbst nicht-fränkische Personen dieselbe Rechtsstellung wie gebürtige Salfranken erhalten. Die Sicherung der fränkischen Herrschaft in den eroberten Gebieten wird auch mit Hilfe von nicht-fränkischen Gefolgsleuten gewährleistet. Eine Unterscheidung von Franken und Fremden ist nach ein bis zwei Generationen mit archäologischen Mitteln nicht mehr möglich.

Childerich I. und das Umfeld des Königs

Als Childerich, König der Salfranken und römischer General sowie Verwalter des Nordteils der Provinz *Belgica II*, im Jahr 482 starb, gehörte er zu den angesehensten Verwaltungs- und Militärbefehlshabern in Gallien. Gegen Westgoten (463 und 469), Sachsen (470) und Alamannen (470) hatte er an der Seite des jeweils amtierenden gallischen Heermeisters gekämpft. Die Heermeister und Statthalter des Römischen Reiches, Aegidius, Paulus und Syagrius, konnten auf seine Loyalität und seine kampferprobten Heereseinheiten zählen. Im Unterschied zu den oben genannten germanischen Völkerschaften waren die Salfranken anerkannte Verbündete des Römischen Reiches, denen Siedlungsland auf reichsrömischem Gebiet zugeteilt worden war. Die salfränkischen Truppeneinheiten erhielten aus den römischen Waffenschmieden ihre Ausrüstung, erhielten Sold in Form von Münzgeld oder Naturalien für ihre Dienste und genossen als verbündete Heereseinheit (*exercitus Francorum*) der römischen Armee die römische Militärausbildung.
Tournai, der Residenz- und Begräbnisort Childerichs, besaß damals einen bedeutenden Militärausstattungsbetrieb innerhalb der Festungsmauern und war Hauptort eines Verwaltungsbezirks, einer *civitas*. Der Bestattungsplatz König Childerichs lag am Rande einer schon längere Zeit bestehenden Nekropole.
Die Bestattung des Königs erfolgte allerdings in einer Form, wie sie bislang in Gallien und bei den Franken nicht üblich war. Der König wurde unter einem mächtigen Grabhügel von ca. 20–25 m im Durchmesser bestattet. Die Angehörigen des Königs, der Thronfolger Chlodwig, seine Schwestern und vor allem die Frau Childerichs, Basina, trafen die Entscheidung für die prunkvolle Bestattungsform, wie sie im Heimatland Basinas, in Thüringen, den Vornehmen zukam. Den Thüringern war diese Sitte wiederum von den asiatischen Reitervölkern vermittelt worden. So kam zum Beispiel Attila, der Hunnenkönig, 453 unter einem Hügel zur letzten Ruhe. Das Verbreitungsbild der Hügelgräber der zweiten Hälfte des 5. und des ersten Viertels des 6. Jahrhunderts in Gallien und Mitteleuropa zeigt Schwerpunkte im Thüringer Reich und im Rheinland bis zur Neckarmündung am Oberrhein. Westlich davon finden sich nur einige wenige Hügel (Abb. 284), darunter der des Königs Childerich. Die zeitliche Schichtung des Verbreitungsbildes belegt allerdings, daß die frühesten Vorkommen in Thüringen zu finden sind. Es folgen der Childerichhügel und die späteren, aber noch im 5. Jahrhundert angelegten Grabhügel von Hordain über einer Brandbestattung (Kat. V.3.3) und Lavoye über dem Prunkspathagrab 319 (Kat. V.2.4). Alle weiteren Hügelgräber wurden erst im frühen 6. Jahrhundert für Funktionsträger des Königs ange-

legt. Sie ahmten damit diese besondere Bestattungsform des Königs nach. Zu einem großen Teil stehen die Grabhügel aber auch in Zusammenhang mit dem direkten Zuzug von Thüringern in die Rheinlande.

Auch die zur Begräbniszeremonie gehörige Tötung und Niederlegung von Pferden um den Hügel findet sich in der zweiten Hälfte des 5. und im frühen 6. Jahrhundert überwiegend bei den Thüringern. Um den Hügel Childerichs konnten von Raymond Brulet noch drei Mehrfachbestattungen mit insgesamt 21 Pferden nachgewiesen werden. Nicht auszuschließen ist, daß sich ursprünglich noch weitere Gräber dieser Art um den Hügel gruppierten. Bei Ausschachtungsarbeiten für ein Armenhaus war der Steinmetz Adrian Quinquin am 27. Mai 1653 zunächst auf einen Lederbeutel mit Gold- und Silbermünzen gestoßen, der – wohl in der Beckengegend gelegen – auf weitere Funde hoffen ließ. Bis zu diesem Zeitpunkt hatte Quinquin sorg- und ahnungslos in dem ehemaligen Friedhofsgelände um die Kirche St-Brice gegraben. Vermutlich zerstörte er mit seiner Grabung einen Großteil des Königsgrabes. Dennoch ließen sich noch einige Angaben zum Grabbau eruieren. Das Grab war bis zum gewachsenen Fels eingetieft, und der König lag in 2,20 m Tiefe ausgestreckt im Grab. Sein Skelett wies eine Länge von 1,79 m auf. Die zahlreich gefundenen Holz- und Eisenreste belegen, daß um den Körper des Königs ein größerer Hohlraum bestanden hatte. Schließlich weisen in diese Richtung noch die Reste eines Pferdes, von dem neben den Knochen insbesondere der Pferdeschädel Erwähnung fand, auf dessen Stirn ein goldener Stierkopfanhänger prangte. Das so gezierte Pferd dürfte das Streitroß des Königs gewesen sein. Es wäre äußerst ungewöhnlich, wenn das im Grab gefundene Pferd ursprünglich unmittelbar neben dem König niedergelegt worden wäre. Deshalb wird man an eine zweistöckige Grabkammer denken dürfen, wie sie ebenfalls bei den Thüringern gebräuchlich war. Der König selbst könnte dementsprechend in der unteren

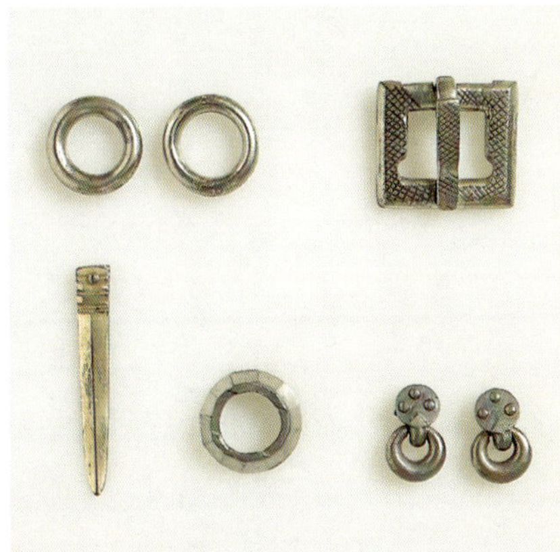

Abb. 282 *Die silberne, nielloverzierte Schnalle, die vergoldete Riemenzunge, die silbernen Ringe und die Ösenbeschläge waren vermutlich Bestandteile vom Pferdegeschirr (Kat. III.4.2.). – Foto Musée de la Ville de Strasbourg.*

Abb. 281 *Rekonstruktion eines reiternomadischen Sattels aus einem 1881 gefunden Grab von Mundolsheim. Das Fiedermuster der vergoldeten Beschläge aus dem zweiten Drittel des 5. Jahrhunderts brachten die Hunnen mit. Der in Mundolsheim verstorbene Krieger gehörte entweder zur Gefolgschaft Attilas oder zählte als ostgermanischer Föderat in der römischen Provinz Germania I zur Führungsschicht des Burgundenreiches (Kat. III.4.2.). – Foto Musée de la Ville de Strasbourg.*

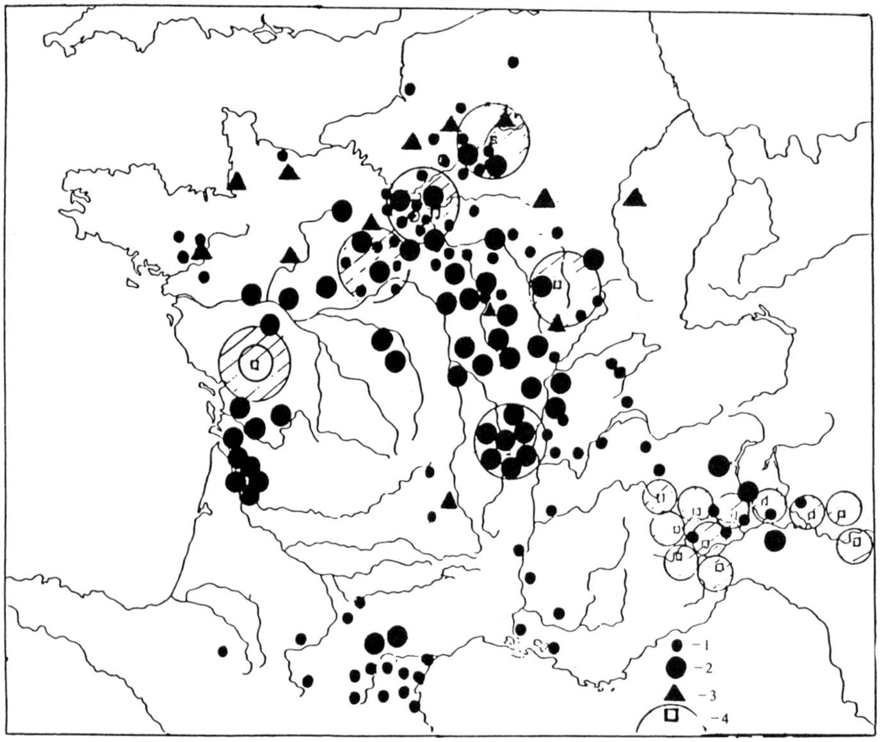

Abb. 283 *Alano-sarmatische Ortsnamen und Stationierungsorte sarmatischer Laeten. 1 Toponyme des Typs -alain. 2 Toponyme des Typs -sarmat. 3 Stationierungsorte sarmatischer Laeten. 4 Standorte der Laeten-Praefekten. – Nach Vera B. Kovalevskaja 1993.*

Kammer in einem Holzsarg bestattet worden sein, während sein Streitroß in der Kammer darüber zu liegen kam. Erst der morsch gewordene, zusammenstürzende Grabbau vereinte wieder Roß und Reiter (Kat. V.1.1).

Die Grabausstattung des Königs, seine Waffen und Kleidungsaccessoires sowie der Münzschatz belegen nach Horst Wolfgang Böhme die engen Verbindungen Childerichs zum Kaiserhof in Constantinopel. Die kostbare Ausstattung wäre nach Böhme in mittelmeerischen Werkstätten gefertigt und schließlich Childerich vom Römischen Reich in Anerkennung seiner Verdienste verliehen worden. Als Zeichen seiner Stellung als hoher Befehlshaber des römischen Staates hatte er auch die goldene Zwiebelknopffibel erhalten (Kat. V.1.2). Der goldene Siegelring mit der Umschrift »Childerici Regis« weist ihn als *rex foederatus*, als offiziell anerkannten König von Verbündeten, aus. Amts- und Würdezeichen des Römischen Reiches, eine kostbare Rüstung und Ausrüstung aus mediterranen Werkstätten und ein neuartiger, heidnisch-thüringischer Bestattungsbrauch und Grabbau prägen also das Grab eines fränkischen Königs. »Typisch Fränkisches« läßt sich dagegen archäologisch nicht ausmachen. Auch die Gräber des Umfeldes des Childerich-Hügels weisen Grabausstattungen auf, die auf nichtfränkische Herkunft schließen lassen. In Grab 91 lag eine 26jährige Frau der Childerichzeit mit einem Bronze-Armreif gallo-romanischer Herkunft. Das etwa zeitgleiche Mädchengrab 12 enthielt eine elbgermanisch-alamannische Fibel des Typs Niederflorstadt nach Böhme (Abb. 285). Das Dreiknopffibelpaar mit breit ausgezogener Fußplatte aus dem Frauengrab 6 gehört zu einem elbgermanisch-östlichen Milieu (Abb. 286), während die 60jährige Frau aus Grab 23 wiederum einen elbgermanisch-alamannischen Bronze-Knotenring als Amulett trug (Abb. 288). Beide Bestattungen datieren in die Childerich- und Chlodwigzeit. Am Ende des 5. Jahrhunderts kam das Mädchengrab 10 mit einer angelsächsischen Fibel und einem angelsächsischen Topf in die Erde (Abb. 287). Die Männergräber können aufgrund ihrer Ausstattung mit Erzeugnissen aus gallo-romanischen Werkstätten nicht näher bestimmt werden. Es bleibt der Eindruck, daß im Umfeld des salfrankischen Königshofes und in unmittelbarer Nähe des königlichen Grabes auch Angehörige nichtfränkischer Völker durchaus geläufig waren.

Die Bevölkerung Galliens zu Beginn der fränkischen Herrschaft

Das römische Militär und die Milizen bestanden aus einer Vielzahl von Truppenkontingenten verschiedenster Völker. Selbst hunnische Reiterverbände, sonst eher gefürchtete Gegner des Römischen Reiches, dienten dem Heermeister Aetius bis zur Hunnenschlacht auf den Katalaunischen Feldern 451. Die Ausstattung des 1881 in Mundolsheim im Elsaß gefundenen Grabes könnte für einen Anführer derartiger Truppen niedergelegt worden sein (Abb. 281–282). Sie ließe sich aber auch einer hochrangigen Person aus dem Gefolge des Hunnenkönigs Attila zuschreiben. Weitere Reitervölker, wie Alanen und

Sarmaten, hatten in großer Zahl Garnisonsorte in Mittelgallien, aber auch Südgallien zugeteilt bekommen, wie Vera B. Kovalesvskaja nachgewiesen hat (Abb. 283). Hier fand diese Ansiedlung ihren Niederschlag in den Ortsnamen. Von den Ende des 4. und Anfang des 5. Jahrhunderts im Hunsrück stationierten Sarmateneinheiten ist eine derartige Hinterlassenschaft nicht bekannt.

Den ostgermanischen Burgunden übertrugen die römischen Kaiser seit 463 das oberste Heermeisteramt in Gallien (*magister militum Galliarum*), wodurch zeitweilig dieses Amt in Gallien – inoffiziell – doppelt besetzt war. Zum burgundischen Königshaus gehörte zum Beispiel jener Hariulf, für den gegen Ende des 4. Jahrhunderts in Trier ein Grabstein gesetzt wurde (Kat. III.4.2). Er diente am damals noch in Trier befindlichen Kaiserhof als Leibgardist.

In Nordgallien, insbesondere in den Küstenregionen (vgl. Vron, Kat. III.4.8–9), aber auch im Landesinnern, wie in Worms, leisteten sächsische Söldner ihren Dienst (Abb. 173–175). Von der zweiten Hälfte des 4. Jahrhunderts an bis zum mittleren Drittel des 5. Jahrhunderts rekrutierte die römische Armee große Kontingente bei den nordseegermanischen Sachsen, wodurch nordseegermanische Formen – Insbesondere der Frauenkleidung – weite Verbreitung in Nordgallien fanden.

Auch thüringische Verbände dienten in der Mitte und dem späten 5. Jahrhundert in gallischen Heeren. Wiederum sind es die Angehörigen, die Frauen, die sich aufgrund ihrer typischen Kleidungsaccessoires zu erkennen geben, während die Männer vorwiegend mit Ausrüstungsgegenständen aus gallo-römischer Produktion begraben wurden. In das späte 5. Jahrhundert datieren zum Beispiel die Frauengräber 469 von Rödingen (Abb. 177) im Rheinland, 1777 von Arcy-Ste-Restitue (Dép. Aisne) (Kat. III.4.12) und 82 von Harmignies in Belgien (Kat. III.4.10). In der engen Verbindung der Thüringer zum salfränkischen Königshaus könnte ein weiterer Grund für das Auftauchen archäologischer Hinterlassenschaft thüringischer Provenienz in Nordgallien zu suchen sein (Abb. 289).

Alamannisches Kleidungszubehör findet sich – in kleiner Zahl – über ganz Nordgallien gestreut, wie das Beispiel des Bestattungsplatzes von Tournai gezeigt hat. Horst Wolfgang Böhme führt ein Reihe von Fundorten anläßlich der Bearbeitung der Fibel vom Typ Niederflorstadt aus Limetz-Villez (Dép. Yvelines) auf. Die Frauengräber der Zeit um 500 aus St.-Martin-de-Fontenay bei Caen (Grab 256: Kat. III.4.13) und Arcy-Ste-Restitue (Grab 2587: Abb. 292) könnten allerdings eher im Zusammenhang mit Chlodwigs Siedlungspolitik der Jahre nach der Alamannenschlacht von 496 stehen. Das Männergrab 743 von Bulles (Kat. III.4.15) mit einer Franziska und einem Nigraderivat-Fußbecher läßt ebenfalls auf Verbindungen zum Oberrheingebiet in der Zeit bis um 500 schließen, wo derartige Gefäße in Ge-

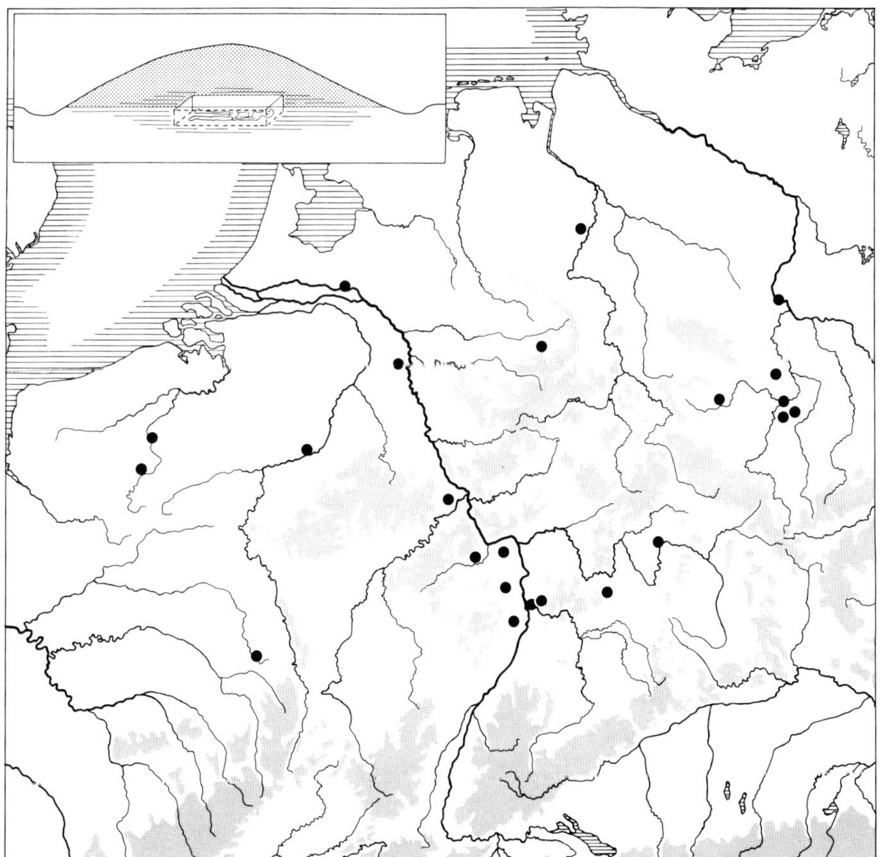

Abb. 284 *Verbreitung der Grabhügel aus der zweiten Hälfte des 5. Jahrhunderts und dem ersten Viertel des 6. Jahrhunderts. – Nach A. Koch und A. Wieczorek.*

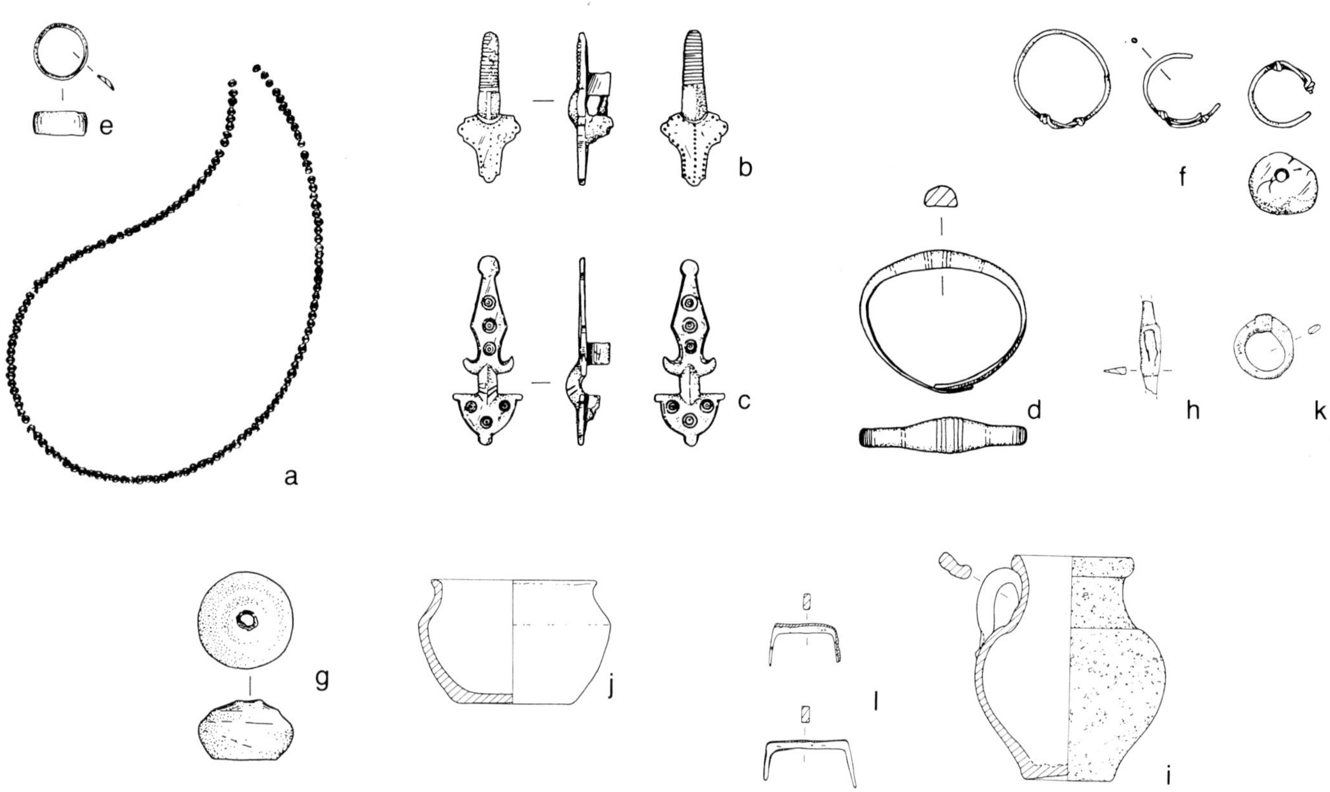

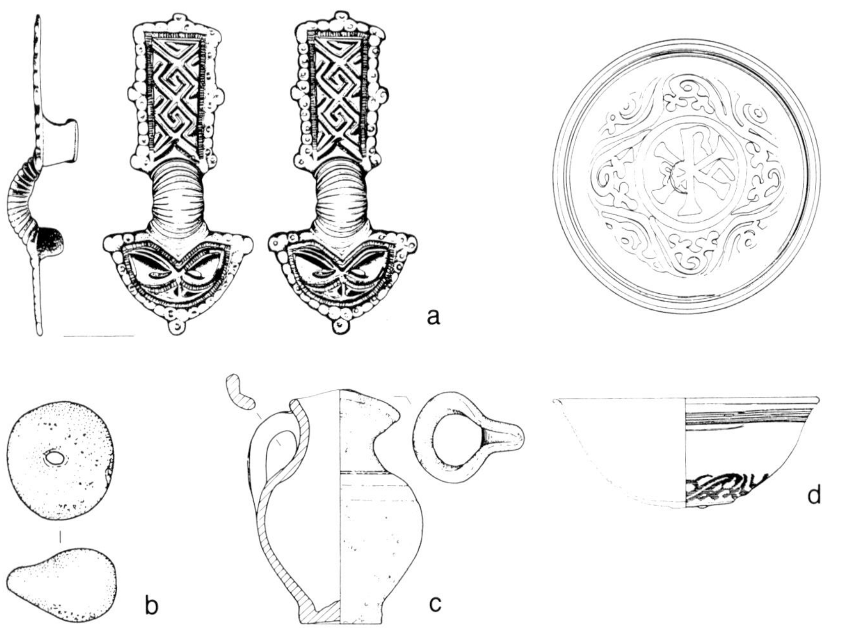

Abb. 285 *Tournai, St.-Brice Grab 12. In dem West-Ost-ausgerichteten, in den Fels eingetieften Grab lag ein etwa achtjähriges Mädchen der Childerichzeit. Von jedem der beiden bronzenen Fibelpaare befand sich jeweils eine außen an der linken Schulter und eine am linken Unterarm. Der bronzene Armring war auf den rechten Unterarm geschoben, der Fingerring steckte an der rechten Hand (Kat. IV.4.16). – Nach Brulet 1990.*

Abb. 286 *Tournai, St.-Brice Grab 6. In dem Süd-Nord-ausgerichteten, in den Fels eingetieften Grab lag eine Frau der Childerichzeit. Sie trug in Taillenhöhe quer, parallel nebeneinander zwei silberne Bügelfibeln (Kat. IV.4.17.). – Nach Brulet 1990.*

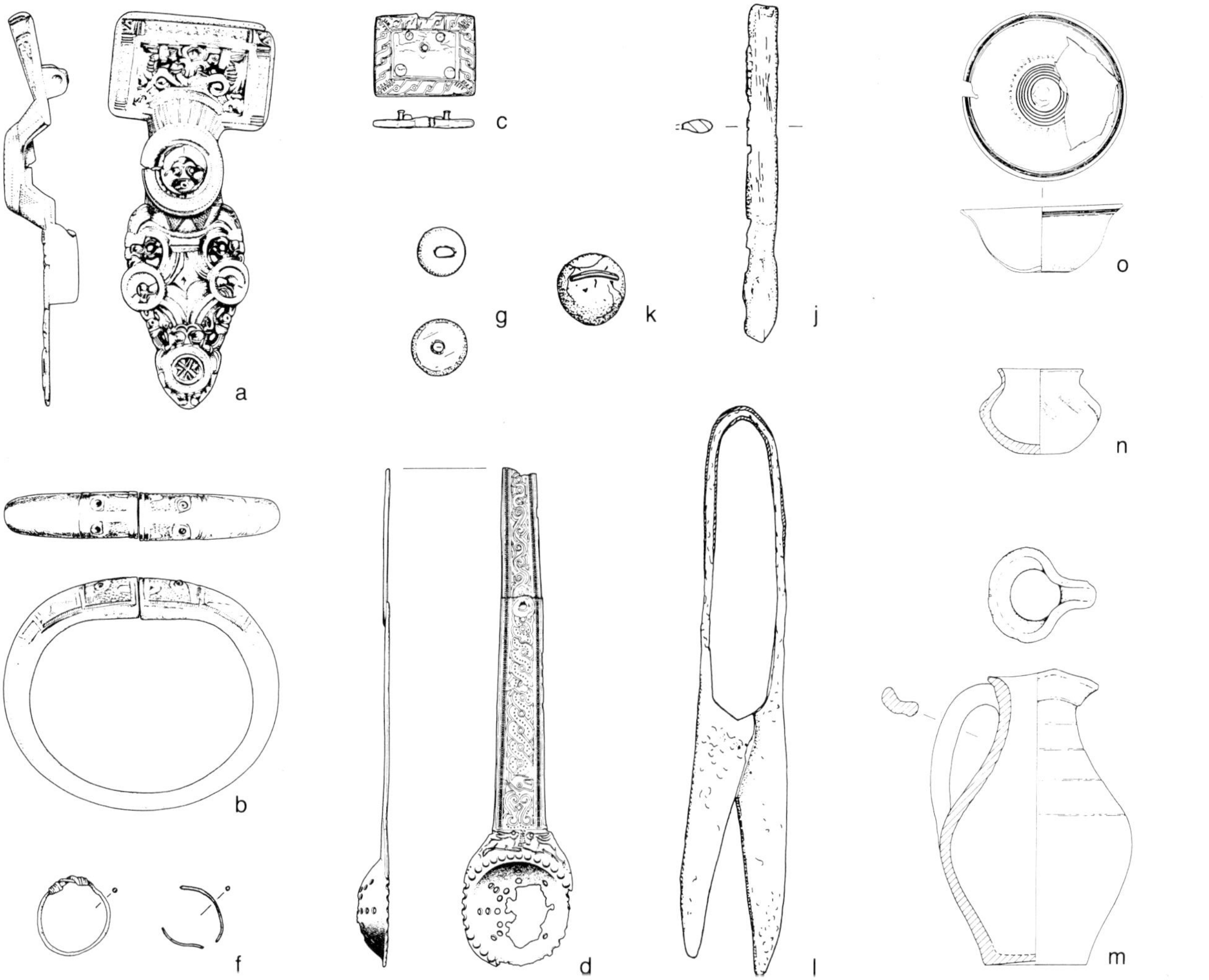

brauch waren. Ob es sich bei dem Herrn um einen Alamannen handelt, ist mit letzter Klarheit nicht zu entscheiden.

Westgoten sind in einiger Zahl für Nordgallien zu belegen. Die Verbreitungskarte (Abb. 290) vermerkt eine deutliche Konzentration von Funden in der Normandie, der Picardie und der Ile-de-France. Im eigentlichen Siedlungsraum der Westgoten um Toulouse und auf der Iberischen Halbinsel sind weitere Fundkonzentrationen auszumachen. Die westgotischen Funde des späten 5. Jahrhunderts

Abb. 287 *Tournai, St.-Brice Grab 10. In dem West-Ost-ausgerichteten Grab 10 war zur Zeit Chlodwigs ein Mädchen von etwas mehr als 12 Jahren beigesetzt worden. Auf dem Bauch lag die große silberne Bügelfibel und daneben die rechteckige Silberplatte. Am linken Arm trug es den silbernen Armring (Kat. IV.4.18.). – Nach Brulet 1990.*

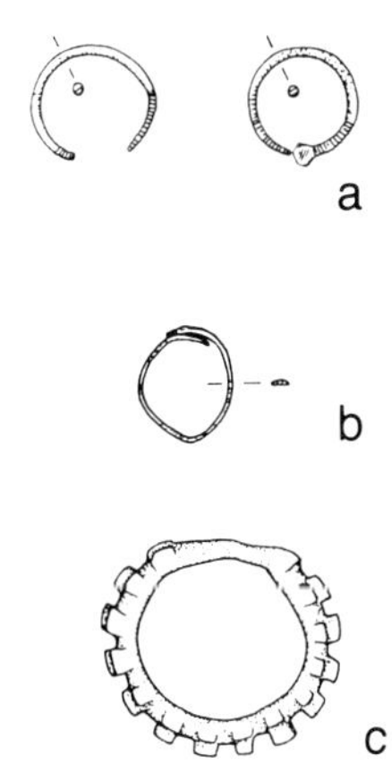

Abb. 288 *Tournai, St.-Brice Grab 23. Ebenerdig und West-Ost-ausgerichtet wurde die über 60jährige Frau beigesetzt. Sie trug silberne Ohrringe. Unmittelbar oberhalb des Kopfes fand sich der bronzene Knotenring, ein typisch alamannisches Amulett (Kat. IV.4.19.). – Nach Brulet 1990.*

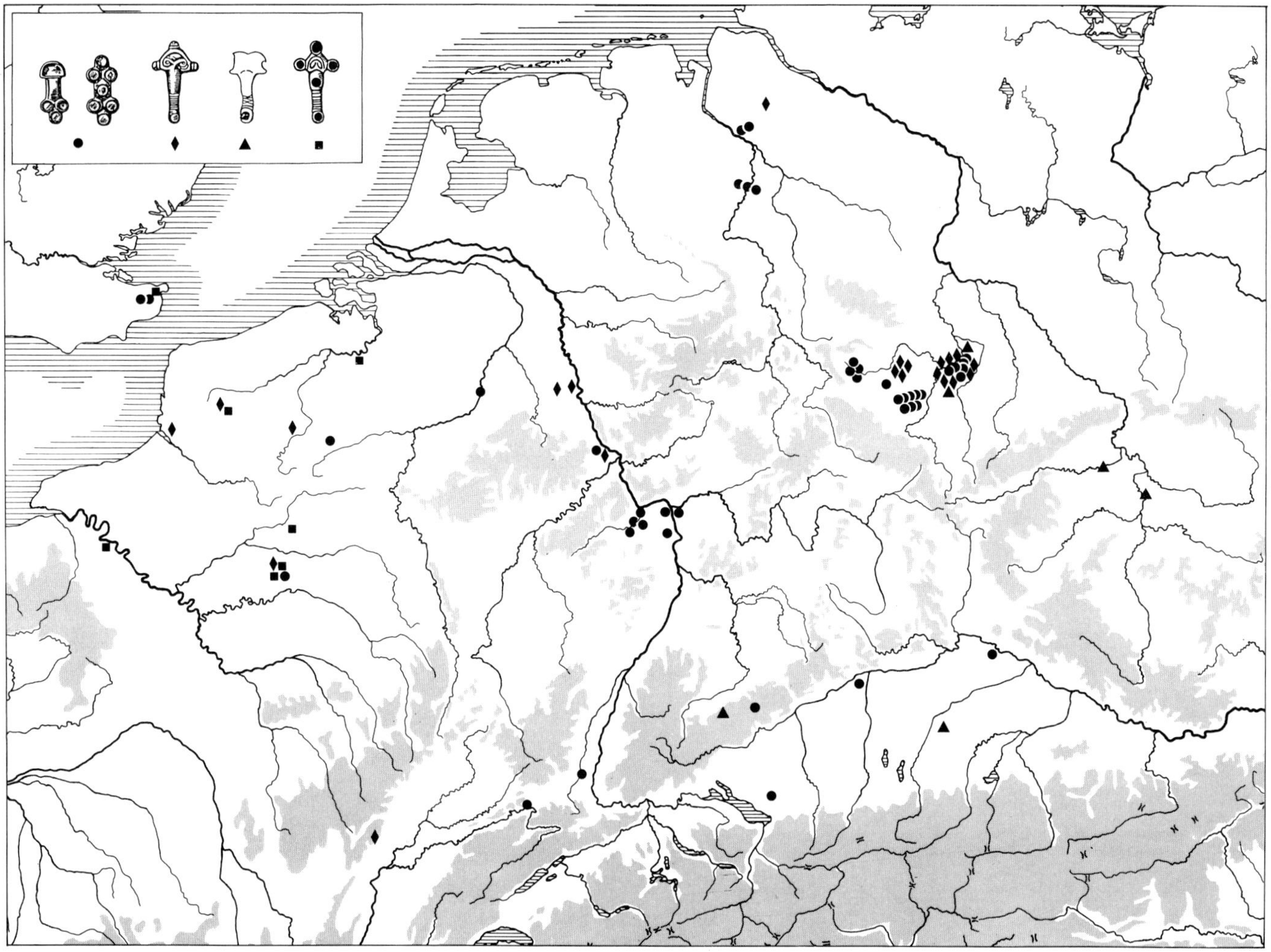

und der Zeit um 500 aus Nordgallien wie zum Beispiel Grab 300 von St.-Martin-de-Fontenay (Dép. Calvados), Vicq (Dép. Yvelines) Grab 756 (Abb. 291) oder Cutry (Dép. Meurthe-et-Moselle) Grab 859 (Kat. III.4.16) entstammen Gräberfeldern, die fern des westgotischen Herrschaftsgebietes um Toulouse gelegen sind. So können diese Westgoten in die nordgallischen Landschaften entweder aufgrund ihres Dienstes im Heer der römischen Statthalter Aegidius, Paulus und Syagrius oder durch Umsiedlungsaktionen dieser Statthalter gelangt sein. Das datierende Fundgut spricht gegen einen Zusammenhang mit dem Westgotenkrieg Chlodwigs im Jahr 507.

Alle diese Hinterlassenschaften verschiedener Völker fanden sich auf Gräberfeldern, die jeweils auch Funde mehrerer Völker erbracht haben. Der Anteil galloromanisch geprägter Bestattungen nimmt dabei – zumindest bei den städtischen Gräberfeldern – den Großteil der Gräber ein. Da bei ihnen die beigabenlose Bestattung vorherrschte, sind die beigabenführenden Gräber in der Minderzahl. Gallorömischer Charakter darf zum Beispiel Grab IX von Haillot in Belgien (Kat. III.4.27), Grab 155A von Vron in der Nor-

Abb. 289 *Streuung thüringischer Kleinfibeln aus dem letzten Drittel des 5. Jahrhunderts und dem ersten Drittel des 6. Jahrhunderts. – Nach A. Koch und A. Wieczorek.*

mandie (Kat. III.4.25) und Grab 1 von Vedrin in Belgien (Kat. III.4.26) zugesprochen werden.

Die auf diese Weise gemischt belegten Gräberfelder Nordgalliens der zweiten Hälfte des 5. Jahrhunderts werden im allgemeinen noch immer als »fränkische« Bestattungsplätze bezeichnet, was zu dem Mißverständnis führt, allein die Franken hätten hier bei gleichzeitiger Verdrängung anderer Volksgruppen bestattet.

Möglicherweise liegt in der gemischten Belegung der Gräberfelder der Hinweis auf eine noch offene fränkische Gesellschaft vor, die zur Integration fremder Personen und ihrer Sitten und Gebräuche fähig war. Wenn der König als Abkömmling der heidnischen Götter – wie die Salfranken glaubten – und oberster Repräsentant dieser Gesellschaft und ihrer Gebräuche Neuem gegenüber sich aufgeschlossen zeigte, dann dürfte sich dies auch auf sein Umfeld, die Gefolgsleute, ausgewirkt haben. Und dies gehörte in der Spätantike zur Erfahrungswelt aller im Römischen Reich Dienenden.

In diesem Zusammenhang von einer fränkischen Tracht zu sprechen fällt für das 5. und auch noch frühe 6. Jahrhundert schwer. Mit Tracht ist eine genormte Kleidungsweise umschrieben, die sich in den Gräberfeldern Nordgalliens erst im Laufe des 6. Jahrhunderts zu festigen scheint. Die vielfältigen Wurzeln sind für den salfränkischen Herrschaftsbereich der zweiten Hälfte des 5. Jahrhunderts geradezu typisch gewesen. So stellt sich die Frage, ob in dieser Zeit die Zugehörigkeit zu einer Bevölkerungsgruppe wie der der Franken allein mit der ethnischen Herkunft zu erklären ist oder ob andere, rechtliche Voraussetzungen ebenfalls eine Zugehörigkeit definieren können.

Die Siedlungs- und Bevölkerungspolitik als Instrument der Herrschaftssicherung

Von besonderer Bedeutung in diesem Zusammenhang ist die Eingliederung der geschlagenen Truppen des Syagrius, des *exercitus Romanorum*, in das Heer Chlodwigs, das *exercitus Francorum*, im Jahr 486, wie Prokop von Caesarea berichtet. Natürlich war das Heer des Syagrius multikulturell zusammengesetzt. Nahezu alle oben genannten Völkerschaften dürften ihren Anteil daran gehabt haben. Mit ihrer Aufnahme in das Heer des fränkischen Königs mischten sie ein weiteres Mal die salfrän-

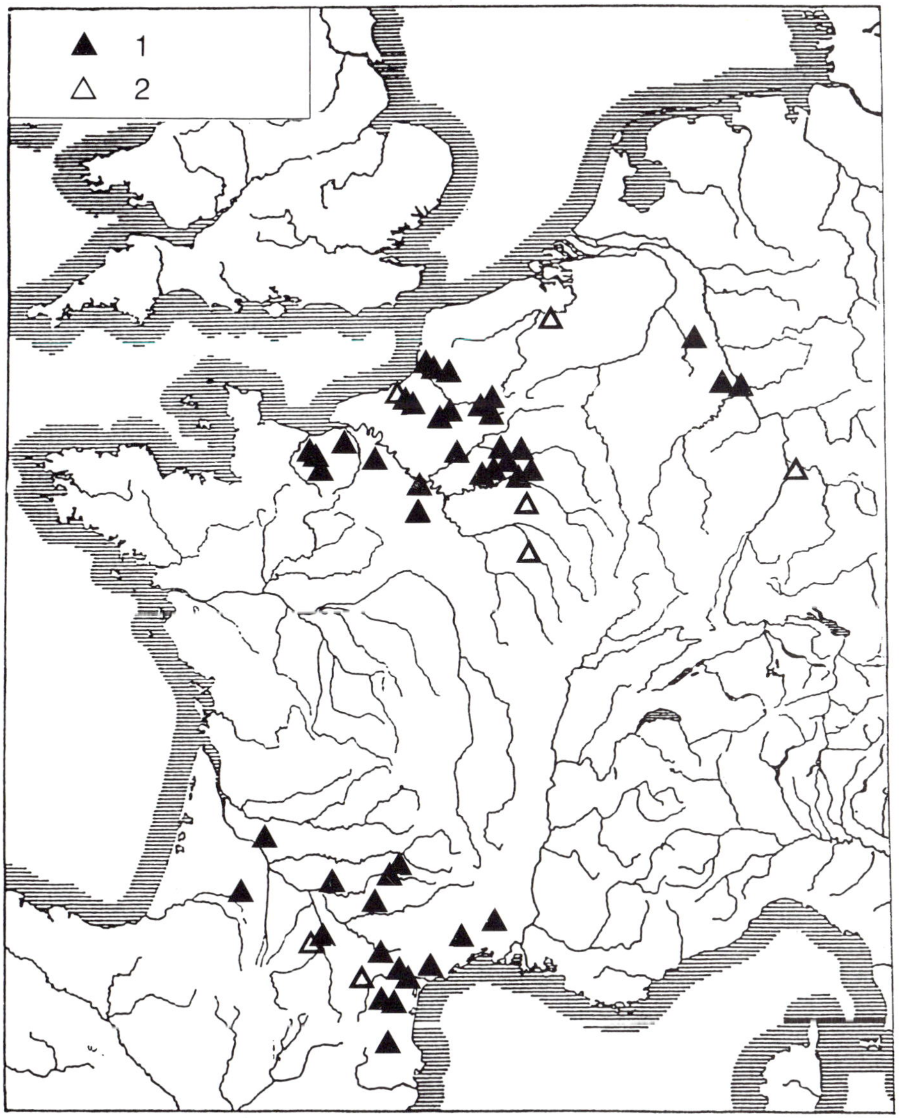

Abb. 290 *Verbreitung westgotischer Armbrust- und Bügelfibeln in Gallien. 1 Fibeln des letzten Drittels des 5. Jahrhunderts und der Zeit um 500. 2 Fibeln der ersten Hälfte des 6. Jahrhunderts.*

Abb. 291 *Vicq, Dép. Yvelines, Grab 756. Die 17 cm langen westgotischen Bügelfibeln aus der Zeit um 500 sind aus Bronze gegossen und mit Silberblech belegt. Ebenso typisch westgotisch ist die sichtbar getragene Gürtelschnalle aus vergoldeter Bronze mit Glas- und Malachiteinlagen. Das kleine Vogelfibelpaar aus vergoldetem Silber ist dagegen eine Zutat nach fränkischer Mode; die Bügelfibeln steckten nicht nach gotischer Mode an den Schultern, sondern fanden sich entsprechend fränkischer Trageweise auf dem Bauch (Kat. III.4.17.) – Nach I Goti 1994, 234.*

kischen Reihen. Auf sie wird auch das Salische Recht Chlodwigs Anwendung gefunden haben, das die Sonderrechte der Gefolgschaft des Königs, der Mannschaften des Heeres und ihrer Angehörigen regelte. Die Integration der Truppen des Syagrius in das fränkische Heer ließ aus den zunächst Fremden Franken werden.

Die Bindung an den König und die rechtliche Gleichstellung resultierte damit nicht allein aus der ethnischen Zugehörigkeit zu den Salfranken, sondern basierte offenbar auch auf dem Treueeid von Personen und Personengruppen an den König. Dieses Gefolgschaftsprinzip der Germanen entsprach weitgehend dem Patronatsprinzip der spätrömischen Gesellschaft. So gesehen zählte auch derjenige zu den Franken, der, zum Gefolge des Königs gehörig, dessen Interessen vertrat.

Die Siedlungs- und Bevölkerungspolitik Chlodwigs und seiner Söhne macht sich dieses Prinzip zu eigen. Die Herrschaftssicherung in den eroberten Gebiete Galliens und den rechtsrheinischen Regionen wäre ohne die Beteiligung anderer Völker nicht zu bewerkstelligen gewesen.

Der Anteil thüringischer Bevölkerungsgruppen daran überwiegt bei weitem denjenigen anderer. Hierbei mag eventuell die alte Verbindung des salfränkischen Königshauses zu dem der Thüringer eine Rolle gespielt haben. Auf jeden Fall findet sich nach den Alamannenschlachten von 496 und 506 in den Rheinlanden – insbesondere am Oberrhein – eine vielzählige Hinterlassenschaft thüringisch-mitteldeutschen Charakters in den Gräberfeldern. Deutlich heben sich dabei zwei zeitlich voneinander getrennte Vorgänge ab. Der erste aus der Zeit um 500 trägt die Züge einer Beteiligung der Thüringer an der Inbesitznahme und Sicherung der Herrschaft in den Grenzregionen zu den Alamannen beziehungsweise der eroberten Gebiete. Hierfür steht die größere Zahl der thüringischen Funde am nördlichen Oberrhein und in den Rheinlanden. Beispielhaft sei hier auf die Funde aus dem Pferdegrab 46 von Rübenach verwiesen (Abb. 293).

Der zweite Vorgang könnte auf Zwangsumsiedlungen von Thüringern nach der Eroberung des Thüringer Reiches ab 531 hindeuten, wie es aus den schriftlichen Quellen bekannt ist. Hierfür könnte die Anlage des Gräberfeldes von Sur-Yonne (Dép. Nièvres) (Abb. 295) sprechen, das in den 30er Jahren des 6. Jahrhunderts mit Brandbestattungen und typisch thüringischen Grabensembles einsetzt. In diesem Zusammenhang mag vielleicht auch Grab 194 von Ciply in Belgien (Abb. 294) zu sehen sein. Doch sollte der zweite, spätere Vorgang eher zurückhaltend beurteilt werden. In ihm könnte sich durchaus die Fortsetzung des bewährten Zusammenspiels zwischen Franken und Thüringern in der zweiten Generation verbergen. Jedenfalls zeichnen sich im archäologischen Befund keine Zwangsmaßnahmen ab. Als Beispiel seien hier die Gräberfelder von Schretzheim und Basel, Bernerring, genannt, die jeweils thüringisch-mitteldeutsche Bevölkerungsanteile neben fränkischen aufweisen.

Auch aus dem südbadischen Gräberfeld von Mengen, Hohle-Merzengraben (Abb. 296), stammen einige handgeformte Gefäße thüringischer Art mit charakteristischer Verzierung, die alle im Zentrum des Gräberfeldes bei und unter ehemaligen Grabhügeln gefunden wurden.

In all diesen thüringisch anmutenden Bestattungen wird man Personen aus der Gefolgschaft des fränkischen Königs vermuten dürfen, die zur Sicherung der Herrschaftsansprüche des Königs in der Region angesiedelt wurden. Die flächen-

Abb. 292 *Arcy-Ste-Restitue, Dép. Aisne, Grab 2587. Im frühen 6. Jahrhundert wurde hier eine Frau beigesetzt und mit handgeformtem Becher, Ohrringen mit Scheibenende sowie kleiner alamannischer Vogelfibel ausgestattet (Kat. III.4.14). – Foto RMN – J. G. Berizzi.*

Abb. 292a *Arcy-Ste-Restitue Grab 1777. In ungewöhnlicher Tiefe lag ein Mädchen, dem ein nur 4,1 cm hoher enghalsiger Keramikbecher, ein konischer Glasbecher und kleines thüringisches Fibelpaar mitgegeben wurden (Kat. III.4.12) – Foto RMN – J. G. Berizzi.*

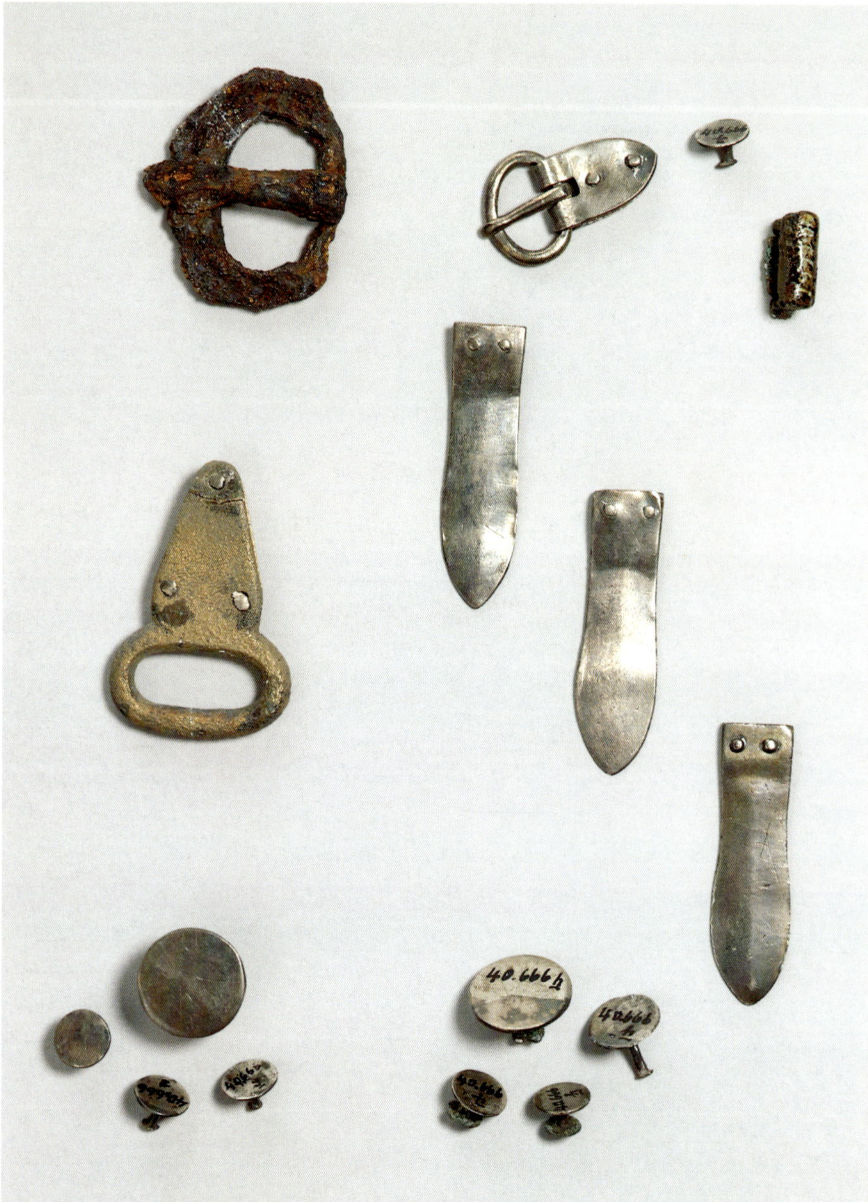

Abb. 293 *In Rübenach (Kr. Mayen-Koblenz) beginnt im frühen 6. Jahrhundert eine thüringisch-elbgermanische Gruppe mit den Bestattungen ihrer Angehörigen auf einem bereits bestehenden Gräberfeld. Zwei Hügelgräber, kenntlich an dem weiten gräberfreien Umkreis, gehören zu den ältesten Anlagen dieser zugezogenen Gruppe. In Grab 51 haben sich keine Funde erhalten, es war zweifellos alt beraubt. In Grab 46 unter dem zweiten Hügel wurde im frühen 6. Jahrhundert ein Pferd beigesetzt. Die silbernen Schnallen und Riemenzungen sowie Nietköpfe vom Zaumzeug geben eine gute Vorstellung von der Bedeutung des Reiters, der sehr wahrscheinlich in dem benachbarten Hügel lag (Kat. V.4.9.). – Foto Reiss-Museum.*

Abb. 294 *Ciply (Prov. Hainaut) Grab 194 mit einem thüringischen glattverzierten Topf. Die übrigen Beigaben, darunter opake Glasperlen mit Faden- und Punktauflage, datieren das Grab in die zweite Hälfte des 6. Jahrhunderts (Kat. III.4.28). – Foto Musée Royal de Mariemont, Morlanwelz.*

Abb. 295 *Plan der Nekropole von Sur-Yonne (Gem. Brèves, Dép. Nièvres).*

Abb. 296 *Plan des Gräberfeldes von Mengen »Hohle-Merzengraben« mit Eintrag der handgeformten Keramik aus den Gräbern 132 (1), 212 (2), 124 (3), 136 (4); handgeformtes Gefäß, cloisonnierte Bügelfibel und Bronzegeschlag aus Grab 141 (5). – Nach Michael Egger.*

deckend über das Land verteilten neuen Bestattungsplätze des Reihengräbertypus zeugen von einer geplanten Inbesitznahme der eroberten Regionen.

Während sich an der Peripherie des Frankenreiches die Unterschiede im Grabbrauch zwischen Franken und beispielsweise Alamannen im 6. Jahrhundert deutlich ausprägen, verwischen sich ein bis zwei Generationen später in den fränkischen Kernlanden die archäologischen Hinweise auf ehemals andere, fremde Herkunft: archäologisch ist damit die Integration erfolgt. Ob sich damit auch das Identitätsempfinden der Menschen einem Wandel unterzog, kann nur vermutet werden.

Literatur: Alduc-Le Bagousse 1983. – Ament 1978. – Attila 1990. – Bierbrauer 1980. – Böhme 1988b. – Clauß 1987. – Ewig 1988. – Feugère 1988. – Kazanski 1982; 1984; 1986; 1988; 1991b. – Knaut 1993. – Koch, A. (im Druck). – Koch, U. 1977. – König, G. G. 1980; 1981. – Kühn 1940; 1974; 1981. – Lorraine 1988. – Lorren 1980a; 1980b. – Nord 1983. – Périn 1981a. – Périn/Feffer 1987. – Picardie 1986. – Pilet 1979. – Pilet u. a. 1994. – Sage 1984. – Schulze-Dörrlamm 1986. – Seillier 1989a; 1989b. – Servat 1979. – Vallet 1993. – Vallet/Kazanski 1993. – Welch 1991. – Wenskus 1961. – Werner, J. 1951; 1956; 1961b; 1962. – Wieczorek 1989. – Zöllner 1970.

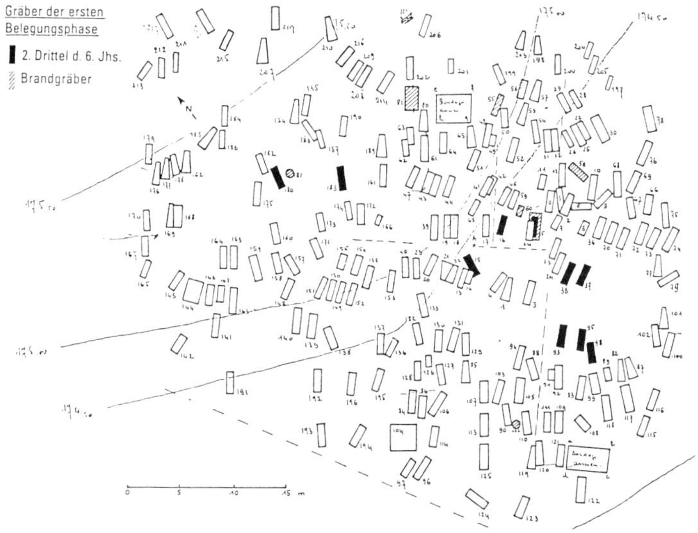
Gräber der ersten Belegungsphase
2. Drittel d. 6. Jhs.
Brandgräber

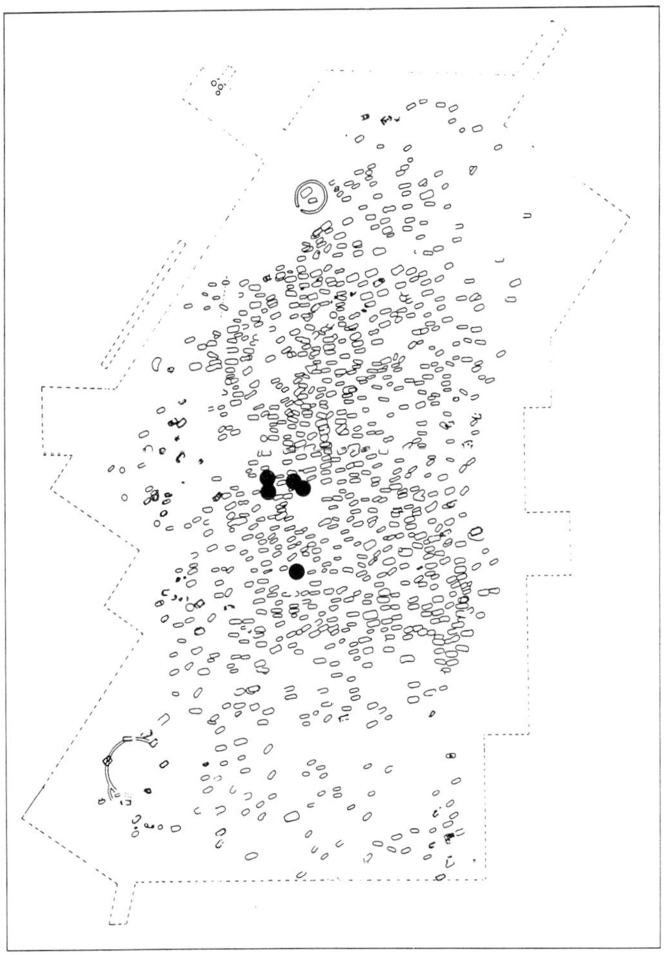

1
2
3
4
5
10 cm

Die Franken und ihr Erbe – »Translatio Imperii«

Ian Wood

Die Franken an der nördlichen Grenze des Römischen Reiches entwickelten sich zu einer bedeutenden militärischen Macht. Die Dynastie der Merowinger gehörte offensichtlich zu den Aufsteigern des 5. Jahrhunderts. Sie war von Anfang an eingebunden in römische Machtstrukturen und sehr bald auch christlich geprägt; die Merowinger pflegten römischen Stil nach kaiserlichem Vorbild. Römische Verwaltungsstrukturen blieben im Merowingerreich erhalten; in der militärischen Organisation spielte das Gefolgschaftswesen eine größere Rolle. Die Reichsteilungen waren zwar Grund für häufige militärische Auseinandersetzungen, bedingten aber stärkere Präsenz der Könige und waren ein Grund für den langen Bestand des Merowingerreiches, dessen kultureller Mittelpunkt der Königshof war.

Der Stammesverband an der nördlichen Grenze

Niemand hätte im 4. Jahrhundert geglaubt, daß sich die Franken in den folgenden 200 Jahren zu dem mächtigsten unter den germanischen Völkern entwickeln würden. Als eine Ansammlung von Stämmen, die lange unmittelbar östlich der nördlichsten Rheingrenze gesiedelt hatten, gehörten die Franken nicht zu den Völkern, die eine wesentliche Bedrohung für das Römische Reich darstellten. Weder war ihre Macht mit derjenigen der Goten zu vergleichen, noch verbündeten sich die Franken mit den Alanen, Vandalen und Sueben, als diese im Jahre 406 den Rhein überquerten und als Folge davon das römische Gallien und Spanien in die Knie zwangen. Wie ihre südlichen Nachbarn, die Alamannen, begnügten sich die Franken damit, an ihrem angestammten Platz zu bleiben, nämlich an der Grenze des Römischen Reiches.

Wie sich die Franken von der verhältnismäßig schwachen Völkerverbindung, die wir aus dem 4. Jahrhundert kennen, in die bedeutende militärische Macht verwandelten, die sie am Ende des 5. Jahrhunderts darstellten, ist nicht klar. Es ist anzunehmen, daß sie als Grenzvolk verhältnismäßig stark romanisiert waren und daß ihnen dieser Grad der Romanisierung nach dem militärischen Zusammenbruch des Weströmischen Reiches im Laufe des 5. Jahrhunderts zugute kam. Mit der Zeit galten die Franken als Nachkommen der Trojaner, und obwohl dies vom biologischen Standpunkt aus unmöglich ist, spiegelt es wahrscheinlich kaiserliche römische Diplomatie wider, die im 4. Jahrhundert politische Verbindungen mit den Franken unterstützen sollte. Sicherlich war es zu dieser Zeit, daß die benachbarten Burgunden als Brüder der Römer anerkannt wurden.

Anders als die meisten barbarischen Gruppen machten sich die Franken nicht auf eine weite Wanderung. Es ist wiederum bedeutsam, daß für ihre Geschichtsschreibung eine offensichtlich erfundene Auswanderung aus Troja bemüht wurde und nicht eine Herkunft aus Skandinavien, wie sie für viele andere Völker geltend gemacht wurde. Während das Wandern eindeutig einen Faktor in der Identitätsfindung anderer Völker darstellte, könnte die Tatsache, daß die Franken lediglich ihr Machtzentrum vom Rhein westwärts verlegten, eine verhältnismäßig friedliche Machtübernahme in Nordostgallien ermöglicht haben. Nichtsdestoweniger sollten fränkische Kriegsherren eine bedeutende Rolle in den verworrenen Feldzügen spielen, die den Norden Galliens vom mittleren bis ins späte 5. Jahrhundert verwüsteten. Der bedeutendste dieser Kriegsherren war zunächst Chlodio und dann Childerich I. Letzterer, dessen früheste Feldzüge zu den spätrömischen Bürgerkriegen der 460er Jahre gehörten, war einer der Nutznießer des Untergangs des Römischen Reiches. Bei seinem Tod hinterließ er ein Königreich, das anscheinend seinen Mittelpunkt in Tournai besaß, wo er etwa 482 begraben wurde. Sein Grab ist für seine römischen Beigaben ebenso bemerkenswert wie für sein heidnisches Bestattungsritual und seine fränkische Militärausrüstung.

Das fränkische Königreich und die Dynastie der Merowinger

Childerich muß zuerst als Protagonist in den Splittergruppenkämpfen in Nordgallien in den letzten Jahren des Römischen Reiches und dann als der Erbauer eines Königreiches eine für die Verwandlung der Franken wichtige Persönlichkeit gewesen sein. Er war jedoch nicht der einzige fränkische Anführer seiner Generation, der auf den Trümmern des Römischen Reiches ein Königreich errichtete. In Köln, einer Stadt, in der trotz der Wanderungen der Barbaren eine erstaunliche Kontinuität möglich gewesen sein könnte, errichteten die ripuarischen Franken ein Königreich. Andere Anführer haben vielleicht ähnliche Machtzentren in anderen nordostgallischen Städten errichtet. Es oblag Childerichs Sohn, Chlodwig I., diese verschiedenen fränkischen Königreiche zu einem einzigen Staat zu vereinen. Wann er dies erreichte, ist noch nicht geklärt. Gregor von Tours, unsere einzige schriftliche Quelle zu diesen Er-

Abb. 297 *Die römischen Provinzen in Gallien am Ende des 4. Jahrhunderts. – Nach A. Chastagnol, Le Bas-Empire (Paris 1969); graphische Aufbereitung I. Bell.*

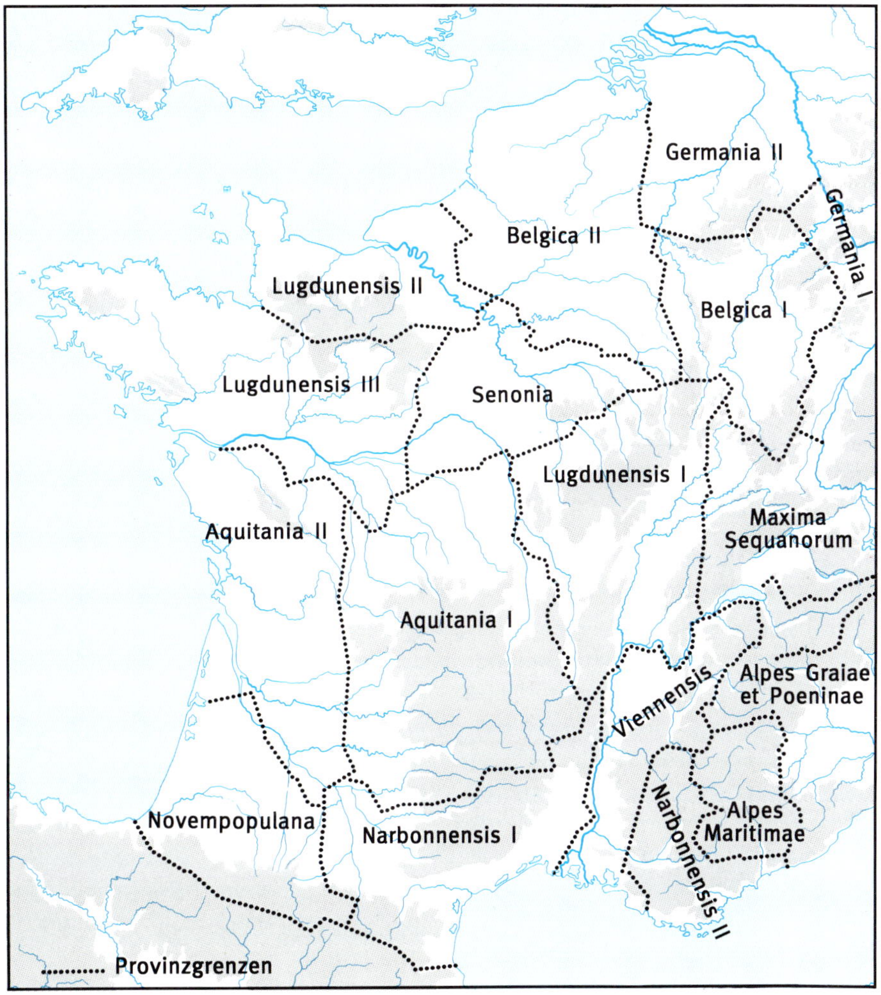

eignissen, setzt die Vereinigung spät in Chlodwigs Regierungszeit an, das heißt gegen das Jahr 511. Heutige Historiker hielten es oft für wahrscheinlicher, daß Chlodwig seine fränkischen Rivalen zu einem früheren Zeitpunkt seiner Karriere beseitigte. Gregor könnte jedoch auch recht gehabt haben.

Childerich und sein Sohn stehen am Beginn der merowingischen Dynastie. Childerich könnte der Sohn Merowechs gewesen sein, wie Gregor behauptete, und er könnte mit Chlodio verwandt gewesen sein. Wie sehr auch immer wir die frühe merowingische Tradition akzeptieren oder ablehen, die Familie scheint vor der Mitte des 5. Jahrhunderts keinen großen Einfluß besessen zu haben. In den Quellen des 4. Jahrhunderts läßt sich keine offensichtliche Verbindung zwischen den Merowingern und den fränkischen Königen herstellen. Darüber hinaus hielt Gregor von Tours die Merowinger anscheinend für Aufsteiger im 5. Jahrhundert, da er fälschlicherweise behauptete, daß die Franken vor der Erhebung der Merowinger keine Könige hatten. Mit aller Wahrscheinlichkeit war die Dynastie neu, vielleicht mit Wurzeln im östlichen Teil des fränkischen Gebietes. Mit der Zeit wurde den Merowingern eine legendenhafte Herkunft zugeschrieben; sie sollten einem Seeungeheuer entstammen. Diese Legende ist jedoch erst aus dem 7. Jahrhundert und in einem Zusammenhang überliefert, in dem die königliche Familie kritisch betrachtet wird. Sie könnte einfach nur erfunden worden sein, um den Namen Merowech zu erklären, der vielleicht »See-Bulle« oder »seegeboren« heißen könnte. Was von dem Aufstieg der Merowingerfamilie aus früheren Quellen rekonstruiert werden kann, ist tatsächlich eher ernüchternd. Childerich erscheint als ein Krieger, der in römischem Kontext kämpfte, für und gegen Römer. Am Ende seines Lebens schien er auf verhältnismäßig gutem Fuß mit dem gestanden zu haben, was von den römischen Machtstrukturen übriggeblieben war. Aus Anlaß von Childerichs Tod oder einige Jahre danach schrieb Remigius, Metropolitanbischof von Reims, an Chlodwig und gab ihm Ratschläge zur Regierung der Gebiete, die er von seinem Vater geerbt hatte – und herausstechend war unter diesen Ratschlägen die Mahnung, daß er auf Bischöfe hören solle, trotz der Tatsache, daß er zu dieser Zeit kein getaufter Christ war.

Die christlichen Merowinger

Remigius' Brief ist der erste in einer langen Reihe von Mahnschreiben, die Bischöfe und Klerus fränkischen Königen sandten. Diese Tradition war selbstverständlich römisch und hat sein berühmtestes Beispiel in der Auseinandersetzung zwischen Ambrosius, Bischof von Mailand, und Kaiser Theodosius I. Ein Mahnschreiben, das ein Bischof Aurelian an Chlodwigs Enkel Theudebert I. (533–547) schickte, ist ebenfalls überliefert. Kirchenversammlungen schließen manchmal eine Ansprache an den König oder Gebete für ihn ein. Obwohl merowingisches Königtum oftmals in scharfen Kontrast zum karolingischen gesetzt wird, indem die heidnische Sakralität, die angenommene Götter-Abstammung des ersteren mit dem biblischen Königtum Karls des Großen und seiner Nachfolger verglichen wird, gab es bereits im 6. Jahrhundert unter den Merowingern eine Tradition christlichen Königtums. Es zeigt sich in Kirchenversammlungen, bischöflichen Briefen und auch in Venantius Fortunatus' Panegyrikon auf Chlodwigs Enkel Charibert I. (561–567).

Die christliche Ideologie der Merowinger sollte nicht mit der katholischen Ideologie verwechselt werden, die Gregor von Tours Chlodwig zuschrieb. Gregor, der wie die moderne Geschichtsschreibung mit dem Problem konfrontiert war, Chlodwigs Erfolg zu erklären, schrieb ihn seiner Bekehrung zum Katholizismus zu, im Gegensatz zum Arianismus, dem häretischen Christentum, dem viele andere germanische Anführer anhingen. Im Zuge dieser Interpretation könnte Gregor Chlodwigs Taufe sehr wohl mehr als zehn Jahre zu früh angesetzt haben. Er datiert sie in das Jahr 496, obwohl es Hinweise darauf gibt, daß die Taufe erst 508 stattfand; er stellt den Konflikt zwischen Arianern und Katholiken größer dar, als er im späten 5. und frühen 6. Jahrhundert war; und er ignorierte die Tatsache, daß die Aneignung Aquitaniens mit burgundischer, das heißt arianischer Hilfe geschah.

Diplomatische Beziehungen nach Byzanz

Wann auch immer Chlodwig getauft wurde, 508 wurde er jedenfalls vom byzantinischen Reich durch die Übertragung dessen anerkannt, was Gregor als Konsulat bezeichnet. Das genaue Wesen dieses Amtes ist viel diskutiert worden und tatsächlich noch nicht geklärt; aber es ist sicher, daß die Vergabe dieses Titels ein prächtiges spätrömisches Zeremoniell einschloß. Sie zeigt zweifellos die herausragende Position der Franken in der Welt nachrömischer Diplomatie. Eine große Rolle spielte dabei die sich verstärkende Feindschaft zwischen den Byzantinern im Oströmischen Reich und den Ostgoten in Italien. Letztere waren in Byzanz von der vorherigen Generation als das vorherrschende Königreich des damaligen römischen Westens betrachtet worden. Der Titel von 508 fügte der fränkischen Königsideologie wahrscheinlich wenig völlig Neues hinzu. Barbarische Anführer hatten schon lange vor dem Zusammenbruch des Westreiches Wert auf römische Titel gelegt. Trotzdem sollte die römische kaiserliche Ideologie von nun an eine bedeutende Rolle am merowingischen Hof spielen. Ein Brief König Theudeberts I. an Kaiser Justinian beispielsweise bestätigte des Königs hegemoniale Ansprüche. Der klassische Stil des merowingischen Hofes in der zweiten Hälfte des 6. Jahrhunderts zeigt sich am deutlichsten in Venantius Fortunatus' Hochzeitslied zum Anlaß der Vermählung König Sigiberts I. (561–575) mit der westgotischen Prinzessin Brunichilde. Von Gregor von Tours erfahren wir zudem, daß Sigiberts Halbbruder, Chilperich I. (561–584) kaiserlichen Stil zu imitieren versuchte. Er ließ in Nachahmung byzantinischer Schätze Goldteller zum Ruhme der Franken herstellen und hielt in Paris und Soissons Pferderennen ab. Auch hier war das Vorbild kaiserlich, denn die Hippodrome in Rom und Constantinopel gehörten zum kaiserlichen Palast und waren Orte königlicher Rituale ebenso wie der Unterhaltung. Die Enkel Chlodwigs waren anscheinend sogar noch mehr als ihr Großvater darauf bedacht, sich in römischem Stil zu präsentieren und lateinische Kultur am Hofe zu fördern. Tatsächlich vermitteln die Höfe der merowingischen Könige in der zweiten Hälfte des 6. Jahrhunderts den Eindruck, bewußter römisch gewesen zu sein als 50 Jahre zuvor, obwohl Chlodwigs ältester Enkel, Theudebert, bereits in der ersten Hälfte des Jahrhunderts, wahrscheinlich im Zusammenhang mit seinen Italienzügen, eine Goldwährung in kaiserlichem Stil prägen ließ.

Die militärischen Erfolge der Merowinger

Chlodwig I. war wie sein Vater ebensosehr ein traditioneller Kriegsherr wie ein subrömischer Herrscher. Abgesehen davon, daß er fränkische Rivalen beseitigte, zerschlug er die Macht des römischen Generals Syagrius, der das Machtzentrum seines Vaters Ägidius im Gebiet von Soissons geerbt hatte. Er besiegte auch die Burgunden, die ihm eine Zeitlang tributpflichtig wurden, ebenso wie die Alamannen, denen er ein Großteil ihres Gebietes nahm, sowie die Westgoten. Die Niederlage und der Tod des Westgotenkönigs Alarich II. in der Schlacht von 507, die wahrscheinlich nicht vor Vouillé, sondern vor Voulon geschlagen wurde, und die folgenden Kampagnen Chlodwigs und seines Sohnes Theuderich I. in Südgallien markieren den Höhepunkt der Erfolge Chlodwigs. Am Ende seiner Regentschaft wurde er von dem großen Ostgotenkönig Theoderich in die Schranken gewiesen, der den Westgoten zu Hilfe kam. Nach Chlodwigs Tod 511 verloren seine Söhne zeitweilig weite Gebiete an die Goten, und die Burgunden erreichten wieder völlige Unabhängigkeit von der fränkischen Oberherrschaft. Es wurde zur Aufgabe der Söhne Chlodwigs, dieses Gebiet in den 520er und 530er Jahren zurückzugewinnen; sie eroberten dabei den größten Teil Aquitaniens und das gesamte burgundische Königreich, während ihnen die Provence von den Ostgoten abgetreten wurde, die in einen tödlichen Kampf mit den Byzantinern verwickelt waren. Nach 530 kontrollierten die Franken den größten Teil des heutigen Frankreich und Belgien, Deutschland westlich des Rheins und die Schweiz. Im Laufe des 6. Jahrhunderts und im frühen 7. Jahrhundert sollten sie ihr Einflußgebiet bis Thüringen, Österreich und sogar nach Venetien ausdehnen, aber viel davon konnte nur für kurze Zeit gehalten werden.

Römische Verwaltungsstrukturen und der Einfluß des römischen Rechts

Das Merowingerreich war bei weitem das größte der Nachfolgestaaten des Weströmischen Reiches. Zudem erstreckte es sich besonders in den Tagen Chlothars II. (584–629) und seines Sohnes Dagobert I. (623–639) über die Rheingrenze in Gebiete, welche die Römer niemals kontrolliert hatten. Daß dieses Merowingerreich den größten Teil des 6. und 7. Jahrhunderts intakt blieb, ist an sich bemerkenswert. Möglich wurde dies, zumin-

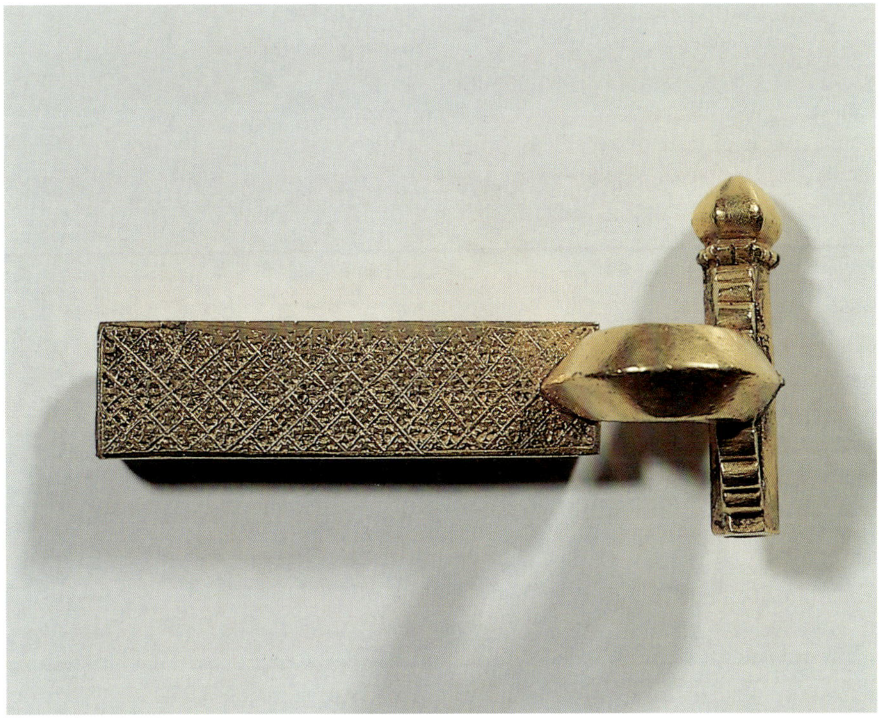

Abb. 298 *Vorderseite einer goldenen Zwiebelknopffibel, die Joachim Werner im Museum Ferdinandeum in Innsbruck entdeckte und als Kopie der Fibel des Childerich identifizierte. Die Fibel bestand nach Chiflets Angaben aus Gold. Der Fibelarm hatte sechseckigen Querschnitt; während der eine Zwiebelknopf über einem Perldraht verlötet war, konnte der gleichgeformte andere Zwiebelknopf durch ein Gewinde eingeschraubt werden, um die Öse der Nadel zu halten. Childerich trug die Zwiebelknopffibel an der Chlamys, sie war ihm als hohem Militär verliehen worden (Kat. V.1.2.). – Foto Museum Ferdinandeum in Innsbruck.*

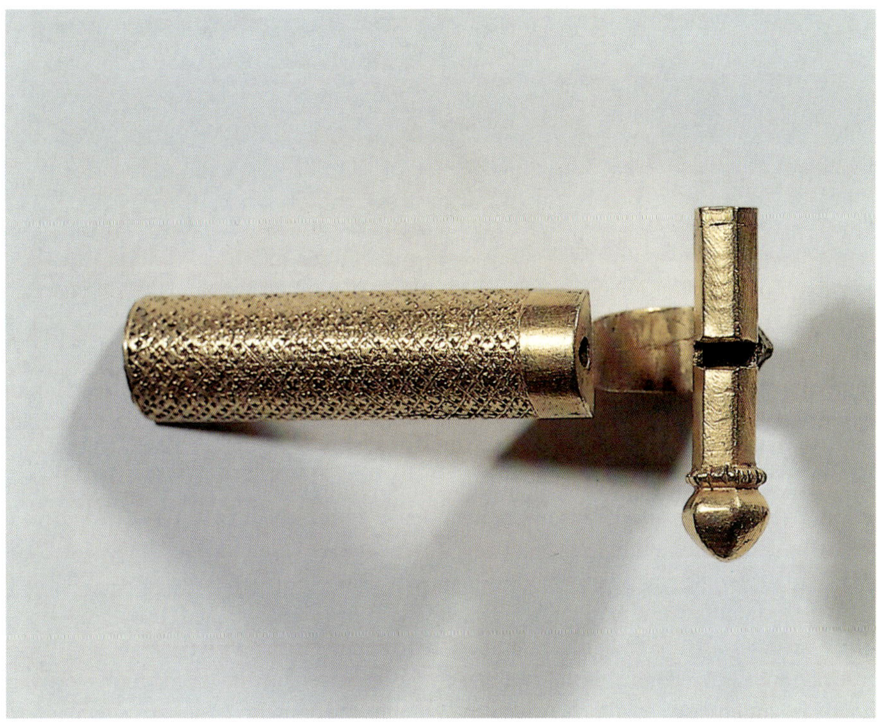

Abb. 299 *Rückseite der goldenen Zwiebelknopffibel. Bevor Kaiser Leopold I. 1665 den Schatz des Childerich an Ludwig XIV. übergab, hatte er die Kopien herstellen lassen (Kat. V.1.2.). – Foto Museum Ferdinandeum in Innsbruck.*

dest teilweise, durch die erhaltenen römischen administrativen Strukturen. Remigius schrieb an Chlodwig als dem neuen Herrscher über die *Belgica Secunda*. Dies könnte bedeuten, daß ein Teil der ländlichen Administration erhalten geblieben war. Besser überliefert ist das Bestehen städtischer Verwaltung. Die *civitas*, die Stadt mit dem abhängigen Umland, war die Grundeinheit des Römischen Reiches gewesen und blieb mindestens bis zum späten 7. Jahrhundert die Grundeinheit fränkischer Regierung westlich des Rheins. Die *civitas* wurde vom *comes*, dem Grafen, und vom Bischof regiert. Obwohl die weltliche Jurisdiktion im 5. Jahrhundert theoretisch bei dem Grafen lag, hatten die Bischöfe während der Krise, die durch die Wanderungen der Barbaren ausgelöst wurde, viel von der städtischen Verwaltung zu übernehmen. Als Ergebnis gab es wahrscheinlich große Unterschiede in den Verwaltungen der *civitates* des Merowingerreiches. Von einigen Städten ist bekannt, daß die Grafen bis in das 7. Jahrhundert hinein wesentliche Macht über sie ausübten; in anderen war anscheinend der Bischof wichtiger. In manchen Fällen könnten Bischöfe an die Macht gekommen sein, weil die gräflichen Machtstrukturen versagten; in anderen Fällen könnte einem Bischof die Macht persönlich vom König übertragen worden sein.

Der Graf oder Bischof war in der *civitas* für das Rechtswesen zuständig. Es wäre zu einfach, von dem frühesten fränkischen Rechtsbuch, dem *Pactus Legis Salicae*, das von Chlodwig wahrscheinlich vor 507 herausgegeben wurde, darauf zu schließen, daß die Gesetze des Frankenreiches vollständig germanischer Tradition entsprangen. Tatsächlich orientierte sich Chlodwigs Gesetzgebung am römischen Gesetz. Dies trifft schon auf die einfachste Ebene zu. Er gab ein Gesetzbuch heraus, ganz so, wie es der Kaiser Theodosius II. 438 getan hatte. Es finden sich zweifellos frühgermanische Elemente in den Gesetzen des *Pactus*, aber Teile des Gesetzes bestehen aus dem, was wir als spätrömisches Vulgärrecht kennen, und andere Teile könnten sehr gut aus dem römischen Provinzrecht entnommen sein. Abgesehen davon waren nicht alle Untertanen des Merowingerreiches der *Lex Salica* unterworfen. Römisches Recht galt noch immer für die Galloromanen und die Kirche; die Burgunden behielten auch nach der fränkischen Eroberung Burgunds ihr eigenes Rechtsbuch, das *Liber Constitutionum* von 517; mit der Zeit erhielten andere Gruppen wie die ripuarischen Franken, die Alamannen und die Baiern ebenfalls ihre eigenen Gesetze.

Die *civitas* war auch die administrative Grundeinheit. Steuerregister wurden auf der Ebene der *civitas* erstellt. Das Steuerwesen war mit Sicherheit nicht so weitreichend wie in der Römerzeit, und Abgaben wurden nicht allen Bevölkerungsschichten auferlegt. Vielmehr hat es den Anschein, daß das Steuerwesen im Laufe der Merowingerzeit stetig an Bedeutung verlor. Trotzdem wurden unter Chilperich I. neue Register erstellt, weil die alten vom König als unzeitgemäß und ungerecht erkannt wurden. Die *civitas* war zudem das Zentrum für weitere administrative Register. Im römischen Gallien mußten offizielle Transaktionen im städtischen Archiv vermerkt werden, der *gesta municipalia*. Aus überlieferten Urkunden und Büchern aus offiziellen *formulae* wird deutlich, daß diese Archive im 6. und 7. Jahrhundert zumindest noch in einigen Städten geführt wurden. Tatsächlich läßt sich das Funktionieren der *gesta municipalia* im Merowingerreich besser nachweisen als im Westen zu spätrömischer Zeit.

Die militärische Organisation

Sicherlich kann die *civitas* mit ihren erhaltenen römischen Strukturen nicht gänzlich die Stärke und das Überleben des merowingischen Staates erklären. Auch innerhalb des ehemaligen römischen Gebietes funktionierten administrative Strukturen nicht mehr im gleichen Umfang wie früher; das Steuereinkommen betrug nur noch einen Bruchteil dessen, was es im Römischen Reich gewesen war. Im entfernten Osten des Königreiches gab es ohnehin keine römischen Strukturen, auf die sich die Merowinger hätten stützen können. Auf der anderen Seite bedeutete das Fehlen eines stehenden Heeres, daß die Merowinger einen weitaus geringeren Bedarf an Steuereinkommen hatten. Die militärische Organisation, die für den merowingischen Staat zweifellos zentral war, bestand anscheinend aus vielen verschiedenen Elementen. Zunächst gab es eine auf der *civitas* basierende Miliz, wahrscheinlich unter dem Befehl des Grafen. Dabei könnte es sich um eine merowingische Entwicklung gehandelt haben. Auf der Staatsebene waren die *antrustiones*, des Königs persönliche Gefolgsleute, wichtiger. Zusätzlich mußte sich der König wohl auf das Gefolge seiner führenden Aristokraten verlassen.

Die Reichsteilungen

Obwohl die Merowinger auch Feldzüge gegen ihre Nachbarn führten, bekämpften sie sich noch öfter gegenseitig, besonders in der zweiten Hälfte des 6. Jahrhunderts. Ein Hauptgrund hierfür war die merowingische Tradition, das Königreich zu teilen. Nach Chlodwigs Tod wurde sein Reich in vier Teile geteilt. Danach änderte sich die Zahl der Könige ständig. Mit der Zeit bildeten sich jedoch drei grundlegende Einheiten im Norden und Osten des Königtums heraus: Neustrien mit seinem Zentrum auf der Ile de France, Burgund, das oftmals zusammen mit Neustrien regiert wurde, und Austrasien, dessen Zentrum in der Region um Reims und Metz lag.

Während diese drei Einheiten einen territorialen Block bildeten, wurde Aquitanien als eine eigene Einheit behandelt. Einzelne *civitates* im Südwesten wurden einem der drei nördlichen Königtümer zugeschlagen. Wiederum ist es die *civitas*-Struktur, auf der die Organisation des merowingischen Staates beruhte.

Der Grund für die Teilungen des Merowingerreiches ist nicht gänzlich geklärt. Vor dem 6. Jahrhundert waren Teilungen anscheinend nicht üblich, und es gibt überhaupt keine Hinweise auf solche Teilungen vor 450. Sie könnten als ein politischer Kompromiß begonnen haben. Als Chlodwig starb, hatte er einen erwachsenen und drei heranwachsende Söhne. Zu ihrem Schutz könnte das Königreich aufgeteilt worden sein, und dieses eine Ereignis könnte ausgereicht haben, um eine Tradition zu begründen. Dies bedeutet jedoch nicht, daß jeder Merowinger automatisch König wurde. Prinzen hatten anscheinend ihre Legitimität zu beweisen, die nicht immer eindeutig und des Thrones würdig war. Manche Prinzen versuchten, ihre Brüder vom Thron auszuschließen, und manche Väter stellten sich gegen ihre Söhne. Besonders im 7. Jahrhundert wurden einige Merowinger von der Thronfolge ausgeschlossen. Trotzdem waren Reichsteilungen die Regel.

Auf den ersten Blick sollte man meinen, daß diese Reichsteilungen verheerend wirkten. Sie bedeuteten mit Sicherheit, daß zwischen rivalisierenden Brüdern oder Vettern ständig Familienfehden herrschten, und diese hielt Gregor von Tours für den Fluch des Frankenreiches. Es gibt jedoch auch eine andere Sicht auf die Reichsteilungen. Zunächst bedeuteten sie, daß in einem beträchtlichen Teil des Reiches zu jeder Zeit königliche Präsenz herrschte. Zudem reisten die Könige von Stadt zu Stadt oder von königlicher *villa* zu königlicher *villa*, da zwar theoretisch Paris als Zentrum (*sedes regni*) des Merowingerreiches, nicht aber als dessen legitime Hauptstadt galt. Bei den meisten der königlichen *villae* handelte es sich wahrscheinlich ursprünglich um Fiskalgüter des Römischen Reiches. Im Norden und Osten des Königreiches waren die Merowinger daher regelmäßig präsent. Dies galt jedoch nicht für Aquitanien, das selten königlichen Besuch anzog. Die Reichsteilungen erhöhten jedoch nicht nur die Zahl der Könige, die ihre Gegenwart bemerkbar machen konnten. In Wahrheit hatte die Rivalität zwischen den Königen wohl einen wichtigen Anteil am Zusammenhalt des Königtums. Da Könige oft gegeneinander arbeiteten, konnten sich enttäuschte Aristokraten ein anderes Mitglied des Königshauses aussuchen, bevor sie sich gänzlich gegen die herrschende Macht entschieden. Die Reichsteilungen hatten daher eher einen zentripetalen als einen zentrifugalen Effekt. Es ist bemerkenswert, daß die merowingische Macht nicht in derjenigen Periode am stärksten abnahm, in der Brüder gegeneinander kämpften, sondern in einer Zeit, in der es nur einen König gab und Opposition gegen ihn oder seinen Hausmeier zwangsläufig einen Ausstieg aus der merowingischen Politik bedeutete.

Der merowingische Königshof

Eine solche Interpretation merowingischer Geschichte betont notwendigerweise besonders den Königshof. Leider wissen wir nur wenig über merowingisches Königsritual. Es wäre zu einfach, infolge des Fehlens schriftlicher Quellen dieses mit dem aufwendigen christlichen Ritual gleichzusetzen, das für die Karolinger im 9. Jahrhundert bezeugt ist. Über das Leben am merowingischen Hof erfahren wir jedoch durch drei Briefsammlungen, zwei aus dem 6. und eine aus dem 7. Jahrhundert. Venantius Fortunatus, der aus Italien stammte, verließ Ravenna in der Mitte des 6. Jahrhunderts, um den Schrein des hl. Martin in Tours zu besuchen. Auf seinem Weg bemühte er sich um das Patronat verschiedener merowingischer Könige und Mitglieder der Aristokratie. Schließlich sollte er Bischof von Poitiers werden. Die poetischen Briefe, die er seinen Patronen in den Jahren vor seiner Ernennung als Bischof schrieb, geben ein lebendiges Bild der Hofkreise, auf die er angewiesen war. Am Ende desselben Jahrhunderts wurde eine Briefsammlung am austrasischen Hof erstellt. Diese Briefe schließen Werke von Briefpartnern des Venantius Fortunatus ein sowie politische Korrespondenz vom Anfang und Ende desselben Jahrhunderts. Die inhaltsreichste Sammlung von Briefen ist jedoch die des Bischofs Desiderius von Cahors. Bevor er Bischof wurde, verbrachte er einige Zeit am Hofe Chlothars II., wo er einige enge Freundschaften schloß. Als er in die Provinzen zurückkehrte, fuhr er fort, Briefe an seine ehemaligen Kollegen am Hof zu schreiben, von denen die meisten wie er selbst zu Bischöfen ernannt worden waren. Mit Desiderius wird eine hochtalentierte Gruppe von Männern faßbar, die entweder zur Erziehung oder zu Beginn ihrer Karriere an den Hof kamen, um dann entweder als weltliche Amtsträger oder als Bischöfe in die Provinzen entsandt zu werden. Solche Männer sicherten zumindest in der ersten Hälfte des 7. Jahrhunderts die Fortführung kultureller Traditionen sowie die Existenz einer Leistungsgesellschaft am Hof. Aus den Provinzen kommend und in sie zurückgesandt, halfen sie zudem dabei, den Hof als den zentralen Ort des Königreiches zu fördern und bildeten damit neben den Familienfehden eine weitere zentripetale Kraft. Die Merowinger überdauerten als Herrscher der Franken vom späten 5. Jahrhundert bis 751, als der karolingische Hausmeier Pippin III. den Thron usurpierte. Wie sie sich so lange halten konnten und wie sie es im einzelnen schafften, daß ihr Königreich so lange bestand, ist teilweise ein Geheimnis. Zugegebenermaßen wurde ihre Macht besonders im östlichen Königreich Austrasien nach 687 beschnitten, als die Armee König Theuderichs III. von dem austrasischen Aristokraten Pippin II. bei Tertry geschlagen wurde. Trotzdem war das Frankenreich unter den Merowingern erfolgreicher gewesen und hatte länger überlebt als jedes seiner Rivalen. Wenn es um das Standhalten der Merowinger geht, wird oftmals viel Aufhebens von der angenommenen Sakralität der Familie gemacht, aber es stellt sich am Ende heraus, daß die Beweise dafür äußerst dünn gesät sind. So seltsam es auch scheinen mag, liegt die bessere Erklärung für die Dauer der Merowinger gerade in den Reichsteilungen und den zentripetalen Kräften, welche diese Teilungen auslösten. Aller Augen lagen auf dem merowingischen Hof. Darüber hinaus war dieser Hof zumindest im 6. Jahrhundert demonstrativ römisch in seinem Stil. So verstanden sich die Merowinger, während sie ursprünglich eine Familie germanischer Kriegsherren waren und sich dieses Herrschaftscharakteristikum bis in das 7. Jahrhundert hinein erhielten, als legitime und würdige Erben eines Teils des Römischen Reiches. Auf der Ebene der *civitas* setzte sich ebenfalls römische Tradition bis in das 7. und vielleicht auch 8. Jahrhundert hinein durch, zugegebenermaßen in einer zunehmend abgeschwächten Form.

Die Franken waren natürlich nicht das einzige Volk, das sich als Nachfolger des Römischen Reiches fühlte. Dessen Traditionen wurden mit Sicherheit im ostgotischen Königreich von Italien und möglicherweise im westgotischen Spanien stärker bewahrt. Trotzdem waren die Franken dahingehend ungewöhnlich, daß sie sich selbst fast ausschließlich in einem römischen Kontext sahen. Sie verfolgten ihre Herkunft nicht zurück bis nach Skandinavien, sondern nach Troja. Trotz des Ausmaßes, in dem das Merowingerreich aus dem schöpfte, was für uns nach germanischer und kriegerischer Tradition aussieht, konnten die Franken sich legitim als die Erben des Römischen Reiches darstellen. Als der Sohn Pippins III., Karl der Große, am Weihnachtstag des Jahres 800 in Rom zum Kaiser gekrönt wurde, schuf er damit eine andere Art der *Translatio Imperii* als sie seine Vorgänger pflegten, doch hatte gerade die *romanitas* große Bedeutung für die Merowinger.

Literatur: Claude 1964. – Collins 1983. – Durliat 1979. – Ewig 1993. – Geary 1988. – George 1992. – Goffart 1989. – Goubert 1955. – Heinzelmann 1976. – James 1988a. – Lebecq 1990. – MacCormick 1986. – Reydellet 1981. – Werner, K. F. 1972. – Wood 1977; 1990a; 1993; 1994a.

Die Kultur im merowingischen Gallien (5.–8. Jahrhundert)

Pierre Riché

Auf wenigen Seiten die Kultur in Gallien in der Merowingerzeit vorzustellen, ist nicht leicht. Und doch ist es dringend nötig, diese Aufgabe anzugehen; denn während langer Zeit glaubten die Historiker, daß die Periode vom Untergang des Römischen Reiches bis zur karolingischen Renaissance für Gallien im kulturellen Bereich die armseligste war: Keine Schulen mehr, keine Schriftsteller außer Gregor von Tours, der selbst seinen Mangel an Kultur bedauerte, kurzum: eine Epoche der Dekadenz. Gebildete und Historiker waren sich vom späten 19. bis in die Mitte des 20. Jahrhunderts alle über diesen beklagenswerten Zustand einig.

Nimmt man allerdings die Quellentexte erneut vor und lehnt es ab, diese Epoche als drei gleichförmige Jahrhunderte zu betrachten, und vergleicht vor allem die Situation in Gallien mit der in anderen »barbarischen« Königreichen, so kommt man zu einer völlig neuen Beurteilung. Innerhalb von drei Jahrhunderten hat die Kultur des Abendlandes sich verändert, indem sie Werte aus der antiken Kultur übernahm und eine christliche Kultur ausbildete, die der Ursprung der mittelalterlichen ist. Wir wollen uns hier darauf beschränken aufzuzeigen, welchen Platz das merowingische Gallien in diesem Wandlungsvorgang einnahm.

Die Franken besetzen Nordgallien

Von Nordgallien sagt man, daß es seit dem 6. Jahrhundert vollkommen barbarisiert gewesen sei. Es ist klar, daß die Einfälle der Völkerwanderung die römischen Einrichtungen zum Verschwinden gebracht haben und daß sie auch die Entwicklung des Christentums, das sich seit dem 4. Jahrhundert festgesetzt hatte, gefährdeten. Aber die römische Kultur verschwand nicht auf einen Schlag. Sie hat da und dort länger überlebt als anderswo. Auspicius, Bischof von Toul, und Lupicinus, Bischof von Troyes, waren wissenschaftlich gebildet. In Trier schrieb der Comes Arbogast, Abkömmling einer Familie von romanisierten Franken, noch ein bemerkenswertes Latein.

Die Ankunft der salischen Franken hat im Gegensatz zu dem, was man früher behauptete, Nordgallien nicht germanisiert. Die Städte wurden durch die Einfälle zwar zerstört und an Umfang verkleinert, aber sie überlebten und wurden durch die Franken besetzt. In der Gegend von Trier, Koblenz und Andernach verblieben, wie die Inschriften belegen, römische Inseln. Childerich I. und Chlodwig I., das sei hier nochmals betont, sahen sich als Franken im Dienste Roms und versuchten, das römische Erbe zu bewahren. Seit ihrer Einführung in die antike kaiserliche Finanzverwaltung von Tournai kennen die salischen Könige die Methoden der römischen Verwaltung. Childerich, dessen Siegelring gefunden wurde, und sein Sohn Chlodwig haben wahrscheinlich das Personal der römischen Provinzverwaltung in den von ihnen eroberten Gebieten in ihre Dienste übernommen. Gallorömer, die im salischen Gesetz den Titel *convivae regis* tragen, haben vermutlich bei der lateinischen Redaktion dieses Gesetzes mitgearbeitet. Leider ist uns kein Diplom von Chlodwig erhalten geblieben. Wir besitzen nur eine späte Kopie eines solchen, was aber keineswegs belegt, daß der König überhaupt nie eines erlassen habe.

Römische Kultur in Südgallien

Der Untergang des Römischen Reiches hat nicht zum Verschwinden der römischen Kultur im Abendland geführt. Die Gegenden südlich der Loire und des Plateaus von Langres haben sicher unter den Ereignissen des 5. Jahrhunderts gelitten, gewannen aber im folgenden eine gewisse Stabilität zurück. Das belegen die Weiterführung des städtischen Lebens und der ökonomischen Aktivitäten, die Entwicklung der Schriftkultur und das Bestehen der kommunalen und kirchlichen Verwaltung. Schließlich ist auch die Lebensweise der Aristokraten, weiterhin als Senatoren bezeichnet, zu nennen. Die großen Grundbesitzer, die in Burgund, in der Provence und in Aquitanien lebten, waren gebildete Leute; im Schoße ihrer Familie erhielten sie noch eine achtbare Ausbildung, obwohl die kommunalen Schulen am Ende des 5. Jahrhunderts verschwunden waren. So lassen sich Kreise literarisch Gebildeter in der Provence um Dynamius von Marseille, einem Freund des Dichters Venantius Fortunatus, ausmachen; und in Aquitanien sind von der Mitte des 6. bis zur Mitte des 7. Jahrhunderts vier Generationen von Literaten zu fassen. Ohne Zweifel war der Inhalt der klassischen Bildung dieser Senatoren nicht mehr der ihrer Vorgänger aus dem 4. Jahrhundert. Von den *artes liberales* haben sie nur die Grammatik und die Rhetorik besonders bewahrt, aber sie verstanden es noch, Gedichte zu schreiben, und sie hatten Gefallen an Bildung, was eines der Charakteristika der spätantiken Kultur war.

Die fehlenden öffentlichen Schulen wurden auf drei Ebenen durch christliche Schulen ersetzt: Zunächst in den Klöstern,

Colonia
Tungrus
Bononia
Turnacus
Tarvanna
Atrebates
Camaracus
Mogontia
Treveris
Vuormacio
Ambiani
Veromandui
Lauduno
Rotomo
Bellovaci
Suessionis
Spira
Baiocas
Remis
Viredonum
Mettis
Silvanectis
Lexovii
Ebroicas
Constantia
Meldi
Catalaunis
Aletum
Parisius
Oxoma
Abrincates
Saginsis
Tullum
Stratoburgo
Carnotis
Trecas
Oxommo
Redonis
Diabolentis
Senonas
Aurelianis
Lingonis
Cenomannis
Venitus
Autissiodoro
Augusta
Vindonissa
Turonus
Namnetis
Andecavis
Vesoncio
Nevernis
Augusteduno
Betoregas
Aventicae
Cabillono
Lausonna
Pectavis
Sedunum
Matisco
Octodurum
Genava
Sanctonis
Lemovecas
Arvernis
Lugduno
Belisio
Augusta
Tarentasia
Ecolisnum
Ruessio
Vienna
Maurienna
Susa
Petrocoriis
Anicium
Gratianopolita
Burdegala
Valentia
Dea
Vappincum
Gabalis
Alba
Boiatium
Cadurcis
Vivarium
Ebroduno
Basatis
Vasio
Aginnum
Rutenis
Mimatis
Dinia
Elosa
Ucetia
Glannatina
Aristum
Lactora
Apte
Aquis
Albiga
Nemausus
Niccia
Atura
Luteba
Magalo
Antipolis
Auscis
Tolosa
Arelate
Aquis
Benarnum
Betterrae
Foro Iulium
Agatha
Iluro
Combennae
Massilia
Telo
Begorra
Carcasso
Narbonna
Consorannis
Elena
1 Trecastir
2 Arausio
3 Avinio
4 Cabellic
5 Carpent
6 Sistero
7 Regense
8 Salinis
9 Senacic
10 Rigomag
11 Ventio

die sich von der Provence ausgehend – unter Anwendung verschiedener Klosterregeln – vervielfachten, dann weiter in den Bistümern, wo sie zur Ausbildung von Priestern dienten, und letztlich sogar auf der Ebene der Pfarrgemeinden, da man seit dem Konzil von Vaison im Jahre 529 den Priestern der Gemeinden empfahl, Schulen zu eröffnen. Das Schulprogramm war ausschließlich religiös. Die Schüler mußten im Psalter lesen lernen, um dem Gottesdienst folgen zu können. Sie mußten manche Stunden der persönlichen Lektüre widmen, derjenigen der Ordensregel – wenn sie Mönche waren –, der Lebensbeschreibungen der Kirchenväter und von Passagen aus der Bibel. Die zukünftigen Priester andererseits mußten unter Führung des Archidiakons lernen, die Texte des Gottesdienstes zu lesen, zu singen und die Sakramente zu spenden. Nie ist im Gegensatz zum westgotischen Spanien von weltlichen Schülern die Rede.

Südgallien kommt Nordgallien zur Hilfe

Ob es sich um weltliche Aristokraten mit literarischer Bildung nach antiker Art oder um Geistliche handelte, alle diese Men-

Abb. 300 *Gallien im 5. Jahrhundert mit den Grenzen der* civitates *und dem römischen Straßennetz. Eingetragen sind die Bischofsstädte. – Nach Rouche 1992; Umzeichnung I. Bell.*

Abb. 301 *Liturgische Bronzekanne aus der Saône bei Damerey. Die 22 cm hohe Bronzekanne, die in die Zeit um 500 datiert wird, trägt in der zweiten Zone von oben eine christliche Inschrift: EXSAIATALVGAPV A P W NEIAMBLECHO. Sie ist schwer zu entziffern und wurde wahrscheinlich von einem Graveur barbarischer Herkunft kopiert. Der seltene Name IAMBLECHUS erinnert an einen Bischof, der von einem Epitaph in Saint-Germain-du-Plan bei Chalon bekannt ist und in Trier 471 auf dem Bischofsstuhl saß (Kat. VI.5.15). – Foto Musée Chalon-sur-Saône.*

schen, die im »romanischen« Gallien lebten, wurden von den merowingischen Königen eingeladen, Stellen im »barbarischen« Nordgallien anzutreten. Teilweise dank der Aquitanier wurde nach den Wirren der Völkerwanderung die Kirche Nord- und Ostgalliens reorganisiert. 534 nahm König Theuderich I. arvernische Kleriker für den Dienst in der Kirche von Trier mit. Der hl. Goar und der hl. Fridolin, Gründer von Einsiedeleien und Klöstern am Mittel- und Oberrhein, kamen aus Aquitanien. In der Mitte des 6. Jahrhunderts wandte sich Nicetius, Bischof von Trier, der vielleicht aus Limoges stammte, an die Bewohner des Südens um Hilfe für sein Restaurationswerk. Die Kirchen von Metz, Reims und Trier besaßen Güter jenseits der Loire, was die ständigen Beziehungen zwischen dem Süden und dem Osten Galliens förderte.

Die Söhne der großen Adelsfamilien Aquitaniens wurden an den merowingischen Hof geschickt. Ohne, wie man früher glaubte, Teil einer organisierten Körperschaft, der *schola*, zu sein, standen sie unter der Verantwortung des Hausmeiers und wurden zusammen mit den Königssöhnen erzogen. So wurde der merowingische Hof zu einer »Kaderschule«, die Offiziere und Verwaltungsbeamte ausbildete. Der junge Desiderius aus der vornehmen Familie der Syagrii, gegen 590 in Albi geboren, wurde im Alter von ungefähr 14 Jahren an den Hof Chlothars II. geschickt. Er wurde anschließend Schatzmeister von Dagobert, bevor er zum Bischof von Cahors ernannt wurde. Er traf am Hofe den Aquitanier Eligius, den Münzmeister des Königs, und Dado (Audoin), den zukünftigen hl. Ouen. Ebenfalls am Hof begann Philibert, aus Eauze im Süden der Garonne, seine Karriere, bevor er das Kloster von Jumièges gründete.

Diese Kontakte zwischen Süd- und Nordgallien hatten eine gewisse Romanisierung der barbarischen Aristokratie zur Folge. Wenn man dem aus Italien stammenden Venantius Fortunatus, der lange Zeit in Metz lebte, glauben will, so waren

Abb. 302 *Aus einem Grab des 7. Jahrhunderts bei Andernach (Kr. Mayen-Koblenz) stammt die schon lange in archäologischen Sammlungen verwahrte Scheibenfibel. Auf der eisernen, versilberten Grundplatte liegt ein goldenes Blech, in das nach dem Vorbild spätrömischer Münzen oder Medaillen eine thronende Roma eingepreßt ist. Die Stadtgöttin hält einen Speer in der linken Hand und trägt mit der Rechten einen Globus mit Victoriastatuette. Deutlich lesbar ist die Umschrift: INVICTA ROMA UTERE. EL . . . (Kat. IX.2.26.). – Foto Reiss-Museum.*

Abb. 303 *Scheibenfibel aus Monceau-le-Neuf (Dép. Aisne). Das auf eine bronzene Grundplatte genietete silberne Preßblech zeigt in der Mitte ein menschliches Gesicht. Durch das Kreuz über dem Kopf ist sicher, daß es sich hier um eine christliche Darstellung, wahrscheinlich Christus selbst, handelt. Nach der Umschrift fertigte die Fibel ein Mann namens Aslebertus (Kat. IX.2.27). – Foto Staatliche Museen Berlin.*

die Könige imstande, die lateinische Dichtkunst zu genießen. Chilperich I. von Neustrien erscheint als der gebildetste der Familie. Er ahmte auf seine Weise den christlichen Dichter Sedulius nach und komponierte Messen und Hymnen. Er begann sogar das Studium der Theologie und verfaßte einen kleinen Traktat über die drei Personen der Trinität, der den Bischöfen seiner Umgebung wenig orthodox erschien. Nach der Aussage Gregors von Tours wollte er das Alphabet reformieren, wie es zur Römerzeit Kaiser Claudius getan hatte. Er ahmte die römischen Kaiser ebenfalls nach, als er in den Zirkussen von Soissons und Paris Spiele gab.

Nach dem Vorbild ihrer Könige wollten viele germanische Adlige ihre Söhne unterrichten lassen, und nach deren Vorbild übernahmen sie römische Rechtsbräuche, z. B. die Praxis, ein Testament aufzusetzen. Die Verträge und die Schenkungen, die in den Formularsammlungen erhalten sind, wurden nicht ausschließlich für Gallorömer gemacht. Auch die Germanen kannten den Wert schriftlicher Abmachungen.

Schließlich konnte der Übertritt der Germanen zum Katholizismus nicht ohne eine ernsthafte religiöse Unterweisung geschehen. Nehmen wir die Familie von Agnerich, dem Besitzer einer großen Domäne vor den Toren von Meaux, wo der Ire Columban, wenn er durch Gallien reiste, empfangen wurde. Agnerich, der mit König Theudebert II. familiären Umgang pflegte, wird uns dargestellt als eine Person voll Weisheit; seinen Kindern vermittelte er eine gute religiöse Erziehung. Von seinen Söhnen wurde Chagnoald Mönch in Luxeuil, Faro Bischof von Meaux, und seine Tochter Burgondofara gründete das Kloster Faremoutiers, nachdem sie die von ihren Eltern vorgesehene Heirat ausgeschlagen hatte. In derselben Gegend nahm Columban ebenfalls Aufenthalt bei der Familie des Autharius. Dieser erzog mit Hilfe seiner Gemahlin Aiga ihre drei Kinder Ado, Rado und Dado im christlichen Glauben. Ado gründete das Kloster von Jouarre, Rado das Kloster in Rueil-en-Brie, Dado wurde an den Hof König Dago-

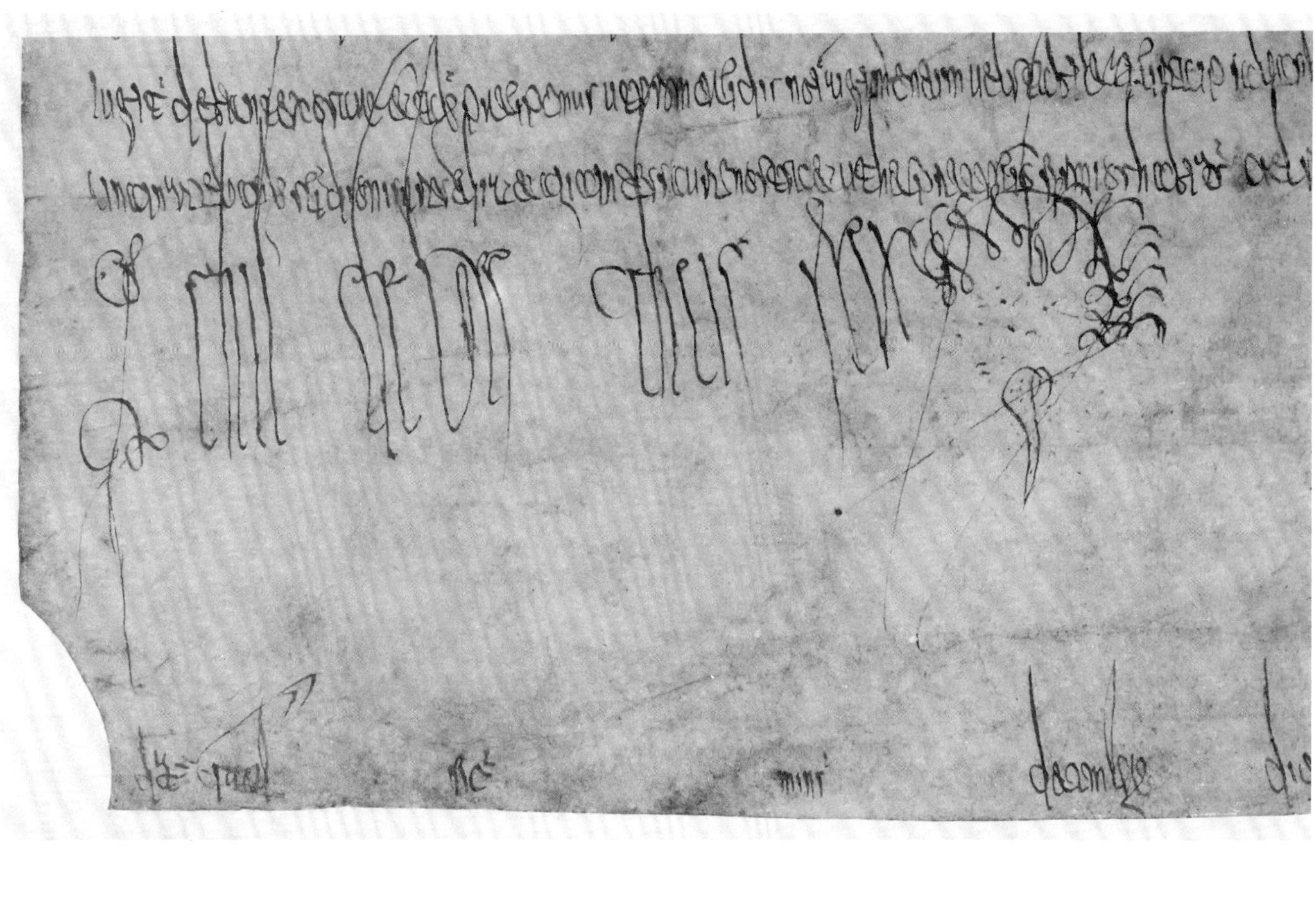

Abb. 304 *Unterschrift Childeberts III. auf einem Präzept vom 13.12.694. – Nach Chartae Latinae antiquiores XVI,577.*

berts I. geschickt und unter dem Namen Audoin Bischof von Rouen. Ähnliches ließe sich unter anderem über die Familien des hl. Audomar und des hl. Lambert aussagen.

Die Klosterkultur im 7. und 8. Jahrhundert

Die genannten Adligen standen sehr unter dem Einfluß des kelto-irischen Mönchs Columban, der mit seinen Schülern am Ende des 6. Jahrhunderts zur Missionierung nach Gallien gekommen war. Seit seiner Niederlassung in Luxeuil in Burgund hatte Columban mehr Einfluß auf den Laien-Adel als auf die merowingischen Kleriker, mit denen er sich nicht verstand. Aus Luxeuil durch Königin Brunichilde vertrieben, ließ er sich in Norditalien in Bobbio nieder, nachdem er zuvor durch Nordfrankreich und durch rheinisches Land gepilgert war. Über die Laien verbreitete sich die columbanische Reform am merowingischen Hof. Sowohl in Austrien wie auch in Neustrien nahmen hohe Verwaltungsbeamte nach dem Vorbild der irischen Mönche eine asketische Lebensweise an und verließen im Alter das weltliche Leben. Arnulf, der Vorfahre der Karolinger, war Ratgeber der Könige von Austrien und wurde Bischof von Metz, bevor er sich in ein Kloster in den Vogesen zurückzog. Dado gründete Rebais und Eligius die Abtei von Solignac, die sich nach den Regeln von Luxeuil richteten. Philibert verließ den Hof, um ins Kloster Rebais einzutreten, und siedelte sich später in Jumièges am Unterlauf der Seine an. Ein anderer Aquitanier, Amandus, ließ sich im Norden Galliens nieder und wurde Missionar. Das monastische Netz in Gallien kam dem Königreich in dem Augenblick zugute, als beim Laienklerus die religiöse Kultur und die Geistigkeit zu sinken begannen.

Nach Jonas, dem Biographen Columbans, haben die Iren »das Heilmittel der Buße« mitgebracht, das in Gallien völlig in Vergessenheit geraten war. Sie schickten sich an, die private und abgestufte Buße einzuführen. Beleg dafür sind die Büßer, die sich seit der zweiten Hälfte des 7. Jahrhunderts mehren. Sodann ermöglichten die Iren neue kulturelle Beziehungen zwischen Gallien, Irland, England und Italien. Irische Pilger durchquerten Gallien, um nach Bobbio zu gelangen, wo der hl. Columban verstorben war. Sie reisten dann nach Rom weiter, um die Gräber der Apostel zu verehren. Dank dieser Iren enstanden erneut Beziehungen zwischen den Franken und dem Papst. Columban stand mit Gregor dem Großen in Kontakt. Die Benediktiner-Regel, die man vor allem in Italien befolgte, wurde durch seine Mönche in Gallien eingeführt. Viele Klöster nahmen eine Mischregel an, eine Ausgestaltung der Benediktiner-Regel, welche sie in Luxeuil erfahren hatten. Dies ermöglichte die Stabilisierung der monastischen Institutionen und eine größere Offenheit gegenüber religiösen Studien. Mit der Übernahme der Benediktiner-Regel begann in der Kulturgeschichte Galliens eine neue Periode. In der Mitte des 7. Jahrhunderts fingen die sich vergrößernden Klöster an, Bücher zu kaufen, und waren bald bereit, sich zu wahren Studienzentren zu wandeln.

In seinem klassischen Werk über das Ende der Antiken Welt und den Beginn des Mittelalters (La fin du monde antique et le début du Moyen Age) schreibt Ferdinand Lot: »im 8. Jahrhundert senkt sich die Nacht über Gallien«. Dieses Jahrhundert war für ihn das der Bischöfe und der kriegerischen Mönche, die gierig, brutal und unwissend waren. Heute läßt sich eine solche Ansicht nicht mehr vertreten. Ohne Zweifel sind das 7. und die erste Hälfte des 8. Jahrhunderts für Gallien eine Krisenperiode. Die merowingische Dynastie geht in Unruhen und Invasionen unter. Ohne die Energie der austrasischen Hausmeier und vor allem Karl Martells wäre Gallien in eine Reihe kleinerer Fürstentümer aufgeteilt worden, die von lokalen Tyrannen beherrscht worden wären. Das »römische« Gallien, das die antike Kultur so gut bewahrt hatte, wurde durch die Einfälle der Sarazenen und durch die karolingische Rückeroberung zugrunde gerichtet. Umgekehrt setzte sich in Nordgallien in den merowingischen Klöstern der kulturelle Aufschwung, der am Ende des 7. Jahrhunderts bereits zu beobachten war, fort. Die Mönche sind die einzigen Gebildeten der Epoche, und in den *scriptoria* kopierten sie die Werke der Kirchenväter. Aus dem Kloster Corbie, einer Gründung der Königin Balthilde, der Frau Chlodwigs II., stammen prachtvolle Manuskripte, die in einer neuen, besser lesbaren Schrift geschrieben sind. Zu erwähnen ist ebenfalls Fleury, das spätere St-Benoît-sur-Loire, weil um 670/672 vom Monte Cassino her Reliquien des hl. Benedikt von Nursia dorthin übertragen worden waren. Die Loire abwärts profitierte St-Martin in Tours vom Beitrag sowohl der Romanen als auch der Iren. Das Schreibatelier von St-Martin lieferte schöne Manuskripte in einer Schrift, die schon die karolingische Minuskel ankündigt. In St-Wandrille schrieben Mönche Heiligenviten, während das *scriptorium* arbeitete und sich die Bibliothek mit Werken aller Art bereicherte. Andere verfaßten an anderen Orten Gedichte oder schrieben Chroniken.

Ein neues Faktum bildete die Eroberung der germanischen Länder. Thüringen, Alamannien, Hessen werden durch ihre Anbindung ans fränkische Königreich für die Kultur geöffnet. Der angelsächsische Missionar Willibrord († 739) gründete, nachdem er den Friesen das Evangelium gepredigt hatte, das Kloster Echternach. Der Angelsachse Bonifatius, einer der großen Gebildeten der Epoche, predigte den Germanen das Evangelium und gründete Klö-

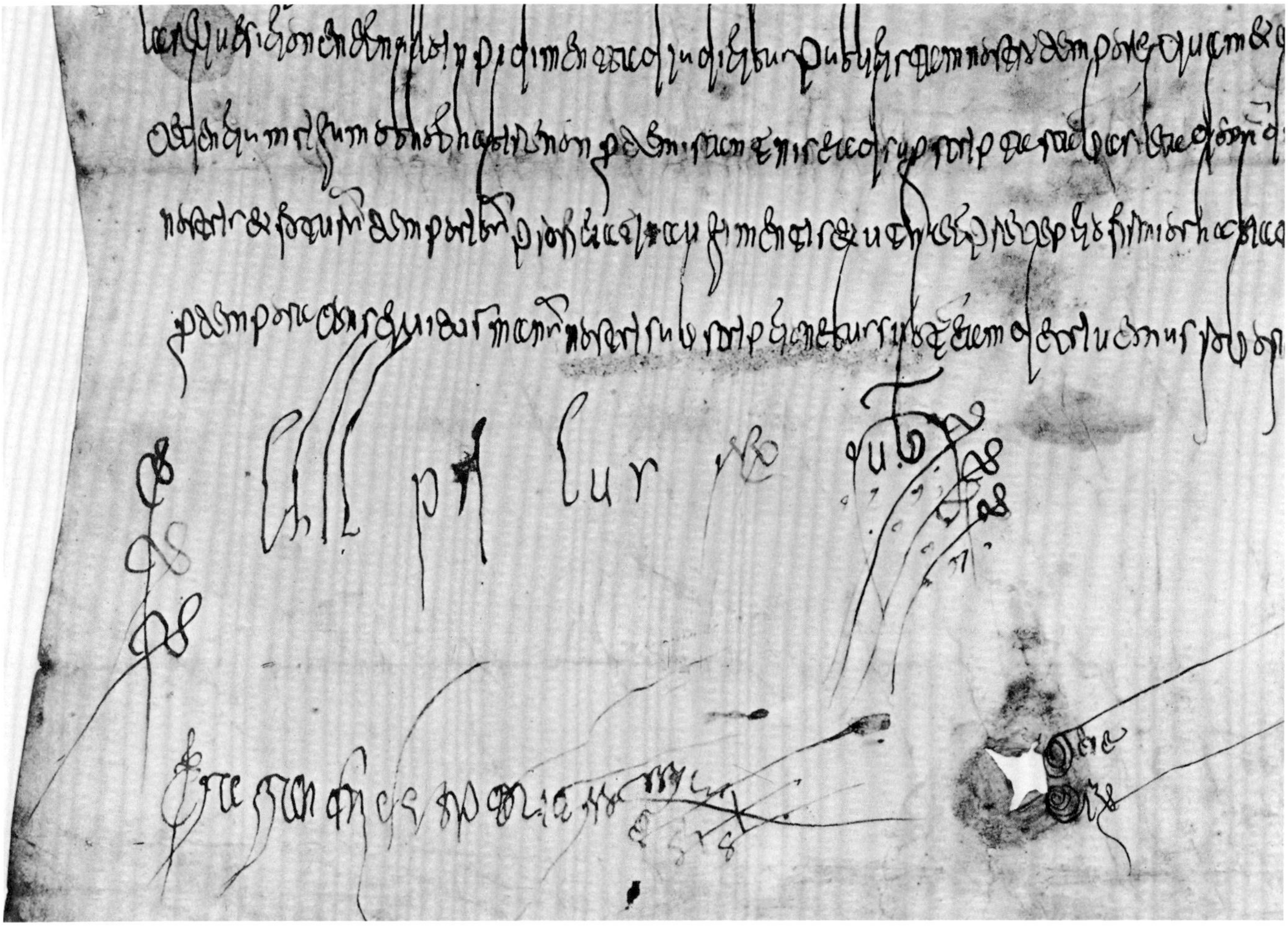

Abb. 305 *Unterschrift von Chilperich II. auf einem Präzept vom 28.2.717. – Nach Chartae Latinae antiquiores XVI, 593.*

ster, die zugleich Schulen und Studienzentren waren. Äbte und Äbtissinnen träumten davon, eine Bibliothek aufbauen zu können, und ließen Bücher aus England und Italien kommen. Die Bande, die zwischen diesen Missionaren und dem Papsttum bestanden, begünstigten den Einfluß der Kultur Italiens. In Alamannien, im Kloster St. Gallen, das von einem Schüler Columbans gegründet worden war, bereicherten Büchern aus Italien, England, Irland und sogar aus Spanien die Bibliothek. St. Gallen, am Ausgang des Hochrheintales gelegen, profitierte von den Einflüssen aus Raetien, wo sich die römische Tradition länger als anderswo gehalten hat. Weiter im Osten öffnete sich auch Baiern den Einflüssen aus Italien. Die Herzöge von Baiern, in der Absicht ihre Kirche zu reorganisieren, traten mit den Päpsten in Kontakt.

Dank dem Einfluß des Mönchstums übernahm Germanien seit der ersten Hälfte des 8. Jahrhunderts die Führung der intellektuellen Renaissance. In einer Art Kompensation fand die Kultur des durch den Niedergang der südlichen Provinzen verarmten Gallien in Germanien ein neues Aktionsfeld.

Die Rolle der Hausmeier

Die Kulturgeschichte Galliens wäre unvollständig, wenn man nicht die Rolle der ersten karolingischen Fürsten, die den Rang eines Hausmeiers hatten, erwähnte. Karl Martell war nicht der Krieger, der jedem intellektuellen Leben abhold war, als den man ihn früher darzustellen beliebte. Er umgab sich mit wissenschaftlich Gebildeten und ernannte Chrodegang, einen Adligen aus Austrien zum Referendar. Der Bruder Karl Martells, der berühmte Graf Childebrand, sorgte sich um die schriftliche Aufzeichnung der Taten der Karolingerfamilie, verfaßte eine Chronik und vergaß nicht zu erwähnen, daß nach seiner Meinung die Franken von den Trojanern abstammten. Nach 751 führt sein Sohn Nibelung die Chronik weiter. Der fränkische Hof zur Zeit Karl Martells und danach unter seinem Sohn Pippin d. Jüngeren war das Zentrum einer neuen juristischen Aktivität und von Verwaltungsreformen. Die weltlichen Notare verschwanden und wurden durch Geistliche ersetzt. Die Mönche von St-Denis werden zu Hilfskräften der fränkischen Fürsten.

Das Kloster von St-Denis besaß das Privileg, die sterblichen Hüllen der Könige und anderer großer Persönlichkeiten aufzunehmen. Karl Martell, der die Erziehung seines Sohnes den Mönchen anvertraut hatte, wollte sich ebenfalls in diesem Kloster begraben lassen. Im Jahre 754 empfing Pippin d. Jüngere in St-Denis Papst Stephan II. und beschloß, die Abtei neu zu erbauen. Zu dieser Zeit glaubte man, daß Dionysios, der Verfasser der »himmlischen Hierarchie«, identisch sei sowohl mit Dionysios, »dem Areopagiten« und Schüler des Paulus, als auch mit Dionysius von Paris, dem Apostel Galliens, dessen Reliquien die Abtei besaß.

Kirchliche Reformen

Die kirchliche Reform, die der Hausmeier Pippin mit der Hilfe von Bonifatius zu unternehmen sich anschickte, gab dem Klerus seine moralische und intellektuelle Würde zurück. Chrodegang, der ehemalige Referendar Karl Martells, der 742 Bischof von Metz geworden war, verfaßte seine berühmte Kanoniker-Regel, um den Laien-Klerus zu religiösen Aktivitäten anzuregen, und gab diesem eine Regel für die Lebensführung, ähnlich derjenigen der Mönche. Die Geistlichen in Metz mußten gemeinsam leben, die Armut praktizieren, dem Gottesdienst beiwohnen und der Lektüre Zeit einräumen, besonders in der Fastenzeit. Die Bücher, deren Lektüre der Bischof empfahl, waren die Heilige Schrift und die Werke der Kirchenväter. Außerdem führte Chrodegang in Metz den römischen Gesang ein, ließ römische Geistliche kommen und sandte Botschaften nach Rom.

Die Reform Chrodegangs wurde vom fränkischen Episkopat nicht sogleich übernommen. Aber unter der Herrschaft Pippins hebt sich doch das intellektuelle Verhalten der Geistlichkeit in glücklicher Weise von dem der Vorgänger ab. Auf der Synode von Gentilly konnten sich die fränkischen Bischöfe gegenüber den Byzantinern, die gekommen waren, um über das Dogma der Dreifaltigkeit und über die Bilderverehrung zu diskutieren, behaupten. Als im darauffolgenden Jahr Papst Stephan III. Pippin darum bat, zum Konzil in Rom Bischöfe zu schicken, »die gebildet sein und sich in den verschiedenen Bibeltexten und heiligen Canones auskennen sollten«, erwies er in gewissem Sinne der Reform des Frankenkönigs seine Reverenz.

Durch die Einfälle im 5. Jahrhundert wurde im Norden die Kultur Galliens durcheinandergebracht, hielt sich aber im Süden. In der Mitte des 8. Jahrhunderts unter König Pippin dem Jüngeren treffen wir die umgekehrte Situation an. Nun sind die Zentren der Kultur in Nordgallien. Dort stellte man Manuskripte her und schulte Geistliche. Die großen Klöster, die nach den Regeln der karolingischen Renaissance arbeiten, sind bereits aktiv. In Corbie, in St-Martin von Tours, in St. Gallen, in Fulda kopierten die Mönche Manuskripte und verwendeten bisweilen einen neuen Schrifttypus. Es handelt sich tatsächlich um eine Vor-Renaissance, vergleichbar derjenigen, die in England mit Beda und in Italien mit Paulus Diaconus aufgekommen war. Angelsachsen, Italiener, Iren und sogar Spanier kamen, um an der karolingischen Renaissance unter dem Schutz von Pippin dem Jüngeren teilzuhaben.

Literatur: Riché 1962 (1995).

Bischof und *civitas* – Kirchliche Grundlagen und politische Dimensionen bischöflicher Amtsführung im Frankenreich

Hans Hubert Anton

Die Bischöfe erhielten nach einer sehr differenziert gestalteten Phase praktischen Einflusses und praktischer Machtausübung in den spätantiken Städten in merowingischer Zeit eine einzigartige Stellung innerhalb ihrer civitates. Sie hatten neue Formen des Kultes um ihre Vorgänger eingeführt und waren aufgrund von Privilegien mächtig und vermögend. Vor allem in den Randgebieten des Reiches nahmen sie öffentliche Aufgaben wahr. Im 7. Jahrhundert weiteten sich die Bischofsherrschaften vielfach zu Bischofsstaaten aus, und zwar entfalteten sie sich besonders ausgehend von Städten mit starker romanischer Tradition. Bischöfe gerieten dadurch schließlich in Rivalität zum König, später zu den Hausmeiern, denen sie jedoch unterlagen. Eine Reform des Bischofsamtes leitete erst Bonifatius ein.

Die Stellung der Bischöfe im Frühmittelalter

Zu den wesentlichen Neuerungen, die das Christentum gegenüber dem antiken Religionswesen brachte, gehören im institutionellen Bereich der monarchische Episkopat und – worauf neuestens besonders hingewiesen wird (P. Brown und andere) – in den das geistige und gesellschaftliche Lebensgefühl bestimmenden Bereichen neue Dimensionen des Kults, besonders die Heiligenverehrung und das Reliquienwesen. Im Römischen Reich hatte die Religion zum öffentlichen Recht (*ius publicum*) gezählt, wie dies in der berühmt gewordenen Definition des Ulpian formuliert ist. Die erwähnten Gesichtspunkte sind (mit)entscheidend dafür, daß die Beziehung zwischen christlichem Bischof und Gemeinde, näherhin die des Bischofs zur Stadt (*urbs*, später *civitas*), eine andere wurde, als es die zwischen Göttern, Magistraten (Stadtverwaltung) und Stadtvolk gewesen war. Von dem Aspekt des Heiligenkults aus betrachtet ist die Aussage einleuchtend; andererseits konnte ihm das Monopol des christlichen Bischofs für den Kult in einer gewissen, entfernten Nähe zu den Magistraten schon Anklänge an eine öffentliche Stellung geben. Demgegenüber sind gesetzgeberische Maßnahmen spätrömischer Kaiser im Sinn einer Übertragung öffentlicher Befugnisse an die Bischöfe in den Städten überschätzt worden; ihre 409 verbriefte Mitentscheidung bei der Bestellung der Stadt-Verteidiger (*Civitas-Defensores*) erscheint weitgehend singulär. Einschlägige faktische Gegebenheiten im ostgotischen Italien und rechtliche Regelungen durch Kaisergesetze datieren aus der Zeit um 500 (*Variae* Cassiodors) beziehungsweise aus der Zeit Kaiser Justinians und dürfen nicht einfach auf die frühere Zeit übertragen werden.

Für die Stellung der Bischöfe im Frankenreich und im Frühmittelalter überhaupt bilden die Gegebenheiten in Gallien im 5. Jahrhundert die unmittelbaren Voraussetzungen in zeitlicher, räumlicher und personeller Hinsicht dar. Bedeutende Persönlichkeiten des Episkopats wie Germanus von Auxerre, Hilarius von Arles, Faustus von Riez, Mamertus von Vienne, Caesarius von Arles und Remigius von Reims vertraten ihre Städte nach außen in politischen Missionen, im Innern hatten sie Vorrechte im Gerichts- und Steuerwesen. Sie waren in ihren Städten eingebunden in ein soziales Umfeld, das die Besitzenden (*possessores*) in den Kurien bestimmten, sie traten darüber hinaus, wenn politische Notwendigkeiten sie dazu führten. Die Bischöfe Mamertus von Vienne und Victricius von Rouen lassen erkennen, welch herausgehobene und gegensätzliche Position die Zuständigkeit für den Kult den Bischöfen gegenüber der übrigen Honoratiorenschicht geben konnte. Die gallischen Bischöfe – oder richtiger gallische Bischöfe – übten oft schon praktisch eine Art Herrschaft in ihren Städten aus. Dabei forderte oder ermöglichte die gegebene Situation die gesellschaftlich-politische Ausweitung ihrer Schutzfunktion, sie hatten diese »Herrschaft« nicht durch eine staatlich-kaiserliche Delegation inne (Delegationstheorie, besonders nun auch von Jean Durliat). Erste Privilegien im burgundischen (?) und tolosanisch-westgotischen Bereich Galliens am Ende des 5. oder am Anfang des 6. Jahrhunderts gehören zu den Weiterbildungen in der Praxis der nachrömischen Zeit. Auf der anderen Seite eigneten sich Bischöfe im 5. Jahrhundert auch nicht jene staatlichen Befugnisse von sich aus an, deren im wesentlichen bruchlose Aufnahme und Weiterführung für die frühe Merowingerzeit von einem beträchtlichen Teil der Forschung gesehen wurden (Usurpationstheorie).

Wenn neuestens die Bischofsherrschaft als das Medium bezeichnet wurde, durch das das römische Gallien zu dem merowingischen geworden sei (B. Jussen), so ist Wichtiges erkannt, doch sind auch hier große Einschränkungen angebracht. Klar erkennbar sind zweifellos Mechanismen politisch-sozialer Institutionalisierung, doch kann nicht von institutioneller

Bischofsherrschaft, auch nicht annäherungsweise, gesprochen werden. Die Elite des Senatorenadels sah sich bei der Distanz des Kaisertums zu ihrem Großland und Raum Gallien auf dessen lokale Verhältnisse verwiesen. Auf der anderen Seite stellte diese Elite ihre Normen und Wertungskategorien auf das Bischofsamt um – gleichsam das legitimierende und ideologische Pendant zu dem tatsächlich Gewordenen. Ebendieses neue Fakten- und Normengeflecht mit allen seinen Erheblichkeiten, zu denen besonders die kultischen gehören, und eben der faktisch herrschaftliche Vorrang der Bischöfe in den Städten, wozu die Ausweitung der ursprünglich im Blick auf das Amt sekundären Schutzfunktion gehörte, ist das entscheidende Moment, an das in der Praxis merowingischer Bischofs- und Kirchenpolitik angeknüpft wurde.

Auf dem Weg zur fränkischen Reichskirche

Es ist schon erwähnt beziehungsweise angedeutet worden, daß im Gefolge der Völkerwanderung im ostgotischen Bereich Italiens und im burgundischen und westgotischen Teil Galliens die Verhältnisse die Bischöfe in besonderer Weise als quasiherrschaftliche Repräsentanten ihrer Städte (und Regionen) hervortreten ließen. In der herrscherlichen Rechtssetzung waren dabei auch schon Ansätze zu erkennen, daß sich das Herausgebildete in verfassungsähnlichen Strukturen verfestigte. Wir meinen die Immunitäten, mit denen die begünstigten Bischofskirchen eine gewisse Autonomie in den Bereichen von Steuern und Rechtsprechung erhielten. Die frühe fränkische Reichsbildung, vielleicht sogar bereits unter König Childerich von Tournai († 482) und wohl sicher schon unter seinem Sohn Chlodwig (482–511), nahm dies auf und formte mit den nun einsetzenden Privilegien für Bischofskirchen ein für das Frühmittelalter prägendes Rechtsinstitut aus. Dies darf nicht die Sicht darauf versperren, daß zunächst vorrangig überkommene und übernommene Elemente das Verhältnis der Bischöfe zu ihren *civitates* – der Begriff wurde nun als Terminus technicus für die Bischofsstadt gebraucht – bestimmten, dann in Verbindung mit weiteren Faktoren aber Neues aus sich hervorbrachten.

So folgte der merowingisch-fränkische König der staatskirchlichen Tradition der Kaiser. Dies schlug sich vor allem darin nieder, daß er bestimmend bei der Bischofseinsetzung wirkte. Die von ihm einberufenen und geleiteten Reichssynoden wurden Kristallisationskerne der damit angelegten und entstehenden fränkischen Reichskirche. Auf der anderen Seite ging der oben erwähnte soziale Prozeß weiter, in dem sich die Führungsschicht auf das Bischofsamt umstellte. Die Bischöfe des 6. Jahrhunderts entstammten durchweg der Senatorenaristokratie und wurden so zum Bindeglied zwischen den neuen fränkischen Herrschaftsträgern und der romanischen Bevölkerung. Bischof Gregor von Tours († 593/94), dem wir die wichtigsten Geschichtswerke des 6. Jahrhunderts verdanken, tritt uns als typischer Repräsentant der sozialen Führungsgruppe Galliens entgegen. Mit ihrem romanischen Selbstverständnis, ihrem senatorischen Prestigebewußtsein, ihrer heilsgeschichtlich bestimmten Geschichtssicht, ihrem Bezug zum antiken Gallien, ihrem Herantasten an die neue Herrschaft der Franken und nicht zuletzt in ihrer meist zuwenig beachteten besonderen Bindung an die Tradition und die Geschicke ihrer Stadt und ihrer Region stehen sie in Kontinuität zu ihren Vorgängern im 5. Jahrhundert und verweisen doch auch auf Neues.

Besonders gilt dies für die Bereiche des Kultus und der Reliquien, aber auch für die des Rechts und des Vermögens. Nach der herkömmlichen Ordnung des Kirchenrechts war der Bischof Herr über das kirchliche Vermögen in seiner Diözese. Dieser Bereich erhielt nun durch die genannten Privilegien, durch Schenkungen und Übertragungen eine neue Dimension. Der Bischof war auch Herr über die Klerikergemeinschaften und Klöster in seiner Stadt, in ihrem direkten Umland und in seinem Bistum überhaupt. Diese Gemeinschaften erhielten nun vom Kult- und Reliquienwesen her neue Qualität. Die vor den Mauern der Städte gelegenen spätantiken Coemeterialbasiliken (Friedhofskirchen), die ursprünglich der kultischen Verehrung (*memoria*) dort beigesetzter oder mit Reliquien »anwesender« Heiliger gedient hatten, bekamen zentrale Bedeutung im Kult, ansatzweise auch schon für die Seelsorge und wurden Stätten des Schutzes. Über die Verehrung von deren Gräbern und Reliquien erhielten die Bischöfe eine neue Beziehung zu ihrer *civitas*, sie wurden zu neuen Heiligentypen und verdrängten in ihren und anderen Städten mit ihren Patrozinien ältere, christozentrierte Heilige. Damit verbunden war eine entscheidende Änderung in der Topographie der Städte. An die Stelle der antiken Zentralbauten traten in den Städten als neue Bezugs- und Siedlungszentren die Domkirchen und die anderen Bischofskirchen. An den großen außerstädtischen Basiliken bildeten sich neue Siedlungskomplexe (Agglomerationen).

Abb. 306 *Mit den Bischofssitzen gibt die Karte auch gleichzeitig die Verwaltungseinheiten zu Beginn des 5. Jahrhunderts wieder. Die Erzbischöfe sind in den Provinzhauptstädten ansässig; die Bischöfe in den übrigen* civitates *der Provinz sind von ihnen abhängig. – Karte nach Naissance 1991; graphische Aufbereitung I. Bell.*

Thérouanne
Tournai
Cambrai
Mainz
Amiens
Trier
Noyon
Laon
Rouen
Beauvais
Soissons
Bayeux
Senlis
Verdun
Lisieux
Reims
St-Pol-
de-Léon
Coutances
Evreux
Meaux
Metz
Tréguier
Alet
St-Malo
Avranches
Paris
Châlons-
sur-Marne
Strasbourg
St-Brieuc
Dol
Toul
Sées
Chartres
Sens
Quimper
Le Mans
Troyes
Rennes
Auxerre
Langres
Vannes
Orléans
Angers
Nantes
Tours
Besancon
Bourges
Nevers
Autun
Chalon-sur-Saône
Poitiers
Mâcon
Lyon
Belley
Saintes
Limoges
Clermont
Moutiers
en-Tarentaise
Angoulême
Vienne
Ruessium
St-Jean-de-Maurienne
Grenoble
Périgueux
Le Puy
Bordeaux
Valence
Javols
Alba
Die
Embrun
Viviers
Gap
Cahors
Bazas
Agen
Mende
Lectoure
Rodez
Uzès
Dax
Eauze
Lodève
Aire
Albi
Apt
Maguelone
Aix
Lescar
Auch
Bayonne
Toulouse
Béziers
Agde
Carcassonne
Oloron
Tarbes
Narbonne
St-Bertrand
St-Lizier
Elne
1 Antibes
2 Arles
3 Avignon
4 Carpentras
5 Cavaillon
6 Digne
7 Fréjus
8 Glandèves
9 Marseille
10 Nice
11 Nîmes
12 Orange
13 Riez
14 Senez
15 Sisteron
16 St-Paul-
Trois-Château
17 Toulon
18 Vaison
19 Vence

Abb. 307 *Elfenbeinschnalle des hl. Caesarius. Mus. de l'Arles antique. – Nach Naissance 1991, 327.*

Die politische Stellung der Bischöfe bei den Merowingern

Was die politische Stellung der Bischöfe in den Städten angeht, so wurde in der Regel in der Forschung (F. Prinz, M. Heinzelmann, R. Kaiser) nicht genügend differenziert, sowohl in zeitlicher als auch in räumlicher Hinsicht. Im zentralen und südlichen Gallien nahm der Bischof des 6. Jahrhunderts vorrangig die traditionellen geistlich-gesellschaftlichen Befugnisse in seiner *civitas* wahr. Als klassische Reservate sind Caritas, Armenfürsorge, Fremdenschutz und Gefangenenbefreiung zu nennen. Die Bischöfe gehörten außerdem zu den führenden Bürgern (*cives*) der Städte, sie hatten auch bereits gewisse Möglichkeiten, Einspruch gegen königliche Beamte zu erheben (rechtliche Interzessionen). In den Randgebieten Galliens, besonders an Mosel und Rhein, führten die Bischöfe ein praktisch spätantikes Bischofsregiment weiter, das die Bischofsstadt als Zentrum hatte und sich von dort weiter auf die Region erstreckte. In Verdun trat Bischof Desideratus als Vertreter der Bürger gegen den König hervor. Für Nantes, Mainz und Trier nennt Venantius Fortunatus die Bischöfe Felix, Sidonius und Nicetius als Flußbegradiger und Erbauer von Kastellen, als Erneuerer des städtischen Lebens aus den antiken Wurzeln. Es hat den Anschein, daß die Bischöfe in diesen Fällen tatsächliche Beherrscher ihrer Städte und Regionen vor der Etablierung der fränkischen Grafeninstitution waren. In den Fällen von Clermont und Tours wurden Konflikte zwischen Bischöfen und Vertretern des Königs (*comites*) im Sinn der Bischöfe entschieden.

Ersichtlicherweise waren – um zusammenzufassen und zu präzisieren – im 6. Jahrhundert Elemente des spätantiken Rechts (Immunitäten) weiterentwickelt worden, mit dem Effekt, daß die Bischöfe eine ganz besondere und einzigartige Stellung erhielten. Die Bischöfe wurden so zu mächtigen Herren über ein angewachsenes Vermögen und zu Inhabern erster Rechte. Ihr in der Spätantike angelegter Kultvorrang hatte im Umfeld und im Innern der fränkischen Kirche nun neue Ausmaße erhalten. Die merowingischen Bischöfe hatten wesentlich neue Kult- und Frömmigkeitsformen (mit)kreiert; ihre Vorgänger und sie selbst waren zu herausragenden Gegenständen des Kultes geworden. Die Besonderheiten der für die Völkerwanderungsperiode charakteristischen zeitlichen Umstände gab es unter der gefestigten Königsherrschaft Chlodwigs und seiner Söhne nicht mehr: Eher als Ausfluß typisch geistlicher Pflichten (Caritas, Vertretung der Bürger) hatte sich im Ungefügten und Undifferenzierten des politisch-sozialen Organismus (*corpus Christianum*) eine gesellschaftliche Rolle der Bischöfe entwickelt, die bisweilen die Gegebenheiten des Staatskirchentums durchbrach. Bestimmend dafür war, daß die Bischöfe romanisch-aristokratisches Amtsbewußtsein und unterstützende Schutzpflicht in ihrem Erbe verbanden. In den Randgebieten des Reiches hatte sich nach der Völkerwanderungszeit wenig verändert. Von den Umständen gezwungen und als Vertrauensleute des Königs hatten die Bischöfe hier klare öffentliche Aufgaben wahrgenommen. Ein ganzes Bündel von Faktoren hatte im 6. Jahrhundert somit zu tatsächlichen Bischofsregimenten geführt.

Abzuheben von diesen bischöflichen Herrschaftsbildungen, die eine direkte Verlängerung der Antike darstellen, sind die ausgeformten Bischofsstaaten frühmittelalterlichen Zuschnitts des 7. Jahrhunderts, die man (freilich unzureichend) als »*civitas*- und Bistumsrepubliken«, »Kirchenstaaten«, »weltlich-kirchliche Formationen« oder »regionale Bischofsherrschaften« bezeichnet hat. Mit veranlassend war hier wohl die Ausdehnung der Immunitäten im bekannten *Edictum Chlotharii* von 614. Die Könige Chlothar II. und Dagobert I. († 638/39) übten eine strenge Kontrolle über die Bischofswahlen aus, eine Königs- oder Reichskirche ist hier als Konzeption zu erkennen.

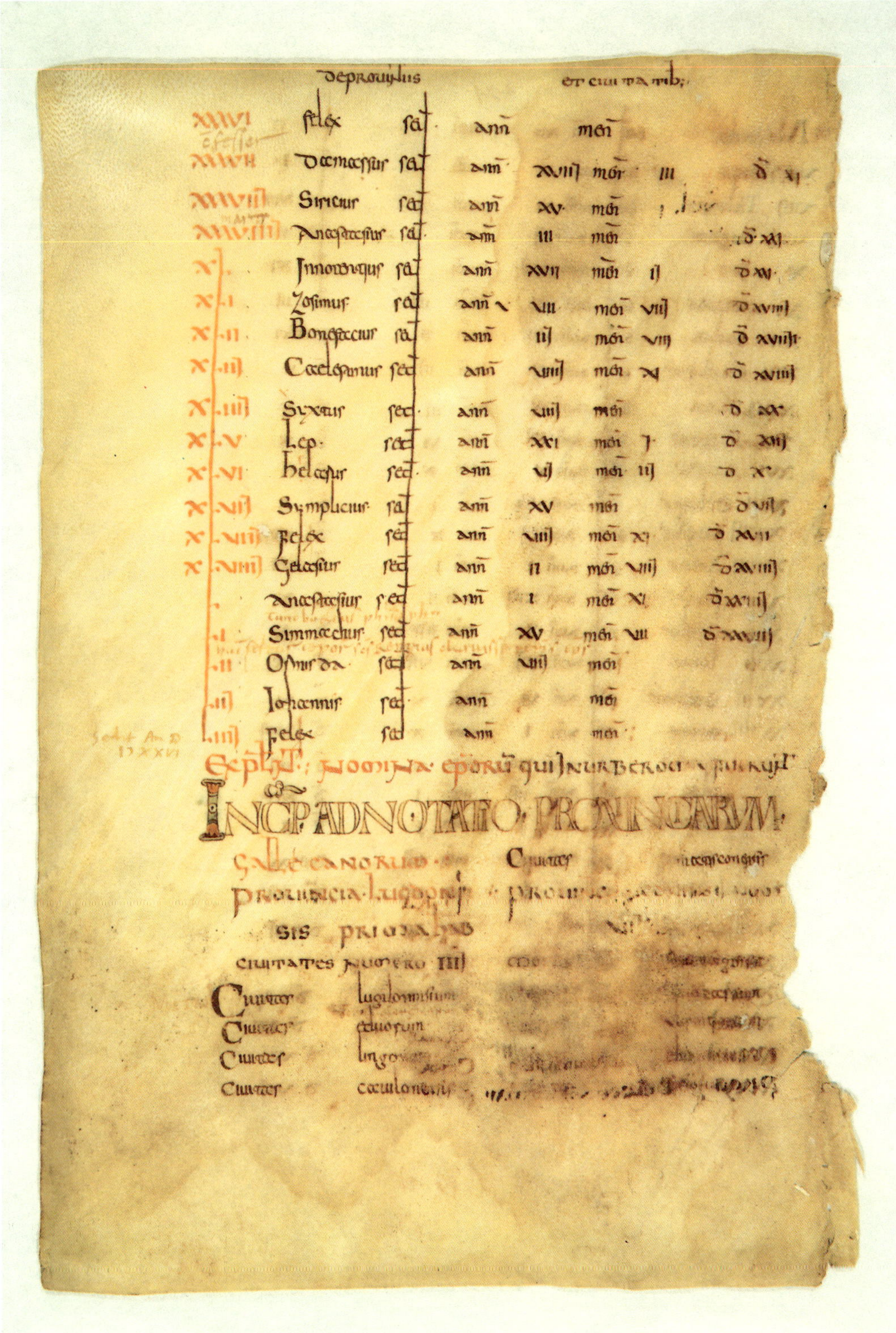

Abb. 308 *In der Concilia Galliae-Handschrift (Reims, 8. Jahrhundert) ist eine Bischofsliste mit den dekorativen Zeilen: »Expliciunt nomina episcoporum. Incp adnotatio provinciarum gallecanorum« enthalten. – Staatsbibliothek zu Berlin, Ms Phill. 1743 fol. 294v.*

Die Bischofsstaaten

Was die Bischofsstaaten angeht, so haben wir zwischen einer Zone südlich der Loire (Aire, Cahors, Clermont, Poitiers, Bourges), einer breiteren im fränkisch-aquitanischen Grenzbereich von der Rhône bis zur unteren Loire (Valence, Lyon, Chalon-sur-Saône, Autun, Auxerre, Sens, Orléans, Le Mans, Nantes), wichtigen Außenposten im Osten (Trier, Chur) und zahlenmäßig schwachen Ausstrahlungen im Norden (Rouen, Rennes) zu unterscheiden. Generell kennzeichnen die Quellen die Herrschaft der Bischöfe mit den Begriffen *dominium* und *principatus*.

In den Fällen südlich der Loire ist wohl stärker, als in der Literatur durchweg gesehen, ein Anknüpfen an spätantike Verhältnisse anzunehmen. Erkennbar wird hier, daß ein noch kräftig regierender Monarch wie Dagobert I. die Bischöfe mit Zustimmung der *possessores* weltlichen (*cives*) und geistlichen (*abbates*) Standes einsetzte, zur Etablierung und Festigung des erwähnten reichskirchlichen Systems. Auch schaltete er, indem er die Immunitätsrechte der Bischöfe erweiterte, die weltlichen Amtsvertreter aus. Bezeichnenderweise ist uns allein in diesem geographischen Bereich die Wahrnehmung von Gerichtsrechten durch Bischöfe bezeugt. Exemplarisch war hier Bischof Desiderius von Cahors, der zum engsten Kreis um den König gehörte, der mit seiner Herrschaft von der Stadt aus auf die Region ausgriff und der, indem er von den Stadtmauern herab die Abwehr der Feinde mit Kreuzen und Reliquien führte, die neue kultuntermauerte Bischofsherrschaft repräsentierte.

In Trier entstand der Bischofsstaat vielleicht unter vergleichbaren Umständen. Geschaffen wurde er wohl unter den königs- und adelsnahen Bischöfen des 7. Jahrhunderts, Modoald oder Numerian, die sich im gesellschaftlich-politischen Umfeld des Desiderius von Cahors und in Verbindung mit ihm befanden; weitergeführt wurde er dann von der mit den Karolingern verwandten Bischofs- und Aristokratensippe der Widonen (Basin, Liutwin, Milo). Hier wird deutlich, in welchem Ausmaß die hohe Aristokratie, nun auch die fränkische, solche Bischofsherrschaften innehatte. Ein bezeichnendes Pendant zu Trier findet sich in der geistlich-politischen Herrschaft von Vertretern der Victoridenfamilie ab dem frühen 8. Jahrhundert in Chur. Spätkarolingische Urkunden legen im Fall von Trier nahe, daß in dem oben beschriebenen politisch-gesellschaftlichen Zusammenhang von der monarchischen Zentrale den Bischöfen eine förmliche Herrschaftsverleihung (vielleicht in Form von extensiv gesteigerter Immunität) gewährt worden war. Konkret hatten die Rechte Münze, Zoll (Markt) und weitere Abgaben zum Inhalt.

Charakteristisch für die spätmerowingischen Bischofsstaaten war oder konnte sein eine grundlegende Funktionsübertragung bzw. Funktionserweiterung durch den König sowie die Institutionalisierung der unterstützenden Schutzpflicht, die Führung einer unabhängigen Territorialpolitik durch die Bischöfe, die einen bischöflichen Staat mit regionaler Ausdehnung und der Stadt als Zentrum entstehen ließ. Es konnte auch eine am Ende des 6. beziehungsweise zu Beginn des 7. Jahrhunderts geschaffene Grafeninstitution, wie in Trier und Autun anzunehmen, wohl zeitweilig beseitigt werden.

Kamen die Bischofsherrschaften südlich der Loire in der zweiten Hälfte des 7. Jahrhunderts unter die Oberherrschaft der aquitanischen Herzöge, so hielten sich diejenigen im fränkisch-aquitanischen Grenzraum länger. In den Fällen von Valence, Chalon und Lyon ist der politisch-militärische Charakter der bischöflichen Herrschaftsformation den Quellen deutlich zu entnehmen. Als herausragender Vertreter solcher Herrschaftsführung ist in diesem Raum Bischof Leodegar von Autun († 672) zu nennen. Er hatte einen auch in seinen kultischen Dimensionen dem Desiderius vergleichbaren Prinzipat über die Stadt und die Region. Teile von Leodegars Bischofsstaat nahm Anfang des 8. Jahrhunderts Bischof Savaricus von Auxerre in seine Bischofsherrschaft, die er auch auf die Diözesen Orléans, Troyes und Langres ausdehnte. Vergleichbare Fälle liegen in dem für seinen Neffen ausgegliederten Bistum Orléans (Bischof Eucherius um 720) und in dem Bistum Sens vor.

Nördlich anschließend gab es in Tours, Le Mans und Rouen institutionell fester verankerte Bischofsstaaten als im burgundischen Gebiet. Durch königliche Verfügungen verlor hier das Grafenamt seine reichsunmittelbare Stellung (Mediatisierung). In Rouen hatte König Theuderich III. († 695) Bischof Audoen die Verfügung über das Grafenamt gegeben, was sich aber nur bis zur Durchsetzung der Herrschaft Pippins des Mittleren 689/91 halten

Abb. 309 *Germanusstab aus Moutier-Grand Val (Kt. Bern). Der 1,20 m lange Holzstab ist in Silber gefaßt, die Krücke mit Goldblech belegt. Im unteren Teil der Krücke sind in den Zellen Plättchen aus grünem Glas eingelegt sowie rote Plättchen, bei denen es sich um Glas oder Halbedelsteine (Almandine) handelt. Den oberen Teil der Krücke schmücken S-förmige Elemente mit Almandinen und blauer Glaseinlage. Die Zwickel füllen Filigrantiere. Die Arbeit läßt sich nach Günter Haseloff stilistisch in die zweite Hälfte des 7. Jahrhunderts datieren, so daß ein Zusammenhang mit dem hl. Germanus, dem ersten Abt des Klosters Grandisvallis, möglich ist. Germanus erlitt 675 den Märtyrertod (Kat. VI.1.6.) – Foto Beno Dermon, Zürich/Musée Jurassien d'Art et d'Histoire, Délémont.*

sollte. In Tours hatte König Dagobert I. schon im 6. Jahrhundert erkennbare Positionen des Bischofs durch das Privileg der Steuereinnahmen und der Grafenbestellung verfestigt. In dem stark auf spätantiken Traditionen ruhenden Le Mans hatte König Chlothar III. 665 die bischöfliche Kontrolle über *dux* und *comes* verbrieft.
In den Fällen von Cahors, Tours, Le Mans und Trier sind klar spätantike Vorstufen weitergeführt worden. Die Ausdehnung der bischöflichen Herrschaft auf die Diözese bewahrte ein Stück spätantiker Staatlichkeit. In das Beziehungsgeflecht Adel-Königtum gehören in besonderer Weise die genannten Bischofsstaaten hinein, sie waren das Feld für die politische Aktion des Adels. Ist bei ihrer Einrichtung in Cahors, Tours und vielleicht auch Trier die Steuerung durch den König (Dagobert I.) versucht worden, so haben wir es bei Rouen und Le Mans schon eindeutig mit königlichem Zugeständnis zu tun. Unter typologischen Gesichtspunkten ist demnach zu resümieren, daß sich die spätmerowingischen Bischofsstaaten von Städten mit starker römischer Tradition her entfalteten, sodann, daß dies in Gebieten eines eindeutigen königlichen Machtvakuums geschah.

Königtum und Bischofsherrschaft bei den Hausmeiern

Es prägte sich so etwas wie ein parataktisches Gefüge aus, in dem die Macht der Bischöfe rivalisierend der des Königtums, vor allem aber der der aufsteigenden Hausmeier, entgegenstehen mußte. Aus der beschriebenen Tatsache ist zu erklären, daß die Bischofsstaaten durchweg ein Ende fanden, als Karl Martell sich Anfang der dreißiger Jahre des 8. Jahrhunderts nach Abwehr der Araber in der Grenzzone von Loire und Rhône durchgesetzt hatte und dann eben die Rivalen beseitigte: Autun, Auxerre, Orléans, Sens, Tours (Anfang der 30er Jahre), Lyon (736). Die bisher nicht aufgeführten Ausnahmen bestätigen gleichsam die Regel: Rouen bezog Pippin der Mittlere in seine nach Neustrien ausgreifende Politik ein und machte dort einen seiner Enkel zum Bischof. Karl Martell sollte später einen Vertreter der ihm treu ergebenen Widonen als Bischof einsetzen; in Trier ließ er den anderen Widonen Milo regieren, in Le Mans seinen treuen Anhänger Chrotgarius. Die karolingische Staats- und Verfassungspolitik wurde hier mit Verzögerungen ausgeführt. So beseitigte erst Pippin der Jüngere als Hausmeier 749 den Bischofsstaat in Le Mans; in Trier tat dies Anfang der 70er Jahre Karl der Große, um es 806 im Fall von Chur nachzuholen.
Nach Jahrzehnten des Niedergangs der originär kirchlichen Seite des Bischofsamtes setzte im 8. Jahrhundert die kirchliche Reform auf breiter Front ein. Bonifatius, ihr maßgeblicher Träger, belebte das bischöfliche Ethos neu: Er rief die Institute bischöflicher Synoden und Metropolitanverbände wieder ins Leben – oder versuchte dies zumindest. Er gründete neue Bistümer im rechtsrheinischen Missionsgebiet. Handelte es sich hierbei um eher bescheidene Erfolge, so benutzten die frühen Karolinger auf der anderen Seite das Bischofsamt für eigene machtpolitische Zwecke. Die neuen Bistumsgründungen erfolgten mit Mitteln des Fiskus und auf dessen Boden. Einen gewissen Abschluß markieren die bekannten *divisiones inter episcopatum et comitatum*, die Karl der Große 806 in Chur einleitete. Sie brachten die Herrschaftsteilung zwischen Bischof und Graf auf lokaler und regionaler Ebene.

Literatur: Anton 1986. – Brown 1981. – Durliat 1990. – Heinzelmann 1988. – Jussen 1995. – Kaiser 1981; 1988. – Prinz 1988b. – Scheibelreiter 1983.

Gregor von Tours: Die ideologische Grundlegung fränkischer Königsherrschaft

Martin Heinzelmann

Gregor von Tours entstammt einer Familie des römischen Senatorenadels, deren Angehörige spätestens seit dem frühen 5. Jahrhundert das Bischofsamt in mehreren gallischen Städten zum Teil in erblicher Abfolge innehatten. Der Anspruch solcher adliger Bischöfe auf – über den spirituellen Bereich hinausgehende – Herrschaft wurde von fränkischen Königen seit Childerich I. und Chlodwig I. prinzipiell anerkannt. Den Schriften des Bischofs von Tours liegt eine dementsprechende ideologische Ausrichtung der christlichen Gegenwartsgesellschaft zugrunde: Gregor zeigt in seinem historiographischen wie hagiographischen Werk die Realität einer Gemeinschaft von »Heiligen« im Sinne der augustinischen Civitas Dei; im 6. Jahrhundert manifestiert sich diese vor allem in den Bischofskirchen als Abbild der universalen Kirche. Die Stilisierung Chlodwigs als ein mit göttlicher Sendung beauftragter und mit Hilfe heiliger Bischöfe siegender König gibt dem fränkischen Reichsgründer einen sakralen Rahmen, der bis in die neueste Zeit wirksam geblieben ist.

Prosopographisch-biographische Grundlagen

Erste Hinweise auf den politischen Standort Gregors von Tours können der Analyse seines persönlichen Umfeldes entnommen werden, das durch die – freilich selektiv dargebotenen – Nachrichten des Autors selbst zugänglich ist. Tatsächlich läßt sich bei kaum einem anderen Historiographen ein vergleichbar enger Zusammenhang von Werk und auf Familienüberlieferung beruhender historischer Erfahrung feststellen wie gerade bei Georgius Florentius Gregorius, geboren 538 in der Auvergne und von 573 bis zu seinem Tod am 17. November 594 Bischof von Tours.

Im Rückblick auf eine zum Teil mehr als fünf Generationen umspannende, die eigenen Vorfahren betreffende Überlieferung konnte der bedeutendste Geschichtsschreiber der Merowingerzeit seine Konzeptionen von »Geschichte«, von historischen Epochen, Zäsuren und Kontinuität erarbeiten, Wesen und Charakter des römischen wie des fränkischen Reichs analysieren und endlich die sich gegenseitig ergänzende Rolle der Institutionen »König« und »Bischof« in seiner zeitgenössischen Gesellschaft formulieren.

Beeinflußt hat ihn dabei zweifellos die Zugehörigkeit zu einer senatorischen Familie, das heißt der Nachkommenschaft römischer Staatsbeamter, die ihren sozialen Rang in der Folge immer wieder durch hohe zivile oder kirchliche Ämter bestätigen konnte. Senatorischer Rang, den man noch im 7. Jahrhundert älter als die Institution des Kaisertums wußte (Isidor, *Etymol.* 9,3,14), genoß trotz allen sozialen Veränderungen der Spätantike auch in den römischen Nachfolgestaaten unbestritten hohes Ansehen. Solches Prestige hat Gregor – möglicherweise in Anknüpfung an den Priesteradel des Alten Testaments – systematisch mit Trägern des Bischofsamtes verbunden, das in Gallien seit dem 5. Jahrhundert synonym wurde für spirituelle wie politische Führerschaft in den *civitates*, deren Grenzen jeweils auch dem Bereich einer Bischofskirche (*ecclesia*) entsprachen. Eine solche regional beherrschende Position hatten Verwandte Gregors im 6. Jahrhundert, teilweise in erblicher Folge, mindestens in einem halben Dutzend wichtiger gallischer Städte inne; dabei konnten sie wie im Fall von Bourges mit einem Senator des 3. Jahrhunderts oder Lyon mit dem Märtyrer Vectius Epagathus von 177 auf prestigeträchtige »Spitzenahnen« zurückgreifen, deren Memoria an die Einführung des Christentums in Gallien geknüpft war. Da dem merowingischen Herrscher seit Chlodwig die letzte Entscheidung über Bischofseinsetzungen zufiel, entspricht die in fränkischer Zeit fortgesetzte Kontinuität der Bischofsfamilien des 5. Jahrhunderts einer faktischen politischen Anerkennung durch die Frankenkönige zugunsten der Ansprüche dieses Personenkreises auf regionale Herrschaftsausübung. Diese Situation wird durch die Beispiele von drei Bischöfen aus dem engeren familiären Umkreis Gregors illustriert, die der Historiograph durch die Abfassung einer spirituellen Biographie, einer »Heiligenvita«, besonders aus seiner illustren Verwandtschaft hervorhebt: Gregor von Langres, der unter römischer Herrschaft bereits hoher Verwaltungsbeamter in Autun war, der sein Amt unter den Burgunden ununterbrochen weiterführte, der über seine senatorische Gattin das Bischofsamt in Langres erhielt, das er unter den Franken an seinen Sohn weitergeben konnte; Nicetius, den sein Onkel Sacerdos mit Zustimmung König Childeberts I. als Nachfolger in seinem Lyoner Bischofsamt designierte, der seinerseits, aus einer römisch-patrizischen Familie stammend, als ehemaliger Leiter des burgundischen Hofs den Episkopat in Lyon vom gleichen Merowinger in Anerkennung seiner Dienste erhalten hatte;

schließlich den mit der Verwandtschaft des gallischen Kaisers Avitus (455/56) liierten Gallus von Clermont, Onkel und Erzieher Gregors, der sein Bistum als austrasische Enklave unter drei Herrschern des merowingischen Austrasien verwaltete. Dieses bewährte Treueverhältnis dürfte für Sigibert, einen weiteren austrasischen König, ausschlaggebend gewesen sein, den ebenfalls in der auvergnatischen *civitas* beheimateten Gregor zum Bischof des politisch bedeutenden Bistums Tours zu ernennen.

Daß aber auch in seinem Fall ein bereits geltender Anspruch auf die Besetzung des Amtes vorlag, wird durch den Umstand unterstrichen, daß fast alle früheren Bischöfe von Tours nach Gregors eigener Aussage mit »seiner Verwandtschaft verbunden« gewesen seien (*Hist.* V 49). Den spirituellen Sinn dieser weit in die Vergangenheit reichenden Erbfolge von Heiligkeit läßt der Bischof im wichtigsten Kapitel seines Geschichtswerks, dem zu Recht als geistiges Testament bezeichneten Epilog (*Hist.* X 31), erkennen. Zum ersten zeigt er, daß das Bistum über seinen ersten, aus Rom entsandten Vorsteher direkt an die Kirche der Apostel und damit an die von Christus selbst gegründete universale Kirche anknüpfen konnte, zum zweiten erweist sich in der Folge die überragende Bedeutung des dritten Bischofs Martin, dem seine Nachfolger, senatorische Vorfahren Gregors, eine glanzvolle Basilika errichteten, die gleichzeitig als Begräbnisstätte für alle Turoner Bischöfe gedacht war; für eine derartige »Ansippung« läßt sich in Gallien kein weiteres Beispiel aufzählen. Einzigartig ist ebenfalls die schon im Zusammenhang der Erbauung der Basilika im 5. Jahrhundert einsetzende Stilisierung Martins als »gallischer Apostel«, womit Gregor in seinem Geschichtswerk die Herausstellung seines Vorgängers als typologische Figur Christi am Beginn eines neuen Zeitabschnitts verbinden konnte (Ende von Buch I); in nicht minder eindrucksvoller Weise hat er in der das Werk abschließenden Aufzählung der großen Perioden der Menschheitsgeschichte Martins Tod von 397 als gleichwertige Zäsur neben Sintflut und die Auferstehung Christi gestellt (*Hist.* X 31).

Mit Martins von Tours »Heimgang zum Christ« hat nach Gregor dann auch das »moderne«, von der Herrschaft der *gentes* (Völker) geprägte Zeitalter eingesetzt (Buch II). Mit der Unterstützung des nun mehr als je zuvor wirkungsmächtigen, heiligen Bischofs sollte diese neue Zeit über den Erfolg des allein rechtgläubigen Königs Chlodwig in die sakrale fränkische Reichsgründung einmünden.

Werke und historiographische Modelle der Geschichtsbücher Gregors

In seinem bereits erwähnten spirituellen Testament (*Hist.* X 31) geht Bischof Gregor von Tours auch ausführlich auf seinen persönlichen Beitrag zur Erbauung der »Kirche« (*ecclesia*) ein, das heißt zum Aufbau einer wahrhaft christlichen Gesellschaft: Anhand einer systematischen Verbreitung von Reliquien anerkannter und bestätigter Heiliger hat er »Heiligkeit« vervielfältigt und in seiner Gegenwartsgesellschaft sichtbar gemacht; gleiches gedachte er nun durch seine eigenen, einzeln aufgeführten literarischen Werke zu tun. Die zwanzig im Katalog seiner Werke aufgeführten Bücher scheinen von ihm als sakrales Gesamtwerk konzipiert worden zu sein, dessen Verfälschung durch eine nur partielle oder modifizierte Überlieferung er mittels einer eindrucksvollen, sakralen Beschwörung zu verhindern suchte. Zu diesem Werk gehören neben zehn »Büchern Geschichte« (*libri historiarum*), früher oft als Frankengeschichte bezeichnet und mißverstanden, ein Buch mit zwanzig Biographien christlich lebender Männer und Frauen des 5. und vor allem 6. Jahrhunderts (*liber de vita patrum*), sieben hagiographische Bücher, von denen vier die Wunder Martins und eines die des auvergnatischen Hauptheiligen Julian von Brioude aufzeichnen, die für die unablässig sich offenbarende himmlische Existenz der beiden Heiligen Zeugnis ablegen; zwei weitere Bücher behandeln in Form eines ausführlichen Legendars jeweils die Märtyrer und die Bekenner der universalen Kirche, wenn auch unter besonderer Berücksichtigung gallischer Heiliger. Ein nur in Fragmenten erhaltener Psalmenkommentar und eine Schrift über die Wunder der Welt, verbunden mit einer Anleitung für das Rezitieren von Texten zum Lob Gottes, schließen die Sammlung ab.

Der starke Anteil der hagiographischen Schriften deutet bereits auf die Intention des Bischofs hin, einen didaktisch-erbaulichen Beitrag zur ideologischen Ausrichtung der christlichen Gesellschaft seiner Zeit zu leisten, was für die zehn Geschichtsbücher in noch höherem Maß gesagt werden kann. In der Tat ist das dort zugrunde gelegte historische Prinzip der kontinuierlich wechselseitige Einfluß von Heiligen oder heiligmäßig (das heißt nach christlichen Normen) lebenden Personen und der Masse der *miseri* oder Unheiligen, die der Verdammung anheimfallen werden. Im Anschluß an die alttestamentarischen Propheten ist es in der neueren Christengesellschaft Aufgabe des Bischofs, diejenigen Zeichen zu erkennen, zu deuten und zu erklären, die die in Strafe oder Belohnung sich ausdrückende Aktion Gottes in der Geschichte kenntlich machen, Zeichen, durch welche bereits vor dem Jüngsten Gericht die Heiligen von den Unheiligen unterschieden werden können.

Abb. 310 *Stammtafel Gregors von Tours. – Nach Heinzelmann 1994; graphische Gestaltung I. Bell.*

Stammtafel des Gregor von Tours

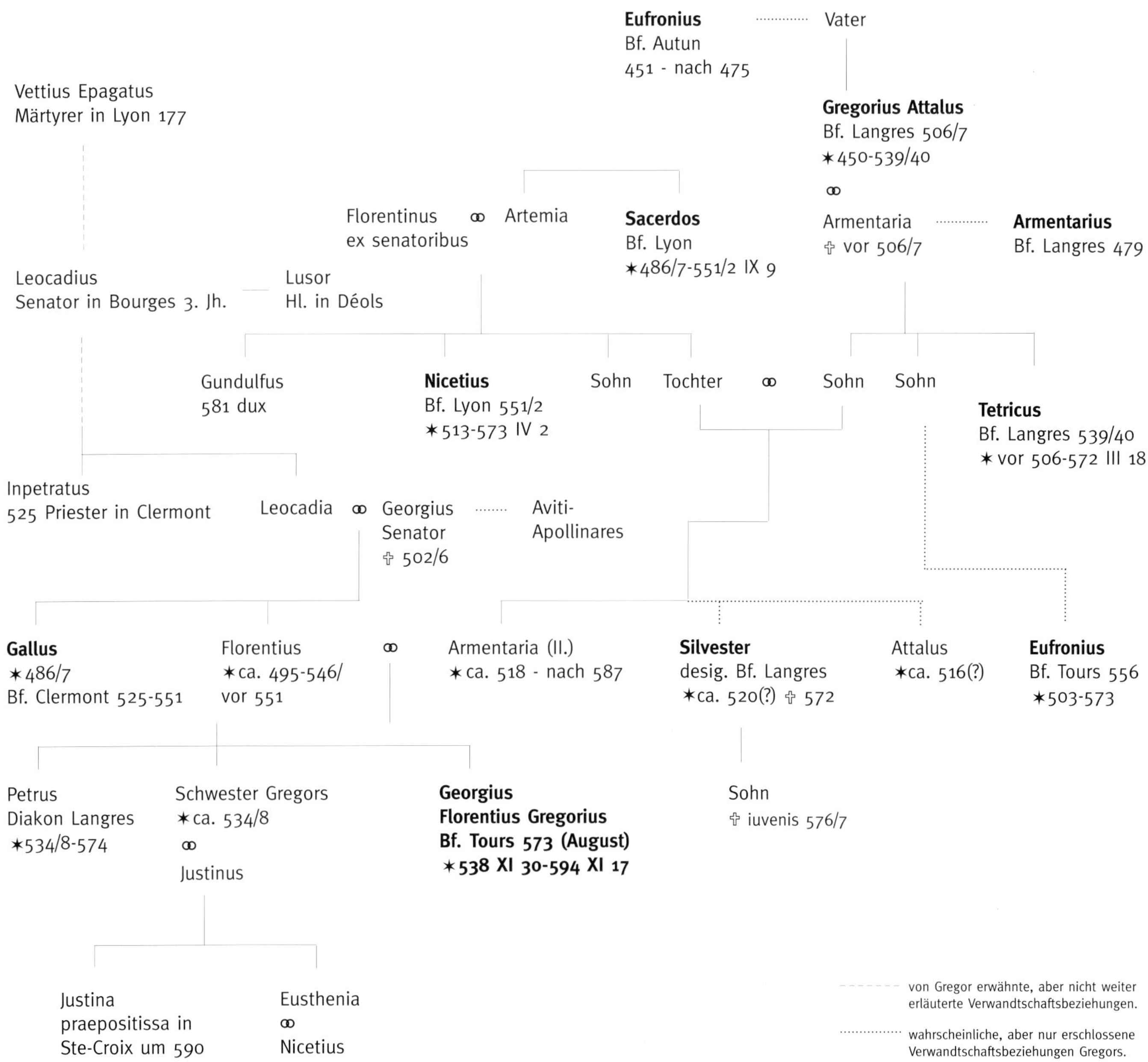

(Heinzelmann: Bischof Gregor von Tours)

Gregor hat hier in erstaunlicher Weise das augustinische Prinzip der historischen Koexistenz der beiden »Staaten« umgesetzt, der *civitas terrena* (Weltstaat) und der *civitas caelestis* (Himmelsstaat), die als die beiden Bestandteile des einen Gottesstaats in seiner zeitlichen Existenz miteinander vermischt (*permixtus*) auf die im Jüngsten Gericht erwartete eschatologische Scheidung von Gut und Böse zugehen (*De civitate Dei*, passim; bei Gregor, *Hist. prol.* II entsprechend): *mixte confusaeque tam virtutes sanctorum quam strages gentium memoramus.* Es ist wenig wahrscheinlich, daß der Bischof von Tours das außerordentlich verbreitete Hauptwerk des afrikanischen Kirchenvaters nicht gekannt hat, obwohl er ihn nicht nennt. Genannt hat er dagegen die ihm vorliegenden Materialsammlungen, neben den Heiligen Schriften speziell die Chroniken der Eusebius, Hieronymus, Sulpicius Severus sowie die einflußreiche *Historia contra paganos* in sieben Büchern des von Augustin beeinflußten Paulus Orosius. Nicht ausdrücklich aufgeführt hat Gregor auch die ihm in der lateinischen Übersetzung des Rufinus bekannte Kirchengeschichte des Eusebius von Caesarea, aus der er bereits das Konzept der theologischen Kirchenlehre entnommen haben dürfte, das in der Folge, in der einen oder anderen Form, jeder christlichen Historiographie zugrunde liegen sollte: Geschichte beruht demnach auf der schon bei der Schöpfung von Christus gegründeten und durch seinen mystischen Körper versinnbildlichten *ecclesia*, die sich in der leiblichen Ankunft Christi und seiner Passion offenbaren und die unter den christlichen Kaisern Constantin und Theodosius vollends klar hervortreten würde.

Nicht geteilt hat Gregor den Optimismus des Eusebius und des Orosius, die aufgrund der zu ihrer Zeit sich siegreich durchsetzenden christlichen Religion die Überzeugung eines ständig sich bessernden Zustandes des Römerreichs zum Ausdruck brachten. Nicht geteilt hat er auch die apologetische (verteidigende) Ausgangssituation, in der sich die beiden genannten Historiographen ebenso wie Augustin befanden: Für den Bischof von Tours sind Anwesenheit und Wirklichkeit christlicher Ideologie in der Gesellschaft selbstverständliche Gegebenheiten ohne Alternative; als Problem stellt sich ihm vielmehr die Häresie, das heißt die Abweichung vom rechten trinitarischen Glauben und von der überkommenen christlichen Gesellschaftsordnung.

Von den Kirchenvätern übernommen hat Gregor die auf Christus aufbauende Kirchenlehre und damit den allgemeinen Rahmen einer Heilsgeschichte (vgl. besonders Augustinus, *De civitate Dei*, Buch XI–XXII). Deren historische Realität wird zwar durch die ständig erfahrbare Wundertätigkeit bereits verstorbener Heiliger und durch das vorbildliche Leben vieler zeitgenössischer, heiliger Nachahmer, vor allem von Angehörigen des Klerus, anschaulich dokumentiert, doch werden bis ans Ende der Zeit die zahlreichen *miseri* keine entscheidende Verbesserung der irdischen Zustände zulassen. Die wahrhaft christlichen Herrscher sind durch ein gutes religiöses Verhältnis zu Gott ausgezeichnet; ihre besondere Aufgabe liegt in erster Linie in der Gewährleistung der *religio*, dem Schutz der Gottesdiener (Bischöfe) und in der Wahrung des Friedens. Während sich der Bischof von Tours bei seiner Geschichtsdeutung (Exegese) völlig an seine von den Kirchenvätern stammenden Modelle hält, weicht er hinsichtlich der Wahl seines engeren Gegenstandes, der historischen *materia*, von diesen ab: Im Gegensatz zu seinen Vorgängern behandelt er die »alte«, hauptsächlich biblische Geschichte nur schematisch und als unabdingbaren Bestandteil für seine Kirchenlehre; dagegen gilt das eigentliche Gewicht seiner Ausführungen der unmittelbaren Zeitgeschichte, wodurch er eine direkte gesellschaftspolitische Wirkung erzielt. Wie kein anderer hat er auf diese Weise Geschichtstheologie in christliche Gesellschaftsgeschichte umgewandelt und in die mittelalterliche Historiographie eingebracht.

Der Reichsgründungsmythos (»mythe fondateur«): Die Sakralität der fränkischen Reichsgründung durch Chlodwig

Die strenge Gliederung der *libri historiarum* und die abgeschlossene Thematik jedes einzelnen Buches läßt die Epocheneinteilung des Historiographen deutlich werden; das trifft in besonderem Maß auf die ersten beiden Bücher mit der Vorgeschichte und dem eigentlichen Bericht über die fränkische Reichsgründung zu.

Das erste Buch behandelt die Kirchenlehre des Bischofs, das heißt, er berichtet über den Zeitraum *a principio*, von der Schöpfung der *ecclesia* durch Christus, um anschließend dessen Leben exakt in der Buchmitte zu erläutern und mit dem Tod der typologischen Christusfigur Martin von Tours und dessen Heimgang zu Christus im Jahre 397 zu enden.

In der ersten Hälfte des durch das Christusleben zweigeteilten Buches bietet Gregor eine geraffte Fassung der alttestamentarischen Historien, im zweiten Teil erzählt er die Geschichte der neugegründeten *ecclesia* in einer schweren Zeit der Anfechtungen und Verfolgungen: für Orosius, der den gleichen Zeitraum vom ersten bis zum Ende des 4. Jahrhunderts in seinem letzten (siebten) Buch noch als Zeitgeschichte behandelt hatte, war diese Periode durch die These einer durch den christlichen Beitrag eingetretenen, deutlichen Verbesserung vom Zustand des Römischen Reichs und seinen Kaisern geprägt! Dagegen ist für Gregor dieser Zeit-

Abb. 311 *Buchdeckel aus Elfenbein mit Darstellung von Chlodwigs Taufe. Musée de la Picardie, Amiens. – Nach Grégoire de Tours 1994, Abb. 57.*

raum charakterisiert durch die Verfolgungen der Kaiser Nero, Domitian, Trajan, Antoninus, Decius, Valerian und Gallienus, Diocletian, endlich Valens (als Verfolger und nicht, wie bei Orosius, als Häretiker!); wirkliche Gnade vor den Augen des Historikers findet in der Reihe der Kaiser, unter denen selbst das im Grund positive Bild Constantins wegen schwerer privater Verfehlungen erhebliche Einschränkungen erfährt (*Hist.* I 36), allein Theodosius (*Hist.* I 42). Bezeichnenderweise wird aber dessen extrem kurze Würdigung – entgegen der chronologisch richtigen Ordnung – durch ein Kapitel über den »Tyrannen« Maximus abgelöst (*Hist.* I 43), der wegen seiner Verfehlungen gegenüber dem heiligen Bischof Martin Reich und Leben verlor (*Hist.* V 18). Nicht zuletzt darf auch aufgrund solcher Manipulationen historischer Gegebenheiten das Urteil Gregors über die Periode der römischen Kaiser als ein allgemein negatives bezeichnet werden.

Nach dieser sicher orginellen, abgeschlossenen Präsentation einer »Geschichte der römischen Kaiser« nimmt der bischöfliche Autor in einem neuen, eigenen Buch die Periode des 5. Jahrhunderts, die »Völkerwanderungsepoche« in Angriff. Auch für Buch II läßt sich nun, nach den Verfolgungen der Kaiser, in der historischen Beziehung der *gentes* zur Häresie eine eigene übergreifende Thematik erkennen, wobei im zweiten Teil des Buches allein die Franken durch ihren rechtgläubigen König Chlodwig siegreich aus den ihnen auferlegten Prüfungen hervorgehen.

Es ist anzumerken, daß mit diesem neuen Thema der Historiograph im Anschluß an die von seinen großen Vorgängern behandelten Perioden wirkliches Neuland betreten hat, daß er aber an die messianischen Weissagungen von der Berufung der Völker (*de vocatione gentium* oder *de vocatione populi gentium* etc.) anknüpfen konnte, die Augustin im Schlußteil seines innerhalb von *De civitate Dei* eingefügten Geschichtsabrisses (Bücher XV–XVIII, hier XVIII Kap. 27–36) quasi als historischen

Ausblick untergebracht hatte; im Gegensatz zu Augustinus hatte Orosius die Zukunft der *gentes* ja noch innerhalb des Römischen Reiches angesiedelt.

Das durchgehende Grundmuster von Buch II ist im religiösen Fehlverhalten der Völker oder *gentes* – Wandalen, Goten, Burgunden, Franken und die auf gleicher Ebene behandelten *Romani* – als auch der Bevölkerungen, des jeweiligen *populus* gallischer *civitates* wie Tours, Tongern, Metz und Clermont angelegt. Die ersteren vergehen sich gegen Gott durch arianische Häresie oder sonstige Abgötterei, die letzteren durch Übergriffe an ihren geistlichen Führern, den Bischöfen, was ebenfalls als Häresie gebrandmarkt wird und in jedem Fall die sofortige Strafe Gottes nach sich zieht. In diesem Zusammenhang fügt Gregor eine Untersuchung über die Geschichte der frühen fränkischen Könige bis hin zu Childerich I. ein (*Hist.* II 9), der er eine eingehende Klage über den Götzenglauben der Franken »jener Generation« folgen läßt, untermauert von den Aussagen der Propheten des – israelitischen – Gottesvolkes zu dessen zeitweiliger Götzenverehrung (*Hist.* II 10).

In das Umfeld allgemeiner Gottlosigkeit, in dem nur noch die Heiligen und Bischöfe, speziell die als Nachfolger Martins auftretenden Prälaten von Tours, die Kontinuität der Gotteskirche sicherstellen, setzt Gregor die Nachricht von der Geburt Chlodwigs: *Quae* (Childerichs Königin Basina) *concipiens, peperit filium vocavitque nomen eius Chlodovechum* (*Hist.* II 12), was an die vom Evangelisten Lukas (1,31) übermittelte Botschaft erinnert: *Ecce concipies in utero, et paries filium, et vocabis nomen eius Jesum*.

Auf dieser im Sinne einer Heilsbotschaft eingefügten Ankündigung der zukünftigen »messianischen« Rolle des Frankenkönigs baut nun der bischöfliche Historiograph den gesamten Schlußteil von Buch II auf (Kap. 27–43), in welchem bei Anbringung zahlreicher biblischer Reminiszensen die Etappen der sakralen Allianz Chlodwigs mit der *Ecclesia Dei* und der aus ihr entspringenden Gründung eines christlich-katholischen fränkischen Königtums geschildert werden.

Der Bischof von Tours, der sich in einer durchaus vergleichbaren historischen Situation wie seine römischen Vorgänger Eusebius oder Orosius befand, leistete damit dem jungen fränkischen Reich einen ideologischen Dienst, wie ihn zu ihrer Zeit Bischof Eusebius für das soeben christlich gewordene Römerreich Constantins und Rufinus oder Orosius wenig später für den Christenstaat des Theodosius geleistet haben. Diese Parallelität der Situationen wird auch in der typologischen Bezeichnung *novus Constantinus* angesprochen, die der Historiograph dem ersten katholischen Frankenkönig Chlodwig in Hinsicht auf seine Taufe durch Bischof Remigius von Reims verliehen hat (*Hist.* II 31). Wichtiger als diese nur punktuelle Typologie ist freilich die Präsentierung Chlodwigs in den durch ihre spirituelle Aussage schwergewichtigen Prologen der Bücher II und III, wonach der Frankenkönig als David, das heißt als erster gottgefälliger König Israels, mit Gottes Hilfe den falschgläubigen Goliath-Alarich um Herrschaft und Leben bringt. In dieser Perspektive hat Gregor nach dem Taufakt in Chlodwigs Auseinandersetzung mit dem arianischen Westgotenreich in der Tat den spirituellen Höhepunkt in der Laufbahn des Reichsgründers konzipiert (*Hist.* II 37). Entsprechend hat er den mit der Schlacht von Vouillé 507 endenden Sieg als direkte Folge der zuvor abgeschlossenen sakralen Allianz beschrieben: Als Ausgangspunkt des Feldzugs erscheint folglich die Basilika in Tours, wo Martin auf wunderbare Weise seine himmlische Unterstützung erkennen läßt. Durch vergleichbar wunderbare Zeichen schließt sich dann auch der Lehrer Martins, der charismatische Bekennerbischof Hilarius von Poitiers, in seiner eigenen Kirche dem Unternehmen an. Konsequenterweise gilt nach dem glücklichen Ausgang des Feldzugs der Dank des Siegers dem hl. Martin in dessen Basilika, wo Chlodwig seinerseits die von Kaiser Anastasius übersandten Insignien des Ehrenkonsulats in Empfang nimmt (*Hist.* II 38). Eine abschließende Bestätigung des Bündnisses zwischen dem fränkischen König und der durch den »Apostel Galliens« vertretenen *Ecclesia Dei* vollzieht nach dem Tode Chlodwigs seine längst im Ruf der Heiligkeit lebende Witwe Chrodechilde, indem sie sich bis zu ihrem Tod in den Dienst – der Basilika – des fränkischen Reichsheiligen in Tours stellt (*Hist.* II 43). Damit endet Gregors zweites Buch und seine Darstellung vom sakralen Ursprung der fränkischen Monarchie.

Gesellschaftspolitische Konsequenzen der sakralen Reichsgründung: Der Beitrag der Bischofskirchen zur Leitung des Gottesvolkes

Die Königsthematik, die der Autor der Historien schon im zweiten Buch am Beispiel der häretischen und deshalb um Leben und Reich gebrachten Könige der *gentes* – kontrastiert durch den Erfolg des gottbegnadeten Chlodwig – zum Klingen gebracht hat, behält er auch in den Büchern III bis IX als Leitfaden bei; das erste und letzte Buch war dagegen jeweils als Teil des eschatologischen Rahmens vorgesehen, innerhalb dessen Könige, Bischöfe und Gottesvolk ihrer spirituellen Bestimmung entgegengehen sollten.

Die Beurteilung der merowingischen *reges* folgt ganz den von Augustin in *De civitate Dei* (V 24–26) vorgebrachten Kriterien der individuellen, persönlichen Einstellung des jeweiligen Prinzeps zu Gott und der Religionsausübung. Der Bischof von Tours geht hier nur einen Schritt weiter, wenn er diese Haltung konkret mit dem Schutz der Bischöfe, der Kirchen und Armen gleichsetzt. Die zentrale Würdigung der Leitfigur von Buch III, König Theudebert I., resümiert das Portrait ihres Helden wie folgt: »Er regierte mit Gerechtigkeit, ehrte die Bischöfe, beschenkte die Kirchen, half den Armen und erwies vielen viele Wohltaten« (*Hist.* III 25). Gregors Beurteilung liegt die ideale Konzeption zugrunde, der Gottesstaat sei bereits in der irdischen Gesellschaft umzusetzen, wenn nicht gar zu verwirklichen; daraus ergibt sich zwangsläufig die spirituelle Führerschaft der Bischöfe, die Gregors großer römischer Bischofskollege etwa gleichzeitig in deutlicher Weise in seinem einschlägigen Handbuch *Regula pastoralis* beschrieben hat. In einer umfassend christlich definierten Gesellschaft mußte sich diese geistige Führerschaft notwendigerweise auf alle sozialen Bereiche ausdehnen, wozu gerade in Gallien die im 5. Jahrhundert erreichte und von Chlodwig bestätigte politische Stellung der Kirchenfürsten in ihrer *civitas* hinzukam. Das in Buch IV der Historien beschriebene Desaster der beginnenden merowingischen Bruderkriege, *bella civilia*, und die damit verbundene Ermordung König Sigiberts I., wird konkret auf die Mißachtung der Ermahnungen eines heiligen Bischofs, Germanus von Paris, zurückgeführt (*Hist.* IV 51).

Die »Sünden der Könige«, die in Buch IV Revue passieren, werden durch ein Projekt von Steuerbelastungen eröffnet, die König Chlothar I. für alle Kirchen seines Reichs vorgesehen hatte (*Hist.* IV 2). In dem direkt vorangehenden ersten Kapitel des Buchs ist vom Tod Chrodechildes, das heißt der letzten Zeugin der sakralen Allianz, die Rede: Mit dem einführenden Hinweis auf ihr Ableben hat Gregor die Verfehlungen der Chlodwigsöhne und -enkel ganz unter das Thema der Abwendung von den Prinzipien des Reichsgründers gestellt; daß die Epoche Chlodwigs auch weiterhin als sakrosankte Referenzzeit zu gelten habe, wird in einem expliziten, sich direkt an die Merowinger wendenden Prolog zum fünften Buch vollends deutlich gemacht.

Das Hauptstück der historischen »Beweisführung« des Bischofs von Tours stellen aber zweifellos die antithetisch präsentierten Regierungen der Könige Chilperich I. (Bücher V und VI) und Gunthram (Bücher VII–IX) dar; beide Könige sind langjährige Ansprechpartner Gregors bei der Ausübung seines eigenen Amtes gewesen. Auch für sie gelten als Kriterien der Beurteilung ihre jeweilige Einstellung zu den Bischöfen ihres Reichs, ihre Annahme der kirchlichen Institutionen sowie deren Einordnung in die geltenden Herrschaftsstrukturen, kurz, die Ausgestaltung einer wahrhaft christlichen Gesellschaft. Während Chilperich I. nun die seit den Zeiten Chlodwigs schon verbürgte Herrschaft der Bischöfe in den *civitates* ausschließlich auf einen engen religiösen Bereich beschränken will, sind für Gunthram die Bischöfe und ihre Kirchen vorrangige Elemente seiner Regierung. Wenn infolgedessen Gregor dem Herrscher des burgundischen Reichs Wunderkraft, *virtus,* zuschreibt, die Gott seinen Heiligen verleiht, und ihn endlich gar als König und Bischof, *rex acsi sacerdos,* stilisiert (*Hist.* IX 21), drückt er damit aus, daß die Verwirklichung des Gottesstaates in der Person Gunthrams vorangeschritten ist. Die zur Zeit des Königs stattfindenden Greuel und der Hinweis auf das Nahen des Gerichts (Buch X) machen freilich deutlich, daß eine breite Verwirklichung des idealen Projekts keinesfalls noch in historischer Zeit zustande kommen würde.

Ungeachtet dieses Vorbehalts bleibt festzuhalten, daß die Einbeziehung der kirchlichen Strukturen in die Definition staatlicher Herrschaft im fränkischen Reich durch Gregor von Tours eine bedeutende und kaum wegzudenkende ideologische Grundlage erhalten hat.

Wirkungsgeschichte der zehn Bücher Geschichte

Da die Historien zweifelsohne nicht zu Lebzeiten ihres Verfassers veröffentlicht wurden, sind sie für das 6. Jahrhundert eher Zeugen als anregende Faktoren politisch-ideologischer Meinungsbildung. Das änderte sich spätestens in der ersten Hälfte des 7. Jahrhunderts, in der zwei unterschiedliche Ausgaben des Werkes in Umlauf gebracht wurden. Während die vollständige Version relativ schwach verbreitet gewesen zu sein scheint, hat sich eine im austrasischen Raum entstandene und auf die ersten sechs Bücher beschränkte Fassung mit größerem Erfolg durchgesetzt; dabei ging die ekklesiologische (der christlichen Kirchenlehre verhaftete) Grundstruktur des Werks wie auch, durch Streichungen von Kapiteln in den ersten sechs Büchern, vieles von seinem ekklesialen (kirchlichen) Gehalt verloren.

Die gekürzte Fassung hat schließlich dem Fredegar (658/660) vorgelegen, der sie ebenso ausführlich benutzt hat wie der neustrische Autor des *Liber Historiae Francorum*, der um 726/727 schrieb; ein Großteil der Handschriften des letzten, unerhört verbreiteten Werks ist vor allem in seiner austrasischen Version von etwa 737 unter dem Namen Gregors erschienen. Seit der Mitte des 8. Jahrhunderts scheint man stärker auf vollständige, also alle zehn Bücher umfassende Versionen von Gregors Geschichtswerk zurückgegriffen zu haben; eine wirklich bedeutende Rezeption der gregorianischen Historien in ihrer Gesamtheit hat in der Karolingerzeit allerdings nicht stattgefunden.

Einen Höhepunkt in der Überlieferungs- und Wirkungsgeschichte der Geschichtsbücher stellt dagegen die vollständige Ausgabe dar, die für die spezifischen Belange der kapetingischen Monarchie seit dem 10. Jahrhundert hergestellt wurde und von der 15 Handschriften bezeugt sind. Durch die damit einsetzende Benutzung des Werks als autorisierte »offizielle« Darstellung der Ursprünge des französischen Königtums hat sich insbesondere die gregorianische Fiktion der sakralen fränkischen Reichsgründung durchsetzen können. Von hier laufen direkte Bezüge zu dem noch im 19. Jahrhundert einflußreichen politischen Schlagwort von der »alliance sacrée«.

Literatur: Breukelaar 1994. – Goffart 1988. – Heinzelmann 1992; 1994a; 1994b; 1994c. – Heinzelmann/Bourgain 1994. – Pietri 1983.

König und Herrschaft

Reinhard Schneider

Die Themenstellung umfaßt dreierlei: König und Königtum verlangen eine knappe Skizzierung, und wenigstens andeutungsweise muß Königsherrschaft beschrieben werden; schließlich sind auch nichtkönigliche Herrschaftsformen zu berücksichtigen. Gemeinsam sind sie in das breitere Verfassungsgefüge des merowingischen Frankenreiches eingebettet.
Das insgesamt recht komplizierte und beachtlich differenzierte politische System im Frankenreich läßt sich mit dem Hinweis auf die Königsherrschaft nur unzureichend beschreiben. Adlige und kirchliche Herrschaftsformen und ihre jeweiligen Exponenten blieben stets gewichtige Machtfaktoren, denen nur ein kraftvoller und glückhafter König langfristiger widerstehen und die er im günstigen Fall in eine Reichspolitik einbinden konnte, sofern diese fränkischem Volksinteresse einigermaßen entsprach.

Die Entstehung des fränkischen Königtums

Die Entstehung des fränkischen Königtums läßt sich kaum eindeutig beschreiben. Daher greift eine systematisch orientierte Forschung gern zurück auf die Grundlagen, bei denen sich eine relativ frühe Verschmelzung von sakraler Führungsrolle und militärischer Spitzenfunktion innerhalb eines Stammes ergab, letztlich also die fast klassische Funktionstrennung zwischen dem *rex* (*ex nobilitate*) und einem *dux* (*ex virtute*), von der Tacitus spricht, aufgehoben wurde. Gerade in der Wanderzeit des 4. und 5. Jahrhunderts und vor allem im Zusammenhang mit Landnahmevorgängen tritt uns ein aus beiden Wurzeln gespeistes sogenanntes Heerkönigtum entgegen, dessen Exponenten im Zuge erfolgreicher Seßhaftwerdung des eigenen Volkes oder Stammes (*gens*) ihre Königsrolle im allgemeinen auszubauen verstehen. In diesen knapp angedeuteten Kontext ist die Frühgeschichte des merowingischen Königtums einzuordnen, doch bleiben Probleme. So rätselt etwa Gregor von Tours, der überragende Geschichtsschreiber der Franken, in seiner zwischen 573 und 575 entstandenen Darstellung der Frühzeit darüber, weshalb er in seinen Quellen über sehr lange Zeit keine Könige bei den Franken findet. Erleichtert entnimmt er endlich den Konsullisten die Nachricht von einem Theudomerus *rex Francorum*, mit dem er dann ersten festen Boden für seine Frankengeschichte gewinnt.

Den Schlüssel für Gregors Irritation und zugleich eine Erklärung für das Fehlen von Nachrichten, die eine Existenz von Königen bei den Franken bezeugen, liefert drei Generationen später Fredegar bzw. der sogenannte Pseudo-Fredegar, wie man den nahezu unbekannten zweiten herausragenden Geschichtsschreiber der Franken zu nennen sich angewöhnt hat. Wolfgang Fritze hat nämlich nachweisen können, daß sich Pseudo-Fredegar von einer Theorie vom Königtum leiten ließ, »nach welcher nur ein politisch starkes Volk befähigt ist, die Einherrschaft eines Königs aus sich hervorzubringen, während schwache Völker sich mit der Vielherrschaft von *duces* begnügen müssen«. Königtum spricht mithin für relevante Herrschaftsformen; zahlreiche Parallelen aus anderen Völkern (*gentes*) der Völkerwanderungszeit und des frühen Mittelalters bekräftigen die Richtigkeit der genannten Theorie. Sie gilt auch für die Franken, die sehr lange Zeit nur in kleinen Verbänden greifbar sind, weshalb Reinhard Wenskus von einem »Stammesschwarm« spricht. Erst in den Jahrzehnten von 460 bis 480 ist ein festeres Gefüge erkennbar, das größere herrschaftliche Organisationsformen ermöglichte, vielleicht auch erforderte. Jedenfalls tritt uns der früheste objektiv bezeugte Frankenkönig, jener Childerich I., in dessen Grab sich ein Siegelring mit der Umschrift CHILDIRICI REGIS fand, bereits als Repräsentant eines fränkischen Teilstammes entgegen, und für seinen Sohn Chlodwig (482–511), der das Königtum bei den Franken für sich und seine unmittelbaren Nachfolger monopolisierte, gilt die Feststellung uneingeschränkt: Dieser König repräsentiert die *gens Francorum*, sein Funktionstitel *rex* wird ergänzt um die ethnische Bereichsbezeichnung *Francorum*. Chlodwig ist demnach König des gentilen Personenverbandes der Franken, aber er ist auch Herrscher/*rex* über alle anderen *gentes* und gentilen Teilverbände sowie über die romanische Bevölkerung des *regnum Francorum*, also des auf gallischem Boden befindlichen Vielvölkerreichs des fränkischen Staatsvolks.

Wahlkönigtum und Herrschaftssymbolik

Relevante Herrschaft übten im Merowingerreich König und Adel aus, mit gewissen Einschränkungen auch die Bischöfe der alten gallischen *civitates*. Allerdings gibt es beträchtliche Unterschiede und auch Schwankungen hinsichtlich der Intensität von Herrschaftsausübung. Dies gilt vor allem für die Königsherrschaft, deren Basis wie bei nahezu allen *gentes* der Völkerwanderungszeit und des Frühmittelalters eine allgemeine Akzeptanz bildet. So ist auch der Frankenkönig Repräsen-

Stammtafel der Merowinger Teil 1

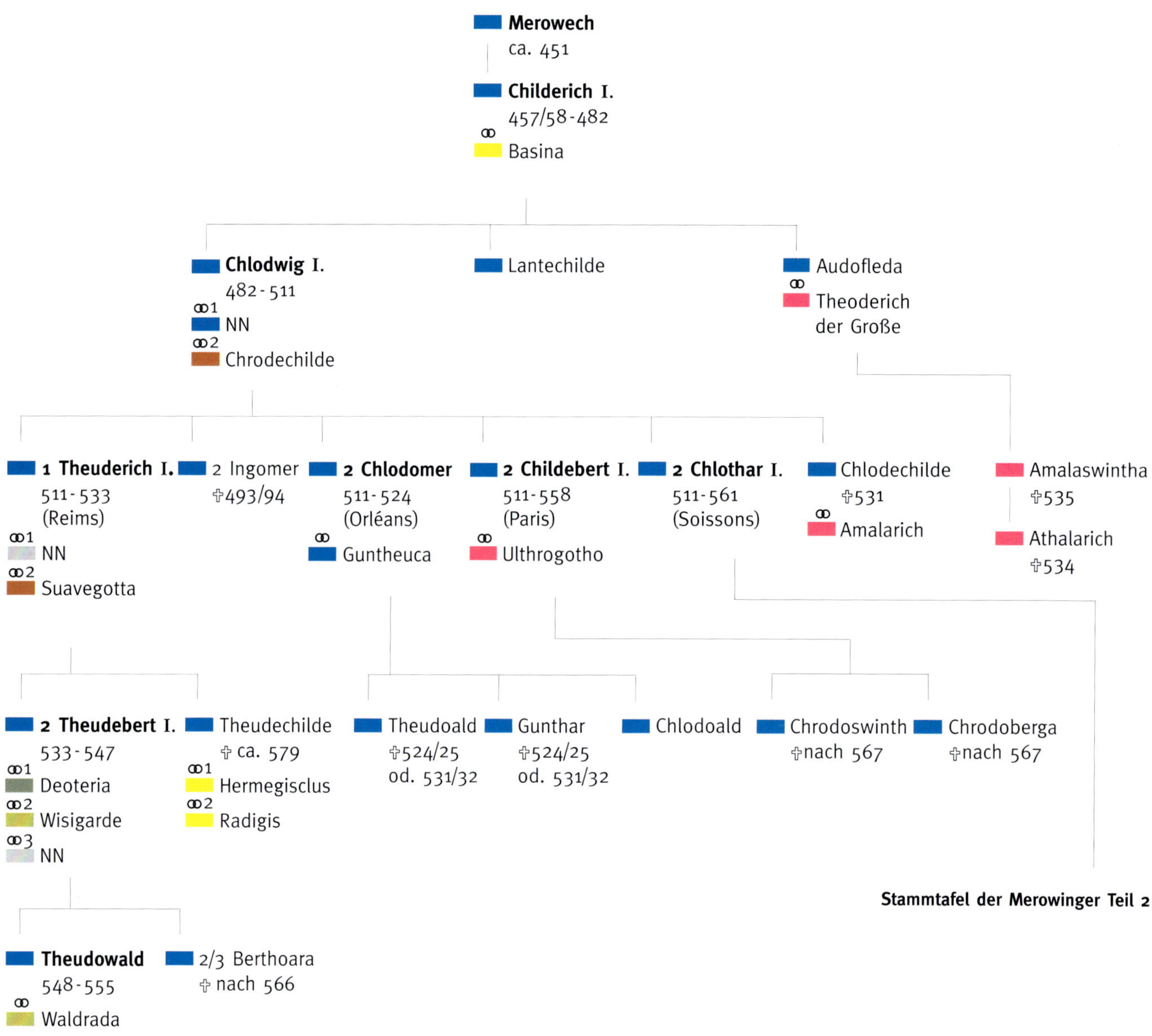

Abb. 312 Stammtafel der Merowinger Teil 1. – Nach Eugen Ewig; graphische Aufbereitung von I. Bell.

Stammtafel der Merowinger Teil 2

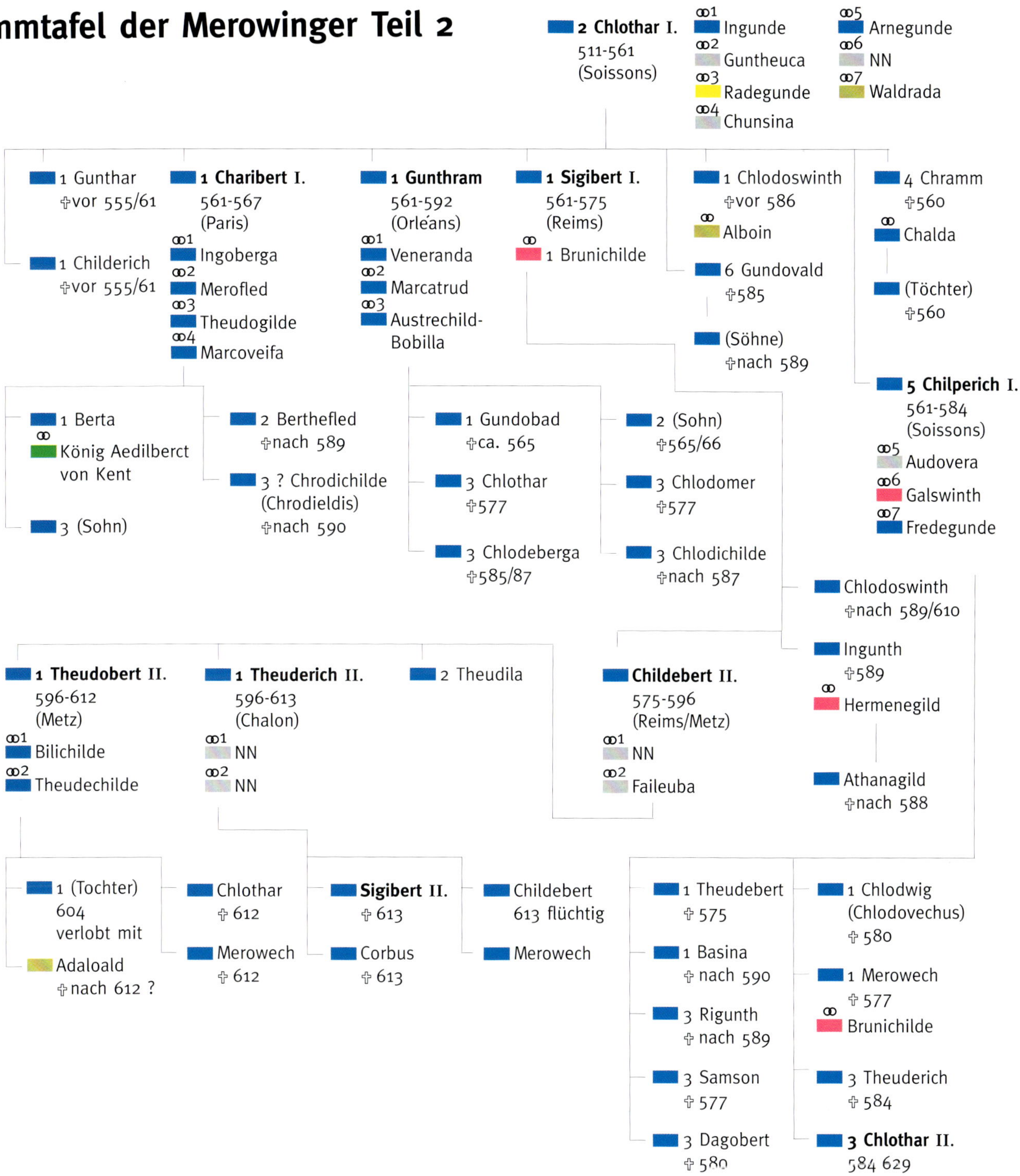

Abb. 313 Stammtafel der Merowinger Teil 2. Die Nachkommen Chlothars I. – Nach Eugen Ewig; graphische Aufbereitung von I. Bell.

Stammtafel der Merowinger Teil 3

Stammtafel der Merowinger Teil 3

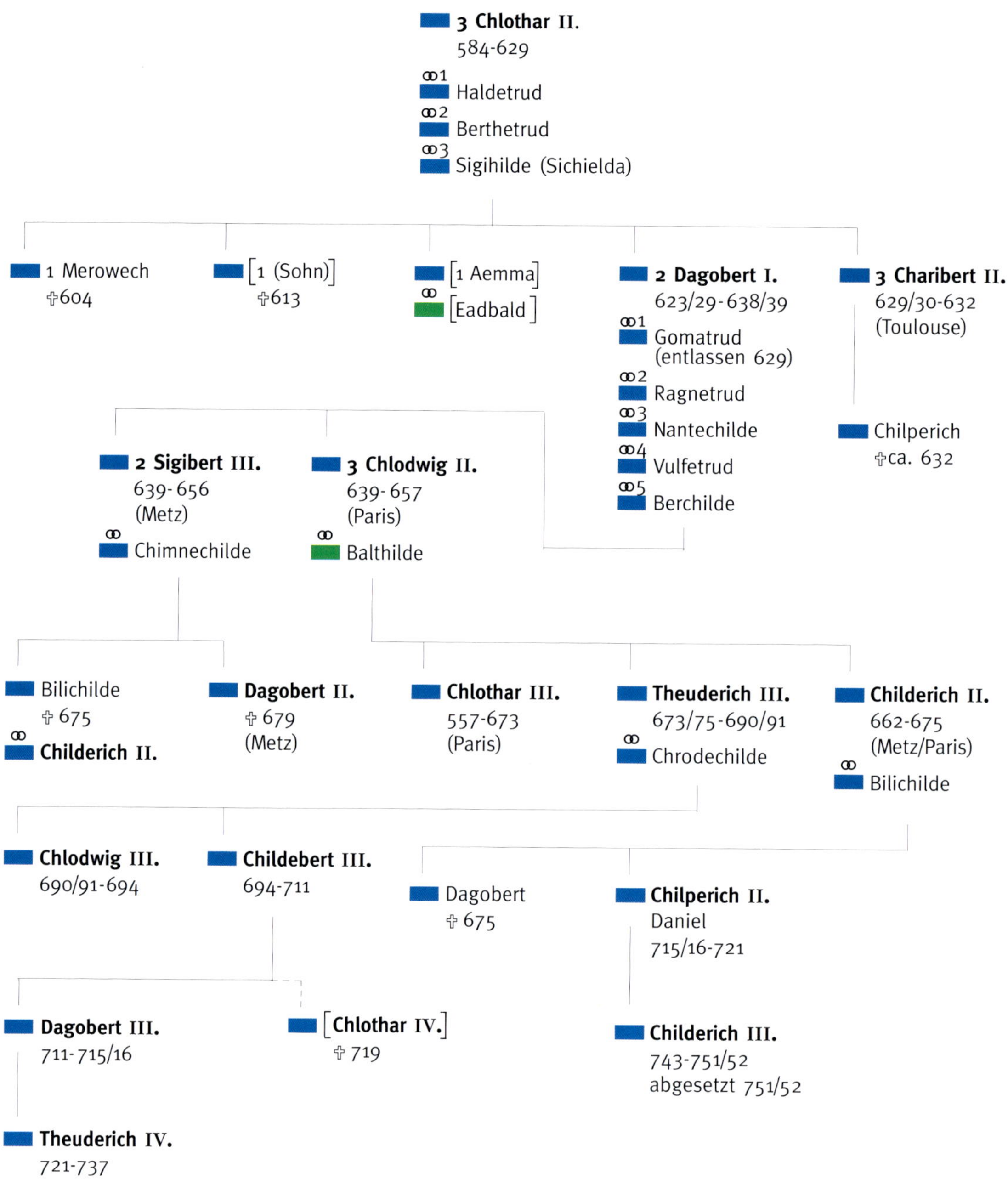

Abb. 314 *Stammtafel der Merowinger Teil 3. Die Nachkommen Chlothars II. – Nach Eugen Ewig; graphische Aufbereitung von I. Bell.*

tant seiner *gens* und Herrscher des *regnum Francorum*, den jeweils Wahl durch die gentile Führungsschicht und eine erbrechtlich-dynastische Komponente entscheidend legitimieren. Als König verfügt er zudem über ansehnlichen Reichtum, den der Hort (*thesaurus regis*) am eindrucksvollsten symbolisiert, und er ist Führer des Heeres (*exercitus Francorum*), dies allerdings nicht unumschränkt. Gleichwohl gilt, daß Heer und Hort des Merowingerkönigs wesentliche Machtfaktoren bilden. Darüber hinaus wird man nach seiner Herrschaftsqualität fragen, etwa im Sinne eines »rechtlich begründeten Anspruchs auf fremdes Tun, mit welchem Befehls-(Gebots-)befugnis meist verbunden« ist (Dietmar Willoweit). Die rechtliche Begründung beruht kaum auf schriftlich fixierten Normen, die in der Merowingerzeit nur zaghaft aufscheinen und sich erst in karolingischen Kapitularien voller entfalten. Aber die Rechtsgrundlage der Wahl zum König bietet dem Herrscher einen ableitbaren Anspruch, der gewohnheitsrechtlich gefestigt wird. Zwei Elemente stärken vor allem den »Anspruch auf fremdes Tun« beziehungsweise die Befehlsbefugnis. Im dominant romanisch geprägten Gallien mit einem fränkischen Bevölkerungsanteil von zumeist 2% und nur nördlich der Loire von maximal 10% ergab sich für fränkische Könige schon früh der Zwang, in spätantik-römischen Formen aufzutreten, um überhaupt als Herrscher erkennbar zu sein und Respekt zu erlangen. Denn pure Gewaltherrschaft erwies sich angesichts der demographischen Ausgangslage als zu riskant und kaum als aussichtsreich auf auch nur mittlere Dauer. Der Übertritt des Frankenstammes zum christlichen Glauben, der mit seiner katholischen statt bei den Germanen üblichen arianischen Ausrichtung ohnehin stark politisch motiviert war, kam hinzu und verbot brutale Formen einer Gewaltherrschaft. Die komplizierte Entwicklung ist in peripher anmutenden Einzelzügen am besten verfolgbar. So übernahmen beispielsweise fränkische Könige spätantike Festgewänder mit golddurchwirkten Stoffen und kostbaren Verzierungen, verwendeten Purpurverbrämung, die eigentlich nur dem Kaiser und in abgestuften Formen dessen höchsten Amtsträgern zukam, und vor allem entlehnten oder besser usurpierten sie östlich-byzantinisches Herrscherzeremoniell samt seinen vielfältigen Ausformungen. Wenn dann ein Merowingerkönig in eine alte *civitas* oder in die frisch restaurierten Arenen von Soissons, Paris oder Arles einzog, um bei den Zirkusspielen den Vorsitz (anstelle des Kaisers oder eines hohen kaiserlichen Beamten) wahrzunehmen, dann profitierte er ungemein von solcher äußeren Anpassung – die ihn aus dem fränkischen Volksganzen allerdings zusätzlich heraushob. Kirchliche Liturgie, sowohl bei feierlichen *adventus*, bei Hochfesten und im regelmäßigen Gottesdienst geübt und oft mit zeremoniellen Formen verwoben, wirkte sich in ähnlicher Weise aus, mit dem Ergebnis, daß sich schon gegen Ende des 7. Jahrhunderts eine liturgisch-zeremonielle Schranke als Schutz für selbst äußerst schwache Merowingerkönige ergab. Hauptsächlich ihretwegen zögerten die karolingischen Hausmeier mit der vollen und legitimierten Machtübernahme, die erst 751 Pippin mit seinem »Staatsstreich« riskierte.

Das zweite angesprochene Element spiegelt sich am besten in einer anekdotischen Nachricht Gregors von Tours, die gewiß Typisches enthält. Gemeint ist die berühmte Geschichte mit dem kostbaren Krug von Soissons, den Chlodwig über seinen persönlichen Beuteanteil hinaus in der Heeresversammlung vergebens forderte. Der König vergaß diese »Schmach« nicht und rächte sich im Jahr darauf bei einer Waffenparade in brutaler Form an demjenigen, der im Vorjahr nach altem Recht einen zusätzlichen Anteil verweigert hatte. Damit hatte Chlodwig allen »gewaltige Furcht« (Gregor von Tours) eingejagt, und das Heer begriff den kurzfristigen Wandel, der den erfolgreichen König über seine Krieger in neuer Form emporhob, ihm gesteigerte Befehlsbefugnis samt materiellen Ansprüchen sicherte. Das offenbar allgemein anerkannte Erfordernis militärischen Drills und öffentlicher Waffenkontrolle hatte dem König die willkommene Chance geboten, seine herrscherliche Position außerordentlich zu stärken.

König – Adel – Bischöfe

Der Blick auf das merowingische Königtum darf aber nicht außer acht lassen, daß Königsherrschaft nur Teile des Reiches und vor allem Teilbereiche des Lebens erfassen konnte. Sie war ohnehin in vieler Hinsicht auf den Konsens des Herrschaftsvolkes der Franken, das heißt vor allem von dessen Führungsschicht, angewiesen. So laufen häufig genug königliche und adlige Interessen einerseits zusammen, andererseits auseinander. Im Allodial- wie im Lehnsbereich übte der Adel eigene Herrschaft, ließ sich in ihrer Ausübung kaum beirren oder gar zügeln. Als Inhaber großer und sehr großer Grundherrschaften war er nämlich wirtschaftlich gut gesichert, verfügte über eine fast autarke ökonomische Basis und war darüber hinaus in der Lage, seinerseits eine militärische Gefolgschaft an seinem Herrenhof zu unterhalten. Gerichtsherrliche Befugnisse im Bereich der Grundherrschaft ergänzten die sozio-ökonomische Selbständigkeit zu tatsächlicher Herrschaft in einem von ihm selbst überschauten Rahmen. Sofern der Adel für politisch-militärische Zwecke benötigt wurde, konnte er – soweit er die gleichen Ziele verfolgte – mitwirken, mitunter auch mitbestimmen. Auf solcher Grundlage übernahm er dann in der Regel Pflichten und Dienste für das Frankenreich, dessen Interessen das Königtum zu wahren hatte, nicht immer aber auch definieren konnte.

Grundsätzlich wirkte das merowingische Königtum als Integrationsfaktor im Frankenreich, was sich am deutlichsten im Zusammenhang von Königswahl und Königserhebung zeigt, aber auch im kirchlichen Bereich. So berief Chlodwig die erste fränkische Synode 511 nach Orléans und begründete die »Rechtsanschauung, daß zu jeder synodalen Versammlung die königliche Erlaubnis nötig sei« (Albert Hauck). Es konnten daher Bischofsversammlungen dem Reichsgefüge eine zusätzliche Klammer bieten, doch haben die Nachfolgerkönige die sich bietenden Chancen zumeist verkannt. Erst Karl der Große handhabte kirchliche Organisationsinstrumente konsequent auch im eigenen politischen Interesse. In der frühen Merowingerzeit verfügten jedoch viele Bischöfe des Frankenreiches über ein großes Selbstbewußtsein; sie übten zumeist nennenswerte eigene Herrschaft in ihren Bischofsstädten (*civitates*) und beugten sich königlichen Ansprüchen nur zögernd. So waren die in der Regel aus galloromanischen Führungsschichten stammenden und spätantiker Tradition verhafteten Bischöfe Galliens zwar unentbehrliche, aber nicht immer voll verfügbare Stützen der königlichen Reichsherrschaft.

Der Adel – Träger der Königsherrschaft

Die bereits angeschnittene Frage nach der Herkunft des fränkischen Adels ist verknüpft mit der nach seiner Legititimität, die allerdings schwieriger zu greifen ist. Wichtig ist zunächst, daß die schriftlichen Quellen seit dem frühen 6. Jahrhundert innerhalb der fränkischen *gens* »eine politisch, wirtschaftlich und sozial klar abgehobene Führungsschicht« erkennen lassen, »deren Angehörige auf Grund der ihnen zugeschriebenen Eigenschaften, Funktion und Lebensweise als Adlige bezeichnet werden können« (Franz Irsigler). Mit Hilfe archäologischer Zeugnisse läßt sich diese Oberschicht, dieser Adel, bis vor die Mitte des 5. Jahrhunderts zurückverfolgen (Frauke Stein). Mit den frühen Nachweisen hängt die Frage zusammen, ob von einem Uradel, einem Adel mit sozusagen ursprünglichen (autogenen) Herrschaftsrechten gesprochen werden kann oder ob Adelsqualität nur durch Königsdienst oder Herrschernähe erworben wurde, also durch das Königtum erst eigentlich legitimiert war. Die starre Alternative erscheint indes wenig hilfreich, sachgerechter dürfte es sein, auf die Wirksamkeit beider Legitimationsstränge zu achten, deren Gewicht nach jeweiligen Erfordernissen besonders akzentuiert, mitunter in Teilen auch vernachlässigt werden konnte. Unzweifelhaft ist jedenfalls, daß der fränkische Adel Herrschaft übernahm, teils individuell für sich bereits in sehr relevanter Form, teils und annähernd regelmäßig in kollektiver Weise – insbesondere in Ausübung eines Wahlanspruchs bei der Königsbestellung. In dieser Funktion verfolgten die Führungsschichten gewiß auch eigene Interessen, doch gewichtiger war das verantwortliche Handeln zum Wohle der Franken und ihres Reiches. Insofern wuchsen die Königswähler immer zugleich hinein in ihre Rolle als Träger der Königsherrschaft, was sich in militärischer und politischer, selbst in administrativer Hinsicht auswirkte. Da sich aber einzelne Adlige auch außerhalb der Wahlaufgabe häufig kollek-

Abb. 315 *Thron des Königs Dagobert aus St-Denis. Paris, Bibl. Nat. – Nach Roth 1986.*

tiv zusammenfanden, kam solchen Gruppierungen mitunter erheblicher politischer Einfluß zu. An der Spitze derartiger, meist locker gefügter Organisationsformen profilierten sich seit dem ausgehenden 6. Jahrhundert in der Regel Hausmeier; solche aus dem Hause der Arnulfinger/Pippiniden übten mit Unterstützung des austrasischen Adels seit der Schlacht von Tertry 687 die faktische Herrschaftsgewalt im Frankenreich aus. Dessen ungeachtet respektierten sie fast unerklärlich lange das merowingische Königtum, das wohl vor allem durch eine zeremonielle Schranke und den traditionellen Respekt der Gesamtbevölkerung geschützt wurde. Erst im Zusammenhang mit dem dann doch noch riskierten karolingischen Staatsstreich kam es 751 zu der berühmten Anfrage Pippins an den Papst, wer denn König sein solle: derjenige, der die Macht habe, oder der, der den Namen trage. Der Papst sprach dem mächtigen Karolinger auch den Königstitel zu, weil Macht und Titel in einer Hand der göttlichen Ordnung am ehesten entsprächen. Zum König der Franken erhoben war Pippin freilich schon vorher, die päpstliche Aussage hatte eher bestätigenden beziehungsweise anerkennenden Charakter, hätte aber auch als entbehrlich empfunden werden können.

Literatur: Ewig 1988. – Fritze 1994, 142. – Hauck 1954, 154. – Irsigler 1969. – Scheibelreiter 1983. – Schlesinger 1956 (1963), 53 ff. – Schneider, R. 1972, 240 ff.; 1989, 59 ff. – Stein, F. 1967. – Wenskus 1961 (1977), 53 f.; 518. – Willoweit 1989.

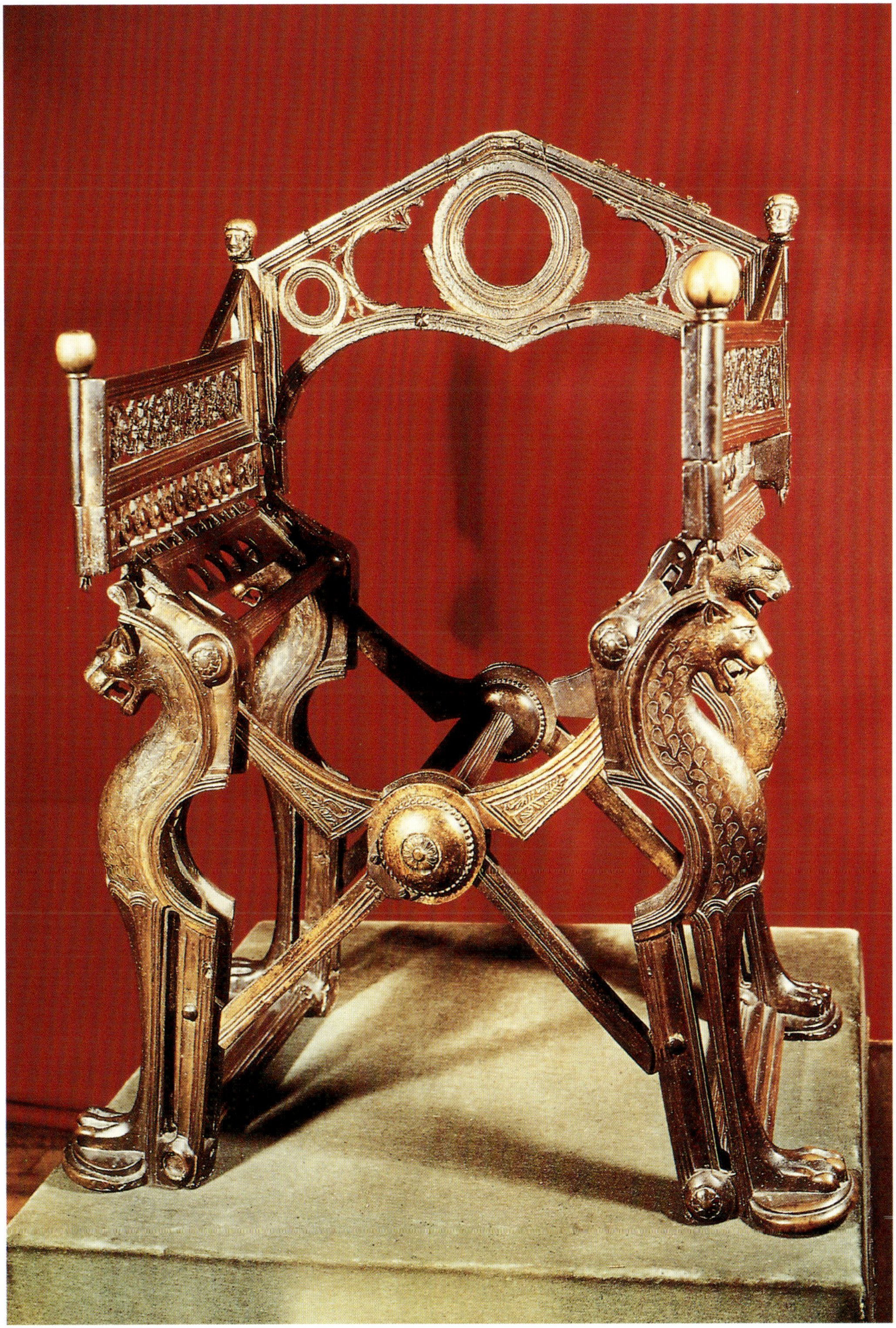

Die Franken und Byzanz

Jean-Marie Sansterre

Diplomatische Beziehungen zwischen dem Frankenreich und Byzanz bestanden während des ganzen 6. Jahrhunderts, nachdem Chlodwig I. bereits 508 von Kaiser Anastasius zum Ehrenkonsul berufen worden war. Gesandtschaften waren in beiden Richtungen unterwegs. 628 schickte Dagobert I. die beiden letzten Botschafter, danach gibt es für das 7. Jahrhundert kaum noch Hinweise auf politische Verhandlungen mit Byzanz.

Der erste Beleg für eine Beziehung zwischen dem merowingischen und dem byzantinischen Reich ist auch der berühmteste. Im Jahre 508 erhielt Chlodwig I., als er von seinem siegreichen Feldzug gegen die Westgoten zurückgekehrt war, von Kaiser Anastasius ein Ehrenamt, ohne Zweifel das Ehren-Konsulat. Dies kam der Anerkennung seiner Königsherrschaft gleich und drückte den Willen aus, ihn von nun an als den wichtigsten Herrscher des barbarischen Abendlandes anzuerkennen. Chlodwig nahm damit den Platz und die Stellung des Ostgotenkönigs Theoderich ein, dessen Beziehungen zu Byzanz sich verschlechtert hatten. Bei dieser Gelegenheit dürfte Chlodwig in die Reihe jener Könige aufgenommen worden sein, die den Kaiser als »Vater« bezeichnen durften. Dies ist jedenfalls für mehrere seiner Nachfolger bezeugt. Die Zeremonien, mit denen Chlodwig in Tours seinen Sieg feierte, zeigen ein Spannungsfeld auf, und zwar zwischen der Bedeutung, die der Frankenkönig der Bestätigung durch den Kaiser beimaß, und der Sorge, eine tatsächliche Unabhängigkeit zu betonen. Chlodwig feierte den kaiserlichen Triumph wie die Generäle in Miniaturform, aber er trug ein Diadem und wurde vielleicht als »Augustus« angesprochen.

Ein Vierteljahrhundert später gab die Rückeroberungspolitik Justinians Anlaß zu neuen Kontakten. 535, am Anfang des langen Krieges gegen die Ostgoten, die Italien beherrschten, schickte der Kaiser eine Gesandtschaft zu Childebert I. von Paris, zu Chlothar I. von Soissons und zu Theudebert I. von Reims, um sich ihrer Mithilfe zu versichern. Die Könige nahmen an, erhielten Subsidien, traten in der Provence in den Krieg gegen die Ostgoten ein, arrangierten sich aber bald mit diesen. 537 traten ihnen die Ostgoten die Provence ab, zuvor auch die nordalpinen Provinzen Raetia I. und II. Die Abtretungen wurden durch den Kaiser ohne Zweifel 540 zwischen den beiden Phasen des Ostgotenkrieges bestätigt.

Theudebert I., der mächtigste der drei fränkischen Herrscher, profitierte zusätzlich von diesem Krieg. Er bemächtigte sich (um 545) Ländereien in Nord-Italien, größtenteils in Venetien. Die Byzantiner versuchten vergeblich, von seinem Sohne Theudowald die Rückgabe der betreffenden Gebiete zu erlangen, und gewannen sie erst gewaltsam in den Jahren, die auf den Tod des Königs folgten (555), zurück.

Es scheint sogar , daß man in Byzanz fürchtete, Theudebert würde den Krieg bis zur kaiserlichen Hauptstadt ausdehnen. Diese Befürchtung war jedoch übertrieben. Aber der König unterließ es nicht, den Byzantinern seinen Anspruch auf die königliche Hegemonie im Abendland kund zu tun. Während er Justinian mit »Vater« anredete, stellte er sich in einem Schreiben (um 536?) als Herrscher über die Völker und Provinzen dar, die sich von Thüringen, der Donau und den Grenzen zu Pannonien bis zum Ozean erstreckten. Im übrigen wagte er, wahrscheinlich von seiner gallo-römischen Umgebung beraten, ein kaiserliches Monopol an sich zu reißen: die Prägung von Goldmünzen mit seinem Namen und seinem Bild. Das führte in Constantinopel zu starken Irritationen. Der König seinerseits war darüber ungehalten, daß Justinian in seine Titulatur den Begriff *Francicus* aufgenommen hatte, als ob er über die Franken triumphiert hätte.

Aktenstücke, die sich auf die kaiserliche Ratifizierung des apostolischen Vikariates zweier neuer Bischöfe von Arles in den Jahren um 540 beziehen, zeugen im Gegensatz dazu von guten Beziehungen des Königs Childebert I. von Paris mit dem Kaiserhof über die Zwischenstationen der provenzalischen Metropolis und Roms. Die Beziehungen wurden gespannter, als Justinian den Papst Vigilius, den man nach Constantinopel gebracht hatte, zwingen wollte, die »Drei Kapitel«, Schriften, die vom byzantinischen Herrscher als häretisch bezeichnet wurden, zu verurteilen. Im Königreich Reims war die Reaktion besonders lebhaft. Um 550–553 beschworen Nicetius, der Bischof von Trier, und seine *coepiscopi* Kaiser Justinian, auf die Häresie und die Verfolgung zu verzichten. Sie taten dies mit ebenso großem Nachdruck, wie sie sich eine falsche Vorstellung von der theologischen Stellung des Kaisers machten. Wie Eugen Ewig unterstreicht,

Abb. 316 *Fürstengrab von Planig. Der vornehme Franke aus dem ersten Drittel des 6. Jahrhunderts besaß einen byzantinischen Spangenhelm mit zwei eingepunzten Kreuzen über der Stirn. Vergoldet sind die vernieteten sechs Bronzespangen, ebenso der Stirnreif und die Wangenklappen (Kat. V.4.4.). – Foto Reiss-Museum.*

belegt dieses wichtige Dokument aber, wie sehr sich die Bischöfe Austrasiens noch dem Kaiserreich verbunden fühlten; anderseits zeigt es auch auf, wie sehr der religiöse Streit der Hochachtung, die dem Kaiser entgegengebracht wurde, Abtrag tat.

Während in den Jahren um 550 der griechische Historiker Prokop den Franken gegenüber eine Feindseligkeit zeigte, in der sich anti-barbarische Voreingenommenheit und die Verärgerung wegen der Invasion in Italien durch Theudebert I. mischten, bricht der Fortsetzer seines Werkes, Agathias, etwa 20 Jahre später in ein lebhaftes Lob aus. Weit entfernt davon, wie gewisse andere Barbaren Nomaden zu sein, hätten die Franken in manchen Beziehungen dasselbe politische System wie die Römer (i. e. die Byzantiner), dieselben Gesetze und dieselben Praktiken, was Verträge, Eheschließung und Religion angehe. Sie seien durch und durch orthodoxe Christen. Sie hätten in ihren Städten Beamte und Priester und feierten die Feste wie die Römer. Sie unterschieden sich kaum von diesen, es sei denn durch ihre Kleidung und ihre Sprache. Kurzum, sie scheinen für Barbaren sehr zivilisiert zu sein. Agathias fügt an, daß er besonders ihre Eintracht bewundere. Obwohl oft geteilt, würde ihr Königreich nie von einem Bürgerkrieg verwüstet. Zwar komme es vor, daß die Herrscher gegenseitig miteinander in Konflikt gerieten und zu Felde zögen. Aber wenn die Armeen sich gegenüberstünden, komme es nicht zum Kampfe. Sie zwängen ihre Herrscher, eine Übereinkunft zu finden oder einander als Einzelkämpfer gegenüberzutreten. In ihren Augen sei es nämlich weder gerecht noch im Interesse des Landes, daß die gemeinsame Sache unter einem privaten Streite leide. Da sie in Frieden, in Harmonie und nach den Regeln der Gerechtigkeit lebten, hätten die Franken gesehen, wie ihr Staat aufblühte, ohne daß er Gefahr lief, durch Feinde angegriffen zu werden. Dieses idealisierende Bild erklärt sich teilweise durch den Katholizismus der Franken, dem Agathias eine große Bedeutung beimißt. Es spiegelt aber noch mehr die Entwicklung des politischen Umfeldes. Das Ressentiment wegen des Verhaltens der Merowinger während des gotischen Krieges hat der Bewußtseinsbildung in Richtung auf eine Interessengemeinschaft gegenüber der Ausdehnung der Awaren in Zentraleuropa und dem Einrücken der Langobarden in Italien Platz gemacht.

Ab 568 oder 569 wurden wieder Verhandlungen zwischen den Merowingern und Byzanz aufgenommen. Diese Verhandlungen, teils kompliziert, teils von den Wechselfällen der fränkischen Politik gebremst oder gelähmt, betrafen vor allem Austrasien. 572 kam eine Gesandtschaft Sigiberts I. aus Constantinopel mit einem Friedensvertrag zurück. Sieben Jahre später wurde eine Allianz gegen die Langobarden geknüpft. Von 585 an bemühte sich Brunichilde, zu einem neuen Vertragsabschluß zu kommen, um die Rückkehr ihres Enkels Athanagild zu erreichen. Dabei handelte es sich um ein Waisenkind, das in der byzantinischen Hauptstadt zurückgehalten wurde, nachdem es von seinem Vater, dem westgotischen Prinzen Hermenegild, unter den Schutz der Byzantiner gestellt worden war.

Auch eine Gesandtschaft aus Neustrien weilte lange Zeit im Orient (578–581), ohne daß man genau weiß, was aus den Verhandlungen hervorging. Fest steht nur, daß die Gesandtschaft Chilperich I. große Goldmedaillons mit dem Bildnis von Kaiser Tiberius II., jedes im Gewicht eines Pfundes, zurückbrachte. Der König zeigte diese mit Stolz Gregor von Tours. Diese verschiedenen Kontakte führten kaum zu effektiven Resultaten. Der Versuch (582–585) des Thronanwärters Gundovald, nach seinem Exil in Italien und in Constantinopel einen merowingischen Thron zu besteigen, gehört in dieses diplomatische Spiel. Er wurde zunächst vom Kaiserreich unterstützt, das Wert darauf legte, daß ein Herrscher, der einer Allianz gegen die Langobarden positiv gegenüberstand, Gunthram von Burgund, der sich einer solchen Allianz widersetzte, ablösen sollte. Die Angelegenheit wurde aber ein Mißerfolg. Die militärischen Unternehmungen Austrasiens in Italien waren nicht von Erfolg gekrönt. Der austrasische Hof mußte schließlich seine anti-langobardische Politik aufgeben (591) und von diesem Augenblick an auch auf die Befreiung von Athanagild verzichten.

Die genannten Kontakte zeigen trotz alledem die Aufrechterhaltung eines wechselseitigen Interesses. Sie lassen bisweilen die Vielseitigkeit und den Umfang des diplomatischen Spieles erahnen. So begannen aller Wahrscheinlichkeit nach die Verhandlungen zwischen Byzanz und Austrasien auf halb-offizielle Weise anläßlich des Gesuches der ehemaligen Königin Radegunde um Überlassung eines Fragmentes des Wahren Kreuzes für ihr Kloster in Poitiers. Nach dessen Übersendung überbrachten die Abgesandten von Radegunde dem Kaiser Justin II. und

Abb. 317 *Die noch vorhandenen Beigaben aus dem Fürstengrab von Planig. Ein Solidus Leos I. (457–474) diente als Obolus. Von der Spatha sind die eiserne Griffangel mit den cloisonnierten Knauf- und Heftplatten erhalten sowie die ebenso verzierten, das heißt mit Almandinen eingelegten Scheidenbeschläge. Von der Scheide des einschneidigen Schwertes stammt der filigranverzierte goldene Beschlag und ein goldenes Ortband. Eine goldene Schnalle verschloß den Gürtel. Cloisonné-verziert ist der Taschenbügel mit den seitlichen Tierköpfen. Das Eßbesteck, ein Messerpaar mit goldenem Griff, verwahrte der Franke in einer Scheide mit goldenen Randbeschlägen. Erhalten sind auch die kleinen silbernen Schuhgarnituren (Kat. V.4.4.). – Foto Reiss-Museum.*

dessen Gemahlin Sophia ein Dankgedicht, das der aus Italien stammende Venantius Fortunatus verfaßt hatte. Das Werk, vor allem dazu bestimmt, in Constantinopel gelesen zu werden, pries die byzantinischen Herrscher und versicherte ihnen, daß das Abendland die kaiserliche Vorherrschaft anerkenne. Es ist übrigens möglich, daß Venantius einen neuen Panegyricus auf Justin II., der ganz von der byzantinischen Ideologie durchsetzt war, zum Vorbild hatte. Verfaßt hatte diesen in Constantinopel in lateinischer Sprache der Afrikaner Corippus.

Anderseits überbrachte eine Gesandtschaft von Brunichilde und ihrem Sohn Childebert II. 587–588 nicht weniger als 14 oder 15 Briefe nach Constantinopel. Diese waren für den Kaiser Mauricius, die Kaiserin, den Patriarchen, den Bischof von Melitene, einen Vetter des Kaisers, den Gesandten des Papstes beim Kaiser, vier hohe byzantinische Funktionäre, ein Ehepaar der sizilianischen Aristokratie und Athanagild selbst bestimmt.

Im 7. Jahrhundert werden Belege für politische Beziehungen zwischen den Franken und Byzanz extrem selten. Man weiß allerdings, daß 629 Dagobert I., nachdem er Herrscher über das ganze Frankenreich geworden war, zwei Botschafter nach Constantinopel schickte. Diese schlossen einen immerwährenden Frieden mit Heraclius ab, der eben über die Perser gesiegt hatte und sich auf dem Höhepunkt seiner Macht befand. Die Chronik des Pseudo-Fredegar, um 660 abgefaßt, aber später ergänzt, benutzt die Gelegenheit, »wunderbare Taten« aus der Regierungszeit des Heraclius zu berichten. Die Chronik meldet, daß Heraclius, nachdem er durch die Astrologie erfahren hatte, daß sein Reich von einem beschnittenen Volke angegriffen werden würde, eine Botschaft an Dagobert geschickt habe, um ihn zu bitten, alle Juden in seinem Königreiche taufen zu lassen. Dies habe der König vollzogen, während Heraclius denselben Befehl in seinem Kaiserreich gab. Gilbert Dagron hat unlängst zu Recht diese Geschichte skeptisch beleuchtet. Während der Entschluß von Heraclius, den Juden im Kaiserreiche die Taufe zu befehlen, keinem Zweifel unterliegt, hatten der Chronist oder sein Bearbeiter nur eine entstellte Kenntnis, die sich auf eine orientalische Legende stützte und die sie grundlos auf das übertrugen, was vielleicht bloß eine punktuelle Maßnahme war, die der Frankenkönig angeordnet hatte. Die Angaben zu einem Anti-Judaismus in verschiedenen Belegen aus der gesamten Mittelmeerwelt für diese Periode erlauben es nicht, auf die Durchführung eines breit angelegten Planes zu schließen, dessen Urheber der Kaiser gewesen wäre.

Erst zu Beginn der karolingischen Epoche, im Jahr 756, findet man eine abermalige Erwähnung von Kontakten zwischen dem Kaiser und den Franken. Man ist wie E. Ewig gezwungen, aus dem historischen Kontext die Möglichkeit sporadischer Kontakte in den ersten drei Vierteln des 7. Jahrhunderts und deren wahrscheinlichen Abbruch in der Folge zu erschließen. Es steht fest, daß sich auf jeden Fall im Verlauf des 7. Jahrhunderts zwischen Gallien und dem mediterranen Orient ein Graben auftat. Während im vorausgegangenen Jahrhundert die Anwesenheit christlicher Orientalen in Gallien, vor allem in Südgallien, gut belegt ist, verschwinden die »Syrer« nach 610 vollständig aus den Texten.

Diese Gruppen, »von denen wir zu wissen glauben, daß sie weder die Größe noch den innern Zusammenhalt, noch eine genügende Autonomie hatten, um noch über längere Zeit kulturelle und religiöse Züge zu bewahren« (Devroey/Brouwer, 1996), mußten sich assimilieren, nachdem die Verbindungen zu ihrem ursprünglichen Vaterlande abbrachen. Die letzte Erwähnung eines Schiffes, das von einem orientalischen Hafen in Richtung Gallien fuhr, fällt kaum später als in die Mitte des 7. Jahrhunderts. Vom letzten Drittel desselben Jahrhunderts an hörte die Verwendung des aus Ägypten importierten Papyrus im fränkischen Königreiche auf. Um 700 erreichten die gegenseitigen Beziehungen ihren Tiefpunkt, bevor sie in der karolingischen Periode wieder aufgenommen wurden, der Umfang ist allerdings umstritten.

Der Bruch war wohl nicht vollständig. Zwischen 679 und 688 begab sich der gallische Bischof Arculf auf eine Pilgerfahrt nach Jerusalem und hielt sich nachher mehrere Monate in Constantinopel auf, wo man ihm unter anderem von Wundern, die von Bildern des hl. Georg und der hl. Jungfrau ausgingen, erzählte. Diese Berichte gab er später an den Iren Adomnan weiter. Aber die byzantinische Welt schien damals doch sehr weit weg zu sein. Im Gegensatz dazu fand ein Jahrhundert vorher nach den Aussagen Gregors von Tours ein Bilderwunder in Gallien selbst statt. In Narbonne war Christus einem Presbyter, der ohne Zweifel griechisch-orientalischer Herkunft war, erschienen mit der Bitte, sein Bildnis auf dem Kreuz zu bekleiden. Gegen Ende des 6. Jahrhunderts war, trotz der stattfindenden Veränderungen, die Einheit der mediterranen Zivilisation – die Koiné des Mittelmeerraumes, die Peter Brown so am Herzen lag – noch nicht zerbrochen. Das diplomatische Spiel, das wir erwähnt haben, ist ebenfalls ein Beleg für diese Tatsache.

Literatur: Babrach 1994. – Beissel 1993. – Brown 1976 (1985). – Cameron 1968. – Claude 1985a. – Collins 1983. – Dagron 1991. – Devroey/Brouwer 1996. – Ewig 1983. – Goffart 1957–Goubert 1955. – McCormick 1989. – Markus 1978. – Wilkinson 1977. – Wolf, G. 1991.

Hagiographie und Heiligenverehrung

Anne-Marie Helvétius

Zwischen dem 6. und dem 8. Jahrhundert stand in Gallien die Heiligenverehrung unbestreitbar in großer Gunst und trug wesentlich zur Christianisierung der ländlichen Gebiete bei. In der Tat förderten die Bischöfe die Heiligenverehrung ihrer Vorgänger, indem sie dazu übergingen, deren Reliquien vermehrte Wertschätzung zukommen zu lassen und deren Lebensgeschichten verfassen ließen. Die meisten der neuen Klöster, die in dieser Zeitperiode gegründet wurden, haben die Verehrung ihres Gründers oder ihrer ersten Äbte gefördert. Diese wurden fortan als Heilige unter denselben Aspekten verehrt wie die ersten Asketen der vorhergehenden Jahrhunderte. Diese immer zahlreicher werdenden Kulte wurden sehr oft vom fränkischen Königshaus oder von der aristokratischen Elite gefördert; sie verstanden es sehr rasch, das Phänomen zu politischen Zwecken auszunützen. In diesem Zusammenhang entstand ein neues, ganz spezielles Modell von Heiligkeit, das des sogenannten Adelsheiligen, bei dem es sich um eine ganz spezifische Eigenheit der fränkischen Periode handelt.

Die Entwicklung der Heiligenverehrung

Um den Erfolg und die charakteristischen Einzelheiten der Heiligenverehrung unter den Merowingern zu verstehen, ist es nötig, sich mit der Vergangenheit zu beschäftigen und sich über das kontroverse und schwierige Problem der Entstehung, der Bedeutung und der Entwicklung der Verehrung, die den Heiligen in der Spätantike zukommt, klarzuwerden. Dieses Problem war – und ist es immer noch – Gegenstand zahlreicher polemischer Auseinandersetzungen, auf deren Einzelheiten ich hier nicht eingehen will. Es genügt, die Frage nach den Heiligen als Nachfolger der antiken Heroen anzusprechen oder das Problem der Heiligen, die mit Vermittlungsaufgaben anstelle eines zu sehr transzendent gewordenen Christus beauftragt wurden, oder die Frage nach der Eschatologie oder allenfalls auch noch die nach der »soziologischen« Theorie von P. Brown aufzuwerfen. Für alle diese Fragen verweise ich den Leser auf die am Ende dieses Aufsatzes zitierten Arbeiten. Ich begnüge mich hier mit einem kurzen Überblick über die allgemeine Situation.

Halten wir zunächst fest, daß sich der Begriff der »Heiligkeit« zu Beginn in der christlichen Religion auf alle Christen insgesamt bezog: Im Schoße der triumphierenden Kirche bildeten sie die »*communio sanctorum*«. Aber abseits dieser Tatsache wurde der Begriff immer mehr eingeengt, um schließlich in reduziertem Bereich nur noch auf gewisse Persönlichkeiten Anwendung zu finden, deren christliche Tugenden nach ihrem Tod als unbestreitbar galten und die darum als Auserwählte erschienen. In den ersten Jahrhunderten des Christentums genossen nur die Apostel und die Märtyrer öffentliche Verehrung. Am Jahrestag ihres Todes, *dies natalis,* versammelten sich die Gläubigen, um an ihrem Grab die Eucharistie zu feiern. Dies geschah im Rahmen einer Zeremonie, die sich von einer alten römischen Sitte inspirieren ließ, und man legte Wert darauf, den Bericht über ihre *Acta*, das heißt über ihre *Passio*, schriftlich festzuhalten. Die Heiligenverehrung nahm aber einen beträchtlichen Aufschwung, als man begann, die christliche Religion im Reiche zu tolerieren, und als sie schließlich als Staatsreligion anerkannt wurde. Im 4. Jahrhundert konvertierten viele Heiden zum Christentum, und in der Folge war es praktisch unmöglich, den Märtyrertod zu sterben. In diesem Umfeld bekam die Verehrung der Märtyrer ihre ganze Bedeutung. Von nun an wurde der Märtyrer zum hauptsächlichen Heiligen. Man flehte um seine Fürbitte bei Gott, man glaubte, daß er eine ganz spezielle *virtus* besitze, die gleichzeitig im Himmel, an der Seite Gottes, und auf Erden in seinem toten Körper vorhanden sei. So konnte sich der Reliquienkult entwickeln. Gleichzeitig, da die Gestalt des Märtyrers nicht mehr ein Modell für nachahmenswerte Heiligkeit liefern konnte, empfanden die Christen dieser Zeit das Bedürfnis nach neuen Formen der Heiligkeit, das heißt nach den »Glaubenszeugen Christi«. Doktoren des Glaubens, Bischöfe oder Asketen bekommen fortan zusammen mit heiligen Jungfrauen den Status von unblutigen Märtyrern und werden als Heilige verehrt.

Seit dem 4. und 5. Jahrhundert tritt die Verehrung der Heiligen gewöhnlich unter zwei Formen auf. Dabei handelt es sich einerseits um die Abfassung von hagiographischen Texten und andererseits um die Reliquienverehrung. Es ist klar, daß diese beiden Formen nicht immer gleichzeitig auftreten und daß sie darum durchaus voneinander unabhängig sein können. Sowohl der eine als auch der andere dieser Aspekte kann einen Heiligenkult bezeugen. Ich werde darum im folgenden ihre jeweilige Entwicklung vom Ende der Antike bis zur fränkischen Periode vorlegen, die der Hagiographie zuerst, die des Reliquienkultes nachfolgend. Es ist aber gleichwohl wichtig festzuhalten, daß auf lokaler Ebene die wirksamste Methode, eine Heiligenverehrung zu fördern, darin bestand, beide Elemente gleichzeitig in Betracht zu ziehen, ja sie, wie feststellbar ist, miteinander zu verknüpfen.

Die Hagiographie

Wie man weiß, umfaßt die Hagiographie eine ganze Gruppe verschiedenartigster Gattungen von Schriftstücken: Lebensbeschreibungen, *vitae*, Übertragungen, *translationes*, Wundertaten, *miracula*, aber auch Kalender, Martyrologien, Litaneien Gottesdienstregeln usw. Diese haben alle eines gemeinsam: Sie wurden verfaßt, um einem oder mehreren Heiligen Ehre zu erweisen. Die wichtigsten Dokumente für unseren Forschungszweck sind ohne Zweifel die Beschreibungen der Lebensläufe der Heiligen, die sogenannten *vitae*, die eine Fülle von Auskünften über den Heiligen selbst liefern und die im allgemeinen in der Epoche, die uns hier beschäftigt, abgefaßt worden sind, das heißt sehr oft kurze Zeit nach dem Tod des entsprechenden Heiligen.

Der Beginn dieser christlichen Lebensbeschreibungen, der *vitae*, die man ganz deutlich von den Märtyrerakten unterscheiden muß, geht auf das 4. Jahrhundert zurück. Die ältesten sind in zwei Gruppen aufteilbar. Zunächst handelt es sich um die Lebensbeschreibungen heiliger Asketen, wie etwa die des Einsiedlers Antonius († 356) aus der Feder des Athanasius um 360, dann die von anderen Wüsteneremiten durch den hl. Hieronymus zwischen 375 und 390 und schließlich die des hl. Martin von Tours († 397), geschrieben von Sulpicius Severus. Diese *vitae* wurden sehr rasch im ganzen Römischen Reich verbreitet und übten einen enormen Einfluß auf die spätere Hagiographie aus. In diesem Typus von Biographie kämpft der Heilige andauernd gegen den Teufel, und dieser Kampf verleiht ihm eine wundersame Kraft. Aus diesem Grunde sind die *vitae* der heiligen Asketen im allgemeinen stark von Wundern durchsetzt. In der Folge, das heißt ab dem 5. Jahrhundert, legen die *vitae* von Bischöfen, wie die des Ambrosius von Mailand († 397), von Paulinus (um 420) oder die des Augustinus († 430), von Possidius, ihr Gewicht vermehrt auf konkret faßbare, praktische Handlungen der Bischöfe, etwa auf deren soziale Werke und die Ausübung der ihnen übertragenen öffentlichen Ämter. Ohne hier auf die Einzelheiten der Polemik eingehen zu wollen, was die antiken Vorbilder und die respektiven Bibelstellen betrifft, die diesen *vitae* als Richtschnur dienten, sei festgehalten, daß die Lebensbeschreibungen der Bischöfe sich direkt in die Nachfolge der sogenannten *Laudatio funebris* einreihen, die der römische Staat an seine verstorbenen hohen Funktionäre richtete, um vor allem auch die weitere Bevölkerung zu unterrichten und zu beeinflussen. In diesem Sinne kann man demnach in Betracht ziehen, daß die ersten Bischöfe, die von dieser Art Lebensbeschreibung profitierten, nicht so sehr als Heilige denn als hohe Funktionäre des Reiches geehrt wurden. Der Typus der Bischofs-Biographie verbreitete sich in Gallien seit dem 5. Jahrhundert in weitem Umfang.

So entstanden im fränkischen Gallien des 6. bis 8. Jahrhunderts praktisch überall Heiligenbiographien der verschiedensten Art. Im 6. Jahrhundert stehen noch die Bischofs-Biographien im Vordergrund, die sich weiterhin nach der Tradition der vorausgehenden Epoche richten. Es läßt sich aber in deren Gehalt ein langsamer Wandel bemerken. Zunächst ist festzustellen, daß sie immer deutlicher im Rahmen der Liturgie verwendet werden, wodurch sie mehr hagiographischen Charakter im strengen Sinne des Wortes annehmen. Nun werden die Bischöfe eindeutig und klar genau wie die Asketen als Heilige vorgestellt. Die Bedeutung dieser liturgischen Verwendung erklärt andererseits das Auftreten neuer Quellentypen, die mit den Heiligen verbunden sind, zum Beispiel die der Martyrologien oder die der hagiographischen Predigten. Im übrigen wird auch der Einfluß der Lebensbeschreibungen von Asketen und vor allem die des hl. Martin von Tours immer prägender, was in den Biographien zu einer betonten Vermehrung der Erwähnung wunderbarer Phänomene führt. Parallel zu dieser Erscheinung mehren sich auch im 6. Jahrhundert in Gallien die Lebensbeschreibungen von Asketen, von Mönchen und von Jungfrauen. Hier seien etwa die berühmten Lebensbeschreibungen der sogenannten Jura-Väter oder der Genovefa († um 500) und der Radegunde († 587) genannt. Ganz allgemein zieht die fränkische Hagiographie des 6. Jahrhunderts größten Nutzen aus den wichtigen Beiträgen zweier bedeutender Autoren, des Venantius Fortunatus († um 600) und vor allem des Gregor von Tours († 594). Das Werk des letzteren übte in der Folge einen ganz bedeutenden Einfluß aus. Dasselbe trifft auch auf das Werk eines nicht weniger berühmten Verfassers zu, der allerdings außerhalb Galliens lebte, nämlich auf das Werk Papst Gregors des Großen (zwischen 590 und 604) und auf seine *Dialoge*, in denen es von Wundertaten aller Art nur so wimmelt. Mit Ausnahme der Bibel wurden in der späteren fränkischen Hagiographie keine Werke so oft zitiert, ja buchstäblich ausgeplündert, wie die der drei genannten Verfasser.

Im 7. und 8. Jahrhundert mehrt sich die Anzahl von Heiligenviten neben den Sammlungen von Wundertaten und Berichten von Übertragungen, *translationes,* noch. Von nun an legt man keinen besonderen Wert mehr auf Unterschiede zwischen den *vitae* von Bischöfen und denen von

Asketen, da die beiden Gattungen sich in zunehmendem Maße vermischt hatten. Im Gegenteil, die Berichte verraten die Tendenz, in ihrer Form stereotyp zu werden, je nach der Art des Heiligen, dem sie gewidmet sind. An die Seite der Märtyrer und der Bischöfe treten nun die Äbte und Äbtissinnen, die einfachen Mönche, die Eremiten, die abgeschlossen lebenden Einsiedler, die heiligen Jungfrauen usw. Diese verschiedenen Kategorien können sich gegenseitig überschneiden. Da es sich auch um die Epoche handelt, in der in Gallien zahlreiche Klöster gegründet werden, hatten die neu entstehenden Gemeinschaften oft das Bedürfnis, ein schriftliches Zeugnis der guten Werke ihres Gründers oder ihres ersten Abtes zu besitzen. Um dies zu bewerkstelligen, wandten sie sich entweder an einen sich in ihrer Region gerade aufhaltenden berühmten Schriftsteller oder an einen ehemaligen Gefährten des Verstorbenen, oder aber sie beauftragten ein Mitglied ihrer Klostergemeinschaft. Aus diesem Grunde weisen die Verfasser immer mehr ein ganz unterschiedliches kulturelles Niveau auf und tendieren oft dazu, sich bei ihren Vorläufern zu inspirieren. Das führt zu einer Vermehrung von Gemeinplätzen, zu immer häufigerer Anwendung bestimmter *topoi*. Das betrifft vor allem die sogenannten *virtutes* der Heiligen. Dies geschieht im doppelten Sinne des Wortes, das heißt, es betrifft einerseits die Tugenden, *virtutes*, bzw. die Qualitäten des Heiligen und anderseits die manifesten Zeugnisse dieser *virtutes*, das heißt die Wundertaten, die Gott gemäß den Verdiensten dieses Heiligen vollbringt. In diesem Umfeld entwickelt sich ein neuer Typus von Heiligen, der sogenannte Adelsheilige, der für die merowingische Hagiographie geradezu typisch ist und der ohne Unterschiede auf die Mehrzahl der Heiligen dieser Epoche angewendet wird, ob es sich nun um Bischöfe, Äbte, einfache Mönche oder heilige Jungfrauen handelt.

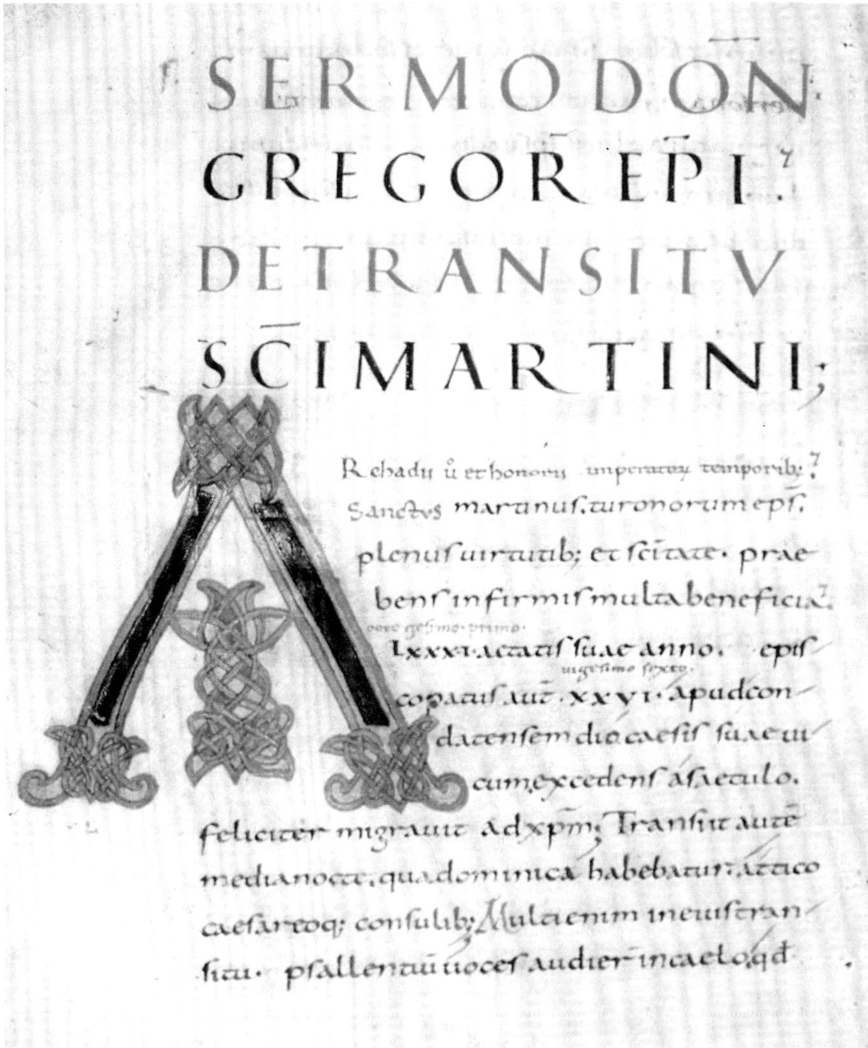

Abb. 318 *Eine Rede Gregors von Tours zu Ehren des hl. Martin im Codex Martinellus, einer Sammlung von Texten, die sich ausschließlich auf den hl. Martin beziehen. Paris Bibl. Nat., ms. lat. 10848, fol. 102v. – Nach Grégoire de Tours 1994.*

Der Adelsheilige

Wie die Arbeiten zahlreicher Historiker, vor allem die von Frantisek Graus, Karl Bosl, Friedrich Prinz und Baudouin de Gaiffier gezeigt haben, erregte die Heiligenverehrung sehr rasch das Interesse der neuen Machthaber, das heißt des Königshauses und der fränkischen Aristokratie. Der Grund dafür ist ein doppelter. Zunächst gilt es, daran zu erinnern, daß in der Spätantike die Bischöfe fast alle aus alten Familien des senatorischen Adels hervorgegangen waren und daß das

Bischofsamt oft die letzte Stufe, das heißt der Endpunkt einer politischen Karriere war. Diese Situation dauerte unter den Merowingern fort. Junge Aristokraten, aus römischen oder fränkischen Familien oder gar aus der Vermischung dieser beiden Ursprünge stammend, wurden in ihrer frühesten Jugend dem Königshof anvertraut, um dort als *domestici* verschiedensten Ranges ihre politische Laufbahn in Angriff zu nehmen, bevor sie ein Bischofsamt zugewiesen bekamen. Genannt seien als Beispiele Desiderius von Cahors († 655), Ouen von Rouen († 684) und andere mehr. Nach ihrem Tode wurden sie als Heilige in der direkten Nachfolge ihrer Vorgänger verehrt, und die Lebensbeschreibungen, die ihnen gewidmet wurden, fuhren fort, ihre illustre Abstammung und ihre brillante Karriere zu rühmen. Diese *vitae* dienten andererseits anderen Hagiographen als Quellen der Inspiration, die ihrerseits Gewicht auf das zu legen trachteten, was immer mehr zu einem *topos* wurde, der adlige (*nobilis*) Charakter ihrer Helden.

Im übrigen weiß man, daß sich die fränkische Aristokratie keineswegs der Mittel beraubte, die ihnen die Kirche zur Vermehrung ihres Ansehens bot. Eines dieser Mittel, und zwar eines der allerwirksamsten, war die Gründung von Klöstern. Zahllos sind die Mitglieder aristokratischer Familien im fränkischen Gallien, die im Laufe des 7. Jahrhunderts auf ihrem eigenen Grundbesitz religiöse Gemeinschaften zu gründen suchten. Oft blieben sie deren Schutzherren, *patroni*, nachdem sie deren Leitung ihren Kindern anvertraut hatten. Eines der berühmtesten Beispiele ist ohne Zweifel das der Gertrud von Nivelles († 659), der Tochter Pippins I., die von ihrer Mutter Itta an die Spitze des neu gegründeten Klosters Nivelles gestellt wurde, das zu einem der Grundpfeiler der Herrschaft der Pippiniden werden sollte. In diesem Zusammenhang wird klar, daß die Familie in der Folge allen Grund hatte, die Verehrung des Gründers, der Gründerin oder des ersten Abtes bzw. der Äbtissin zu förden. Neben der Bedeutung, die über diesen Umweg der Gründung zukam, war es vor allem auch die Familie, die sich durch die göttliche Erhebung ihres Vorfahren im Glorienschein sah. So rechtfertigte sie einerseits ihre politische Gewalt vor den Augen Gottes und stärkte diese damit anderseits auch wiederum vor den Augen der Menschen. So konnte sich Pippin II., der Sieger in der Schlacht von Tertry im Jahre 687, fortan rühmen, von zwei Heiligen abzustammen, d. h. von seinem Großvater Arnulf von Metz († um 640), dessen *vita* um 650 abgefaßt worden war, und von seiner Tante Gertrud, der um 670 eine Biographie gewidmet worden war. Im übrigen sei auch festgehalten, daß das merowingische Königshaus zwei heilige Königinnen zählte, Radegunde († 587) und Balthilde († 680), auch wenn aus ihrer Verehrung durch die Familie nicht in gleicher Weise Nutzen gezogen wurde. Aus einer Reihe von politischen Gründen zogen es die Könige in der Tat vor, anderen, älteren Heiligenverehrungen, wie zunächst der des hl. Martin und in der Folge vor allem der des hl. Dionysius von Paris († um 250), den Vorrang zu geben.

Abb. 319 *Echtheitszertifikat (Authentik) für die Bartreliquie des hl. Bonifatius im Frauenkloster von Chelles. Pergament, ca. 59 × 9 mm. 8/9. Jahrhundert. – Nach* Chartae Latinae Antiquiores *16 (1982) XXIII 669.*

Das Modell der Heiligkeit, das die merowingischen Hagiographen vorschlagen, entspricht somit perfekt den Bedürfnissen der fränkischen Gesellschaft. Daraus ergibt sich seine Begünstigung, aus der es in der Folge noch lange Nutzen zog. Um zusammenzufassen: Der Heilige wird in der merowingischen Hagiographie als ein Wesen beschrieben, das aus einer berühmten Familie stammt und darum von Geburt an mit allen sozialen und religiösen Vorteilen ausgestattet ist und im allgemeinen während seines Lebens enge Beziehungen zu einer Reihe anderer berühmter Persönlichkeiten von hoher Stellung unterhält. Ob es sich dabei um Männer oder Frauen handelt, es wird Gewicht auf deren soziale Stellung, auf ihre Bildung und auf ihren Machteinfluß gelegt. Ihre täglichen Pflichten sind oft ein wenig pragmatisch, wobei ihr Kampf auch ein innerer ist, was ihnen ohne Zweifel eine wundersame Kraft verleiht.

Der Reliquienkult

Ich komme jetzt zum zweiten, eher pragmatischen Aspekt der Heligenverehrung, zum Reliquienkult. Was dessen Ursprung angeht, der ins 2. Jahrhundert zurückreicht, so fehlen einmal mehr die Kontroversen nicht. Ohne auf Einzelheiten einzugehen, ist es doch nötig, sich abermals der Spätantike zuzuwenden, um die spätere Situation besser zu begreifen. Im 3. und 4. Jahrhundert verbreitet sich zunehmend der Glaube, daß die *virtus* des Märtyrers in seinem toten Körper weiterlebt und sich auch auf Gegenstände überträgt, die mit diesem in Berührung gekommen waren. Seither kommt der Brauch auf, daß die Gläubigen nicht nur die eigentlichen Gebeine verehren, die die Reliquien par excellence darstellen, sondern auch die Gegenstände, die die Heiligen zu Lebzeiten berührt haben, und vor allem auch die Gegenstände und Werkzeuge ihres Martyriums, sogenannte reale, nicht körperliche Reliquien, und im weiteren auch alle Gegenstände, die mit dem toten Körper in Kontakt gekommen waren, Repräsentativ- oder Kontakt-Reliquien. Alle diese Gegenstände stellen eine materielle, faßbare Verbindung dar zwischen dem Christen auf Erden und dem Heiligen im Himmel, der für ihn das Versprechen der Auferstehung beinhaltet. Von nun an bietet der Reliquienkult dem Glauben, der zuvor sich in einem rein ethischen Umfeld bewegte, eine konkrete, durch die Sinne wahrnehmbare Dimension an. Von dem Augenblick an, da das Christentum Staatsreligion wird und sich im ganzen Reich auszubreiten beginnt, diente dieser Kult im weitesten Sinne dazu, den christlichen Gedanken bei all denen, die nicht imstande waren, seine theologischen Feinheiten zu verstehen, zu verbreiten. Der Reliquienkult wurde auf diese Weise für Jahrhunderte eine der fundamentalen Komponenten der Christianisierung.

Die Kirche unterstützte diese Bewegung von ihren Anfängen an. Sie verbot aber, den römischen Gesetzen folgend, die Wegnahme und die Zerteilung des Leichnams, da man wünschte, daß der Tote in seinem Grab bis zum Tage des Jüngsten Gerichtes in Frieden ruhen solle. Immerhin waren Ausnahmen von der allgemeinen Regel vorgesehen, zum Beispiel wenn das Grab Gefahr lief, die Beute von Plünderern zu werden. Zahlreiche Körper von Märtyrern wurden trotzdem transferiert oder sogar zerstückelt. Dies geschah vor allem im Rahmen der germanischen Völkerwanderung, da alle lokalen Gemeinden sich heilige Körper zu verschaffen wünschten. Schließlich erlaubte die Kirche, aber erst seit dem 7. Jahrhundert, solche Übertragungen körperlicher Reliquien offiziell. Von diesem Zeitpunkt an nimmt der Reliquienkult einen wahrhaft großen Aufschwung. Nicht nur mußte nach dem Konzil von Karthago im Jahre 525 jede Kirche, ja jeder Altar mit Reliquien versehen werden, es entstand auch gegen das 7. Jahrhundert das Verfahren der feierlichen Erhebung von Reliquien. So wurde die Exhumierung eines heiligen Körpers in Gegenwart einer Versammlung von Gläubigen mit dem Zweck, ihn in ein der ihm geschuldeten Verehrung würdigeres Grab zu übertragen, bis ins 13. Jahrhundert zur einzigen offiziellen Prozedur der Anerkennung der Heiligkeit. Diese Zeremonie machte natürlich die Zustimmung des örtlichen Bischofs nötig und wurde zumeist auch von ihm geleitet.

Die zahlreichen lokalen Kulte, die seit dem 7. Jahrhundert in der fränkischen Welt gefördert wurden, haben darum meistens zwei Aspekte. Einerseits muß nun eine Biographie des Heiligen, den man verehren will, verfaßt werden, und anderseits müssen seine Reliquien in einem Grab oder in einem bedeutenden Schrein zur Schau gestellt werden. Einmal im Jahr, am Festtag des Heiligen, das heißt am Jahrestag seines Todes, werden das Grab oder der Schrein für die Gläubigen zugänglich sein, und man liest die *legenda*, das heißt den Text, »den es zu verlesen gilt«, oder, mit anderen Worten, die Biographie der verehrten Persönlichkeit vor. Bei dieser Gelegenheit konnten die Gläubigen hoffen, daß sich die *virtus* des Heiligen ihnen in Form von Wundern offenbaren werde. Diese wurden bisweilen dann auch von der Gemeinde in schriftlicher Form festgehalten. Unnötig zu vermerken, daß an diesem Tag die Schenkungen von seiten der Gläubigen zugunsten des Heiligen zahlreich fließen konnten. Unter diesen Umständen wird es klar, daß die Heiligenverehrung sowohl für die religiösen Gemeinschaften, die Klöster und Kapitel, als auch für die – weltliche oder kirchliche – Aristokratie, die diese kontrollierte, große wirtschaftliche und politische Vorteile brachte. Mönche, Geistliche und Gläubige stürzten sich darum bisweilen in einer Art kultischem Konkurrenzkampf in heftige Auseinandersetzungen mit Nachbarn, worüber gewisse hagiographische Quellentexte berichten, wie Diebstahl von Reliquien, Streit um den Besitz dieses oder jenes Bestandteils eines Körpers, Wundertaten durch die Fürsprache des einen oder des andern Heiligen usw.

Der Stand der Forschung

Das Studium der Heiligenverehrung in der merowingischen Epoche hat die Forscher unablässig inspiriert, vor allem weil unter dem *corpus* der schriftlichen Quellen, die für diese Zeit erhalten sind, die Hagiographie in der Tat einen erstrangigen Platz einnimmt. Im übrigen enthalten die Quellenstücke hagiographischen Charakters und speziell die Biographien der Heiligen und die Sammlungen der Wundertaten fast immer Informationen, welche die zahlreichen Aspekte der merowingischen Gesellschaft sowohl was die Kirchen- als auch was die politische, wirtschaftliche, kulturelle und soziale Geschichte anbetrifft. Leider bringt das Quellenstudium weiterhin gewichtige Probleme der Interpretation mit sich, besonders weil die Datierung einer gewissen Zahl dieser Quellen schlecht belegt oder kontrovers ist. Diese letzteren können somit noch nicht mit Sicherheit der merowingischen Periode zugewiesen werden. Um in diesem Bereich die Forschung voranzutreiben, ist es nötig, das Resultat laufender Untersuchungen abzuwarten.

Außerdem stellte die Heiligenverehrung, wie man feststellen konnte, einen wichtigen materiellen Aspekt dar, der sich auf die Pflege der Reliquien und die Zurschaustellung der heiligen Körper bezieht. Um sich um diesen speziellen Aspekt kümmern zu können, steht fest, daß das Textstudium durch das Öffnen der Schreine und durch die wissenschaftliche Expertise der Reliquien, die sie enthalten, sowie durch archäologische Ausgrabungen in den kirchlichen Gebäuden ergänzt werden muß. Auch in dieser Beziehung sind die Unterlagen, die man besitzt, extrem lückenhaft, denn nur einige wenige Schreine wurden bis jetzt geöffnet und analysiert, und nur wenige wichtige Kultstätten waren das Ziel systematischer Ausgrabungen. Solche Untersuchungen erlauben es oft, die von den Texten gelieferten Informationen zu bestätigen oder zu entkräften und außerdem auf präzisere Weise deren Datierung zu bestimmen. Es bleibt somit zu hoffen, daß die Zukunft in diesem Forschungsgebiet noch zahlreiche aufregende Entdeckungen bescheren wird: Die Forschung geht weiter . . .

Literatur: Angenendt 1994. – Brown 1981. – Fonctions 1991. – Graus 1965. – Heinzelmann 1973. – Legner 1995. – Santi 1989. – van Uytfanghe 1988; 1993.

Christentum, Kirchenbau und Sakralkunst im östlichen Frankenreich (Austrasien)

Die Betrachtung der religiösen Zeugnisse der Merowingerzeit in Austrasien verlangt eine Unterscheidung in ehemalige römische Reichsgebiete und die rechtsrheinischen Räume, in die das Christentum im Zuge der fränkischen Expansion gelangte. Seinen unmittelbaren Ausdruck findet das Christentum in den Resten zahlreicher Kirchenbauten.

Bernd Päffgen und Sebastian Ristow

Zur Forschungssituation

Austrasien im Sinne der ostfränkischen Kernlandschaft um Maas und Mosel bis zum Rhein war im strengen Sinne während der Merowingerzeit kein Missionsgebiet, vielmehr griffen hier in die spätrömische Zeit zurückgehende Strukturen. Über Einzelheiten dieses gallischen oder ostgallisch-fränkisch zu bezeichnenden Christentums wissen wir wenig. Die unter den Karolingern endgültig vollzogene Hinwendung nach Rom zerstörte weitgehend die eigenständige Organisationsform der ostfränkischen Kirche. Aus römischer Sicht, wie sie Bonifatius vertrat, war das ostfränkische Christentum in seiner herausgebildeten Form kaum akzeptabel; Bonifatius empfand es als »halbheidnisch« durchsetzt. Dennoch blieb eine gewisse Vermischung der gallisch-fränkischen Lebenswelt mit paganen Elementen germanischer, aber auch provinzialrömischer Prägung im ganzen Frühmittelalter lebendig, wie es beispielsweise noch um 900 Regino von Prüm zu beweisen vermag.

Die religionsgeschichtlichen Zeugnisse der Merowingerzeit können nicht undifferenziert als chronologische Einheit betrachtet werden, sondern bedürfen einer Periodisierung. Das 5. Jahrhundert ist am ehesten als Zeit des Übergangs und der Aufnahme des Christentums durch die Franken zu verstehen. Nach der Taufe Chlodwigs vollzog sich im 6. Jahrhundert eine Phase der Konsolidierung und Herausbildung der staatstragenden Funktion, für die beispielhaft Bischofspersönlichkeiten wie Sidonius von Mainz, Nicetius von Trier und Evergisil von Köln in der zweiten Hälfte des 6. Jahrhunderts stehen können. Im 7. Jahrhundert ging von der Region zwischen Rhein und Maas eine Missionstätigkeit besonders zu Friesen und Sachsen aus, die ein eigenes festgefügtes Selbstverständnis voraussetzt. Diese Mission ist aber ungleich schlechter faßbar als die sogenannte angelsächsische Mission, die um die Wende zum 8. Jahrhundert griff. Diese, für die Namen wie Willibrord und Bonifatius stehen, ist nicht nur in den Schriftquellen, sondern auch im archäologischen Bestand faßbar.

Die Quellen

Architektur und mit ihr in unmittelbarem Zusammenhang stehende Denkmäler kultischer Funktion wie Altaranlagen o. ä. bieten im allgemeinen die Möglichkeit zur Einordnung und Interpretation. Natürlich sind die Kirchenbauten hierbei von größter Bedeutung, um über Art, Form und Verbreitung des Christentums bei den Franken Auskunft zu geben. Im Gegensatz zu den christlichen Räumen der Spätantike, deren Nutzung in der Regel mit archäologischen Mitteln aufgrund fehlender Kirchenbautypologie nicht mehr nachgewiesen werden kann, sind fränkische Kirchen sicherer zu interpretieren. Für die Zeit des spätantiken Christentums konnte bisher mit Sicherheit nur eine einzige Kirchenanlage im späteren Austrasien archäologisch nachgewiesen werden, nämlich der im kaiserlichen Trier gelegene Bau, in dem eine mit christlichen Graffiti versehene Wand gefunden wurde. Erst mit der Merowingerzeit findet sich eine große Zahl von Kirchenbauten verschiedener Form und Funktion. Die Bauten der paganen Kulte zeigen ein gerade entgegengesetztes Bild. Sie gingen während der germanischen Einfälle unter oder wurden in der Folgezeit planmäßig zerstört oder christianisiert. Die zum Teil sicherlich oft unerwartet lange Nutzung in »christlicher« Zeit kann jedoch wiederum archäologisch nicht erfaßt werden. Die einzigen Zeugnisse bleiben hier die Schrift- und Inschriftenquellen wie etwa die Erwähnung der Zerstörung eines heidnischen Tempels in Köln im Jahre 520 bei Gregor von Tours (*Vitae Patr.* 6,2.).

Zur Stellung des spätantiken Christentums an Maas, Mosel und Rhein

Seit der Zeit des Irenäus von Lyon, also dem späten 2. Jahrhundert, dürfen wir auch an Maas, Mosel und Rhein, dem Gebiet des späteren Ostfrankenreiches, Christen vermuten; archäologisch faßbar werden sie jedoch erst ab dem 4. Jahrhundert. In der Zeitspanne zwischen den Toleranzedikten von 311 und 313 und den Vorschriften des *Codex Theodosianus* vom Ende des 4. Jahrhunderts, in dem die Ausübung der alten Kulte verboten und die Schließung der Tempel verfügt wird, entsteht auch hier ein organisiertes spätantikes Christentum. Aufgrund der ständigen Einfälle der nichtchristlichen Germanen seit der Mitte des 4. Jahrhunderts kann es sich jedoch nicht in der Art und Weise entfalten, wie wir dies aus den östlichen Provinzen des Imperium Romanum kennen. Dennoch kommen auch die in die römischen Provinzen einsickernden Franken mit diesem entstehenden Christentum in Berührung. Ob zwischen dem Christentum der Frühzeit und dem der Merowingerzeit nach der Taufe Chlodwigs (498/99) eine Kontinuität besteht, kann nur vermutet werden. Bischofslisten mit lückenloser *successio* gibt es jedenfalls im austrasischen Gebiet nur in Trier. Die Kaiserstadt Constantins dokumentiert in der großen Zahl ihrer christlichen Denkmäler und der bisher einzig zweifelsfrei nachgewiesenen Kirche des 4. Jahrhunderts das spätantike Christentum wie kein anderer Ort der nordwestlichen Provinzen. Gegenüber Trier erscheinen schon Provinzhauptstädte wie Köln oder Mainz nicht in diesem Maße von der christlichen Religion durchdrungen gewesen zu sein. Dies könnte aber auch ein Problem des Forschungsstandes sein. So lassen verschiedene Indizien auch dort und in Provinzstädten wie Metz, Worms, Tongeren oder Maastricht Zentren spätrömischer Christen vermuten. Gerade hier wird es verstärkt auf künftige Grabungen und Nachgrabungen besonders im Bereich der Kathedralen dieser Orte ankommen.

Außer den kirchlichen Anlagen in Trier wird das Christentum des 4. und der ersten Hälfte des 5. Jahrhunderts für uns nicht in den monumentalen Zeugnissen der Architektur, sondern in Form von Grabinschriften sowie in den Erzeugnissen des Glas- und Metallhandwerks archäologisch faßbar. Interessant, aber in ihrer christlichen Nutzung oder gar kirchlichen Funktion schwer festzulegen, sind die Memorialbauten unter dem Bonner Münster (Abb. 322), in Xanten sowie St. Gereon (Abb. 15), St. Severin (Abb. 82) und unter St. Ursula in Köln. Hinzu kommt oft – wie etwa in Boppard – eine fehlende Datierbarkeit, die leider häufig aus mangelhaft durchgeführten oder älteren archäologischen Untersuchungen resultiert.

Abb. 320 *Das Goldplättchen vom Christenberg bei Marburg gehörte wahrscheinlich zu einem Reliquiar und ist ein seltener Beleg für frühes Christentum östlich des Rheins. Der Fundort innerhalb eines fränkischen Militärstützpunktes in Hessen zeigt den Zusammenhang von Christianisierung und Ausbreitung des merowingischen Machtbereichs. Die Tierstilverzierung läßt sich in die erste Hälfte des 8. Jahrhunderts datieren. – Foto Kassel, Hessisches Landesmuseum.*

Die Christianisierung in den fränkischen Expansionsräumen

Bereits Bischof Avitus von Vienne hatte König Chlodwig in einem Brief unmittelbar nach dessen Taufe geraten, Heidenbekehrer auszusenden und das Merowingerreich mit kirchlichem Beistand zu erweitern. Dieses Modell zur Machtexpansion sollte im ganzen Frühmittelalter entscheidend wirken.

Während das arianisch christianisierte Thüringerreich nach der militärischen Niederlage von 531 bis zur Saale dem Frankenreich angegliedert wurde, gingen die Hessen, die erst zum Ende der Merowingerzeit als solche benennbar werden, in einem allmählichen Prozeß seit dem 6. Jahrhundert in der Francia auf. Es lassen sich zwei Schichten der Christianisierung erkennen. In den spätmerowingerzeitlichen Burgen auf dem Büraberg bei Fritzlar und dem Christenberg bei Münchhausen (Kr. Marburg-Biedenkopf) finden sich Kastellkirchen, deren erstere sicherlich schon im frühen 8. Jahrhundert bestand, was für die andere Kirche nur aufgrund des Martinspatroziniums und eines Reliquiarfragmentes angenommen werden kann. Da hier aber weder eine eindeutige archäologische noch eine Schriftquelle zur Frühzeit vorliegt, ist die Kirche nicht in die Karte (Abb. 321) aufgenommen. Die erste Schicht des Christentums betraf möglicherweise im Hessischen nur die ohnehin merowingisch-fränkischen Besatzungen der Befestigungen. Großflächig wurden Hessen und Thüringen durch die Mission des Bonifatius unter Karl Martell seit 723/24 erfaßt. Dabei konnte Bonifatius zumindest in Thüringen schon mit einer christianisierten Oberschicht und damit auch auf die grundherrliche Unterstützung bei der Errichtung sakraler Bauten rechnen. Auf bestehende frühe Kirchen weisen dort etwa die Schrankenplatten aus Hornhausen (Kr. Oschersleben) hin (Abb. 237). Die wichtigsten Zentren mit christlichen Kirchen und Klöstern befinden sich in Bad Hersfeld, Erfurt, Fritzlar und Fulda.

Nach der militärischen Unterwerfung der Alamannen und Thüringer 506 bzw. 531 wurde zunächst der Neckarraum und dann auch Mainfranken Bestandteil des Merowingerreichs. Die Erschließung der neuen Gebiete erfolgte vom Rhein her

Abb. 321 *Verbreitungskarte merowingerzeitlicher Kirchenbauten. Die Karte zeigt das Wirken der alten römischen Reichsgrenze auch noch im frühen Mittelalter. Die überwiegende Zahl der Bauten befindet sich im linksrheinischen Raum.*

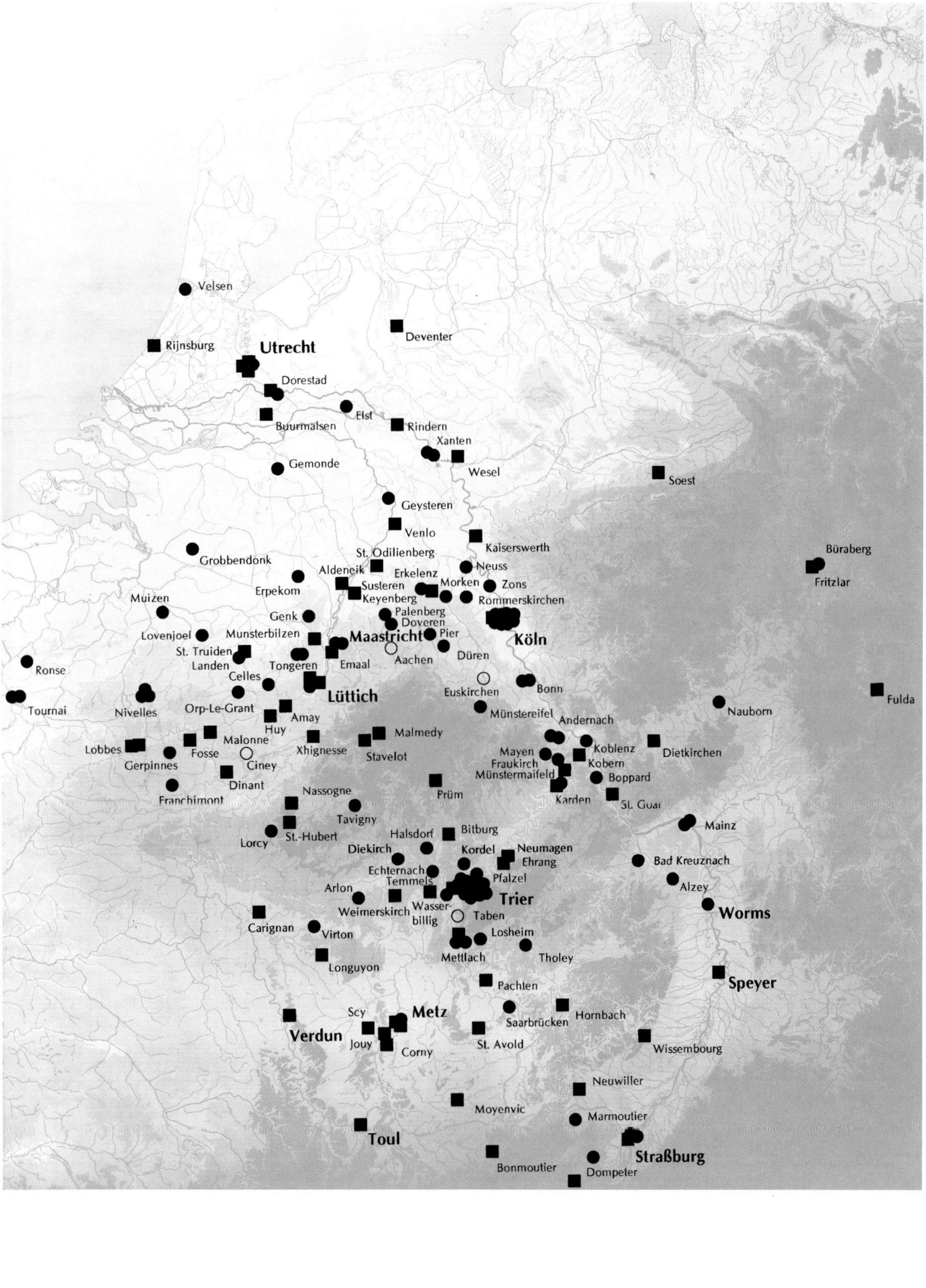
Velsen
Rijnsburg
Utrecht
Deventer
Dorestad
Elst
Buurmalsen
Rindern
Xanten
Wesel
Gemonde
Soest
Geysteren
Venlo
Kaiserswerth
Büraberg
Fritzlar
Grobbendonk
St. Odilienberg
Aldeneik
Erkelenz
Neuss
Erpekom
Susteren
Morken
Zons
Keyenberg
Rommerskirchen
Muizen
Genk
Palenberg
Doveren
Lovenjoel
Munsterbilzen
Maastricht
Pier
Köln
St. Truiden
Landen
Aachen
Düren
Ronse
Tongeren
Emaal
Celles
Euskirchen
Bonn
Tournai
Nivelles
Lüttich
Orp-Le-Grant
Amay
Münstereifel
Andernach
Fulda
Nauborn
Huy
Malmedy
Lobbes
Malonne
Fosse
Xhignesse
Stavelot
Mayen
Koblenz
Dietkirchen
Gerpinnes
Ciney
Fraukirch
Kobern
Münstermaifeld
Boppard
Dinant
Franchimont
Nassogne
Prüm
Karden
St. Goar
Tavigny
Mainz
Lorcy
St.-Hubert
Halsdorf
Bitburg
Diekirch
Kordel
Neumagen
Ehrang
Bad Kreuznach
Echternach
Temmels
Pfalzel
Alzey
Arlon
Trier
Weimerskirch
Wasser-
billig
Taben
Worms
Carignan
Virton
Losheim
Mettlach
Tholey
Longuyon
Speyer
Pachten
Scy
Metz
Saarbrücken
Hornbach
Verdun
Jouy
Corny
St. Avold
Wissembourg
Neuwiller
Moyenvic
Marmoutier
Toul
Straßburg
Bonmoutier
Dompeter

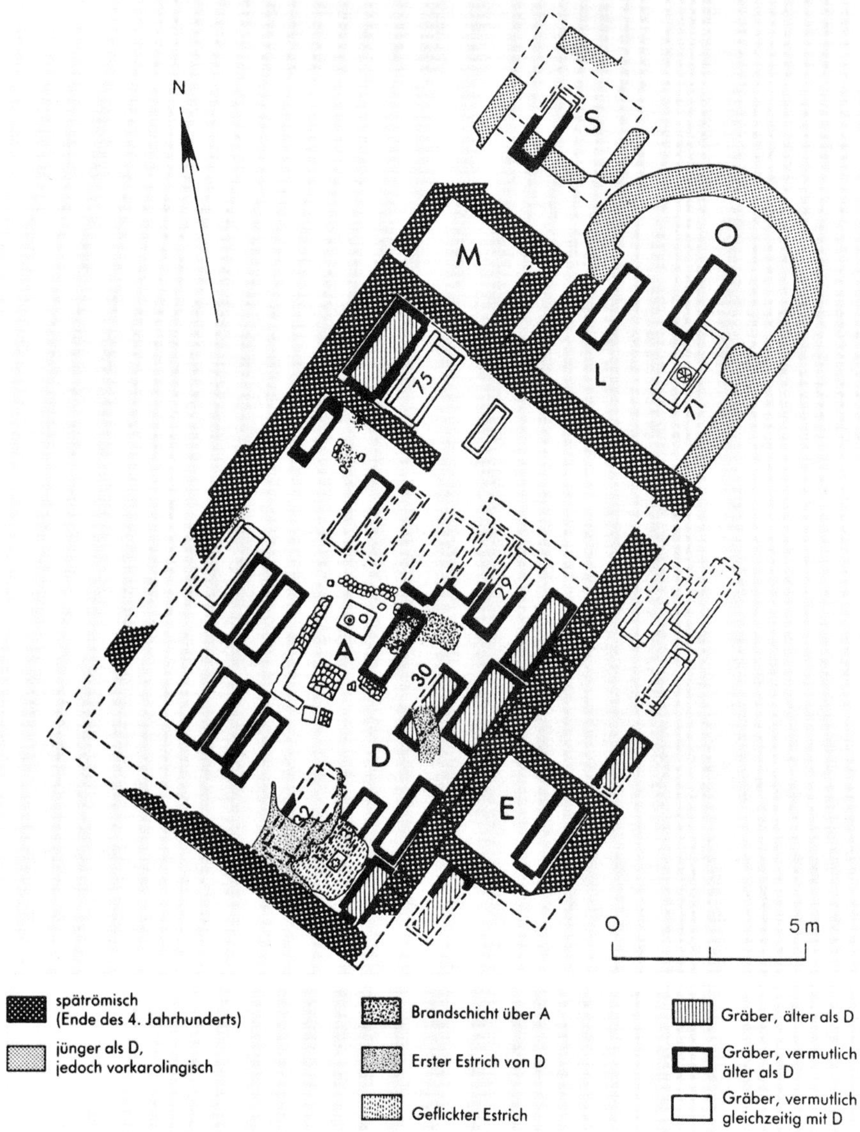

Abb. 322 *Noch vor dem Zweiten Weltkrieg wurden unter dem Bonner Münster die Reste verschiedener Vorgängerbauten freigelegt. Ausgehend von einem Memorialbau über einem Gräberfeld des römischen Bonn entstand in der Merowingerzeit eine kleine Saalkirche. – Nach Böhner 1978b.*

über die Täler von Neckar, Tauber, Jagst und Kocher. Christliche Organisationsformen konnten helfen, die neuen Gebiete kulturell und zivilisatorisch in das Merowingerreich einzubinden. Eine Holzkirche des 7. Jahrhunderts wurde in Kleinlangheim (Kr. Kitzingen) unter der heutigen Pfarrkirche St. Georg und Maria ausgegraben. In der zweiten Hälfte des 7. Jahrhunderts wirkte der irische Bischof Kilian in Mainfranken, wo er um 689 das Martyrium erlitt und im Zuge der Würzburger Bistumsgründung um 752 als Diözesanheiliger erhoben wurde.

Kirchenbauten

Berücksichtigt man die Zahl der historisch verbürgten Kirchenbauten der Merowingerzeit, bleibt festzuhalten, daß für fast die Hälfte keinerlei Angaben zu archäologischen Funden oder gar einem konkreten Baubestand zu machen sind. Dennoch lassen sich – unter Berücksichtigung der hohen »Dunkelziffer« – einige Aussagen machen. Überraschend ist zunächst die Dominanz der Steinarchitektur, die in der Landschaft zwischen Rhein, Maas und Mosel überdauern konnte. Der Anteil der Holzkirchen dagegen ist deutlich geringer. Bei diesen ist grundsätzlich nach der Art der Konstruktion in Pfosten- und Schwellbalkenbauten zu unterscheiden. Beim gegenwärtigen Forschungsstand ist bei den Holzkirchen nur sehr schwer zwischen spätmerowingerzeitlichen und frühkarolingischen Bauten zu unterscheiden. Bei den Steinkirchen muß berücksichtigt werden, daß die in der Ausgrabung nachgewiesenen Steinfundamente im Aufgehenden auch Holz- und Fachwerkkonstruktionen getragen haben können. Nach den Bauformen sind Saalkirche, Basilika und Hallenkirche zu unterscheiden. Auch die tatsächlichen Größen der ausgeführten Bauten vermögen Unterschiede in der Bedeutung und Nutzung zu veranschaulichen. Die im Merowingerreich wichtige Martinsbasilika in Tours war 20 m × 53 m groß, so daß sich eine Innenfläche von 1060 m^2 ergibt. Die archäologisch weitgehend erfaßbaren Bauten sind durchweg deutlich kleiner. Dennoch können die folgenden Beispiele immer noch als Großbauten gelten: St. Alban in Mainz maß 14 m × 29 m (395 m^2), der *ad sanctos aureos* auch literarisch verherrlichte spätantike Zentralbau von St. Gereon in Köln 18 m × 23 m (414 m^2) und die erweiterte Severinsbasilka in Köln 14 m × 37 m

(518 m^2). Auch die Zeitgenossen haben solche Bauten als große Architektur in ihrer Landschaft empfunden und gewürdigt. Als Bischof Monulf das bescheidene Graboratorium seines Amtsvorgängers Servatius in Maastricht um 560 durch ein *templum magnum* ersetzte, dürfte ein Bau dieser Größenordnung entstanden sein. Deutlich kleiner erscheinen die Kastellkirchen: St. Georg in Alzey war 17 m lang und 12,5 m breit (212 m^2), etwas größer war die Kastellkirche in Bad Kreuznach mit 11 m × 25 m gebaut (275 m^2). Die Bonner Cassiuskirche umfaßte nur einen Raum von 122 m^2; die Xantener Victorkirche, die in der Mitte des 8. Jahrhunderts durch einen Neubau ersetzt wurde, war sogar nur 46 m^2 groß. Die genannten, für uns so bescheiden wirkenden Größenordnungen relativieren sich, wenn man die Ausmaße der wirklichen Kleinkirchen in Holzkonstruktion betrachtet.

Städtische Kirchenbauten konnten innerhalb oder außerhalb der Stadt angelegt sein, d. h. *intra* oder *extra muros*. Neben solchen formalen Kriterien erscheint die Frage nach den Funktionstypen der Kirchen sinnvoll.

Die Stellung einer Kirche z. B. als Bischofs- oder Gemeindekirche wird in der Regel nicht direkt aus dem archäologischen Befund, also etwa der Bauform, abzulesen sein. Ebensowenig hilft die topographische Lage oder die Zugehörigkeit spezieller Bauten, etwa von Taufkirchen, hier weiter. Dennoch läßt sich eine funktionstypische Gliederung vornehmen.

Man darf eine entsprechend große Kirche, die möglicherweise noch unter einem später als Bischofskirche bekannten Bau gefunden wird, wie z. B. in Köln, Maastricht oder Trier, mit einer gewissen Wahrscheinlichkeit als Bischofskirche ansprechen. Im übrigen gestatten lediglich Schriftquellen die genaue Zuweisung eines Bischofssitzes an einen Ort.

Historisch bezeugte oder wahrscheinliche Kirchenbauten, die von geistlichen Gemeinschaften, Kloster- und Klerikergemeinschaften, genutzt wurden, sind archäologisch in ihrem Bestand nur schwer zu fassen. Für solche *monasteria* liegen allenfalls Grabungsbefunde zum Kirchenbau, nicht aber für die zugehörigen Strukturen vor. Eine Vorstellung von einem größeren Klosterkomplex des 7. Jahrhunderts vermittelt beispielsweise die Anlage von Nivelles in Brabant (Abb. 323). In Trier bestanden im 6. Jahrhundert außer an der Bischofskirche *monasteria* an St. Paulin, St. Maximin, St. Eucharius und St. Martin; hier ergibt sich bereits das Bild einer geistlich geprägten Stadt des Mittelalters. Die Existenz geistlicher Gemeinschaften kann in einigen Fällen auch über Grabinschriften belegt werden, so in Andernach und Boppard am Mittelrhein. Für den Bischof waren entferntere *monasteria* aus organi-

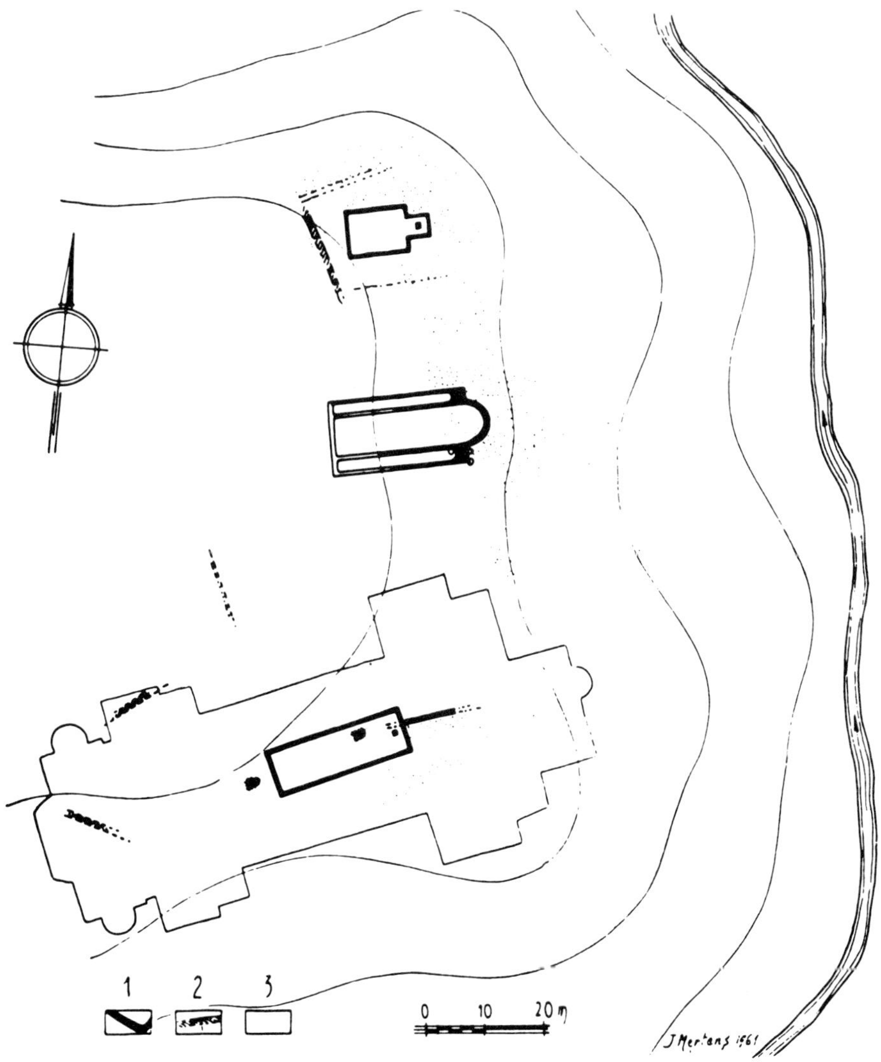

Abb. 323 *Die Gruppe der Kirchenbauten von Nivelles in Belgien (Prov. Brabant) aus der Zeit um 650 ist archäologisch untersucht. Die Kirchen St-Paul, Notre-Dame und St-Pierre bilden einen größeren Klosterkomplex, der im Umkreis der Pippiniden entstand.*

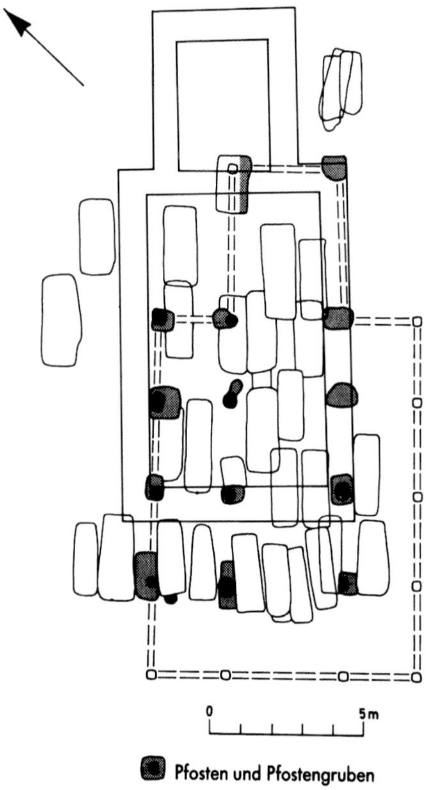

satorischen Gründen wichtig, wie etwa St. Arnuald beim Römerkastell Saarbrücken für Metz oder Karden und Münstermaifeld an der unteren Mosel für Trier.

Als weiterer Typ sind Kastellkirchen hervorzuheben. Nach dem archäologischen Befund ist es schwierig zu entscheiden, ob die Kirche im Kastell gelegentlich bereits in spätrömischer Zeit entstand. Ausgrabungsbefunde liegen etwa für Alzey in Rheinhessen und Bonn vor. Andernorts wird aus topographisch-historischen oder archäologischen Erwägungen auf die Existenz einer Kastellkirche geschlossen, zum Beispiel in Qualburg bei Kleve am Niederrhein, Haus Bürgel in einer alten Rheinschleife bei Zons, in Jülich, Bitburg am Südrand der Eifel sowie Neumagen an der mittleren Mosel. Sicher erst in der Merowingerzeit entstanden sind die Kastellkirchen in Utrecht in den Niederlanden und Soest in Westfalen als historisch überlieferte Neugründungen der Kölner Diözese zwischen 625 und 633. In einer Reihe von Fällen sind Kirchen außerhalb beim Kastell bezeugt, nämlich in Ivois in den Ardennen, Arlon in Belgien (Abb. 601), Pachten an der Saar und in Bingen.

Eine Eigenheit der alten städtischen Zentren stellen Coemeterialkirchen dar. In spätrömischer Zeit wurden auf vorstädtischen Nekropolen Memorialbauten angelegt, die in der Merowingerzeit weiter genutzt, unterhalten und zuweilen auch erweitert wurden. In und um diese Kirchen wurde bestattet. Von archäologischer Seite können St. Severin in Köln und

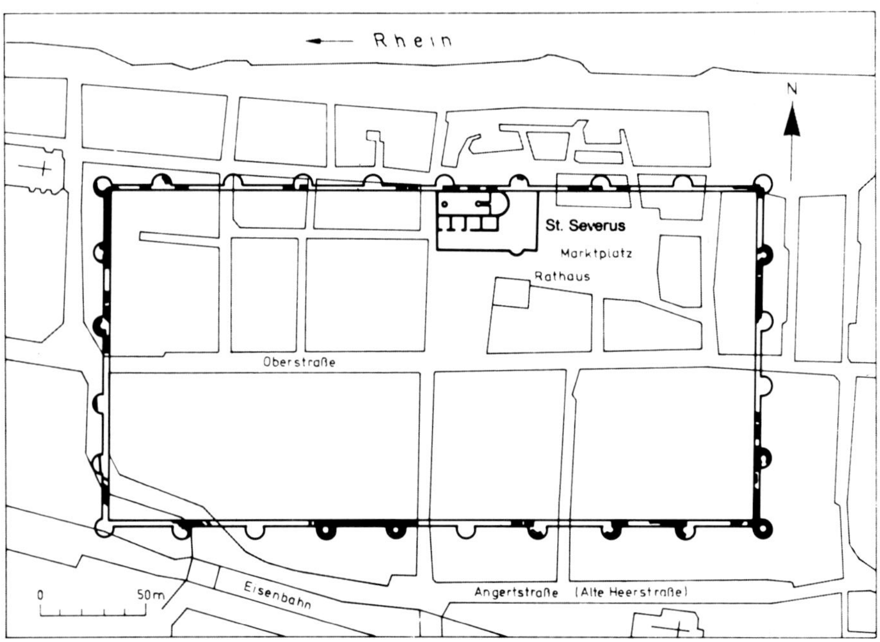

Abb. 324 *Die kleine Holzkirche des 7. Jahrhunderts konnte unter der Pfarrkirche von Inden-Pier im Rheinischen Braunkohlerevier bei der Beseitigung von Kriegsschäden archäologisch untersucht werden. Zeitgleich sind zugehörige Bestattungen. In frühromanischer Zeit entstand ein steinerner Nachfolgebau. – Nach P. J. Tholen/K. Böhner.*

Abb. 325 *An die Nordmauer des Kastells von Boppard am Rhein ist innerhalb der alten Badeanlagen im 6. Jahrhundert eine Kirche gebaut worden. Wie andernorts wurde auch hier römische Substanz genutzt. Nach Um- und Neubauten dient die Kirche St. Severus auch heute noch als Gotteshaus. Die Rekonstruktionsskizze des Ausgräbers vermag eine Vorstellung vom Innenraum einer merowingerzeitlichen Kirche zu vermitteln. Im Vordergrund ist das in die Erde eingetiefte Taufbecken zu sehen. Hinter der Abschrankung des Baptisteriumsbereiches erstreckt sich die Gemeindekirche. Auffallend ist die schlüssellochförmige, liturgisch genutzte Amboanlage. – Abb. nach H. Eiden.*

Abb. 326 *Der Chorbereich merowingerzeitlicher Kirchen war durch Schranken vom Laienraum getrennt. Ein prächtig verziertes Exemplar des 7. Jahrhunderts stammt aus Gondorf an der Mosel. Von dieser Gondorfer Schrankenanlage sind zwei Platten erhalten. Sie zeigen innerhalb der Zierumrahmung ein Kreuz mit Alpha und Omega an den Armen und ein Medaillon mit dem Brustbild* (imago clipeata) *eines bärtigen Mannes, der aufgrund des mit ihm dargestellten Buches und zweier Vögel möglicherweise als Evangelist Johannes mit seinen Attributen zu deuten ist (Kat. VI.1.4.). – Foto Reiss-Museum.*

St. Cassius in Bonn als umfangreich untersuchte Vertreter dieses Typs angeführt werden. Als merowingerzeitliche Neuschöpfung kann der im 7. Jahrhundert immer häufigere Typ der adeligen Eigenkirche gelten. Ein adeliger Grundherr ließ auf seinem Besitz eine Kirche errichten, die als eine Art Sondervermögen seinem Zugriff erhalten blieb. Historisch sind die frühen adligen Eigenkirchen im ländlichen Kontext bei der Herausbildung der Pfarrorganisation von Bedeutung. Der Kirchengründer und seine Familie konnten sich im Kirchengebäude bestatten lassen. Die Kircheninnenbestattung ist für die Merowingerzeit von großer Bedeutung. Sie bot dem fränkischen Adel wie auch der romanischen Oberschicht die Möglichkeit zur sozialen Separierung (Abb. 152).

Eine besondere Form von liturgisch genutzten christlichen Bauten repräsentieren die Taufkirchen, sogenannte Baptisterien. Im austrasischen Gebiet finden sich ergrabene Beispiele nur in Boppard (Abb. 325), Köln und Trier; es sind jedoch weit mehr Anlagen aus den Quellen zu erschließen, z. B. in Lüttich/Liège und Mainz. Hinzu kommen zahlreiche unsichere Erwähnungen oder Reste an Orten, die Baptisterien erwarten lassen, wie in Maastricht, Metz und Tongeren. In der Regel gehören diese bis in die Karolingerzeit meist selbständigen Räume zu einer Kirche oder einem Kirchenkomplex. Dabei gibt es keinerlei vorherrschende Ausrichtung in Bezug zum Kirchenbau. Auch eine regelhafte Bauform läßt sich nicht ausmachen. Die Taufpiscinen sind meist zentral geformt, ca. 1 m tief und besitzen Durchmesser zwischen 2 und 4 m (Abb. 104), so daß man auf die gängige Taufform der *immersion*, das heißt einem Übergießen des bis zu den Hüften im Wasser der Piscina stehenden erwachsenen Täuflings, schließen kann. Bemerkenswert ist bei den Zentralbecken von Boppard und Köln (Abb. 104), daß sie sich mit den äußeren Fundamentvorsätzen für die Säulen eines Ziboriums an eine Gruppe von Taufbecken der Mittelmeerküstenregion zwischen Makedonien und Südfrankreich anschließen lassen, die dem 5. und wie hier dem 6. Jahrhundert angehören.

Eine spezielle Sonderform des frühmittelalterlichen Sakralbaus stellen Gruppen von kirchlich und liturgisch genutzten Bauten, sogenannte Kirchenfamilien, dar. In der Regel weisen sie neben einer meist größeren Hauptkirche noch weitere Kirchen sowie Sonderbauten, wie zum Beispiel ein separates Baptisterium oder Memorialräume, auf. Häufig gehört ein *episcopium* zu einem solchen Komplex. Wie etwa in Utrecht kann das gesamte Areal durch Ummauerung geschützt sein. Zahlreiche Kirchenfamilien im Gebiet Austrasiens datieren in das 7. Jahrhundert, etwa in Mettlach an der Saar, in Nivelles und Utrecht. Möglicherweise liegen aber auch im Bereich des Kölner Domes schon im 6. Jahrhundert und mit den ebenso noch nicht abschließend bearbeiteten Bauresten der Trierer Domgrabung noch frühere Kirchenfamilien vor. Bis in das 6. Jahrhundert gab es keine Kirchenbauten im rechtsrheinischen Gebiet, jenseits der römischen Reichsgrenze. Der Bau der Georgskirche des Mainzer Bischofs Sidonius im rechtsrheinischen Brückenkopf Kastel befand sich noch auf altem römischem Reichsgebiet. Im 7. Jahrhundert lassen sich erste Kirchenbauten im Rechtsrheinischen feststellen, so in Soest. Die kulturelle Wirksamkeit der römischen Reichsgrenze blieb noch lange spürbar.

Die bauliche Ausstattung der Kirchen

Von der Ausstattung merowingischer Kirchen sind nur in sehr geringem Maße Reste vorhanden. Da die Bauteile und Dekorationsensembles für den austrasischen Bereich ausschließlich aus Grabungen stammen, sind sie auch nur unvollständig erhalten. Dennoch zeigen die Kirchengrabungen, daß es spätestens seit dem 6. Jahrhundert aufwendige Ausgestaltungen vor allem des Altarbereiches gegeben hat. Sicher ab der zweiten Hälfte des 6. Jahrhunderts findet sich auch bei den Franken der schon aus der Ostkirche bekannte Ambo in Schlüssellochform. Die frühe Kölner Bischofskirche weist einen solchen erhöhten Ort zur Schriftlesung auf, der hier durch die Lage über den beiden reichen Bestattungen (Abb. 153–157; 349–351) in diese Zeit datiert werden muß.

Besonders prächtig sind die in großen Teilen erhaltenen Chorschrankenanlagen, *cancelli*, des 7. Jahrhunderts aus St-Pierre-aux-Nonnains in Metz (Abb. 505) und Hornhausen (Kr. Oschersleben) in Thüringen (Abb. 237) sowie die Stücke der ersten Hälfte des 8. Jahrhunderts aus der Abteikirche des Willibrord in Echternach (Abb. 367–368). Auch für hölzerne Abschrankungen gibt es archäologische Anhaltspunkte. Die sicherlich aufwendige obertägige Gestaltung von Heiligengräbern, etwa durch einen Schrein, kann aus den Schriftquellen erschlossen werden. Von der Kapitellausstattung der Kirchen konnten aus Austrasien bislang keine bemerkenswerten Beispiele geborgen werden. Es dürften sich auch hier Stücke mit dem eigenwilligen, nicht dem antiken Formenkanon entsprechenden Aussehen, wie sie aus dem Westfrankenreich bekannt sind (Abb. 440), in den Kirchen befunden haben. Hinweise auf Mosaizierungen fehlen bislang weitgehend. Beim Baptisterium von Köln sind einige vielfarbige *tessellae* gefunden worden, die jedoch nicht sicher dem merowingischen Bau zugewiesen werden können.

Ein kleiner Teil des Spektrums der Wandmalerei läßt sich aus den allerdings nicht sicher vorkarolingisch zu datierenden Befunden von St-Pierre-aux-Nonnains in Metz und etwa den Resten einer Ausmalung in dem kleinen Zentralbau der Pfalz Dreihausen (Kr. Marburg-Biedenkopf) erschließen. So wird man sich die fränkischen Kirchenbauten in der Art der karolingischen Kirchen des Alpenraumes, etwa in Castelseprio, Mals oder Naturns, bunt ausgemalt, sicherlich mit Stuckverzierungen oder Baudekor aus Stein und mit einem durch reichen Bauschmuck hervorgehobenen Altarplatz vorstellen müssen.

Das Kirchengerät

Außer in der Baugestalt und in der Bauplastik konnte sich die Bedeutung einer Kirche in deren *ornamenta* dokumentieren, worunter der Besitz an Heiligtümern, Kleinodien und Handschriften zu verstehen ist. Belegt sind monumentale Altarkreuze. Für Saint-Denis bei Paris hatte der Goldschmied und spätere Bischof Eligius (um 588–660) ein zwei Meter hohes, edelsteinverziertes Goldkreuz geschaffen, das hinter dem Altar aufgestellt war (Abb. 495).

Reliquienbehälter konnten im Altarsepulcrum deponiert oder bei Prozessionen und dergleichen mitgeführt werden. Steinerne Reliquiare in Form eines Miniatursarkophags sind bisher im Ostfrankenreich nicht bekanntgeworden. In der Regel bestehen die fränkischen Reliquiare aus Holz und weisen eine Verkleidung mit Metall und polychromen Edelsteinen oder aus Bein auf. Der Bestand der vorkarolingischen Reliquiare ist nicht sehr groß. Bekannt sind die Bursenreliquiare aus Enger, Namur und Utrecht sowie das der hl. Mumma in der Abtei St-Benôit-sur-Loire. In liturgischem Kontext standen eine Reihe von Gefäßen, die *vasa sacra*. Eine prachtvolle Ausführung von goldenem Altargerät zeigen die polychrom verzierte rechteckige Patene und der Doppelhenkelkelch aus Gourdon (Dép. Lot). Die Patene stellt eine mit einem Kreuz in der Mitte versehene Platte dar, die zur Aufnahme des eucharistischen Brots diente und läßt sich durchaus mit den mediterranen Arbeiten vergleichen, von denen die Eremitage in St. Petersburg eine Sammlung besitzt. Die Hauptkirchen des Landes dürften mit prächtigen Metallarbeiten geschmückt gewesen sein, von denen sich jedoch nur ein Bruchteil in den Kirchenschätzen erhalten hat. Als sogenannte Patene Karls des Kahlen hat ein Werk des hl. Eligius (um 588 bis 660) überdauert. Der cloisonnéverzierte Eligiuskelch im Kirchenschatz von Chelles (Abb. 496) wurde während der französischen Revolution eingeschmolzen. Auch Prunkgefäße aus kostbarem Stein waren wie in der Antike hochgeschätzt. Einen Sardonyxpokal, der sich heute in St-Maurice im schweizerischen Kanton Wallis befindet, versah Eligius mit einer polychromen Goldfassung. Die Existenz weiterer Ausstattungsgegenstände, wie Lampen oder Räuchergefäße, kann angenommen werden. Das Service aus Kanne und Griffschale, das als Bronzegeschirr in Oberschichtgräbern begegnet und hier gehobene Tischsitten illustriert, dürfte in vielen Kirchen zur Handwaschung des Liturgen im Gebrauch gewesen sein. Kannen wie die Exemplare aus Concevreux (Dép. Aisne) und Lavoye (Dép. Meuse) können im sakralen Kontext zur Handwaschung und als Spendegefäß für den Meßwein genutzt worden sein (Abb. 137).

Zur Klärung der liturgischen Gewandung vermag die Archäologie kaum etwas beizutragen. Der Fund eines aufgenähten Seidenkreuzes aus dem alamannischen Gräberfeld von Oberflacht (Kr. Tuttlingen) gibt allenfalls einen Hinweis. Betrachtet man das Hemd der Balthilde (Abb. 651), erscheint es kaum zweifelhaft, daß es auch im sakralen Bereich eine eigene, zum Teil aufwendig gearbeitete textile Gewandung gab. Kostbare Textilien sind auch bei der Dekoration wichtiger Kirchen anzunehmen. Hierher gehören Seiden- und Goldbrokatstoffe, wie sie in den Gräbern der merowingerzeitlichen Führungsschicht gefunden werden. Zur Kirchenausstattung gehören schließlich noch die liturgischen Bücher (*codices*): Pergamentblätter waren in einen Einband aus Holz oder Leder gebunden, dessen Außenseite mit Metall oder Elfenbein kostbar verziert sein konnte (Abb. 311). Selten waren Tragaltäre, *altaria portatilia*; mit Reliquien versehen und geweiht, konnten diese kleinformatigen Kästen im Bedarfsfall zusätzlich aufgestellt und auf Reisen mitgenommen werden. In Schriftquellen sind Tragaltäre bereits für das 6. Jahrhundert belegt.

Wenngleich sich die kirchliche Ausstattung der Merowingerzeit durch einige erhaltene Prachtfunde und im Analogieschluß einigermaßen in groben Zügen rekonstruieren läßt, muß noch einmal auf die geringe Zahl der erhaltenen Denkmäler hingewiesen werden. Die geschilderte Ausstattung ist überdies nur für die größeren und bedeutenden Kirchen des Landes, das heißt die Bischofskirchen, Klöster und wichtige Coemeterialkirchen, anzunehmen. Zur Einrichtung der einfachen Kirchenbauten verraten die archäologischen Quellen wenig.

Literatur: Ahrens 1981. – Bader 1960/1985. – Becker, H./Päffgen. – Böhner u. a. 1962/64. – Boppert 1971. – Boppert 1986. – Boppert 1988. – Braun 1932; 1940. – Brühl 1975/1990. – Buschhausen 1971. – Dierkens 1986. – Dübner-Manthey 1987. – Egger 1954. – Engemann 1972. – Ewig 1980. – Galsterer, B. u. H. 1975. – Gauthier 1975; 1980. – Gauthier/Picard 1986 ff. – Haubrichs/Beck/Roth 1981. – Jacobsen/Schäfer/Sennhauser 1991. – Kempf/Reusch 1965. – Krämer 1974. – Kraus 1890/94. – Kremer 1993. – Krüger 1971. – Lafaurie 1958. – Le Blant 1892. – Neuss 1933. – Nisters-Weisbecker 1983. – Oswald/Schaefer/Sennhauser 1966 (1990). – Päffgen 1992. – Ristow, G. 1980. – Ristow, S. 1993; im Druck. – Roth 1986a. – Roth/Wamers 1984. – Schlesinger 1975. – Sippel 1993. – Spätantike 1991. – Vierck 1974. – Weidemann, M. 1982b; 1990. – Werner, J./Ewig 1979.

Die Grabstätten der merowingischen Könige in Paris

Patrick Périn

Chlodwig I. und Chrodechilde erbauten Saints-Apôtres in Paris als erste Grabkirche der Merowingerdynastie. Ihrem Vorbild folgten mindestens zwei ihrer Söhne und bauten eigene Grabkirchen, von denen die Basilika des Childebert, Sainte-Croix-et-Saint-Vincent in Paris, bis 675 als königliche Grabkirche benutzt wurde. Daneben diente seit Dagobert I. auch Saint-Denis als Nekropole merowingischer Könige.

Von den heidnischen zu den christlichen Bestattungen der merowingischen Könige

Childerich I. († 481 oder 482), Vater Chlodwigs, war fränkischer König, aber auch Verwalter der Provinz *Belgica II*, die im römischen Gallien auf der Rangliste an zweiter Stelle stand. Er bekundete zwar Anteilnahme an der Kirche und hatte Kontakte zu der hl. Genovefa, war aber Heide. Daher hatte er, wie uns sein Grab verrät, das zufällig 1653 in Tournai entdeckt und 1655 von Jean-Jacques Chiflet sorgfältig veröffentlicht wurde, noch Anrecht auf die Bestattung, die den »barbarischen« Eliten seiner Zeit vorbehalten war. Er war bekleidet mit seinen Prunkgewändern, die sowohl denen der oberen römischen Offiziere – besonders mit dem *paludamentum* und der kreuzförmigen Zwiebelknopffibel aus Gold – entlehnt waren als auch denen der »barbarischen« Oberhäupter entsprachen, in diesem Fall mit Armreifen aus massivem, reinem Gold, mit Prunkschwert und Prunksax sowie Kleidungsteilen, zu denen die aus Gold geschmiedeten, mit Almandinen in Zellwerk verzierten Beschläge gehörten. Ausgestattet mit verschiedenen persönlichen Gegenständen, seinen Waffen und dem Zaumzeug seines Pferdes wurde er in einer Grabkammer niedergelegt, die aus dicken Bohlen errichtet und mit einem gewaltigen Tumulus überhügelt war. Im Umkreis des Tumulus wurden drei Gruben entdeckt, in denen Pferde des königlichen Stalls, die man aus diesem Anlaß getötet hatte, lagen.

Childerich war der letzte fränkische König, dem ein so gewaltiges barbarisches Begräbnis zuteil wurde. Die Bekehrung und die Taufe seines Sohnes Chlodwig I. (um 496/499) brachte in der Tat eine gründliche Veränderung der Bestattungssitten der merowingischen Dynastie mit sich, deren Grabstätten in Zukunft nicht von den Kirchen zu trennen sein werden.

Das Mausoleum Chlodwigs

Am Tag nach seinem Triumph in Tours (508) machte Chlodwig Paris zur Hauptstadt und beschloß, dort ein dynastisches Mausoleum zu bauen, das er mit Chrodechilde auf dem Grab der hl. Genovefa errichtete und den Heiligen Aposteln weihte. Tatsächlich wurde er als König der Franken 511 an diesem Ort begraben.

Im Gegensatz zur häufig vertretenen Ansicht, Chlodwig und Chrodechilde seien in der *memoria*, die das Grab der Heiligen Genovefa beherbergte, bestattet – wo es übrigens für ein dynastisches Mausoleum an Raum gemangelt hätte, denn die Gräber der hl. Eusoz sowie Erzbischofs Prudentius waren dorthin verlegt worden –, waren sie, wie es Gregor von Tours richtig angibt, im *sacrarium* der neuen Basilika bestattet worden. Wie es die Interpretation dieses Begriffs und archäologische Beispiele in Rom und Constantinopel zeigen, handelte es sich um ein angebautes Gebäude, das hier sicherlich dem Chor der Kirche angefügt war. Ohne daß eine archäologische Überprüfung hätte gemacht werden können, haben wir vorgeschlagen, daß die erste Radialkapelle nördlich des Chores der Basilika Sainte-Geneviève aufgrund ihrer mächtigen Fundamente und ihrer besonderen Achse den Standort, wenn nicht gar die Mauern dieses *sacrarium* übernommen hat.

Die königlichen Sarkophage wurden, ebenso wie diejenigen Constantins und seiner Familie in der Kirche der Heiligen Apostel in Constantinopel, ohne Zweifel entsprechend den Gepflogenheiten, die sich seit der Generation der Söhne Chlodwigs durchsetzten, auf den Boden gestellt und nicht eingegraben. Den Gräbern Chlodwigs und Chrodechildes schlossen sich die ihrer Tochter Chlodechilde, der Gattin des westgotischen Königs Amalarich, und ihrer Enkel Theudoald und Gunthar an, die 524 nach dem Tod ihres Vaters von ihren Onkeln Chlothar und Childebert ermordet wurden. Es ist unbekannt, was aus den königlichen Gräbern wurde, da im Gegensatz zu Saint-Germain-des-Prés keine Tradition in der Abtei der hl. Genovefa erhalten blieb. Es ist möglich, daß die Sarkophage, wie es das Beispiel der fürstlichen Gräber des Kölner Doms veranschaulicht, in den Boden des Mausoleums eingegraben wurden, als eine Erweiterung der Kirche die Angleichung des Mausoleums erforderte; die Gräber könnten ebenso umgestellt oder unter dem Chor oder dem Schiff der Kirche eingegraben worden sein. Sollten diese Umbauarbeiten nicht vor den normannischen Angriffen in der zweiten Hälfte des 9. Jahrhunderts stattgefunden haben und die Gräber noch immer sichtbar gewesen sein, dürften sie geplündert und

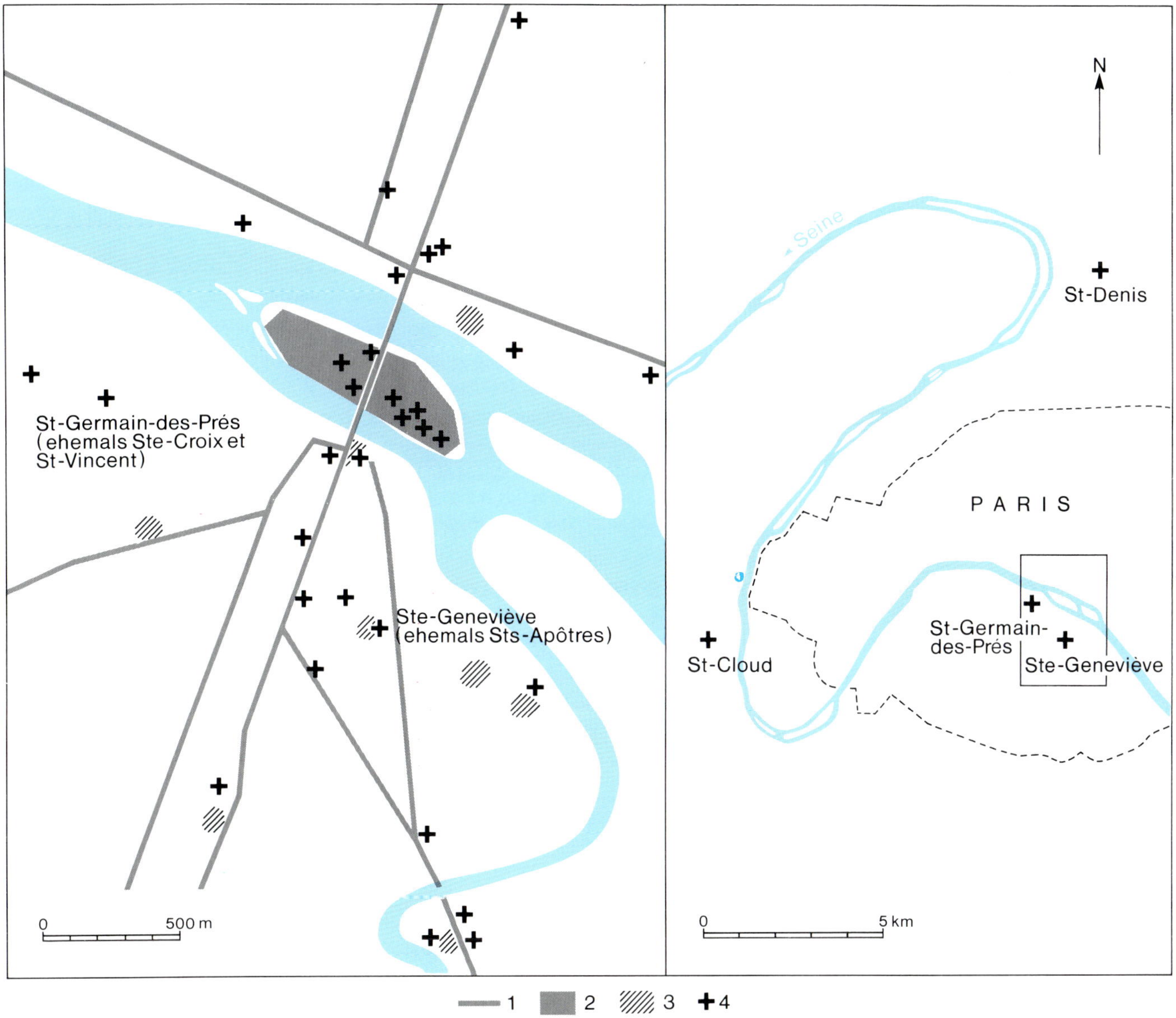

Abb. 327 *Paris und Umgebung. 1 Römische Straßen. 2 Spätrömische Befestigung. – 3 Spätrömische Gräberfelder. – 4 Kirchen der Merowingerzeit. – Nach Müller-Wille 1993, 18 Abb. 8.*

zerstört worden sein. Jedenfalls waren es nicht die königlichen Gräber, die die Architekten Rondelet und Bourla 1807 während der Grabungen, die Napoleon vor der Zerstörung der baufälligen Sainte-Geneviève Kirche befohlen hatte, zu erkennen glaubten, sondern anonyme Sarkophage jüngeren Datums.

Dafür ist uns der steinerne Sarkophag der hl. Genoveta erhalten geblieben; beschädigt von der Zeit und den Pilgern, ist nur noch der untere Teil vorhanden. Er stand in der Krypta der Kirche Sainte-Geneviève bis zu ihrer Zerstörung – die Überreste der Heiligen waren seit den normannischen Angriffen in ein Reliquiar gebracht worden –, anschließend wurde er in die mittlere Kirche Saint-Etienne-du-Mont verlegt, wo er, eingefügt in ein Reliquiar, noch heute zu sehen ist.

Die königlichen Gräber von Sainte-Croix und Saint-Vincent (dem heutigen Saint-Germain des Prés)

Entgegen dem Vorhaben Chlodwigs diente die Kirche Saints-Apôtres in Paris der merowingischen Dynastie nicht als Mausoleum. Die Aufteilung Galliens unter den Erben – und bei jeder Generation unter weiteren Erben – stand dem entgegen. Einzig zwei seiner Enkel, eine seiner Töchter und Chrodechilde bekamen dort ihr Begräbnis. Dem Beispiel ihres Vaters folgend, entschlossen sich mindestens zwei von Chlodwigs Söhnen – es mangelt an Quellen zu König Chlodomer von Orleans († 524) und König Theuderich I. von Reims († 534) –, ihre Gräber in Kirchen zu legen, die sie selbst gegründet hatten. Ihre Sarkophage wurden nicht etwa in Anbauten eingelassen, sondern unter dem Boden der Heiligtümer, und zwar Childebert I. († 558) in Sainte-Croix-et-Saint-Vincent in Paris und Chothar I. († 561) in Saint-Médard in Soissons. Soweit man es anhand vereinzelter historischer und archäologischer Quellen beurteilen kann, wurde nur Sainte-Croix-et-Saint-Vincent eine wirkliche königliche Nekropole, sie wurde zumindest bis 675 wiederholt von den Königen Neustriens genutzt, auch wenn sie ab Dagobert I. († 639) zum Teil von Saint-Denis abgelöst worden war. Dagegen behauptete sich Saint-Médard in Soissons, wo noch Sigibert I. († 575), der Sohn Chlothars I., beigesetzt wurde, nicht für ihre Nachfolger, wahrscheinlich weil sie in Neustrien gelegen ist. Wenn auch mehrere austrasische Herrscher in ihrer Hauptstadt Metz begraben wurden, hatten die anderen sowie die burgundischen Könige keine dynastische Grabstätte. In diesem Sinne ist die merowingische Nekropole von Saint-Germain-des-Prés von außergewöhnlichem Interesse.

Man hat lange angenommen, daß die alte merowingische Basilika Sainte-Croix-et-Saint-Vincent von Childebert I. nach der Rückkehr von seinem Feldzug gegen die Westgoten 542 gegründet worden sei: Er habe damals zwei berühmte Reliquien aus Spanien mitgebracht, die Tunika des hl. Vincent aus Saragossa und ein aus Gold geschmiedetes Kreuz aus Toledo, das möglicherweise ein Stück Holz des echten Kreuzes enthielt. Diese in dem *Liber historiae Francorum* enthaltene Überlieferung wird nach Jean Dérens von keiner sicheren Quelle gestützt. Was Gregor von Tours betrifft, so ist er in den »Zehn Büchern der Geschichten« diesbezüglich sehr lakonisch und erwähnt lediglich, daß Childebert in der Basilika begraben wurde, »die er selbst gebaut hatte«.

Anhand der auf den 6. Dezember 558 datierten Gründungssatzung der Basilika Saint-Vincent von Childebert, die nicht eine Fälschung, sondern eine ungeschickte Kopie des ursprünglichen Dokuments aus dem 10. Jahrhundert ist, ergibt sich, daß sie auf Initiative des hl. Germanus, des Bischofs von Paris, auf einem Boden, der zum Fiscus von Issy gehörte, gegründet und nicht vor 558 fertiggestellt wurde. Deshalb war Childebert, der fühlte, daß sein Ende nahte, bedacht, die Stiftung des Fiscus an die Kirche durchzuführen, um den Unterhalt ihrer Geistlichen zu gewährleisten. Dies bestätigt die *Vita Droctovii* (Ende 11. Jahrhundert), deren Autor Gislemar behauptet, ein Immunitätsprivileg Chlothars I. vom 23. Dezember 558 (oder 559) genutzt zu haben, wonach der Tod Childeberts mit der Weihung der Basilika Saint-Vincent übereinstimmt. Zum gleichen Zeitpunkt ließ der hl. Germanus, der seinen Schüler Droctovius an die Spitze der neuen Klostergemeinde gestellt hatte, von Chlothar I. und den anwesenden Bischöfen das Immunitätsprivileg, das die Basilika Saint-Vincent genießen sollte, bestätigen, insbesondere um zu vermeiden, daß die Ernennung der Äbte den Bischöfen von Paris überlassen wird. Man kann diesem Dokument ferner entnehmen, daß die Kirche einen kreuzförmigen Grundriß hatte. Dies ist für ihre Architekturgeschichte von Bedeutung. Der hl. Germanus, der 556 Bischof von Paris geworden war, spielte also eine entscheidende Rolle bei der Gründung der Saint-Vincent-Basilika. Daran hatte man bisher gezweifelt.

Einige Jahre nach dem Begräbnis Childeberts wurde der hl. Germanus († 576) in einem Portikus der Kirche bestattet, und es ereigneten sich, wie die zeitgenössischen Berichte Gregors von Tours und von Venantius Fortunatus, dem Autor der *Vita s. Germani,* bezeugen, zahlreiche Wunder an seinem Grab. So erklärt man, daß bei der Benennung der Kirche der Name des hl. Germanus ab dem 7. Jahrhundert zunehmend denjenigen des hl. Vincent, der dennoch bis zum 12. Jahrhundert bezeugt ist, ersetzt hat.

Von 558 bis 675 nahm die Basilika Sainte-Croix-et-Saint-Vincent den Großteil der Grabstätten der neustrischen Könige und eine große Anzahl ihrer Verwandten auf. So bezeugen es die Schriftquellen: Childebert I. († 584) und zweifellos seine Frau Ulthrogotho, Chilperich I., seine Frau Fredegunde († 618/619) und zwei, wenn nicht gar drei ihrer Söhne (Chlodwig, Merowech und vielleicht Theuderich), Chlothar II. († 629) und seine Frau Berthetrude, Childerich II. († 675), Bilichilde und ihr Sohn Dagobert.

Bis zu den Bauarbeiten von 1656 markierten Gräber im Chor von Saint-Germain-des-Prés die Stelle der Grabmäler von Childebert I., Ulthrogotho, Chilperich I., Fredegunde, Chlothar II., Berthetrude, Childerich II., Bilichilde und ihrem Sohn Dagobert. Von der merowingischen Zeit bis zu den Veränderungen des 12. Jahrhunderts schien man also die Erinnerung an die primitive Anordnung der königlichen Sarkophage, die man als genau erachtete, gewahrt zu haben. Die Bauarbei-

***Abb. 328** Grabung in Sainte-Geneviève, 1807. Aquarell von Bourla Sohn nach einer Skizze des Vaters. – Bibl. Nat. Coll. Destailleur tom. II, fol. 62 no. 302.*

ten, die 1645–1646 im Chor der Abteikirche anläßlich der Errichtung des neuen Hauptaltars durchgeführt wurden, brachten die Instandsetzung des Pflasters und die Entdeckung mehrerer Grabstätten mit sich, von denen einige, wie man zehn Jahre später festzustellen glaubte, von den Arbeitern umgesetzt wurden. Neue Arbeiten wurden 1656 im Chor bei der Einrichtung des Chorgestühls vorgenommen. Die »Grabstätten« der merowingischen Herrscher, das heißt die gotischen Gräber, wurden also ebenso wie die darunterliegenden Sarkophage, die ihnen entsprechen sollten, und insbesondere diejenigen Childerichs II. und Bilichildes, verlegt, während andere Sarkophage aus Stein und Gips ans Licht gebracht wurden. Da diese verschiedenen Funde offenbar nicht Gegenstand eines zeitgenössischen Protokolls wurden, kennt man sie nur aus der späteren Erzählung von Dom Brouillart (1724), die auf der mündlichen Überlieferung tatsächlicher Zeugenaussagen zu beruhen scheint.

Dom Brouillart zufolge war der Inhalt der Sarkophage unversehrt, und man konnte darin in Leichentuch eingehüllte oder noch bekleidete Körper erkennen – ohne Hinweise auf Kleidungszubehör oder Möbelstücke. Andere Gräber wurden im Gegensatz dazu geschändet, insbesondere diejenigen Childerichs II. und Bilichildes, die man 1646 unberührt gesehen zu haben glaubte. Zu diesem Zeitpunkt berichteten tatsächlich Zeugen, daß sie »auf dem Kopf des Königs einen großen Besatz in Form einer Krone, ein Stück goldenen Stoffes, das sein Gesicht bedeckte, sowie Sporen gesehen hätten und daß sein Gürtel, der ganz zu sein schien und einen Daumen breit war, in Abständen mit einigen Schnallen und Verzierungen aus Silber besetzt war«. 1656 umfaßte das Inventar der angeblich gleichen Grabstätte, die als geschändet betrachtet wurde, »einen großen Stock aus Haselnußholz und einen sehr langen Gehstock, beide so lange wie das Grab; ein am Griff gebrochenes Schwert, das von Rost zerfressen war, die Schnalle des Schwertgehänges, bestehend aus drei Stücken aus feinem Gold; einige kleine, sehr dünne quadratische Goldplättchen, auf die eine zweideutige Schlange eingraviert war, das heißt, daß sie zwei Köpfe hat und mit dem Kopf wie mit dem Schwanz beißt; diese Plättchen hatten in jedem Winkel oder Eck ein kleines Loch, um sie an den Gürtel oder an dem Wehrgehänge festzumachen; einige Stücke Kork und Leder, aus denen seine Stiefel bestanden, und eine große Vase aus dickem Glas, die vom Halsansatz an zerbrochen war, in der einige Parfums verblieben waren«.

Diese beiden Zeugnisse reichen jedoch kaum aus, die These der Schändung des Childerich-Sarkophags zwischen 1646 und 1656 zu bestätigen. Ganz sicher authentisch, entsprechen sie tatsächlich in zunehmendem Maße dem Inhalt zweier weiterer Gräber, die bei ihrer Öffnung unversehrt waren. Der Kommentar von Dom Brouillart spiegelt übrigens gut die Unsicherheiten wider, die in bezug auf die Identifikation der Grabstätten bestanden, deren direkte Beziehung zu den Grabdenkmälern zweifellos nicht immer offensichtlich war. Also blieb 1656 die Zuweisung des Sarkophags mit den reichen männlichen Grabausstattungen an Childerich II. bis zu dem Zeitpunkt Vermutung, an dem die Säuberung des Grabes die Entdeckung der auf der Höhe des Kopfes eingravierten Inschrift CHILDR REX ermöglichte.

Die Betrachtungen, die das Grab betreffen, das Bilichilde zugewiesen wurde, scheinen überzeugender zu sein, da es unbestreitbar ist, daß die Grabstätte, die 1656 geöffnet wurde, vollständig umgewälzt und geplündert war. Das war bei dem Grab, das 1645 der Gemahlin Childerichs II. zugewiesen wurde, nicht der Fall: »...Bilichilde trug noch ihre königlichen Kleider und hatte ein Kissen mit wohlriechenden Gräsern unter ihrem Kopf...«.

Was die anderen königlichen Gräber betrifft, so bleibt Dom Brouillart schließlich ungenau, indem er weder auf Grabausstattung noch auf Schändung hinweist. Es ist dennoch sicher, daß sehr reiche Grablegen, die den merowingischen Herrschern und ihren Verwandten zuschreibbar sind, zwischen 1646 und 1656 geschändet wurden, wie es Dom Bernard von Montfaucon bezeugt. Er erzählt, ein Geistlicher der Abtei habe auf seinem Totenbett gebeichtet, daß er das wertvolle Metall der entdeckten Gegenstände aus den Gräbern nach Gewicht verhandelt hätte, wonach er seinem Vorgesetzten einen »Restbetrag« von 13 000 Pfund übergab, der 1664 der Errichtung der Abteiorgeln diente.

Andere alte Entdeckungen, die ebenfalls im Innern der Kirche erfolgten, sind es wert, genannt zu werden, selbst wenn ihre Identifizierung mutmaßlich bleibt. Es handelt sich zuallererst um zwei Steinsarkophage, die 1643 in der Nähe der Klostertür, im Norden des Baus, zutage gefördert wurden. Einer der beiden trug die Inschrift HILPERICUS, die außerhalb der Wanne eingraviert und in Zinnoberrot ausgemalt war. Das Mobiliar – eine kleine Lampe aus Kupfer, an der ein Kreuz mit der Darstellung Christi hing – ist selbstverständlich nicht bezeichnend genug, um eine Zuschreibung dieser Grabstätte an Chilperich I., von dem man weiß, daß er 584 in Saint-Germain-des-Prés bestattet wurde, zu ermöglichen. Noch 1704 entdeckte man anläßlich neuer Bauarbeiten an der Stelle des Hauptaltars einen Sarkophag, dessen Wanne aus weißem Stein am Kopfende vier eingravierte Kreuze trug und mit einem giebelförmigen Deckel aus Marmor mit nach unten geschlagenen Enden versehen war. Letzterer, der heute im Louvre aufbewahrt wird, war – ausgenommen auf einer Seite – mit Inkrustationen aus rechteckigen Kartuschen mit der klassischen Darstellung der aus einer Vase steigenden Weinrebe verziert; er ist ein schönes Beispiel für die Grabskulptur der Spätantike aus den Werkstätten des südwestlichen Gallien. Dieses Denkmal wurde zuerst dem König Charibert zugeschrieben, anschließend dem Abt Morard; die angeführten Argumente konnten weder für die eine noch für die andere Seite Sicherheit bringen. Arbeiten im südlichen Seitenschiff der Kirche brachten noch eine große Menge von Sarkophagen aus gegossenem Gips und aus Stein zutage. Drei von diesen trugen einen Dekor aus zahlreichen Kreuzen auf der Kopfplatte. Zieht man ihre Lage in Betracht, so befanden sich diese Gräber wahrscheinlich unter dem Boden der Saint-Vincent-Basilika und müssen wie in den Saints-Apôtres in Paris Angehörigen der Oberschicht zugewiesen werden, die das Privileg hatten, den Reliquien am nächsten zu ruhen.

Fügen wir der Vollständigkeit halber hinzu, daß uns weitere Arbeiten, die seit der Mitte des letzten Jahrhunderts um Saint-Germain-des-Prés ausgeführt wurden, unter anderem eine Vorstellung von der Ausdehnung des Gräberfeldes *ad sanctos* geben. Dieser für Paris klassische Typus entwickelte sich wahrscheinlich um die Gräber des hl. Germanus und der merowingischen Königsfamilie.

Saint-Denis

Wenn die Basilika von Saint-Denis auch seit Dagobert I. († 639) zum Teil Sainte-Croix-et-Saint-Vincent als »offizielle« Nekropole der merowingischen Könige von Neustrien ablöste, so diente sie doch bereits seit der Zeit Chlodwigs I. als Grab-

Abb. 329 *Antefix aus Saint-Denis, église des Trois Patrones. Eine ganze Serie von Antefixen, üblicherweise aus gebranntem Ton, also Ziegel, schmückte im Pariser Raum im 7. Jahrhundert die Kirchen. Typisch für diese Gruppe ist das Motiv eines Kopfes unter dem Kreuz, eines Christuskopfes (vgl. dazu Kat. IV.1.8.). – Nach Naissance 1991, 234.*

lege der fränkischen Aristokratie, wenn nicht gar des Hofes.

Die Überprüfung der archäologischen Quellen, die den Standort der Basilika von Saint-Denis betreffen, erlaubt es heute nicht mehr, hier das Bestehen eines Friedhofs der älteren Kaiserzeit mit dem Grab des hl. Dionysios anzunehmen. Tatsächlich ist das einzige Grab, das Edouard Salin in diesem Sinne anführte (N° 19), anhand seiner Keramik weder in das 1. noch an den Anfang des 2. Jahrhunderts, sondern frühestens in die zweite Hälfte des 3. Jahrhunderts datierbar. In der Basilika selbst entdeckte Salin einen Friedhof der jüngeren Kaiserzeit. Grabmaltypen und Bestattungsriten stimmen vollkommen mit denen überein, die man vom Ende des 3. bis ins 5. Jahrhundert hinein im Pariser Becken, insbesondere im städtischen Bereich vorfindet, und zwar mit rechteckigen, steinernen Sarkophagen, von denen manche in Richtung Kopf eine konkave Innenseite aufzeigen, mit Holzsärgen, die von großen Nägeln zusammengehalten werden, bei fast vollständigem Fehlen von Grabbeigaben. Die jüngst durchgeführten Ausgrabungen der *Unité d'Archéologie* von *Saint-Denis* haben es außerdem ermöglicht, ungefähr 100 Meter nordöstlich des Chores der Basilika und am Rande eines antiken Weges Gräber der gleichen Zeit ans Licht zu bringen; ein Grab beinhaltete eine kreuzförmige Fibel aus Bronze. Beim gegenwärtigen Stand der archäologischen Erkenntnisse ist nicht festzustellen, ob diese beiden Gräbergruppen zur gleichen Nekropole gehörten.

Obwohl offensichtlich ist, daß Beziehungen bestanden zwischen den Gräbern der jüngeren Kaiserzeit, die am Standort der Basilika nachgewiesen wurden, und den mächtigen, 9 m breiten und 20 m langen Fundamenten, die seit den Arbeiten von J. Formigé derjenigen Kirche zugeschrieben werden, die die hl. Genovefa 475 errichtet haben soll, wurden sie unseres Wissens bisher nicht angesprochen. Die Analyse der von Salin veröffentlichten Pläne zeigt jedoch deutlich, daß diese Gräber jünger sind als die Mauern des ursprünglichen Baus, entlang dessen sie

sowohl innerhalb wie außerhalb (im Norden) aufgereiht sind. Man muß also annehmen, daß dieser Bau am Ende des 5. Jahrhunderts nicht von der hl. Genovefa gebaut worden sein kann, daß er aber älter ist als die Gräberreihe aus der jüngeren Kaiserzeit, ohne daß diese einen *terminus ante quem* liefern könnte, um das Erbauungsdatum genauer festzulegen.
Diese Feststellungen könnten, unter Vorbehalt der Fortschritte im archäologischen Kenntnisstand – bei noch unveröffentlichten und zukünftigen Grabungen – die erste *Passion* oder *Gloriosae* des hl. Dionysios bekräftigen, die am Anfang der merowingischen Epoche abgefaßt wurde. Diesem Bericht zufolge hätte eine gläubige Frau den Körper des hl. Dionysios, dessen Martyrium man um 250 datiert, in einem Feld bestattet, das ihr gehörte, bevor sie auf seinem Grab ein Mausoleum errichtete, das später von einer Basilika ersetzt wurde. Da dieses Mausoleum kaum vor dem Edikt des Constantin im Jahre 313 erbaut worden sein kann, muß man annehmen, daß die Erinnerung an die Stelle des Märtyrergrabes ein wenig mehr als ein halbes Jahrhundert erhalten blieb. Dies ist nicht unwahrscheinlich, wenn das Grab Gegenstand einer stetigen lokalen Verehrung war.
Die Grabungen von S. McKnight Crosby brachten die Erkenntnis, daß die erste Kirche von Saint-Denis erweitert worden war. Im Osten mit einer Chorapside versehen, wurde ihr Mittelschiff um ungefähr 28 m nach Westen verlängert und um zwei Seitenschiffe von 3,10 m innerer Breite ergänzt; das neue Gebäude war mit einem Portalvorbau oder einem Narthex versehen. Da der amerikanische Wissenschaftler sich mehr auf die Texte als auf archäologische Beweisführung stützte, schrieb er diese Erweiterungen Dagobert I. (628 bis 639) zu, unter dessen Herrschaft der hl. Eligius dazu gebracht wurde, das Grab des hl. Dionysios wieder instand zu setzen und zu verschönern.
Die Tatsache, daß mehrere Gräber in der Verlängerung des ursprünglichen Kirchenschiffs an den Tag gebracht wurden, deren organische Materialien nach ihrem Erhaltungszustand bewiesen, daß sie immer vor dem Sickerwasser geschützt waren – unter ihnen befand sich das berühmte Grab der Königin Arnegunde, der Gemahlin Chlothars I. –, brachte M. Fleury dazu, die Anwesenheit eines *augmentum* (Anbau), nach McKnight Crosby aus Holz, ab der zweiten Hälfte des 5. Jahrhunderts vorzuschlagen. Das königliche Grab datierte er auf die Jahre 565–570, nach unserer Meinung stammt es eher aus den Jahren 590 bis 600. Eigentlich liefern andere in der Nachbarschaft gelegene Gräber (Nr. 50; 1973 geplünderte Gräber) einen noch älteren *terminus ante quem* für die Errichtung dieses *augmentum*, da ihre Grabausstattungen aus dem letzten Drittel des 5. oder den ersten Jahren des 6. Jahrhunderts stammen. Nichts widerspricht dem also, das *augmentum* der hl. Genovefa zuzuschreiben. Diesbezüglich kann man sich fragen, ob es nicht schon eine wirkliche Erweiterung der ursprünglichen Kirche bedeutete, was noch mehr der Rolle der Erbauerin entsprechen würde, die die Tradition der Pariser Jungfrau verliehen hat. Die noch unveröffentlichte Kenntnis des Inhalts mehrerer merowingischer Gräber (Nr. 9, 10, 12–14, 16f und 23 nach dem Plan und der Numerierung von M. Fleury), die die Mauer der Westfassade der ersten Kirche überschneiden, dürften einen wertvollen *terminus ante quem* für die Zeit seines Abrisses und hiermit für die Verlängerung des ursprünglichen Mittelschiffes liefern. Nach dem gegenwärtigen Kenntnisstand bleibt die Zuschreibung der Mauern aus kleinteiligem Mauerwerk, die das ursprüngliche Schiff verlängern oder mit den Seitenschiffen und der Fassade der zweiten Kirche übereinstimmen, an Dagobert, was Crosby als gesichert betrachtet, aus rein archäologischem Gesichtspunkt noch zu bestätigen. Erst die Veröffentlichung der geplünderten Gräber westlich der Westmauern des ursprünglichen Gebäudes wird es erlauben, die Chronologie dieser Umbauarbeiten näher zu bestimmen und zu entscheiden, ob der zweiten Kirche ein *augmentum* vorausging oder nicht.
Ab der Epoche Chlodwigs diente diese Kirche der fränkischen Aristokratie als Grabstätte (Grab Nr. 23 scheint das älteste zu sein), bevor sie seit Dagobert († 639) und seinem Sohn Chlodwig II. († 657) eine der königlichen Nekropolen der merowingischen Dynastie wurde. Parallel dazu entwickelte sich nördlich des Baus die Nekropole *ad sanctos* mit Sarkophagen aus Stein und vor allem aus gegossenem Gips, wobei dieser Teil der Nekropole bald von den etwa 60 Meter von der Basilika entfernten Grabkirchen Saint-Barthélémy, Saint-Pierre und Saint-Paul, die im 7. Jahrhundert erbaut und mit einer Galerie verbunden wurden, begrenzt wurde. Die beiden ersten Grabkirchen konnten von den Grabungen erfaßt werden.
Mit den Bestattungen von Karl Martell († 741) und Pippin dem Kurzen († 768) in Saint-Denis und mit der Verlegung der Machtzentren sah sich Paris aus seiner Rolle als bevorzugte Grabstätte der herrschenden Familien verdrängt.

Literatur: Crosby 1987. – L'église 1906. – Fleury 1979; 1984. – Fleury/France-Lanord 1979. – Formigé 1960. – Heinzelmann/Poulain 1986. – Krüger 1971. – Leo 1881. – Périn 1985; 1991a; 1991b. – Pietri 1987. – Roth 1986b. – Salin, E. 1957; 1958. – Viollet-le-Duc 1861. – Vita Eligii 1902, 634 ff. – Vita Genovefae 204 ff.

Königliche Kirchen der Merowinger in Paris und Saint-Denis

Antje Kluge-Pinsker

Die ältesten Kirchen von Paris, darunter die Bischofskirche, reichen in die spätrömische Zeit zurück. Chlodwig und Chrodechilde errichteten ihre Grabkirche Saints-Apôtres auf einem Gräberfeld über dem Grab der hl. Genovefa; die Kirche wurde 1807 abgerissen. Childebert I. erbaute die als dynastische Grablege vorgesehene Kirche Saint-Vincent-et-Sainte-Croix auf freiem Gelände. Im vicus Catulacensis *wurde das älteste Gebäude von Saint-Denis in spätrömischer Zeit über einem besonderen Grab innerhalb eines bestehenden Friedhofes errichtet. Als bevorzugte Grablege erwies sich dann die durch die hl. Genovefa gegen Ende des 5. Jahrhunderts vergrößerte Kirche. Im 6. Jahrhundert wurden hier fast ausnahmslos Frauen beigesetzt, während der Dagobert zugeschriebene Bau 3 sich zur Königsgrabkirche entwickelte.*

Chlodwig verlegte seinen Regierungssitz nach erfolgreichen Kriegszügen gegen die Westgoten und folgender Anerkennung durch den oströmischen Kaiser von Soissons nach Paris, einer von mehreren größeren Städten in seinem neuen Herrschaftsgebiet. Aufgrund des fränkischen Erbrechtes sollte sich nach ihm die Herrschaft immer wieder teilen, wobei die Stadt Paris zeitweise die Hauptstadt eines fränkischen Teilreiches war, zeitweise der Sitz eines vorübergehend alleinregierenden Frankenkönigs.

Unter den Kirchen, die der Chronist des Frankenreiches Gregor von Tours im ausgehenden 6. Jahrhundert für Paris nennt, befinden sich zwei, die man wegen ihrer Benennung als die ältesten, in spätantike Zeit zurückreichenden Kirchen von Paris ansieht. Es handelt sich zum einen um die »ecclesia Parisiaca«, womit die Bischofskirche gemeint ist. Man geht heute davon aus, daß die erste, vermutlich bereits im 4., spätestens jedoch im 5. Jahrhundert bestehende Bischofskirche, bereits am Ort der gotischen Kathedrale Notre-Dame errichtet wurde. Vor deren Westfassade wurden seit dem 19. Jahrhundert die Fundamente eines monumentalen, an die spätantike Stadtmauer angelehnten Vorgängers festgestellt. Die »ecclesia senior«, eine offenbar bereits zu Gregors Zeiten altehrwürdige Kirche, befand sich im Friedhof des gleichnamigen *vicus* wenige Kilometer südlich der Stadt in einer Flußschlinge der Bièvre (Abb. 87,a–b).

Die wenigen Funde eindeutig christlichen Charakters und einige entsprechende Grabsteine, wie sie unter anderem aus dem Gräberfeld dieses *vicus* überliefert sind, dürften die Bedeutung der Pariser Christengemeinde im 4. und 5. Jahrhundert nur ungenügend spiegeln.

Im 5. Jahrhundert wird mit der heiligen Genovefa eine schillernde Gestalt des Pariser Stadtlebens greifbar. Um 420 in der *villa* Nanterre westlich von Paris zur Welt gekommen, wandte sie sich schon als junges Mädchen dem religiösen Leben zu, siedelte nach dem Tod ihrer Eltern ins benachbarte Paris über und bestimmte bis zu ihrem Tod kurz nach 500 in erheblichem Umfang die Geschicke der Stadt mit. Angesichts der in ihrer bald nach ihrem Tod verfaßten Lebensbeschreibung offenkundig werdenden Handlungsmöglichkeiten der tatkräftigen Dame stammte sie sicher aus einer bedeutenden Familie, die der Namenswahl für Genovefa zufolge trotz der römischen Namen der Eltern auch germanische Wurzeln oder Bindungen besessen haben dürfte, lange bevor Chlodwig am Ende des 5. Jahrhunderts seine Herrschaft bis in die Pariser Region ausdehnte. Genovefa erreichte unter anderem die Unterstützung des Pariser Klerus und der Christengemeinde für den Bau einer Basilika über dem Grab des heiligen Dionysius, des ersten Märtyrerbischofs von Paris, im *vicus Catulacensis* 9 km nördlich der Stadt (s. u., Abb. 87,e).

König Chlodwig und Chrodechilde dürften die hochbetagte Genovefa im ausgehenden 5. Jahrhundert noch kennengelernt haben. Jedenfalls ließ das Königspaar nach 508 in ihrer neuen Hauptstadt über dem Grab der Genovefa in einem Gräberfeld am südöstlichen Pariser Stadtrand (Abb. 87,c) eine den Aposteln geweihte Basilika errichten, die erst nach Chlodwigs Tod im Jahr 511 fertiggestellt wurde. Genovefa, zu deren Ehren die Kirche errichtet worden war, wurde später zur Hauptpatronin von Kirche und Abtei.

Saints Apôtres

1807 wurde die in ihrem Bestand weitgehend mittelalterliche Apostelkirche vollständig abgerissen, nachdem sie im Verlauf des vorangegangenen Jahrhunderts bereits weitgehend verfallen war und man westlich der Ruine mit dem Bau des Panthéon begonnen hatte. Der Abriß wurde von Ausgrabungen der Architekten Bourla und Rondelet begleitet, die die Auffindung der Königsgräber zum Ziel hatten und in deren Verlauf weite Teile des Kircheninnenraumes freigelegt wurden. Dabei kam eine Lage dicht gesetzter, trapezoider, durchweg geleerter Steinsarkophage zutage. In unmittelbarer Umgebung der Kirche wurde bei späteren Grabungen eine Schichtenfolge beobachtet, in der über einer Lage gemauerter Gräber

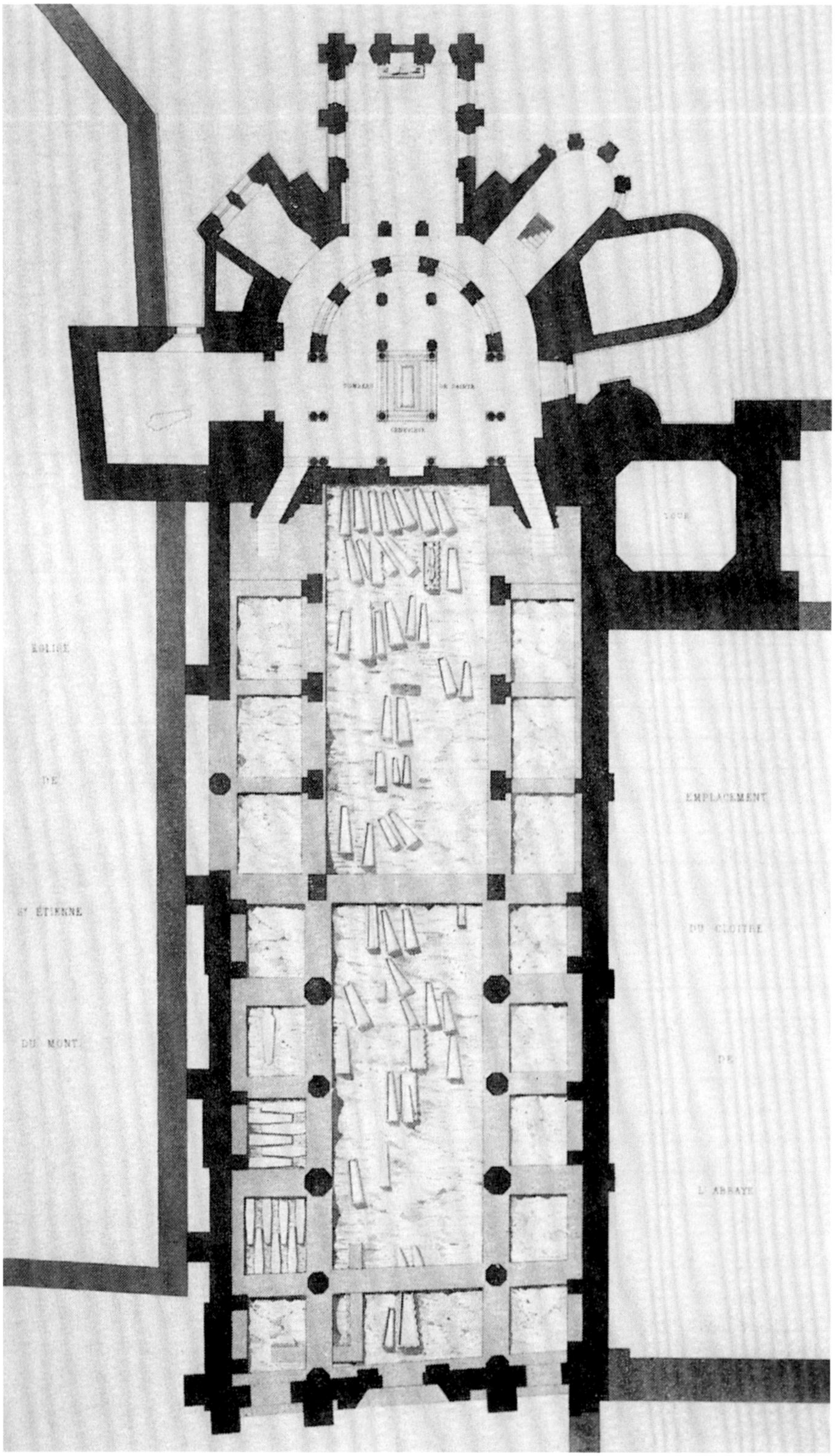

und Erdgräber eine Lage von Bestattungen in trapezoiden Sarkophagen folgt. Unter der Krypta der Kirche wurde die untere, gallorömische Grablage ebenfalls erfaßt. Wahrscheinlich ist diese auch im übrigen Kirchenraum vorhanden, wurde aber bei den Arbeiten im Jahr 1807 nicht erreicht, als man sich mit der Freilegung der Schicht der Steinsarkophage begnügte und vermutlich nicht mit tiefer liegenden Bestattungen rechnete. Wahrscheinlich geschah es im Verlauf des ersten Kirchenbaus, daß man über dem alten Friedhof zumindest im Bereich des Gebäudes eine Planierungsschicht aufgeschüttete, in die anschließend die frühmittelalterlichen Sarkophage eingegraben wurden, ein Vorgang, der in frühmittelalterlichen Kirchen in Paris nicht ungewöhnlich ist (s. u.).

Wie in den meisten frühmittelalterlichen Friedhöfen der Stadt Paris, zu denen archäologische Untersuchungen vorliegen, konzentrieren sich Sarkophage aus Stein deutlich im Kirchenraum selbst und in seiner unmittelbaren Umgebung, während Bestattungen im übrigen Friedhofsgelände vor allem in aus Gips gegossenen Sarkophagen vorgenommen wurden. Damit geben sich die Gräber eines privilegierten Kreises innerhalb der frühmittelalterlichen Bewohnerschaft von Paris sowohl durch den Ort der Bestattung im Kirchenraum als auch durch wertvollere Sarkophage zu erkennen.

Einige besonders reich verzierte Sarkophage, die in der Nähe des Standortes des gotischen Chlodwig-Kenotaphes im Zentrum des erhöhten Ostteils des Kirchenschiffes aufgedeckt wurden, deutete man damals als diejenigen der königlichen Familie der ersten Hälfte des 6. Jahrhunderts. Es fragt sich natürlich, inwieweit die

Abb. 330 *Paris, Saints-Apôtres. Plan der Grabungen im Jahr 1807. – Nach A. Lenoir.*

Abb. 331 *Paris, Saints-Apôtres. Längsschnitt durch Kirche und Untergrund. – Nach A. Lenoir.*

Erinnerung an die Orte der königlichen Bestattungen über die nachfolgenden Plünderungen hinaus erhalten blieb, und damit auch, inwieweit der Standort des gotischen Chlodwig-Kenotaphes auf die wirkliche Kenntnis seiner Grabstelle zurückging.

Die damalige Identifizierung der Sarkophage mit den königlichen wird in der jüngeren Forschung recht einhellig verworfen, in erster Linie deshalb, weil man die hier vertretenen Formen nach datierten Parallelen frühestens in das ausgehende 6. Jahrhundert stellt. Die in der Apostelkirche aufgedeckten Typen von Steinsarkophagen sind für Bestattungen in frühmittelalterlichen Kirchen in Paris und Umgebung typisch. Gängige Zeitansätze beruhten in erster Linie auf wenigen archäologisch datierten Parallelen und auf solchen, bei denen man die darin bestatteten Personen identifizieren konnte. Neuere Funde zeigen allerdings, daß mit einer zunehmenden Zahl archäologisch datierter Sarkophage und damit einer breiteren chronologischen Grundlage dieser Zeitansatz wenigstens für einige Typen mindestens in das zweite Viertel des 6. Jahrhunderts vorverlegt werden muß. Damit nähert man sich jedoch durchaus dem Zeitraum der Bestattungen Chlodwigs und seiner Familie, und es kann entgegen der vorherrschenden Meinung nicht ausgeschlossen werden, daß sich unter den Sarkophagen im Ostteil der frühmittelalterlichen Apostelkirche auch diejenigen der Familie Chlodwigs befunden haben könnten, auch wenn die Benennung bestimmter Sarkophage dafür nicht möglich erscheint.

Betrachtet man den Gräberplan innerhalb des Kirchenraums (Abb. 330), stellt man fest, daß keine Überschneidungen von Längsmauern mit Gräbern zu beobachten sind, was bedeuten dürfte, daß die Fundamentmauern, zumindest aber die Längsmauern, den Bestattungen vorausgingen und damit vom Gründungsbau Chlodwigs und Chrodechildes stammen könnten. Nur zwei der Quermauern im Westteil der Kirche berühren oder überschneiden frühmittelalterliche Bestattungen.

Im Längsschnitt durch die Kirche sieht

man, daß sich die im mittelalterlichen Bau vorhandene Gliederung in einen Westteil mit niedriger und einen Ostteil mit höher gelegenem Fußbodenniveau im Eintiefungsniveau der frühmittelalterlichen

Abb. 332 *Paris, Saint-Vincent-et-Sainte-Croix. Plan der Kirche mit Grabungsbefunden nach dem Plan von Dom Bouillarts (1724); Lage des Portalturmes nach Hubert 1950. Ergänzung der archäologischen Befunde Th. Vacquers nach Hubert 1950 und J. Dérens. – a Innerer romanischer Chor mit Bestattungen/Grabmalen der Merowingerkönige: b Germanusschrein; n Childebert; o Ultrogotho; p Chilperich; q Fredegunde; r Bertrude; s Chlothar II.; t Childerich II.; u Bilichilde und Dagobert. – b Apsis am Südarm des Querschiffes, Grabung von Th. Vacquer 1876. – c Grabungen der 70er Jahre in der Kapelle Saint-Symphorien (11. Jahrhundert): 1 Südwestecke der merowingischen Kirche (6. Jahrhundert). 2 Wand des zugehörigen Portalbaus/Portikus (?). 3 vorromanischer Mauerzug (erster Kapellenbau?). 4–5 tiefliegende Steinsarkophage (5. Sarkophag mit Gildebertus-Graffito). – d Portalturm (Abt Morardus, 990–1014). – e Chorflankentürme (Abt Morardus?, 11. Jahrhundert?). – f Chor (12. Jahrhundert). – g Kirchenschiff (12. Jahrhundert). – Die Jahreszahlen weisen auf die Grabungszeiten in der Kirche hin.*

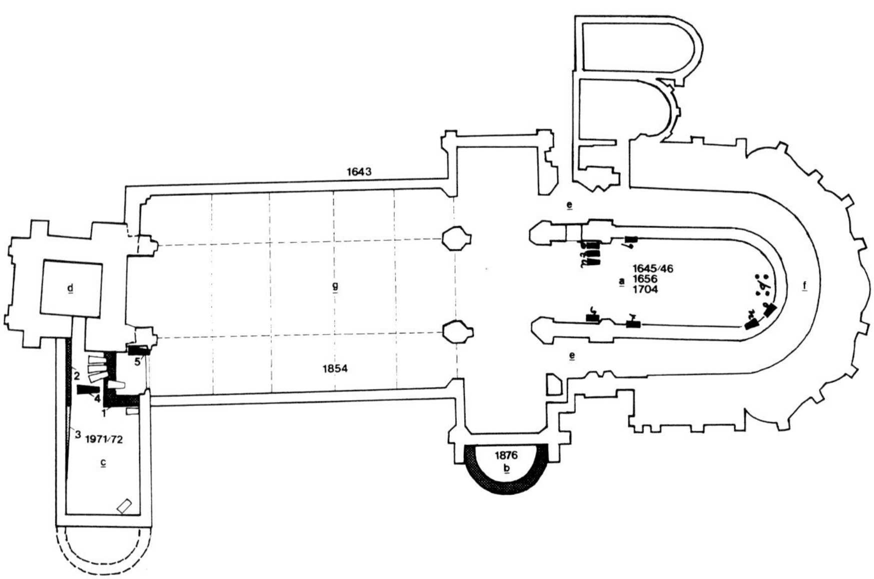

Gräber wiederholt (Abb. 331). Die bei Abriß noch bestehende Gebäudegliederung wird demnach auf den frühmittelalterlichen Gründungsbau zurückgehen, der ebenfalls einen gegenüber dem Westteil erhöhten Ostteil vor dem Chor besessen hatte.

Zur Lage der Gräber der Königsfamilie präzisiert Gregor von Tours Ende des 6. Jahrhunderts, daß sie sich nebeneinander »in sacrario basilicae« befänden. Aus den Verwendungszusammenhängen dieses Begriffes bei Gregor ist nicht zu folgern, daß es sich bei »sacrarium« um die Benennung eines standardisierten Bauteils einer Kirche handelt. Die in Gregors Werken so bezeichneten besonderen Räume einer Kirche konnten verschiedenen Zwecken dienen und waren offenbar dem Chorraum, dem zentralen und heiligsten Bereich der Kirche, in der Regel benachbart. Daher könnte der Begriff im Falle der Pariser Kirche auch auf den erhöhten, dem Chor benachbarten Ostteil des Kirchenschiffes angewandt worden sein. Die Vermutung, daß das bei Gregor genannte »sacrarium« der Apostelkirche

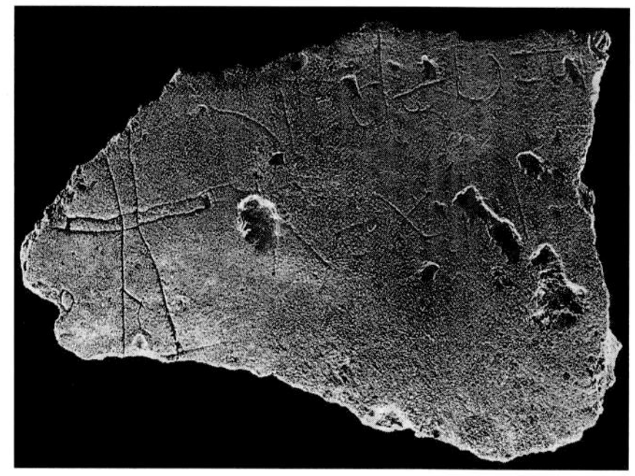

Abb. 333 *Gildebertus-Graffito. – Nach Mallon.*

auf einen monumentalen Grabbau nach kaiserlich-römischem Vorbild außerhalb der Kirche zu beziehen sei, kann hiermit nicht widerlegt werden, bleibt aber ohne zufriedenstellende Befundgrundlage.

Genovefas Sarkophag war früher im Zentrum der Krypta unter der Apsis der Kirche aufgestellt und und dürfte sich damit in der Nähe seines ursprünglichen Platzes befunden haben. Die Krypta war in ihrem letztem Erscheinungsbild ein barock überprägter, mittelalterlicher Raum, der in seinen großzügigen Ausmaßen entstanden sein dürfte, als man darin um 1100 eine Pfarrkirche einrichtete. Eine Krypta – welcher Gestalt auch immer – als Aufstellungsort des Heiligengrabes besaß die Kirche jedoch bereits vor der Mitte des 9. Jahrhunderts, da wir aus den Berichten über die Normannenüberfälle erfahren, daß die Genovefagebeine nach einer vorübergehenden Evakuierung nun nicht mehr – wie offenbar zuvor – in der Krypta, sondern in einem Schrein hinter dem Hauptaltar, das heißt im Chor aufgestellt würden. In welcher Weise man aber das Heiligengrab bei Errichtung des Gründungsbaus im 6. Jahrhundert berücksichtigt und gestaltet hatte, das muß offenbleiben.

Mit Blick auf die Verhältnisse in den beiden anderen königlichen Begräbniskirchen ist es wahrscheinlich, daß der mittelalterliche Zustand der Pariser Apostelkirche in weiten Teilen, vermutlich auch in seinen Ausmaßen auf den frühmittelalterlichen Gründungsbau zurückgeht, bei dem es sich um eine insgesamt etwa 50 m lange, vermutlich dreischiffige Basilika gehandelt haben dürfte, die wahrscheinlich wie ihr mittelalterlicher Nachfolger eine Apsis besaß, unter der man zwischen dem 6. und dem 9. Jahrhundert eine Krypta einrichtete. Der Vita der hl. Genovefa zufolge läßt sich dazu ein Atrium mit Säulengängen ergänzen, die mit biblischen Szenen ausgemalt waren.

Sainte-Croix et Saint-Vincent

Childebert I. war derjenige der vier Chlodwig-Söhne, der nach dem Tode des Vaters im Jahr 511 und der folgenden Reichsteilung in Paris residierte. Gegen Ende seiner langen Regierungszeit beschloß Childebert unter erheblichem Einfluß des seit 556 in Paris amtierenden Bischofs Germanus den Bau der heute noch stehenden Kirche Saint-Germain-des-Prés (Abb. 87d). Das Gelände für das Bauvorhaben stammte aus dem Besitz seiner Gattin Ulthrogotho und befand sich im Westen außerhalb der frühmittelalterlichen Stadt. Anders als im Falle der Apostelkirche wurde die Kirche nach Ausweis der Grabungen nicht in einem bestehenden Friedhof sondern auf freiem Gelände errichtet. Die Bestattung des Königs und die Weihe der Kirche fanden gleichzeitig oder kurz aufeinanderfolgend 558 oder 559 statt. Patron der Kirche war der spanische Heilige Vincentius. Auch das Heiligkreuzpatrozinium der Kirche könnte in die Gründungszeit zurückgehen.

Das heute noch bestehende Kirchengebäude stammt mit jüngeren Veränderungen aus dem 11. und 12. Jahrhundert. Grabungen der 70er Jahre haben bewiesen, daß die südliche Außenmauer der Kirche im 12. Jahrhundert unmittelbar auf der Abbruchkrone frühmittelalterlicher Mauern errichtet wurde. Bei diesen Grabungen wurde die Südwestecke der Kirche Childeberts freigelegt, die zweifelsfrei den ältesten Baubefund am Ort darstellt (Abb. 332).

Mit der Erkenntnis, daß das romanische Kirchenschiff sich eng an frühmittelalterlichen Mauerzügen orientierte, wird heute für wahrscheinlich erachtet, daß eine Apsis, die im 19. Jahrhundert durch Th. Vacquer am Ende des südlichen Kreuzarmes der Kirche freigelegt wurde, ebenfalls dem frühmittelalterlichen Bau angehört (Abb. 332).

Bis Mitte des 17. Jahrhunderts markierten mittelalterliche Grabmale im Chor der

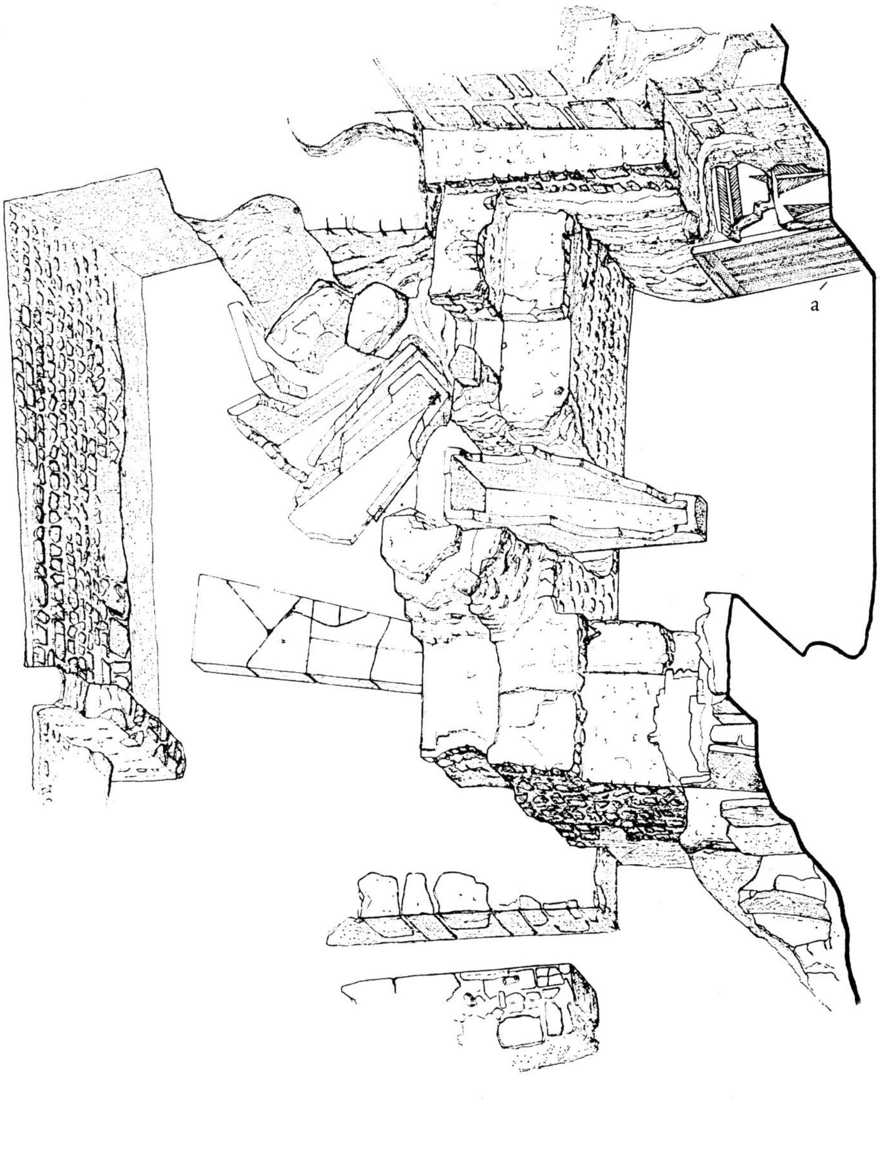

Abb. 334 *Saint-Vincent-et-Sainte-Croix. Isometrie der Grabungen in der Kapelle Saint-Symphorien. a Sarkophag unter der Platte mit dem Gildebertus-Graffito. – Nach M. Fleury.*

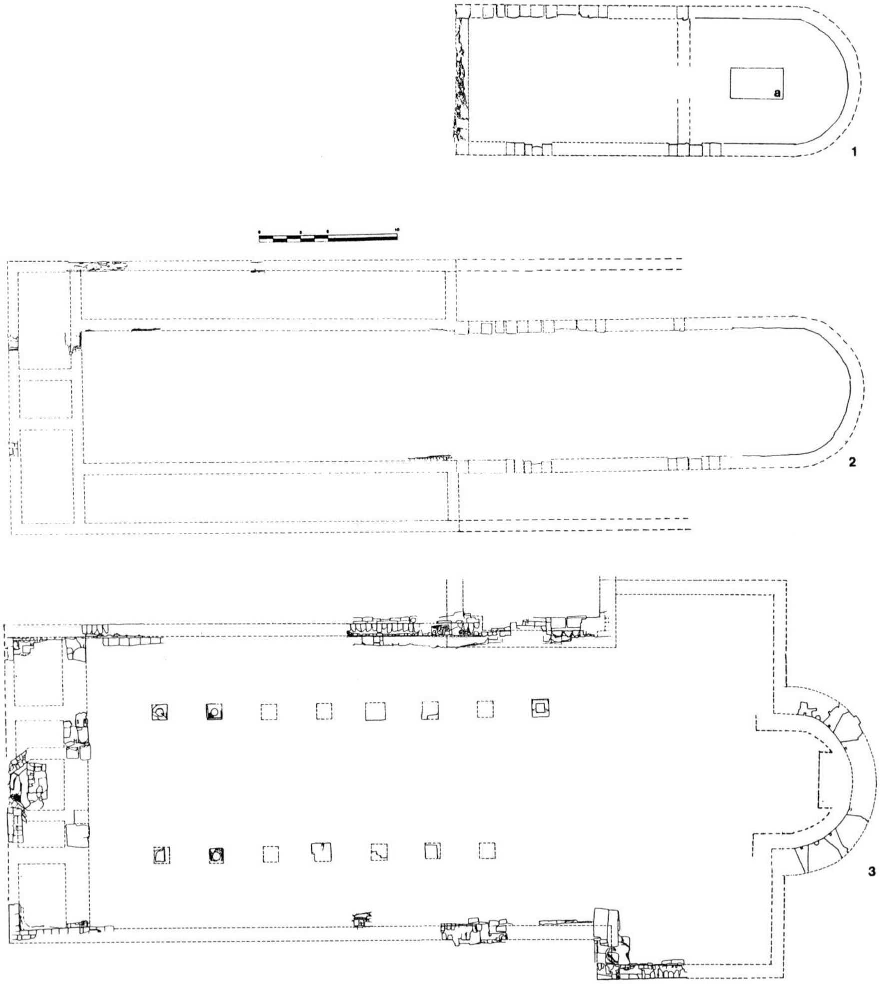

Abb. 335 *Abteikirche Saint-Denis, Rekonstruktion der Bauphasen. 1 Bauphase 1, ein zweiräumiges Gebäude aus dem 4. Jahrhundert über einem verehrten Grab (a). 2 Bauphase 2 aus der Zeit um 500; dreischiffige Erweiterung, vermutlich der Genovefa. 3 Bauphase 3 aus der ersten Hälfte des 7. Jahrhunderts; grundlegender Kirchenumbau, vermutlich des Königs Dagobert I. – Plangrundlage nach Crosby 1987, verändert.*

romanischen Kirche die Gräber der Königspaare Childebert I. († 558/559) und Ulthrogotho, Chilperich I. († 584) und Fredegunde († 596) sowie Chlothar II. († 629) und Berthetrud († 618/619). Bei einer umfassenden Umgestaltung der Kirche wurden in der Mitte des 17. Jahrhunderts die Sarkophage unter den Grabmalen und weitere in ihrer Umgebung geöffnet. Diese Graböffnungen, die von Plünderungen begleitet waren, sind nur äußerst bruchstückhaft dokumentiert.

Wie weit sich die Zone der vermutlich königlichen Bestattungen nach Osten erstreckte, ist heute nicht mehr zu entscheiden. Die Standorte der mittelalterlichen Grabmale von Childebert und Ulthrogotho vor dem Apsisbogen des bestehenden inneren Chores neben dem Aufstellungsort des Germanusschreines im Scheitel der Apsis geben dazu keinen sicheren Aufschluß, weil unsicher ist, was man bei der Öffnung der darunter befindlichen Sarkophage vorfand. Zumindest der vordere Teil des inneren Chores entsprach demjenigen der Merowingerzeit, da der überlieferte Erhaltungszustand von dort vorgefundenen Gräbern für deren Verbleib am ursprünglichen Aufstellungsort und gegen eine spätere Umbettung spricht. Damit zeigt sich im Falle von Saint-Vincent der Ostarm der vermutlich kreuzförmigen Kirche als königlicher Bestattungsplatz.

Ein neuerer Grabfund in der Südwestecke der Kirche stellt allerdings in Frage, ob auch schon Childebert hier bestattet wurde. Innen vor der Westwand des Gründungsbaus befand sich in großer Tiefe an seinem ursprünglichen Platz ein verzierter Steinsarkophag, der beim Bau des Portalturmes im frühen 11. Jahrhundert von dessen Fundamenten eingeschlossen wurde (Abb. 334).

Auf dem Sarkophagdeckel fand man Fragmente einer flachen Steinplatte, in die ein Kreuzsymbol und das Graffito GILDEBERTUS REX eingeritzt waren, der Name des königlichen Kirchengründers (Abb. 333). Vermutlich vor dem Hintergrund der Überzeugung, auch Childebert sei bereits ursprünglich im Chorbereich bestattet worden, war der Ausgräber der Meinung, daß Sarkophag und Platte trotz Fundlage nicht zwangsläufig in einer unmittelbaren Beziehung zueinander stehen müßten, das heißt, daß es sich bei diesem Sarkophag nicht um denjenigen König Childeberts und bei der Platte um die zugehörige Grabmarkierung handeln müsse. Sowohl der Sarkophagtyp wie auch die Datierung des Graffito widersprechen einem Zusammenhang von Grab und Platte nicht. Als Bischof Germanus, der spätere Hauptpatron der Kirche, der den Kirchenbau erheblich mitgetragen hatte, 20 Jahre nach Childebert im Jahr 576 verstarb, wurde er jedenfalls in diesem Teil der Kirche bestattet, nach Ausweis der Schriftquellen »in porticu« der Kirche, das heißt einem dieser vorgelagerten Säulengang oder, was hier wahrscheinlicher ist, in ihrem Eingangsbau. Infolge der anschwellenden Wallfahrt zum Grab des heiligen Bischofs und daraus folgenden Raumnöten wurde dessen Sarkophag im 8. Jahrhundert mit großem Zeremoniell in eine *confessio* innerhalb der Kirche überführt. Über der ehemaligen Grabstelle errichtete man eine dem hl. Symphorianus geweihte Kapelle. Über das Grab des Kirchengründers Childebert erfahren wir aus den Schriftquellen nichts Genaueres. Die Archäologie hat gezeigt, daß der fragliche Sarkophag sowie ein weiterer in vergleichbarer Tiefenlage (Abb. 332, 4–5) von einer Oberfläche aus der Bauzeit der Basilika aus eingetieft wurden. Später kam es zu einer Geländeauffüllung, in die weitere Gräber eingetieft wurden, und danach, vermutlich im Zusammenhang mit der Translation des Heiligengrabes, zum Einriß der Westwand der Kirche und zum Bau einer ersten Kapelle. Vorausgesetzt, Childebert wurde 558 oder 559 tatsächlich am Westende der eben erst fertiggestellten Kirche bestattet, dürfte man davon ausgehen, daß man sich bei der im späten 6. oder 7. Jahrhundert folgenden Auffüllung um das Grab des Kirchengründers bemühte, etwa indem man es öffnete und die königlichen Gebeine umbettete, vielleicht bereits in den Ostarm der kreuzförmigen, etwa 60 m langen Kirche, der von einem Nachfolger des Kirchengründers inzwischen als königlicher Begräbnisplatz in Anspruch genommen worden war, noch bevor im 8. Jahrhundert auch die Gebeine des hl. Germanus in die Apsis des östlichen Kreuzarms transferiert wurden.

Saint-Denis

Im Fall der Abteikirche Saint-Denis spielt die Synchronisierung archäologisch und bauhistorisch ermittelter Bauphasen mit mehr oder weniger zuverlässigen Baunachrichten eine besonders wichtige und gleichzeitig fragwürdige Rolle, die in Verbindung mit einer verworrenen archäologisch-bauhistorischen Forschungsgeschichte zu einer Vielzahl von Lösungsvorschlägen für die Baugeschichte führte.
Die Erforschung der Abteikirche Saint-Denis stand meist unter keinem guten Stern. Sie begann Mitte des 19. Jahrhunderts mit der Beauftragung des Architekten Viollet-le-Duc durch Napoleon III., unter der Vierung der Kirche eine neue Kaisergruft einzubauen. Die Gruft wurde nie benutzt, doch wurde bei ihrem Einbau gerade der zentrale, älteste Teil der Kirche weitgehend abgegraben. Von der Dokumentation dieser Baumaßnahmen blieb nur wenig erhalten. Im 20. Jahrhundert folgten jeweils mit Grabungen verbundene Untersuchungen des amerikanischen Architekten und Kunsthistorikers Sumner Mc Knight Crosby, des Architekten Jules Formigé, der mit der Entfernung der napoleonischen Gruft beauftragt wurde, systematische Grabungen des Archäologen Édouard Salin und des Archäologen Michel Fleury. Gleichzeitig kam es immer wieder zu unkontrollierten Eingiffen und sogar zu Plünderungen durch Aufsichtspersonal. Für einen heutigen Bearbeiter stellt sich das Problem, daß die fachliche Orientierung der beteiligten Wissenschaftler sehr unterschiedlich gelagert war, was sich in der jeweiligen Dokumentation und in den Veröffentlichungen, soweit vorhanden, deutlich spiegelt.
Der folgende Vorschlag einer Baugeschichte der Abteikirche (Abb. 335) ergibt sich aus einer Zusammenschau der derzeit veröffentlichten verfügbaren Fakten:

Saint-Denis Bau 1

Das älteste Gebäude besaß zwei Räume mit unterschiedlichem Fußbodenniveau: einen tiefer gelegenen, in einer halbrun-

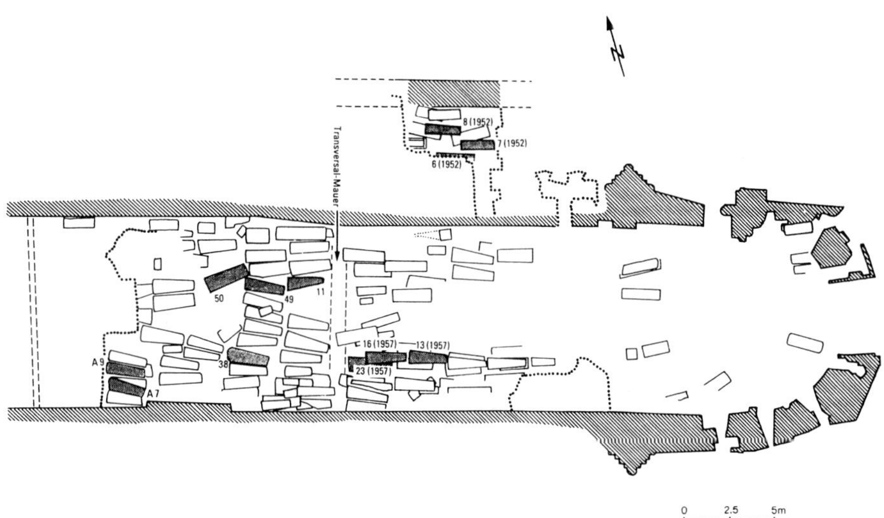

Abb. 336 *Abteikirche Saint-Denis. Ostteil mit Gräbern innerhalb des Gebäudes; Mittelschiff und nördliches Seitenschiff. – Nach Horst-Wolfgang Böhme.*

Abb. 337 *Bügelfibelpaar und Kreuzanhänger aus Saint-Denis Grab 23 (Kat. VI.2.7.). – Nach É. Salin.*

den Apsis abschließenden östlichen Raum und einen um etwa einen halben Meter höher gelegenen, daran anschließenden rechteckigen Saal im Westen. Beim Abriß der napoleonischen Gruft durch J. Formigé sollen zwischen beiden Räumen Reste einer Trennmauer mit mittig liegender Türöffnung beobachtet worden sein. Die Fundamente des Gebäudes wurden in den anstehenden Lehm eingetieft. Über einer in einen Fundamentgraben eingefüllten Schicht aus kleinen Bruchsteinen und humoser Erde folgen ein bis zwei Lagen größerer Steinblöcke, bei denen es sich größtenteils um wiederverwendetes Material antiker Bauwerke handelt. Die Westwand des 27 m langen Gebäudes wurde bei der anschließenden Erweiterung bis auf die in den Lehm eingetiefte Fundamentlage abgetragen.

Der Mauerzug der Apsis stört Gräber der tiefsten Grablage am Ort (Abb. 335). Dieser Horizont mit rechteckigen, monolithischen Sarkophagen und Erd/Sarkophagbestattungen zeigt im Vergleich zu darüberliegenden Schichten die größte Variationsbreite der Graborientierung. Auf diesem Niveau befindet sich auch ein rechteckiger Sarkophag in einer großen Grube, auf die das Zentrum des Apsidenraumes ausgerichtet ist. Man hat wegen der Befundsituation des Sarkophages in Erwägung gezogen, dieser befände sich nicht mehr in ursprünglicher Position. Für den Verbleib dieses Sarkophages an seiner ursprünglichen Stelle spricht jedoch die Tatsache, daß sich ein gleichartiger, ungestörter Sarkophag mit charakteristischer Deckelfalz ganz in der Nähe des ersten in genau der gleichen Tiefenlage befand.

Das älteste Gebäude wurde demnach über einem besonderen Grab oder Grabbau innerhalb eines bestehenden Gräberfeldes errichtet, das nach Ausweis seiner Grabformen und einiger Beigaben in das 3. und 4. Jahrhundert datiert. Im Hinblick auf die weitere Geschichte der Kirche ist davon auszugehen, daß man dieses Grab bei Errichtung des ersten Gebäudes als das des hl. Dionysius – und seiner Gefährten Rusticus und Eleutherius – ansah.

Die Bestattungen aller darüberliegenden Grabhorizonte erweisen sich als einförmiger und ungefähr der Gebäudeachse entsprechend orientiert. Die nächste, etwa einen halben bis einen Meter darüber folgende Gräberlage zeigt aus Spolien zusammengesetzte, rechteckige Sarkophage und Bestattungen in Särgen. Der Vergleich zum westlich angrenzenden Abschnitt zeigt eine Häufung von derartigen Sarkophagbestattungen im Westraum des ältesten Baus, der offenbar einen besonderen Bestattungsplatz darstellte.

Die Wohlhabenheit der hier Bestatteten mag sich in Resten von Goldbrokatstickerei in dem im übrigen völlig beigabenlosen Grab 22 andeuten. Nach Parallelen der Sarkophagform, wenigen Beigaben und der Zeitstellung stratigraphisch jüngerer Bestattungen datiert diese Nutzung des Gebäudes in das 5. Jahrhundert.

Saint-Denis Bau 2

Dieser Bau wurde später auf eine Gesamtlänge von etwa 60 m nach Westen verlängert. Wiederum konnte nur die Innenseite der Wand freigelegt werden und nur an einer Stelle, auf der Südseite des Hauptschiffes unmittelbar westlich der Westmauer von Bau 1, wurde die Mauer bis zu ihrer Sohle hinab verfolgt. Der Fundamentaufbau zeigt, daß sich die Geländeoberfläche zu Beginn der Baumaßnahme noch auf altem Niveau befand. Jetzt kamen keine großquadrigen antiken Spolien mehr zur Verwendung, sondern kleinere Mauersteine mit charakteristischer Materialzusammensetzung. Kurz vor dem neuen Westabschluß des Mittelschiffes fand man zwei Fragmente eines verzierten, steinernen Schrankenpfeilers in die Mauer eingebaut, der vermutlich aus dem Vorgängerbau stammte.

Zum gleichen Bau gehört eine flacher gründende, nur 0,70 m schmale und ebenso kleinteilig gesetzte Mauer, die das Hauptschiff ringsherum in einem Abstand von 3,10 m einfaßt. Der Grabanordnung wegen könnte sie auch auf Höhe des alten Baus bestanden haben. Die Sohle dieser äußeren Mauer liegt ungefähr auf dem Niveau der alten Oberfläche, nach Angaben des Ausgräbers teilweise sogar etwas darüber. Daraus folgt die Annahme, daß es im Zuge des Erweiterungsbaus, wohl nach Errichtung des Hauptschiffes und bei oder vor Errichtung der flacher gründenden Außenmauern eines Seitenschiffes oder einer Portikus, zur Auffüllung einer etwa einen Meter mächtigen Planierungsschicht kam, die nach übereinstimmenden Angaben der Autoren im gesamten untersuchten Kirchenraum greifbar ist. In diese Auffüllung wiederum wurden die auf den Erweiterungsbau folgenden frühmittelalterlichen Bestattungen in trapezoiden Sarkophagen eingetieft, die die bestehenden Mauern (Bau 1 und 2) berücksichtigen (Abb. 335). Die Bestattung einer Frau in einem rechteckigen Sarkophag - Grab 23 (Abb. 337) - vor der Westwand im Westraum von Bau 1 kann seiner Tiefenlage wegen frühestens während oder bald nach Aufschüttung der Planierungsschicht eingebracht worden sein (Abb. 338). Die erhaltenen Beigaben des bei der Eingrabung eines jüngeren Sarkophages gestörten Grabes, ein Fibelpaar und ein Kreuzanhänger, datieren es in die Zeit des ausgehenden 5. Jahrhunderts und erweisen es als das Grab einer Germanin vermutlich christlichen Glaubens. Ihr Reichtum, der sich in den goldhaltigen Schmuckbeigaben andeutet, wird durch Funde von Filzstoffen mit Goldauflage unterstrichen.

Leider sind Lage und Fundumstände eines anderen außerordentlich reichen Grabinventars einer Frau um 500 nicht genau bekannt, da ihr Grab im Verlauf der Grabungen der 70er Jahre geplündert wurde und sein Inhalt aus dem Handel requiriert werden mußte. Angesichts der Umstände der Plünderung dürfte es sich jedoch ebenfalls um einen Sarkophag der Grablage mit den trapezoiden Steinsarkophagen handeln, die auf die Westerweiterung folgten, und zwar diesmal aus dem Bereich der Westerweiterung selbst.

Aus derselben Grablage ist eine Reihe von Frauengräbern bekannt, die spätestens in das zweite Viertel des 6. Jahrhunderts datieren.

Für Bau 2 ergibt sich damit ein Ansatz für seine Errichtung spätestens in die Zeit um 500. Angesichts der Fülle von Architekturfragmenten in der mit diesem Bau verbundenen Auffüllung dürfte Bau 1 dabei zumindest teilweise niedergelegt worden sein. In welcher Weise man zu diesem Zeitpunkt mit dem Heiligengrab verfuhr, bleibt mangels Dokumentation der Untersuchungen Viollet-le-Ducs und Formigés in diesem Bereich offen. Beide trafen auf frühmittelalterliche Bestattungen, und Formigé verzeichnet einen »front de sépultures chrétiennes« unmittelbar westlich des Heiligengrabes.

Abb. 338 Saint Denis. Außenwand - gerastert - der Apsis: Abschnitt nördlich des Apsisscheitels mit der erhaltenen Lisene. - Nach Crosby.

Saint-Denis Bau 3

Entlang der Außenmauern von Bau 2 hat man vor allem auf der Nordseite charakteristisch aufgebaute Mauerzüge einer anschließenden Bauphase beobachtet, die wiederum einen grundlegenden Kirchenumbau spiegeln. Die neue Außenmauer umschließt den älteren Bau wie ein Mantel und ist auf einem weit nach innen vorspringenden Fundamentbankett erheblich solider fundamentiert als der ältere Mauerzug. Die aufgehende Mauer ist durch ausgezeichnetes Sichtmauerwerk auf der Außenseite und die Verwendung eines sichtbaren, rötlichen Fugenmörtels gekennzeichnet.

In diese Phase dürfte die Außenschale der Apsidenwand mit der Wandgliederung durch Lisenen zwischen den Fensteröffnungen datieren. Dort, wo diese in Sichtmauerwerk angelegte Schale fehlt, wird der ältere Mauerkern mit der Spolienblocklage an der Basis sichtbar (Abb. 338). Bis zum Einbau der napoleonischen Krypta waren in der Apsis größere Reste einer Ringkrypta erhalten. Während Viollet-le-Duc die Innenwand des Ringganges noch vorfand (Abb. 339), ist heute ist nur noch dessen Außenwand vorhanden (Abb. 340). Merkmale ihrer Bauweise zeigen, daß die Krypta so gut wie möglich in die bestehende Apsis eingebaut wurde. Ihr Fußboden lag auf Höhe des für Bau 1 anzu-

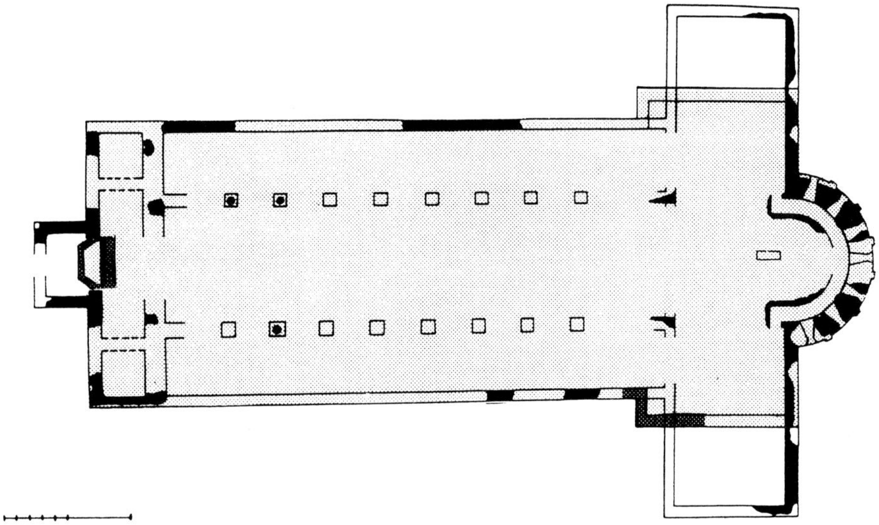

Abb. 339 *Abteikirche Saint-Denis. – Grundriß von Bauphase 3 und Plan nach Viollet-le-Duc.*

nehmenden Laufniveaus. In die Zeit der Einrichtung der Ringkrypta fällt die Ausgestaltung der darüberliegenden Apsidenwände mit Wandmalerei, die in Resten erhalten ist. Um die Heiligengebeine zu bergen und in die Reliquiennische im Ringstollen zu überführen, mußte das Grab vor der Apsis geöffnet werden. Dabei könnte diejenige Befundlage entstanden sein, die einige Forscher dazu bewog, den erhaltenen Sarkophag am Nordrand der Grube als nicht in seiner ursprünglichen Lage befindlich einzustufen.

Nach Sachlage und mangels archäologischer Dokumentation ist es strenggenommen nicht möglich, den Einbau der Ringkrypta unabhängig von Parallelen mit einer der Bauphasen zu korrelieren. Es muß sich um eine der jüngeren Phasen handeln, vermutlich diejenige des 7. Jahrhunderts, in deren Verlauf die Apsis ummantelt wurde.

Bau 3 war zweifellos mit einer erheblichen Erhöhung des Gebäudes, weniger mit dessen flächenmäßiger Vergrößerung verbunden, und man darf voraussetzen, daß zu diesem Zeitpunkt auch die Hauptschiffmauern beziehungsweise die Hauptschiffstützen entsprechend erneuert wurden. An die älteren Mauern wurden hier mächtige Säulenpostamente angebaut, die randlich gelegene Gräber der Schicht der trapezoiden Sarkophage stören. Diese Postamente tragen zum Teil noch in situ befindliche würfelförmige, verzierte Säulenbasen aus Felsgestein. Die Kirche besaß einen Portalbau mit einer kleinen, zentralen polygonalen Westapsis.

Bau 3 besaß zunächst ein Fußbodenpflaster mit Gipsabdeckung etwa 30 cm oberhalb des Fußbodens von Bau 2. Dieses Fußbodenpflaster liegt im Nordschiff auf dem breit vorkragenden Fundamentbankett auf und stößt gegen eine sehr gleichmäßige Lage größerer Blöcke, die als leicht vorspringende Sockellage zum sichtbaren Mauerwerk gehört haben kann.

Daß das Gebäude immer noch als Begräbniskirche genutzt wurde, zeigt eine Reihe von Bestattungen in trapezoiden Sarkophagen im nördlichen Seitenschiff, die in Flucht der ehemaligen Außenmauer mit Rücksicht auf das neue Fundamentbankett der neuen Mauer eingebracht wurden (Abb. 335). Es gibt außerdem einige Gräber im Kirchenraum die wegen ihrer geringeren Tiefenlage zumindest das Niveau dieses Pflasters mit Gipsauflage voraussetzen. Es handelt sich unter anderem um drei der Gräber im Ostteil des Mittelschiffes (Abb. 335). Diese befinden sich in einer Reihe von Sarkophagen sehr reicher Männer, die hier im Verlauf des 7. Jahrhunderts bestattet wurden.

In der Verteilung der bestimmten Gräber fällt auf, daß nach derzeitigem Publikationsstand Gräber des 6. Jahrhunderts ausschließlich von Frauen bekannt und im Bereich der Westerweiterung konzentriert sind. Im Ostteil des Kirchenschiffes fällt die Häufung von reichen Männergräbern des 7. Jahrhunderts und deren Anordnung entlang der Mittelachse der Südhälfte des Raumes auf (Abb. 336). Hier scheint sich für die Nutzungszeit von Bau 3, das 7. Jahrhundert, eine exponierte, weitgehend für reiche Männer reservierte Bestattungszone vor der Südwand des östlichen Kirchenraumes in der Nähe des Heiligengrabes abzuzeichnen.

Bau 3 wird danach mit denjenigen Baumaßnahmen an der Kirche in Verbindung zu bringen sein, die Dagobert I. in den 30er Jahren des 7. Jahrhunderts ausführen ließ.

Aus den Quellen wissen wir, daß Dagobert wie schon sein Vater die Kirche Saint-Denis förderte und für ihre reiche Ausstattung sorgte. Der Umfang der auf ihn zurückgehenden Baumaßnahmen ist nach Quellenlage umstritten. Im frühen 7. Jahrhundert gewann die unmittelbar benachbarte Pfalz Clichy an Bedeutung. Dagobert verfügte unter anderem ein fortwährend gesungenes Psalmengebet am Heiligengrab und wurde nach Aussage der Quellen 638 zur dessen rechter Seite, unter einem Bogen (Arkosolium?) begraben. Seine Gemahlin Nantechilde und mehrere von deren Angehörigen fanden zum Teil schon vor Dagobert ihren Bestattungsplatz in der Kirche. Es spricht nichts dagegen, die exponierte Gräbergruppe reicher Männer in der Südhälfte des östlichen Kirchenschiffes als Begräbniszone der Merowingerkönige und ihrer Verwandtschaft anzusprechen. Die Struktur erinnert an ähnliche Befunde in Kirchen weniger bedeutender Kirchengründer, wie wir sie besonders aus Burgund kennen, wo sich die Zone entlang der südlichen Kirchenwand immer wieder als bevorzugter Bestattungsplatz der Eigenkirchenherren oder Stifterfamilie erweist und im Innenraum offenbar auch baulich hervorgehoben war.

Dagobert wählte eine Kirche aus, in der nach Ausweis des archäologischen Befundes seit spätantiker Zeit der hl. Dionysius verehrt wurde.

Auf den ältesten Bau könnte diejenige, vielleicht bereits in das 6. Jahrhundert zurückzuverfolgende Version der Gründungslegende zurückgehen, nach der eine fromme Römerin die Gebeine des Dionysius und seiner Begleiter Rusticus und Eleutherius barg, um sie im *vicus Catulacensis* zu bestatten und ein Mausoleum darüber errichten zu lassen.

Die Vita der hl. Genovefa berichtet von deren Verehrung für den hl. Dionysius, dessen in dieser Quelle nicht näher beschriebenes Grab im *vicus Catulacensis* sie immer wieder aufsuchte. Unter Schwierigkeiten erreichte sie im späteren 5. Jahrhundert den Bau einer Basilika über dem Grab des Heiligen. Nach Befundlage war es Genovefa, die den ältesten, möglicherweise in das 4. Jahrhundert zurückgehenden Bau vergrößerte. Diese Baumaßnahme, die mit einer Verlängerung auf 60 m Länge eine Verdoppelung bedeutete, kam in ihrem Umfang einem Kirchenneubau gleich, zumal das alte Gebäude dabei zumindest teilweise niedergelegt wurde.

Die Bestattungen zeigen, daß die durch Genovefa erweiterte Kirche über dem Dionysiusgrab bereits zu Genovefas und Chlodwigs Zeiten zu einem bevorzugten Bestattungsplatz hochrangiger Frauen christlichen Glaubens wurde und es während des 6. Jahrhunderts blieb. Wie diese Bestattungsgemeinschaft untereinander verbunden war und ob eine entsprechende religiöse Lebensgemeinschaft dahinterstand, erfahren wir nicht. In den Quellen wird lediglich deutlich, daß die Dionysiuskirche im 6. Jahrhundert der Hoheit des Pariser Bischofs unterstand, aus der sie erst im 7. Jahrhundert eximiert wurde.

Mit dem Grab einer der Witwen König Chlothars I. und Mutter König Chilperichs I., Arnegunde, kennen wir Ende des 6. Jahrhunderts das älteste Grab einer Angehörigen der merowingischen Königsfamilie in Saint-Denis. Wohl ungefähr zur gleichen Zeit wie sie fand auch einer ihrer Enkel sein Grab in der Dionysiuskirche. Doch war König Dagobert I. der erste regierende Merowingerherrscher, der sich hier ein halbes Jahrhundert später – in neuem baulichen wie liturgischen Rahmen – in der Nähe des Heiligen bestatten ließ.

Es ist der hier für König Dagobert in Anspruch genommene Bau 3, der in der Forschung gemeinhin als der im Jahr 775 geweihte karolingische Kirchenneubau, als »Fulrad-Bau« angesehen wird. Wir besitzen eine Baubeschreibung der Abteikirche für das Jahr 799, in der statistisch anmutend Längen-, Höhen- und Breitenmaße der Kirche sowie Angaben zu Menge und Anzahl von Säulen und Fenstern gemacht werden. Danach hätte die Abteikirche zu diesem Zeitpunkt eine Länge von über 80 m und eine größte Breite von über 35 m besessen, was mit den Baubefunden von Bau 3 keineswegs in Einklang zu bringen wäre. Viollet-le-Duc verzeichnet in seinem Plan der Abteikirche Mauerzüge eines erheblich breiteren Querhauses als dem von Bau 3, die heute nicht mehr überprüft werden können (Abb. 339). Treffen seine Beobachtungen zu, könnte auf Bau 3 eine Verbreiterung des Querhauses gefolgt sein, die den in der Quelle angegebenen Maßen sehr

Abb. 340 *Abteikirche Saint-Denis, Innenseite der Apsis, bestehender Zustand; im Vordergrund das Heiligengrab.*

nahe käme. Die große Gesamtlänge des 799 beschriebenen karolingischen Baus dürfte sich aus der Hinzufügung eines Portalbaus über dem Pippingrab ergeben, den wir mangels Ausgrabungen nicht oder nur ansatzweise kennen. Frühestens in karolingische Zeit dürfte auch der schwere Plattenfußboden etwa 30 cm oberhalb des mit Gips abgedeckten Fußbodens von Bau 3 zu datieren sein, der im Nordschiff der Kirche festgestellt wurde. Es ist unwahrscheinlich, daß dieser massive Fußboden zu einer Zeit verlegt wurde, als der Kirchenraum selbst noch als Bestattungsfläche genutzt wurde (s. o.). Sein Niveau entspricht einigermaßen demjenigen, das aufgrund der in situ erhaltenen würfelförmigen Säulenbasen für das Mittelschiff angenommen wird. Diese Basen scheinen in ihrer jetzigen Lage wie auch der im Nordschiff greifbare Plattenfußboden dem nachmerowingischen, karolingischen Umbau anzugehören, auf den die Weihenachricht von 775 zu beziehen sein dürfte.

Die Kirchen der Merowingerkönige in Paris und Saint-Denis sind fast nur in der Fundamentebene bekannt. Die sogenannte »Ur-Apsis« bzw. die Ringkrypta in Saint-Denis stellt derzeit den am weitestgehenden erhaltenen Bauteil einer frühmittelalterlichen Kirche in bzw. bei Paris dar.

Arkadenreihen auf großen Säulen trennten Mittel- und Seitenschiffe der Kirchen. In den Pariser Kirchen des Frühmittelalters waren die Säulen in der Regel durch Kapitelle aus dem Pyrenäenmarmor bekrönt (Abb. 441), die – ebenso wie viele der Säulenschäfte in den Kirchen – offenbar zum großen Teil in zweiter Verwendung eingebaut wurden. Kapitellfragmente sind als Grabungsfunde bekannt, aber auch in weiterer Verwendung in noch jüngeren Bauteilen.

Im Bereich fast aller frühmittelalterlichen Kirchen in Paris, findet man immer wiederkehrende Formen maskenartiger Aufsätze, rankenverzierter Gesimse und Konsolen aus Keramik, die vermutlich zu einem relativ standardisierten Dachgesimsaufbau gehörten, wie ihn schon im vergangenen Jahrhundert Theodor Vacquer rekonstruierte und wie er für das nordwestliche Gallien typisch ist.

Die Kirchen der Merowingerkönige in und um Paris waren dafür vorgesehen, Bestattungen aufzunehmen, deren Gräber schließlich den Kirchenraum weitgehend ausfüllten. Es liegt auf der Hand, daß aufwendige Fußbodenaufbauten oder Schmuckfußböden für solche Kirchen ungeeignet waren. Meist wird es sich um kleinteilige Pflaster und Lehmestriche gehandelt haben, wie sie stellenweise in Saint-Germain-des-Prés, Saint-Denis, aber auch in anderen frühmittelalterlichen Begräbniskirchen festgestellt wurden. Die Gräber waren innerhalb wie außerhalb der Kirche sichtbar gekennzeichnet, im Kirchenraum wahrscheinlich durch flach liegende Platten, die in den Boden eingelassen waren. So wird man sich am Ende einen fast »runderneuerten« Fußboden mit unzähligen Grabmarkierungen vorstellen. Ob bei der Erhöhung des Fußbodenniveaus wie z. B. in Saint-Denis die Lage älterer Gräber tradiert wurde, wissen wir nicht. Daß Grabplätze innerhalb der Kirche nach Bedeutung und Engagement der Verstorbenen für die Kirche vergeben wurden, ist anzunehmen, obwohl hierarchische Systeme der Parzellierung des Kirchenraumes mit Ausnahme besonderer, dem Chor benachbarter Begräbnisplätze für die Königsfamilie bisher nicht erkennbar sind.

Daß Wände und Decken ausgemalt, mit Mosaiken verziert oder vergoldet sein konnten, erfahren wir aus den Schriftquellen und aus den spärlichen Funden entsprechender Fragmente, die kaum einen Eindruck der ursprünglichen, prächtigen Raumwirkung vermitteln können.

Literatur: Barral i Altet 1987. – Böhme 1993c. – Bouillart 1724. – Crosby 1942; 1945; 1945/47; 1953; 1987. – Dérens/Fleury 1977. – Duval u. a. 1992. – Fleury 1958; 1963; 1979. – Fleury/France-Lanord 1961; 1984. – Formigé 1957; 1960. – Fossard/Vieillard-Troiëkouroff 1978. – France-Lanord/Fleury 1962. – Heinzelmann/Poulin 1986. – Krüger 1971. – Mallon 1981. – van der Meulen/Speer 1988. – Périn 1980; 1985; 1989a; 1991b. – Petit 1980. – Piganiol 1959; 1963. – Salin, E. 1954; 1958. – Semmler 1989. – Velay 1992. – Vieillard-Troiëkouroff 1961. – Viollet-le-Duc 1861. – Weidemann, M. 1982a.

Eine Beschreibung von Saint-Denis aus dem Jahre 799

Alfons Zettler

Eine Handschrift aus dem Jahre 798/799, die ca. 20–30 Jahre nach ihrer Entstehung in die Bibliothek des Bodenseeklosters Reichenau gelangt ist, enthält unter anderem eine Beschreibung der Kirche von Saint-Denis. Der Autor zieht einen Vergleich zwischen der von Gregor von Tours beschriebenen Martins-Basilika in Tours, der die merowingischen Herrscher den Vorzug gegeben hatten, und der Kirche von Saint-Denis in Paris, die er als das zentrale Heiligtum der fränkischen Kirche und als das Kloster der karolingischen Frankenkönige herausstellt.

»Die Basilika des hl. Dionysius, wo der Leib dieses seligen Märtyrers ruht, mißt in der Länge 245 Fuß, in der Breite 103 Fuß. Ihre Höhe bis zur Decke beträgt 75 Fuß, das Fundament mißt 13 Fuß, der Dachstuhl erhebt sich auf 30 Fuß Höhe, der Dachreiter auf 33 Fuß. Der Dachfirst erstreckt sich insgesamt über eine Länge von 140 Fuß. Die Kirche hat 101 Fenster. Die Zahl der großen Säulen in der Kirche beträgt 50, die der übrigen 35, außerdem sind noch fünf aus besonderem Gestein zu verzeichnen. Das macht im ganzen 90 Säulen in der Kirche. Ferner befinden sich draußen in den Säulengängen um die Kirche 59 große und weitere 37 kleine Säulen sowie sieben aus besonderem Gestein. Im ganzen beläuft sich die Zahl der Säulen draußen in den Säulengängen auf 130 (rechnerisch richtig wäre: 103), und die Summe sämtlicher Säulen innerhalb und außerhalb der Kirche beträgt 193.

In der Kirche sind 1250 Lampen angebracht; man gießt in diese Lampen acht Maß Öl, und zwar dreimal an jedem Festtag des Jahres. Die Kirche hat auch zwei große Türen, gefertigt aus Gold und Silber. Zwei weitere große Portale sind aus Elfenbein und Silber gearbeitet; dazu kommt eine große Tür aus Elfenbein und Silber. Zwei Türen schließlich wurden aus dem Silber des Königs Dagobert seligen Angedenkens, der dieses Kloster erbauen ließ, und des Königs Pippin getrieben, dessen Söhne, unser Herr König Karl und Karlmann, nach Pippins Tod diese Kirche gemäß dessen Anordnung errichteten.

Die Dionysius-Kirche hat 45 große Bögen und weitere kleine Bögen. Außerdem verfügen die anderen Kirchen im Kloster über 70 (rechnerisch richtig wäre: 52) Säulen, so daß sich im Kloster des hl. Dionysius summa summarum 245 Marmorsäulen befinden.

Im 31. Jahr der Regierung König Karls (des Großen).«

Dieser Text, der erst vor einigen Jahren veröffentlicht worden ist, fand sich überraschenderweise in einem Buch, das aus der Bibliothek des Bodenseeklosters Reichenau stammt und heute in der Badischen Landesbibliothek Karlsruhe aufbewahrt wird. Auf 160 Pergamentblättern enthält die frühmittelalterliche Handschrift das antiarianische Werk des Vigilius von Thapsus (fol. 1r–78r) und die Vita des hl. Martin von Tours aus der Feder des Sulpicius Severus mit den üblichen Anhängen, den sogenannten Martinellus oder Martins-Corpus (bis fol. 159r); darauf folgen die Beschreibung von Saint-Denis (fol. 159v–160r) und zwei auch in anderen Büchern jener Zeit mit dem Martins-Corpus verbundene Tourser Inschriften. Die Kataloge und Ausleihlisten der Reichenau weisen den Band als Zuwachs der dortigen Bibliothek unter dem Abt Erlebald (822/23–838, † 846) aus, und aus einem Begleitbrief geht hervor, daß er in Saint-Denis wohl eigens für Reichenau zusammengestellt wurde. Im Rahmen des regen Bücher- und Schriftentausches zwischen den beiden Abteien, die miteinander verbrüdert waren und auch sonst in vielfacher Weise Beziehungen pflegten, seit im Jahre 806 der Reichenauer Abt Waldo auf Anordnung Karls des Großen die Leitung von Saint-Denis übernommen hatte, gelangte der Codex zwischen 822 und 831 an den Bodensee.

Die Beschreibung war zur Zeit ihrer Übermittlung nach Reichenau freilich schon längst nicht mehr aktuell, denn der Text schließt mit dem Datum »im 31. Jahr des Königs Karl« ab; das ist die Periode vom 9. Oktober 798 bis zum 8. Oktober 799. Und er ist offenbar auch nicht eigens für das Bodenseekloster verfaßt worden. Doch gibt der Kontext, in den die Beschreibung rund zwei Jahrzehnte nach ihrer Abfassung in dem Saint-Deniser Buch für Reichenau gestellt wurde, Aufschluß über ihren ursprünglichen Zweck und Sinn. Dort folgt sie unmittelbar auf die Beschreibung des Martins-Heiligtums in Tours, die aus der »Frankengeschichte« Gregors von Tours (II, 14) genommen ist. Gregor berichtet an dieser Stelle, sein Amtsvorgänger Bischof Perpetuus habe die Kirche über dem Grab des hl. Martin abbrechen und an ihrer Stelle eine größere und würdige Basilika errichten lassen, weil er sah, daß am Grabe des Heiligen unablässig Wunder geschahen und deshalb immer mehr Leute das Heiligtum aufsuchten. Bis in Einzelheiten und Formulierungen, die gelegentlich wörtlich übernommen sind, hat der Tourser Text demjenigen über Saint-Denis Pate gestanden. Und der Vergleich gibt noch etwas zu erkennen: Die Martins-Basilika bleibt in Größe und Maßen deutlich hinter der Dionysius-Kirche zurück. Sie maß nur 160 Fuß in der Länge, 60 Fuß in der Breite, 45 Fuß in der Höhe bis zur Decke und hatte nur 52 Fenster, nur 41 bzw. 120 Säulen, immerhin aber acht Portale, also eines mehr als Saint-Denis, aufzuweisen. Gregor fügte der Aufzählung der Maße und der baulichen Einrichtungen von Saint-Martin abschließend einige Worte zur Feier und zur Bedeutung des Martins-Festes in Tours an. Auch dieser Gedanke wird in der Beschreibung von Saint-Denis aufgenommen mit der Erwähnung der zahlreichen Lampen, die in der Kirche angebracht sind, und der beträchtlichen Menge Öls, welche an den Festtagen auf die Beleuchtung des Heiligtums verwendet wird. Das Lob des Bauherrn, das den Ausgangspunkt des Tourser Textes bildet, verknüpft der Verfasser der Beschreibung von Saint-Denis mit der Stiftung repräsentativer Türen seitens der Frankenkönige Dagobert und Pippin. Dagobert habe außerdem das Kloster erbaut – so heißt es –, und Pippin habe seinen Söhnen Karl und Karlmann befohlen, eine neue Abteikirche zu errichten, was diese auch getan hätten. Dem einen Stifter von Tours, dem Bischof Perpetuus, setzt Saint-Denis also vier Könige entgegen.

Im letzten Abschnitt nimmt der Autor mit Zahlenangaben zu den Bögen und Säulen die Baubeschreibung wieder auf und dehnt sie aus auf die übrigen Kirchen im Klosterbezirk von Saint-Denis, deren Säulen in die Gesamtbilanz miteinbezogen werden. Das wiederum knüpft an die abschließende Feststellung Gregors von Tours an, Bischof Perpetuus habe neben der Martinsbasilika noch andere Kirchen errichtet. Gerade die wiederholende Unterstreichung von Bögen und Säulen am Schluß – die an sich überflüssig ist, denn mit der Aufzählung der Säulen zu Beginn des Textes war dieses Thema ja schon abgehandelt – erscheint darum bezeichnend für die Zielrichtung und den Sinn der im Jahre 798/99 abgefaßten Beschreibung. Es ging darum, Saint-Denis als »das« zentrale Heiligtum der fränkischen Kirche und als »das« Kloster der karolingischen Frankenkönige herauszustellen – in Parallele und gleichzeitig in Konkurrenz zu Saint-Martin in Tours, das zwar unter den merowingischen Herrschern den Vorrang genossen hatte, nun aber hinter Saint-Denis zurücktrat. Die Basilika von Saint-Denis – so betonen darum gleich die ersten Worte der Beschreibung – berge den Leib des hl. Dionysius. So wie in Tours der hl. Martin wurde in Saint-Denis der hl. Dionysius, der Legende nach einer der sieben Missionare Galliens und erster Bischof von Paris, verehrt, der unter Kaiser Decius (249–251) gewirkt und das Martyrium erlitten haben soll. Den Klosterpatron setzte man in Saint-Denis bald dem Dionysios Areopagites gleich, der als Schüler des Apostels Paulus eine quasiapostolische Stellung genoß, und mit dem Aufstieg der Karolinger erlangte Dionysius von Paris im Frankenreich einen ähnlichen Rang wie der hl. Martin. Bereits im 6. Jahrhundert hatte die Kirche über dem Dionysius-Grab vor den Toren von Paris die Gräber von Angehörigen der merowingischen Königssippe angezogen. Im 7. Jahrhundert, als König Dagobert I. († 638/39) den hl. Dionysius zu seinem speziellen Patron und das von ihm reich ausgestattete Kloster Saint-Denis zur letzten Ruhestätte erwählt hatte, wuchs der Abtei die Funktion der zentralen königlichen Grablege in der *Francia* zu. In Fortführung merowingischer Traditionen ließen sich beim hl. Dionysius auch noch die älteren Karolinger, Karl Martell und König Pippin, bestatten. Der hl. Dionysius von Paris trat so allmählich an den Platz des hl. Martin, und in der Beschreibung von 798/99 zeichnet sich auch schon die für Saint-Denis so typische Propagierung des Klosterheiligen als speziellen Patron der westfränkischen Könige ab, die den Aufstieg des Dionysius zum unbestrittenen »Nationalheiligen« Frankreichs im Mittelalter vorbereitete.

Der Anlaß für die Abfassung des Textes ist nicht bekannt. Doch drängen Inhalt und Datierung eine Vermutung auf. Offensichtlich handelt es sich, wie auch der Wettstreit mit der Tourser Beschreibung zeigt, um ein Lob bzw. eine literarische Darstellung und Präsentation des Dionysius-Heiligtums. Ähnliche Texte hat gerade die Periode des entstehenden Großfrankenreichs unter Karl dem Großen hervorgebracht. Neben dem »Commemoratorium« der fränkischen Institutionen im Hl. Land (ca. 810?) wären beispielsweise das Lob der Stadt Verona (ca. 796–805) oder das Paderborner Epos »Karolus Magnus et Leo Papa« (799) zu nennen. Es ist sicher kein Zufall, daß die Beschreibung von Saint-Denis ausgerechnet aus der Zeit des sogenannten imperialen Königtums Karls des Großen, vom Vorabend der Kaiserkrönung, datiert. Ein Zusammenhang mit den politischen Ereignissen im 31. Regierungsjahr Karls liegt auf der Hand. Zum zweiten Mal seit der Erhebung Pippins zum Frankenkönig war im Sommer 799 ein Papst ins Frankenreich gereist. Hatte Papst Stephan II. 754 bei seinem Aufenthalt im Frankenreich Pippin und dessen Söhne Karl und Karlmann in Saint-Denis zu Königen gesalbt, so zog Papst Leo im Sommer 799 nach seiner Vertreibung aus Rom »nur« nach Paderborn, um den in Sachsen weilenden König Karl um Schutz und Hilfe gegen seine Widersacher zu bitten. Saint-Denis hat er dabei – soweit wir wissen – nicht berührt. Es ist gut vorstellbar, daß der Text in diesen Monaten, als sicherlich auch über Karls Kaiserkrönung verhandelt worden ist, von Saint-Denis lanciert wurde, um den überragenden Rang der Abtei innerhalb der fränkischen Kirche kundzutun und politisch zur Geltung zu bringen. Deshalb streicht der Text die königlichen Förderer

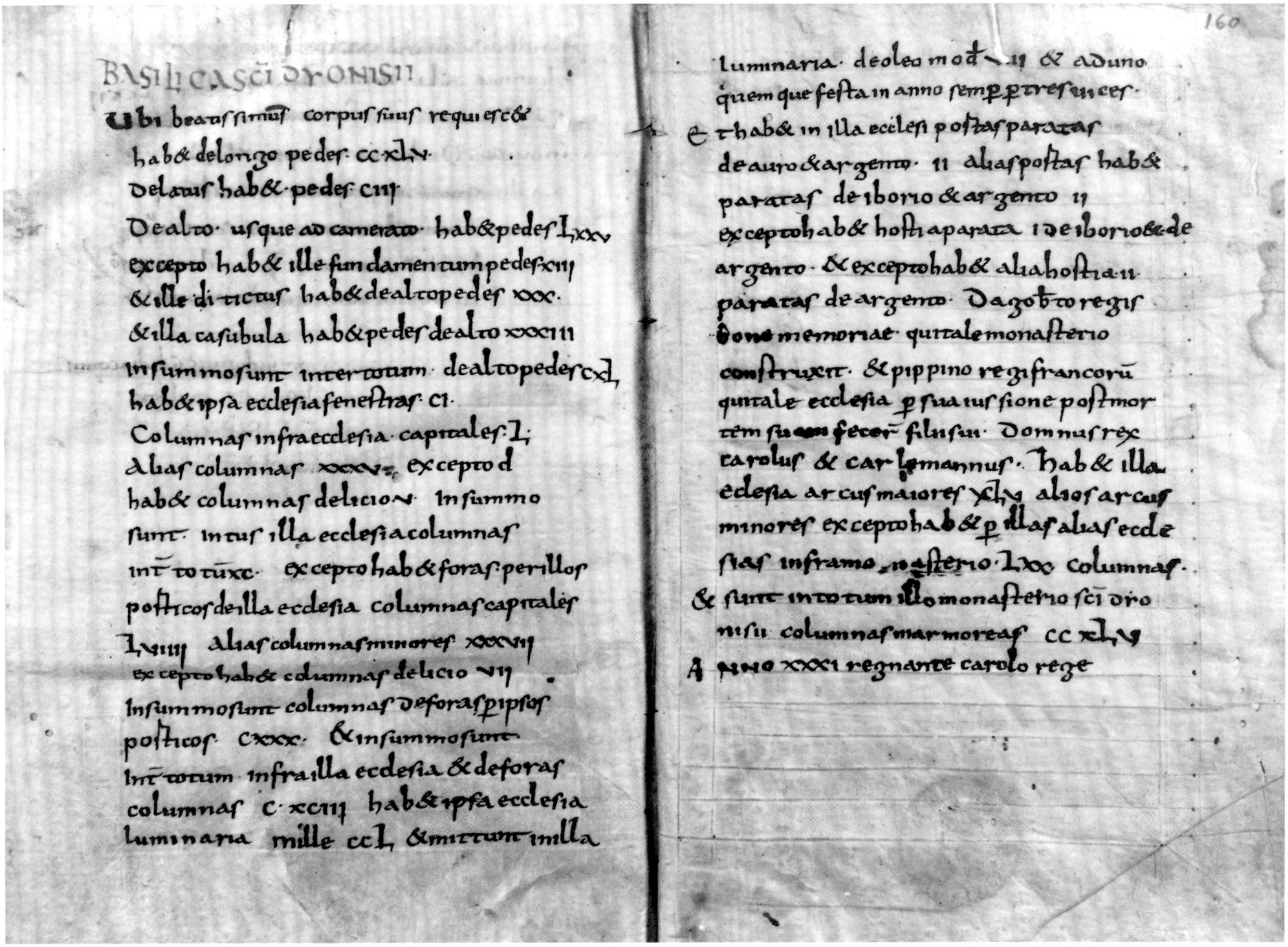
BASILICA SCI DIONISII
Ubi beatissimus corpus suus requiescet
habet de longo pedes CCXLV
De latus habet pedes CIII
De alto usque ad cameratum habet pedes LXXV
excepto habet ille fundamentum pedes XIII
et ille di-tictus habet de alto pedes XXX
et illa casubula habet pedes de alto XXXIII
in summo sunt inter totum de alto pedes CXL
habet ipsa ecclesia fenestras CI
Columnas infra ecclesia capitales L
Alias columnas XXXVI excepto d
habet columnas delicio in summo
sunt intus illa ecclesia columnas
int totum XC excepto habet foras per illos
porticos de illa ecclesia columnas capitales
LVIIII alias columnas minores XXXVII
excepto habet columnas delicio VII
In summo sunt columnas de foras per ipsos
porticos CXXX et in summo sunt
int totum infra illa ecclesia et de foras
columnas C XCIII habet ipsa ecclesia
luminaria mille CCL et mittunt in illa

160
luminaria de oleo mod II et ad uno
quemque festa in anno semper per tres uncer
Et habet in illa ecclesia postas paratas
de auro et argento II alias postas habet
paratas de iborio et argento II
excepto habet hostia parata I de iborio et de
argento et excepto habet alia hostia II
paratas de argento Dagoberto regis
bone memoriae qui tale monasterio
construxit et pippino regis francorum
qui tale ecclesia per sua iussione post mor
tem suam fecerunt filius sui Domnus rex
carolus et carlemannus habet illa
ecclesia arcus maiores XLV alios arcus
minores excepto habet per illas alias eccle
sias infra monasterio LXX columnas
Et sunt in totum in illo monasterio sci dio
nisii columnas marmoreas CCXLV
Anno XXXI regnante carolo rege

Abb. 341 *Handschrift, Badische Landesbibliothek, Aug. CCXXXVIII ff. 159v–160r.*

Dagobert, Pippin, Karl und Karlmann und ihre Zuwendungen an das Dionysius-Heiligtum heraus. Diese Zeilen der Beschreibung hat Stoclet (1980) sogar als Reflex eines Titulus auf die seit 768 neu errichtete und 775 geweihte Abteikirche gedeutet.
Für die frühmittelalterliche Baugeschichte von Saint-Denis stellt die Beschreibung eine Quelle ersten Ranges dar. Sie allein bietet zuverlässige Nachrichten über den Bau der karolingischen Abteikirche, von der bislang nur das Weihedatum (775) und Fundamentreste bekannt waren. Dem Text zufolge wurde das Bauwerk – den Grabungsbefunden nach eine dreischiffige Basilika mit östlichem Querhaus, deren genaue Gestalt allerdings nicht bekannt ist – zwischen 768 und 775 geschaffen, nicht schon seit 754, wie bis zur Publikation der Beschreibung meist angenommen wurde. Deshalb kommt dieser Kirche zwar kaum die ihr oft zugemessene Rolle als eines richtungweisenden und für die frühkarolingische Architektur vorbildgebenden Baues zu, doch vermittelt die Beschreibung nach B. Bischoff »eine vollkommen neue, großartige Vorstellung« von ihr.

Quelle: Hs. Karlsruhe, Badische Landesbibliothek, Aug. CCXXXVIII ff. 159v–160r.

Literatur: Bischoff 1981 (1984). – Crosby 1987. – Fleury 1979. – Formigé 1960. – Heitz 1988. – Heitz/Vezin 1985. – Jacobsen 1989. – Peters 1993. – Samaran 1981. – Semmler 1989. – Stoclet 1980; 1993.

Das fränkische Gräberfeld unter dem Kölner Dom

Georg Hauser

Während das Frauen- und das Knabengrab unter dem Kölner Dom, beide 1959 entdeckt, sofort publiziert und problemlos in das gängige Chronologieschema eingefügt und absolut datiert werden konnten, blieben die unmittelbar daran anschließenden Befunde weitgehend unbekannt. Und auch zu den Beigaben beider Bestattungen gibt es immer noch neue Fragen und neue Antworten.

B = Befundnummer der Ausgrabungen unter dem Kölner Dom

Sensationelle archäologische Funde

Am Freitag, dem 10. April 1959, wurde das Frauengrab (B808) im Bereich des Hochchores der Kölner Kathedrale zwar im Rahmen archäologischer Untersuchungen, aber dennoch zufällig durch einbrechende Bodenschichten bei darüber durchgeführten Grabungsarbeiten entdeckt. Eineinhalb Wochen später, als die Beigaben dieser offensichtlich ungestörten Bestattung bereits geborgen waren, wußten die Ausgräber auch schon, daß sie im Norden und Süden daneben mit keinem weiteren Grabfund zu rechnen hatten, wohl aber im unmittelbaren Anschluß an das östliche Fußende der aus Trachytplatten aufgebauten Grabkammer. Am 6. August 1959 konnte man dann durch ein großes Loch, das durch einen Bruch der westlichen Deckplatte entstanden war, vom Westende her in die baugleiche und ebenfalls ungestörte Kammer des Knabengrabes (B809) hineinsehen. Noch aufrecht stehende Strukturelemente der Holzmöbel boten sich den staunenden Blicken von Wilhelm Schneider und Otto Doppelfeld sowie dem hinzugezogenen Wolfgang Binsfeld. Selbst die Waffen am östlichen Fußende oder zumindest die Franziska am Kopfende müssen zu erkennen gewesen sein, denn im Tagebuch wurde fortan das zunächst für einige Monate wieder vollständig verschlossene Grab als »Männergrab« bezeichnet, bis es von Ende Januar bis Mitte April 1960 von Wilhelm Schneider und Vinko Šribar ausgegraben wurde.

Die Forschungsgeschichte dieser beiden spektakulären Fundkomplexe ist mit Hilfe der von Otto Doppelfeld publizierten Berichte sowie eines von Wilhelm Schneider gedrehten und geschnittenen Films sehr gut nachzuvollziehen. Dem rein antiquarischen Wert der Grabbeigaben stand der wissenschaftliche Gewinn nach der Auswertung vor allem durch Kurt Böhner in nichts nach. Noch eindrucksvoller als bei dem vier Monate später entdeckten Grab der Arnegunde, dessen Inventar um eine Generation jünger ist, bewiesen die Münzen zusammen mit dem Schmuck mit engzelliger Almandineinlage und mit dem Nachweis von Filigrantechnik die Berechtigung der älteren Kritik Wilhelm Holmqvists und Kurt Böhners an den 1935 von Joachim Werner vorgeschlagenen Datierungen und Einteilungen seiner Stufen 3 und 4.

Auch für die absolutchronologische Einordnung der beiden mehr oder minder gleichzeitigen Kölner Gräber schien zunächst der typologische Vergleich wichtiger als die dendrochronologische Untersuchung, die aufgrund einer noch nicht stabilisierten Eichkurve offensichtlich ein zu spätes Datum lieferte. Nach der grundlegenden Korrektur ist nun jedoch der Zweifel an dem von Ernst Hollstein 1980 vorgelegten neuen terminus apud quem 537 ± 10 unberechtigt.

Die Schlußpublikation des Ausgräbers von 1966 hat schließlich auch mit dem Versuch einer durchaus hypothetischen historischen Deutung diesen beiden Grabfunden eine solche Sonderstellung eingeräumt, daß viele Jahre lang jedes weitere Forschungsinteresse davor kapitulierte. Dennoch müssen gerade auch angesichts dieses Meilensteins der Frankenforschung offene Fragen konstatiert werden.

Der Befundkontext der Kölner Domgräber

Beginnen wir mit dem größeren archäologischen Befundzusammenhang, so ist trotz zahlreicher weiterer Vorberichte zur Kölner Domgrabung eigentlich nie der zeitgleiche Befundkontext bekanntgeworden, weil der Schwerpunkt dieser Vorberichte auf dem baugeschichtlichen Ablauf an diesem Platz und dabei vor allem auf der karolingischen und jüngeren Geschichte lag. Schienen hier römische Befunde noch relativ leicht interpretierbar zu sein, so blieb die Zeit von der Mitte des 5. Jahrhunderts – der endgültigen Einverleibung Kölns in den fränkischen Machtbereich – bis zur Herrschaft Karls des Großen mit der historisch faßbaren Persönlichkeit des ersten Kölner Erzbischofs Hildebald, dem fast folgerichtig auch ein Dom(neu)bau zugeschrieben wurde, archäologisch eine *terra incognita* mit einzig den beiden Gräbern als Fixpunkt. Dabei zeigen der Neubau oder die Neueinrichtung einer Taufkirche an der Stelle der heutigen Kathedrale zum Beginn dieser dunklen Zeit ebenso wie eine – wenn auch nicht lückenlose – Bischofsliste, daß hier keine Wüstung in fränkischer Zeit anzunehmen ist. Die bei dem Baptiste-

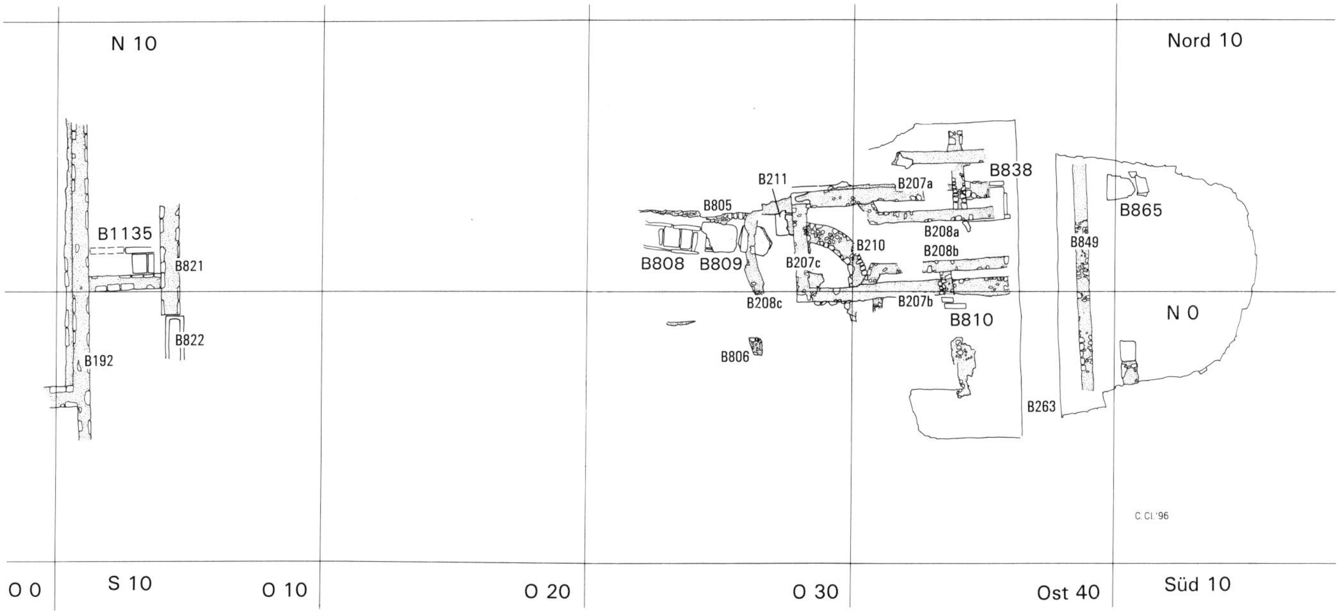

Abb. 342 *Grabungsflächen unter dem Kölner Dom zwischen »Ost 0« und »Ost 46« mit den spätantiken und frühmittelalterlichen Steinbefunden. Neuaufnahme 1993/95. – Nach G. Nürnberger/ C. Krause/R. Stinnesbeck; Umzeichnung C. Claus, Dombauarchiv Köln.*

rium zu postulierende Gemeindekirche muß nach allen Parallelen in unmittelbarer Umgebung des Taufortes gelegen haben. Der spätantike Baukomplex, der westlich an die Mauer B192 (Abb. 342) anschließt und der unter anderem heizbare Innenräume umfaßt, kann dafür nicht in Anspruch genommen werden, weil dieser Westabschluß mit einem Abstand von rund 70 m zur Taufkirche viel zu weit entfernt liegt. Die bemerkenswerte Kontinuität beim Standort des Hauptaltars im gotischen Dom im Vergleich zum – östlichen – Gegenstück im hochmittelalterlichen Alten Dom läßt eigentlich nur den Schluß zu, daß in diesem Umkreis auch das Presbyterium mit dem Altar einer fränkischen Vorgängerkirche gelegen haben muß. Und in der Tat bietet sich uns mit der Stufe B849 der westliche Abschluß eines Podiums mit einem vorgelagerten Ambo, einem über Stufen erreichbaren Podest (B208c), der durch eine *solea* (B208a und b) mit dem Altarraum verbunden ist. Die dazu gehörende Kirche, bei der es sich damit um die in einer Urkunde Sigiberts III. aus dem Jahre 639 erwähnte *ecclesia Colonense domni Petri* handeln muß, hatte möglicherweise mit der Mauer B821 ihren westlichen Abschluß und über dem darin befindlichen Schwellstein B822 ihren Zugang. Dieser Bau ist auch wegen der stratigraphischen Überlagerung eindeutig jünger als die beiden Grablegen. Die Kirche des frühen 6. Jahrhunderts dürfte also noch weiter im Osten gelegen haben – ebenso nahe dem Baptisterium – und wird wohl noch kleiner gewesen sein, wenn sie nicht weiter nach Süden verschoben lag. Diese offene Frage wird sich wegen der jüngeren Überbauung und der späteren Abtragungen in diesem Bereich vermutlich nie mehr klären lassen.

Kammergräber aus Steinplatten

Archäologisch besser zu belegen ist das Areal, in dem diese Kirche wohl nicht gesucht werden kann. Die beiden Gräber B808 und B809, die nach der rigorosen Überbauung durch die Inneneinbauten der jüngeren Kirche in Vergessenheit gerieten, gehören nämlich zu einem Gräberfeld, das sich über mehr als 40 m von der in fränkischer Zeit wohl noch sichtbaren Niederterrassenkante im Verlauf der Mauer B192 nach Osten hin erstreckte – in die Rheinaue, die hier allerdings eine dichte römische Bebauung aufwies. Grabkammern, aus Trachyt- oder Kalksteinplatten errichtet, fanden sich bereits mehrfach (Abb. 342: B810, B838, B865 und B1135). Über die Nord-Süd-Erstreckung dieser Nekropole kann zunächst nichts gesagt werden; andererseits ist es durchaus möglich, daß sich weitere Bestattungen unter der modernen Krypta – etwa zwischen Ost 5 und Ost 20 –, wo mit Ausnahme der sehr engen Baugruben für die

Abb. 343 *Domgrabung Köln. Grab B838 (Westhälfte) von Osten. Zustand 1995. Die Deckplatte wird überlagert von Nordwange B208a der solea (links) und Nordwange B207a der* schola cantorum *(rechts); darunter ist die Nordwange der äußeren Schale zu erkennen. – Foto Dombauarchiv Köln.*

Pfeilerstellungen die entsprechende Tiefe noch nicht erreicht ist, unentdeckt im Boden befinden.

Stratigraphisch gehören alle bisher bekannten Anlagen zu einer Schicht. Auch ihre Bauweise ist durchaus vergleichbar. Während das Grab B1135 im Westen wie das Frauengrab B808 in einem älteren Mauerwinkel liegt, wurde bei ersterem jedoch für die Süd- und vielleicht auch für die Westwand jeweils das bestehende Mauerwerk genutzt, bei B808 nur die Westwand, so daß lediglich die Nord- und die Ostwand der Grabkammer von Trachytplatten gebildet wurden. Die westliche Wandplatte der Nordwange ist offensichtlich in karolingischer Zeit, als die Bestattung bei Bauarbeiten am Kirchenbau Periode V (nach Weyres) wiederentdeckt sowie umgebettet und/oder beraubt wurde, entfernt worden.

Ist damit eine weniger aufwendige Bauweise als bei den beiden zuerst gefundenen Anlagen gegeben, so ist das bei dem Grab B838 (Abb. 343) genau umgekehrt. Dieser aus Kalkstein- und Trachytplatten errichtete Bau besaß außerhalb der eigentlichen Kammer noch eine zweite Steinschale.

Die Reste der beiden übrigen Gräber B810 und B865 sind so gering, daß sich nur wenig mehr dazu sagen läßt, als daß es sich in beiden Fällen ebenfalls um Plattenbauweise handelt. Vielleicht gab es bei B810 wegen der beiden beieinander stehenden parallelen Kalksteinplatten ebenfalls eine doppelschalige Kammer. Es kann sich natürlich auch um die Wände von zwei nebeneinander liegenden Bestattungen handeln. Jedenfalls ist der Erhaltungszustand – ebenso wie bei B865, wo nur noch zahlreiche Reste der zerschlagenen Trachytplatten in der Verfüllung einer Ost-West-orientierten 3 m langen Ausbruchgrube aufgefunden wurden – zu dürftig, um weitere Schlußfolgerungen daraus zu ziehen.

Leider sind alle Grablegen mit Ausnahme von Frauen- und Knabengrab innerhalb der nächsten zwei oder drei Jahrhunderte aufgedeckt worden. Das hatte zur Folge, daß diese Gräber eben völlig (B810 und B865) oder wenigstens teilweise (B838 und B1135) zerstört und dabei der Bestattungen beraubt wurden.

B838, das bei Anlage der Baugrube für die Mauer B263 in den sechziger Jahren des 9. Jahrhunderts entdeckt und in der östlichen Hälfte vollkommen abgeräumt wurde, ist mit der inneren Schale der Westhälfte zwar völlig intakt, dafür aber »besenrein« auf uns gekommen. Aus der Baugrubenverfüllung zur Mauer B263 und in der näheren Umgebung wurde zwar eine Anzahl von Funden geborgen, die am ehesten in Grabinventaren vorkommen – größere Fragmente von Glasgefäßen, Spiel- und Schmucksteine sowie ein Messer mit beinernem Heft –, doch es handelt sich entweder um ältere, römische Stücke der zweiten Hälfte des 4. Jahrhunderts oder um jüngere, karolingische oder um zeitlich nicht näher bestimmbare Einzelfunde.

Etwas günstiger stellt sich die Situation lediglich bei Grab B1135 dar. Hier hat man bei der Umbettungsaktion nachweislich Teile des Inventars verloren, die bei der Ausgrabung 1981 auf dem Grund des schmalen Ausbruchschlitzes der nordwestlichen Wandplatte geborgen wurden: Neben der hellgrünen Wandungsscherbe eines Glasgefäßes zwei römische Kleinmünzen – ein Stück bestimmbar: Klein-Follis des Constans, 337 oder kurz danach geprägt –, ein Messer mit Resten der ledernen Scheide und des hölzernen Heftes sowie ein runder, leicht mugelig polierter, auf der Oberseite dunkelrotbrauner und auf der Unterseite milchigweißer Sardonyx von 3,3 cm Durchmesser und 0,74 bis 0,87 cm Höhe. Insbesondere die letzten beiden Stücke sind ungewöhnlich im Siedlungsmaterial der Domgrabung, und sie sind ebenfalls besser vorstellbar als Teile eines Grabensembles – vor allem, wenn man berücksichtigt, daß andernfalls die herausgezogene Wandplatte rein zufällig auf diesen Funden gestanden hätte. Außerdem wurden in fast ebenso bezeichnender Lage unmittelbar auf der Sohle des verfüllten Grabes angetroffen: ein mugeliger Schmuckstein aus dunkelgrüner Glasfritte, eine bläulichweiße und eine grünliche Wandungsscherbe von Hohlgläsern, die Randscherbe eines steilwandigen Terrasigillata-ähnlichen Gefäßes sowie die auf der Halszone stichverzierte Randscherbe eines grauen, gut geglätteten Knickwandtopfes.

Die Datierung dieses ungewöhnlich verzierten Keramikgefäßes, das eine sehr gute Parallele im Grab 37 von Bonn-Schwarzrheindorf findet, führt in dieselbe Zeit, die auch durch die örtliche Stratigraphie unter dem Dom sowie durch den Grabbau vorgegeben wird, die erste Hälfte des 6. Jahrhunderts.

Was nun die beiden ungestörten Gräber B808 und B809 anbetrifft, so sind wir heute nicht mehr sicher, daß die ursprüngliche Deutung des Befundes noch Bestand haben kann. Der als Oratorium angesprochene Baukomplex (Abb. 342: Nordmauer B805, Spolie B211, Apsis B210, Südmauer B806) erscheint nach dem heute noch sichtbaren Befund als viel zu fragmentarisch, um daraus ein geschlossenes Gebäude zu rekonstruieren. Von der gesamten südlichen Hälfte existiert lediglich ein Mauerstück von 0,5 m Länge und 0,69 m Breite bei einer Höhe von 0,98 m. Ebenso bemerkenswert ist das völlig andere Aussehen der Nordhälfte: Die Mauer B805 weist eine andere Bauweise als B210 und B806 auf. Sie läuft zwar tatsächlich mit ihrer Südflucht auf die Außenseite des nördlichen Apsisbogens B210 zu, doch man muß grundsätzlich fragen, ob hier überhaupt ein Bauzusammenhang bestand. Im Bereich der Säulentrommel B211 gibt es oberhalb der Spolie keine Verbindung zwischen B805 und B210, sondern sie werden durch einen schmalen, noch heute anstehenden Erdblock voneinander getrennt (Abb. 344). Das ist nicht im Sinne des von Weyres beschriebenen Herausschlagens des »Oratoriumsfundamentes« bei Anlage des Knabengrabes zu verstehen, weil sich dann die Nordmauer nicht nach Osten, etwa parallel zum Apsisansatz, weiter fortsetzen dürfte. Mit diesem fragwürdigen Oratorium schwindet auch die postulierte relative Abfolge. Es ist heute weder anhand des noch sichtbaren Befundes noch auf der Grundlage der Grabungsdokumentation zu sichern, daß die genannten Baustrukturen bei Einbringung der Gräber noch aufgehendes Mauerwerk aufwiesen. Andererseits nimmt uns aber die Entfernung sämtlicher Schichten über den Grabanlagen die Möglichkeit, die ebenfalls denkbare Abfolge – nämlich Errichtung von Bauten an diesem Platz über den bereits angelegten Bestattungen – zu prüfen.

Die Relativchronologie der beiden Bestattungen zueinander wird indes durch diese Unsicherheiten nicht so stark berührt. Das Hineinzwängen beider Kammern zwischen Mauern, die man beim Eintiefen der Grube im Boden vorfand, bleibt als Faktum bestehen, und der fast als Verzahnung anzusehende unmittelbare Anschluß der beiden Grabbauten macht auch weiterhin eine gleichzeitige oder nahezu gleichzeitige Einbringung wahrscheinlich.

Abb. 344 *Domgrabung Köln. Nordostecke des »Oratoriums«. Maßstab und Nordpfeil auf dem Ambobogen B208c. Darunter links und rechts die Nordmauer B805 am oberen Bildrand. Unten links und rechts des Ambofundamentes die Deckplatten des Knabengrabes. – Foto Dombauarchiv.*

Kölnisches Wasser

Die Ergebnisse der kunsthistorisch-antiquarischen Untersuchungen zu den Beigaben der Frau und des Knaben sind seit fünfunddreißig Jahren gesicherter Bestand der Merowingerforschung. Darüber hinaus hat Doppelfeld aber eine Reihe von naturwissenschaftlichen und technischen Analysen veranlaßt, um möglichst viel über Lebensalter und Lebensumstände der beiden Bestatteten zu erfahren. Unter anderem spielten dabei die Glasflaschen eine Rolle, von denen sich drei im Frauengrab und zwei im Knabengrab fanden. Das Besondere daran war, daß bei der Entdeckung die zwei großen Zylinderflaschen in beiden Gräbern sowie die kleine Zylinderflasche im Knabengrab jeweils rund zur Hälfte mit Flüssigkeit gefüllt waren. Zur Herkunft gab es wegen des eindeutigen archäologischen Befundes überhaupt keinen Zweifel daran, daß ein bewußtes oder zufälliges Befüllen der Flaschen nach der Grablegung nicht denkbar ist: Jegliche Störung von der Grablegung bis zur Entdeckung 1959 ist ausgeschlossen; die seit Jahrhunderten ununterbrochene Überbauung mit geschlossenen Steinböden und -bauten bewirkten den Luftabschluß und schloß auch eine Durchfeuchtung mit Regenwasser vollkommen aus und bedingte die sommers wie winters sehr gleichmäßigen Luftfeuchtigkeits- und Temperaturverhältnisse, niemals unter der Frostmarke und immer unter 15 ° C; die Gräber liegen weit oberhalb sämtlicher historischer Hochwassermarken des Rheins. Aus den genannten Gründen können die Gefäßinhalte auch nicht durch Kondensationsprozesse entstanden sein. So wurde bereits 1959 die Flüssigkeit aus der großen Flasche des Frauengrabes von dem Chemiker Leonhard Birkofer untersucht. Das Ergebnis war zunächst enttäuschend, weil letztlich nur Wasser festgestellt werden konnte. Dennoch erscheint es bemerkenswert, daß trotz der sehr zurückhaltend erläuterten Analyse des Chemikers von Anfang an zwei Alternativen immer wieder explizit genannt wurden: Weihwasser und Wein – letzteres sicherlich ein naheliegender Gedanke, vor allem angesichts des Glasinventars der beiden Gräber und der zahllosen immer nur als Trinkgeschirr gedeuteten entsprechenden Befunde in der gesamten Reihengräberliteratur.

Abb. 345 Domgrabung Köln. Flasche mit Flüssigkeit aus dem Grab B809. Höhe 24 cm. – Foto Matz und Schenk, Dombauarchiv Köln.

Leider wurde bei dieser Gelegenheit als Folge der damaligen chemischen Methoden der gesamte Inhalt der Flasche verbraucht. Da außerdem im Verlauf der ungewöhnlich komplizierten Ausgrabung des Knabengrabes die kleine Flasche darin umstürzte, so daß nur ein geringfügiger Rest in dem Gefäß verblieb – heute ist bedauerlicherweise nicht einmal mehr dieser Rest erhalten –, war man innerhalb kürzester Zeit nur noch im Besitz von rund einem Drittel dieses so kostbaren Stoffes. Und es ist nur der Weitsicht des damaligen Dompropstes Prälat Hermann Joseph Hecker zu verdanken, daß uns dieses Material heute noch zur Verfügung steht; er untersagte kurzerhand weitere Untersuchungen bis zur Entwicklung besserer Methoden.

Im Herbst 1987 schien dafür der Zeitpunkt gekommen zu sein, um mit Genehmigung des Domkapitels neue Analysen zu versuchen. Die Rechtfertigung dazu war vor allem in der Tatsache begründet, daß die Chemiker Wolfgang Bermel und Bert Steffan bei Anwendung der NMR-Spektroskopie und der Gaschromatographie jetzt lediglich zwei Tropfen – 0,4 cm^3 – der Flüssigkeit in der großen Flasche des Knabengrabes (Abb. 345) benötigten. Das zerstörungsfrei untersuchte Material wird nun für mögliche Referenzanalysen getrennt von dem übrigen Flascheninhalt luftdicht verschlossen aufbewahrt.

Das Ergebnis war nicht neu, doch im Detail überraschend: Es handelt sich um Wasser reinster Form, ohne jegliche Verunreinigung zum Beispiel bakterieller Art. Das mit großer Präzision hergestellte Standardwasser D_2O mit 100% Reinheit, 99,96% Isotopenreinheit, das als Referenzflüssigkeit bei analytischen Meßverfahren in der Kernresonanz-Spektroskopie verwendet

Abb. 346 *Domgrabung Köln. Rekonstruktion des Knabengrabes (Kat. VI.2.2.). – Zeichnung in Mischtechnik Wilhelm Schneider; Foto Matz u. Schenk, Dombauarchiv Köln.*

wird, erwies sich als mehr als um den Faktor 16 verschmutzter als die Probe des kölnischen Wassers. Damit ist auch von dieser Seite her bewiesen, daß der Gefäßinhalt nicht aus jüngerer Zeit stammen kann: Selbst natürliche Wässer weisen heute im gut meßbaren Bereich Spuren beispielsweise von Pflanzenschutzmitteln, Dioxinen oder sogenannten PCBs auf. Dagegen ist der für eine künstliche Herstellung eines so reinen Wassers notwendige Aufwand offenbar nicht einmal bekannt.

Aus archäologischer Sicht erscheint wichtiger, daß bei dieser Gelegenheit auch die festen Sinkstoffe aus der Flasche und die Verkrustungen, die noch in der Fadenglasflasche aus dem Frauengrab festzustellen sind, analysiert wurden. Dabei wurden für die Zylinderflasche Aminosäuren und Substanzen pflanzlicher Herkunft nachgewiesen, die nicht endgültig zu deuten sind; es ist jedoch sicher, daß typische Weininhaltsstoffe fehlen. Wein als ursprünglicher Inhalt ist damit sehr unwahrscheinlich geworden. Andererseits konnten Aroma- und vor allem Geruchsstoffe ermittelt werden, die auf eine Herkunft des Flascheninhaltes aus dem mediterranen Raum deuten. Bert Steffan nennt als denkbare Produkte Rosenöle oder verwandte Parfüms. Leider ist nicht mit letzter Sicherheit auszuschließen, daß einzelne Teile dieser Stoffe erst mit dem Gummistopfen in die Flasche gelangten, mit dem der bereits kurze Zeit nach der Bergung eintretende Verdunstungsprozeß unterbunden werden sollte. Ein weiterer Stoffwechsel aus dem Gummi in die Flüssigkeit sowie aus der Flasche wird jetzt durch eine Spezialfolie verhindert. Schließlich ist noch bemerkenswert, daß die Chemiker auch bewußt nach Resten eines organischen – und damit vergangenen – Verschlusses der Flasche gesucht, aber nichts dergleichen gefunden haben.

Vom ursprünglichen Inhalt der Fadenglasflasche aus dem Frauengrab läßt sich mit absoluter Sicherheit sagen, daß es sich nicht um Wein handelte; es sind auch kein Weinstein oder Oxalsäure nachgewiesen. Eine hochpolymere Substanz (zum Beispiel auf Harzgrundlage) muß einst darin aufbewahrt worden sein, also etwa eine schwerflüssige Salbe.

Als Konsequenz aus diesen Untersuchungen ist bei Flaschenfunden in fränkischen Gräbern damit zu rechnen, daß nicht alle Flaschen ursprünglich denselben Inhalt aufwiesen, nicht alle Flaschen unbedingt zum Trinkgeschirr gehörten und die Flaschen, die wohlriechende Salben oder Parfüms enthielten, bewußt unverschlossen im Grab deponiert wurden.

Vielleicht kann ein bereits von Édouard Salin herangezogener Text die hier nachgewiesene Grabsitte erläutern. Ademar von Chabannes (ca. 988–1034), ein eifriger Kopist und geschickter Urkundenfälscher, hat in den Einhardsannalen zum

Abb. 347 *Domgrabung Köln. Knabengrab. Rekonstruktion des Stuhles aus Pflaumenholz und Rindsleder (Kat. VI.2.2.). – Ausführung Norbert Klewinghaus 1994/95; Foto Matz und Schenk, Dombauarchiv Köln.*

Abb. 348 *Domgrabung Köln. Knabengrab. Rekonstruktion des Bettes aus Pflaumen- und Eichenholz (Kat. VI.2.2.). – Ausführung Norbert Klewinghaus 1994/95; Foto Matz und Schenk, Dombauarchiv Köln.*

Jahr 814 einen Text interpoliert, den er mit ganz geringfügigen Abweichungen, die die Spur verwischen sollten, in seiner Chronik kopierte. So ist das von mediävistischer Seite gefällte Urteil, daß es sich dabei um »eine spätere Quelle trübster Art« handelt, sicher berechtigt – was die Überlieferung zur Grablegung Karls des Großen betrifft. Doch wenn wir uns vor Augen halten, daß Ademar sich zweifelsfrei nicht auf das Einbalsamieren des Leichnams bezieht, das er nämlich einige Zeilen vorher erwähnt, sondern tatsächlich das Hineingeben von Duftstoffen und Salben in das Grab mit den Worten *et repleverunt sepulchrum eius aromatibus, pigmentis et balsamo et musco* beschreibt, dann darf die Frage gestellt werden, ob hier nicht Kenntnisse und Überlieferungen von alten Bestattungsbräuchen nachklingen.

Mobiliar im Grab

Mit den Beigaben aus Holz ist noch eine weitere Fundgruppe seit den ersten Tagen der Entdeckung im Jahre 1959 von eklatantem Materialschwund bedroht, und sie erfordert deshalb die volle Aufmerksamkeit. Doppelfeld ist mehrfach auf die nicht immer erfolgreichen Versuche eingegangen, die Holzfunde, die zwar erhalten, aber doch in sehr kritischem Zustand waren, mit den damals zur Verfügung stehenden Mitteln vor dem völligen Verfall zu schützen, nachdem sie nach der Öffnung der Grabkammern zusehends ihre ursprüngliche Form verloren. Bei den Holzgefäßen waren diese Versuche bis

Abb. 349 *Domgrabung Köln. Waffen aus dem Knabengrab: eiserner Helm, Ango, Spatha, Lanzenspitze, Dolch mit Messer und Franziska (Kat. VI.2.3.). – Foto Matz und Schenk, Dombauarchiv Köln.*

Abb. 350 *Domgrabung Köln. Beigaben aus dem Knabengrab: goldener Fingerring, Messerpaar mit goldenen Futteralbeschlägen, Dolch und Messer mit goldenen Griffhülsen, Pfeilspitzen mit dreiflügeligen Spitzen und Schaftdorn. (Kat. VI.2.3.). – Foto Matz und Schenk, Dombauarchiv Köln.*

auf den Holzteller aus dem Knabengrab mehr oder weniger von Erfolg gekrönt. Ihrer unzähligen stabförmigen Teile und der reinen Holzkonstruktion wegen waren die beiden Möbelstücke aus diesem Grab besonders gefährdet. Außerdem hatten sie unter dem mißlungenen Versuch, sie zu festigen, und unter dem danach notwendigen Auskochen der chemischen Substanzen so sehr gelitten, daß es nicht mehr möglich war, auch nur teilweise den Aufbau im Experiment nachzuvollziehen.

Aus diesem Grund wurde im Sommer 1994 der Beschluß gefaßt, die praktische Erprobung entsprechend der Grabungsdokumentation im Nachbau in natürlicher Größe und unter Verwendung der nachgewiesenen Rohmaterialien und der beobachteten Arbeitstechniken vorzunehmen. Es war allerdings von vornherein klar, daß sich diese Werktreue nicht auf die Arbeitsgeräte ausdehnen lassen würde, weil dafür einfach die Erfahrungen fehlten.

Das vorläufige Ergebnis ist noch nicht in allen Punkten zufriedenstellend und sollte zu einem zweiten Versuch führen. Es vermag aber dennoch mit der geölten Oberfläche, die an den Originalen natürlich nicht nachzuweisen ist, eine lebendige Anschauung vom einstigen Aussehen dieser ungewöhnlichen Grabbeigaben zu vermitteln. Wie gewöhnlich sie vielleicht als Gebrauchsgegenstände waren, läßt sich zur Zeit nicht sagen. Immerhin beweisen entsprechende Bettbeigaben der Spätantike und des frühen Mittelalters aus Italien und England, daß der Befund von Köln doch nicht singulär ist.

Am Ende aller Bemühungen um dieses Gräberfeld unter dem Kölner Dom steht Otto Doppelfelds Versuch einer historischen Deutung der hier bestatteten Personen. Dabei wird man nicht fehlgehen, wenn man auch die gestörten Grablegen demselben sozialen Umfeld zurechnet, das im Ensemble der Gräber B808 und B809 erkennbar wird. Und bei der letzten Frage nach der Zuordnung zumindest des Knaben wird uns eines Tages vielleicht die

Lesung der Inschrift auf dem Schweißband des Helmes einen Schritt weiter führen.

Literatur: Bakka 1982. - Bender Jørgensen 1984. - Bermel/Steffan 1987. - Doppelfeld/Pirling 1966. - Doppelfeld/Weyres 1980. - Hauser 1981; 1982. - Hauser/Steffan 1992. - Hollstein 1980. - Hundt 1987 - Stein, F. 1996. - Werner, J. 1964.

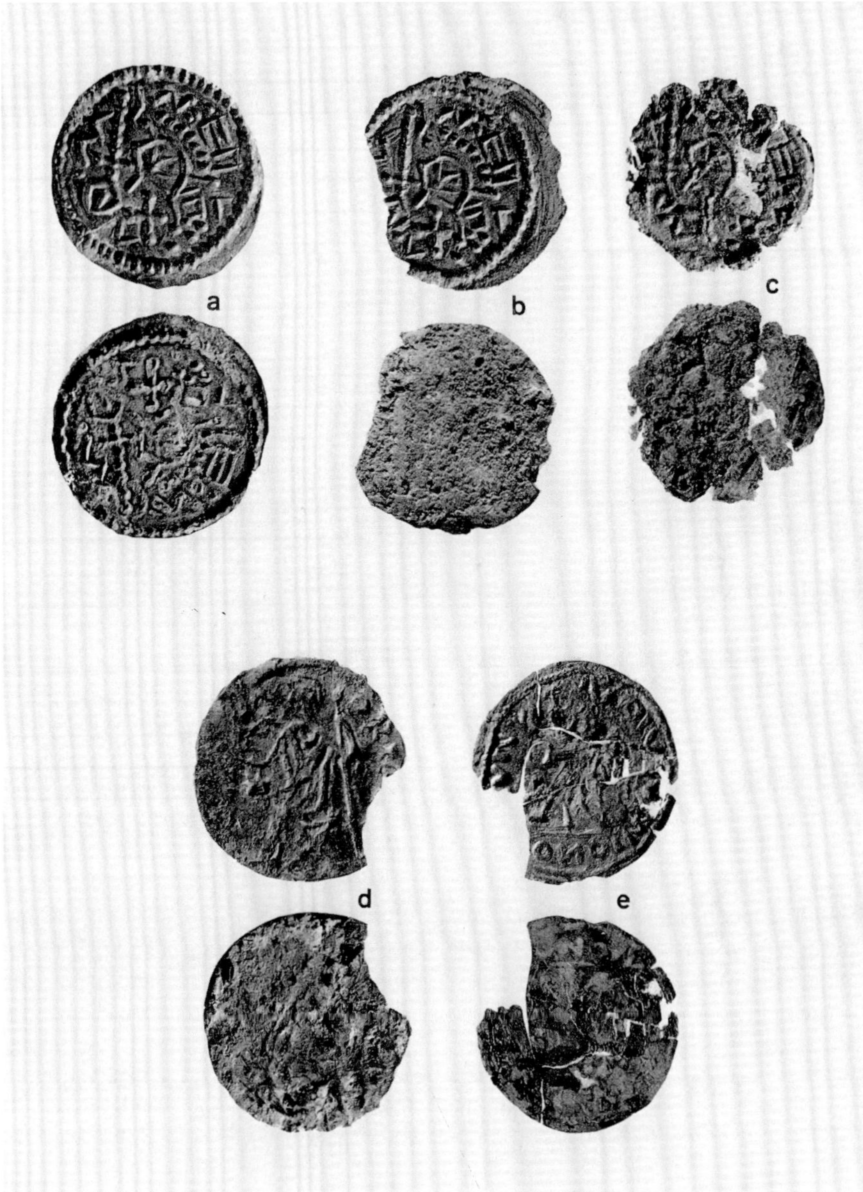

Abb. 351 *Domgrabung Köln. Münzen aus dem Knabengrab (Kat. VI.2.3.). - Nach Doppelfeld 1964.*

Die Entwicklung des Mönchtums

Friedrich Prinz

Auf dem Wege aus seiner orientalischen Heimat bis in das Frankenreich hat das Mönchtum, bei aller Bewahrung typischer Züge seines Ursprungs, doch wesentliche Wandlungen erfahren. Die Kulturentwicklung der Merowinger- und Karolingerzeit ist eng mit der Entfaltung des Klosterwesens und der Klostergrundherrschaft über Land und Leute verbunden. Wie die Bistumsgründungen nahmen auch die Klöster vom Mittelmeerraum her ihren Ausgang und erfaßten seit dem 4. Jahrhundert Gallien wie den Donauraum. Die Ausbreitung der monastischen Lebensform in Gallien und im Frankenreich, die auf alten Kult- und Kulturstraßen rhôneaufwärts erfolgte, bedeutete eine zweite Phase und zugleich eine Vertiefung der Christianisierung. Drei Phasen monastischer Entwicklung lassen sich im Westen deutlich voneinander unterscheiden: Die altgallisch-spätantike Phase, die vielleicht schon mit Bischof Hilarius von Poitiers, sicher aber mit dem hl. Martin im Poitou und in der Touraine und mit Bischof Victricius von Rouen beginnt, vor allem aber mit den Klöstern der Provence einen ersten Höhepunkt erreicht. Es folgte die irofränkische Phase, die der hl. Columban mit seiner Klostergründung Luxeuil in den Vogesen einleitete (etwa 590–690), und schließlich die angelsächsische Missions- und Klostergründungswelle der späten Merowingerzeit bzw. der Frühkarolingerzeit (etwa 690–768). Sie wurde von Männern wie Willibrord, dem Gründer von Utrecht und Echternach, und Bonifatius, auf den das Kloster Fulda zurückgeht, maßgeblich bestimmt. Bis zum Ende des 8. Jahrhunderts entstanden in Westeuropa bis zur Elbe und mittleren Donau etwa 1000 Klöster. Die Regula s. Benedicti, deren Ursprung und Autor umstritten sind, wird seit dem 7. Jahrhundert mehr und mehr die maßgebliche monastische Lebensnorm des lateinischen Westens.

Das altgallische Klosterwesen aus spätantiker Tradition

Gesamthistorisch gesehen entfaltete sich das spätantike Mönchtum innerhalb eines Zeitraums, der den Zusammenbruch des Römischen Imperiums in Gallien und die Gründung und Vergrößerung des Merowingerreiches unter Chlodwigs I. Söhnen und Enkeln umschließt (bis ca. 590). Das spätantike und frühfränkische Mönchtum ist bis zum 6. Jahrhundert im wesentlichen nicht über eine Nordgrenze hinausgedrungen, die von Trier westlich bis zur Somme verläuft. Das Moselgebiet selbst war schon eine vorgeschobene Insel der Romania, gallorömische Kulturkontinuität und Verbreitung des frühen Mönchtums fallen hier zusammen. Sind auch die Spuren frühen monastischen Lebens in Trier, der größten Römerstadt nördlich der Alpen und auf später deutschem Boden, im 5. Jahrhundert noch relativ schwach, so gibt doch das Zeugnis des hl. Augustinus sichere Auskunft darüber, daß in der Kaiserresidenz Mönche lebten, die dem altgallischen monastischen Bereich zuzuordnen sind. Auch das irofränkische Mönchtum scheint in der Stadt Eingang gefunden zu haben. Östlich der Mosel sind die frühen monastischen Spuren undeutlich, erst das irofränkische Klosterwesen des 7. Jahrhunderts überschritt die Rheingrenze. Hauptzentren dieses spätantik-frühmerowingischen Mönchtums waren die Klöster des hl. Martin in der Touraine und die stark orientalisch beeinflußten Klöster des Rhônegebiets, allen voran Lérins bei Cannes, Cassians Klöster in Marseille und die von Lérins und Marseille geprägten Klöster Süd- und Mittelgalliens. Lérins Aufblühen stand wohl in ursächlichem Zusammenhang mit der Räumung Nordgalliens durch die Römer am Beginn des 5. Jahrhunderts. Das Großkloster an der Côte d'Azur war gleichsam eine mittelbare Folge der Verlegung der römischen Zentralverwaltung Galliens von Trier nach Arles, denn Vertreter der nordgallischen, in den Süden geflüchteten römischen Aristokratie bestimmten seinen Charakter. Das martinische Mönchtum der Touraine dagegen zeigte schon bald infolge seiner Nähe zum merowingischen Kerngebiet zwischen Loire und Maas erste Spuren germanischen Einflusses.

Die irofränkische Klosterkultur des Merowingerreiches

Am Beginn dieser für das Frankenreich wohl wichtigsten monastischen Phase (590 bis ca. 690) steht die monumentale und streitbare Figur des irischen Mönchsvaters Columban des Jüngeren (geb. um 543, † 615). Mit ihm und seinen Nachfolgern in Luxeuil sind auch Versuche verbunden, nach irischer Tradition die Bindung des Klosterwesens an die Bistumsorganisation zumindest zu lockern. Durch die Auseinandersetzung mit dem gallofränkischen Episkopat erhielten die irofränkischen Klöster Privilegien innerhalb des Diözesanverbandes.

Die zweite irofränkische Welle monastischer Kultur entwickelte sich seit 590

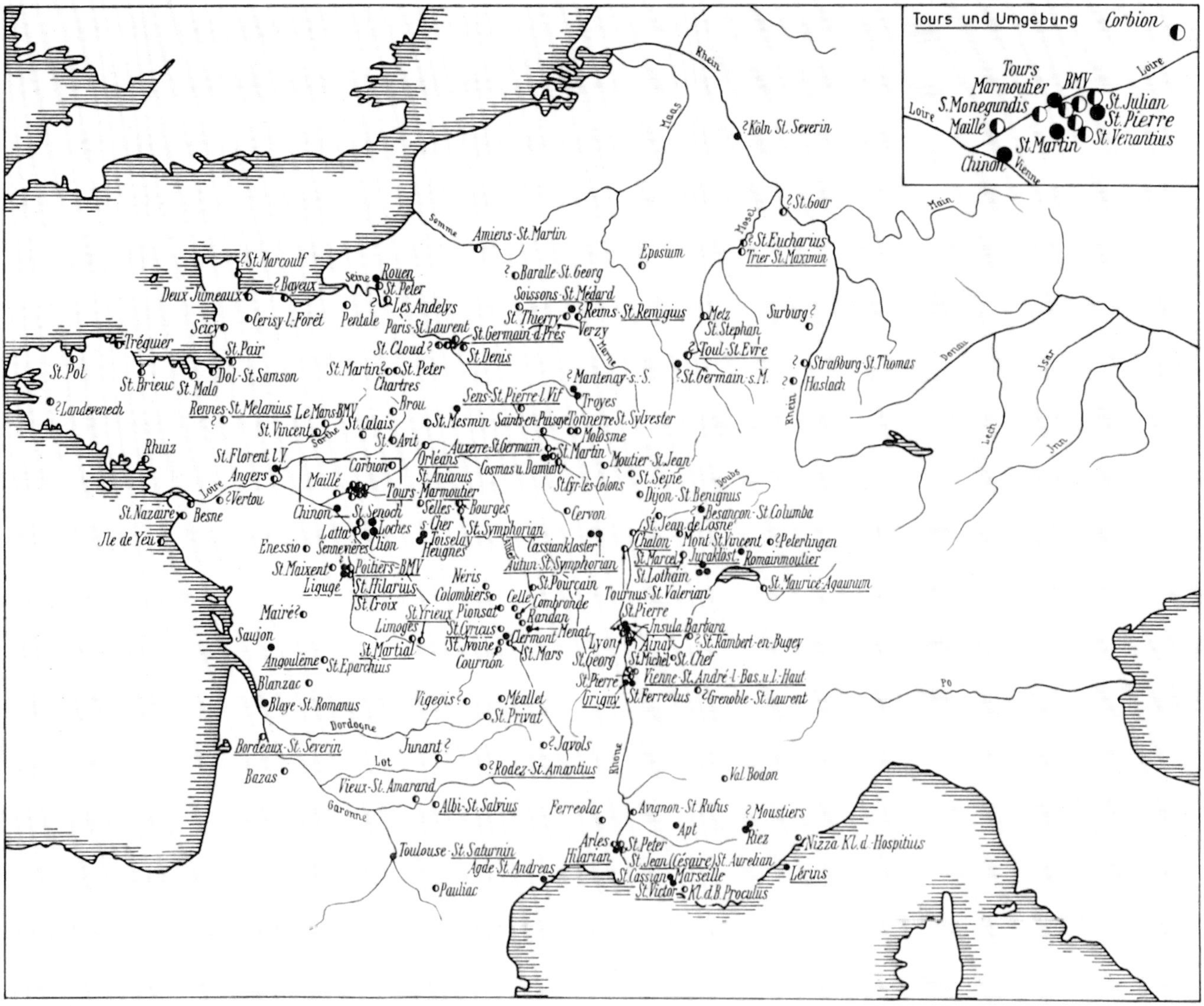

Abb. 352 *Spätantike und frühmittelalterliche Klöster im Frankenreich. – Nach Prinz 1965 Karte XII A.*

schon ganz innerhalb der Machtsphäre des Merowingerreiches. Sie wurde ihrerseits am Ende des 7. Jahrhunderts von der angelsächsischen Mission überlagert beziehungsweise abgelöst, wenn auch die irofränkischen Klostergründungen noch mit Ausläufern bis ins 8. Jahrhundert hineinreichten. Klostergründer wie Amandus, Audoenus, Remaclus, Filibert, Wandregisel, Romarich, Arnulf von Metz und Gertrud von Nivelles prägten diese Epoche. Durch die Verbindung mit dem Adel und dem Königtum der Franken gewann das ursprünglich irische Mönchtum Columbans neue Energien, Hilfsmittel und Wirkungsmöglichkeiten. Es drang oft an führender Stelle in die von Franken neubesiedelten oder politisch neuerschlossenen Räume vor und nahm an der Urbarmachung weiter Sumpf- und Waldgebiete in Belgien, in den Ardennen und Vogesen, später auch rechts des Rheins in Alamannien und in Baiern teil. Die Klostergründungen hatten sich nun meist aus dem Bannkreis relativ intakter städtischer Kulturen entfernt und drangen in Gebiete vor, in denen seit der Völkerwanderung die städtische Zivilisation gänzlich oder zumindest in ihren höheren Lebensäußerungen erloschen war. Der fränkische Adel, der inzwischen die Mitglieder der immer noch einflußreichen gallorömischen, teilweise senatorischen Oberschicht in seine Reihen aufgenommen hatte, war sowohl als Klostergründer als auch mit zahlreichen Klostereintritten an der monastischen Lebensform beteiligt.

Im Gefolge der weiteren Ostexpansion des Frankenreiches breitete sich das Mönchtum als Mitträger und Wegbereiter einer germanisch-romanischen Mischkultur weiter aus, es erreichte und überschritt den Rhein. Man kann von einem Zeitalter der Mischregeln sprechen, in dem irische, orientalische und altgallische Klosterordnungen mit derjenigen Benedikts verbunden und praktiziert wurden. Da der neue, reichsfränkische Adel die obersten Ränge der kirchlichen Hierarchie in der Hand hatte und sowohl die Bistümer als auch die Klöster leitete, verschwand die unter irischem Einfluß anfangs eingetretene Lockerung des Diözesanverbandes durch die Klöster und ihre Privilegien relativ rasch. Hingegen bedeutete das Eigenkirchenwesen von König und Adel eine zeitweise beträchtliche Einschränkung der Diözesangewalt über die Klöster.

Wenigstens einige Klöster der irofränkischen Welle sollen hier genannt werden: die Klöster der Brie Rebais, Faremoutiers, Jouarre, dann Chelles bei Paris, Fleury-sur-Loire, ferner Jumièges und Saint-Wandrille am Unterlauf der Seine, Corbie in der Picardie, Saint-Amand-Elnone an der Schelde, das Pippinidenkloster Nivelles, Laon, Noyon, Saint-Trond, Lobbes, Stablo-Malmedy in den Ardennen, Saint-Martin und Saint-Arnoul in Metz, St. Symphorian in Trier und das Nonnenkloster Oeren vor der Stadt, die Vogesenklöster mit dem zentralen Luxeuil, mit Remiremont, Saint-Dié, schließlich Granfelden im Sornegau, Honau bei Straßburg und St. Gallen, das aber wohl erst im 8. Jahrhundert ein wirkliches Kloster wurde. Anders lagen die Dinge auch bei den beiden Hausklöstern des neustrischen Hausmeiers Erchinoald, Lagny an der Marne und Péronne an der Somme. Das Verbreitungsgebiet des irofränkischen Mönchtums, das sich sowohl nach seiner inneren Organisation (Benedikt-Columban-Regel) wie nach seiner ethnischen Zusammensetzung stark vom altgallischen Klosterwesen unterschied, deckte sich nur zum geringen Teil mit dem Raum, den das antikgallische Mönchtum erfaßt hatte. Vielmehr schließen sich die Hauptzentren dieses neuen Mönchtums von Luxeuil an die Nordflanke des spätantiken Klosterwesens an. Seine Zentren sind das Pariser Becken, der Unterlauf der Seine mit dem Bistum Rouen, das nördliche Burgund, die Vogesen, der Oberrhein und der weitere Bodenseeraum.

Der politische Umschwung von 613/614, als Brunichild brutal beseitigt wurde und das neustrische Königtum nur durch große politisch-herrschaftliche Konzessionen an die austrasische Führungsschicht unter Leitung von Arnulfingern und Pippiniden die Gesamtherrschaft im Merowingerreich erlangte, spiegelte sich auch in der klösterlichen Entwicklung wider. Sicher war es kein Zufall, daß die austrasische Hauptstadt Metz im Verlaufe des 7. Jahrhunderts sechs neue Klöster erhielt, davon vier in den ersten Jahrzehnten; Sankt Symphorian, Sankt Felix-Clemens, Sankt Glossindis, Saint-Pierre-aux-Nonnains. Auch das Vordringen des Luxeuiler Mönchtums ins Bodenseegebiet und in die Gebiete östlich des Rheins war ohne die gestiegene Bedeutung Austrasiens undenkbar. Das starke Hervortreten germanischer Namen in den Bischofslisten, das seit 613 festzustellen ist, signalisierte ebenfalls den Aufstieg des fränkisch-germanischen Ostens im Gesamtreich. Mit den jetzt entstehenden Landklöstern von König und Adel ging auch die notwendige Landmission in hohem Maße auf die großen Abteien mit ihren umfangreichen Grundherrschaften über, womit sich wiederum eine stärkere Selbständigkeit der *monasteria* gegenüber der bischöflichen Gewalt ergab. Die durch Columban verbreitete irische, bald jedoch irofränkische Klosterkultur erhielt ihre epochale Bedeutung durch die enge Verbindung dieses rigorosen Mönchsvaters und seiner Nachfolger mit dem merowingischen Königtum von Paris und mit dem Hofbeamtentum der Pariser Reichszentrale. Chlothar II. und Dagobert I. spielten hier ebenso eine wichtige Rolle als Förderer wie später die Königin Balthilde. Daher kam es auch, daß die wichtigsten Klostergründungen im Geiste Columbans und des neuen irofränkischen Mönchtums im Pariser Becken und an der unteren Seine zu finden sind, während die unmittelbaren Filiationen von Luxeuil demgegenüber an Wichtigkeit zurückstehen. Eine Sonderstellung nahm die bischöfliche Coemeterialbasilika Saint-Denis bei Paris ein, die vor der Mitte des 7. Jahrhunderts wohl kein Kloster im engeren Sinne war. Sehr wahrscheinlich erfolgte aber damals die Umwandlung in einen Mönchskonvent mit der benediktinisch-columbanischen Mischregel. Die Streuung und Gruppierung der merowingischen und frühkarolingischen Klostergründungen sowie der von Merowingern und Frühkarolingern dotierten und privilegierten Königs- und Adelsklöster zeigt ferner, daß es schon früh im 7. Jahrhundert einen kirchenpolitischen und damit auch herrschaftlich-politischen Kernraum karolingischer Macht in Austrasien gegeben haben muß, der für die merowingische Herrschaft mehr oder weniger undurchdringlich war.

Die karolingisch-angelsächsisch geprägte Phase der späten Merowingerzeit

Die dritte und letzte Welle monastischen Lebens im Frankenreich vor Karl dem Großen, ausgelöst und großenteils repräsentiert durch die angelsächsische Mission auf dem Kontinent, wurde an der Wende vom 7. zum 8. Jahrhundert von dem Angelsachsen Willibrord eingeleitet. Auf ihren Höhepunkt geführt und bis zu einem gewissen Grade auch abgeschlossen hat sie dann sein Landsmann Winfrid-Bonifatius. Am Oberrhein war der Vertreter dieser dritten monastischen Phase Perminius-Pirmin, der Gründer von Murbach und der Reichenau. Organisatorisch unterschieden sich die Träger dieser Phase von der vorhergehenden irofränkischen dadurch, daß sie nun nachdrücklicher die Benedikt-Regel gegenüber der columbanisch-benediktinischen Mischregel durchsetzten. Doch hielt sich letztere vielfach noch bis zur Reform des Reichsmönchtums unter Benedikt von Aniane (779–821). Politisch waren die angelsächsischen Missionare eng an die aufsteigenden Karolinger gebunden, so daß sie, wie beispielsweise Willibrord, durch ihre Mission wichtige Helfer karolingischer »Ostpolitik« wurden. Utrecht, Kaiserswerth, Prüm, Echternach, Fritzlar, Fulda, die etichonischen, herzoglichen Klöster des Elsaß, Murbach und die Reichenau – letztere bis nach Niederbayern (Niederaltaich) und Raetien (Pfäfers) ausstrahlend –, alle diese Klöster lagerten sich an den militärisch gefährdeten Nord- und Ostrand des Frankenreiches. Sie waren bald auch missionarische Stützpunkte für Friesland, Sachsen, Thüringen, Alamannien und Bayern. Demgegenüber sind die Neugründungen im Inneren des Frankenreiches weniger zahlreich und meist von zweitrangiger Bedeutung: auch dies ein indirekter Hinweis auf die politisch-missionarische Funktion, die den Klostergründungen jener Zeit außer ihrem asketischen Hauptzweck zukam. Sorge um das eigene Seelenheil erfüllte Stifter wie Mönche, sie äußerte sich im mönchischen Gebet für die Lebenden und die Toten, dessen sich König und Adel durch reiche Schenkungen an ihre Klöster zu versichern suchten. Unter Karl Martell und König Pippin lagen die Zentren kirchlichen und monastischen Aufbaus in Austrasien und in den Austrasien zugeordneten Gebieten rechts des Rheins, man könnte von einer karolingischen Klosterregion zwischen Maas, Mosel, Rhein, Main und fränkischer Saale sprechen.

Anders als in Hessen und Thüringen, aber vergleichbar mit den Rheinlanden, ist in Bayern und Alamannien mit spätantiken Wurzeln des Christentums und vielleicht auch des Mönchtums zu rechnen. Das Salzburger Land, ein stark romanisch besiedeltes Gebiet, das jedoch – im Gegensatz zu Churrätien – kein politisches Eigenleben bewahren konnte, dürfte ältere kirchliche und monastische Relikte in die Agilolfingerzeit hinübergerettet haben. Die Anknüpfung an den spätantik-christlichen Afra-Kult in Augsburg kann als gesichert gelten, auch in Regensburg, Salzburg und Lorch ist christliche Kontinuität seit der Spätantike anzunehmen. Der Einfluß Italiens, der etwa im Bestand alter Patrozinien faßbar wird, riß mit der Entstehung des bayerischen Herzogtums nicht etwa ab, sondern wirkte unter dem Schutze des politischen Zusammengehens von Bajuwaren und Langobarden noch weiter.

Das Mönchtum war insgesamt auf seinem Entwicklungsgang von der Spätantike bis zum Frühmittelalter aus einer radikal christlich-asketischen »Gegenkultur« am Rande der Gesellschaft im Frankenreich zu einer unentbehrlichen Säule derselben geworden und trug neben den Bistümern weitgehend die vor allem im Norden und Osten noch instabile Kirchenorganisation. Mit der von ihm maßgeblich getragenen Mission und der Ausbildung der wohlorganisierten mittelalterlichen klösterlichen Grundherrschaft gewann das Mönchtum auch Teilhabe an politischer Herrschaft; es vermochte einen Großteil der Kultur und Erziehung, vor allem der Oberschicht, in seiner Hand zu vereinigen und wurde überdies zum wichtigsten Vermittler antiker Kulturtraditionen.

Literatur: Angenendt 1972; 1973; 1990. – Atsma 1976; 1979; 1984. – Bacht 1983/84. – Becker, P. 1989. – Bieler 1987. – Clark 1987. – Clarke 1981. – Clement 1978. – Constable 1976. – Dierkens 1985; 1989. – Duft 1974. – Eberl 1982. – Elm/Parisse 1992. – Fontaine 1968. – Frank 1975. – Gauthier 1980. – Hallinger 1963. – Hartmann 1982. – Heinemeyer 1970. – Hen 1995. – Heussi 1936. – Holtz 1991. – Jäschke 1974. – Jenal 1982. – Kahl 1981. – Kiesel u. a. 1990. – Lawrence 1989. – Lienhard 1977. – Lohse 1969. – Lotter 1971. – Löwe 1974; 1982. – McLaughlin 1935. – Mélanges Colombaniens 1951. – Milis 1992. – Moyse 1973. – Padberg 1995. – Pricoco 1978. – Prinz 1971; 1976; 1977; 1981; 1988c; 1996. – Reindel 1981. – Schieffer, Th. 1972. – Semmler 1960; 1982. – Stancliffe 1983. – Ueding 1935. – de Vogüé 1971/72; 1982a; 1982b; 1985; 1988. – Werner, M. 1978. – Wolfram 1981. – Wood 1982; 1994b. – Zelzer 1989. – Zielinski 1989.

Die Frauenklöster in Austrasien

Michèle Gaillard

Zwischen dem Ende des 6. und der Mitte des 8. Jahrhunderts sollen in Austrasien 25 Frauenklöster gegründet worden sein. Die Mehrzahl dieser Gründungen wird traditionellerweise ins 7. Jahrhundert datiert, nur sechs in die erste Hälfte des 8. Jahrhunderts.

Die Zeit der Klostergründungen

Die frühesten Gründungen von Frauenklöstern erfolgten offenbar in den Städten: Saint-Pierre-le-Haut in Reims kann durch das Testament des Bischofs Romulfus, welches Flodoard überliefert (*Historia Remensis Ecclesiae*; Mitte 10. Jahrhundert), in den Zeitraum zwischen 590 und 613 datiert werden; das Kloster Oeren in Trier, dessen Äbtissin Modesta in der Mitte des 7. Jahrhunderts erwähnt wird, die Klöster von Metz, deren Gründung erst durch Heiligenviten aus karolingischer Zeit bezeugt ist. Zahlenmäßig fallen die städtischen Gründungen nicht ins Gewicht, es sind nur neun von insgesamt 25. Im allgemeinen waren diese Frauenklöster – bisweilen handelt es sich auch um Doppelklöster – auf dem Land eingerichtet worden. Dies bedeutete jedoch nicht unbedingt, daß sie in der Einsamkeit gelegen waren. Oft wurden sie auf einer der Familie der Gründer gehörenden *villa* erbaut, wie in Nivelles und Pfalzel, oder in von früher her befestigten Orten, wie in Remiremont in den Vogesen und Hohenburg-Odilienberg im Elsaß. Selten lassen hagiographische Texte aus späterer Zeit die Kultivierung von Ödland vermuten. So haben die hl. Harlinde und die hl. Relinde nach den Worten einer *vita* aus dem 9. Jahrhundert die Sümpfe entlang der Maas urbar gemacht. In Münsterbilsen mußte die hl. Landrada nach der *vita* aus dem 11. Jahrhundert stacheliges Gebüsch mit eigenen Händen ausreißen. In Avenay gründete die hl. Bertha ihr Kloster an der Stelle, die ihr ein Engel gewiesen hatte, und mußte, wie Flodoard berichtet, auf wundersame Weise einen Fluß umleiten.

Einige dieser Gründungen sind durch Texte belegt, die in etwa zeitgenössisch sind, und selbst wenn das genaue Gründungsdatum nicht zu ermitteln ist, läßt sich meist eine recht präzise Zeitspanne angeben, innerhalb deren die Gründung stattgefunden haben muß. Die meisten Klöster werden jedoch zum ersten Mal in Quellen erwähnt, die aus einer erheblich späteren Zeit als das vermutliche Gründungsdatum stammten und die manchmal nur schwer zu interpretieren sind.

Dies ist besonders bei den Klöstern von Metz der Fall. Für Saint-Pierre-aux-Nonnains findet sich die erste Erwähnung in einem Diplom Karls des Großen von 781: »*Eufimia abbatissa de monasterio superiore, que est constructus in honore Sancti Petri infra muros Mettis civitate*. . . / Äbtissin Eufimia vom oberen Kloster, das zu Ehren des hl. Petrus innerhalb der Mauern der Stadt Metz errichtet ist«. Nach der *vita Waldradae* (Ende 9. Jahrhundert) wurde das Kloster unter der Herrschaft von Theudebert II. von Austrasien und Theuderich II. von Burgund gegründet. Das bringt uns in den Zeitraum von 592 bis 612. Der Gründer, Eleutherius, ist uns unbekannt, es sei denn, es handelt sich bei ihm um den Alamannenherzog Leuthari, der im Dienst von Grimoald († 622) stand, oder gar um seinen Vater, was Nancy Gauthier vorschlägt. Wenn man annimmt, daß die Passagen der Vita nicht völlig frei erfunden sind, wäre die Gründung auf den Zeitraum zwischen 600 und 670 zu datieren.

Beim zweiten Frauenkloster in Metz, dem von Sainte-Glossinde, stoßen wir wieder auf das gleiche Problem. Die beiden Viten dieser Heiligen, die Vita I kurz nach 882 (Tod des Bischofs Walo) und die Vita II aus der zweiten Hälfte des 10. Jahrhunderts bringen dieselben biographischen Angaben: Glossinde war demnach die Tochter eines Herzogs Wintrio und die Nichte einer gewissen Rotlinde, Äbtissin in Trier, und wäre weiterhin mit einem Obolenus verheiratet gewesen, der noch vor Vollzug der Ehe auf Befehl Childerichs hingerichtet wurde. Durch Gregor von Tours und den Pseudo-Fredegar kennen wir einen Herzog Wintrio, der zur Zeit Childerichs II. von Austrasien (575–595) regierte und 597/598 auf Befehl von Brunichilde getötet wurde. Ein gewisser Herzog Bobolenus/Beppolenus lebte zur selben Zeit. Bei ihm könnte es sich um den Gemahl von Glossinde handeln. Zunächst als Referendar im Dienste von Fredegunde erhielt er später (zwischen 584 und 592) von Gunthram die Regierungsgewalt als Herzog über diejenigen Städte, die Chlothar II., dem Sohn König Chilperichs I., gehörten. Er wurde schließlich ermordet. Gregor von Tours erzählt ausgiebig von seinen Schandtaten. Die *vita Glodisindis* übernimmt Gregors Berichte: »von seinem verwerflichen Verbrechen – *suo nefando scelere*« (Vita I) und »von seinen vielen und ruchlosen Verbrechen – *multis et nefariis ei* . . .« (Vita II). Es ist nicht erstaunlich, daß ein Hagiograph aus dem 9. Jahrhundert – aber auf welchem Wege? – eine leicht verderbte Tradition übernommen hat, deren chronologische Angaben jedoch durchaus zueinander passen.

Eine genaue Lektüre des Werkes von

Flodoard läßt eine Gründung von Saint-Pierre-le-Haut in Reims an der Wende vom 6. zum 7. Jahrhundert wahrscheinlich erscheinen. Im Gegensatz dazu erscheint das Gründungsdatum von Saint-Pierre-le-Bas weitaus unsicherer. Flodoard liefert den ersten Beleg für eine Tradition, welche die Gründung durch den hl. Gundebertus auf das Ende des 7. Jahrhunderts ansetzt. Es gibt aber keinen sicheren Beleg für die Existenz dieses Klosters vor der Regierungszeit Ludwigs des Frommen. Dieser gab es seiner Tochter Alpaïs als *precaria*, »auf Widerruf«. An der Stelle, an der das Kloster errichtet wurde, wird zu Zeiten des Bischofs Rigobert (Vita aus der ersten Hälfte des 9. Jahrhunderts) nur eine steinerne Kirche erwähnt. Die gleiche Unsicherheit herrscht, was die Gründung von Avenay durch Bertha, die Gattin Gundebertus', angeht.

Glücklicherweise erlauben andere, verläßlichere hagiographische Texte in einigen Fällen eine genauere Datierung. Für Nivelles verfügen wir über eine zuverlässige Quelle, die Vita der hl. Gertrud, der ersten Äbtissin dieses Klosters und Tochter Pippins des Älteren († 640); sie wurde von einem Zeitgenossen kurz nach dem Tod der Heiligen (659) niedergeschrieben. Die Angaben dieser Vita ermöglichen im Vergleich mit dem, was die Vita des hl. Amandus berichtet – dieser regte die Gründung des Klosters an –, den Beginn auf die Zeit zwischen 647 und 649 festzulegen. 30 Jahre später griff derselbe Verfasser erneut zur Feder, um die Wundertaten der hl. Gertrud zu schildern: die Nachricht, daß sie im Augenblick ihres Todes vor ihrer Freundin Modesta, zu diesem Zeitpunkt Äbtissin in Trier, erschien, bestätigt die Existenz von Oeren in Trier in der Mitte des 7. Jahrhunderts; die Gründung der benachbarten Abtei von Andenne durch Gertruds Schwester Begga, also um 690, und das Wunder, das Adelas Sohn erlebte, der nach Nivelles zu Besuch gekommen war und wenig später das Kloster Pfalzel bei Trier gründete.

Abb. 353 Der Sarkophag der hl. Chrodoara wurde 1977 im Chor der Stiftskirche von Amay (Prov. Liège) gefunden. Auf dem 184 cm langen Deckel mit Flechtbandornament ist in flachem Relief eine Frau in langem Kleid dargestellt; mit der rechten Hand hält sie einen langen Stock. Die Inschrift auf der Schmalseite CHRODOARA NUBELIS/MAGNA ET INCLITIS EX SUA SUBSTANCIA DICTAVIT SANCTO/ARIA und die über dem Kopf SCA CHRODOARA geben den Namen der Verstorbenen an. In Amay wurde – nachweislich seit dem 10. Jahrhundert – die hl. Oda verehrt, die im 7. Jahrhundert einer der reichsten Familien des merowingischen Austrasien angehörte. – Nach Angaben von Alain Dierkens. Foto nach Vallet 1995, 64. Foto Ministère de la Culture Wallonne/J. Alenus-Lecerf.

In Laon geben die *vitae* der hl. Salaberga und ihrer Tochter Anstrude Auskunft über die Gründung des Klosters. Vor der Gründung war Salaberga zweimal verheiratet gewesen – natürlich gegen ihren Willen –, und aus ihrer zweiten Ehe, die sie zur Zeit der Regierung Dagoberts I. († 639) geschlossen hatte, waren vier Kinder hervorgegangen. Dann erlaubte ihr Gatte ihr, sich in ein Kloster zurückzuziehen. Bei der Gründung des Klosters nutzte sie die Ratschläge Waldeberts, des dritten Abts von Luxeuil († 670). All dies spricht für eine Datierung dieser Gründung in die Jahre 650 bis 660. Die sehr bewegte Baugeschichte dieses Klosters – Salaberga hatte mit dem Bau auf Familienbesitz in der Nähe von Langres begonnen, mußte dann aber nach Laon fliehen, das als sicher galt – deutet auf Unruhen hin, bei denen es sich vielleicht um die kaum bekannten Auseinandersetzungen handelt, die nach der umstrittenen Thronfolge Sigiberts III. (656/61) ausgebrochen waren.

Diese besser gesicherten Angaben stärken die bereits aufgestellte Hypothese, daß eine große Zahl von Gründungen im 7. Jahrhundert erfolgte. Solche, die dem

8. Jahrhundert zugewiesen werden können, sind wesentlich weniger zahlreich und weniger gut belegt: Aldeneick, im Norden, um 710, im Tale der Maas, das Kloster Altomünster, das in Mainz durch Bilichilde während des Episkopats von Gerold († 738) gegründet worden war und später unter den Schutz des Bonifatius kam, sowie Tauberbischofsheim und Kitzingen im Maintal, deren erste Äbtissinnen die Angelsächsinnen Lioba und Thecla waren, die auf Bitten des Bonifatius auf das Festland gekommen waren, und schließlich im Elsaß die Gründung von Saint-Etienne (St. Stephan) in Straßburg (um 720) und Eschau (um 780), über die nur sehr wenig bekannt ist. Es ist jedoch zu unterstreichen, daß sich alle diese Gründungen in den Grenzgebieten Austrasiens befinden oder im Zusammenhang mit der fränkischen Expansion nach Osten stehen und daß die Rolle der Bischöfe hier recht bedeutend ist.

Die Gründer und Gründerinnen von Klöstern

Die Gründungswelle im 7. Jahrhundert bedarf jedoch einer Erklärung. Eine erste Antwort kann gefunden werden, wenn man die Persönlichkeiten der Gründer und Gründerinnen von Klöstern genauer betrachtet.

Halten wir zunächst fest, daß die Bischöfe im 7. Jahrhundert nicht selbst Klöster gründeten; sie rieten höchstens zu solchen Gründungen, wie etwa der hl. Amandus bei Itta und Gertrud in Nivelles, wie Waldebert im Falle der hl. Salaberga in Laon; oder sie weihten die Klosterkirche. Die einzige Ausnahme stellt die Gründung des Klosters von Bonmoutiers durch Bodo-Leudinus, den Bischof von Toul und Bruder der hl. Salaberga, dar, dessen erste Äbtissin seine Tochter Teutberga war – Bodo-Leudinus handelte hier jedoch eher als Familienvater denn als Bischof. Wenn wir schließlich die Legende der Gründung von Saint-Pierre-le-Haut in Reims durch Bova und Balderich, Kinder eines Königs Sigibert und nur durch diese Legende bezeugt, beiseite lassen, so müssen wir das völlige Fehlen königlicher Gründungen und königlichen Eingreifens in die Klöster feststellen. Die Herrscher Austrasiens haben sich nicht um die Klöster ihres *regnum* gekümmert. Es gibt keinerlei Aktivitäten, die mit denjenigen Balthildes in Neustrien verglichen werden könnten, keinerlei Übertragung von Privilegien, wie etwa bei den Klöstern in Neustrien oder in Burgund.

Jegliche Initiative lag daher beim regionalen Adel und insbesondere bei der Familie der Pippiniden. Der früheste Beleg für das Interesse dieser Familie an den Klöstern findet sich in Remiremont. Dieses Doppelkloster wurde gegen 620 durch Romaricus, einen Adeligen am austrasischen Königshof, gegründet. Er hatte sich nach Luxeuil zurückgezogen und gründete das Kloster in Remiremont zusammen mit einem anderen Mönch aus Luxeuil, Amatus. Bischof Arnulf von Metz, ein Vorfahre dieser Familie, zog sich in die Nähe des Klosters zurück. Nivelles war jedoch die erste und wichtigste Gründung der Pippiniden. Nivelles, unweit der »Grenze« zwischen Austrasien und Neustrien gelegen, wurde um 647, auf den Rat des hl. Amandus hin, durch Itta und Gertrud, Gemahlin und Tochter Pippins des Älteren, gegründet. Schon im Jahre 650 nahmen sie mit großer Freude die irischen Mönche Feuillan und Ultan auf, die der Hausmeier Erchinoald aus Neustrien verjagt hatte. Die Ankunft der beiden irischen Mönche ist der Ursprung der Männergemeinschaft, also des Doppelklosters in Nivelles und der Gründung des nicht weit entfernt gelegenen Fosses. Grimoald, der Bruder Gertruds, und Bischof Dido von Poitiers waren in Nivelles, als man den Leichnam Feuillans, der auf der Straße von Nivelles nach Fosses ermordet worden war, fand. Das war im Januar 650, kurze Zeit vor dem Tode Sigiberts III. Daraufhin ließ Grimoald seinen Sohn Childebert, der von Sigibert adoptiert worden war, auf den Thron von Austrasien setzen. Dagobert, den Sohn Sigiberts III., schickte Dido in ein Kloster nach Irland. Die Verwicklung der Äbtissinnen von Nivelles in diese Angelegenheit ergibt sich auch aus der Tatsache, daß die Feinde der Pippiniden nach dem Scheitern Grimoalds dem Kloster während der Regierung der Äbtissin Wulfetrude, der Nichte Gertruds, einen Teil seiner Besitzungen entrissen.

Ein weiteres Beispiel stellt Laon eine Generation später dar: Im Jahr 679, kurz nach dem Sieg Ebroins über Pippin in Bois-de-Faye, in der Nähe Laons, wurde die zweite Äbtissin, Austrude, durch Leute Ebroins bedroht. Später, zweifellos nach 687, bat die Äbtissin Pippin, einzugreifen, um den Konflikt mit Bischof Madelgarius von Laon beizulegen. Pippin schickte seinen Sohn Grimoald, um den Streit zu schlichten. Die Äbtissin von Laon und ihr Kloster wurden demnach schon vor der Schlacht von Tertry zu den Getreuen der Pippiniden gezählt; es muß jedoch betont werden, daß Anstrude mit Wulfoald verwandt war, der zu einer Familie gehörte, die traditionellerweise in Opposition zu den Pippiniden stand: Wulfoald I. gehörte zu jenen Austrasiern, die den Versuch des Hausmeiers Grimoald, seinen Sohn auf den austrasischen Königsthron zu heben, zum Scheitern brachten – später wurde Wulfoald I. Hausmeier von Austrasien. Wulfoald III. (?) war einer der hartnäckigsten Widersacher Pippins III. im Moselgebiet. Pippin nahm daher seine Abtei Saint-Mihiel (Dép. Verdun) in Beschlag. Diese Beispiele zeigen, wie eng die Gründung von Klöstern mit der Politik verbunden war. Hierin kann man die konsequente Anwendung der »Klosterpolitik« bei der Formierung von Klientelen sehen.

Abb. 354 *Plectrude, Gemahlin Pippins II., war eine der wichtigsten Stützen des Missionars Willibrord; sie stattete die Abtei Echternach reich aus. – Stich des 19. Jahrhunderts aus Privatbesitz Bernd Päffgen.*

Im Gefolge von Nivelles muß auch die um 690 erfolgte Gründung der Abtei von Andenne durch Begga erwähnt werden. Begga war die Witwe des Arnulfingers Ansegisel, die Tochter Arnulfs und demnach die Mutter Pippins II. Die Gründungen von Oeren in Trier und des ganz in der Nähe gelegenen Pfalzels sind sicherlich außerhalb des eigentlichen Einflußbereiches der Pippiniden erfolgt, dürften jedoch im Einvernehmen mit ihnen vorgenommen worden sein. Wir haben bereits gezeigt, daß Modesta, die vielleicht erste Äbtissin von Oeren, eine Freundin Gertruds war; wir wissen jedoch nichts über ihre Familie. Wir kennen hingegen besser ihre Nachfolgerin, die Äbtissin Irmina. Irmina war zusammen mit Plectrude, der Gemahlin Pippins II., eine der wichtigsten Stützen des Missionars Willibrord; sie stattete die Abtei Echternach reich aus. Lange Zeit schrieben die Historiker Irmina einen Ehemann, Hugobert, und drei Töchter, Ragyntrude, Plectrude, die Ehefrau Pippins, und Adela, die Gründerin von Pfalzel, zu. Nach Matthias Werner ist jedoch eher zu vermuten, daß Irmina und Adela zwei verschiedenen Familien angehörten. Zwar ist sicher, daß Ragyntrude die Schwester von Adela war, doch die Identität ihrer Verwandten Plectrude mit der Gemahlin Pippins II., der eine spätere Quelle (12. Jahrhundert) die Gründung des Frauenklosters Unserer Lieben Frau in Köln zuschreibt, ist keineswegs bewiesen. Die Schrift »*de virtutibus Sanctae Geretrudis*« hebt jedoch Kontakte zwischen der Familie Adelas und den Pippiniden hervor: Die Vita ihres Enkels Gregor von Utrecht zeigt außerdem die guten Beziehungen zwischen dieser und Bonifatius, der sich in Pfalzel aufhielt, auf. Adela und Irmina gehören ohne Zweifel zum »vorkarolingischen Kreis«.

Die Regeln des Klosterlebens

Obwohl diese Einrichtungen wichtige politische und soziale Grundlagen für die Adelsmacht waren, handelt es sich bei ihnen letztlich doch um Klöster, und man muß sich fragen, welche Form das Leben nach einer Regel in ihnen annahm.

Über die Regel, die in der ersten Zeit in den frühesten Gründungen befolgt wurde, wissen wir nichts. Es sei daran erinnert, daß die Regel des hl. Benedikt zu dieser Zeit nirgends in Gallien belegt ist. Man kann mit einer gewissen Wahrscheinlichkeit an die Regel des hl. Caesarius von Arles denken, die in Poitiers bereits befolgt wurde, doch dies bleibt eine Vermutung: Poitiers war wie Metz und Reims Teil des Königreichs Sigiberts I. (561–575), von Childebert II. und dann von Theudebert II. (595–613).

Was das 7. Jahrhundert angeht, zeigt Friedrich Prinz den direkten oder indirekten Einfluß der Mönche der Abtei von Luxeuil auf, indem er sich auf die Personen stützt, die in den *vitae* der heiligen Gründerinnen genannt werden, z. B. den hl. Amandus, den hl. Eustasius oder Waldebert. Luxeuil war bekanntlich eine Gründung des Iren Columban.

Columban war zwar in Austrasien in keiner Weise direkt aktiv, aber es kann keinen Zweifel am Einfluß der Äbte von Luxeuil auf die Gründungen von Remiremont und Laon bestehen. Amatus, der erste Abt des Doppelklosters Remiremont, war ein ehemaliger Mönch von Luxeuil. Waldebert, der dritte Abt von Luxeuil, der auch Faremoutiers-en-Brie gründete, erscheint in der *vita Sadalbergae* als Berater der heiligen Gründerin des Klosters in Laon, während diese *vita* zahlreiche Entlehnungen aus der Benediktiner-Regel enthält. Außerdem ist Walbert höchstwahrscheinlich der Verfasser einer Regel für Nonnen, die eine Synthese der Benediktiner-Regel und columbanischen Bräuchen zu sein scheint. Unbekannt ist, ob diese Lebensweise strikt eingehalten wurde oder ob ihre Befolgung nicht von den Zeitumständen und den jeweiligen Äbtissinnen abhing. Es läßt sich auf jeden Fall feststellen, daß diese Regeln nicht als einzige befolgt wurden, da wir wissen, daß sowohl in Laon wie auch in Remiremont die aus Saint-Maurice d'Agaune eingeführte »*laus perennis*« praktiziert wurde.

Was hingegen die Abteien Nivelles und Andenne betrifft, zwei Gründungen der Pippiniden, sind die Dinge nicht so klar. Man könnte versucht sein, aus diesen Abteien columbanische Klöster zu machen in dem Maße, wie sich dort direkt oder indirekt der Einfluß des hl. Amandus, eines Missionars und späteren Bischofs von Utrecht, auswirkte. Einer der Schüler dieses Missionars war Jonas von Bobbio, der künftige Abt von Marchiennes und Verfasser der Vita des hl. Columban und dessen Schüler. Aber es ist zu bemerken, daß in der *vita Geretrudis* und in den Texten, die daran anschließen, keinerlei Hinweis auf den hl. Columban und die columbanischen Gebräuche zu finden ist. Alain Dierkens hat betont, daß Iren in der Tat in Nivelles aufgenommen wurden, aber daß diese keinerlei Verbindung zu Bobbio und Luxeuil hatten. Die spezifisch irischen Kulte, die in Nivelles eingeführt wurden, vor allem der des hl. Patrick, sind in den Klöstern, die nach dem Vorbild von Luxeuil gegründet worden waren, unbekannt. Aufgrund dessen, was man von der Persönlichkeit des hl. Amandus dank der *vita Geretrudis* weiß, kann man nur mit hoher Wahrscheinlichkeit von einer mehr oder weniger strikten Anwendung der Benediktiner-Regel ausgehen.

Die Doppelklöster

Es bleibt das Problem der Doppelklöster. Dieses sollte auf der Grundlage einer sorgfältigen Neuinterpretation der Quellen untersucht werden. In Austrasien sollen die Klöster von Nivelles, Laon und Remiremont Doppelklöster gewesen sein. Man hat oft die Entstehung von Doppelklöstern mit dem columbanischen Einfluß in Verbindung gebracht. Ganz abgesehen davon, daß Columban selbst nie an der Gründung solcher Klöster beteiligt war, ist es erlaubt, sich Gedanken über die Begründung dieser Theorie zu machen: Gibt es einen gut belegten Fall, in dem die Männer- und die Frauengemeinschaft zu ein und derselben Zeit gegründet worden sind?

In Nivelles gab es eine Frauengemeinschaft einige Jahre vor der Gründung des Männerkonvents: erst mit der Ankunft der beiden Iren Feuillan und Ultan entsteht, so scheint es, das Doppelkloster. In Laon ist der Männerkonvent auf eine Gruppe Mönche reduziert, die nötig ist, um die Beziehungen zur Außenwelt aufrechtzuerhalten und um das Zelebrieren der Messe zu sichern.

Besser bekannt sind die Verhältnisse in Remiremont: Die Vita des hl. Columban und seiner Schüler berichtet, daß Eustasius den Amatus nach Remiremont sandte, um die Nonnen zur Einhaltung der Regel des hl. Benedikts zu bewegen. Dies war der Beginn eines Männerkonvents, der aber anscheinend nach dem dritten Abt, Adelphus, sich wieder auflöste. In den meisten Fällen scheint die Existenz von Doppelklöstern eher seelsorgerischen Notwendigkeiten denn einem von Anfang an klar definierten Gründungswillen entsprungen zu sein. Dies trifft besonders für die Gründungen auf dem Land zu. Allerdings müßte das Phänomen in einem weiteren Rahmen untersucht werden.

Die Äbtissinnen

Die Persönlichkeit der Äbtissinnen war ohne Zweifel entscheidend für die Wahl einer zu befolgenden Regel oder die tatsächliche Befolgung dieser Regel. Es war jedoch der Gründer oder die Gründerin, welche die erste Äbtissin wählten. Bei den bekanntesten Gründerinnen handelt es sich oft um Frauen in reiferem Alter – um Witwen oder um Frauen, die sich von ihren Männern getrennt hatten, wie etwa Itta in Nivelles, Begga in Andenne, Adela in Pfalzel und Salaberga in Laon. Die erste Äbtissin wurde sehr oft aus der Familie der Gründer gewählt, oder es handelt sich um die Gründerin selber. In Nivelles beauftragte Itta ihre eigene Tochter Gertrud mit der Ausübung dieses Amtes; Salaberga von Laon war selbst Äbtissin des von ihr gegründeten Klosters. Mädchen erscheinen als Gründerinnen von Klöstern erst in den *vitae* des 9. Jahrhundert, so etwa Glodesinde und Waldrade von Metz, Harlinde und Relinde von Aldeneick und Odilia von Hohenburg. Doch in diesen Fällen war die Gründung eigentlich das Werk des Vaters der ersten Äbtissin, der unter Zwang handelte. In diesem Bereich ist es schwierig, Topos und Wirklichkeit voneinander zu scheiden. In einigen seltenen Fällen scheint die erste Äbtissin nur aufgrund ihrer Fähigkeiten gewählt worden zu sein, so etwa Macteflede, die Äbtissin der Frauengemeinschaft von Remiremont, die anscheinend weder mit dem Gründer Romarich noch mit Amatus verwandt war. Aber in der Regel waren die ersten Klöstern sehr eng mit den Familien ihrer Gründer verbunden. So ist es nicht verwunderlich, daß Wulfetrude auf ihre Tante Gertrud folgte, Anstrude auf ihre Mutter Salaberga, Eugenia auf ihre Tante Odilia. Die einzige Erwähnung einer Wahl der Äbtissin durch die Nonnen in merowingischer Zeit findet sich im »*de virtutibus sanctae Geretrudis*«: »*Tunc cuncta familia unanimiter omnes unam puellam ex nobile genere ortam sibi elegerunt abbatissam cui nomen erat Agnes, qui et ipsa similiter nutrita fuerat a beata Geretrude*«. Auch der Hagiograph betont die persönlichen Beziehung zwischen der neuen Äbtissin und der hl. Gertrud.

Die Nonnen

Die Nonnen, die in diesen Klöstern lebten, sind uns völlig unbekannt. Mädchen, aber auch Witwen, die zur Familie der Gründer gehörten, fanden dort ohne Zweifel Asyl. Höchstwahrscheinlich erlaubte auch die vorübergehende oder endgültige Aufnahme von Mädchen anderer aristokratischer Familien – ebenso wie Eheschließungen – die Bande der Klientelen enger zu schließen.

Über die Modalitäten der Aufnahme in die Klöster, über die Verschleierung und die Gelübde sind wir überhaupt nicht orientiert. Die *vita Geretrudis* berichtet, daß Itta, die Mutter Gertruds, um die Weihung der Tochter an Gott zu betonen, Gertrud mit eigener Hand eine Tonsur schor. Wie Gisela Muschiol hervorgehoben hat, wird diese Geste in keiner weiteren Quelle des Frühmittelalters für eine Frau überliefert. Gertrud erhielt ebenfalls den Schleier, aber wir wissen nicht, aus wessen Händen.

Einige verstreute Bemerkungen in den *vitae* erlauben es, sich eine konkretere Vorstellung vom täglichen Leben der Nonnen zu machen. Das Gebet nahm ohne Zweifel einen großen Platz ein, aber es ist nicht sicher, wie sich der liturgische Tagesablauf gestaltete und welches der Inhalt der Liturgie war. Wenn man der *vita* der hl. Gertrud Glauben schenken will, fand die Lektüre nicht in Gemeinschaft, sondern einzeln statt. Gertrud soll sich Bücher aus Rom haben kommen lassen. Es könnte sich dabei aber auch um liturgische Werke gehandelt haben. Um die außergewöhnliche Strenge der Lebensführung der heiligen Frauen hervorzuheben, sprechen die *vitae* von Fastenperioden und nächtlichen Gebeten. Handwerkliche Arbeit wird kaum erwähnt. In der *vita Salabergis* finden einige Wunder in der Küche oder beim Wäschewaschen statt!

Die Klausur scheint nicht absolut gewesen zu sein: gewiß, die Heiligenviten lassen die heiligen Frauen nie außerhalb ihres Klosters in Erscheinung treten, man stellt allerdings fest, daß sie dort jedoch ihnen nahestehende Personen empfingen. Im Jahre 656 wurden Grimoald und Bischof Dido von Poitiers in Nivelles empfangen, und der junge Enkel Adelas, Gregor, in Pfalzel. Auch konnten Mädchen, aber auch junge Verwandte im Kloster aufgezogen werden, wie etwa die Kinder von Salaberga in Laon.

Der Kult der heiligen Äbtissinnen

Die Klausur behinderte demnach nicht den Kontakt zur Außenwelt: diese Kontakte wurden in dem Maße häufiger, als sich der Kult der heiligen Äbtissinnen entwickelte. Für Austrasien kennen wir in der Merowingerzeit nur den der hl. Gertrud recht genau. Der Kult der hl. Gertrud begann sich unmittelbar nach ihrem Tod zu entwickeln. Die Nonnen bewahrten sorgfältig das Bett der Heiligen auf und stellten es in der Paulskirche aus, während Gertrud in der Peterskirche ihre letzte Ruhestätte fand. Diese Kirche erhielt bald den Namen der Heiligen und wurde schon am Ende des 7. Jahrhunderts vergrößert und umgebaut. Für die Gründung von Andenne erhielt Begga, die Schwester Gertruds, von der Äbtissin Agnes nicht nur Nonnen für ihr Kloster, sondern auch Reliquien der hl. Gertrud: ein Stück ihres Bettes und Bücher der Heiligen. Die sehr früh abgefaßten *vitae* der hl. Salaberga und der hl. Anstrude von Laon und die in Metz aufbewahrten *memoria* weisen ebenfalls auf einen Kult seit dem 7. oder 8. Jahrhundert hin, in jedem Fall bezeugen sie den Willen, einen solchen weiterzuverbreiten. Der familiäre Charakter der Gründungen, in denen sich ohne Zweifel Mädchen, die entweder mit der Gründerfamilie verwandt oder verbunden waren, trafen, hat zweifellos die Überlieferung gefördert, auch wenn wir nicht alle Stationen dieses Vorgangs fassen können.

Mit dem Aufstieg der Pippiniden zur Königswürde wurden viele dieser Klöster zu königlichen Abteien – sei es, daß sie von der Karolingerfamilie gegründet worden waren, sei es, daß Pippin III. sie unter seinen Schutz genommen hatte. Das war bei Saint-Jean von Laon und Saint-Pierre von Reims der Fall. Damit beginnt aber eine andere Etappe der Geschichte dieser Frauenklöster: Nun folgten Äbtissinnen aufeinander, die zur Familie der Karolinger gehörten, während das Klosterleben begann, sich zu vereinheitlichen, zunächst unter der Benediktiner-Regel, seit 816 unter der Regel der Kanonikerinnen.

Literatur: Dierkens 1986b; 1989. – Gaillard 1990; 1993. – Gauthier 1980. – Muschiol 1988. – Prinz 1965. – Staab 1994a. – Werner, M. 1982b.

Willibrord und Bonifatius – Die angelsächsischen Missionen und das fränkische Königreich in der ersten Hälfte des 8. Jahrhunderts

In der Religionsgeschichte des Frühmittelalters haben die angelsächsischen Missionen der ersten Hälfte des 8. Jahrhunderts, die sozusagen durch Willibrord und Bonifatius repräsentiert werden, eine wesentliche Rolle gespielt. Da beide mit der politischen fränkischen Expansion über die Grenzen des Römischen Reiches hinaus persönlich verbunden waren, haben sie die Christianisierung des karolingischen, später ottonischen Germanien nachhaltig geprägt. Sie reihen sich jedoch zugleich in eine lange Tradition von Beziehungen zwischen Gallien und England ein.

Alain Dierkens

Die Beziehungen zwischen den Britischen Inseln und dem Kontinent sind durch den Rückzug der römischen Truppen und durch die daraus für Britannien seit dem Beginn des 5. Jahrhunderts hervorgegangene Quasi-Unabhängigkeit nicht unterbrochen worden. Außerdem hat in der zweiten Hälfte des 5. Jahrhunderts die fortschreitende Ansiedlung von germanischen Völkern – vor allem von Angeln und Sachsen – in Britannien an der Themsemündung, den südlichen Küsten sowie der breiten Humber-Mündung etc. die Verbindungen beiderseits des Kanals und der Nordsee verstärkt, insbesondere die politischen und wirtschaftlichen. Was das gewöhnlich als »sächsisch« angesehene archäologische Fundmaterial betrifft, hat man häufig die Ähnlichkeiten zwischen bestimmten in der Normandie (Bessin) oder im Dép. Pas-de-Calais gefundenen Objekten und den aus England bekannten hervorgehoben. In gleicher Weise liefern die Nekropolen von Kent oft Stücke, die denjenigen, die man aus den merowingischen Friedhöfen Nordgalliens kennt, gleichen. In verschiedenen grundlegenden Untersuchungen hat Ian Wood die merowingische Präsenz in den Einrichtungen und im politischen Leben der angelsächsischen Königreiche im 6. und 7. Jahrhundert erforscht. Er hat damit gezeigt, daß bestimmte merowingische Herrscher oder hohe Beamte des *regnum Francorum* eine Seepolitik im Nordseeraum verfolgt haben und daß sie jenseits des Kanals persönlich aktiv geworden sind.

Diese engen Verbindungen zwischen Franken und Angelsachsen sind auch in religiöser Hinsicht offenbar geworden. Eine entscheidende Rolle spielte die merowingische Königsfamilie bei der Christianisierung Englands. Diese war von Papst Gregor dem Großen ganz am Ende des 6. Jahrhunderts beschlossen und insbesondere durch die Mission des Augustinus in Canterbury und Kent im einzelnen ausgeführt worden. Zahlreiche Prinzessinnen und Töchter aus reichen angelsächsischen Familien, vor allem Ostangliens, haben in den Klöstern Nordgalliens, – wie Chelles, Faremoutiers, Jouarre, Les Andelys – eine religiöse Erziehung erhalten und manchmal hohe Ämter in diesen Abteien innegehabt. Fränkische Kirchenmänner haben einen wichtigen Teil ihrer Tätigkeit auf den Britischen Inseln geleistet. Das beste Beispiel ist sicherlich Agilbert, der Bischof von Wessex wurde, bevor er Bischof von Paris war, und der bei der berühmten Synode von Whitby (664) eine entscheidende Rolle spielte. In eben diesen Kontext des ständigen Austauschs muß die angelsächsische Mission auf dem Kontinent gebracht werden, deren Grundsätze in der Biographie Wilfrids dargelegt sind.

Aber man muß, bevor man das Werk von Wilfrid, Willibrord und Bonifatius untersucht, den irischen Einfluß auf das angelsächsische Christentum betonen. Weil Irland niemals von den Römern erobert worden war und daher über keine Infrastruktur »nach römischer Art« verfügte, konnte das Christentum während seiner Entwicklung dort nicht von deren Verwaltungseinrichtungen profitieren. Insbesondere hat das Fehlen einer Gebietseinteilung, die der kirchlichen Macht als Stütze dienen konnte, die Rolle der Klöster als Brennpunkte der Christianisierung und diejenige der Äbte und Mönche als Hauptträger der Verbreitung des Christentums verstärkt. Die Bischofswürde ist Äbten, sogar Mönchen verliehen worden – *abbas-episcopus*, *monachus-episcopus* –, die es gewohnt waren, ihre Funktionen, hauptsächlich die Weihe von Gotteshäusern und die Ordination von Priestern, dort auszuüben, wo es notwendig war, ohne Rücksicht auf den nicht vorhandenen Bischof der Diözese – *ordinarius loci*. Verbunden mit der Funktion des Missionsbischofs, *episcopus ad praedicandum,* schien diese dehnbare Konzeption offenkundig für die Christianisierung der jenseits des römischen *Limes* gelegenen Gebiete in Friesland, Sachsen, Hessen etc. sinnvoll zu sein. Außerdem ist die irische Geistlichkeit durch strenge, oft rigorose monastische Formung gekennzeichnet gewesen, von der zahlreiche Bußbücher ein beredtes Bild entwerfen. So entwickelte sich eine Art des Asketentums, die zum Martyrium führt, nicht nur zum blutigen Marty-

rium derjenigen, die für ihren Glauben starben, zum »weißen« Martyrium, das durch tägliche Kasteiung erreicht wurde, oder zum »blauen« Martyrium der Tränen und der Buße, sondern insbesondere auch zum Exil ohne Rückkehr, ein endgültiges Aufgeben der Reichtümer der Erde und deren Erträge zugunsten einer Wanderschaft – *peregrinatio* – für Gott. Man kennt somit zahlreiche irische Pilgrime – *peregrini*, die das freiwillige Exil in England und auf dem Kontinent wählen. Später, im 8. Jahrhundert, wurde dieses Beispiel oft von angelsächsischen Mönchen in Gallien und Germanien auf der Suche nach einer geistigen Verwirklichung nachgeahmt. Der bekannteste dieser irischen Pilgrime ist sicherlich der hl. Columban im späten 6. und frühen 7. Jahrhundert. Seine Persönlichkeit beeindruckte tief und gab oft den entscheidenden Anstoß zur Gründung von Klöstern. Noch heute zögern einige Historiker, verleitet von einer mit Vorurteilen behafteten Geschichtsschreibung, nicht, aus ihm den Erneuerer des merowingischen religiösen Lebens zu machen und das »columbanische« (oder irisch-fränkische) Mönchtum als Träger eines außergewöhnlichen geistigen Atems anzusehen, der eine sterbende Religiosität wiederbelebt hätte. Doch auch wenn meiner Ansicht nach die Überbewertung von Columban die nicht-columbanischen irischen Strömungen zu oft vergessen läßt und dazu führt, daß allgemein insulare Züge speziell den Iren zugeschrieben werden, kann man die angelsächsische Mission auf dem Kontinent im 8. Jahrhundert nicht verstehen, ohne die irischen Modelle zu berücksichtigen.

Abb. 355 *Bonifatius tauft einen Friesen; Bonifatius wird von den Friesen getötet. Sakramentar aus Fulda, um 1000; Pergament, 22,4 cm × 16,5 cm. – Staatsbibliothek Bamberg, Msc. Lit. 1, fol. 126v; Foto Staatsbibliothek Bamberg.*

Wilfrid, Bischof von York (um 634–709/710)

Wilfrid, der Sohn eines Mächtigen – *potens* – von Northumbrien, wurde im Kloster von Lindisfarne erzogen, das gerade (635) von irischen, aus Iona stammenden Mönchen gegründet worden war. Auf dem Weg zu einer ersten Pilgerreise nach Rom verbrachte er ein Jahr in Canterbury, bevor er 653 England mit Bischof Baducing, dem zukünftigen Bischof Benedikt (Benedict Biscop), verließ. Auf der Hinwie auf der Rückreise legte er einen langen Aufenthalt in Lyon bei Bischof Aunemuond ein, der ihm die Tonsur erteilte. Diese Reise nach Rom machte aus Wilfrid einen leidenschaftlichen Verteidiger der römischen liturgischen Gebräuche in bezug auf Taufritual, Osterdatum, Form der Tonsur etc. So verteidigte Wilfrid auf dem Konzil von Whitby (664), wo sich die Verfechter der römischen Kirche und diejenigen der keltischen Kirche gegenüberstanden, den Standpunkt Roms und machte sich insbesondere zum Sprecher von Bischof Agilbert. Vermutlich führte gerade auch unter römischem Einfluß der zum Abt von Ripon erhobene Wilfrid dort die Anwendung der Ordensregel des hl. Benedikt ein. Als Wilfrid zum Bischof von York gewählt wurde, wandte er sich nach Gallien, um sich dort weihen zu lassen. Die Weihe wurde ihm in der königlichen Residenz von Compiègne durch Agilbert erteilt. Die ersten Jahre seines Bischofsamts lassen enge Beziehungen zwischen Northumbrien und Gallien erkennen. 678 weigerte sich Wilfrid, in die Teilung seiner Diözese von Northumbrien einzuwilligen. Er wurde daher vom Erzbischof von Canterbury abgesetzt und

Abb. 356 *Der hl. Willibrord. Codex mit seiner Vita von 1105, Landesbibliothek Gotha. – Nach Spang 1983, 20.*

entschied sich, nach Rom zu gehen, um dort für seine Sache zu kämpfen. Statt den direkten Weg über Quentovic zu nehmen, zog er es vor, durch Friesland zu reisen auf einer von Händlern stark benutzten Straße. Vom Friesenkönig freundlich aufgenommen, predigte er dort mit Erfolg. Dieses Beispiel beeinflußte später einige Angelsachsen, vermutlich vermittelt durch das irische Kloster von Rathmelsigi. Es gibt daher ein nicht ausgeführtes Vorhaben des Egbert, die zweijährige Mission des Wictbert, die Mission des Willibrord (690). Wilfrid machte später während einer neuen Reise nach Rom 703 halt in Utrecht und wurde dort von seinem früheren Schüler Willibrord, der Bischof der Friesen geworden war, empfangen.

Die weitere kirchliche Karriere Wilfrids ist für unser Thema unwichtig. Er starb 709 oder 710, nachdem er seine Nachfolge in den Klöstern von Ripon und Hexham geregelt hatte. Die Jahre 678–709/710 waren von Auseinandersetzungen mit den Herrschern, dem Erzbischof von Canterbury, verschiedenen Äbten und Bischöfen bestimmt. Es ging dabei vor allem um die kirchliche Organisation der angelsächsischen Königreiche.

Aus dieser verkürzten Biographie wird man vor allem einige Dinge im Gedächtnis behalten, welche die Missionen des Willibrord und des Bonifatius ankündigen: die engen Bande mit dem Papst und die wiederholten Reisen nach Rom, die ständigen Beziehungen, welche die Bischöfe des merowingischen Gallien und die Geistlichkeit – Äbte, Mönche, Bischöfe – der angelsächsischen Königreiche verbanden, der Kampf zugunsten römischer Gebräuche und der benediktinischen Ordensregel sowie schließlich die Predigt in Friesland.

Willibrord, Erzbischof der Friesen, Abt von Echternach (658–739)

Der in Northumbrien geborene Willibrord wurde von seinen Eltern als Laienbruder ins Kloster von Ripon gegeben, wo ihn der seit kurzem aus Rom zurückgekehrte Abt Wilfrid in die benediktinische Ordensregel einführte. Willibrord entschied sich 678, zu dem Zeitpunkt, als Wilfrid seines Bischofsamtes enthoben wurde, sein Klosterleben in der irischen Abtei von Rathmelgisi (Clonmesh, Grafschaft Carlow) fortzusetzen; deren Abt Egbert und eine große Zahl von Mönchen waren angelsächsischer Herkunft. Außerdem stimmten ihre Ziele mit denen Roms überein. Er blieb zwölf Jahre in diesem Kloster, wo er auch die Priesterweihe erhielt. Angeregt zugleich vom Gedanken der Pilgerschaft – *peregrinatio* – und vom Beispiel einiger Angelsachsen wie Wilfrid, außerdem von Egbert in hohem Maße bestärkt, reiste er 690 mit zwölf Begleitern nach Friesland und stellte sich unverzüglich unter den Schutz des austrasischen Hausmeiers Pippin II. Tatsächlich hatte in ebenjenen Jahren die fränkische Expansion nach Norden begonnen; sie ging von Maastricht und dem Tal der Maas stromabwärts voran. Das *regnum Francorum* wurde damals gerade bis zur alten Rheingrenze, zum Nachteil des friesischen Königs Radbod, vergrößert. Pippin II. empfing den Pilgrim *peregrinus* freundlich und verpflichtete ihn dazu, die missionarischen Bemühungen im jenseitigen Friesland – *Frisia citerior* – zu unterstützen.

Willibrord begab sich damals, im Sommer 691, zum ersten Mal nach Rom, um dort den Segen des Papstes zu erbitten und Reliquien zu erwerben, die heute in einem prächtigen Reliquiar des mittleren 11. Jahrhunderts in Emmerich am Rhein aufbewahrt werden. Während dieser Reise – und sehr wahrscheinlich ohne Wissen Willibrords – war einer seiner Begleiter, Suidbert, zum Bischof gewählt und von Wilfrid von York geweiht worden, aber er scheint sein Bischofsamt nicht ausgeübt zu haben. Auf Bitten seiner Frau Plektrud trat Pippin ihm die Rheininsel Kaiserswerth ab, wo er eine Abtei gründete.

Neue fränkische Siege über die Friesen bewogen Willibrord dazu, sich 695 erneut nach Rom zu begeben. Am 21. November 695 weihte ihn Papst Sergius I. zum Bischof, überreichte ihm das *Pallium* und gab ihm den Namen Clemens. Bei seiner Rückkehr nach Friesland ließ er sich, wieder einmal mit Büchern und Reliquien ausgerüstet, im alten Römerkastell von Utrecht nieder, wo er eine Kirche St. Martin instand setzen ließ, die während eines kurzlebigen Sieges unter Dagobert errichtet worden war. Außerdem erbaute er verschiedene Kirchen, deren Identität und genaues Aussehen man derzeit ausgiebig diskutiert. Es handelt sich mindestens um einen Bischofssitz und ein Kloster. Man wird die endgültige Publikation der Grabungen abwarten müssen, die um den mittelalterlichen Bischofshof herum durchgeführt worden sind, um genauere Aufschlüsse zu erhalten. Im übrigen müssen anscheinend die Ratschläge, die in einem vom hl. Bonifatius an Papst Sergius II. gegen 753 geschriebenen Brief enthalten sind – ein Brief, der zahlreichen Historikern dazu diente, die Tätigkeit Willibrords in Utrecht nachzuweisen –, mit äußerster Vorsicht aufgenommen werden.

Das von Willibrord ausgeübte Bischofsamt zeigt eine etwas eigentümliche Handschrift: Willibrord wurde in der Tat mit einer Aufgabe betraut, die kein klar festgelegtes Gebiet umriß, sondern statt dessen ein Volk, nämlich die Friesen, betraf. Diese Definition ist logisch, wenn man sich den politischen Kontext dieser Mission in Erinnerung ruft. Zu einem Zeitpunkt, als Kirche und Staat nicht deutlich unterschieden sind – die Kirche ist eine

Staatsanstalt –, laufen Christianisierung und politische Eroberung parallel. Eine wirkungsvolle religiöse Autorität ist daher notwendig, die der Ausweitung der fränkischen Macht folgen kann. Mit anderen Worten, man braucht ein Bistum, das ein ständiges Zentrum, aber dehnbare Grenzen besitzt. Zudem gibt das Willibrord verliehene *Pallium* ihm *ipso facto* eine Autorität erzbischöflicher Natur und erlaubt ihm, gegebenenfalls neue Bistümer in einem Gebiet ohne religiöse Infrastruktur zu schaffen. Dieser unklare Status – Stéphane Lebecq spricht völlig zu Recht von einem »möglichen Erzbistum der Friesen, dessen erster Baustein das Bistum von Utrecht war« – brachte nach dem Tod Willibrords viele Probleme, als der Erzbischof von Köln die Angliederung der Diözese von Utrecht an seine Kirchenprovinz forderte – und schließlich auch erreichte.

Willibrord arbeitete mit Pippin II. in völliger Übereinstimmung und genoß von seiten des Hausmeiers – ebenso wie von dessen Familie und deren Anhängern – zahlreiche Schenkungen, oft persönlicher Art und nicht so sehr in seiner Eigenschaft als Bischof von Utrecht. Unter den aufsehenerregendsten und bedeutendsten Schenkungen muß man die gewaltige Domäne von Echternach an der Sauer erwähnen. Diese Erwerbung erfolgte in zwei Etappen: 698 von seiten der Irmina, Äbtissin von Oeren und vielleicht Mutter der Plektrud, und 706 von seiten Pippins II. und Plektruds. Die Peter und Paul geweihte Abtei war in einer ersten Phase (697–698) von Willibrord als ein »Eigenkloster« konzipiert und im wesentlichen dazu bestimmt worden, die Pilgrime von den Inseln aufzunehmen. Sie wurde dann (704–706) unter die Autorität und den Schutz Pippins II. gestellt und somit ein pippinidisches »Eigenkloster«. Gerade nach Echternach, dessen Abt Willibrord wurde und das er als sein »Hauskloster« betrachtete, kehrten später seine Güter zurück, mit denen er beschenkt worden war. Echternach wurde zudem seit der ersten Hälfte des 8. Jahrhunderts ein kulturelles Zentrum und eine Schreibschule – *scriptorium* – allerersten Ranges. In Echternach starb Willibrord 739, er wurde dort begraben und genoß einen Kult, der sich seit dem 8. Jahrhundert stark ausbreitete. Unter den anderen größeren Schenkungen Pippins II. und Plektruds an Willibrord muß man die Abtei von Susteren an der Mosel erwähnen, die in idealer Entfernung zwischen Echternach und Utrecht lag (714).

Der Tod Pippins II. (714) rief die Reaktion der Friesen auf den Plan: Utrecht wurde zurückerobert und unter die Herrschaft des friesischen Königs Radbod gestellt. Ein wichtiger Teil des Werkes von Willibrord hätte vernichtet werden können, wenn die Franken unter der Führung des neuen Hausmeiers Karl Martell nicht in den Jahren 719–723 reagiert hätten. Willibrord brachte ihm absolute Loyalität entgegen. Die Wiederherstellung des Bischofssitzes, verbunden mit der Einräumung von Rechten und Einkünften, erlaubte es, die während einiger Jahre unterbrochene Arbeit der Mission und Christianisierung wiederaufzunehmen. Willibrord selbst verbrachte mehr und mehr Zeit in Echternach und gab einen Teil seiner Funktionen an Schüler oder Begleiter ab, die für die Bischofswürde herangezogen wurden. Von diesen bevorzugte jedoch Bonifatius – der zusammen mit Willibrord während der entscheidenden Periode von 719–722 tätig war – Hessen und Thüringen gegenüber Friesland, als er sich seinem missionarischen Werk widmete.

Bonifatius, Erzbischof von Mainz (672/675–754)

Winfrid – der zukünftige Bonifatius – wurde gegen 672/675 in Wessex, vielleicht in Crediton, in eine angelsächsische Adelsfamilie geboren und erhielt eine Erziehung im Kloster von Nursling; dort und auf der bischöflichen Schule von Exeter erwarb er eine ausgezeichnete Kenntnis der klassischen Literatur und der freien Künste, vor allem unter dem Einfluß des Aldhelm von Malmesbury. Aber er verteidigte immer mit Nachdruck den Gedanken, daß diese Art von Wissen keinem anderen Interesse diene als dem Verständnis der Bibel und einem tieferen religiösen Leben. Er war über 40 Jahre alt, als er sich entschied, Erfahrungen in missionarischer Tätigkeit zu sammeln. Er landete in Dorestad, das damals in völligem Aufruhr war, denn die Friesen unter Radbod hatten einen Teil des Gebietes zurückerobert, in dem Willibrord seine Bischofstätigkeit entfaltet hatte, und Willibrord selbst hatte sich nach Echternach zurückgezogen. Bonifatius kehrte damals nach Nursling zurück, wo er sich um Unterstützung an Bischof Daniel von Winchester wandte, da er das ihm angetragene Bischofsamt ablehnen wollte. Er reiste 718 wieder ab, begab sich aber diesmal über Quentovic nach Rom, wo er ein Jahr lang blieb. Papst Gregor II. beauftragte ihn offiziell mit einer Mission nach Germanien (Mai 719) und sah es als notwendig an, daß sich in Gallien und Germanien die römische Liturgie durchsetze. Wahrscheinlich hat Winfrid eben damals den Namen Bonifatius angenommen.

Nachdem er während der fränkischen Wiedereroberung (719–721) kurze Zeit an der Seite Willibrords in Friesland verbracht hatte, wandte er sich nach Hessen und Thüringen, mit der Abtei Amöneburg als erstem Stützpunkt. Er begab sich sodann ein zweites Mal nach Rom, wo Gregor II. ihn zum Bischof ernannte, ohne ihm einen bestimmten Sitz zuzuweisen (722). Dies bedeutet, daß Bonifatius unter den direkten Schutz des Hausmeiers Karl Martell gestellt wurde, des Verantwortlichen für die Ausbreitung des Reiches – *dilatatio regni* – in den Gebieten, wo Bonifatius sein Amt ausüben würde. Die Mission des Bonifatius ist von aufsehenerregenden Taten gekennzeichnet, wie die Fällung eines von den örtlichen heidnischen Völkerschaften verehrten Baumes in der Nähe von Fritzlar. Während dieser ganzen Zeit – wie während seiner gesamten religiösen Laufbahn – bleibt Bonifatius in brieflichem Kontakt mit Rom, wobei er den Papst wegen der geringsten Fragen der Kirchenorganisation, der Moral oder der Disziplin um Rat bat. Diese Korrespondenz enthüllt insbesondere bei Bonifatius einen strengen und unbeugsamen Charakter. Bonifatius schrieb auch regelmäßig an die zu Hause in England gebliebene Geistlichkeit. Einige davon entschieden sich, ihren Meister und Studienkollegen auf dem Kontinent wiederzutreffen und an seinem Werk der Christianisierung teilzunehmen: Lull, der Bonifatius als Erzbischof von Mainz nachfolgte, Willibald, der als Bischof von Eichstätt eine Biographie des Bonifatius verfaßte, Burchard, der als Bischof von Würzburg 751 eine wichtige Rolle in der Vorbereitung des Staatsstreichs von Pippin dem Kurzem spielte, und viele andere, vor allem auch Frauen, deren bekannteste sicherlich Lioba ist, die zukünftige Äbtissin von Tauberbischofsheim. Die Briefe des Bonifatius stellen eine außergewöhnliche Quelle für das dichte Netz der Beziehungen dar, welche die religiösen Kreise auf den Inseln und die missionierenden Angelsachsen auf dem Kontinent verbanden. Sie zeigen insbesondere die Bedeutung des Austausches von Handschriften und Kunstwerken beiderseits des Kanals.

Der neue Papst Gregor III. verleiht 732 Bonifatius das *Pallium*. Gestärkt durch seine neue Würde als Erzbischof, dehnte Bonifatius seine Bemühungen zunehmend auf Bayern aus: mit der Neuorganisation der Bistümer Salzburg, Freising, Regensburg und Passau sowie später (741) mit der Schaffung des Bistums Eichstätt. Während einer dritten Reise nach Rom 737/738 wurde Bonifatius von Gregor III. zum Legaten des Heiligen Stuhls in Germanien ernannt und fand so eine zusätzliche Rechtfertigung für seine Politik der kirchlichen Organisation von neu christianisierten Gebieten. Die Gründung der Bistümer Würzburg, Erfurt und Büraburg reiht sich hier ein.

Es bleibt nur noch festzuhalten, daß die Beziehungen des Bonifatius zur fränkischen Macht und insbesondere zum Hausmeier Karl Martell von zunehmenden Spannungen gekennzeichnet waren. Bonifatius wurde später einer der Hauptverantwortlichen für den schlechten Ruf, der das Ansehen des Hausmeiers postum verdunkelte. Beim Tod Karls 741 wurde das *regnum Francorum* unter seinen beiden Söhnen aufgeteilt, unter der theoretischen Autorität des Königs Childerich III. Das Tätigkeitsfeld von Bonifatius wurde damals Karlmann übertragen, der, wahrscheinlich in Echternach erzogen – über eine echte Frömmigkeit hinaus, die ihn dazu brachte, 747 abzudanken –, eine besondere Empfänglichkeit für Probleme der Mission und der Christianisierung an den Tag legte. Bonifatius konnte damals bemerkenswerte Aktivitäten in bezug auf Konzile entfalten: »germanisches« Konzil 743, Konzil von Estinnes 744, das mit einem in Soissons, in dem Reichsteil – *pars regni* – Pippins des Kurzen abgehaltenen Konzil zusammengelegt wurde, etc. Für seine Tätigkeit in Germanien fand er in Fulda einen neuen Stützpunkt. So verdankte die 744 gegründete Abtei Fulda, zu deren Abt der Bayer Sturm benannt wurde, seine Ausstattung dem Hausmeier Karlmann.

Die Konzile des Bonifatius, die als »reformatorisch« hingestellt wurden und dazu bestimmt waren, ein angeblich verderbtes religiöses Leben »wiederherzustellen«, zeugen von dem völligen Einverständnis zwischen Karlmann und Bonifatius, aber auch – und vor allem – von der Orientierung an Rom, die dem fränkischen Christentum verliehen wurde. Ein Hinweis auf diese auf Rom bezogene Einfärbung findet sich in der Tatsache, daß Bonifatius als Legat des hl. Petrus seine Autorität über die Gesamtheit der fränkischen Bischöfe ausdehnte. Zusätzliche Maßnahmen betrafen die Diözesanordnung, den Status der Gotteshäuser, die Sittlichkeit des Klerus, die Verdammung der heidnischen Sitten – das berühmte Verzeichnis abergläubischer Bräuche (*Indiculus superstitiorum et paganiarum)* wurde in diesem Zusammenhang verfaßt – und die Annahme der benediktinischen Ordensregel als Grundlage des Klosterlebens. Bonifatius wurde 745 der Erzbischofssitz von Köln versprochen, aber – Zeichen einer Veränderung der politischen Haltung ihm gegenüber – er konnte nicht mit diesem Amtssitz betraut werden. Er wird 747 Erzbischof von Mainz.

Der Rückzug Karlmanns aus dem politischen Leben 747 besiegelt den Verlust des Einflusses von Bonifatius. Pippin der Kurze stützt sich auf jüngere Ratgeber, auf Chrodegang von Metz, Fulrad von Saint-Denis, und entwickelt eine Religionspolitik, die derjenigen von Karl Martell nähersteht als derjenigen von Karlmann. Der Rat von Bonifatius war – so scheint es – nicht mehr gefragt bei den Verhandlungen, die dem Staatsstreich von 751 vorausgingen. Und man ist sich nicht sicher, ob es wirklich Bonifatius war, der in Soissons dem neuen Herrscher die Salbung erteilte, die aus Pippin einen gesalbten König machte. Bonifatius zog sich zunehmend lieber nach Fulda zurück, für das er 751 ein päpstliches Extensionsprivileg erhielt. Er verzichtete 753 zugunsten seines Schülers Lull auf sein Amt als Erzbischof von Mainz und entschied sich 754, damals war er achtzig Jahre alt, seine missionarischen

Tätigkeiten wieder aufzunehmen. Seine Wahl fiel auf Nordfriesland, vermutlich in Erinnerung an seine ersten Predigten auf dem Kontinent, aber sehr wahrscheinlich auch weil das einstmals für Willibrord geschaffene Bistum der Friesen damals vom Erzbischof von Köln beansprucht worden war. Bonifatius starb in Dokkum im Juni 754 den Märtyrertod. Seine Leiche, die eine Zeit lang in Mainz zurückgehalten worden war, wurde in Fulda bestattet, wo sein Kult sofort eine sehr große Ausstrahlung erlangte.

Einige allgemeine Überlegungen zum Werk der angelsächsischen Missionare auf dem Kontinent

Unter den ursprünglichen Merkmalen der angelsächsischen Mission des 8. Jahrhunderts muß man offenkundig die auf Rom bezogene Richtung betonen. Aus Gründen, die historisch mit der Christianisierung Englands zusammenhängen, schätzten die angelsächsischen Missionare Rom nicht nur als eine mit den Gräbern von Petrus und Paulus verbundene Pilgerstätte, sondern auch die Rolle des Bischofs von Rom, des Nachfolgers Petri, als unbestrittene Quelle moralischer und geistlicher Autorität. Diese Neigung, sich nach Rom zu wenden, um dort eine Legitimation für jegliche religiöse Tätigkeit zu finden – man denke nur an die Reisen Willibrords 691 und 695 oder an diejenigen von Bonifatius 718, 722 und 737/738 –, ist ein entscheidender Bestandteil der späteren politischen Beziehungen zwischen dem Papsttum und den pippinidischen Hausmeiern, später den karolingischen Königen. Man hat auch die Funktionen des päpstlichen Gesandten für die fränkischen Angelegenheiten bestimmt und eine gewisse Auffassung der Organisation in Erzbistümer und Bistümer von Gebieten deutlich festgelegt, die zunehmend durch die fränkische Macht erobert wurden. Es ist in diesen Zusammenhang noch das Bevorzugen der benediktinischen Ordensregel als monastisches Modell zu stellen. Ihr Erfolg in England geht vermutlich auf die von Papst Gregor dem Großen ganz am Ende des 6. Jahrhunderts entsandte Mission zurück. Die »reformatorischen« Konzile des Bonifatius verkörpern diese römische Auffassung vom religiösen Leben und kündigen die Religionspolitik Karls des Großen und Ludwigs des Frommen an.

Eine anderes Hauptmerkmal der angelsächsischen Missionen betrifft die »organische« Verbindung zwischen Missionen und politischer Macht. Gerade um Willibrord und Bonifatius herum klären sich zum ersten Mal die Richtlinien für ihre Tätigkeit außerhalb der Grenzen des alten römischen Imperiums. Das Christentum als Staatsreligion muß zur selben Zeit in den eroberten Gebieten eingeführt werden wie die Leistungen des Treueeids für die »zivile« Macht. Das Heidentum, mögliches Symbol einer nationalen Opposition gegen die Eroberung, aber auch – und vor allem? – Hinweis auf die Verweigerung der Grundwerte der neuen Herrschaft, mußte rücksichtslos verurteilt werden. Die Taufe war eine wesentliche Geste religiöser, aber auch politischer Natur, da sie die Akzeptanz der Siegermacht – vergleichbar einem Treueeid – besiegelte. Man hat sich gerade in der ersten Hälfte des 8. Jahrhunderts im fränkischen Königreich eine Reihe von grundsätzlichen Fragen für die späteren Missionen, besonders in Sachsen, gestellt. Wie soll man die unumgängliche Schaffung von neuen Bistümern betrachten: als »nationale« Bistümer – Willibrord als Bischof »der Friesen« –, was eine Erweiterung der Grenzen mit einschließt? Als Bistümer der Gebiete, die man organisch der Macht eines Erzbischofs unterstellen und für die man mit der größten Aufmerksamkeit angemessene Grenzen und umsichtige Verantwortliche vorsehen muß? Ist dementsprechend die Tätigkeit von Diözesanbischöfen oder von »außerplanmäßigen« Bischöfen zu bevorzugen, ob es sich nun um Missionsbischöfe – *episcopi ad praedicandum*, um Abtbischöfe oder um Chorbischöfe handelt? Wie soll man die äußere Politik der Christianisierung vereinbaren mit dem monastischen Ideal, das die Mehrzahl der Missionare prägte? Wie sollen Diözesanstrukturen und benediktinisches Kloster – oder das stark vom benediktinischen Modell geprägte Kloster – miteinander vereinbar sein?

Dieses Zusammenwirken zwischen dem, was wir heute zivile Macht und religiöse Macht nennen, die im Kontext einer Kirche als Staatsanstalt natürlich ist, bekommt im Fall der angelsächsischen Missionen eine etwas eigentümliche Klangfarbe: Willibrord und Bonifatius haben ihr Schicksal mit dem merowingischen Königreich im allgemeinen, aber vor allem mit der karolingischen Hausmeierfamilie verbunden. Willibrord betrachtet Karl Martell als seinen weltlichen Herrn – *senior* –, Bonifatius konnte den wichtigsten Teil seines Werkes dank Karlmann verwirklichen.

Literatur: Angenendt 1995. – Bange/Weiler 1990. – Dierkens 1984; 1987; 1989; 1994. – Effros 1997 (im Druck). – Kiesel/Schroeder 1989. – Lebecq 1986. – Levison 1946. – Lohaus 1974. – Netzer 1994. – von Padberg 1995. – Prinz 1998c. – Schieffer, Th. 1972. – Schrimpf 1996. – Schroeder/Trauffler 1994. – van Vlierden 1995. – Wood 1983; 1994b.

Echternach und das Kloster des hl. Willibrord

Jean Krier

Unser Wissen zur Frühgeschichte des Klosters Echternach wird nach wie vor von den schriftlichen Quellen, das heißt von den zahlreichen überlieferten Urkunden gerade aus dem späten 7. und dem 8. Jahrhundert, von den ältesten erhaltenen Echternacher Manuskripten sowie von einigen wenigen literarischen Zeugnissen (Beda, Alkuin) bestimmt. In den letzten Jahrzehnten ist es allerdings der Archäologie gelungen, einen wesentlichen Beitrag zur Kenntnis des zeitlichen, des kulturellen und des religiösen Umfeldes, in dem die Klostergründung des Friesenapostels Willibrord an der Sauer anzusetzten ist, beizusteuern. Ziel des vorliegenden Beitrags soll es sein, aus der Sicht des Archäologen eine aktualisierte Bestandsaufnahme vorzulegen, die auch den Ergebnissen der jüngsten, zum Teil noch unveröffentlichten Ausgrabungen in Echternach Rechnung trägt.

Topographie

Das »Phänomen« Echternach, das bis auf den heutigen Tag eine unbeschreibliche Faszination auf jeden ausübt, der das rund 30 km nordöstlich der Stadt Luxemburg und 16 km nordwestlich von Trier, an der Sauer, einem Nebenfluß der Mosel, gelegene Städtchen besucht, ist nur durch die besondere topographische Situation des Ortes zu erklären (Abb. 357). Die Ansiedlung liegt in einem bereits in urgeschichtlicher Zeit verlandeten alten Mäander des aus den Ardennen kommenden Flusses. Das tief in die geologischen Schichten des Luxemburger Sandsteins und des Keupers eingegrabene und bis zu 1 km breite Seitentälchen wird nach Norden, nach Westen und nach Süden von 150 bis 200 m höher gelegenen, bewaldeten Plateaus eingeschlossen, die für ein außerordentlich mildes und angenehmes Mikroklima in dem Talkessel verantwortlich sind. Nur nach Osten öffnet sich das Tal etwas zum Mündungsbecken der Prüm im 4 km entfernten Minden hin. Neben den besonderen klimatischen Verhältnissen zeichnet sich die Echternacher Talweite noch durch ihren Wasserreichtum (mehrere Bäche, ergiebige Quellen) und ihre fruchtbaren Böden aus. Hervorgehoben werden muß dann aber auch die Tatsache, daß der Raum Echternach in der Großregion zwischen Ardennen und Moseltal von der Topographie her die einzige Möglichkeit eines relativ leichten Flußübergangs für eine überregionale Verkehrsverbindung in Ost-West-Richtung bietet.

Die römische Vergangenheit Echternachs

Vor dem eben skizzierten Hintergrund kann es nicht verwundern, daß die Spuren der menschlichen Präsenz in der Echternacher Talweite bis weit in die vorgeschichtliche Zeit zurückreichen. Archäologische Funde bezeugen für den Echternacher Raum eine nahezu ununterbrochene Siedlungskontinuität vom Neolithikum bis in die Spätlatènezeit. Seine eigentliche historische Berufung sollte das idyllische Tal allerdings erst im Kontext der römischen Erschließung des Treverergebietes im 1. Jahrhundert erlangen. Dabei profitierte Echternach vor allem von seiner verkehrsgeographisch überaus günstigen Lage am Schnittpunkt zweier römischer Straßen, einer Südwest-Nordost-Trasse, welche die Fernstraßen Metz–Trier und Reims–Trier mit dem Vicus Bitburg und der Straße von Trier nach Köln verband, sowie einer Südost-Nordwest-Achse, die von Trier in die Ardennen führte und von dort sicher an die Maas und nach Tongres weiterreichte. Zeitgleich mit der Errichtung dieser Straßen dürfte auch der Bau einer ersten Sauerbrücke in Echternach sein. Außerdem ist davon auszugehen, daß zumindest der Unterlauf der Sauer etwa vom Zufluß der Our bei Wallendorf bis zur Einmündung in die Mosel bei Wasserbillig frühzeitig schiffbar gemacht wurde.

Im dritten Viertel des 1. Jahrhunderts wurde am westlichen Ende der versandeten ehemaligen Sauerschleife, in der Flur »Schwarzacht«, eine der größten und reichsten römischen Villen des Trierer Landes errichtet. Die rund 10 ha große Anlage (Abb. 358), die neben dem palastartigen Hauptgebäude von 124 m × 72 m einen Wirtschaftshof mit mindestens zehn Nebengebäuden umfaßte, war ohne Zweifel der Mittelpunkt einer bedeutenden Domäne, deren Ausdehnung allerdings nicht mehr zu ermitteln ist. Als Besitzer muß eine der führenden Familien des Treverergebietes angenommen werden, ohne daß wir diesselbe aber namhaft machen könnten. Nach Auskunft des Fundmaterials aus dem Bereich des Herrenhauses, für das fünf klar zu unterscheidende Bauphasen und mehrere Zerstörungen nachgewiesen wurden, war das Gebäude bis an die Wende vom 4. zum 5. Jahrhundert bewohnt.

Auf einem 10–12 m hohen natürlichen Hügel, der sich kegelförmig in rund 200 m Entfernung vom Ufer der Sauer erhebt und der erstaunlicherweise genau in der Verlängerung der Mittelachse der Prunk-

Abb. 357 *Luftbild von Echternach mit dem Abteibering und der alten Pfarrkirche St. Peter und Paul. – Nationalmuseum für Kunst und Geschichte, Luxemburg.*

villa in der »Schwarzacht« liegt, wurde in den unruhigen Zeiten der zweiten Hälfte des 3. Jahrhunderts, zum Teil aus Spolien verschiedener römischer Denkmäler, eine ringförmige Befestigung von rund 53 m Durchmesser errichtet, die den Bewohnern aus der Nachbarschaft in Gefahrenzeiten als Refugium dienen konnte. In der zweiten Hälfte des 4. Jahrhunderts, das heißt in valentinianischer Zeit, wurde diese Anlage durch eine neue Rundbefestigung von 49 m Durchmesser mit vier quadratischen Innentürmen, darunter dem Torturm, vier Schlupfpforten sowie einem rechteckigen Innengebäude ersetzt (Abb. 359). Dieses Kleinkastell (Burgus), das über einen fast 15 m tiefen Brunnen verfügte, war allem Anschein nach bis in die Mitte des 5. Jahrhunderts militärisch belegt. Es diente der Sicherung der Sauerbrücke und der Überwachung wichtiger Verkehrswege im Umfeld der Kaiserresidenz in Trier.

Die zahlreichen in den Fundamenten des Refugiums verbauten Spolien von römischen Grabdenkmälern (u. a. vier Grabinschriften), aber auch von einem um die Wende vom 1. zum 2. Jahrhundert errichteten Theater zu Ehren des Gottes Mars Intarabus zeugen, trotz der Zweitverwendung, auf ihre Weise von der reichen römischen Vergangenheit Echternachs. Zwei isoliert gefundene Brandgräber des 1. Jahrhunderts, eine weitere Inschrift, zwei Reliefs von Grabdenkmälern des 2./3. Jahrhunderts sowie ein im Mittelalter wiederverwendeter Sarkophag des 4. Jahrhunderts runden das Bild ab.

Aufgrund der jüngsten Ausgrabungen im Bereich der ehemaligen Abteigebäude haben sich nun in diesem Zusammenhang neue Erkenntnisse ergeben. War bei der

Auswertung der archäologischen Untersuchungen von 1982 noch davon ausgegangen worden, daß die vielen in einem Fundzusammenhang des 7. Jahrhunderts entdeckten römischen Ziegel in fränkischer Zeit als Baumaterial wiederbenutzt wurden, so erbrachten die Grabungen von 1989 auf kleinstem Raum eine solche Fülle an römischen Fundstücken (sorgfältig bearbeitete Steinquader, zahlreiche Ziegel- und Keramikfragmente, acht Münzen und andere Kleinfunde), daß es sich dabei mit Sicherheit um Siedlungsüberreste handelt. Hier wird daher mit Nachdruck die These vertreten, daß die hochwasserfreie Schotterterrasse nördlich des Lauterborner Baches und in der Nähe der Quelle des späteren Willibrordus-Brunnens in römischer Zeit besiedelt war, zumal bei den Ausgrabungen von 1949 bis 1951 im Innern der Klosterkirche des 11. Jahrhunderts ebenfalls an mehreren Stellen römische Dachziegelfragmente zutage traten.

Diese Ansiedlung dürfte am ehesten den Charakter einer Straßenstation im Vorfeld der Sauerbrücke innegehabt haben. Es ist auch an einen Umschlagplatz für Handelsgüter zu denken, die zum Teil über den Wasserweg der Sauer und einen Ländeplatz in der Nähe der Brücke nach Echternach gelangten. Ob zu der Ansiedlung – kleiner *vicus*? – auch ein Heiligtum mit dem Theater zu Ehren des Mars Intarabus gehörte, muß vorläufig offenbleiben. Auch kann derzeit noch nichts Genaues über die Chronologie der vermuteten Straßenstation ausgesagt werden. Die antiken Fundmünzen und die Keramik vom Gelände des späteren Klosterberings sprechen allerdings dafür, daß die Siedlung auch nach den verheerenden Germaneneinfällen des 3. und der Mitte des 4. Jahrhunderts im Schutz der Befestigungsanlage auf dem gegenübergelegenen Hügel weiterlebte. Daß die vielleicht nicht einmal so unbedeutende Straßenstation während der ganzen Zeit ihres Bestehens außerhalb des Besitzes der Palastvilla in der »Schwarzacht« lag, ist aus rechtlichen Gründen anzunehmen.

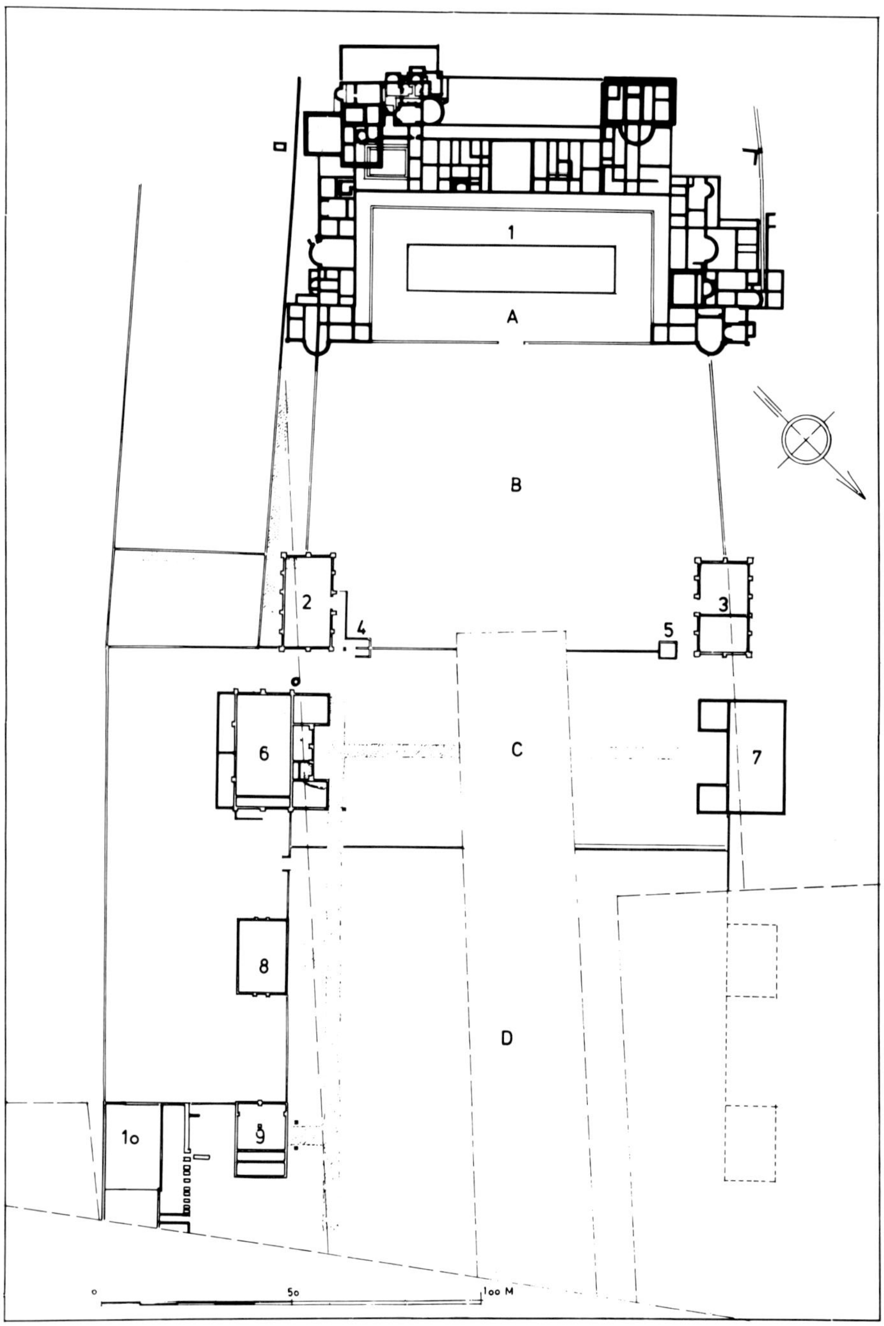

Abb. 358 *Plan der römischen Palastvilla in der »Schwarzacht« westlich von Echternach. – Nationalmuseum für Kunst und Geschichte, Luxemburg.*

Zur Frage der Siedlungskontinuität vom 5. bis zum 7. Jahrhundert

Abb. 359 Echternach vor der Klostergründung. Modell im Nationalmuseum für Kunst und Geschichte, Luxemburg.

Die überlieferten schriftlichen Quellen erlauben es nicht, die Frage zu klären, welche Bedeutung der überaus reichen römischen Vergangenheit Echternachs im Zusammenhang mit der Klostergründung beizumessen ist. Handelt es sich bei der »*Villa Epternacus*«, die sich am Ende des 7. Jahrhunderts in der Hand führender Adelsfamilien des Austrasischen Reiches befand, tatsächlich, wie vermutet wurde, um den in der Spätantike in römischen Staatsbesitz übergegangenen ehemaligen Grundbesitz der Palastvilla in der »Schwarzacht«? Könnte »*Epternacum*« nicht der Name der »öffentlichen Enklave« (Straßenstation und spätantikes Kastell) in der Nähe der Sauerbrücke und an der Kreuzung zweier wichtiger Straßen gewesen sein? Welche Rolle spielte das nach Ausweis der Funde mindestens bis in die Mitte des 5. Jahrhunderts belegte Kleinkastell nach dem Abzug des römischen Militärs?

Auf all diese Fragen kann auch die Archäologie noch keine definitive Antwort geben. Aufgrund der archäologischen Beobachtungen und Funde der letzten Jahrzehnte ist es jedoch möglich, eine provisorische Bilanz zu ziehen, die nur durch weitere Grabungen vervollständigt werden kann (Abb. 360).

Diese Bilanz muß zunächst mit einem negativen Befund beginnen: Trotz der seit zwanzig Jahren intensiv betriebenen Felderbegehungen mit Metallsuchgeräten fehlen bislang fränkische Funde von dem 10 ha großen Gelände der Palastvilla in der »Schwarzacht« vollkommen, dies obwohl von den Sammlern neben einem reichen römischen Fundmaterial auch eine Reihe mittelalterlicher Stücke, u. a. aus karolingischer Zeit (9./10. Jahrhundert), geborgen wurde. Diese Feststellung ist um so verwunderlicher, als die gigantischen Ruinen

Abb. 360 Topographischer Lageplan des Willibrord-Klosters mit den Grabungsstellen von 1982 (1), 1989 (2), 1991 (3) und 1992 (4). – Nationalmuseum für Kunst und Geschichte, Luxemburg.

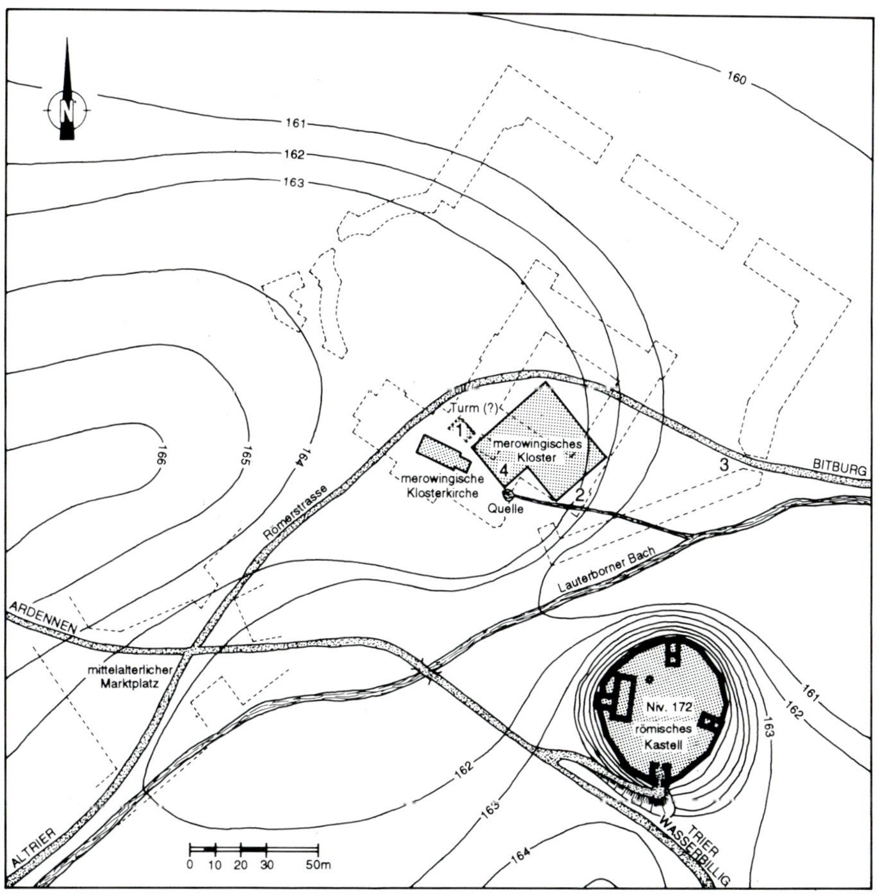

der ehemaligen Prunkvilla mit Sicherheit die Stürme der Völkerwanderungszeit überdauert haben und wohl auch immer Menschen anzogen, sei es nur, um willkommenes Baumaterial (Steine, Ziegel, Marmor) auszubeuten.

Ganz anders liegen die Verhältnisse im Bereich des spätantiken Burgus auf dem Hügel, der später die Echternacher Pfarrkirche St. Peter und Paul trug. Wie bereits oben dargelegt, beherbergte das Kastell vermutlich bis zum endgültigen Zusammenbruch der römischen Herrschaft im Trierer Raum eine kleine militärische Garnison. Danach scheint der Platz, ohne längere nachweisbare Unterbrechung, von den fränkischen Neusiedlern weiterbenutzt worden zu sein. Es wurde sogar vermutet, daß die älteste Echternacher Kirche im 6. oder 7. Jahrhundert in dem ehemaligen Kasernengebäude des Kastells eingerichtet wurde und als Krypta der romanischen Pfarrkirche die Jahrhunderte überdauert hätte.

Nachdem bereits die Ausgrabungen von 1949 bis 1951 im Bereich der Abteikirche vereinzelte fränkische Scherben sowie

Abb. 361 *Merowingische Kreuzfibel des 7. Jahrhunderts, Grabungsfund von 1949/1950. – Foto Nationalmuseum für Kunst und Geschichte, Luxemburg.*

eine sehr schöne merowingische Kreuzfibel des 7. Jahrhunderts (Abb. 361) erbracht hatten, konnten 1982, 1989, 1991 und 1992 anläßlich verschiedener archäologischer Untersuchungen im Untergeschoß der Abteigebäude des 18. Jahrhunderts bzw. im Abteihof erstmals konkrete Siedlungsspuren aus fränkischer Zeit nachgewiesen werden (Abb. 360).

Im westlichen Eckturm des Abteigebäudes des 18. Jahrhunderts wurde 1982 der Rest einer größeren Abfallgrube aufgedeckt, die angefüllt war mit Haushaltsmüll (Keramik- und Glasscherben, Tierknochen und andere organische Überreste). Sie enthielt darüber hinaus sieben Glasperlen, ein Messer aus Eisen sowie diverse Metallschlacken. Das gesamte Material gehörte der jüngeren Merowingerzeit an und lieferte den unzweifelhaften Hinweis auf eine Siedlung des 7. Jahrhunderts in der unmittelbaren Nachbarschaft.

In über 50 m Entfernung von dieser Fundstelle konnte 1989, im östlichen Eckturm, ein größerer zusammenhängender Komplex untersucht werden, der wiederum überraschende Ergebnisse brachte. Neben diversen Mauerzügen der mittelalterlichen Klosteranlage wurde ein etwa 7 m langer Abschnitt eines alten Bachbettes freigelegt, bei dem es sich offensichtlich um den Ablauf (zum Lauterborner Bach hin) des 30 m weiter westlich gelegenen Willibrordus-Brunnens handelte. An der Südseite dieses gegen Ende des 9. Jahrhunderts (nach dem Normanneneinfall von 882?) bei Bauarbeiten mit Kulturschutt verfüllten Bachbettes befand sich ein ehemals ins Wasser hineinreichender pfeilerartiger Sockel von 2 × 1,20 m aus wiederverwendeten römischen Sandsteinquadern (Abb. 362). Vor diesem Sockel, unmittelbar auf der Sohle des Wasserlaufs, lag ein noch über 1,60 m langer Eichenbalken mit Einarbeitungen, der allem Anschein nach zu einer hölzernen Brücken- oder Stegkonstruktion gehörte, die ursprünglich auf dem beschriebenen Sockel auflag. Für

Abb. 362 *Bachbett mit dem Brückenkopf und dem Eichenträger des späten 6. Jahrhunderts. – Nationalmuseum für Kunst und Geschichte, Luxemburg, Grabungsfoto von 1989.*

diesen Träger mit 143 erhaltenen Jahresringen konnte im Dendroarchäologischen Labor des Rheinischen Landesmuseums in Trier von M. Neyses als Endjahr 578 und als Fäll- und Verarbeitungsdatum die Zeit nach 589 ermittelt werden. Ein zugespitzter Eichenpfahl (87 Jahrringe) aus dem gleichen Fundzusammenhang konnte in das ausgehende 7. Jahrhundert (nach 670) datiert werden. Auf der Sohle des Bachbettes wurde dann aber auch das Fragment einer frühchristlichen Grabinschrift aus weißem Marmor, wohl des 6. oder 7. Jahrhunderts, gefunden (Abb. 363).

Einen weiteren völlig unerwarteten Befund brachten Ausgrabungen, die 1991 im östlichen Abteihof durchgeführt wurden. Dort kamen in etwa zwei Meter Tiefe erstmals Reste von Holzbauten der jüngeren Merowingerzeit zum Vorschein mit dem entsprechenden Fundmaterial (Keramik, verschiedene Metallobjekte, u. a. zwei Schreibgriffel aus Eisen, Tierknochen usw.). 1992 konnte im Innern der Abteigebäude, etwa in der Mitte zwischen den Fundstellen von 1982 und 1989, eine weitere Abfallgrube wahrscheinlich des 7. Jahrhunderts untersucht werden.

Am Ende dieses zusammenfassenden Überblicks über die jüngsten, zum größten Teil noch unveröffentlichten Ausgrabungen in Echternach lassen sich verschiedene Rückschlüsse ziehen. Unter dem alten Ortskern von Echternach, insbesondere im Bereich des spätrömischen Kastells auf dem rechten Ufer des Lauterborner Baches sowie im Bereich des späteren Klostergeländes auf der gegenüberliegenden Seite des Baches erstreckte sich spätestens seit der zweiten Hälfte des 6. Jahrhunderts eine größere fränkische Ansiedlung, zu der ein Herrenhof, die eigentliche *Villa Epternacus*, sowie mehrere Nebengebäude gehörten. Die Entdeckung einer leider nur äußerst fragmentarisch erhaltenen frühchristlichen Grabinschrift zeigt, daß zu dieser Siedlung auch eine

Abb. 363 *Fragment einer frühchristlichen Grabinschrift des 6. oder 7. Jahrhunderts, Grabungsfund von 1989. – Foto Nationalmuseum für Kunst und Geschichte, Luxemburg.*

erste Kirche gehörte, möglicherweise im Bereich eines merowingischen Friedhofs, aus dem auch die bronzene Kreuzfibel stammen könnte. Gerade der außerhalb Triers überraschende Fund einer Grabinschrift des 6. oder 7. Jahrhunderts aus weißem Marmor unterstreicht die enge Bindung der ältesten Echternacher Christengemeinde an die Mutterkirche in der Moselmetropole.

Abgesehen von den zum Teil als sensationell zu bezeichnenden Ergebnissen der jüngsten Ausgrabungen im Abteibering, läßt die Streuung der Fundstellen, die sich durch den Zufall der jeweils anstehenden Bauarbeiten ergab, erkennen, daß die Archäologie in diesem Zusammenhang noch längst nicht alle ihre Möglichkeiten ausgeschöpft hat und daß jede weitere Grabung wertvolle neue Erkenntnisse bringen kann.

Die Klostergründung

Es dürfte im vorangegangenen Abschnitt deutlich geworden sein, daß Echternach am Ende des 7. Jahrhunderts, das heißt am Vorabend der Klostergründung, nicht eine gottverlassene Einöde im Vorfeld des Ardennerwaldes war. Zusammen mit der bedeutenden römischen Vergangenheit des Platzes zeigt das derzeit noch recht spärliche archäologische Fundmaterial aus fränkischer Zeit trotzdem, daß wir es zu diesem Zeitpunkt sicher bereits mit einem blühenden Ort zu tun haben, der nach wie vor von seiner vorzüglichen naturräumlichen und verkehrsgeographischen Lage im weiteren Einzugsgebiet von Trier profitierte. Die reichen merowingischen Gräberfelder in der direkten Nachbarschaft, wie etwa Minden, Eisenach oder Olk, können den für Echternach gewonnenen Eindruck nur bestätigen.

Entscheidend für die weitere historische Entwicklung des Ortes am Sauerübergang war dann aber die Tatsache, daß Angehörige bzw. Nachkommen der Echternacher Herrenfamilie bereits vor der Mitte des 7. Jahrhunderts über den lokalen Rahmen hinaus in die höchsten Kreise des fränkischen Adels aufgestiegen waren. Zu nennen ist hier natürlich in erster Linie Plektrud, die Gemahlin Pippins des Mittleren. Durch seine Bindung an Pippin, unter dessen Oberhoheit der 690 aus Irland auf den Kontinent gekommene Missionar Willibrord seine geplante Tätigkeit in Friesland stellte und zu dem er stets enge Kontakte pflegte, war es dem Angelsachsen möglich, auch persönliche Beziehungen zu den führenden Adelsfamilien des fränkischen Reiches aufzubauen. Sollte Pippins Gattin Plektrud tatsächlich die Tochter der späteren Äbtissin Irmina von Oeren gewesen sein, wären Willibrords frühe Verbindungen zu den kirchlichen Kreisen in Trier und speziell zum Kloster Oeren nicht weiter verwunderlich.

Irmina war es, die Willibrord am 1. November 697 oder 698 als Dank für seine ständige Sorge um sie und ihr Kloster ihren Erbanteil in Echternach (»*Villa Epternacus*«) mit einer Kirche und einem kleinen Kloster, welches sie kurz zuvor dort

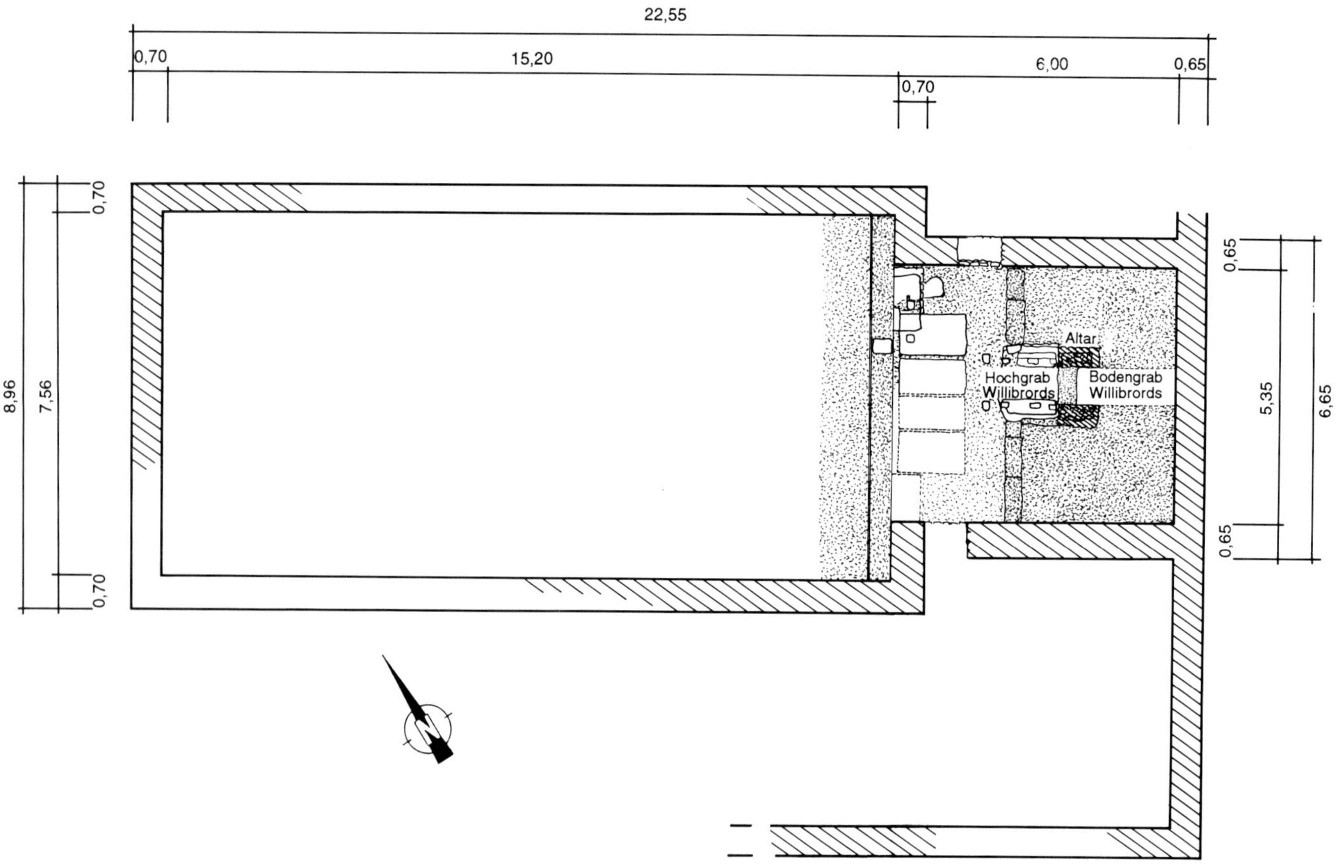

***Abb. 364** Grundriß der merowingischen Klosterkirche (Kat. VI.1.2.). – Nationalmuseum für Kunst und Geschichte, Luxemburg.*

errichtet hatte, übertrug. Bereits im sogenannten Testament Irminas vom 1. Dezember 697 oder 698, mit dem die Schenkung bestätigt und präzisiert wird, erscheint Willibrord als »*rector et gubernator*«, das heißt als Abt der Echternacher Kirche und des Klosters, welches er also sofort in Besitz genommen hatte und welches er in den folgenden Jahren, dank der großzügigen Schenkungen seiner Trierer Gönnerin und anderer fränkischer Adeliger, zu einem Konvent irofränkischer Prägung ausbaute. Zwischen 704 und 706 übergab Willibrord sein Kloster an der Sauer dem Eigentum und Schutz Pippins und seiner Nachfolger, wodurch Echternach dem Einfluß der mächtigen Trierer Kirche entzogen und zum Eigenkloster der frühen Karolinger wurde. Eine wesentliche Erweiterung erfuhr der Klosterbesitz daraufhin am 13. Mai 706 durch eine bedeutende Schenkung Pippins und Plektruds, die darüber hinaus Willibrord als Vorsteher des Echternacher Konvents bestätigten, den Mönchen das Recht der freien Abtswahl gewährten und, allgemein, dem Kloster ihren Schutz und denjenigen ihrer Nachfolger zusicherten.

Es wird hier bewußt darauf verzichtet, auf die von den Mediävisten mit Vehemenz geführte, überaus kontroverse Diskussion einzugehen, ob das in den Urkunden von 706 erwähnte Kloster und die dazugehörige Kirche identisch sind mit den in den Schenkungen Irminas von 697/698 erwähnten Gebäuden oder ob Willibrord vor 706 an anderer Stelle in Echternach, auf dem Besitz Pippins und Plektruds, ein zweites, größeres Kloster mit einer neuen Kirche errichtete. Die Archäologie kann derzeit in dieser Frage keine weiterführenden Argumente liefern. Verwertbare Befunde liegen bisher ausschließlich aus dem Bereich der späteren Abteigebäude und der Klosterkirche des 11. Jahrhunderts vor.

Was bei der Betrachtung des bisher bekannten Gesamtgrundrisses der älteren Klosteranlage auffällt (Abb. 360), ist die unterschiedliche Orientierung von Kirche und Konventsgebäude. Eine sichere Erklärung für diese verwunderliche Tatsache ließ sich bisher nicht finden, es könnte jedoch vermutet werden, daß bei der Ausrichtung der verschiedenen Bauteile des Klosters der Verlauf der alten Römerstraße eine entscheidende Rolle spielte. Wie vor allem die Orientierung des mittelalterlichen Marktplatzes zeigt, der an der Kreuzung zweier alter Verkehrswege liegt, führte die Römerstraße Altrier–Bitburg nicht am Ufer des Lauterborner Baches südlich an den Klostergebäuden vorbei. Deren Vorderfront war vielmehr auf den weiter nördlich verlaufenden Damm der Römerstraße ausgerichtet. Verschiedene Befunde im Bereich des Klosters scheinen allerdings darauf hinzuweisen, daß dieses Gebäude älter ist als der Kirchenbau. Nach den jüngsten Grabungen ist sogar nicht mehr auszuschließen, daß es sich bei dem Kernbau des Klosters um ein römisches Gebäude handeln könnte, das im frühen Mittelalter weitergenutzt wurde.

War Echternach lange Zeit als Missionsstützpunkt für die Arbeit Willibrords in Friesland angesehen worden, so setzt sich heute mehr und mehr die Ansicht durch, daß das Kloster an der Sauer von Anfang an von Willibrord als »Ort der eigenen Ruhe«, aber vor allem auch als monastische Bildungs- und Kulturstätte nach iroschottischem Vorbild angelegt worden war. Daß in Echternach, unter dem Impuls Willibrords und seiner insularen Begleiter, innerhalb kürzester Zeit eines der bedeutendsten und produktivsten Skriptorien des Fränkischen Reiches entstand, spricht für sich.

Die Klosterkirche und ihre Ausstattung

Die Wiederaufbauarbeiten der Echternacher Basilika nach den kriegsbedingten Zerstörungen vom Dezember 1944 boten zwischen 1949 und 1951 die Möglichkeit zu größeren archäologischen Untersuchungen im Untergrund der früheren Abteikirche. Dabei konnte 1949 im Mittelschiff des zwischen 1016 und 1031 errichteten ottonischen Bauwerks, unmittelbar vor dessen Chorraum, das vorzüglich erhaltene Mauerwerk eines älteren und anders orientierten Kirchengebäudes aufgedeckt werden. Daß es sich dabei um die merowingische Klosterkirche, die spätere Grabeskirche Willibrords handelte, die um das Jahr 700 für die liturgischen Bedürf-

Abb. 365 *Die Ambobrüstungen bei ihrer Entdeckung; Grabungsfoto von 1951. – Nationalmuseum für Kunst und Geschichte, Luxemburg.*

nisse der Konvente eingerichtet und insbesondere von Irmina mit Geschenken reich bedacht worden war, kann als außerordentlicher Glücksfall und als regelrechte archäologische Sensation angesehen werden.

Bei dieser Kirche (Abb. 364), deren 0,65 bzw. 0,70 m breites, mit einem hellweißen Kalkputz überzogenes Mauerwerk zum Teil noch über 1,80 m hoch erhalten war, handelte es sich um einen einfachen Saalbau von, in den Außenmaßen, 22,55 m Länge und 8,96 m Breite mit eingezogenem Rechteckchor. Im Innern betrugen die lichten Maße des Langhauses 15,20 m auf 7,56 m (115 qm), diejenigen des Chores 6 m auf 5,35 m (32 qm). Während es aus Sicherheitsgründen bei der Ausgrabung nicht möglich war, den im Westen gelegenen Haupteingang der Kirche festzustellen, konnten im Chorraum zwei 0,83 m breite Türöffnungen beobachtet werden, von denen die südliche in einen langrechteckigen Nebenraum von 5,50 m Breite führte, während die nördliche einen Durchgang zum angrenzenden Klostergebäude darstellte. Der Zugang aus dem Kirchenschiff, dessen hellgrauer Estrichboden noch gut erhalten war, in den Chorraum erfolgte über eine 0,42 m breite und 7–8 cm hohe Stufe, welche auf die ganze Breite des Langhauses ausgelegt war. Die tragenden Fundamente der Klosterkirche des 11. Jahrhunderts verhinderten bedauerlichweise, daß bei der Ausgrabung von 1949 der gesamte Innenraum des Kirchenschiffes untersucht werden konnte.

Im Chor selbst konnten bei der Grabung anhand der auf unterschiedlichen Niveaus erhaltenen Estrichböden und diverser Baubefunde vier bzw. fünf verschiedene Benutzungsphasen festgestellt werden, von denen die drei (vier) letzten in unmittelbarem Zusammenhang mit der Grabstätte Willibrords stehen. In der ersten Phase war der Chorraum durch eine 2,41 m östlich des Choransatzes verlaufende 35 cm breite und 8 cm hohe, aus Steinquadern gebildete Stufe zweigeteilt. In den vorderen (westlichen) Teil mündeten die bereits erwähnten Türen, während in dem leicht überhöhten hinteren Bereich der eigentliche Altarraum angelegt war. Von dem aus der Mittelachse des Kirchengebäudes heraus etwas nach Norden versetzten Altar waren noch die 1 × 0,30 m großen, gemauerten und verputzten Stützpfeiler bis zu einer Höhe von 0,50 m erhalten.

Über diese baulichen Befunde hinaus waren von der ursprünglichen Ausstattung der merowingischen Klosterkirche

***Abb. 366** Die rekonstruierte Amboanlage aus der merowingischen Klosterkirche von Echternach (Kat. VI.1.2.). – Nationalmuseum für Kunst und Geschichte, Luxemburg.*

keine Elemente *in situ* erhalten. Dafür wurden aber sowohl bereits bei den Arbeiten von 1938, dann aber vor allen bei den Ausgrabungen von 1949 bis 1951 im Zerstörungsschutt rund hunderzwanzig Fragmente von ornamental verzierten Chorschrankenelementen (Pfeiler und Platten) gefunden, von denen der größte Teil mit Sicherheit aus der ältesten Kirche stammt. Die unterschiedliche Form der verschiedenen Elemente, die bis auf wenige Ausnahmen mit dreisträhnigen dynamischen Flechtbänden verziert sind, gibt uns die Vorstellung einer recht komplexen Schrankenanlage, deren präzise Aufstellung aber nicht bekannt ist. Zu dieser Anlage gehörten auch zwei imposante Ambobrüstungen von 1,21 bzw. 1,14 m Höhe und 0,85 bzw. 0,82 m Breite, die beide im März 1951 in Zweitverwendung als Grababdeckung (Abb. 365) in einem etwa 5 m von der Nordost-Ecke des Chors der merowingischen Kirche gelegenen Raum des Klostergebäudes entdeckt wurden und die von einer ursprünglich wohl nicht im Chor, sondern vielmehr im Kirchenschiff aufgestellten Lesebühne, einer »Bema«, herrühren (Abb. 366). Von der Altarplatte oder einem steinernen Lesepult könnte ein 6,5 cm dickes Eckfragment stammen, das auf der abgeschrägten Vorderseite ebenfalls einen dreizeiligen Flechtbanddekor trägt.

Der Schmuck dieser ausschließlich in Korallenkalkstein ausgeführten Skulpturen zeigt, daß im Kloster Echternach im frühen 8. Jahrhundert und parallel zu den Werken des noch eindeutig in der insularen Tradition verankerten, ältesten Scriptoriums durchaus vergleichbare und künstlerisch nicht minder wertvolle Steinmetzarbeiten entstanden sind. Als überzeugende Parallelen für alle in der ältesten Echternacher Klosterkirche verwendeten Dekorationselemente lassen sich sowohl insulare als auch in Echternach selbst entstandene Manuskripte, wie etwa das *Book of Durrow*, das *Book of Kells*, die *Lindisfarne Gospels*, das Evangeliar Willibrords oder aber das Augsburger (Maihinger) und das Trierer Evangeliar anführen. Als wahres Prunkstück kann eine aus 18 Fragmenten rekonstruierte, bisher

Abb. 367 *Rekonstruierte Chorschrankenplatte aus der merowingischen Klosterkirche, Grabungsfund von 1949/1951. – Foto Nationalmuseum für Kunst und Geschichte, Luxemburg.*

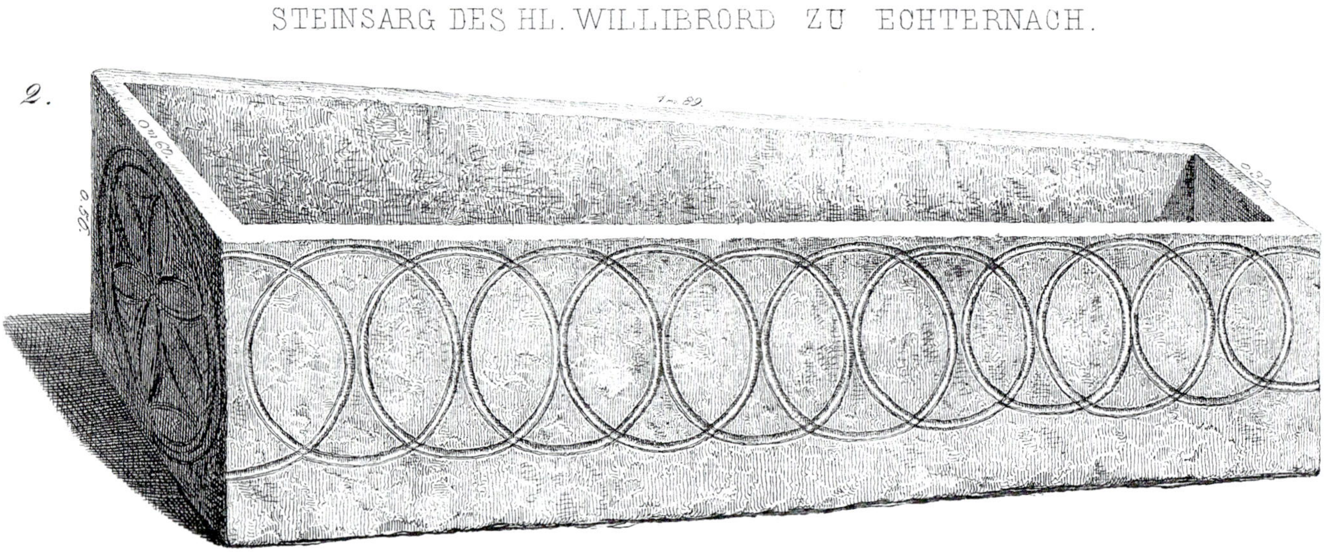

Abb. 368 *Merowingischer Sarkophag des hl. Willibrord. – Foto Nationalmuseum für Kunst und Geschichte, Luxemburg.*

Abb. 369 *Rekonstruierte Schrankenanlage des Hochgrabes des hl. Willibrord im Abteimuseum in Echternach. – Foto Nationalmuseum für Kunst und Geschichte, Luxemburg.*

noch unveröffentlichte Schrankenplatte von 0,83 × 0,54 m gelten, die ganz aus dem Rahmen all dessen fällt, was wir an frühmittelalterlichen Steinmetzarbeiten vom Kontinent kennen (Abb. 367). Leider ist der genaue Fundort der Fragmente dieser Platte nicht mehr zu ermitteln. Aufgrund ihrer Ausmaße könnte aber vermutet werden, daß sie ursprünglich zwischen den Stützpfeilern, »Stipes«, der Altarmensa eingesetzt war.

Das Grab des hl. Willibrord und die Anfänge seines Kultes

In seinem sogenannten Testament vom Jahre 726 hatte der damals 68jährige Willibrord Echternach als den Ort seiner letzten Ruhe bestimmt, und es ist auch davon auszugehen, daß der greise Apostel der Friesen und Erzbischof von Utrecht die letzten Jahre seines Lebens in seinem Kloster an der Sauer verbrachte. Als Willibrord wohl in der Nacht vom 6. zum 7. November 739 im Alter von 81 Jahren in Echternach starb, hatten seine Mitbrüder möglicherweise bereits die Grabstätte ihres Gründerabtes vorbereitet.

Die Ausgrabungen von 1949 erlaubten es nun nicht nur, dieses erste Grab Willibrords im Chorraum seiner Kirche wiederzufinden, sondern darüber hinaus auch noch die Überreste zweier weiterer Grabanlagen festzustellen, die es auf eindrucksvolle Weise ermöglichen, eine recht präzise Vorstellung von der Entstehung eines Heiligenkultes in fränkischer Zeit zu gewinnen.

Nach seinem Tod im November 739 wurde der Leichnam Willibrords zunächst in einem gemauerten Bodengrab von 2,10 m Länge und 0,73 m Breite beigesetzt, das, in der Flucht der Kirche, von der rückwärtigen (östlichen) Chorwand bis zwischen die Stützpfeiler der Altarmensa reichte. Die Sohle der Grabes lag rund 80 cm unter dem Niveau des Estrichs im Bereich des Altarraums. Die Maße dieser Grabkammer erlaubten es durchaus, den heute noch erhaltenen, trapezförmigen Steinsarkophag Willibrords (1,89 m lang, maximal 0,60 m breit und maximal 0,56 m hoch; Abb. 368) mit einem zugehörigen Deckel von 0,20 bis 0,25 m Höhe aufzunehmen, zumal die Grabgruft allem Anschein nach ursprünglich mit einem flachen, gemauerten Gewölbe verschlossen war, dessen obere Seite über den umgebenden Estrich herausragte.

Schon bald nach dem Tode Willibrords dürften in großer Zahl Pilger zum Grab des im Rufe der Heiligkeit verstorbenen Friesenapostels geströmt sein. Die kultische Verehrung des Echternacher Gründerabtes wurde mit Sicherheit in besonderem Maße von dessen Nachfolger Adelbert, Klostervorsteher von 739 bis 777, ebenfalls einem Angelsachsen, gefördert. In direktem Zusammenhang mit dem gezielten Aufbau des Kultes sind die grundlegenden Umänderungen zu sehen, die wahrscheinlich noch vor der Mitte des 8. Jahrhunderts, das heißt rund zehn Jahre nach Willibrords Tod, im Innern der mero-

Abb. 370 *Chorraum der merowingischen Kirche mit den Überresten des Altars und des Hochgrabes (Kat. VI.1.3.); Grabungsfoto von 1949. – Nationalmuseum für Kunst und Geschichte, Luxemburg.*

Abb. 371 *»In situ« erhaltene Überreste der Umschrankung des Hochgrabes; Grabungsfoto von 1949. – Nationalmuseum für Kunst und Geschichte, Luxemburg.*

wingischen Klosterkirche vorgenommen wurden.
Zunächst baute man die ganze steinerne Chorschrankenanlage mitsamt der Lesebühne ab. Anschließend wurden im Chorraum diverse bauliche Veränderungen ausgeführt mit dem Ziel, den Sarkophag Willibrords zu »erheben« und ihn vor dem Altar sichtbar aufzustellen. Dafür wurde als erstes die steinerne Stufe zwischen dem vorderen Chor- und dem Altarraum in der Mitte unterbrochen. Die zwei bei dieser Maßnahme entfernten Sandsteinblöcke versetzte man vor den Altar, in die Verlängerung der Tragepfeiler der Mensa. Auf diese Weise konnte die Basis geschaffen werden für eine kleine Umschrankung von 1,56 × 1,12 m, in deren Inneren nunmehr der aus seiner Gruft im Boden herausgehobene Sarkophag Willibrords aufgestellt wurde. Für diese Einrichtung wurden sechs Pfeilerchen von 0,62 m Höhe sowie zwei Eckpfeiler von 0,75 m Höhe und insgesamt sieben Platten der älteren Chorschrankenanlage wiederverwendet. Von dieser prunkvollen Umschrankung (Abb. 369), die noch zusätzlich mit einer 0,18 m hohen Brüstung abgedeckt war, konnten bei der Ausgrabung von 1949 verschiedene Elemente in Originalposition wiedergefunden werden (Abb. 370, 371).
Die an einem 10. November erfolgte feierliche Erhebung, »*translatio*« bzw. »*elevatio*«, der sterblichen Überreste Willibrords und »deren rituelle Beisetzung an erhabener, gut sichtbarer Stelle im Chor ... [ist] eine sinntiefe Weihehandlung, die den umbestatteten Toten mit der Sprache und Wirkkraft des Symbols in die Zahl der kirchlich zugelassenen, öffentlich zu verehrenden Heiligen versetzte und damit den liturgischen Kult in aller Form, regulär und verbindlich, einleitete« (G. Kiesel). So kann es nicht verwundern, daß in einer Schenkungsurkunde von 751/752 zugunsten der Kirche in Rindern erstmals die Rede ist von der »*veneratio ... sancti Willibrordi et sancti Petri*«.
Dieses um die Mitte des 8. Jahrhunderts errichtete Hochgrab wurde einige Zeit später noch einmal dahingehend umgeändert, daß der Chorraum einen neuen, höher gelegenen Estrich erhielt und die Außenseiten der Schrankenanlage mit grünen Marmorplatten verkleidet wurden. In einer letzten Phase, die nicht im einzelnen beschrieben werden soll und die auch leider nicht genauer zu datieren ist, erfolgte erneut eine vollständige Umgestaltung des Chorraums. Zu diesem Zeitpunkt wurde die Schrankenanlage endgültig entfernt und ihre diversen Elemente zerschlagen. Es sei hier die These aufgestellt, daß diese letzte Umbaumaßnahme zum Zeitpunkt der Errichtung der anders orientierten, dreischiffigen Klosterkirche in den neunziger Jahren des 8. Jahrhunderts unter Abt Beornrad erfolgte. Verschiedene archäologische Indizien scheinen jedenfalls darauf hinzuweisen, daß zumindest der Chorraum der ersten Kirche mit dem Grab Willibrords im Untergrund der karolingischen Basilika sozusagen als »Confessio« erhalten blieb und für die kultische Verehrung des Echternacher Heiligen zugänglich war.

Literatur: Cüppers 1975. – Metzler/Zimmer/Bakker 1981. – Krier/Wagner 1985. – Kiesel 1969. – Schroeder/Trauffler 1996.

Die Gesellschaft des Merowingerreichs

Franz Staab

Die Gesellschaft des Merowingerreiches kann unter sehr verschiedenen Perspektiven betrachtet werden, die davon abhängig sind, welche Quellen man vornehmlich berücksichtigen will: archäologische, historische oder hagiographische, urkundliche oder rechtsgeschichtliche. Aber auch von der Sekundärgeschichte, das heißt den Interpretationen der merowingerzeitlichen Gesellschaft, die von der Wissenschaft, insbesondere in den letzten beiden Jahrhunderten, erarbeitet, diskutiert und als Bildungsgut verarbeitet wurden, bleibt eine moderne Darstellung und Bewertung nicht beeinflußt. Es empfiehlt sich trotzdem, von der rechtsständischen Struktur der fränkischen Gesellschaft auszugehen, gerade weil diese in der wissenschaftlichen Diskussion der Vergangenheit eine große Rolle gespielt hat, heute jedoch durch die Einbeziehung von genuin rechtsgeschichtlichen Befunden wie solchen der Archäologie, der Erforschung der Urkunden und der Hagiographie erhebliche Korrekturen erfährt.

Besonders charakteristisch sind einmal die beträchtlichen Unterschiede, welche die drei mit besonderen Wergeldern – »Menschgeld« als Ersatz für einen getöteten Menschen – versehenen Stände, nämlich Freie, Halbfreie, Unfreie und Hörige, entscheidend profilieren. Außerdem beobachtet man die Differenzierung innerhalb dieser Stände: etwa im Freienstand einen Adel, im Unfreienstand Königs- und andere Grundherrschaftsleute als besondere Gruppen. Zum zweiten fällt sehr stark die Dynamik der fränkischen Gesellschaft auf, die in der Lage war, in allen Schichten Aufstiegschancen zu bieten und Personen verschiedenster Herkunft in das fränkische Reich einzubinden; allerdings um den Preis hoher Gewaltbereitschaft und fortdauernder Ungleichheit, woran sich Kritik und Reformideen der Kirche entzünden.

Ungleichheit und Volksrechte

Für eine gliedernde Beschreibung der Gesellschaft im Frankenreich kann man von mehr als nur einem Gesichtspunkt ausgehen. Der charakteristischste Zug ist jedoch die traditionelle und auch trotz aller Dynamik niemals aufgehobene rechtliche Ungleichheit. Die sozialen Schichten sind dementsprechend vor allem durch den rechtlichen Status ihrer Mitglieder definiert. Dieser wiederum orientiert sich an der Wehrfähigkeit als vornehmstem Recht. Berücksichtigt und – allerdings nicht umfassend – erläutert werden die Standesunterschiede in den Rechtsbüchern, die von der Wissenschaft üblicherweise als Volksrechte bezeichnet werden. Von den Zeitgenossen wurden sie lateinisch *leges*, Gesetze, genannt. Als germanisches Wort ist dafür *ewa* bezeugt, von dem wir Ableitungen noch heute in Wörtern wie »ewig« oder »Ehe« kennen. Die Konnotationen von *ewa* beziehen sich nicht allein auf den Charakter des Gesetzten, der Satzung, sondern sehr stark auch auf den der Heiligkeit und streng formellen Verbindlichkeit des Rechts. Das für die Franken maßgebende Volksrecht war die *Lex Salica*, die noch in der Regierungszeit Chlodwigs I. aufgeschrieben wurde. Eine zweite Kodifizierung aus der Zeit um 633, die *Lex Ribuaria*, stellt kein eigenes Volksrecht dar, sondern nach Franz Beyerle ein ergänzendes merowingisches Gesetzbuch. Um 802/03 wurde noch die *Ewa Chamavorum* aufgeschrieben, ein ergänzender Text, der durch Befragung von Rechtskundigen an der unteren Maas entstanden ist. Bis in die Karolingerzeit und darüber hinaus gaben die Franken an, wenn sie vor Gericht nach ihrer Rechtszugehörigkeit gefragt wurden, sie lebten nach dem Salischen Recht (*Lege Salica*) oder nach dem Recht der Franken (*Lege Francorum*).

Die nichtfränkischen Völker im Merowingerreich hielten sich ihrerseits an ihr jeweils eigenes Recht: die Römer, von uns auch Romanen oder Gallo-Romanen genannt, an das römische Recht, die Westgoten und Burgunden an ihre Gesetze, deren die Römer betreffende Teile bereits seit dem 5. Jahrhundert niedergeschrieben waren, die Alamannen an einen »Vertrag der Alamannen« (*Pactus Alamannorum*), der noch vor 600 unter Chlothar II. kodifiziert wurde, die Bayern an das Gesetz der Bayern (*Lex Baiuvariorum*), das im wesentlichen im 7. Jahrhundert seine erste schriftliche Fassung erhielt. Weitere Volksrechte wurden erst in karolingischer Zeit aufgezeichnet, existierten jedoch als spezielle Rechtsbräuche bereits lange davor.

Eigentümlich für das Recht im Frankenreich ist die Tatsache, daß die Kodifikationen nicht nur spät erfolgten, sondern auch nicht alle Rechtsgegenstände und -bestimmungen enthalten, die bezeugtermaßen angewendet wurden. Dies gilt insbesondere für Angelegenheiten, die wir heute der freiwilligen Gerichtsbarkeit zuordnen würden. Grundlage der Rechtsanwendung ist also nicht allein das Rechtsbuch, sondern auch die umfassendere Rechtstradition, die von angesehenen

Rechtskundigen (*ewart, ewasago, eoteilare, ewasceffin*) von Generation zu Generation weitergegeben, aber auch auf aktuelle Sachverhalte hin interpretiert wird. Deshalb war es möglich, noch nach Niederschrift der *Lex Salica* zusätzliche fränkische Rechtsbücher zu schaffen oder Ergänzungen in neue Handschriften der *Lex Salica* einzufügen, ohne daß dafür besondere Beschlußfassungen benötigt wurden. Davon sind andere Zusätze zu unterscheiden, die der König – nach Beratung mit den Großen – erließ. Materiell enthalten Kodifikation wie Tradition hinsichtlich des Strafrechts jeweils kurze Beschreibungen der Tatbestände, eine Angabe darüber, wie der Tatbestand vor Gericht (auf dem »Malberg«) mit dem fränkischen Wort anzusprechen ist, und ein zugeordnetes Bußgeld, das bei Verurteilung des Täters verhängt werden soll. Die Kodifikationen treten daher dem modernen Betrachter vor allem als einfache »Bußgeldkataloge« entgegen. Sie lassen jedoch durchaus sehr bemerkenswerte Strukturen der Rechtssystematik, der Verhältnisse der Stände und Geschlechter, der gesellschaftlichen Funktionen oder des Königtums erkennen. Die Anwendung eines Bußgeldkatalogs – unserem Bürgerlichen Gesetzbuch unbekannt und lange für primitiv gehalten – ist bei uns unter anderem im Verkehrsstrafrecht wieder eingeführt worden.

Die drei Stände

Im Gegensatz zu älteren germanischen Verhältnissen – wie sie etwa noch von Caesar (100–44 v. Chr.) oder Tacitus (ca. 55–116/20 n. Chr.) wiedergegeben wurden, aber auch noch bei anderen Völkern der merowingischen Epoche begegnen – kennt das fränkische Recht keinen Adel als Rechtsstand und damit nicht vier, sondern nur drei Stände: Freier (*ingenuus*, das heißt »Hineingeborener«), Mittelfreier (*letus, lazus,* das heißt »Freigelassener«), Sklave oder Höriger (*servus*). Die rechtliche Abwesenheit des Adels wurde von vielen Gelehrten im 19. Jahrhundert aus philosophischen Gründen als Urzustand der germanischen Gesellschaft angesehen und diente zur geschichtlichen Begründung für die verschiedensten Programme sozialer Revolution oder Reform, deren Grundsätze mit einigen Abwandlungen auch in unsere heutigen Vorstellungen von Gleichheit und Demokratie eingegangen sind. Man bezeichnete deshalb die Freien als »Gemeinfreie« und nahm an, daß die beiden anderen Stände demographisch in der älteren Merowingerzeit keine besondere Rolle spielten. Historisch gesehen ist diese Auffassung jedoch nicht zu halten. Am ehesten wird die auffallende rechtliche Dreigliedrigkeit der Franken auf das römische Vorbild zurückzuführen sein. Mit ihr wurde jedenfalls die rechtliche Gleichheit und durch Gesetz garantierte Rechtssicherheit aller freien Bürger, die von den Römern zweifellos als besonderer Wert ihrer Kultur aufgefaßt wurden, von den Franken auf ihr eigenes Volk übertragen.

Bemerkenswert ist daneben die relative Verbesserung des Sklavenstands gegenüber der heidnischen Antike. Auch in diesem Punkt wirkten sich die Verhältnisse im spätrömischen Reich auf das fränkische Recht aus, denn die kaiserliche Gesetzgebung der Spätantike hatte unter dem Einfluß stoischer und christlicher Philosophie die Willkür der Herren gegenüber den Sklaven deutlich beschnitten. Zeitgenossen wie Salvian von Marseille (5. Jahrhundert) bemerkten allerdings auch, daß die Sklaven unter germanischer Herrschaft besser gestellt waren als unter römischer, so daß erstere als humaner empfunden wurde als das, was gemäß Gesetz und Herkommen römische Realität war. Manche Gelehrte bevorzugen deshalb für den dritten Stand den Terminus »Hörige«, um dessen verbesserte Stellung gegenüber dem Sklaven der Antike abzuheben. Das erscheint auch deswegen gerechtfertigt, weil ein relativer Aufstieg des Sklavenstandes nicht allein in rechtlicher Hinsicht, sondern auch in den Formen der Landwirtschaft oder in der königlichen Verwaltung zu beobachten ist.

Bei solchen Überlegungen darf jedoch nicht übersehen werden, daß die Nachteile des Unfreienstandes nach unseren heutigen Begriffen immer noch sehr kraß waren (Hermann Nehlsen). Aber auch bei den beiden anderen Ständen, bei Freien und Halbfreien, sind starke Einschränkungen der Persönlichkeitsrechte zu verzeichnen. Freie Berufs- oder Partnerwahl, freie Verfügung über Grundbesitz etwa waren bei genauerer Betrachtung nur in Ausnahmefällen gegeben. Nicht selten sind die Fälle, daß ein Franke oder eine Fränkin sich den Standeszwängen dadurch zu entziehen suchte, daß er oder sie in den Klerus oder sogar in ein Kloster eintrat.

Immerhin, im Verhältnis zur römischen Gesellschaft machte die fränkische – trotz aller prinzipiellen Ungleichheit – einen etwas ausgeglicheneren Eindruck. Insofern waren auch jene Interpretationen des 19. Jahrhunderts, die in den »Gemeinfreien« das Wesentliche der fränkischen Gesellschaft erblickten, zwar übertrieben und dogmatisierend, aber doch auch nicht ganz aus der Luft gegriffen.

Das Wergeld

Am augenfälligsten zeigen sich die rechtlichen Unterschiede der fränkischen Stände in der *Lex Salica* beim Wergeld (»Menschgeld«), dem Ersatz eines getöteten oder auch geraubten Menschen durch die Zahlung einer Geldsumme an dessen Angehörige bzw. bei einem erschlagenen Hörigen an dessen Herrn. Dadurch sollte die betroffene Familie quasi entschädigt, aber auch – bei Freien – der Beginn einer Blutrache verhindert werden. Die Berechnung der gesetzlich festgelegten Wergelder schloß außerdem – gewöhnlich bei Freien und Halbfreien – ein an den König bzw. an seine Beamten zu zahlendes Friedegeld für die durch die Tötung entstandene Verletzung des Königsfriedens ein. Alle drei Komponenten, Entschädigung für die Familie, Schmerzensgeld zur Verhinderung der Blutrache, Buße für die Verletzung des Königsfriedens, werden als Wergeld zusammengezählt und so in der *Lex Salica* angegeben. Die einzelnen Unterbeträge lassen sich daher als Bruchteile der Gesamtsumme berechnen (Karl August Eckhardt). Für die drei Stände ergeben sich nach der *Lex Salica* somit folgende Wergelder:

Freier (*ingenuus*	200 Schillinge
Halbfreier (*letus*)	100 Schillinge
Höriger (*servus*)	35 Schillinge

Diese Abstufung setzt sich dann bei den »Minderbußen« fort, welche die verschiedensten Schädigungen ausgleichen sollen: Diebstahl, Körperverletzung, Verstümmelung usw. Das Ziel des Ersatzleistungsrechtes (Kompositionsrechtes) ist also in erster Linie die Entschädigung des Opfers einer Straftat, erst in zweiter die Wahrung der königlichen bzw. staatlichen Ordnung. Dadurch unterscheidet es sich wesentlich von unserem heutigen bürgerlichen Recht, das sich aus dem römischen Recht, aber auch aus den paternalistischen Prinzipien des aufgeklärten Absolutismus herleitet und bei dem die Interessen des Opfers weitgehend in den Hintergrund getreten sind, während die Wahrung der sittlichen und öffentlichen Ordnung, des staatlichen Gewaltmonopols, die Besserung des Täters und ähnliche Grundsätze im Vordergrund stehen.

Der Geldwert der aufgeführten Bußen ist in heutiger Währung praktisch nicht annähernd exakt wiederzugeben. Er war für schwere Verbrechen so hoch, daß er das Vermögen eines Franken leicht übersteigen konnte. Fand sich kein Verwandter, der für ihn zu bezahlen in der Lage war, sah das fränkische Recht ursprünglich die Strafe an Leib und Leben vor (*Lex Salica* 58). Doch konnte sich der Delinquent seit dem 6. Jahrhundert auch vertraglich in die Unfreiheit begeben, um den Geldbetrag durch Arbeit als Sklave des Geschädigten aufzubringen.

Die normalen Wergelder sind im übrigen bei besonderen Fällen aufgehoben und durch andere ersetzt, so daß mit ihnen nur ein kleiner Ausschnitt der Rechtswirklichkeit beschrieben ist. Gerade die Ausnahme-Bußgelder der *Lex Salica* aber lassen die Verhältnisse in den einzelnen Sektoren der Gesellschaft, auch im Vergleich mit anderen Quellen, recht lebendig und profiliert hervortreten.

Der König

Dem König wird in der *Lex Salica* kein eigenes Wergeld zugeordnet. Aus der Historiographie wissen wir allerdings, daß der Mörder eines Königs bis zum Tod verfolgt wurde, die Merowinger sich also nicht mit einer Geldbuße zufriedengaben, sondern Blutrache übten, die zugleich oft auch als eine politische Strafe ausgestaltet wurde. Besonders tückisch war die Bestrafung Chloderichs von Köln, der seinen Vater Sigibert den Lahmen zwischen 507 und 511 im Buchenwald (an den Flüssen Fulda und Werra) hatte umbringen lassen, um dessen Thron besteigen zu können. Ein Mitglied einer Gesandtschaft Chlodwigs an Chloderich machte sich anschließend in Köln, obwohl die Tat auf einen dubiosen Rat seines Herrn hin geschehen war, zum Rächer des alten Sigibert und erschlug Chlodwig, als er in den Schätzen seines Vaters herumsuchte. Darauthin überredete Chlodwig, der »zufällig« an den Rhein gereist war, die Kölner Franken, ihn auch als ihren König anzunehmen (Gregor von Tours, *Historiae* II,40).

Als Mörderin von angeblich zehn fränkischen Königen ließ Chlothar II. im Jahre 614 die alte Königin Brunichild drei Tage lang foltern, dann auf einem Kamel durch die Reihen der fränkischen Krieger spießrutenreiten und schließlich mit den Haaren, einem Arm und einem Bein an ein wildes Roß gebunden zu Tode schleifen (Fredegar IV, 42). Trotz der massiven rechtlichen Bedrohung eines Königsmörders war also das Leben der Könige, wie der geschichtliche Verlauf zeigt, selbst aus den eigenen Reihen heraus nicht sicher. Zu Beginn des 7. Jahrhunderts verglich der Mainzer Bischof Lesio die Situation eines jungen Merowingers mit der eines Wolfswelpen, der ringsum – mit Ausnahme von nur wenigen Artgenossen – nichts als Feinde habe (Fredegar IV, 38).

Zur Durchsetzung der Prärogative und des Schutzanspruchs des Königs setzt die *Lex Salica* immerhin mehrfach eine Buße von 600 Schillingen ein, das Dreifache des Freienwergelds. Dies ist zum Beispiel die Buße für die Tötung eines minderjährigen »Langhaarigen« (*puer crinitus*), d. h. Merowingers (*Lex Salica* 24,1 und 4), und ebenso eines Grafen (*Lex Salica* 54,1). Aber auch bei einem heimlichen Mord mit Verstecken der Leiche kommt der Dreifachsatz zur Anwendung (*Lex Salica* 41,2 und 4). Der Tod eines königlichen Amtsträgers aus unfreiem Stand, eines »Buben des Königs« (*puer regis*), ist noch mit 300 Schillingen zu sühnen, also dem Eineinhalbfachen des Freienwergelds oder Dreifachen des Lazenwergelds (*Lex Salica* 54,2). Und selbst für einen erschlagenen Reisenden werden ohne Rücksicht auf seinen – vielleicht nicht mehr ermittelbaren – Stand, nur weil er sich unter dem besonderen Schutz des Königs befindet, wie für einen freien Franken 200 Schillinge fällig (*Lex Salica* 14,5). Aus dem königlichen Schutz scheint auch ein besonderes Bußgeld von 62 Schillingen herzurühren, etwa für den Tod eines tributpflichtigen (unfreien) Römers, für den Überfall auf eine Siedlung, für die nicht mit Zustimmung der Verwandtschaft erfolgte Heirat mit einer Witwe, für die Beraubung einer noch nicht bestatteten Leiche (*Lex Salica* 39,5 und 41,10; 42,5;44,3; 55,1 und 61,2).

Daneben war das Königtum noch durch seine Spitzenfunktion in der von ihm übernommenen römischen Staatsverwaltung herausgehoben, etwa durch das Recht der Ernennung von Beamten und Bischöfen oder das der maßgeblichen Mitwirkung bei deren Bestellung, durch die Beerbung von ohne Testament verstorbenen Römern, durch die Strafe der Gütereinziehung, durch die Verfügung über staatliche Transportdienste und durch viele andere Prärogativen, die das römische Recht dem Kaiser einräumte, der sie durch seine Beamten wahrnehmen ließ.

Der Freie

Das normale Freienwergeld kam, wenn man die vielen Ausnahmen betrachtet, wohl nur in wenigen Fällen zur Anwendung. Ähnlich wie bei der Königsdynastie erweist auch hier die Geschichtsschreibung, daß hochgestellte Familien, trotz der Möglichkeit, sich mit dem Wergeld schadlos zu halten, ihre Ehre dareinsetzen, mit Hilfe eines Kriegeraufgebots den Mörder eines Familienmitglieds bis in den Tod zu verfolgen. Wenngleich es also nach fränkischem Recht keinen eigenen Adelsstand gab, so tritt er uns gerade in solchen Familien entgegen, welche die Blutrache und Fehde für sich in Anspruch nehmen. Das hängt wohl auch mit der hohen Bewertung der Kriegstüchtigkeit zusammen, die zugleich für die Abstufung der Stände ausschlaggebend ist.

Die Integrationsfähigkeit der Franken zeigt sich bereits in der *Lex Salica* darin, daß der Status des Freien nicht auf geborene Franken beschränkt ist, sondern sich allgemein auf Barbaren, d. h. Nichtrömer, erstreckt, die nach fränkischem Recht leben (*Lex Salica* 41,1), was wohl durch die Aufnahme ins fränkische Heer geschah. Die Integration von Personen fremder Abstammung in das Volk der Franken wird auch durch viele fränkische Personennamen dokumentiert, die fremde Volksnamen wie Angeln, Hunnen, Schwaben, Thüringer, Warnen und andere, sogar Welsche (Römer), in Erinnerung rufen.

Auffallend ist die Staffelung von besonderen Wergeldern nach den verschiedenen Lebenschancen der betroffenen Personen. Daraus erklärt sich, daß der Tod einer freien Fränkin vor der Pubertät und nach der Menopause mit einem gewöhnlichen Freienwergeld von 200 Schillingen gebüßt werden muß (*Lex Salica* 41,15; 24,9), der von einer gebärfähigen Frau hingegen mit dem Dreifachsatz von 600 Schillingen (*Lex Salica* 24,8) und der von einer Schwangeren sogar mit dem Dreieinhalbfachen in Höhe von 700 Schillingen (*Lex Salica* 24,4). Selbst für minderjährige Könige oder für königliche Amtsträger wird dieser Höchstsatz nicht angewendet. Die hier zugrundeliegende prinzipielle Wergeldgleichheit von Mann und Frau, von der aber bei unterschiedlichen Lebenschancen abgewichen wird, läßt sich außerdem bei der für beide Geschlechter gleichen Buße von 45 Schillingen beobachten, die für die Überantwortung von minderjährigen Jungen oder Mädchen in den geistlichen Stand ohne Zustimmung der Eltern festgelegt ist (*Lex Salica* 24,1–2).

Mit der Berücksichtigung der Lebenschancen erklärt sich ferner, warum ein ungeborenes oder noch nicht mit einem Namen ausgestattetes Kind nur mit 100 Schillingen zu büßen ist (*Lex Salica* 24,6), denn die Säuglingssterblichkeit war sehr hoch.

Neben den verschiedenen Lebenschancen wird die Wehrdisziplin besonders geschützt. Das beginnt bereits mit der Strafe für den beleidigenden Vorwurf der Feigheit (*Lex Salica* 30,6), die übrigens mit 3 Schillingen wesentlich niedriger ausfällt als die Strafe von 45 Schillingen, die einer Frau zu zahlen sind, die verleumderisch als Hure bezeichnet wurde (*Lex Salica* 30,3). Bei Totschlag innerhalb einer Zeltgemeinschaft von fünf oder mehr Personen bzw. innerhalb eines Kriegertrupps mußte entweder der Schuldige überführt werden und dieser das Wergeld zahlen, oder aber es hatten alle, wenn eine klare Schuldzuweisung nicht möglich war, das Wergeld anteilig aufzubringen (*Lex Salica* 43,1–3). Ein bei der Vorbereitung oder im Verlauf eines Kriegszugs ermordeter Franke ist mit der Dreifachbuße von 600 Schillingen angesetzt, und wenn er der eingeschworenen Gefolgschaft des Königs, dem »Mut-Heer«, angehört, sogar mit dem dreifachen Dreifachsatz von 1800 Schillingen (*Lex Salica* 42,1–2; 63,1–2).

Neben dem Kriegswesen liegt den Franken die Jagd besonders am Herzen, was sich in der *Lex Salica* in Strafen für den Diebstahl von Jagdhunden und Jagdfalken verschiedener Güteklasse, von waidwundem oder speziell für die Jagd gehegtem Wild, für Wilderei etc. niedergeschlagen hat. Dies kann hier nicht im einzelnen vorgeführt werden, paßt aber im übrigen gar nicht zu dem Bild, das man sich im 19. Jahrhundert von den bäuerlichen »Gemeinfreien« machte.

Archaisch mutet die berühmte »loi salique« an, wonach Töchter keinen Grundbesitz erben dürfen (*Lex Salica* 59,6), aber auch die strengen Verbote von Heiraten über die Standesgrenzen hinweg (*Lex Salica* 12,7–9). Solche Bestimmungen konnten jedoch seit dem 6. Jahrhundert durch urkundliche Güterschenkung bzw. Freilassung des gewünschten Ehepartners ganz legal umgangen werden.

Abb. 372 *Der Grabfund aus dem Mittelrheingebiet gehört zum alten Bestand der Staatlichen Museen Berlin, er gelangte möglicherweise unvollständig ins Museum; an der Zusammengehörigkeit der Stücke ist jedoch nicht zu zweifeln. Ein Kleinfibelpaar und ein größeres Bügelfibelpaar, also eine Vier-Fibel-Tracht, trugen nur wenige Frauen, auf den Bauernhöfen allein die Bäuerin, auf den Herrenhöfen oft auch eine zweite Frau. Weitere soziale Unterschiede machen sich dann in der Qualität der Fibeln bemerkbar. Frauen mit dem silbernen Kolbenarmring am linken Handgelenk, eine Art Standesabzeichen, besaßen immer zusätzlichen Schmuck, Ohrringe, eine Ziernadel in den Haarflechten sowie silberne Riemenzungen an den Wadenbinden; im zweiten Viertel des 6. Jahrhunderts könnten die Bügelfibeln auch ein reiches Ziergehänge getragen haben. Die soziale Gleichstellung von Mann und Frau kommt in merowingischer Zeit sehr deutlich an den Grabausstattungen zum Ausdruck (Kat. VIII.4.4.). – Foto K. Görken, Staatliche Museen zu Berlin.*

Der Halbfreie

Der Terminus »Halbfreier« dokumentiert eine gewisse Verlegenheit der Forschung gegenüber diesem aus moderner Sicht eher überflüssigen Stand. Das frankolateinische Wort *letus*, *lazus*, zeigt aber, daß es sich analog zu den *liberti* der Römer um Freigelassene oder deren Nachkommen handelt, die auf den Schutz eines Patrons angewiesen sind (vgl. *Lex Salica* 26,1; 35,8), insofern sie nicht den familiären Rückhalt einer großen freien Verwandtschaft genießen. Wie der Freie, so vermag auch der Halbfreie in Geschäften etwas eidlich zu versprechen und sich damit selbst rechtlich zu binden (*Lex Salica* 50,1). Auch kann er – militärisch gesehen – zu einer Zeltgemeinschaft gehören (*Lex Salica* 26,1; 42,4). Die Dynamik der fränkischen Gesellschaft wird bei den beiden unteren Ständen nun aber besonders deutlich, weil der König auch aus seinen Halbfreien und Hörigen kompetente Beamte rekrutiert und mit dreifachem Wergeld schützt. Durch die Aufnahme in seine Gefolgschaft macht der König einen solchen Mann zum »Buben des Königs« (*puer regis*), um ihn dann vielleicht noch zum Grafen (*grafio*) oder Beamten (*sacebaro*) zu befördern, für den ein Wergeld von 300 Schillingen, also der Dreifachsatz eines Halbfreien, gilt (*Lex Salica* 54,2).
Auch der in der *Lex Salica* aufgeführte Römer (*Romanus*) erscheint vornehmlich in der Stellung des Halbfreien (Marc Bloch) sowie desjenigen Halbfreien, der vom König mit besonderen Aufgaben betraut ist (*Lex Salica* 41,8–9; 42,4). Der Meinung jedoch, daß es sich hierbei um alle Einwohner mit ehemals vollem römischem Bürgerrecht handelt, die unter den Franken einen Teil ihrer bürgerlichen Rechte verloren hätten, widerspricht die prominente Stellung vieler Römer in Staat und Kirche des Merowingerreichs sowie der Stolz der gallischen Senatoren, die

zweifellos auch unter den Merowingern einen römischen Adel repräsentieren. Bei den »Besitzer« (*possessores*) genannten Römern (*Lex Salica* 41,9) handelt es sich vielmehr um galloromanische Hintersassen des Königs, die bereits unter römischer Herrschaft vom Kaiser abhängig waren. Schon in der Antike ist dieses Wort ein Spezialterminus für den Besitzer (also nicht Eigentümer!) von Staatsland. In dieser Weise wird es auch von Gregor von Tours gebraucht (*Historiae* V,28). Gerade in den Rheinlanden begegnen solche Halbfreie später noch insbesondere in Gebieten mit ausgedehnten Fiskalgutanteilen und mit starker romanischer Kontinuität.

Der Hörige

Zu diesem Stand, der keine militärischen Funktionen mehr hat, gehören vor allem die vielen Bauern und Handwerker; er war, obwohl in der *Lex Salica* etwas zurücktretend, zweifellos zahlenmäßig der stärkste Stand. Auch hier sind einzelne Gruppen durch höhere Wergelder hervorgehoben. Darunter fallen Spezialisten wie Eisen- oder Goldschmied, Müller, Zimmermann, Schweinehirt, Winzer, Pferdeknecht, die mit 70 oder 75 Schillingen bewertet werden (*Lex Salica* 10,6; 35,9). Dabei umfassen die in der *Lex Salica* genannten Berufsbezeichnungen, wie ein Vergleich mit Historiographie und Urkunden erweist, nicht alle Berufe, die es im merowingischen Frankenreich gab. Die Liste macht eher den Eindruck von Beispielangaben, denen, wenn nötig, vor Gericht weitere gleichwertige Spezialisten zugeordnet werden konnten. Korporationen für bestimmte Berufe und Gewerbe sind gleichermaßen nur wenig bezeugt, aber allein schon wegen der römischen Tradition verbreitet gewesen.
Ohne sie jeweils mit Hörigen zusammen zu nennen, erwähnt die *Lex Salica* noch eine – ebenfalls nicht komplette – Reihe von Produktionsbereichen, in denen ohne Zweifel Hörige als Arbeiter tätig waren: Apfel- und Birngärten, Bohnen-, Erbsen-, Linsen- oder Flachsfelder (*Lex Salica* 27,10–13), Fischreusen und -netze (*Lex Salica* 27,27), um nur einige zu nennen. Daß auch Hörige selbst wieder über Knechte verfügten, um ihre Landwirtschaft oder ihr Handwerk betreiben zu können, erkennt man aus den Rechtsquellen nicht, wohl aber aus gelegentlichen Bemerkungen in der Historio- und Hagiographie.
Von den verschiedenen Bedingungen des Hörigendaseins treten in der *Lex Salica* am deutlichsten neben der starken wirtschaftlichen Abhängigkeit, den körperlichen Strafen von der Prügel bis zur Hinrichtung doch vor allem die Restriktionen hinsichtlich der Eheschließung hervor. Praktisch ergab sich dadurch eine Gruppenbildung nach Grundherrschaften, weil die Herren darauf sehen mußten, daß die Nachkommen ihrer Hörigen als Arbeitskräfte bei ihnen blieben und ihren Betrieben, möglicherweise sogar ganz bestimmten Produktions- oder Dienstleistungszweigen, zur Verfügung standen. So konnten sich bei ihnen »Familien«-Identitäten entwickeln, die sich z. B. ganz eng auf den König, einen Adeligen oder den Titelheiligen einer Bischofskirche bezogen, jedoch – gemäß der Streuung der Güter des Grundbesitzers – sehr viele und weit voneinander entfernt wohnende Personen umfaßten. Auch in diesem Stand ist über den speziellen Königsdienst die Möglichkeit des gesellschaftlichen Aufstiegs evident.

Ausblick

Der fränkische Gesellschaftsaufbau ist zweifellos für uns fremdartig. Man sollte sich aber davor hüten, ihn vorschnell etwa mit Schlagworten wie archaisch, feudalistisch, kommunistisch oder ähnlichen zu bewerten. Bemerkenswert ist erstens eine hohe Integrationsfähigkeit, verbunden mit einem großen Prestige des fränkischen Namens, wodurch es Nichtfranken, darunter sogar Römern, leicht möglich war, Franken – in welchem Stand auch immer – zu werden. Diese Offenheit war gewiß ausschlaggebend für die Beständigkeit der fränkischen Herrschaft im ehemals römischen Gebiet, weil sie zunächst eine Koexistenz, dann eine Verschmelzung von gleich zu gleich mit den sich bislang als Römer fühlenden Alteinwohnern sowie mit andern Zuziehenden erlaubte. Sie ermöglichte außerdem die Anwerbung der vielen verschiedenster Herkunft, die für die seit etwa 500 einsetzende massenhafte ländliche Besiedlung in zahlreichen Regionen des Reiches gebraucht wurden. Anziehend waren gewiß auch die diversen Aufstiegsmöglichkeiten, an denen es in keinem Stand mangelte.
Wenig verständlich ist uns die hohe Gewaltbereitschaft und die prinzipielle Ungleichheit in den drei Ständen. Aber auch diese Züge trugen zur Dynamik der fränkischen Gesellschaft bei, verhinderten eine Diktatur im Staat, versprachen keine Chancengleichheit, wo sie nicht gegeben sein konnte, zwangen den Schwachen zur Schutzsuche bei einem Stärkeren und wurden zugleich durch das Christentum lebhafter Kritik unterworfen. So kam ein langwieriger Veränderungsprozeß in Gang. Von Karl dem Großen heißt es später, er habe die Wildheit und die eisernen Herzen der Franken gezähmt (Nidhart, *Historia* I,1), doch sollten Ungleichheit und Gewalt in Europa noch Jahrhunderte fortdauern.

Literatur: Anton 1988. – Anton 1995. – Bidez 1932, 227. – Schnetz 1990. – Springer (im Druck). – Stein, S. 1926, – Stengers 1959, 28. – Wagner, N. 1989.

Salier und Salisches Recht – Beobachtungen zu den Wörtern *Salii* und *Salicus*

Matthias Springer

Die herrschende Lehre nimmt eine Zweiteilung der Franken an. Als der eine Teil gelten die Salier, als der andere galten ehemals die Ripuarier. Seit einigen Jahrzehnten sind die Ripuarier durch die Rheinfranken ersetzt. Die herrschende Lehre läßt sich jedoch mit der Berufung auf die Salier ebensowenig begründen wie mit der Berufung auf die Ripuarier: Kaiser Julian bezeichnete im Jahre 361 in einer Verlautbarung an die Athener eine Anzahl von Germanen als Salioi (Σάλιοι). Nach seinem Vorbild verwandten einige griechische und lateinische Dichter und Geschichtsschreiber des 4. und des 5. Jahrhunderts dieses Wort. Die Merowingerzeit kannte keine Salii. Das Eigenschaftswort salicus *in der Überschrift der berühmtem* Lex Salica *ist kein Namenadjektiv. Es ist von einem Begriffswort abgeleitet.* Lex Salica *bedeutet nicht »Das Recht des Volkes der Salier«, sondern »gemeines Recht«.*

Nach der herrschenden Meinung bestanden die Franken der Völkerwanderungszeit und des Frühmittelalters aus zwei Teilen. Den einen sollen die Salier (oder »Salfranken«) gebildet haben. Als die andere fränkische Gruppe galten ehemals die Ripuarier. An deren Stelle sind in gegenwärtigen Darstellungen die »Rheinfranken« getreten.

Die Ansicht von der Zweiteilung der Franken beruht darauf, daß es unter den frühmittelalterlichen Rechtsbüchern ein Salisches Recht (*Lex Salica*) sowie ein Ripuarisches Recht (*Lex Ribuaria*) gibt. Da die betreffenden Schriftwerke als Volksrechte angesehen wurden, schien die Folgerung berechtigt, daß die Salier das eine, die Ripuarier jedoch das andere fränkische Teilvolk gewesen wären. Insofern der Schluß auf der *Lex Ribuaria* beruhte, ist ihm die Grundlage entzogen, denn dieses Rechtsbuch stellt nach der heutigen Ansicht kein ursprüngliches Gegenstuck, sondern eine Bearbeitung der *Lex Salica* dar, ist also jünger.

Nachdem diese Erkenntnis gewonnen war, wäre es das richtige Vorgehen gewesen, die Lehre von der Zweiteilung der Franken überhaupt in Zweifel zu ziehen. Statt dessen hat man aber die Ripuarier durch die sog. Rheinfranken ersetzt. »Rheinfranken« (*Francorum Rinensium*) kommen beim Geographen von Ravenna vor, der im 8. oder im frühen 9. Jahrhundert ein erdkundliches Nachschlagewerk angefertigt hat. Der namenlose Verfasser betrachtet diese Bezeichnung jedoch keineswegs als Gegenwort zu »salischen Franken«. Er kennt weder Salier noch »salische Franken«.

Die folgenden Ausführungen sollen zeigen, daß die Salier ebensowenig ein fränkisches (Teil)volk der Völkerwanderungszeit waren wie die Ripuarier: Als Salier oder »Salfranken« betrachtet die herrschende Meinung die Merowinger und ihre Untertanen. Chlodwig († 511) und seine Nachkommen werden jedoch von keinem Zeitgenossen als Salier bezeichnet. Das Substantiv *Salier* (lat. *Salii*, griech. Σάλιοι) ist der Merowingerzeit völlig fremd. (Ich rede nicht vom Adjektiv *salicus*.)

Allerdings kannten Schriftwerke des 4. und 5. Jahrhunderts das Wort *Salier*. Zuerst taucht es in dem Brief Julians auf, den der Kaiser im Jahre 361 an die Athener richtete. Julian erzählt in dem Schreiben unter anderem, er habe in Gallien »einen Teil des Volkes der Salier« in seine Botmäßigkeit aufgenommen (ὑπεδεξάμην μὲν μοῖραν τοῦ Σαλίων ἔθνους ...). Die geschilderten Ereignisse gehören wahrscheinlich in den Frühling des Jahres 358.

Julian († 363) war nicht nur Kaiser, sondern auch einer der führenden Schriftsteller und Philosophen seines Zeitalters. Obendrein war er der letzte Heide auf dem römischen Thron. Wegen dieser Eigenschaften erfreuten sich seine Person und seine Werke größten Ansehens bei den gleichgesinnten Zeitgenossen und Nachfahren, sofern sie griechisch schrieben oder zumindest lesen konnten. Unter Julians literarischem Einfluß stehen daher auch die zwei anderen griechischen Geschichtsschreiber, die von Saliern sprechen. Das sind Eunap (um 400) und Zosimos (im ersten Drittel des 6. Jahrhunderts). Beide waren Heiden. Beide erwähnen Salier nur in Verbindung mit Julians Taten in Gallien.

Auch die lateinischen Quellen führen unmittelbar oder mittelbar auf diesen Kaiser zurück: Die *Notitia dignitatum*, ein Verzeichnis römischer Ämter und Heereseinheiten, das wohl zwischen 425 und 430 niedergeschrieben worden ist, nennt Truppenteile, in deren Namen das Wort *Salii* vorkommt. Diese Einheiten waren Schöpfungen Julians. Während der ersten Hälfte des 5. Jahrhunderts brauchten die Soldaten, die ihnen angehörten, übrigens nicht mehr vom rechten Ufer des Rheins zu kommen.

Der Geschichtsschreiber Ammianus Marcellinus, der während der achtziger und neunziger Jahre des 4. Jahrhunderts in der Stadt Rom lebte, spricht von Saliern an einer einzigen Stelle (17, 8, 3), und zwar im Zusammenhang mit Julians Wirksamkeit

in Gallien. Obendrein besteht zwischen Ammian und dem Kaiser dieselbe literarische Abhängigkeit, die bei Eunap und Zosimos zu beobachten war. Ammians Muttersprache war das Griechische. Er hat eine Denkschrift Julians des Abtrünnigen benutzt, als er die Taten des Kaisers in Gallien beschrieb.

In einem Gedicht, das Claudius Claudianus im Jahre 400 am weströmischen Kaiserhof zum Lob des Feldherrn Stilicho vortrug, führte der Dichter aus, daß Stilicho während einer zweiwöchigen Rheinfahrt (wahrscheinlich 396) die Salier, Sugambrer, Chauken und Franken bezwungen hätte. Claudian war ebenso Grieche wie Ammianus Marcellinus. Daß er bei seiner Arbeit am Preisgedicht auf Stilicho den oben erwähnten Brief Julians an die Athener benutzt hat, in dem auch der Name der Salier vorkommt, wurde schon vor hundert Jahren nachgewiesen. Wenn Claudian die Salier so behandelt, als wären sie unmittelbare Zeitgenossen, will das nichts besagen. In seinen Schöpfungen werden Bezeichnungen der Gegenwart mit Erinnerungen aus der Literatur der Vorzeit bunt durcheinandergewürfelt. So erzählt der Dichter, wie auch die Bastarnen, Cherusker und Kimbern am Rhein vor Stilicho das Haupt gebeugt hätten.

Von Claudian abhängig war Sidonius Apollinaris, der 456 in Rom ein Lobgedicht auf den Kaiser Avitus veröffentlichte: Der Herrscher hätte an Kampftüchtigkeit die Heruler, die Hunnen, die Franken, die Sauromaten, die Salier und die Gelonen übertroffen. Wir werden hier mit einer vollen Gabe aus dem Namenschatz der spätantiken Dichtersprache bedacht, der

Abb. 373 *Die Salier unterwerfen sich im Jahre 358 Kaiser Julian und den Romanen. J. Kok, Vaderlansch Wordenbook (1785–96) Taf. II. – Foto Landesbibliothek Stuttgart.*

entfernt von jeder Wirklichkeit bestand. Er war zustande gekommen, indem die Bezeichnungen von Völkern, die sich bei den Dichtern der Vergangenheit fanden, mit Namen der Gegenwart in einen Topf geworfen wurden, wobei die Schreiberlinge mit vielen jüngeren Bezeichnungen ebensowenig eine klare Vorstellung verbanden wie mit denen der Vorzeit. Jedenfalls sind damit alle Nennungen des Wortes *Salier* aus der Völkerwanderungszeit behandelt.

Die oben genannte Meinung, daß die Merowinger und ihre Untertanen Salier gewesen wären, stützt sich darauf, daß die früheste Fassung oder die frühesten Teile des Rechtsbuches namens *Lex Salica* (oder *Pactus Legis Salicae*) wohl von Chlodwig erlassen worden sind. Die Wortgruppe *lex salica* hat man als »salfränkisches Recht«, »Recht der salischen Franken« wiedergegeben. Diese Übersetzung ist jedoch ebenso abwegig wie die Wiedergabe von *ius civile* als »Zivilrömisches Recht«, »Recht der zivilen Römer« oder von *ius Quiritium* als »Quiritrömisches Recht«, »Recht der quiritischen Römer«.

Salicus bezieht sich nicht auf einen Eigennamen, sondern auf ein Begriffswort mit der Bedeutung 'Gefährte, Freund, Mitstreiter, Geselle, Genosse, Kamerad'. Wie Norbert Wagner 1989 nachgewiesen hat, lebt dieses Wort (germ. **saljon*) in unserem neuhochdeutschen Ge-*selle* weiter. Wörter dieser Art können wir als Gemeinschafts- oder Genossenschaftswörter bezeichnen.

Als sprachliches Gebilde ähnelt die Wortgruppe *lex salica* den Wortgruppen *ius civile* oder *Bürgerliches Recht*. *Lex Salica* hat ursprünglich soviel wie 'gemeines Recht' bedeutet. Wahrscheinlich ist das lateinische Adjektiv *salicus* während der Merowingerzeit in Anlehnung an das germanische Substantiv gebildet worden.

Bei einer anderen Wortgruppe, die *salicus* enthält, ist sich die Allgemeinheit einig, daß das Adjektiv auf ein Begriffswort und nicht auf einen Namen Bezug nimmt. Diese Wortgruppe lautet *terra salica*. *Terra salica* meint 'Herrenland' und nicht «Land der salischen Franken«. Allerdings ist *salicus* hier kein Genossenschaftswort mehr, sondern ein Herrschaftswort. Eine solche Entwicklung steht nicht vereinzelt da: Das lateinische Gemeinschaftswort *publicus* hat in der Spätantike das bezeichnet, was dem Kaiser gehörte. Nach Simon Stein ist *lex salica* in der Karolingerzeit als *lex dominica* verstanden worden, als Recht des Herrn, nämlich des Königs.

Offensichtlich hat nun aber Julian das Wort Σάλιοι als einen Völkernamen gebraucht. Wie konnte der Kaiser ein germanisches Begriffswort, das 'Genosse', 'Landsmann' oder ähnliches bedeutete, in solcher Weise mißverstehen? Die nächstliegende Erklärung besteht darin, daß bestimmte Gemeinschaftswörter den Angehörigen der Gemeinschaft als Anrede dienen. Den Außenstehenden erscheinen diese Wörter dann wie ein Name und können zu guter Letzt wirklich zum Namen werden. Ein Beispiel bildet die Bezeichnung *Eidgenossen* für die Schweizer. **Saljon* und seine jüngeren Entsprechungen sind innerhalb der germanischen Sprachen jedoch nicht zu Namen geworden – es sei denn, man führt *Salier* als den Namen des Geschlechts, das von 1024 bis 1135 den deutschen Königsthron innehatte, unmittelbar auf das urgermanische Wort zurück.

In substantivierter Form bezeichnete *Salicus* denjenigen, der nach salischem Recht lebte, also den Angehörigen eines Rechtsstandes und nicht eines Volkes. Es war austauschbar mit *qui lege salica vivit*. Das lateinische Substantiv *Salicus* ist jünger als das entsprechende Adjektiv.

Vor dem Schluß, *lex Salica* sei von einem Volksnamen abgeleitet, hätte schon die grammatische Form der Wortgruppe warnen müssen. Diejenigen frühmittelalterlichen Rechtsbücher, in deren Überschriften Völker (oder Einwohnergruppen) genannt werden, setzten den Namen nämlich in den Genetivus pluralis (Lex *Alamannorum*, Lex *Thuringorum* usw.).

Ebenso verbietet der sogenannte längere Prolog zur *Lex Salica*, den Namen des Rechts auf ein Volk zu beziehen. Anderenfalls müßte man diese Einleitung des Rechtsbuches so verstehen, als ob das Volk der Franken das Recht des Volks der Salier hatte aufzeichnen lassen.

Literatur: Anton 1988. – Anton 1995. – Bidez 1932, 227. – Schnetz 1990. – Springer (im Druck). – Stein, S. 1926, – Stengers 1959, 28. – Wagner, N. 1989.

Leges und Kapitularien

Hubert Mordek

Die Gesetzgebung der Franken äußert sich vornehmlich in Leges und Kapitularien. Letztere sind königliche, das heißt von den fränkischen Herrschern ausgehende, meist in Kapitel gegliederte Satzungen und Verlautbarungen gesetzgeberischen, administrativen, auch religiös-belehrenden Charakters, bei deren Abfassung bzw. Erlaß oft die Großen des Reiches mitwirkten. Einem ähnlichen Miteinander der jeweils führenden Kräfte dürften die meisten Leges der fränkischen Zeit, in der Literatur auch Volks-, Stammes- oder Germanenrechte genannt, ihre Entstehung verdanken. Deutlich zeigen sie das Bemühen, viele Bestimmungen zu einem geschlossenen Ganzen zu vereinen und so auf Dauer zu bündeln. Der Aktualisierung der Leges dienten, neben Textredaktion und -interpolation, beigefügte Kapitularien; sie ergänzten, modifizierten oder korrigierten den je als erneuerungsbedürftig empfundenen Rechtsstoff. Nach Art antiker Kaiseredikte ergingen Kapitularien aber schon in der Merowingerzeit auch unabhängig von Leges, ja, unter den Karolingern, die den Kapitularienbegriff (capitulare, capitula) auf die sonst Edikte, Dekrete, Präzepte oder ähnlich genannten Stücke übertrugen, drängten sie die Leges in ihrer Bedeutung immer mehr zurück.
Die gelehrte Unterscheidung zwischen den Leges als Volksrecht und den Kapitularien als Königsrecht läßt sich nicht aufrechterhalten. Nach der neueren Leges-Forschung ist selbst bei den »Volksrechten« die Zustimmung des »Volkes« nicht unbedingt vorauszusetzen, so daß auch unter diesem Aspekt Leges und Kapitularien einander näherkommen. »Es wäre an der Zeit«, sich bei der Erforschung der beiden Quellengattungen »wieder auf einen gemeinsamen Nenner zu besinnen« (Schott 1988, 103).

Das älteste fränkische Recht: die *Lex Salica*

Laut Epilog soll der »erste König der Franken« die *Lex Salica* samt einem späteren Nachtrag von über 12 Titeln erlassen haben, bevor sie Childebert I. (511–558) und Chlothar I. (511–561) »nach langer Zeit« weiter ergänzten. Man hat beim »ersten König der Franken« an den ersten bedeutenden gedacht, an Chlodwig I. (481/482–511), auch wenn der *Liber Historiae Francorum* einen sagenhaften König namens Faramund als Gesetzgeber ins Spiel bringt. Aus anderen, direkt dem Gesetzestext entnommenen Gründen neigt die Forschung zu einer Datierung der *Lex Salica* in die letzten Regierungsjahre Chlodwigs (507–511). Der ehrgeizige Franke wäre demnach nicht nur politisch-militärisch in Konkurrenz zum Westgoten Alarich II. (*Lex Romana Visigothorum*) und zum Burgunder Gundobad (*Lex Gundobada*) getreten.
Anders der kurze Prolog: Vier erwählte Weise – so lesen wir da – mit den legendär klingenden Namen Wisogast, Arogast, Salegast und Widogast hätten alle rechtlichen Streitfragen auf drei Sitzungen sorgfältig erörtert und so die Lex beschlossen. Die vier Urteiler kehren neben den Königen Chlodwig, Childebert und Chlothar im langen, wohl erst unter Pippin d. J. (741–768) verfaßten Prolog wieder. Dagegen konzentriert sich das Gesetzgeberbild der Handschrift, die Wandalgar 793 in der kurzen Zeit von nur drei Herbsttagen niederschrieb und mit Monogrammen Karls des Großen versah, auf eine einzige idealtypische Herrscherperson mit Krone und Stab, Rüstung und Buch (Abb. 374), während Lupus von Ferrières um 836 wieder das kollegiale Motiv hervorkehren sollte (Abb. 375): Paarweise beraten sich die vier, und einem Schreiber fällt die Aufgabe zu, das Ergebnis auf Pergament dauerhaft festzuhalten.
Im Spannungsfeld von rechtsgelehrtem Weistum und königlicher Satzung haben denn auch ältere Forscher gern die Leges, speziell die *Lex Salica*, gesehen und mit Hilfe textkritischer Instrumentarien, einer stellenweise übertrieben anmutenden Art von »Lexegese«, den Weistums-Kern vom Satzungs-Beiwerk herauszuschälen und damit nachzuweisen versucht, »wie sehr die auf uns gekommene Lex bereits die Spuren der nie rastenden Fortentwicklung des Rechtes an sich trägt« (Beyerle 1924, 249).
Diese Fortentwicklung war durchaus vonnöten. Denn die *Lex Salica* zeigt trotz der unverkennbaren Einflüsse römischen Vulgarrechts doch recht archaische Züge. Die zahlreichen Formen von Diebstahl oder Schädigung an Nutztieren, eine breite Palette vom Schwein jeden Geschlechts und Alters über den Bienenkorb bis hin zum lebenden Pferd und zur Pferdehaut – für jedes Vergehen wird ein bestimmtes Bußgeld festgelegt –, spiegeln ein extrem ländliches Umfeld, in das auch, breit eingestreut, die volkssprachigen Malbergischen Glossen Einblick gewähren. Andererseits sind die schwindelerregend hohen Wergelder nicht auf einfache Bauern, sondern auf den »grundbesitzende(n) Adel zugeschnitten« (Kaufmann 1986, 378 f.). Den 200 Schillingen Buße für die Tötung eines freien Mannes entsprachen in etwa eine komplette Kampfrüstung, ein Hengst, zehn

Abb. 374 *Gesetzgeberbild vor* Lex Salica *und* Lex Alamannorum; *Original von der Hand Wandalgars. Codex aus der Gegend von Besançon. St. Gallen, Stiftsbibliothek, 731 (Oktober/November 793, burgundisch), p. 234. – Angaben Hubert Mordek. Foto C. Selbrecht, Stiftsbibliothek St. Gallen.*

Stuten und 25 Kuhe. Und noch teurer kam mit 600 Schillingen der Mord an einer gebärfähigen Frau (24, 8); selbst eine patriarchalische Gesellschaft stufte demnach den Wert der volkserhaltenden Mutter um das Dreifache höher ein als den des wehrfähigen Mannes.

Merowingische Kapitularien

A. Boretius zählt in seiner Edition neun merowingische Kapitularien, zu denen, neben den von K. A. Eckhardt herausgegebenen anonymen Texten, noch zahlreiche heute verlorene oder nur in Partikeln faßbare zu rechnen sind. Sie lassen deutliche Einflüsse des spätrömischen wie des kirchlichen Rechts erkennen und bemühen sich, vor allem in ihrer Ausformung als adkapitulierte Novellen der *Lex Salica*, den veränderten Anforderungen eines Großreiches Rechnung zu tragen. Drei der beigefügten Kapitularien weisen ihre Urheber namentlich aus und sind so historisch-chronologisch leichter zu fas-

Abb. 375 *Gesetzgeberbild Lupus' von Ferrières von ca. 836: Die vier salischen Rechtskenner beraten und diktieren die* Lex Salica. *Um 991, Oberitalien. – Cod. Modena, Biblioteca Capitolare, O.I.2 fol. 11v.*

sen als die anderen, anonymen Kapitelreihen:
Childebert I. (511–558) und Chlothar I. (511–561) handeln im *Pactus pro tenore pacis*, der »Einung zur Wahrung des Friedens«, zwar immer noch von Diebstahl, regeln aber vor allem Verfahrensfragen und sorgen sich verstärkt um einen eher mobilen Verbrechertyp – den Räuber. Chilperich I. (561–584) greift in seinem Edikt das Engagement von Oheim und Vater gegen das Räuberunwesen auf und entschärft beherzt Problemfelder wie die erbrechtliche Stellung von Töchtern oder die Herrenhaftung für straffällige Sklaven. In formaler Höchstform präsentiert sich das Dekret Childeberts II. (575–596). Nicht nur, daß eine für Kapitularien außergewöhnliche Datumzeile auf das Jahr 596 vorhanden ist – der Rekognoszent Asclipiodus hat die Kapitel je verschiedenen Märzfeldern in Andernach, Maastricht und Köln zugewiesen und vermittelt so eine Vorstellung, wie die anonymen Kapitelreihen zur *Lex Salica* zustande gekommen sein könnten.
Mit Childebert II. enden, wenige Jahrzehnte vor der Entstehung neuer Leges, die adkapitulierten merowingischen Gesetze. Erst Karl der Große und Ludwig der Fromme forcierten wieder die Ergänzungsgesetzgebung zu den Leges allgemein und speziell zur *Lex Salica*. An der salischen Titelnumerierung orientieren sich noch Ludwigs *Capitula legi Salicae addita* von 819/820, eigentlich ein in Abwesenheit des Herrschers unter teils kontroversen Debatten ergangenes Weistum, das Ludwig dem salischen Recht beifügen ließ.

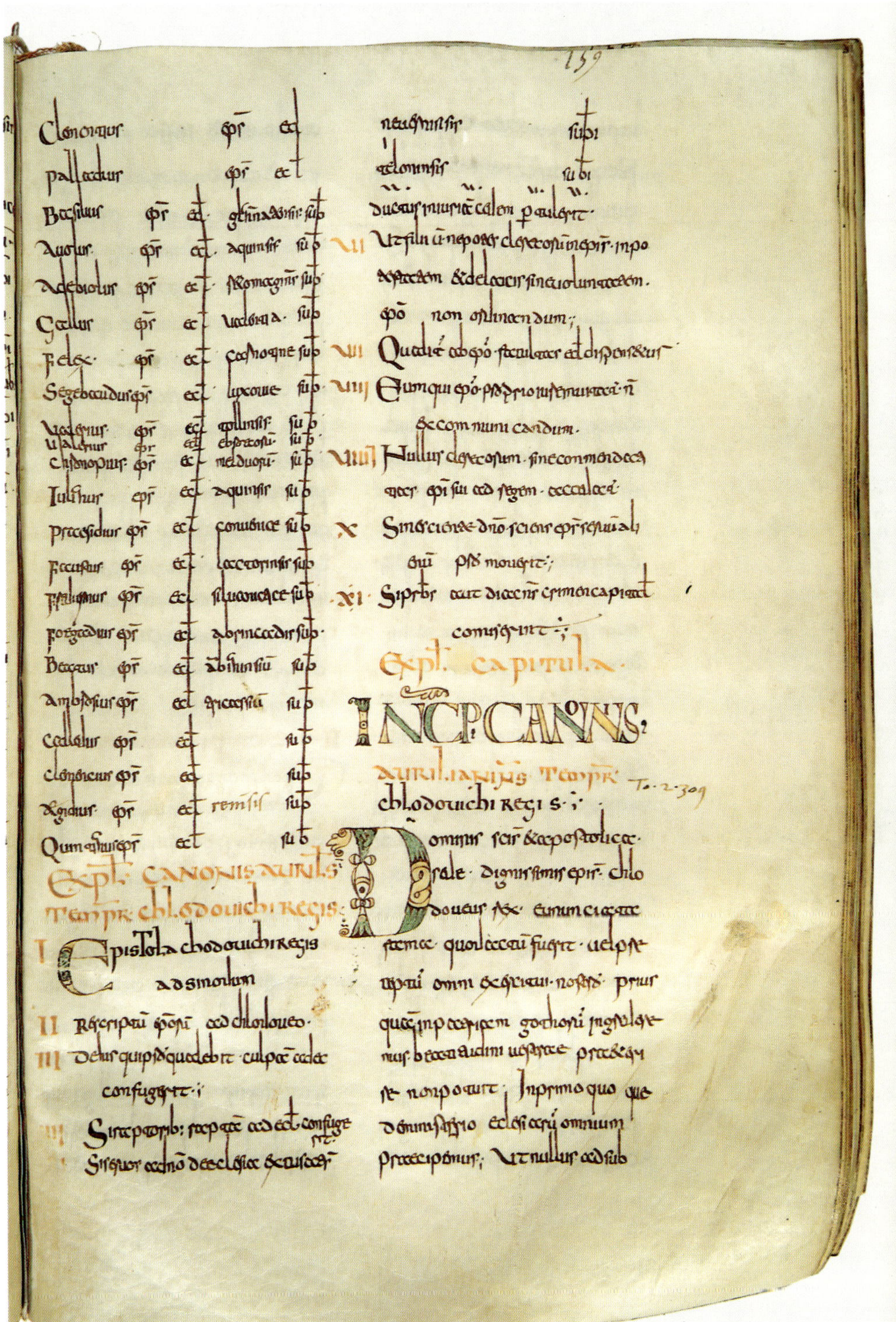

Abb. 376 *Beginn des Briefs Chlodwigs I. an die Bischöfe (507/508) in der sogenannten* Collectio canonum Remensis. *Ende 8. Jahrhundert, vielleicht aus Bourges. – Cod. Berlin, Staatsbibliothek Preußischer Kulturbesitz, Phill. 1743 fol. 159r.*

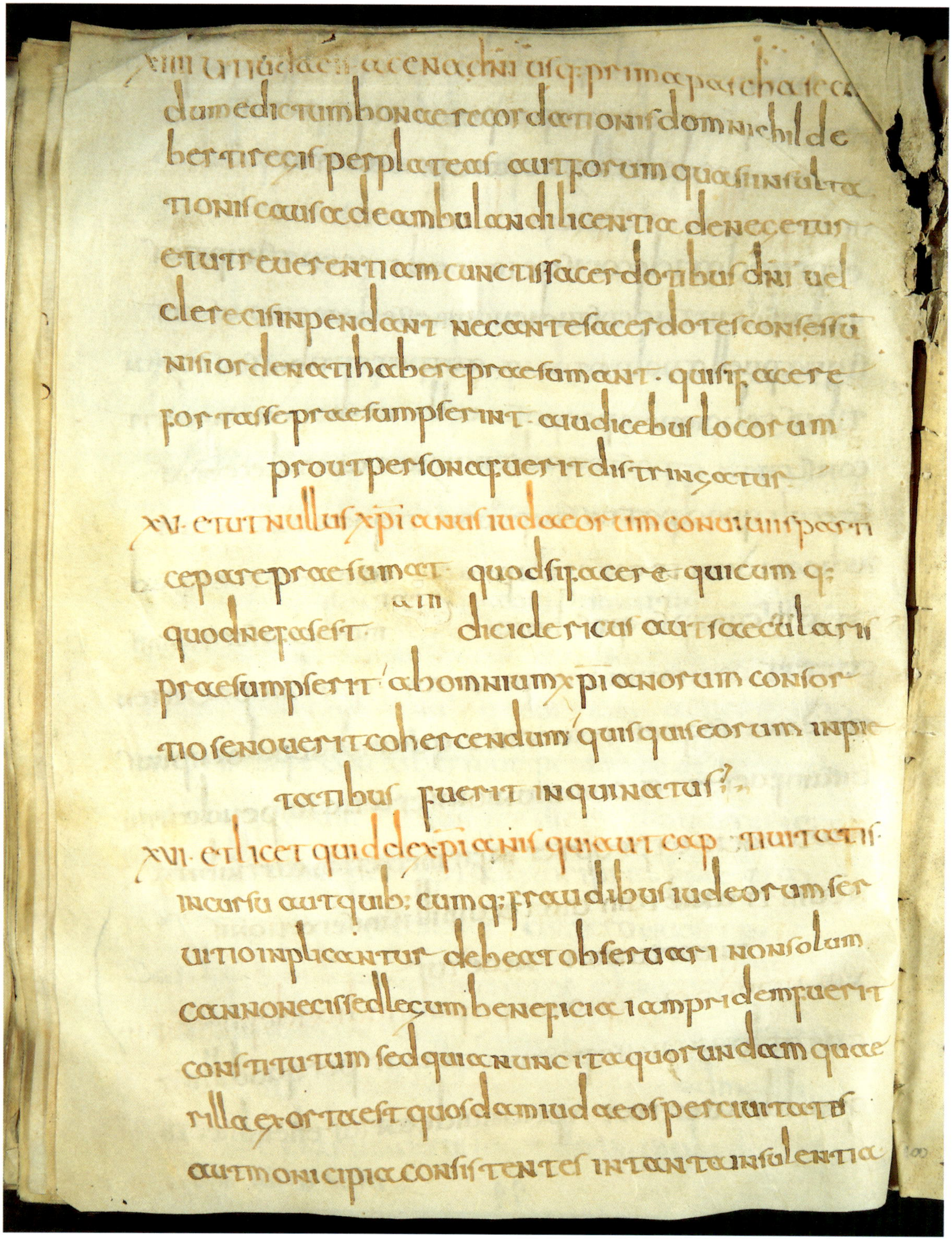
XIIII. Ut iudaei a caena dni usq; prima pascha sec-
dum edictum bonae recordationis domni childe-
berti regis per plateas aut forum quasi insulta-
tionis causa deambulandi licentia denegetur
et ut reverentiam cunctis sacerdotibus dni vel
clericis inpendant nec ante sacerdotes consessu
nisi ordenati habere praesumant. quod si facere
fortasse praesumpserint. a iudicebus locorum
prout persona fuerit distringatur.
XV. et ut nullus xpianus iudaeorum conviviis parti-
cepare praesumat. quod si facere quicumq;
quod nefas est aut dici clericus aut saecularis
praesumpserit ab omnium xpianorum consor-
tio se noverit cohercendum quisquis eorum inpie-
tatibus fuerit inquinatus.
XVI. et licet quid de xpianis qui aut captivitatis
incursu aut quib; cumq; fraudibus iudeorum ser-
vitio inplicantur debeat observari non solum
canonecis sed legum beneficia iam pridem fuerit
constitutum sed quia nunc ita quorundam quae-
rilla exorta est quosdam iudaeos per civitates
aut municipia consistentes in tantam insulentia

Es verrät wohl weniger die Ohnmacht solcher Gesetzesbemühungen als den immer schon respektlosen Witz intellektueller Geister, wenn die älteste *Lex-Salica*-Handschrift ohne Scheu vor Blasphemie den Novellenstil folgendermaßen parodiert: »Es beginnen alle Malbergischen. Im Namen Gottes, des allmächtigen Vaters. Laidobrand und Ado beschlossen, in das salische Recht, das diesbezüglich keinen Titel enthält, unter gnädiger Zustimmung des Fredo, seiner Frau und der Großen (Optimaten) von ihnen und mit Gottes Hilfe einen Titel einzubringen, daß, wenn einer innerhalb oder außerhalb seines Hauses eine volle Flasche aus eigenem oder fremdem Besitz hat, er keinen einzigen Tropfen in den Becher schütten darf«. Bei Zuwiderhandlung verhängt die köstliche Posse eine Geldbuße von 15 Schillingen und ordnet an, den Becher zu zerschlagen, die Flasche zu köpfen und die Getränke durch den Mundschenk beschlagnahmen zu lassen (Väänänen 1981, 198 f.).

Aus den Anfängen der fränkischen Gesetzgebung datieren auch die vom salischen Recht unabhängigen Kapitularien. Doch beschränken sie sich inhaltlich zunächst auf einzelne Hauptthemen. Im Brief an die Bischöfe nimmt Chlodwig I. Bezug auf seine Heeresorder zum Schutz von Kirchenleuten und regelt die Modalitäten ihrer Wiederfreilassung (Abb. 376). Childebert I. ordnet im Laufe der wiederbelebten Orléaner Konziliengesetzgebung für das ganze Reich die Vernichtung von Götzenbildern an und stellt, wahrscheinlich auf Anregung des greisen Bischofs Caesarius von Arles († 542), anstößige Festtagsbräuche unter Strafe; nur indirekt kennen wir die vielleicht gleichzeitig verhängte Ausgangssperre, der Juden von Gründonnerstag bis Ostern unterworfen waren (Abb. 377). Guntchrams Bestätigung der Konzilsbeschlüsse von Mâcon (585), ein kunstvolles Loblied auf die Gerechtigkeit, steht in der Tradition kirchlicher Mahnreden. Das Edikt bewahrt wie dasjenige Chlothars II., das die Beschlüsse des Reichskonzils von Paris (614) umsetzt, Datum und Unterschrift.

Alle erhaltenen nicht-adkapitulierten Kapitularien finden sich in Kirchenrechtssammlungen und berücksichtigen kirchliche Belange. Nur das Pariser Edikt und das auch in einer burgundisch geprägten Legessammlung auftretende Präzept Chlothars I. oder II. berühren beide großen Bereiche, den kirchlichen und den weltlichen, und künden thematisch wie formal jene zwanglose Breite an, die sich in den karolingischen Kapitularien verstärkt entfalten sollte. Obwohl wir für den langen Zeitraum von Chlothar II. bis zu den Söhnen Karl Martells, Karlmann und Pippin der Jüngere, kein vollständiges Kapitular kennen, berechtigen vielfache zweifelsfreie Nachrichten über gesetzgeberische Aktivitäten auch in der »dunklen« Zwischenzeit doch zu der Einschätzung, daß in der Legislative zwischen merowingischer und karolingischer Epoche keine größere Zäsur anzunehmen ist.

Abb. 377 *Konzil von Mâcon (581/583) im Anhang zur* Collectio canonum Lugdunensis: *Zitat aus einem sonst unbekannten Edikt Childeberts I. (wohl 538). 7. Jahrhundert, Burgund. – Cod. Berlin, Staatsbibliothek Preußischer Kulturbesitz, Phill. 1745, fol. 159r.*

Die jüngeren Rechte: *Lex Ribuaria, Lex Alamannorum* und *Lex Baiuvariorum*

Die einzigartigen Berichte des Prologs zur Lex Baiuvariorum lassen sich je nach Standpunkt historisch verwerten oder verwerfen. Daß schon Theuderich I. (511–533) in Châlons-sur-Marne, wie der Prolog meint, das Recht der Franken, Alamannen und Baiern niederschreiben ließ, andere das Werk fortführten, kann sich generell auf die *Lex Salica*, nicht aber auf die jüngeren Leges beziehen. Wenn es indes heißt, Dagobert I. (623–638/639) habe mit Hilfe der Erlauchten Claudius, Chadoindus, Magnus und Agilulfus das alte Recht erneuert und verbessert, so dürfte hier doch die Kenntnis eines realen, neuen Gesetzgebungsschubs durchscheinen. Mit anderen Worten: Neben den imposanten zeitgenössischen Kodifikationen der Langobarden und Westgoten (*Edictus Rothari* von 643 und Reccesvinths *Liber iudiciorum* von 654) wird im 7. Jahrhundert auch ein fränkischer Neuansatz sichtbar.

Die *Lex Ribuaria*, in der erhaltenen Redaktion *eine »Lex Salica revisa«* nicht nur für den kleinribuarischen Raum um Köln, sondern für das gesamte austrasische Frankenreich, bietet neben *Leges*-üblichen Elementen Königsgesetze im Stil der Zeit Childeberts II. (575–596) bis Sigiberts III. (633/634–656). Chlothars II. Pariser Edikt von 614 liegt, falls sich Titel 61,2 hierauf beruft, schon einige Zeit zurück. Als Magnat, nicht König, gibt sich der einzige namentlich überlieferte ribuarische Gesetzgeber zu erkennen: Heden der Ältere, mainfränkisch-thüringischer Herzog wohl unter Sigibert III. und Grimoald, ist allem Anschein nach jene erst kürzlich identifizierte Gestalt, deren Bildnis Lupus von Ferrières der *Lex Ribuaria* vorangestellt hat (Abb. 378).

Von den beiden erhaltenen alamannischen Rechten wurde das ältere, der *Pactus*, nach Ausweis seiner unvollständig einsetzenden Überschrift im Beisein von 33 Herzögen, 33 Bischöfen und 45 Grafen verabschiedet. Es versteht sich von selbst, daß dies nicht auf Stammesebene geschehen sein kann. Die Forschung sieht heute in »König Chlothar«, den die meisten Rubriken der jüngeren *Lex Alamannorum* neben den gleichfalls genannten Herzögen, Bischöfen und Grafen aus dem *Pactus* übernommen haben dürften,

Abb. 378 *Gesetzgeberbild Lupus' von Ferrières von ca. 836. Eddana, wohl Heden der Ältere, diktiert die* Lex Ribuaria. *Um 991, Oberitalien. – Cod. Modena, Biblioteca Capitolare, O.I.2, fol. 30r.*

Chlothar II. und datiert den *Pactus* in dessen gesamtfränkisches Regierungsjahrzehnt (613–623). Die *Lex Alamannorum* aber setzen zwei ältere glaubwürdige Handschriften in die Zeit Herzog Lantfrids († 730). Als Alamannenherzog, nicht nur als König taucht Chlothar überdies in der Illustration eines alten, einst wohl Touroner Manuskripts auf, während er vom Alamannenpanorama des Lupus ausgeschlossen ist.

Den Gesetzgebern der *Lex Baiuvariorum* wurden keine vergleichbaren Miniaturen zuteil, doch haben Baiern- und Alamannenrecht derart viel gemeinsam, daß über die Frage, welcher Text vom anderen abhängt oder ob beide Leges auf ein gemeinsames Vorbild zurückgehen, eine heftige Kontroverse entbrannte. Wie für die *Lex Salica* wird für die *Lex Baiuvariorum*, die erstmals unter Herzog Odilo (736–748) zitiert sein dürfte, schichtweise Entstehung erwogen. Einige »fliegende Satzungen« sind wohl noch jünger, andere, die dem festen Textbestand angehören, scheinen über ein Jahrhundert älter. Besonders die ersten beiden Titel zum Schutz von Kirche und Herzog dürften, wie der eng verwandte erste Teil der *Lex Alamannorum*, »ein verschollenes merowingisches Königsgesetz des 7. Jahrhunderts« enthalten (Brunner 1901). Erwähnt sei nur die nicht mehr so recht in die Mitte des 8. Jahrhunderts passende Geldbuße, die einem Bischofsmörder abverlangt wird – Gold im Gewicht einer bleiernen, den Körpermaßen des Toten nachgebildeten Tunica (1, 10). Als Reichsrecht wird die *Lex Baiuvariorum* ja nicht nur vom oben vorgestellten Prolog ausgegeben. Auch die Überschrift erteilt dem Werk das merowingische Gütesiegel: »Dies ist erlassen vor dem König und seinen Fürsten und dem gesamten christlichen Volk, das innerhalb des Reiches der Merowinger lebt«.

Noch zu Lebzeiten der letzten merowingischen Schattenkönige treten die Karolinger als Gesetzgeber auf. Was Karlmann und Pippin der Jüngere in der Funktion fränkischer Hausmeier mit ihren Bischöfen und Großen beraten, beschließen und gebieten, läutet den Beginn einer fast nur noch mittels Kapitularien operierenden Legislative ein. Auch wenn Karl der Große die Rechte der Chamaven, Friesen, Sachsen und Thüringer erfragen und niederschreiben ließ, so blieb deren dürftige Tradition und Wirkung doch weit zurück hinter dem breiten Überlieferungsstrom der merowingischen Leges.

Überlieferungsschwund und Überlieferungszufall

Mit über achtzig Handschriften, zu denen noch einige verschollene Exemplare hinzuzuzählen sind, kommt *die Lex Salica* auf eine annähernd so große Überlieferung wie der zeitgenössische Spitzenreiter der kanonistischen Nachbardisziplin, Dionysius Exiguus mit seiner Kirchenrechtssammlung. Und obwohl sich die Bilanz der anderen Leges nur auf die Hälfte oder ein Drittel der *Lex-Salica*-Codices beläuft, liegt sie doch noch deutlich über jenem Limit, das die erfolgreicheren Werke von den mittelmäßigen und erst recht von den Außenseitern und Exoten trennt.

Dennoch datiert das älteste *Lex-Salica*-Manuskript erst aus der zweiten Hälfte des 8. Jahrhunderts. Von den drei merowingischen Redaktionen, die in der letzten kritischen Ausgabe der *Lex Salica* neben vier karolingischen vorausgesetzt werden, hat sich kein auch nur in etwa zeitgenössischer Vertreter erhalten, geschweige denn ein Original. Die anderen Leges stehen, oft mit karolingischem Beiwerk befrachtet, nicht besser da.

Nur im Bereich der Kapitularien gibt es einen merowingischen Textzeugen. Er führt das Mißgeschick der Tradition anschaulich vor Augen. »In alle Orte« ließ Childebert I. sein Präzept versenden, und doch überdauerte der Text nur fragmentarisch und nur in einer einzigen, aber eben merowingerzeitlichen Kanoneshandschrift: in Cod. Paris Lat. 12097 (Abb. 4), dessen hier interessierender Teil um die Wende vom 6. zum 7. Jahrhundert geschrieben ist. Wer auch immer das oder die Blätter zwischen dem erhaltenen Part des Präzepts und den gleichfalls nur hier überlieferten Konzilstexten von Paris (573) entfernt hat, man muß ihm danken, daß er nicht gründlicher vorging; noch ein Blatt mehr, und es gäbe keine einzige Nachricht von Childeberts Gesetz.

Wie sehr die Erkenntnis gesetzgeberischer Kontinuitäten von der Fortune mehr oder minder zufällig erhaltener Informationen abhängen kann, zeigt noch ein weniger bekanntes Beispiel. Aus der Frankengeschichte Gregors von Tours wissen wir, daß 507 ein »Edikt« Chlodwigs I. den fränkischen Truppen beim Marsch durch Touroner Gebiet verbot, anderes als Weidefutter und Wasser, also Nahrung für die Pferde, in Anspruch zu nehmen. Das Vorbild scheint Schule gemacht zu haben, denn Pippin der Jüngere, dessen *Capitulare Aquitanicum* wir nur aus der Bestätigung Karls des Großen kennen, urteilt ganz ähnlich: »Wer immer sich auf der Reise befindet oder auf Kriegszug oder auf dem Weg zum *Placitum*, soll nichts über das ihm Zustehende hinaus nehmen, falls er es nicht kaufen oder erbitten kann, außer Weidefutter, Wasser und Holz«. Pippins bzw. Karls Kapitular war offenbar für Aquitanien gedacht und kommt nur in der aquitanischen Leges- und Kapitulariensammlung des Cod. Leiden Voss. Lat. Q. 119 vor, der übrigens auch wichtige merowingische Unikate bewahrt hat. Das Werk dürfte, wie andere Kriterien zeigen, genauerhin in Tours, der einstigen Bischofsstadt Gregors und Nutznießerin des Chlodwigschen Edikts, entstanden sein. In ihrer sachlichen wie regionalen Ähnlichkeit nehmen sich die beiden Bestimmungen, obwohl Jahrhunderte dazwischenliegen und auch eine Fortentwicklung im Juristischen nicht zu verkennen ist, wie Glieder einer Kette des Rechts aus vom ersten merowingischen Reichsgründer und Gesamtherrscher bis hin zum ersten karolingischen König.

Abb. 379 *Gesetzgeberbild in der* Lex Ribuaria: *der König beim Schatzwurf. Mitte 9. Jahrhundert, wohl nordfranzösisch. – Cod. Paris, Bibl. Nat., Lat. 4787, fol. 95v.*

Kontinuität am Beispiel des Schatzwurfs

Nur erfolgreiches und weithin praktiziertes Recht läßt sich auch über einen längeren Zeitraum nachweisen. Als anschauliches Beispiel mag die Freilassungsform des Schatzwurfs dienen, so benannt nach der volkssprachigen Glosse *scazuurf(f)un* oder *scazuurpun*. Unter »Schatz« dürfen wir uns freilich nichts Größeres oder gar Geheimnisumwittertes vorstellen; es handelt sich bei dem fraglichen Gegenstand nur um einen Denar, so daß auch von Denarwurf gesprochen werden kann (lat. *denariatio*). Zudem ist es eigentlich kein Werfen, was da der Freilasser oder ein von ihm beauftragter Dritter vor dem König bzw. seit der Mitte des 9. Jahrhunderts der König selbst oder sein Graf vollzog. Vielmehr wurde der Denar in die Hand des Freizulassenden gelegt und ihm derart aus der Hand geschlagen, daß er im Bogen über dessen Kopf sprang. Nach Aussage von Formeln und Urkunden erklärte der König im Anschluß an den Denarwurf den Betreffenden für frei und beurkundete den Vorgang. Nur der König konnte den Freigelassenen in die Gemeinschaft der Freien, in die Volksgemeinschaft aufnehmen und den neuen Status garantieren. Der private Freilasser hatte mit dem Ausschlagen des Geldes, so die Deutung, symbolisch auf sämtliche Zinsen und Abgaben seines einstigen Sklaven oder Liten verzichtet.

Sein Quellendebüt gibt der Schatzwurf in der *Lex Salica*, setzt sich eindrucksvoll fort in der *Lex Ribuaria* und in diversen merowingischen und karolingischen Urkundenformeln, selbst in hagiographischen Berichten, um, auch von karolingischen

Kapitularien bedacht, noch in Freilassungsurkunden hochmittelalterlicher Herrscher Erwähnung zu finden. Berühmtheit erlangte vor allem die im Original erhaltene Denarwurfsurkunde, die Heinrich III. 1050 der Magd Sigena ausstellen ließ – es ist der erste namentliche Beleg für das neue, schnell wachsende Nürnberg.

Aus Anschaulichkeit und Bekanntheitsgrad des Schatzwurfs resultiert wohl der seltene Umstand, daß er, falls der Eindruck nicht trügt, gleich zweimal ins Bild gesetzt wurde. Dabei steht die jüngere, vor der *Lex Salica* eingerückte Miniatur in Cod. Gotha Memb. I 84, was den erhobenen Denar oder Ring betrifft, in Kontrast zur denarlosen, aber vollständiger und ursprünglicher wirkenden Miniatur des Cod. Modena O. I. 2 (Abb. 375) und mag hier als nachfränkisches Produkt gelehrter Assoziation beiseite bleiben.

Kaum Zweifel kann es aber beim älteren Bild des Cod. Paris Lat. 4787 geben (Abb. 379). Die expressionistisch stilisierte Gestalt mit dem runden, denarförmigen Gegenstand findet sich gewiß nicht zufällig inmitten jener Titel der *Lex Ribuaria*, die vom Schatzwurf handeln. Daß der Künstler den Freilasser und den Freigelassenen ausgeblendet hat, darf nicht verwundern. Denn der ranghöchste Beteiligte beim Denarwurf, der König, und das Wesentliche der Handlung, die Bewegung, sind mit einfachen Mitteln überzeugend festgehalten. Während der mit einer Art Haubenkrone bedeckte Kopf des Herrschers den Betrachter regungslos und mit durchaus erkennbarer Würde anblickt, vermittelt der aus einem Labyrinth von Linien gebildete Oberkörper den Eindruck drahtiger Dynamik. Die Linke des Königs ist nach rechts gekreuzt und tippt auf die zitternde Andeutung eines Stabes oder einer Stele, die Rechte, über die linke Schulter geschwungen, balanciert oder entläßt auf der Spitze des langgliedrigen Mittelfingers einen runden, für einen Denar überproportional groß gezeichneten Gegenstand. Die raffinierte Strichtechnik möchte wohl in etwa jenen Effekt hervorrufen, den moderne Sportfotografen mühelos durch erhöhte Belichtungszeiten erreichen: blitzartige Bewegungen auf ruhendem Hintergrund. Wie heutzutage der Fotograf, so dürfte auch der mittelalterliche Zeichner sein Motiv selbst gesehen haben, im Falle des Denarwurfs gewiß ein recht plastisches und noch dazu königliches Erlebnis.

Praktischer Nutzen oder Ineffektivität?

Wenn hier der Schatzwurf beispielhaft im Mittelpunkt steht, so auch deshalb, weil er in der Diskussion um die Wirksamkeit der fränkischen Leges und Kapitularien eine gewisse Rolle spielt. Effektivität der geschriebenen *Lex Salica* läßt sich, so die neuere Auffassung, mit der Denarwurfformel *secundum legem Salicam* nicht begründen; denn deren Titel 26 erläutere den Denarwurf nicht, setze ihn vielmehr voraus. In der Tat ist die Bezugnahme nicht auf die *Lex Salica*, wohl aber auf das andere fränkische Recht, die *Lex Ribuaria*, sachlich zutreffend (60,1): »Wenn einer seinen halb Freigelassenen durch eigene oder durch fremde Hand in Gegenwart des Königs nach ribuarischem Recht voll freiläßt, den Denar wirft und eine Urkunde darüber erhält, so lassen wir keinesfalls zu, daß der voll Freigelassene wieder in die Knechtschaft gebeugt wird; er soll vielmehr frei bleiben wie die übrigen Ribuarier«. Ohne voreilige Schlüsse ziehen zu wollen, sei darauf verwiesen, daß die *Lex Ribuaria* meist in Verbindung mit der *Lex Salica* überliefert ist – eine Textadaption oder -attraktion scheint demnach nicht ganz ausgeschlossen.

Nun wird die mangelnde Resonanz von Leges in Urkunden und Formeln heute gern für die Folge einer von Anfang an bewußt in Kauf genommenen Ineffektivität gehalten. So habe Chlodwig, wetteifernd mit dem westgotischen und burgundischen Gesetzgeber, »nicht auf die Attribute eines spätantiken Herrschers verzichten« wollen und »hinter diesem Ziel, das rasch erreicht werden sollte, vermutlich Erwägungen über die Praktikabilität und Effektivität des anzufertigenden liber legis in den Hintergrund« treten lassen (Nehlsen 1977, 468). Die Leges seien »über ihre vordergründige Regelungsintention hinaus Prestigeattribute« und stünden über »den Niederungen des prozessualen Alltags« (Schott 1988, 98 und 104).

All dies mag wichtige Aspekte frühmittelalterlichen Rechtslebens umschreiben, dürfte aber doch den Intentionen eines Chlodwig, Dagobert oder Karl nicht voll gerecht werden. Um beim Beispiel Schatzwurf zu bleiben: Wenn nach der *Lex Ribuaria* der Fiskus den kinderlosen Denarfreien beerben sollte (60, 4), so ist kaum vorstellbar, daß der König auf den Vollzug dieser Bestimmung verzichtete. Jedenfalls rückte Karl der Große vom ribuarischen Gesetz wenig ab, als er die Verwandten eines Denarfreien das Erbe nur dann antreten ließ, wenn der Verstorbene in der dritten Generation frei war (*Capitulare legi Ribuariae additum, c. 9*). Wie eifrig Karl seine Rechte wahrte, zeigt sich auch daran, daß er das Wergeld des Denarfreien beanspruchte (*Capitula ad legem Baiuvariorum addita, c. 4*). An einem weiteren ribuarischen Spezifikum des Denarwurfs hält das schon erwähnte Weistum unter Ludwig dem Frommen fest (*Capitula legi Salicae addita, c. 2*): Obwohl einige Rechtskundige im Sinne der *Lex Salica* meinten, ein voll freigelassener Sklave dürfe bei Erweis der Unrechtmäßigkeit seiner Freilassung nicht wieder in den Dienst seines rechtmäßigen Herrn zurückkehren, entschied die Mehrheit auf Rückgabe.

Die karolingischen Diskussionen und Spezifizierungen zeigen zum einen, daß hier ganz praktisch, nicht etwa nur symbolisch, ribuarisches Reichsrecht bestätigt und weiterentwickelt wurde. Zum anderen warnen sie davor, gesetzgeberische Effektivität allein am Niederschlag in Formeln und Urkunden zu messen. Ausführungsindizien der genannten Denarwurfnovellen werden sich kaum je außerhalb von Leges und Kapitularien finden. Waren die Gesetze deshalb weniger praktikabel und effektiv? Meines Wissens hat sich keine einzige Urkunde erhalten, die den Denarwurf vor einem Grafen statt vor dem König bezeugt. Und doch muß es das bequeme Ersatzverfahren im Großreich Ludwigs des Frommen gegeben haben (*Capitula adhuc conferenda, c. 16*), und wahrscheinlich schon lange vorher.

Wäre über Politik und Religion, Alltag und Recht, Kultur und Brauch, Reform und Beharrung nur das bekannt, was in den erhaltenen Formeln und Urkunden steht – eine armselig verkürzte Krämerwelt blickte vom frühen Mittelalter zu uns Heutigen herüber. Das alte Recht bietet mehr, und es scheint trotz aller Beweisproblematik nicht angemessen, als wirksame, tragfähige Elemente fast nur gelten zu lassen, was sich im Bereich der Urkunden bestätigt findet. Auch fränkische *Leges scriptae* und Kapitularien verdanken ihr Entstehen und Sein wohl nicht zuletzt dem praktischen Bemühen des Gesetzgebers.

Literatur: Handwörterbuch zur deutschen Rechtsgeschichte 2, 623 ff.; 1879 ff.; 5, 36. Lieferg., 1004 ff. – Lexikon des Mittelalters Bd. 5, 943 ff.; 1802 f.; 1927 ff. – Hoops^{2}, Bd. 9 (Berlin/New York 1995) 436 f.; 454 ff. – Beyerle 1924. – Brunner 1901 (1931). – Giustizia 1995. – Kaufmann, E. 1986. – Kottje 1987. – Mordek 1986; 1994; 1995. – Nehlsen 1977. – Schmidt-Wiegand 1991. – Schott 1988; 1993. – Siems 1992. – Sousa Costa 1993. – Väänänen 1981. – Woll 1995.

Merowingische Königsurkunden

Theo Kölzer

Die Franken wuchsen in die rechtlich geordnete Welt des spätantiken Staates hinein. Sie bedienten sich der römischen Verwaltungsstrukturen und entwickelten aus römischen Beamten- und Kaiserurkunden das Formular der merowingischen Königsurkunden. Die Anfänge des merowingischen Urkundenwesens liegen allerdings im dunkeln, da die älteste echte Urkunde erst aus der Zeit um 600 stammt. Weniger konservativ wurden die administrativen Urkunden gehandhabt, die sich den zeitgenössischen Privaturkunden anglichen. Geschrieben wurde bis in die Mitte des 7. Jahrhunderts auf Papyrus, später auf Pergament. Nach römischem Vorbild verwendeten auch die Franken das Siegel.

Ein germanischer König der Völkerwanderungszeit, ein »Heerkönig« (W. Schlesinger), hatte gewiß andere Sorgen, als regelmäßig Urkunden auszustellen. Und selbst wenn er die Muße gehabt hätte, wäre er schwerlich auf die Idee verfallen, seinem Herrscherwillen in Schriftform Gestalt zu verleihen: Die germanische Rechtskultur war schriftlos, bediente sich rechtssymbolischer Handlungen. Das änderte sich erst durch die Teilhabe an der spätantik-römischen Kultur, das Hineinwachsen in die rechtlich geordnete Welt der Spätantike, die sich für Rechtsgeschäfte auf allen Ebenen der Schriftform bediente.

In Gallien trat das fränkische Königreich der Merowinger nach dem Sieg Chlodwigs über Syagrius (486/87) an die Stelle des weströmischen Reiches, erbte dessen wirtschaftliche, rechtliche und kulturelle Grundlagen, so daß man zunächst lediglich von einem Wechsel an der Spitze wird sprechen dürfen. Die neuen Herren bedienten sich natürlich auch der überkommenen römischen Verwaltungsstruktur und deren eingespielten Schrift- und Aktenwesens, um ihre herrscherlichen Interessen durchzusetzen und das expandierende fränkische Reich zu verwalten und zu regieren. Ein völlig neues Feld eröffneten sich die fränkischen Herrscher damit nicht, denn anders als noch die Humanisten mit ihrer »Katastrophentheorie« glaubten, ging das weströmische Reich nicht an einem Tag unter, sondern litt in einer langen Phase der Agonie an innerer Auszehrung und Zersetzung: Seit der Mitte des 3. Jahrhunderts waren immer wieder fränkische und andere germanische Stammesschwärme in das Römerreich eingesickert und wurden von römischer Seite sogar in Dienst gestellt; seit dem ausgehenden 4. Jahrhundert stand das Westheer unter dem Kommando hoher Militärs germanischer Abkunft. Auch das 1653 in Tournai entdeckte Grab Childerichs I. († 482) belegt durch die Grabbeigaben dessen Zwitterstellung als fränkischer König und römischer Offizier, Sprengelkommandant in der Belgica II. Dessen Sohn und Nachfolger Chlodwig (482–511) war der eigentliche Begründer des fränkischen Großreiches, und seine Taufe steht am Beginn des christlich-katholischen Mittelalters.

Nach Zahl und Überlieferung der Urkunden nehmen die merowingischen Königsurkunden unter allen germanischen Herrscherurkunden eine Sonderstellung ein: Die in Vorbereitung befindliche kritische Edition wird knapp 200 Urkunden umfassen, von denen 38 im Original auf uns gekommen sind – die ältesten original überlieferten Königsurkunden des Abendlandes. Urkunden in nennenswerter Zahl kennen wir sonst nur noch von den Langobarden, nämlich 46, davon 31 echte, und den Ostgoten, von denen 468 in Cassiodors *Variae* überlieferte Schreiben ohne Proto- und Eschatokoll sowie vier weitere Briefe Theoderichs d. Gr. existieren, dann 38 von den Westgoten, von denen aber ebensowenig Originale überliefert sind wie von den Urkunden der Vandalen und Burgunden.

Die erstaunliche Zahl erhaltener Merowinger-Urkunden ist ein deutliches Indiz für den gestiegenen Stellenwert der Einzelurkunde, die offenbar für bewahrenswert angesehen wurde und werden mußte. Eine römische Kaiserurkunde, so muß man wissen, wirkte nicht aus sich selbst, sondern nur über den Behördenapparat: Sie mußte den zuständigen Behörden vorgelegt (allegiert) werden, die den Vorgang auf seine Rechtmäßigkeit hin prüften und alles weitere veranlaßten und kontrollierten. Mit dem allmählichen Verfall der Behördenorganisation war es dann in erster Linie Sache des Urkundenempfängers, was er aus einem ihm verliehenen Präzept zu machen verstand: Die merowingische Königsurkunde wirkte notwendigerweise aus sich selbst, und ihre Anfechtung ohne schlüssigen Gegenbeweis war mit der Todesstrafe bedroht (Lex Ribuaria 59.3). Unter diesen gewandelten Voraussetzungen begann man jetzt auch, solche Rechtstitel in den Archiven der Empfänger sorgfältig aufzubewahren, was für kaiserliche Urkunden nutzlos gewesen wäre. Und von hier erklärt sich auch der Umstand, daß die überlieferten Urkunden mit nur wenigen Ausnahmen für kirchliche Empfänger gegeben sind, deren Archive eine größere Überlieferungschance boten. Mit dem Wert der Einzelurkunde stieg andererseits auch die Verlockung, sich solche Rechtstitel widerrechtlich durch Fälschungen zu beschaffen, zumal in einer Zeit, in der altes Recht jüngeres Recht brach. So verwundert es nicht, daß rund die Hälfte der überlieferten merowingischen Königsurkunden tatsächlich Fälschungen vornehmlich aus der Zeit des hohen Mittelalters sind, wobei der legendenumwitterte »gute König Dagobert« (623–638/639) die mit Abstand höchste Fälschungsquote erreicht, nämlich rund 30 *Spuria*.

Alle 38 Originale merowingischer Königsurkunden stammen aus dem Fonds des Klosters St. Denis bei Paris, der späteren Grablege der französischen Könige. Dieser Befund spiegelt jedoch nur die Archivsituation des 18. Jahrhunderts wider. Tatsächlich waren eine Reihe von Urkunden ursprünglich für andere Empfänger ausgestellt und wanderten erst im Zuge von Besitzverschiebungen in das Klosterarchiv. Dies zu erwähnen ist wichtig, weil es die theoretische Möglichkeit ausschließt, daß es sich bei den 38 überlieferten Originalen allesamt um Empfängerausfertigungen des Klosters handeln könnte, die als solche nur bedingt Aussagen zuließen über das Aussehen einer merowingischen Königsurkunde. Der Fonds St. Denis ist wegen einer ausgesprochen günstigen Überlieferung in jeder Hinsicht außergewöhnlich. Nimmt man die nur kopial überlieferten Urkunden hinzu, wird die künftige Edition zu rund einem Drittel aus Urkunden bestehen, die für dieses Kloster gegeben wurden.

Erneut wird deutlich, wie problematisch die erhaltene Überlieferung auch in ihrer geographischen und zeitlichen Streuung sein muß. Originale kennen wir nur für den Zeitraum von 625–717, d. h. für knapp 100 Jahre der insgesamt etwa 300 Jahre, in denen wir das merowingische Königtum deutlicher im Licht der Quellen sehen. Die älteste überwiegend echte Urkunde stammt überdies erst von 596/602, die jüngste datiert von 744/747; damit decken echte Urkunden nur ungefähr die Hälfte der merowingischen Königszeit ab. Gravierend ist vor allem, daß die gesamte Frühzeit ausfällt, denn alle Urkunden des 5. und 6. Jahrhunderts sind später entstandene Fälschungen. Das bedeutet, daß die Anfänge des merowingischen Urkundenwesens aus spätantik-römischer Wurzel nur undeutlich zu fassen sind, zumal uns für einen Vergleich mit dem Vorbild der kaiserlichen bzw. provinzialrömischen Beamtenurkunde im wesentlichen nur wenige Fragmente zur Verfügung stehen, u. a. die Papyri aus Leiden und Manchester sowie vor allem der »Papyrus Butini« (Genf, Univ.-Bibl.) als das vermittelnde Glied zwischen der römischen Urkundenpraxis und den Urkunden der germanischen Könige. Die Masse der merowingischen Urkunden entstammt überdies der Zeit der sog. »Schattenkönige« nach dem Tod Dagoberts I. (638/39). Demnach stammt die Mehrzahl der urkundlichen Zeugnisse aus einer Zeit, in der man nur noch sehr eingeschränkt – wenn überhaupt – von Königsherrschaft sprechen kann. Das Sagen hatten vielmehr miteinander rivalisierende Adelskreise der Teilreiche, vor allem die Hausmeier, und nach der Schlacht von Tertry (687) regierten faktisch die austrasischen Hausmeier aus der Familie der Arnulfinger-Pippiniden das Gesamtreich, bevor Pippin 751 diese Farce mit seiner Königserhebung beendete.

Betrachtet man schließlich die geographische Streuung der Urkunden, fällt der Raum südlich der Loire fast völlig aus, weitgehend auch Burgund, und die rechtsrheinischen Gebiete des Merowingerreiches sind nur mit späteren Fälschungen vertreten, die ohne echte Grundlage sind. Bezeugt sind Urkunden im wesentlichen nur für die merowingischen »Stammlande« vor der Expansionsphase (507), unter Einbeziehung Alamanniens, nicht jedoch für die ehedem westgotischen und rechtsrheinischen, kaum für die burgundischen Gebiete. Man wird diesen Befund schwerlich allein mit dem Überlieferungszufall erklären können, sondern auch die differenzierte Binnenstruktur des Merowingerreiches mit seinem stärker romanisch geprägten Süden in Betracht ziehen müssen, der ungeachtet aller politischen Umwälzungen weitgehend unbeschadet als romanische Kulturprovinz überdauerte, doch bedarf es in dieser Hinsicht noch weiterer Untersuchungen.

Daß freilich einst deutlich mehr Urkunden ausgestellt worden sein müssen, als heute noch auf uns gekommen sind, erhellt nicht nur aus dem weitgehenden Fehlen laikaler Empfänger, sondern zeigen auch die zahlreichen Erwähnungen in erzählenden Quellen, lehren vor allem die nicht wenigen Formularsammlungen mit ihren Mustern für bestimmte Urkundenarten; solche »Konfektionsware« setzt einen erheblichen Bedarf voraus. Die umfassendste und inhaltlich bedeutendste Sammlung, die sog. »Formulae Marculfi« wohl aus dem ausgehenden 7. Jahrhundert, enthält z. B. nicht weniger als 40 königliche Musterurkunden, die alle ihrer konkreten Betreffe entkleidet sind. Die wichtige Urkundenart der *tractoria* – eine Anweisung, königlichen Beamten freie Beförderung und Verpflegung zu gewähren –, ist zum Beispiel nur aus Marculfs Sammlung bekannt.

Auch von den Auslandsbriefen merowingischer Könige, gleichsam ihrem diplomatischen Schriftverkehr, haben wir nur ganz unzureichende und zufällige Kenntnis. Eine kleine Sammlung von 24 solcher Schreiben, »Epistulae Austrasicae«, vor allem Childeberts II. (575–596) nach Byzanz und Italien, hat ein anonymer Kompilator offenbar nach Konzepten der Metzer Königskanzlei zusammengestellt. Zwei Briefe Sigiberts III. (633–656) an Bischof Desiderius von Cahors sind in dessen privater Briefsammlung überliefert.

Die äußere Form der merowingischen Königsurkunde orientiert sich an der provinzialrömischen Beamtenurkunde, folgt nicht dem eifersüchtig gehüteten Vorbild der Kaiserurkunde mit ihren dem Kaiser vorbehaltenen Charakteristika: Purpurtinte, besondere Schrift – *litterae caelestes* – bestimmte Vokabeln wie *sancire, rescriptum* usw. Im Formalen ist die fränkische Königsurkunde das Ergebnis einer Fortbildung der römischen Kaiser- und Beamtenurkunde, die beide im Briefstil wurzeln. Zum formalen Aufbau einer merowingischen Königsurkunde vgl. unten den Kommentar zu Tafel 381.

Alle merowingischen Königsurkunden wurden bis 657/673 (D Merov. 37) auf den Beschreibstoff der Antike, Papyrus, geschrieben, der dann durch das im Mittelalter geläufige Pergament ersetzt wurde, erstmals 677 (D Merov. 47). Man hat diesen auffälligen Wechsel zurückführen wollen auf eine Kappung der antiken Handelswege im südlichen Mittelmeerraum infolge der Expansion der Araber (nach 622) und die so verhinderte Zufuhr von Papyrus aus den wichtigsten Produktionsstätten in Ägypten und Sizilien. Zu beachten ist aber etwa, daß die Päpste ihre Urkunden noch bis in die Mitte des 11. Jahrhunderts auf Papyrus ausfertigten – darunter zumindest im 9. Jahrhundert nachweislich auch auf ägyptischen Papyrus –, und man wird wohl nicht annehmen dürfen, sie hätten erst dann ein riesiges Vorratslager aufgebraucht. Papyrus blieb, das zeigt auch die Überlieferung jenseits der päpstlichen Kanzlei, über das 7. Jahrhundert hinaus als Beschreibstoff verfügbar, wurde aber zunehmend durch das haltbarere und vor Ort produzierbare Pergament ersetzt.

Als weitere Erklärung wurde angeboten, daß der Wechsel bewußt herbeigeführt worden sei wegen der jetzt für erforderlich erachteten Besiegelung der Urkunden, daß die verwendeten aufgedrückten Siegel in dem spröden und brüchigen

Abb. 380 *Siegel mit Merowingerkönig. Die wenigen erhaltenen Siegel zeigen en face das Brustbild eines Merowingerkönigs mit dem schulterlangen, in der Mitte gescheitelten Haar.*

Papyrus aber keinen Halt gefunden hätten. Diese These setzt voraus, daß königliche Papyrus-Urkunden nicht besiegelt gewesen seien, wie man in der Tat gelegentlich angenommen hat, aber diese Annahme ist trotz schwieriger Beweislage kaum zu halten. Generell darf man wohl trotz schlechter Bezeugung im einzelnen davon ausgehen, daß die Urkunden aller Herrscher, die Rom beerbten, eingeschlossen die Päpste, besiegelt waren. Ein Siegelring König Childerichs I. († 482) wurde in dessen Grab gefunden (Reproduktion in Paris, Bibl. Nationale, Cabinet des Médailles, 460).

Alle Papyrus-Urkunden sind Querformate mit einheitlicher Höhe von 32–34 cm und variabler Breite bis ca. 1 m. Der Papyrus wurde demnach gleichsam als normierte Ware auf Rollen geliefert, die aus zusammengeklebten Einzelblättern (*plagulae*) bestanden. Bei den Pergament-Urkunden sind die Unterschiede in Format, Höhe und Breite größer, und es scheint, als habe die Urkundenart das Format bestimmt. Als Faustregel kann gelten: Präzepte (Privilegien) weisen mehrheitlich das Querformat auf, die übrigen fast ausschließlich das Hochrechteck (*charta transversa*), bei dem die Schrift der Schmalseite folgt; der oft unregelmäßige Zuschnitt legt nahe, daß dafür nicht selten Pergamentreste verwendet worden sein dürften. Man kann also sagen, daß die autoritativen, vom König eigenhändig unterschriebenen Urkunden stärker die Tradition wahrten, während die administrativen, nur vom Referendar unterschriebenen Urkunden sich der Form der zeitgenössischen Privaturkunden annäherten. Hierzu wird man die Gerichtsurkunden (*placita*), Mandate (Befehle an Amtsträger), *tractoriae*, vielleicht auch die nicht original überlieferten *edicta* (Gesetze, Verordnungen) und Briefe rechnen.

Auch formal unterscheiden sich diese Urkunden, wie angedeutet, geringfügig von den Präzepten. Greifen wir die Gerichtsurkunden heraus, von denen 16 Originale überliefert sind. In diesen *placita* referiert und verkündet der König die Entscheidung des Königsgerichts und erläßt auf dieser Grundlage ein Rechtsgebot. Die wichtigsten formalen Abweichungen von den Präzepten sind: Die *placita* enthalten stets nur eine allgemeine Adresse, *viris inlustribus*, und auch im Kontext fehlt jegliche Anrede an einen speziellen Adressaten. An die Stelle der allgemeinen Einleitungssentenz, *arenga,* tritt bei den *placita* als *narratio* eine mehr oder weniger ausführliche Schilderung des Prozeßgeschehens. Anders als bei den Präzepten unterschreibt allein der Referendar in der Form: *N.N. (iussus) recognovit,* N.N. hat (auf Befehl) beglaubigt.

Über die am Kanzleigeschäft Beteiligten läßt sich nur wenig aussagen. Der Titel des Referendars ist eine Entlehnung aus der römischen Ämterhierarchie, bezeichnete dort hochgestellte Hofbeamte mit direktem Zugang zum Kaiser. Alle merowingischen Referendare sind Laien, auch dies ein Hinweis auf die Fortdauer laikaler

Schriftkultur im Übergang zum frühen Mittelalter. Die Namensliste bietet eine Mischung germanischer und romanischer Namen, wie wir ja auch sonst Romanen im Dienst der Merowingerkönige feststellen können. Manche dieser Referendare traten im Anschluß an den Hofdienst in den geistlichen Stand, so z. B. Dado, ein Referendar König Dagoberts I., der 641–684 unter dem Namen Audoenus als Bischof von Rouen amtierte. Dieser Dado stammte aus einer bedeutenden Adelsfamilie, die eng mit dem neustrischen Königshof und dem kolumbanischen Reformmönchtum verbunden war. So verwundert es nicht, diesen Dado/Audoenus, der zusammen mit seinen Brüdern Ado und Rado am Königshof erzogen worden war, im Mittelpunkt vielfältiger personaler Beziehungen zu sehen, die er als politischer Ratgeber der neustrischen Hausmeier auch auf politischem Feld auszuspielen verstand.

Die eigentlichen Schreiber der Urkunden sind von den Referendaren zu unterscheiden, bleiben aber anonym, solange die tironischen Noten der Rekognitionszeichen nicht zweifelsfrei identifiziert sind.

Aufbau eines Präzepts
(D Merov. 84 – Abb. 381)

»Chilperich II. bestätigt dem Kloster St-Denis auf Bitten des Abts Chillardus (verlorene) Privilegien König Dagoberts I. und seiner namentlich genannten Nachfolger, wonach dem Kloster der Geldwert von 100 Kühen zustehe, die der Fiskus jährlich als Abgabe (*inferenda*) im Gebiet von Maine beanspruchte. Compiègne, 716 März 16«. (Paris, Archives Nationales, K3.20)

Mit Ausnahme der eigenhändigen Unterschriften des Königs und des Referendars Actulius (Zeile 12) ist die Urkunde von einer Hand auf unliniertem Pergament geschrieben. In der ersten Zeile hat sich der Schreiber für den Namen und den Titel des Königs einer verlängerten Schrift (*litterae elongatae*) mit künstlichen Zwischenräumen bedient, wie dies auch von der römischen Beamtenurkunde her bekannt ist (Papyrus Butini). Man hat bisweilen vermutet, daß auch die abschließende Kürzung *v. inl.* Bestandteil des Königstitels sei, doch dürfte es sich tatsächlich um eine allgemeine Adresse (*viris inlustribus*) handeln: Wie die kaiserlichen Reskripte der Spätantike wenden sich die Königsurkunden der Merowinger an königliche »Beamte«, denen etwas auszuführen befohlen wird; darin liegt die Begünstigung des Empfängers. Anders als in der Spätantike verfügen diese »Beamten« aber nicht mehr über einen eingespielten Verwaltungsapparat, der sie unterstützt. Das Verhältnis zwischen Urkundenaussteller und Empfänger ist gleichsam »entbürokratisiert«, persönlicher.

Das verzierte Zeichen vor dem Ausstellernamen (Chrismon) symbolisiert die Anrufung Gottes. Die Genese des Zeichens ist nicht ganz klar; man hat an ein Christusmonogramm oder ein Kreuz als Ausgangspunkt gedacht, aber wahrscheinlicher ist eine Entstehung aus dem Kurzschrift-Zeichen für *Christus* (M. Jusselin). Die vermeintlichen Verzierungen im Mittelteil des Schafts sind wiederum solche tachygraphischen Zeichen, die gemeinhin tironische Noten genannt werden nach Tiro, dem Sekretär Ciceros. Gedeutet werden sie gleichsam als verbale Entsprechung des Zeichens: *Ante omnia Christus, In nomine Christi* o. ä. Die Schrift der Urkunde entspricht der Kursive, wie sie in spätantik-römischen Beamtenurkunden begegnet. Die sog. Kaiserkursive (*litterae caelestes*) wurde demnach als kaiserliches Reservat bewußt gemieden. Die Entzifferung dieser stark ligierten Schrift erfordert einige Erfahrung und Übung, und man erkennt den Fortschritt, der im Hinblick auf eine leichtere Lesbarkeit mit der sog. Karolingischen Minuskel erzielt wurde, die unseren heutigen Druckschriften zugrunde liegt.

Auch der weitere Aufbau der Urkunde folgt dem Vorbild der Beamtenurkunde. Hinzuweisen ist insbesondere darauf, daß sich der eigentliche Rechtsinhalt der Urkunde nur auf die drei Zeilen 8–10 erstreckt, alles andere ist Formular. Die Tatsache, daß das verwilderte Latein der merowingischen Königsurkunden weit von der silbernen Latinität entfernt ist, hat spätere Kopisten in der Regel bewogen, die Sprache nach ihrem Verständnis zu glätten. Dies beginnt schon im 8. Jahrhundert, und nicht immer sind sprachliche Überarbeitungen und Manipulationen in fälschender Absicht fein säuberlich auseinanderzuhalten.

Mit Eschatokoll bezeichnen wir jenen Urkundenteil, der die abschließenden Beglaubigungsformeln umfaßt. In Zeile 12 erkennen wir, jeweils nach einem Chrismon, die bereits erwähnten eigenhändigen Unterschriften des Ausstellers und des Referendars Actulius als desjenigen Kanzleibeamten, der die Verantwortung für die Ausstellung der Urkunde übernahm. Die bogenförmige Figur, die beide Unterschriften trennt, ist die verzierte Kürzung für *sub.* (= *subscripsi*), gehört also noch zur königlichen Unterschrift, *Chilpricus rex subscripsi*. Der Referendar unterfertigt mit: *Actul(ius) iussus optol(it)*, er hat demnach die Urkunde auf Befehl zur Unterschrift vorgelegt.

Die eigenhändige Unterschrift fehlt in den römischen Beamtenurkunden; als Vorbild wird man an Bischofsurkunden oder Synodalprotokolle, vielleicht auch an Privaturkunden zu denken haben. Bemerkenswert ist überhaupt, daß die merowingischen Könige ihre Präzepte, und nur diese, eigenhändig unterschrieben, daß nur im Ausnahmefall, bei minderjährigen Königen, ein Namensmonogramm an die

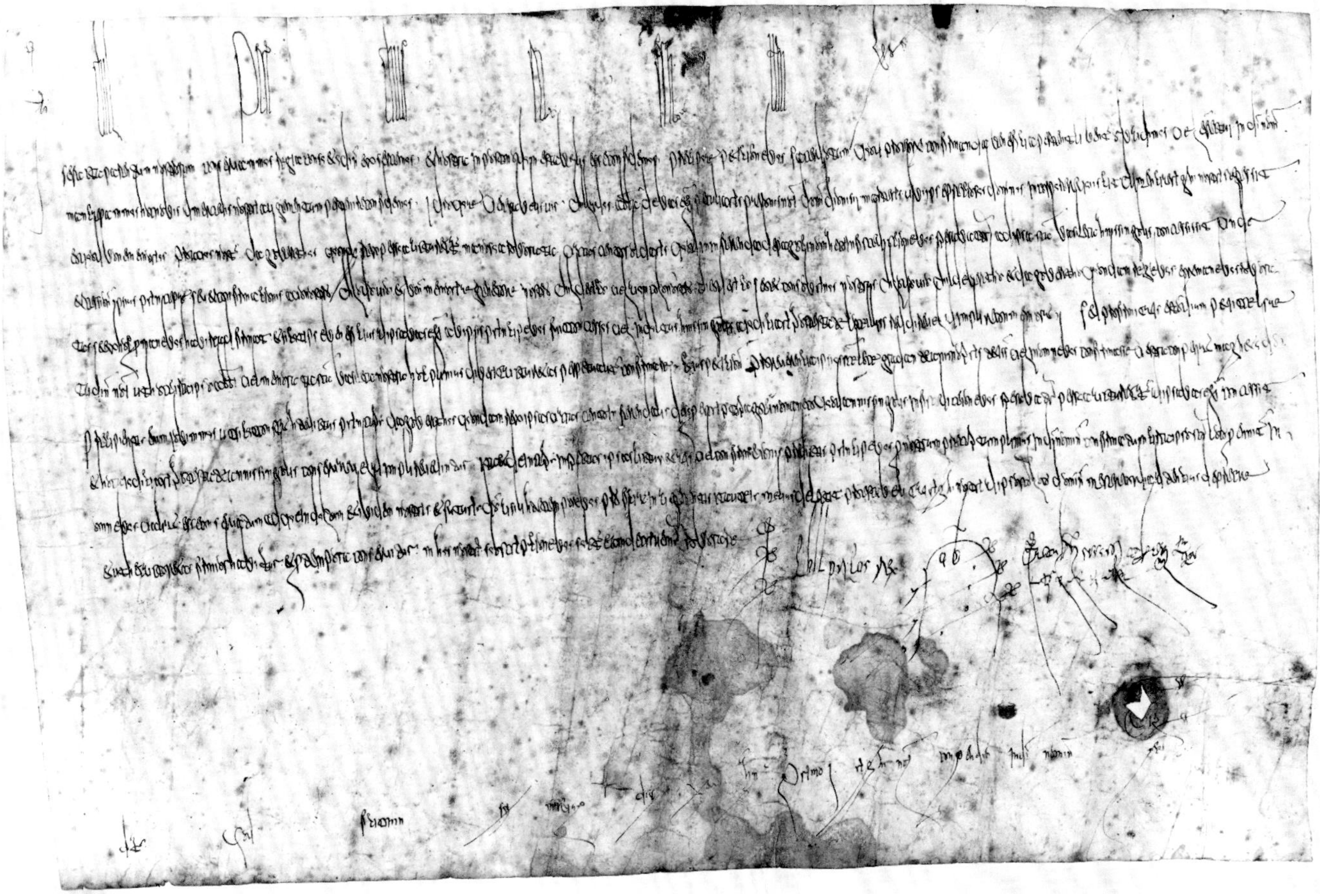

Abb. 381 *Präzept Chilperichs II. Der König bestätigt mit seiner Unterschrift »Chilpricus rex« und der eines Actulius dem Kloster Saint-Denis das Recht, jedes Jahr aus dem öffentlichen Steuereinkommen 100 Kühe zu entnehmen. Das Recht hatte Dagobert gewährt und haben dessen Nachfolger bestätigt. – Nach* Chartae Latinae antiquiores *XIV, France II (Zürich 1982) 591.*

Stelle der Unterschrift trat, was dann seit karolingischer Zeit der Regelfall wurde, weil die Könige in der Regel nicht mehr schreiben konnten.

Der Unterfertigung des Referendars folgt das sog. Rekognitionszeichen, das als persönliches Erkennungszeichen fungierte und, da schwer nachzuzeichnen, zusätzlich die Echtheit der Unterschrift verbürgte. In seiner »Geschichte der Franken« (X.19) schildert Gregor von Tours die Bedeutung der Unterschrift des Kanzlisten: Eine am Hof eingereichte, aber verdächtigte Urkunde wurde dem Referendar vorgelegt, der sie angeblich unterzeichnet hatte; als dieser die Authentizität der Unterschrift bestritt, war der Betrug entlarvt. Auch das Rekognitionszeichen ist mit tironischen Noten belegt, die weiteren Aufschluß über die Kanzleipraxis bieten dürften, die aber bislang nicht zweifelsfrei gelesen werden können. Die bisherigen Deutungen seien kommentarlos wiedergegeben: 1) *per anolo Ramoser* (M. Jusselin, 1907); 2) *per anolo Ramoser ambasciatoris abbatis* (M. Jusselin, 1913); 3) *ex instructione Raganfredi labris perforavi beneficium*, etwa: »auf Geheiß des Raganfred habe ich die Urkunde am Rand durchlöchert« (A. Mentz, 1942).

Das aufgepreßte Siegel, in der vorliegenden Urkunde abgefallen, diente wohl weniger der Beglaubigung – das war die Funktion der königlichen Unterschrift –, sondern offenbar eher einer symbolischen Vergegenwärtigung des Ausstellers. Die wenigen erhaltenen Siegel zeigen en face das Brustbild eines Merowingerkönigs mit dem schulterlangen, in der Mitte gescheitelten Haar. Um den Kreuzschnitt herum, durch den das Siegelwachs hindurchgedrückt wurde, erkennt man regelmäßig die Worte: *bene val.*, begleitet wiederum von tironischen Noten, deren Interpretation erneut unklar ist. Augenscheinlich hat dieses Element nicht mehr die Funktion des aus dem Briefstil überkommenen Schlußgrußes *bene valete* (der als »Unterschrift« eigenhändig geschrieben zu werden pflegte), sondern muß als Kanzleivermerk gelten, entweder des Referendars im Sinne eines Besiegelungsbefehls (*bene valiat*) oder des Textschreibers, der damit »die Verantwortung für die korrekte Niederschrift des Urkundentextes« übernahm (P. Classen).

Die letzte Zeile der Urkunde bietet das Ausstellungsdatum, die Regierungsjahre des Ausstellers (als einzigen Anhaltspunkt für das Jahr der Ausstellung), den Ausstellungsort und die sog. Apprecatio, den Schlußgruß (*in Dei nomine, feliciter*). Die Angabe der Regierungsjahre des Ausstellers entspringt gleichfalls nicht römischem Brauch, läßt sich aber auch schon bei den Vandalen beobachten, wo man dies als Zeichen der Emanzipation von Rom werten kann. In den merowingischen Königsurkunden ergeben sich aus dem Fehlen genauer Jahresangaben gelegentlich insofern Probleme, als die Chronologie der merowingischen Könige nicht immer präzise zu bestimmen ist.

Quellen: Monumenta Germaniae Historica, Diplomata regum Francorum e stirpe Merowingica, hg. v. Karl August Pertz (Hannover 1872; Neubearbeitung in Vorbereitung).
Faksimiles: Ph. Lauer/Ch. Samaran, Les diplômes originaux des Mérovingiens (Paris 1908).
Chartae Latinae antiquiores, XIII–XIV, hg. v. H. Atsma/J. Vezin (Dietikon/Zürich 1981–1982).

Literatur: Atsma/Vezin (im Druck). – Bergmann, W. 1976. – Bresslau 1969. – Brühl 1989. – Classen 1977a; 1977b; 1983. – Debus 1967. – Falkowski 1971. – Fees 1992. – Havet 1896. – Tessier 1962.

Merowingische Testamente

Ulrich Nonn

Die Franken wuchsen hinein in die rechtlich geordnete Welt des spätrömischen Staates. Sie bedienten sich der römischen Verwaltungsstrukturen und lernten u. a. als eine Form der Rechtsgeschäfte das Testament kennen, bedienten sich dessen aber selten; Testamente sind überwiegend aus dem klerikalen Bereich überliefert. Das älteste bezeugte Testament im fränkischen Reich ist das Vermächtnis des Bischofs Remigius von Reims; im frühen 8. Jahrhundert läuft diese Urkundenform aus. Auffallend ist die Vielgestaltigkeit der Testamente.

Das Erbrecht der Germanen kannte kein Testament, wie schon der vielzitierte Satz aus Tacitus' *Germania* c. 20 belegt: *Heredes tamen successoresque sui cuique liberi et nullum testamentum* – dennoch sind jeweils die Kinder Erben und Nachfolger, und es gibt kein Testament. Seine Feststellung gilt auch noch für die Zeit des Frankenreiches; die fränkischen Volksrechte enthalten zwar eingehende erbrechtliche Bestimmungen, erwähnen aber nirgends das Testament, eine typisch römische Urkundenform. Im Gegensatz zu diesem allgemeinen Befund sind uns nun aber doch eine Reihe Testamente aus dem Frankenreich zweifelsfrei überliefert; hinzu kommen literarisch bezeugte Stücke. Diese Übernahme einer römischen Institution im Frankenreich ist nicht überraschend und fügt sich als nicht untypischer Vorgang in unser Bild der Übergangszeit von der Spätantike zum frühen Mittelalter. Daß es sich bei den überlieferten und literarisch bezeugten Exemplaren vorwiegend um Klerikertestamente handelt, ist nicht nur auf die Überlieferungslage zurückzuführen, sondern hängt mit der bekannten Bindung der Kirche an das römische Recht zusammen; merowingische Konzilien sind denn auch die ältesten Zeugnisse für den Gebrauch des Testaments im Frankenreich. Es bleibt aber festzuhalten: Das Testament ist – nicht nur im Frankenreich – nie zu einer gewöhnlichen und gängigen Urkundenform geworden, wie nicht zuletzt die äußerst spärlichen Belege in den Formelsammlungen zeigen. Neben drei nur fragmentarisch überlieferten westgotischen Stücken wohl aus dem frühen 7. Jahrhundert bietet Marculf II, *17 Qualiter in unum volumine testamento persone condatur* – wie in einer Urkunde das Testament einer Person aufgesetzt werden soll, ein Formular, dessen innere Ungereimtheiten und zum Teil Widersprüche belegen, wie unklar die Vorstellungen von der rechtlichen Bedeutung des Testaments in dieser Zeit bereits waren; zum anderen läßt die Vielzahl der enthaltenen Sonderbestimmungen erkennen, daß nicht eine einzelne konkrete Urkunde das Vorbild für dieses Stück abgab, sondern der Redaktor offenbar die Formulare mehrerer verschiedener Urkunden zu einer Art »Sammelformular« zusammengefaßt hat. Die Nr. 8 der Collectio Flaviniacensis *Ad testamentum faciendum* beruht hingegen auf dem konkreten, uns erhaltenen Testament Widerads von Flavigny von 722. Dies ist chronologisch das letzte Beispiel aus den Formelsammlungen und bestätigt damit die im frühen 8. Jahrhundert auslaufende urkundliche Überlieferung. Eine Bemerkung in einer Schenkung an Saint-Denis von 627 spiegelt schlaglichtartig die Ungewöhnlichkeit des Testaments: *Et quia votus meus fuerat ut per paginam testamenti villas ipsas superius nominatas basilicae Sancti Dionysii condedisse, sed ut mos est loci illius habetur per epistolas delegasse.* – Und da es mein Wunsch war, mit einer Testamentsurkunde jene oben genannten Landgüter der Kirche des hl. Dionysius zu übereignen, es aber an jenem Ort Gewohnheit ist, durch (einfache) Urkunden zu übertragen ... (Pardessus I nr. 241). Bei dem Versuch, den Bestand der überlieferten und der literarisch bezeugten Testamente zu erfassen, stellt sich ein terminologisches Problem: Seit dem letzten Viertel des 7. Jahrhunderts wird das Wort *testamentum* zunehmend geläufig auch für nicht-testamentarische Schenkungen.

Erhaltene Testamente des 6.–8. Jahrhunderts

Zwölf Testamente sind uns erhalten, aber nur zwei davon als Originale. Insgesamt ist die Überlieferungslage nicht günstig, sondern gekennzeichnet durch späte, zum Teil abweichende Abschriften, Kürzungen, aber auch verfälschende Überarbeitungen. Die beiden Papyrus-Originale sind infolge starker Vermoderung nur noch Fragmente. Das älteste, undatierte Stück ist vor 533 anzusetzen; es ist das Vermächtnis des Bischofs Remigius von Reims. Gleichfalls undatiert ist das Testament des Bischofs Caesarius von Arles (vor 542), eines der problematischsten Stücke, das in der vorliegenden Form deutlich interpolierte Teile aufweist. Von 572 stammt das Testament des aus Limoges gebürtigen Aridius und seiner Mutter Pelagia; er war Gründerabt des Klosters Saint-Yrieix (Haute-Vienne). Völlig aus dem üblichen Rahmen fällt das Prachtstück der merowingischen Testamente, das Vermächtnis des Bischofs Berthram von Le Mans von 616: Der gewaltigen Länge des Dokuments – in der Druckaus-

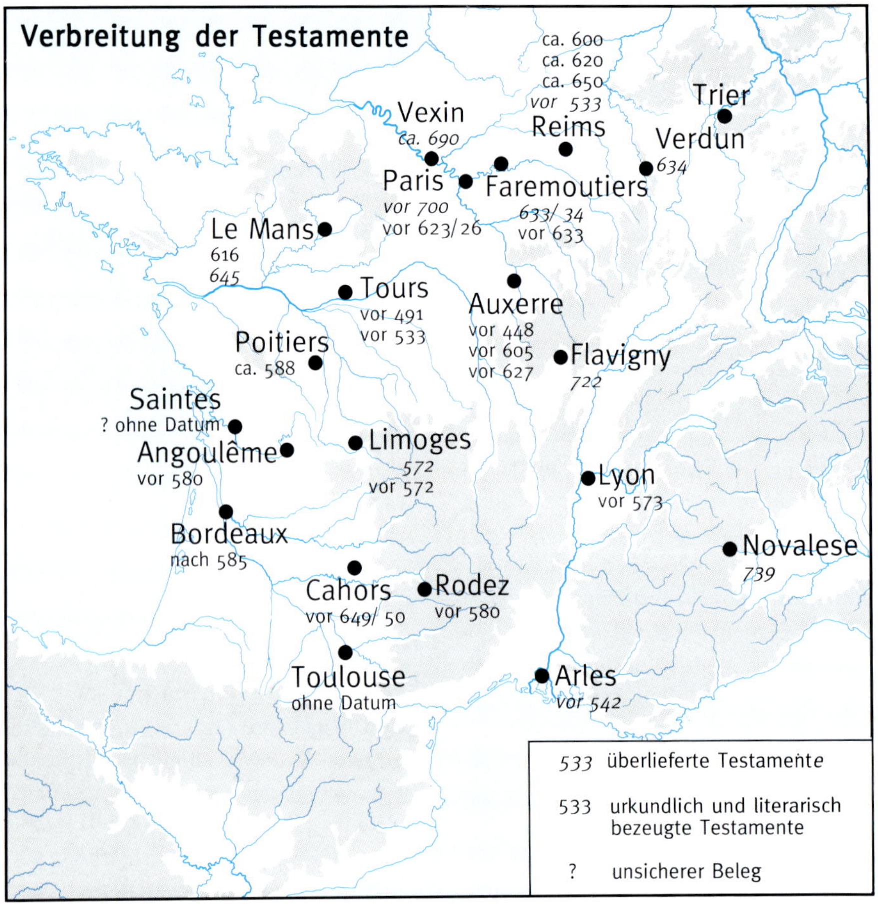

Abb. 382 *Die Karte macht die räumliche und zeitliche Verbreitung der Testamente aus merowingischer Zeit deutlich. – Entwurf Ulrich Nonn; graphische Gestaltung I. Bell.*

gabe 39 Seiten! – entspricht inhaltlich ein ungeheurer Güterbesitz des Testators und seiner Familie. 633/34 datiert das Testament der Burgundofara, der Gründerin des Klosters Faremoutiers, der Schwester des Bischofs Burgundofaro von Meaux. Aus der gleichen Zeit (634) stammt das Testament des Diakons Adalgisel-Grimo von Verdun, »die älteste Urkunde des frühen Mittelalters, deren Inhalt das Rheinland berührt« (W. Levison) und die den Testator als »fränkischen Großgrundbesitzer« ausweist. Der Nachfolger Berthrams auf dem Bischofsstuhl von Le Mans, Hadoindus, hat 645 ein Testament aufgesetzt. Wohl vom Ende des 7. Jahrhunderts stammen die beiden fragmentarischen Papyrus-Originale: das Testament des Sohnes einer Idda und Gatten einer Chramnethrud – der Name des Testators ist einer Lücke zum Opfer gefallen – aus dem Vexin und das Vermächtnis der Erminethrud, einer vornehmen fränkischen Dame aus dem Pariser Raum. Nur mit gewissen Vorbehalten kann man das Testament der Äbtissin Irmina von Oeren von 697/98 in die Reihe aufnehmen: Eigentlich handelt es sich dabei nur um eine Schenkung, die aber nicht nur als *pagina testamenti* bezeichnet wird, sondern eine ganze Reihe von Formeln aus dem römischen Testamentsformular enthält. 722 hat der Abt Widerad von Flavigny testiert; mit seinem Vermächtnis und dem umfangreichen Testament des provençalischen Patricius Abbo von 739 für das Kloster Novalese im Tal von Susa verschwindet das römische Testament aus dem Frankenreich.

Dieser geringe Überlieferungsbestand an Urkunden könnte das falsche Bild von der absoluten Ausnahmeerscheinung des Testaments im Frankenreich erwecken. Stellt man die in anderen Urkunden und in literarischen Quellen glaubhaft bezeugten Testamente zusammen, so erhöht sich der Bestand immerhin auf 30 Stücke – für den Zeitraum von ca. 250 Jahren natürlich immer noch eine geringe Zahl. Die Karte (Abb. 382) macht die räumliche und zeitliche Verbreitung deutlich.

Aufbau und Gliederung der merowingischen Testamente

Trotz aller Unterschiede im einzelnen und der zum Teil unsicheren Überlieferung läßt sich einigermaßen sicher ein fränkisches Testamentsformular rekonstruieren, das im ganzen den Aufbau des spätrömischen Testaments beibehalten hat. Neu ist die einleitende *Invocatio*, die – im Gegensatz zu den merowingischen Königsurkunden und den Hausmeierurkunden – in den Privaturkunden häufiger begegnet. Charakteristisch nicht nur für das spätrömische Testament, sondern auch für die nachjustinianische Schenkung ist die Anfangsdatierung, die in fränkischen Schenkungen die große Ausnahme bildet, in den Testamenten dagegen ausschließlich auftritt. Der in der Regel mit *ego* beginnenden *Intitulatio* folgt die Erklärung der Handlungsfähigkeit, die sog. *sana mente*-Formel, und – eng damit zusammenhängend – eine innere Begründung: Die einfache Form *metuens casus humanae fragilitatis* – die Wechselfälle menschlicher Gebrechlichkeit fürchtend – wird zuweilen erweitert durch den Hinweis auf die unvorhersehbare Plötzlichkeit des Todes und die Gefahr des Unvorbereitetseins. Es schließt sich an die Testamentserklärung, gefolgt vom Schreibervermerk, der in einigen Fällen kombiniert wird mit Angaben über die eigene Unterschrift und über die Anwesenheit bzw. Unterschriften von Zeugen. Ein gutes Beispiel für eine traditionell mitgeschleppte, aber offenbar schon früh nicht mehr ganz verstandene römische Formel bietet die komplizierte Kodizillarklausel. Sie war aus der Sorge heraus aufgenommen worden, bei nicht genauer Beachtung der strengen Formvorschriften könne das Testament seine Gültigkeit verlieren, und besagt, daß das Testament in einem solchen Fall wenigstens als Kodizill (eine Art minderen Testaments) gelten solle, damit die getroffenen Verfügungen gegenüber möglichen Intestaterben aufrechterhalten würden. In den merowingischen Testamenten ist die Klausel zuweilen verkümmert, zuweilen mißverstanden, zuweilen fehlt sie ganz, auch im Marculf-Formular.

Dispositives, das heißt den eigentlichen Rechtsinhalt ausdrückendes Kernstück des Formulars ist die formelle Erbeneinsetzung, der im klassischen römischen Testament die Enterbungsklausel, also der ausdrückliche Ausschluß aller übrigen als Erben, folgte; letztere ist im fränkischen Testament nicht mehr durchgehend vorhanden, teilweise findet sie sich an anderer Stelle. Wurde schon früh die rechtliche Bedeutung der Kodizillarklausel nicht mehr durchschaut, so gilt das in noch stärkerem Maße für das sogenannte *Caput generale*, eine allgemeine Aufforderung an die Erben, für die Durchführung der Einzelbestimmungen des Testaments, der Legate, Freilassungen usw. zu sorgen: Nur in einigen merowingischen Stücken ist sie noch vollständig benutzt; zuweilen schimmert sie relikthaft durch, ihr ursprünglicher juristischer Sinn wird dabei zum Teil verändert.

Im römischen Testament brauchte das

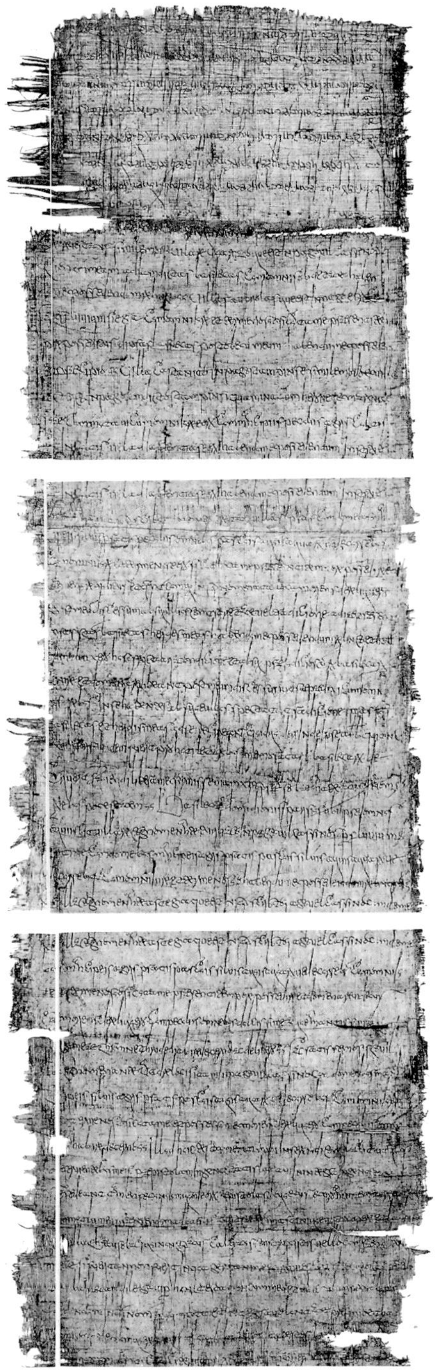
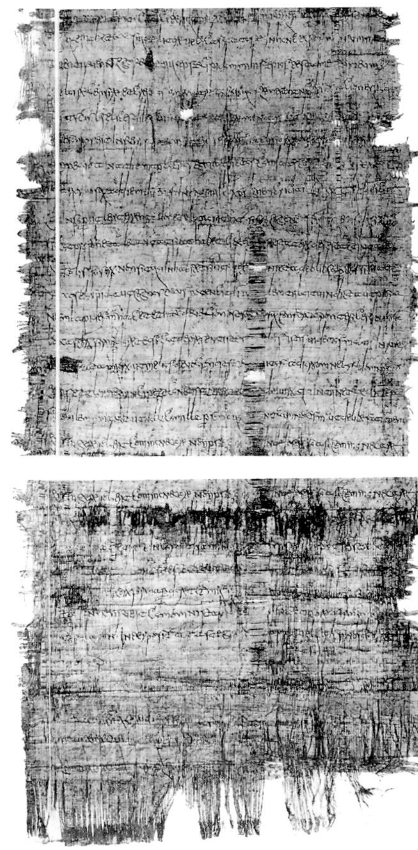

Abb. 383 *Wohl vom Ende des 7. Jahrhunderts stammt das fragmentarische Papyrus-Original, ein Testament des Sohnes einer Idda und Gatten einer Chramnethrud – der Name des Testators ist einer Lücke zum Opfer gefallen. – Nach* Chartae Latinae Antiquiores *XIII (1981) Nr. 569.*

Erbgut nicht näher aufgeschlüsselt zu werden, sofern ein Alleinerbe eingesetzt wurde; als Einzelverfügungen begegnen dort nur Legate, Freilassungen, gegebenenfalls die Bestätigung von Kodizillen und ähnlichem. Die merowingischen Testamente dagegen zählen die Zuwendungen an den oder die Erben in aller Ausführlichkeit auf und bestimmen häufig noch die Herkunftsart – aus elterlichem Erbe, aus Schenkung, Kauf, Tausch – näher. Dabei scheint ursprünglich eine feste Reihenfolge: Zuwendungen an den/die Erben – Legate – Freilassungen üblich gewesen zu sein, die aber häufig nicht mehr beachtet wurde. Die einzelnen testamentarischen Verfügungen zeigen größte Vielgestaltigkeit; die Formulierung wechselt nicht nur von Testament zu Testament, auch innerhalb der einzelnen Urkunde ist die Stilisierung äußerst vielfältig. Hier konnte der Testator frei seinen sprachlichen Vorlieben folgen. Remigius von Reims etwa scheint seinen ganzen Ehrgeiz dareingesetzt zu haben, sich möglichst bei keiner Verfügung im Ausdruck zu wiederholen; nur wenige Formulierungen erscheinen mehrfach.

Als mitgeschlepptes Relikt tauchen in einigen Beispielen die sogenannte *Nuncupatio*, eine allgemeine mündliche Erklärung des Erblassers, und die sogenannte *dolus malus*-Klausel zur Abwendung von Schaden auf. In den meisten fränkischen Stücken vorhanden ist dagegen der Korrekturvermerk, verbunden mit einem Hinweis auf das Vorlesen der Urkunde. Das Eschatokoll – das in der Kopialüberlieferung häufig gekürzt oder auch verändert wurde – beginnt mit der *actum*-Zeile, bestehend aus Ortsangabe und zusammenfassender, das heißt auf die Anfangsdatierung zurückverweisender Datierung – *sub die et anno quo supra*. Es folgen die Unterschriften: zunächst die Unterschrift des Erblassers, in der Regel in der Form *testamentum meum relegi et subscripsi* – ich habe mein Testament durchgelesen und unterzeichnet; in einem der beiden Originale macht die offenbar schreibunkundige Erminethrud nur ein Kreuzzeichen. Fast alle merowingischen Stücke weisen auch Zeugenunterschriften auf, wobei die Anzahl allerdings – im Gegensatz zu der seit spätrömischer Zeit vorgeschriebenen Siebenzahl – beträchtlich schwankt. Sechs unserer Testamente haben auch eine Schreiberunterschrift, wie sie ebenfalls in anderen Privaturkunden durchaus geläufig ist. Bei dem Selbstschreiber Aridius entfällt sie natürlich. Drei der fränkischen Stücke enthalten schließlich weitere niedergelegte Verfügungen in Form eines Nachtrags, wie er auch schon aus der spätrömischen Überlieferung bezeugt ist.

Zu diesem »Grundformular« treten in manchen Stücken und in den Formularen noch Erweiterungen. Da ist zunächst der Insinuationsvermerk, das heißt eine besondere Klausel über die Eintragung des Dokuments in die *Gesta municipalia*, die Protokolle der städtischen Behörden. Diese Allegationsklausel kann als Nachtrag der Gesamturkunde angehängt werden; sie kann sich sogar – wie bei Hadoindus von Le Mans – zu einem *mandatum*, einer eigenen kleinen Urkunde auswachsen, in der der Testator einen oder mehrere »*Mandatare*« beauftragt, für die Allegation der Urkunde zu sorgen.

Im Gegensatz zum römischen Testament weisen fast alle fränkischen Testamente eine Poenformel auf, die Bestandteil der meisten fränkischen Privaturkunden ist. Die ältesten Beispiele zeigen lediglich eine geistliche Poen; alle späteren lassen dieser noch eine *Poena saecularis* folgen. Dabei ist die Gestaltung der Formel äußerst vielfältig. In engen Zusammenhang mit der Poen gehört eine Formel, die man nach ihren häufigsten Verben, *adiurare, coniurare,* am besten als *Adiuratio* bezeichnen kann; es handelt sich dabei um die Anrufung und Beschwörung irdischer und himmlischer Gewalten, für die Sicherheit der Urkunden einzutreten. Diese Formel, für die sich kein direkter Vorläufer im spätrömischen Urkundenwesen nachweisen läßt, findet sich in sechs der merowingischen Testamente. Ebenfalls in sechs Stücken begegnet schließlich die Stipulationsklausel, eine römische, inzwischen nur noch inhaltsleer mitgeschleppte Formel, die auch aus anderen fränkischen Privaturkunden bekannt ist.

Das insgesamt reiche Formular und die Mannigfaltigkeit der einzelnen Formeln machen die schmale Gruppe der merowingischen Testamente zu einem diplomatisch wie rechtsgeschichtlich bedeutenden Quellencorpus. Die ausführlichen testamentarischen Verfügungen mit detaillierten Angaben über immobilen und mobilen Besitz einschließlich Hörigenlisten bieten aber auch aussagekräftige Zeugnisse für die Wirtschafts- und Sozialgeschichte, wie Margarete Weidemanns Untersuchung des Berthram-Testaments eindrucksvoll beweist. In dieser Hinsicht harren aber die meisten Stücke noch der gründlichen Auswertung.

Literatur: Nonn 1972. – Levison 1932. – Weidemann, M. 1986.

Die merowingerzeitliche Münzprägung an Mosel und Rhein

Karl-Josef Gilles

Nach dem Zusammenbruch des weströmischen Reiches und dem Untergang seiner Teilreiche, die es nur um wenige Jahre überdauerten, bedienten sich die nach Gallien vorgedrungenen Franken, soweit überhaupt ein Geldverkehr stattfand, zunächst nur der im Lande noch vorhandenen römischen Münzen. Daher bestimmten, von wenigen byzantinischen Goldmünzen und lokalen Barbarisierungen des 5. Jahrhunderts abgesehen, die Gold-, Silber- und Bronzeprägungen der gallischen Münzstätten von Trier, Lyon und Arles noch über Jahrzehnte den Geldverkehr zwischen Rhein und Maas, obwohl sie bereits während der ersten Hälfte des 5. Jahrhunderts ihre Tätigkeit eingestellt hatten.

Bleimünzen des 5. Jahrhunderts

Schon bald nach Einstellung der offiziellen Bronzeprägung in Trier um 395 kommt es an Rhein, Mosel und Maas zu merklichen Engpässen im Geldverkehr. Als zudem nach 406/407 die Zufuhr von Bronzemünzen anderer gallischer Münzstätten zurückging oder gar ausblieb, führte dies zu einem spürbaren Kleingeldmangel, den die Bevölkerung, wie schon Jahrzehnte zuvor, selbst zu beseitigen sich bemühte. Schaffte man in den 70er Jahren des 3. und in der Mitte des 4. Jahrhunderts mit meist untergewichtigen und im Stil recht barbarischen Bronzenachprägungen Abhilfe, versuchte man nun entgegen früherer Erfahrungen, wohl nicht zuletzt auch wegen des fehlenden Rohmaterials, dem Kleingeldmangel mit einer bisher unbekannten Art von Notgeld zu begegnen. Es waren Bleimünzen in Größe der nach 383 in Trier wie den anderen gallischen Münzstätten geschlagenen Halbcentionales, teils mit oder auch ohne Prägung. Die Schrötlinge wurden meist in Ketten gegossen, zerschnitten und platt gehämmert, woraus sich ihre unregelmäßigen Formen erklären lassen. Herstellungsort dieser spätrömischen Bleimünzen war nicht allein Trier, denn neuerdings konnte die Fertigung solcher Prägungen auch im Umland der alten Kaiserresidenz nachgewiesen werden, so etwa in Kenn (Kr. Trier-Saarburg) im Bereich eines zerstörten und danach aufgegebenen (Kult-?)Kellers. Vereinzelt treten vergleichbare Bleimünzen auch in Niedergermanien, wie in Maastricht oder Krefeld-Gellep, auf, so daß dort ebenfalls mit lokalen Werkstätten zu rechnen ist. Es ist sogar anzunehmen, daß solche Bleiprägungen wesentlich weiter verbreitet waren, zumal sie vielerorts als »Münze« oder Zahlungsmittel noch verkannt werden.

Gerade im Trierer Land ist ihre Zahl in den letzten Jahren erheblich angestiegen. Inzwischen lassen sich die einzelnen Bleimünzen mindestens drei Gruppen zuordnen. Zur ersten Gruppe zählen einfache Bleiplättchen ohne Prägung, die in Gewicht und Größe den nach 383 geschlagenen Halbcentionales vergleichbar sind. Mit ihnen verwandt sind ein- oder zweiseitige Prägungen mit spätrömischen Kaiserportraits auf der Vorder- und einer nach links schreitenden, einen Kranz haltenden Victoria auf der Rückseite, die sich zweifelsfrei an römische Vorbilder (VICTORIA AVGGG-Typ) anlehnen. Zur dritten Gruppe zählen auch kleinere (9–10 mm) und leichtere (~ 0,6 g) Münzen mit recht unterschiedlichen Darstellungen. Anhand des Trierer Fundmaterials lassen sich bisher rund 20 verschiedene Münzbilder nachweisen.

Barbarisierte Silberprägungen des 5. Jahrhunderts

Neben die Bleiprägungen tritt nach 450 eine Vielzahl barbarisierter Silbermünzen von geringem Gewicht (0,35–0,12 g), die, nachdem weite Teile Galliens von der Zufuhr neuer Silbermünzen abgeschnitten worden waren, teilweise noch in den 70er Jahren des 5. Jahrhunderts in Trier geschlagen worden sein könnten, als der Comes Arbogast die Stadt mit einem Landstrich an der oberen Mosel und Maas gegen die Franken verteidigte. Vorbilder für eine Gruppe dieser in die Literatur als »*Argentei minuti*« eingegangenen Prägungen mit thronender Roma mit Kreuz und Kreuzstab auf der Rückseite waren offenbar die letzten in Trier geschlagenen Teilsiliquen von Valentinian III. (425–455). Eine zweite, wesentlich seltenere Gruppe mit Lorbeerkranz und Kreuz mit Ankerenden auf dem Revers kopierte wiederum Siliquen des ausgehenden 4. und frühen 5. Jahrhunderts mit Kreuz und Votalegenden. Unter diesen Prägungen zeigen sich auffallend viele Stempelverbindungen, die letztlich einen gemeinsamen Herstellungsort an Rhein oder Mosel nahelegen. Im Gegensatz zur ersten Gruppe weisen diese Silbermünzen eine östliche Streuung auf.

Spätestens mit der fränkischen Landnahme, die im Rheinland um 480 mit der Einnahme der Stadt Trier abgeschlossen war, fand wohl auch die offizielle Münzprägung an Rhein und Mosel ein vorläufiges Ende. Eine eigene fränkische, im Münzfuß wie im Typ an spät- bzw. oströmische Vorbilder anknüpfende Münzprägung läßt sich erst wieder nach Konsoli-

Abb. 384 *Silberbarrenfragment, Silber-, Blei- und Bronzeschrötlinge einer lokalen Münzprägung des 5. Jahrhunderts aus Kenn (Kr. Trier-Saarburg) (Kat. VI.4.5.). – Foto Rheinisches Landesmuseum Trier.*

dierung der politischen Verhältnisse Galliens im frühen 6. Jahrhundert unter Chlodwigs Söhnen fassen, der wir drei Hauptgruppen zuordnen.

Nachprägungen oströmischer Goldmünzen (pseudo-imperiale Münzen)

Zu Beginn der fränkischen Prägetätigkeit stehen Nachprägungen oströmischer Kaisermünzen (*monnaies pseudo-impériales*), vornehmlich Solidi und Trienten (*Tremisses*) der Kaiser Anastasius (491–518) bis Heraclius (610–641). In der Darstellung und Umschrift lehnen sich die gallofränkischen Imitationen zwar weitgehend an ihre Vorbilder an, sie unterscheiden sich jedoch deutlich durch das geringere Gewicht, den zum Teil recht barbarischen Stil und die verwilderten Umschriften. Nur selten läßt sich ihr Prägeort einwandfrei bestimmen. Hinzu kommt, daß die chronologische Einordnung dieser Nachprägungen mitunter sehr problematisch ist, da zwischen der Prägezeit der Vorlagen und der Entstehung der Imitationen bisweilen ein größerer, unbestimmter Zeitraum liegen kann und zudem nicht wenige Trienten mit entstellter Legende und Münzbild keinem bestimmten Vorbild bzw. Kaiser zugeordnet werden können.

Königsmünzen

Neben diese recht zahlreichen pseudoimperialen Nachprägungen tritt nach 540 eine zweite Münzsorte, die sich von jenen darin unterscheidet, daß sie auf der Vorderseite statt des oströmischen Kaisernamens den eines fränkischen Königs trägt. Eingeleitet wird die Reihe dieser sogenannten Königsmünzen, deren Ausprägung verglichen mit den pseudoimperialen Nachprägungen sehr bescheiden bleibt, durch den austrasischen König Theudebert I. (533–547). Die letzten merowingischen Königsmünzen werden vermutlich unter Chlodwig II. (639–656) geprägt.
Eine Zwitterstellung nimmt ein Trierer Triens ein, der die häufigste merowingerzeitliche Prägung aus Trier darstellt. Wenn auch seine Rückseite ebenso wie die Büste auf der Vorderseite zweifellos ein oströmisches Vorbild erkennen läßt, bildet er dennoch keine reine Nachprägung einer oströmischen Goldmünze. Denn seine Vorderseitenlegende weicht, wie die Gruppe der Königsmünzen, offenbar bewußt von ihrem Vorbild ab und gibt in Verbindung mit der Büste statt des Namens des Kaisers bzw. Königs die Herkunft der Münze (»TREVERIS CIVITATE«) an. Vergleichbares ist bislang allenfalls für eine Prägung aus Köln belegt, wobei in diesem Falle die Vorderseitenlegende (COLONIA – ANVSPRAVG) neben der Herkunft vermutlich noch den zweiten Teil der Umschrift des imitierten Vorbildes übernimmt. Die Rückseiten beider Trienten sind offenbar einem Solidus des Justinianus (527–565) entlehnt.

Monetarmünzen

Die größte Gruppe unter den merowingerzeitlichen Prägungen bilden die Monetarmünzen, die seit dem letzten Viertel des 6. Jahrhunderts herausgebracht wurden. Sie überliefern neben dem Prägeort auch den Namen des Münzmeisters, der selten mit dem des Stempelschneiders identisch ist. Einzelne Stempelschneider haben nachweislich für mehrere Monetare an verschiedenen Orten gearbeitet. Bereits im frühen 7. Jahrhundert verdrängen die Monetarmünzen die bis dahin dominierenden Nachprägungen oströmischer Goldmünzen. Mehr als 5000 verschiedene Monetarmünzen überliefern rund 2000 Münzmeister und lassen auf über 1000 Münzstätten schließen, die sich insbesondere auf die westlichen Teile des fränkischen Reiches konzentrieren, nach Osten hin aber deutlich abnehmen und rechts des Rheins bislang überhaupt noch nicht nachgewiesen werden konnten.
Die Monetare waren »weitgehend selbständige Unternehmer, die von sich aus,

mit ihrem Namen, Münzen in Verkehr brachten und keinerlei Weisung vom König erhielten« (Berghaus 196). Eine Ausnahme und zugleich auch ein seltenes Beispiel zur näheren Kennzeichnung dieses Personenkreises bilden wiederum vier Trierer Trienten von Launovios und Monualdus. Die Umschriften der Vorderseiten lassen sie als von der Stadt (*civitas*) Trier eingesetzte Monetare (*monetarius constitutus*) erkennen, die offensichtlich als bestallte oder beamtete Münzmeister das in diesem Falle von der *Civitas* zur Verfügung gestellte Gold (TREVERIS CIVITATE OBRIVS FIT) ausprägen ließen. Die Mehrzahl der Monetare war aber wohl unabhängig und gehörte vermutlich zu einer Personengruppe, die Gold zur Verfügung hatte bzw. relativ schnell beschaffen konnte. Sie unterhielten am jeweiligen Ort eine *officina* und arbeiteten offenbar mit großem Profit, jedoch unabhängig von der Verwaltung, der Gemeinde, Stadt oder Region. Ihre Hauptbeschäftigung war es, »vollgewichtiges«, seinem Feingehalt nach garantiertes Gold herzustellen. Für dies konnten sie mit Namen und Kapital bürgen. »Daß sie bei der Geldbeschaffung Geld verdienten, und zwar mehr als der Metallgehalt und die Prägekosten ausmachten, ist bei einer Wirtschaftsstruktur auf kapitalistischer Basis selbstverständlich« (Zedelius 1981, 77).

Auffallend ist mit dem Aufkommen der Monetarmünzen die rapide Zunahme der Prägeorte, die die Geldbeschaffung offensichtlich als einträgliche Arbeit zu erkennen geben. Waren beispielsweise im Gebiet der ehemaligen Provinz *Belgica I* bis zum Einsetzen der Monetarprägungen lediglich sechs Münzstätten tätig, so stieg ihre Zahl danach auf mehr als 30 Ateliers. Somit dürfte, wenn auch nicht an allen Orten gleichzeitig gemünzt wurde und für manche auf den Münzen überlieferte Prägeorte noch eine eindeutige Identifizierung bzw. Lokalisierung aussteht, innerhalb kurzer Zeit die Zahl der Münzstätten um das Fünffache gestiegen sein. Dabei lag die Zunahme in den westlichen Teilen des Frankenreiches sogar merklich darüber, während sie zum Rhein hin deutlich ausdünnte.

Im östlichen Siedlungsgebiet der Merowinger sind solche Monetarprägungen neben Trier für Windisch, Basel, Straßburg, Speyer, Worms, Alsheim (Kr. Alzey-Worms), Mainz, Boppard, Andernach, Gondorf (Kr. Mayen-Koblenz), Bonn, Köln, Zülpich, Xanten, Maastricht und Dorestad belegt. Dagegen ist es bis heute nicht gelungen, das auf einzelnen Trienten belegte *Palaciolum* überzeugend auf Trier-Pfalzel zu beziehen.

Mit der Einführung und Verbreitung der Monetarmünzen, die ja einen völlig neuen Münztyp bildeten (Vorderseite: Büste – Rückseite: Kreuz mit Nennung des Monetars und der Münzstätte), ging gleichzeitig eine Verringerung des Gewichtes einher. Nach dem constantinischen Münzfuß erreichte der Solidus 4,55 g, wobei 72 auf das römische Pfund von 327,45 g gingen. Das Sollgewicht des Triens betrug, da der Solidus 12 Miliarensen bzw. 24 Siliquen (der Triens dementsprechend 8 Siliquen) entsprach, somit rund 1,52 g. Seit der zweiten Hälfte des 6. Jahrhunderts erfolgte dann stufenweise bis ins zweite Viertel des 7. Jahrhunderts in Angleichung an die Reduktion oströmischer Solidi eine Gewichtsminderung des fränkischen Soli-

Abb. 385 *Gußketten mit daraus gefertigten Münzschrötlingen aus Blei sowie Blei- und Silbermünzen des 5. Jahrhunderts (Kat. VI.4.2.4.). – Foto Rheinisches Landesmuseum Trier.*

Abb. 386 *Pseudo-imperiale Münzen nach Vorbildern des Zeno (474–491), Anasthasius (491–518), Justinus (518–527), Justinianus (527–565) und des Mauricius Tiberius (582–602) (Kat. VI.4.3.). – Foto Rheinisches Landesmuseum Trier.*

dus bis auf 20 Siliquen bzw. 3,78 g, womit das Gewicht des Triens unter 1,3 g sank. Bemerkenswert ist aber nicht nur die Reduzierung der Gewichte, sondern auch eine etwa ab der Mitte des 7. Jahrhunderts im gesamten Frankenreich in regional unterschiedlicher Intensität beobachtete Verringerung des Goldgehaltes. Aus einer anfänglich nahezu reinen Goldmünze entwickelte sich bis um 670/80 eine weitgehend silberlegierte Münze. Die Ursache für die Ablösung der Gold- durch die Silberwährung gegen Ende des 7. Jahrhunderts ist bislang recht unterschiedlich erklärt worden. Neuerdings möchte man eher in der progressiven wirtschaftlichen Entwicklung, insbesondere dem Ausbau der Lokalmärkte und der gestiegenen Bedeutung des Kleinhandels den auslösenden Faktor zur Prägung der silbernen Denare sehen, da sie als wertmäßig geringere Nominale den Bedürfnissen des Handels besser als die Goldtrienten entsprochen hätten. Diese überaus positive Beurteilung erklärt aber nicht, weshalb der Beginn der Silberprägung mit einem drastischen Rückgang der Münzstätten verbunden war. Lag die Zahl der Münzstätten in der ersten Hälfte des 7. Jahrhundert wohl noch bei über 1000, lassen sich für das ausgehende 7. und die erste Hälfte des 8. Jahrhunderts vielleicht noch 60 Münzateliers nachweisen. Eine solche Reduzierung (um 95%) ist zu gravierend, um noch eine ungebrochene Wirtschaftsentwicklung annehmen zu können. Im Bereich der früheren Provinz *Belgica I* war von ursprünglich mehr als 30 Münzstätten nur noch eine in Metz aktiv, wobei aus bedeutenden Städten und Prägeorten, wie Verdun oder Trier, keine Münzen mehr vorliegen. Es fällt daher schwer, die Einführung der Silbermünzen mit den gestiegenen Bedürfnissen des Handels nach einer passenden Kleinmünze zu erklären, zumal sich dann auch eine erheblich höhere Münzproduktion in den wenigen noch verbliebenen Ateliers nachweisen lassen müßte. Hätte der Handel primär ein kleineres Nominal benötigt, hätte die Ausprägung reiner Silbermünzen sicherlich schon wesentlich früher parallel zur Goldprägung erfolgen können. Die Wahl des Silbers als Münzmetall war somit nur die logische Konsequenz aus der stetigen Verringerung der Goldvorräte (vgl. Petry 180 ff.).

Abb. 387 *Pseudo-imperiale Prägungen und Monetarmünzen aus Trier (Kat. VI.4.3.). – Foto Rheinisches Landesmuseum Trier.*

Der Wechsel vom Gold zum Silber sollte daher nur mit einer Edelmetallknappheit begründet werden, die in der Folge ausschließlich den wirtschaftlich und herrschaftspolitisch bedeutenden Zentren eine Silberprägung erlaubte. Für eine sich allmählich ausbreitende Metallknappheit im 7. Jahrhundert spricht auch der mehrere Jahrzehnte währende Prozeß der fortschreitenden Verschlechterung der Goldmünzen, der auch nicht durch eingeschmolzenes Gold behoben werden konnte. Das Ende der Goldprägung, das wohl nicht zufällig mit dem dynastischen Machtwechsel zusammentrifft, bedeutet auch den Anfang einer neuen, auf dem Münzmetall Silber basierenden Wirtschaftsordnung. Daß dennoch weiter in nur wenigen Ateliers Münzen geprägt werden, erklärt sich einerseits aus dem gewachsenen Bedürfnis an gemünztem Geld zur leichteren Abwicklung der Handelsgeschäfte, andererseits aus dem Streben der Karolinger nach Konsolidierung ihrer Position. Erst nach Abwehr der äußeren Feinde, der Araber, und der Unterwerfung der restlichen merowingischen Partikulargewalten gestalten die Karolinger eine eigene Münzpolitik, die letztlich in einem Kapitular Pippins des Jüngeren von 754/755 ihren Niederschlag findet, wobei die Prägebestimmungen gesetzlich fixiert werden und unter anderem der Münzfuß neu festgelegt wird, der dann über Jahrhunderte das europäische Münzsystem bestimmen sollte.

Literatur: Bauer 1951. – de Belfort 1892/95. – Berghaus 1985. – Felder 1979. – Petry 1992. – Reinhart 1939. – RIC X 1994. – Suhle 1929. – Weiller 1988. – Zedelius 1980; 1981.

Nachprägungen oströmischer Kaisermünzen (pseudo-imperiale Prägungen)

Prägeorte	Vorbild	Literatur
Bonn *(Bonna)*	?	Zedelius (1980)
Köln *(Colonia)*	Justinianus I. (527–565)	Belfort 1600 f.
	nach Justinianus I. (527–565)	Belfort 1602
Trier *(Treveris)*	Justinus I. (518–527)	Belfort 4401, Weiller 1
	nach Justinianus I. (527–565)	Belfort 4403, Weiller 2

Königsmünzen

Prägeorte	König	Literatur
Bonn *(Bonna)*	Theudebert I. (534–548)	Belfort 909 (913); vgl. Zedelius (1980)
Köln *(Colonia)*	Theudebert I. (534–548)	Belfort 1603
Mainz *(Moguncіacum)*	Theudebert I. (534–548)	Belfort 2996

Monetarprägungen

Prägeorte	Münzmeister	Literatur
Alsheim *(Halasemia)*	Dedo	Suhle S. 16 Nr. 15
Andernach *(Antonnacum)*	Charifridus	Belfort 227 ff.
Basel *(Basilia)*	Gunso	Belfort 801 ff.
Bonn *(Bonna)*	Bamman, Chadoaldus, Widikind	Belfort 911; Zedelius (1980)
Boppard *(Bodobriga)*	Mariulfus	Belfort 901
Dorestad *(Dorestas)*	Aelmold, Grimoaldus, Madelinus	Belfort 1758 ff.; 6163
Gondorf *(Controva Castro)*	Augemundus, Geroaldus	Belfort 1632–1633; vgl. Felder
Köln *(Colonia)*	Gaucemares, Rauchomarus, Suno	Belfort 1604 ff.; 6140; Bauer 96
Mainz *(Moguncіacum)*	Garoaldus, Gonderadus, Lopus, Martinus, Nantharius und andere	Belfort 2997 ff.; 6281 ff.
Maastricht *(Triectum)*	Ansoaldus, Chagnomiris, Domaricus, Godofridus, Grimoaldus, Madelinus, Rimoaldus,Trasemundus	Belfort 4417 ff.; 6456 ff.
[Pfalzel *(Palaciolum)*	Domegiselus, Domolenus, Marculfus]	Belfort 3317 ff.; 6300 ff.
Saarburg/Lothr. *(Sareburgum)*	Bobo, Ultericus	Belfort 3992 ff.
Speyer *(Spira)*	Badus, Gaiso	Belfort 4187 f.; Reinhard 68
Straßburg *(Argentoratum/Stradiburgus)*	Anulufus, Tenamo	Belfort 301 ff.
Trier *(Treveris)*	Bertilinus, Imonoaldus, Launovius, Monualdus, Sigoaldus, Sinoaldus, Vinulfus	Belfort 4408 ff.; Weiller 3 ff.
Windisch *(Vindonissa)*	Tuta	Belfort 4885
Worms *(Warmacia)*	Dodus	Belfort 4676
Xanten-Birten *(Bertunis)*	Bilo	Belfort 844 (= 4741); Zedelius (1981)
Zülpich *(Tulbiacus)*	Chranulfus (Chivinulfus), Gabiulfus	Belfort 4474 ff.

Das Finanzsystem der merowingischen Könige

Jean Durliat

Die Forschung kommt immer mehr zum Schluß, daß sich der Übergang vom Römischen Reich zur Fränkischen Monarchie ohne größere Umwälzungen vollzog und daß die Eroberung Galliens eher einem »Regimewechsel« als der Ersetzung einer Welt durch eine andere entsprach. Dies trifft besonders im Bereich der Verwaltungsinstitutionen zu. Das alles wird noch viel deutlicher, wenn man die Folgerungen aus einer jüngst gemachten Beobachtung zieht: Gregor von Tours war durchaus kein naiver Schilderer der Unglücksfälle, die sich zu seiner Zeit ereigneten, sondern ein Theologe und Historiker, der die einschlägigen Episoden auswählte, um zu belegen, daß der Zustand von Königreichen nur dann ein guter ist, wenn die Könige in Übereinstimmung mit den Bischöfen regieren. Wenn aber die Merowinger zu regieren fortfuhren, wie es die Römer getan hatten, woher nahmen sie dann das zur Bezahlung ihrer Verwaltung unabdingbar nötige Geld? Indem sie weiter Steuern erhoben! Lange fragten sich aber die Historiker, bis wann diese römische Praxis wohl überlebt haben mochte und welche Beamte ihre Durchführung sicherten.

Untersuchungen über das antike Steuersystem haben bestätigt – was längst bekannt war –, daß der römische Staat weder über einen eigentlichen Stab von Steuereinziehern noch über eine große Zahl von Steuerbeamten verfügte. Die Kurialen, der Adel der Städte (*civitates*), hatten die Auflage, im Auftrage der Provinzgouverneure die Steuern einzutreiben. Sie mußten dann die eingezogenen Summen den Empfängern zukommen lassen, die ihnen von der zentralen Verwaltung bezeichnet wurden. So ruhte das ganze Fiskalsystem auf den Schultern der lokalen Oberschichten. Neuere Forschungen haben ergeben, daß die Franken diese bewährten und sowohl für die Steuereinzieher als auch für den Staat sehr rentablen Methoden beibehielten. Die dürftige Quellenlage erlaubt allerdings nur, die großen Linien dieses Systems nachzuzeichnen, welches das der Antike weiterführt und dem der anderen germanischen Königreiche stark gleicht. Mangels öffentlicher Archive ist es eben nie isoliert als solches beschrieben worden.

Die Einheit der Villa

Das ganze merowingische Fiskalsystem beruhte auf der Einheit der *villa,* die schon in der römischen Periode keine große Domäne gewesen war und es nach Einrichtung der fränkischen Herrschaft auch nicht wurde. Wem hätten im übrigen die Besitzer großer ökonomischer Einheiten eine entsprechende Masse von Produkten verkaufen können, da doch die ländliche Bevölkerung weitgehend autark lebte und die städtische Bevölkerung nicht zahlreich genug war, um derart große Mengen von Lebensmitteln abnehmen zu können? Die triftigsten Einwände stammen aus Beobachtungen, welche die Historiker seit langem beschäftigt haben; sie blieben aber ohne Antwort. Es ließ sich nämlich nicht erklären, warum auf der einen Seite *villae* tatsächlich verkauft, verschenkt oder getauscht wurden, was sie doch zu eigentlichen Besitztümern macht, und wie auf der anderen Seite Güter von Bauern *in villa*, also in einer *villa*, deren Namen sogar in den Texten genannt wird, verkauft werden konnten. So lautet ein Formular aus Angers zum Beispiel: »Ich habe diesen Weinberg in der und der *villa* verkauft, und ich habe dafür den und den Verkaufspreis erhalten.« In einem Formular bei Marculf steht anderseits geschrieben: »Ich habe dir eine *villa* verkauft, die mir gehört, die Untelle heißt, im gesamten Umfange, mit ihren Ländereien, Häusern, Gebäuden, Bewohnern, *mancipia*, Weinbergen, Wäldern, Feldern, Wiesen, Weiden, Wasser und Wasserläufen, Nebengebäuden, mit ihrem ganzen Wert und in ihrer ganzen Ausdehnung; und als Verkaufspreis habe ich von euch eine derartige Summe erhalten.«

Hier überlagern sich zwei Arten von Besitz unterschiedlicher Beschaffenheit, denn der Verkauf eines Gutes im Innern eines andern Gutes läßt sich nicht anders erklären. Ein aufmerksameres Studium der Quellen zeigt auf, daß man für verkaufte Ländereien die Nutzungsart des Bodens – beispielsweise Weinberg – angibt, während die *villa* Objekt eines Globalverkaufs mit Einschluß der Personen und Wasserläufe ist. Letztere gehörten übrigens niemandem. Die *villa* hat alle Erscheinungsformen eines Dorfes mit seinen Bauern, deren Häusern, deren verschiedene Anbauflächen und selbst mit den Bachläufen. Die Einwohner sind die Besitzer ihrer Güter, bebauen sie und verfügen nach eigenem Ermessen über ihre Ernten. Sie werden bald als *coloni* bezeichnet, bald als *servi* oder *mancipia*, ohne daß man diese Ausdrücke mit dem Begriff Sklaven übersetzen müßte. Ihre einzigen Verpflichtungen bestehen im Entrichten der Steuern und in der Aufzeichnung der Verkäufe in den Registern der Steuereinnehmer. Aus diesem Grunde erinnern die Gesetze oft daran, daß der *colonus* oder *servus* nicht das Recht habe, seine Güter zu ver-

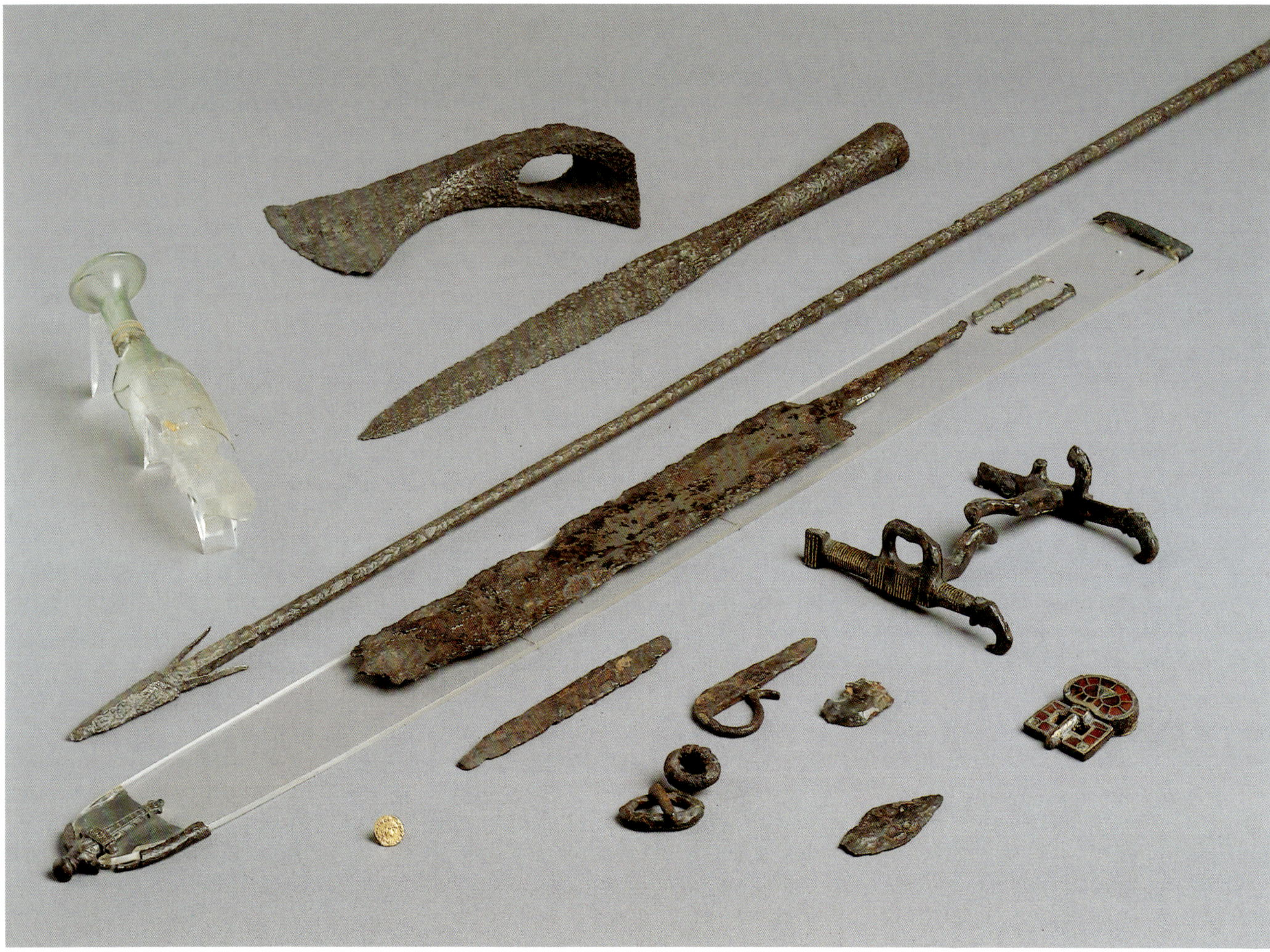

kaufen, ohne den *dominus* darüber zu informieren.

Die Rechte der *possessores* und der *domini*

In der Tat besaßen auch andere Personen im Namen des Staates Fiskalrechte auf die *villa*. Diese besitzen das, was später das Feudalrecht »herrschaftliche Besitzrechte« (propriété éminente) und nicht »Nutzungsbesitz« (propriété utile) nannte. Das eine und das andere schließen sich aber nicht aus. Fast alle Machthaber (*potentes*) besaßen neben den *villae* noch andere Ländereien. Diese Verantwortlichen sicherten den Einzug der Steuern und überwiesen den wesentlichen Teil davon an die ihnen von der Verwaltung bezeichneten Nutznießer. Sie wurden als *possessores* bezeichnet, soweit sie die Rechte auf die Ländereien hatten und die Grundsteuer einzogen, aber als *domini*, soweit sie Rechte über Personen hatten und neben der Grundsteuer auch die Kopfsteuer eintrieben.

Dieses System, das im Römischen Reich und den anderen germanischen Königreichen gut belegt ist, taucht in Gallien überall quer durch sämtliche Organisationen der öffentlichen Ausgaben auf (wir werden darauf noch zurückkommen) sowie bei den Verpflichtungen der königlichen *villae,* sei es gegenüber Amtsinha-

Abb. 388 *Der mit Waffen und Pferdegeschirr beigesetzte Krieger aus Grab 68 war der erste fränkische Funktionsträger in Mézières. Es ist das älteste Grab im merowingischen Gräberfeld und eines der reichsten Gräber. In Frankreich werden diese schwerbewaffneten Männer als »chefs« bezeichnet. Demnach hatte Chlodwig in Mézières an der Maas einen fränkischen Stützpunkt eingerichtet und mit einer fränkischen Familie besetzt (Kat. V.2.5. – Zum Grabplan vgl. Abb. 590). – Foto Carl Gustin, Musée Charleville-Mézières.*

bern im Sinne einer Lohnzahlung an diese, sei es gegenüber den Kirchen oder Klöstern, um deren finanzielle Grundlage zu sichern.
In Tours entdeckte Urkunden belegen, daß man am Ende des 7. Jahrhunderts immer noch wie in der Antike vorging. Der *possessor* führte für jede *villa* ein Register mit den Namen der Abgabepflichtigen und der Angabe der geschuldeten Summen. Dieses Register hatte sich seit der römischen Periode sicher nicht wesentlich verändert und ähnelte sehr den karolingischen *Polyptycha*. Aufgrund des großen Registers erstellte der *dominus* Listen für jeden Ausgabeposten, an den er einen Teil seiner Einkünfte überwies. Die Dokumente von Tours geben für jeden Zahlungspflichtigen die für einen unbekannten Empfänger bestimmte Summe an. Auf diese Weise wurden die Armee sowie die Kosten der zentralen und der lokalen Verwaltung bezahlt.
Im übrigen überließ der Staat dem *dominus* einen Teil der eingetriebenen Summen, um ihm einen Profit für die geleistete Arbeit zu sichern und um seine Verwaltungskosten zu decken. Schließlich mußte er ja Buchhalter und die mit dem Eintreiben der Gelder und der Naturalabgaben betrauten Einnehmer bezahlen. Diese Einkünfte erklären, warum die *villae* wie alle anderen Güter verkauft wurden. Der Käufer erwarb mit der Auflage zur Steuereintreibung auch die Vorteile, die diese mit sich brachte. Er gewann Geld, indem er eine öffentliche Funktion ausübte, für die es weder im Römischen Reich noch unter den Merowingern Beamte gegeben hatte.
Die *villa* selbst war aber wesentlich weniger wert als die Gesamtheit der Güter, aus denen sie zusammengesetzt war. Ihr Profit beruhte allein auf dem Steuereinzug, der etwa 20% der Produktion ausmachte, und nicht auf der Bewirtschaftung der Grundstücke.

Die Steuerarten

Wie in früheren Zeiten wurde die Steuer entweder in Form von Geld, Naturalien oder in der Form von Dienstleistungen eingezogen. Wirkliche Geldzahlungen waren wenig üblich, denn die Bauern verfügten kaum über Bargeld, und die Verwaltung war unsicher, ob sie sich in einer Periode des Mangels, in der die Märkte schlecht und nur unregelmäßig beliefert wurden, überall das gerade Nötige käuflich erwerben konnte. Beide Parteien zogen Naturalien vor, die nach Maßgabe der lokalen Möglichkeiten und der Bedürfnisse des Königreiches eingezogen wurden. Die *Lex Baiuvariorum* enthält eine Liste einiger Fiskalnaturalien: An der Spitze steht Getreide, aber auch Hühner und Eier, Leinen und Honig werden erwähnt. Die Abrechnungen von Tours geben ein Beispiel von Zahlungen in Form von Getreidelieferungen. Die Lebensbeschreibung von Desiderius, Bischof von Cahors, berichtet von einem Winzer, der seine Steuer in Form von Wein bezahlt. Andere Quellen bestätigen die generelle Anwendung dieser Praktiken. Um diese Zahlungen bis zu ihren Bestimmungsorten zu bringen, wurden Fuhren zu Land und Transporte zu Wasser auf Barken organisiert. Die *Lex Baiuvariorum* enthält eine Bestimmung, daß die Bauern, die mit ihren Wagen unterwegs waren, nicht weiter als 50 Wegstunden von ihrem Dorf weggeschickt werden durften. Außerdem wird der Transport von Kalk bis zur Stadt erwähnt, woraus sich ergibt, daß es sich um eine öffentliche Leistung handelte. Im übrigen wurde auf den öffentlichen und kirchlichen Ländereien ein Teil der Dienste benützt, um die Domänen, die herrschaftlichen Ländereien, mit Hilfe von Frondienst zu bewirtschaften. So erhielt der Staat Arbeitskräfte für die Ländereien, auf denen er das Nutzungsrecht hatte und die er so unter der Leitung seiner Vertreter (*villici*) gewinnbringend einsetzen konnte.

Die Aufgaben der Kurien und Grafen

Aber der Staat hatte nicht die Mittel, um mit allen *villae* des Königreiches zu verhandeln. Die *civitates* (Städte) bildeten immer noch den lokalen Rahmen für den Steuereinzug. Die alten Kurien waren, wie eine aufmerksame Lektüre Gregors von Tours ergibt, keineswegs verschwunden. Der Bischof von Tours bemühte sich allerdings, ihre Handlungen zugunsten derjenigen des Klerus in den Hintergrund zu drängen. Er gebraucht systematisch den Begriff *civis*, was in der römischen Zeit bereits die Kurialen bezeichnen konnte, die zusammen mit dem Bischof die städtischen Angelegenheiten verwalten. Die Merowinger hatten in der Tat die Verordnung der letzten Kaiser des Westreiches übernommen, die die Bischöfe an die Spitze der munizipalen Kurien stellte. Diese Entscheidung erklärt sich nicht dadurch, daß die zivile Verwaltung zusammengebrochen wäre und gleichzeitig die Kirche die Hand auf die Staatsverwaltung gelegt hätte, sondern erfolgte in der Absicht, nur einen einzigen Gesprächspartner zu haben, weil so die Verhandlungen leichter zu sein schienen als mit einem ganzen Kollegium von Notabeln. Die Städte erreichten sogar eine stärkere Stellung, weil die im Vergleich zum Römischen Reich umfangmäßig kleineren Königreiche die Aufhebung der zivilen Provinzen zur Folge hatten. Der hauptsächliche Vertreter der Staatsgewalt war nun der Graf (*comes*), der in der Stadt residierte. Gegen Ende der merowingischen Periode kommt eine Tendenz auf, die Bedeutung der *pagi*, jener alten Untereinteilung der Gebietsbürgerschaften (*civitates*) zu steigern, bevor die Karolinger die Zahl der Grafen (*comites*) vermehrten, indem sie einen Grafen pro *pagus* einsetzten. Bis zum Ende der merowingischen Periode werden die Befehle der Zentralverwaltung durch den Grafen übermittelt und durch den Bischof und die Kurialen ausgeführt. Das erklärt, warum bisweilen die Beziehungen zwischen dem Vertreter der Staatsgewalt und jenem der lokalen *domini* oder zwischen den Abgesandten des Hofes und dem Bischof gespannt waren, besonders wenn erstere mit der Absicht kamen, die Steuern anzuheben. Gregor von Tours widersetzte sich heftig dem Grafen Gaiso, der die Steuerabgaben der Stadt Tours erhöhen wollte. Sulpicius, der Bischof von Bourges, hatte mit Lallo, dem Abgesandten des Königs, aus denselben Gründen Auseinandersetzungen. Als schließlich die Prälaten ein Recht auf Einsicht in die Ernennung der Grafen erhielten, minderten sich die lokalen Spannungen.

In den *civitates* gab es Probleme zwischen den *villae* einerseits, die dem allgemeinen Haushalt des Königreiches unterstellt waren und deren Einkünfte durch die *civitas* verwaltet wurden, und andererseits den der Fiskalverwaltung gehörenden *villae*. Bei diesen handelte es sich um alten römischen Staatsdomänenbesitz, der von den Königen übernommen worden war, als sie an die Stelle der römischen Kaiser traten. Die Einkünfte dieser *villae* hingen direkt von der Zentralverwaltung ab. Sie wurden teilweise als zeitlich beschränkte, bloß vorübergehende oder dauernde Entschädigung (*beneficium*) Staatsbeamten oder den Kirchen zugesprochen. Sie gaben auch den Königen die Mittel, spezielle finanzielle Verpflichtungen befriedigen zu können. Sie entgingen damit der Kontrolle durch die *civitates*. Schließlich besaß die Verwaltung auch Ländereien, die von gerichtlich Verurteilten konfisziert worden waren oder von Personen, die ohne Erben gestorben waren. Wie die Privatpersonen besaß auch der Staat selbst sowohl Nutzungseigentum, was für die karolingische Zeit als »Reserven« bezeichnet wird, wie auch herrschaftlichen Besitz.

Pflichtablieferungen und Dienstleistungen

Verglichen mit der Grundsteuer und der Kopfsteuer waren die anderen Einkünfte des Königreiches von sekundärer Bedeutung, wenngleich die Quellen keinerlei quantitative Angaben machen. Die Handwerker wurden besteuert; aber der einzige Beleg für diese Auflage wird durch die Pflichtablieferungen und die Dienstleistungen, die sie stellen mußten, erbracht. Sie entledigten sich somit ihrer Steuerpflicht ebenso wie die Bauern durch Naturalabgaben und Dienstleistungen. Die Händler scheinen keinerlei Steuern auf Kauf und Verkauf bezahlt zu haben; aber die zahlreichen Binnenzollstellen, die den Warenverkehr taxierten, sicherten ansehnliche Einkünfte. Dies belegen zum Beispiel die Zahlungen, die von den Königen den Fiskallagerhäusern von Fos und Marseille auferlegt worden waren. Auch hier erfolgten die Zahlungen der Kaufleute in Form eines Teiles der Ladung und nicht in Bargeld, denn die Empfänger, zum Beispiel die Abtei von Corbie, erhielten Öl, Papyrus, Datteln oder andere aus dem Ausland eingeführte Produkte. Diese Zollstellen waren sowohl an den Land- und Seegrenzen des Königreiches, aber auch im Inneren des Landes, an Marktorten, den wichtigsten Knotenpunkten von Straßen und Wasserwegen errichtet worden. Ihre Verwaltung lief nach demselben System wie bei den *villae*. Eine Privatperson, der Zolleinnehmer (*telonarius*), war für die Erhebung der Zölle verantwortlich. Er behielt einen Teil der Einnahmen zu seinem eigenen Profit und zur Deckung seiner Kosten. Den Rest hielt er zur Verfügung der Verwaltung, um ihn an die Empfänger, die man ihm bezeichnete, weiterzuleiten. Auch die Münzprägung wurde als Konzession ausgegeben. Die Goldschmiede fungierten als öffentliche Münzmeister, so zum Beispiel der berühmte hl. Eligius, und lieferten eine gewisse Summe an den Staatsschatz ab. Im übrigen überwies auch die Justiz in die öffentlichen Kassen einen Teil der Bußgelder, die sie zwischen der Zentralverwaltung und dem Grafen, der für das Gerichtswesen in seiner *civitas* verantwortlich war, teilte. Schließlich wurden unter den Einkünften auch Tribute verzeichnet, wenn Fremde sie bezahlten, und als Ausgaben verbucht, wenn sie vom König geleistet wurden.

Die Staatsaufgaben

Mit der Gesamtheit ihrer Einkünfte sicherten die Merowinger die Staatsausgaben ab, deren einzelne Positionen sich seit der römischen Zeit kaum geändert hatten. Sie waren in drei Bereiche geteilt, deren jede ein Drittel des Budgets aufbrauchte: die Armee, dann die Verwaltung des Königreiches und des Hofstaates und schließlich die lokale Verwaltung. Nichts spricht dagegen, daß die Könige die Anteile der einzelnen Positionen nicht geändert haben, aber die Ausgaben wurden immer nach diesem Schlüssel verteilt. Der erste Teil war der für das Überleben des Staates wichtigste. Der *exercitus Francorum,* die Armee wurde zunächst durch die Franken und die Barbaren, die sich ihnen angeschlossen hatten, gebildet, danach aber auch durch diejenigen, welche die militärische Karriere gewählt hatten. Eine sorgfältige Quellenanalyse hat gezeigt, daß die Armee aus Berufssoldaten bestand. Sie erhielten demzufolge Sold und Verpflegung sowie die für die Kriege unentbehrlichen Ausrüstungsgegenstände und Waffen. Der am besten bekannte Beamte, der für diese Lieferungen verantwortlich war, ist der *comes stabuli*. Er war vor allem für die Lieferung von Pferden an die Kavallerie verantwortlich. In den *civitates* war der Graf der Verantwortliche für das in seinem Amtsbereich stationierte Kontingent. Er ließ den Sold auszahlen, der je nach Dienstgrad variierte, auch wenn es darüber in den Quellen keinen direkten Beleg gibt. Die Armee mußte aber regelmäßig bezahlt werden. Vor allem hatte sie, wenn sie sich an einen Kriegsschauplatz bewegte, nur das Recht, bei der lokalen Bevölkerung Wasser, Holz und Futter zu requirieren. Alles übrige wurde zu Lasten des Steueraufkommens geliefert. Daraus ergibt sich, daß die Armee Sold von seiten der Verwaltung bezogen hat, wie das in den andern Königreichen der Fall war. Auf dem Weg verköstigte sie sich aus den öffentlichen Lagerhäusern, denn Soldaten, die zum Beispiel in Richtung Italien aufbrachen, konnten nicht alles, was nötig war, von zu Hause mitnehmen. Da im übrigen die Requisitionen im Rahmen der *civitates* erfolgten, hingen sie von der lokalen Verwaltung ab, die von den Bischöfen geleitet wurde. Sie bildeten so einen Teil der Steuer, welche die Bauern schuldeten. Als das Königreich geteilt wurde und als im 7. Jahrhundert autonome Herzöge auftraten, die wie eigentliche Staatschefs handelten, so zum Beispiel in Aquitanien, in Bayern und anderswo, benahm sich jeder dieser Anführer wie der König seiner Armee. Der beste Beleg dafür, daß es sich um die staatliche Finanzierung einer Berufsarmee und nicht um das Aufgebot von Freiwilligen, die durch die Hoffnung auf Beute angezogen wurden, handelte, ergibt sich, wie wir noch sehen werden, aus der Art und Weise, wie die Könige auf die Kirchengüter zurückgriffen. Im übrigen haben die Armeehistoriker schon seit langem festgehalten, daß ein und dieselbe Person nicht gleichzeitig Krieg führen und die Felder bestellen kann, weil sich diese Aktivitäten beide vorwiegend im Sommer abspielen.

Quellenhinweise auf die Ausgaben für die Verwaltung des Königreiches sind selten. Wir wissen freilich, daß die Merowinger in Paris eine Hauptstadt einrichteten, da jedes Königreich und jedes Herzogtum eine solche hatte. Wenn sie in Palästen außerhalb der Städte residierten, mußten sie für ihren eigenen Unterhalt und den eines sehr zahlreichen Personals sorgen, denn sie vereinten um sich des öfteren enorme Ansammlungen ziviler Personen oder hochrangiger Kleriker. Auch ihre Reisen unternahmen sie nicht ohne erhebliche Kosten. Im 6. Jahrhundert fuhren sie fort, öffentliche Spiele zu finanzieren, und im 7. Jahrhundert gaben sie große Summen an Klöster, vor allem an das von St-Denis, das die Königsgräber beherbergte. Wir wissen, daß sie den Klöstern Erträge aus *villae* vermachten. Dasselbe geschah für andere Aufwendungen, vor allem für solche, die aus der Existenz einer bedeutenden Anzahl von Amtsinhabern am Hofe resultierten. Eine neue Untersuchung hat ergeben, daß die fränkischen Könige, genau wie die übrigen germanischen Herrscher, Stellung und Titel der höchsten lokalen Funktionäre des Römischen Reiches, die der *Praefecti Praetorio,* übernommen haben, daß sie deren Verwaltung beibehielten und nur die Namen der entsprechenden Vertreter änderten. Trotz einer Weiterentwicklung, deren Verlauf schwer zu beschreiben ist, existierte das System im wesentlichen noch im 7. Jahrhundert, denn gewisse Funktionen sind belegt, und andere müssen notwendigerweise vorhanden gewesen sein, um das Funktionieren des Staates zu gewährleisten. So war zum Beispiel Eligius für die königliche Münzstätte verantwortlich, und Desiderius war Schatzmeister des Königs.

Die Aufgaben der lokalen Verwaltung

Dank der Heiligenviten und vor allem aufgrund der Korrespondenz von Desiderius von Cahors liegen über die lokalen Ausgaben genauere Angaben vor. Die Stadtmauern wurden sorgfältig unterhalten. Das wird durch deren Rolle bei Belagerungen und durch archäologische Untersuchungen belegt. Diese Aufgabe oblag nun dem Bischof in seiner Funktion als Vorsteher der lokalen Verwaltung. Auch Arbeiten von öffentlichem Interesse wurden unternommen, wie etwa der Schutz der Bevölkerung gegen die Hochwasser der Loire, ein Werk des Felix von Nantes, oder die Reparatur des Aquäduktes von Cahors durch Desiderius. Auch die Reparatur der Straßen und Brücken ging zu Lasten des Haushaltes der *civitates*. Sie hatten außerdem die Kompetenz, Fremden in Zeiten von Epidemien den Zugang zu ihrem Gebiet zu untersagen, um jede Ansteckungsgefahr zu bannen. Die Zolleinnehmer (*telonarii*), die die lokalen Taxen auf den Handel erhoben, hingen ebenfalls von der lokalen Verwaltung ab. In Zeiten von Hungersnöten gewährleistete der Bischof die teilweise Versorgung der Stadt, wie dies Patianus von Lyon, Remigius von Reims oder in Paris ersatzweise die hl. Genovefa taten. Sie requirierte Schiffe und handelte als wirkliche städtische Verwaltungsbeamtin, so daß ihr Biograph systematisch den Namen des Bischofs der Stadt zu erwähnen vergißt. Diese Aktionen, die sich immer im Rahmen der *civitates* abspielten, waren nicht Ausfluß kirchlicher Wohltätigkeit, die sich ausschließlich mit den Bedürftigen beschäftigte, sondern öffentlicher Hilfeleistungen, wie sie schon im Römischen Reich existierten. Der Bischof leitete auch die Schulen, die nicht nur eine kirchliche Lehrtätigkeit zum Nutzen der Geistlichen ausübten, sondern auch die Tradition der antiken städtischen Schulen fortsetzten. Ohne Zweifel besaß er auch ein Aufsichtsrecht über die lokale Münzprägung und schickte Abgesandte aus, wenn es der Gang der Geschäfte notwendig machte. Insbesondere stand er in ständiger Diskussion mit den Beamten des Hofes und mit dem Grafen, dessen Salär er ohne

Abb. 389 *In der zweiten Generation war der Krieger aus Grab 74 Oberhaupt der fränkischen Familie, die seit der Zeit Chlodwigs I. in Mézières angesiedelt war. Er hatte wie sein Vorgänger zweifellos militärische und administrative Aufgaben zu erfüllen. Die Waffenkombination entsprach der seines Vorgängers. Wachsender Wohlstand machte sich in den Beigaben von Bronze- und Glasgeschirr bemerkbar (Kat. VIII.5.3. – Zum Grabplan vgl. Abb. 590). – Foto Carl Gustin, Musée Charleville-Mézières.*

Zweifel ebenfalls bezahlte, um die Interessen der *civitas* zu wahren, wenn diese die Steuerlasten erhöhen wollten, wenn sie den Vorbeizug einer Armee ankündigten oder bei jeder andern möglichen Gelegenheit. Außerdem mußten zahlreiche Verzeichnisse geführt werden, um Ausgaben und Einnahmen im Gleichgewicht zu halten und um jedem das, was er zu bezahlen hatte, aufzuerlegen. Dieser vielfältige Aufgabenkreis verlangte die Existenz zahlreicher städtischer Beamter und damit auch die Bezahlung ihrer Gehälter. Die Quellen gewähren uns nie einen direkten Einblick in die eigentlichen Verwaltungsstellen der *civitates* oder der *pagi*. Sie sprechen bloß davon, daß der Bischof mit seinen Untergebenen diskutiert. Diese werden manchmal mit den nicht näher faßbaren Bezeichnungen *agentes* oder verschiedenen synonymen Begriffen bezeichnet, denn die hagiographischen Quellen übertragen das Verdienst um die städtischen Angelegenheiten dem Hauptthelden ihrer Schilderung. Die Autoren vermischen auch dessen zivile und religiöse Aufgabenkreise, um die Illusion von einer Gesellschaft wiederzugeben, die vollständig vom religiösen Leben dominiert war. Die Verwirrung war um so willkommener, weil die Kirche in den Staat eingespannt war, was wiederum durch den hauptsächlichen Ursprung ihrer Einkünfte klar belegt wird.

Die Einkünfte der Kirchen

Unter dem Römischen Reich hatte die Kirche sehr große öffentliche Einkünfte bezogen. Eusebius von Caesarea gibt eine lange Liste von Kirchen, die Constantin gegründet hatte, und der *Liber Pontificalis* der stadtrömischen Kirche belegt die Größe solcher Summen – um die 30 000 Solidi pro Jahr. Dabei handelte es sich um Fiskaleinkünfte aus Belastungen von Grundstücken *(fundi)*. Eine durchschnittliche Bauernfamilie mußte demgegenüber mit dem Gegenwert von etwa 20 Solidi auskommen. Die einzige Kirchenstiftung, von der wir in Gallien im 5. Jahrhundert erfahren, betrifft die Kathedrale von Narbonne, deren Restaurierung der *Praefectus Praetorio* bezahlte. Das Römische Reich, welches das Christentum als Staatsreligion eingerichtet hatte, betrachtete alle kirchlichen Einkünfte, sowohl private als auch öffentliche, als staatliche Einkünfte, die aber auf Dauer dem Kultus überlassen worden waren. Der kirchliche Haushalt war somit vom öffentlichen Haushalt getrennt. Querbezüge waren aber erlaubt. Es kam sogar zu Summenübertragungen, besonders an den Haushalt der Armee, wenn die Situation kritisch wurde. So ließ sich zum Beispiel der Kaiser Heraclius (610–641) Kultgegenstände aushändigen, um sie einschmelzen und daraus Geld herstellen zu lassen, und vor allem Kaiser Leo III. schritt zu einer eigentlichen »Konfiskation« von Einkünften, was zu keinerlei grundlegenden Protestaktionen führte.

Die Situation im Byzantinischen Reich erklärt die Beziehungen zwischen kirchlichen und öffentlichen Finanzen unter der Dynastie der Merowinger. Die Mehrzahl der Könige zeigte sich gegenüber der Kirche großzügig. Chilperich allerdings, welcher der von den Klerikern errungenen Macht feindlich gegenüberstand und der deshalb von Gregor von Tours angegriffen wird, beklagte sich mit viel Übertreibung: »Es ist offensichtlich, daß unser Steueraufkommen sich verringert hat und daß unsere Reichtümer an die Kirchen übertragen worden sind.« Das Testament des hl. Remigius oder das von Bertramn von Le Mans zeigt die Bedeutung dieser Geschenke auf. Es handelt sich dabei nicht um eigentliche Schenkungen, sondern um Zuweisungen zu Lasten des allgemeinen Staatshaushaltes, der damit ein Aufsichtsrecht über deren Verwendung behielt. So berichtet Bertramn von den verschiedenen königlichen Schenkungen und erwähnt vor allem, daß er über diese Reichtümer mit der Erlaubnis des Königs verfüge. Jeder Gebrauch kirchlicher Vermögensressourcen setzte eine Erlaubnis durch die Staatsgewalt voraus. Gleichzeitig überwachten die Herrscher die Bischöfe sehr genau, denn diese verfügten über einen Teil der öffentlichen Amtsgewalt, waren sie doch die Vorsteher der Kurien und auch die Verwalter der für den Kultus bestimmten Einkünfte. Die Wahl und Einsetzung der Bischöfe erfolgte nach Absprache zwischen dem Metropoliten, der den neuen Prälaten weihte, und den Herrschern, oder aber auch auf deren Befehl. Die nationalen Konzile wurden auf königliche Weisung hin einberufen und kamen unter einer Tagesordnung zusammen, die vom Herrscher vorgegeben wurde. Die Geistlichkeit, die von der zivilen Gewalt bezahlt wurde, gestand dieser eine Lenkungsgewalt zu.

Die enge Verpflechtung zwischen der Staatsgewalt und den kirchlichen Einkünften drückt sich auch in der Gesetzgebung aus. Dies ist vor allem in der *Lex Alamannorum* und in der *Lex Baiuvariorum* der Fall, die – in einem rein weltlichen Dokument, das vom autonomen Herzog im Namen des Königs erlassen worden war – ein Kapitel über die *coloni* der Kirche enthalten. Austausch von Gütern gleicher Art zwischen den beiden Institutionen, die auch unter der gleichen Gesetzgebung standen, ist im übrigen häufig. Die Beziehungen zwischen Kirche und Staat erlauben es auch, die zahlreichen Klostergründungen des 7. Jahrhunderts als Ausdruck einer gezielten Politik der Könige zu betrachten. Die Könige legten Wert darauf, diese Institutionen zu fördern und sie sowohl für die Ausbreitung der Religion als auch für den Staatsdienst zu gebrauchen.

Die merowingischen Herrscher griffen vor allem in schwierigen Situationen, ohne die geringste feindliche Reaktion hervorzurufen, nach den kirchlichen Gütern. Dies haben Wissenschaftler schon seit längerer Zeit mit Erstaunen festgestellt, weil sie die Querbezüge zwischen Kirchengütern und öffentlichen Einkünften nicht kannten und auch deren Natur nicht richtig erfaßten: Es handelt sich aber um hoheitlichen Besitz, der Steueraufkommen produzierte, und nicht um einfachen Nutzungsbesitz. So griff Dagobert I. zum Beispiel zu diesen Umwidmungen, die zu Unrecht als »Konfiskationen« bezeichnet wurden, und unter den letzten Merowingerkönigen befleißigte sich Karl Martell in großem Maße dieser Vorgehensweise, um seine Armee zu bezahlen; zweifellos nutzte er die Angst vor den vorstoßenden Arabern. Er setzte fest, die eingezogenen Güter ihrem ursprünglichen Verwendungszwecke wieder zuzuführen, wenn die Gefahr erst einmal vorbei sei. Er legte den Nutznießern der Güter die Zahlung einer Abgabe auf, die aber deutlich niedriger als die aus den Ländereien resultierende Steuer war. Auf den Konzilen von Leptines und Soissons legten Pippin der Kurze und Karlmann mit dem Einverständnis des Papstes und mit Hilfe des hl. Bonifatius entsprechende Steuerskalen fest. Man muß bis ans Ende des 9. Jahrhunderts und bis zur Abhandlung Hinkmars von Reims warten, um die erste Verurteilung der von Karl Martell ergriffenen Maßnahmen zu finden.

Die Verwaltung der Einkünfte der Klöster wurde durch die lokalen Prälaten kontrol-

Abb. 390 *Die dritte Generation der fränkischen Familie von Mézières vertritt der Mann aus Grab 66. Seine Spatha mit dem silbernen Ringknauf dürfte er von seinem Gefolgsherrn, möglicherweise vom merowingischen König aus Reims, erhalten haben (Kat. VIII.5.4. – Zum Grabplan vgl. Abb. 590). – Foto Carl Gustin, Musée Charleville-Mézières.*

liert. Auch der kirchliche Haushalt wurde im Rahmen des städtischen verwaltet, denn Diözese und *civitas* hatten dieselben Grenzen. Es gab keine nationale Institution, die eine globale Buchführung gemacht oder Zahlungen von einer Kirche zur andern in Auftrag gegeben hätte. Jeder Prälat mußte seine Einkünfte nach den traditionellen vier Ausgabenposten aufteilen: die für das Bistums; die für den Klerus, wobei es sich ohne Zweifel um den städtischen Klerus handelte, denn die Priester auf dem Lande bezogen Einkünfte lokalen Charakters, von denen sie ein Drittel an den Bischof ablieferten; die für die Bauten, d. h. die Bauhütte; die für die Armenpflege, die Diakonie, die mindestens über ein Hospiz, das sogenannte *Xenodochium,* verfügte. Es gab private Kirchen, die sogenannten *oratoria*, aber die sehr zahlreichen Landpfarreien waren nach einer Absprache zwischen dem Bischof und dem *dominus* mit öffentlichen Einkünften aus den Dörfern ausgestattet worden. Letzterer hatte auf diese Weise ein Vorschlagsrecht für die Wahl der entsprechenden lokalen Geistlichen. So erklärt sich der offensichtliche Widerspruch, zu dem die Theorie von der »Eigenkirche« führte: Der öffentliche Kultus wurde in den Dörfern unter bischöflicher Oberaufsicht mit der Beteiligung der Privatperson des *dominus* versehen, der mit dem Einzug der lokalen Steuern beauftragt war. Im Falle von Streitigkeiten zwischen dem Bischof und einem Geistlichen, sei es wegen finanzieller oder anderer Fragen, appellierten die Streitparteien an den Metropoliten und das Provinzkonzil oder aber auch direkt an das königliche Gericht. Die schweren und sich wiederholenden Probleme waren der Anlaß zur Verkündung eigentlicher Rechtssätze (*canones*) durch die nationalen Konzile, die sich auf Geheiß des Königs versammelten. Die Kirchen Galliens erfüllten somit, vor allem durch öffentliche Gelder, ihren Dienst als Staatskirche. Allgemein gesehen verfügten die Merowinger sehr wohl über öffentliche Finanzen, mit denen sie die öffentlichen Ausgaben bestritten. Ihre Verwaltung setzte eine Organisation voraus, die so strikt war, wie es die Mittel der damaligen Zeit erlaubten.

Kataster und Steuertarife

Um die Ländereien gerecht besteuern zu können, verfügten die Könige über einen Kataster und entsprechende Steuertarif-Tabellen. Die Existenz eines Katasters ist auf weite Strecken belegbar, wenn man die Quellen sorgfältig interpretiert. Der beste Beleg wird durch das Revisionsbegehren von Maroveus, dem Bischof von Poitiers, geliefert, das er mit einer Vorgehensweise anstrebte, die direkt aus der Antike übernommen ist. Es war allerdings ebensowenig ein genereller Kataster des Königreiches vorhanden, wie es nie einen generellen Kataster des Römischen Reiches gegeben hatte. Die Verwaltung kannte nur die Steuerkraft jeder *civitas*, nicht aber deren Einzelheiten. Aber die Dokumente, welche die lokale Situation festhielten, waren sehr rasch überholt. Verkäufe, Erbschaften und Sterbefälle verursachten oft Änderungen, die gleichzeitig in die Listen des *dominus* eingetragen wurden -- so erklärt sich die Verpflichtung, diesem jeden Verkauf anzuzeigen, damit der Steuereinnehmer wußte, wer effektiv die Steuern schuldete – und in die Register der *civitas*, die sogenannten *gesta municipalia;* deren Vorhandensein ist bis ins 9. Jahrhundert belegt. Diese Änderungen wurden auf die Kataster übertragen und bewirkten dort Rasuren und Überschreibungen, die den Text unleserlich machten und damit den Einzug der Grund- und der Kopfsteuer zu einem Spiel des Zufalls werden ließen. In Poitiers verlangte Maroveus die Intervention des Königs, »damit das Volk gezwungen werde, die Steuer nach Maßgabe der Register, die nach einer Revision erstellt worden waren, zu bezahlen«; denn, so fährt er fort, »viele Einwohner seien verstorben, und in der Folge sei die steuerliche Belastung auf die Witwen, die Waisen und andere Zahlungsunfähige gefallen. Dies untersuchten [die vom König gesandten Beamten] mit Methode; indem sie die Armen und Schwachen entlasteten, unterwarfen sie aber der öffentlichen Steuerpflicht jene, deren Lebensumstände sie mit Fug und Recht als Steuerpflichtige erkennen ließen.« Das Ende dieser Textpassage zeigt, daß die Maßnahme allgemeinen Charakter hatte, obwohl Gregor von Tours nur auf die Witwen, Waisen und Armen anspielt, um den Anschein zu erwecken, daß Maroveus im Namen seiner religiösen Verpflichtungen als Beschützer der Armen handelte, während er in Wirklichkeit im vorliegenden Falle doch als Vorsteher der zivilen Gewalt vorging. Der Verantwortliche der städtischen Finanzangelegenheiten, d. h. der Bischof, wandte sich demnach an den Hof. Im Römischen Reich hätte dieser Spezialisten, die *censitores*, geschickt, die einen neuen Kataster erstellt hätten. Im Königreich übernahmen Beamte des Hofes diese Aufgabe. Nach 630 sind die gleichen Vorgehensweisen noch immer in Kraft, denn ein Bischof bittet Desiderius, die Handlungen der Männer zu überwachen, die geschickt worden waren, um den Kataster (*descriptio*) der Ländereien, die er in der *civitas* von Cahors besaß, zu kontrollieren. Flodoard seinerseits berichtet über verschiedene Revisionen (*ordinationes*), die die Bischöfe von Reims durchführten. Eine Kopie des Katasterauszuges einer jeden *villa* wurde an deren *dominus* gesandt. Aus diesem Grunde werden die *villae* mit dem vagen Ausdruck umschrieben »mit allem, was sie beinhalten«. In Wirklichkeit besaß jede ihr eigenes Register, das die Parzellen umschrieb, die Besitzer nannte und in dem Angaben über das gesamte geschuldete Steueraufkommen verzeichnet waren.

Um die steuerliche Belastung der durch den Kataster erfaßten Einheiten festzulegen, besaß der Staat Taxierungs-Schemata. Jede Kategorie von Länderei unterlag einem Multiplikator-Koeffizienten, der je nach den Kulturen – Getreide, Weinreben, Wiesen oder andere Anbauflächen – sowie auch nach der Qualität des Bodens verschieden war. Ihr Wert ist, was die römische Periode anbetrifft, bekannt. Die merowingischen Quellen geben vor allem den Beleg, daß solche Schemata existierten. So berichtet Gregor von Tours, daß man im Limousin pro Morgen Weinberg eine Amphore erhob. Es handelt sich dabei ohne Zweifel bloß um das Drittel, das dem Staatshaushalt zukam. Die gesamte Abgabe wird drei Amphoren betragen haben. Die *Lex Baiuvariorum* sieht eine Belastung von 10% auf den Ländereien zugunsten der Kirche vor. Wenn sich die Lage gegenüber der römischen Periode nicht verändert hatte – damals behielten die öffentlichen und kirchlichen Ländereien 50% des Steuerertrages zu ihrem eigenen Gewinn ein und lieferten den Rest an den allgemeinen Staatshaushalt ab –, betrug die steuerliche Belastung etwa 20% des Ertrages, kam also dem sehr nahe, was wir für die römische Periode wissen. Schließlich führte das Recht, die Schweine in den Staatswäldern weiden zu lassen, zu einer zusätzlichen Abgabe von 10% des Nachwuchses dieser Tiere, freilich nur, wenn man von diesem Recht Gebrauch machte. Die Viehzucht unterlag also ebenfalls der Steuerpflicht. Die Multiplikation der Flächen mit dem Taxierungs-Schema, tauglich für jede Kategorie, ergab die Steuerertragskapazität der verschiedenen Par-

zellen der *villae* und nach dem Zusammenrechnen der von jeder einzelnen *villa* geschuldeten Summe das Steueraufkommen der ganzen *civitas*. Es genügte, die Zahl der steuerpflichtigen Personen hinzuzufügen, um die Summe der Kopfsteuer zu errechnen und so das vollständige Steueraufkommen zu ermitteln.
Da die Mittel, die Produktion zu erfassen, ungenügend waren, war das Taxierungs-Schema im allgemeinen starr fixiert. Es richtete sich nach dem mittleren Ernteertrag über eine längere Periode und nicht nach dem effektiven Ernteertrag des vergangenen Jahres. Wenn die *Lex Baiuvariorum* eine Fiskalbelastung von 3 Scheffel auf 30 Scheffel vorsieht, so bezieht sie sich nicht auf eine variable Abgabe auf der Basis des realen Einkommens, sondern gibt eine konstante Einschätzungsquote, die sich nach der aufgrund der Qualität der Ländereien geschätzten Produktionsmenge richtet. Das Edikt Chlothars (614) belegt, daß dieser Zustand für das ganze Königreich Gültigkeit hatte. Als er alleiniger König über das gesamte *Regnum Francorum* wurde, bestimmte er, daß nichts geändert werden sollte, was die unter seinen Vorgängern herrschende Situation betraf. Dies ist ein Beleg dafür, daß die Könige alle denselben steuerlichen Druck ausübten und daß überall die steuerliche Belastung auf Schweine 10% des Zuwachses betraf. Dies wiederum beweist, daß er mit der Fortführung der Praxis, wie sie vor seiner Regierungszeit üblich gewesen war, ein identisches und stabiles Taxierungs-Schema anwandte. Freilich kamen auch Änderungen vor. Als Folge eines schlechten Jahres wurde die steuerliche Belastung gesenkt, um die Folgen einer Hungersnot, die zu viele Produzenten getötet und die zukünftigen Steuereinkünfte verringert hätte, zu verhindern oder zu mildern. Es scheint auch, daß außergewöhnliche öffentliche Ausgaben Anlaß zu einer Erhöhung der steuerlichen Belastung waren. Aber die Beispiele, die in diesem Sinne interpretiert werden könnten, beziehen sich eher auf Katasterrevisionen, die infolge von Urbarmachungen, von verbesserten Anbaumethoden oder von Ausdehnung der Steuerhoheit auf Gebiete, die dieser bisher entgangen waren, ein erhöhtes Steueraufkommen gewährleistete.

Haushaltsplanung und -führung

Die Kenntnis des Steueraufkommens aufgrund der Nutzung, sei es nach *villa*, sei es nach *civitas* oder nach Zusammenzählung für das ganze Königreich, ermöglichte die Aufstellung eines Haushaltsplanes mit der Zuweisung eines Teiles der Einkünfte an jeden Ausgabenposten. Wie für das Kaiserreich liefert auch hier die Dokumentation keinerlei Hinweise auf die Art und Weise, wie diese Vorgänge gehandhabt wurden. Ursache ist Mangel an Informationen über das Funktionieren der Zentralverwaltung. Gregor von Tours erzählt Anekdoten, die darauf hinweisen, daß der Hof das Steueraufkommen jeder *civitas* kannte. Das ist ein Beleg dafür, daß der Hof wissen wollte, wieviel das Königreich einbrachte und wieviel er ausgeben konnte. Aber nur das Vorhandensein von spezialisierten Beamten, wie dem Schatzmeister Desiderius, und die Verteilung der Ausgaben lassen auf die Existenz eines Haushaltsplanes schließen. Der Mangel an technischen Mitteln führte, wie bei der Berechnung der Steuern, dazu, Jahr für Jahr dieselben ordentlichen Summen vorzusehen. Diese machten den Hauptteil der Ausgaben aus. Für außergewöhnliche Ausgaben, wie zum Beispiel einen Kriegszug, wurden Rücklagen gebildet. Im übrigen trat eine Vereinfachung gegenüber der kaiserlichen Verwaltung ein. Statt die Ausgaben generell einer *civitas* anzuvertrauen, die sie dann nach ihrem Verständnis verteilte hätte, gingen die Merowinger immer mehr dazu über, eine oder mehrere *villae* und deren Steueraufkommen dauernd an einen bestimmten Ausgabenposten zu binden. So wie die von den Königen gegründeten Klöster besaßen auch die Kirchen die ihnen zugewiesenen *villae* und verteilten sie unter die diversen Institutionen, die von ihnen abhingen. Die hohen Beamten bezogen als Salär das Steueraufkommen anderer *villae*. Am Ende der merowingischen Periode wurden kirchliche Ländereien direkt Militärpersonen zugewiesen. Statt daß sie ihren Sold über das Zwischenglied verschiedener *domini* erhielten, gingen sie unmittelbar zu einer bestimmten *villa* und kassierten dort alles das ein, was zuvor die Kirche eingenommen hatte.
Die Durchführung des Haushaltes verlangte zunächst öffentliche Tarife. Die Belastungen waren in der Tat in einer Art Verrechnungs-Währung angegeben. Auf diese Weise konnten alle Einkünfte und alle Ausgaben zusammengezählt werden. Die zentrale Verwaltung konnte gar nicht anders vorgehen, und sogar der Wert einer *villa* wird in *solidi* angegeben. Das Wesentliche der verschiedenen Transaktionen vollzog sich aber in Naturalien, was die Mehrzahl der konkret in den Quellen faßbaren Auszahlungen deutlich macht. Der Widerspruch zwischen den Buchungsoperationen und den effektiven Zahlungen führte manchmal zu Ausdrücken wie *vacca inferendalis*, das heißt eine »Kuh, als Verrechnungseinheit für die Berechnung der Steuer dienend«. Also hatten die Buchhalter in der Landschaft Maine diejenigen Geldeinheiten, die zu abstrakt waren, durch eine den Bauern vertrautere Einheit als den Goldsolidus ersetzt. Da jedermann den Wert einer Kuh kannte, fanden sie eine originelle Methode, um alle geforderten Leistung im Verhältnis zum Preise eines dieser Tiere umzurechnen. Wie auch immer, offizielle Preise wurden festgesetzt, damit man die

Naturalien und die geleisteten oder gelieferten Dienste in Geldwerte umrechnen konnte. Das Kaiserreich und die andern Königreiche boten zahlreiche Beispiele für diese Praxis. Was Gallien anbetrifft, ist es nur möglich, ihre Existenz vorauszusetzen, denn ohne sie hätte das öffentliche Finanzwesen gar nicht funktionieren können.

Die Durchführung des Haushaltes erforderte auch eine große Zahl geschriebener Dokumente. Diese sind fast alle verlorengegangen, denn sie wurden noch lange auf Papyrus oder andere sehr vergängliche Materialien geschrieben. Verschiedene Quellen berichten aber von ihrer Existenz. Die *domini* hielten ihre Steuerlisten auf dem laufenden, erstellten Listen der Steuerpflichtigen, denen aufgetragen war, die verschiedenen Steuerleistungen zu erbringen. Sie strichen die Namen durch, wenn die Steuerleistung erbracht war. Dabei notierten sie Teilzahlungen und übertrugen die Restsummen auf die Liste des folgenden Jahres. Am Ende der Rechnungsperiode stellten sie Quittungen aus. Auf die gleiche Weise erstellten sie Listen der Steuerempfänger, notierten die verschiedenen Zahlungsausgänge und nahmen Quittungen entgegen, wenn alle Zahlungen geleistet waren. Die Amtsstuben des Bischofs hielten den Kataster auf dem laufenden Stand. Sie erhielten durch die Vermittlung des Grafen (*comes*) Anordnungen von seiten der Zentralverwaltung und gaben sie weiter. Sie zeichneten die Zahlungsvorgänge der *domini* auf und bewahrten für den Hof alle Belege auf als Nachweis, daß alles ordnungsgemäß erledigt war. Ob es sich nun um ein Kloster oder um Zolleinnahmen handelte, die Prozesse um die Einkünfte aus den Märkten, die in der ersten Hälfte des 8. Jahrhunderts die Abtei von St-Denis und die Grafen von Paris gegeneinander führten, lassen erkennen, welch zahlreiche und verschiedenartige Aktenstücke für diese Einnahmen und die Verteidigung erworbener Rechte nötig waren. Sie zeigen vor allem, daß die zentrale Verwaltung alle Vorgänge, die den staatlichen Haushalt betrafen, kontrollierte, und dies in einer Periode, für die man angenommen hatte, daß sie in völlige Dekadenz versunken gewesen sei!

Die eingeschränkte Autorität der Könige

Diese Prozesse lassen auch die Schwierigkeiten aufscheinen, die der Staat beim Erheben der Steuern antraf, und die kaum merklichen, allmählichen Entwicklungen, die vom antiken Steuersystem zum karolingischen überleiteten. Sie sind weniger die Folge einer Verringerung der Anzahl der Beamten – denn das römische Gallien zählte am Anfang des 5. Jahrhunderts maximal 3000 Beamte, und das merowingische Gallien hatte ohne Zweifel ungefähr genauso viele aufzuweisen – als vielmehr eine Konsequenz der neuen Beziehungen zwischen den Königen und dem gallischen Adel. Dieser war durch die Königsgewalt weniger beeindruckt als durch die kaiserliche Autorität und führte mit den Herrschern härtere Auseinandersetzungen. Mißbräuche und Veruntreuungen aller Arten wurden häufiger und nahmen ohne Zweifel am Ende dieser Periode überhand. Es tauchten aber auch weitere, ganz spezifische Schwierigkeiten auf.

Die Teilungen des *Regnum Francorum* führten zwischen den Herrschern und den *domini*, die für das Funktionieren des Staates unentbehrlich waren, zu Spannungen. Daß gewisse *domini* Nutzungseigentum in einem anderen Königreich hatten als in dem, in welchem sie wohnten, brachte keinerlei Schwierigkeiten, sofern sie die Steuern bezahlten. Aber die Tatsache, daß die *domini* öffentliche Ämter ausübten und dabei einem anderen König gehorchten, konnte zu Problemen führen, wenn sie ihre Verpflichtungen schlecht versahen, und konnte aufgrund des Sozialprestiges, das sie aus ihren Amtsaufträgen herleiteten, zu Aufständen führen. Sie liehen den Bauern zum Beispiel Geld; sie hatten die Mittel, um auf die Soldaten, deren Sold sie bezahlten, Druck auszuüben; sie kontrollierten teilweise die öffentliche Meinung, indem sie an der Wahl der Pfarrer in ihren *villae* teilnahmen. Und vor allem konnten sie sich weigern, für den Souverän die Steuern einzuziehen. Als darum die Teilung des *Regnum Francorum* in verschiedene *regna* als unwiderrufliche Tatsache anerkannt wurde, befahl Chlothar II. im Edikt von Paris (614) den Bischöfen und den Mächtigen, zur Ausübung der verschiedenen Funktionen Männer auszuwählen, die aus der Gegend stammten, wo sich die entsprechende *villa* befand. Sie waren damit auf ihren eigenen Gütern verantwortlich für die gute Verwaltung der staatlichen Finanzen.

Im übrigen verringerte sich die Autorität der Könige über die *civitates* und die Grafen (*comites*) oder Herzöge zunehmend. Der Widerstand gegen die Königsgewalt, der nicht bedeutete, deren Legitimität prinzipiell in Frage zu stellen, sondern vielmehr versuchte, von ihr möglichst vorteilhafte Bedingungen eingeräumt zu bekommen, drückt sich in den Diskussionen um die Vermehrung der steuerlichen Lasten aus. Diese konnten ihren Ursprung in einer Erhöhung des Steuertarifs haben, wie zum Beispiel damals, als Chilperich die Bevölkerung unzufrieden stimmte, weil er die Besteuerung der Weinberge erhöhte, und zwar bis zu einem Satz von einer Amphore pro Morgen. Gregor von Tours ist dem König gegenüber so feindlich eingestellt, daß er ohne Zweifel die Tragweite dieser Reformen übertreibt. Er hätte dem König aber sicher nicht jene Maßnahme, die hier ergriffen worden war, bloß angedichtet. Es kam demzufolge vor, daß ein König die Steuerbelastung vermehrte oder minderte. Der lokale Widerstand manifestierte sich weitaus öfter anläßlich einer Katasterrevision, die neue Steuerpflichtige zutage förderte und Lasten wieder einführte, die wegen Änderungen in der Verteilung der Grundstücke verschwunden waren. Gregor widersetzt sich heftig den Beamten, die behaupteten, Steuern gemäß einem Register zu erheben, das auf den neuesten Stand gebracht worden sei, und nicht nach dem alten, das sicher weniger genau und darum für die Bevölkerung vorteilhafter war. Sulpicius von Bourges widersetzte sich ebenfalls dem Abgesandten des Königs, der gekommen war, um den alten Kataster der Stadt zu revidieren. In diesen beiden Fällen gab der König dem Ansinnen der Bischöfe nach, die zwar nicht die Legitimität der Steuererhebung an sich bestritten, die aber erreichten, daß die Bevölkerung möglichst wenig zu bezahlen hatte. Schließlich ließ sich der Prälat von Tours das Recht zuerkennen, ganz allein das Steuerwesen seiner *civitas* zu verwalten. Der Bischof von Rouen erhielt das Recht, selbst die Beamten des Königs zu ernennen oder wenigsten die königliche Wahl bestätigen zu dürfen. Diese Stärkung der Position der Bischöfe lief auf die Schaffung von »bischöflichen Fürstentümern« hinaus, wie dem von Svavaricus, dem Bischof von Auxerre und Orléans, als am Ende des 7. Jahrhunderts die politischen Wirren es gewissen Prälaten möglich machten, sich als unabhängige Fürsten zu gebärden. Diese Bischöfe brachten ohne Zweifel die Organisation des Steuersystems nicht in Unordnung, denn sie mußten ja zumindest ihre Geistlichen und ihre Truppen, die ihnen dienten, bezahlen. Sie ließen aber das Steuersystem zu ihrem eigenen Profit arbeiten. Sie ahmten damit die Herzöge nach, denen es seit der Mitte des 7. Jahrhunderts gelungen war, sich unabhängig zu machen, und handelten wie Vize-Könige, die frei waren, Steuern zu ihrem eigenen Vorteil zu erheben. Die Karolinger hatten die allergrößten Schwierigkeiten, die königliche Autorität wieder über die Gesamtheit des *Regnum Francorum* auszudehnen. Sie ergriffen Maßnahmen in der Hoffnung, die Rückkehr zu derartigen Auflösungserscheinungen vermeiden zu können.

Die Merowinger hatten somit zu ihrem eigenen Gewinn die Organisation der staatlichen Finanzen, wie sie im zu Ende gehenden Römischen Reich bestanden hatte, genutzt. Sie verloren aber zusehends die nötige Autorität, um die Verfügung über ihre Einkünfte in der Hand zu behalten. Diese wurden aber immer noch auf dieselbe Weise eingezogen und ausgegeben von denjenigen, die einen Teil der Macht an sich gerissen hatten. Der Niedergang der Dynastie vervielfachte die Machtzentren, ohne daß sich die Art und Weise, nach der die Einkünfte und die Ausgaben des Staates verwaltet wurden, von Grund auf geändert hätte. Diese Epoche, der es auf vielen Gebieten nicht an Größe mangelte, ist dennoch keine Epoche der Anarchie im Finanzwesen, der Räuberei und der generellen Beutelschneiderei. Die zahlreichen Bürgerkriege hatten in erster Linie das Ziel, sich der Gewalt und der Einkünfte des Staates zu bemächtigen. Die Herzöge und die übrigen Beamten erhielten immer ein staatliches Salär, die Soldaten bezogen ihren Sold, die Bischöfe und die Äbte verfügten nicht nur über die Geschenke, die die Gläubigen zum Unterhalt des Kultus stifteten, und die Könige lebten in ihrem Palast, umgeben von ihrem Hofstaat und ihren Beamten, nicht indem sie die Einkünfte ihrer großen Domänen aufzehrten, sondern aufgrund des Vollzugs des staatlichen Haushaltes. Was die Bauern anbetraf, so waren sie in den allermeisten Fällen Besitzer ihrer Ländereien, für die sie eine Steuer bezahlten, die nach konstanten und relativ dauerhaften Steuertarifen erhoben wurde. Aber dieses ganze System funktionierte, wie im Römischen Reich, ohne eigentliche Steuereinnehmer, da die Aufgabe des Steuereinzuges und der Verwaltung des Haushaltes an private Personen, die *domini*, delegiert war. Ihnen war ein legaler Profit zugesichert, und dazu kam das soziale Prestige, das sich aus ihren Amtshandlungen ableitete.

Literatur: Dubos 1742. – Durliat 1990. – Goffart 1972. – Kaiser 1979. – Lot 1928. – Magnou-Nortier 1989; 1993. – Waitz 1882.

Das merowingische Staatsvermögen

Josiane Barbier

Königlicher Reichtum und Staatsvermögen entsprachen sich im Merowingerreich; sie waren lebensnotwendig für die Dynastie wie für den Staat. Der Gebrauch des Wortes fiscus *zeigt, daß die römische Institution beibehalten wurde, um den Erhalt durch Steuern und Einnahmen aus den Staatsgütern zu sichern. Weitere Einnahmen ermöglichte das römische Recht. Der merowingische* fiscus *löste sich auf, als die Kontrolle an die Hausmeier überging und Teile des Reiches autonom wurden.*

Fiscus: Königlicher Reichtum und Staatsvermögen

In einem berühmten Abschnitt der *Historia Francorum* (VI,46) gibt Gregor von Tours mit folgenden Worten die Klage Chilperichs I. (561–584) wieder: »Unser Staatsvermögen ist nun arm, alle Reichtümer sind an die Kirchen übergegangen; allein die Bischöfe regieren; unsere Ehre ist zugrunde gerichtet, sie ist an die Bischöfe der *Civitates*, der Städte, übergegangen.« Diese Beschreibung Gregors, die sehr oft angeführt worden ist, zeigt das enge Verhältnis zwischen Macht und Ansehen des Merowingerkönigs einerseits und der Kontrolle über den *fiscus*, das Staatsvermögen, andererseits. In einer etwas früheren Episode (V,19) läßt Gregor, kurze Zeit nach dem Tod Justinus' II. (565 bis 578), die byzantinische Kaiserin Sophia und den Tiberius auftreten. Tiberius hatte einen Großteil des Schatzes, den Justinus angesammelt hatte, an die Armen verteilt, und die Kaiserin warf ihm nun vor, den Staat, *res publica,* in Armut gestürzt zu haben. Tiberius verteidigt sich mit den Worten: »Unser Staatsvermögen wird nicht in Not sein; die Armen sollen Almosen erhalten, die Gefangenen sollen freigekauft werden: Genau dies ist in der Tat ein großer Schatz.« Diese aufschlußreichen Anekdoten zeigen, daß Staatsvermögen, kaiserliches Vermögen und königlicher Reichtum gleichgesetzt wurden: Der merowingische *fiscus*, der mit dem byzantinischen *fiscus* vergleichbar ist, stellte wie dieser die »öffentlichen Mittel« dar. Dies erinnert an den klassischen Sinn des Wortes *fiscus* »Finanzen des Staates«. Der fränkische *fiscus* – hier wird der engere Sinn gebraucht – wurde durch die Erhebung von Steuern und die Einkünfte aus dem staatlichen Grundbesitz gedeckt: In der Tat stellt der Gebrauch des Wortes *fiscus* nicht nur eine vereinfachte Verwendung eines lateinischen Wortes dar, sondern er bringt ebenso ein Weiterleben der Institution des römischen *fiscus* zum Ausdruck.

Der merowingische König hatte einen großen Hof zu ernähren, mußte seine Bediensteten bezahlen, Geld und Land verteilen. Er war daher gezwungen, ständig über Einkünfte zu verfügen, die es ihm erlaubten, diesen Pflichten nachzukommen. Die Klage Chilperichs, die oben zitiert worden ist, wird nun verständlich, obwohl Chilperich wohl auch Kirchengut im Sinn hatte. Der berühmte Anfang von Einhards *vita Caroli Magni*, der Biographie Karls des Großen, in der Einhard von der Untergrabung der politischen Ordnung während der »merowingischen Dekadenz« spricht, ist in dieser Hinsicht sehr aufschlußreich: Der pippinidische Hausmeier erscheint als der alleinige Verteiler der Reichtümer des Königsreichs; er geht sogar soweit, dem merowingischen König einen Versorgungssatz, ein *stipendium*, zu verschaffen. Der *fiscus* war lebenswichtig für den fränkischen Herrscher: J. W. Thompson hat (1935) völlig zu Recht auf die Bedeutung der Auflösung des *fiscus* beim Niedergang der Merowinger hingewiesen.

Durch die Ausübung von Wohltätigkeit, der *largitas*, nahm der fränkische König die Ideologie des römischen Kaiserreichs auf, die während des christlichen Imperiums weiterentwickelt worden war. Wie früher Constantin oder Theodosius bzw. wie der byzantinische Kaiser sah sich der merowingische König verpflichtet zu spenden: an die Kirche für sein Seelenheil, für die Stabilität des Staates und um den Armen zu helfen, an seine Bediensteten und seine Diener, um den Begünstigten je nach seinen Verdiensten zu ehren. Diese Nachahmung des römischen Kaisers brachte den merowingischen Herrscher innerhalb der fränkischen Gesellschaft in eine einzigartige Lage; im Gegensatz zu den anderen großen Grundherrschaften, den Kirchen und den Adeligen, hatte der *fiscus*, das Staatsvermögen, die einzige Bestimmung, verteilt zu werden.

Zusammensetzung der Fiskalgüter

Es muß betont werden, daß dieser Bestand an Grund und Boden wegen seines Reichtums mit keinem anderen vergleichbar war. Die Quellen – urkundliche, hagiographische, erzählende, normative – lassen erkennen, daß beispielsweise zwischen Loire, Schelde und Maas die Staatsgüter in allen Gauen präsent waren; wenn man jedoch von der Art seiner Vermehrung ausgeht, dürfte es innerhalb des gesamten Merowingerreichs anzutreffen sein. Zwischen Seine und Rhein erscheint das Staatsgut jedoch besonders stark vertreten gewesen zu sein: in den Tälern der Seine, der Somme, der Schelde und der Oise, nach Eugen Ewig in den Ardennen, nach Wolfgang Haubrichs im Verdunois. Dies wird durch den *Versus de Asia et de universi mundi rota*, eine antike Kosmographie, die zwischen der Mitte des 7. Jahrhunderts und den Jahren 737/738 verfaßt worden ist, bezeugt: »Die *Gallia Belgica* liegt zwischen Rhein und Seine, dort befinden sich die königlichen Güter und die der edlen Fürsten« (Zeilen 72–73). Hier liegt der politische Schwerpunkt des Frankenreichs mit den Pfalzen sowie den wichtigsten Kirchen und Klöstern.

Hieraus läßt sich logischerweise folgern, wie dies im übrigen einige Beispiele, unter anderem die von Talmas im Amiénois nach Michel Rouche (1976) und Tournai nach Henri Pirenne (1925) vermuten lassen, daß eine große geographische Kontinuität zwischen den Fiskalgütern des 5. Jahrhunderts und den merowingischen bestanden hat. Die Aufenthalte der fränkischen Herrscher zwischen Seine und Rhein haben vermutlich diese ursprüngliche Orientierung konsolidiert, indem sie den Aufbau oder die Weiterentwicklung des staatlichen Grundbesitzes angeregt haben, unter anderem durch Tausch, etwa zwischen Childebert II. (575–596) und dem Bischof von Reims sowie zwischen Chlodewig II. (639–657) und dem Abt von Saint-Aignan von Orléans.

Die Natur der Fiskalgüter war sehr unterschiedlich: Hierbei konnte es sich um *villae*, also Dörfer, handeln sowie um Teile von Ländereien, landwirtschaftliche Betriebe jeglicher Größe, Stücke von Land, Häuser, Wirtshäuser, Pfalzen, Brücken, Mühlen, Häfen, beispielsweise Quentovik oder Fos, und Wälder. Ganz wie der römische *fiscus* verfügte der fränkische über unbebautes Land, Salinen, Erzvorkommen, Stadtmauern, wie in Angers, und die *castra*, wie Melun und Vitry-en Pertois. Das Staatsgut beinhaltet städtischen Grundbesitz, so in Rouen und in den »Hauptstädten« Orléans, Paris, Soissons, Reims, Chalon-sur-Saône und Metz, wo die Könige eine Residenz, eine *domus regia*, hatten.

Einnahmen des *fiscus*

Aufgrund der beachtlichen Größe des staatlichen Grundbesitzes ist nach der Bedeutung dieser Ressourcen zu fragen und welchen Einfluß sie dem fränkischen Herrscher in den Gauen verschafften, solange sie existierten. Es ist zu unterstreichen, daß, obwohl das Staatsvermögen einer beständigen Erosion unterworfen war, es auch ständig ergänzt wurde. Die besondere Art seiner Vergrößerung beruht außer auf Käufen und Rodungen auf Anwendung der römischen Rechtsprechung. Der Heimfall von erblosen Gütern und vor allem Beschlagnahmungen erlaubten es, das Staatsvermögen in allen Teilen des Reiches zu ergänzen.

Dem merowingischen Staatsvermögen fielen alle die Güter zu, für die es entweder keine Erben gab oder die durch ein ungültiges Testament vererbt worden waren – Könige wie Chilperich I. oder Dagobert I. haben nicht darauf verzichtet, Testamente, die zugunsten von Kirchen ausgestellt worden waren, als ungültig anzusehen. Dem Staat fiel Vermögen auch durch die Unfähigkeit der Erben, ihr Erbe anzutreten, zu, so etwa bei den Söhnen des Herzogs Sadregisel (ca. 635). Die Beschlagnahmungen sind jedoch am besten bekannt, nicht zuletzt weil durch die Historiographie »Säkularisationen« von Kirchengütern im Gedächtnis geblieben sind, welche die Pippiniden im 8. Jahrhundert vorgenommen haben, wobei nach Michel Rouche die der Merowinger, so etwa von Dagobert I., in Vergessenheit gerieten. Die Beschlagnahmung von Privatvermögen war jedoch durchaus üblich, da im Strafrecht der fränkischen Reiche die »barbarische« Geldstrafe und die römische Strafe der Beschlagnahme nebeneinander existierten. Wie im christlichen Kaiserreich kam es zu Beschlagnahmungen aus politischen Gründen bei Untreue am König oder Verrat oder als Strafe für Verbrechen wie Mord. Der König konnte jedoch dem Schuldigen die beschlagnahmten Güter zurückgeben (dies war die Regel im Jahre 614) oder diese an Dritte verleihen, vor allem an die Kirche, wie etwa an St. Médard von Soissons.

Auflösung des merowingischen Staatsvermögens

Eigentlich war die Kirche der Hauptbegünstigte der merowingischen Schenkungen, welche die Besitzungen der Basiliken und Klöster seit dem Ende des 5. Jahrhunderts beständig vergrößerten, wie etwa die von Saint-Martin von Tours oder von Saint-Denis, oder aber auch die Besitzungen der Kirchen von Reims, der Hauptstadt der Provinz *Belgica secunda*. Man kann jedoch in der Großzügigkeit der Könige nicht die Ursache für die Auflösung des merowingischen *fiscus*, des Staatsvermögens, sehen, wie es die Geschichtsschreibung getan hat. Die Auflösung des *fiscus* ist vielmehr das Ergebnis von zwei verschiedenen Phänomenen, die mit den Veränderungen der verfassungsmäßigen und politischen Strukturen des Frankenreiches in Verbindung stehen: auf der einen Seite die Übertragung der Kontrolle des Staatsvermögens vom König auf den Hausmeier, auf der anderen Seite die ständige Verringerung der Interventionsmöglichkeiten zentraler Machtinstanzen auf das Staatsvermögen in den periphär gelegenen Bereichen des Reiches, die seit dem letzten Drittel des 7. Jahrhunderts immer autonomer wurden, wie in Aquitanien, in der Bretagne, der Provence, in Thüringen und im Herzogtum Baiern sowie in den »Bischofsrepubliken«, die in Neustrien-Burgund am Ende des 7. Jahrhunderts eingerichtet wurden.

Staatsgüter und Pfalzen

Obgleich das fränkische Staatsgut nach den Bestimmungen des römischen Rechts verwaltet wurde, entging es nicht administrativen Reformen, die man jedoch aufgrund der Quellenlage keinem bestimmten König, Hausmeier oder *domesticus,* also Bediensteten des Königs, der mit der Verwaltung des Staatsvermögens beauftragt war, zuschreiben kann. Die kaiserlichen Wälder, *saltus*, wurden in gewissem Maße durch die merowingischen Forste, *forestes*, ersetzt, das sind abgegrenzte Jagdreviere, die Jägern bzw. Förstern unterstellt waren und mit Ardenne in Austrasien zum ersten Mal für das Jahr 648 sowie mit Vicogne in Neustrien 657/661 bezeugt sind. Die staatlichen Gutshäuser, große Verwaltungszentren und landwirtschaftliche Betriebe, die im spätrömischen Reich in der *res privata*, im kaiserlichen Privatvermögen, erprobt worden waren und die noch Ende des 6. Jahrhunderts in der merowingischen Welt bezeugt sind, nämlich in Jocundiacus in der Nähe von Tours und in Ponthion im Perthois, sollen im 7. Jahrhundert den Dörfern gewichen sein, kleineren und homogeneren Einheiten mit landwirtschaftlichen Betrieben, die einer Gemarkung entsprechen und wo sich die Einführung des »Domänensystems« übrigens nicht nachweisen läßt. Ab dem Beginn der zweiten Hälfte des 7. Jahrhunderts begegnen in den Quellen unter den Staatsgütern Bezirke, die eine *villa*, also ein Dorf, als Mittelpunkt einer Domäne umfassen und als Ort, in dem Zölle oder auch andere Abgaben erhoben wurden, wie die Abgaben für Münzprägung: so in Attin im Jahre 687, in unmittelbarer Nachbarschaft zum Hafen von Quentovik, dann in Clichy im Jahre 717 in unmittelbarer Nähe von Saint-Denis und dem *vicus Catulliacus*. Die Einrichtung dieser ersten Fiskalgüter hat es vielleicht unter anderem ermöglicht, gewisse Steuern dem königlichen Schatz vorzubehalten – nach Jean Durliat (1990) waren diese normalerweise zum Teil den Finanzen der lokalen Ebene zugeordnet gewesen. Die Aufgabe des staatlichen Einzelgutes von Clichy war es auf jeden Fall, die gleichnamige Pfalz zu versorgen – diese wurde jedoch hauptsächlich zwischen 625 und 684 besucht, lange bevor das staatliche Einzelgut Clichy nachzuweisen ist.

Wie die Kaiser des spätrömischen Reiches, so verfügten auch die merowingischen Herrscher über Pfalzen, *palatia*, Residenzen, die ihnen vorbehalten waren und von denen aus sie regierten. Das Staatsgut versorgte die Pfalz; beide bildeten ein organisches Ganzes, in dem sich die Könige aufhielten, wann immer politische Gründe dies veranlaßten oder wenn sie die Jagd ausüben wollten. Jede Pfalz hatte eine Hauptrolle: sie war Jagdpfalz, Grenzpfalz etc. und hatte eine gewisse Tradition. Die geographische Konzentration von Pfalzen machte den Schwerpunkt eines jeden Reiches aus, und die Aufenthalte der Könige in den Pfalzen wechselten mit den Reichsteilungen und den Grenzveränderungen der Reiche.

Clichy ist eine der am besten bekannten Pfalzen, da sie ab 625 die wichtigste Pfalz Chlothars II. (584–629) und ab 629 Dagoberts I. war – das eigentliche Zentrum des Reiches Neustrien-Burgund und somit der Mittelpunkt des Frankenreiches. Obwohl die merowingischen Herrscher über Pfalzen im 6. Jahrhundert in ihren Hauptstädten Paris, Soissons, Orléans, Reims – die beiden letzten wurden rasch durch Chalon und Metz ersetzt – verfügten, besuchten sie doch auch häufig auf dem Land gelegene, benachbarte Pfalzen; im 7. Jahrhundert verließ Chlothar II. seine Pariser Residenz, um sich in dem suburbanen Clichy, das in der Nähe seines Patrons Dionysius (Saint-Denis) gelegen war, niederzulassen, und seine Nachfolger ahmten sein Beispiel nach.

Unter diesem Gesichtspunkt verdient auch Compiègne Beachtung. Diese Jagddomäne der Könige des 7. Jahrhunderts liegt an der Oise, am Rand des Waldes von Cuise und an einem Verkehrsknotenpunkt; sie befand sich an der Wende zum 7. Jahrhunderts an der Grenze zwischen Neustrien und Austrasien; hierhin wurde der Schatz Dagoberts nach seinem Tod im Jahre 639 gebracht, um unter seinen Söhnen Chlodwig II., dem König von Neustrien-Burgund, und Sigibert III. (* etwa 634/635 bis 656), dem König von Austrasien, aufgeteilt zu werden. In den folgenden Jahrzehnten erlangte diese Pfalz, die an den Grenzen der drei Reiche gelegen war, eine größere Bedeutung innerhalb Neustriens. Von 679 an, seit der Wiedervereinigung des Frankenreiches, wurde sie aufgrund ihrer zentralen Lage die wichtigste merowingische Pfalz bis etwa zum Jahre 700. Jüngste archäologische Grabungen, die unter der Leitung von M. Petitjean durchgeführt worden sind, haben allerdings keine merowingischen Strukturen an den Tag gebracht. Aus komplizierten politischen Gründen verlor diese Pfalz zu Beginn des 8. Jahrhunderts ihre Bedeutung, doch ab etwa 755 besuchten sie die Karolinger, weil sie eine Kontinuität zu den Merowingern herstellte. In einem gewissen Maße profitierte sie von ihrer einstigen Rolle in merowingischer Zeit noch bis ins 11. Jahrhundert hinein, da Compiègne unter den ersten kapetingischen Herrschern die wichtigste Pfalz in Westfranken blieb.

Compiègne ist ein gutes Beispiel für die Nachhaltigkeit der von den Merowingern vorgenommenen Prägung: Das Staatsgut, das die Karolinger nach der Unterwerfung der Fürstentümer wieder aufbauten, sicherte ihnen wie einst den merowingischen Königen eine außerordentlich starke Stellung, die sie den römischen Kaisern annäherte.

Literatur: Delmaire 1989. – Durliat 1990. – Haubrichs 1985. – Jobert 1977. – Pirenne 1925. – Rouche 1973. – Rouche 1992a. – Thompson 1935.

Wirtschaftsformen in den ländlichen Siedlungen

Jean-Pierre Devroey

In merowingischer Zeit entwickelten sich die großen Domänen, auf denen Herrenland und Lehen eng verbunden bewirtschaftet wurden. Bedingt wurde die Entwicklung durch wirtschaftlichen Aufschwung, verstärkte Nachfrage nach Konsumgütern, das Fehlen von Sklaven und die Führungsrolle des fränkischen Adels, von dem dann auch die Ausweitung dieses Wirtschaftssystems abhing. Im romanischen Süden führte der gleiche wirtschaftliche Aufschwung zu ganz anderen Strukturen: charakteristisch sind hier autonome Bauernstellen.

Für die fränkische Welt bezeichnen moderne Historiker die »Großdomäne« als die charakteristischste landwirtschaftliche Institution. Während am Ende des 19. Jahrhunderts einige darin ein einfaches Erbe des spätantiken *fundus* sahen, erscheint die *villa* des Frühmittelalters heute als eine ursprüngliche Form der Bodenorganisation und der Lebensbedingungen des Menschen. Ihre Entstehung und ihre Entwicklung können nicht von der Geschichte des fränkischen Königtums in Gallien und Germanien und von der allgemeinen politischen, wirtschaftlichen und sozialen Entwicklung dieser Regionen losgelöst gesehen werden. Das Entstehen des Domanialsystems ist daher nicht von dem fortschreitenden Vorrang des austrasischen Königtums und von den Anzeichen der ökonomischen und demographischen Wiederbelebung zu trennen, welche das Erwachen des nordöstlichen Europa nach dem Ende der Krisen des 6. Jahrhunderts kennzeichnen. Die Archäologie macht die langsame Verbesserung des Klimas und der landwirtschaftlichen Erzeugnisse seit dem 7. Jahrhundert, als die ersten Formen des Domanialsystems entstehen, greifbar durch die Pollenentwicklung und die Verbreitung von Getreidesorten wie Roggen und Hafer sowie von neuen Techniken, beispielsweise der Verbreitung des Pfluges und regelmäßige zwei- und dreijährige Wechselwirtschaft; die Anthropologie zeigt bei untersuchten Friedhöfen einen allgemein besseren Gesundheitszustand der Bevölkerung auf. Im 8. Jahrhundert äußert sich in Germanien die Ausdehnung von Siedlungstätigkeit durch das kräftige Ansteigen von urbar gemachtem Land, *capturae*, *bifang*. Ab 700 zeichnen sich neue Handelswege nach Westen und Norden ab, wo die »barbarischen« Völker, Angelsachsen und Friesen, die treibende Kraft beim Handel sind und wo das fränkische Königreich stufenweise als neue Regionalmacht und als erster Exporteur von landwirtschaftlichen und handwerklichen Erzeugnissen, wie Getreide, Wein, Waffen, rheinische Töpferwaren, erscheint. Das im 7. Jahrhundert in diesem Kontext der Expansion entstandene Domanialsystem hat seine Blütezeit seit dem Ende des 8. Jahrhunderts erreicht, und zwar in den mittleren Teilen der fränkischen Welt zwischen Seine, Maas und Rhein. Das Modell der *bipartiten*, der zweigeteilten *villa*, erscheint dort nirgends in seiner Idealform. Wenn es dort auch der Organisationstypus des königlichen und kirchlichen Großgrundbesitzes ist, erlaubt die schriftliche Überlieferung doch kaum, seinen Anteil in den ländlichen Regionen zu bestimmen. Es handelt sich nicht um ein erstarrtes oder statisches Organisationssystem, sondern um eine sich ständig weiterentwickelnde soziale und ökonomische Form, die sich dynamisch an ihre Umgebung anpaßt.

Der Idealtypus der Großdomäne

In seiner klassischen Form beruht das Domanialsystem auf den Prinzipien des Gleichgewichts und der engen Bindung, die innerhalb der Domäne das Herrenland (dt. *Salland*, lat. *terra indominicata*) und die Lehen miteinander verknüpft, daher der Begriff zweigeteilte, *bipartite villa*.

Das Herrenland besteht aus demjenigen Teil der Domäne, der direkt durch den Besitzer der *villa* bewirtschaftet wird. Sie umfaßt im allgemeinen bestellbaren Boden, Wiesen und Wälder, ein Gehöft, die *curtis*, und ist mit Geräten, wie Mühlen, Keltern, und Gebäude für hauswerkliche Tätigkeiten, zum Beispiel Brauerei, Weberei, ausgestattet. Ein Verwalter beaufsichtigt die zum Haus gehörige *familia*, die in der Mehrzahl der Fälle aus einer kleinen Gruppe ausschließlich von Sklaven besteht.

Der Rest der Domäne wird von Bauern besiedelt, die vom Grundbesitzer eine Bauernstelle unterschiedlichen Ausmaßes als Lehen erhalten, wofür sie eine Reihe von Abgaben leisten, die gewohnheitsmäßig festgelegt sind und aus Zinsen in Form von Geld und Naturalien und von Arbeitsdiensten bestehen. Viele dieser Lehen haben eine rechtliche Bezeichnung erhalten: Man spricht von freien und unfreien Bauernstellen. Aber in einer wachsenden Zahl von Fällen entspricht diese Bestimmung nicht mehr dem rechtlichen Status des angesiedelten Pächters. Man begegnet Unfreien, die freie *mansi* als Lehen besitzen, und Freien, die unfreie Lehen bewirtschaften. In seiner verbreitetsten Form sind der *mansus*, das Lehen, und die Abgaben, die es unterhalten, erblich.

Im 8. Jahrhundert stellt der *mansus* eine

umfassende Bauernstelle dar, die den Hof und das dazugehörige eingezäunte Gebiet, Ackerland, Felder, Wiesen und Weinberge umfaßt und einen solchen Umfang aufweist, daß eine Bauernfamilie in der Lage ist, sich zu ernähren und die notwendigen Abgaben an ihren Herrn zu leisten. Ab dem 8. Jahrhundert unterscheidet man zwei große Gruppen von *mansi*: Die freien *mansi* sind recht ausgedehnte Höfe, die von einer Gemeinschaft von Pflügern besiedelt werden und deren Felder den Unterhalt von zwei, selbst drei Paaren von Zugtieren und den Gebrauch des schweren Pfluges erlauben. Die unfreien *mansi* sind im allgemeinen von geringerer Größe, sie werden von »Tagelöhnern« bewirtschaftet, die ihre *mansi* in Handarbeit bestellen oder deren Viehbestand auf ein oder zwei Rinder reduziert ist. Rechtliche Bezeichnung und entsprechender Umfang der abhängigen Bauernstelle äußern sich in den von den freien und unfreien *mansi* geleisteten Diensten. Das Landrecht der Domäne, welches in den nationalen Gesetzen eingeschrieben ist, führt eine grundlegende Unterscheidung zwischen den Diensten ein: Die einen Dienste sind bestimmt von der Sache (dt. Stückdienst) und charakteristisch für freie *mansi;* die anderen Dienste sind bestimmt von ihrer Dauer (dt. Zeitdienst) und charakteristisch für unfreie *mansi*, die im wesentlichen ihre Arbeitskraft – häufig an drei Tagen in der Woche – in der Landwirtschaft auf dem Herrenland einsetzen.

Für die Historiker gründet sich das Domanialsystem auf der engen Symbiose zwischen dem Herrenland und den *mansi*, die durch den festgelegten oder nicht festgelegten Beitrag an Arbeit symbolisiert wird, den jene für das Herrenland aufbringen. Die Grundherren werden zuallererst von den Sklaven der zum Haus gehörigen *familia* oder von landwirtschaftlichen Tagelöhnern versorgt, aber ein mehr oder weniger wichtiger Teil der schweren Arbeiten, das Pflügen oder die Transportdienste, und der saisonbedingten, Arbeitskräfte verzehrenden Aufgaben, die Ernte, das Heumachen, die Weinlese, wird von den Pächtern im Rahmen der ihnen auferlegten Arbeitsdienste durchgeführt. Gerade auf den kleineren Domänen bleibt der Anteil der Sklavenarbeitskraft anscheinend vorherrschend. Auf den größeren Domänen wird die Hauptarbeit von den *mansi* aus geleistet mit Diensten beim Pflügen und beim Bestellen der Felder des Herrenlandes.

Der Grundbesitzer übt auch eine richtige Grundherrschaft über seine Pächter aus. Er vermittelt die von den freien Pächtern dem Staat geschuldeten Dienste, wie den Militärdienst. Durch die Tilgung solcher Verpflichtungen erleichtert er den freien Bauern zweifellos die Last, die der wirkliche Dienst für diese bedeutet; dem König bietet er andere Formen der logistischen Unterstützung an, die besser an die militärischen Unternehmungen des Staates und – in nachmerowingischer Zeit – an die fortschreitende Vorherrschaft des Panzerreiters angepaßt sind. Die herkömmliche Bindung zwischen Herren und Pächtern sichert letzteren die erbliche Weitergabe ihrer Lehen zu und die Dauerhaftigkeit der damit verbundenen Rechte und Pflichten, wie die Nutzung von unbestellten Feldern und von Wäldern. Dieses Recht der *villa* wird oft schriftlich in den Beschreibungen niedergelegt, die von den Großgrundbesitzern in den *Polypticha* zusammengestellt sind. Im 9. Jahrhundert stellen die großen *Polypticha*, die auf Veranlassung des Herrschers von Bischöfen oder Äbten der großen Klöster, wie Saint-Germain-des-Prés, Saint-Rémi von Reims, Lobbes und Prüm, verfaßt worden sind, richtige detaillierte Verzeichnisse von Grundbesitztümern ihrer Aussteller dar. In Kapitel eingeteilt, beschreiben sie die verschiedenen Teile der Domäne: Felder und Gerätschaften des Herrenlandes und der Pächterbauern, wobei sie die Menschen und die Verpflichtungen der Abhängigen aufzählen.

Über den dörflichen Rahmen hinaus ist jede Domäne in eine Gruppe von Grundbesitztümern und in weitläufigere Handelswege eingebunden. Die Organisation der Transportdienste und die Lagerung der Nahrungsmittel an den Umschlagplätzen oder in zentralen Domänen erlauben es, die durch die direkte Bewirtschaftung und, da die Bauern die Abgaben in Naturalien leisten, die daher erzielten landwirtschaftlichen Überschüsse zu zentralisieren. Sie unterhalten einen Fernhandel mit dem nordöstlichen Europa, der hauptsächlich auf Getreide und Wein beruht; sie erlauben es, Vorräte anzulegen, Wohltätigkeitseinrichtungen auszustatten und die beträchtliche Kriegslast des fränkischen Staates im 8. und 9. Jahrhundert zu unterstützen.

Der Kontrast zwischen dem Norden und dem Süden

Die Großdomäne setzt sich nicht zur selben Zeit und überall als die dominante Organisationsform des Grundbesitzes durch. Die Geschichte der Manse und ihre geographische Verbreitung zeigt, daß man den Ursprung des Systems in der Pariser Region suchen muß, von wo es sich im 8. und 9. Jahrhundert in alle zentralen Teile des *Regnum Francorum* und die eroberten Gebiete der Lombardei und Sachsens verbreitet hat. Südlich der Loire, wo man nach römischem Recht verfuhr, die politischen regionalen Besonderheiten und die Autonomie bis zum Ende des Frühmittelalters stark blieben, ist die Manse selten und der Anteil der Großdomäne im bäuerlichen Umfeld eine Randerscheinung. In diesen Gebieten überwog bis ins 10. Jahrhundert eine völlig andere Bodenorganisation; sie wird charakterisiert durch kleine Bauernstellen, die hier eine bedeutende Rolle spielten, oft im Allodialbesitz und im Besitz von kleinen Domänen waren und die direkt durch ihren Herrn mit einer Handvoll Sklaven bestellt wurden. Oft fehlen den abhängigen Lehen, deren Hauptabgabe ein auf den Zehnten des Ertrages festgelegter Grundzins, *agrarium*, *pascuarium* auf den Viehbestand, ist, die schweren Arbeitsdienste, die von den Mansen im Norden des Königreiches gefordert werden. In anderen Regionen der fränkischen Welt scheinen Bauernstände von größerer Autonomie ebenfalls eine wichtige Form der Organisation bäuerlicher Gesellschaften zu sein; sie kommen vor allem in den Grenzgebieten vor, im Mittelrheingebiet, in der Bretagne, in Katalonien.

Der Gegensatz zwischen diesen beiden Modellen äußert sich auch in der Überlieferung. Es ist sicher kein Zufall, wenn die privaten Akten in den Archiven des Nordens selten sind, während südlich der Loire praktisch die *Polypticha* verschwinden. Die Probleme der Kontinuität in den Landschaften der Antike und des Frühmittelalters müssen daher differenzierter erörtert werden. Die Fortdauer der ländlichen Herrschaft im Süden zwischen dem 6. und 9. Jahrhundert erlaubt es, hier von einer stärkeren Kontinuität zu den vorangegangenen Epochen auszugehen. Aber es fehlen fast völlig die Schriftquellen, um den Aspekt des *fundus* im römischen Gallien zwischen dem 3. und 5. Jahrhundert zu definieren, und im Süden, der viel weniger als der Norden von den Zerstörungen des 3. Jahrhunderts betroffen war, ist der Aussagewert der archäologischen Befunde auf dem Land oft gering. Im Gegensatz dazu schweigen sich gerade im Norden, wo die Grabungen reiche Befunde zur Entwicklung der ländlichen Siedlung in den Landschaften zwischen der Spätantike und dem Frühmittelalter gebracht haben, die Schriftquellen ihrerseits im 6. und 7. Jahrhundert aus, während sich gleichzeitig die Situation in Südgallien deutlich durch die von Geschichtsschreibern wie Gregor von Tours oder von ersten Sammlungen diplomatischer Formulare beigetragenen Zeugnisse erhellt. Der Gegensatz ist also zuallererst eine Frage der Heuristik, der Methode zur Auffindung neuer wissenschaftlicher Erkenntnisse.

Vor dem 8. Jahrhundert lassen die Schriftquellen drei Arten von Herrenhöfen erkennen:

1. Kleine Domänen, nach römischer Art gekennzeichnet durch Gruppen von Haussklaven und in einem kleineren, aber bereits bezeichnenden Umfang durch *servi casati*, Sklaven, denen der Herr die Möglichkeit gab, eine Herdstelle zu errichten und zweifellos einige Morgen Land zu bestellen.
2. *Villae* gruppieren sich unter derselben Grundherrschaft und bestehen aus Herrenland und mehr oder weniger autonomen Bauernstellen.
3. Vor allem gab es Besitztümer, die hauptsächlich aus kleinen Bauernstellen verschiedenen Namens (*colonia*, *colonica*, *casalis*, *villare*) zusammengesetzt sind, ohne die domanialen Ländereien zu zählen, und die auf dem Grundzins beruhen. Viele dieser Gruppierungen von Lehen sind außerdem gemeinschaftlich organisiert, wobei mehrere Besitzer Mitbesitzer von Grundbesitz sind, deren wirklicher Status schwierig zu bestimmen bleibt. An der Spitze steht dabei eine *portio*, das heißt das Recht, Erträge einzuziehen.

Die jüngsten Studien zum Grundsteuerwesen am Übergang von der Antike zum Mittelalter zeigen, daß die fränkischen Herrscher stellenweise – und wieder einmal zweifellos mehr im Süden als im Norden – bis ins 6. Jahrhundert und vielleicht bis ins 7. Jahrhundert das System der Grundsteuererhebung, das sich in der Spätantike durchgesetzt hatte, beibehalten konnten. Es ließ den Großgrundbesitzern die Einziehung öffentlicher Abgaben auf ihrem Land und bei ihrer ländlichen »Klientel«. Diese öffentliche Funktion, die mit einer Machtbefugnis zur Untersuchung und Beitreibung und mit einer sich entwickelnden Immunität ausgestattet ist, hat vielleicht bei der Entstehung der Abhängigkeitsbande zwischen den freien *possessores* und der autonomen ländlichen Bevölkerung eine Rolle gespielt. Es existieren aber keine schriftlichen Zeugnisse darüber, daß die im 8. Jahrhundert im Rahmen der Großdomäne entstehende Grundherrschaft wie auch immer mit diesen späten Formen der Fiskalität zu tun hatte.

Die Anfänge neuer Wirtschaftsformen

Die Anfänge der zweigeteilten *villa*, wo Herrenland und Lehen sich mehr oder weniger eng in der Bewirtschaftung des Bodens zusammenschließen, sind schwierig zu erfassen. Im 7. Jahrhundert kennen solche bewirtschafteten Betriebe, die immer noch Ausnahmen darstellen, nur eine geringe Beteiligung der Lehen an der Bewirtschaftung des Herrenlandes, nämlich in Form eines einzigen landwirtschaftlichen Arbeitsdienstes, der *riga*, und von Transportdiensten. Der beste Untersuchungsbereich dieser neuen Gegebenheiten und die offenkundigste Berichtigung, die den Anhängern der Kontinuität der römischen und mittelalterlichen Fiskalität entgegenzusetzen ist, ist diejenige des Vokabulars von ländlichen Institutionen, die sich fast völlig zwischen der Antike und dem 7. Jahrhundert erneuern. Das Wort *riga* – es hat im Französischen zu »la roye«, dem Streifen des Pflügers geführt – erscheint gegen 600. Es bezeichnet die Verpflichtung des abhängigen Bauern, zugunsten des Herrn eine Parzelle Ackerland zu bestellen, die von länglicher Form und aus dem Herrenland herausgenommen war. In diesem Kontext hat das Auftauchen eines neuen Begriffes, *mansus*, oder in Germanien *huba*, und seine semantische Entwicklung – Haus im 6. Jahrhundert, Haus und Mittelpunkt einer Bauernstelle im 6.–7. Jahrhundert – eine besondere Bedeutung. Die Hypothesen über den Ursprung des *mansus*, eines zur Normalisierung der Lage von *servi casati* geschaffenen Lehens, nach Walter Schlesinger einer Institution königlichen Ursprungs, müssen noch bestätigt werden. Dagegen ist sicher festgelegt, daß ab dem 7. Jahrhundert die Manse eine sehr starke, auf dem Wohnsitz, *maneo*, begründete Bindung zwischen dem Wohnhaus und daher den Bewohnern und den in einer Einheit zusammengefaßten landwirtschaftlichen Flächen sowie einer Reihe von Rechten, von gesetzlichen Abgaben und vererbbaren Gebräuchen eingeführt hat. Die Geographie der ersten Erwähnungen, dann die nach Ariaan Verhulst von der Pariser Region ausgehende Verbreitung der Manse und der Großdomäne legen es nahe, daß ihre Ausweitung sehr stark an diejenige von Führungsschichten der fränkischen Gesellschaft des 7. und 8. Jahrhunderts gebunden gewesen ist. Das merowingische und karolingische Königtum, die mit jenem verbundene Aristokratie und die Kirche haben eine herausragende Rolle in der Einführung und der Verbreitung des »klassischen« Modells der *bipartiten villa* gespielt, in den zahlreichen Besitzungen, die sie in den zentralen Regionen der fränkischen Welt, im Pariser Becken, in Nord- und Nordostfrankreich, der südlichen Hälfte des heutigen Belgien und in Deutschland westlich des Rheins hatten. Dagegen bleibt seine Ausprägung im südlichen Gallien sporadisch, wo die alten Strukturen, große von Sklaven bewirtschaftete Gutsbetriebe neben einem Überwiegen der kleinen autonomen Bauernstellen, im allgemeinen beibehalten worden sind.

Nördlich der Loire läßt sich das Herrschaftswesen auf juristischer Ebene über die in der *Lex Baiuvariorum* und der *Lex Alamannorum* erhaltenen merowingischen Dekrete erfassen, ebenso in der großzügigen Verteilung der Fiskalgüter an den fränkischen Hochadel, an Klöster und Bischöfe, die vom König ausgestattet und beherrscht werden. Die Großdomäne, deren landwirtschaftliche Tätigkeit wegen des Getreideanbaus auf leichte, lehmige und fruchtbare Böden ausgerichtet ist, muß den Lebensmittelbedarf des Staates decken und ordnet sich in die regionalen und überregionalen Handelsbeziehungen ein. Die Einführung einer ursprünglichen Form von Beziehungen zwischen dem Herrn, Inhaber einer Grundherrschaft, und den Bewohnern der *villa*, und die Einrichtung eines *ius villae* über die Abtretung eines erblichen Lehens, das an ein durch Zinsen und Dienste definiertes Ensemble gebunden ist, beruht anscheinend auf der juristischen Grundlage des Gesuchs – *rogatio*, *corrogata*, *precatio* – für die Freien und des Banns, *bannum,* für die Unfreien.

Expansion in der Landwirtschaft

Seit ihrer Entstehung ist die Großdomäne als eine dynamische Struktur mit rasanter Entwicklung erschienen. Im Nordosten der fränkischen Welt legt die ländliche Archäologie es zudem nahe, daß das 6. und 7. Jahrhundert einen Wendepunkt in der Entwicklung der Bodenbewirtschaftung darstellen. Die großen römischen *villae*, die zunächst im 4. und 5. Jahrhundert wieder besiedelt wurden, werden seit dem 6. Jahrhundert zugunsten von neuen, oft nahe gelegenen Zentralhöfen aufgegeben. Es gibt also keine Diskontinuität in der Besiedlung der ländlichen Räume, aber eine Verlagerung der Siedlung, die sich oft an der endgültigen Einrichtung des mittelalterlichen und modernen Dorfes festmacht.

Es ist verlockend, diese Veränderungen der bäuerlichen Landschaft mit dem ökonomischen und demographischen Wachstum und mit der Entwicklung des Domanialsystems zu verknüpfen. Es würde aber nicht mit unserem heutigen Kenntnisstand übereinstimmen, überall die Bereiche des im 7. und 8. Jahrhundert anlaufenden Wachstums auf das Modell der domanialen Expansion zurückzuführen. Dies setzt den Akzent auf drei bestimmende Faktoren:

1. Ein starkes Erwachen der Nachfrage nach Konsumgütern steht in der Folge der Wiederherstellung des Staates, der Entwicklung der Kirche und der Erneuerung des Adels und – in den nördlichen Grenzregionen der fränkischen Welt – des neuen Aufschwungs der »barbarischen« Gebiete der britischen Inseln, Frieslands und der skandinavischen Länder.
2. Nach der massiven Vertreibung der alten Sklaven überwiegen in den Landschaften die kleinen abhängigen Bauernstellen mit der Familie als Kern.
3. Der Adel ist befähigt, die Menschen zu führen, den Raum aufzuteilen und die Gewinnung und die Zentralisierung des landwirtschaftlichen Überschusses zu sichern.

Ausgehend von der Beobachtung der ländlichen Gesellschaften im Süden, besteht dagegen ein zweites Modell zur Erklärung des Wachstums; hier spielt das freie Bauerntum im landwirtschaftlichen Aufschwung der westlichen Wirtschaft eine bedeutende Rolle. Im Süden liegt der Beginn des Wachstums zweifellos ebenfalls im 7. Jahrhundert. Dieses Umschlagen der Konjunktur entsteht alles in allem aus einem Moment der Belebung, welches das Ende der Pestepidemie des 6. Jahrhunderts begleitete, und aus dem ersten großen Zusammenbruch der Sklavenwirtschaft im Süden mit massiver Sklavenflucht in der zweiten Hälfte des 7. Jahrhunderts. Die landwirtschaftliche Expansion ist dort durch Wachstumsmerkmale bezeichnet: das Ausbreiten der Siedlung, die Mobilität der Bevölkerung, die Entwicklung des Kleingrundbesitzes, die vielfache Zunahme der bäuerlichen Lehen. Sie gehört mit dem Niedergang der Sklavenherrschaft zusammen, die gegen 1000 endgültig verschwindet. Die treibende Kraft kehrt also zur bäuerlichen Initiative zurück, zur Suche nach Boden und Freiheit. Das südliche »Modell« kann in vier allgemeinen Merkmalen zusammengefaßt werden: das Überwiegen der geordneten Siedlung und des verstreuten Ackerlandes; die Autonomie der kleinen Familienhofstelle; die geringe Bedeutung von Herrenland und das geringe Ausmaß der herrschaftlichen Entnahme; die Rolle, die Geld und Geldumlauf spielten.

Der Gegensatz der Modelle belegt zweifellos eine tatsächliche geographische Differenzierung; Überschneidungen gibt es in den Gebieten der fränkischen Welt, wo der Einfluß des Königs und seines Gefolges aus Laien und Geistlichen am stärksten gewesen ist. Insgesamt behält Henri Pirennes Vorstellung von einem tiefen Bruch zwischen der Mittelmeerwelt und den fränkischen Gebieten gegen 600, über die er sich in »*Mahomet et Charlemagne*« ausläßt, hier seine Gültigkeit. Aber wenn sich der Süden und der Norden Galliens damals voneinander entfernen, geschieht es nicht anläßlich einer drastischen Abnahme der westlichen Wirtschaft, sondern in der getrennten Entwicklung von Wirtschaftssystemen, die sich künftig zu den verschiedenen Märkten und Organisationsmodellen hin orientieren.

Literatur: Croissance 1988. - Devroey 1993. - Rösener (Hrsg.) 1989. - Verhulst 1995. - Verhulst (Hrsg.) 1985.

Klientelverhältnisse, Herrschaft über Grund und Boden und wirtschaftliche Macht der fränkischen Aristokratie im 7. und 8. Jahrhundert

Olivier Bruand

Offensichtlich beruhte die Macht der Aristokratie im 7. und 8. Jahrhundert auf der Kontrolle eines Geflechts von Klientelen, von Staats-, Bürger- und Kirchenämtern und auf ihrem Reichtum an Grund und Boden. Der Autor belegt diese Machtverhältnisse mit einigen Beispielen aus der westlichen Region Austrasiens. Es geht hier darum, die Einflußmittel der Hocharistokratie zu erfassen, zuerst ihre soziale Macht, die sich in der Kontrolle über die politischen und religiösen Ämter äußert, dann ihre wirtschaftliche Macht, die auf ihrem Reichtum und der Währungskontrolle beruht, schließlich ihre territoriale Macht, die durch den Besitz von Gütern und die Kontrolle einer bevorzugten Region gewährleistet ist.

Das soziale Gewicht der fränkischen Aristokratie ist so groß, daß die Könige zu Verhandlungen mit dem Adel gezwungen sind, damit ihre Wahl anerkannt wird. Im Jahre 613, anläßlich der Wiedervereinigung des Königreiches, muß Chlothar II. den burgundischen oder austrasischen Aristokraten Garantien bieten. Er veröffentlicht das Reformedikt vom 18. Oktober 614, das ihre regionale Verwurzelung verstärkt und ihnen das Hausmeieramt zugesteht. 674 handelt Childerich II. ebenso, als die von dem autoritären Regime Ebroins erschöpfte neustrische Aristokratie sich an ihn wendet. Er setzt Theuderich III. ein, doch muß er den westlichen Familienlinien von neuem eine beachtliche Autonomie und das Hausmeieramt zugestehen.

Diese Regionalisierung ab dem 7. Jahrhundert ist für jene Gruppen, deren Macht auf den Gütern und ihrem Einflußnetz beruht, von Vorteil, weil sie vor allem dann ihr Vermögen und ihre Beziehungen entfalten können, wenn sie von einem *regnum* und den Einrichtungen eines solchen zu profitieren vermögen. In einer solchen Region können sie gleichzeitig die Güter, die örtlichen Machtpositionen, die Reichtümer und die Menschen kontrollieren. Wir werden einige Beispiele davon bei den Amtsinhabern des Bistums Reims oder in der Umgebung der pippinischen Hausmeier sehen.

Die Herrschaft über das Bistum Reims

Der Bericht des Flodoard erlaubt es, die Familienherrschaft über das Bistum in Reims nachzuvollziehen. So ist Nivardus, Bischof von 657 bis 673, der Bruder eines *vir illustris* des Hofes, seine Schwester ist die Gemahlin des austrasischen Königs Childerich II., und ihre Tochter heiratet Reolus, den Grafen der Champagne, der von 673 bis 689 selbst Nachfolger des Nivardus ist. Der folgende Bischof, Rigobert, der den bischöflichen Stuhl mindestens von 689 bis 719 innehat, ist Flodoard zufolge auch »blutsverwandt« mit Reolus. Die Herrschaft über die Ämter von Reims durch den Familienverband reicht dann bis zu Gedeo, dem Sohn des Reolus, der Mönch in Hautvilliers, einer von Nivard gegründeten Abtei, ist.

Die Bischöfe achten auch darauf, ihre Stellung zwischen Austrasiern und Neustriern zu sichern, indem sie mit beiden Seiten Bündnisse eingehen. Nivard erwirkt von Childebert II. ein Zollprivileg und soll die Schenkung von zwei *villae* an die Kirche von Reims mit dem allmächtigen austrasischen Hausmeier Grimoald verhandelt haben. Nach dem Sturz Grimoalds zögert er nicht, sich mit dessen Bezwingern zu vergleichen, als seine Schwester den König Childerich II. heiratet, den der neustrische Hausmeier Ebroin Austrasien aufgedrängt hat. Besser noch verfolgt Reolus diese Politik, da seine Tochter in Soissons, in einem von Ebroin gegründeten Kloster, Nonne ist. Dieser Einrichtung schenkt er sogar mehrere *villae* in der Gegend von Reims und von Beauvais. Er gründet die Abtei von Orbais mit der Zustimmung des gleichen Ebroin auf einem Gut, das vom neustrischen König Theoderich III. geschenkt worden war. Doch als 687 die Macht wieder in das Lager der Austrasier zu kommen scheint, ist Reolus einer der ersten Adeligen, der sich an den Hausmeier Austrasiens, Pippin II., wendet. Das Bündnis zwischen dem austrasischen Oberhaupt und dem Bischof von Reims wird mit Rigobert fortgesetzt, der die auf Nivards Zeit zurückgehende Bestätigung der Immunität und der Zollfreiheit erwirkt. Rigobert wird jedoch von Karl Martell zugunsten Milos verdrängt, eines näherstehenden Klienten; auch die armselige Rache Flodoards, der es unterläßt, denjenigen zu nennen, den er für einen Usurpator hält, ändert nicht viel daran. Letztendlich haben alle Bischöfe von Reims im 7. Jahrhundert, die aus denselben Sippen stammten, die gleiche Politik verfolgt, indem sie unentwegt das Spiel der Bündnisse zu ihrem persönlichen Vorteil und dem ihrer Klientel nutzten, während sie gleichzeitig Abteien gründeten und die weltliche Macht ihrer Kirche erweiterten.

Die Politik der Pippiniden

Das Spiel der Pippiniden ist das gleiche, auch wenn sie die ländlichen Klöster als Stützpunkte vorziehen. Die Abteien von Nivelles, Fosses, Andenne, Stablo-Malmédy, Saint-Trond, Oeren, Pfalzel, Echternach und Prüm befinden sich alle in Lehnsabhängigkeit zur Familie, entweder über verwandtschaftliche Beziehungen, oder sie sind von direkten Klienten wie Remaclus, Trudo oder Hubert gegründet worden. Die Pippiniden haben dennoch nicht die bischöflichen Aufgaben vernachlässigt, da Arnulf, einer der Begründer ihrer Herrschaft, sowie sein Sohn Chlodulf, Bischöfe von Metz waren. Chrodegang, der Referent Karl Martells, übernimmt 742 den bischöflichen Stuhl. Doch der Ehrgeiz der Pippiniden ist nicht auf den lothringischen Bischofsstuhl begrenzt. Die Bischöfe von Maastricht-Tongern, nämlich Remaclus, Lambert und Hubert, sind ebenso ihre Klienten wie die Bischöfe von Trier, mit aufeinanderfolgend Basinus (697–705), seinem Neffen Liudwin, der zuerst Chorbischof und dann bis 715 Amtsträger des Stuhls war, und schließlich Milo, Sohn des Liudwin, der kein anderer ist als der schon als Bischof von Reims Erwähnte.

Die Macht der Pippiniden beruht ursprünglich auf dem Bündnis zwischen zwei Familien, derjenigen Pippins I. von der belgischen Maas und derjenigen Arnulfs aus der Umgebung von Metz. Diese Macht vergrößert sich noch mehr, als Pippin II. von Herstal Plektrude heiratet und er so eine der mächtigsten Sippen der Eifel an sich bindet. Dies hatte derartige Auswirkungen auf die Klientel, daß dem jungen Trudo allein die Erwähnung seiner Herkunft reicht, um zum Bischof Chlodulf von Metz vorgelassen zu werden. Tatsächlich beeilt sich der *custos* des Münsters, dem Prälaten die Ankunft eines Besuchers aus Hesbaye anzukündigen, und alsbald empfängt ihn dieser und ist bereit, diesem von Remaclus gesandten Geistlichen seinen Schutz zu gewähren.

Es ist bei den Familienverbänden Sitte, sich einen Vorrat an Ämtern zugunsten ihrer Getreuen zuzulegen. Eine Urkunde Pippins II. vom 13. Mai 706 zugunsten der Abtei von Echternach ordnet die freie Wahl des Abtes der Familientreue unter, weil das Kloster, das Willibrord 698 auf den von Irmina, der Schwiegermutter des Hausmeiers, überlassenen Ländereien gründete, ein Stützpunkt der Pippiniden ist. Ebenso verhält es sich bei der Abtei von Saint-Trond, wo Pippin am Grab des Gründers zu beten pflegte, und in Lüttich, wo Karlmann 743 persönlich der Überführung der Reliquien des hl. Hubertus beiwohnte.

Die soziale Macht der großen Familien stützt sich also stets auf die gleichen Methoden: taktische Ehebündnisse, Gründung von großzügig beschenkten Abteien, Überwachung der Berufungen zu bestimmten Ämtern, die dem Familienverband vorbehalten sind, und die ausnahmslose Solidarität der Familienoberhäupter den Klienten gegenüber, während diese ihrerseits als Gegenleistung unfehlbare Treue kundtun. Außer vielleicht der zunehmenden Regionalisierung der Machtstruktur sind diese Vorgänge im 7. Jahrhundert nichts Neues.

Die wirtschaftlichen Privilegien der Aristokratie

An der Basis dieser gesellschaftlichen Macht befindet sich ein Reichtum an Grundbesitz, und die großen Aristokraten stützen sich auf die Einkünfte ihres Großgrundbesitzes. Doch diese fränkischen Familien können sehr umfangreiche Geldsummen flüssigmachen. Sie kaufen, verkaufen *villae*, sie besitzen Märkte, Zölle, Handelsprivilegien, zuweilen sogar die Münzprägung. Im Klartext beruht ihre Macht, weit davon entfernt, nur auf Grundbesitz zu basieren, auf der Beherrschung von wirtschaftlichen Mechanismen.

Man muß sich immer daran erinnern, daß diese Leute reich sind, daß sie über beträchtliche Summen verfügen, in Form von Münzen, Goldstücken und nach 670/680 in Denaren oder in Form von gehorteten Wertgegenständen. Einige Beispiele sollen diese Tatsachen verdeutlichen. Der Bischof Sonnatius von Reims (vor 613 bis nach 626) kann 94 Goldstücke, dazu ungemünztes Gold, Geld und Wertgegenstände vererben. Auch über Reolus wird gemeldet, daß er Güter erworben hätte, und sein Nachfolger handelte ebenso, indem er *villae* für mindestens 740 Goldmünzen kaufte. Im Testament des Diakons von Verdun, Adalgisel-Grimo, wird der Verkauf eines Viertels der *villa* von Failly bei Longuyon 600 Goldmünzen einbringen. Als Irmina der Abtei von Echternach helfen möchte, überläßt sie ihr Güter, aber auch Gold, Geld, Edelsteine, Kleider, Altartücher, Tapetenstoff und sogar verschiedene Geräte aus Kupfer und Eisen. Dieser Reichtum ist um so unentbehrlicher, als er ein Synonym der politischen Macht ist. Dies beweisen die Bemühungen der Hausmeier, sich des königlichen Schatzes zu bemächtigen, die ebenso vom *Liber Historiae Francorum* als vom Fortsetzer Fredegars oder von den *Annales Mettenses* erwähnt werden. Diese häufigen Ausgaben für den Erwerb von Grund und Boden oder für Schenkungen erfordern eine regelmäßige Zufuhr an wertvollen Gegenständen, die man sicherlich aus dem Verkauf des Ertragsüberschusses der Güter erhalten kann. Man kann sie jedoch noch schneller gewährleisten, wenn man die Kontrolle der *vici*, der Märkte und Zölle innehat.

Der König ist am wenigsten bereit, darauf zu verzichten. So erinnert das Edikt Chlothars II. von 613 nochmals nachdrücklich an das Bestehen der Zollgelder, dort wo es üblich war, sie zu verlangen; und im Jahre 651 erwirbt Chlodwig II. den Fiskus von Attigny, der die Straße nach Trier kontrolliert und der einen günstigen Standort für einen eventuellen Wegezoll an der Aisne darstellt.

Die Lehnsherren sind ebenso habsüchtig. In den Jahren 652/653 wird die pippinidische Familie durch die Zollrechte über zwei Häfen an der Loire begünstigt, die Sigibert II. der Abtei von Stablo-Malmédy schenkt. Es handelt sich dabei um eine vollständige Abtretung, da die überlassenen Rechte über den an der Tenu gelegenen *portus Vitraria* und die auf die untere Loire bewilligte *ripatica* die Kontrolle über die Hauptquellen der Salzgewinnung im fränkischen Reich erlauben. Die Finanzbeamten im *portus* gelangen schlicht und einfach unter die Aufsicht der Abtei; und die Kommissionsgebühr, die sie dem König für jederart Handel schulden, wird somit direkt an die Abtei von Stablo-Malmédy, die Grimoald von Sigibert III. hatte errichten lassen, überwiesen. Das Privileg war in seiner Art übermäßig groß. Aus der Sicht der Zeitgenossen gab es keinen Zweifel, daß die Überweisung solcher Summen an das Kloster einer Bezahlung des pippinidischen Clans gleichkam und die verstärkte Festigung der Macht des austrasischen Hausmeiers, der den König unverhohlen manipulierte, bedeutete. Dies erklärt übrigens auch das spätere Verschwinden dieser Rechte, die den Sturz Grimoalds durch die Neustrier nicht überdauern konnten.

Auch die an der Spitze der Familie stehenden Nachfolger Grimoalds, Pippin II. und Karl Martell, haben die wirtschaftlichen Privilegien oder die Marktrechte nicht verachtet. Es gab zum Beispiel Zölle an der Maas in Huy und Dinant, die 744 in einer Bestätigung der Zollfreiheit zugunsten von Stablo-Malmédy erwähnt werden.

Andere Einrichtungen aus der Lehnsherrschaft der Pippiniden werden auch aus der Zollfreiheit Vorteil gezogen haben. Jedenfalls verfügen Prüm, die Kirchen von Metz und von Trier zur Zeit Pippins III. über diesen Vorteil. Es wäre eigenartig, wenn die Hausmeier ihre anderen Abteien und Kirchen nicht auch seit dem 7. Jahrhundert mit diesem Privileg versehen hätten.

Klöster und Marktplätze

Die lehnsherrlichen Familienverbände interessieren sich ebenso für verschiedene ländliche Märkte oder für solche, die in zahlreichen *vici* eingerichtet waren. Es gibt sie in der Nähe jeder der genannten Abteien, und die Überwachung dieser Tauschorte ist eine normale Sache. Die Abtei von Prüm wurde 721 auf den Gütern gegründet, die Bertrade, die Schwägerin Pippins III., geschenkt hatte. Prüm hatte die Märkte von Römersheim und von Münstereifel im Besitz; beide Märkte sind alt genug, um schon zu Beginn des 8. Jahrhunderts zum Machtbereich der Pippiniden zu gehören. Der Ausbau der Klöster wie Echternach, Prüm oder Stablo-Malmédy würde sogar beweisen, daß die Familie das wirtschaftliche Wachstum dieser Regionen unterstützt, indem sie die Abteien, aber auch die im Straßen- oder Flußnetz günstig gelegenen Siedlungsmärkte weiterentwickelt. Die hagiographischen Berichte geben ebenfalls wertvolle Hinweise, denn die Heiligen neigen dazu, in den Orten ihre Wunder zu vollbringen, in denen ihre Niederlassung wirtschaftlichen Nutzen oder Bodenvorteile bringt. Die Wunder des hl. Trudo ziehen die Verwandten der pippinidischen Familie vor, nämlich einen der Vettern, einen gewissen *Gotfridus nobilis prosapia*, und ihr Schauplatz ist die Abtei und der benachbarte, an der Straße von Tournai nach Maastricht gelegene *vicus* von Velm, ein religiöser Drehpunkt und wichtiger Handelsort. In der *Vita Hugberti* verhält es sich ebenso. Givet an der Maas wird darin als *vicus* bezeichnet, der von beladenen Schiffen angelaufen wurde. Da der Heilige es regnen ließ, um den Flußverkehr wiederherzustellen, nachdem er von einer Dürre unterbrochen worden war, die so groß war, daß das Vieh die Maas durchwaten konnte, muß die Kirche von Maastricht-Tongern geschäftliche Anteile am *vicus* gehabt haben. Die Pippiniden beherrschen auch Bastogne, eine wichtige Straßenkreuzung, und wenn die *villa* in dem Testament von Adagisel 634 erwähnt wird, in dem er die Hälfte St. Maximin von Trier vererbt, so bedeutet dies, daß er mit dieser Sippe verbunden war. Daran bestehen keine Zweifel mehr, wenn man im gleichen Text Schenkungen an Metz und an Maastricht für die Leprakranken oder an Huy findet. Die Lage der Schenkungen nimmt zu genau die Regionen wieder auf, in denen die Familie ihre Klientel hat, als daß es sich hierbei um einen Zufall handeln könnte. Des weiteren steht Bastogne um 736 unter der Lehnsherrschaft von Karl Martell, der Aymard von Auxerre dorthin verschleppt.

Zollstationen und Münzprägung

Die großen Familien interessieren sich also für die wirtschaftlichen Kontrollpunkte wie Märkte, *vici*, örtliche Zölle, und alle Aristokraten handeln auf die gleiche Weise, manchmal auf bescheidener Ebene mit der Überwachung einer Brücke, einer Straße, einer Furt, wo die Einnahme einer zwar geringen, aber regelmäßig einkommenden Summe einen guten Ertrag darstellen konnte. Der Fall des Fiskus von Attigny wurde schon erwähnt, aber es gibt einen anderen Zoll sehr nahe an der Aisne, auf den die *Vita Vedasti* in der Mitte des 7. Jahrhunderts hinweist und der im *pagus* von Voncq am *locus qui dicitur Grandeponte* gelegen ist, in Rilly-aux-Oies. Die vielfachen Wegzölle erklären die

Abb. 391 *Stammtafel der Merowingerkönige und der Karolinger bis zu Karl dem Großen. – Nach J. J. Chiflet 1655, 3.*

zahlreichen Zollbefreiungen für die religiösen Einrichtungen dieser Zeit. Dieser Zustand ist in Reims und auch in Saint-Médard von Soissons bekannt, wo die Gebührenfreiheit mindestens auf Chlothar II. zurückgeht.

Schließlich interessieren sich die Aristokraten für die Münzprägung. Sicherlich sind die Münzprägungen in erster Linie Angelegenheit der großen Städte, aber sehr viele zweitrangige Orte der Münzausgabe sind gerade *vici, villae* und Abteien, die jenen Aristokraten als wirtschaftliche Stützpunkte dienen. Besonders die Zahl der außerhalb der Städte gelegenen Ausgabestellen erhöht sich ab der Mitte des 7. Jahrhunderts, als die lehnsherrlichen Familien den König überwinden. Die Bischöfe von Reims lassen zum Beispiel Münzen in denjenigen *vici* prägen, die seit dem 7. Jahrhundert zu ihrem Einflußbereich gehören, nämlich in Mouzon, in Viel-Saint-Rémi und in Binson (Prou, no. 1037–1044, 1047–1048, 1062–1063). Sicherlich tragen diese Münzen die Namen der Monetare, der Präger, aber diese sind nur die Techniker, die gemäß den Bestellungen der lehnsherrlichen Autoritäten, die die Region beherrschen, mit der Herstellung der Münzen beauftragt sind. Das Verhalten der Bischöfe von Reims im Bereich der Münzprägung entspricht also demjenigen aller Sippen des 7. Jahrhunderts. Auch die Pippiniden bekunden auf diese Weise ihre Macht, und man kann einen starken Aufstieg der Werkstatt von Huy verzeichnen,

die sich aufgrund einer großen Anzahl an Monetaren von den anderen Münzstätten an der Maas unterscheidet.
Es herrscht nur scheinbar eine Anarchie der Währungen. Jede Sippe demonstriert auf diese Weise in ihrer Region ihre Macht und sichert dabei den Aufstieg ihrer *vici*, ohne der Einheit der merowingischen Welt zu schaden. Die Hauptprägestätten bleiben in den großen Städten, d. h. in Reims, Verdun, Metz und Trier, und die Machtzunahme der Adelssippen hindert keineswegs die großen Reformen wie die ungefähr gleichzeitige Einführung des Denars in allen *regna*. Die Prägung kann teilweise den Großen verliehen werden, die auf ihren Gütern unter der Bedingung münzen, daß sie das Gewicht, den Feingehalt und den Stil, der zuerst für den *triens* und dann für den Denar vorgeschrieben war, wahren. Das Zahlungsmittel erscheint also als Werkzeug der Macht in dem Sinne, als ein Teil der öffentlichen Macht in den Händen einer lehnsherrlichen Familie liegt. Die Frage zu stellen, ob das Verhältnis öffentlich oder privat sei, hieße die Beschaffenheit des Lehnsherrn an sich nicht zu begreifen.

Grund und Boden

Die letzte Macht, die man der merowingischen Aristokratie zuerkennt, ist die Herrschaft über Grund und Boden. Die Adelssippen besitzen zahlreiche Güter und überlassen sie ihren Erben oder den Kirchen, die mit ihrer Klientel verbunden sind. Es genügt, sich das Testament des hl. Remigius in Erinnerung zu rufen, dessen kurze Version zumindest das Vermächtnis für seine Kirche von Reims darstellt. Indes kann man manchmal an dem Rechtsstand dieser Güter zweifeln. Wenn die Aristokraten unanfechtbar das Domanialgut besitzen, kann man dann aus ihnen die Besitzer jener verjagten Bauern machen, die auf den Hufen ihrer *villae* leben? Und was soll man von den Hinweisen denken, wie sie im Testament von Adalgisel-Grimo zu finden sind, von *villae*-Teilen, die zum Teil für 600 Solidi verkauft oder zur Nutzung durch Leprakranke bestimmt worden sind? Dies sind geläufige Verfahrensweisen. Die Versuchung ist groß, in diesem Teilbesitz einer *villa* das Recht auf eine Rente aus dem Ertrag der Güter zu erkennen. Im Grunde muß man das Problem von neuem von den Adelssippen aus angehen. Die merowingischen Aristokraten haben ein Verwaltungssystem der Ländereien zugunsten der Sippe, das gleichzeitig Besitz und Lehnsherrschaft verbindet. Auf der einen Seite besitzen sie die Rechte über die Bauern, die auf ihren Gütern angesiedelt sind, und verstehen es, die Anstrengungen dieser Lehnsbauern, für die sie die Autorität darstellen, zu ermutigen. Die pippinidische Familie spielt zum Beispiel eine nicht zu verleugnende Rolle in der Urbarmachung der Ardennen im 7. Jahrhundert, indem sie die Ansiedlung von Bauern in der Gegend von Stablo-Malmédy bei der *via Mansuerisca* oder um Prüm herum und am Anfang des 8. Jahrhunderts in der Eifel anregte. Andererseits unternehmen diese Sippen eine regelmäßige Neuverteilung der Güter, die dem einen oder anderen Mitglied zugewiesen worden waren. So besitzt Irmina 697/698 einen Teil der *villa* von Echternach, wo Willibrod sein Kloster aufbaut, während 706, nach ihrem Tod, die Gesamtheit der *villa* ihrem Schwiegersohn, dem Hausmeier Pippin II., als *in re proprietatis nostrae* angerechnet wird. Diese Neuverteilung läuft nicht immer ohne Schwierigkeiten ab, denn man erfährt, daß Gondebert das Testament seines Bruders Nivard, des Bischofs von Reims, seinem Nachfolger Reolus gegenüber bestreitet, um einen Teil des Erbes zurückzuerlangen.
Die Ländereien, die jede Sippe besitzt und die den Interessen der Familie entsprechend entweder einem der Mitglieder, einer Kirche oder einem Kloster zugewiesen werden, stellen das Hauptelement des Reichtums dieser Aristokratie dar. Wenn es auch leichtfällt, die Landstreifen dieser Besitztümer auf Karten aufzunehmen, erfaßt man dennoch kaum die Verwaltungsmethoden. Es gibt jedoch Ansätze für die Antwort. Zuerst sind diese Güter schon zweiteilig organisiert, wie es die Schenkungen einiger Hufen zeigen, die im 7. Jahrhundert häufig waren. Diese Vorgehensweise erlaubt dem Beneficiar, der weiß, wieviel er von jeder Hufe erhalten kann, sich auf die Gewohnheitsrechte der *villa* zu berufen, die ebenso dem Amtsträger oder seinen Mitarbeitern wie den auf den Lehnsgütern angesiedelten Bauern bekannt sind. Dann setzt man, seit der merowingischen Zeit, manchmal diese Sitte schriftlich fest, ohne daß sie noch den Namen *Polyptychon* tragen würde. Dies soll der Bischof von Reims, Rigobert, für einige *villae* ab dem Anfang des 8. Jahrhunderts gemacht haben, doch in Wirklichkeit sind die Besitzinventare, die auch die lokalen Erträge verzeichnen konnten, zumindest für die mit den aristokratischen Sippen verbundenen Abteien und Kirchen nicht außergewöhnlich.
So festigt sich langsam die Herrschaft über Grund und Boden, der Hauptquelle des Reichtums, in der Hand der großen Familienverbände, die ihren Einfluß nutzen, um die Bauern einzuverleiben und auf diese Wiese die Freiheit zugunsten des Kolonats zurückzudrängen. Sie reißen Güter, die vom Herrscher anvertraut oder überlassen wurden, an sich. Sie kaufen und tauschen Güter, um in bestimmten Regionen beherrschende Bedeutung zu erlangen. Aus all diesen Gründen konnte man von einer Entwicklung sprechen, die im 7. Jahrhundert ihren Ausgang nahm und vom merowingischen *fundum* zum karolingischen großen Domängut führt.
Diese wenigen Beispiele zeigen eine gut

etablierte aristokratische Macht: Herrschaft der Familie über bestimmte Ämter und Ländereien, besonnene Anwesenheit an der Seite des Herrschers und politischer Opportunismus, Kapitalanlage in Grund und Boden und in die Wirtschaft einer Region, in der man seine domaniale Grundlage eingerichtet hat, sind die offensichtlichsten Aspekte. Doch trotz der monopolistischen Tendenz der Familien ist die Kontinuität ihrer Macht und ihrer Landgüter nicht immer gewährleistet. Die Erbschaften, die politischen Gesinnungsänderungen, die im 7. Jahrhundert in Austrasien häufig waren, können manchmal das Erworbene in Gefahr bringen. Wenn die Klientelverhältnisse und die wirtschaftliche Macht einen regionalen oder lokalen Hintergrund haben, ist dies das Ende von Hypothesen, die Handelsstraßen quer durch die austrasischen Räume vorschreiben. Übrigens hat man eine Schicksalsfrage aus dem Mythos der Handelsstraße an der Maas zwischen dem 7. und dem 9. Jahrhundert gemacht. Jedoch wird man, um zu genaueren Schlüssen zu gelangen, das Studium der wirtschaftlichen Grundlagen der Macht in Austrasien sowie in allen anderen Regionen der merowingischen Welt fortführen müssen.

Literatur: Barbier 1982. – Cardot 1987. – Depeyrot 1994. – Devroey/Zoller 1991. – Gauthier 1980. – Kuchenbuch 1978. – Noël 1991. – Prou 1892. – Sot 1993.

Epigraphische Zeugnisse für die Macht der Schrift im östlichen Frankenreich

Klaus Düwel

In einer vorwiegend in der Mündlichkeit lebenden Kultur hat Schrift eine besondere Bedeutung. Es handelt sich um Schrift in Form von Aufschriften auf verschiedene Gegenstände. Im Frankenreich kommen zwei Systeme vor, das lateinische aus römischer Tradition und das der Runen aus germanischer Überlieferung. An beschrifteten Frauen- und Männersachen, Fibeln und Waffen, sowie an Gebrauchsgütern verschiedener Art werden die Schrifteinträge in Form von Hersteller- oder Besitzername, Glückwünschen und Widmungen vorgestellt und im Blick auf die wesentlichen Unterschiede zwischen lateinischen und runischen Inschriften und Inschriftenträgern zusammengefaßt.

Die Macht der Schrift

Schrift in ihren unterschiedlichen Ausprägungen ist ein universelles Kommunikationsmittel. Mit nur 24 graphischen Zeichen in der festgelegten Anordnung des Alphabets, des Abc, können alle menschlichen Gedanken aufgeschrieben und bewahrt werden. Für andere ist dieses Geschriebene jederzeit lesbar und verständlich. Man muß sich vorstellen, welche umwälzende Neuerung in einer auf Mündlichkeit beruhenden Kultur die Erfindung oder Aufnahme von Schrift bedeuten. Dem vergänglichen gesprochenen Wort wird mit dem Aufschreiben Dauer verliehen. Schrift ermöglicht in eigener Weise Gedächtnis und Erinnerung (lat. *memoria*) über das Einzelwesen hinaus und wirkt damit traditionsstiftend und -erhaltend.

In vielen Kulturen wird die Erfindung von Schrift einem Gott zugeschrieben. Der Mythos vom Gott als Erfinder der Schrift ist auch im Germanischen überliefert. In dem Lied »Die Reden des Hohen« (Hávamál), in der »Edda« im 13. Jahrhundert aufgezeichnet, spricht Odin davon, wie er am Baum hängend, sich selbst geweiht, die Runen schreiend aufnahm. Inschriftliche Zeugnisse – das früheste aus dem 6. Jahrhundert – bezeichnen die Runen als götterentstammt und bestätigen damit diesen Mythos.

Das Ansehen der Schrift in frühen Kulturen, »die Macht der Schrift in Glauben und Aberglauben« (Bertholet 1949) hängen mit ihrem göttlichen Entstehungsmythos zusammen. Die Macht der Schrift umgreift aber auch die Person des Schreibers, der als heilige Person in der Nachfolge des schreibenden Gottes eine besondere Autorität darstellt. Und schließlich bezieht sich die Macht der Schrift ebenso auf Schreibmaterial (rote Tinte, Rot-Färben von Runen) und Beschreibstoff (zum Beispiel Gold oder Blei).

Die Vorstellung von der Machtgeladenheit der Schrift äußert sich vor allem in Schriftzeugnissen, die nicht einer zwischenmenschlichen Kommunikation dienen, etwa die Niederschrift des Alphabets allein oder seines ersten und letzten Buchstabens, im griechischen Alphabet A (Alpha) und Ω (Omega). Das lateinische und das griechische Alphabet wurden bei der Weihe einer Kirche über Kreuz auf den Fußboden geschrieben.

Die Macht der Schrift zeigt sich ferner in unverständlichen Namen, sinnlosen Buchstabenfolgen, manchmal als Vokal- oder Konsonantenreihen vorkommend. Diese Namen und Buchstabensequenzen als unverständlich und sinnlos zu bezeichnen geschieht aus moderner Sicht unter der Voraussetzung, es müßte doch eine Verständigung zwischen Menschen beabsichtigt sein. Es kann natürlich vorkommen, daß ursprünglich verstehbare Wörter im Prozeß häufigen Kopierens verballhornt (depraviert) worden sind. Jedoch gibt es viele spätantike Zeugnisse dafür, daß Magier zur Kommunikation mit Göttern und Geistern (Dämonen) besondere Sprachformen benutzt haben, eben »die Sprache der Götter und Geister« (Güntert 1921). Nach antiker Vorstellung stellen sie die geheimen und wahren Namen der göttlichen und dämonischen Adressaten dar, die damit entweder herbeigerufen oder abgewehrt werden können. Denn: Wer den Namen kennt, beherrscht auch den Gott oder Dämon.

In der Spätantike ist sowohl der profane (alltägliche) wie auch der sakrale (heilige) und magische (zauberische) Gebrauch von Schrift nachzuweisen. Im Einzelfall können da durchaus fromme Täuschung (lat. *pia fraus*) oder auch handfester Betrug im Spiel sein. Es muß nur deutlich werden, aus welcher Richtung eine solche Einschätzung erfolgt: aus heutiger, aus damaliger Sicht, sei es von den Herstellern oder Abnehmern solcher machtgeladener Schriftgegenstände, die als Amulette bezeichnet werden. Eine beträchtliche Anzahl solcher Amulette ist in den römischen Reichsteilen, die später unter fränkischer Herrschaft standen, gefunden worden.

Schriftkenntnis, Schriftbeherrschung sind in frühgeschichtlicher Zeit nicht jedermanns Sache. Es gibt in der Regel nur wenige dazu fähige Personen, die von ihrem Stand her oder in dem kirchlichen Herrschaftsgefüge herausragen. In einer kriegerischen Gesellschaft wie der fränkischen gilt das in besonderer Weise. Von König Chilperich I. (561–584) berichtet Gregor von Tours in seiner »Frankengeschichte« (V, 44), er habe dem lateinischen Alphabet einige Buchstaben hinzugefügt, wobei die Buchstabenform für *wi* dem Runenzeichen *w* in der älteren Runenreihe entspricht. Auf der anderen Seite sind auch Handwerker in begrenztem Umfang schriftkundig, da sie offenbar einzelne ihrer Erzeugnisse mit Inschriften versehen. Sie müssen dazu aber nicht Schriftspezialisten gewesen sein, sie können auch mit »Musterbüchern« gearbeitet haben. Eine Ausnahme unter den fränkischen Goldschmieden stellt sicher Eligius (590–660) dar, der später zum Bischof aufstieg. Von ihm liegt keine signierte Arbeit vor, lediglich auf merowingischen Goldmünzen der ersten Hälfte des 7. Jahrhunderts begegnet sein Name ELIGIVS. Andere dagegen haben ihren Namen gleichsam als Markenzeichen in einer Herstellerformel festgehalten: WIGERIC, INGELDVS, SIGGIRICVS, LEODOBODVS FECIT/FICIT machte/stellte her. Solchen selbstbewußten Bekundungen handwerklichen Könnens auf Qualitätsarbeiten stehen aber auch – jedenfalls in Runenschrift – scheinbar so einfache Feststellungen gegenüber wie »Boso bzw. Blidgund schrieb (riß) die Runen«. Hier scheint sich ursprüngliches Staunen und naiver Stolz über das Vermögen, Schriftzeichen setzen zu können, auszudrücken. Während die in Runeninschriften auftretenden Namen durchweg als germanische betrachtet werden und die Namenträger im Blick auf ihre stammesmäßige Herkunft (ethnisch) ebenfalls als Germanen gelten, können ihrer Entstehung und Bildung nach germanische Namen in lateinischen Inschriften durchaus auch zu Personen gehören, die ethnisch gesehen Romanen sind.

Im einzelnen muß bei jedem beschrifteten Gegenstand geprüft werden, ob er am

Abb. 392 *Grabstein des Badegisel aus Mainz, St. Alban. 6./7. Jahrhundert (Kat. VI.5.10.). – Foto Reiss-Museum.*

Fundort hergestellt und mit einer Inschrift versehen worden sein kann oder ob Herstellung und möglicherweise Beschriftung an einem weit davon entfernten Ort angenommen werden können. Damit rücken auch Fragen der Einfuhr bestimmter Produkte und Möglichkeiten einer Fertigung in Werkstätten außerhalb des fränkischen Gebietes, die in spätantiker Tradition weiterarbeiteten, in den Blick.

Zwei Schriftsysteme

Im fränkischen Reich, insbesondere in seinen östlichen Teilen, stehen zwei Schriftsysteme nebeneinander: das römisch-lateinische Alphabet mit einer in die Zeit römischer Herrschaft zurückreichenden Tradition und Runenzeichen aus der älteren Runenreihe, die eine eigenständige germanische Überlieferung darstellen. Diese beiden Schriftsysteme sind für Zwecke der Aufschrift (Epigraphie) auf verschiedenartige Gegenstände gedacht.

Die entwickelte römische Schriftkultur kennt eine Schrift für Denkmäler (Monumentalschrift), die als Capitalis bezeichnet wird und in zwei Varianten auftritt. Sie findet sich in Grabinschriften, die den antiken Brauch fortsetzen, das Gedächtnis an den/die Verstorbene(n) mit Hilfe eines Grabmals und einer Inschrift festzuhalten, wie er auch von den Römern und der romanisierten Bevölkerung an Rhein und Mosel geübt wurde. Frühchristliche Grabinschriften gibt es vom Ende des 4. Jahrhunderts an. Grabinschriften vorwiegend des 7./8. Jahrhunderts aus dem Mittelrheingebiet zeigen den »rheinfränkischen Schrifttyp« mit eckigen, hohen und schmalen Buchstabenformen. Als Beispiel sei der Badegisel-Stein (7. Jahrhundert) aus Mainz (bei der Albanskirche) genannt (Abb. 392), dessen Formular typisch für die merowingische Epoche ist:

In hunc titulum re	In diesem Grab ruht
qui.iscit benememo	guten Angedenkens
rius Badegiselus	Badegiselus
presbiter qui vixit	Priester, der lebte
in paci annus	in Frieden (der) Jahre
XXXXX feliciter	50 glücklich

In grammatisch falscher Form begegnen hier die geläufigen Formulare *in hoc titulo requiescit* und *bonae memoriae*. Oft kommt ein *presbyter* in Grabinschriften vor. Der Name *Badegisel* ist literarisch mehrfach belegt; Namen auf *-gisel* sind bei den Franken des 6./7. Jahrhunderts häufig gewesen.

Lateinische Inschriften gibt es darüber hinaus auf Gebrauchsgütern wie Löffeln, Fibeln, Gürtelgarnituren (Schnallen, Riemenzungen unter anderem), Ringen, Waffen, Feuerstählen, schließlich auch auf sakralen Gegenständen wie Reliquiaren, Schreinen, Kelchen, Kreuzen.

Eine eigene Gruppe bilden die Münzen. Nachdem in der zweiten Hälfte des 5. Jahrhunderts die römische Münzprägung aufgehört hatte, setzt unter Chlodwigs Söhnen in Gallien eine neue Goldprägung ein, die ein Kaiserbild (Justinian I., 527–565) roh wiedergibt (barbarisiert) und Umschriften in verstümmelter und sinnloser Nachahmung bietet. Der Frankenkönig Theudebert I. (534–548) läßt erstmals Münzen mit dem Kaiserbild und der Umschrift seines eigenen Namens THEODEBERTVS schlagen. Die fränkische Münzprägung lag in den Händen von Münzmeistern (*monetarii*), von denen etwa 2000 verschiedene durch ihren Namen ebenso wie ca. 800 Namen von Prägeorten in Umschriften auf Münzen bekannt sind.

Mehrfach kommen sogenannte Truginschriften oder besser Pseudoinschriften vor, bei denen die sonst den Inschriften vorbehaltenen Flächen mit buchstabenähnlichen, gelegentlich auch nur buchstabennachahmenden Zeichen gefüllt werden.

Die hier seit römischer Zeit vorliegende epigraphische Überlieferung zeigt eine lateinische Schriftkultur, die im Alltag von einer leicht von der Hand gehenden Schriftart, der Kursive, begleitet wird, die für pflanzliche (Papyrus) und tierische (Pergament) Beschreibstoffe benutzt wurde und wegen der Vergänglichkeit des Materials nur in Ausnahmefällen erhalten blieb. Daneben gab es auch Wachstäfelchen, um schnell Notizen machen zu können, für die auch eine Art Kurzschrift benutzt wurde, wovon ebenfalls nur wenig bewahrt worden ist.

Das zweite Schriftsystem, die Runenschrift, beruht auf eigener germanischer Tradition. Die Entstehung der Runenschrift geht bis mindestens in die Zeit um Christi Geburt zurück. Die Vorlage ist ein mediterranes, in den Mittelmeerländern vorkommendes Alphabet gewesen, am ehesten das lateinische, möglicherweise in einer Kursivvariante. Das Zentrum der Runenschöpfung dürfte mit dem ältesten Verbreitungsgebiet von Runeninschriften im späten 2. und 3. Jahrhundert übereinstimmen: Südskandinavien bis in den heutigen nördlichsten deutschen Raum hinein. Im einzelnen ist vieles in der Forschung umstritten.

Gegenüber mediterranen Alphabeten weist die Runenreihe eine entschieden abweichende Reihenfolge auf, die bisher nicht überzeugend erklärt werden konnte. Möglicherweise liegt dabei eine Umordnung der Alphabetfolge zu mystischer Verwendungsweise zugrunde, bei der jeweils ein Buchstabe aus der ersten Hälfte mit einem anderen aus der zweiten Hälfte des Alphabets zu einem Paar zusammengeführt wurde. In Abwandlung dieses Prinzips könnte in einem komplizierten Verfahren die Zeichenfolge *f/u-th/a-r/k* entstanden sein. Nach diesen ersten sechs Lauten heißt die Runenreihe auch das Futhark (Abb. 393).

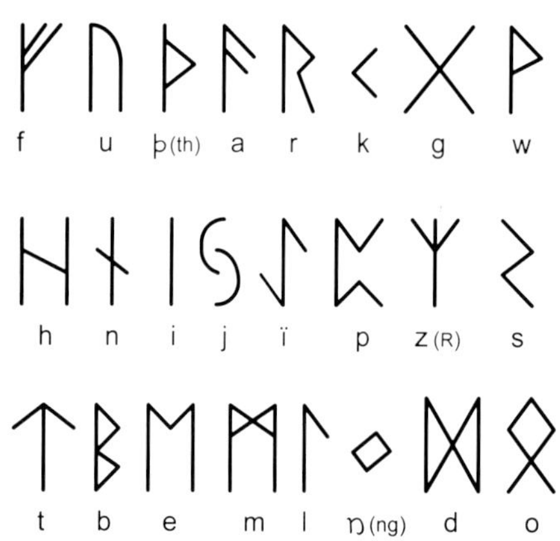

Abb. 393 *Runenreihe. – Nach Krause/Jankuhn.*

Die Runenreihe ist auf acht Denkmälern vollständig oder nur wenig gekürzt überliefert, auf fünf weiteren in verkürzter Form erhalten. Sie alle datieren in das 5./6. Jahrhundert. Aus dem Frankenreich und seinen Nachbargebieten zählen dazu die Bügelfibeln von Charnay (Dép. Côte-d'Or), Herbrechtingen (Kr. Heidenheim) und Beuchte (Kr. Wolfenbüttel).

Auf sogenannten Brakteaten, einseitig gepreßten Goldblechen mit Bilddarstellungen, die geöst als Amulett getragen wurden, finden sich mehr als 150 Runeninschriften. Darunter begegnet zweimal eine Runenreihe, die mit Hilfe von Punkten in drei Gruppen von acht Zeichen unterteilt ist. Diese offenbar alte Aufteilung der Runenreihe dürfte zur Verwendung als Geheimschrift gedient haben. Man kann damit ein einzelnes Runenzeichen auf folgende Weise angeben: die zutreffende Achtergruppe und die Platzziffer darin, zum Beispiel erste Achtergruppe, fünfte Platzziffer = *r*. Dieses Verfahren ist in der Wirkungszeit der älteren Runenreihe (2. bis 8. Jahrhundert) nur unsicher bezeugt, wird aber in handschriftlicher und in der Wikingerzeit auch in epigraphischer Überlieferung öfter angewendet. Diese Art runischer Geheimschrift weicht wiederum von den mit dem lateinischen Alphabet geübten Geheimschriftpraktiken ab.

Die Schriftrichtung ist beliebig, einzelne Runen geben je nach ihrer Stellung die Leserichtung an, beispielsweise bei ᚨ *a* weisen die Zweige nach rechts, bei ᚨ jedoch nach links, entsprechend ergibt sich die Schriftrichtung. Von Anfang an zeigt sich eine Vorliebe für die Rechtsläufigkeit, die sich im Lauf der Zeit durchgesetzt hat. Gelegentlich kommen in einer zum Beispiel rechtsläufigen Inschrift einzelne nach links gerichtete Runen vor, die als Wenderunen bezeichnet werden. Vereinzelt begegnen auch gerade bei Runeninschriften, die wie bei den Brakteaten vorher in eine Form (Model) geschnitten wurden, auf dem Kopf stehende Zeichen, sogenannte Sturzrunen, zum Beispiel statt ↑ *t* ↓.

Im Gegensatz zu den bekannten mediterranen Alphabeten stellen die Runenzeichen einen Lautwert (Rune *f* steht für den Laut *f*, etwa in *fura* = »*vor*« auf der Fibel von Osthofen, Kr. Alzey-Worms) und zugleich einen Begriffswert dar, der ihrem Namen entspricht (Rune *f* steht für den

Abb. 394 *Scheibenfibel mit Preßblechauflage von Osthofen (Kr. Alzey-Worms) aus dem ersten Drittel des 7. Jahrhunderts (Kat. VI.5.8.). – Foto Reiss-Museum.*

Abb. 395 *Rückseite der Scheibenfibel von Osthofen mit der Runeninschrift (Kat. VI.5.8.). – Foto Reiss-Museum.*

Begriff germanisch **fehu* = »Vieh«). Alle 24 Runen in der älteren Reihe haben solche Runennamen, die in der Regel mit dem Lautwert der jeweiligen Rune beginnen (*u* = germanisch **uruz* = »Auerochs« ... *o* = germ. **othalan/othilan* = »Erbbesitz«). Diese Runennamen dürften von Anfang an zu den Runenzeichen gehört haben, sind aber erst aus Handschriften seit dem 9. Jahrhundert überliefert. Epigraphisch gibt es ein sicheres Beispiel dafür, daß eine Einzelrune als Begriffsrune verstanden und durch ihren Namen ersetzt werden kann: »H. gab *j*«, das heißt *jāra* und bedeutet »(gutes) Jahr« oder »gute Ernte«.

Die gerade Form der einzelnen Runen, die Rundungen vermeiden, hat man mit einem in erster Linie für das Eingraben in Holz bestimmten Gebrauch der Runenschrift verbunden. Varianten gibt es von Anfang an, etwa bei den ursprünglich kleineren Runen wie < *k*, ◇ *ng*, deren Abarten die Höhe der übrigen Runen zu erreichen suchen. Vereinzelt sind die Zeichenvarianten regional verteilt, die *h*-Rune mit doppeltem Querstrich ist nur auf dem Kontinent gebräuchlich, die Lautvarianten *z/R* sind räumlich und zeitlich unterschieden, *z* gilt für die ältere Zeit vor allem auf dem Kontinent, *R* (ein Laut zwischen stimmhaftem *s* und *r*) kommt im Norden bis in die Wikingerzeit hinein vor. þ bezeichnet im Germanischen den stimmlosen Reibelaut (auch th geschrieben), der dem englischen stimmlosen *th* (in *thin* »dünn«) entspricht.

Die Runenschrift brauchte nicht wie andere alte Schriften (Linear B) entziffert zu werden, sie war in Skandinavien bis weit in die Neuzeit hinein in Gebrauch, als die Runenforschung dort im 16. und 17. Jahrhundert einsetzte, und in Rückzugsgebieten lebte sie auch noch im 19. Jahrhundert, als die wissenschaftliche Runologie begann (Wilhelm Grimm »Ueber deutsche Runen« 1821).

Immer wieder stößt man, auch in wissenschaftlicher Literatur, auf das Vorurteil,

Runenschrift und Runeninschriften hätten von Haus aus etwas mit Kult, Magie und Zauber zu tun. Die in der Gegenwart sich breitmachende esoterische Runenliteratur ist ganz und gar auf diese Seite konzentriert. Demgegenüber ist festzuhalten: Die Runenschrift stellt ein Schriftsystem wie jedes andere dar, es dient der Kommunikation zwischen Menschen und ist insofern profan, alltäglich. Es kann eine Kommunikation zwischen Menschen und Göttern stattfinden, dann ist sie sakral, bei bestimmter Gelegenheit der Götterverehrung durch einen Priester auch kultisch. Schließlich kann die Runenschrift zur Kommunikation zwischen herausgehobenen Menschen (Magiern) und Geistern oder Dämonen eingesetzt werden, die herbeigezwungen oder abgewehrt werden sollen, dann wirkt sie in magisch zu nennenden Zusammenhängen. Entsprechend diesen Verwendungssituationen werden die Inhalte, die im Kommunikationsablauf transportierten Botschaften, profan, kultisch oder magisch sein. Jedenfalls sind Runen nicht aus sich heraus magisch.

Mit der älteren Runenreihe sind in der Zeit vom späten 2. bis zum 8. Jahrhundert gut 350 Runeninschriften auf Steinen, Trachtzubehör, Waffen, Brakteaten, Holzgegenständen, Knochen usw. überliefert. Darunter befinden sich ungefähr 70 kontinentale Inschriften, ohne die wenigen ostgermanischen Funde und die kleine Gruppe friesischer Inschriften zu berücksichtigen.

Inschriften auf Frauensachen

Runeninschriften des 5. Jahrhunderts kommen auf kontinentalem Boden selten vor. Am Mittelrhein und vor allem im alamannischen Raum bis nach Bayern bringt das 6. Jahrhundert die große Zahl der runenbeschrifteten rund 20 Bügelfibeln, denen 15 Scheibenfibeln mit Runeninschriften folgen. Diese auffallende Häufung von runenbeschrifteten Gegenständen verlangt nach einer Erklärung. Man hat schon früher die Kenntnis der Runen auf dem Kontinent mit einem bedeutenden nordischen Kultureinstrom, der sich in mehreren Fundgruppen (beispielsweise Goldbrakteaten) zeigt, in Verbindung gebracht. Dieser Einfluß wurde möglich, nachdem sich das Fränkische Reich nach der Unterwerfung des Thüringer Reiches im Jahre 531 beträchtlich ausdehnte. Dieses Thüringer Reich scheint bis dahin wie ein Riegel zwischen den der spätantik-romanischen Welt verbundenen Franken und Alamannen und dem germanischen Nordeuropa gewirkt zu haben.

Die Bügelfibeln gehören ausschließlich zur Frauentracht. Sie werden im 5./6. Jahrhundert paarweise getragen, kommen gegen Ende des 6. Jahrhunderts aus der Mode und werden in der ersten Häfte des 7. Jahrhunderts nur noch gelegentlich einzeln getragen. Wir haben es also mit Frauensachen zu tun, die zumeist auch aus Frauengräbern herrühren.

Die Vorderseiten dieser Fibeln sind reich verziert und bieten deshalb keinen Raum für Inschriften. Diese finden sich immer auf der Rückseite. Freilich wäre es voreilig, die Beschriftung der auf die Trägerin weisenden Rückseite einer Fibel schon als magisch zu deuten. Wenn überhaupt, muß eine solche magische Deutung aus dem eingetragenen Text selbst oder aufgrund bestimmter magisch zu verstehender Merkmale erfolgen.

Auf der Rückseite der Fibel von Beuchte bei Goslar aus der ersten Hälfte des 6. Jahrhunderts sind zwei Runenzeilen in das Silber geritzt: *fuþarzj* und dazu ein Name *buirso* (Buriso?). Die Fibel vom nordischen Typ stammt aus dem Rheinland; sie gehört zu den Grabbeigaben einer sozial herausgehobenen Dame thüringischer Abkunft. Was bedeutet der Anfang der Runenreihe mit zwei weiteren Runen? In der runologischen Arbeitsweise gibt es keinen sicheren Zugriff auf solche nicht-sprachliche Inschriften. Über die Bedeutung wird gerätselt. Eine genaue Beobachtung der Rückseite zeigt eindeutig starke Abnutzungsspuren, die auf eine lange Tragezeit der Fibel hinweisen. Die Runenritzungen dagegen sind so unberührt, als seien sie soeben ausgeführt worden. Der Ritzer hat sogar eine aus mehreren Teilen bestehende Rune so abweichend angebracht, um eine beschädigte Stelle in der Oberfläche zu umgehen, daß man ihn für einen wenig geübten Künstler hielt. Da die Inschrift unmittelbar vor der Niederlegung ins Grab auf die Fibel kam, muß ihre Funktion mit den Jenseitsvorstellungen jener Zeit zu tun haben. Man glaubte, Tote könnten wieder zurückkommen und Schrecken und Unheil unter den Lebenden anrichten. Deshalb versuchte man auf vielfältige Weise, unter anderem Pfählen, Zerstückeln der Leiche, aber auch mit Hilfe magisch wirkender Schrift, Tote am Wiedergehen zu hindern.

Während hier ein Zeugnis für heidnisch-magischen Runengebrauch vorliegt, zeigen andere Runeninschriften eine Hinwendung zum neuen, christlichen Glauben. Dazu gehört an erster Stelle die Inschrift auf der Bügelfibel von Nordendorf, nördlich von Augsburg, aus der zweiten Hälfte des 6. Jahrhunderts, die auf der Rückseite vier Runenzeilen zeigt: I *logaþore*, II *wodan*, III *wigiþonar*. Zeile 4 zeigt Namen, die mit einer Widmung, einer Schenkung oder einem Glückwunsch verbunden sein können. Die Götternamen Wodan und Donar (hier: »Weihe«- oder »Kampf«-Donar) fallen sofort ins Auge. Entsprechend hielt man auch *logaþore* für einen Gott; die Götterdreiheit galt damit als der wichtigste Beleg für heidnischen Götterglauben der Alamannen. Nun läßt sich aber trotz allem Aufwand ein *logaþore* unter den bekannten germanischen Göttern nicht identifizieren. Lediglich die Be-

***Abb. 396** Bügelfibelpaar aus dem zweiten Drittel des 6. Jahrhunderts von Griesheim (Kr. Darmstadt-Dieburg) Grab 43 (Kat. VI.5.6.) - Foto Reiss-Museum.*

ziehung zu einem literarisch überlieferten Wort altenglisch *logðor* in der Bedeutung »Ränkeschmied« ist sicher. Von der althochdeutschen Grammatik aus kann *logaþore* die Mehrzahlform eines Hauptwortes darstellen. I bis III bedeuten dann: »Ränkeschmiede bzw. Zauberer (sind das): Wodan und Weihedonar«. Diese Absage an die alten Götter entspricht der Abschwörungsformel in Taufgelöbnissen, wie sie in Handschriften des 9. und 10. Jahrhunderts überliefert sind. Kein heidnisches Glaubensbekenntnis ist hier inschriftlich festgehalten, sondern mit der Verteufelung (Dämonisierung) der alten Götter - so wird in der Bekehrungszeit christlich umgedeutet (*interpretatio christiana*) - bekundet sich ein erster Zugang zum neuen Glauben.

Zwischen diesen weit entfernten Polen liegen zahlreiche Inschriften auf den Bügel- und Scheibenfibeln. Sie enthalten Namen von Männern und Frauen, vielfach sind es Kurz- bzw. Kosenamen wie *Rada, Daþa, Hiba, Winka, Leuba, Ida* (Frauen) und *Madali, Liubi, Arwi, Bubo, Woro, Mauo, Leubo, Ado, Kolo, Dado* (Männer). Es handelt sich um Privatnamen, wobei insbesondere die Kosenamen ein privates, fast intimes Verhältnis ausdrücken, sei es daß eine freie Liebesbeziehung oder ein Eheverhältnis zugrunde liegt, wie denn auch Mutter- und Sohn-, Vater- und Tochter-Beziehungen denkbar sind, ohne daß sich ein spezielles Verhältnis im Einzelfall allein aus den Namen ermitteln ließe. Man vergleiche etwa eine Bügelfibel von Griesheim (Kr. Darmstadt; zweites Drittel des 6. Jahrhunderts) aus fränkischem Raum (Abb. 396-397), auf der ein Mann *Kolo* und eine Frau *Agilaþruþ* (literarisch als *Agildrud* bezeugt) nebeneinander mit ihren Namen stehen, oder eine süddeutsch-bairische Scheibenfibel von München-Aubing (Mitte 6. Jahrhundert) mit den zur gleichen Wurzel »Sieg« gehörigen Kosenamen *Segalo* (Mann) und *Sigila* (Frau), wobei die *seg*-Form der Herkunft nach westfränkisch oder langobardisch, die *sig*-Form dagegen bairisch oder alamannisch sein könnte.

Nur wenn eine Inschrift einen zusammenhängenden Text bietet, kann mehr als über einen Namen ein kulturgeschichtlicher Hintergrund ermittelt oder vorgestellt, rekonstruiert, werden. Die rheinfränkische Bügelfibel von Freilaubersheim (Kr. Alzey-Worms; Mitte 6. Jahrhundert) bietet einen Männernamen in der Ritzerformel (Abb. 398-399): *Boso wraet runa* »Boso riß (schrieb) die Runen« und eine Grußformel: a) »Dich grüßte Dathina« oder b) »Dich, Dathina, grüßte er (Boso)«. Beide Deutungen sind möglich, nur wird Dathina einmal als Nominativ und damit als Schenkerin (a), das andere Mal als Vokativ und Besitzerin (b) der Fibel aufgefaßt. Bei vielen Inschriften stehen verschiedene Deutungen gegeneinander, weil die karge Ausdrucksweise der meisten kontinentalen Inschriften nicht eindeutig erkennen

***Abb. 397** Rückseite der Bügelfibel mit Runeninschrift aus Griesheim Grab 43 (Kat. VI.5.6.). - Foto Reiss-Museum.*

läßt, ob Schenker(in), Besitzer(in) oder Runenritzer(in) gemeint sind.

Boso weist seine Tätigkeit als Runenritzer aus, aber auch Frauen haben Runen geritzt, wie ein Holzteil aus einem alamannischen Frauengrab von Neudingen (Schwarzwald-Baar-Kreis; 6. Jahrhundert) bezeugt: »Blidgund riß (schrieb) die Runen« - ein Ritzerformular, das somit zweimal vorkommt. Die Rolle der Frau, besonders in der alamannischen Runenkultur, ist bemerkenswert.

Die im engeren Sinne fränkischen Runeninschriften des 6. Jahrhunderts sind nicht sehr zahlreich. Zumeist ist eine sprachliche Charakterisierung nicht möglich, so daß sich die Kennzeichnung »fränkisch« auf die Herkunft sowie spezielle archäologische Merkmale eines Inschriftenträgers bezieht. Außer den Bügelfibeln von Freilaubersheim und Griesheim sind solche noch aus Friedberg in Hessen (Frauenname *þuruþhild*, literarisch *Thrudhilt*)

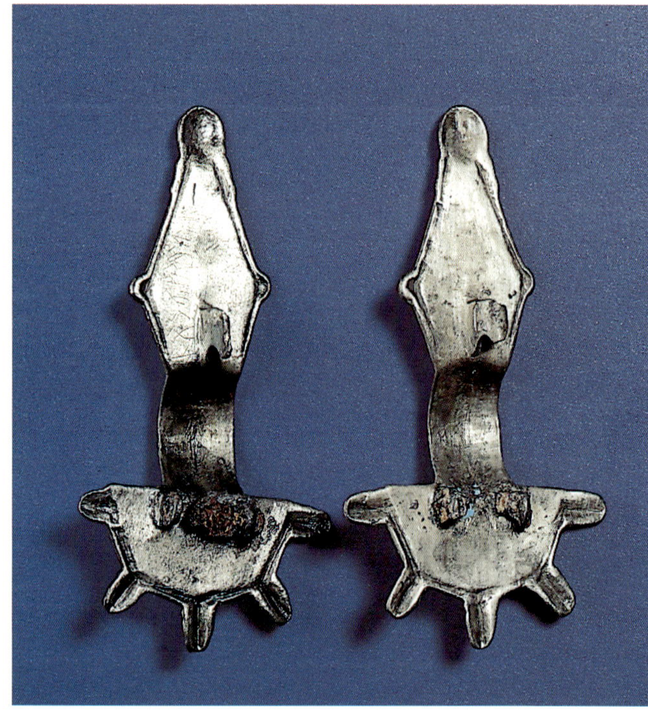

Abb. 398 Bügelfibelpaar aus der Mitte des 6. Jahrhunderts von Freilaubersheim (Kr. Bad Kreuznach) (Kat. VI.5.5.). – Foto Reiss-Museum.

Abb. 399 Rückseite der Bügelfibel mit Runeninschrift von Freilaubersheim (Kat. VI.5.5.). – Foto Reiss-Museum.

und Engers bei Koblenz bekannt. Hierauf steht nur *leub*, was man als Männernamen oder als substantiviertes Eigenschaftswort »Liebes«, das als Wunschwort in Inschriften gilt, deuten kann. Neben den weiblichen Namen *Rada* (fränkisch) und *Daþa* steht auf der Scheibenfibel von Soest ein Runenkreuz, das mit einer eingeschriebenen Rune möglicherweise den Namen des Runenritzers *At(t)ano* ergibt.

Die Runen auf der Bügelfibel von Bad Ems im Rhein-Lahn-Kreis besagen, daß ein Mann *Madali* (ergänzt: wünscht der Besitzerin der Fibel) »Umtröstung«, ein sonst nicht belegtes Wort, das dem christlichen Wortschatz zugehört. Eindeutig christlich, sprachlich fränkisch, ist der Eintrag auf der Scheibenfibel von Osthofen »Gott für dich, Theophilus«.

Rätselhaft ist bis heute die Inschrift auf der Bügelfibel aus dem überwiegend fränkisch geprägten Gräberfeld von Charnay im alten Burgund geblieben (Abb. 400–401). Auf die ältere Runenreihe von *f–m* folgt eine Nebeninschrift, die bisher nicht überzeugend gedeutet werden konnte, zumal einige Besonderheiten in der Schreibung und wohl auch ostgermanische Sprachzüge darin vorkommen.

Nach neueren archäologischen Forschungen könnte Donzdorf (Kr. Göppingen) eine fränkische Gründung der beginnenden zweiten Hälfte des 6. Jahrhunderts sein. Grab 78 des Gräberfeldes barg die »Dame von Donzdorf«, der ein jütländisches Bügelfibelpaar – ein Erbstück – mitgegeben wurde. Eine der Fibeln zeigt auf der Rückseite die in Tremolierstichverzierung eingefaßten Runen *eho*, schon am Herstellungsort im Fertigungsprozeß eingetragen, wofür auch die für skandinavische Inschriften typische einstrichige *h*-Rune spricht. Verschiedene Deutungen liegen vor, plausibel ist die Annahme, der Fibelmeister habe seinen Namen als Markenzeichen in das höchst qualitätvoll gearbeitete Stück eingraviert. Bemerkenswert ist der weite räumliche und zeitliche Weg dieses runischen Importstückes, dessen einzelne Stationen – Anfertigung im frühen 6. Jahrhundert in Jütland – Verhandlung ins thüringische Elbe-Saale-Gebiet – Vererbung an die Dame, die in Donzdorf in einer fränkischen Siedlung lebte und dort bestattet wurde – sich nicht mehr im einzelnen verfolgen lassen.

In Herbrechtingen (Kr. Heidenheim) kam im Grab einer Frau der ostfränkisch-

Abb. 401 *Rückseite der Kopfplatte mit der Runeninschrift aus Charnay (Dép. Saône-et-Loire). – Foto Düwel.*

Abb. 400 *Bügelfibel aus der Mitte des 6. Jahrhunderts von Charnay (Dép. Saône-et-Loire). – Foto Düwel.*

Abb. 402 *Rückseite der Bügelfibel von Wittislingen mit Inschrift (Kat. VI.2.11.). – Foto Düwel.*

Wigeric machte« (dazu weitere wohl als Verzierung angebrachte Buchstaben). Zugrunde liegt eine Grabschrift aus Maastrichter Grabformularen. Die genannten Personen einschließlich der Fibelträgerin haben in der ersten Hälfte und Mitte des 7. Jahrhunderts im Rheinland gelebt. Die Inschrift bezeugt »die Frömmigkeit fränkischer Adelsfamilien« dort. Möglicherweise wurde die Fibel der Trägerin als (Hochzeits-)Geschenk in eine neue Lebenswelt mitgegeben.

Auf Scheibenfibeln des 6. und 7. Jahrhunderts gibt es keine lateinischen Inschriften. Jedoch zeigt die große Gruppe der Preßblechfibeln, die Bild- und in einzelnen Fällen auch Schriftelemente römischer Medaillon- und Münzbilder sowie ihrer Legenden nachahmen, kopieren, Namen wie *Landoaldus*, der auch von merowingischen Münzen bekannt ist, und Formulare wie *Adrianus imperator*. Dazu gibt es zehn Exemplare mit der Umschrift INVICTA ROMA (»unbesiegtes

ostalamannischen Oberschicht ein Bügelfibelpaar aus dem letzten Drittel des 6. Jahrhunderts zutage. Auf der Rückseite der einen stehen die Runen *fþa* aus dem Anfang der Runenreihe, gefolgt von *e*. Dazu begegnet an anderer Stelle ein lateinisches *f*. Der Zweck dieser Runenritzung bleibt im dunkeln: Alphabetzauber (vgl. Beuchte) oder spielerischer Runeneintrag?

Im Zentrum des fränkischen Königtums, dem Gräberfeld von Saint-Brice in Tournai, fand sich 1985 eine Bügelfibel (6. Jahrhundert), auf der ein der *o*-Rune ähnliches Zeichen $\bar{X}$ eingeritzt ist.

Zum ersten Mal treten lateinische und runische Schrift auf der Scheibenfibel von Chéhéry (Ardennen, zweite Hälfte 6. Jahrhundert) zusammen auf. Es sind nur einige Buchstaben und Runen erkennbar, die keine zusammenhängende Deutung erlauben, aber einen zweisprachigen Text (Bilingue) doch ausschließen. Aus einem reich ausgestatteten Grab stammend, dokumentiert die Fibel lateinische und runische Schriftkenntnis im Umkreis einer vornehmen Dame.

Zwei Drittel der runischen Überlieferung finden sich auf Trachtzubehör von Frauen. Lateinisch beschriftete Gegenstände sind dagegen selten. Dazu gehört die einzigartige, in einer rheinischen Werkstatt – es wird sogar vermutet, in einem fränkischen Hofatelier – in der ersten Hälfte des 7. Jahrhunderts hergestellte Bügelfibel, die in einem Fürstinnengrab in Wittislingen (Bayerisch-Schwaben) gefunden wurde (Abb. 402). Die lange lateinische Inschrift lautet übersetzt: »Uffila lebe glückselig in Gott – unsträflich – vom Tode ergriffen – denn solange ich leben durfte, bin ich sehr gläubig gewesen – ruhe in Gott.

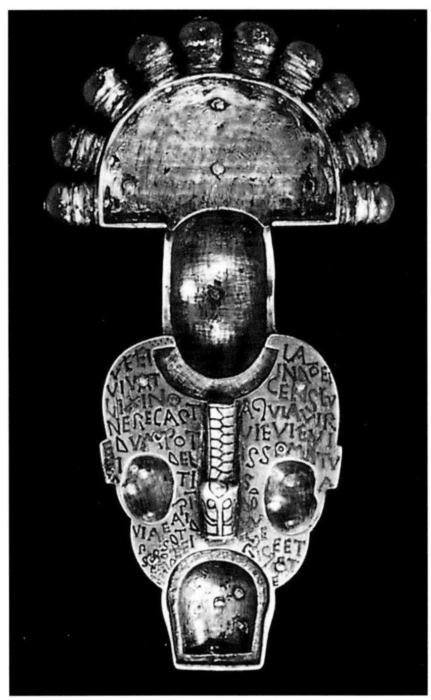

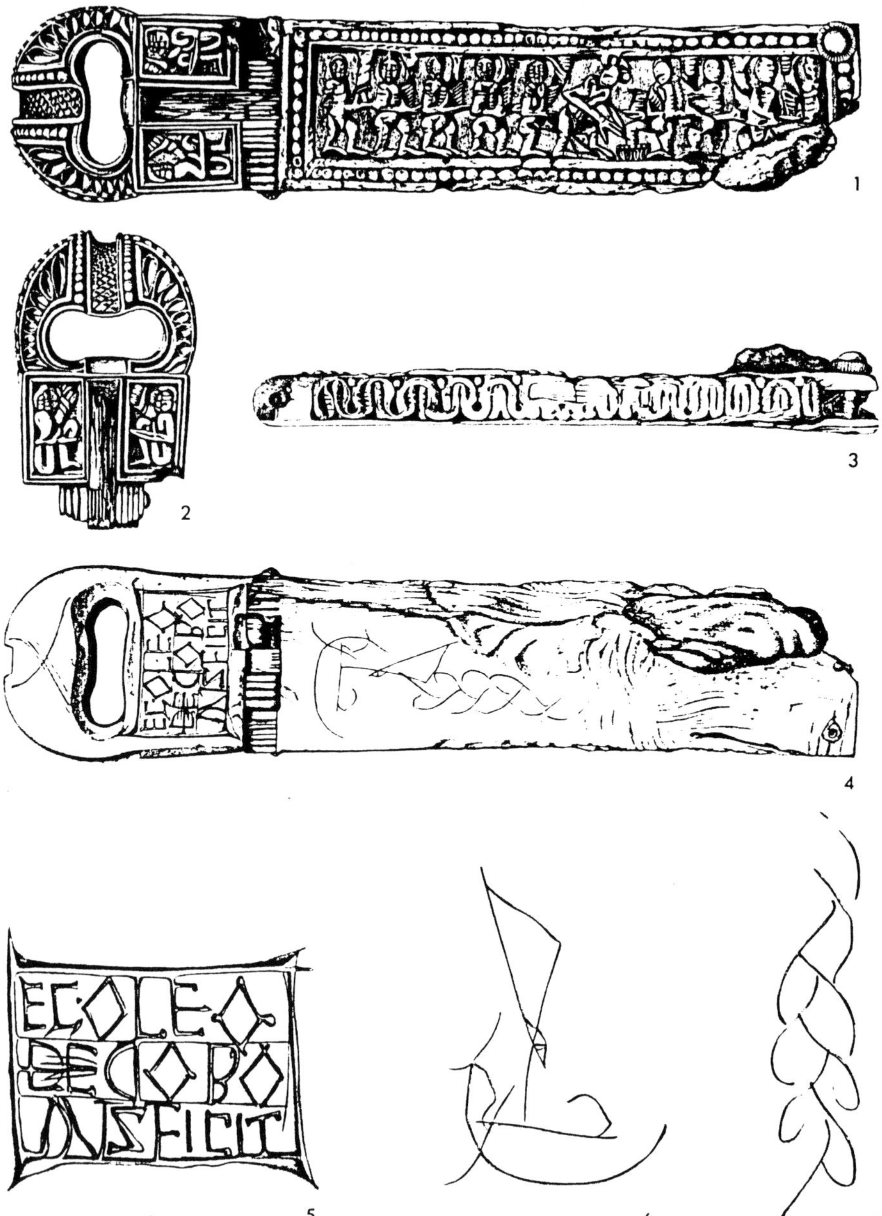

Abb. 403 *Schnalle des Leodobodus, vermutlich im Kölner Raum gefunden (Kat. VI.5.16.). – Nach J. Werner 1990.*

Rom«) und VTERE FELIX (»benutze [sie] glücklich«). Dieser Wunsch findet sich ursprünglich nicht auf Münzen, sondern stellt einen Rückgriff dar auf spätrömische magische Glücksformeln, die vor allem auf Militärgürteln vorkamen. Bemerkenswert sind zwei Kapseln aus Silber bzw. Bronze, die in einem fränkischen Frauengrab in Arlon (Prov. Luxembourg; erstes Drittel 7. Jahrhundert) und in einem reich ausgestatteten Frauengrab in Schretzheim (Kr. Dillingen an der Donau; zweite Hälfte 6. Jahrhundert) gefunden wurden. Es liegen Nameninschriften und wohl ein Glückwunsch vor. Die Kapseln selbst dienten zur Aufbewahrung von Kräutern und kleinen Gegenständen, wie Perlen, zum Amulettgebrauch.

Inschriften auf Männer- und Frauensachen

Gürtelgarnituren und darunter Gürtelschnallen haben beide Geschlechter getragen. Zwar sind die Bronze- und Messingschnallen mit Inschriften des 6. und frühen 7. Jahrhunderts sowie die Knochenschnallen von der zweite Hälfte des 5. Jahrhunderts bis über die Mitte des 7. Jahrhunderts hinaus vorwiegend in Nordburgund verbreitet, doch gibt es auch vier Schnallen aus der zweiten Hälfte des 7. Jahrhunderts aus linksrheinischen Fundstellen von Köln bis Bingen. Ob diese Stücke aus Nordburgund stammen oder in der Nähe der jeweiligen Fundorte gefertigt wurden, läßt sich nicht mit Sicherheit sagen. Alle enthalten lateinische Herstellerinschriften mit Namen und der Tätigkeitsangabe »machte« (*fecit* oder *ficit*). Es handelt sich um folgende Namen: *Siggiricus* (Gondorf), *Ingeldus* (Dietersheim) und *Turtvinus* (Niederbreisig), Namen, die germanische und romanische Bildelemente enthalten, ohne daß damit – wie gesagt – die Namenträger ethnisch zugeordnet werden können.

Während diese Schnallen aus Metall bestehen, wurde eine vom Römisch-Germanischen Museum in Köln neu erworbene Schnalle aus Knochen (Bein) gefertigt (Abb. 403). Gefunden im »rheinischen Raum«, vielleicht sogar in der Stadt Köln, ermöglicht die genaue Untersuchung der darauf vom Hersteller in drei Zeilen ein-

Abb. 404 *Gürtelschnalle aus Pforzen (Kr. Ostallgäu) Grab 239, drittes Viertel des 6. Jahrhunderts. Die Runeninschrift ist auf der Vorderseite des Beschlags deutlich sichtbar angebracht (Kat. VI.5.9.). – Foto Reiss-Museum.*

gegrabenen Inschrift, den Prozeß des Schreibens zu verfolgen: EGO LEO/-DOBO/DVS FICIT. Nach »Ich« folgt der Name, ein im 6. Jahrhundert gut bezeugter germanischer in latinisierter Form. Doch selbst beim Niederschreiben des eigenen Namens kann ein Fehler unterlaufen. Die erste Zeile schließt mit LEO, die zweite beginnt versehentlich mit LE. Hier stutzte der Hersteller, korrigierte L in D, bemerkte dann aber, daß für die Fortsetzung mit O (für DOBO) bereits der falsche Vokal E dastand und tilgte nun beides, das aus L verbesserte D und das folgende E. Er setzte dann erneut mit dem Namenteil DOBO fort, machte aber diesen Neueinsatz mit einem nach links gewendeten D kenntlich. Nicht nur seine Schreibfähigkeit, sondern auch seine Lateinkenntnisse sind schwach, schloß er doch mit dem Tätigkeitswort FICIT und vermischte so zwei Herstellerformeln: Ich + Name + habe gemacht (FECI) und Name + machte (FECIT). Das auf der Schnalle eingeschnittene, ungewöhnliche Bildprogramm »Fußwaschung der Apostel durch Christus« hebt diese Schnalle aus den übrigen heraus. Das berechtigt, seine »Künstlersignatur als Zeugnis des Selbstbewußtseins und der persönlichen Zuordnung einer individuellen handwerklichen Leistung« zu werten.

Während die lateinisch beschrifteten Schnallen im wesentlichen vier Typen folgen: a) auf die Bilddarstellung bezogene Inschrift, b) Hersteller- bzw. Besitzerinschrift, c) Segensformeln, d) Pseudo-Inschriften, weichen die beiden runischen Entsprechungen davon ab. In die erste Hälfte des 6. Jahrhunderts gehört ein Schnallenrahmen aus einem Frauengrab in Weimar. Die darauf geritzten fünf Namen versucht man in verstehbare Zusammenhänge zu bringen: »Ida (besitzt dies). – Bigina (und) Hahwar (schenken oder wünschen Glück). – Awimund ist lieb der Ida«. Es gibt keine Hinweise darauf, ob dieser und die weiteren Weimarer Runenfunde aus benachbarten Frauengräbern – und damit wohl einer Familie zugehörig – vor oder nach der Eroberung des Thüringer Reiches durch die Franken im Jahre 531 datieren.

Der Neufund einer runenberitzten Schnalle aus Pforzen (Allgäu) im Jahre 1992 brachte mit mindestens 27 Runen eine der längsten kontinentalen Inschriften ans Licht (Abb. 404), noch dazu eine, die einen vollständigen Satz bietet mit Subjekt (*Aigil* und *Ailrun*: Frau und Mann) – Objekt *ltahu*?, vielleicht auch *elahu* »Hirsche« – Prädikat *gasokun* »schelten, verurteilen«. Jeder Deutungsversuch hat mit der Lesung und Erklärung des Objekts zu kämpfen. Ein erster sieht in *elahu* »Hirsche« eine Anspielung auf den heidnischen Brauch von Hirschverkleidung und -verwandlung, der in der kirchlichen Literatur des 7. und 8. Jahrhunderts gebrandmarkt wird. Wie in der zeitgleichen und räumlich nicht weit entfernten Nordendorfer Inschrift könnte hier also eine Verurteilung heidnischen Brauchtums und damit eine Annäherung an den christlichen Glauben ausgedrückt sein.

Die Runeninschriften bewegen sich von heidnischen Praktiken des Alphabetzaubers gegen Wiedergänger (Beuchte) über die Absage an heidnische Götter und Bräuche (Nordendorf, Pforzen) auf dem Weg zum neuen Glauben (Osthofen). Dabei begegnet auch »Glaubensmischung« (Synkretismus), wenn sich heidnische und christliche Zeichen in den Grabbeigaben mischen.

Zu den Gürtelgarnituren zählen Riemenzungen aus Metall, mit denen die Riemen- und Gürtelenden verstärkt wurden. Kunstvoll gearbeitete und im Herstellungsprozeß mit Inschriften versehene Riemenzungen (7. Jahrhundert) dürften Importe aus den Mittelmeerländern darstellen. Zweimal werden Psalmworte mit charakteristischen Abwandlungen wiedergegeben: »Der Herr eile dir zu Hilfe«, vgl. Ps. 69,2: »mir« (Biessenhofen-Ebenhofen, Ostallgäu)

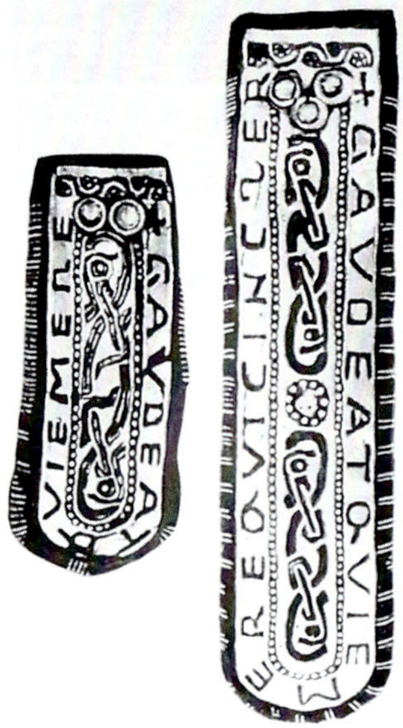

Abb. 405 *Riemenzungen aus Donzdorf (Kr. Göppingen) Grab 75 (Kat. VI.5.19.). – Nach Neuffer.*

Abb. 406 *Riemenzungen der ersten Hälfte des 7. Jahrhunderts aus Krefeld-Gellep Grab 48 mit Inschrift auf beiden Vorderseiten und einer Rückseite (Kat. VI.5.18.). – Foto Reiss-Museum.*

und: »(Der Herr) hat seinen Engeln befohlen über dir, daß sie dich behüten (*custodiant*)«, oder: »daß ich dich behüte (*custodiam*) auf allen deinen Wegen«, wobei hier der Gürtel sprechen würde (Weilstetten, Zollernalbkreis). Eine weitere Inschrift auf der Hauptriemenzunge von Donzdorf (Kr. Göppingen) wurde bisher als Reklamespruch verstanden: »Es möge sich freuen, der mich erwirbt (und) der (sich mit mir) gegürtet haben wird« (Abb. 405). Eine kürzlich erfolgte Neudeutung: »Erfreuen soll sich der Ruhe der Herr, der (sich) (mit diesem Riemen) gegürtet haben wird«, ordnet die Aussage in die Welt des christlichen Glaubens ein, wie die zuvor genannten.

Bemerkenswert sind zwei bronzene Riemenzungen (erste Hälfte 7. Jahrhundert) aus dem fränkischen Gräberfeld von Krefeld-Gellep-Süd (Abb. 406), auf denen *ego* (in Kursivligatur) CHR/ODEN/NDVS (in Capitalis) auf der Vorder- und Rückseite der längeren und auf der Vorderseite der kürzeren Riemenzunge eingraviert worden ist. Da die Inschrift nach der Herstellung des Gegenstandes angebracht wurde, wird der Name des Besitzers, möglicherweise verschrieben aus CHRODEVINDVS, vorliegen.

Nur ein runisches Gegenstück ist bekannt. Zwei paarige Riemenzungen stammen aus einem Frauengrab (zweites Drittel 6. Jahrhundert) vom Gräberfeld Trossingen (Kr. Tuttlingen). Jede trägt eine Inschrift, die aber schwierig zu lesen ist und ohne Deutung bleibt.

Inschriften auf Männersachen

Reine Männersachen stellen Waffen dar. Allerdings gibt es kaum bemerkenswerte lateinische Inschriften; diese setzen erst in der Karolingerzeit mit den signierten Ulfberht-Schwertern ein. Erwähnenswert ist der Sax aus Bargen (Rhein-Neckar-Kreis) Grab 46 (Anfang 7. Jahrhundert), der einem Franken aus dem Rhein-Neckar-Mündungsraum gehörte (Abb. 407). Die nachträglich eingeschlagenen lateinischen Buchstaben sind teilweise noch zu entziffern. Vermutlich handelt es sich um den Namen des Waffenschmiedes oder des Besitzers. Nur in Resten ist die ursprünglich mit Gold(?)-Fäden eingelegte Inschrift auf einem Breitsax aus Grab 2 von Speyer-Germansberg erhalten (um 600, zu lesen nur noch E). Einer Familie fränkischer Herkunft entstammt der Krieger, der in Schretzheim (Kr. Dillingen an der Donau) Grab 79 (zweite Hälfte 6. Jahrhundert) bestattet wurde. Seine Spatha mit Ringknauf zeigt unter dem Heft ein mit Silberdraht eingelegtes (tauschiertes) Runenkreuz *arab*, das abgekürzt den Namen des Waffenschmiedes *Ara*(*n*)*b*(*erht*) als Markenzeichen bieten könnte. In den Umkreis der fränkischen Herrschaft in der Alamannia gehört Grab 269 von Hailfingen (Kr. Tübingen). Von diesem Gräberfeld stammt ein Sax (letztes Drittel 6. Jahrhundert), der eine merkwürdige Folge von Runen, einzelnen lateinischen Buchstaben und runenähnlichen Zeichen aufweist.

Inschriften auf Gebrauchsgütern

Zu den aus dem Mittelmeergebiet importierten Gebrauchsgütern zählen die eine spätrömische Tradition fortsetzenden Silberlöffel der Merowingerzeit, die als profane »Statussymbole wohlhabender und angesehener Personen im rechtsrheinischen Germanien« gelten. Die auf einer Reihe von ihnen angebrachten Inschriften enthalten entsprechend profane Glückwünsche oder bieten Nameninschriften, oft verbunden mit christlichen Zeichen (Christogramm, lateinisches Kreuz). Aus einem fränkischen Frauengrab des 6. Jahrhunderts stammt der Silberlöffel von Bislich (Kr. Wesel) (Abb. 407). In der Löffelschale steht MICEAS (für MISCEAS) »du mögest mischen«, womit wohl auf eine

Funktion des Löffels verwiesen wird. Daß der Gegenstand in der Inschrift angeredet wird oder auch selbst spricht, ist altüberliefert, wie etwa in der Herstellerformel *NN me fecit* »XY machte mich«. Auf der Verbindungsplatte zwischen Schale und Stiel finden sich ein lateinisches Kreuz und ein pflanzliches Motiv. Auf dem Stiel schließlich liest man BARTOLOMEVS. Da der Löffel aus einem Frauengrab geborgen wurde, kann es sich um den Apostelnamen handeln, er könnte aber auch derjenige eines früheren Besitzers sein. Bei Löffeln, die nördlich der Alpen gefunden wurden, können die darauf eingravierten christlichen Zeichen und Inschriften für das christliche Bekenntnis ihrer Besitzer(innen) sprechen – müssen es aber nicht. Aus einem Frauengrab in Weimar wurde ein Löffel (frühes 6. Jahrhundert) mit dem germanischen Frauennamen im Dativ (Widmung) BASENAE auf dem Stiel eingraviert geborgen. Ob es sich bei dieser Basena um die Gattin des Thüringerkönigs Bisinus (Bessinus) handelt, die dem aus Thüringen in sein Reich zurückkehrenden Frankenkönig Childerich nachfolgte, muß offenbleiben.

Unter den Importgütern, die in fränkischen und anderen Gräbern gefunden wurden, ragen die sogenannten koptischen Bronzegefäße hervor. Eine solche Bronzekanne fand sich im Fürstengrab 1782 von Krefeld-Gellep (drittes Jahrzehnt des 6. Jahrhunderts), auf deren Bauch ein Bronzeband aufgelötet ist mit der Inschrift ARPVAR ERAT ELEX VNDIQVE PRE »Arpvar war glücklich (und) überall hoch angesehen« (Abb. 195).

Zu den großen Kostbarkeiten der Franken gehört der Siegelring aus dem Grab des Königs Childerich († 482). Seine Inschrift CHILDERICI REGIS wurde eigens für den König gefertigt (Abb. 9). Lateinisch beschriftete Ringe des 7. Jahrhunderts liegen beispielsweise vor aus einer ehemals reichen Bestattung des fränkischen Gräberfeldes von Iversheim in der Eifel (Grab 85: Bronzefingerring mit den eingeschnittenen Buchstaben HER, der Anfangssilbe eines Namens?) und aus den fränkischen Grabfunden aus Mayen und der Pellenz (in ein Tier sind die Buchstaben ED V graviert). Nur ein bescheidenes runisches Gegenstück stellt der bronzene Fingerring von Bopfingen (Mitte 6. Jahrhundert) dar, auf dem eine kreuzartige Ritzung als *g*-Rune gedeutet werden kann.

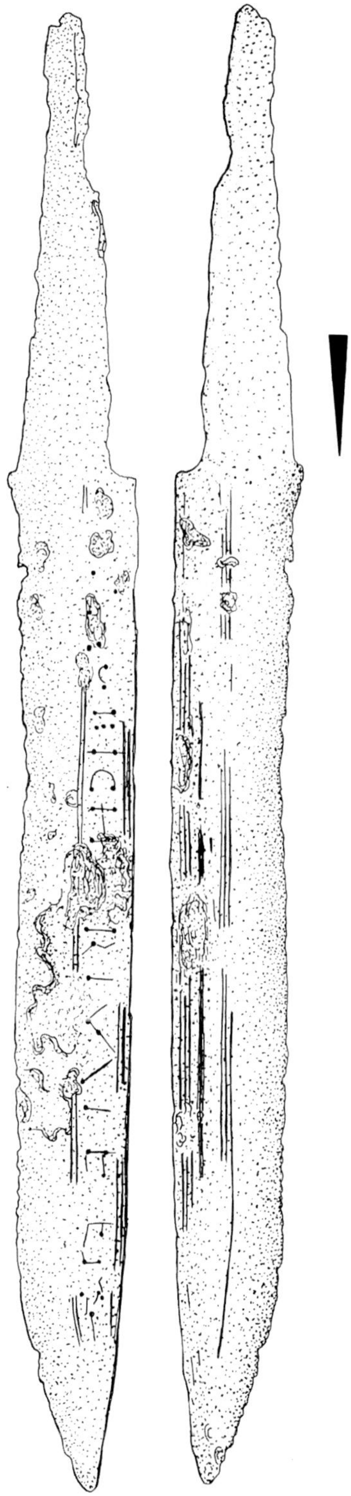

Abb. 407 *Leichter Breitsax aus Bargen (Rhein-Neckar-Kreis) Grab 46 (Kat. VI.5.16.). – Zeichnung U. Koch.*

Zusammenfassender Vergleich

Latein- und Runeninschriften stehen unvermittelt nebeneinander und stellen verschiedene – wenn man so sagen darf – Schriftkulturen dar. Auf vergleichbare Gegenstände bezogen, ist die runische Überlieferung durchweg älter als die lateinische, die vielfach mit den Objekten selbst von außen in das Frankenreich kam oder, wenn dort hergestellt, auf spätantike Tradition zurückgeht. Im einzelnen zeigen lateinischer und runischer Schriftgebrauch folgende Unterschiede:

- Lateininschriften finden sich in Gräbern der Oberschicht, Runeninschriften dagegen in Gräbern der oberen Mittelschicht. Es dürfte sich jeweils um Statussymbole handeln.
- Lateininschriften begegnen auf Männer- und Frauensachen. Runeninschriften dagegen sind vorwiegend auf Frauensachen eingeritzt worden.
- Lateininschriften stehen in der Regel auf der Vorderseite der Objekte, Runeninschriften dagegen mit ganz wenigen Ausnahmen auf der Rückseite von Gegenständen.
- Lateininschriften werden meist bei der Herstellung eingetragen, Runeninschrif-

Abb. 408 *Silberner Löffel aus Wesel-Bislich Grab 98 (Kat. VI.5.20.). – Foto Reiss-Museum.*

ten dagegen in der Mehrzahl nach der Anfertigung des Gegenstandes, ohne daß dafür ein genauer Zeitraum bis zur Niederlegung im Grab ermittelt werden kann. Nur vereinzelt läßt sich eine Ritzung von Runen kurz vor der Niederlegung im Grab nachweisen.

– Lateininschriften haben einen eher repräsentativ-öffentlichen Charakter, Runeninschriften dagegen wurden eher verborgen, zu privater Mitteilung gedacht, angebracht.

– Lateininschriften bilden, in römischer Tradition stehend, einen wesentlichen Bestandteil des beschrifteten Objektes, während die Runen in germanischer Tradition mit der Ritzerformel und anderen Mitteilungen einen eher beiläufigen Charakter haben.

– Lateininschriften zeigen oftmals eine Beziehung zum Gegenstand, Runeninschriften lassen eine solche kaum erkennen.

– Der Mitteilungscharakter ist durchgehend eindeutig auf lateinischer Seite. Bei den Runeninschriften kommen häufig Namennennungen vor, die wegen der elliptischen Ausdrucksweise nicht immer eindeutig auf Hersteller, Schenker, Besitzer oder Runenritzer bzw. -meister bezogen werden können.

– Vom Inhalt der Inschriften her gesehen, wird beim Lateinischen das Herstellen, die Art und Funktion des Gegenstands festgehalten, bei den Runen wird das Ritzenkönnen gelegentlich betont.

– In den lateinischen Inschriften dokumentiert sich zumeist angenommenes Christentum. In den Runeninschriften wird eher eine Annäherung an den neuen Glauben, verbunden mit Synkretismen, greifbar.

Literatur: Assmann/Hardmeier 1993. – Bertholet 1949. – Boppert 1971; 1988. – Dietrich 1911. – Dornseiff 1925. – Düwel 1983; 1988; 1989; 1991; 1992a; 1992b; 1994. – Düwel/Marold 1994. – Felder 1978. – Gross 1991. – Güntert 1921. – Kloos 1980. – Krause 1970. – Krause/Jankuhn 1966. – Martin 1977. – Meli 1988. – Opitz 1980. – Roth 1986a. – Roth/Wamers 1984. – Seebold 1986. – Steuer 1980. – Werner, J. 1990.

Schrifttum und Schriftgebrauch in der Merowingerzeit

Jean Vezin

In der fränkischen Periode wurde die Schreibkunst unter allen ihren Aspekten gepflegt. Sie diente für die Aufzeichnungen des täglichen Lebens von Einzelpersonen oder der Verwaltung auf allen ihren Ebenen und ebenso für das Abschreiben von Büchern. Ohne Zweifel waren damals des Schreibens Kundige selten. Es scheint aber, daß eine nicht unbedeutende Zahl von Mitgliedern der Aristokratie und von Verwaltungsbeamten fließend lesen und schreiben konnte.

Als sich die Franken in Gallien festsetzten, bemächtigten sie sich sämtlicher Gewalten, der militärischen, der zivilen, ja sogar der religiösen. So konnte Chlodwig im Jahre 511 das Konzil von Orléans einberufen, und diesem Beispiel folgten auch seine Nachfolger. Die neuen Herren hatten den Verwaltungsapparat der Spätantike zu ihrer Verfügung, denn dieser funktionierte weiter und machte, wie zuvor, von der Schrift reichlichen Gebrauch. Diese Kontinuität zeigte sich auch in der Sitte, Bücher zu kopieren. Die Machtergreifung Chlodwigs brachte, was den Gebrauch der Schrift auf dem Gebiet Galliens anbetrifft, keinerlei Wechsel.

Fast alle der unter den Merowingern redigierten schriftlichen Dokumente sind heute verloren. Es muß sich dabei, wenn man von den wenigen im Original oder in Kopie vorhandenen Dokumenten ausgeht und dazu die Informationen aus den verschiedensten Texten heranzieht, um Hunderttausende von Dokumenten, wenn nicht um eine Million, gehandelt haben. Die Handlungen des täglichen Lebens boten für gewöhnlich die Möglichkeit, ein schriftliches Dokument zu verfassen, das Aussagen über einen Vertrag, ein Testament und anderes mehr enthielt.

Die neue Kursive der Merowinger

Nachdem sie die Anerkennung durch den byzantinischen Kaiser erhalten hatten, fungierten Chlodwig und seine Nachfolger in der staatlichen Hierarchie unter der Rangbezeichnung *excellentissimi, praecellentissimi, gloriosissimi*. Der Kaiser wendet sich an sie, indem er die Anrede *vir gloriosus, rex Francorum* verwendet. Dieser hohe Rang erlaubte freilich dem *rex Francorum* nicht, für die von seiner Autorität ausgehenden Urkunden die *sacri apices* zu verwenden, denn deren Gebrauch war strikt dem Kaiser vorbehalten. In der Tat sind die feierlichsten königlichen *Praescripte*, die uns erhalten geblieben sind, in einer neuen Kursive geschrieben, genau wie auch alle anderen Verwaltungsdokumente. Sie spiegeln die Form der Aktenstücke wider, wie sie von den römischen Beamten höchsten Ranges verfaßt wurden. Dies ergibt sich aus dem Studium des Papyrus Butini, einem Aktenstück, das aus der Kanzlei eines *comes sacri stabuli* im 6. Jahrhundert hervorgegangen ist. In dieser Urkunde wird diese Persönlichkeit als *dominus vir excellentissimus* bezeichnet.

Bei diesen Verwaltungsdokumenten verwendet der Merowingerkönig die sogenannte *litterae elongatae*, um die erste Zeile zu schreiben, sowie eine gewisse Stilisierung der Buchstaben, die höher als breit sind. Diese beiden Praktiken unterscheiden die Schrift der königlichen Aktenstücke von der anderer Akten, die man, eigentlich fälschlicherweise, als private bezeichnet. Obwohl einige unter ihnen tatsächlich von Privatleuten stammen, sind doch viele das Werk ziviler oder kirchlicher Behörden. In Wirklichkeit ist die Form der Buchstaben und die Art des Schriftduktus überall die gleiche.

Die uns im Original erhaltenen merowingischen Dokumente sind in einer bisweilen ziemlich manierierten Kursive, die reich an Ligaturen ist, geschrieben. Man nennt traditionellerweise diese Schrift merowingische Kursive. Diese Benennung darf aber keine falschen Vorstellungen wecken, denn im Gegensatz zu dem, was einige Anhänger der Theorie von nationalen Schriften früher glaubten, verdankt diese Schrift den Franken überhaupt nichts. Es handelt sich dabei vielmehr um das Produkt einer Entwicklung, welche die sogenannte neue römische Kursive, eine allgemein verbreite Schrift, die im 3. Jahrhundert auftauchte und die in allen Teilen des Reiches verwendet wurde, auf dem Boden Galliens genommen hatte. Bei dieser Schrift kam es in der Folge der durch die Barbareninvasionen verursachten Regionalisierung zu lokalen Modifikationen. Bei den markantesten Eigenheiten der in Gallien während der fränkischen Periode verwendeten Kursive handelt es sich um zwei Ligaturen von ganz spezifischem Duktus, die, abgesehen von äußerst seltenen Ausnahmen, in keinem Text angetroffen werden, der in einem anderen Gebiet der römischen Welt geschrieben wurde. Es sind dies eine Ligatur zwischen dem Buchstaben »*b*« und dem ihm nachfolgenden Buchstaben und eine sehr eigenständige Ligatur zwischen »*e*« und »*x*«.

Urkunden

Ein Zufall hat die Erhaltung von 39 Originaldiplomen der merowingischen Könige ermöglicht. Von diesen sind die älteren auf Papyrus, die anderen auf Pergament geschrieben. Diese Dokumente gehören zu verschiedenen Kategorien. Da sind zunächst sogenannte Privilegien, besonders feierliche Aktenstücke, welche die Rechte einer Person oder einer Institution auf ordentlichem Wege garantieren. Sie werden durch die Beifügung der Unterschrift des Königs charakterisiert. Diese scheint allem Anschein nach eigenhändig zu sein. Wir besitzen auch Aktenstücke über Eidesleistungen und über Gerichtssitzungen sowie solche der laufenden königlichen Verwaltung, zum Beispiel die Befreiung von Wegezöllen betreffend.

Neben den königlichen Kanzleien waren auch kirchliche Büros und solche der städtischen Verwaltung tätig. Die *Formulae Andegavenses* beschreiben die *instrumenta*, die Laien aufsetzen lassen konnten, um ein Besitztum zu verkaufen oder zu tauschen, um eine Mitgift festzusetzen oder ein Testament aufzusetzen, ein Kind zu adoptieren oder einen Sklaven freizulassen. Diese Aktenstücke wurden von ihren Empfängern sorgfältig aufbewahrt, um im Falle eines Rechtsstreits vorgelegt werden zu können. Sie können, falls sie durch einen Diebstahl oder durch Verlust auf irgendeine Weise verschwunden sind, nach einem genau vorgeschriebenen Prozedere dank ihrer Eintragung in die *Gesta municipalia*, die immer noch im Gebrauch standen, ersetzt werden. Diese Privatakten haben eine gemeinsame Eigenheit. Sie tragen die Erwähnung einer mehr oder minder großen Zahl von Zeugen, sei es in der Form eigenhändiger Unterschriften, sei es in der Form einfacher *signa*.

Die königlichen Diplome sind, wenn es sich um feierliche Akte handelt, nur vom König selbst und einem *recognescens* unterzeichnet. In allen andern Fällen unterzeichnet nur ein *recognescens*. Ein königliches Dokument ist allerdings außer von der königlichen Unterschrift von einer großen Zahl eigenhändiger Unterschriften und von *signa* begleitet. Es handelt sich um die Bestätigung von Privilegien an die Abtei Saint-Denis, die Chlodwig II. anläßlich einer Synode, die in Clichy im Jahre 654 abgehalten wurde, vorgenommen hat. Außer dem König haben die großen kirchlichen und weltlichen Würdenträger, die an der Synode teilgenommen haben, ihre eigenhändige Unterschrift unter das Dokument gesetzt, oder sie haben unten auf diesem ein *signum* angebracht. Diese Urkunde kann als die älteste im Original erhaltene Synodalakte bezeichnet werden. Die Beamten, welche die Richtigkeit der königlichen Urkunden kontrollierten, setzten unten auf diese Dokumente ihre Unterschriften, bei denen es sich um richtige Signaturen handelt.

Die schreibkundigen Großen

Diese eigenhändigen Unterschriften bringen wertvolle Belege zum Schriftgebrauch durch die höchstrangigen Persönlichkeiten des Königreiches. Es ist natürlich klar, daß man keineswegs voreilig angesichts einer eigenhändigen Unterschrift annehmen muß, daß der Schreiber auch wirklich zu schreiben verstand. Die Unterschrift des Bischofs von Noyon, des hl. Eligius, unten auf der Urkunde der Synode von Clichy aus dem Jahre 654 ist in ungelenken Kapitalbuchstaben hingesetzt, die mehr gezeichnet, denn geschrieben zu sein scheinen. Sie zeigen, daß ihr Schreiber die Kunst des Schreibens nicht beherrschte. Dasselbe trifft auf die Unterschrift einer Person namens Aegyna zu, die sich auf demselben Dokument findet. Offensichtlich konnte sie nichts anderes schreiben als ihren Namen.

Ganz anders verhält es sich bei zahlreichen anderen Unterzeichnern, vor allem bei Bischöfen und Geistlichen, aber auch bei gewissen hochstehenden Personen weltlichen Standes, wie etwa dem Hausmeier Ebroïn, dem Grafen Gaerinus von Paris oder dem Seneschal Amalbercthus. Der flüssige Duktus ihrer Unterschriften und der persönliche Charakter, den sie dem Lauf der Buchstaben zu geben vermögen, zeigen, daß sie die Kursivschrift beherrschten. Wahrscheinlich machten sie davon bei ihrer amtlichen Tätigkeit laufend Gebrauch.

Was die Kenntnis der Schreibkunst der Großen des Königreiches anbetrifft, so erfahren wir noch mehr. Gregor von Tours schreibt nämlich, daß sich Chilperich I., der König von Neustrien, der sich auch als Dichter betätigte, bemühte, die schriftliche Darstellung der Aussprache des damaligen Lateins zu verbessern. Zu diesem Zwecke unternahm es der König, das Alphabet zu reformieren, indem er vier neue Buchstaben hinzufügte, um die Laute langes »*o*«, »*æ*«, »*the*« und »*wi*« wiederzugeben.

Wir haben oben behauptet, daß die feierlichsten königlichen Urkunden vom König unterzeichnet wurden. Man nimmt im allgemeinen an, daß es sich bei diesen Unterschriften um eigenhändige handelt. In der Tat wurde, wenn der König noch zu jung war, eine Feder zu halten, seine Unterschrift durch ein *signum* ersetzt. Das kann man sehr schön auf einem *Praeceptum* von Chlodwig II. (Abb. 409), das zwischen 639 und 642 datierbar ist, sehen. Zu dieser Zeit war der König zwischen vier und sieben Jahren alt. Dieses *signum* wird von dem der Königin Nanthilde, seiner Mutter, begleitet. Es scheint effektiv so, daß die Schreibkunst bei den Frauen weniger verbreitet war als bei den Männern. Die einzige Unterschrift einer Frau, die von Ercamberta, ist in ungelenken Kapitalbuchstaben hingesetzt, ganz ähnlich der des hl. Eligius und der von Aegyna. Sie zeigt ebenfalls, daß die Unterzeichnerin so eben fähig war, ihren Namen hinzuschreiben. Anderseits erklärt nur das jugendliche Alter von Chlodwig II., daß

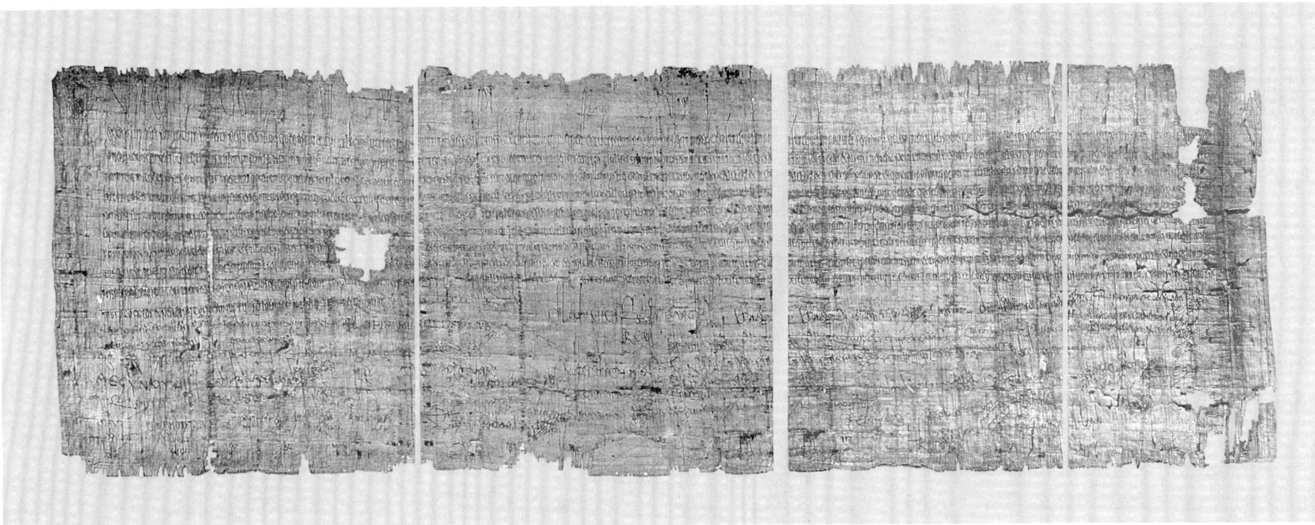

Abb. 409 *In einem Präzept vom 22. 6. 654 bestätigt Chlodwig II. dem Kloster Saint-Denis Privilegien. Außer dem König unterschrieben geistliche und weltliche Würdenträger, zum Teil setzten sie ein* signum. – *Nach* Chartae Latinae antiquiores *XIII, 558.*

der König nicht eigenhändig unterzeichnet hat. Im Jahre 654, als er 19 Jahre alt war, setzte er seine eigenhändige Unterschrift unter die Synodalakte, von der wir mehrfach gesprochen haben. Diese Interpretation bestätigt sich durch ein Dokument, in dem Childerich II. erklärt: »*propter imbecillam aetatem minime potui manu propria subter signari*«, daß sein jugendliches Alter ihn am eigenhändigen Unterschreiben hindere.

Schrift in täglicher Verwendung

Die Kursivschrift wurde nicht nur zum Abfassen von Urkunden verwendet, sondern auch fur zahlreiche andere Zwecke. Zu relativ neuen Erkenntnissen kam es durch eine Serie von Pergamentblättern, die aus Buchhaltungsdokumenten von Saint-Martin in Tours stammen. Sie sind in der zweiten Hälfte des 7. Jahrhunderts geschrieben worden und werfen einiges Licht auf die tägliche Verwaltung einer großen Domäne in dieser Zeit. Sie belegen einmal mehr den allgemein verbreiteten Gebrauch der Schrift. Es handelt sich um Pergamentblätter, auf denen die Namen der Pächter von Saint-Martin und die Abgaben, die sie dem Kloster schuldeten, verzeichnet sind. Diese Dokumente sind in einer Kursive geschrieben, die zeigt, daß die Verwaltungsbeamten von Saint-Martin, die mit dem Einzug der Abgaben befaßt waren, über eine gute Beherrschung der Schreibkunst verfügten. Dieselbe schnelle Schrift wurde auch verwendet, um zum Beispiel Authentizitätsbescheinigungen von Reliquien (Abb. 319) zu schreiben oder um Anmerkungen in Büchern anzubringen.

Wie bei den Römern erstreckte sich die Schreibkunst auch auf Gegenstände des täglichen Lebens. Man schrieb auf Waffen, auf Fibeln, auf die üblichen Objekte religiöser Devotion, oder man setzte ganz einfach den Besitzernamen ein, wie auf jener großen Silberplatte, auf deren Rückseite mit einer sehr feinen Spitze und in Kursive geschrieben steht: »*Agnerico som*«, ich gehöre Agnerich. Man hat in den Gräbern zahlreiche Siegelringe gefunden, die den Namen oder das Monogramm ihres Besitzers tragen. Diese Monogramme waren oft schwer zu entziffern, und so hat der hl. Avitus, Bischof von Vienne, zu Beginn des 6. Jahrhunderts dem Bischof Apollinaris, der ihm einen Siegelring schenken wollte, geschrieben: »Man soll auf das Siegel mein Monogramm, umgeben von meinem Namen schreiben, damit es möglich ist, ersteres zu lesen.«

Aus Devotion haben die Pilger ihre Namen auf Altartische geschrieben oder schreiben lassen, wie zum Beispiel auf jenen, der um 676 in Saint-Pierre de Ham, nahe Valognes in der Normandie, errichtet worden ist. Ebenso stellte man Listen auf von noch lebenden oder verstorben Personen, derer man während der Messe gedenken wollte.

Wenn die Schrift mit einer heiligen Person

in Beziehung gebracht wurde, konnte sie den Wert einer Reliquie annehmen, wie etwa der kostbare Psalter, der in Gold- und Silberbuchstaben auf purpurgefärbtes Pergament geschrieben ist und der von Mönchen von Saint-Germain-des-Prés als aus dem Besitz des hl. Germanus stammend betrachtet worden ist. Bisweilen legte man auch in einen Sarg ein Psalter oder das Evangelium nach Johannes, von denen man glaubte, daß sie den Toten im Jenseits beschützen würden. Der Aberglaube war dabei nicht sehr fern, und in der Tat sind die merowingischen Texte voll von Beispielen von Verwendungen der Schrift zu mehr oder weniger magischen Zwecken.

Die Kopiertätigkeit

Während der fränkischen Periode unterlag die Art und Weise des Abschreibens und Vertreibens von Büchern tiefgreifenden Umwälzungen. Früher waren die Bücher Gegenstände eines schwunghaften Handels, und Buchhändler, *stationarii*, hielten ganze Sklavenequipen, die mit dem Kopieren der zum Kauf bestimmten Bücher beauftragt waren. Juristische Manuskripte, die im 6. Jahrhundert im Süden Galliens kopiert wurden, sind ohne Zweifel noch in solchen Werkstätten hergestellt worden. Die Angehörigen der Aristokratie beschäftigten, um ihre Bibliotheken zu bereichern, offensichtlich Sklaven, die auf das Abschreiben von Büchern spezialisiert waren.

Die Ausbreitung des Christentums führte zum Entstehen neuer Zentren der Kopiertätigkeit bei den Kathedralkirchen. In Gallien besaß die Kirche von Lyon sehr früh eine bedeutende Bibliothek, von der noch heute wichtige Reste erhalten sind. Die Entwicklung des Mönchtums mit der zunehmenden Gründung von Klöstern schuf vor allem im 7. Jahrhundert neuen Bedarf an Büchern. Um sie zu erfüllen, ließ man Manuskripte vor allem aus Rom kommen, wo zahlreiche qualitätvolle Exemplare zur Verfügung standen. Die Bibliothek der Päpste im Lateran war wegen der Reichtümer, die sie enthielt, besonders gefragt. So ließ zum Beispiel der hl. Amandus Bücher aus Rom bringen. Papst Martin I. antwortete ihm auf einen Brief, den er ihm geschrieben hatte, und beklagte sich, daß er zusehen müsse, wie Handschriftenliebhaber seine Bibliothek entleerten. Der hl. Philibert, Gründer des Klosters Jumièges, und der hl. Gond, Neffe des hl. Wandrille, begaben sich persönlich nach Rom, um dort Bücher zu holen. Damit taten sie dasselbe, was der hl. Augustinus, der Evangelisator Englands zur Zeit Gregors des Großen, getan hatte.

Obwohl es meistens unmöglich ist festzustellen, zu welcher Zeit ein sehr altes Manuskript in eine Bibliothek gekommen ist, sind mehrere Manuskripte aus dem 4., 5., und 6. Jahrhundert, die in Italien oder in Nordafrika kopiert worden sind und die zu kirchlichen Bibliotheken in Gallien gehörten, gegen das 6. und 7. Jahrhundert dorthin gekommen. Dies trifft wahrscheinlich für die Kirche von Lyon und auch für Klöster wie Corbie, Fleury oder Saint-Denis zu.

Der Erwerb von Werken aus dem Ausland konnte aber den Bedarf an neuen Büchern nicht stillen. Nach einem Brauch, der aus der Zeit der Kirchenväter sehr wohl bekannt ist, hatte Caesarius, Bischof von Arles († 546), Schreiber bei sich, die seine Predigten kopierten, damit er sie an seine Kollegen schicken konnte. Die Entwicklung des Mönchtums führte zu einer neuen Art des Bücherkopierens. Bei den Mönchen gehörte das Buch zu den Fundamenten des geregelten Lebens, und das Kopieren von Büchern wurde als eine Aufgabe und als ein frommes Werk betrachtet. So zitiert Gregor von Tours den Leobard in Marmoutier, der schon im 6. Jahrhundert »Pergament herstellte und Manuskripte kopierte, um so den schlechten Gedanken zu entgehen.«

Schreiber und Kopisten

Die königliche Bibliothek in Brüssel bewahrt ein Manuskript auf, das in Saint-Médard in Soissons auf Befehl des Abtes Nomedius kopiert worden war. Zentren wie Luxeuil oder Corbie brachten Manuskripte hervor, von denen einige Exemplare, die bis ins 7. Jahrhundert oder in den Beginn des folgenden Jahrhunderts zurückgehen, noch heute vorhanden sind. So können wir den Beginn der mönchischen Schreibsäle, *scriptoria,* fassen, die bei der Herstellung und der Verbreitung von Büchern bis ins 12. Jahrhundert eine wesentliche Rolle spielten. Sie funktionierten jedenfalls, bis sie vom 12. und dann vor allem vom 13. Jahrhundert an von Laienwerkstätten Konkurrenz erhielten, welche in einem gewissen Sinne an die Buchwerkstätten der Antike erinnern.

Zahlreiche Schreiber der fränkischen Periode verwendeten zum Kopieren der Bücher eine sehr gepflegte Kursivschrift, die der in den Urkunden verwendeten nahesteht. Das älteste Beispiel ist ohne Zweifel eine Sammlung von Briefen und Predigten des hl. Avitus († 518), des Bischofs von Vienne. Sie ist auf Papyrus geschrieben und kann ins 6. Jahrhundert zurückgehen. Ein Exemplar der *Historia Francorum* des Gregor von Tours wurde in Corbie um 700 in Kursivschrift kopiert. Die Schreiber von Tours verwendeten in der ersten Hälfte des 8. Jahrhunderts eine Halb-Kursive, die bereits Ansätze zu einer Entwicklung in Richtung der Minuskelschrift zeigt.

Veränderte und andere Schrifttypen

In ihrem ästhetischen Bemühen haben die Schreiber einiger *scriptoria* die Buchstabenformen der Kursivschrift stilisiert. Das war der Fall in Luxeuil, von wo um 700 eine Minuskelschrift belegt ist, bei welcher der Körper der Buchstaben schmal und überlängt ist und in der die Ligaturen in einer eher künstlichen Weise behandelt werden. Noch manierierter ist die – wegen der beiden für sie sehr charakteristischen Buchstaben – »*a z*« genannte Schrift aus Laon. Am Ende des 8. Jahrhunderts bewahren zwei Schriften, die Schrift »*b*« von Chelles und die Schrift »*a b*« von Corbie noch einige Elemente der Kursive, die in der merowingischen Periode in Gebrauch war. Im speziellen ist ein kleiner horizontaler Strich, der von der aufsteigenden Haste des Buchstabens *b* nach rechts hin geführt ist, ein Überrest jenes Verbindungsstriches zwischen *b* und dem folgenden Buchstaben, der für die Kursivschrift in Gallien im 7. und 8. Jahrhundert so typisch war.

Neben den Kursivschriften oder solchen, die Charakteristika der Kursive bewahrten, brauchten die merowingischen Schreiber beim Kopieren der Bücher auch zwei Schrifttypen, die sie spätantiken Modellen entliehen hatten. Solche kannten sie dank der Manuskripte, die aus Italien kamen und die in mehreren Bibliotheken Galliens erhalten geblieben waren.

Die bedeutendste dieser Schriften ist die Unzial-Schrift. Es handelt sich dabei um eine Schrift, die seit dem 4. Jahrhundert belegt ist und ohne Zweifel um jene, die ein Text aus dem Jahre 811 als *littera romana* qualifiziert. Diese Art von Kalligraphie wird im ganzen ehemaligen Römischen Reich im 6. Jahrhundert, vor allem aber in Gallien verwendet. Die Kathedrale von Lyon besaß mehrere Manuskripte aus dem 5. und 6. Jahrhundert in Unzialschrift. Das älteste der mit diesem Typus von Kalligraphie in Lyon kopierten Manuskripte belegt einen römischen Einfluß. Diese Schrift ist in Luxeuil im Jahre 669 in einem Manuskript »*apud coenobium Lussovium, anno duodecimo Regis Chlothacharii regis*« belegt. Das Jahr 669 entspricht dem 12. Regierungsjahr Chlothars III. Das Jahr 625 als 12. Regierungsjahr des Königs Chlothar II. scheint weniger wahrscheinlich. Ein wenig früher, vor 666/667, wurde in Albi durch den Schreiber Perpetuus auf Befehl von Bischof Desiderius eine Sammlung von Canones kopiert, deren Titel in rustikaler Kapitalschrift geschrieben sind, einem Schrifttypus, der auf die klassische Antike zurückgeht und der noch während mehrer Jahrhunderte Verwendung finden sollte. Um 700 wurde die Unzialschrift auch in Corbie benutzt.

***Abb. 410** Buchschließe aus Viernheim (Kr. Bergstraße). Die Funktion als Buchschließe ist klar abzulesen: Am vorderen Ende ist eine kreisrunde Öse vorhanden, die auf die profilierte Spitze eines Stiftes, der in der Stirnseite des vorderen Buchdeckels befestigt war, aufgedrückt werden konnte. Mit den Stiften am hinteren Ende war die Schließe auf einem Lederriemen, der zum rückwärtigen Buchdeckel führte, vernietet. Die auf geperlten Unterlegscheibchen sitzenden Nietköpfe erlauben eine Datierung in die Zeit um 700 oder in das frühe 8. Jahrhundert (Kat. VI.1.15.). – Foto Reiss-Museum.*

Zum Kopieren von Büchern bediente man sich noch einer anderen Schrift, die fälschlicherweise als Halbunziale bezeichnet wird. Es handelt sich dabei um eine kalligraphische eigentliche Minuskelschrift, die aus der neueren Kursive abgeleitet wurde und deren älteste Manuskripte auf das 3. bis 5. Jahrhundert zurückgehen. Der Name *littera africana*, mit dem diese Schrift in der Antike bisweilen bezeichnet wird, mag auf deren Ursprungsgebiet hinweisen. Vor der karolingischen Periode wurde die halbunziale Schrift zum Kopieren von Büchern etwas seltener verwendet als die Unziale. Es ist diese Halbunziale, die in verschiedenen Stufen von der Kursive beeinflußt, in der zweiten Hälfte des 9. Jahrhunderts den Ursprung verschiedener Minuskel-Schriften bildete, aus denen in fortschreitendem Maße sich die karolingische Minuskel herausbildete. Zwischen dem 9. und dem 12. Jahrhundert gewann diese Minuskel-Schrift in der ganzen lateinischen Welt den Vorrang. Um 1400 erlebte sie im literarischen Umfeld von Florenz unter der Form der abgerundeten Humanisten-Minuskel eine Renaissance und diente als Modell für die Schriftschneider, welche für die Buchdrucker jene »römischen« Buchstabentypen schnitten, die auch heute noch immer in Gebrauch sind.

Der Vollständigkeit halber muß noch der Gebrauch von Zierschriften in den Büchern erwähnt werden. Diese dienten zum Gestalten der Titel oder der Initialbuchstaben für die verschiedenen Textabschnitte. In vielen Manuskripten nehmen die Initialen eine ganze Seite in Anspruch. Sie werden oft mit Buchstaben geschrieben, die dem Formenschatz der Steinmetzen entliehen sind. Das gibt ihnen das Aussehen eigentlicher Inschriften. Was die merowingischen Manuskripte am meisten charakterisiert, ist der Gebrauch von

Initialen, die aus Fischen und Vögeln zusammengesetzt sind. Auch verzierte Kreuze, an deren Armen die Buchstaben Alpha und Omega angehängt sind, sowie Arkaden vervollständigen diesen Dekor in den ungemischten Farbtönen Orange, Gelb, Grün und Malvenfarbig ohne Abtönungen. So erscheint eine neue Form des Buches, welche die des mittelalterlichen Buches ankündigt. In diesem Bereich kann man die merowingische Periode als Übergangszeit bezeichnen zwischen dem Buch der Spätantike, dem aus der karolingischen Zeit und dem aus den nachfolgenden Jahrhunderten.

Quellen: Ch.L.A I,5; XIII, 556.571; XIV; XV,654; XVIII,659.669; XIX,682. – C.L.A. V,573.589.664.671; VI,770–785.836; X,1547a; XI,1659. – Gregor von Tours, Histria Francorum V,44.

Literatur: Atsma/Vezin 1995. – Bischoff 1986. – Gasnault 1975; 1995. – Geuenich/Neumüllers-Klauser/Schmid 1983. – Koch, W. 1994. – Le Blant 1856, 50; 181 ff. – Lowe 1924. – Mallon 1952a (1982); 1952b. – Petrucci 1971. – Riché 1962 (1995), 221. – Salmon 1944/1953. – Schiaparelli 1931. –Tjäder 1973. – Vezin 1971a; 1971b; 1972; 1989; 1992.

Sprache und Sprachzeugnisse der merowingischen Franken

Wolfgang Haubrichs

Die Sprache der Franken gehört im Kreise der germanischen Sprachen zur westgermanischen Gruppe. Spezifische Eigenheiten des Fränkischen lassen sich nur wenige ausmachen. Entsprechend der Übernahme einiger aus dem Süden aus dem Gebiet der Baiern und Alamannen vordringender Veränderungen vertieft sich in der Merowingerzeit die süd-nord-gerichtete sprachliche Binnendifferenzierung der Franken. Auf dem Gebiete des Wortschatzes erlauben die Quellen vor allem die Rekonstruktion leitender Begriffe der Rechts-, Institutionen- und Kirchensprache. Der Sprachkontakt mit den Romanen des Westens und der Sprachinseln zwischen Maas und Rhein lassen einen hohen Prozentsatz an lateinischen Wörtern in die fränkische Sprache eindringen. Umgekehrt expandiert mit Siedlung und Herrschaft der Franken auch ihre Sprache nach Westen, beeinflußt den Wortschatz und die Lautung des nordostfranzösischen Romanischen, des späteren Französischen, erlischt jedoch – außer bei einer kleinen Oberschicht – spätestens im 8./9. Jahrhundert wieder.

Hinweis: Großschreibung von Buchstaben in Beispielwörtern bedeutet, daß die bezeichneten Laute dem besprochenen Sprachwandel unterlagen.

Die Schwierigkeiten bei der Darstellung der Sprache der merowingischen Franken fangen mit dem Stammesbegriff selbst an. Der im 3. Jahrhundert zuerst ins Licht der Geschichtsschreibung tretende Stammesverband der *Franci* war aus vielen Teilstämmen wie Salier, Chamaven, Brukterer, Chattuarier, Ripuarier unter anderem, vielleicht auch aus Chatten/Hessen zusammengefügt. Daß dieser Stammesverband jemals eine einheitliche Sprache gesprochen hat, ist sehr fraglich, ja unwahrscheinlich, wie denn auch im Laufe der Sprachentwicklung des frühen Mittelalters die nördlichen Regionen des fränkisch besiedelten Gebietes in Lautung und Wortschatz sich stärker an den Sprachen nordseegermanischer Stämme, der Friesen, Sachsen und Angelsachsen, die südlichen Bezirke aber eher an dem auf der Grundlage elbgermanischer Stammessprachen gewachsenen Althochdeutschen orientieren.

Die Franken geben so ein musterhaftes Beispiel dafür ab, daß Sprache, obwohl eines der grundlegenden Merkmale einer *gens*, eines »Stammes«, keineswegs eindeutig und ohne weiteres einer ethnischen Einheit zugeordnet werden kann. In einer *gens* können sowohl mehrere – meistens freilich eng verwandte – sprachliche Spielarten gelten als auch eine einzige Sprache von unterschiedlichen Ethnien gesprochen werden. Im frühen Mittelalter bewertet man in diesem Sinne die Sprache (*lingua*) neben Sitte (*mores*), Abstammung (*genealogia*), Gesetz (*lex*) und Überlieferung (*traditio*) als eines der grundlegenden Merkmale einer *gens*.

Im Kreis der germanischen Sprachen

Die Schwierigkeiten, die Sprache oder die Sprachen der frühen Franken angemessen zu beschreiben, wachsen, wenn man die desolate Quellenlage bedenkt. An direkten Quellen gibt es für das 6. und 7. Jahrhundert fast nur Runeninschriften mit der diesen Dokumenten eigenen, besonderen Deutungsproblematik. Gerade noch in die späte Merowingerzeit hinein reichen erste volkssprachige Glossierungen von Rechtstexten (*Malbergische Glosse*) und in die erste Hälfte des 8. Jahrhunderts von Evangelien aus dem luxemburgischen Kloster Echternach. Sonst bleibt eine – freilich beträchtliche – Anzahl von Ortsnamen und Personennamen, die früh in lateinische Zusammenhänge eingebunden erscheinen, jedoch ihre eigenen Interpretationsprobleme aufwerfen und zudem mangelhaft erforscht sind. Um so mehr gewinnen indirekte Sprachquellen wie der Wortschatz der Nachfolgedialekte, die sich vom spätmerowingischen Fränkischen keineswegs fundamental unterscheiden können, wie Lehnwörter, die früh ins Mittellatein oder Altfranzösische eingedrungen sind, an Wert. Die indirekten Quellen sind dabei als Basis der Rekonstruktion nicht so unsicher, wie man vielleicht zunächst zu glauben geneigt ist. Einmal treten, unter anderem mit den bereits sprachlich großartigen fränkischen, wohl in Lothringen beheimateten Übersetzungen der althochdeutschen Isidor-Gruppe (Übersetzungen einer Abhandlung des Isidor von Sevilla und des Matthäus-Evangeliums) am Ende des 8. Jahrhunderts volkssprachige Quellen in breiterem Umfange hervor, so daß wir doch eine recht ansehnliche Kenntnis zumindest des althochdeutschen Wortschatzes (ca. 32 000 Wörter) besitzen; zum andern erlaubt die Systemhaftigkeit der Sprache uns – in Vorsicht und in Verbindung mit den durchaus verschiedenes Licht spendenden direkten Quellen gebraucht – doch manche sichere Rückschlüsse.

Im gleichmäßigen Fortgang der germanischen Sprachen – in dem zunächst die ostgermanischen Sprachen mit dem seit dem 4. Jahrhundert früh überlieferten Gotischen eine Sonderstellung einnehmen, bald aber auch die Nordsprachen sich in einem eigenen Formenkreis ausgliedern – werden die Sprachzeugnisse aus dem Gebiete der Franken traditionell einer westgermanischen Gruppierung zugerechnet, zu der unter anderem auch die Sprachen der Sachsen, Angelsachsen, Friesen, Thüringer, Alamannen, Baiern und Langobarden gehören. Diese zeichnen sich durch einige gemeinsame Veränderungen aus, ohne daß man deshalb von einer einheitlichen westgermanischen Sprache sprechen dürfte. Zu den Neuerungen dieser Gruppe gehörte etwa im Bereich der Formenlehre die Entwicklung eines deklinierten Infinitivs: zu *faran* »fahren, reiten«, also im Dativ althochdeutsch (*ze*) *faranne*, altfriesisch *faren*(*e*), mittelniederländisch (*te*) *vaerne* jeweils < westgermanischem Suffix **-an*(*n*)*ja*, wobei sich die Differenzierung der Einzelsprachen gleich wieder im Detail zeigt: nur das Althochdeutsche führte die Entwicklung mit den beiden neuen Casus Genetiv und Instrumental systematisch weiter, woraus sich die neuhochdeutschen Möglichkeiten ableiten. Eine gemeinsame Erneuerung auf lautlichem Gebiet war die Entwicklung von sogenannten Sproßvokalen (wie *A*) bei [r, l, n] in schwach akzentuierten Endsilben: gotisch *akrs* »Acker«, *fugls* »Vogel«, *taikns* »Zeichen«, altnordisch *akr*, *fugl*, *teikn*, aber altsächsisch *akkAr*, *fugAl*, *têkAn*, althochdeutsch *ackAr*, *fogAl*, *zeihhAn* usw. Die vielleicht auffälligste Neuerung war die sogenannte westgermanische Konsonantenverdopplung, die freilich vor [j] auch vom Altnordischen geteilt wird, vor [r, l] gemeinwestgermanisch ist, vor [w] wiederum nur noch althochdeutsch, nach Langvokal sogar nur noch in dessen oberdeutschen Varianten zu finden ist: also gotisch *laGjan* »lecken«, aber altenglisch *leCGan*, altsächsisch *leGGian*, althochdeutsch *leCKen* und auch altnordisch *leGGia*; dagegen gotisch *snuTrs* und altnordisch *snoTr* »klug« im Gegensatz zu altenglisch *snoTTor*, althochdeutsch *snoTTar*; altnordisch *ePli*, krimgotisch *aPel* »Apfel« im Gegensatz zu altenglisch *aePPel*, altfriesisch *aPPel*, altsächsisch *aPPul*, mittelniederländisch *aPPel*, althochdeutsch *aPFul*. Man könnte aus diesen Verhältnissen schließen, daß das Innovationszentrum bei den später die althochdeutsche Gruppe begründenden Sprachen lag; auf jeden Fall muß man jedoch auf eine weitgehende Binnendifferenzierung der zusammenhängenden westgermanischen Sprachen schließen, die sich in anderen Fällen bestätigt: So zeichnet sich das Gesamt-Westgermanische durch etwa 20 gemeinsame Änderungen aus, gleich deutlich oder noch deutlicher heben sich Gemeinsamkeiten der kernalthochdeutschen Gruppe – Alamannisch, Bairisch, Langobardisch, Ostfränkisch, Thüringisch –, an denen das Altfränkische Anteil hat, und Gemeinsamkeiten des Altenglischen und Altfriesischen ab, an denen das Altfränkische durch seine Nachfolgedialekte des Altniederfränkischen und Mittelniederländischen Anteil hat. Sehr schwach ausgeprägt sind dagegen exklusive Parallelen zwischen Altenglisch und Althochdeutsch, was darauf hindeutet, daß im Zeitalter der westgermanischen Spracherneuerungen, aber noch vor Abrücken der sprachlich tragenden Gruppen der Angelsachsen vom Kontinent (5./6. Jahrhundert), diese und die elbgermanischen Gruppen kaum noch direkte Nachbarn gewesen sein können.

Fränkische Eigenheiten

So entsteht vor unseren Augen das Bild eines sowohl zu gemeinsamen Neuerungen noch fähigen, gleichwohl sich zunehmend differenzierenden Komplexes westgermanischer Sprachen (Schema 1 – Abb. 411). Gemeinsame Veränderungen setzen aber für die Spätantike und die frühe Merowingerzeit, mit Einschränkungen auch noch später, einen funktionierenden, auf gegenseitiger Verständlichkeit beruhenden Kommunikationsraum voraus. Dies bedeutet zugleich, daß es schwierig ist, zu irgendeinem Zeitpunkt zwischen 500 und 750 ein von den Sprachen der Nachbarn klar unterschiedenes einheitliches Fränkisch anzusetzen. Zwei Beispiele mögen diese Einsicht illustrieren: Als typisch fränkisches, wenn auch schwach ins Altsächsische ausstrahlendes Merkmal könnte der Schwund von [h] vor [t] gelten – heute im Süden nur noch in Mundarten des deutschen Westrandes, in Luxemburg, im Saar-Mosel-Raum und in Ripuarien anzutreffen. Er ist früh, am Anfang des 8. Jahrhunderts, in Namenzeugnissen wie auch in Echternacher Glossen belegt – *ganutsamo*(*n*) »überfließen« statt althochdeutsch *ga-nuht-* und erscheint im Wort *knet* statt *kneht* »Knabe, Diener, Krieger« sowohl an den Südrändern des Siedlungsraumes, in Lorsch und Weißenburg, wie auch im kolonialen Westfränkischen. Doch gibt zu denken, daß in nahezu allen Zeugnissen konkurrierend und oft überwiegend die Altform weiterexistiert und später die Oberhand gewinnt, ja im Mittelniederländischen als spätem Zeugen des nördlichen Fränkisch Standard ist. War also dieser Schwund nie mehr als eine grundsprachliche, vielleicht nie im ganzen Siedlungsgebiet der Franken durchgesetzte Variante? Ein zweites Beispiel: Mit dem Altenglischen, Altfriesischen und Altsächsischen teilen Altniederfränkisch und Mittelniederländisch die Entwicklung eines h-haltigen Pronomens der 3. Person *he*(*r*) statt althochdeutsch *er* < germanisch **ez*. Die Erscheinung ist in rezenten Dialekten bis in den Moselraum belegt, vom 8. bis zum 11. Jahrhundert begegnet sie auch im Westfränkischen und im Umkreis von Worms, Mainz und Fulda, also nahezu im gesamten fränkischen Siedlungsgebiet. Sollen wir also die h-Form des Personalpronomens als

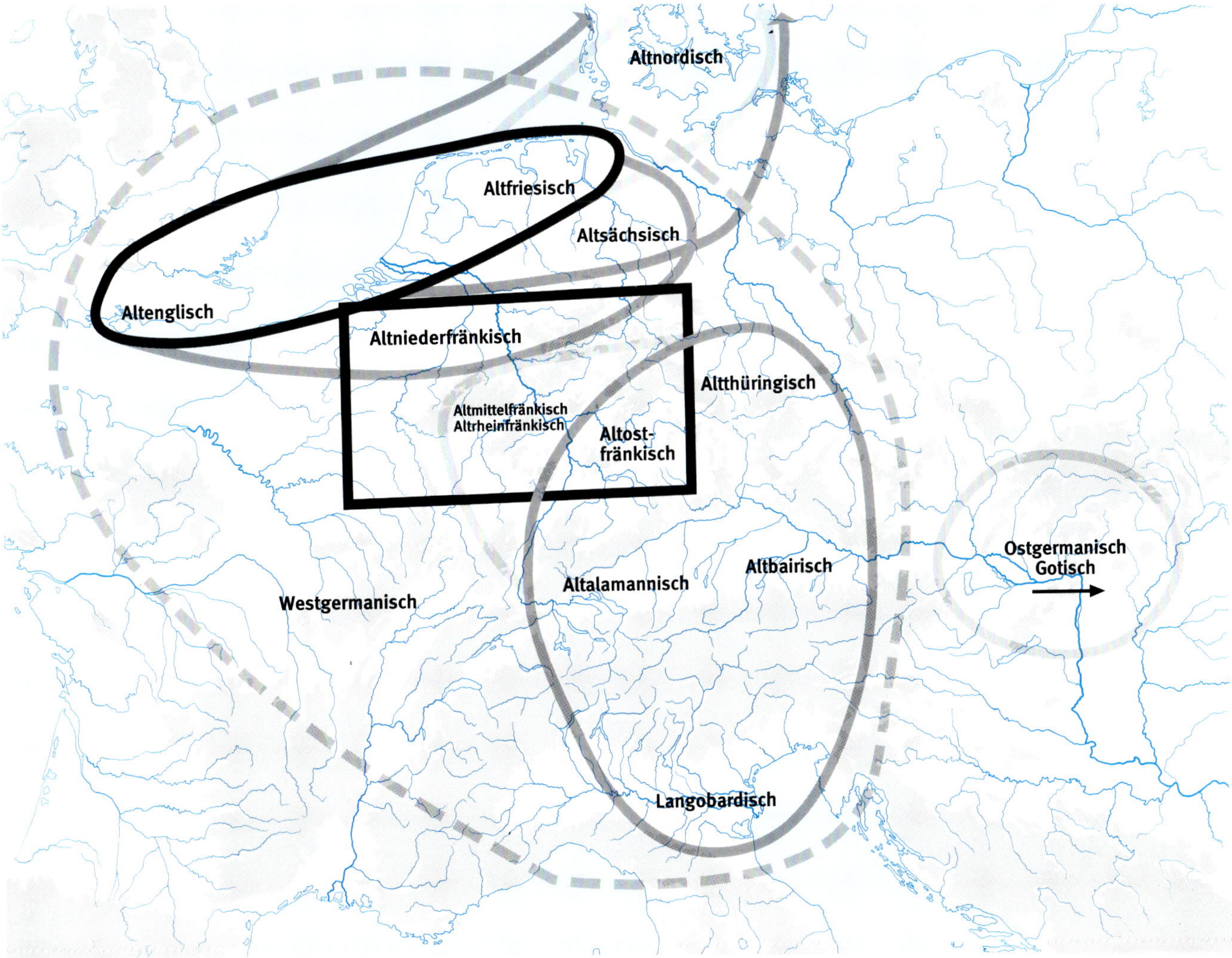

Abb. 411 Die Gruppierungen der älteren germanischen Sprachen. – Graphische Gestaltung I. Bell.

ein Kriterium ansehen, das zumindest die Abgrenzung des Fränkischen nach Süden erlaubt? Die Crux ist wiederum, daß schon seit dem späteren 8. Jahrhundert auch eindeutig fränkische Texte, wie die schon erwähnte Isidor-Gruppe, die h-lose Form bevorzugen.

Die Interpretation dieser und anderer Fälle bekräftigt zunächst den Eindruck einer alten und ursprünglichen, dabei nord-süd-gestaffelten Varianz in der Sprache der Franken, führt dann aber auch die Möglichkeit einer sozialen Zweisprachigkeit im fränkischen Siedlungsbereich und die Existenz von Strahlungen aus dem Süden, die es später noch genauer zu datieren gilt, vor Augen.

Gefragt werden könnte, ob sich nicht in der fränkischen Namengebung, also einem spezifisch kulturell geprägten Sektor der sprachlichen Welterschließung, Eigenheiten der *gens* zeigen. Dabei gehorcht die fränkische Personennamengebung zunächst einmal grundsätzlich den Regeln der germanischen Personennamenbildung, die zwei Grundtypen ausgeformt hat:

1. Zusammensetzungen aus zwei inhaltlich (semantisch) bedeutungsvollen Wortstämmen, die aus den Bereichen von Adel, Krieg, Waffen, Religion oder der Streittiere

wie Wolf, Bär, Eber, Adler usw. herrühren, zum Beispiel in *Gund-ram* < *Gund-hraban* zu **gunþó* »Kampf« und **hraƀna*, *hraban* »Rabe«, oder *Chlot-har*, später *Lothar*, althochdeutsch *Lut-her(i)* < **Hludaharjaz* zu **hluda* »hörbar, berühmt« und **harjaz* »Heerkrieger«, wobei die Formen mit [-o-] bereits romanische Überformung zeigen.
2. Ableitungen von namentypischen Wortstämmen mit Endungen (Suffixen) wie *-itto*, *-atto* (althochdeutsch *-izo*, *-azo*), dann *-în(o)*, *-ilo*, *-iko* (althochdeutsch *-icho*) sowie *-ing* und Stammableitungen auf *-i* und *-o*, wie in *Chari* zu **harja* »Heer« oder in *Bôso* als schwach deklinierter Stammableitung zu **bausja* »keck, stolz, böse«.
Typisch scheinen für die fränkische, besonders die westfränkische Namengebung ab dem 7. Jahrhundert Namenstämme, die mit [l, r, n] erweitert werden, beispielsweise *Gundal-* von *Gund-*, *Wandar-* von *Wand-* zu **wandjan* »wenden«, etwa bei *Wandregisil* (7. Jahrhundert), dem Gründer von Fontenelles (Saint-Wandrille), der auch *Wando* genannt wird, oder *Sigen-* zu *Sigi-* »Sieg«. Bisher nicht genügend erforscht ist, ob es auch gentilspezifische, etwa auf die *gens* der Franken begrenzte Personennamenelemente gab, wie sich das für **baudiz* »Gebieter«, etwa *Mallobaudes*, *Genno-baudes*, oder **launa* »Lohn, Beute«, etwa *Launa-rîgus*, *Launo-gast*, abzeichnet.
Wie bei den Personennamen sind in der Ortsnamengebung die wichtigsten Grundwörter, welche die Franken gebrauchten, auch gemeingermanisch: -**haima* »Wohnsitz, Heimat«, -**hufa* »Hof, Gehöft«, -**þurpa* »Hürde, Hegung, Gehöft«, -**hûsa* »Haus« und das *-inga*-Suffix, das die Zugehörigkeit zu einer Person, einem Ort oder einem Gewässer ausdrückt. Quantitativ und räumlich begrenzt finden sich eher als fränkisch zu verstehende Grundwörter wie -**sali* »Wohnung, Saal, Einraumhaus«, dessen Südgrenze im Bereich der Saar liegt, etwa in Oldenzaal (NL, Overijsel), 893 *Aldenselen* (zu **alda-* »alt«); wie -**hlâr(a)* »Hürde, Umhegung«, dessen Südgrenze an Main und oberer Saar liegt, etwa in Schüller (Kr. Bitburg-Prüm), 855 Königspfalz *Sconilare* (zu **skauni-* »schön«); wie -**stalja* »Platz, Hof«, etwa in Herstal (Belgien, an der Maas), 723 Königspfalz *Haristallio*. Die fränkisch-merowingische Siedlungsbewegung hat diese Wörter auch in die heute französischsprachigen Gebiete an der Maas, in den Ardennen und Argonnen getragen. Das erfolgreichste, allerdings vorwiegend im Süden verbreitete Namengrundwort ist in den zweisprachigen Gebieten diesseits und jenseits der späteren Sprachgrenze erwachsen und Frucht des romano-fränkischen Zusammenlebens im Merowingerreich: – *wîlari* < lateinisch *-villare* ist bis heute in den massenhaft zwischen Maas und Rhein verbreiteten, bis in den alamannischen Süden exportierten Ortsnamen auf *-weiler* noch sichtbar.

Sprachwandel

Vom 6. bis zum 8. Jahrhundert, ja bis in die eigentlich karolingische Epoche weiterwirkend, kommt es nun zu vorwiegend aus dem Süden importierten sprachlichen Veränderungen, deren Auswirkungen die stärkere Binnengliederung des gesamtfränkischen Sprachraums zur Folge haben. Der wichtigste und wohl auch einschneidendste Sprachwandel ist im Vorrücken der im 6. Jahrhundert im oberdeutschen Süden entstandenen Lautverschiebung zu sehen, die nach Artikulationsstellen zeitlich und räumlich zu differenzieren ist. Dabei entwickelte sich germanisches [t] zum dentalen Reibelaut, das heißt zur Frikative [s] oder zum Verschlußlaut plus Reibelaut, nämlich zur Affrikata [ts], beide geschrieben <z, zz, zs>: altfränkisch **eTan* (vgl. englisch *to eat)* > althochdeutsch *eZZan* »essen«; altfränkisch *felTe* (um 600 in der *Vita S. Radegondis*) > althochdeutsch *filZ* »Filz«; altfränkisch **Taikan* (vgl. gotisch *taikn*, altnordisch *teikn*, altsächsisch *têkan*, altenglisch *tâcn*, englisch *token)* > althochdeutsch *Zeihhan* »Zeichen«. Die Runeninschrift von Freilaubersheim in Rheinhessen (Mitte 6. Jahrhundert) BOSO : WRAET RUNA : þ[i]K : DAþENA : GOLIDA (»Boso ritzte die Runen; dich Dathena grüßte er«) beweist mit unverschobenem [t] im Verbum *wrîTan*, Praeteritum *wraiT*, daß dieser Akt der Lautverschiebung in der ersten Hälfte des 6. Jahrhunderts noch nicht bis an den Mittelrhein vorgedrungen war. Konsequenterweise werden dann die übernommenen römischen Ortsnamen in den Rheinlandschaften von der Verschiebung erfaßt: (*ad*) *Tabernas* > (Rhein)*Zabern*, *Tulpiacum* > *Zülpich*, *Tonatia* > *Zons* nördlich Köln. Doch als die intensivere Frankonisierung der von starker romanischer Kontinuität geprägten lothringisch-trierischen Mosellande und wohl auch einiger Sprachinseln um Mainz, im Rheinengtal und am ripuarischen Eifelrand im 7. Jahrhundert beginnt, ist die t-Verschiebung bei den südlichen Franken bereits abgeschlossen. Entsprechend bleiben die vorgermanischen Orts- und Gewässernamen hier unverschoben: *Taulegium Tholey* (Kr. St. Wendel), *Tanitius* > Groß-*Tännchen* (Grostenquin, Dép. Moselle), *Tabernas* > *Tawern* (Kr. Trier-Saarburg), **Fontanêta*, 1108 *Fundened* > *Finthen* (Kr. Mainz-Bingen), **Tiberniacum*, a. 893 *Tivernihc* > *Türnich* (Kr. Wesel). Der Verschiebungsstand dokumentiert sich auch in den nach romanischer Gewohnheit [ts] bezeichnenden Schreibungen <ci>, <ce>, <ti> für fränkische Personennamen, etwa *Gaucio-* < **GauT-*, die seit der ersten Hälfte des 7. Jahrhunderts belegt sind, und entspricht auch dem Verschiebungsstand der Echternacher Glossen des frühen 8. Jahrhunderts, beispielsweise *gan[a]os* mit <S>-Schreibung < **ganauTa* »Genosse«. Spä-

Abb. 412 *Sprachlandschaften im östlichen Teil des Frankenreiches. – Graphische Gestaltung I. Bell.*

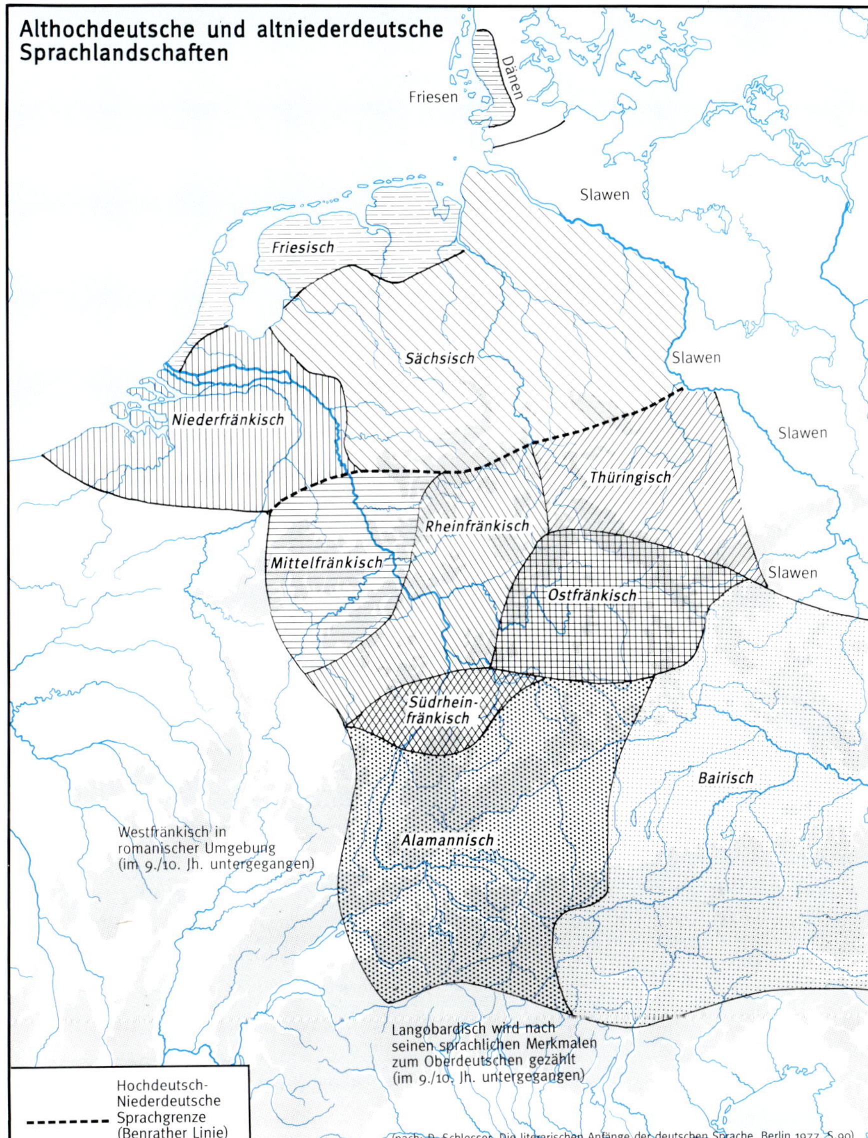

testens um 750 steht die Übernahme der Verschiebung nördlich Köln, bei Düsseldorf, wo sie bis heute den hochdeutschen vom niederdeutschen Sprachraum trennt, und zwar auf der Benrather Linie (Karte Abb. 412).

Im Bereich der Lippenlaute, der Labiale, entwickelte die althochdeutsche Lautverschiebung altes [p] je nach Stellung im Wort zur Frikative [f] oder Affrikata [pf]: altfränkisch *slaPan* (vgl. englisch *to sleep)* > althochdeutsch *slaFan* »schlafen«. Nur in dieser Stellung nach Vokalen hat dieser Verschiebungsakt, wohl ziemlich gleichzeitig mit der t-Verschiebung, die Benrather Linie erreicht. Die Verschiebung von [p] nach [r, l], zum Beispiel in altfränkisch **þorPa* (vgl. niederländisch *dorp*) > althochdeutsch *dorF,* hält an den Eifelhöhen inne. Die Entwicklung der Affrikata bei [pp], etwa in altfränkisch *aPPul* (vgl. englisch *apple*, niederländisch *appel*) > althochdeutsch *aPFul* »Apfel«, macht schon im Speyrer Raum halt; die Verschiebung im Anlaut, wie im Lehnwort lateinisch *Pondus* (vgl. englisch *pound)* > althochdeutsch *PFunt* hat nur das Ostfränkische um Würzburg erfaßt.

Im Bereich der Kehl- und Gaumenlaute, der Gutturale, bleibt die Anlautverschiebung dem Oberdeutschen vorbehalten, in der Position nach einem Vokal jedoch dringt sie bis zur Benrather Linie und teilweise darüber hinaus vor: altfränkisch *maKen* (vgl. englisch *to make*, niederländisch *maken*) > althochdeutsch *maCHen*; altfränkisch *þiK* (vgl. Runeninschrift von Freilaubersheim) > althochdeutsch *diH* »dich«. Da von diesem Akt alle vorgermanischen Ortsnamen des fränkischen Siedlungsgebietes südlich der Benrather Linie betroffen sind, muß die Verschiebung von [k] etwas später angesetzt werden als die von [t]. Um 700 jedoch ist auch sie am Mittelrhein und im Moselland abgeschlossen.

Die althochdeutsche Lautverschiebung hat, obwohl Import, die sprachliche Binnengliederung des fränkischen Siedlungsraumes entscheidend und bis heute geprägt. Von nun an zählt der Raum in unterschiedlicher Intensität und mit verschiedenen Unterzentren wie Speyer, Worms, Mainz, Trier, Köln bis zur Benrather Linie zum hochdeutschen Sprachraum, während sich der fränkische Norden des Niederrheins und der Niederlande allmählich abtrennt und teilweise mit dem Niederdeutschen zusammengeht. Zugleich ist die Lautverschiebung das früheste und kräftigste Beispiel für Süd-Nord-gerichtete

Entwicklungen, die seit der späten Merowingerzeit immer häufiger das Fränkische ergreifen, so etwa mit der Zwielautbildung bzw. Diphthongierung bei germanisch [ô] > [uo] und [ê] > [ie], etwa in *gOlan* »grüßen« (vgl. Runeninschrift von Freilaubersheim) > *gUOlen*, oder *hEt* > *hIEt*, *-z* »hieß«. Noch im frühen 8. Jahrhundert schreiben Echternacher Glossen *drôc* statt althochdeutsch *druog* »trug«. Nur in dem küstennahen niederländischen Dialekt und vielleicht teilweise im kolonialen westfränkischen Raum entzog man sich der Diphthongierung. Die gleiche Richtung nehmen beispielsweise in karolingischer Zeit die Umlautbildung [â] > [e] vor folgendem [i, j] bei Langvokal und die Entwicklung einer Vorsilbe *ga-*, *ge-* beim Partizip Praeteriti, etwa in *ga-brokan* »gebrochen« statt **brokan* (vgl. englisch *broken*), die nur in Flandern, an der Küste und im Ijssel-Gebiet vermieden wird.

Man kann solche Vorstöße aus dem Süden auch als Integrationsbewegungen verstehen und mit ähnlichen, aber in umgekehrter Richtung verlaufenden Innovationen vergleichen, wie das wohl für die Entwicklung der germanischen Diphthonge [ai] > [ê], [ei] und [au] > [ô], [ou] um 700 zutrifft: etwa *wrAIt* der Runeninschrift von Freilaubersheim > **(w)rEt*, *(w)rEIz* »ritzte«, Personenname *gAIreberht* > *gEr-* oder *gAUt(o)berht* > *gOt-*, *gOz-*, **hnAUdi* > *nOdi* »Not, Kampfbedrängnis« in den Echternacher Glossen des frühen 8. Jahrhunderts, die sonst auch noch archaische Schreibungen mit [au] und [ai] zeigen. Die Neuerung ist anscheinend um diese Zeit im Moselland erst dabei, sich durchzusetzen.

In anderen Fällen freilich verbleiben die größten Teile des fränkischen Raumes in konservativem Gegensatz zu den althochdeutschen Neuerungen des Südens: so germanisch [d] gegenüber althochdeutsch [t] wie in *dohtar* (vgl. englisch *daughter*) gegen *tohter*, so germanisch inlautend [ƀ] als [v] gegenüber althochdeutsch [b], wie in *leven* (vgl. niederländisch *leven*) gegen *leben*.

Wortschatz

Schwierig, doch nicht aussichtslos ist es, spezifische Elemente des fränkischen Wortschatzes zu rekonstruieren. Dies gelingt vor allem auf den Gebieten der Rechtssprache, der Ämterbezeichnungen, der sozialen Terminologie. Ein Erfolgswort der gefolgschaftlichen Organisation früher *gentes*, das die Franken freilich mit anderen westgermanischen Stämmen teilten, war *druhtîn*, altsächsisch *drohtîn*, altenglisch *dryhten* – »Gefolgschaftsherr« zu *druht* »Kriegerschar, Gefolge«, latinisiert *trustis*, dazu auch *antrustio* »Gefolgsmann«. Das Wort wird in der neuerworbenen christlichen Religion als Übersetzung von lateinisch *dominus* »Herr« neu motiviert und zur Bezeichnung des Christkönigs eingesetzt. Parallel gebildet ist alt fränkisch *þungîn* »Vorsteher der Gerichtsgemeinde«, als Ableitung von der u-haltigen Schwundstufe zu *þing* < germanisch **þengaz* »Vertrag, festgesetzte Versammlung«, **þingan* »vertraglich festsetzen« (vgl. neuhochdeutsch *dingen*), wozu die merowingerzeitliche *Malbergische Glosse* des ältesten fränkischen Rechtsbuches der *Lex Salica* bemerkt: ... *aut ante regem, aut in mallo publico legitimo, hoc est in mallobergo: ante teoda aut thunginum* ..., also: »entweder vor dem König oder in der gesetzlich gebotenen öffentlichen Gerichtsversammlung, das heißt in der Malbergischen Sprache: vor der Theoda, dem Volk, oder dem Thungîn«. Gemeint sind hier zwei Typen fränkischer Rechtsorgane, die vom König gebotene Volksversammlung bzw. die regelmäßige, vom Thungîn präsidierte Gerichtsversammlung.

Die in die Handschriften der *Lex Salica* eingeflossene *Malbergische Glosse*, oft sprachlich zerrüttet und schwer deutbar, ist zusammen mit den aus dem Fränkischen ins Lateinische entlehnten Wörtern der letzte verklingende Zeuge der ältesten fränkischen, vielleicht westfränkischen Rechtssprache. Der Malberg ist die Stätte des Gerichts, der **maþla* »Versammlung«, woraus lateinisch *mallus* »Gerichtsversammlung« stammt. Aus dieser Quelle der fränkischen Rechtssprache rühren auch untergegangene, bildkräftige Begriffe wie *sakebaro* »Sachkläger«, vergleichbar mit altsächsisch *saka*, althochdeutsch *sahha* »Gerichtsstreit« und altfriesisch *bare* »Klage«; wie *raginburgio* »Ratbürge« zu germanisch **ragin-* »Rat, Beschluß«; auch Begriffe, die noch eine lange, oft europäische Geschichte vor sich haben wie *graf* aus altfränkisch *graf(f)io* »Vertreter des Königs«, vielleicht ein Lehnwort aus graecolateinisch *graphéus* »Schreiber«; wie *Schöffe* althochdeutsch *skeffin(o)*, niederländisch *schepen*, altniederfränkisch *scepeno*, beides aus altfränkisch **skapîn* »Richter« (vgl. daraus auch altfranzösisch *eschevin)* zum Stamm **skap-* »bewirken, einrichten, anordnen«; wie das in latinisierter Form bereits bei Gregor von Tours belegte **banna*, althochdeutsch, altsächsisch, altfriesisch *ban*, altnordisch *bann*, niederländisch, englisch *ban* »Aufgebot, Befehl«, in der *Lex Ripuariorum* speziell »königlicher Befehl«, woraus sich auch altfranzösisch *ban* herleiten läßt.

In wenigen Fällen gibt die *Malbergische Glosse* sogar eine Rechtsformel preis, vermittelt damit zugleich einen Einblick in die rituelle, von Sprache geprägte Welt der fränkischen Rechtspraxis, so beim Akt der Freilassung, wo, damit er wirksam sei, zu sprechen ist: *malþo:þi afrio letu!* – »Gerichtlich sage ich: ich mache dich frei, Lete (Halbfreier)«; *malþo: þi atomeo þeo!* »Gerichtlich sage ich: ich entherrschafte dich, Knecht!«

Wie aufschlußreich für die Mentalität der Zeit die methodische Erschließung der

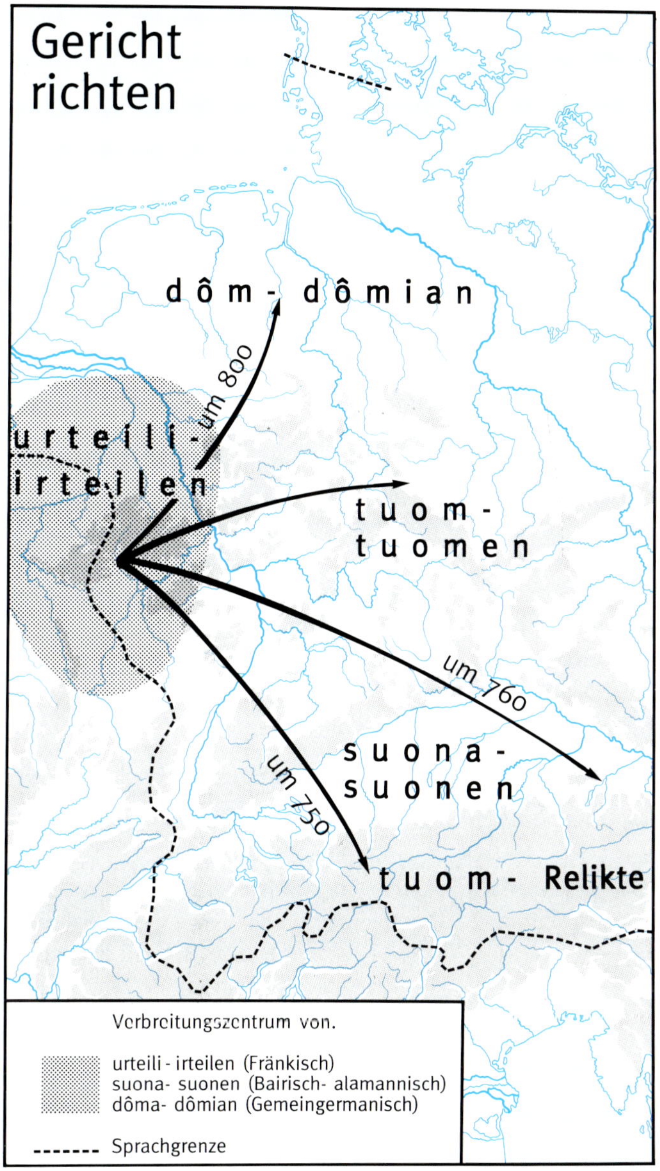

Abb. 413 Verbreitungskarte »Gericht – richten«. – Nach K. Freudenthal; graphische Gestaltung I. Bell.

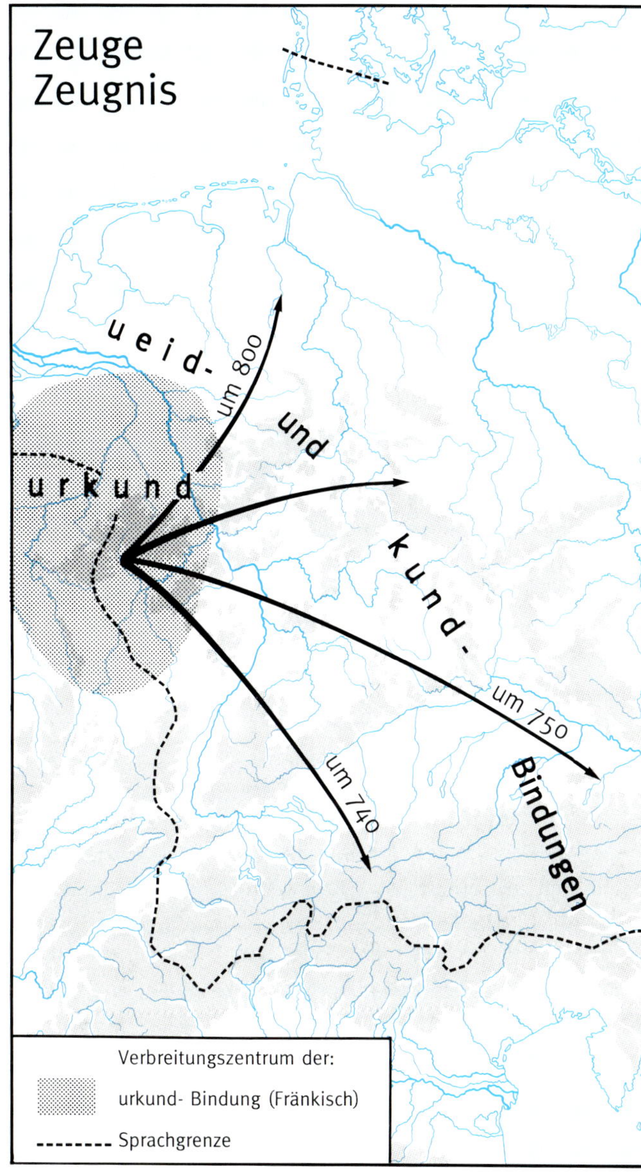

Abb. 414 Verbreitungskarte »Zeuge – Zeugnis«. – Nach K. Freudenthal; graphische Gestaltung I. Bell.

Malbergischen Glosse sein kann, hat H. Tiefenbach am Beispiel des Grabraubtitels des *Pactus legis Salicae* (65-Titel-Text, tit. 55) gezeigt: *iddulcos* < *id-dulg*(*az*) »Wiederverwundung, endgültige Verwundung« für die unrechtmäßige Doppelbestattung, die offenbar als endgültige Tötung, zumindest Verletzung des als lebender Leichnam in seinem Grabe residierenden Toten gedacht wird; das Wort gehört zu germanisch **dulg-* »schlagen, verwunden« (vgl. althochdeutsch *tolc* »Wunde«). Nicht zuletzt zeigen die überlieferten Varianten des Wortes mit romanischem h-Vorschlag (*hid-*) bzw. romanischer Senkung [i] > [e] (*ed*) oder auch die romanische Ersatzlautbildung [hl] > [fl] bzw. [cl], etwa bei *druhti-hlidja »Bandenüberfall« > *dructiflido* bzw. *ducteclidio* die durchgreifende Romanisierung, der die fränkische Rechtssprache im Westen schon bald unterlag.

Die fränkische Rechtssprache fand auch noch in jüngerer Zeit Begriffe, die sich im Rahmen des spätmerowingischen und karolingischen Reiches maßgebend ausbreiteten und gegenüber konkurrierenden Wörtern der Nachbarsprachen durchsetzten, so etwa altfränkisch **ur-daili*, altsächsisch *urdêli*, althochdeutsch *urteil* »Urteil« gegenüber gemeingermanisch *dôma*, altsächsich *dôm*, althochdeutsch *tuom*, dem älteren nordwestgermanischen Begriff, und gegenüber bairisch *suona* (Karte Abb. 413); ebenso altfränkisch, althochdeutsch *ur-kundi*, mittelniederdeutsch *orkunde*, mittelniederländisch *orconde* »Bekundung, Urkunde«, Nominalbildung zu **ur-kannjan* »erkennen, anerkennen, Recht sprechen«. Im fränkischen Kernraum zwischen Rhein und Kohlenwald wurden diese Begriffe gefunden, die sich im 8. Jahrhundert gegenüber den ostrheinischen Wortkonkurrenten durchsetzten (Karte Abb. 414).

Auch in einem zweiten sprachlichen Bereich, in der Terminologie der fränkischen Kirche, hat sich fränkischer Wortschatz ausgebreitet und durchgesetzt. Nur selten ist diese christliche Begrifflichkeit freilich aus einheimischem Wortmaterial geschöpft, wie etwa im Fall von *êragrehti* »Huld, Gnade«, das beim Rheinfranken Otfrid von Weißenburg aus dem Speyergau (863/71) und im westfränkischen *Ludwigslied* (881) noch belegt ist und von späterem *ginâda* »Gnade« verdrängt wurde. Hier könnte die Umprägung der Bedeutung eines schon älteren mit *êra* < germanisch *aizô* »Achtung« zusammengesetzten Wortes vorliegen (vgl. altnordisch *eir* »Gnade, Milde«, altenglisch *âr* »Wohltat, Schonung, Ehre«). Lehnübersetzungen sind dagegen – und wohl ursprünglich auch zur Bezeichnung sozialer Sachverhalte geschaffen – *hêr(o)ro* »Herr«, Komparativ zu *hêr* »grauhaarig, alt« für lateinisch *senior*, Komparativ zu *senex* »alt«, und *jungiro* »Untergebener, Jünger«, Komparativ zu *jung*, für lateinisch *iunior*, Komparativ zu *iuvenis* »jung«. Auch hier wird man einen Bedeutungswandel in der Kirchensprache annehmen müssen.

Die meisten Erfolgswörter der fränkischwestlichen Kirchensprache sind jedoch dem Latein, manchmal dem regionalen Latein der spätantiken Zentren zwischen Maas und Rhein entnommen, so etwa **kirika* »Kirche« (altsächsisch *kirika*, altfriesisch *kerke*, altenglisch *cirice*, althochdeutsch *kirihha* mit k-Verschiebung) < graecolateinisch *kyrika* (*basilica*) »Haus des Herrn«, das im griechisch geprägten Milieu des römischen Imperialzentrums Trier übernommen und von dort aus, wohl wesentlich unter fränkischer Vermittlung, nach Norden und Osten verbreitet und gegen konkurrierende *ecclesia* (vgl. französisch *église*) und *basilica* (vgl. ostfranzösisch *bazoche*) durchgesetzt wurde. Aus gallischem Milieu stammt auch **biskop* (altsächsisch *biscop*, altenglisch *bisceop*, althochdeutsch *biscof* mit p-Verschiebung) < galloromanisch (*e*)*biscopo* (vgl. französisch *évêque*) mit romanischer Stimmhaftwerdung von [p] > [b] und Abtrennung (Deglutination) des nebentonigen anlautenden [e] < graecolateinischem *episcopus* »Bischof, Priester«, das sich gegenüber konkurrierendem bairischem *êwarto*, wörtlich »Hüter des Gesetzes«, auch im Osten durchsetzte. Von daher rührt ebenfalls das Wort für »Priester«: lateinisch *presbyter* > romanisch *prestre* (vgl. französisch *prêtre*) > nach Abschluß der p-Verschiebung (erste Hälfte 7. Jahrhundert) mittel- und niederfränkisch *priestar*. Man wird diese Wörter der stärkeren Einrichtung von Pfarrbezirken und den häufigeren Kirchengründungen im ostfränkischen Siedlungsgebiet seit dem 7. Jahrhundert verdanken. Mit ihnen wandern auch liturgische Begriffe wie lateinisch *signare* > romanisch *segnar* »segnen« > altfränkisch und althochdeutsch *seganôn*, altsächsisch *segnôn*, altenglisch *segnian* (vgl. um 600 in langobardischer Runeninschrift bereits *segun* »Segen«); wie romanisch *sonte*(*m*) »schuldig« > altfränkisch und althochdeutsch *suntia*, altsächsisch *sundia*, altfriesisch *sende*, altenglisch *synn* »Sünde« oder monastische Termini wie graecolateinisch *monacus* »Einsiedler« > galloromanisch *monico* > altfränkisch **munik*, altenglisch *munec*, altfriesisch *munek*, althochdeutsch *munih* mit k-Verschiebung »Mönch«; wie vulgärlateinisch *nonna* »Großmutter, ehrwürdige Mutter« > altfränkisch und althochdeutsch *nunna* usw.

Die Verbreitung der genannten grundlegenden Begriffe kirchlichen Lebens war großräumig. Konkurrenten gingen unter ihrem Druck unter. Es gab aber auch Wörter, die sich in kleinräumigeren Einheiten, einer Diözese, einer Kirchenprovinz konservierten und dem Druck von Neuerungen standhielten. So ist das mit der angelsächsischen Mission des 8. Jahrhunderts gekommene Oster-Wort, altenglisch *eastron*, althochdeutsch *ostara*, in der im Westen bis nach Cambrai an die Sprachgrenze reichenden Kölner Kirchenprovinz nicht durchgedrungen, wo im Anschluß an die Romania altes *Paschen* aus *pascha*, vgl. französisch *Pâques*, bewahrt wurde (Karte Abb. 415).

Im merowingischen Reich der Franken begegneten sich die romanische und die germanische Welt. Man kann dafür das Wort Symbiose gebrauchen, man darf aber nicht vergessen, daß am Ende der Merowingerzeit dieser ständige Ausgleich der Traditionen so beschaffen war, daß er unweigerlich auf die Trennung beider Welten, die jede von der anderen freilich viel in sich aufgenommen hatte, hinauslief. So

Abb. 415 Verbreitungskarte Paschen »Ostern«. – Nach Th. Frings/K. Niessen; graphische Gestaltung I. Bell.

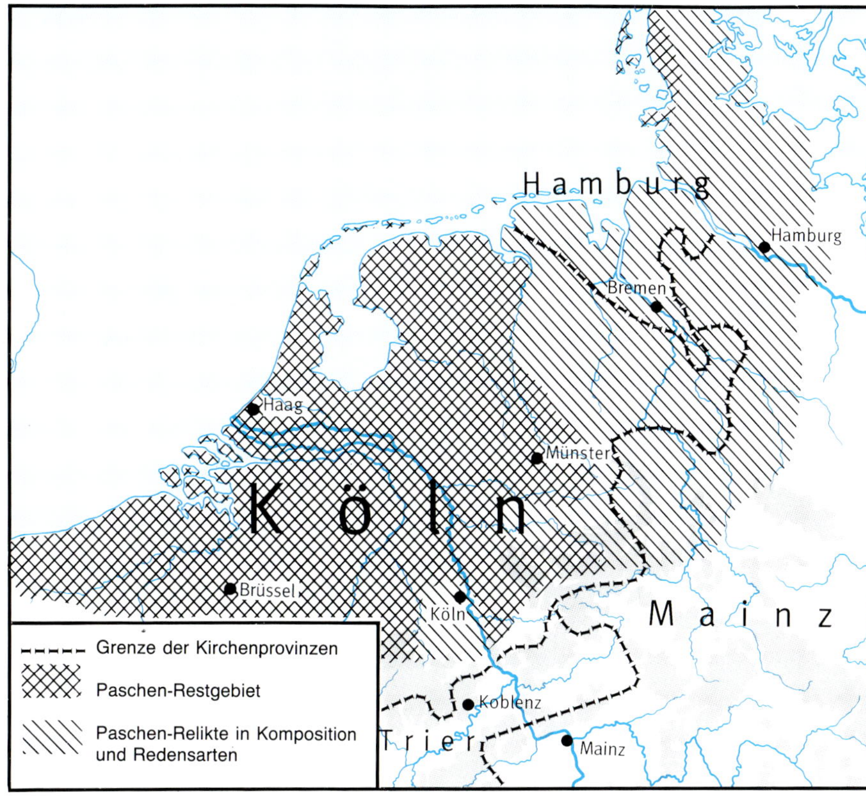

überrascht es nicht, daß die Sprachen der Franken in den Kontaktzonen auch Alltagswortgut der Romanen in sich aufnahmen, wie das schon für die kirchliche Terminologie – dort am leichtesten einzusehen – festzustellen war. Aus den Bedingungen der Zweisprachigkeit ist eine schon in der Rechtssprache der Malbergischen Glossen vorkommende hybride Bildung wie **duri-palus* »Türschwelle« aus altfränkisch *duri* »Tür« und lateinisch *palus* »Pfahl, Brett« zu verstehen, die als niederländisch *dorpel*, mittel- und niederfränkisch *dürpel* »Schwelle« in den rheinischen Dialekten südlich bis Prüm und Bitburg reicht. Fränkisch-merowingisch ist die bedeutungsmäßige Sonderentwicklung von lateinisch *portus* zu »Stadt, Handelssiedlung«, die ins Altfranzösische ausstrahlt, aber auch in die Niederlande und nach Flandern, und das südlich bis an die Mosel relikthaft in Ortsnamen wie Pies*port* und Hatzen*port* konserviert wird. Ebenso das Lehnwort mittelniederländisch *tombe*, *tumbe*, luxemburgisch *tomm* < lateinisch *tumba* »Grab«, das durch Ortsnamen von Trier bis in die Niederlande und nach Brabant in seinem alten Verbreitungsgebiet markiert ist. Ein weiträumig geltendes romanofränkisches Kennwort ist ferner althochdeutsch *musca*, rheinisch *müsche*, moselfränkisch *mesch*, niederländisch *musch* < lateinisch *muscio* »Sperling«, das sich gegenüber rheinfränkisch *spatz* und niederdeutsch *lüning* bis heute behauptet hat.

Andere Lehnwörter sind regional begrenzter, oft auf das Trierer Land beschränkt, auf die eigentliche und langandauernde Moselromania, die – vor allem im Bereich des Agrar- und Winzerwortschatzes – die höchste Lehnwortfrequenz der Rheinlande aufweist. Diese Wörter bezeugen ein vom romanischen Substrat bedingtes altes Wortsondergut im Fränkischen. Hierher gehören etwa das mit ostfranzösisch *ouche* vergleichbare moselfränkische *olk* »geschlossenes Ackerland«, belegt von Lothringen bis zur Moselmündung, < galloromanisch *olka* »pflügbares Land«; oder *schemel* »kleines Stück, abgemessenes Stück« in Weinberg, Acker oder Wiese, belegt in Lothringen, im Moselland, in der Pfalz und am Niederrhein < in der nördlichen Gallia spätantik lateinisch gebildetem *scamellum*, mit Diminutivsuffix < lateinisch *scamnum* »Bank«. Ein weiteres romanofränkisches Kennwort ist *kas*, *kes* »Eichenwald« < galloromanisch *cassanus* »Eiche« (vgl. altfranzösisch *chesne)*, nach Ausweis von Flurnamen verbreitet vom Hennegau in Belgien bis in die Südpfalz.

Fränkisch und Romanisch

Die hohe Anzahl früher romanischer Lehnwörter im Fränkischen illustriert die jahrhundertelange Symbiose und teilweise Zweisprachigkeit des fränkischen Raumes im Merowinger- und Karolingerreich. Als Ergebnis der germanischen Wanderungen und fränkischer Siedlungstätigkeit war ein großer Teil der linksrheinischen Gebiete des Imperiums, vor allem der beiden germanischen Provinzen am Rhein und der beiden belgischen Provinzen mit den Mittelpunkten Trier und Reims, zu Mischgebieten geworden, die in manchen Regionen außerordentlich stark germanisiert waren; vgl. etwa die Ansiedlungsgebiete der salischen Franken zwischen Maas und Schelde in den heutigen Niederlanden und Belgien (Karte

Abb. 416 *Verbreitungskarte der aus römischer Zeit erhaltenen Siedlungsnamen in den Niederlanden. – Nach M. Gysseling; graphische Gestaltung I. Bell.*

Abb. 416). In anderen Regionen wurden die germanisch-belgischen Provinzen wohl von Zweisprachigkeit geprägt, wobei sich Romaneninseln, etwa die *Mosella Romana*, noch lange halten konnten; in wieder anderen Gebieten vor allem des Westens blieben die Franken eine oberschichtliche Minderheit, zu denen sich ab und zu, aber in oft überschätztem Ausmaß kleine, kompakte Siedlungsinseln im Ausbauland fügten.

Für die Niederlande läßt sich heute – obwohl der Forschungsstand in vielen Einzelheiten unbefriedigend und auch in der Datierung von Lauterscheinungen durchaus revisionsbedürftig ist – ungefähr folgendes Bild der sprachlichen Germanisierung zeichnen: Um das Salierland war am Niederrhein, an der Maas und in einem breiten Gürtel zwischen Maastricht, Courtrai/Kortrijk und der Mündung der Yser (westlich von Ostende) in die Nordsee ein Ring römischer Siedlungsnamen erhalten geblieben (Karte Abb. 417), der im 5./6. Jahrhundert vor allem an der Rheinlinie zwischen Utrecht und Nymwegen und in Flandern germanisiert wurde. Es entstehen die typisch germanisierten Lehnnamen: *Luik* neben *Liège* < *Leodicum; Lennik* < 877 *Liniacum; Maurik*, 997 *Maldericke* < **Maleriacum* jeweils mit noch nicht palatalisiertem romanischem [k]; *Maastricht*, 596 *Treiecto*, 7. Jahrhundert *Trechto* < **Traiectum* »Übergang«; *Utrecht* ist der *ut* »unten, stromabwärts« gelegene Übergang.

Die Siedlungswellen des 6./7. Jahrhunderts ließen die Sprachgrenze nach Westen bis an die Canche bei Boulogne wandern. Aus einem jahrhundertelangen sprachlichen Mischgebiet kristallisierten sich erste Sprachgrenzstücke in den Tälern von Maas und Sambre und an der oberen Schelde heraus; die spätere Wallonie begann sich abzuzeichnen. Sprachinseln wie die um Vaals (östlich von Maastricht) < romanisch **Valles* »Täler« mit erhaltenem finalen [-s], um Aachen und am östlichen Eifelrande lösten sich auf.

Alle vorgermanischen Namen auf heute deutsch- oder niederländischsprachigem Gebiet sind Zeugen einer gewissen Kontinuität romanischer Bevölkerung über die Zeit der sogenannten Landnahme hinaus. Nirgendwo ist die Entlehnung eines vorgermanischen Namens durch die fränkische Bevölkerung anders als durch einen wie auch immer gearteten Kontakt mit noch lebender galloromanischer Bevölkerung zu denken. Vorgermanische Namenrelikte können also einen Eindruck davon vermitteln, wo mit der Anwesenheit romanischer Gruppen in der Zeit des frühesten Mittelalters positiv gerechnet werden muß; wie lange, das ist eine zweite Frage, die sehr differenziert beantwortet werden muß. Im Norden des fränkischen Sied-

Abb. 417 Germanischer und romanischer Lautstand des 4./5. Jahrhunderts in Siedlungsnamen der Niederlande. – Nach M. Gysseling; graphische Gestaltung I. Bell.

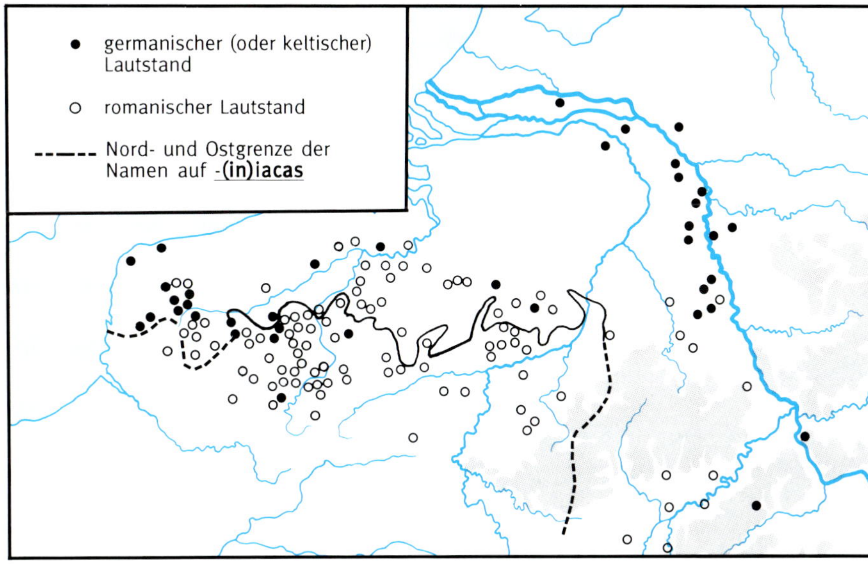

lungsgebietes hat sich die Germanisierung früh vollzogen und ist mit dem 7. Jahrhundert im wesentlichen abgeschlossen. Diese frühe Germanisierung ist für den Süden nur im Rheintal festzustellen, wo die durchgeführte t-Verschiebung, wie schon oben erwähnt, für einen Abschluß der Germanisierung spätestens um 600 spricht. In Lothringen (Karte Abb. 418), an der Mosel und weiteren kleinen Sprachinseln (Prüm, Rheinengtal, Mainz) fehlt die t-Verschiebung jedoch, erst die k-Verschiebung des 7. Jahrhunderts erreicht die Ortsnamen, ebenso der althochdeutsche Umlaut des frühen 8. Jahrhunderts. Die Frankisierung der Namen beginnt also hier mit dem 7. Jahrhundert, andererseits gibt es aber sichere Anzeichen für das Weiterleben romanischer Idiome östlich der späteren Sprachgrenze: Die romanische Palatalisierung von [k] vor folgendem [e, i] zum Beispiel, in Lothringen nicht mehr eintretend, läßt sich demnach in der Moselromania (Hunsrück, untere Saar, Moseltal) belegen: in *Detzem* bei Trier, 897 *Decima*, 1220 *Dezzeme* < lateinisch *decima; Zerf* (Kr. Trier-Saarburg), 802 *Cervia* < lateinisch (*silva*) *cervia* »Hirschwald«. Nur bei der Annahme von sprachlichen Verbindungskorridoren aus der lothringischen Galloromania im *pays Messin* bei Metz und der *terra Gallica* (zwischen Maas und Mosel) der Diözese Trier bis hin zur mittleren Mosel noch im 9./10. Jahrhundert läßt sich erklären, weshalb neben den romanischen Reliktwörtern *Naf* < galloromanisch **nauda* »Sumpftal, Rinne, Bach« und *Waber* < galloromanisch **wabero* »Sumpfland, feuchte Wiese, Bachtal« (vgl. die französische *Woëvre* bei Verdun) in der Trierer Moselromania im Kerngebiet um Bernkastel und Zell die neueren palatalisierten Formen *Nef* und *Feber* auftreten. Diese galloromanische Entwicklung von [á] > [é] in freier Silbe läßt sich vor dem 9. Jahrhundert nicht nachweisen und erreicht doch ungeachtet der zahlreichen eindeutig germanischen Unterbrechungszonen über das gesprenkelte Konglomerat der romanischen Sprachinseln oder über bilinguale Zonen hinweg das Zentrum der Moselromania im 9./10. Jahrhundert. Die Ränder der Moselromania um Trier und um Cochem kennen bezeichnenderweise nur die älteren Reliktformen *Naf* und *Waber*. Zeitlich darüber hinaus reichen romanisch entwickelte Doppelformen wie anno 924 *Nannei* für *Nennig* (Kr. Merzig-Wadern), die recht deutlich die romanische Weiterentwicklung von **Nanniacum* > **-iago* > *-ei* aufweist, wie sie auch im romanischen Westen, etwa im Metzer Umland, üblich war. Das Nebeneinander von *Nannei* mit erhaltenem romanischem [a] und umgelautetem althochdeutschem [a] > [e] vor folgendem [i] in *Neneken* anno 1161 beweist die Doppelsprachigkeit in diesem Moselabschnitt zwischen Trier und Thionville/Diedenhofen noch im 10. Jahrhundert. Nach diesen und anderen in der Moselromania noch durchgeführten romanischen Lautentwicklungen muß die Integration der größten romanischen Sprachinsel auf später deutschem Sprachgebiet durch die Franken in einem umfassenden Prozeß zwischen dem 8. und 11. Jahrhundert erfolgt sein, von Koblenz moselaufwärts, von Trier moselabwärts. Ähnliche Abschnürungsprozesse mit einem Übergang von der deutsch-romanischen Zweisprachigkeit zur fränkischen und später deutschen Einsprachigkeit kann man für das 8./9. Jahrhundert am Vogesenrand um Sarrebourg (Dép. Moselle), im Hochwald an der Südabdachung des Hunsrücks um Tholey (Kr. St. Wendel) erschließen und für das 7./8. Jahrhundert für vereinzelte Sprachinseln und zweisprachige Zonen zwischen Mosel und Nied (Dép. Moselle) vermuten.

Fränkische Sprachexpansion

Die fränkischen Sprachen haben nicht nur durch die Assimilation von Romanen

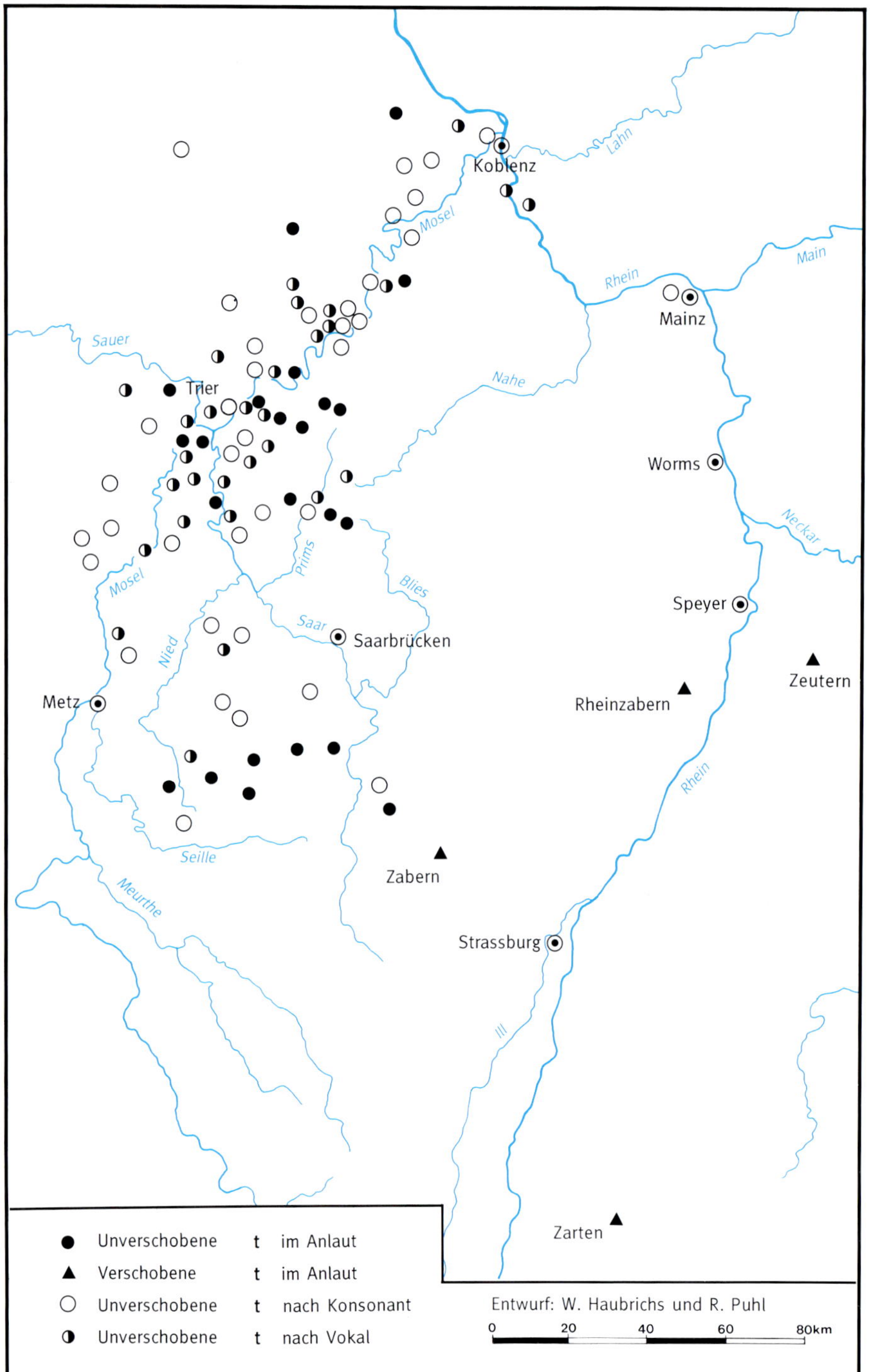

Abb. 418 Vorgermanisch /t/ im Raum zwischen Rhein und Mosel. – Graphische Gestaltung I. Bell.

neues Terrain gewonnen, sie haben sich auch sonst – parallel zu den merowingischen und karolingischen Siedlungsschüben – räumlich kräftig ausgedehnt. Freilich wissen wir über die Ostexpansion der Frühzeit wenig; nur das vom Angelsachsen Willibrord geleitete Kloster Echternach hat im frühen 8. Jahrhundert Expansionsinteressen im Würzburger Raum und in Thüringen. Als jedoch im 8./9. Jahrhundert die Überlieferung quantitativ und qualitativ zunimmt, gehören Hessen und der Würzburger Raum, die Landschaft, die später vorzugsweise den Franken-Namen in Deutschland weiterträgt, zum fränkischen Sprachraum, wobei das sogenannte Ostfränkische eine oberdeutsch erscheinende Beeinflussung aufweist, die aus thüringischem Substrat oder auch aus Strahlung aus dem bairischen Raum stammen kann. Auch in der südlichen Grenzzone des Fränkischen, dem Südrheinfränkischen um Heilbronn, Karlsruhe, Speyer, Weißenburg/Wissembourg, das erst die Neuzeit zum Elsaß zählt, ist die oberdeutsch-alamannische Beeinflussung deutlich spürbar; etwa in der Übernahme der alamannischen Umsetzung der Resultate der althochdeutschen Diphthongierung, also [ua] < germanisch [ô] statt fränkisch [uo], worüber wir durch die früh, noch im 7. Jahrhundert einsetzenden Quellen des Klosters Weißenburg relativ gut informiert sind.

Ebenso hat es im Westen eine erhebliche Expansion der Franken und ihrer Sprachen gegeben. Doch war ihnen nach einem Zeitalter der zumindest partiellen Zweisprachigkeit, die kaum über das 8./9. Jahrhundert hinausreichte, das gleiche Schicksal der Assimilation beschieden, das die romanischen Sprachinseln östlich der sich bildenden Sprachgrenze erlitten. Freilich bezeugt bis heute eine hohe Anzahl fränkischer Lehnwörter die langandauernde Prägung des sich zum Französischen entwickelnden Romanischen der nördlichen Gallia. Ein lehrreiches Beispiel bietet die in der *Lex Salica* vorkommende Bezeichnung für »Hengst«, das ist *waranjo* < altfränkisch **wrainjô*: mit romanischem Sproßvokal und romanischer Reduzierung des fränkischen Diphthongs [ai] > [a] ist diese Form die direkte Voraussetzung für altfranzösisch *garagnon* mit zentralfranzösischem Lautersatz [g] für germanisch [w]. Solche Lehnwörter sind – vorwiegend auf den Gebieten der Militärtechnik, der Agrarkultur, der Kleidung und kulturspezifischer Bräuche – schon früh im merowingischen Latein bezeugt. So bemerkt Gregor von Tours (anno 593/94) anläßlich eines Königsmordes zu den gebrauchten Waffen: *quos vulgo scramasaxos vocant* »die sie gemeinhin Hiebschwerter nennen«, wobei *scramasax* zu **skramjan* »schremmen« und **sahs* »Messer, Schwert« zu stellen ist. Der Hofdichter Venantius Fortunatus (zwischen anno 565 und ca. 600) erwähnt das Spiel auf der germanischen *harpa* »Harfe, Rotte«; die um 600 entstandene Vita der hl. Radegunde kennt, in romanisierter Lautform, das germanische Wort für Filz: *felte* < altfränkisch **filta*.

Das Französische verdankt der Sprache der Franken sogar Wörter des Grundwortschatzes, wie die Farbwörter *bleu* »blau« < **blêwa*; *blanc* »weiß« < **blanka* »glänzend, hell«; *brun* »braun« < **brûna*; *gris* »grau« < **grîsa*. Insgesamt stammen mindestens 460 Wörter aus dem Fränkischen, wahrscheinlich sind es jedoch noch weit mehr. Sie zeigen oft deutlich die Spuren romanischer Umformung, so wird altfränkisch **hlanca* »Seite, Hüfte, Lende« zu altfranzösisch *flanc*, das viel später als Flanke rückentlehnt wird. Aus gleichem Stamm rührt althochdeutsch *gi-hlenki* »Biegung« > neuhochdeutsch *Ge-lenk*, mit Lautersatz des für Romanen unsprechbaren [hl] wie beim Königsnamen *(C)Hlôdwig* > *Flovis*.

Aus dem Lautstand der Lehnwörter läßt sich in günstig gelagerten Fällen der Zeitpunkt oder der Ort der Übernahme rekonstruieren. So ist französisch *flotte* aus altfränkisch *flôta* »Schwimmendes« (vgl. mittelniederländisch *vlôte, vloot* bzw. neuhochdeutsch *Entenflott),* also einer Form ohne t-Verschiebung und ohne Diphthongierung des [ô], abzuleiten, was entweder auf eine frühe Übernahme oder eine Entlehnung aus niederfränkischer Küstenmundart deutet, wobei für letzteres Wortgeographie und Bedeutungsentwicklung sprechen.

Für Lehnwörter aus dem rheinfränkischen Kontaktgebiet um Metz ist typisch die Lautverschiebung, wie für altfranzösisch *anacier, anecier* (hier mit dem Umlaut des frühen 8. Jahrhunderts) < **anatzjan* < altfränkisch **anatjan* »anstacheln, nötigen«, das in latinisierter Gestalt bereits in den aus Corbie (Ende 8. Jahrhundert) stammenden *Reichenauer Glossen* als *anatzare* bezeugt ist. Die Entlehnung von Verben im fränkisch-romanischen Sprachkontakt, sonst eher eine Seltenheit im Vergleich zu Begriffs- und Sachbezeichnungen, deutet zusätzlich auf die langandauernde, sich in handelnder Kommunikation realisierende Zweisprachigkeit der Kontaktgebiete.

Lehnwörter können etwas über die Ausdehnung des fränkischen Siedlungs- und Sprachraums aussagen. Das hat man etwa für das Agrarfachwort ostfranzösisch *ran*, *rá* < altfränkisch *hrannô* »Schweinegatter« (*Lex Salica: chranne*) zeigen können, das sich in den Dialekten der belgischen Wallonie, der Ardennen, der Ostchampagne, Lothringens und der Vogesen zeigt (Karte Abb. 419). Nahezu den gesamten westfränkischen Siedlungsraum zwischen Kohlenwald und Loire nahm und nehmen die Lehnwörter französisch *hesse* bzw. *hêtre* »Buchenwald, Buche« aus altfränkisch **haisja, haisiþi, *hais-tru* »Niederwald, junger Baum« ein (vgl. mittelhochdeutsch *heister*, mittelniederdeutsch

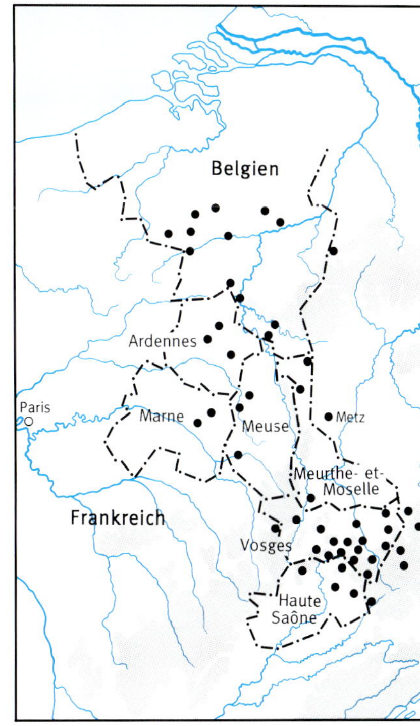

Abb. 419 *Verbreitung der altfränkischen* hrann *»Schweinegatter« in ostfranzösischen Dialekten. – Nach M. Pfister; graphische Gestaltung I. Bell.*

hester, mittelniederländisch *heister*); diese in Ortsnamen, Dialekt- und Fachwortschatz verbreiteten Wörter waren charakteristisch fränkisch-sächsische Kennwörter.

Insgesamt gesehen sind jedoch Wörter, die sich auch sekundär in der Zielsprache ausgebreitet oder auf Relikträume zurückgezogen haben können, ein eher unsicheres Mittel zur Rekonstruktion des Verbreitungsraumes einer untergegangenen Altsprache. Besser steht es da mit lautlichen Erscheinungen, die auf die frankoromanischen Kontakte zurückgeführt werden müssen. So ist auffällig gegenüber sonstigem Schwund oder Ersatzlautbildung die früh bezeugte Erhaltung der für Romanen schwierig zu artikulierenden Laute ger-

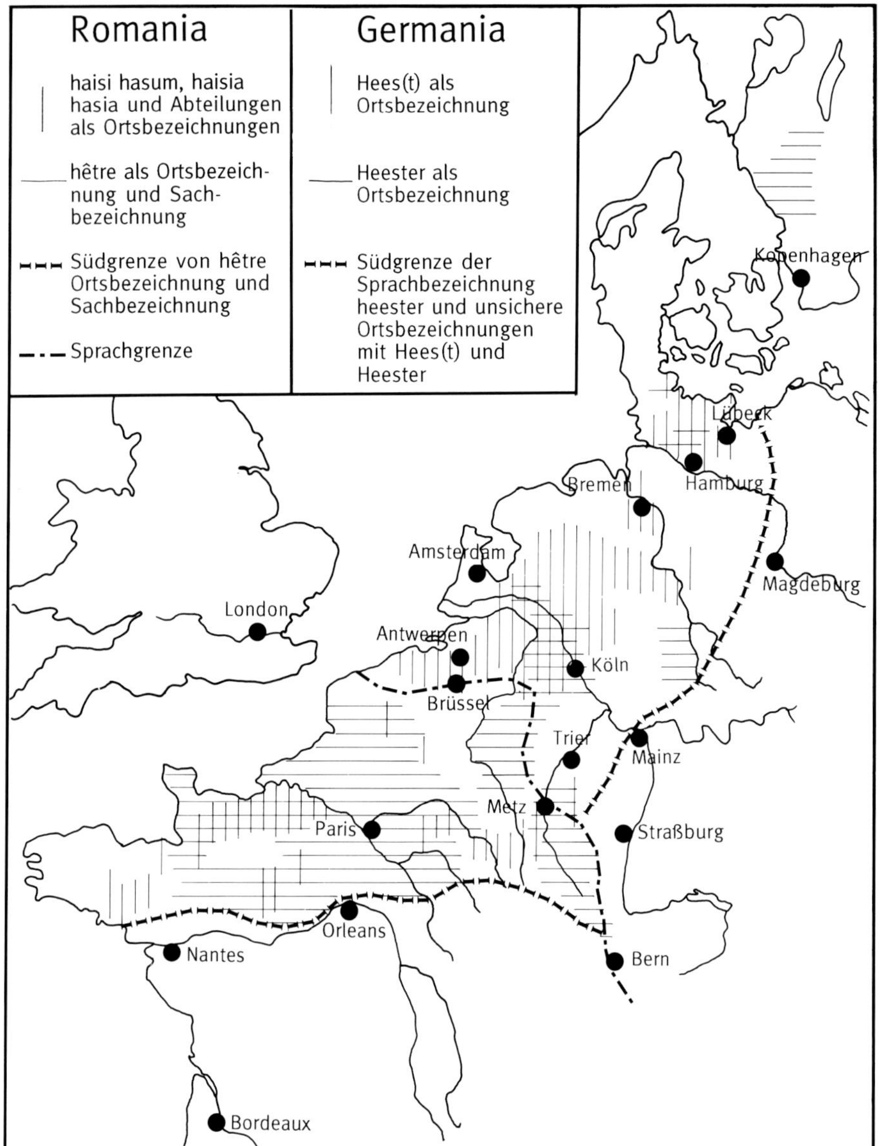

Abb. 420 *Verbreitung der Abkömmlinge von westgermanisch *haisja, haisi i, *hais-tru. – Nach Th. Frings; graphische Gestaltung I. Bell.*

manisch [h] und [w] in den Dialekten des Ostens und Nordostens Frankreichs (Karte Abb. 421): zum Beispiel bei normalfranzösisch *gagner* (dazu *regain*) »Land bebauen, gewinnen« < **waidanjan; guère* »kaum« < **warôn* »beachten, bewahren«; *garder* »betrachten, bewachen« < **wardôn*. Hier fassen wir sicherlich die intensiver frankisierten Kontaktzonen der nördlichen Gallia, denn nur intensiver täglicher Umgang in Zweisprachigkeit kann zu solcher Veränderung des ererbten Lautvorrats führen.

Ein hervorragendes Material zur Rekonstruktion des fränkischen Sprachraums sind die Ortsnamen, die ja fest am Boden haften und in urkundlichen Nennungen oft früh und sicher datierbar belegt, dazu massenhaft, also statistisch auswertbar auftreten. Sie helfen, die *Germania submersa,* das untergegangene germanischsprachige Gebiet, auf gallischem Boden räumlich nachzuzeichnen. So gelingt es etwa in Flandern, über die heutige – bei Boulogne auf die Nordsee treffende – Sprachgrenze hinaus, einen lang andauernden fränkischen Sprachraum bis zur Mündung der Canche zu rekonstruieren und einen Mischraum festzustellen, der noch weiter südlich bis auf die Höhe von Arras und Hesdin, fast bis an das Tal der Somme heranreichte, und zwar aus den Ortsnamen auf *-ingheim* und *-ingatûn,* wobei der letztere Typus zu altfränkisch *tûn* »Zaun, eingehegter Platz« (vgl. englisch *town*) zu stellen ist (vgl. Karte Abb. 422).

Dies ist freilich auch schon der einzige Langzeitgewinn der fränkischen Sprache und damit auch der fränkischen Siedlung, der gesichert werden kann. Es gilt, Abschied zu nehmen von allzu großzügigen Vorstellungen über das Ausmaß und die Reichweite fränkischer Siedlung, die in den dreißiger Jahren auf mangelhaft gesicherter Quellengrundlage und in problematischer philologischer Auswertung gehegt und verbreitet wurden. Die nicht früh durch germanische Doppelformen belegte fränkische Zusiedlung zu bereits bestehenden Romanenorten ist, da ihre sprachlichen Zeugen mit dem Erlöschen des Westfränkischen untergegangen sind, prinzipiell dem Philologen nicht zugänglich. Nur dort, wo fränkische Ortsnamen – in der Regel Flur-, Stellen- und Gewässernamen – überdauert haben, sind Rückschlüsse möglich. Analysen der Relikte im ostfranzösischen Raum, in den Argonnen, im Verdunois und in den Ardennen, haben gezeigt, daß hierbei oft Ausbausiedlung des 7. Jahrhunderts, die sprachlich kaum mehr als ein Jahrhundert überlebte, greifbar wird. Das Aufregende daran ist freilich, daß der in diesen Namen enthaltene Wortschatz überwiegend nach Norden weist: so altfränkisch **hlari* »Hürde, abgegrenzter Bezirk« in den Fiskalzentren der Ardennen wie *Anlier* < **Ans-(h)lari; Longlier* < **Longo-(h)lari; Mellier* < **Mas-(h)lari;* womit etwa *Fritzlar* < *Frites-(h)lari* (Hessen), *Berkelaar* (Prov. Limburg), 11. Jahrhundert *Berclar,* und *Laarseberg* Prov. Utrecht), 855 *Hlara,* zu vergleichen sind; so altfränkisch *bant-* »Landstrich«, beispielsweise in *Brabant* (mehrfach, Dép. Meuse), 1028 *Braiban* < altfränkisch *brâki* »brach, unbebaut« + **banti*, wozu die niederländischen Landschaftsnamen *Brâ(c)bant* (auch an der Lippe belegt), *Karabant*, *Ostarbant*, *Testerbant*, an der Ems *Bursibant* und mehrere Inseln namens *Bant* zu stellen sind (vgl. auch mittelfränkisch *ele-venz*[a] und rheinfränkisch *elibenzo* »Ausländer« mit t-Verschiebung); so altfränkisch *haru* bzw. *heri* »sandiger Bergrücken«, zum Beispiel in *Lanhères* (Dép. Meuse) zu *lang-* »langgestreckt«, wozu sich zahlreiche Namen Nieder- und Westdeutschlands sowie der Niederlande fügen: *Mander* (NL, Prov. Overijsel), 797 *Man-heri*; *Zevenaar* (Prov. Gelderland), ± 1047 *Suben-hara; Rienderen* (ebd.), 797 *Hren-heri*.

Repräsentieren diese Beziehungen nun altfränkische Gemeinsamkeiten oder auf Siedlerbewegungen beruhenden späteren Import? Auf jeden Fall belegen sie die intensive Begegnung von Franken und Romanen in den Kontaktzonen der nordöstlichen Gallia, deren Spuren bis heute lesbar blieben.

Literatur: Bach 1974/81. – Bergmann, R. 1983. – Brosman 1963; 1970; 1974; 1979. – Buchmüller-Pfaff 1990; 1991. – Buchmüller/Haubrichs/Spang 1986/87. – de Boone 1951. – van Durme 1983. – Eggers 1963; 1982. – Frings/Müller 1966/68. – Gamillscheg 1934 (1970). – Goossens 1978. – Gysseling 1950; 1958; 1960; 1962; 1970; 1974; 1981. – Gysseling/Verhulst 1969. – Haubrichs 1987; 1994. – Haubrichs/Pfister 1989; 1995/96. – Haubrichs/Ramge 1983. – Hoebeke 1977. – Hüppner 1983. – Kaufmann, H. 1965. – Kaufmann, H./Förstemann 1968. – Kleiber/Pfister 1992. – Klein, H. W./Labhaardt/Raupach 1968/72. – Klein, T. 1979. – König, W. 1978. – Lehmann 1966. – Markey 1976. – Matzel 1971; 1977/78. – Maurer/Rupp 1974. – Mihm 1992. – Milis, L. 1978. – Müller, G. 1972. – Nielsen 1979; 1981. – Okken 1982. – von Olberg 1983; 1991. – Petri 1973; 1977. – Pfister 1977; 1978; 1987. – Pitz 1994. – Post 1982. – Quak u.a. 1983. – Rösel 1962. – Rosenfeld 1955. – Sanders 1969; 1970. – Schmidt, W. 1993. – Schmidt-Wiegand 1985; 1991. – Schmitt 1970. – Schützeichel 1976; 1986; 1988. – Seebold 1984. – Sonderegger 1965; 1979. – Tiefenbach 1973; 1986. – Vekeman/Ecke l992. – Verlinden 1955. – Voyles 1971. – von Wartburg 1939. – Wells 1990. – Wüest 1979.

Die Franken zwischen Spätlatein und Altfranzösisch

Michel Banniard

Als die Franken den Rhein überschritten, trafen sie auf eine neue latinophone Sprachwelt. Beim kulturellen Anpassungsprozeß spielten der Dienst im römischen Heer sowie Handel, Kult und persönliche Verbindungen eine Rolle. Vom 3. bis ins 5. Jahrhundert wurde Spätlatein gesprochen. In der Folge beschleunigten sich in Gallien vom 6. zum 7. Jahrhundert die Neuentwicklungen derart, daß es zum merowingischen Spätlatein wurde. Aus diesem entwickelte sich im folgenden 8. Jahrhundert im Norden die älteste Form des Französischen, das Protofranzösisch, und im Süden die älteste Form des Okzitanischen, das Protookzitanisch. Dies ist der Gang durch die Sprachen, den die Franken im Verlauf der Zeit absolvierten.

Frankophone und Latinophone

Wenn man ein Wortspiel anwenden will, so ließe sich sagen: »Die Franken waren ... francophones«. Ihre Sprache hatte bei ihrem ersten Kontakt mit dem Römischen Reich noch keinen präzisen Namen. Später tauchen in einem historisch und kulturell sehr geänderten Umfeld die verschiedensten Ausdrücke auf: *patrius sermo, francisca lingua, theotisca lingua.* Für das 3. Jahrhundert sollte aber die moderne linguistische Terminologie angewendet werden: Die Franken sprachen im Augenblick ihres Kontaktes mit der Rheinlinie, bevor sie diese überschritten, ein Dialekt-Ensemble, das Fränkische, ein Vorläufer des Althochdeutschen, das seinerseits wieder in Unterdialekte aufgespalten ist. Diese sind wiederum in eine weitaus größere Gruppierung, die der germanischen Sprachen, einzuordnen. In der betreffenden Zeitepoche gehörten diese alle zu den nicht-geschriebenen Sprachen. Das will nicht heißen, daß sie ohne Kultur waren, ganz im Gegenteil. Sie gehörten in diesem Augenblick zum Typus der Zivilisation der sogenannten »Völker ohne Schrift«. Als einziges unter den germanischen Völkern haben im 4. Jahrhundert die Goten an der unteren Donau dank des Bischofs Wulfila und der Übersetzung der Evangelien einen ersten Zugang zur geschriebenen Kultur erhalten. Die Franken sahen sich jedoch mit einer neuen Sprachwelt im doppelten Sinne konfrontiert, mit der Latinophonie.

Im 3. Jahrhundert war die Latinisierung des Römischen Reiches im allgemeinen und die der gallischen Provinzen im speziellen abgeschlossen. Man darf sich nicht durch das Wiederaufleben keltischer Städtenamen täuschen lassen. Bei diesem Phänomen handelt es sich eher um einen Identitätsausgleich, durch welchen die *civitates* versuchten, Marksteine der Erinnerung an die alte Lokalkultur, die ins Dunkel der Vernachlässigung und des Vergessens gefallen war, aufzustellen. So entdeckten die Franken einen immens großen Sprachraum, der ihnen ebenso weite Horizonte öffnete wie die römische Verwaltung. Ihre gleichermaßen eingeschränkte und zersplitterte Existenz stieß an einen Kontinent von Wortbegriffen, dessen Grenzen sich für sie nicht abzeichneten. Das linke Rheinufer war buchstäblich für sie eine neue Sprach-Welt. Aber wie bei allen Ver-

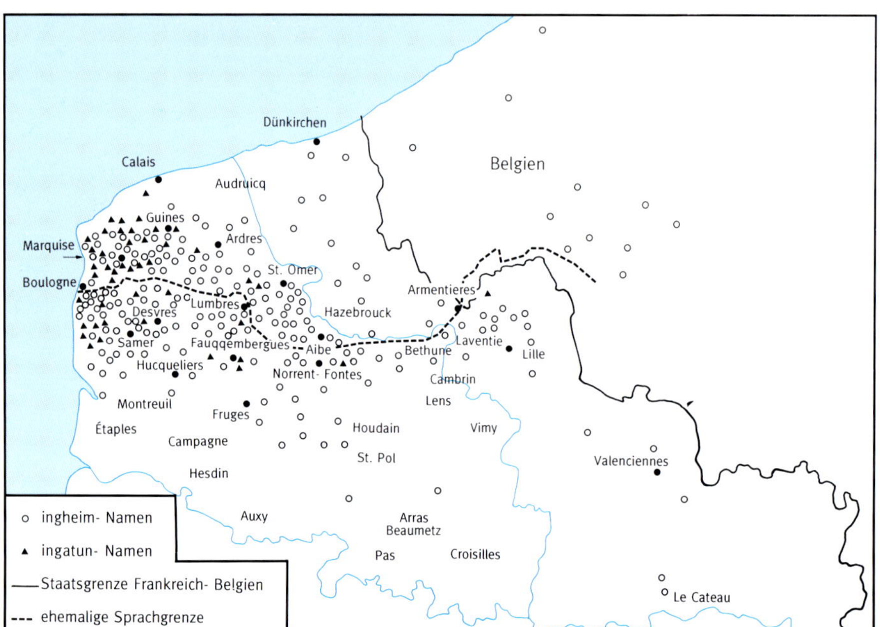

Abb. 421 *Verbreitungskarte der Ortsnamen auf -ingheim, -ingatun im belgisch-französischen Grenzraum. – Nach W. Haubrichs, graphische Gestaltung I. Bell.*

Abb. 422 *Verbreitung von erhaltenem germanischem [w] in Nordostfrankreich. – Nach W. Haubrichs/M. Pfister; graphische Gestaltung I. Bell.*

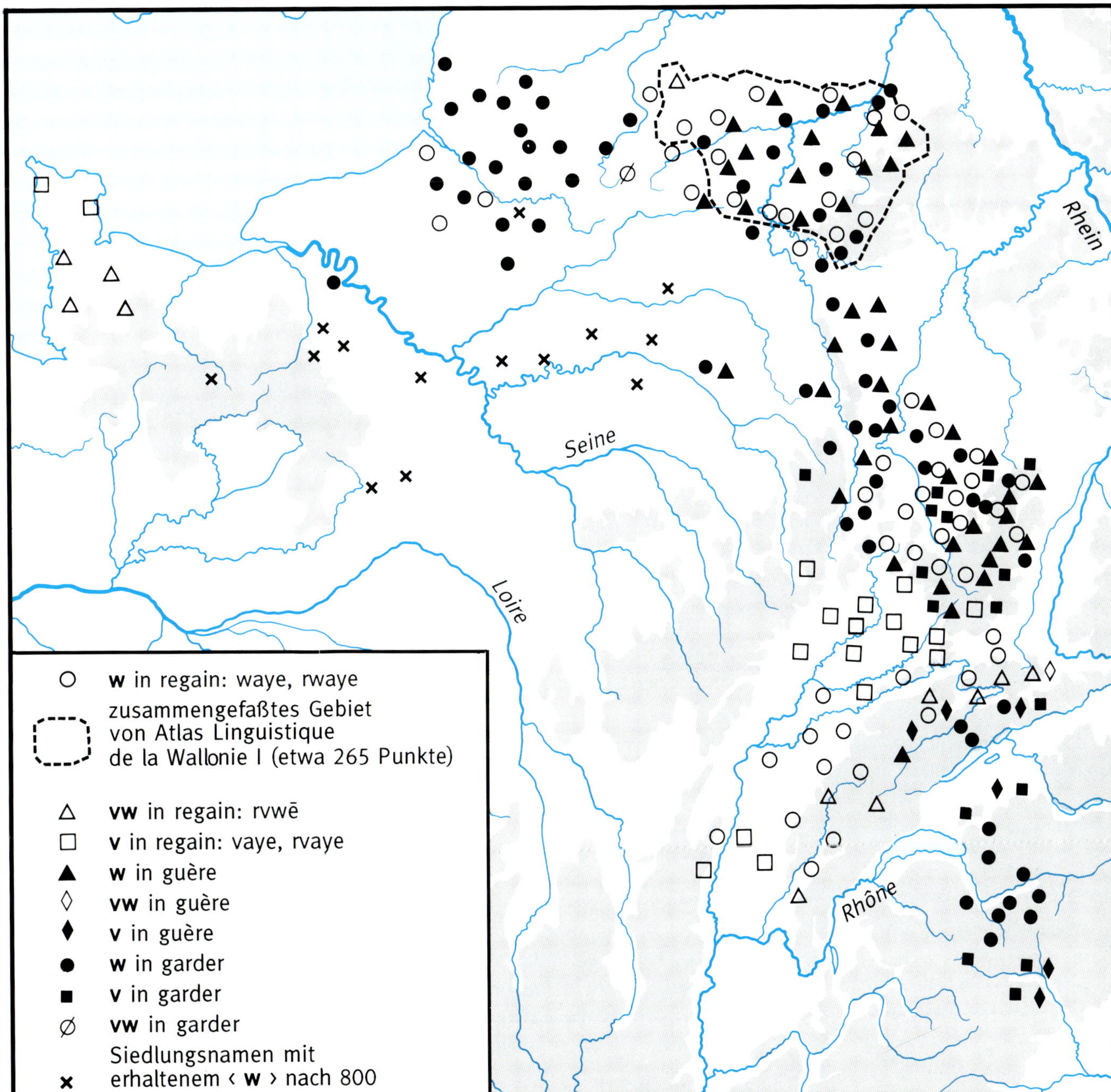

bindungen zwischen Menschengruppen fehlten auch hier nicht die Vorgänge der sprachlichen Wechselbeziehungen. Die Franken wurden bei den römischen Legionen sehr rasch zu gesuchten Auxiliarsoldaten. Sie traten damit in eine sehr stark durchgegliederte Gesellschaft ein. Dabei gab es ungezählte Gelegenheiten, sich mit dem *sermo castrensis*, der Lagersprache, und mit allem, was sich um ein römisches Kastell oder um das Feldlager einer Legion herum abspielte, vertraut zu machen. Einige unter ihnen, die zur eigenen Oberschicht gehörten, gelangten vom Beginn des 4. Jahrhunderts an auf immer höhere Kommandoposten. Dadurch wurden sie zu hohen Funktionären des Kaisers, wobei sie sich ohne Zweifel auf eine fehlerfreie Kenntnis der lateinischen Reichs-Sprache stützen konnten.

Andere mächtige Faktoren kamen bei dem kulturellen Anpassungsprozeß der Franken ebenfalls mit ins Spiel. Zu nennen sind der Handel – man weiß, wie die Rhein-Donau-Achse in den Handelsbeziehungen an Bedeutung gewann –, ethnische Beziehungen in Form von Eheschließungen oder anderen Verbindungen zwischen nahe verwandten Volksstämmen sowie religiöse Einflüsse, wobei die Verbreitung des Mithras-Kultes eine erste, sehr stark assimilierende Rolle spielte, bevor das Christentum schließlich an dessen Stelle trat. Andererseits darf man nicht eine allzu starre Sicht der latinophonen Welt haben. Zunächst gab es hier und da ohne Zweifel weiterhin Keltophone, die auf jeden Fall zweisprachig waren. Außerdem hatte das gesprochene Latein keineswegs einen festgefügten und undurchdringlichen Aspekt. Man hat allen Grund anzunehmen, daß am Anfang des 4. Jahrhunderts die am weitesten nach Westen vorgedrungenen Franken bereits zweisprachig waren.

Die Latinisierung

Um welches Latein handelte es sich? Um das in allen Formen gesprochene Spätlatein. Mit dem Ende der mittleren Kaiserzeit und vor allem nach der Verkündung der *constitutio Antoniniana* im Jahr 212 beginnt ein neues Zeitalter des Latein. Als lebende Sprache besaß es vom 3. Jahrhundert an genügend neue Aspekte, daß man es fortan als »Gesprochenes Spätlatein der Phase 1« bezeichnen darf, das bis ins 5. Jahrhundert benutzt wurde.

Als in der zweiten Hälfte des 5. Jahrhunderts die Anwesenheit der Franken quantitativ und politisch hervortrat, sprachen diese ein Latein, das wie jede spontan gesprochene Sprache je nach den Sprechenden, den Örtlichkeiten, den Ereignissen, den betroffenen sozialen Schichten variierte. Die Aussprache war die damals übliche. Seit zwei Jahrhunderten hatten sich die Strukturen des Vokalsystems durch die lateinische Sprachgemeinschaft gelöst. Die Längen und Kürzen waren nicht mehr zu hören, dafür aber die Färbungen. Seit langer Zeit vernahm man das »-m« der Endungen nicht mehr. Im klassisch gesprochenen Latein wurde das Wort für Birne, *pira*, mit einem kurzen, leicht offenen »i« ausgesprochen. Nun wurde dieses »i« wie ein geschlossenes »e« zunächst wahrgenommen, dann ausgesprochen. So sagten die Latinophonen in ihrer spontanen Aussprache »pera«. Natürlich blieb die geschriebene Form des Wortes unverändert. Dies jedenfalls so lange, wie die Schreiber die klassische Orthographie beherrschten und den Willen hatten, diese zu bewahren. Andererseits ist es wahrscheinlich, daß während einer gewissen Periode zumindest die literarisch gebildete Elite eine archaische Aussprache wiederzufinden verstand, falls sie dies wollte. Auch das Konsonantensystem unterlag einer Weiterentwicklung. Die stummen Konsonanten zwischen zwei Vokalen sind oft stimmhaft geworden: *ripa*, das Ufer – da das »i« lang ist, wandelte es sich nicht –, wird fortan »riba« ausgesprochen; *vita* ist zu »vida« geworden usw. Seit langem haben sich Gaumenlaute ausgebildet: Die Gruppe »k+i« oder »k+e« wird »tsi« oder »tse« ausgesprochen; *caelum*, der Himmel, wird zu »tselo«, später sogar zu »tsielo«; *rationem* ist zu »ra(y)dzione« geworden. Andere Phänomene begannen sich abzuzeichnen oder wurden allgemein (Diphtongisierung). Sehr wahrscheinlich ist, daß in der Zeit der ersten Generation sich zwischen dieser Aussprache und derjenigen der Neuankömmlinge starke Unterschiede ausmachen ließen: Die Franken hatten einen Akzent.

Die Morphologie, die Syntax, der Wortschatz und die idiomatischen Ausdrücke des gesprochenen Spätlatein wiesen ebenfalls eine Reihe von Charakteristika auf, die alle hier aufzuzählen unmöglich ist. In gewissen Redewendungen vermehrten sich die Präpositionen. Man hörte gleichermaßen *comes de civitate,* Graf der Stadt, wie *comes civitatis* oder eher *civitati/e* allein, denn die synthetischen Fügungen verschwanden nicht auf einen Schlag. Die Deponentien wurden, ohne ganz auszusterben, von reflexiven Verben abgelöst: *se vadit,* sie geht weg. Ein neues Futur, das weitaus mehr Farbe hat, tauchte auf, *manducare habeo* (je mangerai), ich werde essen, steht in Konkurrenz zu den Formen *manducabo, manducavero,* bevor es sie ersetzt. Auch die Demonstrativpronomina wurden verstärkt: *ille* wurde mit *ecce* zusammengeschweißt und ergab »etsilli«, woraus das protofranzösiche *cil* entstanden ist. Bei den Nebensätzen sind Ergänzungen im Infinitiv, abhängig von Verben, die eine Meinung ausdrücken, zugunsten von Wendungen mit *quod/quia*, das vom Indikativ begleitet wird, verschwunden. Der Wortschatz hat, ohne seinen eigenen lateinischen Fundus zu verlieren, schließlich einheimische gallische, importierte griechische, religiöse christliche und der Volkssprache entliehene Wörter aufgenommen. Das Christentum zog eine lexikale Revolution nach sich: *abbas, clericus, ecclesia, episcopus, elemosina, eremus, presbyter, baptisma, benedicere, peccare* usw. Alle diese Begriffe werden im gesprochenen Spätlatein zu Bestandteilen der Umgangssprache und gehen schließlich ins Französische über: »abbé, clerc, église, évêque, aumône, erm(e) (im Französischen des Mittelalters = Einsiedler), prêtre, baptême, bénir, pécher usw.«.

Die Franken nahmen demnach an einer Latinität teil, die in vollem Umbruch stand.

Wenn sie auch im 3. und 4. Jahrhundert in der Mehrzahl zweisprachig waren (fränkisch und lateinisch), so ist es wahrscheinlich, daß von etwa 500 an diejenigen, die am meisten im latinophonen Umfeld tätig waren, schließlich nur noch lateinisch sprachen. Das Gesetz der sprachlichen Osmose hat vollständig in dieser Richtung gewirkt. Eine Volksgruppe, die in der Minderheit ist und sich auf eine Sprache ohne kulturelles – und kultisches – Prestige stützt, nimmt sehr rasch die Sprache der Bevölkerung an, die sie aufgenommen hat, denn diese wird von einer unvergleichlich größeren Zahl von Gesprächspartnern gesprochen: das Verhältnis war etwa 1:20. Außerdem profitierten diese von den Vorteilen der Schrift, der Verwaltung und des Kultes. Wohlverstanden, je mehr man sich gegen Osten begibt, also Richtung Mainz und des zukünftigen Austrasiens, kehrt sich die Tendenz um: Die Latinophonie schwindet zugunsten des Fränkischen, obwohl gewisse Restgruppen bis in karolingische Zeit überlebten. Abgesehen von diesen Einschränkungen sind die Belege für die sprachliche Assimilierung zahlreich. Selbst auf dem Gebiet des ersten merowingischen Klein-Königreiches in der *Gallia Belgica* ist ein romanischer Dialekt, das Wallonische, entstanden. Weiter südlich gibt es keinerlei Spuren von Dialekten der fränkischen Sprache. Eine Ausnahme machen die Ortsnamen, die aber eine ganz spezielle Kategorie darstellen; sie belegen nur eine vorübergehende Phase, die von einer Fusion gefolgt ist. Als im 6. Jahrhundert die erste fränkische Gesetzgebung verkündet wurde, ist diese lateinisch abgefaßt. Es handelt sich um ein Latein, das die Charakteristika der traditionellen juristischen Formeln, des traditionellen gesprochenen Lateins und Spuren des Einflusses fränkischer Wörter kombiniert. Da liest man beispielsweise: *Si quis vassum ad ministerium, puellam ad ministerium, aut fabrum ferrarium vel aurifice aut porcario vel vinitorem aut stratorem furaverit aut occiderit, cui fuerit approbatum, MCC denarios componat.* Das Recht wird also von der und für die fränkische Bevölkerung – wenn nötig mit lauter Stimme – in merowingischem Latein vorgelesen. Dasselbe traf auch bei dem Gesetzbuch des Alarich für das Westgotische Königreich vor seiner Eroberung durch die Franken zu. Von Zeit zu Zeit können wir die Sprache eines latinophonen Franken im »Originalton« erfassen. Da gibt es einen, der kurz nach 543 nach Arles kam, um ein Stück des Gewandes zu erbitten, in dem der hl. Caesarius von Arles ruht. Die Unterhaltung wird uns in der direkten Rede überliefert: »*Da mihi de drapo sancti Caesari* – gib mir vom Gewand des hl. Caesarius«.

Es wäre ein Irrtum zu glauben, daß die Franken nur passive Empfänger gewesen wären. Die Aktion der lateinischen Welt hat zahlreiche Reaktionen hervorgerufen. Diese erfolgten auf drei Ebenen: Orte erhielten Namen – vor allem um die Wende zum 5. Jahrhundert –, die sie oft behielten (Toponymie); latinophone Einzelpersonen nahmen seit dem 6. Jahrhundert fränkische Namen an; vor allem aber hat vom 3. bis zum 8. Jahrhundert das militärische und politische Ansehen der Franken eine massive Entlehnung von Wortstämmen zur Folge gehabt, welche die alten lateinischen Begriffe entweder ersetzten oder sich parallel dazu einbürgerten. Dabei handelt es sich um Schlüsselwörter: entweder aus dem Gefühlsleben, wie *hatina*, das im französischen zu »haine« (Haß) wird, *haunjan* – »honnir« (verhöhnen); um solche aus der sozialen Hierarchie, wie *baron* – »Baron«, *skanjo* – »échanson« (Mundschenk); aus dem Bereich des Körpers, wie *hanka* – »hanche« (Hüfte); aus dem Bereich der Waffen wie *brunja* – »broigne« (Brünne), *helm* – »heaume«, des Kampfes wie *waidanjan* – »gagner« (gewinnen), das mit lateinisch *vincere* – »vaincre« in Wettstreit tritt; aus der Rechtssprache wie *alod* – »alleu« (Freigut), *mundboro* – »mainbourg«; aus dem täglichen Leben, wie *want* »gant« (Handschuh), *raustjan* – »rôtir« (rösten); aus der umgebenden Landschaft, wie *bosc* – »bois«. Alle diese Wortbegriffe integrierten sich in den überkommenen lebenden Wortschatz des gesprochenen Spätlatein, bevor sie ins Protofranzösische übergingen. Eine gewisse Anzahl ist auch im geschriebenen Latein der Merowinger- oder der Karolingerzeit belegt. Dazu sind Dutzende von anderen Begriffen hinzuzufügen, die ins Spätlatein integriert wurden, danach im Altfranzösischen lebendig blieben, aber im modernen Französisch verschwunden sind.

Die Romanisierung

Romanisierung ist als Gegensatz zur Latinisierung zu verstehen. Es handelt sich um die Entwicklung, die von der zweiten Phase des gesprochenen Spätlatein zum Protofranzösischen führt. Diese Entwicklung wird durch die fortschreitende Änderung der »vertikalen Kommunikation« bis zu deren fast vollständigem Abbrechen am Ende des 8. Jahrhunderts gekennzeichnet. Unter »vertikaler Kommunikation« versteht man eine Botschaft, die von einem kultivierteren Sprecher in Richtung eines weniger kultivierten Zuhörers gesandt wird. Diese Art der Kommunikation funktionierte im 6. Jahrhundert auf allen Ebenen sehr gut. Die fränkische Aristokratie erreichte sicher bei weitem nicht das sprachliche und kulturelle Niveau der ihr Gleichgestellten senatorischen Ranges; sie hatte aber genügend Kenntnis erhalten vom Gewicht der lateinischen literarischen Tradition, so daß die Poesie von Venantius Fortunatus – obwohl sie gelehrt war – mit Vergnügen am Hofe zu Metz von einem Herrscher wie Sigibert gehört wurde und daß dem Poeten aus Ravenna dort ein vortefflicher Empfang bereitet wurde. Es handelte sich um öffentliche Festivitäten, an denen die Großen teilnahmen, die aus allen Teilen Galliens, den Süden inbegriffen, herkamen. Der Wettstreit und die Rivalitäten unter diesen Mächtigen begünstigten gewiß die freundliche Aufnahme, die dem Dichter bereitet wurde. Dieser setzte seine Auftritte in Köln, Trier und Reims fort. Das sind lauter Belege einer lebendigen Beziehung zugunsten der latinophonen fränkischen Eliten. Zwanzig Jahre später begegneten sich Brunichilde, Theuderich II. und der hl. Columban in grobem verbalem Austausch. Auf einem bescheideneren Niveau ist die christliche Predigt in allen ihren Formen die typische Situation: Das Vorlesen des Evangeliums mit lauter Stimme, die bei dieser Gelegenheit gehaltene Predigt, das Vorlesen von Heiligenviten mit lauter Stimme. Dazu gehören aber auch das Verkünden von Gesetzen, das Vorlesen privater Dokumente usw. In einer Gesellschaft von des Lesens nicht Kundigen (*illitterati*) bildet nur die gesprochene Sprache eine Basis für den Zugang zum Verständnis traditioneller Texte. Hier haben wir einen weiteren Beweis für die tiefgehende sprachliche Assimilierung der Franken.

Die relativ rasche Entwicklung der geschriebenen Sprache – man denke an die *Lex Salica*, an die merowingischen Originalurkunden und an die Formularsammlungen – läßt zahlreiche Spuren erkennen, die aus der gesprochenen Sprache stammen und den schließlichen Übergang zum Protofranzösischen vorbereiten. Jedenfalls tritt das gesprochene Spätlatein von der zweiten Hälfte des 7. Jahrhunderts an in eine Phase beschleunigter Entwicklung. Längst vorbereitete Strukturen verdrängen die bestehenden; so »verriegelt« sich gleichsam im 8. Jahrhundert die neue Sprache. Die Sprechenden lassen zunächst beiseite, was man in der Sprachwissenschaft »aktive Kompetenz« nennt, nämlich die Fähigkeit, lateinische Aussagen zu machen: Die Deponentien, das synthetische Passiv und die versteckten Fälle der Deklinationen verschwinden völlig aus dem latinophonen System, das auf diese Weise seine Natur verändert. Eine gewisse Zahl von Wechseln in der Aussprache ändert im übrigen vollkommen den Rhythmus der Wörter; die männlichen Substantive werden oxyton, denn die unbetonten Endvokale schwinden: *ceruos* – bisher »tservos« ausgesprochen und darum paroxyton – wird zu »tserfs« usw. Alles weist darauf hin, daß zwischen 650 und 750 eine Sprachschwelle überwunden wurde. Aus diesem Grund nahm die passive Sprachkompetenz (die Fähigkeit zum Verstehen) der Gesprächspartner gegenüber einem latinophonen Begriff rasch ab. Erinnern wir uns, daß es sich um merowingisches Latein handelt, denn das klassische gesprochene Latein wurde mündlich schon seit langen von niemandem mehr gebraucht. So sprachen um 800 die Nachkommen der Franken und die der Latinophonen, wenn es sich um *illitterati* handelte oder um Schriftkundige in einer lebhaften Unterhaltung mit loser Zunge, nur noch das Protofranzösisch: die vertikale Kommunikation verschwand.

Die daraus folgende Krise bewirkte eine doppelte Erscheinung: Beim frankophon gebliebenen Teil bildete sich die Identifikation der germanischen Sprache, die mit dem Namen »Volkssprache« benannt, beschrieben und auch geschrieben wird. Auf der anderen Seite ergab sich derselbe Prozeß bei der romanophonen Gruppe. Die Spezialisten des Kommunikationswesens benennen das Protofranzösisch als »Latein der Schreibunkundigen – *romana lingua rustica*«. Der Übergang zur Verschriftlichung dieser zunächst als wertlos geltenden sprachlichen Vielfalt war noch in weiter Ferne. Es ist gewiß, daß zwischen der germanischen Kultur und Sprache und der lateinischen Kultur und Sprache bei diesem Vorgang der Bewußtwerdung gegenseitige Beeinflussungen stattfanden. Dabei läßt sich keinerlei chronologischer Vorrang nachweisen. Es ist allerdings, weil die fränkische Bezeichnung *theotisca lingua* der Bezeichnung »romanisch« um eine Generation voranging, verführerisch zu denken, daß die entscheidende Bewußtwerdung von dieser Seite her kam. So hätte schließlich die fränkisch sprechende Welt zur Identifikation der neuen romanophonen Sprache beigetragen, sicher unter dem Einfluß der Intellektuellen des karolingischen Hofes. Für diesen Vorgang spricht auch die Tatsache, daß die Festlegung der germanischen Sprache durch die Schrift ab dem Ende des 8. Jahrhunderts beginnt, während man die Mitte des 9. Jahrhunderts abwarten muß, bis die ersten romanischen schriftlichen Aufzeichnungen auftauchen, und die Jahre um 900, bis das »très vieux français« (das sehr alte Französisch) Literatursprache wird.

Dieser Eingriff der fränkischen Sprachwelt in die Sprachgeschichte des Französischen war vielleicht noch tiefer. Zunächst ist das Protofranzösisch die einzige romanische Sprache, die ein noch lebendiges Deklinationssystem mit zwei Fällen bewahrt hat. Außerdem hat das gesprochene Wort originale rhythmische Eigenheiten; die Satzanfänge gehorchen einer Umkehr-Regel, die der des Deutschen ähnlich ist. Muß man in diesen beiden Fakten eine viel weiter fortgeschrittene Osmose zwischen der fränkischen und der lateinischen Sprachwelt der gallischen Provinzen erkennen, als man bisher glaubte? Dies wäre eine andere und anregende Fragestellung.

Literatur: Banniard 1989; 1992; 1993a; 1993b; 1994. – Herman 1990. – Matzel 1971. – Selig/Frank/Hartmann 1993. – Thomas, H. 1988. – van Uytfanghe 1976; 1985; 1994. – Wright 1982; 1991; 1993.